滇版精品出版工程资金资助项目

当代著名学者研究资料丛书
　　周明全　主编

陈平原
研究资料

王风　李浴洋 ◎ 编

云南出版集团
云南人民出版社

图书在版编目（CIP）数据

陈平原研究资料 / 王风, 李浴洋编. -- 昆明 : 云南人民出版社, 2022.1
（当代著名学者研究资料丛书 / 周明全主编）
ISBN 978-7-222-19977-4

Ⅰ. ①陈… Ⅱ. ①王… ②李… Ⅲ. ①陈平原—人物研究 Ⅳ. ①K825.6

中国版本图书馆CIP数据核字(2021)第013962号

## 当代著名学者研究资料丛书
## 陈平原研究资料

周明全 主编　　王风　李浴洋 编

| 出品人 | 赵石定 | 责任编辑 | 陈浩东　熊凌 |
| --- | --- | --- | --- |
| 助理编辑 | 苏娅 | 责任校对 | 董郎文清 |
| 装帧设计 | 马滨 | 责任印制 | 马文杰 |

| 出版 | 云南出版集团<br>云南人民出版社 |
| --- | --- |
| 发行 | 云南人民出版社 |
| 地址 | 昆明市环城西路609号 |
| 邮编 | 650034 |
| 网址 | www.ynpph.com.cn |
| E-mail | ynrms@sina.com |
| 开本 | 787mm×1092mm　1/16 |
| 印张 | 33 |
| 字数 | 460千 |
| 版次 | 2022年1月第1版 |
| 印次 | 2022年1月第1次印刷 |
| 印刷 | 云南出版印刷集团有限责任公司国方分公司 |
| 书号 | ISBN 978-7-222-19977-4 |
| 定价 | 126.00元 |

如有图书质量及相关问题请与我社联系：
审校部电话：0871-64164626
印制科电话：0871-64191534

陈平原

# 序 言

周明全

"当代著名学者研究资料丛书"第一辑编选了中国现当代文学研究领域极为重要的几位学者——谢冕、钱理群、洪子诚、王富仁、丁帆、陈平原、陈思和、南帆的研究资料。他们不但在各自的研究领域做出了卓越贡献,而且其言说的方式为现当代文学研究、当代文学评论研究提供了范式。

20世纪80年代,他们曾被称为"中青年批评家",其中大多数属于"第五代批评家"。论者认为和前代学者/批评家相比,他们具有"宏阔的历史眼光;顽强的探索精神;现代的理性自觉;深刻的自由意识"[①]。这四个主要特征,是这代批评家能在新时期开创文学研究/批评新天地的内因。四十年过去了,当年的"青年"已不再年轻,然而从学术生命上讲,直到今天,他们依然是"年轻批评家",充满探索精神,充满了对文学现场的关注热情。

如果对自"五四"百年来文学批评的发展历程进行梳理辨析,便能清晰地认识到这些学者和批评家在批评史上承上启下的历史地位和精神特征。

1917年初,胡适、陈独秀在《新青年》先后发表了《文学改良刍议》《文学革命论》,开启了中国现代文学批评之门。1918年12月,周作人发表了《人的文学》,"人的文学"代表了"五四"的时代精神,亦上升为中国新文学的传统,遂成为20世纪中国文学的主流。

这一时期,虽然以文学研究会和创造社为代表的各个文学团体提出各自的理论主张,但"人的文学",新鲜的、立诚的、现实的文学成为时代的"共名"。作为百年来中国文学批评史上的第一代批评家,他们不仅是开创者,也是批评范式的确立者。

---

① 参见谢昌余《第五代批评家》,《当代文艺思潮》1986年第3期。

1928年后,时代的"共名"被打破,文学批评向更多元和差异方向发展,马克思主义文艺理论批评家、京派批评家以及持个人主义和自由主义的批评家之间有着更多的对话、论争和挑战。1942年5月,随着延安文艺座谈会的召开,马克思主义文艺理论逐渐占上风,这也是现代文学批评史上的一个重要转折点。在座谈会上,毛泽东指出:"在现在的世界上,一切文化或文学艺术都是属于一定阶级的,属于一定的政治路线的。为艺术的艺术,超阶级的艺术,和政治并行或相互独立的艺术,实际上是不存在的。"毛泽东明确提出了"文艺界的主要斗争方法之一,是文艺批评"。毛泽东的讲话为那一时期的文艺批评划定了严格的、不容置疑的批评标准。1949年7月2日至19日,第一次文代会在北平(北京)召开,这是新中国文学理论和批评的起点。周扬在会上发表了影响中国文学创作数十年之久的讲话,这是延安文艺座谈会在新的历史时期的"升级版"。周扬指出:"毛主席的《在延安文艺座谈会上的讲话》规定了新中国的文艺方向,解放区文艺工作者自觉地坚决实践了这个方向,并以自己的全部经验证明了这个方向的完全正确,深信除此之外再没有第二个方向了,如果有,那就是错误的方向。"[①]毛泽东在延安文艺座谈会上的讲话给批评指定的标准,一直延续到20世纪80年代。

1984年初,福建批评家林兴宅在《鲁迅研究月刊》发表了《论阿Q性格系统》,成为用自然科学方法研究中国现代文学的滥觞。之后,时任中国社科院文学所所长的刘再复发表了《用系统方法分析文学形象的尝试——读〈论阿Q性格系统〉》等文章加以支持。1985年3月在厦门大学召开的"全国文学评论方法论讨论会",将刘再复关于"方法论变革"的一系列主张推向高潮。同年底,刘再复的《论文学的主体性》分两期刊发在《文学评论》1985年第6期和1986年第1期。刘再复在《论文学的主体性》中强调作家要超越

---

① 周扬:《新的人民的文艺》,见中华全国文学艺术工作者代表大会宣传处编《中华全国文学艺术工作者代表大会纪念文集》,新华书店1950年版,第69页。

现实主体，写作时一定要进入艺术主体。这是向"五四"时期"人的文学"主张的回归，也是新时期文学批评步入审美层面的开启。"方法热"直接的后果，一是大量西方的文学理论被介绍进来，对此前单一的政治社会学批评形成了极大冲击；二是各省市作家协会和社科院也纷纷创办了自主性的文学批评刊物。这是在之前没有过的，之后也不再重现的辉煌。如：1984年1月25日，《当代作家评论》在辽宁省创刊，9月《文艺评论》（前身为《文艺评论报》）在哈尔滨创刊，10月上海比较文学的机关刊物《中国比较文学》出版；1985年1月《小说评论》在西安创刊，4月《文艺新世纪》在广东创刊，4月10日《批评家》在太原创刊，5月《文艺评论家》在济南创刊；1986年1月，《文艺争鸣》《文艺理论家》分别在吉林和江西创刊；1988年1月，《南方文坛》在南宁创刊，6月《理论与创作》在长沙创刊；等等。

1985年前后，中国当代文学批评迎来了它的黄金时代，文学批评起到了引领时代风潮的作用。时势造英雄，第四代批评家正在披荆斩棘开创思想解放的批评道路，第五代批评家也是在这个时期顺利走入批评领域。如陈思和、丁帆、许子东、黄子平、吴亮、程德培、李洁非、蔡翔、张志忠、季红真、周政保等，就是顺应时代而崛起的一代批评家，被称为第五代批评家。

如果说，以周扬、冯牧为代表的第三代、第四代批评家大多数是党的文艺干部，他们的批评与阐释党的文艺政策是联系在一起的，因此具有较大的权威话语权，对文艺作品也有较大的威慑力，那么第五代批评家（包括一部分第四代批评家），则是依靠对文学的审美构建而成为承上启下的一代批评家。第五代批评家，大都在高校里接受过系统的学术训练，随即留校任教，逐渐形成了学院批评的特点。这是文艺批评最为根本性的变化。批评家转入高校最本质的变化就是批评的性质和功能随之发生了根本变化——它不再具备审查作品、指导作家创作的权力。

可以说，第五代批评家中，从事纯粹的文艺批评者并不多，主要是从史的角度对文学进行系统化研究。钱理群主编了《中国现代文学三十年》《中国现代文学编年史》,洪子诚撰写过《中国当代文学史》,丁帆撰写过《中国乡土小说史论》《中国新时期小说主潮》《中国西部现代文学史》,陈平原撰写过《二十世纪中国小说史》《中国散文小说史》,陈思和主编过《中国当代文学史教程》,等等。所以,称他们为学者化的批评家更为合适。

另外,这代人最大的特征是,他们的文学养料和精神传承主要是从"五四"来的。20世纪80年代,一批在高校或学术机构的著名教授恢复了权威的学术地位,如李何林、王瑶、唐弢、贾植芳、钱谷融、徐中玉等,这些老先生都是"五四"一代学人的弟子,他们也是大多数第五代批评家的授业恩师。钱理群、陈平原的导师王瑶,早年师从朱自清,这一师承使得王瑶身上有鲜明的"五四"传统和鲁迅传统。王瑶"因自己的导师和弟子而声名益著,而弟子们也以他为中介,把'五四'的文化传统,链接到当代的思潮中"①。王富仁是中国第一个现代文学专业的博士,师从鲁迅研究专家李何林先生,王富仁多次说"鲁迅改变了我一生",他本人的鲁迅研究,开启了鲁迅研究的新天地。

在《陈思和文集》研讨会上,一位思和先生的同代批评家说,陈思和研究巴金、胡风等"五四"一代作家的历程,使他自己逐渐成为他研究对象的那种人格,似乎就是最好的注脚。

20世纪90年代,文学界的分化或者说多元化趋势更趋明显,文学制度也处于相对稳定的状态,无论是文学创作还是文学批评,都摆脱了"思想斗争"陈旧观念的束缚,进入活跃繁荣自由的时期。第六代批评家郜元宝、张新颖、王彬彬、张清华、孟繁华、陈晓明、李敬泽、吴义勤、何向阳等,基本上都是高校毕业的硕士、博士,此后不管在高校从事文学研究和文学批评,还是在作协系统担任一定的领导职位,文艺批评的属性基本没有改变,还是延续了第五代

---

① 孙郁:《王瑶:拖着历史长影》,见孙郁《百年苦梦——20世纪中国文人心态扫描》,群言出版社1997年版,第233页。

批评家开创的范式。

文学批评最近面临的挑战是从新世纪开始的。此时网络文学开始盛行，发表没有门槛设置，人人皆作家，管你批评不批评，该写的都在热火朝天地写。评论家的阵营也更趋分化，形成了传媒批评圈和学院批评圈两个较大的群体。传媒批评"表面上呈现的往往是商业利益作为推手。媒体批评呼风唤雨，左右了社会的一半舆论导向"。学院派批评家常年避居学院的高墙大院，与当下社会和文学创作有一定的隔膜，但为了坚守学院派知识的纯正性，他们依然在艰难地从事着文学批评。在这一波变化中，批评家内部的分化趋于明显，各个代际的批评家参与到这场角逐中，但在稍后的几年间，"80后"批评家因批评界、学界的焦虑而被迅速地捧了起来，成为一支不可忽视的力量。同时，网络的普及，也相应地带来了文学批评的繁荣。

对近百年的文学批评史做一个粗略的梳理就能发现，自1985年以后的当代文学批评取得了巨大的成绩。然而，与作家研究文集、作品集的出版相比，文学研究领域资料的整理出版却显得相对滞后。对当代文学批评的历史化依旧薄弱，对当代文学研究者、文学批评家进行研究的资料整理和出版这样的基础性工作也没有系统地做起来，这和创作的繁荣，和批评对创作的响应是不相符的。

无论是"五四"一代批评家，还是1985年后的第五代批评家，对整个时代的文学创作，甚至是思想观念的现代化，都起到了至关重要的作用。当然，创作的繁荣，与文学研究、文学批评直接和间接的介入，有着密不可分的关系。只研究作家、作品，不研究批评家和文学史家，对研究整个文学的历史是不全面的。

云南人民出版社一直有着出版优秀学者著作的优良传统，从20世纪90年代以来，先后出版过"名编辑文丛""文艺学新视角丛书""文体学丛书""70后批评家文丛""80后批评家文丛"等大型学者丛书，产生过积极的影响。当初与赵石定社长谈起编辑"当代著名学者研究资料丛书"的构想，他很支持，并表示要将当代批评研究作为一个重要的出版板块来打造，这显示出优秀出版人对学术和文化的担当与情怀。

"丛书"第一辑共编选谢冕、钱理群、洪子诚、王富仁、丁帆、陈平原、陈思和、南帆八位学者的研究资料。他们是当代思想过渡和变迁重要的见证者、亲历者和参与者，在 20 世纪 80 年代中期批评转型的过程中起了重要的作用，做出了特别的贡献。另外，这几位先生又都是新时期非常重要的文学史家，一直笔耕不辍，对当代文学研究发挥着持续的影响。

思和先生认为："只有传道授业、出版和学术研究三位一体，才是一个知识分子的理想岗位。"这句对现代知识分子的期许之言，对我影响甚大。多年来，虽不能至，但努力践行之。2013 年底，延续着先生编辑"火凤凰文库"的理念，与先生共同策划、主编了"80 后批评家文丛"；2015 年，再度和先生共同主编了"70 后批评家文丛"；如今这套"当代著名学者研究资料丛书"的策划编辑，无非想再次通过自己切实的努力，在承传、接续、播撒精神传统方面，做一点自己的工作。对我而言，在这个过程中，作为后学既能亲炙前辈们的风范，同时，也算是努力朝思和先生所言的"理想岗位"靠近了一步吧。

"丛书"能顺利出版，首先要感谢赵石定社长的全力支持，感谢云南省新闻出版局在经费上的扶持，感谢李敬泽、孟繁华两位前辈的支持，同时，亦感谢李浴洋兄的协助。最后，感谢所有为这套丛书付出辛勤劳动的编辑。

# 目 录

陈平原：陈平原学术纪事（1978—2020）// 001

**辑一：生平自述** // 009

  陈平原："好读书"与"求甚解"——我的"读博"经历 // 010

  陈平原：小书背后的大时代——从《二十世纪中国文学三人谈·漫说文化》说起 // 016

  陈平原：四十而惑 // 026

  陈平原：在范式转移与常规研究之间 // 031

  陈平原：从"触摸历史"到"思想操练" // 036

  陈平原："现代中国研究"的四重视野——大学·都市·图像·声音 // 042

  陈平原：学者的人间情怀 // 057

  陈平原：学术史研究随想 // 064

  陈平原：有情怀的专业研究 // 071

  陈平原：与《读书》结缘 // 074

  陈平原：与时代同行的学术史研究 // 084

**辑二：研究文选** // 097

  李新宇：走近陈平原 // 098

  夏中义、周兴华：论陈平原的"学人角色自觉" // 105

陈国球：山移海动见平原——我眼中的平原君 // 118
刘克敌：沿着鲁迅的道路——对王瑶与陈平原之学术研究的
　　　　不完全考察 // 120
王　风：陈平原先生旁论 // 132

黄子平：文学史的"边际研究"——读陈平原《在东西方文
　　　　化碰撞中》// 137
王　飙：火山遗迹的勘察者——读《中国小说叙事模式的转
　　　　变》// 146
解志熙：文学史的新写作及其理论问题——读《二十世纪中
　　　　国小说史》第一卷 // 154
严家炎、钱理群、吴福辉等：《二十世纪中国小说史》第一
　　　　卷讨论纪要 // 171
吴晓东：文化视野中的小说类型学——评陈平原著《千古文
　　　　人侠客梦》// 183
欧阳哲生：追寻现代中国学术的传统——读陈平原著《中国
　　　　现代学术之建立》有感 // 192
贺桂梅："从晚清说起"——对陈平原学术史研究的读解
　　　　// 200
郑　勇：从文人与文事到文心与文脉 // 210
叶　隽：当局者的敏锐与旁观者的智慧——读《当代中国人
　　　　文观察》// 216

杨联芬："走出"之后的"返回"——评陈平原近著《触摸历史与进入五四》// 223

于述胜：大学精神的另一种探寻——《大学何为》述论 // 231

张福贵：第三只慧眼看文学史——陈平原《作为学科的文学史》的启示 // 245

季剑青：有精神的大学研究——读陈平原"大学五书" // 255

袁一丹：都市研究如何"接地气"——读陈平原《想象都市》与《记忆北京》// 271

孙　郁："思"与"诗"的互渗何以可能 // 276

辑三：学术访谈 // 287

陈平原、查建英：关于八十年代——答旅美作家查建英问 // 288

陈平原、杨　早：有情怀的学术研究——陈平原教授访谈 // 322

陈平原、李庆西：中国大学改革，路在何方？——答《书城》记者问 // 332

陈平原、高明勇：中文百年，我们拿什么来纪念？// 349

陈平原、李怀宇："一生而历二世" // 361

陈平原、李昶伟：每一次学术转向的背后，我都有内在理路在支撑 // 371

**陈平原、李浴洋**：思想操练、低调启蒙以及大学传统——陈平原教授访谈录 // 382

**辑四：资料编目** // 397
陈平原著作目录 // 398
陈平原论文目录 // 406
陈平原随笔目录 // 434
陈平原编纂目录 // 465
陈平原访谈目录 // 470
陈平原研究资料目录 // 484

# 陈平原学术纪事（1978—2020）

陈平原

1954年1月，我出生于广东潮州。父亲陈北、母亲陈礼坚均为中专／中学语文教师。小时候，生活在位于洋铁岭下的汕头农校，就近入读潮安县枫洋小学（初小）和潮安县古巷小学（高小）。1966年7月小学毕业，因南方乡下开展"文化大革命"的时间比较晚，我得以进入潮安县古巷中学。初中毕业后，因政治原因无法继续读书，只好于1969年10月偕祖母丁赛霞、二弟陈草原、三弟陈高原，回原籍潮安县磷溪公社旸山大队插队务农。山村生活八年多，除抽空念了两年高中（潮州磷溪中学，1971年9月—1973年7月），大部分时间在旸山学校当民办教师（1970年2月—1971年7月；1974年9月—1978年2月），真正种田的时间并不长。即便如此，也已深切体会"耕读"的艰难。一直到恢复高考，才得以离开山村，外出求学。

**1978年** 3月10日，乘车抵达广州，就读于中山大学中文系。此前，足迹未出潮汕地区。4月，高考作文《大治之年气象新》在《人民日报》上刊出。

**1979年** 参与编辑中山大学学生刊物《红豆》，负责文艺评论部分。

**1982年** 1月，毕业于中山大学，获文学学士学位，学士论文题为《论曹禺戏剧的民族特色》。随后进入中山大学研究生院学习中国现代文学，硕士导师为吴宏聪、陈则光、饶鸿竞三位教授。同年，参与编辑《中山大学研究生学刊》。

**1983年** 年初，《论曹禺戏剧人物的民族性格》刊《中国现代文学研究丛刊》1983年第1期，后入选《全国大学生毕业论文选编》（浙江文艺出版社，1985）。

**1984年** 7月，毕业于中山大学，获文学硕士学位，硕士论文题为《论四十年代国统区、沦陷区讽刺文学》。9月，进入北京大学研究生院攻读博士学位，导师为王瑶教授。同年，发表《鲁迅的〈故事新编〉与布莱希特的"史诗戏剧"》《〈玩偶之家〉在中国的回响》《论苏曼殊、许地山小说的宗教色彩》等。

**1985年** 6月，与夏晓虹结婚。与钱理群、黄子平合作，先后在《文学评论》1985年第5期发表《论"二十世纪中国文学"》，在《读书》1985年第10期至1986年第3期连载《"二十世纪中国文学"三人谈》。

**1986年** 秋，参加"文化：中国与世界"编委会。同年，发表《林语堂的审美观与东西文化》等。

**1987年** 6月，毕业于北京大学，获文学博士学位，博士论文题为《中国小说叙事模式的转变》（因学校规定打印字数，答辩只取下篇，改题为《论传统文学在小说叙事模式转变中的作用——从新小说到现代小说》）。8月起，任北京大学中文系讲师。在浙江文艺出版社刊行第一本著作《在东西方文化碰撞中》（"新人文论"丛书）。

**1988年** 出版博士论文《中国小说叙事模式的转变》，此书日后多次重刊与获奖。另刊行随笔集《书里书外》，此乃论文之外的"另一种笔墨"。为同人刊物《东方纪事》主持《读书俱乐部》栏目。

**1989年** 出版与夏晓虹合编的《二十世纪中国小说理论资料》第一卷；年底，刊行独立撰写的《二十世纪中国小说史》第一卷

（因第二卷迟迟未完稿，此书2005年改题为《中国现代小说的起点——清末民初小说研究》，单独印行）。

**1990年**　5月，第一次出国，赴日参加学术会议。8月起，任北京大学中文系副教授。获中国比较文学学会颁发的首届全国比较文学优秀著作一等奖（《在东西方文化碰撞中》）。

**1991年**　1月，获国家教委和国务院学位委员会颁发的"作出突出贡献的中国博士学位获得者"。1月至5月，赴香港中文大学访问研究。5月13日，父亲陈北（1925—1991）在潮州病逝，"子欲养而亲不待"，此乃永远的伤痛。同年，在日本国际友谊学术基金会（筹）的支持下，出版《学人》集刊第一辑（陈平原、王守常、汪晖轮流担任主编，1991—2000年，江苏文艺出版社，共刊行十五辑）。发表《在政治与学术之间——论胡适的学术取向》等。

**1992年**　8月，破格晋升教授。人民文学出版社推出《千古文人侠客梦——武侠小说类型研究》。发表《章太炎与中国私学传统》等。

**1993年**　4月，《文学史》集刊第一辑由北京大学出版社刊行，此乃六位学者（北京的陈平原、钱理群、葛兆光，以及香港的陈国球、王宏志、陈清侨）在文化低谷的状态下，集资合办的同人刊物，共出版三期。发表《学者的人间情怀》等。9月，应日本学术振兴会邀请，偕妻子夏晓虹在东京大学从事研究（藤井省三教授安排）。

**1994年**　继续在日本访学。5月至7月，转至京都大学（平田昌司教授安排）。发表《章太炎与胡适之关于经学、子学方法之争》等。

**1995年**　获教育部颁发的全国高校首届人文社会科学研究优秀著作二等奖（《中国小说叙事模式的转变》）。为北京大学出版社主编"学术史丛书"。发表《清代的学者之文》等。

**1996年**　获第九届全国城市出版社优秀图书一等奖（《学者的人间情怀》）。发表《从科普读物到科学小说：以"飞车"为中心的考察》等。

**1997年** 3月，获国务院政府特殊津贴。3月至7月，应美中学术交流基金会邀请，偕妻子夏晓虹赴美，在哥伦比亚大学东亚系访问研究（王德威教授安排）。出版《陈平原小说史论集》（三卷）及《陈平原自选集》。发表《现代中国的"魏晋风度"与"六朝散文"》等。

**1998年** 出版《中国现代学术之建立——以章太炎、胡适之为中心》《中华文化通志·散文小说志》《老北大的故事》，以及《北大旧事》（与夏晓虹合编）。获教育部颁发的第二届全国高校人文社会科学研究优秀著作奖三等奖（《千古文人侠客梦——武侠小说类型研究》）。同年起，作为第九、第十届北京市政协委员，第十一届北京市政协常委，连续十五年（1998年1月—2012年12月）参加北京市政协文史委活动，为保护古都历史文化略尽绵薄之力。

**1999年** 创建北京大学"二十世纪中国文化研究中心"，并任中心主任至今。为北京大学出版社主编"文学史研究丛书"。主持国务院学位委员会项目"同等学力人员申请硕士学位中国语言文学学科综合水平全国统一考试大纲及指南"（高等教育出版社，2003）。参与的集体项目《中华文化通志》获国家新闻出版署颁发的第四届国家图书奖荣誉奖（独立撰写其中的《散文小说志》）。

**2000年** 10月至12月，赴德国海德堡大学讲学（Rudolf G. Wagner教授安排）。8月，与王德威、商伟合作，在北京大学主办"晚明与晚清：历史传承与文化创新"国际学术研讨会。出任中国俗文学学会会长（2000—2016）。为贵州教育出版社主编"二十世纪中国人的精神生活"丛书。为河北教育出版社主编"台湾学术丛书"。

**2001年** 7月至8月，偕妻子夏晓虹赴英国伦敦大学亚非学院访学（Michel Hockx教授安排）。6月，担任主编的《现代中国》集刊第一辑由湖北教育出版社推出（第六辑起改由北京大学出版社刊行，2001—2014年，共编印十五辑）。参与的集体项目《世界经典散文新编》获国家新闻出版署颁发的第五届国家图书奖提名奖（独立选编其中的《中国散文选》）。获广东省第四届"五个一工程"奖（陈平原、夏晓虹主编《触摸历史——五四人物与现代中国》）。为新世界出版社主编"曾经北大书系"。

**2002年** 9月至翌年1月，赴台湾大学中文系讲学（梅家玲教授安排）。受聘为华东师范大学"紫江学者"特聘教授（2002—2016）。为湖北教育出版社主编"20世纪中国学术文存"丛书。获中国现代文学研究会首届王瑶学术奖优秀论文一等奖（《现代中国的"魏晋风度"与"六朝散文"》）。

**2003年** 获教育部颁发的第三届中国高校人文社会科学研究优秀成果一等奖（《中国现代学术之建立——以章太炎、胡适之为中心》）。10月，与王德威合作，在北京大学召开"北京：都市想象与文化记忆"国际学术研讨会。

**2004年** 2月至6月，赴巴黎法国东方语言文化学院讲学（Isabelle Rabut教授安排）。出版《当代中国人文观察》《从文人之文到学者之文》等。

**2005年** 9月至11月，应哈佛燕京学社之邀，赴哈佛大学东亚系访学（杜维明教授安排）。获教育部评聘的"长江学者"特聘教授（2005年度）。获2004年北京市教育教学成果（高等教育）一等奖（陈平原等主讲《中国现代文学名著研究》）。

**2006年** 当选北京大学"最受学生爱戴的十佳教师"。获第三届全国教育科学研究优秀成果奖二等奖（《中国大学十讲》）；获北京市第九届哲学社会科学优秀成果奖一等奖（《触摸历史与进入五四》）；获中国现代文学研究会第二届王瑶学术奖优秀论文一等奖（《思想史视野中的文学——〈新青年〉研究》）。出版《大学何为》《当年游侠人》等。11月，与王德威、陈学超合作，在陕西师范大学举办"西安：都市想象与文化记忆"国际学术研讨会。为安徽教育出版社主编"尝试论丛"；为山东文艺出版社主编"现代学者演说现场"丛书。

2007年　出任 Frontiers of Literary Studies in China（Higher Education Press and Springer –Verlag GmbH）主编（2007—2011）。7月，接受香港中文大学中国语言及文学讲座教授聘约。

2008年　1月至6月，作为中国语言及文学讲座教授，在香港中文大学教学。9月，被聘为北京大学中文系主任（接下来的七年，一半时间在北大，一半时间在港中大）。《中国小说叙事模式的转变》获得改革开放三十年北京大学人文社会科学研究"百项精品成果奖"。为香港三联书店主编"三联人文书系"。

2009年　获教育部颁发的首届全国高等学校科学研究优秀成果奖（后统一为第五届全国高等学校科学研究优秀成果奖）（人文社会科学）一等奖（《触摸历史与进入五四》）。获第五届北京市高等学校教学名师奖。被聘为第六届国务院学位委员会中国语言文学学科评议组成员（2009年1月—2014年12月）。4月，在北京大学主办"五四与中国现当代文学"国际学术研讨会。为北京大学出版社主编"都市想象与文化记忆"丛书。

2010年　获北京市第十一届哲学社会科学优秀成果奖二等奖（《历史、传说与精神——中国大学百年》）。在中坤集团支持下，创立"胡适人文讲座"。出任北京大学中国诗歌研究院执行院长（2010—2014）。出任第八届中山大学北京校友会会长（2010—2014年；后又担任第十届会长，2018年至今）。12月，与陈国球、王德威合作，在香港中文大学及香港教育学院举办"香港：都市想象与文化记忆"国际学术研讨会。为北京大学出版社主编"北大中文文库"及"北大中文百年纪念"丛书。出任《中国文学学报》（香港：中文大学出版社）联合主编。

2011年　10月，与王德威、关爱和合作，在河南大学举办"开封：都市想象与文化记忆"国际学术研讨会。出版《现代中国的文学、教育与都市想像》等。

2012年　获北京市第十二届哲学社会科学优秀成果奖二等奖（《作为学科的文学史》）。9月，卸任北京大学中文系主任。出版《读书的风景——大学生活之春花秋月》等。

**2013年** 获教育部颁发的第六届高等学校科学研究优秀成果奖（人文社会科学）论文二等奖（《中国戏剧研究的三种路向》）。5月，在香港中文大学主办"今古齐观——中国文学的古典与现代"国际学术研讨会。获搜狐网颁发的"2013年度中国教育变革人物奖"。

**2014年** 受聘为中山大学第一届顾问董事会成员（2014—2016）。参与筹建"中国教育三十人论坛"（CE30）。出版《图像晚清——〈点石斋画报〉之外》等。

**2015年** 2月，由国务院总理李克强聘为中央文史研究馆馆员。被聘为第七届国务院学位委员会中国语言文学学科评议组成员（2015年1月—2020年9月）。出版《"新文化"的崛起与流播》《抗战烽火中的中国大学》等。

**2016年** 获聘北京大学博雅讲席教授。获中国现代文学研究会颁发的第四届王瑶学术奖著作奖（《作为学科的文学史》）。华东师范大学举办"陈平原教授华东师大五十讲纪念座谈会"，并刊行《讲台上的"学问"》。

**2017年** 获第四届思勉原创奖（《中国小说叙事模式的转变》）。在国务院参事室/中央文史研究馆支持下，开展西部大学调研，先后在呼和浩特、乌鲁木齐、兰州、重庆及拉萨与二十多所大学校长对话。与林伦伦、黄挺合作主编的《潮汕文化读本》刊行。

**2018年** 为纪念硕士导师，向中山大学捐款五十万元，设立"吴陈饶纪念讲座"。《左图右史与西学东渐——晚清画报研究》获深圳读书节"2018年度十大好书"、《南方都市报》"2018十大好书"、中国出版集团"中版好书2018"等。同年，获《南方人物周刊》颁发的"2018魅力人物"。出版《作为一种思想操练的五四》等。出任"中国近代文学文献丛刊"执行主编。举办"学书小集——陈平原书与文"（北京）、"舞文何不弄墨——陈平原书展"（潮州）、"海风山骨——陈平原、王德威书画联展"（台北）三场书展。

**2019年** 4月至6月，应哈佛燕京学社之邀，赴哈佛大学东亚系访学（王德威教授安排）。同年，在韩山师范学院设立陈北国际学术交流基金（合作捐赠一百万元），6月18日第一次颁奖。获第十四届文津图书奖（《左图右史与西学东渐——晚清画报研究》）及《中国现代文学研究丛刊》2018年度优秀论文奖（《"思乡的蛊惑"与"生活之艺术"——周氏兄弟与现代中国散文》）。10月，举办"说文·写字——陈平原书展"（深圳）。

**2020年** 新冠肺炎疫情期间，改为线上教学。制作《游侠·私学·人文——陈平原手稿集》（浙江越生）。与三联中读合作，制作《中国人的精神与命运》音频节目。出版《现代中国的述学文体》《想象都市》《记忆北京》等。

辑一：生平自述

# "好读书"与"求甚解"
## ——我的"读博"经历

陈平原

又到了照毕业相的时候,校园里到处绽放着笑脸与鲜花,空气中荡漾着歌声笑声祝福声,博士袍硕士袍随风起舞,无论生人还是熟人,全都把善意写在脸上。大学校园里,没有比这更美好的时刻了。如此盛大的节日,基本上属于应届毕业生;平日里威风八面的导师们,如今只是充当配角或照相时的道具。按理说,教授也是从学生时代走过来的,如此风光,人人有份,可偏偏我就没有这样温馨的记忆。

十六年前的这个时候,我独自一人,骑脚踏车,来到未名湖边的研究生院,取走那张属于我的博士文凭。回宿舍时,顺道买了个西瓜,放在水房里冰着,准备晚上受用。给父亲挂了个电话,说"东西拿到了";电话那头很激动,叮嘱下次回家时一定带给他看看。那时年轻,看不起"博士""硕士"等头衔,以为关键是有无真才实学。第二天,为完成下一个研究课题,江南读书去也。

也不是我特立独行,那时北大压根儿就没有此类穿袍戴帽拨丝带的仪式。前有"破除形式主义"的正面教育,后有"早请示晚汇报"的反面文章,对于各种华丽表演,学者们大都没有好感,以为真实且深刻的个人感受,不必借助仪式,也能永远铭刻在心。只是随着教育、文化以及日常生活的逐渐西化,1990年代之后,婚纱照、酒吧街、生日派对、博士典礼等方才大行其道。到了这个时候,像我这样既没拍过婚纱照,也没戴过博士帽的,一下就显得很土。

话说回来,以平常心看待博士学位,也不无好处。对于国家来说,建立完整的学位制度,乃学术独立的标志,是天大的喜事;至于个人,读书做学问须持之以恒,"博士"云云,不过是取得一张从事专业研究的入场券。念及此,我辈对于博士帽的过分简慢,也不算太离谱。只是每回清点"过去的生命",拿不出一张冠冕堂皇的博士照,还是感觉有点遗憾。什么时候"老夫聊发少年狂",粉墨登场,补拍一张,还没想好。

我之所以不是特别看重这博士头衔,其实与自己的专业方向有关。回首百年中国学术,研究文史的第一流学者,大都没有博士学位——即便曾出国留学的(如陈寅恪、钱锺书等)也不例外。这一点,与经济、法律、物理、生化等专家大不相同。哲学家、史学家完全可能自学成才,法学家、数学家则很难回避严格的学院训练。正是这一差异,使得北大最早授予的,是理学博士,而不是像我这样的文学博士。

说起来,我之"读博",纯属因缘凑合。1984 年夏天,我完成了硕士学业,希望到北京工作。由于王瑶先生的大力推荐,北大中文系准备破例接纳我这个中山大学的毕业生。可到了学校这一关,被卡下来,理由是:既然好,何不让他考博?于是,我有幸成为北大中文系历史上第一届博士研究生中的一名。此前,北大中文系诸多名教授,虽有招收博士生的资格,或因本人谦虚("我都不是博士,让我怎么带博士生"),或因一时找不到满意的弟子,一直悬着。

那一年,北大中文系总共招收了两名博士生,除了原本就是北大教师的温儒敏,剩下一个就是我了。那时候,博士生宿舍三人一屋,开始我和学国际政治、学有机化学的学生同住,后又改为与治中国史、治法国史的为伍。这样一来,我们的日常聊天,就不能不"跨学科"。比起日后的师兄师弟师姐师妹互相提携,合作无间,我们那一届博士生,因同一领域人烟稀少,普遍养成与其他学科对话的习惯。记得1985年秋冬,我和钱理群、黄子平论"二十世纪中国文学"的系列文章发表,引起学界广泛关注,北大研究生会曾专门组织讨论,与会的包括文科各系的博士生,甚至还有理科的朋友。这种对新事物保持强烈的好奇心,除自家园地外,也关注其他学科的进展,在触类旁通中获得灵感与动力,与今日博士生教育的过于强调专业化,形成鲜明对比。以我有限的观察,那一届博士生普遍读书认真,视野开阔,但学术训练相对薄弱。这一局面的形成,与1980年代的思想解放运动不无联系,也与博士学位制度刚刚建立,各项规章制度不太健全有关。举个例子,我的博士论文已经写完,正准备举行答辩,忽然下来一个新规定:必须先通过博士资格考试,而后才能正式进入论文写作。我们苦笑一声,只好便宜行事,两步并做一步走。

制度不太健全,对于博士生来说,有好也有坏:学术训练不足,这是缺点;但自由活动的空间很大,则很值得怀念。那一代人的擅长独立思考,保持开阔的胸襟与视野,很大程度上是被逼出来的。梁启超《清代学术概论》在说到"启蒙期"学术特点时,有这么一段话:"在淆乱粗糙之中,自有一种元气淋漓之象。" 1980年代的中国学术,包括创始期的博士教育,某种程度上可作如是观。

说来有点不可思议,我读博士,从来没有正正经经地上过专业课。除了必不可少的第一外语和第二外语,我的主要任务是读书、思考,每周与导师王瑶先生进行一次学术对话,还有就是访问校内外相关专业的专家学者。1989年岁末,王先生去世,我曾撰写《为人但有真性情——怀念王瑶师》(《鲁迅研究月刊》1990年第1期),其中有一段话广为传诵:

> 先生习惯于夜里工作,我一般是下午三四点钟前往请教。很少预先规定题目,先生随手抓过一个话题,就能海阔天空侃侃而谈,得意处自己也哈哈大笑起来。像放风筝一样,话题漫天游荡,可线始终掌握在手中,随时可以收回来,似乎是离题

万里的闲话,可谈锋一转又成了题中应有之义。听先生聊天无所谓学问非学问的区别,有心人随时随地皆是学问,又何必板起脸孔正襟危坐?暮色苍茫中,庭院里静悄悄的,先生讲讲停停,烟斗上的红光一闪一闪,升腾的烟雾越来越浓——几年过去了,我也就算被"熏陶"出来了。

这段描写并非"写意",而是"写实"。我的"读博"之所以如此潇洒,既取决于王先生的个人风格,也与其时博士制度刚刚建立,尚无各种硬性指标有关。

制度不太严格,外在束缚很少,既稀见奖励,也难得惩罚。如此缺少竞争,是否会降低学术水准,我看不一定。并非百米短跑的你追我赶,而是跳水台上的自我发挥,这种自由自在的读书状态,更接近古人所说的含英咀华、沉潜把玩。读书做学问,需要心平气和、优游从容。记得原清华大学校长梅贻琦曾提及大学课程太多,不适合于从事高深研究。在梅先生看来,对于读书人来说,"闲暇"十分重要:"仰观宇宙之大,俯察品物之盛,而自审其一人之生应有之地位,非有闲暇不为也。纵探历史之悠久,文教之累积,横索人我关系之复杂,社会问题之繁变,而思对此悠久与累积者宜如何承袭节取而有所发明,对复杂繁变者宜如何应付而知所排解,非有闲暇不为也。"(《大学一解》)对于志向远大并潜心于学者,"余裕"的重要性,起码不下于常被提及的"压力"。在讲求规则严格管理逐渐成为主流话语的当下,为"无拘无束自由自在的读书"辩护,或许不无必要。即便在争分夺秒的"读博"阶段,也不该时时刻刻念叨着那借以获取学位的毕业论文。

王瑶先生指导博士生,有几点明显与今日潮流不合,值得提出来讨论。第一,不鼓励研究生在学期间发表论文。理由是:不垒高坝,提不高水位;随处发泄,做不成大学问。这还不算初出道者投稿时可能揣摩风气,投其所好;或者发表后的沾沾自喜,得意忘形。第二,不给学生出任何题目,只负责首肯或否定你的选题。理由是：所有好的学术选题，都内在于研究者的趣味及能力，别人取代不了。更何况，对于学者来说，此举生死攸关，正是研究生教学的重点。第三，硕士论文不要超过三万字，博士论文不要超过十万字。理由是：学位论文必须凸显作者的眼光、训练与表达能力，不能弄成臃肿芜杂的史料长编。你可以有很多附录，但正文部分必须干净利落、严谨简洁。王先生的这一"戒律"，日后有所松动，但基本思路没变，即学位论文并非"以长为美"。之所以"松动"，是因为具体实施时出现了问题：遵照王先生的思路以及学校的相关规定（那时北大经费紧张，答辩时往往只提供部分章节），我将博士论文《中国小说叙事模式的转变》的"下编"，改题为《论传统文学在小说叙事模式转变中的作用——从"新小说"到"现代小说"》。答辩会上，出现一个尴尬的局面：有些提问，我在论文"上编"其实已做了相当充分的论述。

王先生指导研究生的这"三大策略"——尤其是不给学生出题这一招，在我看来，实含至理。今日中国学界，不管是理工医农，还是人文社科，名气越大的博士生导师，越像运筹帷幄的"将军"或"老板"，将众多研究生编入自己的课题组，分派题目，合作攻关。这种工科教授得心应手的操作方式，用到文科，好处是学生上路快，而且旱涝保收；缺点则是可能限制学生才华的发挥，就好像是孙悟空永远跳不出如来佛的手掌心。清代大学者戴震说过这么一句惊心动魄的话："大国手门下不出大国手，二国手、三国手门下教得出大国手。"（段玉裁《戴东原先生年谱》）为什么？我想，最大的可能性是："大国手"所具有的无边法力与无上威严，成了其"门下"自我表达以及突围的巨大障碍；而"二国手""三国手"的"门下"，精神负担小，放得开，故反而可能有大发展。对于真心希望"青出于蓝而胜于蓝"的学者来说，戴震的这句话值得仔细咀嚼。

刚博士毕业那阵子，偶有争议，常被人讥笑：还博士呢，连这都不懂！其实，这是将西方追求专精的学术精神与传统中国的博雅趣味（所谓"一物不知，儒者之耻"）相混淆。同样名为"博士"，作为学位的Ph. D.或Litt. D.，与古代中国学官不可同日而语（尽管现在的官场上，高学历成了晋升的重要条件）；可也不太像博通古今之人或专精某一门特殊技艺的（如茶博士）。一定要比，只能说是后两者的综合。当然，那是指理想的状态。

我所理解的"读博"，除了现实层面的获得学位外，应该还有另外两重意义，一是读书的心境，二是读书的技术。这里所说的"读书"，包括阅读、思考、探究、写作等，接近今人所理解的"治学"。晋人陶渊明自称"好读书，不求甚解"，人多以为是自嘲，其实，这是一种很高的读书境界。所谓"每有会意，便欣然忘食"（《五柳先生传》），更显示其读书之乐。不强作解人，不过度诠释，不为了职称而著述，这样的读书，方才能得其三昧。今人则相反，未曾耕耘，先问收获，落实到具体操作过程，便是"不读书，好求甚解"。如何兼及博雅与专精，既保留读书之乐趣，又希望对学术有所推进？我想，最佳状态是："好读书，求甚解。"后者指向职业，前者指向志趣。

在重视学历的现代社会里，读书与职业之间，确实存在某种联系。大学里，只讲修心养性固然不行，可如果变成单纯的职业训练，也未免可惜。理想的博士生训练，不只是习得精湛的"专业技能"，更包括养成高远的"学术志向"与醇厚的"读书趣味"——这也是我对北大格外感激的地方。

2003年7月10日于京北西三旗<br>
初刊《学位与研究生教育》2003年第12期

# 小书背后的大时代
## ——从《二十世纪中国文学三人谈·漫说文化》说起
陈平原

应云南民族大学的邀请,为其主办的"20世纪中国文学论坛"准备主旨发言,翻阅北京大学出版社2004年版《二十世纪中国文学三人谈·漫说文化》,真的感慨万千。这册小书,乃1988年人民文学出版社版《二十世纪中国文学三人谈》和1997年湖南教育出版社版《漫说文化》的合刊,扣除新写的"小引",也就区区226页。

关于"二十世纪中国文学"这个概念,引用的很多,批评也不少,但作为一种问题意识与论述框架,已被学院派广泛接纳——或课程,或教材,或著述,《二十世纪中国文学史》俨然已经深入人心。毫无疑问,这个概念的产生带有清晰的时代印记,如现代性如何阐释,改造国民性怎样落实,纯文学是否合理,世界文学的可能性,左翼文学思潮的功过得失,以及"悲凉"是否为20世纪中国文学的整体特征等,所有重要话题,当初都是一笔带过,没有得到认真且充分的论述,也就难怪日后多有争议。

思前想后,决定撇开"二十世纪中国文学"这个概念的功过得失,就说其前因后果,旁及与此相关的"二十世纪中国小说史""漫说文化"丛书等。当初离得很近,看不太清楚;如今感怀依旧,却增加了很多沧桑感。值得认真叙说的,不是我们的功绩,而是小书背后的大时代。

### 即便只剩下个外壳

最近十多年,不断有人邀我重谈"二十世纪中国文学",我都谢绝了。钱理群写过《矛盾与困惑中的写作》,初刊《文学评论》1999年第1期,就像《一路走来——钱理群自述》(河南文艺出版社,2016年)所说的,此文"是对80年代的学术,特别是所提出的'二十世纪中国文学'这一概念作为一个当事人的反思,因此为学界所瞩目,这些年更经常被那段历史的研究者所引述"(80页)。黄子平也曾接受专访,对此概念的缺憾有过深入的辨析(参见丁雄飞《黄子平再谈"二十世纪中国文学"》,《东方早报·上海书评》2012年9月23日)。唯独我没有就此话题公开发言,显得有些矜持。

之所以没有与时俱进,不断地自我反省,那是因为,我认定此概念的得失成败,早已"盖棺论定",日后的修修补补,其实无济于事。因为,所有理论预设都只是过河的舟楫,河已经过了,舟楫是否精美,不必过分计较。在某个特定历史时刻曾发挥作用,突破了原有的思维方式,让人耳目一新,这就行了。至于"苟日新,日日新",借助不断的反省、批判与重构,达成另一种新视野,不一定由我们来完成。

在我看来:"那文、那书,早已进入历史,既没必要修订,也不可能完善。念及此,有点悲伤,可也仿佛卸下了千斤重担。"多年后回望,这个历史描述还是比较准确的。翻阅此类"开风气"的小书,在作者是追忆时光流逝,在读者则可以一窥学术的演进。借用我2003年为《二十世纪中国文学三人谈·漫说文化》所撰"小引"中的一段话:"从1985年到1990年,我和钱理群、黄子平三人,在区区燕园里,'热火朝天'地切磋学问,先是纵论'二十世纪中国文学',后又'漫说文化'。而这两次合作(加上'未完成'的《二十世纪中国小说史》),多少都引起了学界的关注。学术上的创获到底有多大,不好说;倒是那种合力奋进的精神状态,很是感人。或许,这就是人们常说的'八十年代学术'的特征:虽则粗疏,但生气淋漓。"(参见《二十世纪中国文学三人谈·漫说文化》第2页、第1页)

今天看来,值得格外怀念的,不是具体论述的"开拓性",而是提倡者那种初生牛犊的勇气,以及允许乃至鼓励年轻人"勇猛精进"的时代氛围。当初的我们,确实是想法多而学养薄,可如果接受长辈的善意提醒,沉潜十载后再发言,很可能处处陷阱,左支右绌,连那点突围的锐气与勇气也都丧失了。某种意义上,这个概念不完美、欠周全、有很多缺憾,可它与80年代的时代风气相激荡,这就够了。正因如此,我才会不无自嘲地说,即便"二十世纪中国文学"只剩下个外壳,也都值得怀念。

## 说出来的学问

在专业内外谈论这册小书,着重点截然不同。从事中国现当代文学研究的,多提及初刊《文学评论》1985年第5期的《论"二十世纪中国文学"》;而其他专业的研究者则更关心《读书》1985年第10期至1986年第3期的"二十世纪中国文学三人谈"。没有"三人谈",那只是一个学科内部的自我调整;有了"三人谈",才可能引起学界的广泛关注。

记得当初《读书》杂志连载"三人谈",有高人批评"鸡零狗碎"。确实如此,可若能再添上一句"逸兴遄飞",那就更准确了。"把学术聊天的内容记录下来,整理成文字发表,这是一件很有意思的事情,但也可能隐伏着某种'危险'。"这一点,在《二十世纪中国文学三人谈·写在前面》(1987)中已经坦承,且做了自我辩解,之所以选择"对话文体","并不单是由于这种方式的亲切、平易近人、随意、自然、放松"。"显然,更重要的是,对话揭示了一种思考的'过程',一种由不成熟通向成熟又通向新的不成熟的过程。"(参见《二十世纪中国文学三人谈·漫说文化》第4页、第6页）愿意提供半成品，这既是自信，也包含诚意。这其实与80年代的风气有关，思想解放大潮中，一切都在探索中，尚未形成共识与规范。

在《十年一觉》（1993）中，我提及："开始是两人两人聊，后来发展到三人一起聊，且越聊越专业化，居然聊出个'二十世纪中国文学'的命题来。"（《二十世纪中国文学三人谈·漫说文化》第148页）而1990年黄子平离开后，我和钱理群常聊天，就没了当年一聊就聊出个学术课题的豪兴，是不是"二人转"不如"三人谈"更能激发灵感？后来想想，没那么简单，关键在于，那种"侃大山"式的学术聊天，只能属于80年代。

这不仅与思想潮流有关，也与生活方式及居住条件有关。六年前，我组织北大中文系教师撰写《筒子楼的故事》（北京大学出版社，2010年），序言中提及："随着校园改造工程的推进，这些饱经沧桑的旧楼，说不定哪一天就会被拆掉。乘着大家记忆犹新，在筒子楼隐入历史之前，为我们的左邻右舍，为那个时代的喜怒哀乐，留一侧影，我以为是值得的。"书出版后，在答记者问时，我称"居住方式本身，又在某种意义上影响了一代人的知识、情感与趣味"，下面这段话，至今仍然有效："今天大学里的同事，不管你住'豪宅'还是'蜗居'，相互间很少有生活上的联系，更不要说学术及精神上无时不在的交流。我和钱理群、黄子平商谈'20世纪中国文学'，主要是在老钱那间'筒子楼'的宿舍中完成的。那时住得很近，就在隔壁楼，端起饭碗就过去，一聊就聊大半天。像今天住得这么分散，见面聊天，要事先打电话约定，再也不可能那样无拘无束了。当然，不全是住宿的问题，还有整个时代的精神氛围。如果说上一代学人因'政治运动'等，相互间走得太近，缺乏个人隐私与独立的生活空间，闹了不少矛盾；那么，今天的问题是倒过来，离得太远，同事间相互不了解，连在一起聊天说闲话的机会都很少。"（此乃书面答问，参见李昶伟发表在2010年8月1日《南方都市报》的《北大筒子楼：五十年的共同记忆、一代学人的

命运变迁》）

除了居住环境，还有过度的知识产权保护，导致今天即便在学术会议上，大家也都不太愿意"抛玉"引"砖"了。真正有深度的对话，本该是相互激荡而产生的奇思妙想。这个时候，很难分清每句话的所有权，以及哪个概念是谁最早提出的。非写成正式论文不上讲台，害怕自家独有的想法或关键史料被剽窃，于是说话时小心翼翼，这可不是好现象。再加上评职称、报项目、获奖励时，只认可专业杂志刊发的高头讲章，随感、评论、对话、书评全都不算数，使得今天中国学界，规矩多而灵气少，从一个极端走到了另一个极端。正是有感于此，今年我在北大出版社主持的"文学史研究丛书"，准备推出三本对话体的学术著作，希望让"说出来的学问"重见天日。

## 年轻人的机遇

上海的王晓明教授曾将1985年5月6日至11日在北京万寿寺中国现代文学馆召开的"中国现代文学研究创新座谈会"和在会上提出的"二十世纪中国文学"视为"重写文学史"的"序幕"，理由是："正是在那次会议上，我们第一次看清了打破文学史研究的既成格局的重要意义。"（王晓明《主持人的话》，《上海文论》1988年第6期）关于此次"创新座谈会"的诸多故事，可参见王晓明的《从万寿寺到镜泊湖》（《文艺研究》1989年第3期）。这里不涉及"二十世纪中国文学"概念的产生、影响及缺陷，我想说的是当初我们登台的方式。

就从那册小书的署名方式开始。很多人惊讶，对比文章初刊及入集后的署名方式，简直让人眼花缭乱。《论"二十世纪中国文学"》一文署黄子平、陈平原、钱理群撰，"二十世纪中国文学三人谈"署陈平原、钱理群、黄子平撰；1988年人民文学出版社刊行《二十世纪中国文学三人谈》，署黄子平、陈平原、钱理群著；

1997年湖南教育出版社推出的《漫说文化》，署钱理群、陈平原、黄子平著。到了2004年北京大学出版社将二书合刊，这回我做主，统一改署"钱理群、黄子平、陈平原著"。并非故作谦虚，而是还历史本来面目。

在《十年一觉》（1993）中，我谈及："这命题最早是老钱提出来的，就专业知识而言，他远比子平和我丰富。一九八五年春天在万寿寺召开的现代文学研究创新座谈会上，是我代表三人就此设想做了专题发言。"（《二十世纪中国文学三人谈·漫说文化》，第148页）那时我还是个博士生，老钱已经是副教授，之所以推举我做代表，那是因为，这个机会对年轻人来说太重要了。老钱说，既然是创新座谈会，那就应该让年轻人上阵。这是80年代特有的气象与风度——相信未来，相信年轻人，关键时刻，尽可能把年轻人往前推。其实，不仅中国现代文学专业如此，同一时代，经济学、法学、电影、绘画、小说等，都是若干志同道合的年轻人聚集在一起，酝酿一场场日后影响深远的变革。进入90年代以后，如此激动人心的故事越来越少。最近十年，因利益纠葛，高校里"老板"越来越威严，而"青椒"脱颖而出的机遇则越来越少。

我坚信"江山代有才人出"，任何一次年轻人间成功的聚会，都可能隐含着某种学术交锋或思想突破。问题在于，如何为70后乃至80后学者搭建较为理想的"舞台"？北大允许在读博士生组织国际学术会议，我们当老师的，只在后台当参谋，希望能借此重现80年代的思想氛围。几年前，我在"众声喧哗的中国文学——首届两岸三地博士生中文论坛"上致辞，称："什么是好大学（这里不说那让人头痛的'世界一流'），在我看来，不仅得有学贯东西的'好老师'，还得有随时可以切磋辩难的'好同学'；而好老师的责任之一，就是为好学生搭建'好舞台'，让其酣畅淋漓地施展才华。"（陈平原《同代人的学问与心情》，《南方都市报》2010年11月3日）基于此信念，北大甚至鼓励博士生自己设计论题，申请经费，召开同龄人为主体的国际会议，老师们只是在幕后默默支持。去年11月15日至16日,北京大学中文系主办的"时代重构与经典再造(1872—1976)——博士生与青年学者国际学术研讨会",就是这么开的(参见李浴洋《一群学生娃撑起国际学术研讨会》,2016年2月16日《北京青年报》)。我在这个研讨会上做主旨演说,开篇谈及"铁打的营盘流水的兵",结尾处回忆三十年前的"中国现代文学研究创新座谈会",并称:"我们这一辈学者,好多人借助这次会议登上学术舞台,因此很珍惜此记忆。三十年后,又一次营盘交接,尽可能为年轻人提供更好的学术环境与精神氛围,是我们义不容辞的责任。"(陈平原《弹性的"经典"与流动的"读者"》,《北京青年报》2015年12月1日)

一个多月前,北大出版社为了推介我的"大学五书",让我在上海的复旦大学做一次演讲。我没讲自家的书,而是谈论《八十年代的我们》。事后,《文汇报》发表《"一个时代的希望是年轻人的感觉"》,为了表示善意,专门加了个副题"北大教授陈平原推介'大学五书'收官之作《大学新语》时回忆上世纪80年代"。演讲中,我再次提及1985年的中国现代文学研究创新座谈会,称那次会议鲜明地映照出80年代的风景——"长辈尊重年轻人,愿意让年轻人上阵"。最后是"现在重新讲述80年代的故事,我故意说些清风明月和浪漫无边,淡化了寒窗苦读和许许多多乏味的日常。其实80年代也有风有雨。……80年代年轻人的状况,就像两首流行歌曲,'一无所有',却依然走'在希望的田野上'。一个时代的希望是年轻人的感觉,这种感觉很重要。"(参见李思文《"一个时代的希望是年轻人的感觉"》,《文汇报》2016年4月27日)

我在演讲中谈到,理解上世纪80年代的精神文化氛围,不妨从以下两首老歌入手——1980年创作的《在希望的田野上》(陈晓光词,施光南曲),1981年元旦首次在中央电视台播出,1982年彭丽媛凭借此歌登上央视第一届春节联欢晚会;1986年在北京工人体育馆的舞台上,崔健的摇滚乐横空出世,尤其这首《一无所有》,震撼了无数年轻人的心。我的看法是,80年代的中国,并非全都春光明媚,但那时的年轻人,即便埋怨"一无所有",也都是唱着"美妙的春光属于谁?属于我,属于你,属于我们八十年代的新一辈"(《年轻的朋友来相会》,张枚同词,谷建芬曲,1980年),且自我感觉是奔跑"在希望的田野上"。

现在的年轻人,实际生存状态比我们当年好多了,但缺少那种"充满希望"的自我感觉。如何让今天中国的年轻人,面临各种艰难险阻时,也仍然对"再过二十年,我们重相会"充满期待?这需要青年心态的自我调整,需要政府制定相关政策,也需要长辈努力为其提供表演舞台。

### 领军人物与独行侠

在我看来,人文领域的创新与突破,大都属于那些壁立千仞、特立独行的学者,故不主张人文学也都走智库的道路。而与当下中国"智库热"相映成趣的,便是对于"领军人物"的极力表彰。工程技术或某些社会科学,需要大兵团作战,运筹帷幄,指挥若定,那确实是大本事。可文史哲及宗教、艺术等领域,情况不是这样的,那里的第一流学者往往是"独行侠",埋头做自己的研究(参见陈平原《关于"人才养育"的十句话》,2015年12月22日《光明日报》)。如此立论,很大程度是对当下潮流的抵制。可在纠偏的同时,我也在反省北大中文系过于崇尚个人自由,很难进行学术合作的缺失。而入手处,正是那功亏一篑的《二十世纪中国小说史》。

二十多年前,我在《十年一觉》(1993)中已谈及此事:"就在'二十世纪中国文学'这一命题走红时,不少出版社前来约稿,希望就此设想撰写专著。不是完全不动心,也曾有过大致的规划,可很快发现自身根基不稳,不想仓促上阵。于是急流勇退,写我们各自的专著去了。不想一年后,老钱又'卷土重来'。这回说是缩小战线,就弄二十世纪中国小说史。而且人多势众,开会时一本正经，还得准备发言提纲，不像以前聊天那么洒脱了。忙了两年，我负责的部分终于完成了，还颇获好评。只是第二卷以下千呼万唤至今未出台，大有虎头蛇尾之嫌。除有客观环境的制约，更重要的是，诸君都有较强的学术个性，在一起交谈很愉快，合作起来却不容易，尤其是希望写成一部'有整体感'的著作时更是如此。"（《二十世纪中国文学三人谈·漫说文化》，第148—149页）此后呢？努力了好几回，但留下来的依然只是1997年北大出版社推出的五卷本《二十世纪中国小说理论资料》。

想当初，严家炎、钱理群主持编写六卷本《二十世纪中国小说史》，分别由陈平原、严家炎、吴福辉、钱理群、洪子诚、黄子平担纲，可以说都是一时之选。1989年《二十世纪中国小说理论资料》第一卷（陈平原与夏晓虹合编）及《二十世纪中国小说史》第一卷出版时，很多人寄予厚望（参见钱理群、解志熙、刘纳、李庆西、吴方等人书评），日本大阪经济大学教授樽本照雄对本书更是关爱有加，专门为其制作了《〈二十世纪中国小说史〉第一卷索引》，刊于1991年3月出版的《大阪经大论集》第200号（第385—430页）。尽管也有若干批评与建议，但学界大都认定，这套书若能完成，将具有里程碑意义。可惜"开篇"个性太强，第二卷不太好续。偏偏主编又很认真，追求尽善尽美，不愿仓促成书，最后没办法，只好让第一卷在问世十六年后改名换姓"单飞"了。

在这册改题《中国现代小说的起点——清末民初小说研究》（北京大学出版社，2005年）的老书前，我加了个"新版序言"："这是一册旧书，原名《二十世纪中国小说史》第一卷，之所以'改头换面'，有其不得已的苦衷。原书初版于1989年，乃设想中的六卷本《二十世纪中国小说史》的'开篇'。很可惜，课题组同人鞍马劳累，各有各的学术兴奋点，始终无法集中精力，完成此拟想中的大书。眼看十多年过去了，第二册还在酝酿中，何时能成完璧，实在不得而知。出版社于是转变策略，劝我将此书单独刊行。说是日后全史若能成编，再让我打点行装，重新归队。"又是十年过去了，归队愿望依旧落空。谁都明白，作为大套书中的一册与单独撰写的著作，无论宗旨、体例与文气，都是不一样的。当初若能一鼓作气，三五年内完工，哪怕粗糙点，各卷之间不太配合，乃至互相打架，也都是一部了不起的大书。时间拖得越久，各界期待越高，作者越举步维艰，最后只能胎死腹中了。这实在很可惜。

回头想想，学术史上，突破期更多地依赖个人的奇思妙想，建设期则需要同心协力，做大做强。这个时候，集团作战比单枪匹马更能见成效。而大套书的撰写，需要强势而又善于沟通的主编，且不能选择个性太强的合作者，因后者不太愿意妥协，很难"步调一致得胜利"。学者的知识类型及精神气质不同，不是每个人都能主持大项目的。像我就做不到——好几次被委以重任，最后都落荒而逃，辜负了有关方面的信任与期待。另外，80年代的大项目接近有特定标记的箩筐，而现在的大项目则更强调整体感。如此一来，主编的责任与权力更大，做得好的话，收益也更明显。运作大项目，时间管理与协调能力是个大问题。学者都有自己的生活方式与工作节奏，主编若不擅长运筹帷幄，再好的计划也会被拖黄的。因此，我关于"文史哲及宗教、艺术等领域"更需要"独行侠"的判断，必须略为修正——大套书的写作除外。

2016年6月12日初稿，7月3日改定于京西圆明园花园<br>初刊《读书》2016年第9期

# 四十而惑

陈平原

平日喜欢为自己写的书作序，因那样好歹证明又完成了一件工作，不妨海阔天空地神游一通。编学术自选集可就不一样了，总得说说自己的学术经历什么的。这可就有点为难了，不能瞎吹，也不能乱贬。说得太差，有负出版社和读者的雅意；说得太好，又实在没有那么厚的脸皮。思前想后，不如撇开具体评价，单说治学的甘苦。

那天有位女记者来访，说了一句我很不爱听的话。已经习惯"青年学者"的称呼，突然间发现被人家当作"中年学者"的代表，心理上实在无法接受。在我的"抗议"下，女记者只好同意修改文稿。事后想想，是我不对。人家已经请教过有关专家，四十岁该不该算青年？据说答案是否定的。幸亏她的提醒，我才猛然间明白自己的处境。即使按照中国已经相当宽厚的年龄划分，我也不好意思再"青年"下去了。只好学张爱玲小说，做一个美丽而苍凉的手势，永远告别那尚未真正呈现的"青春"。

人活在世间，总有遗憾。作为学者，这种遗憾尤其明显。回首往事，你会发现走了那么多的弯路，并感叹所花精力与所获成就太不成比例。因此，我不大愿意算总账，只希望解决一个个的具体问题。可毕竟编"自选集"是第一回，而且"四十岁"也是个惊心动魄的符号，只好破例从头道来。

不谈具体学问，就"读书"以及"时间"而言，我受孔夫子和鲁迅的影响甚深。不敢自认私淑弟子，也不想承继什么曲里拐弯的

"学统",只是小时候半懂不懂记下来的话,长大了越琢磨越觉得有道理,颇有"终生受用"的意味。

第一句自然是关于读书的。父母都是教师,从小就让我背《论语》中这段名言:"吾十有五而志于学。三十而立。四十而不惑。五十而知天命。六十而耳顺。七十而从心所欲,不逾矩。"那时年幼无知,颇以比孔夫子还早地"志于学"而自豪。后读《大戴礼记》《白虎通义》,方才明白古人八岁学书计、十五入大学的通例。

今人不学礼,所谓"三十而立"也就只好落空了。不过三十岁那年,我刚好北上求学,算是个人学术生命中的重要转折点。车过黄河时,曾下决心好好思考这"三十功名尘与土,八千里路云和月"。可一进燕园,就被各种各样的新鲜事吸引住了,根本没时间算那陈年老账。现在想来很可惜。有些感觉,当时没有记下来,事过境迁,再也无法追忆。山村里昏黄的灯光、深夜中遥远的木屐声,以及盼望雨季来临以便躲在家中读书的情景,至今仍不时闯入梦境。这些对我极为重要的人生体验,全都压在严肃的学术论著的纸背,不为读者所感知。

作为恢复高考后招收的第一届大学生,"七七级"有它的光荣,也有它的苦恼。图书教材、课程设置、学术氛围等,大都不尽如人意。后人很难想象,我们学了一年的文艺理论课程,竟是以《在延安文艺座谈会上的讲话》为中心。同学不满,可教师的辩解也很有力:谁说毛泽东文艺思想不是文艺理论?幸亏有那么多好玩的事,方才足以弥补"文革"刚结束大学校园里百废待举的缺陷。比如,半夜里到书店门口排长队等待《安娜·卡列尼娜》、大白天在闹市区高声叫卖自己编印的文学刊物《红豆》,吃狗肉煲时为约翰·克利斯朵夫的命运争得更加"脸红耳赤"……所有这些只能属于我们这代人的小情景,回忆起来还挺温馨的。很想收录一篇大学时代的文章以作纪念,犹豫再三,还是没有这个胆量。

当初踏出中学校门、走向"广阔天地"时,我说了一句"豪言壮语":十年后见!那时只是不认命,以为能凭自己的努力回到我所喜欢的书桌。其实,"谋事在人,成事在天",如果没有高考制度的恢复,我大概只能像大寨人那样,永远地"站在虎头山,胸怀全世界"了。年轻时对时间很慷慨,一出口便是"十年"。哪承想,人生其实没有几个可以"潇洒走一回"的十年!走进大学校园,感觉上就像搭上了末班车,丝毫不敢怠慢。紧赶慢赶,总算是抢回了点时间。收在集子里的头两篇文章(《鲁迅的〈故事新编〉与布莱希特的"史诗戏剧"》和《论苏曼殊、许地山小说的宗教色彩》),是硕士生阶段的习作。它具有某种象征意义:我终于找到了自己的书桌。"十年辛苦不寻常",也就留下这一点记忆。除了证明自己缺乏天赋外,也隐隐透出我们这代人治学的艰难:从洗净腿上的泥巴,到坐稳校园里的冷板凳,路长着呢。

赶巧了,北上求学,至今正好十年。表面上,这十年我很顺利;可静夜沉思,总觉得心虚,真的"如履薄冰"。偶尔与人道及,得到的安慰是:古人早有言在先,学而后知不足。这么说来反而是好事?我不信。意识到自己在治学方面"先天不足,后天失调",才是"心虚"的症结所在。既然如此,也就不好意思絮絮叨叨地推销自己的学术观点。这种"心虚",还有一个原因,那就是出于对"时间"的恐惧。"十年"就这么从自己的手指缝溜走了,而且无声无息!再也没有少年时的慷慨与豪迈,每念及"子在川上曰:'逝者如斯夫,不舍昼夜。'",总有一种苍凉的历史感。我不相信荀子和董仲舒关于这段话的解说,什么"似道""似德""似义""似勇",未免太理智了。我只是将其作为关于"时间"的千古感叹来解读。

面对"生有涯而知无涯"这一永恒的矛盾,我的策略来自鲁迅的《过客》。不管前面是坟场,还是鲜花,既然"还有声音常在前面催促我,叫唤我,使我息不下",那我就只好往前走。

记得头一次翻开新版《鲁迅全集》,就被"开篇"吸引住了,这得归功于编者的技术处理。《〈坟〉题记》写于1926年,假如编全集时按文章写作时间或著作出版顺序收录，它都不可能排在第一位（比如1958年版便以《呐喊》打头）。若如是，真不知道我还会不会被如下这段话所深深震撼：

> 虽然明知道过去已经过去，神魂是无法追蹑的，但总不能那么决绝，还想将糟粕收敛起来，造成一座小小的新坟，一面是埋藏，一面也是留恋。

鲁迅将早年文章结集为《坟》，除"埋藏"兼"留恋"外，也给敌人的好世界"多留一些缺陷"，这个意思在《写在〈坟〉后面》中得到更充分的发挥。我的文章不属于社会批评，也没有那么强烈的战斗性，这后一层意思自然不好妄加比附。何况，我欣赏"坟"这个意象，并不限于出书编集子，而是希望在日常生活中不断地"埋藏"自己的过去，当然也不无"留恋"。在我看来，不会反省，则无所谓"埋藏"；没有"埋藏"，则很难再往前走；毫无"留恋"，则又未免过于乐观，焉知将来一定超过现在？

在《小说史：理论与实践》的"小引"中，我曾这样解释自己治学时某种程度的跳跃性：

> 一方面是自觉学术尚未成熟，总想多试试几套拳路几种枪法，不愿就此摆摊卖药；另一方面也因天性好强，老跟自己过不去，总觉得还能往前挪半步，不想就此打住。

似乎没有过"雄心壮志冲云天"的时候，不过就喜欢这么一点点的"自我超越"。我承认，这里有刻意制造"新坟"的诱惑，也有无法安营扎寨打硬仗的危险。对一个学者来说，不断的自我反省，未必都是好事。

但愿有一天，我能对自己的研究方向与学术成果充满自信。那时如果再有编选集谈治学的机会，肯定比现在轻松愉快得多。

附带说一句,文章分四个专题,前三辑("二十世纪中国文学研究"、"小说学研究"和"学术史研究")按发表时间排列,既表明我的研究范围,也显示我学术兴趣的转移。第四辑"人文关怀",限于体例只收近作,但不等于说此前就"两耳不闻窗外事"。

1994年11月9日于京西蔚秀园

初刊《十月》1995年第5期;《陈平原自选集》代序

# 在范式转移与常规研究之间

陈平原

世上好书的出现,有两种不同的途径:一是长期积累,水到渠成;二是机缘凑合,别开生面。若是后者,往往与特定时代氛围有关。我的《中国小说叙事模式的转变》属于后者,故谈论此书的得失,必须把上世纪80年代的文化氛围与博士培养制度的建立,作为必要的参照系。

自1978年改革开放大潮涌起,大量西方新旧学说被译介进来,一时颇有"乱花渐欲迷人眼"的感觉,这需要一个辨析、沉淀、转化、接纳的过程。到了80年代中后期,随着"文革"后培养的本科生研究生逐渐登上舞台,一个生机勃勃、激情洋溢的文化热及学术变革时代开始了。我不是弄潮儿,只是这个大潮的追随者与获益者。谈论中国小说而从"叙事模式"入手,若非这个大潮,我不会这么提问题,也没有相关的理论准备。

在中国,将小说作为一个学术课题来从事研究,是上世纪初才开始的。鲁迅、胡适、郑振铎等"五四"先驱借助于19世纪西方文学观念以及清儒家法,一举奠定了中国小说史学的根基。上世纪30年代以后,随着马克思主义文学理论在中国的传播,小说史家越来越注重小说的社会内涵。50年代起,所谓"典型环境中的典型人物",更成了小说研究的中心课题乃至"指导思想"。80年代学术范式的转移,落实在小说研究中便是将重心从"写什么"转为"怎么写"。不再借小说研究构建社会史,而是努力围绕小说形式各个层面(如文体、结构、风格、视角等)来展开论述。正是在这种学术背景下，我选择"叙事模式的转变"作为古代小说向现代小说过渡的关键来辨析，且在具体论述中，努力把纯形式的叙事学研究与注意文化背景的小说社会学研究结合起来，借以沟通文学的内部研究与外部研究。

在此书的初版自序中，我谈及"我关心的始终是活生生的文学历史"，"拒绝为任何一种即使是最新最科学的研究方法做即使是最精彩的例证"。这一学术立场，使得我在具体操作层面，更接近于常规研究。赶上了文化及学术变革的大潮，但因另一种力量的牵制，导致我比较谨慎，没有过多地随风起舞。打个比喻，起风了，没有翅膀的小猪，找一个合适的角度，观察、思考、选择，而不是凑到风口上硬起飞；这样，也就不至于一旦风停下来，摔死在百里之外。

这个牵制我不至于四处漂流的锚，就是那时刚建立不久的博士培养制度。我是北大中文系最早的两个博士生之一，入学当初是被寄予厚望的，自己也感觉责任重大。1985年，钱理群、黄子平和我联名发表关于"二十世纪中国文学"的论文及"三人谈"，一时风生水起，影响很大，直到现在还不时被提及。可风头正劲时，我没有趁热打铁，而是赶紧抽身，沉下心来经营我的博士论文。我始终记得，博士招生考试前，钱理群将我的一篇论文交给王瑶先生，据说王先生看后说了两句话：第一句是表扬——"才气横溢"；第二句则是警戒——"有才气是好的，横溢就可惜了"。即便在最得意的时候，我也牢记这个警戒：就这么点小才气，千万不要"横溢"了。

与同时代众多很有才情的同道相比，我的好处是及早受到学院体制的规训，强调沉潜与积累，不争一时之短长，因此能走得比较远。作为中国现代文学专业的开山祖，王瑶先生早年治古典文学，有名著《中古文学史论》传世。平日聊天，王先生要求我借鉴古典文学的研究思路、立场及方法。理由是，现代文学根基浅，研究者大都倾向于现实关怀，在当下思想解放大潮中可以发挥很好作用，但长远看，是个缺憾。当初，《中国小说叙事模式的转变》出版，好几位日本学者对我自序中这段话感兴趣："对于研究者来说，结论可能倒在其次，重要的是论证。强调这一点，不仅是因为不满意于现在市面上流行的大批'思想火花'式的轻率结论；而且因为精彩的结论往往是被大量的材料以及严肃认真的推论逼出来的，而不是研究者事先设计好的。"因为他们觉得，那个时代年轻气盛的中国现代文学研究者，大都思辨性强而实证性弱，接近文学创作而非学术研究，而我的书有点特别。了解师承后，当即释然。

《中国小说叙事模式的转变》出版后，读者一般关注上编的"输入新知"，我则更看重下编的"转化传统"。这里牵涉一个小八卦，若你到北大图书馆查我的博士论文，会发现题目不是《中国小说叙事模式的转变》，而是《论传统文学在小说叙事模式转变中的作用——从"新小说"到"现代小说"》。这是怎么回事呢？说来好笑，当年北大很穷，规定博士论文只能打印十万字左右。我和王先生商量，上编见功夫，但下编更具创见，因而裁剪成这个样子。答辩时，樊骏先生说我忽略了一个问题，我说有的，在上编，接着哇啦哇啦说了一通；再提一个问题，还是在上编，又哇啦哇啦一通。大家都笑了，说你们北大不能这么抠门，既然都写出来了，不要藏着掖着，让答辩委员猜谜。记得第二年起，这个制度就改了，提交答辩的博士论文全文打印，不限字数。不过，这一不得已的裁剪，也可见我们师生的趣味。日后证明，这一判断是对的，下编的好多论述，直到今天仍有生命力。

得益于思想解放与理论突破的时代潮流，但又因学院体制的保守性，对此大潮保持一定的距离与警惕，防止走向另一种"以论带史"——在一个学术革命的时代，带入常规研究的思路与方法，这或许是我的《中国小说叙事模式的转变》好处所在。

这就说到托马斯·库恩（Thomas S.Kuhn）的《科学革命的结构》，那是80年代我喜欢读的书。他谈的是科学史及科学哲学问题，可我以为对于人文学者同样有启示。库恩描述的科学发展模式是：前范式科学—常规科学—革命科学—新常规科学。一旦旧范式解决不了新问题，科学家们必定锐意创新，经由多年努力，若在理论、观念及方法上有大调整，且成果明显，那就标志着科学革命已经发生，新范式取代了旧范式。在我看来，人文学的变革没像自然科学那么激烈，往往是新的已来，而旧的不去，是一种重叠与更生的关系，而非绝然的对立与断裂。回到80年代的语境，我们自信文学研究领域的"革命"已经或即将发生，自己的工作目标，应该是努力促成这一范式转移，而不是修修补补。

可也正是这一观念，导致我的小说史研究没能长期坚持下去。十年间写了五本书，除了《中国小说叙事模式的转变》，影响较大的还有《千古文人侠客梦——武侠小说类型研究》，此书流播甚广，去年剑桥大学出版社还刊行了英译本。90年代中期以后，我之所以不再从事小说研究，源于一个基本判断，文学研究已经进入常规建设，好长时间内只是学术积累，不会有革命性的变化。而我需要更具挑战性的领域及话题。

因此，最近二十年，我左冲右突，力图在学科边缘或交叉处耕耘。像《中国现代学术之建立》《触摸历史与进入五四》《左图右史与西学东渐》《作为学科的文学史》等，都因其在学术立场、理论设计及研究方法上略有创新，而在中外学界获得好评。可我很清醒，现在已经不是80年代的语境了，做得再好也不可能有广泛的影响力。一方面好手如林，学问的领域、技术与境界日新月异；另一方面，课题优先，数字为王，个人特立独行的空间越来越小。在学术革命的时代保持对于传统的极大敬意，而在常规建设时期又老是突发奇想，不满足于一般性的学术积累。这种学术上的冒险性格，可以说是80年代的精神遗存。

进入常规建设时期，还有一点我必须调整，那就是如何处理书斋与社会的关系。随着社会转型，中国学界开始分化，有人埋头做学问，不问窗外的风声雨声；有人进入大众传媒，逐渐远离传统意义上的书斋。90年代初，我有一篇流传很广的随笔，题目是《学者的人间情怀》,谈的便是这种艰难的抉择。如何在从事学术研究的同时,保持一种人间情怀?经由一番摸索,我找到了一个观察社会、介入现实,而又不失学术水准的特殊窗口,那就是大学史与大学研究。二十年间,先后出版七八种相关书籍,如《大学何为》《大学有精神》《老北大的故事》《抗战烽火中的中国大学》,都是兼及学问与文章、历史与现实、批判与建设,在教育界及大众中有很好的口碑。某种意义上,这又是在回应意气风发的80年代。

《中国小说叙事模式的转变》的获奖,促使我反省走过来的道路,包括得失利弊。谈不上特立独行,同样受时代潮流的影响,我只是略有规避与调整,不至于太随波逐流而已。接下来的日子,还有若干著作在认真经营,希望对得起这个奖项以及广大读者的期许。

2017年12月28日在第四届思勉原创奖颁奖典礼上的演说<br>初刊《探索与争鸣》2018年第5期

# 从"触摸历史"到"思想操练"

陈平原

人类历史上,有过许多"关键时刻",其巨大的辐射力量,对后世产生了决定性影响。不管你喜欢不喜欢,你都必须认真面对,这样,才能在沉思与对话中,获得前进的方向感与原动力。……对于20世纪中国思想文化进程来说,"五四"便扮演了这样的重要角色。作为后来者,我们必须跟诸如"五四"(包括思想学说、文化潮流、政治运作等)这样的关键时刻、关键人物、关键学说,保持不断的对话关系。这是一种必要的"思维操练",也是走向"心灵成熟"的必由之路。——以上这段话,出自本人《触摸历史与进入五四》一书的"导言"。其中三个关键词——"关键时刻""触摸历史""思维操练"——是我从事"五四"研究的基点,既是立场,也是方法。

读硕士及博士期间,我的专业方向是中国现代文学,这样的专业背景,促使我长期与"五四"对话。无论撰写小说史著作《中国小说叙事模式的转变》(1988)、学术史专论《中国现代学术之建立》(1998),还是教育史书籍《老北大的故事》(1998),"五四"始终是我关注及论述的焦点。只不过我所理解的"五四",远不止1919年5月4日天安门前的集会游行,起码包括思想启蒙、文学革命与政治抗争三大块。其大致进程是这样的——酝酿于戊戌变法(1898),得益于科举取消(1905),崛起于《新青年》创刊(1915),成熟于白话文进课堂(1920),国共分裂后"主义"之争凸显,众声喧哗局面结束(1927)。坚持从晚清与

"五四"两代人合力的角度立论,将"五四"主要理解为"新文化"的"运动",这一点我和张灏先生的意见比较接近(参见陈平原《"新文化"如何"运动"——关于"两代人的合力"》,《中国文化》2015年秋季号)。

开宗明义专论"五四"的,在我只有以下两本半书。第一,《触摸历史与进入五四》(北京大学出版社,2005年;2010年;2018年;*Touches of History: An Entry into 'May Fourth' China*, translated by Michel Hockx, LEIDEN · BOSTON :Brill Academic Publishers,2011),此书的雏形是2003年台北二鱼文化出版公司刊行的《触摸历史与进入五四:一场游行、一份杂志、一本诗集》。第二,《作为一种思想操练的五四》(北京大学出版社,2018年)。前一种属于专著,第二种带论战性质,二书长短及体例不一,只是在将"五四"作为思想的磨刀石这一点上,立场相同。

这里先说那半本,也就是我与夏晓虹合编的《触摸历史——五四人物与现代中国》(广州出版社,1999年;北京大学出版社,2009年),此书明年出增订版,现已编辑完成。二十年前,此书甫一出版,我就意识到学生部分相对单薄。全书分"为人师表""横空出世""内外交困""众声喧哗"四辑,分别谈论老师辈、学生辈、政府官员以及社会各界。虽有傅斯年等十三人作为代表,但与"青年运动"的历史定位相比,分量还是不够。这回增订重刊,我又补了十六篇,兼及政治立场的左中右,还有思想、文艺、学术、出版等不同领域,力图使青年运动的面目更为清晰。书编好了,回过头统计,发现初编十三名学生中,北大占了八个;续编十六位全部属于北大。而总共二十四名北大学生中,国文系十名、哲学系七名,占了绝大多数。也曾反省是不是我的偏见,逐一核查,没有发现大的瑕疵。反过来想,值此风云突变的历史关头,需要的不是理智与学养,而是敏感、担当与表达,这方面国文系、哲学系的学生,比数学系、历史系学生占优势。当然,这也与我长期关注教育史,对北大史料相对熟悉不无关系。

关于五四新文化运动这样众说纷纭的话题，确实是"横看成岭侧成峰，远近高低各不同"。作为研究者，你可以往高处看，往大处看，也可以往细处看，往深处看。我采取的是后一种策略——于文本中见历史，于细节处显精神。在《触摸历史与进入五四》的"导言"中，我谈及："作为方法的'触摸历史'，不外是借助细节，重建现场；借助文本，钩沉思想；借助个案，呈现进程。讨论的对象，包括有形的游行、杂志、大学、诗文集，也包括无形的思想、文体、经典、文学场。入口处小，开掘必须深，否则意义不大；不是所有琐琐碎碎的描述，都能指向成功的历史重建。"至于为什么这么做，有新历史主义的影响，但更多的是鲁迅、陈寅恪、钱锺书等人的启示。这点，我在"导言"中老实做了交代，不敢冒充先锋与时尚。与宏论或通史不同，《触摸历史与进入五四》其实只是集中讨论了一场游行、一份杂志、一位校长、一册诗集、一本小册子以及若干零篇。最能代表本书治学风格及趣味的，当数第一章"五月四日那一天——关于五四运动的另类叙述"。此章撰写于1999年3月，最初题为"触摸历史与进入五四"，提交给政治大学文学院主办的"五四运动八十周年学术研讨会"，收入同年刊行的《五四运动八十周年学术研讨会论文集》。会议是在"中央研究院"召开的，但好事多磨，中间跌宕起伏，我和好几位大陆学者是在会议第二天才匆匆赶到台北的。如此插曲，论文集序有专门的交代，足见话题的敏感以及两岸学术交流之不易。为我的论文做评议的，是"中研院"近史所老前辈吕士朋先生，记得他不吝表彰，对我的研究方法及述学文体多有溢美之词，这对我来说当然是很大的鼓励。

我在《触摸历史与进入五四》英译本序中提及："'五四'之所以能吸引一代代读书人，不断跟它对话，并非滥得虚名，主要还是事件本身的质量决定的。必须承认，一代代读者都与它对话，这会造成一个不断增值的过程；可只有当事件本身具备某种特殊的精神魅力以及无限丰富性，才可能召唤一代代的读者。"实际上，

20世纪中国史上,庚子事变、辛亥革命、抗日战争、反右运动、"文化大革命"等也都是关键时刻,只是因有的面向相对单纯,论述思路容易趋同;有的备受压抑,没能得到充分发掘,其思想史意义也就受到很大的局限。在这个意义上,五四运动十分幸运,不仅尘埃未定就被正面命名,第二年起便开始认真纪念,更因立场迥异的党派,虽心里各有盘算,表面上都得赞赏五四青年的爱国热情。因此,可以这么说,这是一个被允许"充分论述"的"关键时刻"——至于做得到做不到,那是另一回事。

这就说到我那册小书——书名《作为一种思想操练的五四》,作者用心显而易见。在我看来,"五四"的重要性在于:第一,形象正面;第二,丰富多彩;第三,意犹未尽——正因历来众说纷纭,方才有不断追忆与阐释的必要性与可能性。十年前,我在《走不出的五四?》(《中华读书报》2009年4月15日)中称:"就像法国人不断跟1789年的法国大革命对话、跟1968年的'五月风暴'对话,中国人也需要不断地跟'五四'等'关键时刻'对话。这个过程,可以训练思想,积聚力量,培养历史感,以更加开阔的视野,来面对日益纷纭复杂的世界。"

一代代中国人,从各自的立场出发,不断地与"五四"对话,赋予它各种"时代意义",邀请其加入当下的社会变革;正是这一次次的对话、碰撞与融合,逐渐形成了今天中国的思想格局。这里也包含百年来国共两党对于五四运动阐释权的争夺,如何与一时代的意识形态建构纠合在一起(参见陈平原《波诡云谲的追忆、阐释与重构——解读"五四"言说史》,《读书》2009年第9期)。也正因此,"五四"不仅仅是重要的历史事件,更是百年中国读书人重要的思想资源,还是极为活跃的学术话题,甚至可以作为时代思潮变化的试金石。在这个意义上,"五四"之于我辈,既是历史,也是现实;是学术,更是精神。

如此常说常新的"五四",毫无疑问,容易被"过度阐释",其中有遮蔽,有扭曲,也有意义转移。你可以赞赏,也可以质疑,但最好不要轻言"超越"。1949年,天翻地覆之际,俞平伯感慨"五四"新文化人想做的事情,"现在被中共同志们艰苦卓绝地给做成了";这好比是三十年前的支票,如今总算兑现了(参见柏生《几个"五四"时代的人物访问记》,《人民日报》1949年5月4日)。三十年后,俞平伯撰《"五四"六十周年忆往事》(此组诗初刊《文汇报》1979年5月4日),第十章诗后自注:"当时余浮慕新学,向往民主而知解良浅。"比起许多政治人物的宏论,我更认同诗人俞平伯的立场:曾经,我们以为"五四"的支票已经兑现了;其实,当初的"浮慕新学"与日后的"竹枝渔鼓",均有很大的局限性。近在眼前的两件事,让我感慨遥深:一是2018年5月4日下午2点,台湾大学"傅园"举办"傅斯年校长追思会暨纪念五四运动晋百年",有关台大"新五四运动"的连续报道,我是从中时电子报等媒体获得的;二是9月间德国邵宾纳剧院在南京江苏大剧院上演《人民公敌》的计划被取消(参见《江苏大剧院:"因舞台技术原因"德国〈人民公敌〉开始办理退票》,《新京报》2018年9月11日),原因是该剧在京演出时出现"负面效果"。后者让我明白易卜生戏剧仍有杀伤力,一如"五四"时期;前者则提醒我,"五四"仍然可以成为旗帜。

在中国大陆谈五四运动,表面上顺理成章,其实潜藏着两种陷阱:一是政府对于学潮的高度敏感与警惕,害怕学者借古讽今乃至挑起事端;二是国学热、大国崛起以及民粹主义思潮,使得"批判传统"成了某种禁忌。我曾谈及自己几次"马失前蹄",全都因为谈"五四"——具体过程不说了,只是想想很悲伤,即便讨论历史问题,也得尽量回避敏感词。"原本十分丰富的话题,或相当深刻的见解,为了适应现实环境,你只能点到为止,不敢深入开掘。后世学者看我们,大概会觉得很奇怪,为何说话吞吞吐吐,好像智商有问题。但另一方面,作为人文学者,我也无法保证一旦禁忌完全撤销,就一定能比现在做得更好。"(陈平原《为何不断与五四对话》,《文艺争鸣》2018年第9期)

在《作为一种思想操练的"五四"》一文中（初刊《探索与争鸣》2015年第7期），我曾谈及：中国人说"传统"，往往指的是遥远的过去，比如辛亥革命以前的中国文化，尤其是孔子为代表的儒家；其实，晚清以降的中国文化、思想、学术，早就构成了一个新的传统。可以这么说，以孔夫子为代表的中国文化，是一个伟大的传统；以蔡元培、陈独秀、李大钊、胡适、鲁迅为代表的"五四"新文化，也是一个伟大的传统。某种意义上，对于后一个传统的接纳、反思、批评、拓展，更是当务之急，因其更为切近当下中国人的日常生活，与之血肉相连，更有可能影响其安身立命。

明年（2019年）是五四运动一百周年，无论政府还是民间，都会组织纪念活动。我之所以提前出版《作为一种思想操练的五四》，并举办相关座谈会、出版讨论专辑，是基于我对中国国情以及"五四言说史"的了解。考虑到当下的精神氛围与学术范式，明年的"五四"纪念，估计热闹有余而成果欠佳，不太可能取得大突破。既然如此，那就学民间过虚岁，我们提前纪念，起码可以说几句心里话。

2018年12月21日在"中央研究院"文哲所举办的五四座谈会上的发言
初刊（台湾）"中央研究院"《中国文哲研究通讯》第29卷第1期，2019年3月

# "现代中国研究"的四重视野
## ——大学·都市·图像·声音

陈平原

在大学教书,经常会面临这样热切的提问:怎么做学问?有哪些值得推荐的理论?什么样的研究方法最好?其实,学者治学,除了基本训练,还与个人的知识、心境与阅历联系在一起,关键是研究背后的问题意识。因此,与其贩卖某种现成的理论或方法,还不如学会阶段性地回溯自己的学术历程,反省其得失成败,这样,对自己、对友人、对学生都更有启示。

1982年春,我大学毕业,进入中山大学研究生院念书,到现在恰好三十年。前半段目标明确,专攻小说史及散文史;后半段则显得有些凌乱,主轴是研究现代中国学术,先后在北大出版社刊行了《中国现代学术之建立》(1998)、《触摸历史与进入五四》(2005)、《作为学科的文学史》(2011)等,此外,还关注大学、都市、图像、声音。如此四处出击,犯了兵家大忌——打仗的人都明白,伤其十指不如断其一指。为什么这么做?除了兴趣广泛,不愿被现有的学科疆域所限制,再就是为了我指导的研究生。他/她们中有的从本科三四年级就开始听我的专题课,听了七八年,要让他/她们每回听讲都有收获,不容易。再说,好题目是做不完的,个人精力有限,将自己感兴趣的、正在思考的题目介绍给精力充沛、更具创新意识的学生,说不定能打出一片新天地。这也是今天演讲的目的——并非讲述完整的故事、介绍无懈可击的思想体系,而是谈论我自己感兴趣的若干课题,希望有人接着做。

先说两句闲话,权当开场白。阅读、理解、阐释"现代中国",不要说文化传统迥异的他者,即便生于斯长于斯,也不是一件容易的事情。因为,中国实在太大了,幅员辽阔,历史悠久,典籍丰富,内部结构复杂,使得你很难"一言以蔽之"。北大原副校长、著名语言学家朱德熙先生半开玩笑说:如果在国外有人问你,你们中国有没有这种语言现象,你尽管说"有",回来仔细找,肯定找得到;相反,回答"无"则是很危险的,因为哪个犄角旮旯都可能冒出一些你预想不到的东西来。一句话,中国的复杂性远远超出你我的想象,作为研究者,必须随时准备接受新的挑战。

面对如此纷纭复杂的"现代中国",该如何解读?传统的人文学者,偏重于文字及书籍。而实际上,"声音"和"图像"在传播知识、表达情感、影响人们的思维及审美方面,起到很大作用。当下的中国人,每天接受的信息——我说的是信息,不是知识——百分之七十来自图像及声音。在学校里,"阅读"依旧是主课;可走出校门,书本就变得不那么重要了。这对于擅长与《诗经》《楚辞》《史记》《汉书》《说文解字》对话的中文系师生来说,是很大的挑战。当然,这里有时代的差异,但眼光及趣味是相通的——即便讨论"古典中国",我们也无法完全回避图像与声音。至于"都市"与"大学",二者更是密不可分。念中文系的人都知道,都市生活和文学生产、文学潮流、文学教育等息息相关。倘若将"大学""都市""图像""声音"视为四个关键词,交叉配对,必定产生很多有趣的话题。比如,不同媒介如何表现都市生活,大学课堂怎样被学生追怀,晚清画报中的北京与上海,文学史上的都市记忆等。

好,言归正传。以下就借助这四个关键词——也可以说是研究思路,依次展开有关"现代中国"的想象。

第一个关键词:"大学"。前年春天,北大出版社刊行"陈平原大学三书"。无论是《老北大的故事》(增订本)、《大学何为》，还是《大学有精神》，都不是空论"大学精神"或"大学理念"，而是追踪晚清以降的"大学史"。这三本书，收录了我从20世纪90年代中期以来所撰有关大学的文章。在我看来，"大学"乃20世纪中国知识生产及传播的关键一环，值得认真辨析。最近这些年，中国政府让重点大学的校长们轮流到耶鲁大学接受培训，听美国人讲大学理念及管理经验。这很好，让校长们开阔眼界。可同时我们也有必要让校长们了解中国源远流长的教育传统——从古代中国的书院，到晚清以降的大学，都有值得你我认真品鉴的功过得失。我之所以从"文学史"跳到"大学史"，除了求知的愿望，还有一个隐秘的动机：那就是让中国的大学生、教授、校长乃至官员，理解中国的大学是如何成长起来的，让21世纪的中国不再只是"欧洲大学的凯旋"。

在座的大都是大学本科生或研究生，谈这些，可能觉得有些遥远。其实不然。大学由三种人组成——学生、教授及校长为代表的管理层，三者的学识、阅历及立场有很大差异，但共同构成了大学的整体形象。其中最愿意倾听历史的足音、体认大学传统的，是大学生。因此，所谓"读大学"，除了接受专业训练，更重要的是在校园里得到精神的熏陶。最近几年，我在好几所大学讲《永远的"笳吹弦诵"——关于西南联大的历史、追忆及阐释》，效果极佳。其中提道："联大有什么值得骄傲的？联大有大精神：政治情怀、社会承担、学术抱负、远大志向。联大人贫困，可人不猥琐，甚至可以说'器宇轩昂'，他们的自信、刚毅与聪慧，全都写在脸上——这是我阅读西南联大老照片的直接感受。"明天下午，我将在"开封：都市想象与文化记忆"国际学术研讨会上发表论文，提及河南大学抗战期间的几次迁徙。从嵩县潭头到淅川荆紫关，再到宝鸡石羊庙，最后胜利回归开封古城，河大的这段经历，当事人刻骨铭心，后来者也必须认真体会。我谈"大学史"，不同于为本校评功摆好的"校史专家"，主要目标是叩问何为大学、大学的功能及定位、今日中国的"大学之道"是否平坦、有无进一步提升的可能等。当然,思考大学的命运,也与我从事现代中国文学史及学术史研究密切相关。

我最早关注大学史,是1994年初春,那时我在东京大学访学。学现代文学的大都受鲁迅影响,习惯用一种冷静的审视的甚至有点挑剔的目光来面对这个世界。刚好买到一本《东京大学百年》图册,马上想起一个严峻的话题——太平洋战争期间,东京大学把很多学生送上了前线,这段历史该如何书写?这么追问,不是故意揭人家的伤疤,而是为了反省北大百年的光荣与梦想、失落与彷徨。我注意到一个有趣的现象:同是校庆纪念刊,凡在校生编的,都以批判为主;凡校友编的,全是怀念文字。这点,国内外大学都一样——听校友说,都是一枝花;听在校生说,则一塌糊涂。二者都有其合理性,作为研究者,你"兼听则明";而且,还得有超越校史的大视野。

十几年前,我编《北大旧事》(三联书店,1998),写《老北大的故事》(江苏文艺出版社,1998),深知北大校园里广泛流传的那些动人故事,大都是半真半假。一代代北大学生,凭借讲述、增删、修订"北大故事",来凸显自己认可的"北大精神"。在这个意义上,校长会换人,教授将退休,唯有"故事"生命力最为强盛,还会一代一代往下传,且不断地生根开花结果。

大学里,流传广泛的故事大都属于文科教授,为什么?我猜想,第一,中文系的学生会写文章;第二,文科教授的学问比较容易被大众了解;第三,一旦选择"故事"而不是"数字",特立独行者的人格魅力会成为关注重心。"故事多"与"贡献大",是两个完全不同的概念。不过,对于老大学来说,盛产"有精神的故事",这也是一种光荣。

基于文学教授的敏感,抓住校园里广泛流传的"故事"大做文章,此乃我从事大学研究的最大特点。此举起码让大家意识到,大学不是一个空洞的概念,而是一个由有血有肉、有学问有精神的人群组成的知识共同体。关于大学历史的讲述,不一定非板着面孔不可,完全可以讲得生动活泼。从"故事"入手来谈论"大学",既怀想先贤,又充满生活情趣,同时回避了官修正史需要平衡各方利益的缺憾。这么谈大学,与"教育学"的主流不合,只能说是"别有幽怀"。从故事入手谈中国大学,好处是打散了原本僵硬的结构,但怎样合理重组,需要开阔的学术视野以及细致的史事考辨。这方面,我做得不够。

我之谈论"中国大学",兼及历史研究与现实关怀,不全是书斋里的功夫。香港三联书店刊行我的《历史、传说与精神——中国大学百年》(2009),总编辑一边看稿一边赞叹,书出版后,干脆送给香港各大学校长每人一册。因为,海峡两岸暨港澳地区大学,目前的境遇很相似,面临大致相同的机遇与陷阱。我书中的现实感怀,容易引起教授及校长们的关切。两次应邀到中央党校给大学校长班讲课,听众大都欣赏我的立场及思路;在大学里演讲,更是容易收获掌声。关注当下的中国教育,使得我的文章颇获好评;但另一方面,此举也影响了我著述的深度与广度。历史与现实、论文与评述、批判与建设,到底该如何协调,对我来说,还是个未决的难题。单篇文章感觉不到,一旦结集出版,这毛病就暴露无遗。

大学作为知识生产及文化传播的重镇,是一个时代的晴雨表。尤其是在意识形态挂帅的时代,这个问题很严重。比如,谈论反右运动或"文化大革命"中的北京大学,不能局限在教育领域,非在政治史的大背景下剖析不可。正是在这一点上,目前国内外的研究成果都不尽如人意。各大学人事档案不公开,导致学者们讨论1950—1970年这三十年间教育界的是非曲直时,深受限制。说好话容易,深入探究,尤其是触及伤疤,则很难。当下中国的"大学史",大都停留在为本校、本院系争荣誉的阶段,缺乏真正的史学价值。

依我浅见,21世纪人文学各学科,将从"教育的突破"那里获得很大收益。除了"教育学"兼及理论与实践,涉及面甚广,牵一发而动全身,更因其目前水平不高,容易取得突破。在与心理学、语言学、政治学以及学术史、思想史、文学史的对接中，教育学有可能突飞猛进，成为下一个"显学"。而对文学史家来说，这也是个很好的机遇。诸位若有兴趣翻阅《作为学科的文学史》，或看看我发表在《北京大学学报》上的长文《知识、技能与情怀——新文化运动时期北大国文系的文学教育》（2009年6期、2010年1期），当能明白这一点。既然在中文系念书或教书，你就有必要了解古往今来的"文学教育"，理解"文学史"这门课程是怎样建立，还有老师们讲述的各种知识体系是如何建构起来的，这其中的利弊得失，值得你我深思。

第二个关键词："都市"。我关注都市文化研究，目前处在"提倡有心，创造无力"的阶段。虽在北大出版社主编"都市想象与文化记忆"丛书，但自家著作只有三联书店刊行的论文及随笔合集《北京记忆与记忆北京》（2008），远未达到原先设定的工作目标。不过，对此课题，我有兴趣，也有信心。

我曾经说过，同一座城市，有好几种面貌：有用刀剑刻出来的，那是政治的城市；有用石头垒起来的，那是建筑的城市；有用金钱堆起来的，那是经济的城市；还有用文字描出来的，那是文学的城市。我关注这几种不同类型的城市，但主要兴趣及着力点明显倾向于最后一种。有城而无人，那是不可想象的；有了城与人，就会有说不完的故事。人文的东西，需要不断地去讲述、辨析、阐释。借用城市考古的眼光，谈论"文学的都市"，乃是基于沟通时间与空间、物质与精神、口头传说与书面记载、历史地理与文学想象，在某种程度上重现三百年、八百年乃至千年古都风韵的设想。不仅如此，关注无数文人雅士用文字垒起来的都市风情，在我，还想借此重构中国文学史的图景。当我们的着眼点从幽雅的"溪山行旅"逐渐转向世俗的"都市印象"，对历代主要都市的日常生活场景了如指掌，了解这些日常生活以及世态人情如何折射到文学艺术中来，回过头来再谈"中国文学"，会是另一番面貌，不再只是传统的朝野对立,或者五四新文化运动时期的官府/民间、20世纪50年代的压迫/反压迫、20世纪90年代的人性/反人性。

作为专业的城市研究,必须走出单纯的风物记载或掌故之学;对城市的生活形态、历史文化、精神境界的把握,需要跨学科的视野和坚实的学术训练。从2003年起,我和哈佛大学王德威教授合作,联合国内外学者,分别在北京、西安、香港、开封召开以"都市"为对象的国际会议。这个仍在继续的工作计划,采用跨学科的思路,兼及文学、史学、考古、地理、建筑、绘画、电影、音乐等,目的是尽可能拓展与加大都市阐释的空间与力度。与此相适应,从2001年秋起,我先后四次在北京大学、香港中文大学开设"都市文化研究"专题课。推荐给学生们阅读的书籍包括:本雅明的《发达资本主义时代的抒情诗人》(张旭东等译,三联书店,1989)以及《巴黎,19世纪的首都》(刘北成译,上海人民出版社,2009),卡尔·休斯克的《世纪末的维也纳》(黄煜文译,麦田出版社,2002),理查德·利罕的《文学中的城市:知识与文化的历史》(吴子枫译,上海人民出版社,2009),石田干之助的(增订)《长安の春》(榎一雄解说,东京:平凡社,1967),谢和耐的《蒙元入侵前夜的中国日常生活》(刘东译,江苏人民出版社,1995),施坚雅主编《中华帝国晚期的城市》(叶光庭等译,中华书局,2000),李孝悌编《中国的城市生活》(联经出版公司,2005),陈平原、夏晓虹编注《图像晚清》(百花文艺出版社,2001),罗兹·墨菲的《上海,现代中国的钥匙》(上海社会科学院历史研究所编译,上海人民出版社,1986),李欧梵的《上海摩登:一种都市文化在中国,1930—1945》(毛尖译,牛津大学出版社,1999;北京大学出版社,2001),赵园的《北京:城与人》(北京大学出版社,2002),陈平原、王德威编《北京:都市想象与文化记忆》(北京大学出版社,2005),陈平原、王德威、陈学超编《西安:都市想象与文化记忆》(北京大学出版社,2009),汪民安等主编《城市文化读本》(北京大学出版社,

2008）等。选书的标准，除了学术质量，还希望兼及思路与方法、文学与历史、中国与外国、古代与现代等。凡外国著作，开列原著及译本，希望学生对照阅读，但不强求。学生们普遍称道《发达资本主义时代的抒情诗人》和《世纪末的维也纳》，尤其那种游手好闲的姿态，那种观察品味城市的能力，那种将城市的历史和文本的历史搅和在一起的阅读策略，让他们很开心。

做都市文化研究的，很容易记得诗人波德莱尔那忧郁且敏锐的目光，在拥挤的人群中漫步，带着体贴、温情与想象力，观察这座城市及其代表的意识形态。既不同于市民的执着，也不同于游客的超然，而是若即若离、不远不近，这样才能保持足够的驰骋想象的空间以及独立思考的能力。十年前，我开始有意识地谈论作为都市的"北京"，建议学生们课余时间用脚丈量这座城市，在街头巷尾游荡并拍摄影像资料。因为，以目前中国的城市化进程及"旧城改造"设想，再过二十年，所有的中国城市都可能"面目全非"。那个时候，要想知道这些城市的前世今生，只能到博物馆里去观看与体察。这也是我为什么在"学者的严谨"与"文人的温情"之外，还要强调"旅行者好奇的目光"的原因。这里有本雅明的教诲，但也是现实生活的刺激与启迪。对于生活在北京、西安、香港、开封的读书人来说，谈论日新月异的城市，品鉴历史，收藏记忆，发掘传统，体验精神，既是研究课题，也是历史责任。

对我来说，从事都市文化研究，依旧是一半学术视野，一半现实关怀。在中山大学和广州市合作召开的第一届"广州论坛"上，我谈"如何'养育'世界文化名城"——这句话得到政府及民间很多人的认同，在第二届"广州论坛"上甚至成了分论坛主题。关于城市的口号，我主张在"建设""经营""打造"之外，加上"养育"一词。表面上是一个动词的选择，背后却是一种城市发展思路。之所以不喜欢"打造"这个词，是因为未免过高估计了人的主观能动性。你以为城市是一块铁，只要烧红了——转化成现实条件，就是"有钱"或"有权"，就可以随心所欲地将其打造成刀剑、犁耙或玩具，那是不对的。一方水土养育一方人才，一方水土创造一方文化，同样道理，一方水土也培植一方名城。人需要养育，城也需要养育——包括体贴、呵护与扶持。这是人文学者与工程师或经济学家不一样的地方。

说实话，我对"保护古都风貌"是不抱幻想的。对于中国城市化过程中的种种偏差，可以建议，也可以抗争，但基本路径不会因我辈书生的意见而转移。此等潮流，硬挡是挡不住的，只有撞了南墙，才有回头的可能性。作为人文学者，我们能做的，大概只有关注、感叹并记录这一进程。此外，借此机遇，努力发展潜力无限的"城市研究"。面对此注定是跨学科的"庞然大物"，每个"术业有专攻"的学者，都在努力寻找发言的最佳位置——既有效地借鉴其他专业，又很好地发挥自家特长。这是个艰难但值得期许的摸索过程。

第三个关键词："图像"。从1995年撰写《从科普读物到科学小说——以"飞车"为中心的考察》，有意识地在历史论述中使用图像资料，到目前为止，我先后刊行了十二种包含图像资料的书籍。这些图文书，大致分为三类：使用照片，但只是配合演出，如《触摸历史：五四人物与现代中国》（广州出版社，1999）；借用明清版刻，解读小说绣像，如《看图说书——小说绣像阅读札记》（三联书店，2003）；编选、整理并阐释石印的晚清画报，如《点石斋画报选》（贵州教育出版社，2000）及《图像晚清》（百花文艺出版社，2001）。

因为是中文系教授，首先关注的是图文之间的关系。在《从左图右史到图文互动——图文书的崛起及其前景》（刊《学术界》2004年第3期）中，我特别在意学术类的图文书中，如何保持文字本身特有的魅力。文章第四节称：第一，不是所有书籍都适合配图，这是常识，可往往被人忽视；第二，除了专门的图册或美术史，所谓的"图文书"应以文字为主干，防止图像喧宾夺主；第三，选择图像时，不以画面"好看"为目标，而是更多地考虑图像是否难得，以及能否与文字相呼应；第四，同样处理"图像与文字"，书籍应不同于报刊以及电视；第五，"眼见"不见得"为实"，对于照片呈现的场景，必须谨慎对待；第六，纯粹的图像，在呈现历史进程以及表现精神世界方面，是有局限性的。另外，对于文字之"不可替代"，我坚信不疑。所谓"视觉文化"占据了主导地位，并形成了某种"霸权"，这只是一种假象。在文化思维及学术建设中，文字依然扮演主角。好的图文书，应该凸显文字美感、深化图像意义、提升作者立意，三者缺一不可。这样的境界，虽不能至，心向往之。

古代中国"图书"并称，有书必有图。只不过在漫长的历史岁月中，大部分图像资料没能像其阐释的经典那样留存下来。图谱的失落以及国人读图能力的退化，宋人郑樵已有很深的感叹。在《通志略·图谱略》中，郑樵专门讨论了"图""书"携手的重要性，批评时人之"见书不见图"。在文字之外，图像如何传递知识、表达情感以及完成文明的塑造，不是一两句话就能说清楚的。而对于中国学界来说，"读图"显然还是一门生疏的"手艺"。既擅长阅读、分析图像，又颇能体味、保持文字魅力，这很不容易，需要修养，也需要训练。换句话说，读图有趣，但并不轻松——这同样是一门学问，值得认真经营。

我之"读图"，比较有心得的是晚清画报研究。十二年前，撰文谈论《点石斋画报》，其中有这么一段话："创刊于1884年5月8日，终刊于1898年8月的《点石斋画报》，十五年间，共刊出四千余幅带文的图画，这对于今人之直接触摸晚清，理解近代中国社会生活的各个层面，是个不可多得的宝库。伴随着晚清社会研究的急剧升温、大众文化研究的迅速推进，以及图文互释阅读趣味的逐渐形成，《点石斋画报》必将普遍站立在下个世纪的近代中国研究者的书架上，对于这一点，我坚信不疑。"今天看来，题目选得不错，研究思路也在不断深入，尤其是将视野扩展到整个晚清画报，与国内外其他学者有很大的差异。

我发表在《开放时代》2001年5期上的《以"图像"解说"晚清"》，其实是《图像晚清》一书的"导言"，其中谈及："对于晚清社会历史的叙述，最主要的手段，莫过于文字、图像与实物。这里暂时搁置真伪、虚实、雅俗之类的辨析，单就表现力立论：文字最具深度感，实物长于直观性，图像的优势，则在这两者之间。可一旦走出博物馆，实物只能以图像的形式面对读者。这时候，对晚清的描述，便只剩下文字与图像之争了。"借鉴郑振铎"画史"思路，确立以史料印证图像、以图像解说晚清的论述策略，或诗文，或笔记，或报道，或日记，或档案，或上谕，或竹枝词，或教科书……任何体现时人见解的文字，都可能进入我们的视野，并用作《点石斋画报》所呈现的"晚清图像"之佐证、旁证或反证。这当然只是一种尝试。

关于晚清画报，我有两篇文章值得推荐：一是刊于《中华文史论丛》2006年第1辑的《流动的风景与凝视的历史——晚清北京画报中的女学》，二是刊于《北京社会科学》2007年第2期的《城阙、街景与风情——晚清画报中的帝京想象》。其实，这两篇文章都收入了我在香港三联书店出版的《左图右史与西学东渐——晚清画报研究》（2008）。此书迟迟不出简体字本，是因为还在修订中。增订本将大为扩充，且努力在理论上有所提升。我之谈论"晚清画报"，自我感觉比较出彩的地方，是大视野、史学功夫、注重文字与图像之关系。目前碰到的困难，主要在以下五方面：一是读图理论的建构；二是资料搜集之困难；三是图文之间的巨大张力如何阐释；四是画报制作与整个思想文化史的关系；五是从物质文化角度，思考并论述石印的特殊性。

第四个关键词："声音"。文字寿于金石，声音则随风飘逝。不管是思想启蒙、社会动员，还是文化传播、学术普及，"巧舌如簧"的功用，一点也不亚于"白纸黑字"。但在没有录音录像设备的时代,"声音"无法保存,只能依靠"文字"来转述。明白这一点,我们不该忽视那些因各种因缘而存留在纸上的声音。

最近十几年,论及现代中国的思想、文化、文学,我总是自觉不自觉地牵涉晚清迅速崛起的演说。演说可以是政治宣传,可以是社会动员,还可以是思想启蒙或学术普及——表面上只是演说内容的差异,实际上牵涉到演讲的立意、文体、姿态、身段、听众反应以及传播效果等。介于专业著述与日常谈话之间的"演说",成了我们了解那个时代学人的社会生活以及学问人生的最佳途径。于是,我选择了章太炎、梁启超、蔡元培、胡适等十几位著名学者作为研究对象,探讨"演说"是如何影响其思维、行动与表达的。

从《学问该如何表述——以〈章太炎的白话文〉为中心》(2001),到《学术讲演与白话文学——1922年的"风景"》(2002),再到《"演说现场"的复原与阐释》(2006),反省学界对五四白话文运动的论述,我做了如下几点修正:第一,《新青年》同人在提倡白话文时,所有"溯源"都指向"文艺文"(或曰"美文"),而不是同样值得关注的"学术文";第二,白话文运动成功的标志,不仅仅是"国语的文学,文学的国语",述学文章之采用白话,尤其是长篇议论文的进步,也是至关重要的一环;第三,晚清以降的演说热潮,以及那些落在纸面上的"声音",其对白话文运动和文章体式改进的积极影响,不容低估;第四,章太炎等人的讲学与宋明大儒之"坐而论道"不同,每讲包含若干专门知识的传授,而后才是穿插其中的社会批评或思想启蒙;第五,学者之公开讲演并刊行讲稿,不管是赞成还是反对白话诗文,都是在用自己的学识与智慧,来协助完善白话的表达功能;第六,创造"有雅致的俗语文",固然"以口语为基本",可这个"口语",不限于日常生活语言,还应包括近乎"口头文章"的"演说"。

有经验的读者都明白,"口若悬河"与"梦笔生花"不是一回事,适合于讲演的,不见得适合于阅读。只有在现场,演说才能充分展现其不同于书斋著述的独特魅力。不只是论题的提出蕴含着诡秘莫测的时代风云、现场的氛围以及听众的思绪,同样制约着演说的发展方向。在这个意义上,理解"演说"的魅力,必须努力回到"现场"。我们不仅需要了解某一次演讲的时间、地点、听众、论题,更希望借钩稽前世今生、渲染现场氛围、追踪来龙去脉,还原特定的历史语境。这样,才有可能让那些早已消失在历史深处的"演说",重新焕发生机,甚至介入当代人的精神生活。

众多文章中,我最得意的是《有声的中国——"演说"与近现代中国文章变革》。本文最初是在北京大学主办的"东京大学论坛"上宣读(2005年4月28日),二稿于韩国成均馆大学召开的"东亚近代言语秩序的形成与再编"国际学术研讨会上发表(2006年1月20日),三稿提交给东京大学主办的"近代东亚的知识生产与演变"国际学术研讨会(2006年7月21日)。与会者的评议及提问,使我的思考得以不断深入。文章刊在《文学评论》2007年3期,被《新华文摘》及各种选本转载,还有英文译本。此文着重讨论的是,作为"传播文明三利器"之一的"演说",如何与"报章""学校"结盟,促成了白话文运动的成功,并实现了近现代中国文章(包括"述学文体")的变革。

讨论盛行于近现代中国的"演说",对于开启民智、普及知识、修缮辞令、变革文章以及传播学术的意义,这方面我比较有把握;至于论述"声音"与现代民族国家的命运,则还没有很好地展开。诸如学堂乐歌、朗诵诗运动、演出舞台及效果、无线电广播的戏曲、唱片制作及电影业等,都是从"声音"入手谈论晚清以降"启蒙事业"的绝好途径,可惜我没能涉足。

"有声的中国"——这既是文章篇名,也是研究思路;明知大有可为,但尚在起步阶段。这两年我撰成《"文学"如何"教育"——关于"文学课堂"的追怀、重构与阐释》《不忍远去成绝响——张长弓、张一弓父子的"开封书写"》,还有多次演讲但仍未定稿的《舞台小天地——现代中国文学视野中的"戏曲人生"》,谈论"课堂"、追忆"舞台"以及倾听古都的"声音",

都是朝这个方向努力。难处在于,如何兼及物质文化与精神创造,将文化史的资料,与文学史或思想史的"文本"有机结合,且做出令人信服的阐释。

关注声音、图像、都市、大学,是我近年谈论"现代中国"的新思路,在某种意义上,也是意识到时代思潮及技术手段的变迁可能导致中文系转型的一种对策。延续以前的研究,当然也可以;但引入新的视角及思路,或许会"别有一番滋味在心头"。

有历史系的朋友问我,从事文学研究的,有可能成为第一流学者吗?这么提问,有意无意中,凸显其"史学的傲慢"。当然,这其中也包含世人对于文学研究(尤其是现当代文学批评)的误解,以为只是在报章或电视上卖弄小聪明,耍耍嘴皮子。同样是谈"文学",关键在怎么阅读、如何阐释,以及研究者的精神境界。

饶宗颐在《我所认识的汉学家》(刊《光明日报》2000年4月6日)中,提及法国著名汉学家戴密微的说法:"其实搞汉学最大的好处在于通过文学来了解中国!"据饶宗颐称,戴密微的学术路向是先治佛学,进而治庄子,治敦煌学,由敦煌文学进入了中国文学。"他连连说可惜太晚了,到了晚年才醒悟出中国文学的伟大。他想申请到中国来,看看谢灵运浙江故居的山水。他对我说,我原以为中国最重要的东西是佛学,现在方知要重视文学,而且就世界的范围看,无论论质还是论量,其他国家根本都没法相比。"几年前,我曾在一次演讲中提及此事,当时只知道饶先生发表北大演讲稿时删去了这段话,没注意到此前他已在别的文章中提及。我在文章中进一步发挥:"从文学入手研究中国,照样可广大,可深邃。而且,我特别看重一点:从文学研究入手,容易做到体贴入微,有较好的想象力与表达能力。所有这些,都并非可有可无,不是装饰品,而是直接影响你的学问境界与生活趣味。你看外国著名的哲学家、思想家,他们的著作中对于文学经典的引述与发挥,你就明白,中国学者对于文学的阅读,普遍不是太多,而是太少、太

浅。"(《把读书作为一种生活方式》，刊《北京日报》2019年7月15日）

在传统的"语文学"之外，引入思想史、宗教史、教育史、艺术史，以及考古学、物质文化、图像研究等思路，我相信，"文学研究"同样可以做到"博大精深"。海阔天空，任君驰骋，只是不见得都能如愿以偿。深知其中的诱惑与陷阱，假以时日，希望你我都能写出真正意义上的"大作"。

2011年12月21日修订于香港中文大学客舍

初刊《汉语言文学研究》2012年第1期

# 学者的人间情怀

陈平原

六十年前,鲁迅在回忆"五四"退潮后的心境时说:"后来《新青年》的团体散掉了,有的高升,有的退隐,有的前进,我又经验了一回同一战阵中的伙伴还是会这么变化……"(《〈自选集〉自序》)这话常被引用,史家且坐实了谁高升谁退隐谁前进。平心而论,以继续坚持思想启蒙和文化批判的鲁迅道路来否定前二者,实在不算公允。如把这三条路抽离特殊语境,还原为普泛化的概念:从政、述学、文化批判(或者政治家、学者、舆论家),我以为,鲁迅体验到的同一战阵中伙伴的变化,正是大的政治变动或文化转型期必然出现的知识分子的大分化——如今亦然。

鲁迅做以上表述时一腔悲愤,学者们更引申发挥,抨击"高升"者的堕落与"退隐"者的倒退。表面上这是以是否有利于革命运动为评价标准,其实质则是坚持知识分子对社会的批判功能。有趣的是,将这段话普泛化后,可以清楚地看出现代中国人的潜在思路:知识分子阶层特殊的社会责任感。我对此既受鼓舞又感不安。在我看来,这三条路都能走,很难区分正负高低,只不过各人性格、才情、机遇不同,选择的路向不一样而已。但至今仍有好些坚持"前进"的朋友,似乎对"高升"者和"退隐"者评价过苛。

中国传统士大夫追求内圣外王,做官是正途。只有做官,治国平天下的理想才可能实现,故读书人很少满足于单纯的"清议"。民国以来,一方面是仕途不大顺利(科举制度已被废除),一方面是西方政治思想的输入,不少读书人不再以做官为唯一出路,而是发展其文化批判性格（近乎"清议"）。当官的固然看不起知识分子，知识分子也看不起当官的，起码表面上形成了两种读书人间的对峙。清流们将政治视为肮脏的勾当，将学者文人的从政称为"堕落"，其结果只能人为地扩大政治权威与知识集团的距离。像闻一多《死水》所吟咏的"这里断不是美的所在，不如让给丑恶去开垦"，毕竟不是好办法。我主张有能力有兴趣的读书人不妨从政，只是不该顶着"管理教授"或"管理研究员"的头衔，那显得对"政治"缺乏诚意和自信。游戏不同，规则当然也不同，清流可以监督、防止行政官员的腐化，但不该用学界的规则来约束、评判"混迹政坛"的"前学者"。所谓"一入宦途便无足观"，就像过去的"一为文人便无足观"一样，是一种情绪化的谩骂。我相信政治运作很不简单（起码比我的文学研究复杂多了），值得全身心投入。读书人从政，切忌"犹抱琵琶半遮面"，那样必然一事无成。

相对来说，知识者比较容易认同或欣赏学者（述学）和舆论家（文化批判）的角色。但这两者也自有其困境。20世纪初到抗战以前，好多知识分子自办报刊书局，形成了一种制约政府影响决策的舆论力量。从事这一活动的知识者，主要起文化批判和思想启蒙的作用，如梁启超、章太炎、陈独秀、胡适、鲁迅等；还有办《京报》的邵飘萍、办商务印书馆的张元济、力主教育救国的陶行知等，也属这一行列。这些"舆论家"（借用胡适的概念），可能并非专门学者，也不从事直接的政治运作，而是以民间的文化人身份对社会发言，形成一种独立的力量。十年改革，文化学术界的生机，与一批并非专门学者的文化人的努力大有关系。不过，由于客观条件的限制，这批舆论家兼学术活动家先天不足后天失调。但我相信，随着中国社会逐渐正常运转，扮演这一角色（其职业可能是教授、作家、记者、编辑，也可能是普通公务员甚至政府官员）的知识者将发挥越来越大的作用。二三十年代有一批热心议政的知识者（如以胡适为代表的英美留学生），被左翼人士讥为"小骂大帮忙"——其实这正是独立的舆论界的基本特征，改良政治与稳定社会的双重目标使其无法极左或极右。遗憾的是，国共两党水火不相容的政治、军事斗争，使得舆论界的独立性大大降低。

其实，从政或议政的知识者的命运，并非我关注的重心；我常想的是，选择"述学"的知识者，如何既保持其人间情怀，又发挥其专业特长。我的想法说来很简单，首先是为学术而学术，其次是保持人间情怀——前者是学者风范，后者是学人（从事学术研究的公民）本色。两者既并行不悖，又不能互相混淆。这里有几个假设：一是在实际生活中，有可能做到学术归学术，政治归政治；二是作为学者，可以关心也可以不关心政治；三是学者之关心政治，主要体现一种人间情怀而不是社会责任。相对来说，自然科学家和意识形态色彩不太明显的学科的专家，比较容易做到这一点，比如物理学家爱因斯坦和语言学家乔姆斯基都是既述学又议政，两者各自独立互不相扰。可人文学者和社会科学家就比较难于做到这一点。不过，述学与议政，二者在价值取向和思维方式上有很大区别，这点还是分辨得清的。即如20年代初，鲁迅在写作《热风》《呐喊》的同时，撰写《中国小说史略》。前两者主要表现作者的政治倾向和人间情怀（当然还有艺术感觉），后者则力图保持学术研究的冷静客观。从《小说史大略》到《中国小说史略》，一个突出的变化是删去其中情绪化的表述，如批评清代的讽刺小说"嬉笑怒骂之情多，而共同忏悔之心少，文意不真挚，感人之力亦遂微矣"。熟悉那一阶段鲁迅的思想和创作的读者，都明白"共同忏悔"是那时鲁迅小说、杂文的一个关注点；可引入小说史著作则显得不大妥当。因中国历来缺少"忏悔录"，怎么能苛求清代讽刺小说，再说讽刺小说作为一种小说类型，本就很难表现"忏悔"。鲁迅将初稿中此类贴近现实思考的议论删去，表明他尊重"述学"与"议政"的区别。

原定二十年不谈政治的胡适，1928年办《新月》，1932年办《独立评论》，直接议政。先是人权问题，接着是民权作用，后来又有对日外交方针、信心与反省、民主与独裁等一系列论争，当年声势很大,直接影响当局的政治决策。与此同时,胡适又写作了大批没有明显政治色彩的学术著作,如《菏泽大师神会传》《淮南王书》《醒世姻缘考》《说儒》等。十年间,胡适始终坚持两个方面同时活动:议政的文章越作越"热",而述学的著作则越写越"冷"。

徐复观也是个长期既写论著又撰杂文的学者,余英时说"很少人能够像徐先生一样深入到政治与学术之中"(《血泪凝成真精神》)。徐氏的《杂文自序》说自己每周五天面对古人,两天面对当代。这话当然不能完全当真,不过,他的《中国思想史论集》《两汉思想史》《中国艺术精神》等著作,与其杂文很有区别,这点大概不会有什么争议。杂文主要是针砭时弊并表达政见,而"学术行为,是专以求真为职志的"(《扩大求真的精神吧》)。徐氏的这一思路,与鲁迅、胡适相当接近,尽管这三人的政治理想大相径庭。

这里有几点容易引起误解,需要略加分辨。

人文科学无时无刻不受社会人生的刺激与诱惑,学者的社会经验、人生阅历乃至政治倾向,都直接影响其研究的方向与策略。如鲁迅撰小说史而不做骈文史,胡适研究禅宗只谈史实不论教义,都有其思想史背景,单从学术理路说不清。不过,由人生体验而来的理解与感悟,对学者来说很可宝贵,但不能代替严谨的学术思考。我强调的是对学术传统的尊重(可以反叛)、对学术规则的理解(可以超越),以及具体研究中操作的合理化。也就是说,学者选择学科选择课题时不可能不受现实人生的制约,可一旦进入具体研究,从搜集资料、设计理论框架到撰写论文,都要依循理性和科学的原则,尽量避免因为政治见解或现实需要而曲学阿世。完全纯净或彻底独立的"学术"并不存在,学术难保不因"自动挂钩"而为权势所用,也就是章太炎所说的,"学术虽美,不能无为佞臣资"(《王文成公全书题辞》)。搞人文科学的,如履薄冰,陷阱太多了,即使成熟的研究者,也难保不立论偏颇或操作失误,但这与借学术发牢骚或曲学阿世,明显不是一回事。

像康有为那样"借经术以文饰其政论",在政治史上有其意义,但在学术史上则只能算是"歧途"。有人想用心术之邪正来区分两类借学术谈政治的学者,我不大同意。就一时一地而言,此类背后有"影事"的文章可能反应甚好,让同一阵营的读者感觉"出气",可从长远看,对学术发展弊多利少。政治局面不会因你在论文中安插几处借古讽今的"文眼"而略为改观,而你这几句苦心经营插科打诨的"妙语",反而会损害论著的严肃性。在我看来,在研究过程中,政与学,合则两伤,分则两利。谈学术时正经谈学术,这样有理路可依循,有标准可评判,争论时也容易找到共同语言。弄成杂文漫画式的学术论著,你不知道他的游戏属于哪一类,无法对话。有政见或牢骚,可以写杂文或政论,为了"出一口气"而牺牲学术,实在不值得。上两代学者中不少人为了服从政治权威而放弃学术的尊严,难道我们这代人愿意为了反叛政治权威而牺牲学术的独立?若如是,殊途同归。之所以苦苦维护学术的独立与尊严,原因不外是认为它比政治更永久,代表人类对于真理的永恒不懈的追求。

还必须谈谈中国学者自身的非学术倾向。政治家要求学术为政治服务,这可以理解;有趣的是,中国学者也对"脱离政治"的学术不大热心,即便从事也都颇有负罪感。梁启超在《清代学术概论》中提倡"为学术而学术"的"学者的人格",可任公先生首先自己就做不到这一点。在政治与学术之间徘徊,并非只是受制于启蒙与救亡的冲突,更深深植根于中国学术传统。除事功的"出世与入世",道德的"器识与文章",还有著述的"经世致用与雕虫小技"。作为学者,其著述倘若无关世用,连自己都于心不安。东林党人的"国事家事天下事事事关心",是传统士大夫的精神写照,难怪其对无关兴亡的纯粹知识普遍不感兴趣。进入20世纪,"士"这一角色明显分化,出现许多专家型的读书人,可专业化思想仍未深入人心,就连专家本人也对自己无益于人生(实际上是无益于政治生活）表示惭愧。夏衍的《法西斯细菌》、老舍的《四世同堂》、曹禺的《明朗的天》等，都让知识分子现身说法，批判专业思想。丁文江30年代的名言："治世之能臣，乱世之饭桶。"——挺沉痛的忏悔与感叹，只是思维方式一如传统文人，以能否经国来判断学术之有用无用。我们已经习惯于批评学者脱离实际闭门读书，可我还是认定这一百年中国学术发展的最大障碍是没有人愿意并且能够"脱离实际""闭门读书"。这一点中外学者的命运不大一样。在已经充分专业化的西方社会，知识分子追求学术的文化批判功能，而在中国，肯定专业化趋势，严格区分政治与学术，才有可能摆脱"借学术谈政治"的困境。

我也承认，在20世纪中国，谈论"为学术而学术"近乎奢侈。可"难得"并非不可能、不可取。我赞成有一批学者"不问政治"，埋头从事自己感兴趣的专业研究，其学术成果才可能支撑起整个相对贫弱的思想文化界。学者以治学为第一天职，可以介入，也可以不介入现实政治论争。应该提倡这么一种观念：允许并尊重那些钻进象牙塔的纯粹书生的选择。

当然，我个人更倾向于在从事学术研究的同时，保持一种人间情怀。我不谈学者的"社会责任"或"政治意识"，而谈"人间情怀"，基于如下考虑：首先，作为专门学者，对现实政治斗争采取关注而非直接介入的态度，并非过分爱惜自己的羽毛，而是承认政治运作的复杂性。说白了，不是去当"国师"，不是"不出如苍生何"，不是因为真有治国方略才议政，而只是"有情""不忍"，基于道德良心不能不开口。这点跟传统士大夫不一样，在社会政治生活中，并不自居"中心位置"，不像《孟子》中公孙衍、张仪那样，"一怒而诸侯惧，安居而天下息"。读书人倘若过高估计自己在政治生活中的位置，除非不问政，否则开口即露导师心态。那很容易流于为抗议而抗议，或者语不惊人死不休。其次，万一我议政，那也只不过是保持古代读书人以天下为己任的精神，是道德自我完善的需要，而不是社会交给的"责任"。也许我没有独立的见解,为了这"责任"我得编出一套自己也不大相信的政治纲领,也许我不想介入某一政治活动,为了这"责任"我不能坐视不管……如此冠冕堂皇的"社会责任",实在误人误己。那种以"社会的良心""大众的代言人"自居的读书人,我以为近乎自作多情。带着这种信念谈政治,老期待着登高一呼应者景从的社会效果,最终只能被群众情绪所裹挟。再次,"明星学者"的专业特长在政治活动中往往毫无用处——这是两种不同的游戏,没必要硬给自己戴高帽。因此,读书人应学会在社会生活中作为普通人凭良知和道德"表态",而不过分追求"发言"的姿态和效果。若如是,则幸甚。

1991年4月中旬

初刊《读书》1993年第5期

# 学术史研究随想

陈平原

其实，每个成熟的学者，都或多或少地从事一点学术史的研究。进入具体研究课题前的搜集评判已有研究成果并确定自己的突破口，是一种学术史的思考；茶余饭后对古今学界的褒贬臧否，也是一种学术史的品味。这种业余的学术史思考和品味当然很有意思，可无法取代专业的学术史研究正本清源、引导学术健康发展所起的作用。

中国人做学问讲究从目录学入手，因为"学问之苟且，由源流之不分"，"类例既分，学术自明"（郑樵《校雠略》）。在注重"辨章学术，考镜源流"（章学诚《校雠通义》）这方面，目录学和学术史有相通之处。黄宗羲撰《明儒学案》，其序言称"为之分源别派，使其宗旨历然"。可学术史不只是为著作分门别类排列次序，更包括评判高下辨别良莠，叙述师承剖析潮流等，在指示学问途径方面，似乎比目录学更有效。借用梁启超一句大白话："庶可为向学之士省精力，亦可唤起学问上兴味也。"（《清代学术概论·第二自序》）从黄宗羲的《明儒学案》、黄宗羲与全祖望的《宋元学案》，到梁启超、钱穆各自的《中国近三百年学术史》，此类为数不多的学术史著作，嘉惠后学，功不可没。

学术史的主要功用，还不在于对具体学人或著作的褒贬抑扬，而是通过"分源别流"，让后学了解一代学术发展的脉络和走向；通过描述学术进程的连续性，鼓励和引导后来者尽快进入某一学术传统，免去许多暗中摸索的工夫。当然，"纸上得来终觉浅，绝知此事要躬行"（陆游《冬夜读书示子聿》）。没有人是单靠学术史学会做学问的。不过，学术史对于建立学术权威，显示学术规范，使得整个学界有所敬畏，有所依循，不至于"肆无忌惮"，还是大有好处的。没必要总结出甲乙丙丁若干"治学准则"，可当你描述和评判某种学术进程时，实际上已经正面或负面地凸显了某种学术规范。

不否认这个时候谈论学术史研究，有对80年代中国学术"失范"纠偏的意图。单用"束书不观，游谈无根"来概括80年代中国学界，起码是不公允的。我更愿意将学风"浮躁"与"空疏"的原因归结为旧规范的失落与新规范尚未形成。就好像"五四"大潮中的学术界，同样也是趋新骛奇，泛言空谈，介绍多而研究少，构想大而实绩小。可这种偏颇，不用外力干预，学界完全可以通过自我调整来解决。茅盾将"五四"初期文学界的"杂乱"，比作"尼罗河的大泛滥"，使得新一代作家"练得一副好身手"（《中国新文学大系·小说一集序》）。其实学术界也是如此。20年代下半期到30年代上半期，可以说是20世纪中国学术史上的黄金时代，这十年的学术秩序和学术规范，是对"五四"时期学界"杂乱"的合理反拨。这么说不等于预言90年代中国学术将有光辉前景，而是指出学术史上"传统"与"变革"、"规范"与"失范"交替出现的周期性。如果说80年代是学术史上充满激情和想象的变革时代，"跑野马"或者"学风空疏"都可以谅解，那么，90年代或许更需要自我约束的学术规范，借助一系列没多少诗意的程序化操作，努力将此前产生的"思想火花"转化为学术成果。这种日趋专业化的趋势，对许多缺乏必要的学术训练、单凭常识和灵感提问题的学者，将会是个严峻的考验。在这方面，学术史可以提供某种入门的帮助。

之所以强调只是"入门"，是因为"规范"虽则对建立学术秩序、发展常规研究有意义，但毕竟是一种束缚（尽管是必要的束缚），故成熟的学者往往部分逾越"规范"。表面上有些大学者做学问无法无天，从心所欲，其实也自有其内在理路，只不过稍为曲折隐晦罢了。就像中国诗人推崇"无法之法",中国戏曲讲究"有训练的自由"一样,"法"和"训练"最终都将被超越,可没它根本入不了门。目前学界的通病,不在于迷信"规范",缺乏超越的愿望和热情;而在于过分蔑视"规范",学无根基且自视甚高。因此,提倡一点儿学术史研究,对于我们这些学问不大而抱负不小的新一代学人来说,或许不无好处。

并非嗓子哑了舞台拆了,唱不了戏,只好改为评戏;治学术史应该是一种自觉自主的选择。在我看来,这是一项研究计划,更是一种自我训练。在探讨前辈学人的学术足迹及功过得失时,其实也是在选择某种学术传统和学术规范,并确定自己的学术路向。能不能写出像样的学术史著作,这无关紧要,关键是在这一研究过程中,亲手"触摸"到那个被称为"学术传统"的东西。有这种感觉和没这种感觉大不一样。所谓"独上高楼,望尽天涯路",不是指了解某一学科某一课题的研究历史、现状和发展趋向,而是指获得一种学术境界。具体的知识和技能可以讲授,而这种境界只能自己去感受去触摸。对真正的学者来说,治学不只是求知或职业,更体现了一种人生选择,一种价值追求。陈寅恪为清华大学撰王观堂先生纪念碑铭,实际上标示出一种理想的学术境界:"先生之著述,或有时而不章。先生之学说,或有时而可商。惟此独立之精神,自由之思想,历千万祀,与天壤而同久,共三光而永光。"也就是说,在学术流派的形成、概念术语的衍变、学科的崛起、方法的更新以及名著的产生等之外,还必须考察作为治学主体的学者之人格。"独立之精神,自由之思想"固然值得大力褒扬,可由于特殊思想背景造成的学者落寞的神色、徘徊的身影以及一代学术的困惑与失落,同样也很值得研究。这种研究,不乏思想史意义。

当我批评80年代"学风空疏"时,并不意味着整个学界"思想过剩"或者只有实证研究才是治学正路。所谓90年代中国学界将重振乾嘉雄风或重蹈乾嘉覆辙之类的说法,都只是危言耸听。没必要再继续汉宋之争,训诂与义理、博雅与独断、通人与专家、尊德性与道问学,都有其价值,应该由学者依各自性格、才情、兴趣、机遇做出选择。即使做不到完全没有门户之见,起码也不该入主出奴。王国维曾精辟地指出学问之"三无":"无新旧""无中西""无有用无用"(《国学丛刊序》)。或许还可以添上一"无":"无汉宋"。当年陆象山讥讽朱子:"既不知尊德性,焉有所谓道问学?"六百年后风水倒流,戴东原反过来称:"然舍夫道问学,则恶可命之尊德性乎?"不同时代不同学派治学侧重点当然有所不同,可不存在世人理解的没有德性的"问学",或没有问学的"德性"。作为历史课题,汉宋之争当然值得研究;可作为现实选择,没必要在此纠缠不休。黄宗羲《明儒学案·序》中有一段话,对此类门户之见颇有针砭作用:"学术之不同,正以见道体之无尽也。奈何今之君子,必欲出于一途,剿其成说,以衡量古今,稍有异同,即诋之为离经叛道,时风众势,不免为黄茅白苇之归耳。"治学术史者,当有此通达的眼光;不治学术史者,也不妨在坚持己见的同时,多一点对不同学派不同治学风格的理解,减少无谓的意气之争。

谈论学术史而不是史学史、地理学史或考古学史,似乎过于笼统,有悖专业化原则。除了承接黄宗羲以至梁启超、钱穆的学术思路外,还有如下几点考虑:第一,中国学术传统相对重"通人"轻"专家",即便在20世纪,好多第一流的学者也都喜欢同时在好几个不同学术领域工作并取得突出成绩,割裂开来不好讲;第二,在20世纪的中国,学术研究的专业化程度不高,好多学科正式形成和发展的时间不长,硬要分别为其撰写学术史,实在有点勉强;第三,最重要的是,谈学术史而不是某一学科发展史,有利于把握整个学术思潮(如古史辨)的特质及其思想史意义。

英国史学家G.P.古奇在其名著《十九世纪历史学与历史学家》第一版序言中,自述其写作宗旨:"总结并估计近百年中历史研究与著作的成就,描绘本行业的大师,追溯科学方法的发展,衡量那些导致撰写名著的政治、宗教与种族影响以及分析它们对当时的生活和思想所产生的影响。"除了有必要稍为突出学术思潮外，古奇的这番话，可以移用来描述我们研究20世纪中国学术史的设想。

1991年6月24日

初刊《学人》第一辑，江苏文艺出版社1991年版

## 附录：《学人》的情怀与愿望

一个偶然的机缘，守常、汪晖和我凑到一起，在日本国际友谊学术基金会和江苏文艺出版社的支持下，办起了人文研究集刊《学人》。几年过去了，《学人》似乎逐渐得到学界的承认，这点我们很欣慰。既避免大红大紫，也不想丢盔弃甲，一步步往前走，没有过高的奢求。窜改那句名言，即便"坚持数年"，也都不敢保证"必有成效"。这一策略，使得以往我们不大愿意公开谈论《学人》。这次的抛头露面，并非自信已"初见成效"，而是《东方》诸君盛情难却；再说，谈论学术的民间化，正与我们的宗旨相合，不妨略做呼应。

四年前的这个时候，记得刚下过雪，路很滑，朋友们在北大的勺园聚会，讨论学术史问题，同时也算是《学人》的正式组稿会。那时连第一辑能否出版都是未知数，屋里尽可慷慨激昂，出门时可就只能"如履薄冰"了。谢天谢地，集刊总算出版了，而且不止一辑，居然每半年就有四五十万字的论文问世！当初预言必定"胎死腹中"的朋友都看傻了，连我们自己也觉得运气不错。这并非说《学人》水平有多高，而是这么一种运作方式的存在，蕴含着民间学术发展的可能性。

《学人》出版后，不断有朋友询问，为什么既无"发刊词"，也无"编后记"？最直接的理由是，不愿过于招摇，希望这种低姿态能减少阻力，让集刊尽可能长久地生存下去。还有，"广告"和"宣言"从来都比实际货色好，为避免朋友们大失所望，干脆就

这么默默耕耘,能收获多少算多少。这两点都有"自我保护"的意味,如果说还有什么积极方面的考虑,那就是意识到学术重建的艰巨,希望脚踏实地,从细微处做起,改变80年代生机盎然但略嫌浮躁的学风。

不少朋友将《学人》第一辑上那组"学术史研究笔谈"作为"发刊词"读,实在是高招。当初并没有这种想法,可一经高人点破,顿觉妙不可言,以至非常乐于事后追认。那组笔谈只是表明一种朦胧的向往与追求,而且各家说法颇有差异;实际上《学人》也正是如此,主要是提供公共空间,而不是证明某一理论原则。既想建立"自己的园地",又要讲"公开性",二者其实不大好协调。这主要指的不是"篇幅有限",而是学术风格的差异。好在《学人》从不妄想包打天下,只谋求成为百家中的一家。借《学人》聚一批志同道合的朋友,以从事日渐寂寞的学术研究,这是我们的愿望。能够因此推出若干体现自家学术追求的论文,也就算对得起总有一天会走出低谷的中国学界。我们深知自己的局限,不敢高自标榜,只求"守先待后"。

当然,说办《学人》只是为了发表自己和朋友的几篇文章,此外别无所求,则又未免"谦虚"得有点不近人情。当初让集刊"没头没尾"地问世,还有一个原因是希望渺茫,不想说大话惹麻烦。其实第一辑发稿时,本有一篇说明宗旨的编后记,自己临时抽了下来。大概是不甘寂寞吧,这"编后记"后来与我的另一篇短文合在一起,以《〈学人〉与〈文学史〉》为题发表在《美文》1993年第1期。现摘引文章的后半截,以见办刊初衷:

> 凭我们对中国历史和中国文化的理解,"学在民间"是政治动荡和社会转型期维持纲纪人伦和文化价值的重要支柱。与其临渊慕鱼或痛骂鱼不上钩,不如退而结网。文化决策者的价值取向是否值得欣赏是一回事,知识者自身的选择和努力又是一回事。借助于民间的力量,寻求学者经济上和思想上的独

立，而不再只是抱怨政府对学术支持不力，这是近年来我们的共同思路。

这一思路之得以形成并最终落实为《学人》集刊的创办，还在于我们认定学术比政治更永久，故不计一时之得失，只求能为中国学术之繁荣以及中国文化的健康发展尽绵薄之力。学术上摆脱英雄史观以及以政治史统率一切的旧史学格局，注重社会经济和文化氛围；在实际生活中也以文化建设为主要着眼点。

有感于中国学界流行"以经术文饰其政论"，我们主张政学分途发展，反对借学术发牢骚或曲学阿世。学者的人间情怀可以体现在论题的选择和立论的根基，但不应该以政治上的好恶随意褒贬。如此沉重的学院派论述，时人或嫌其枯燥乏味，我们则以为有利于培养自己对学问的敬畏之心。

至于以学术史研究为突破口，更体现了我们对学界现状的不满以及重新选择学术传统的决心。

学术史研究至今仍是《学人》的重点之一，"这是一项研究计划，更是一种自我训练"。希望通过学术史研究来"显示学术规范"，而不敢列出甲乙丙丁若干"治学准则"，就是因为相信"规范"的建立需要学界同人的共同参与，我们只是提供一己之见。

走我们自己的路，做我们能做的事。"在坚持己见的同时，多一点对不同学派不同治学风格的理解，减少无谓的意气之争。""在学术研究上提倡一种极旧的新学风：认认真真读书，老老实实做学问。"——四年前《学术史研究笔谈》的说法依然有效，没什么更精彩的发挥。

还是那句老话，学术重建，谈何容易！少发宣言，多做实事，希望朋友以论著而不以此前此后的"准发刊词"来评价《学人》。

就此打住。

1995年1月7日

收于《学者的人间情怀》，珠海出版社1995年版

# 有情怀的专业研究

陈平原

集刊出版,作为主编,总得说几句话,交代一下"缘起"之类。嫌"发刊词"太正经,弄不好拒人于千里之外,于是选择了这不衫不履的"编后记"。文章搁在前后,远不只是编排技巧,更包括文体和写作心态。既然叨陪末座,不妨拉拉杂杂,从容道来。

刊物之所以需要"穿靴戴帽",并非只是交代编辑事务,而是让主持其事者得以阐述自家的学术宗旨。像1955年钱穆创办《新亚学报》时之大谈"考据与义理不可偏废",1994年王元化创办《学术集林》时之提倡"有思想的学术和有学术的思想",都是针对特定历史情境和文化传统。此类"有感而发"的议论,既"济世",也"自律",往往成为世人褒贬刊物的口实。可有一点,想得到的,不一定办得到——个人著述尚且如此,更何况集合众家之作而成的学术集刊。

可话说回来,有想法总比没想法好,即便有"高自标榜"的嫌疑。不是说"取法乎上,仅得其中"吗?一出场就十分低调,固然可避名不副实的讥讽,却未免有推卸责任之嫌。明白这一点,读者对于主编写在刊物前后的文字,也就不必太认真、太苛求了。这充其量不过是一厢情愿的"独白"。

十年前创办《学人》,开篇就提"学术规范";十年后重作冯妇,我更愿意谈谈"有情怀的专业研究"。不是说事过境迁,中国学界已经走向成熟,没必要再谈属于职业道德和基本训练的"规则"问题(近年报刊不断披露"愈演愈烈"的抄袭事件,实在令人触目惊心，可见这问题远未得到解决）；而是心态变了，不再有登高一呼的愿望，更多的是自我反省——对于受过良好的学术训练且有志于学的人来说，什么样的偏见和陷阱最值得警惕。

梁启超著《清代学术概论》，称顾、黄、王等清初学者的著述虽有粗疏处，但"自有一种元气淋漓之象"；而后来的"正统派"则追求"为学问而学问"，"喜专治一家，为'窄而深'的研究"。梁本人的趣味明明近于前者，但在书中却对后者的治学路径大加赞赏。为什么？并非论者矫情，而是鱼与熊掌难以兼得。对于人文学者来说，完全忘情世事，不食人间烟火，学问难成其大；可过于牵挂时局，左顾右盼，无法一意孤行，也就谈不上探骊得珠。这里不牵涉研究工具是否发达、学术范式如何变迁，而是指曾让20世纪中国学者辗转难眠的"志"与"业"、"情"与"思"、"政"与"学"之间的矛盾与纠葛。很难说哪一种选择更值得称道，只能是移步变形，对症下药。

随着专业化思想的深入人心，治学者必须接受"系统训练"，这已经成为共识，而且正在迅速落实。我担心的是，"专业主义"一旦成为塑造我们思想行为的主要力量，会对各种可能出现的不合规矩的"奇思妙想"造成极大的压抑。越来越精细的学科分野、越来越严格的操作规则、越来越艰涩的学术语言，在推进具体的学术命题的同时，会逐渐剥离研究者与现实生活的血肉联系。对于人文学来说，这个代价并非微不足道。既投身"专业化"大潮，又对"正统派"之得失保持清醒的认识，我以为是必要的。

在《知识分子论》中，萨义德（E.W.Said）曾抱怨"今天在教育体系中爬得愈高，愈受限于相当狭隘的知识领域"；而研究文学时，"专业化意味着愈来愈多技术上的形式主义，以及愈来愈少的历史意识"。以所谓的"业余性"（amateurism）来对抗专业化大潮，在中国人看来，或许不如"博雅"的说法更精确。与此相关联，我希望以"情怀"来补充"规则"的缺失。对于训练有素的学者来说，说出来的，属于公众；压在纸背的，更具个人色彩。后者

"不着一字",可决定整篇文章的境界,故称其"尽得风流",一点也不为过。没必要借题发挥,也不是以史为鉴,在选题立意、洞察幽微中,自然而然地调动自家的生活经验,乃至情感与想象,如此"沉潜把玩",方有可能出"大文章"。我以为,纯粹的技术操作并非理想的学术状态。尤其是谈论20世纪中国的社会、生活、思想、学术、文学、教育等,今人的长处,正在于其与那段刚刚逝去的历史有着千丝万缕的联系,故容易"体贴入微"。

北京大学20世纪中国文化研究中心成立时,曾表白要以学术的方式,积极参与当代中国的精神及文化建设。了解北大的历史传统及其现实处境的读者,当能明白此话背后隐含的学术意识与人间情怀。《现代中国》的创办,希望能部分落实当初的宏愿。

2001年3月6日于京北西三旗

原为《现代中国》第一辑编后记,《现代中国》第一辑,陈平原主编,湖北教育出版社2001年版;后以《有情怀的专业研究》为题,发表于《中华读书报》2001年5月30日

# 与《读书》结缘

陈平原

结缘《读书》，对我来说，是个非同寻常的"历史事件"，因其深刻影响了我此后的学术生涯。

若不是为了写作本文而略做盘点，绝对想象不到，十五年间，我竟然在《读书》上发表了三十七篇文章！未曾开设专栏，也并非高产作家，竟有如此骄人的业绩，实在出乎我的意料。《读书》有许多雷打不动的名家，我还挤不进这支"铁军"；不过，就个人而言，还没在别的杂志上发表过如此数量的文章。更何况，我的三次学术转折，都与《读书》杂志密不可分。

1984年秋天，我北上求学，那时《读书》已经创办五年，基本形成自己的风格，但还说不上"名满天下"。因朋友的介绍，第一次到朝内大街参加《读书》的聚会，印象极佳。编辑见了新老作者，按照通例，都是笑脸相迎——即使对你不太感冒。《读书》的几位女将，却是不冷不热、不卑不亢，一见面就单刀直入，叮嘱"以后多为我们写稿"。一副"自家人不必客气"的样子，让你感觉挺受用的。

让你多多写稿，但没承诺为你多多发稿，这一招进退自如，妙不可言。有很多作者因此而"上当受骗"，冲着那坦诚的目光与可掬的笑容，稿子源源不断地飞去，又源源不断地归来。据我所知，《读书》的退稿率，在国内杂志中绝对名列前茅。不只退年轻人的"习作"，而且退大专家的"宏文"。如此"胆大妄为"，竟没有引起公愤，诀窍在于其善于使用挡箭牌——"文体特殊"。

我曾妄加揣测，《读书》的办刊方针，思想上追摹的是《新青年》，文体上神往的则是《语丝》。关于"语丝文体"，鲁迅概括为"任意而谈，无所顾忌"，周作人则称其是"古今并谈，庄谐杂出"。这种以知性为主，而又强调笔墨情趣的"学者之文"，半个世纪后，由于《读书》的出现，而被发扬光大：以学识为根基，以阅历、心境为两翼，再配上适宜的文笔，迹浅而意深，言近而旨远。故作者之进入《读书》，不只需要"思想"的共鸣，更包括"文体"的磨合。

我很幸运，因一特殊机缘，未经"艰辛的磨合"，便顺利地挤进了《读书》的作者队伍。这很大程度得归功于《读书》诸君"千金买马骨"的诚意。

记得是1985年的初夏，照样是在朝内大街那幢老灰楼，《读书》召开座谈会，表示其介入当代中国学术思潮的意向。

那时，钱理群、黄子平和我合作撰写的《论"二十世纪中国文学"》才刚刚完稿（后刊于《文学评论》1985年第5期）。文章尚未面世，但其主旨及基本思路，已在年初的中国现代文学研究创新座谈会上口头表述过，承热心人代为"广而告之"，在学界已略有知闻。如此"好苗头"，岂能瞒过素以敏感著称的《读书》？会议期间，主编董君出面邀请我们变换语调再写一篇，理由是：《读书》并非专业刊物，而是沟通学界与大众的桥梁，故不避"重复建设"。开始不敢答应，怕有自己抄袭自己的嫌疑。可人家说得很诚恳：希望以此为突破口，介入学界的论争。如此雅兴，不能不奉陪。三人略一商议，定了个以"对话"为"著述"的策略——那时我们正对各种文体实验大感兴趣，一心想改变学界苍白干瘪的面孔。开口前，还担心被斥为"没正经"；可话没说完，对方已经拍手叫好，说这正是《读书》的路！

于是，有了在《读书》上连载六期的《"二十世纪中国文学"三人谈》（1985年第10期至1986年第3期）。这组文章影响之大，出乎我们自己的想象。直到今天，还不断有人向我提起当年阅读这组文章时的激动心情。对于如此不虞之誉，我的解释是：论题的重要性与文体的吸引力，各居其半。

"二十世纪中国文学"这一命题，已经进入历史，其是非功过，留待史家去评说。我想说的，是"三人谈"的文体实验。当初之所以引起轰动，与此大有干系。看惯了正襟危坐的高头讲章，突然间有人在那里天马行空般"畅谈学问"，而且落实为白纸黑字，感觉很新奇。从那时起，一直到今天，不时有好奇的读者追问"三人谈"的文体归属：到底是"虚构"，还是"实录"？这话不容易回答，只好将"创作过程"从实招来。

关于"三人谈"的文体，最初的设计是：一展现过程，二保留差异，三还原现场。从事学术研究的人，即便才华横溢，在"豁然开朗"之前，总会有"茫无头绪"的时候。可一旦落笔为文，呈现在读者面前的，必定是严整有序、逻辑严密。至于摸索过程中必不可少的"歧路"、稍纵即逝的"火花"、极力回避的"陷阱"，一般都被压在纸背，不为外人所知。告诉读者我们是怎么走过来的，并非希望"金针度人"，而是让人家理解你思路的形成，同时便于重复检验。当然，还有另一种可能性，即那些被你舍弃的"火花"，比你极力保留并大加阐发的，更有价值。若如是，则希望高人点拨，免得"捡了芝麻丢了西瓜"。

再好的合作伙伴，意见也会有分歧。三个性格学识均有差异的学者，凑在一起从事一项共同的事业，只能"求大同存小异"。可"小异"并非都可忽略不计，或许正蕴含着某种只可意会而难以言传的玄机。合作写专论，意见必须一致；"三人谈"则不妨放开，各说各的。当然，常在一起磋商，大的思路比较接近；可仔细阅读，三人的面貌还是相当清晰。这一点，文章刚一发表，就引起细心读者的关注。故意暴露我们在具体学术观点上的差异，目的是使这一"对话"呈现开放的状态，以便吸纳更多学者的参与。

以上两点，想通了，做起来并不困难，困难的是第三点：已经永远消逝的"现场",可不是那么容易"还原"的。依靠录音机,完全照抄现场对话,必定杂乱不堪——朋友间聊天,谁能够或者说谁愿意"出口成章"?可要是全靠事后编排,必定成了论文的"集锦",不只最为精彩的"现场发挥"不见了,还会出现"前言不搭后语"的怪毛病。又要真实,又要可读,鱼与熊掌难以兼得,只好折中解决。先就某一题目各自准备,免得过于跑野马;事后根据录音整理对话时,删去过于枝蔓的地方,并补充若干当时记不周全的材料。三人中,子平对文体最为敏感,坚持借括号中的"笑""大笑"等形体语言,保留对话的节奏与氛围。

"三人谈"发表后,获得广泛的好评,于是,我们将其与《论"二十世纪中国文学"》等合刊,交人民文学出版社出版。在这本小书的《写在前面》中,我们专门讨论了作为一种文学批评方式的"对话"的意义:

> 思想从来都不是一种自言自语——智慧的火花只有在撞击中才会迸放出来。古往今来,不知有多少新鲜的见解、大胆的假设以至神妙的隽语,都是在对话中产生的。书信往来,文章商榷,都不若直接的对话来得带劲。在直接的对话中,你领略到思考的乐趣、口语的魅力和一种"现场气氛"。对话者常常会因冷不丁蹦出的几句隽语或"打通"了某个难题的关节而激动起来。这里没有任何防御的壁垒,对话者乐于"赤膊上阵",紧张地开动脑筋,应付各种突如其来的提问,捕捉种种转瞬即逝的思绪。学术性或半学术性的对话,一点也不轻松,尽管没有任何外在的压力。"柳暗花明"时固然欣喜欲狂,"山重水复"处更有魅力。论证、说明、释疑、反驳,在对话中悄悄地拓展自己的理论设想。是围绕学术问题的讨论,更是一种智力游戏和精神散步。……据说中国古代文人曾经"清谈误国",然而从那种品评诗文、月旦人物的方式之中,也不是没有一点可取之处。有时直截了当,寸铁杀人;有时举重若

轻,画龙点睛。有风度、有情韵,千载之下,仍能想见当时的倜傥潇洒、挥斥方遒。唇枪舌剑也好,睿智幽默也好,对话必须成为一门"艺术"。聊天容易,真正聊得有"神",就很难。我们常常觉得,在"神聊"中,"神"比"聊"本身还要重要。尽管聊的是学术,但仍然可能"神采飞扬"。

当然明白将"学术聊天"整理成文发表的危险,首先是"鸡零狗碎"(此乃当年一位机智的读者的批评),其次还可能"卑之无甚高论"(对比经过刻意修饰的论文,这点尤其明显)。但依然冒险前行,而且获得成功,很大程度是读者认可我们的设想:"我们渴望见到更多的未加过分整理的'学术对话录'的问世,使一些述而不作者的研究成果社会化,使一些'创造性的碎片'得以脱颖而出,并养成一种在对话中善于完善、修正、更新自己的理论构想的风气。"

正事说过了,还得交代两件趣闻。首先,是关于"三人谈"的署名问题。"三驾马车"中,我年龄最小、学识最浅,为何六篇对话,都以我打头?开始是偶然,而后是老钱提携后进。万事开头难,"三人谈"的第一则《缘起》,是由子平整理的——因谈话录音后,我和老钱就到西北开会去了。子平兄冥思苦想,希望在不违背"实录"原则的前提下,找到一个响亮的开头。最后选中我掉书袋的一段话。于是,顺理成章,第一次的"三人谈"便由我打头。第二篇是由我整理的,考虑到最早提出"二十世纪中国文学"的构想、具体阐发时主意最多的是老钱,署名因而按钱、黄、陈排列。可老钱审阅文章时,又将署名顺序改回来,说是为了"打破论资排辈的陋习",同时也便于编辑和读者记忆。

也不能说我在"三人谈"的撰写中没有"特殊贡献",起码每月一次的送稿,就是由我独力承担的。开专栏必须准时交稿,可每次都手忙脚乱,最后时刻才完工。于是,我骑上自行车(那时乘出租车尚属奢侈),兴冲冲地送稿去了。从北大骑到朝内大街《读书》编辑部,紧赶慢赶,大概需要一小时十分钟。有一回,路遇多年未见的老朋友,人家想跟我多聊几句,可碍于下班时间快到了,只好匆匆道别。事后一直追悔莫及,要是另约时间再谈就好了,人家看我无心恋战的样子,以为故意推托,再也不与我联系了。

第二次在《读书》上集中发文章,是在1992年。这组"学术史研究随想"共六则,其中《学者的人间情怀》因某种原因被压下来,第二年才得以问世。这组文章,是根据我在北大开设"中国现代学术史"专题课的导言和结语改写的,其基本思路是借反省百年中国学术,为眼下的突围寻找方向与策略。由于是从讲稿改编而成,残留一些居高临下的口气,敏感的读者会感觉不太舒服,曾有朋友当面向我表示"抗议"。实在抱歉,本意是师生一起直面困境,上下求索,没想到转身板书时,"狐狸尾巴"还是露了出来——这大概可部分归咎于那垫高了的讲台,弄得师生之间很难有真正平等的对话。

20世纪90年代的前三个春天,对于中国学界来说,实在过于阴冷。尤其在北大,"悲凉之雾,遍被华林",受到严重挫伤的学生们,颇有废书长叹,就此"金盆洗手"的。作为教师,眼看那么多昔日的好学生一脸茫然地闲逛,或一头扎进"托福",心里真不是滋味。可是,"一脸茫然"的远不只是入世未深的青年学生,我之所以剖析章太炎"自立门户与径行独往"的学术风格,标榜"学者的人间情怀",谈论"独上高楼"与"超越规则",何尝不是在苦苦挣扎?

"时代思潮"云云,不好信口开河;至于我自己,90年代之所以转治学术史,有学术发展的内在理路(1988年起即追随先师王瑶先生承接"中国文学研究现代化进程"课题),但突然的政治变故,更是重要的触媒与动力。与个人气质和志向有关,本就不是什么"政治人物",所谓"议政"不成转而"论学"的概括,对我并不适用。但大谈"学术史",确实是蕴含着对于读书人安身立命的思考。没有现实的刺激，不会如此果断地搁下正在兴头上的小说史研究，也不会有如此强烈的"切肤之痛"以及由此派生的"体贴入微"。

表面上，关注的主要是晚清与"五四"两代学人，但问题意识的形成，受制于当下寻求突围的思考。对比同时期我发在《读书》和《学人》的文章，前者的"现实感"几乎不加掩饰。从专业角度看，这组文章没有惊人之论，具体观点甚至招来某些高人的非议；可立说的姿态，尤其是文章中难以明言的"那一股气"（并非"凛然正气"，也不是"灰心丧气"，更接近读书人平日所说的"骨气"与"傲气"），令许多年轻学生大为感动——这可是大学以外的专家们很难料想到的。

迄今为止，《学者的人间情怀》是我的文章中被引用及转载次数最多的。引用有"正面""反面"之分，转载也有"精选""史料"之别，但不管别人怎么看，我对这则非专业的短文颇为偏爱。原因不在于文章是否精彩，而是因其真实地记录了我在大转折年代的脚步。不管你持何种观点，90年代初中国读书人的精神走向，都是必须认真对待的"历史"。若干年后，生活在另一天地的"新锐"，很可能对我辈踉跄的脚步大不以为然，可我不想掩饰自己（大而言之，则是"这一代"）窘迫的思想困境与拙劣的突围策略，为的是见证这"伟大的时代"。

从寻求安身立命的初始动机，到将"学术史"作为一个重要的研究课题，这一转变，在我，是在1991年初春完成的。一年后，我正式在北大开讲"中国现代学术史"。不用说，课讲得不算好，因准备很不充分，可同学们（包括许多进修教师）反应非常强烈。第三教学楼容纳百人的大教室，常常座无虚席。说实话，我很感动，没有他们的鼓励与支持，这课能否按原计划讲完都成问题。等到邓小平南方谈话传达下来，北大的舆论环境开始宽松，我和我的学生们方才喘过气来。

《读书》杂志面向全国，不会将自己与一所大学的师生的精神状态捆绑在一起。可我相信,类似的情况,其他学校也都存在。这也是我这组学术性不太强的文章,在高校的反应远较社会为好的原因。

第三回大量占用《读书》的宝贵篇幅,是1997年至1998年的"老北大的故事"。这次是七则,可头两篇是一分为二构成的——可见,仍是"六六大顺"。知道《读书》稿挤,原本不好意思过多打扰,没想到最后还是做了"回头客",似乎真的"姻缘前定"。

写完《北大旧事》的"前言",说实话,颇为得意。于是,送给京城里一家常来约稿的大刊物。不久,责任编辑一脸尴尬地找我商量:能否删去"紧挨着皇宫的大学"一节,因其提及老北大学生"闹学潮"。责编是北大毕业生,当然明白这一节的意义,也曾据理力争,可主编的态度异常坚决,说是为了顾全大局,文章中无论如何不能出现"学潮"二字——不管是谈历史还是说现实。我当然不会如此委屈自己。稿子要回来了,翻开折叠的那一页,真的吓了一跳。以下引录的这段话,画了两道粗大的红杠,还连打了三个惊叹号:

> 不满足于寻求新知,更愿意关心天下兴亡,这一自我定位,使得"闹学潮"成为北大的一大景观。很难想象,没有学潮的北大,能否在中国现代史上占据如此重要的位置。作为一所大学,北大固然以培养了大批成就卓著的专家学者而骄傲,可北大影响之所以超越教育界,则在于其高举"民主"与"科学"的大旗。而在某个特定时期,"闹学潮"几乎成为"争民主"的同义词。

任凭我推敲再三,还是看不出这几句大白话有何违碍之处。谈的是北大的历史,而且是从晚清、"五四"一直理下来,不谈"学潮"那才怪。可这位严格把关的主编,还是决定"忍痛割爱"——这话是他请责编转达的,我相信并非虚情假意。

这时候,《读书》的胆识与胸怀,自然显示出来。我主动说明文章被拒的原委,希望他们从严审查,免得留下后患。责编吴女士与我一样愚钝,看不出有什么不轨图谋,于是大笔一挥,将文章裁为两截,其他的只字未改。据我有限的消息来源,直到今天,还没有人就这两则短文的"倾向性"提出批评。

可是,别高兴得太早,另外两则自以为做得很不错的考据文章,倒是确确实实惹了大麻烦。《北京大学:从何说起?》一文,第一次利用《申报》光绪二十四年(1898)十二月初六日《学堂纪事》里保存的大学堂总办告示,确认大学堂创立于戊戌年的十一月十八日,转换成西历,即1898年12月30日。将近一个世纪的悬案,一旦揭开,喜不自禁。可后来不少谈论大学堂创立的文章,信口开河,让我大失所望——考据文章,讲求的是史料坚实、论证严密,而不是"政治正确"。在拙文面世后的一年里,报刊上时有关于北大生日的考辨文章发表,只有两位先生使用了那则关键性的"告示"。这其实很可悲。对新资料不敏感,也不希望借鉴已有的研究成果,想当然地发表高见——以此态度考史,实在不敢恭维。

同是考据文章,考据大学堂时不受重视,考据新北大又太受关注。《北大校庆:为何改期?》发表后,国内外传媒引述发挥的甚多,以致引起某些要人的反感。在我的所有文章中,对于此文的评价,分歧最大,而且产生"实际效果"。在我,其实并无多么高深的"用意",只是遵循学者寻幽探佚的本心,力图以我所学,去解释一个悬而未决的"故事"。对此文可能产生的震荡,不能说毫无意识;原本以为只要严守史家的界限,点到即止,不做过多阐发,便可避免不必要的冲突。看来还是不行。或许,这题目本就属于禁区,怎么做都可能"添乱"。

考辨"老北大的故事",并非出于政治讽喻,可也不是纯粹为了好玩。谈"老大学",当然是有感于近在眼前的"新大学";至于选择北大作为研究个案,自是因其性格鲜明、身份复杂,可说之处甚多。考证北大校史上若干疑案,只是文章的切入口,我所真正关注的,其实是蕴藏在"故事"背后的思想史线索。熟悉风云变幻的"百年中国"的学者,对我从学术史转入教育史,进而抓住"老北大"大做文章,想必不会有任何惊讶。

倒是"故事"二字,容易引起误解。在《老北大的故事》(江苏文艺出版社,1998年)一书《小引》中,我对此略有说明:

> 既然着眼点是学术,为何题为"故事"?除了借阐释"故事"展现历史图景这一写作策略外,更希望沟通文与史、雅与俗、专家与大众、论著与随笔。

以我的体会,变化文体的追求,很容易获得《读书》的支持——这也是我将这组文章主要交给《读书》刊发的原因。

从"文学史"到"学术史",再到"教育史",十五年间,我的学术兴趣时有推移。每次转折,《读书》都曾慷慨地提供篇幅,让我留下雪泥鸿爪,真是感激不尽。可三回《读书》上的集中表演,既与笔者学术思路的转移相关,也与文体实验不无干系:第一次是"对话",第二次是"演讲",第三次则是"故事"的考辨。

记得《读书》创刊号上有一名文:《读书无禁区》。当年争论不已的口号,如今变成了老生常谈,这大概就是人们常说的"进步"吧。回首二十年的风雨历程,我想狗尾续貂,为《读书》的宗旨再补上一句:学术探索与文体实验,同样也应该"无禁区"。

《读书》二十周年纪念,自有高手为其"回眸"与"展望"。在此等"宏大叙事"旁边,点缀若干"私人叙事",可再次印证"红花也需绿叶扶"的俗语。同时,以叙述个人琐事,来为当代中国最重要的杂志"祝寿",也算一种不太离谱的尝试,而且恰好呼应了本文开头提到的《读书》之"文体特殊"。

1999年2月2日于京北西三旗<br>初刊《读书》1999年第4期

# 与时代同行的学术史研究

陈平原

自从北大人文社会科学研究院与中文系确定合作召开"中国现代学术的精神、制度与文体——陈平原'学术史三部曲'研读会",我就一直在琢磨,到底该采取何种发言姿态,或者说选择什么述学文体。学术史三书刊行时,我在序跋中均交代了写作的宗旨、过程及心态。《现代中国的述学文体》出版后,我又接受了若干媒体采访,如2020年9月20日"上海书评"推送的万字长文《陈平原谈现代中国学术史与述学文体》(丁雄飞采访),就做得很认真。另外,9月26日在北京中间美术馆演讲,题为《再谈如何"述学",什么"文体"》,与四位朋友对话,效果也很好。今天在诸位专家面前,我无论王婆卖瓜,还是亡羊补牢,都不得体;还是先听各位高见,再略为回应。

因此,这里撇开"学术史三部曲"的具体内容,来谈谈那些"压在纸背的心情"。十年前,应复旦大学出版社"三十年集"丛书的邀约,我选编了四十二则随笔或评论,勾勒自己走过来的学术道路,以及路边的野花野草、远处的好山好水,目的是"给近三十年中国学界的演进提供一份证词"。在序言中,我谈及之所以将自家的"三十年集"题为"压在纸背的心情",是因为:"放长视野,我们这代人的'阅历'、'观察'以及'心情',或许比我们做出来的'学问'还要有意义。看一代年轻人如何从'十年浩劫'中走出来,定定神,然后左冲右突、上下求索,还是挺让人感动的。后世的学者,训练、视野以及研究条件都比我们好,但读书时的心情、心气与心境，未必赶得上我们。"①

刚开始撰写"学术史三部曲"时，我曾发表随笔《超越规则》，提及："现代学术日趋精细，操作性越来越强，只希望学者不要完全舍弃忧生忧世的学术背景，以及贯串在整个研究过程中的人文关怀。"②真的是弹指一挥间，三十年说过去就过去了，回想自己走过来的学术道路，唯一可称道的，或许正是此"忧生忧世的学术背景"。

因新冠肺炎疫情肆虐，和世界上大多数人一样，2020年我的生活发生极大变化。曾经三十二天没下楼，九十三天未走出小区，宅在家中，做了若干有趣的事情。除了学会线上授课（虽不精彩），写了若干论文（长短不一），还有就是与三联中读合作，制作了四十讲的《中国人的精神与命运》，不太成功，但毕竟是一种体验。另外，自费印制了《游侠·私学·人文——陈平原手稿集》，收录上世纪90年代初的三篇文稿等，撰写题为《自将磨洗认前朝》的自序；为云南人民出版社即将刊行的《陈平原研究资料》（王风、李浴洋编）整理了《陈平原学术纪事（1978—2020）》。也正是此机缘，促使我回望走过来的道路，感叹自己虽然努力，也做了不少事情，但似乎偏离了原先的设想。

1992年9月，南下的列车上，我读《吉本自传》而彻夜未眠。③吉本讲述自己完成《罗马帝国衰亡史》这部巨著时的欢悦与自豪，以及随之而来的忧郁。另外，让我感兴趣的是，作者为寻求一种最合适的著述文体而上下求索："我做了多次试验，然后才有可能在呆板的记事体和夸饰的论辩体之间选定一种适中的笔调。"④两百

---

① 陈平原：《〈压在纸背的心情〉序》，载陈平原《压在纸背的心情》，复旦大学出版社2011年版。
② 陈平原：《超越规则》，《读书》1992年第12期。
③ 参见陈平原：《南游书简》，载陈平原《书里书外》（增订本），三联书店2019年版，第230—231页。
④ ［英］爱德华·吉本：《吉本自传》，戴子钦译，三联书店1989年版，第156页。

多年来，史学家吉本的文笔大受赞赏，在文学史上也占有崇高地位。我没有能力评论这部在英国文学史上也享有盛名的史学名著，只是被《吉本自传》中这两段话深深感动："1764年10月15日，在罗马，当我坐在朱庇特神堂遗址上默想的时候，天神庙里赤脚的修道士们正在歌唱晚祷曲，我心里开始萌发撰写这个城市衰落和败亡的念头。""这是1787年6月27日那一天，或者该说是那天夜晚，11点至12点之间，我在花园中一座凉亭里，写完最后一页的最后几行。放下手中的笔，我在一条两边满植刺槐的林荫小路上来回走了几趟，从那小路上可以望见田野、湖水和群山。空气很温和，天色是澄澈的，一轮银月投影在水中，整个宇宙悄然无声。"①那时我并没读过爱德华·吉本（Edward Gibbon，1737—1794）的《罗马帝国衰亡史》，只是从J.W.汤普森的《历史著作史》以及王佐良的《英国散文的流变》等略为了解。②但我特别欣赏与敬佩吉本那种花二十多年时间，成就一部传世名著的执着与坚持。

那年我三十八岁，正属于志向远大且精力充沛的时候，又恰逢时代大转折，需要确定下一步该做什么，以及能做什么。1992年，邓小平南方谈话发表，中国重新回到改革开放路线，同时也是市场经济崛起，很多官员及教授奋勇下海，所谓"十亿人民九亿商，还有一亿在观望"的时代。那年我被破格晋升为正教授③，且已出版了《中国小说叙事模式的转变》（上海人民出版社，1988）、《二十世纪中国小说史》第一卷（北京大学出版社，1989）、《千古文人侠客梦——武侠小说类型研究》（人民文学出版社，1992）

---

① ［英］爱德华·吉本：《吉本自传》，戴子钦译，第135页、187页。
② 参见［美］J.W.汤普森：《历史著作史》下卷，孙秉莹、谢德风译，商务印书馆1992年版，第101—122页；王佐良：《英国散文的流变》，商务印书馆1994年版，第86—89页。
③ 当年北大为让年轻人脱颖而出，规定四十岁以下副教授，若成绩突出，可直接到学校竞争，不占系里名额。此一新举措，使我得以越过好多师长辈而提前晋级。

等著作,也可以说在学界"声名鹊起"了。下一步往哪里迈,确实关系重大,得好好想想。本计划向吉本学习,集中精力写一部沉甸甸的"传世之作"。没想到,因缘凑合,最后竟选择了"学在民间"以及"与时代同行"的治学路径。

我早期的小说史研究做得不错①,近二十年的大学研究、图像研究以及"五四"研究等,也都颇有声色。但"学术史三部曲"无疑是我用力最多、也最为看重的。成败得失暂且不论,我想强调的是,此三书的撰写与我的学术组织活动密切相关。离开我参与主编的《学人》《文学史》以及独立主编的《现代中国》等三种集刊,还有"学术史丛书""20世纪中国学术文存""二十世纪中国人的精神生活"等三套丛书,以及先后出版的随笔集如《学者的人间情怀》《当代中国人文观察》《学术随感录》等②,很可能说不太清楚。

我的编书编刊,是在当年大学经费极为拮据,教授们生活艰辛的状态下,凭借读书人的意志以及友人的热心支持,勠力前行,最终做成的。与今天各名校财大气粗,可以随意挥洒,不可同日而语。记得90年代中期,有好几位日后成为著名学者的朋友提醒,你花那么多时间做杂务,影响自己的研究,不仅不计成绩,还很容易惹来麻烦,何苦来着?此前我写过《在政治与学术之间——论胡适的学术取向》③,该文提及上世纪30年代胡适办《独立评论》惹麻烦,周作人来信劝阻,胡适答复:"三年多以来,每星期一晚编撰《独立评论》,往往到早晨三四点钟,妻子每每见怪,我总对

---

① 如《中国小说叙事模式的转变》在出版近三十年后,于2017年获目前中国人文学界声誉最佳的思勉原创奖(第四届)。
② 参见陈平原:《学者的人间情怀》,珠海出版社1995年版;(增订版)《学者的人间情怀——跨世纪的文化选择》,三联书店2007、2020年版;《当代中国人文观察》,人民文学出版社2004年版;(增订版)北京大学出版社2010年版;《学术随感录》,河南大学出版社2006年版。
③ 参见陈平原:《在政治与学术之间——论胡适的学术取向》,《学人》第一辑,江苏文艺出版社1991年版。

她说:'一星期之中,只有这一天是我为公家做工,不为吃饭,不为名誉,只是完全做公家的事,所以我心里最舒服,做完之后,一上床就熟睡,你可曾看见我星期一晚上睡不着的吗?'她后来看惯了,也就不怪我了。"① 记得当时读胡适此信很是感动,也希望像他那样,不太计较个人得失,略尽知识者对于社会的责任。

另外,受章太炎的启迪与刺激,我坚信"学在民间",很不量力地,希望通过"张扬私学"来力挽狂澜。② 1991年,我和王守常、汪晖在日本国际友谊学术基金会(筹)及江苏文艺出版社的支持下,创办了民间集刊《学人》,这点很多人知道。《学人》总共存活十年(1991—2000),发行了十五辑,当初影响很大,其在学术史上的业绩,日后会被提及的。至于背后的故事,以及碰到的艰难险阻,日后有机会再细说。③ 我更想谈的,是联合同人创办《文学史》的努力与情怀。

在一篇撰于1993年的文章中,我谈及按政府公布的统计数字,当年北大教师薪水在北京市职工收入平均线以下;而出租车司机的收入,通常是北大教师的八到十倍。当初的说法是:造原子弹的不如卖茶叶蛋的。如此紧要关头,必须有人咬紧牙关,坚持走下去。④ 不仅自己做学问,还"位卑未敢忘忧国",希望能以民间的立场及能力,为中华民族保留若干读书种子。

为了说明我的"忆苦思甜"没有夸张失实,我想引1985年出

---

① 胡适:《致周作人》,《胡适来往书信选》中册,中华书局1979年版,第297页。
② 参见陈平原:《章太炎与中国私学传统》,《学人》第二辑,江苏文艺出版社1992年版。
③ 我在《〈学人〉的情怀与愿望》(《学者的人间情怀》,珠海出版社1995年版)、《学术史研究及其他——答秦山问》(1995年9月6日《中华读书报》)以及《"失败的英雄"》(《书屋》1998年第5期;日文本刊《人民中国》1998年第7期)等中略有提及。
④ 参见陈平原:《当代中国人文学者的命运及其选择》,《东方》创刊号,1993年10月,第4页。

任北大教务长、1990—1999年任北大副校长的王义遒先生的若干回忆。在《行行重行行——王义遒口述史》第七章中，王先生提及"20世纪八九十年代的北大，物质上非常匮乏。一个'穷'字可以概括当年的北大"：1991年全校教职工7930人，"平均基础工资为128.39元，加上职务、工龄津贴和浮动部分（随物价变化而异）后，实得平均为132.91元"①。说到当年教授之困窘，下面这个小故事更为直观——在新聘院士座谈会上，张滂院士提出，希望家中六口每人每天能吃得上一根香蕉。王副校长于是感叹："一位学部委员，连这点最普通的享受都不能保证，我们怎么对得起这些一流科学家，怎么来建一流大学？"②大家都知道，这应该是暂时现象，总有一天国家会重新重视教育及科技，教授专家们的待遇会得到明显提升。但问题在于，什么时候能有根本性的好转，谁也说不准。记得王瑶先生有句俏皮话："前途光明"，看不见；"道路曲折"，走不完。黄河九十九道弯，你身处历史的哪一个阶段，决定了你的命运。最不幸的是，太阳终于出来了，可你必须睡觉去了。

每代人都有自己的困惑，也都有自己特殊的使命，须直面惨淡的人生，在可能的范围内寻求解决之道。在《游侠·私学·人文——陈平原手稿集》的序言中，我说了这么几句话："在一个社会/学术急遽转型的时代，作为敏感但脆弱的读书人，没有迷失大方向，及时调整好心态，在有限的空间里多少有所作为，这点我很欣慰。"③若举例子，最合适的，莫过于不太为人知晓的《文学史》集刊。为了延续乃至促进学术探索，在那种艰难环境下，1992年，我与北京的钱理群、葛兆光，以及香港的陈国球、陈清侨、王宏志合作，模仿30年代胡适等学人的"拿自己的钱，说自己的

---

① 王义遒：《行行重行行——王义遒口述史》，华中科技大学出版社2019年版，第172页、174页。
② 王义遒：《行行重行行——王义遒口述史》，第174页。
③ 陈平原：《自将磨洗认前朝——〈游侠·私学·人文——陈平原手稿集〉序》，《书城》2020年第3期。

话",合资刊行《文学史》集刊。《〈文学史〉第一辑编后记》称:"我们的杯子很小,我们的胃口也不大,只不过想联络若干在商品经济大潮冲击下还愿意读书做学问的同道,相濡以沫,并用适当的方式体现我们的存在。"①虽然总共才刊行三辑,而且第二辑由北大出版社负责,第三辑得到香港中文大学赞助,我们实际上只承担了第一辑的出版费用,但我相信那种悲壮的身影,值得后人追怀。

我的学术史三部曲,并非一开始就规划好的,而是边走边看,摸着石头过河,最后才调整成探讨现代中国学术的精神、制度及文体。这种调整,既是学以救弊,也是不断与时代对话的结果。为何选择学术史研究作为突破口,背后的关怀何在?大家很容易想到我的《学术史研究随想》:"如果说八十年代是中国学术史上充满激情和想象的变革时代,'跑野马'或者'学风空疏'都可以谅解;那么,九十年代或许更需要自我约束的学术规范,借助于一系列没多少诗意的程序化操作,努力将前此产生的'思想火花'转化为学术成果。这种日趋专业化的趋势,对许多缺乏必要的学术训练、单凭常识和灵感提问题的学者,将会是个严峻的考验。在这方面,学术史可以提供某种入门的帮助。"②

当年提倡学术史研究,确实有技术性考量,但也牵涉精神层面,除了"随想"中表彰王国维、陈寅恪的"独立之精神,自由之思想",还请参阅笔者发表在1993年第5期《读书》上的《学者的人间情怀》。这篇写于1991年、拖了一年多才刊出的随笔,当年影响颇大,评价分歧,日后收入各种教材及选集。另外一篇是1993年10月刊登在《东方》创刊号上的《当代中国人文学者的命运及其选择》,最关键的是以下三句话:"我曾经试图用最简洁的语言描述这一学术思路:在政治与学术之间,注重学术;在官学与私学之

---

① 陈平原:《〈文学史〉第一辑编后记》,载陈平原、陈国球主编《文学史》第一辑,北京大学出版社1993年版。
② 陈平原:《学术史研究随想》,《学人》第一辑。

间,张扬私学;在俗文化与雅文化之间,坚持雅文化。三句大白话中,隐含着一代读书人艰辛的选择。"①只有明白20世纪90年代初中国社会及学界的状态,才能体会其中的憋屈与悲壮。此文乃作者提交给在瑞典斯德哥尔摩大学召开的"当代中国人心目中的国家、社会与个人"国际学术研讨会(1993年6月11—15日)的论文,那是我第一次赴欧洲参加学术会议,在会上认识了不少好学者,但婉谢了出国留学或长期进修的建议,因我坚信留在国内还是可以做点事情的。

三句大白话,不说首尾,就说中间的"在官学与私学之间,张扬私学",因这句话最为根本,也是我自以为坚持实践且略有贡献的。这里所说的张扬私学,包括创办民间学刊及组织学术丛书等。其中,从《学人》之追求学术独立(1991—2000),到《文学史》之强调民间立场(1993—1996),再到《现代中国》之主张社会关怀(2001—2014),伴随着时势迁移,逐步走过来,线索很清晰,这里就不说了。我想略为介绍我主编的跟学术史研究相关的三套丛书。

1995年起由北京大学出版社推出的"学术史丛书",包括葛兆光《中国禅思想史》、阎步克《士大夫政治演生史稿》、王瑶主编《中国文学研究现代化进程》、王永兴《陈寅恪先生史学述略稿》、赵园《明清之际士大夫研究》等著作近三十种,在中外学界反响很好。只是近年大学资助出版成为主流,出版社闭着眼睛也能存活,我不想让北大社为难,故这套丛书目前不死不活,处于停滞状态。

2002年起由湖北教育出版社刊行的"二十世纪中国学术文存",希望兼及"史家眼光"与"选本文化",将巨大的信息量、准确的历史描述,以及特立独行的学术判断,三者有机地融合在一起。②即便是十多年后的今天,这套丛书的立意、宗旨与编辑思

---

① 陈平原:《当代中国人文学者的命运及其选择》,《东方》创刊号,1993年10月。
② 参见"二十世纪中国学术文存"总序,见2002年起由湖北教育出版社陆续推出的"二十世纪中国学术文存"各卷。

路,还是站得住脚的;更值得骄傲的是,这套丛书的编者阵容强大。以2002—2008年间先后刊行的十五种为例:罗宗强编《古代文学理论研究》、张少康编《文心雕龙研究》、张宏生等编《古代女诗人研究》、吴承学等编《晚明文学思潮研究》、周勋初编《李白研究》、庞朴等编《先秦儒家研究》、褚斌杰编《屈原研究》、吴国钦编《元杂剧研究》、葛剑雄等编《历史地理研究》、王小盾等编《词曲研究》、徐朔方等编《南戏与传奇研究》、瞿林东编《中国史学史研究》、刘泽华等编《中国政治思想史研究》、乐黛云编《比较文学研究》、汤一介等编《魏晋玄学研究》。我相信,今天即便是"国家级"的科研中心,要动员这么多著名学者来做这件事,也都不容易。而当初,这套丛书竟然是我与一个地方出版社合力扛起来的。我自己编的那两册(《中国现代文学研究》和《鲁迅周作人研究》)最后搁置了,原因是出版社突然改变策略,加上责编已经离开,我唯一的要求是把乐黛云、汤一介编的那两册赶出来。或许,这就是民间学术的宿命——因系"业余",且各自为战,无法集中精力,毕其功于一役。与政府主导或大学支持的轰轰烈烈的"重大课题"相反,民间学术的特点是很有创意,不拘格套,但因人力物力所限,多成了"半截子工程"。

与"20世纪中国学术文存"相伴而行、且起步更早的,是2000年起由贵州教育出版社陆续刊行的"二十世纪中国人的精神生活"丛书。在回答《中华读书报》记者提问时,我曾这么勾勒这套丛书:选择过去百年刊行的近百种图书,描述其来龙去脉,借以勾勒20世纪中国思想文化的变迁。先以推荐、整理旧书的形式面世,再将各书"导读"加以修订,最终撰成一部暂名为《20世纪中国人的精神生活》的大书。①六年间,这套丛书先后刊行十五种,包括陈平原编选并导读的《〈点石斋画报〉选》、钟少华编选并导读的《词语的知惠——清末百科辞书条目选》、孙玉石导读的《死

---

① 参见《书的命运与人的精神——关于"20世纪中国人的精神生活丛书"的访谈》(张洁宇采访),《中华读书报》2001年11月21日。

水·神话与诗》、钱理群导读的《鲁迅杂感选集》、夏晓虹编选并导读的《〈女子世界〉文选》、王观泉编选并导读的《〈独秀文存〉选》、陈铁健导读的《多余的话》、欧阳哲生导读的《天演论》、王风导读的《静安文集》等。

  回顾过去的"学术文存",兼及当下的"精神生活",加上注重整体及跨学科研究的"现代中国",这三个关键词,合起来就是我心目中的"有情怀的学术"。《现代中国》第一辑的"编后"曾以《有情怀的专业研究》为题,刊2001年5月30日的《中华读书报》上。其中提到随着专业化思想的深入人心,治学者必须接受系统训练并遵守学术规则,已经成为共识,并逐渐得到落实。我担心的是,"专业主义"一旦成为塑造我们思想行为的主要力量,会对各种可能出现的"奇思妙想"造成极大的压抑。既投身"专业化"大潮,又对所谓的"正统派"之得失保持清醒的认识,我以为是必要的。具体说来,就是希望用"情怀"来补"规则"的缺失[①]。十年前创办《学人》,开篇就提"学术规范";十年后重作冯妇,我更愿意谈谈"有情怀的专业研究"。其基本思路是学以救弊,努力回应时代的话题。

  二十年前,北京大学20世纪中国文化研究中心成立时,在《中华读书报》上刊出严家炎、谢冕、孙玉石、钱理群、洪子诚、温儒敏、胡军、陈平原等八文,总题为"二十世纪中国文化研究笔谈"。我在《权当"编后"》中称:"成立一个虚体性质的研究中心,以学术课题为纽带,联系众多校内外学者,综合考察'二十世纪中国'的文学、思想、学术、教育等,这在作为'五四'新文化发源地的北大,本是'题中应有之义'。可具体操作起来,却不是一件容易的事情";"除了'学术创新''世界一流''人才基地'等闭着眼睛也能想到的套语外,该中心的宗旨,还有这么一

---

[①] 陈平原:《有情怀的专业研究》,《中华读书报》2001年5月30日;《〈现代中国〉第一辑编后》,《现代中国》第一辑,湖北教育出版社2001年版。

条：研究艰难中崛起的'二十世纪中国'，希望在重铸'民族魂'以及积极参与当代中国的精神及文化建设方面，发挥更大的作用。了解北大的历史传统及其现实处境的读者，当能明白这句大白话背后隐含的学术'野心'。"①今天回望，终于明白当初所说的"这是一个需要志趣、激情、想象力以及严谨求实精神的事业，同时也很可能是一条布满荆棘与陷阱的坎坷之路"，确实很有预见性。前些年北大制定未来二十年发展纲要，讨论稿中列出人文学方面的好几个重点发展领域，不是古典，就是西方，唯独没有"现代中国"。在讨论会上我慷慨陈词，称北大以五四新文化运动起家，不该如此"厚古薄今"。校方从善如流，加进去了，可没有任何实际行动。我猜想，不是怀疑现代中国研究的价值，而是担心其中的陷阱。这既是学术风气转移的表征，也代表了北大教授独立思考以及介入社会能力的日渐萎缩②。

初刊《学人》第二辑（1992年7月）的《章太炎与中国私学传统》，特别发掘并表彰了传统中国的"学在民间"，某种意义上，那也是当初我们的心态与立场。二十年后，我在《人文学之"三十年河东"》中谈及："以最近三十年的中国学界为例，八十年代民间学术唱主角，政府不太介入；九十年代各做各的，车走车路，马走马道；进入新世纪，政府加大了对学界的管控及支持力度，民间学术全线溃散。随着教育行政化、学术数字化，整个评价体系基本上被政府垄断。我的判断是，下一个三十年，还会有博学深思、特立独行的人文学者，但其生存处境将相当艰难。"③若是著名学者，你还勉强可以"特立独行"；但如果是青年教师，想凭个人兴趣读书写作，那纯属"自我放逐"。

面对此无力阻挡的"大趋势"，作为《现代中国》的主编，

---

① 陈平原：《权当"编后"》，《中华读书报》1999年8月4日。
② 参见陈平原：《依旧"关注'现代中国'"》，《中华读书报》2014年7月16日。
③ 陈平原：《人文学之"三十年河东"》，《读书》2012年第2期。

我内心十分纠结,最终决定停刊,因为:"邀请著名学者'友情出演',一两次可以,多了是不行的;若是青年教师,为了人家的前程,好文章必须鼓励其投给'一流刊物'。这样算下来,要想办好《现代中国》,不说'绝无可能',也是机会甚微了。"虽然2012年4月南京大学中国社会科学研究评价中心将《现代中国》列为CSSCI集刊,高校教师在上面发文章,勉强可以"算分"了,可我还是决定放弃。"原因是,一旦进入这套'游戏',为了适应'规则',必定变得亦步亦趋,患得患失,很难再有独立寒秋、挥洒才情的勇气。说实话,这套以制定计划、申请课题、编列预算、花钱报账为基本程序的'学问',非我所长,也非我所愿。"①

在《依旧"关注'现代中国'"》中,我谈及"民间学术已然全面崩溃","读书人都被课题、经费、职称、荣誉等压垮了脊梁,不好意思再'呐喊'与'彷徨'了";"我们这一辈学人,从八十年代走过来,有过许多光荣与梦想,也经历了若干暗礁与险滩,其对于'民间学术'的执着与坚持,如今显得很不合时宜"②。记得师兄老钱说过:"到了一定年纪,必须学会'推卸责任',这不是逃避,而是为了更好地'完善自己',做自己想做且能做的事;而且,也是为了给后来者腾出必要的舞台与灯光。"

读书人讲求"坐而言,起而行","学术史三部曲"的撰述,与我上述的学思历程密不可分。这种贴着时代脉搏的思考与表达,有其动人之处,但缺憾也很明显。这一点,我心知肚明。只能说,既然选择了这条路,能走多远就走多远,尽可能不要违背初心。讲述这些,主要不是为了邀功(但愿不算"过"),而是给愿意阅读"学术史三部曲"者提供某些蕴藏在历史草丛中的线索。

最后想说三句话:

第一,我之所以进入学术史研究领域,有90年代初政治/社

---

① 陈平原:《告别〈现代中国〉》,《中华读书报》2013年9月11日。
② 陈平原:《依旧"关注'现代中国'"》,《中华读书报》2014年7月16日。

会/文化转型的刺激，但最初其实是缘于王瑶先生指派的任务①。本以为只是参加导师主持的一个课题，没想到王先生过早去世，只能由我来协助完成《中国文学研究现代化进程》初、续编，此举加快乃至促成了我的学术转型。②我多次坦承，学术史研究既是一项研究计划，更是一种自我训练，主要也是基于自己的心路历程。

第二，对于人文学者来说，学术与人生完全可以合一。两耳闻窗外事，一心读圣贤书，二者并行不悖，且互相促进，这是我的学术理想。多年前拟定个人简介，在履历及著作之外，故意加上这么一句："另外，出于学术民间化的追求，1991—2000年与友人合作主编人文集刊《学人》；2001—2014年主编学术集刊《现代中国》。治学之余，撰写随笔，借以关注现实人生，并保持心境的洒脱与性情的温润。"

第三，不仅求知，而且救弊，选择这一高难度动作，须有坚守而又不执滞。所谓"独立之精神，自由之思想"，其实内含自我质疑与对话意识——批判他人，也批判自己；对话古人，也对话当下，这才可能撰写有学问、有境界且有温度的大文章。

2020年10月22日演讲于燕园，11月5日修订成文<br>
初刊《探索与争鸣》2020年第12期

---

① 收入王瑶主编《中国文学研究现代化进程》中的《胡适的文学史研究》与《作为文学史家的鲁迅》二文，是我的试笔，日后分别进入《中国现代学术之建立——以章太炎、胡适之为中心》（北京大学出版社1998年版）与《作为学科的文学史》[北京大学出版社2011年版；（增订版），2016]。

② 参见陈平原：《〈中国文学研究现代化进程〉小引》，王瑶主编：《中国文学研究现代化进程》，北京大学出版社1996年版；《〈中国文学研究现代化进程二编〉后记》，陈平原主编：《中国文学研究现代化进程二编》，北京大学出版社2002年版。

辑二：研究文选

# 走近陈平原

李新宇

也许，写关于陈平原的文章我并不是最合适的人选。因为对于他研究的许多领域，我都是陌生的。而且，就个人交往而言，我与平原相识也迟，相知也晚。虽然当他因"二十世纪中国文学三人谈"而名噪京城的时候我也在北京，并且因为无法抵抗当时北京大学活跃气氛的诱惑而常去偷听，然而，一次次奔走于未名湖畔，却与平原失之交臂。反思这失之交臂的原因，当然与我不善主动与人交往有关，更重要的是，我当时不但顾不上他们的话题，而且对其心存疑虑。虽然我知道"二十世纪中国文学"这一概念的提出可能带来的积极影响，却同时有一种担心：努力打通不合理的文学史断代格局，把20世纪中国文学作为一个整体把握，会不会因为强化其整体特征而模糊其时代断痕和质的区别？如果回答是肯定的，那将得不偿失。80年代中国学界曾经制造过一只橡皮口袋，把相互冲突和对立的人物统统装入，而且在口袋上贴上"现代"标签。文学史的重写也很像政治上平反冤假错案，结果是打人者与被打者被安排到同一条板凳上就座，却未必真能相逢一笑泯恩仇。当然，曾被打入地狱者能够获得与他人平起平坐的机会也许已经可喜可贺，但是，彼此之间真的不存在是与非、善与恶、美与丑的根本区别吗？因为心存这种疑虑，我对"二十世纪中国文学"的话题没有表现出应有的热情，而是仍然注目于当时文学创作中的某些倾向，如改革文学在歌颂改革者时对专制主义的歌颂，寻根文学在文化选择中的误区，启蒙主义者在鲁迅道路上前进的艰难，以及大众化与化大众的冲突,等等。而这时的陈平原正忙于他的"小说叙事模式的转变",距离不远也不近。

90年代最初的一年,我们第一次相聚。当时大家心里都有点闷,有点不知路该如何继续走的茫然。在我的印象中,陈平原是比较心平气和的。然而,此时的他却正酝酿着学术上的转向:从小说史的研究转向学术史的研究。很快,他创办《学人》杂志,并且在《读书》上发表《学者的人间情怀》等一系列文章。陈平原的新姿态引起了许多朋友的关注。记得当时读《学者的人间情怀》,短短几千字,却使我无法一气读完,因为许多问题不能不停下来久久地默想。说真的,我的感觉非常复杂,有赞叹也有疑问,有认同也有排斥。比如,面对鲁迅著名的"高升"、"退隐"和"前进"之说,陈平原以惊人的平和与公允立论,认为这三种情况难以区分正负高低,因而不赞成坚持前进者对高升或退隐者做过苛评价,这就使我颇费琢磨。不过,我以为此中仍然不过是一种宽容。宽容他人并不意味着放弃自身立场。陈平原的姿态明显地透露着胡适的影子,因为这时他更进一步地走近了胡适。差不多整个20世纪,改良主义在中国一直没有好名声。但是,历史却鲜明地昭示着人们,那些改良主义者往往比激进主义者更清醒。我这样说,很容易与陈平原一起陷入保守主义的阵营,可是,值得注意的是,在20世纪的中国,"激进"与"保守"并不容易说清,"革命"与"复辟"也往往难以划清界限。胡适究竟是激进的还是保守的,从不同的角度也会有不同的回答。

记忆犹新的还有他的"独上高楼"。90年代初,我作过几幅写古人诗意的抒情画,其中自己比较满意之作一是"过尽千帆皆不是,肠断白蘋洲",二是"昨夜西风凋碧树,独上高楼,望尽天涯路"。后者正是读陈平原《独上高楼》一文之后的心得。他从"独上高楼"中读出了"抵抗寂寞极目远眺带来的刚毅和旷达",而我也从这种解读中读出了他本人独上高楼的心境中所含有的坚与韧。后来,见有批评文章提出《学人》及其重建学术规范的努力是把无奈的选择改变成了主动的抉择，把逃避与拒绝混为一谈。我佩服这种见解的犀利，却仍然认为只要能够于人格和价值上有所持守，至于来路是逃避或者拒绝，倒也可以不问。在"西风凋碧树"的时刻，有人能独上高楼，而且"望尽天涯路"，无论如何，我已不忍指责。也许正因为这样，尽管我对90年代的所谓"新国学"不以为然，对知识分子的隐士化倾向多有非议，却从不愿像一些朋友一样把陈平原当作代表。因为无论如何不能忽视陈平原以独上高楼的姿态进行的精神守望。在中国，历来不乏高潮逐浪的激烈者，但是，激烈者却往往在落潮之时逃跑也快，倒戈也易。鉴于20世纪中国文化发展的教训，我觉得应该重视的是那些脚步沉稳者，他们也许不是先锋，也许不在前沿，却能对选定的价值做韧性的守护。20世纪中国现代性的挫折，也许就在于这种守护者太少，而一味追潮逐浪者太多。因为在某些情况下，重要的已不是前进，而是抵御没有底线的溃退。

  从某种意义上说，人文学者随时都可能面临陷阱。这不仅在于学术成果和学术态度都可能被用作某种武器，而且在于知识界不同的选择。有些话要看在什么时候说。一些朋友对平原表现出的"张力"不以为然，因为它意味着某种妥协。直到今天，人们在论述世纪末知识分子分化和转变的时候，还往往把陈平原当作退回书斋的代表人物来谈论。一般地说，这大概不算冤枉他。因为他的姿态明显，《学人》创刊号的"后记"中宣称："几年来，孜孜以求，不想惊世骇俗，但愿能'理得'而'心安'。"他认为："与其临渊慕鱼或痛骂鱼不上钩，不如退而结网。文化决策者的价值取向是否值得欣赏是一回事，知识者自身的选择和努力又是一回事。"如果把这作为一个时代的知识分子的声音，它当然意味着一种后撤。正因为这样，它被看作"后退几十里下寨的言论"。因为从这种声音中，至少可以看到陈平原们绝非多事之徒，绝无非分之想，只想老老实实读书，认认真真作文，为学术而学术。当然，有心人不难从中读到一份秋风落叶般的心境。

关于这种心境，陈平原后来曾有表白：

> 九十年代的前三个春天，对于中国学界来说，实在过于阴冷。尤其在北大，"悲凉之雾，遍被华林"，受到严重挫伤的学生们，颇有废书长叹，就此"金盆洗手"的。作为教师，眼看那么多昔日的好学生一脸茫然地闲逛，或一头扎进"托福"，心里真不是滋味。可是，"一脸茫然"的远不只是入世未深的青年学生，我之所以剖析章太炎"自立门户与径行独往"的学术风格，标榜"学者的人间情怀"，谈论"独上高楼"与"超越规则"，何尝不是在苦苦挣扎？

退而结网是一种事实。但是，陈平原并没有成为冷血学者。真不知道这是幸还是不幸，这一代人能够真正为学术而学术、为艺术而艺术的实在不多。陈平原努力维护学术的纯正，为了学术的纯正，不仅反对曲学阿世，而且反对借学术而发牢骚，但同时又大谈特谈学者的人间情怀，把自己的学术织进了历史运行的经纬。他主张"学术归学术，政治归政治"，却并不反对学者关注政治，而是认为关心政治不是学者的分内职责，只是学人"有情"和"不忍"的本色体现。这种对"责任"的推拒事实上是在捍卫知识分子的主体性。学者可以为学术而学术，正如艺术家可以为艺术而艺术，但是，真正的学者与真正的艺术家一样，重要的是独立人格和精神持守。

在90年代新的语境中，知识分子将以何种姿态扮演何种角色？人们有不同的选择。但事实上不外乎两种：一是学者，二是观察者和批判者。选择后者的朋友虽然也往往表示尊重"学术中人"，但由于更关心社会问题，一般并不赞赏完全退回书斋之举。选择前者的朋友则往往以学术规范看取社会文化批判，也难免在微笑中有所讥讽。所以不少人梦想的是二者兼而有之。一方面是学者，于社会边缘的寂寞位置以求真知为业，一方面是生活的观察者，以自身的知识洞穿积尘而对社会现象特别是毒菌和病灶做出独立的评论,以参与社会文化进程。然而,如何处理集于一身的二者关系,却仍然可以有多种不同的形式。陈平原的"学者风范"与"人间情怀"之说至少提供了一种方式:一方面以严谨的学术态度进行学术研究,决不为现实效用而牺牲学术求真的本色;一方面保持着人间情怀,密切关注生活的现实并且在选择研究课题时充分注意现实的意义。关于学术,有各种不同的误解:好像越与现实无涉,才越有学术价值,于是,辛辛苦苦大半生,致力于弄清历史上某个三流诗人到底长了多少根胡子,兢兢业业几十载,最终证明的不过是某个历史人物也是两条腿走路。报刊上一些学术文章之所以让人不忍卒读,并不在于作者驾驭语言文字的能力太差,而是因为缺少生命的投入。学术如果离开了学者生命的热度,文章当然会散发着僵尸的气息。正因为这样,也就导致了重视思想而鄙视学术的偏见,以为学术本身就是济世无路退居书斋后的自慰与自娱。真正的学术最不可缺少的正是学者的人间情怀和历史洞察。陈平原的学问之所以为许多朋友所看重,当然首先在于他广博的学识和严谨的学风,同时也应该看到,正是一个具有独立品格的现代学者具体历史时空中的生命现实感给了它勃勃跳动的精魂。

  只要系统看一看陈平原十多年来的学术足迹,大概很容易看到,他从小说史到学术史,从学术史再到教育史,领域几经转变,但变化中有一条不变的精神线索。这条精神之线在其深层将他的全部研究串为一个整体,并且赋予它鲜活的生命。那么,有一个问题是值得提出的:陈平原在寻找什么?完整地回答这个问题大概并非易事,但有两点是明显的:一是知识分子的独立人格;二是中国文化的现代性。他的退守书斋体现着一种独立人格的守护。尽管他很宽容,并不指责他人以依附为代价换得高升,也不指责他人帮闲或者帮忙,但这不过意味着一种井水不犯河水的洁身自好,透露的是一种边缘的独立姿态。他平和而宽容,一般不作激烈之语,却并不影响他精神立场的坚定。陈平原的学术天地有一个鲜明的主题。

这个主题显示着一个现代知识分子的学术自觉，显示了一种带有某种悲壮意味的历史承担。他的学术史研究最直接的意义就在于中国现代学统的寻找和重建。论现代学统的建立，人们可能有不同的见解。陈平原选择的是章太炎与胡适。而这两大基石恰恰是被历史的灰尘掩埋了的。透过《老北大的故事》和《北大旧事》，我们看到的仍然不是一个激进前倾的陈平原，但是，看看他努力寻找和守护的东西，却不能不为他的勤奋努力和良苦用心而肃然。他把"老北大"限定在1898—1937年间，因为虽然抗战胜利之后北大人得以重返红楼，但几年后就永远告别了"令人神往的沙滩马神庙"。在这里，他赞赏的是老北大不自承太学传统、不与同文馆挂钩、而只认1898年的"大学堂"自我身世认定，强调的是老北大既不同于传统的太学又不同于传统的书院的现代性质。他津津乐道的是老北大"不可救药的自由散漫"，感兴趣的是那些充分显示教授们个性风采的趣事逸闻。虽然自从五四新文化运动以来，世人多以科学和民主嘉许北大，他却认为绝大多数北大人更看重的是"独立"和"自由"……关于这些，我不想以同样严谨的态度去考证陈平原的结论是否正确，我感兴趣的只是它所透露的属于陈平原自己的志趣和情怀。

对我来说，印象更深的是《北京大学：从何说起？》和《北京校庆：为何改期？》。文章的学术价值究竟如何？我不懂考据之学，不敢妄下评语。但是，仅凭一般读者的感觉，运用《申报》光绪二十四年十二月初六日《学堂纪事》里保存的大学堂总理告示，得出大学堂创立时间为1998年12月30日的结论，是令人信服的。在北大校庆期间，我也看过不少关于北大校庆的文章，有深刻记忆的并不太多。陈平原的两篇文章是印象最深的。当然，我更喜欢的还是后者。作为一个学者，他从求真的目的出发，运用自己的知识和理论，去解决一些历史的疑问，严守学术的界限，并不作越位之论。但是，难怪有人特别敏感，因为每一个读者所感觉到的，都不仅仅是一个"故事"的完成。无论作者怎样解释自己的动机，即使像金岳霖那样解释为"好玩",也掩盖不了故事叙述透露的更多的内容。对老北大故事的讲述与对新大学的感受无关吗?读陈平原的高校史论文,人们很容易感觉到,他所关心的并不只是北京大学的历史。他所寻找的是已经丢失的某些珍贵之物,他使人想到的是中国高等教育发展的种种教训。

近期以来,一个现象引人注目:钱理群"拒绝遗忘",反思"精神死亡的大悲剧",寻找"精神战士"及其遗产;夏中义一个个拜谒先贤,对20世纪中国最有代表性的知识分子进行严厉的审视与诘问;许纪霖剖析一个个知识分子,发掘他们的精神奥秘与现代中国历史的奥秘;谢泳一再述说"文人旧事""教授当年""逝去的年代""西南联大与中国现代知识分子"。他们面对老大学和隔代知识分子,耐心地进行着历史的找捞。我把这种现象称作"二十世纪中国现代性寻踪"。虽然有人急于在中国宣布"现代性神话"的破产,但毕竟有人不以追寻现代性为耻。毫无疑问,陈平原的高校研究也是教育现代性的一种"寻踪"。因此,这种对于高等教育历史的研究与此前对中国现代学术史的研究,以及再前对于现代小说史的研究,都是一个主题。从这个意义上说,陈平原变中自有不变之处,这不变之处又恰恰是"五四"和80年代留给中国学界的最珍贵遗产。

1999年11月 长春
初刊《文艺争鸣》2000年第3期

# 论陈平原的"学人角色自觉"

夏中义、周兴华

论述新时期人文学术思想史,不能不设"陈平原"一章。

陈平原无疑是王瑶"学术史"意识的自觉承继者和深化者。陈平原不仅在其先生身后完成了《中国文学研究现代化进程》的初编、二编,且还以自己不懈的研究向学界奉献了大批成果[①]。这当然得益于他对学术的独特理解,而此理解又集中体现为他的"学人角色自觉"。或曰,其对学术的自觉与自律,已使他本人成为学界的某种"现象",它似在表征百年学术薪火的跨世纪承传。

## 一

陈平原的学人角色自觉始于1988年,昭著于1991年。斯时他撰《学者的人间情怀》,虽仅数千字,却颇有点惊世骇俗。因为他以公允而率真的语调追认了学人的另种选择,并将惊扰本土语境甚久的"政学关系"命题表达得非同凡响:

---

① 近十余年间,陈平原有如下重要学术成果:《在东西方文化碰撞中》(1987)、《中国小说叙事模式的转变》(1988)、《二十世纪中国小说史》(第一卷,1989)、《千古文人侠客梦——武侠小说类型研究》(1992)、《小说史:理论与实践》(1993)、《陈平原小说史论集》(1997)、《中国现代学术之建立——以章太炎、胡适之为中心》(1998)、《老北大的故事》(1998)、《文学史的形成与建构》(1999)、《触摸历史——五四人物与现代中国》(主编,1999)、《北大精神及其他》(2000)、《图像晚清》(合著,2001)。

> 我赞成有一批学者"不问政治"埋头从事自己感兴趣的专业研究,其学术成果才可能支撑起整个相对贫弱不禁风的思想文化界。学者以治学为第一天职,可以介入,也可以不介入现实政治论争。应该提倡这么一种观念:允许并尊重那些钻进象牙塔的纯粹书生的选择。①

这是90年代学人群体中所发出的另一种声音,也是中华人民共和国成立以后跨入学界的学者关于"政学分途"命题的第一次明确告白。陈平原在回顾百年中国学术时发现,虽从王国维、梁启超始,就不时有人呼吁"为学术而学术",但纵观20世纪绝大部分中国学者,仍大多倾向于为学术外的原因而学术——"从晚清的改良群治、'五四'的思想启蒙,一直到80年代,意识形态争论始终是民族关注的重点,肩负重任的人文学者因此来不及蜕变成为真正意义上的'专家',基本上保留传统士大夫的'抗议者'或'卫道者'姿态"。这种"受制于启蒙与救亡的冲突,更深深植根于中国学术传统"的惯常意识,形成了如下思维定式,即"除事功的'出世与入世',道德的'器识与文章',还有著述的'经世致用与雕虫小技'。作为学者,其著述倘若无关世用,连自己也于心不安"②。这种政学不分的思维惯性,最终导致"没有人愿意并且能够'脱离实际''闭门读书'"③。翻阅20世纪的述学文章,人们大多要么借学术谈政治,要么借学术发牢骚或曲学阿世,不仅学术的独立性无从谈起,甚至连谈一下"为学术而学术"都觉得近乎奢侈。④陈平原认为,政学不分,实是中国学术发展的大障碍,政治有政治运作的复杂性,种种借学术谈政治的高论并不能改变政治局

---

① 陈平原:《学者的人间情怀》,珠海出版社1995年版,第34页。
② 陈平原:《学者的人间情怀》,第33页。
③ 陈平原:《学者的人间情怀》,第34页。
④ 陈平原:《学者的人间情怀》,第34页。

面，倒可能有损学术的纯正性。学术代表了"人类对于真理的永恒不懈的追求"，它"比政治更永久"，选择述学的知识者，应该自觉维护学术的独立与尊严，在日常践履时做到"学术归学术，政治归政治"。这不是说学人无须有政治关怀，而是说学者对政治的关心，也"主要体现一种人间情怀而不是社会责任"①。这种对"政学分途"的独特理解使陈平原既不同于政治家、舆论家，又不同于对现实麻木不仁的学究、腐儒。相反，其"学者的人间情怀"，应该说既体现了他对学者独立人格的守护，也体现了现代知识分子对道义的承担。可以说，以"政学分途"为内核的学人角色定位是90年代学者的一种价值苏醒，也是久被政治所遮蔽的学统重新浮出历史地表的标志。

陈平原对"政学分途"的强调，不仅申明了他对学术的态度，也申明了他的人生定位。这种态度和人生定位的形成当萌动于社会转型而引发的角色性思索，后又在现实的强刺激下分娩。1988年，陈平原在《瞭望》与《人民日报》上发表一组学术随笔②，曾试述学术与政治、学术语法和学人定位问题，今天读来仍有新意。在陈平原看来，"学术研究本来就是'寂寞的事业'"，"在激动人心的呐喊着呼啸着前进的学术变革时代"已成过去时，相比之下，常规建设"没有多少诗意而又更加艰辛"。③此时学者"大可不必执着于如何提高学问的地位，而是把学问从生活的目的降为'手段'。不是为了学问而活着，而是为了更好地活着而做学问"④。他认为，"不再在学问与人生之间画等号，而只把学问作为一种职业工作，这样可以解决很多人内心深处学问与人生的矛盾。人生的

---

① 陈平原：《学者的人间情怀》，第30页。
② 指后来收入《学者的人间情怀》中的文章《告别"诗歌"走向"散文"》《"文摘综合症"》《"愤怒"与"穷"》《关于"学术语法"》《"不靠拼命靠长命"》《学问不等于人生》。
③ 陈平原：《学者的人间情怀》，第4页。
④ 陈平原：《学者的人间情怀》，第22页。

意义和乐趣不只体现在这些学术论文上；追求的是成为有学问有情趣的'人'，而不是只会做学问的'机器'。这样一来，学问以外的兴趣，不只是一种调节精神的休息，而是人生中同样很有意义的部分"①。以一种平常心对待学问，才可能遵从"学术语法"，去除"赶时髦""一窝蜂""批量生产"等时弊；才可能不再"置学术信仰、学术尊严乃至一般的学术准则于不顾"，"怎么做能出名就怎么做"②。陈平原这组文章深得王瑶赏识，曾题赠"讵关一己扶持力，自是千锤百炼功"以勉励。显然，陈平原的思考既是针对学术的本体属性，同时又是针对学人主体心灵的，他已注意到学人如何看待学问、如何看待自身，本是一篇意味深长的大文章。这些思考为其后来的"政学分途"说做了铺垫，也为他后来倡导"学术规范"和学术史研究提供了一个前提。

## 二

彰显"政学分途"观的《学者的人间情怀》是在现实的强刺激下诞生的，陈平原将此文视为大转折年代知识分子"窘迫的思想困境"与"突围策略"的记录，它见证了一个"伟大的时代"学人的心路历程。如果说，倡导"政学分途"的《学者的人间情怀》是陈平原学人角色自觉的思想标志，那么《千古文人侠客梦——武侠小说类型研究》（以下简称《千古文人侠客梦》）则是其转向学术史研究的学术标志。

《千古文人侠客梦》完成于1992年，其重要性不仅在于在北大学术殿堂首开武侠小说研究之风，也不仅在于其研究框架的设定具"发凡起例"的含义，让人不能忘怀的，是陈平原向读者所表白的述学对于学人心灵的意义——述学帮助他获得了澄明心境，帮助他完成了自我拯救。在对武侠作家"桃园情结"和"人类嗜血欲望"

---

① 陈平原：《学者的人间情怀》，第24页。
② 陈平原：《学者的人间情怀》，第8页。

的阐释里，在对武侠小说的根本观念在于"拯救"的认定中，陈平原强调了"侠"的特殊精神气质——"独立苍茫，傲视千古，注重个人意志，追求个性舒展的大侠，决不愿为世俗的种种准则规范所束缚"。似乎已不满足于独善其身而甘于隐的隐逸，陈平原在标举游侠精神对千百年来仁人志士所追求的崇高而"不切实际"的人生境界的感召时，虽慨叹"在现代社会中，游侠精神或许不可挽回地没落下去，而游侠文学则将时刻提醒人们先祖光荣的过去以及今人苦涩的幻梦"①。诚然，"'坐而论侠'不能与'起而行侠'相比拟，但毕竟保留了'豪情慷慨'的'千古文人侠客梦'，令后人感慨叹惋，'虽不能至'，'心向往之'……"②如此恳切陈述，当明显地折射出他要高扬学术的志向，以及不惮在颇感困境的学界充当"独行侠"的愿望。

或许陈平原研究武侠小说的初衷仅是为了冲淡时政带来的心灵焦灼，但进入研究过程后，他发现学术史研究本身不仅使他"重新感觉了生活的意义"，"重新理解了学者的使命"，还可纠正泛言空谈的偏颇，"借学术史研究影响90年代中国学术走向"。陈平原认为，学术史的主要功能，并不在于"对具体学人或著作的褒贬抑扬，而是通过'分源别流'，让后学了解一代学术发展的脉络和走向"，在亲手触摸"学术传统"的过程中，不仅可以"免去许多暗中摸索工夫"，而且可以"获得一种学术境界"③。陈平原对学术史功能的认识，除了基于对"过分蔑视'规范'，学无根基且自视甚高"等学界通病的有意反拨，也包含着对80年代的反思和90年代的期待。这是对学术史研究的正本清源，也是他为针砭当今学界的病症而开出的药方。

---

① 陈平原：《千古文人侠客梦——武侠小说类型研究》，新世界出版社2002年版，第211页。
② 陈平原：《千古文人侠客梦——武侠小说类型研究》，第211页。
③ 陈平原：《学者的人间情怀》，第37—39页。

1996年，陈平原撰《四种学者的文学史图像》①，透视了学术发展的内在理路，显示了他对20世纪学人的整体思考。他知道，凭借对先贤学术历程的追踪与品味，可以使学术功底不足的后学"一步一步走向成熟"，而探讨前辈足迹及功过得失时，其实正是在"选择某种学术传统，并确定自己的学术路向"。学术史可以给人一种眼光，借助于学术史来理解、触摸、反省传统，既可扭转一味借用西方理论来解读中国文化的盲从，又可"借助学术研究反省已有做学问的方法和根基"，其意义不仅在于摸索一条适合自己走的路，更重要的是培养一种境界。②不过，陈平原的学术史研究并没有仅仅停留在提升个人修养这一层面，他更注重把学术研究放在学人自律框架中加以深究，于是学术研究的本质、学者人格、学术理想及研究策略、学术与思想的关系等都得到了阐发，一个在王瑶的"学术史先觉"时期尚处于朦胧的命题由此清晰地展现了它的各个侧面。

陈平原认为，"学术和思想虽然可能各自有所侧重，但不相信没有思想的学问家能做出什么大学问，也不信任没有学问整天都在思想的思想家"③。从切入角度上看，"学术史可能对概念、对表达方法更关注，而思想史对表达的内容更留意。前者关注怎么说，后者关注说什么"④。但是，学术史与思想史无疑是互补的，由于"中国人的思和学没有完全分开，或者说思在学中。学术和思想二者没有完全独立的王国，因此讨论学术史时可以把学与思两者结合起来思考"。学术史研究其实就是"希望进行学科清理，包括概念的厘定，文化模型的重新解释以及借助于文化现象来理解思

---

① 陈平原：《文学史的形成与建构》，广西教育出版社1999年版，第8—13页。
② 陈平原：《学者的人间情怀》，第39页。
③ 陈平原：《书生意气》，汉语大词典出版社1996年版，第196页。
④ 陈平原：《书生意气》，第197页。

想的演进"①。

学术史研究离不开"学术语法"和学术规则。陈平原认为学术规则使得"大批中人以上的专家学者大有用武之地,利于常规学术的积累和发展",但规则并非一成不变,具体的学术规则总会被超越。这种超越,体现在"对旧规则的修订与对新规则的追求,而不仅仅是对'规则'本身的蔑视"②。"规范,在其方生未生之际最有魅力,一旦定型并建立起权威,对探索者又是一种压制。"对于具体学者来说,从守规则走向不守规则,是治学的正路。但对学术规则的超越并不是一味求新求怪,而是在平正通达中从事独立的思考。曾几何时,"学界时兴走偏锋立异说,故意颠倒时论惊世骇俗;难得再有识大体、守正道,且能固执己见、平正通达者"。这种故意"破除陈规"的做法成了中国最为显赫的流俗,使得目前中国学界最缺的,"不是表达自家思想的第一流学者,而是认认真真读书、训练有素的第二流学者"。新时期以来,移植西方文学的研究框架以及提倡新方法的努力取得很大成绩,但陈平原却对其中存在的,"对自我指涉的语言游戏以及过分卖弄理论术语造成的学术上的'小器'"持有清醒认识。他认为,过分依赖理论设计,有可能"对对象把握欠准确不深刻,近乎隔靴搔痒","在一个常规研究时代,主要危险在过分专业化造成的眼界狭窄;而在一个学术变革时代,则必须防止以为术语更新就能解决所有问题的'理论迷信'"③,陈平原对"学术规范"的强调和对"超越规则"的阐发无疑对1990年代的学术建设极具启示。

三

陈平原的学术研究范围涉猎甚广,从小说史、文学史、学术史

---

① 陈平原:《书生意气》,第107页。
② 陈平原:《学者的人间情怀》,第59页。
③ 陈平原:《学者的人间情怀》,第61页。

到大学教育史；其研究方式既有宏观的学科反思，又有小题大做的微观个案；他的每部著作似都具"发凡起例"之功，无论最初的小说史，还是近年的"图像与文字"。

陈平原对其学术疆域的拓展有其内在的脉络。从小说史的具体研究［诸如《中国小说叙事模式的转变》、《二十世纪中国小说史》（第一卷）、《千古文人侠客梦》］到治史中的理论思考（诸如《小说史：理论与实践》）；从参与乃至接替王瑶主持《中国文学研究现代化进程》初编、二编到长达六年的《中国现代学术之建立》；从参与提出"二十世纪中国文学"这一概念，到叩问《文学史的形成与建构》；从中国学术传统的变异、文学史学科的形成、小说史叙述策略的追问，到寻访影响上述面貌赖以形成的根基——大学教育研究（比如《老北大的故事》《北大精神及其他》《中国大学十讲》），在时空的交错、内容的互渗中，将学术、思想、教育三者熔为一炉，而且从中可看到陈平原从学科史走向学术史，然后又站到学术史高度反观和重构学科史的意向。在这几条交错行进的轨迹中，人们不仅领略了陈平原如何走出自己的学术之路，而且看到了学术史研究所带来的视野拓展和高屋建瓴的站位。"独上高楼"放眼望，具体的小说史研究、宏观的学科反思、中国学术传统的思路、新型大学教育体制的特点便尽收眼底。这种对学科及学术根基的反省，不仅打通了森严的"专业化"壁垒，还将涉及一系列重大问题——除"共通的现代民族国家意识的形成"之外，还与"西方教育制度的引进、文学革命的提倡与追忆、国家权力对学术研究的制约与利用，以及中国学术传统与西方文学理论的互动等密切相关"[①]。

跨出学科的疆域与界限，牵涉到一系列难题，看起来这是十分困难的工作，但陈平原却游刃有余，并不断地发凡起例。这当然依赖于学养，但更得益于治学方略。从治学原则看，他采用微观与宏观并重的思路——既重个案研究，也重理论思考，既重小题大做，

---

① 陈平原：《文学史的形成与建构》，第2页。

也重整体把握;从治学策略看,则既重对象自身的特点,也重向对象之外的延伸。当上述原则与策略落到具体操作时,则显现为如下治学门径。

首先是抓要点。无论治小说史、文学史、学术史还是大学教育史,都会面临对象的纷繁侧面,找准楔入点便成了关键。陈平原在治学过程中,无论是面对具体个案,还是宏观理论,他总把目光集中在一个点上,并以此作为发凡起例的前提。其对小说史是抓住小说"形式"及"类型"做文章;或者通过中国小说叙事模式的转变,来看西洋小说的影响与传统的创造性转化在小说演化中的作用;或者通过采取"承上启下,中西合璧,注重进程,消解大家"的原则,在形式的变迁中寻找20世纪初叶中国小说发展的轨迹;或者从类型学的角度,通过沟通文学的内部研究与外部研究来发掘武侠小说的叙事语法及文学、文化意义。他的学术史研究在"西学东渐"与"旧学新知"双重视角的观照下,凸显现代中国文学史学研究模式的变化,借助于求是与致用、专家与通人、官学与私学之间的巨大张力,讨论传统国学在"走向专门家"之路所做的自我调整及所面对的两难困境。可以说,陈平原的文学史研究在对学科形成、学科现状及发展前景的反省中,已走出"现代文学"的围墙而直指教育之根基。

抓要点,要能"以小见大"。陈平原说过:"我做学问的路数,倾向于'以小见大'。不习惯像现在的时尚那样,先有一个'20世纪'或者'中国学术'如何如何的宏大叙事,再去论证十大特征等,我谈学术史是从一个特定的角度,即以章太炎、胡适为中心,在晚清、'五四'两个历史阶段中考察现代学术的建立。"① 的确,陈平原的"以小见大"总给人一种别有洞天的感觉。他曾细致分析过胡适的"小题大做",认为胡适以"考据为根基,治学风格必然趋于小心谨慎,不至于肆无忌惮放言空论",这种力求专精的治学方式"自然是'专家学者'的路子"。但"小题大做"不

---

① 陈平原:《茱萸集》,春风文艺出版社2001年版,第52页。

宜被理解为缩小题目以便集中精力做深究；它要讲究"麻雀虽小，五脏俱全"，经得起咀嚼，"经深入开掘"而"有重大发现"，并"对整个学科的发展有深远意义"。"小题只是强调了选择的对象，'大做'方才真正道出了治学的策略与方法。"①这可说是陈平原悟出的治学经验，亦可谓是他研究章太炎时所探寻到的治学方式。章太炎能在世人眼中最少意识形态色彩的语言学研究中寄托其家国兴亡之感，这更证明："只要选题恰当，求是之作也能产生致用的效果（发思古之幽情）；而致用之作，必须符合学术规则（上通故训，下谐时俗），才能进入学术之林。求是与致用、学术与政治，完全可以通过这种特殊方式统一起来。"②这其实是从章太炎之个案中发现了普遍性规律。

要点的突显，主要得益于好的著述框架。陈平原之所以能不时"发凡起例"，原因便在于他刻意求新。他努力跳出四平八稳的教科书写作模式，强调新意与深度，从而"独上高楼"。其《二十世纪中国小说史》（第一卷）依据"十六字"原则，突出小说史的发展线索和演变脉络，扣紧小说形式"决断去取"，从而创建了一个新的小说史体例；其《千古文人侠客梦》虽是研究通俗文学，却不再以文人叙事作为唯一的评价标准，而是在努力理解通俗文学的特性，在准确描述其基本叙事语法的前提下，评价其"仗剑行侠""快意恩仇""笑傲江湖""浪迹天涯"的功能与作用。这种将小说形态学研究与文化发生学探讨结合起来，力图沟通文学的"内"与"外"的方式，更为学界提供了小说类型研究的范例；其《老北大的故事》则是采用"回到现场"的研究策略，以考据出故事，以故事出思想，以思想出文章，其著述不仅将北大故事置于教育史、思想史、学术史的脉络中，而且那种沟通文与史、雅与俗、

---

① 陈平原：《中国现代学术之建立——以章太炎、胡适之为中心》，北京大学出版社 1998 年版，第 162 页。
② 陈平原：《中国现代学术之建立——以章太炎、胡适之为中心》，第 51 页。

专家与大众、论著与随笔的"第三种笔墨",还为历史研究与写作方式的革新提供了新思路。

## 四

陈平原治学的另一个特点是非常注重整体意识,他一方面在反观中认识学科的性质、现状及危机,另一方面又在寻找研究的出路。在现代文学研究中,且不说怪杰们耐不住寂寞的"媚俗"与"从众",单就学科本身而言,也还有诸多缺憾:"现代文学"正遭受"近代"与"当代"两头夹攻,"小说史"尚未走出鲁迅《中国小说史略》的格局。陈平原则为同人提供了一个走出困境的思路,那就是,"跳出"。

"跳出"的具体方式主要是"反观"。"反观"使陈平原对研究对象始终保持清醒,并一直站在研究领域的前沿。对文学史、小说史的研究,他能够由深入到走出,由学科之"内"而走到学科之"外"。在治史过程中,他曾对个案有深入研究(如苏曼殊研究及武侠小说类型研究等),但他并不因此而画地为牢,而是能很快跳出对象来反思整体。他看到,"现代文学"研究"目前的研究队伍过于庞大,研究思路过于狭窄,以至出现学问越做越细,越做越小的趋向",因此提出要以消解"五四情结"为核心,在时间和空间上"走出现代文学"。他认为现代文学研究一方面应该把研究范围上溯到晚清、晚明,甚至在整个中国文学发展的框架中来思考"现代文学",另一方面则应把整个中国思想文化的发展纳入视野,在此基础上来谈论"现代文学的地位和作用"①。他不满意文论家先构想一个黑格尔式的理论框架,然后往里塞古今中外的文学"典故";也不满意文学史家缺乏理论兴趣,不会像西方学者那样从具体对象中发现一些为现存理论所未能解释的"变异",并根据自己的研究推演出一种新的理论模式。他倡导"文学理论家最好也是文

---

① 陈平原:《书生意气》,第169页。

学史某一方面研究的专家,文学史著作最好能体现作者独立的理论思考",在分而治之的同时,保持学识、眼光与"血脉贯通"①。

"跳出"式的整体性反观最能发现此对象与彼对象的联系。陈平原从小说史研究走向学术史研究再走向大学教育史的研究,其实就是"跳出"来的结果。这种被陈平原本人看作是"顺理成章"的转向其实已在其著述中留下鲜明的痕迹,其研究思路表现了陈平原要摆脱专业化封闭的清醒追求。《小说史:理论与实践》从文化角度来思考小说文化思潮、小说生产方式和读者大众品味的联系,已昭示出文学与哲学、政治和学术的关系。《中国现代学术之建立》的章太炎与胡适研究又让陈平原注意到了学术与教育的关系,看到了新式教育对学术及学者心态的影响。其中不仅涉及"学术与政治""学科与方法",还涉及"授业与传道""为学与为人"等问题。②陈平原又以北大为切入点来反思中国大学教育,不仅见证了"北大之精神",而且由此透视到"大学"的功用及意义。

陈平原曾说自己从学术史转入教育史乃顺理成章之事。在他看来,"从事学术史、思想史、文学史的朋友,都是潜在的教育史研究专家",而"大学制度的建立,包括其蕴含的学术思想和文化精神,对于传统中国的改造,更是带根本性的"③,这不仅影响了人才培养模式的形成,还影响了学科体制的形成。陈平原站在学术史高度来反观学科建设,于是文学史、学术史、大学教育史之间的联系便置于其视野之下。1999年出版的《文学史的形成与建构》更将三者构成"互联网"来进行深入分析,其对文学史学科的反思实已跳出了"20世纪中国文学"的惯常范畴。他的观点与王晓明、陈思和"重写文学史"口号遥相呼应又互补,成为文学史学科建设的另一条重要思路。

---

① 陈平原:《陈平原小说史论集》,河北人民出版社1997年版,第1187页。
② 陈平原:《中国现代学术之建立——以章太炎、胡适之为中心》,第14页。
③ 陈平原:《北大精神及其他》,上海文艺出版社2000年版,第222页。

他认为,"在20世纪中国学界,'文学史'作为一种想象,其确立及变形,始终与大学教育(包括50年代以前的中学教育)密不可分。不只将其作为文学观念和知识体系来描述,更作为一种教育体制来把握,方能理解这100年中国的'文学史'建设"[1]。他曾给其弟子以如下指导和告诫:"反思'文学史',不是指具体作家作品的抑扬褒贬,而是思考整个学科的来龙去脉";要"学会用怀疑的眼光来审视以往的种种'定论'";要"对研究对象和前辈抱有一种'了解之同情'";"研究学问,要追求'接着讲',而不要自限于'照着讲'";而"谈论学术史上的'文学史',其目的是通过触摸历史而面向未来",而不是像流行的思路那样"走出国门,寻找'最新潮'的理论与方法,套用在自家的研究中。表面上看,走得很快,早就'与国际接轨'了,但实际上一直跟在别人后面。永远的'拿来',不是好办法,'中国经验'不应该只是研究中的'原材料'"[2]。陈平原希望借助于学术史研究,培养一种境界与情怀。他说:"多一分通达,多一分体贴,也多一份悲悯——无论做人还是做学问,都很重要。"[3]这番话,既是学术研究方法方面的指导,又不乏人格修养方面的启迪。

初刊《华东师范大学学报》2005年第1期

---

[1] 陈平原:《文学史的形成与建构》,第4页。
[2] 陈平原:《掬水集》,百花文艺出版社2001年版,第251页。
[3] 陈平原:《掬水集》,第255页。

# 山移海动见平原
## ——我眼中的平原君

陈国球

认识平原君,应该在上世纪80年代后期——中国内地进入"新启蒙"阶段的时刻。他大概是博士班毕业不久吧,以北大年轻教员的身份应邀到香港中文大学作短期访问;而我就是在中大校园与他相遇的。这期间,香港大学和中文大学都有邀请内地学者短期访问的频繁活动。港大以黄德伟老师出力较多,中大则往往由袁鹤翔、周英雄诸位先生主持。这是香港的政治空间再一次发挥它的文化功能的时候。

大概在一个下午吧,我们一边喝着茶,一边聊到各自对中国文学文化与现代承传的看法、对文学史的理解,等等。谈了多久,我已记不清楚了,总归是消却永昼,兴尽而归。回来时,和朋友说起这次聚谈的感觉,觉得这真是一个"新时期",相信我们有共通的学术语言。这个感觉现在说来好像是蛇足,但从过往我们师长言谈得闻,各方书面信息所见,这应是划时代的变化。

在此以前,我的论学对象,在香港之外的,主要是台湾中文学界的同辈朋友,话题主要是中国文学批评传统的现代意义,大家都意气昂扬,以为前面"仿佛若有光"。碰上了平原君,我看到从现代回观传统的另一个面向,发现一种与我过去对中国内地文化的模糊印象完全不同的学术风景。

和平原君,我们相约继续交流通信,开始了对文学史书写的共同探索。后来我再有机会到北京大学访问,在平原君的课堂上讲

"文学史的写作与意识形态",随他参与了北京文化人的一些私下论学活动。例如有一次,至今影像还不时在我脑中闪亮:是在谁家的客厅?狭小的空间英气勃勃,坐着钱理群、赵园、梁治平、汪晖……;你言我语,讲论中国现状与未来;有批判、有构想,有感喟、有激荡。这些"大气",这些"承担",是读书人应有之义吧,我想。平原君还引领我出席北京三联书店的作者聚会;又以他的自行车,在月夜载我——因为我没有骑车的技能——到清华大学蓝旗营宿舍去探访葛兆光与戴燕。种种光景,种种言说与思想的撞击,回想起来,补足了许多我以往教育的缺项,掀动了我更多的反省。

在北大拜谒中文系孙玉石主任的时候,孙先生对我说,陈平原是我们寄厚望的年轻一代;印象中当时平原不在场。其时我已看过平原君的《在东西文化碰撞中》《中国小说叙事模式的转变》,见识过《二十世纪中国小说史》的蓝图;但眼前或者书面上体会到的陈平原,不会仅仅是一位小说史专家,我明白到孙先生之言的深义。中国之大,满腹经纶的人总不会缺;但学问中带有书生的潇洒之气,充满自信而又能虚怀观听,如平原君者,我见到的不多。

日诸月居,我们虽然不算是常常见面,但多年来总是音问不绝。于是,我几乎是目睹一位现代学者的积润潜通;于学问上,平原君从不固守壁垒:从近代小说史到文学史,从文学立科到大学教育,从文字到图像、声音的意义;这许多学术上的转进,却从未错失人文关怀的初衷。或者,这就是所谓"知化则善述其事,穷神则善继其志"吧。

我很幸运在学术路上遇到这样一位朋友。

2014年12月

初刊(香港)《百家》35期,2014年12月

# 沿着鲁迅的道路
## ——对王瑶与陈平原之学术研究的不完全考察
刘克敌

　　1949年至"文革"开始前,大陆学术界特别是中国现代文学研究界,对于鲁迅的文学创作成就一直给予最高评价。但对于鲁迅的学术研究却并未给予足够重视,相关研究成果很少。而在中国古典文学研究界,对于鲁迅的学术研究成果如《中国小说史略》等,虽然也给予一定重视或者迫于来自意识形态的压力而不得不对鲁迅的研究大加赞美,但在具体研究中,却很少注意到对鲁迅之研究成果给予阐释和发扬光大。尽管鲁迅的一些观点经常被引用,却并未在实质上进入古代文学研究者的视域,大致属于"抽象肯定、具体忽视或否定"的状态。在很多学者看来,鲁迅的成就自然体现在创作上,而学术研究充其量是副业。这种情况直到20世纪80年代才有所改变,而在90年代"国学热"时真正引起学术界的关注。这其中,在承继和发展鲁迅的学术研究成果方面,王瑶和陈平原师生二人是较为突出的代表,由王瑶首倡并由陈平原继之的有关中国现代学术发展进程的研究,曾对20世纪末的相关研究产生了较大影响,其代表性成果就是王瑶主编的《中国文学研究现代化进程》以及陈平原主编的《中国文学研究现代化进程二编》。此外,陈平原主编的"学术史"丛书和《学人》刊物,也有较大影响。

　　提到鲁迅的学术研究,首先要说的自然是《中国小说史略》,对于鲁迅那句"中国之小说自来无史",人们很自然给补上一句,"有史自鲁迅始"。长期以来不知有多少学者引用过这两句话,但对于这后一句的出处其实已经不太清楚。查阿英的《关于〈中国小说史略〉》一文，开头第一句就是："中国小说之有专史，始于鲁迅先生的《中国小说史略》。"①此文写于1956年，也许这就是最早的"有史自鲁迅始"的版本。此外，王瑶先生在1986年的一个学术会议上也明确说过这句话，见于该年度的《学术动态》第279期，之后即得到广泛传播。而陈平原更是在不同场合引用过这个说法，可见此论断影响确实很大。本文无意考证其确切出处，只是引出本文话题，即对王瑶与陈平原师生的学术史研究在受鲁迅影响基础上又如何发展做一简单论述。

一

王瑶的学术研究最明显特点就是走"师朱（朱自清）法鲁（鲁迅）"的路径，这里主要谈"法鲁"。注重社会风气的变迁，关注文人日常生活与其文学创作关系，先"论世"后"知人"是鲁迅论述文学史的方法。例如，鲁迅说："倘要论文，最好是顾及全篇，并且顾及作者的全人，以及他所处的社会状态，这才较为确凿。"②对此王瑶说："这话今天仍然是我们学习古典文学遗产时的重要指针。对陶渊明这样一位历来对他有过许多模糊认识的诗人，这样的研究就显得更其重要。"鲁迅一方面注意文艺与时代及社会环境的密切关系，一方面注意从文人心态变化方面切入对其创作的考察。王瑶继承和发扬了鲁迅这种方法，他的中古文学研究以及现代文学研究之所以有引人瞩目的成就，与受鲁迅有关学术理念深刻影响有很大关系。

以下我们以王瑶的《中古文人生活》为例，看看鲁迅有关学术

---

① 阿英：《关于〈中国小说史略〉》，见其《小说闲谈四种》中之《小说三谈》，上海古籍出版社1985年版，第232页。
② 鲁迅：《且介亭杂文二集·"题未定"草（七）》，《鲁迅全集》第六卷，第430页。本文所用《鲁迅全集》为人民文学出版社1981年版，下同。

思想是如何影响王瑶以及王瑶如何一方面继承一方面有所创新，从而做出自己独特研究的。首先，在该书"自序"中王瑶明确说明其撰写理念和框架建构直接受到鲁迅的影响：

> 本书共十四章，大致是分三个范围论述的。第一部分是"文学思想"，着重在文学思想本身以及它和当时一般社会思想的关系。第二部分是"文人生活"，这主要是承继鲁迅先生《魏晋风度及文学与酒及药之关系》一文加以研究阐发的，着重在文人生活和文学作品的关系。第三部分是"文学风貌"，是论述主要作家和作品内容的。不过这只是大致的说法，因为这三部分都互相有关联；而且如果要分开，这书中每章都可自成一单元，但因为又是有计划写的，所以合起来也颇具系统。①

探讨王瑶所承受鲁迅学术思想影响，自然不能忘记鲁迅在《中国小说史略》及其他论著中关于魏晋六朝文学的相关论述。如《中国小说史略》在提及《世说新语》产生的社会背景时，鲁迅这样说：

> 汉末士流，已重品目，声名成毁，决于片言，魏晋以来，乃弥以标格语言相尚，惟吐属则流于玄虚，举止则故为疏放，与汉之惟俊伟坚卓为重者，甚不侔矣。盖其时释教广被，颇扬脱俗之风，而老庄之说亦大盛，其因佛而崇老为反动，而厌离于世间则一致，相拒而实相扇，终乃汗漫而为清谈。渡江以后，此风弥甚，有违言者，惟一二枭雄而已。世之所尚，因有撰集，或者掇拾旧闻，或者记述近事，虽不过丛残小语，而俱为人间言动，遂脱志怪之牢笼也。②

对此，王瑶在该书"文人与药"一章中，指出魏晋文人服药在

---

① 王瑶：《中古文人生活》，棠棣出版社1951年版，第2页。
② 鲁迅：《中国小说史略》，《鲁迅全集》第九卷，第60页。

当时是一个相当普遍的社会现象，鲁迅在其《魏晋风度及文学与药及酒之关系》中指出这一现象，说明其眼光独到。但为何会在这时期发生这种现象，以及它和当时的实际情况有怎样的关系，还有待于我们进一步追索。①之后王瑶就根据《世说新语》等史料展开了精彩的阐释。王瑶指出，原始人没有生死概念，也就没有对死亡的恐惧与悲哀以及对时间流逝的感叹。在《诗经》中也只有下意识的感觉，至春秋战国时期，我们在《楚辞》中才看到了对现实世界的不满以及对超现实的追求，但儒家却对生死问题采取规避的态度，所谓"未知生，焉知死"即是此种态度的代表性说法。直到汉代末年对生的感悟才大量出现在文学之中。其原因一方面在于当时的社会动荡给人们带来的恐惧不安，另一方面在于对儒家思想的反动趋于成熟，而道家思想乘虚而入，影响了文人的创作。在这里，我们依稀看到鲁迅对道家意见的影子，即鲁迅认为影响中国文人和文化最大者不是儒家而是道家。不过，王瑶指出，道家只是意识到和提出了生死问题却没有给出解决的方法，反而使得明白此问题的人们更加痛苦，文人尤其如此。直到佛教进入后，文人才有了寻求解脱的方法。佛教之所以有很大影响，并非仅仅因为佛理与玄学相通而获得文人肯定，更是由于佛教的"神不灭"的报应说，比较适合时代需要，可以给人们以心灵上的安慰和解脱。正如鲁迅所言："佛教既渐流播，经论日多，杂说亦日出，闻者虽或悟无常而归依，然亦或怖无常而却走。此之反动，则有方士亦自造伪经，多作异记，以长生久视之道，网罗天下之逃苦空者，今所存汉小说，除一二文人著述外，其余盖皆是矣。"②所以在建安诗歌中，尽管还是充满"对酒当歌，人生几何"的慨叹，却已经有了对"人生的自觉"。"这种人生的自觉，实在是建安文学所以能开一代宗师的重要理由。这时诗文的感慨苍凉，所谓建安风骨，正因为他有了这样充实

---

① 王瑶：《中古文人生活》，第5页。以下论述均见于该书有关章节，不再一一注明。
② 鲁迅：《中国小说史略》，《鲁迅全集》第九卷，第56页。

的内容。"① 那么，为何魏晋文人会热衷于服药？王瑶在鲁迅观点的基础上进一步指出，虽然那个时代有人相信佛教的轮回之说，相信神仙不死之说，但作为一般人还是追求延年不死。而对于服药可以长生或者至少是延年益寿，也还是大多文人都追求的人生目标。此外，王瑶根据《世说新语》等材料指出，那时的文人爱好服药，还有一个很重要的原因就是与文人追求仪容仪表之美有关，因为服药之后，无论是否有延年的效力，至少从表面看，面色会变得红润，而人也显得格外有活力，似乎更加健康。

　　王瑶的分析并未到此为止，而是更进一步追问道：为何那时的社会风气会如此注重一个男性的外在之美？原来这一方面是承继了汉代以来人物评论的余风，另一方面也与文人谋求仕途的升迁有关。要升迁就要有人推荐。要获推荐，就要得到他人特别是名人的好评，而外在之美就是很重要的因素，因为古人相信由一个人的形体外部可以看到其全体，即"由形观神"，所以，"为了给别人好的印象，为自己的名誉前途，在这种社会风气下，除了完全以方外自居的任达之士外，谁又能摆脱他的影响呢！"② 最后王瑶还指出，那时的文人服药，还有一个因素，就是追求刺激，获得肉体的快感，这与那时文人大都是贵族，生活条件优越有关。而服药产生的强烈刺激又会导致文人性情暴躁或乖张，所以后人所追崇的所谓魏晋风度和名士气派，其实都与魏晋时期的文人服药有关。而有些所谓的名士气和做派，倒不是有意为之，而是药性发作使然。因此，鲁迅和王瑶抓住"服药"这一点谈魏晋文人及其创作，确实是抓住了要害和关键。鲁迅那篇《魏晋风度及文学与药及酒之关系》由于是讲演，很多问题不能深入具体阐释，而王瑶此书就对此进行了深入细致的阐述，并列举大量的文人作品为例，然后从社会时代发展与文学发展演变关系角度，从文人生活与创作关系角度进行分析，所以有很强的说服力。

---

① 　王瑶：《中古文人生活》，第 13 页。
② 　王瑶：《中古文人生活》，第 33 页。

在《中古文人生活》中，还可以看到王瑶关于那时文人对"小说"以及创作中运用虚构手法的评述：

> 中国"小说"一词的意义本来很广，汉志所谓"街谈巷语，道听途说者之所造"，自然亦可包括乌有先生和亡是公问答的赋体。而且如《西京杂记》《博物志》《世说新语》等书，传统皆认为是小说，则赋的内容实际还要比较更接近些。所以在当时人的眼中看起来，赋中所托的古人本来即不必实有其事，自然在叙述中也不必其与史传相合，这只是一种"俳优小说"，并不是历史的实录。①

把上述论述与鲁迅在《中国小说史略》相关章节及有关文章结合起来，则可见其如何受鲁迅影响以及王瑶如何根据自己的研究做出更进一步的分析。例如，对《西京杂记》的评价，王瑶就与鲁迅有微妙的不同。鲁迅认为："杂载人间琐事者，有《西京杂记》，本二卷，今六卷者宋人所分也。""书之所记，正如黄省曾序言，'大约有四：则猥琐可略，闲漫无归，与夫杳昧而难凭，触忌而须讳者。'然此乃判以史裁，若论文学，则此在古小说中，固亦意绪秀异，文笔可观者也。"②鲁迅认为是小说，而王瑶认为其实"传统皆认为是小说，则赋的内容实际还要比较更接近些"，但不管怎样，还是属于"俳优小说"。

对于王瑶的古典文学研究及其特点，陈平原在其主编《中国文学研究现代化进程二编》中有较为详尽的评价，首先认为王瑶在文学史研究中有自觉的对科学方法论的追求意识，即力图写出更具"史识"的著作而非资料长编，这自然是受到鲁迅的明显影响。其次是坚持"以史证文"，这更多的是受到朱自清的影响。最后是重视"阐释与批评"，不陷于史料的堆积和烦琐考证之中，而是由

---

① 王瑶：《中古文人生活》，第125页。
② 鲁迅：《中国小说史略》，《鲁迅全集》第九卷，第37—38页。

史料引出正确的结论。①对此陈平原没有指出受谁之影响，笔者以为，这方面王瑶应是受到他晚年一直推崇的"清华学派"的影响。以下摘录陈平原评述王瑶在《中古文学史论》中关于小说与方术关系部分，以见他是如何对其师学术研究做出评价的：

> 这一章典型地体现了王瑶所追求并实践的科学实证精神和方法的特点。一方面，他重视搜索大量的文学与历史的现象的资料，对于一些问题进行必要的考证辨伪，使得自己的论述有深厚的历史的根据；另一方面，他又不局限于烦琐的考证之中，总是在复杂的历史现象中找到一些带有规律性的东西，做出富于创见的理论性的论断……
>
> 到了80年代，王瑶更自觉地概括这种文学史研究的科学的方法论。他认为，鲁迅先生的《中国小说史略》《汉文学史纲要》《中国新文学大系·小说二集导言》等著作，"作为中国文学史研究工作的方法论来看"，是"具有典范的意义"的。这种"典范意义"在于："他能从丰富复杂的历史中找出带普遍性的、可以反映时代特征和本质意义的典型现象，然后从这些现象的具体分析和阐述中来体现文学的发展规律。"在丰富复杂的史料的考证的基础上，闻一多、朱自清所实践的"解释与批评"，朱自清所讲的考证"必须和批评联系起来"，王瑶所说的从对于"典型现象"的"具体分析和阐述中来体现文学的发展规律"，都是对于清代以至现代的朴学式的纯实证研究的现代性的超越。②

可以看出，陈平原的评价十分准确到位，不仅概括了王瑶在学术思想方面所受鲁迅和朱自清等人之影响，而且指出了鲁迅和朱自

---

① 陈平原：《作为文学史家的王瑶》，载陈平原主编《中国文学研究现代化进程二编》，北京大学出版社2002年版，第473—479页。
② 陈平原：《作为文学史家的王瑶》，《中国文学研究现代化进程二编》，第480—484页。

清的研究方法和治学思路对王瑶的影响。当然,陈平原对其导师做如此评价,也已经显示出他自己学术研究的大致路径。

二

评述陈平原的学术史研究及相关成果,首先必须注意他的《作为文学史家的鲁迅》,该文被收入王瑶主编的《中国文学研究现代化进程》一书,既可以认为是陈平原对鲁迅学术成就和治学模式的概括性评价,也可以认为是陈平原对自己治学路数的战略性设计。此外,还要参考他其他一些论著中的相关论述。[①]以下我们即结合他对鲁迅学术成就特别是小说研究成就的评述以及陈平原个人在相关领域的研究成果,综合分析陈平原所受鲁迅影响及他个人学术研究中的一些独创性思想。

首先,面对鲁迅丰富的学术遗产,陈平原给鲁迅以这样的定位:

像那个时代的若干大家一样,鲁迅的学术理想是熔铸古今会通中外,借用他为一个青年学者的文学论著写的题记,则是:

纵观古今,横览欧亚,撷华夏之古言,取英美之新说,探其本源,明其族类,解纷挈领,粲然可观……

如果再加上文学与艺术的横通、实物与文字的印证、正统与异端的对话,历史与现实的交会等具体策略,则鲁迅的学术追求大致可见。当然,"追求"不等于"成就",鲁迅的许多很好的学术思路其实并没展开和落实;就已有的学术成果而

---

[①] 对此可参看陈平原的以下著作:《中国小说叙事模式的转变》,上海人民出版社1988年版。《二十世纪中国小说史》第一卷,北京大学出版社1989年版。《小说史:理论与实践》,北京大学出版社1993年版。《陈平原小说史论集》(三卷),河北人民出版社1997年版。《中国现代学术之建立》,北京大学出版社1998年版。《作为学科的文学史》,北京大学出版社2011年版等。

言,鲁迅的贡献仍以文学史研究为主。只是将鲁迅的文学史研究置于其整个学术追求的大背景下来考察,确实有利于我们对其研究策略的理解。①

在具体论述中,陈平原从五个方面展开,即"专著与杂文""清儒家法""文学感觉""世态人心""学界边缘"。显然,论述鲁迅的学术研究,第一点要解决的是研究材料问题,鲁迅的学术专著其实不是问题②,主要是如何辨析和使用鲁迅杂文中大量出现和论述的一些学术问题,特别是鲁迅带有嘲讽意味的一些论述,用于论述鲁迅的学术思想或治学方法确实有很大难度。此外,鲁迅日记和书信中也有大量的学术资料,如仅仅鲁迅日记中每年一次的书单,就为探讨鲁迅的学术研究准备和治学方向的选择等提供了很好的第一手资料。不过,如何从鲁迅杂文中那些寓庄于谐的文字中找到真正有学术价值的判断,或者从其日记书信中那些并非严谨的叙述中看出鲁迅的学术兴趣或潜藏的意旨,并非易事。陈平原以为这个问题不解决,鲁迅杂文和日记书信中大量材料是无法利用的。第二点"清儒家法",其实是在蔡元培等人观点基础上的发挥。例如,一般论述鲁迅的中国古代小说研究,就应先分析鲁迅如何承继乾嘉学派、浙东学派思想以及从章太炎那里学到的考据方法、"小学"理论等。在这方面,应该说陈平原的分析很有深度,可惜其具体案例分析不多。最后一点"学界边缘"谈的是鲁迅与学

---

① 陈平原:《作为文学史家的鲁迅》,载王瑶主编《中国文学研究现代化进程》,北京大学出版社1996年版,第81页。
② 其实有些也需要辨析,如关于鲁迅的《中国小说史略》与明代胡应麟相关研究的关系、与日本学者盐谷温对中国古代小说研究的关系,以及对是否涉嫌抄袭盐谷温的考察等。关于陈源指责鲁迅涉嫌抄袭一事,虽然胡适当年已为鲁迅洗清不白之冤,但此事直到今天似乎仍未尘埃落定。对此可参看钟扬的《盐谷温论〈红楼梦〉——兼议鲁迅"抄袭"盐谷温之公案》,原载于《南京师范大学学报》2005年第2期。张永禄、张谡的《论盐谷温对鲁迅小说史研究的影响》,原载于《中国现代文学研究丛刊》2015年第5期。

术界的关系，这应该从学术界看鲁迅和鲁迅看学术界两方面分析，此处限于篇幅不赘述。

窃以为，陈平原评述鲁迅之学术研究，写得最好最有味道者，当是"文学感觉"和"世态人心"两部分，从中可以看到陈平原确实走进了鲁迅的学术世界，仿佛带领读者探宝一般，边走边对读者介绍，说到妙处，真的感觉其有眉飞色舞之状。学术研究，在某种程度上借用西哲的话就是所谓"灵魂的探险"，就是我们这些或普通或平庸的灵魂在智者的引导下得以窥视那些逝去的伟大灵魂的过程。窃以为，陈平原的一些学术史研究，不仅"升堂"而且已经"入室"。而且，与其师王瑶一样，陈平原也注意到鲁迅研究文学的"知人论世"之法。不过陈平原不仅论述了鲁迅与中国古代传统文论的关系，还注意到鲁迅所受外来文学理论的影响，如泰纳和勃兰兑斯的文学理论，对此陈平原的分析十分精彩，可谓"青出于蓝而胜于蓝"。①

其次，在撰写文学史方面，陈平原一方面承认深受鲁迅影响，另一方面试图摆脱鲁迅《中国小说史略》的巨大影响。例如，他更注重抓住形式特征的演变："我给自己写作中的小说史定了十六个字：'承上启下，中西合璧，注重进程，消解大家。'这路子接近鲁迅拟想中抓住主要文学现象展开论述的文学史，但更注重形式特征的演变。'消解大家'不是不考虑作家的特征和贡献，而是在文学进程中把握作家的创作，不再列专章专节论述。"②他的设想虽然大胆且极具特色，不过他本人也认为是"体例上有特点，或者说有新意"③，却很难获得学术界的认同。特别是在具体的文学史撰写过程中，为代表性作家作品列专章专节论述早已成为通例，如果不如此，不仅一般读者会感到线索不清，即便专家学者也不容易

---

① 陈平原：《作为文学史家的鲁迅》，第104—107页。
② 陈平原：《中国现代小说的起点——清末民初小说研究》"卷后语"，北京大学出版社2010年版，第360页。
③ 陈平原：《中国现代小说的起点——清末民初小说研究》，第319页。

把握某一时期文学发展的基本线索。因为通常情况下，文学发展的基本脉络正是由具有代表性的作家作品构成。所以，陈平原的这部《中国现代小说的起点——清末民初小说研究》原为严家炎主编的《二十世纪中国小说史》的第一卷，但因为参与写作的其他作者在撰写理念、框架设计等方面和陈平原有不同意见，致使该书最终流产[①]，陈平原也不得不把已经撰写的第一卷改名后单独出版。有关这方面的具体情况，陈平原自己在该书中有详尽的说明，此中似乎颇有难言之隐。不过，显而易见的是，陈平原最初设想的本来就不是一般的小说史，而是力求写成一部"专家"的小说史——不仅是由专家写，而且是为专家所看。大概也只有如此，方有可能实现陈平原的设想——不但承继鲁迅，而且有所创新，也就是某种程度上对鲁迅的超越。

  无论怎样，说陈平原的文学史撰写理念是"曲高和寡"也好，说是另辟蹊径甚至过于超前也好，事实却是这些理念不但在当时未能获得其他合作者的认同，而且今后一个时期恐怕也难以获得学术界的认同。但作为一种极有价值的尝试，作为不是为普及而写，而是致力于学术创新的文学史撰写方式，陈平原的努力依然值得赞许。也许陈平原心目中最理想的或者说最"野心勃勃"的文学史撰写，就是既按照鲁迅所设想抓住主要文学现象来展开论述，比如鲁迅的以"药酒、女、佛"来概括六朝文学，又能在此基础上更进一步，在形式和框架结构上有所创新，写出陈平原自己的特色。其实，就鲁迅而言，他对晚清小说的研究相对是比较薄弱的，也是阿英的研究之所以能够后来居上的原因。当然，这也是陈平原在撰写清末民初这一段小说史时产生新设想的原因之一。实事求是地说，

---

[①] 如钱理群就认为："平原这卷小说史不专门谈作家作品，是有很大优点，可也有弊病。这弊病到下面几卷会越来越突出，晚清小说毕竟没有大家，'五四'就不一样，鲁迅怎样写？"吴福辉也承认，"平原这小说史写得很干净，太精练了，有过于浓缩之嫌。读起来挺吃力，水分太少了"。参看前注陈平原书中第 322、325 页。

其著作基本达到了其设想。

最后，关于文学史的撰写框架结构和有关概念的使用，在20世纪的中国学术史上之所以一直受到特殊关注，只因这一问题关联到构建现代中国学术体系问题，关系到如何在这一过程中既汲取外来文化体系尤其是西方学术思想中的有益因素，又能承继传统学术资源中仍然富有生命力的那些资源，从而在上述基础上生成具有中国特色之现代学术体系的问题。为此，不妨看看陈寅恪在其《元白诗笺证稿》中，是如何提出他关于文学史撰写之意见的：

> 苟今世之编著文学史者，能尽取当时诸文人之作品，考定时间先后，空间离合，而总汇于一书，如史家长编之所为，则其间必有启发。而得以知当时诸文士之各竭其才智，竞造胜境，为不可及也。①

陈寅恪此言，是有感于白居易和元稹的诗歌创作，和他们之间以及同时代其他诗人之间的相互影响相互启发有很大关系。这些关系中不仅有模仿，更有改进。也只有借助于类似史学长编的文学史，也即"文学编年史"，才可以清晰勾勒出文人之间交往活动对他们创作的复杂影响。不过，这样的文学编年史撰写与一般的文学史有很大差异，其更加专业化和学术化，编写的难度也很大。我们提及陈寅恪的愿望，无非是说明，在鲁迅、陈寅恪和朱自清那个时代，文学史的撰写本来就有很多可能，而他们三位也都是有可能撰写出通史的文史全才，可惜他们的抱负均未实现。而王瑶先生由于所处时代的原因，也未能在古典文学研究领域继续深入。写出一部真正有特色之《中国文学史》的工作也许就是陈平原的理想吧。对此我们有理由期待——学术的传承与发展，不就是在文人之代代相传过程中实现的吗？

初刊《海南师范大学学报》（社会科学版）2015年第10期

---

① 陈寅恪：《元白诗稿证笺》，上海古籍出版社1978年版，第9页。

# 陈平原先生旁论

王 风

陈平原先生是我研究生阶段的导师，按老的说法也就是所谓"业师"。待我留校任教，当然就可算是"同事"了。按十二年一纪的说法，师生缘分，于今岁星凡两周矣。

但要说起初识，则要更早十年。我读本科时，夏晓虹先生恰入职，成为我的"班主任"。陈平原先生也是这年进入北大，随王瑶先生攻读博士学位。其间每有班级活动，夏先生就带着陈先生参加。因而，后来我偶尔开玩笑说，陈先生和我算"同年"，都是夏先生的学生。

如此漫长交往追随的经历，阐述陈先生的学行，我大概算是个合格的人选。但似乎只在二十年前写过两篇书评，此后未着一字。一方面是他的体贴，觉得我写东西费劲，于是我一个劲儿地躲懒。另一方面，作为一言一行动见观瞻的著名学者，对他的访问、评介、议论实在是太多了。在文化界重大的事情上，都可以听到他的声音。而他每一部著作的出版，也都可以看到不止一篇的书评。如今有机会写这样一则文字，竟然不知从何落笔。

陈平原先生不仅著述繁多，而且方面广泛。现代文学自不待言，几乎无所不谈。而旁及其他学科领域，屈指不可尽数。不过检查其著作年表，还是不难看出脉络。他的博士学位论文，后来成书《中国小说叙事模式的转变》，是导师王瑶先生在陈先生自己提出的几个论题中确定的，这背后有着对他学术发展战略的考虑。不过，相对于"上编"以叙事学为依托的整饬论述，陈先生自己更看重"下编"中所提出的"史传传统"和"诗骚传统",认为是只眼别具之所在。也确实如此,启用叙事学理论研究中国小说,其后几年蔚然成风。而体察中国小说背后的诗文底色,类似于这样需要颖悟的学术思路,却极为罕见。从这部成名作,也可看出他学术的主要模式,即一方面重视吸收西方的理论资源,另一方面则努力发掘中国文化自身的理论潜力。

上世纪80年代后期到90年代前期,陈平原先生主要的学术成果集中在小说方面,尤其以晚清到"五四"期间的研究为大宗。这些在1997年汇聚为《陈平原小说史论集》,皇皇三卷,可看作这一领域研究的总结。其后当然续有所作,但在我看来,皆是机缘凑合随手采撷而已。90年代中期以后,他的学术方向出现明显的转移。著述如杂花生树,多个领域并进。一是散文史,而且与小说史一样,上溯中国古典时期;二是学术史,成书《中国现代学术之建立——以章太炎、胡适之为中心》;三是教育史,尤以北京大学建校百周年纪念前后的几篇论文,产生了不小的影响,还惹来不算大的麻烦;四是城市空间与文学文化关系的研究,这部分是由于欧美汉学界当时学术热点的激发,而陈先生独选北京为个案,与之构成重要的对话关系。

这些新领域的开辟虽像是一时之间的兴味转移,但我清楚,其实都经历了漫长的准备。早在治小说史时,陈先生几乎读遍了晚清民初的小说,利用假期遍访各地图书馆,顺便陪同夏先生旅游。这种竭泽而渔的披览,需要异乎寻常的坚忍。因为精彩之作总是少数,大部分作品味同嚼蜡,简直是对审美感觉的摧残。可以说,这些研究距今虽已三十年左右,但后之学者在资料的总体占有上,可能还没有超过陈先生的。

在小说史研究期间,比如学术史,陈先生其实已经广有涉猎。这其中多少是为未来的学术工作做准备,多少是为了调剂被小说阅读破坏的心情,现在已很难说清楚了。可以确定的是,90年代中期以后,陈先生所进入的那些新领域,基本都经过十年左右的准备。

因而甫一入手，即能驾轻就熟，所作既精且多。

这可以看作陈先生的学术习惯，即做着眼下的工作，同时准备将来的计划，俗语所谓吃着碗里的看着锅里的，拟于不伦，而庶几近之。约十年前，他开始将文学与图像、声音的关系，发为论文。而这些思路，此前很久，我就听他聊过。

这种不断转换领域的学术运作方式，方之近代大学者，则类于王国维的路子。王氏学术生涯，由哲学而文学而史学，始终踞于学术的最高点，亦即陈寅恪引佛家语所谓的"预流"，陈氏所言，偏重于预测学术发展大势。而事实上，能够"预流"，必达成"引领"，亦即影响学术界的方向。陈先生的学问，固未能与王陈并论，但每有所出，必有影响，就对学术发展的作用而言，是相似的。戴震《与是仲明论学书》云，究学"盖有三难：淹博难，识断难，精审难"。陈平原先生几十年的治学路径，大体可以归纳为：由"精审"到"淹博"，而一以贯之的，则是"识断"。

很大程度上，陈先生可以看作新时期以来学术史的一个缩影。1977年"文革"后第一次高考，他的作文《大治之年气象新》被登在《人民日报》上，这篇"少作"对他而言，既颇具意义，又不免略有尴尬。入北大后，1985—1986年，与钱理群、黄子平合作的"二十世纪中国文学三人谈"在《读书》连载，引发学界热烈的讨论，影响绵延至今。现在回头看，三人所论，精彩之处固在，仓皇成说也在所难免。但打破以往僵化的文学史构造，"三人谈"可以说是80年代指标性的学术文本，其历史意义将长久存在。

八九十年代之交的动荡之后，中国社会和学界都经历了巨大的变化。1991年，陈平原和汪晖、王守常创办《学人》集刊，绵延十年。创刊号上陈先生刊发《学术史研究随想》，认为中国学术应转入"学术规范"约束的时代，是文乃八九十年代中国学术转型的主要文件之一。当然，对于过度"规范"所可能产生的副作用，他很快就有预言和提醒。但不可否认，当年的这一主张，对纠正80年代漶漫无际的学术风气，呼吁中国学术进入有效的论述"语境"，起了关键作用。

《学人》停刊后,陈先生于2001年主编《现代中国》集刊。新世纪的这一刊物,其实是他新的担忧的产物,即中国学术被体制严格收编之后,内在活力逐渐丧失。因而他对于中国古代的"书院传统",情有独钟。创刊号上,他以编后记的方式,发表《有情怀的专业研究》,提醒"专业化"的危险。这份刊物既是他对90年代学术状况反思的产物,也多少寄托着所谓"私学"的理想。这是时隔十年,他对学术发展中所可能出现问题的又一次预判。

我是具体负责这份刊物的编辑的,十五年后,陈先生越来越犹豫,最终在我的建议下停刊。因为铺天盖地的刊物级别、引用率、影响因子,已经使得在体制外维持高水平的学术集刊,越来越不可能。学术评价被期刊等级绑架的结果,使得连向作者约稿,都成为让人负疚的工作,遑论以此建立学术共同体。也许这需要等待了。人文学术并不都对当下起作用,很大程度上是为未来储备思想资源,因而常需俟诸异日。

陈先生自谓有两套笔墨,学术之外,每发为随感。他的随感其实有两类,一是抒写性情的小品,一是体现识见的议论。他自期"读鲁迅书,走胡适路",或借其《中国现代学术之建立——以章太炎、胡适之为中心》所选择的两个对象,也可说是"读太炎书,走胡适路"。取鲁迅或太炎,在于深思极虑。取胡适,则是出于他用世之心,不满足于仅仅批判,还希望以见解影响社会,即他常说的"补天"。

至于那些"性灵"小品,大部分都是陪同夏晓虹先生"行万里路"的产物。不过,我总怀疑,陈先生对于旅游,似乎并没有那么高的兴致,很大程度是出于伉俪情深。这涉及他性格的两个方面,一方面,无论治学还是治事,每每杀伐决断,轻捷明快,单骑直入而从不犹疑,这甚至影响他的语言风格。同时轻重缓急拿捏得非常清楚,有些事,他再有兴趣,也不会真进去。老早曾经说要学古琴,我教了几次,发现他根本不肯花时间,只好算了。结果他到处宣扬，打趣我教授方法笨拙。一年多前陈先生大病一场，我建议他写写毛笔字顺带"锻炼"和"养气"，近来似乎有点儿一发不可收拾。不过依我对他的了解，来了"正事"，大概也就"带住"了。

另一方面，对于周边的人，无论长辈还是晚辈，又是时时体贴入微，其表达方式也多与人异。比如我贪多务杂，从无规划，经常沉溺忘归。在我学生时代，他当然批评约束，待我任教了，他则秉承王瑶先生"门规"，不再多说了。但我知道，跟人谈到我，他是有时担忧，有时不满，有时却又夸奖，似乎还有点儿得意。总之我的事情耗费了他不少的精力。十八年前，我的一位至友博士后出站，陈先生觉得应该留在北大，为之谋划。有一天突然来电话，通知我们，说是下雪了，他和夏先生要一起游圆明园，让我们马上过去会合。这种十万火急的游玩让我们都觉得蹊跷。逛了一大圈，聊天之中总觉得他想说什么，似乎也暗示了什么。过了好几日，才知道那天是留校事一时绝望，他是想表达安慰之意，而终于不忍说。记得当时我们真是感到十分歉疚和感动，那场雪在我的记忆中一直不曾化去。

初刊《名作欣赏》2019年第1期

# 文学史的"边际研究"
## ——读陈平原《在东西方文化碰撞中》
黄子平

  经济学中有"边际效用"一词,我对它不甚了了。"文学史的'边际研究'"则是我杜撰的说法,在没有找到更好的表述之前,权且用之。

  对"二十世纪中国文学",可以从多种角度以多种方法来研究。抓它的"边",则是其中的一种。既然我们说,它是在一个多世纪以来东西方文化大撞击中,由古代中国文学向现代中国文学的转变,那么,你就不难从"撞击""转变""走向""过程"这些词中,看出一个显著特征,即它的"边际性"。

  显然,陈平原对那些最能体现这一"边际性"的研究对象,固执地抱有某种偏好。他把注意力集中在两种或多种文化的"碰撞处""接合点",致力于挖掘传统文化与现代潮流的"互渗"、"重构"和"结合部",并把这一时代的文学置于政治、历史、思想、宗教、艺术的"共生状态"中来研究。

  辛竹先生有一篇"燕口拾泥"的短文,题为《说"边"》,一起头便说:"现在人类喜欢讲中心,不大讲边,其实边上大有文章可做。没有边,何来中心?中心是从边上量出来的。"又说:"怎么抓边?抓全局、整体。《阿Q正传》只写了几个点,都在边上。阿Q和赵老爷、和假洋鬼子、和小尼姑的冲突都在交界处。不见交界就是没见到全体。"(《文艺报》1987年24期)洵为粮粹之论。陈平原的论文题目似乎都有点冷僻,却又不是那类"大作家都研究得差不多了"的有意拾遗之作,而是胸中有了全局和整体的"抓边"之举。这"全局"和"整体",便是我们多次讨论过的"二十世纪中国文学"总体概念,在此无须赘述。然而,陈平原这些下了功夫的"抓边之作",却也扎扎实实地勾画了这个概念的轮廓,证明了它的提出决非如有人所测度的"跑马占地",而是建立在深思熟虑的研究基础之上。

## 作家心态

"中国文化传统的深厚与'五四'时代外来文化冲击的猛烈,恰好形成鲜明的反差对比。"在这种状况下,没有谁能够"纹丝不动"地抱残守缺,也没有谁能够完全弃传统如敝屣,摇身一变便成新人。"'五四'一代作家的幸运之处,就在于他们亲身经历这么一场文化大碰撞,有可能冲破传统封闭的思想体系的束缚,从一个全新的角度来把握生活、认识世界。他们有祖先不可能有的欢乐,也有祖先不可能有的痛苦——一种徘徊于东、西方文化之间,无所执着无所适从的困惑与焦虑。有一点是可以肯定的,比起祖先与后代,这一代人感情层次更为复杂,心灵深处有更多的矛盾,生活中有更多的经验与感受,也有更多的失落与迷误。"因此,从处于"时变"中的作家心态来把握文化碰撞,无疑是一个有利的、可能触及深层的研究角度。前引辛竹先生的短文里还说:"有时间的边。那是新旧交替的边缘。个人和群体都有。……范进中举而疯,这是边。严贡生临死不忘省灯油,这也是边。个人的小边之外有时代的大边。边上有缝隙,那是通风的口,窥见内层的窗。"举的是《儒林外史》的例子,那是18世纪中期"大厦将倾"前夕的作品。只有斜阳,不见曙光。"五四"时代作家心中却是斜阳与曙光交相辉耀,其"边际性"要复杂得多。

陈平原的《论苏曼殊、许地山小说的宗教色彩》一文,起句奇兀:

也许，在中国，再也不会有那样毫不造作的"不僧不俗、亦僧亦俗"的奇人；即使有这样的奇人，也不会有那样绚烂瑰丽的"不僧不俗、亦僧亦俗"的作品；即使有这样的作品，也不会有那样热情真挚的"不僧不俗、亦僧亦俗"的读者！

层层逼近，由作者而作品而读者，把研究对象的"不可复得"的边际性强调出来。苏曼殊、许地山"既是真诚的宗教信徒，又不是纯粹的宗教信徒"，所谓"不僧不俗，亦僧亦俗"，这是边。小说与宗教，这也是边。作家心理结构与时代潮流变迁，这又是一边。诸边交结之点，便是研究者用力之处。20世纪中国文学与宗教的关系，无疑是一个冷僻（？）的题目。在一个欢呼"德先生"（民主）与"赛先生"（科学）的时代，宗教思想似乎移向时代潮流的边缘。然而，陈平原却注意到，"从'戊戌'到'五四'，思想文化界有一种趋向，就是扬佛、墨而抑儒、道（如康有为、梁启超、谭嗣同、章太炎等人），强调佛、墨的平等、兼爱、注重科学、舍生取义的牺牲精神和觉海慈航的道德感，并以此反对以儒家为主要精神支柱的专制政治。……'五四'作家借助西方科学、民主精神彻底反封建，可反儒、道不反佛、墨（如鲁迅、周作人等，吴虞则是以道反儒）；许地山、朱自清、叶圣陶、夏丏尊、刘大白、丰子恺等人或多或少接受佛家思想影响（鲁迅的《野草》带佛家色彩，而《故事新编》则带墨家色彩）……"这些事实涉及了许多值得探讨的问题。所谓反叛传统，并非抛弃传统，而是借助现代眼光重新发现传统、解释传统、选择传统，通过调整传统的内部结构来创造一种更富有生命力的"新中有旧"的"传统"。也就是说，系统的质变不是靠更新全部因子，而是靠更新其结构来完成。陈平原于此论述得比较充分。倘落实到个人，尤其是承载了文化撞击的知识分子的"心态"上，则必须指出"民主"和"科学"并不能完整地构成一个有机的文化——心理结构，必定留下一些缺失的环节，由伦理的、道德的、审美的以及涉及"终极关怀"的人生态度等来补足。甚至理性的、貌似冷冰冰的"科学诸神"，也必得转化成一种"科学信仰"才能进入作为个体生命存在的"心态"之中。因此，陈平原就由"边"抓住了"中心"，由"个人的小边"阐到了"时代的大边"。苏曼殊的宗教信仰在面，许地山的宗教信仰在骨。前者出于脱苦脱俗的需要，强迫自己相信自己真的信仰佛教，潜意识里却始终浮躁不安；后者出于社会热情，强迫自己摆脱宗教信仰，却使之变成内在的情感体验，以平静体现刚强。前者以佛学的禅定为内，以资产阶级的个性解放为外；后者以儒家的"天行健，君子以自强不息"为中强，以佛学的虚空为内，以基督教的博爱为外。这种细致的结构分析并未停留在一般的宗教思想史的层面，而强探入到苏、许二人的小说作品中去抉发。苏曼殊小说的男主人公总是徘徊于新旧两类女性之间，并以寻求"在爱中涅槃"作为解决方案。许地山则把性爱扩大到人类之爱的宗教境界，通过平衡心灵，净化情感，进一步强化生存的意志和行动的欲望。他们或以入世精神出世（苏曼殊），或以出世精神入世（许地山），无不显示了佛教思想在其调整东西方文化碰撞中的心理结构的重要作用。

  道家思想更是中国知识分子历来在乱世保持心态平衡的一个重要精神依托，在20世纪更放射出一派奇异的光彩，甚至被作为中国文化的精髓，推荐给西方读者，试图以道家的"不争"来破西方的"强权思想"，努力以东方文化拯救人类。陈平原着眼于林语堂这个"两脚踏东西文化，一心评宇宙文章"的边际性作家，在更大范围内剖析了在两种文化的夹缝中求得出路的一种类型。概言之，林语堂以西方的"自由思想"和"个人意识"来"破"儒家的事功（立功、立德、立言），在抛弃腐儒的方巾气的同时，抛弃了知识分子的历史责任感；他又以西方的享乐主义来"和"东方的闲适情调，使物质享受与高雅恬淡二者兼得。后者集中体现在他那传遍全世界的笑话："世界大同的理想生活，就是住在英国的乡村，屋子要有美国的水电煤气等管子,有一个中国的厨子,有个日本太太,再有个法国的情妇。"当然还得补充一个,要有几本袁中郎、李笠翁等人的书。道家哲学之于林语堂不但有助于他在文化碰撞中幸运地建立了一种综合性的生活理想,而且建立了综合性的审美理想,即"非功利、幽默、性灵、闲适"。陈平原细致地描述了林语堂由克罗齐而袁中郎而老庄的文艺思想"三级跳"过程,并在他的一系列散文著作和三部长篇小说(《京华烟云》《风声鹤唳》《唐人街》)的分析中,揭示了这种"综合"的悲喜剧性质。

像鲁迅这样的大作家,既执着于时代,又超越了时代,获得人类永恒的价值。而并非第一流的中小作家,才是时代最忠实的儿子,甚至他们那些一心要摆脱时代重负的举动,也无一不是时代的表征。陈平原的"作家心态史"研究,从论题的选择也可看出他做的并非一般的作家作品论,而是从东西方文化撞击中的"二十世纪中国文学"这一总体概念出发的"抓边"之举。倘若更深切地意识到前辈们面对的文化困境,意识到我们仍然面对相同的"艰难的选择",并把这种意识渗透到自己的研究文体之中,或许陈平原的表述会少一点尖刻和严苛,多一点同情和温厚吧!

### 形象·风格·体裁

把文学史仅仅看作是"作家心态史"是不够的,那可以是思想史或文化史,但还不是文学史,只有把研究深入到"形象、风格、体裁"一类范畴,我们才是在思想史或文化史的基础或背景上探讨了文学。东西方文化碰撞中的20世纪中国文学,其内部的诸因子也必然发生变异,而呈现各种各样的"边际性",对"边"特感兴趣的陈平原自然不会轻易放过,但他也不可能把全部"边"抓住,只能择其一二而抓之。

小说、戏剧中的人物形象显然与作家心态有某种对应关系。把人物看成作家的夫子自道是危险的,有可能陷入所谓"意图谬误"

之中。陈平原是意识到了这一点的,所以唯有那些寄托了作家人生理想的人物形象,才被谨慎地引入作家的心态分析。

我们一旦从个人的心理分析进到集体的心理分析,某一类反复出现的人物形象就可能摆脱"对号入座"的麻烦,而作为时代精神的产物来理解。这一类反复出现的人物形象通常可以在"世界文学"中找到他们或她们的"兄弟姐妹"。《娜拉在中国》不算一篇太好的论文,但对易卜生笔下的人物在中国被误解、接受和发展的过程,有许多扎实精到的阐发。娜拉出走的一声门响,震撼了古老中国数千年旧传统旧道德。中国作家尤其关心"娜拉走后怎样",他们笔下的娜拉式人物逐渐走上了社会变革的道路,却多多少少忽略了易卜生关于自由意志、行动哲学的本意。这正是"世界文学"中的形象"移民"到20世纪中国文学之后的普遍现象。陈平原在40年代讽刺文学中看到的现代知识分子形象,他们也都可以在"世界文学"中找到各自的"亲戚",但陈平原却着力于揭示他们的"此时此地"性。40年代文学中的"多余的人"并无皮却林、奥涅金、罗亭们对历史责任。个体存在价值的思索,而只是停留在表面的怨恨,东方文化的高雅使他们丧失了在大时代生存的起码能力。而"于连式的英雄"在中国文学中也显得苍白瘦弱,并无高尚的理想与巨大的热情以及过人的聪明睿智,只剩下一点改变命运的信念和情欲,从悲剧英雄降格为喜剧的嘲弄对象。或许"寻梦者"身上更多一点"本土性",如沙汀《困兽记》中的田畴,李劼人《天魔舞》中的白知时,钱锺书《围城》中的方鸿渐等,他们挣扎于东西方文化的夹缝之中,是半新半旧不中不西的小人物,时代造成他们的言行不一,性格分裂,陷入尴尬的境地。知识分子形象集中地成为40年代文学的讽刺对象,表明在一个要求行动的年代里,知识分子对自身文化—心理结构真诚反省的愿望并达到了一定的深度,但也隐伏了某些偏颇。这些偏颇在下一个文学时期得到了充分的显露。陈平原于此并未加以发挥,但他所关注的这一类人物"系列",显然兼有时间与空间的边际性,值得我们进一步去考察研究。

文化碰撞中的文学必然多次发生我曾称之为"风格搏斗"的挣扎、探求和论争。"现代化"和"民族化",这一对相辅相成、相反相成的矛盾,最深层地体现在这种"风格搏斗"之中。在一个政治经济落后而文化传统深厚的国家,文学的"现代化"和"民族化"都是生死攸关却又极端艰难的事。陈平原通过分析作家的审美追求、创作倾向和作品特色,勾出了这一艰难历程的某些"线条"。"线条"者,边也。比如说,"民族化"的提法如何被混同于"大众化",英国的"幽默"如何在特定社会心态下与中国的"性灵"相调配,40年代的讽刺文学何以会流于漫画化和闹剧化,"五四"乡土文学怎样交织着"伤感的故乡风",全然"舶来"的艺术形式话剧怎样进入中国人的审美视野,等等,都是极有意义的命题。尽管其中不少内容,陈平原都来不及展开,而且也未曾将它们"系统化"。而这,恰恰是文学史研究中值得深入开掘的领域。

相对于风格问题,体裁在文学研究中的"可见性"或"可触摸程度"要强一些。陈平原在许地山的作品中分析"小说与音乐的渗透"(真是个冒险的课题!),在茅盾的《清明前后》里发现了"小说化的戏剧",又探讨鲁迅的《故事新编》对"小说与史料"的成功处理,如此等等,无一不是在摸体裁的"边际性"。文学体裁是历史地形成的写作与阅读的一套惯例科程序,当然也会历史地发生变化。在两种文化剧烈碰撞的时代,这种历史性变化常常表现为各类艺术体裁(不管来自哪一文化领域)的互渗、嫁接、移位、重组。陈平原无疑抓住了一个最有"文学史兴味"又颇具理论深度的课题。这里头还大有文章可做——从"小说形态学"或"文学形态学"的角度来研究文学史,仅仅是个开始。

## 文学史

在中国,文学之有"史",是19世纪末20世纪初才开始的事情。这不奇怪。从世界范围内看，文学史之成为一门学科，是近代以来下述三大动因的结果：一是近代民族意识的形成和高涨。这一学科的创始人认为他们的最高目标是在文学作品的历史中展现民族个性的复归。（汉斯·罗伯特·姚斯《文学史作为向文学理论的挑战》）。二是传统"正史"观念的衰败。历史不再被看作"帝王将相相斫史"，而是普通人的生存和精神状况的演化。体现人类如何创造"美"的艺术史、文学史被视为人们认识自己的正确途径。三是实证科学精神的普遍化。从"写一部文学的生命自然史"到"文学是一门实验科学"等一些表述中，我们看到达尔文生物学和现代物理、化学等学科的影响。文学史家们试图在作品庞大的历史性堆积中理出线索、规律和因果关系。不难理解，这三大动因促成了19世纪末20世纪初王国维的《宋元戏曲史》、鲁迅的《中国小说史略》等"开山之作"的脱颖而出。从量上看，20世纪的中国可以说是文学史空前繁荣的世纪。迄今为止，文学史的写作和研究仍然是在民族意识、文化反思和实证精神三大动因制约下进行的。

　　这一状况在当前是否产生了某些变动呢？很难说。"世界文学"研究视野的进一步形成可能纠正了民族意识的某些狭隘性？文化反思在保持批判锋芒的同时加强了"创造性转化"的意识？现代人文主义思想冲击了僵化的实证主义的"伪客观"立场？无论如何，什么是"文学史"，文学史怎么写，这些课题正在又一次提上议事日程。当然，深入讨论这些问题的历史时机也可能稍纵即逝。

　　陈平原的论文集《在东西方文化碰撞中》出版得正是时候。他的研究显然正是民族意识、文化反思和实证精神的产物，却又注意到了以往文学史所忽略的一些什么。你还会发现，陈平原对当代文学理论在文学史研究中的引进抱慎重的态度，这是对的。按照"新批评派"的观点，强调文学作品的"自足性"，就根本写不成文学史。结构主义取"共时性"弃"历时性"，便与文学的历史性格格不入，他们所偏重的共时性结构本质上是"反历史"的。当然还有一些理论如"接受美学"与文学史有较密切的联系，但陈平原决不在自己没弄懂时就胡乱窃用。不过这也证明了这部执着于"抓边"的著作本身的"边际性"。然而,谁又能说这些"边"是不可逾越的"界"呢?

生活在"边"们活蹦乱跳、互渗、移位的时代,毕竟是幸运的。

一九八七年岁末于蔚秀园<br>初刊《读书》1988年第4期

# 火山遗迹的勘察者
## ——读《中国小说叙事模式的转变》
王　飙

"近几年现代文学研究界出现一种向近代文学'寻根'的趋势，许多研究者把目光投向晚清这个文学与社会共振的时代。这不奇怪。'五四'文学革命炫目的光焰曾使先前的一切黯然失色，但当后世的人们终于能以一种更为冷静的科学眼光勘察这一文学火山爆发的遗迹时，必然会鉴明（有的可能不无惊异地发现）地火早已在岩层下腾涌奔突。"这是我在《近代文学研究应当有自己的面貌》（《文学遗产》1989年第2期）中所写的一段话。读完《中国小说叙事模式的转变》后，第一个感想就是：作者正是一位火山遗迹的勘察者。

陈平原在这部专著的自序一开头就声明他主张"小题大做"。的确，这部书的论述对象，只限于1898年（主要始于1902年）到1927年：十年的小说，而且只限于小说演变的一个侧面——叙事模式，好像只够做出一篇论文，却写成了二十余万字的专著。"值得吗？"——连作者自己也在结语中提出了这个问题。对此，专著本身已做了回答。我想说的只是，这部书的价值可能不仅仅在于"小题大做"，更重要的可能恰恰在于它实际上是"大题小做"。用陈平原的话说，他的"目光仍然盯着中国小说现代化这一诱人的课题"，只不过"把论题转成中国小说叙事模式的转换"而已。

中国小说以及中国文学的现代化，确实是中国文学研究中一个尚未解决的"大题"。我在上面提到的那篇文章中也提出应当把

"探索中国文学近代化历程"作为近代文学研究的主题。这所谓"近代化"与陈平原所说的"现代化"实际上指的是同一过程,即曾经那样辉煌、悠久的古代文学体系怎样演变、发展为新文学体系的。这是中国文学史上一次最伟大的转型。但不能不承认,对这一转型的历史轨迹即它在各种文体、各个方面的具体表现,对整个演变过程及其各阶段的特征与联系,对促成变革的各种因素及其作用机制,我们的认识和描绘一直相当笼统,相当模糊。也许只有这一过程大体探明之后,至今仍给人一种以"五四"为界"一截两断"印象的中国文学史才能真正合成一部,并给当代人以丰富的启示。这或许就是该课题的"诱人"之处。然而,长期囿于作家作品批评而忽略过程研究的思维模式,近、现代文学分期变为学科疆界造成的隔绝,以及"五四"这座高耸入云的火山所可能造成的心理和视野屏障,都使我们多年来未能深入探究这个"大题",最近才有人开始突破。陈平原是意识到它的价值的,因此,他没有驻足沉湎于那历史瞬间壮丽景象的追怀礼赞,而循着岩浆(今已凝结)流泻的痕迹攀援勘查,并进入火山口而下,扒开堆积的火山灰去寻觅当年地壳变动、岩层裂隙和熔岩初涌的印记,甚至追索到遥远的地质年代,终于从一个侧面初步揭示了"火山"形成的过程及其构造原因。因而本书一些结论的意义也超出了它的论题。

上编三章从叙事时间、叙事角度、叙事结构三方面描述小说叙事模式转变的轨迹:古代小说采用连贯叙述、全知视角、情节中心这一基本模式;1902年后开始呈现对传统模式的大幅度背离,出现倒装叙述、限制叙述、非情节因素等;中经起伏曲折,"五四"后突飞猛进,至1927年已基本完成叙事模式的转变,采用连贯、倒装、交错等多种叙事时间,全知、限制(第一、三人称)、纯客观等多种叙事角度,情节中心、性格中心、背景中心等多种叙事结构,为现代小说叙事模式奠定了基础。这条轨迹切实而明晰。而贯穿这三章并建立在这些论述基础上的,还有一个在我看来更为重要的结论:"中国小说叙事模式的转变,基本上是由梁启超、林纾、吴趼人为代表的和以鲁迅、郁达夫、叶圣陶为代表的两代作家共同完成的。"不应该忽略或低估这个结论。它实际上指出"五四"前后小说的发展是同一历史过程的两个阶段,指出了这两个阶段在发展上的连续性。并非没有人谈到过这两个阶段的联系,问题在于切实地说明。例如,梁启超、吴趼人,以及罗普、颐琐等"新小说家"都喜欢在小说中掺入大段议论。这些,过去被视为艺术上的败笔而予以否定。而陈平原则指出正是这种议论作为一种非情节化因素冲击了传统的情节中心结构,成为叙事结构转变的第一个征象。"五四"以后一段时间内,"非情节化"更为加强。鲁迅、郭沫若、冰心的心理"独白"式小说,同样是一种非情节化,虽然已与梁启超们的议论不同。因此,这两代作家所共有(表现与文化背景不同)的"非情节化倾向"构成古代情节中心到现代性格中心等多种叙事结构的中间环节(普实克曾经创造性地指出"五四"小说的非情节化倾向,却没有意识到吴趼人等的议论也是一种非情节化而予以贬斥)。应当说明,和此书作者一样,我们无意抬高晚清小说的艺术成就或贬低"五四"小说的开创意义。但长期以来更为"流行"的观点是强调这两代作家的分割和对立,至少不把他们"作为一个整体看待"。因此,此书的结论在两代作家,实际上也是在两代文学之间接上了那根被人为截断的连线。这个结论对整个中国小说的现代化(不只是叙事模式)可能都是适用的。

　　西方小说的输入和传统文学的创造性转化这"两种移位的合力",促成中国小说叙事模式的转变,是专著着力论述的重点。这一表述初看未必新颖,但作者依据的事实及对其作用机制的论证却是有创造性的。人们早已感觉到并指出晚清西方小说的大量翻译对中国小说变革的影响,但缺乏具体论证。像《雪中梅》《百年一觉》,以及侦探小说,或因其名不见经传而无人注意,或因其为通俗小说而不予重视,很少有人觉察到正是它们在小说叙事时间、叙事角度方面启示了梁启超、陈天华、吴趼人等人(夏晓虹在一篇文章中运用过这些材料)。而"笑话""轶闻""答问""游记书信"及诗、赋理论在小说中的渗入及其影响,更少人论及。不过,这里不仅需要事实的发现,更需要逻辑的论证。作者在大量材料基础上,做出了这样的分析:外国文学的传入,改变了中国文学观念和文学结构,"小说为文学之最上乘",上升到"正宗"地位,因而可能从原来的"正宗文学"即诗文中吸取表现手法;"新小说家"和"五四小说家"都有很高的"正宗"文学即诗文修养,知识结构的限制使他们更倾向于借鉴诗文;而作家与读者对"小说"概念的模糊和宽容,又使他们容易接受诗文对小说的渗透。因而这两代小说家更多地接受古典文学而非古典小说的遗产,进行创造性的转化而引起小说形式的变异。也许不是所有的研究者都同意这一见解,但不能不承认,在专著本身范围,作者的论证是合乎逻辑的,并且是富于启示性的创见:这一结论进而从事实和逻辑上论证了传统文学——小说现代化—现代小说之间的有机联系。

开始读这部专著时,我曾想,对作者来说难题恐怕还不在于论述"小说叙事模式"的现代化,而在于论证小说叙事模式的"现代化"。如果他像有些同志那样,事先确定"现代"标准(例如认定只有具备某种阶级性质或某种阶级的意识才具有"现代意义"或"近代意义"),再去论定哪些具备或不具备"现代性",那么他可能会失败。陈平原很明智,他"不准备给它下定义",而是由叙事模式的转变本身来说明它与古代小说的区别,并进而探究由新小说家和"五四"小说家共同完成的这一转变的文化背景和文化内涵,由社会背景决定的作家的知识结构和读者审美情趣的转变对叙事模式的影响,等等。在新小说家采用倒装叙述、部分第一人称限制叙述和以议论代替情节等背后,是历史巨变以及作家的历史感、西方政治学说传入和作家政治意识的增强,并由此造成对"史传"传统的重视。而在"五四"小说家以情绪为线而扭曲叙述时间,和普遍采用第一人称,弱化情节而代之以人物心理独白并向性格中心转变中,透露出来的是新文化运动后个性解放思潮和主体意识的强化,并因此造成他们更重视"诗骚"传统。印刷业的发展和读者的改变，使小说由"说—听"向"写—看"转化也影响了小说家叙事手法。这些都是东西文化、新旧文化冲突的结果。当小说叙事模式的转变与整个社会文化现代化的联系被揭示和说明时，它也就具备了现代化的意义。

我想，在我们探索整个中国文学现代化（或称"近代化"，不必拘泥于名词异同）的研究中，这位观察者的足迹是富有启示意义的。

多年来小说研究总是专注于主题思想、人物典型、创作方法、结构技巧等，叙事学似乎还是一门新学问（虽然它在中国也并不很"新"，"五四"后就已传入，不过没有发展起来）。因此，本书最初很可能以其"新方法"而引人注目。可是陈平原却偏偏声明他不愿意为任何一种研究方法做例证。希望不会有人因此失望。作者是对的。这不仅因为没有一个课题能只凭一种方法就得以攻克，而且因为前些年人们所说的"新方法"实际上并不只是"方法"，而是各种理论批评模式。每种模式固然有其特殊的方法，但这些方法是与相应的对象、相应的文学观念、相应的一整套理论和一系列概念、范畴联结在一起的。在这些理论经检验而被吸收，这些概念经融合而被接纳，并与具体对象结合之前，"方法"本身无法单独运用。如果说《中国小说叙事模式的转变》在运用叙事学批评模式方面取得了成功，那么，我看恰恰因为作者没有照搬热奈特或托多罗夫的理论，而是吸收了这些理论之后建立起适用于自己研究对象的理论框架。

就一般研究方法而言，我倒觉得更值得注意的是渗透在、跃动在、贯流在这部书中那种史的意识、史的眼光和史的批评方式——"我关心的始终是活生生的文学历史"。

什么是"文学历史"？这是个似乎人人都知道却又未必说得清的问题，这里也无法讨论。但我仍想引用恩格斯的一段话："世界不是一成不变的事物的集合体，而是过程的集合体"，"这个伟大的基本思想"，"已经如此深入一般人的意识，以致它在这种一般形式中未必会遭到反对了。但是，口头上承认这个思想是一回事，把这个思想具体地实际运用于每一个研究领域，又是一回事"。（《路德维希·费尔巴哈和德国古典哲学的终结》）的确如此，至少在文学研究这个领域里，把文学史看成单个作家作品（"事物"）的集合体这种观念决不是不通行的。陈平原在书中没有谈他的文学史观，但是他所关注的"活生生的文学历史"正是一个"过程"，小说现代化的过程。这一目标决定了全书浓郁的史论色彩。

作者首先把他的考察重心放在普遍的文学现象上，而不仅是少数代表作家作品。关于晚清和"五四"小说的叙事模式，捷克的普实克、加拿大的米列那、美国的林顺夫等都有论文或论集。他们的分析往往是精到的，但他们分析的依据却大都只是几部或十几部主要作家的代表作。因而读者难以判定这究竟是个别的、偶然出现的特征，还是反映了一定发展阶段的、隐藏着某种必然性的特征。陈平原抽样分析了近八百部（篇）著、译小说，还据此画出了图表；在论述中又区别了哪些是少量出现的、萌芽状态的变化，哪些是具有普遍性的现象以及其普遍程度；作为例证的不仅有人们熟悉的名作，而且有大量不为人熟知的长、短篇小说。这不仅是学风扎实的表现，而且透映出这样一种观念：活生生的文学历史并非只由名家名作构成。其实，文学史研究中"代表作"这一概念并不准确。通常所谓"代表作"往往只代表一位作家或一个时期文学最高或较高的水平，而未必代表这一作家或这一时期多数作品的基本面貌。如果试图真实地描述文学发展过程的轨迹，应该更重视考察普遍性的文学现象。"出作家出作品固然值得庆幸，影响整个小说发展方向无疑更值得注意"，因此，陈平原才"更多地关注那些体现作家矛盾心态的半成品，以及那些体现作家朦胧的艺术追求的半途而废的创新"。这种关注正表现了作者的史识。

而且这种关注还表现了作者评价作家作品的历史眼光。"应该给某作家以应有的历史地位"，几乎已成了文学批评中的口头禅。但这个"应有的历史地位"由什么决定呢？很多人只是根据其思想艺术成就来判断。然而思想艺术成就与历史地位并不总是一致或成正比的。前者是创作评价，而后者应该是一种历史评价，它取决于作家作品对文学嬗变、发展、创新所起的作用。一部艺术上不成熟的作品可能有重要的文学史价值，如果这种不成熟出于开创性的探索；而一部内容和表现技巧都完善的作品未必占有重要地位，如果它过多地承袭而缺乏新变。这部书中有一段话使我很感动："在这里，中国小说拐了个弯，从此进入新的河道"，"不难想象，就在这拐弯处，会有许多值得仔细辨认的先驱者的足迹、迷路者的身影与牺牲者的躯体"。作者给予两代作家，尤其晚清一代作家那么多的理解，相对于那种鄙薄轻视晚清作家，包括鸳鸯蝴蝶派作家（作者正确地指出鸳蝴派应视为新小说家的一部分）的人，作者的评价要公正得多。他指出正是他们的点滴改良和前瞻后顾的探索，促成了中国小说叙事模式的转变，甚至其艺术的粗糙也可能是"探索者学步者不可避免的'蹒跚'"。"离开了这一代人的努力，'五四'作家的成功就很容易被误解为只是欧美文学的移植"。显然，作者更重视"从文学史的角度着眼"。

"过程"并不是现象的简单拼接，而是由现象有机组合的整体。因此，作者在考察了普遍性的文学现象后，把主要力量放在发现和揭示这些现象的横向与纵向、内部与外部的联系上。诸如叙事时间、叙事角度、叙事结构这三个层次彼此的联系和共同指向；叙事模式与小说主题、文体转变的联系；两代作家之间以及他们与古代文学的联系；小说现代化与社会、文化（教育、出版等）的联系；外国小说翻译与小说创作的联系；等等。书中一些最重要的结论多是这些联系的概括。而这些结论，如关于"两种移位的合力"，已包含着某些具体规律。但是，它们不是哪个既定"规律"的演释或例证。从这也许我们可以得到一些启发，为解决文学史研究中一个纠缠多年的难题，即"探讨规律"和"阐述史实"的关系，找到一条途径。

在这篇读后感里（顺便说明，本文充其量只能算一篇读后感，称不上书评,所以通常"书评"中含有的对原著不足之处的评论也一并省略了),不可能更详细地讨论作者的研究方法。我只想指出,这几年文学研究方法确有变化,但引进的成分较大。而研究方法的真正变革却有待于独立地实践和总结。《中国小说叙事模式的转变》可能启发一些研究者的思路,尤其是对近代文学研究者。

初刊《文学评论》1989年第6期

# 文学史的新写作及其理论问题
## ——读《二十世纪中国小说史》第一卷

解志熙

作为一项学术工程,《二十世纪中国小说史》的跨度之长、问题之多、难度之大是固不待言的,而主编严家炎先生为它设定的目标——"在掌握丰富史料的基础上创立二十世纪小说史的新格局"……,亦不可谓不高。在目前,大约只有学术力量雄厚且具备诸多便利学术条件的北大中文系才能胜任。不难想见,当它按预期目标完成后,就不单是20世纪中国小说以及20世纪中国文学这个研究领域本身的收获,而且必将对普遍寻求变革的整个文学研究界产生积极的影响,提供有益的经验。正因为如此,学术界人士对这一学术工程普遍地寄予厚望,莫不殷切地期待着它早日竣事,好尽快一睹其风采。

值此之际,由陈平原执笔的第一卷先行出版了。快读一遍,我的第一个感想是,这先行出版的一卷不但未负众望,而且以其超卓的学术水平,进一步提高了人们对全套工程的期望。

应该说,由陈平原来写第一卷,是再合适不过的了。该卷论列的是从1897年至1916年这二十年的小说现象,而这恰恰是陈平原最擅长的领域。几年前,他取材于此的博士学位论文——《中国小说叙事模式的转变》,给人们留下了相当深刻的印象。现在由他执笔的第一卷可谓更上一层楼。在该卷中作者仔细发掘了大量有意义的新史料,恰到好处地运用了各种新方法、新视角,更深一层地揭示了有关小说现象的历史意义,从而将该时期小说史的研究提到了一个新的水平，并且承上启下，为整个《二十世纪中国小说史》后续各卷提供了成功的经验。

一卷著作能取得这样的成就，已属不易。但该卷的成就还有超乎此者。这是一部不仅有扎实内容而且有高度理论水准的著作。陈平原的理论追求是相当自觉的。众所周知，文学史观的转变，文学史写作模式的更新，是近年来学术界经久不衰的热门话题。然而单从理论上说得圆并不难，要在实践上兜得转就不那么容易了。这也就是更新文学史写作这一良好动议长期停留在"只说不练"境地的原因。但也有知难而进者，《二十世纪中国小说史》这一学术工程的上马即是一例，作为其开路先锋的陈平原也正是一个好学深思而又不尚空谈的人。他深思熟虑，有意革新文学史的写作模式，该卷的写作恰好给予他一个难得的实践机会。为此他认真总结了中外文学史编撰的经验教训，广泛吸取了各种理论设想和写作模式的长处，然后精心制定了自己的理论框架和工作范式并付诸实践。这样，《二十世纪中国小说史》第一卷才能以真正崭新的面貌问世。该卷的出版，第一次以相称的规模和全新的格局显示了文学史写作的新的实绩。它的成功向我们提示了一个言之成理、行之有效的文学写作新方向。这一成就或许比其他一切成就更有理论意义和启发性。换言之，人们尽可以就该书在具体问题上的得失进行争辩，但该书所提示的文学史写作新方向、新思路，在我看来是无可争辩的。作者在这方面的努力理应受到重视。在此我想谈的只限于这方面的印象。

《二十世纪中国小说史》第一卷，给我的第一个突出印象是，它从根本上、整体上改变了文学史写作的主题，这在同等规模、同类著作中尚无先例。各门学科都有其主要问题，这些主题不应混同，尽管人类的各种活动是密切相关的，因而各种人文学科的主题也密切相关，但之所以又有分类和分科，也就意味着各种人类活动、各种人文学科自有其特殊性和独立性。文学之为文学而非经济，文学史之为文学史而非经济史，也正如经济之为经济而非文学,经济史之为经济史而非文学史一样地显而易见。然而这样一个不言而喻的自明之理长期以来却不被承认。结果出现了这样的怪现象:人们在文学史著作中竭尽全力地探讨各种社会问题:政治的、经济的、道德的问题,而文学本身的问题几乎被遗忘了。当然,在文学史著作中对社会问题表示一定的关注,是合理的,但当各种社会问题成了文学史的主题,而文学本身的问题被置于不闻不问的境地时,就不能认为是合理的了。然而截止到80年代末,各种文学史著作事实上仍然有意地或无奈地以社会问题为主题。因而它们究其实都不过是"文学中的社会问题史",它们作为文学史,实在有些名不副实。《二十世纪中国小说史》第一卷则从根本上纠正了这种主题的偏离。在该卷中,陈平原旗帜鲜明、理直气壮地以文学自身的问题为写作主题,从而使这部著作真正成为一部名副其实的,甚至可以说是"彻头彻尾"的文学史。这里恰好有一个比较。从研究对象和范围上看,阿英的《晚清小说史》正与《二十世纪中国小说史》第一卷同。然而从主题上看再没有比这两部著作更相反的了。这一点从章节的设置上即可一目了然。《晚清小说史》一书除第一章"晚清小说的繁荣",及第十二、十三、十四诸章还让人意识到这是一部文学史著作外,其余主体部分共十章依次是——

  第二章 晚清社会概观(上)
  第三章 晚清社会概观(下)
  第四章 庚子事变的反映
  第五章 反华工禁约运动
  第六章 工商业战争与反买办阶级
  第七章 立宪运动面面观
  第八章 种族革命运动
  第九章 妇女解放问题
  第十章 官僚生活的暴露

如果把上述诸章的标题给一个未读过该书的人看,我敢断定他会以为这是一部晚清社会史著作。再看《二十世纪中国小说史》第一卷各章的标题,无不紧扣着文学自身的问题及其相关问题:"新小说的诞生""域外小说的刺激和启迪""商品化与书面化倾向""由俗入雅与回雅入俗""集锦式与片断式""文白并存的小说文体"等章标题,不仅令人一望而知这是一部文学史著作,而且让人感到这是一部抓住了所研究的文学现象特有问题的文学史著作。当然,这种比较有些简单化,我也不是有意贬阿英褒陈平原。事实上,作为该领域的第一部研究专著,阿英的《晚清小说史》的开创之功是不可没的。我在这里之所以拿《晚清小说史》与陈著比较,除着眼于它恰好与陈著有着共同的研究对象外,更考虑到它的学术思路的典型性——在以"文学中的社会问题"为主题的文学史著作中,《晚清小说史》堪称典型,至今它所代表的这种学术思想仍然盘根错节。因此,《二十世纪中国小说史》第一卷的出版,不仅在学术水平上超越了《晚清小说史》,更重要的是它标志着文学史写作主题的历史性转换,即把文学史写作上以文学中的社会问题为主题转换为以文学自身的问题为主题。这个转换是根本性的。这个人们期待已久的学术理想终于在一次较大规模的文学史写作实践中得以完全实现,这不能不说是一个令人鼓舞的进展。

但陈平原并没有因此走向另一个极端。他坚持文学史必须以文学本身的问题为主题,同时也清醒地意识到文学本身的问题是在种种社会历史文化关系之中发生和发展的,因此他对影响文学发展的社会历史文化因素极为关注,进行了深入的考察。但对这种社会历史文化因素的考察,最终是为了说明文学本身问题的,而不是相反,这个原则陈平原是毫不动摇的。在这个原则之下,陈平原在《二十世纪中国小说史》第一卷中所进行的社会学研究,便具有了全然不同的意义:这是一种真正的文学社会学研究。人们纷纷赞扬陈平原在该卷中成功地引入种种"纯文学"的研究角度和方法——如结构、视角、类型、风格、文体等,而我的感觉是他对文学社会学方法的运用似乎更为出色。在第一章"新小说的诞生"这一概述和第二章"域外小说的刺激与启迪"这一动力学研究之后,陈平原紧接着在第三章中专门研究了"商品化与书面化倾向"对清末民初小说发展的影响。他指出,在清末民初,由于新小说市场的建立以及作家的专业化,商品意识迅速介入小说家的创作过程,直接影响了这一时期小说思潮的演变,并且进一步分析了这种影响的正负两面性:一方面小说的商品化固然使清末民初小说作家在艺术上付出了沉重的代价,另一方面却也使得作家不一定走科举仕进或入幕帮闲这些中国文人千百年来走惯的老路,获得了人格上的独立;而经济上不依附达官权贵,思想上也就更可以离经叛道,说话写文章更少顾忌——晚清小说之所以集中笔墨抨击官场,这正是原因之一。同时,作为"顾客"的大众消费口味不但逼作家闯政治上的禁区,而且可能逼他们闯艺术上的禁区。由此他令人信服地说明了"小说的商品化,既有负面影响,也有正面影响"(第65页)。这一辩证的看法比"五四"先驱者们一味谴责晚清小说商品化倾向要恰当得多,这正是真正的文学社会学的效用。因此,更准确地说,陈平原在《二十世纪中国小说史》第一卷中所做的主题转换,是变以文学中的社会问题而为以社会关系中的文学问题为主题。我们不要小看了这个转换的难度。类似的动议已酝酿多年,但到目前,像陈著这样切实付诸实践并取得成功的文学史专著还找不出第二部,不就是证明吗?

我读《二十世纪中国小说史》第一卷所得的另一个突出印象是,作者在写作中着意将他对这段小说现象的见解放在主体的地位。这与一般文学史著作之堆砌史料而缺乏分析或人云亦云、缺少主见,是迥然不同的。从文学史编写来看,该卷的上述特点既标志着文学史编写工作者主体意识的回归,也标志着文学史著作中作者的史识已居于主体的地位。这二者实际上是二而一的:作者的主体意识最终应落实为其个人识见成为其著作中的主体。因此,我把陈著的上述特点称为主体的归位。一般地说,史学著作可以分析为两种成分，一是史实，一是史识（从写作过程看则是史实叙述与史识阐发或历史分析）。这二者关系如何处理，迄今为止仍是言人人殊，我以为妥当的看法应是以史实（包括史料）为基础，以史识为主体。固然这二者在不同类型的文学史著作中的比重会因为读者对象的不同而或多或少，但它们的关系从根本上说来不是量的关系：不论读者对象有何变化，史实的基础性和史识的主体性是不应改变的。据此来检讨一下近几十年来的文学史著作，有两个突出的毛病：其一，是流为单纯的史料考辨和史实叙述，这是一种实证主义或唯事实主义，它往往表现在某些个人著述的文学史著作中。其二，是即使有所分析，也流于人云亦云，乍看似乎面面俱到、稳妥无误，其实平庸无见。这可以说是一种大全主义或保守主义，它往往表现在教科书式的文学史著作中。上述两种毛病都意味着文学史写作中主体意识的沉沦。这是文学史研究的痼疾，以至于"自觉"地摒弃个人见解成为文学史编写工作的一个不成文的原则。这就难怪尽管各种文学史著层出不穷，但大同小异，缺少特色，陈陈相因，进步甚微了。认真的读者对此强烈不满是理所当然的，严肃的文学史工作者也深感歉疚。近年来，主体的归位已成为读者与作者的共同要求。响应着这种要求，陈平原在《二十世纪中国小说史》第一卷的写作中，旗帜鲜明地甚至可以说是不遗余力地突出了史识的主体性。这有两个突出的表现：其一，他破天荒地把一般文学史写作中必不可少的史料考辨和介绍放到附录中去解决，而把正文全部留为表达史识之用，以突出自己作为研究主体对这一段小说史的理解和把握。在畏缩的学术界，这实在是一个非常勇敢的举动。当然，小说史的写作应该建立在大量准确的史料基础上，但小说史并非"史事编年"或"资料长编"，这一点目前的学术界不会再有什么争议了。可能会引起争议的是陈平原进一步从写作体例上将小说史分为"正文"和"附录"两部分，并断然宣称史料的介绍只能是"附录"，"正文"应该是史识的表达。这种毫不通融的区划或许有些"一刀切"之嫌，但无疑有助于突出"史识"的主体性。当陈平原这样做时,他也自觉地承担了某种自我牺牲:就对这一时期小说史料的熟悉而论,目前海内外学人大约还无人能与陈平原相比,他完全可以像一般文学史家那样在史料考辨上大做文章,而且会比一般人做得好,那样这卷小说史将会膨胀到超出现有字数的数倍。但他断然割舍了这一切。由于这一自觉的牺牲,他换来了文学史著作最根本的东西——史识之集中与丰盈的发挥。自不待说这一体例上的创举是对文学史写作中的实证主义或唯事实主义的一个有力冲击。其二,在史识的表达上,陈平原不求全而求深。这是因为他认定,每个文学史家都"有所不能,有所不为",不可能面面俱到——面面俱到往往意味着面面不到,因此与其在表层的全面上用力,还不如根据自己的理论设计和特长而长驱直入,重点突破,变平面的罗列为纵深的开掘。应该说这是一种颇具魅力但也特别需要胆力的学术追求,——"全面稳妥"已成为文学史写作者的心理定式,因此追求纵深开掘者不但要有过人的才力更要有不怕非议的勇气。但我要说正是这种甘认片面的纵深开掘,才能真正把文学史研究引向深入,才能真正提高文学史的学术水准。从这种思想出发,陈平原无意把《二十世纪中国小说史》第一卷写成一部清末民初小说的"面面观",而是锐意从形式方面对这一时期小说的演变进行深入开掘,从而获得了长足的进步。这种学术风格,对"全面稳妥"的教科书心态是一个有力挑战,同时对于如何加强文学史写作的主体性,提高文学史的水准,也极富启发意义。作者的这种"变平面的罗列为纵深的开掘"的学术思路并不乏认识论基础,恩格斯不也有"深刻的片面"之说吗?

  史的意识的落实到位,是《二十世纪中国小说史》第一卷给我最为深刻的一个印象。诚然,一般地谈论所谓"史的意识"已不是什么新鲜事了,但是在相当规模的文学史写作中真正将史的意识贯彻和落实到位者,却寥寥无几。陈平原的该卷著作在这方面取得了引人注目的成就。陈平原是遵循着从一般到特殊的思路,来贯彻和落实"史的意识"的,这给予我们以方法论的启发。这种从一般到特殊的思路在该卷中表现为三个紧密相连而逐步深入的环节。首先，作者坚持一种历史的整体观和辩证发展观，力求对这一时期小说的主要发展动向和整体结构特征，做出宏观的历史概括和辩证的历史分析。为此他制定了一套切实可行的工作范式和写作原则，用他自己的话来说，就是"承上启下，中西合璧，注重进程，消解大家"。所谓"承上启下"，表明他对清末民初小说在整个中国小说史上的特殊历史地位和历史局限性的清醒认识，即这段小说是新旧过渡阶段的产物。所谓"中西合璧"，指的是这一时期小说既直接接受了域外小说的刺激与启迪从而有所新变，同时又自觉不自觉地承继着中国文学的古老传统。因而这一时期的小说是亦新亦旧而又不新不旧，亦中亦西而又不中不西，有些夹生（因而在研究中既要返顾传统，又要参酌西法）。这种清醒的实事求是的历史认识在全书中得到了很好的贯彻。至于作者所谓"注重进程，消解大家"的思路，用他自己的话说，"这路子接近鲁迅拟想中抓住主要文学现象展开论述的文学史，但更注意形式特征的演变"（卷后语）。作为这种构想的实践，作者在该卷写作中断然抛弃了以作家为主的文学史常规体例，而改以重要文学现象为主，以突出所论文学现象的历史进程和整体特征。这种体例显然有助于作家把文学史写成真正的文学史而非作家论。全书九章数十节中没有专论任何一个作家（不管他多重要），而一概用以讨论主要的文学现象、总体性的文学问题。这在文学史写作体例上是一个大胆的创举。对此我们不一定完全赞同，但作者的苦心我们也不难理解：他试图以个别作家的消解来达到史的概括上更大的整体性。现在看来，作者的这一努力是卓有成效的：虽然重点作家作品论述不足，但该时期小说现象的总体特征却被作者揭示得非常鲜明。而且，如作者所说，"消解大家"不是全然不考虑作家的特征和贡献，而是在文学进程中把握作家创作，只不过是不再列专章专节论述而已。

应该说，用整体的、辩证的观点来看历史现象，是一切史学写作的起码要求。一个文学史家的"史的意识"若到此为止，那还嫌一般化。陈平原自然不会就此止步，他进一步考虑的是文学史写作特有的史学要求，这样他就将"史的意识"推进到"文学史意识"这个更为具体的环节。诚然，文学作为一种特定的文化形态，自有其特殊性，因而文学史研究也就理所当然地有其特定的史学要求。现在人们对此大概不会再有什么异议了。真正的难题是在文学史写作中如何把握并解决文学的这个特殊性，从而将文学史写成真正的文学史而又不抹杀社会因素的影响，写成真正的文学史而又不忽视独特作家的贡献。这个问题是对文学史家的真正考验。当大多数文学史家对这个难题一筹莫展的时候，陈平原的该卷著作提供了值得重视的成功经验。他敏锐地抓住文学史写作中的主要矛盾并提出了切实可行的对策。他认为文学史写作中最棘手的是下述三对矛盾："如何处理好文学的'内部研究'与'外部研究'之间的关系；如何处理好形态学的描述和发生学的追踪之间的关系；如何处理时代风尚与超前意识之间的关系。"（卷后语）这确乎是文学史家最困惑的根本问题，但还没有谁像陈平原这样清醒且清楚地予以梳理。这清醒的理解，即表明一般的"史的意识"在文学史这个特定领域中具体化了。进而陈平原也就水到渠成地得出了有针对性的三条对策——用他的话来说就是，"第一种主要抓住影响文学形式发展的独特文化现象切入，第二种努力在整体的结构剖析中引入历史的因素，第三种则借助后世文学的接受、变异、重构来把握独特作家的独特贡献"（同上）。这些对策在《二十世纪中国小说史》第一卷中的成功运用（在第三章中用文化这个中介因素来沟通"外部研究"与"内部研究"就是一例），使该书"文学史"味十足，这是每个读者都不难体会的。单凭这一点该书已超出时下大多数文学史著作一大截。然而更令人佩服的是他进一步倡导一种"小说史意识"，以确定和完善小说史所特有的史学品格。这样他就将"史的意识"进一步落实到一个更为特殊的环节。诚如作者所指出的，说小说史研究作为一种历史科学，有不同于自然科学的方法和原则，这容易理解；说小说史研究不同于一般的文学研究——它不只考虑"怎么样",而且考虑"为什么",重在描述小说发展过程及其原因,而不只是做价值评判,这也不难理解。但说小说史研究不同于一般的文学史研究,这对许多人来说就可能不大理解、颇感意外了。这也难怪,长期以来我们一直习惯于把小说史作为文学史的一部分来写作来阅读,而很少考虑小说史与一般文学史的区别,亦即小说史的特殊性。缺乏清楚的小说史意识,恰好说明我们的小说史研究迄今尚未得到真正独立的发展。近年来问世的好几部规模宏大的现代小说史之所以未厌人心者,就在于其"小说史"的独特品格不足,它们只不过是把原属于文学史中的小说部分抽出来加以扩充,在写作目标和体例上仍然沿袭着一般的文学史框架,因此我们很难把它们与一般的文学史区别开来。这一事实提醒我们,一种自觉的小说史意识对于提高我们的小说史水平是多么重要(其他专体文学史写作也同样存在这个问题)。首先点明并深入思考这个问题的是陈平原。其实话说白了,也没有什么费解的:小说史作为一门独立的历史学科,自然有其独特的史学品格和史学追求,有自己的着眼点和侧重点。至于这独立品格和特殊要求到底是什么,人们当然可能而且必然有不同的理解。在陈平原的小说史意识中,形式体裁居于中心地位。在他看来,小说史就是一种体裁史,它追求的是对小说形式发展的整体观照。这样一来,他在《二十世纪中国小说史》第一卷中将小说形式的发展和小说类型的演变作为论述的重心,也就是理所当然的事了。本着这种思路,他在该卷写作中,非常自觉地在小说这一艺术形式所特有的层面用力:相对于抒情诗,他突出了小说作为叙事艺术的特征;相对于戏剧与电影等综合艺术,他注重于小说作为一种语言艺术所应有的文体特征;相对于注重实录的报告文学,他注目于小说的想象虚构以及某些主题动机的流传变异……这些在该卷中都有专章论述。这在小说史研究上无疑是个创举,它标志着小说史这门学科,在走向成熟和完善的路上获得了长足的进步。尽管作者的构想和实践还有待进一步的补充和改进,但作者所取得的成就已让我们喜出望外:《二十世纪中国小说史》第一卷不仅是一部货真价实的文学史著作，而且是一部本色当行的小说史著作。在已出版的几部现代小说史中，几乎唯有陈著才完全无愧于小说史这个名号。作者之所以能达到这一出众的水平，显然得力于他过人的理论思考，其中，"史的意识"的强化与落实，最为有力。这启发我们：欲求文学史写作的高水平，必先使"史的意识"落实到位。否则，"史的意识"只不过是唬人的空话，"文学史"云者也不过是徒有其名。

总结我的印象，一言以蔽之，《二十世纪中国小说史》第一卷的成功，有力地提示我们，在文学史写作中必须坚持以文学本身的问题为主题，以写作者的史识为主体（或主导），把史的意识落实到位（特定化）。我认为这才是这部著作最值得注意之处。作者的这种史学追求无疑应该成为一切文学史写作的努力方向。

当然，我并不是说该书已完美得无可挑剔了。事实上，该书高度的成功恰使其缺陷显而易见。但与一般不同的是，这些缺陷非关作者的才力。换言之，凡所缺陷，并非作者想不到做不来，而是作者自觉地"有所不为"的结果。因此作者自有其理论立场，在不少地方深深触及文学史写作的基本理论问题。这里我想就此谈一点不同意见，其中不无借题发挥的成分，这是需要申明的。

有些问题涉及如何理解文学的外部研究和内部研究（以及内容和形式）的关系。自不待说，这种关系是文学研究者和文学史家最感头疼的问题。虽然不断有人指责这种二分法的不合理，但事实上又始终无法消除它，——我估计文学上的奥康姆剃刀永远也难以割治它，这本身就表明这种分法自有某种道理，至少它在给我们带来麻烦的同时，也给予某种方便。所以陈平原也利用了内外之分，但他做了不同一般的处理。向来人们多从外（社会历史文化）往里（文学）看，走的是以诗（文学）证史（社会历史文化）的路子；而陈平原却一反常规，改为从里往外看，即在文学的内部研究中引进社会历史文化的因素，这个改进是根本性的，它既坚持了文学研究始终应以文学自身为中心的原则立场，同时又避免了自我封闭。

对此我是赞同的。但陈平原在改换思路过程中，却对这个内与外的界限本身未予深思，结果将文学的内在结构缩小为文学形式这一因素，无形中却扩大了外在于文学的因素即非文学的范围。这个疏忽所造成的损失是很大的。在陈平原那里社会历史文化因素只是而且似乎只能是外在于文学的动力学因素，因之他只从动力学的角度予以研究。但事实上，社会、历史、文化因素不仅是文学的外在动因，当它们经过作家的创造性转化而融注在文学之中后，也就理所当然地成为文学的内在血肉、内在世界了，即所谓内容、意蕴——随你怎么说吧，总之是内在于文学的，属于文学的本体结构。对此，研究者不能等闲视之。连提倡文学本体研究最得力的理论家也得承认，文学作品的内在结构中有一个重要层面，即被表现的事物，这被表现之物既包括由人物、背景等构成的"世界"，又包含看"世界"的"观点"。这样一个从某种"观点"表现出来的"世界"，不就相当于上述那由作家创造性转化而反映在文学作品之中的世界吗？研究者当然不必在这个内化世界与外在世界之间机械地寻求对应，但适当地参照外在"世界"来对内在"世界"加以阐释，却是必要的。若将这个内在化了的"世界"也当作外在的"世界"一样随意打发掉，那就有些爱洁成癖了。进言之，陈平原对文学的内在结构的理解失之偏狭。在他眼里似乎只有艺术形式才属于文学的内在结构，在他看来小说史也就是小说形式的发展演变史。因之他在该卷写作中始终围绕小说形式诸层面——文体、结构、风格、视角等的变化来展开论述，而几乎将小说丰富的思想内容置于研究视野之外。当然我注意到作者也试图从主题学与风格学角度用力，但问题在于那些凝结在文学中的内容——用恩格斯的话说就是意识到的历史内容，是很难完全归纳为几个有限的主题模式和风格类型的，因而这并不能弥补该书在内容研究上的贫弱。这个疏忽不能算小。毕竟小说之怎样写（及为什么这样写）和写什么（及为什么写这些）是紧密相关的，也即内容与形式同属文学的内在结构，乃文学本体之两面。因之，这一体之两面同样应该引起研究者的关注。只关注一面的文学史、小说史很难说是完整的文学史和小说史。当然在专题研究中可以侧重某一面。但作者所写的是小说史而非小说的形式发展史啊。正如我们不能把文学与文学形式等同一样，我们也不能在小说史和小说艺术形式史之间画等号。作者的内外观可能受到韦勒克和沃伦的影响，但这两位倡导内部研究最得力的人也承认，"若把形式作为一个积极的美学因素，而把内容作为一个与美学无关的因素加以区别，就会遇到难以克服的困难"（《文学理论》中译本第146页），韦勒克最推重的波兰学者英伽登对文学作品的结构分层中，就不无理由地包括了"意义"、"世界"、看世界的"观点"，以及引人思索的"形而上性质"等因素，而这些因素事实上大都可以归之于我们所说的"内容"。这些陈平原比什么人都熟悉，但不知为什么他的文学内在观却狭窄到只够形式独舞而难容内容存身的地步。

还有一些问题涉及史实与史识（从写作过程来看是史实的叙述与史识的阐发）的关系。这也是史学写作的基本难题之一。史料的掌握应该是史学写作的基本功，这是没有什么疑问的。在此基础上的问题就是在写作中如何处理史实叙述与史识阐发的关系。我认为，这二者同为史学写作的基本要求，不可偏废；恰当的处理应是以史识的阐发为主体，而以史实的叙述为基础，并把二者有机地结合起来——用史识去组织和引导史实的叙述，而以所叙史实为史识的阐发提供基础。因此，史实与史识的关系不是量的而是质的。陈平原主张文学史写作应以坚实的史料为基础，同时又强调文学史不是史料考证著作和史料长编，它的正文主要应用来表达作者的史识，至于史料的考证和介绍则应该放在附录。这些见解我均无异议，但问题是史实的叙述这一史学著作的基本功能却被他大大忽视了。我以为重要的史实是不应随史料考辨以及一些无关紧要的史实一同被弃置于正文之外的。然而《二十世纪中国小说史》第一卷的史实叙述是相当薄弱的。这不是作者不熟悉史料而是他有意的理论设计使然。当然我注意到该卷第一章对这一时期小说现象的基本状况有一个概述，在后续各章的议论也都有确凿的史实根据。但前者过于简略，后者失之零散。从简略的概述中人们搞不清该时期小说理论讨论、新小说的崛起与发展，以及谴责小说的流变等重要文学现象的眉目，而散布于各章中的史料也如拆碎的七宝楼台一样，并不能给人一个清晰完整的轮廓印象。这说明引证史料不能代替史实叙述，小说史论中的史料引述与小说史中的史实叙述，是有差别的。在小说史中，史实叙述是基本的不可缺少的环节。堆砌史料固然会使史识淹没不显，但过于削弱史实的叙述也必然会影响人们对史识的理解和接受——无论史识本身多么精彩。事实上，我就不止一次地听到有人——他们都是研究现当代文学史的专家，可说是陈平原所期待的理想读者——抱怨说，由于该书对基本史实缺乏系统而清晰的叙述，致使他们在研读时感到困难。文学史专家尚且如此，更遑论一般读者了。当然陈平原写的不是以提供知识和常识为主的教科书或通俗著作，而是专业性的学术著作。在注重个人创见的学术著作中省略某些人所共知的史实以便更好地展开史识的论述，这是可以理解的。但这种省略若到了连文学史专家也难以接受的程度，就有些过头了。而且人们有理由要问，即使在一部学术性很高的文学史著作中，史实的叙述必定会削弱史识的发挥吗？难道史实叙述和史识的阐发是一种按反比例演变的数量关系吗？我想，事情不是这么简单的。归根结底，文学史写作中史实的叙述与史识的阐发不是一个量的分配问题，而是一个质的交融问题。即使在分量上以史实叙述为重，但只要作者以卓越的史识指导和组织史实叙述，从而将史识有机地融注在史实中，我想这同样可以成为一部高质量的学术著作，而且识史的主体性也不会因此而改变。反过来看，过去那些以论带史的文学史著作，其论的分量十足，但谁又能说这些著作真有卓越的主体性呢？可见关键不在数量的搭配。把这个问题引申一步，也就触及对史学写作的性质的认识了。我同意保罗·利科的看法：历史写作从根本上说是一种叙述活动。它可以分析为两种成分：一是历史情节，二是历史解释即叙述者的观点（这相当于我所说的史实叙述和史识阐发)。而历史解释则是非时间的即共时性的整体构成。这两部分应该有机地融合在一起,"只要叙述活动将时间顺序部分与整体构成部分结合于一体,那么历史研究就不能与叙述活动彻底分开"(《解释学与人文科学·叙述的作用》)。换言之,虽然作为整体构成因素的叙述观点即历史解释至关重要,但"解释必须融汇于叙述中",叙述活动则因内含着对史实的全面理解而具有了判断的性质。据此来看,陈平原的写作模式显然过于偏重观点的发挥,偏重于共时性的整体观照,而相当忽略对历史情节的叙述。这个偏向再进一步,就会使其写作模式背离史学写作的叙述性质。因为,史学写作模式本身的叙述性质,"归根结底取决于模式中剩下的历时性成分。如果一个叙述中没有这样的问题:那时发生了什么?因此又怎么样了?难道还有叙述可言吗?"(同上)因此,陈平原的主张——"在整体的结构中引入历史的因素"(卷后语),也许有必要调整为"在连贯的历史叙述中引入整体的结构剖析"。不知平原君以为当否?我觉得这种改变并不会影响史识的主体性或主导性。

最后一个问题则涉及个体与整体(或个别与一般)的关系。这不仅是史学写作的基本难题也是历史哲学的一个最有争议的问题,而前者在处理上的困难也正与后者在理论上的分歧有关。现代各派历史哲学或强调整体(或一般)或推重个体(或个别)。即使是同一倾向者,那出发点或着眼点也未必相同:同样强调整体的意义,但结构主义只见其惰性,而历史唯物主义则看到了其活动的创造力。同样推重个体,但新康德主义者李凯尔特的积极态度与存在主义者雅斯贝斯的悲剧感也大异其趣。这些不同的观点或许各有所见但也各有所蔽,它们各自在给予我们有益启发的同时也传染给我们有害的偏见。但简单地将它们加减乘除又未必能凑成一个真正有内在统一性的历史观。这些不说也罢。历史写作者当然不应因历史哲学的分歧而怅然搁笔。既然历史研究不能像自然科学那样彻底摆脱经验直观,那么史学写作在处理个体与整体关系问题上持一种经验的实用的立场，也就在所难免了。鉴于无法将个体与整体完美地统一起来，因此个体与整体并重也不过是一句空话。而且经验告诉我们：欲两全其美者往往两相剋伤。

因此不同兴趣的文学史家倒不如放手做各有侧重的努力——或注重个别的作家作品，或注重整体的发展进程，从而写出不同类型的文学史。这样或许更便于操作，也更有助于写出特点。从这个角度说，陈平原注重整体研究的选择不仅无可非议而且是明智的，其效果也很明显。我现在不是对陈平原的选择本身有什么异议，也不想重提什么共存并重、两全其美的废话。事实上，我也是倾向于注重整体性的文学史的。只是陈平原那么不分大小地一刀切碎的做法（我是真佩服他这种干脆劲儿）所必然造成的损失——杰出个体的消解，总让我觉得有些"惨不忍睹"。这不禁使我想到，即使是在注重整体性的文学史中，能否适当地保留一点杰出作家作品的独特性？毕竟杰出个体本身的整体性（统一性）也是一个值得重视和深思的问题啊，何况确定杰出个体（不是每一个体）在文学传统中的确切地位，在我看来是不论什么类型的文学史都不能以任何理由回避的一个主要任务。这正是人文科学研究与自然科学研究的不同之处：后者追求一般的普遍性的东西而可以绝对地不顾及个体——个体对它来说不具特殊的意义，但前者的整体性、一般性是相对的，它不能绝然忽视个体问题，因为在人文科学视野中，个体不可等量齐观——某些杰出个体的特殊意义和自我统一性是不能漠然置之的。否则，人文科学中必要的简化就有可能沦为简单化。在这个问题上我觉得李凯尔特的意见——他说历史概念的问题在于"能不能对直观的现实做出一种科学的处理和简化，而又不至于像在自然科学的概念中那样，在处理和简化中同时失掉了个别性"（《历史上的个体》，见《现代西方历史哲学译文集》）——是值得我们深思的。对个体与整体关系的处理，当然没有一个绝对的规则，如果有那就是从实际情况出发。有些时期可能比较整齐划一或平淡无奇，因之适合做一般的归纳和整体的描述，有些时期则可能于普遍趋势之外又有一些卓然不群的名家名作，这就有必要在整体研究中适当给予杰出个体一席之地。而且个体与整体也并非绝然不可通融：有些杰出个体往往是某种文学动向和风格的开风气者或典型，这就不妨考虑从思潮、动向、风格、类型等角度入手，将杰出个体的评述与普遍趋向的概述有机地协调起来。从这个角度看，陈平原在《二十世纪中国小说史》第一卷中的处理尚无大偏差，因为清末民初小说的实际情况是特别突出的个体不多，创作上一窝蜂地上，几乎使一切涉足者都扯个一般平（即使如此，谴责小说四大家以及苏曼殊的被消解，仍是个缺憾）。但是"五四"以后情况就不同了。从那以后是个名家辈出、名作不断的时代，因此《二十世纪中国小说史》后续各卷作者不能不考虑这一实际情况。我不能设想，一部将鲁迅、茅盾、巴金、老舍、沈从文等大师名家消解在整体解析中的现代小说史，对哪怕是专业性读者还有无吸引力。而且我猜想，陈平原在该卷中所运用的那些整体性的研究思路和切入角度，大约也代表了《二十世纪中国小说史》全体写作同人的共同立场。如果我的猜想不错，那么，这些思路和角度在各卷中的贯彻和运用，固然有助于使一套系统的学术工程获得鲜明的整体性、连贯性，但无形中也许会使各卷本身的个性受到某种限制。这又是一个两难的问题。换言之，如何处理个体与整体的关系，将是摆在《二十世纪中国小说史》后续各卷作者面前的一个双重难题。但我坚信他们必定能够克服困难，给我们一个又一个惊喜。

1990.9.10于北京<br/>初刊《中国现代文学研究丛刊》1991年第2期

# 《二十世纪中国小说史》第一卷讨论纪要

严家炎、钱理群、吴福辉等

国家"七五"重点研究项目《二十世纪中国小说史》已经出版了第一卷(北京大学出版社,1989年12月),为了总结经验,并为将于今年8月在北京召开的"二十世纪中国小说史国际学术讨论会"做准备,课题组在严家炎先生召集下,于4月20日在北京大学中文系召开座谈会。会上,小说史各卷供稿人(黄子平因在国外未能出席)在评述第一卷的得失以及交流小说史写作设想时,涉及不少文学史理论问题。现据录音整理发表,以飨读者。

**严家炎**:平原写的小说史第一卷已经出版了。通过今天的讨论,可以明确全书的指导思想、体例以及章节安排。两年多以前,我们讨论过平原的写作大纲,大家都比较同意他的设想,后来他在实际写作中有所调整。大家都刚看过这一卷,谈起来一定很热闹。今天少联系自己执笔写作的那一卷,先集中讨论第一卷。

**陈平原**:我准备讲三个问题:一是小说史的体例,二是小说史写作的重心,三是小说史研究的方法。第一卷给人最初的印象,很可能是体例上有特点,或者说有新意。文学史有各种写法,功能不同,读者不同,写法自然不同。大而言之,治史不外乎两种倾向,一重史识,一重史料。重史识者不能没有史料,要不只能空口说白话;重史料者也不会没有一点史识,要不怎样知道哪些是应该搜集的史料?可两者是有区别的,也就是章学诚说的,史家有著作之史与纂辑之史,途径不一。后者重史料,讲究"功力",前者重史识,追求"学问"。所谓学问,就是"决断去取,各自成家"。这本书材料也还丰富,但我们认为最大特点是在要"决断去取"。这样一来,这书的主要读者就不可能是一般大众,或者大学生,而是专家学者。写给一般大众的文学史要求通俗易懂,写给大学生的文学史要求准确系统,写给专家学者的文学史则不妨更多地考虑新意与深度,而不必重复众所周知的"常识"和早被嚼烂的"定论"。我们的拟想读者,是对中国小说史有所研究,对我们论述的这一文学进程有所了解的专家学者。这种真正意义上的学术专著(而不是高级普及读物),除一般的史料介绍外,更重要的是突出作者的史识。从这个角度考虑,我论述的重点不在哪一个作家哪一部作品的功过得失,而是整个小说史的发展线索;给这一段小说"定位",描述其前后左右联系,确定其在整个小说发展史上的地位和作用。这就要求突破过去小说史写作的框架,不再是"儒林传""文苑传"的变种,不再只是"梁山泊英雄排座次",而是注重进程,突出演变的脉络。在描述小说发展线索时兼及具体作家作品,但不为某一作家作品设专章专节。

在具体的操作中,碰到一些问题,第一点,即如何处理史料与史识的关系。在这一点上,司马光治史的经验值得借鉴。第一步是资料长编,把那时候所能找到的基本史料进行搜集排比,是"纂辑之史";第二步是具体事件、人物的考证,接近于文学史研究中的作家作品论,其中隐含着价值判断和史家的某些见解;第三步才是真正意义上的修史,撰成《资治通鉴》。史料和史识都需要,但在不同的著作里各有所侧重。根据课题组的规划,我先完成了《二十世纪中国小说理论资料》第一卷(北京大学出版社,1989年3月),同时写了若干作家作品论,到正式修史时,我会把注意力集中在"史识",而不再是"史料"与"考证"。在小说史中,"作家小传"和"小说年表"两个附录提供一些经过整理的基本史实和考证及这段小说研究的现状,这一工作是必要的,而且确实花了我不少力气；而在小说史的"正文"中，就谈我对这段小说发展的理解和判断。也就是说，把一般文学史所要涉及的史实介绍和史料考证，主要放在附录中解决，集中力量表达史家的见解，防止大量的情节复述和事件介绍淹淡了"史识"。

第二点，我想谈研究的重心。小说史作为一种体裁史，应该不同于文学史中论述小说部分的集合。从整个文学思潮演变的角度来谈小说，与从小说艺术发展的角度来谈小说，是两回事。后者我认为应该以小说形式的发展为重心来展开论述。因此，这卷小说史从第五章开始，都是专门讨论形式问题，谈结构、谈文体、谈叙事观点、谈主题模式、谈审美特征等。而第二、三、四章讨论域外小说的启迪、小说的商品化与书面化倾向以及雅俗等问题，都是描述小说艺术得以发展的文化氛围，为下面形式问题的专门讨论做铺垫。也就是说，我谈文化氛围不是泛泛而谈，主要是扣紧其如何影响小说形式演变谈；至于当时的政治斗争、经济生活如何影响小说中的"故事"（如阿英的《晚清小说史》所考虑的），我不谈或不专门谈，因为我认为，那不是小说史而应该是政治史、经济史的任务。

在具体的形式演变的描述中，我引进了历史的和文化的因素。这是跟专讲共时性、讲纯形式的"新批评"不同的地方。尽管入手处是形式，但意图却是超越"形式—内容"两分法，把这两者糅在一起来谈。既不主张形式的完全封闭，也不主张形式、内容各自独立。表面上看，似乎我写的这卷小说史第二至四章谈文化氛围，第五至九章谈形式特征，实际上每一章我都试图把两者结合起来。比如第七章"从官场到情场"，处理的是我们一般称为"内容"的若干问题，但我把它概括成四种主题模式，强调其形成及演变的内在原因，具有颇强的形式感。过去的文学史，一般是从经济背景，到政治斗争，到文学思潮，最后才略为提及形式演变。我把这套路倒过来，以形式变迁入手，但不承认形式的纯粹独立性，努力找寻其中的意识形态因素。

第三点，我想谈谈研究方法。鲁迅拟想中的抓住主要文学现象来展开论述的文学史(比如用"药酒、女、佛"来概括六朝文学),对我很有启发。在整个的研究过程中,我始终着力于考察这一时期小说演变的主要特征以及影响这一演变的主要文化因素。抓住主要文学现象,也就抓住这一时期文学的"魂";"魂"抓住了,事情就好办,即使有所遗漏,也都问题不大。如果说跟鲁迅的设想有点不同的话,那便是强调主要文学现象时,我努力深入到形式层面。首先是这一时期小说的最主要的形式特征,其次是影响这些主要形式特征的最主要的文化因素,其他一概撇开不谈。抓得准不准是一回事,路子我认为是可行的。

文学史和文学理论、文学批评的不同之处,在于它的相对稳定性。一般来说,研究方法的革新,总是先文学理论、文学批评,然后才是文学史。文学史研究不应该抱残守缺,完全拒绝新方法;但也不应该赶时髦,成为新方法的试验场。文学史研究应从对象出发来选择方法和范式,而每一种方法和范式都有其应用限度和理论盲点。因此,好的文学史不可能只用一种批评模式。每种批评模式都是一种选择、一种角度、一种限制;只有一个角度无法概括一段活生生的、丰富多彩的文学历史。当我描述这段文学历史时,我也借鉴了一些这几年介绍引进的西方文学批评模式,如第三章之于文学社会学,第八章之于叙事学,但都不大像,都是从我的研究对象的理论适应性和承受力出发,做了若干修正。"博取杂用,守旧出新",是我的学术追求,是否成功,还有待检验。

**钱理群:**我和平原经常交流,观点比较接近,不过思考的角度不大一样。我认为这卷小说史,解决了一个大问题,即如何适应阅读对象。到现在为止,我们的文学史(从鲁迅的《中国小说史略》开始)绝大部分是教材。读者对象决定了这种文学史带有普及的性质。发展到极点,就是把小说史写成故事梗概和人物介绍的汇合。如果假定是写给专家看的,那么很多常识性的东西不用啰唆,这样才有可能突出作者的史识。在文学史写作的指导思想上,这是个突破。

这本书的第一个特点是突出文体史的特殊性。文体史不同于一般文学史，这一点现在还没引起学术界足够的重视。写文学史和写文体史不一样，写小说史和写诗歌史也不一样；只有抓住文体史的特殊性，才能写出我们的特色和新意。王瑶先生写《中国新文学史稿》，和后来者不一样，是以文体的发展作为贯穿线索，而不是突出作家、突出运动。这一点是从朱自清先生那里来的，朱先生的讲稿就是以文体为线索。王先生的文学史后来受到批判，说他不重视作家、不重视文艺思想斗争。对此，王先生有个辩解。在《先驱者的足迹》中，他谈了两点：一是任何一种体例都是有弊病的；二是如何想办法弥补这一体例所与生俱有的弊病。平原这卷小说史不专门谈作家作品，是有很大优点，可也有弊病。这弊病到下面几卷会越来越突出。晚清小说毕竟没有大家，"五四"就不一样，鲁迅怎样写？大家代表了一个时代艺术的最高水平，除文学进程的描述外，还是得集中谈点大家。在我们写《中国现代文学三十年》时，除按文体发展论述外，突出七个作家。第一个十年，考虑到短篇小说和诗歌成绩较大，突出鲁迅和郭沫若；第二个十年，选了茅盾、巴金、老舍和曹禺，因为长篇小说和话剧的成熟是这一时期文学的最大特征；第三个十年选了艾青，同时从整个文学发展全局考虑，赵树理作为解放区文学代表也得专门谈。下面几卷小说史，是否可以在注重小说进程描述的同时，选择最重要的作家列专章？我想严老师讲"五四"这一段小说发展，很可能得为鲁迅立专章。不过我讲40年代小说，不准备为哪一位作家立专章，没有这么重要的小说家。是否从各自论述的对象出发，体例上可以变通。

这本书的另外一个特点是突出文化因素，这确实是从鲁迅那里来的。过去讲政治、经济影响文学，缺乏中间环节，这个中间环节就是文化。"文化"这一概念空泛，包容性强。至于每一时期抓什么文化现象，我欣赏王瑶先生谈鲁迅文学史研究时说的典型现象。平原这一卷抓域外小说影响，抓小说的商品化与作家的专业化，抓雅俗问题，都是典型文化现象。我写40年代小说，最主要的背景是战争，战争引起文人生活方式的变化，流亡生活对小说形式的影响，这些都是明显的。每卷都必须抓住典型文化现象，但不要硬凑。第一卷谈域外小说刺激，40年代这问题不突出，反而是自觉向传统小说靠拢。从方法论上讲，选择决定小说形式的典型文化现象（政治斗争也是一种文化现象）来展开论述，可以作为各卷写作的指导思想。

我赞成平原的意见，方法论运用应从对象出发，以我为主。我的办法是"偷"，能启发我思考的我就借鉴，但不照搬。在专门研究方法论的专家看来可能是"胡扯"，跟提倡者原意距离很远。我认为这问题不大。不过，在应用术语时得非常谨慎，每个术语都有其特定内涵，你另做解释会产生歧义。我的办法是尽量不用时新的专门术语，但理解并努力接受其思路。但这又有一个问题，不用这些术语能准确理解其理论体系吗？总的来说，我赞成研究时以我为主、以研究对象为主，方法上不拘泥于一家一派。

**吴福辉：** 这本小说史与以往的小说史有很大的差别。这几年，我们陆续读过几种"中国现代小说史"，最早是夏志清的，接着是田仲济、孙昌熙主编的，还有赵遐秋、曾庆瑞夫妇编写的，以及杨义还没写完的三卷本小说史。他们都有所创新，有所确证。平原刚才提到过去文学史体例受古代"儒林传""文苑传"影响，50年代以后，我们又受苏联文学史影响。总是一个套路：先时代背景，后文学思潮，文学一定反映变化中的时代生活。这几年的小说史开始谈流派，但旧的痕迹还很明显，还不大注意小说形式的演变，还有点作家作品集合的味道，尽管把他们分别归属不同流派。

**钱理群：** 夏志清的功力就在于他对作家的选择。他能凭自己的艺术感受和史家眼光、决断去取，挑出不为常人注意的作家作品，确定其历史地位。

**吴福辉：** 他说过，文学史家之所以是文学史家，就在于他对文学作品有自己独特的看法，他能选择出真正优秀作品，引起别人注意。他认为文学史家的功力就在于这种对作家作品的选择。平原的小说史也有对作家作品的选择判断，但被整个历史进程的描述淹没了，我认为，这才更像"史"。另外，过去把政治与文学的关系作为重心来评述；现在则把文化与小说的关系推到前台。前四章带有概述的性质，抓住大的文学现象；后五章着重谈形式演变，也是抓文学现象，不过是次一级的，如"忠奸对立模式的消解""无情的情场"，都抓得很好。还有一点，这卷小说史可以说是真正体现回到文学本体的学术思潮，谈小说结构、小说文体、主题模式、叙事观点和审美风格，都谈得很好。不过以后各卷怎么办？大家都同意抓小说形式，可小说形式包括哪些方面？下次得好好谈谈。要不表面上都在谈小说文体，可谈的不是一回事，那我们这《二十世纪中国小说史》可就成了"集锦式"了。完全统一不可能，但各卷得有呼应，才能成为一个整体。他对小说形式有自己的看法，比如《中国小说叙事模式的转变》中关于叙事时间、叙事角度、叙事结构的界定，就是他根据研究对象所做的理论假设。我们能否同意他的观点？如果不同意，如何建立自己的小说理论，这都是值得认真研究的问题。平原的长处在于其古代文学修养，抓古代小说与现代小说的联结抓得相当好，这恰好是第一卷的最大特征。

  这卷小说史，一上来就论，很少有事件介绍和故事叙述，许多读者会不习惯。尽管你假定读者为专家，但实际上还是有许多一般读者也感兴趣。平原这小说史写得很干净，太精练了，有过于浓缩之嫌，读起来挺吃力，水分太少了。

  小说史研究中采用统计方法，通过定量来定性，这很新鲜，会受到专家型读者的欢迎。这给以后各卷的著述带来相当大的压力，要是都来统计分析，当然很有价值，不过工作量太大了，史料可是越来越多的。在论述30年代小说概貌时，我准备先挑不同作家的一百篇小说做抽样分析，得出的结论可能跟我们单凭直觉的印象不一样。

  **钱理群**：我刚才讲文化现象应包括政治，40年代的战争当然是政治，50年代以后的"计划文学"，政权机关的导向起了很大作用。既然是写文学史,就不应该回避这些问题。政党对文学创作的影响乃至控制,也是一种突出的文学现象。如何评价是一回事,但无权绕开它。我们谈典型文化现象,不是为了回避矛盾,而是为了更好把握矛盾的特殊性。

平原的小说史把好多东西模式化了,这相对于过去的简单描述是个很大的进展。尤其是对于清末民初这一段小说,你这种方法很适用。但越到后面文学现象越复杂,好多恐怕是模式所容纳不了的。文学史当然需要概括,可又要努力保留文学原生形态的丰富性。你这卷书给人印象有点"枯",太强调概括,就难免把有些东西简化了。

还有一个问题,文学史的研究对象是什么?是选择尖端还是选择影响最大的,这是入史的两个不同标准。我趋向于两者兼顾。比如解放区文学,从选择尖端考虑,那就只有赵树理、孙犁寥寥几个。但像活报剧、像"夫妇识字"这样的东西广泛流行,在解放区那块土地上是个普遍文学现象,它代表了当时大多数读者的欣赏水平。像韩起祥这样的作家,艺术上当然不怎么样,可当时影响很大,部分显示了那个时代的文学风貌,所以我主张也要入史,书后的"作家小传"也要有他。

**陈平原:**我不同意老钱的说法。我认为,像韩起祥这样一批通俗文学家的活跃,只是作为这一时代的文化现象,而不是取其文学价值。他们只是提供一种文化氛围、文学背景,不应该正面讲他们的文学成就。这些都弄进来,文学史承受不了;再说,要是变成路翎的长篇小说《财主底儿女们》和韩起祥的说唱《刘巧团圆》价值差不多,都有很多读者,那可就乱套了。文学史应该考虑通俗文学的地位和价值,不过,我认为,最好从通俗文学的繁荣如何刺激和影响整个文学事业的发展这个角度立论。不应该把通俗文学和纯文学分开来弄,好像两者都有其合理性,都有其价值,不可比,没有高低好坏之分。这样一来,很容易模糊了文学发展的总的方向。举例来说,在20世纪的中国,武侠小说无疑影响很大;孤立地谈武侠小说，其艺术技巧也有很大发展。金庸的作品跟《三侠五义》距离太大了，可放在整个文学潮流来看，武侠小说家是跟在文人小说家后面，借鉴已为文人小说读者所接受的新的表现技巧和主题模式，使得武侠小说也向前挪一步。通俗小说大体上都是这样，虽慢半个节拍，但也随着整个文学潮流发展。表面上，通俗小说与文人小说各有各的读者，各有各的表现手段，但实际上，通俗小说所传授的文学信息和思想信息绝大部分是间接的，不具有原创性。通俗小说不断抢文人小说的位置，文人小说又追求探索性和新颖性，不断抛弃原有的位置向前挪动。在"五四"时代是文人小说特有的表现方式，到了40年代很可能在通俗小说中已经得到普遍运用。鲁迅小说再过五百年也不会被认为是通俗小说，可鲁迅小说的表现方式，不用五十年就很可能被通俗小说家吸取。同时，鲁迅小说的后来者及模仿者，也可能创作的是通俗小说，尽管其模仿对象是很有前卫色彩的探索小说。谈通俗小说与文人小说，得考虑整个时代的文学结构，像托马斯·英奇主编的《美国通俗文化简史》中介绍的不少小说，中国人很可能不是作为通俗小说来阅读。这就得看这些小说所处的文学传统以及在同时代文学结构中的位置。整个文学结构大体上保持中心与边缘、雅与俗这两极的对峙。在移动过程中，具体的文学形态或表现方式，可能由雅入俗，也可能以俗为雅。目的都是产生一种"陌生化"的艺术效果。因此，单独谈论"雅或俗"意义不大，有意思的是这两者的矛盾以及合力如何促进整个文学的发展。

**钱理群**：问题是怎么判断是通俗文学还是文人文学，比如像《新儿女英雄传》，那也是可以批量生产的，总不能以作家的创作态度是否认真作为衡量的标准。

**吴福辉**：照平原的说法，当文人小说处于探索期时，永远是探索小说；可当进入常规期，过去的探索小说如今也可以批量生产时，这就带有通俗小说味道了。再转移一下环境，情况又不一样。美国人把《飘》当通俗小说，中国读者却认为是文人小说，对40年代中国小说家还挺有影响。由探索而常规,再为通俗小说家所接受,这线索还是明显的。

**陈平原**:我不同意把《新儿女英雄传》当通俗小说,理由就在于区分通俗小说与文人小说,除形式特征外,还有"立意",也就是小说中所寄托的感情以及所表现的境界。《新儿女英雄传》起码是在传达那时候还没被大众理解的新的思想观念,而通俗小说往往表达一般人认可的价值标准和伦理准则。

**洪子诚**:这得放在一定的历史背景下来看。有些小说在古代是很严肃的,现代人则把它当通俗小说。《新儿女英雄传》在当时人看来是严肃小说,不能以我们今天的眼光来评判。

**钱理群**:通俗小说如何界定,这是个相当麻烦的问题,咱们还是另找时间专门研讨。

**洪子诚**:我谈一点对平原小说史的看法。这书写得很不错,材料很丰富,观点和立论都建立在大量史料基础上,在处理文化氛围与小说形式的关系方面很有启发性;始终扣紧小说形态来谈文化氛围,这点很好,不像一般文学史那样讨论时代背景。或许是因为我对这一段文学历史不大熟悉,所以读起来很吃力,有时候进不去,我想这跟你对史料与史识的处理有关。我认为,给专家写的文学史也不排斥必要的描述。这本书描述很少,"作家小传"和"小说年表"不能取代小说史中关于发展过程的描述和重要作家作品的介绍。总的来说,这本书"论"的成分大,"史"的性质弱。

另外,有必要研究类型与个性的关系。陈平原善于抓类型,很精彩,但文学现象有许多例外,有其丰富性和生动性,文学作为一种人的精神现象,有时候不能完全用类型来归纳把握。当然,每种文学史都有其局限性,都只能解决一部分问题。但有些大作家的独特创造,可能会被消解在这种类型分析中,这未免可惜,最好各卷根据自己的研究对象,采取折中的办法。我写50—70年代这一段,没有大作家大作品,当然只能注重类型分析,但二三十年代就不一样了,如何协调各卷的体例是个问题。

**严家炎：**我觉得平原写的这卷小说史，学术水平很高。我读的时候很兴奋，有些地方是超出我意料之外的好。他把对这一段小说发展的独特理解，写出史家的"史识"。他抓住了小说现象以及这些现象的背后隐藏的整个文学思潮的变化，这点很好。这是我们在讨论中逐渐明确的。原来我设想抓思潮，现在看来抓现象是对的，思潮是相对抽象的东西，它只能体现在具体的文学现象上。抓文学现象是必要的，但目的还是现象背后小说思潮的发展变化，平原的小说史这点很突出，而且能融会贯通。

现在我着重谈存在的问题。原来提纲中的一些弊病，写成小说史后更明显，看得更清楚。这卷小说史力图把论的展开和史的叙述融合在一起，这是优点；可缺点是这么一来，基本的史实不大容易谈清楚。如果我仅读这卷小说史，对戊戌变法到"五四"文学革命这一段小说发展概貌、有哪些重要作家作品、达到什么样的艺术水平，不大清楚。比如小说界革命有关史料，你是在第三页用注释的办法标出，很多必须介绍的史料，都放在注释里；如果粗心的读者不管注释，那么就很可能无法了解来龙去脉。对基本史实缺少集中明晰的介绍，这一切都被强化了的"论"所取代，这种写法必然带来注释特别多的问题。其实很多注释可作为史实介绍写进正文里。基本史实介绍太少，整体面貌就不大清楚，给人印象，这是"小说史论"，而不大像"小说史"。

**钱理群：**他拟想中的读者是专家，故基本史实一笔带过就行了，用不着详细介绍。

**严家炎：**专家各有所长，你怎么有可能完全避开他们的知识积累？要想说的都是人家不了解的，那么书根本没办法写。同样交代史实，如果是从特定的角度出发，不会有重复累赘之感，给专家写的文学史也得兼及一般读者，两者没有对立到那种非此即彼的程度。

"消解大家"的方法，在你这一卷还适应，当然也有点小小的遗憾，比如这一段有哪些重要作家就不大清楚。到了后面几卷，有大作家大作品,你怎么办?作为全书的指导思想及体例,不应提"消解大家"。

**钱理群:**这本书的主要目的在于描述小说发展的基本线索,让它增加许多作家作品介绍是不可能的,那又会变得面目模糊了。我主张学《史记》采取互见的办法,这书里的"作家小传"和"小说年表"太简单了,可以扩充。我写40年代小说史,同时写一本作家作品论,把那些在史的描述中淹没的作家的独特创造勾勒出来,读者可以参见。

**洪子诚:**这种做法很理想,但不切实际。起码我们小说史很难这么做,还是增加些史实介绍,扩充"作家小传"和"小说年表"合适些。

**严家炎:**今天讨论了小说史第一卷,相信对各位执笔的那一卷的写作会有所触动。我自己就冒出不少新的想法,准备重新设计体例和具体的章节安排。下次希望后面几卷都拿出写作框架和大纲,大家再好好讨论。像这样既务虚又务实,把小说史写作和文学史理论的探讨结合起来,很有好处。

(陈平原整理)

初刊《文学评论家》1990年第4期

# 文化视野中的小说类型学
## ——评陈平原著《千古文人侠客梦》
吴晓东

衡量一部学术著作的价值大小可以有诸种不同的尺度,但大体说来,以下两个标准是一部卓有建树的著作不可或缺的要素:其一,作者在著作中体现出了深厚的学术素养和丰富的识见;其二,这部著作为学术史提供了崭新的理论视野,具有一种"原创性"。陈平原先生已经问世的三部学术专著〔《中国小说叙事模式的转变》、《二十世纪中国小说史》第一卷和新近出版的《千古文人侠客梦——武侠小说类型研究》(以下简称《千古文人侠客梦》)〕无疑是符合上述两种标准的。如果说早在他的博士论文《中国小说叙事模式的转变》中,陈平原就已经开始探求新的学术领域和新的学术规范,那么这种思路已进一步贯彻到他的新著《千古文人侠客梦》之中。而且,这种具有方法论意义的追求在新著中更趋成熟。从《中国小说叙事模式的转变》到《二十世纪中国小说史》,再到《千古文人侠客梦》,可以说陈平原的学术道路呈现出卓然一家的趋势。

首先,《千古文人侠客梦》,所涉及的对象不仅仅是作为通俗文学意义上的武侠小说,而是一个"充满意义的人类世界",在作者眼里,武侠小说可以"作为体现民族文化精神的文本来解读",武侠小说中"侠"的观念已经演变成一种精神、气质。演变成中华民族的"一种富有魅力的精神风度及行为方式"(以上引语均见美国乔纳森·卡勒《结构主义诗学》,中国社会科学出版社

1991年版），因而武侠小说中隐含着中国千百年来丰富的民族心灵史与民族文化史。其次，作者对武侠小说的考察并没有简单地超越文本结构直指意义世界，而是以寻找武侠小说作为一种小说类型的自身的"叙事语法"为基本前提。尽管在本书中作者的兴趣焦点并没有自始至终完全集中于小说的文本形式层面，但作者维系全书的一个最重要的意旨仍在于为武侠小说体裁"制定一部语法和句法"（［美］罗伯特·休斯《文学结构主义》，106页，三联书店1988年版）。这种执着的努力使《千古文人侠客梦》一书不仅仅成为一部武侠小说研究方面的卓有建树的学术专著，它更为重要的价值在于开创了中国学术界的类型学研究的先例，从而继《中国小说叙事模式的转变》及《二十世纪中国小说史》第一卷之后为中国的小说史研究开拓了又一个崭新的天地。

武侠小说作为一种小说类型，与中国文学史中的历史演义、英雄传奇、神魔小说一样，也是中国小说史上一种特殊的小说类型。武侠小说具有区别于其他小说类型的严格的自身质的规定性以及程式化倾向。武侠小说是以"侠"为核心观念的、讲述以武行侠故事的小说类型。围绕"侠"与"武"的两个基本轴心，武侠小说在上千年历史的发展演变过程中形成了自己独特的意义世界以及文体特征。一旦建立了这种小说类型，"其发展演变就不再单纯依赖于现实生活的刺激，更有作为一种类型自身运转的内驱力"。这种内驱力使武侠小说形成了它特有的文学传统，任何个别的具体文本只是加入继承与发展这一文学传统的行列中去。在很大程度上，武侠小说的历史，是文本传承的历史，这也为作者从文本结构内部入手去探寻武侠小说千百年来已然定型化了的"叙事语法"，提供了根本的科学依据。

追踪作者在《千古文人侠客梦》一书中的研究思路，可以看出，作者正是从寻找武侠小说中已经程式化与规范化了的"叙事语法"来介入文本世界的。"叙事语法"可以有两个层面的内涵，一是指狭义的小说叙事，它牵涉了由什么样的叙事角度去如何讲述故事以及隐含作者、叙事者、隐含读者三者间的关系诸项内容；二是指结构一种小说类型的基本规则和相对恒定的要素，或者像鲍·托马舍夫斯基所说的"类别的特征"，"即组织作品的结构的手法"（［法］茨维坦·托多罗夫编选《俄苏形式主义文论选》，270页，中国社会科学出版社1989年版）。本书的作者是侧重从第二种含义上来界定小说的"叙事语法"的。作者致力的中心是探寻武侠小说的"恒定因素"、"主要手法"或"核心场面"。作者紧紧围绕武侠小说中"侠"这一核心出发点来展开他的叙述过程，把武侠小说的基本叙事语法分别概括为"仗剑行侠""快意恩仇""笑傲江湖""浪迹天涯"，并强调这四个叙述句在武侠小说中各自的特殊功能："仗剑行侠"指向侠客的行侠手段，强调的是"剑"所指喻的武学境界以及以武行侠的观念；"快意恩仇"指向侠客的行侠主题，强调报恩与复仇主题背后的"侠"的灵魂；"笑傲江湖"指向侠客的行侠背景，强调虚拟化的江湖世界构成的武侠小说的典型场景；"浪迹天涯"指向侠客的行侠过程，强调侠客之"游"中人生境界的启悟历程。如果说类型学研究的主旨在于探寻一类文体的内在运行机制，那么本书作者正是超越了对具体文本的单独论证而把研究重心投入到武侠小说类型的总体结构理路的考察之上。武侠小说自身的文学机制在作者概括的"十六字"叙事语法中显得清晰可寻，读者借助这"十六字"真言往往可以透过千变万化纷纭无序的具体小说中的故事情节而领悟到武侠小说的真谛。类型学作为一种方法论的作用之一正在于可以使复杂的对象抽绎化、简约化，读者从这种抽绎过程中所获得的不仅仅是对一种小说类型的结构理路的明晰把握，更意味着对这种小说类型"特质"的直观透视。通过"十六字"叙事语法的概括，无论是作者还是读者，都可从对武侠小说的感性认识进入到这一小说类型的实质。本书作者在这十六字的归纳中所体现出来的近乎"本质直观"的能力，固然与作者丰厚的学术功力与敏锐的洞见力相关，但客观上无疑更是得益于作者的精心选择与重建的类型学的理论框架。

谈及"叙事语法",一般偏重于从结构层面来理解。本书作者注意从这一层面论证他所归纳的"叙事语法"。作者指出,"平不平"的主题在武侠小说发展过程中逐渐从前台退居背景,其中重要的原因在于其艺术功能上的缺陷:"行侠的随意性和偶然性使得小说结构松散,恶人杀了不少,可惜长篇小说成了短篇的'集锦',除了'行侠'这一统一主题外,几如一盘散沙。"而"报恩仇"的行侠主题却有利于支撑起一部百万言的长篇小说:"再没有比'报恩仇',更容易结构长篇小说的了:侠客无日无夜不在思考报恩复仇,对手当然也不是庸常之辈,双方既成对峙之阵,中间还穿插前来为其助战的各派高手,这样尽可没完没了地打斗下去,而又不失其叙述的统一。"又如在第八章作者论及侠客的浪迹天涯的漫游:"不管是茫无目的的漫游,还是别有苦衷的逃亡,侠客之漂流四海,已成为武侠小说固定的叙述套路。而所谓'路见不平,拔刀相助',不只道出了武侠小说的行侠主题(平不平)、行侠手段(仗剑),还连带说明其叙事结构:驱使侠客上路,是游侠传奇得以展开的一个基本前提。"作者在侠客行侠过程中发现的是侠客情感变化的心路历程以及漫游者孤独的精神特征。这才是武侠小说中"漫游"的真正艺术功能。"十六字"的叙事语法实际是内涵丰富的"结构—功能"体。虽然"快意恩仇"的行侠主题以及"浪迹天涯"的行侠过程均指涉了小说的结构技巧,但它们的"功能"作用却远非结构层面所能涵盖。此外,"仗剑行侠"中对于打斗本领的强调,"笑傲江湖"中对于行侠背景的阐述,都是力图分析"叙事语法"在武侠小说运行机制中的功能作用。从这一角度上看,《千古文人侠客梦》虽然在操作规程上以类型学作为其理论框架,但就其方法论的精髓而言,则是结构主义的系统功能观。

作为一种"结构—功能"体,"十六字"的叙事语法已经超出了"为某种叙事体裁制定一部语法和句法"这一定义所能容纳的含量。如果说普罗普和格雷玛斯等类型学研究者"关注故事的形式特点,它的基本单位以及制约这些基本单位的组合的那些规则",

那么，或许可以断言，陈平原所建构的类型学理论框架已经发展了普罗普的类型学理论。这体现为《千古文人侠客梦》中所归纳的"十六字"叙事语法在形式模式的概括之外引入了文化阐释，并且把文化史的内容渗透到整个操作过程中。本书作者一以贯之地围绕"叙事语法"这一"结构—功能"体，并着力开掘每一种基本"叙事语法"背后所蕴含的文学意义与文化符码，从而为武侠小说类型的研究建立了一个深广的文化史背景。

"新批评"派的文本中心原则强调孤立文本自身的自足性，从而放逐了作者以及文本产生的社会历史因素，它的固有的缺陷是不把文本当作历史与文化范畴来看待。类型学研究从文类的角度入手，对于孤立文本中心主义的弊端是有一种纠正与弥补作用的，但它潜在的弱点仍在于逃避文本的文化阐释。事实上，当从文类角度考察文本时，文本的文化属性就上升为考察文本世界的重要组成部分。陈平原显然意识到了文化阐释对于小说文类研究的重要性。在形式分析中引入文化因素，这是陈平原从《中国小说叙事模式的转变》到《二十世纪中国小说史》第一卷的具有连续性的学术脉络，也是其学术优势之所在。这种优势在《千古文人侠客梦》中得到更加淋漓尽致的挥洒。

研究者对一种方法论的选择是与他对于文学以及学术特质的认识密切相关的。陈平原坚持不懈地把文化因素引入文本形式分析也源于他对文学与文化关系的更为深入的思考。他认为指出哪些"恒定因素"、"主要手法"或"核心场面"为某一小说类型的基本叙事语法，只是第一步的工作，"更重要的是论述叙事者为什么不约而同地选中这些'主要手法'或'核心场面'。也就是说，开掘某一小说类型基本叙事语法的文学及文化意义，才是类型学研究的中心任务。指出武侠小说中充满着'仇杀'的场面，这不需要专家的艰辛考证，大部分武侠小说迷都能脱口而出。专家的任务在于分析'仇杀'这一文化符号在武侠小说这一文学系统中的功用及意义，以及武侠小说家选择这一文化符号对整个小说类型艺术发展的制约。"将类型研究简化为'挑选"核心场面"或"主要手法"未免低估了这一工作的理论意义以及从事这一工作所需的学识修养"。可以看出,陈平原并不满足于"叙事语法"的概括与小说形式结构的形态描述,他认为这只是一种初步的工作。他所从事的,是进一步穷根究底的深入探讨,是小说在其内部机制运转演化过程中外部文化因素的决定与制约作用。换句话说,武侠中的"江湖世界"作为充满意义的文本世界,它的意义的形成在很大程度上取决于文本之外的与文本世界相同构的社会历史的生活。虽然在小说艺术中相对恒定的形式结构是相对恒定的外部世界的秩序和文化模式在文本中的积淀与生成,但纯粹的形式却永远无法说明和论证自身,它总是求诸文本之外的其他非形式因素。在诸多的非形式因素中,文化范畴无疑是最后决定文本意义的终极性因素。陈平原的独特的学术眼光,正是瞄准了文化因素对于小说内在的"叙事语法"的制约作用。《千古文人侠客梦》的沉甸甸的学术分量,也多半来自作者丰厚的文化史修养。

  从文化史的角度诠释武侠小说的意义世界,也同样具有它的科学的立论前提。正如作者所说的那样,"大侠精神作为武侠小说的灵魂,本身就有深厚的文化意蕴,文学史家无法完全绕开"。但如何具体化地论证文化因素对文本世界的渗透与制约,才是真正体现作者的学术功力和学术识见的地方。本书正可见出作者精细的具体操作过程。

  例如,在第六章"快意恩仇"中,作者在阐述行侠的主题之余把笔触伸向"快意"两字。作者指出,在"快意恩仇"的率性任情、放荡不羁之中,也无意中显露出民族心理的某种缺陷。"报恩仇"之所以"快意"固然是因正义得到伸张、邪恶受到惩罚,可也包括杀人时产生的"快感"。武侠小说中"必须表现然而却不能公开面对的潜在动机","最引人注目的就是文明人身上潜藏的嗜血欲望"。这种精辟的论断固然不是始于作者,但作者以确凿的武侠小说文本作为例证,就更具有根据性和说服力。无论是在第五章"仗剑行侠"中把"剑"视为最具有文化意味的冷兵器并进而追踪"剑"的文化史,还是在第七章"笑傲江湖"中分别对比"江湖""山林""绿林"诸范畴的文化氛围和文化意蕴并进而说明"介于日常世界与神话世界之间","小处写实而大处虚拟,超凡而不入圣,可爱未必可信"构成了所谓写实型武侠小说中"江湖世界"的基本特征,都是作者挥洒自如地发挥其学识修养中的文化史优势的范例。

在"十六字"的武侠小说"叙事语法"的结构性概括之外,作者同时仍旧关注其他具有"结构—功能"作用的武侠小说范畴。第四章"二十世纪武侠小说"中,作者指出,"剑"不只是一种杀人利器,而且是一种大侠精神的象征,一种人格力量乃至文化传统的表现。在这个意义上,"剑"中不能没有"书"。"'剑'中之'书'保证了侠客不至于沦为残酷无情的职业杀手,更保证了武侠小说不只是一览无余的'满纸杀伐之声'。"这堪称是独出机杼的论断,惜乎作者未能沿着"书"的思路充分展开。其实,武侠小说中"书"的成分同样可以升发到一种"结构—功能"体的地位来看待,其内涵可能更加宽泛,它不仅仅给武侠小说带来了"书卷气",而且昭示了一种文人性在武侠小说中的体现与传承。例如,清代侠义小说中屡屡出现的"有诗为证"以及叙述侠客游荡时不时展现的人文景观和自然景观,都是文人趣味在武侠小说中的渗透。"书"的范畴因此显示了一种具有传承性的文人传统,它是古代士大夫的文化精神、文化心理与文学气质在武侠小说中的具体印证。类似于"书"的范畴的还有"情"。作者在论证新派武侠小说的时候引入了"情"的视角,认为"'武''侠''情'可说是新派武侠小说鼎足而立的三个支柱",同时把这种"情"扩展到超乎狭义的"情爱"的一般的情感和心理。因此,以"书""剑""情""侠"四种结构功能因素来阐发20世纪的武侠小说,便具有一种鲜明的历史具体性与针对性。

《千古文人侠客梦》的另一特色是在方法论上兼顾了叙述的共

时性与历时性的统一。类型学的操作基本规程要求共时性的分析，在共时性分析的基础上找出小说类型的基本"叙事语法"。但陈平原坚持认为，"研究这一基本叙事语法在不同时期的各种变体及演进的趋向，或许更有意义。借引进历史的眼光和文化的因素，以使类型学研究永远保持开放的姿态，免得因自我封闭而窒息其理论活力。同时，这种注重'移动中的主导因素'的理论眼光，也使类型学研究模式更容易为文学史家所接纳"。正是基于这种理论预设，陈平原引入了历时性角度，在全书结构上，第二章到第四章为武侠小说发展的历史过程描述，分别讨论了"唐宋豪侠小说""清代侠义小说""二十世纪武侠小说"。另外，作者在历时描述中紧扣武侠小说的类型特征，这就使全书的操作不仅兼及"内容"与"形式"层面，同时也兼顾了历史性描述与理论性分析。在这一过程中，单纯共时性类型学研究中"基本叙事语法"的一成不变的恒定性被突破了，作者既注重"恒定因素"保持其在故事创作中的再生能力，同时又注重"同一因素受各种外力影响，在小说系统中定向移动，并因此改变了小说的整体结构"这一演进过程中的变形的历时性现象，从而使武侠小说成为一种在自身结构机制中逐渐衍变的有机系统。这无疑是对原有的类型学理论的又一个重大的突破。

　　陈平原以明晰的思想性和条理性见长，而且他是当代中国学者中对自身的研究工作以及研究中的理论框架最为自觉的人之一，这体现为他的研究中具有一种原创性和生长性。一方面，他并未着力于建构宏阔的理论框架和体系，但他的成果中却包容着丰富的具有方法论特征的启示内容。这些启示萌生并体现于他的具体的研究过程之中，并且同时预示着生长演化的多种可能性。他已经问世的三部最具分量的专著《中国小说叙事模式的转变》、《二十世纪中国小说史》第一卷以及《千古文人侠客梦》都具有上述的特质。另一方面，他的学术思路又是清晰可寻的，因为陈平原以严格的规范化的操作过程去实现他的理论预想。这使他的学术思想呈现出一种可资借鉴的意义。

类型学作为一种结构主义方法运用于文学研究无疑是一种行之有效的方法论。它可以从一个角度解释某一种文类或体裁衍生发展的内在机制和要素。格雷玛斯、普罗普的研究均具有这种功效。类型学从属于形式主义文论这个大的范畴，力求使文学研究走上科学化的轨道。这也恰恰是20世纪文论科学主义倾向的一种表现。一方面，形式主义文论旨在使仅仅从感觉印象出发的传统文学批评提升为可以条分缕析，可以捕捉文本内在机制的科学研究。另一方面，它内在的缺陷也是不可避免的。基本缺陷之一是形式主义文论以消解"文学性"为代价。就其本质而言，文学决非科学，即使搞清楚了文学的内在机制及运转规程，有时也无助于说明为什么一篇小说令读者废寝忘食而另一篇则令人昏昏欲睡。其根本的原因在于文学毕竟有其无法诉诸科学手段的内在的文学性与个体性存在。文学千古以来的真正魅力也尽在此。

陈平原的《千古文人侠客梦》引入历时性角度以及文化史因素，这对形式主义文论的偏颇处是一种难能可贵的弥补。但我们也多少感到，尽管作者自觉地兼顾到了武侠小说审美功能的描述，但这种审美功能与文化意义过分的纠缠，使得审美特征与文学性多少消融到文化诠解之中了。或许可以说，这是一部仍以文化史见长的学术著作，并且在兼及内容与形式层面的同时偏重于内容性。即使"十六字"的武侠小说的"叙事语法"也更多地呈现出内容层面的特征，其代价是武侠小说类型自身结构系统中形式因素的削弱。或许陈平原先生在预设了本书的理论框架的同时，这些代价已经先在地蕴含其中了。这里面的得失倒不失为研究者可以进一步探讨的地方。

初刊《文学遗产》1993年第6期

# 追寻现代中国学术的传统
## ——读陈平原著《中国现代学术之建立》有感
欧阳哲生

我们这一代经历过"文革"的"知青",近二十年来经历了两次自我调整。第一次是从70年代末80年代初开始,我们在反省"文革经验"时,从对政治运动、教条主义、极左政策深恶痛绝的觉悟中,逐渐走向独立思考,解放思想。没有这段思想经历的人,他们与新时期的思想解放运动就"绝缘"了。第二次是从90年代初开始,年青的人文学者在一种比较特殊的社会环境下又一次进行自我调整,这就是围绕学术规范、人文精神的讨论。这次调整的标志是《学人》创刊号上那一组"学术史笔谈"文章,《读书》《东方》《中国社会科学季刊》等刊后来也发表了一些类似的文章。京派学者对这一调整的推动似乎特别卖力。能否适时地进行这一调整,对每个学人后来的学风和治学路径,以今日的情况看,确有很大的区别。

《学人》最初开辟"学术史笔谈",我对他们的呼吁并不甚注意。记得后来我读到《科学界的精英》一书时,书中的一句话"师傅们一般是作为行动的榜样,少用言教而多用身教"[1],让我咀嚼不已。当年鲁迅先生谈及创作经验时,也是如此教导:"凡是有定评的大作家,他的作品,全部就说明着'怎样写'。"[2]受这种倾

---

① [美]哈里特·朱克曼:《科学界的精英》,周叶谦、冯世则译,商务印书馆1993年版,第173页。
② 鲁迅:《且介亭杂文二集·不应该那么写》。

向的影响,我以为治学的确是身教重于言传的。

六七年过去了,《学人》的一些作者身体力行,推出了自己比较成熟的著作,在北大出版社出版了一套"学术史丛书",颇引起学界的关注。最近当我读完陈平原的《中国现代学术之建立——以章太炎、胡适之为中心》(北京大学出版社,1998年2月初版)一书时,我有一种感觉,平原当年大概是早有想法且有决心的。此书是他用六年的心力,在北大三度开设"学术史研究"这门课,且在《学人》丛刊上发表了系列相关论文后的一个结晶。他从文学史转向学术史研究,迈出这一步不仅意味着表现他对拓展一个新的研究课题的锐劲;更重要的是表达他对承继学术传统和对自我在学术史上的定位的关注。此书在写作立意、问题设置、史实论述、材料挖掘方面均有其新意。作为这一领域的一部新作,我以为值得推介。

写作学术史首先遇到的一个问题是"怎样写",写作目的为何。对此,各人的看法自然会有所不同,一般人喜欢标榜自己研究学术史是为了客观叙述学术演变的历程。陈平原对此则有他自己的独特看法,他在北大开设"学术史研究"课程的简介中如是说:"学术史的主要功用,还不在于在对具体学人或著作的褒贬抑扬,而是通过'分源别流',让后学了解一代学术发展的脉络和走向;通过描述学术进程的连续性,让后来者尽快进入某一学术传统,免去许多暗中摸索的工夫。这不只是一项研究的课题,更是一种自我训练,在探讨前辈学人的学术足迹及功过得失时,其实也是在选择某种学术传统和学术规范,关键是在研究过程中,亲手触摸那个被称为'学术传统'的东西,有过感觉和没这个感觉就是不一样。具体的知识和技能可以讲授,而这种学术境界只能自己去感受和领悟。治学不只是求知,不只是择业,更体现为一种人生选择和人生价值追求。"我以为,这是颇具个人感受的经验之谈。按照这一看法,他的著作不是取平铺直叙式的通史写法,也不是一个一个人物式的"学案"估衡,而是以问题为中心。其所设置的问题,举凡求是与致用,官学与私学,学术与政治,专家与通人等,都是关系到现代学术之建立及其走向的关键问题，也是他所关心的学术传统这条血脉。这种看法显然比仅仅从技术上把握学术规范更具深层意义。实际上，我们这一代之所以学术规范意识薄弱，很大程度上不仅是因为学力不够，更是因为缺乏学术上的"师承"关系，也就是无学术传统可言，缺乏学术的"根柢"。80年代以来中国学术界之所以从反省"文革"，到反思50年代以来建造的意识形态，再回到"五四"启蒙传统；从反省五四新文化运动的主流选择，到重新认识非主流的思路，再到开掘中国传统人文资源，为的就是寻找中国学术的"根"，挖掘和构建民族文化的伟大传统。

有趣的是，陈平原讨论上述问题时是选择以章太炎、胡适两位人物为中心，他将这两位人物视为晚清、"五四"这两代学人的中心人物。全书用了前六章的篇幅来讨论章、胡两人的学术思想。

记得有一位学者尝与我言，在中国现代学术史上，他特别推崇王国维、陈寅恪、钱锺书三人，这大概是他把握20世纪中国学术的一条线索。在这种理解背后，包含着一种学术价值的评判，自然也会掺杂个人的爱好与喜恶，这往往与学者认同的学术流派、学术风格有关。陈书以章太炎、胡适为中心来展开这一主题，之所以做这样的选择，他认为，章太炎"是中国近代史第一位有系统地尝试研究学术史的学者"，而胡适则是"五四"时期中国新学术范式的创建人。陈书以章太炎、胡适为中心，以北大为例证，确有其依据所在。

众所周知，民国以后，北京大学渐渐成为中国人文学术的中心。北大的这一变化与南方的学者（特别是江浙籍人士）的北上有关。清末京师大学堂主要是桐城派占统治地位，吴汝纶、林纾、严复、马其昶、姚永朴、姚永概均在京师大学堂任过教。民国初年，章门弟子北上，对旧人大加攻击，林、马、姚等桐城派纷纷落职而去，章门弟子逐渐得势。这一情势，陈书亦已注意到。[①]关于这一

---

① 陈平原：《中国现代学术之建立——以章太炎、胡适之为中心》，北京大学出版社1998年版，第383页。

情形，过去有一种说法，以为蔡元培掌校后，重用浙籍人士，以至造成文科为"某籍某系"人士所把持的局面。其实此说倒不如反过来说，蔡上任借重了浙籍人士的支持，一些浙籍人士，如沈尹默、马幼渔、朱希祖、钱玄同、马寅初等，均在蔡前已进入北大。当然，蔡上任后，也聘请了一些浙籍人士，如周氏兄弟、蒋梦麟等。不过，蔡重用陈独秀、胡适等人也是近人皆知的事实。

地缘、门户是北大初期人事之争的重要因素，这在一个习俗势力根深蒂固的社会并不奇怪。应当说，民国初年，北大的人事格局还隐含着党派之争，即章太炎、蔡元培是属于与革命党人有着血缘关系的一批人，而林纾、严复等人则与前清和袁世凯政权有着相对密切的个人关系。蔡聘请陈独秀、周氏兄弟、胡适、熊十力等，甚至破格聘请梁漱溟，不能不说与这一层关系有关。因为北大不仅是最高学府，在学术上举足轻重，而且对政治生态有潜移默化的作用，对局势有特殊影响力。民国初年的北京，政治上成为各党派纵横捭阖的战场，北大也成为各派势力争夺的阵地。袁世凯上任后，亲自任命严复为北京大学校长；蔡元培上任前，孙中山在沪上亲自找蔡谈话。这些事例，足见政治家们对北大的重视。五四运动后，孙中山致信蒋梦麟"率领三千子弟，助我革命"，表明了蔡、蒋等人与南方革命党人的内在联系。① 在著名的林、蔡事件中，被林纾引为同调的国故社和刘师培不仅不领林派的情，反而起身为蔡辩护②，这都是基于人事上的考虑。五四运动发生后，蔡元培辞职南下，出身章门弟子的黄侃亦要离开北大，也是同样道理。

不过学术生长与人事格局往往有出入。作为晚清国学重镇的章太炎当时在国内学术界的影响力还敌不过桐城派，民国初年章门弟子即扭转了这一格局。同样道理，"五四"时期，成为文化明星式人物的胡适虽声名显赫，但对北大校内人事，主要是在英语、西方

---

① 蒋梦麟：《追忆中山先生》，收入氏著《新潮》，传记文学出版社，1967年版。
② 蒋梦麟：《追忆中山先生》，收入氏著《新潮》。

文史哲等科有发言权，在与国学相关的系科方面，章门弟子与浙籍人士仍是举足轻重。这种人事格局持续到30年代初，胡适上任北大文学院院长兼国文系主任后，他开始培植自己在校内的势力，文学院逐渐为胡门弟子所控制。

桐城派—章门弟子—胡适派，这是北大人文学科内部人事格局的一条发展线索，实际上也是清末到民国时期中国学术主流演变的一条重要线索。在这条线索背后，不仅潜藏着人事的变动，还包含着学术的嬗替。陈书述及章门弟子取代桐城派时带来文风上的一个重要变化，即是"六朝文"取代唐宋文。

学术史研究可从两方面入手：一是研究学术内部的问题，如老（子）学史、经学史、红学史、小学史等专门的学术问题；陈书中的第五章节"作为新范式的学术研究"、第六章"关于经学、子学方法之争"大概可归于这类问题。二是研究学术与其他层面的关系，如学术与社会、学术与政治、学术与市场等，这或可称为学术社会学、学术政治学、学术经济学。20世纪中国学术的一个突出特点是：学术的外部矛盾极为激烈，因此，学术与政治、学术与社会、学术与经济等外部关系也就比较复杂。如何处理学术与这些层面的关系也就成为人文学者特别敏感而又十分棘手的问题。

造成这一现象的客观原因是20世纪中国社会比较动荡，政治气候变化无常，它不仅干扰学者们的视野，同时还激发学者们的热情，引起他们连绵不绝的思考。从主观上来追究，随着专制主义的政治秩序走向崩溃，传统的学术与政治的依附关系逐渐解脱，学者的自主意识明显增强，学术独立的品格凸显出来，由此学术与其他层面的矛盾与冲突也变得更为突出。

陈书花了相当篇幅来讨论这一问题，其意在凸显学术独立的精神。第二章讨论章太炎关于官学与私学的关系，陈书认为：章太炎终其一生基本上是一个在野的思想家，对官场始终没有好感，对朝廷兴学的诚意及效果抱怀疑态度，对"暴政"与"利禄"对学术的双重摧残有深刻的体会，故对康、梁将振兴学术的希望完全系于朝廷的自新很不以为然。章氏对两千年来的私学传统十分推崇,以为就学术贡献而言,私学的贡献在官学之上。章太炎的"学在民间"要求不仅仅是出于反清的考虑,而是在总结中外历史所得的一个结论,是对"学术独立"的一种诉求。

第三章以胡适为例证,评论学术与政治的关系。陈书着重考察的是胡适对政治的态度,述及胡氏对学潮的态度时,陈书认为:"在所有论及学潮的文章中,胡适谈论的中心不是该取何种政治信仰,而是该如何处理问政与求学的关系。前期相对倾向于肯定学生的问政热情,后期则突出学生求学的天职。由于学潮乃现代中国政治斗争的重要手段,胡适此等学究气的劝说实际起不了多大作用,徒然被对立的政治集团同时曲解为'煽动学潮'或'镇压学潮'。胡适这种处理学潮的态度与政治家处理学潮的策略颇有矛盾,因而往往两边都不讨好。"①一反过去贬抑的观点,对胡适持"同情的理解"。实际上,胡适的这种尴尬处境是当时教育不独立、学术不自由的一种反映。

陈平原著此书"主要目的是展现中国学术转型的复杂性,尤其是发掘各种被压抑、被埋没的声音,挑战已经相当严密的以西学东渐为代表的'现代化叙事'"。②书中许多观点都表现了这一取向。

例如,论及"五四"时期新文化运动主流派的文化观。胡适生前一再强调新文化运动是"中国的文艺复兴",但后来人们在定性新文化运动时,则更强调它是一场启蒙运动。陈注意到这一现象,他认为:"如果排列欧洲思想运动对中国人的深刻影响,晚清崇拜的是法国大革命,'五四'模仿的是启蒙运动;至于文艺复兴,始终没有形成热潮。即便在其已经浮出海面的二三十年代,也仍局限于很小的学术圈子,无法让青年学生如痴如醉。在一个以'西学东

---

① 陈平原:《中国现代学术之建立——以章太炎、胡适之为中心》,第127页。
② 陈平原:《中国现代学术之建立——以章太炎、胡适之为中心》,第22页。

渐'为主要标志,以'救亡图存'为主要目标的时代,相对冷淡'遥远的'文艺复兴,实在是再自然不过的了。"①陈这里所言的"文艺复兴"图景是指二三十年代以后中国散文的历史命运。现代作家一般均认为散文的成就在小说、戏剧、诗歌之上。陈认为,散文小品之所以成功,得益于其丰厚的传统资源。经过"五四"文学革命的洗礼,现代中国的小说、戏剧、诗歌等,其体制及基本精神,均与"世界文学潮流"接轨;唯独散文,尽管已经改用白话,仍保有鲜明的"民族特征"。②这从一个侧面显示了传统文化与现代文化的内在关联及其支援作用。

再如,关于中西学术之间的关系,近人争论这一问题时,主流是贬中扬西;90年代学界重新提出讨论这一问题时,有的学者对此前的偏向表示了极大的怀疑。在"以西学剪裁中国文化?"一节中作者比较了章太炎与胡适对待中西学术的不同做法,对胡适以西方科学方法剪裁处理中国哲学的做法不以为然。章氏重在发掘"中国特别的长处",胡氏则是为了"捉妖""打鬼";章氏强调体会古人(中国)立说的苦衷,胡氏则突出今人(西方)思想的合理;章氏主张"守旧"而后"出新",胡氏则认定"破旧"方能"立新"。20年代以后,中国学界基本上走的是胡适的路。作者认为,处于主流地位的胡适思路正日益暴露其内在缺陷。理解章氏为代表的相对古老且正被遗忘的"述学"传统,或许有助于我们调整学术思路。③ 作者谨慎地表示这一意见并不是要翻案,而只是展现一种被压抑的可能性。这一看法作为一家之言,对人们重新思考现代学术的走向,不无启示意义。

书中也有些具有个性化意义的处理,如第七章"晚清志士的游

---

① 陈平原:《中国现代学术之建立——以章太炎、胡适之为中心》,第339—340页。
② 陈平原:《中国现代学术之建立——以章太炎、胡适之为中心》,第342页。
③ 陈平原:《中国现代学术之建立——以章太炎、胡适之为中心》,第267页。

侠心态"，第八章"现代中国的'魏晋风度'与'六朝散文'"，设置这么两章，大概与平原个人的研究兴趣有关。第九章"现代中国学者的自我陈述"从学者们的自传、年谱入手，勾勒学术谱系，则往往容易为一般学者所忽略。此书的文字述说，我以为颇能显示作者的功力。作者有过长久研究中国小说史、散文史的经历，有着深厚的中国古典文学语言修养，此书的文字表现了作者的这一特长，典雅而不做作，非一般学者所能为。

中国自古有修治学术史的传统，现代学术史可以说是一项"新写""续写"的工作。这一工作目前多在一些人物个案研究层面展开，一些基础性的工作，如"学术编年"、"学案"、学派研究，还显得很不够，以致我们对现代学术还需用一种"考古的心态"去发现历史。陈平原这一部书应当说树立了一个很好的范例，也提供了一个新的起点。说到底，中国现代学术之建立不应仅仅是西方的一些学科观念的引进，还应包含一种现代学术精神的确立，这种学术精神又毕竟离不开中国传统的人文资源的支援。陈书的可贵之处在于：他注入了浓厚的学术规范意识，突显了现代中国优秀学者的学术独立精神和其挖掘中国人文的传统资源的一面。这对重新建构一种比较健康的学术传统，对21世纪中国的人文学术建设，我以为都是一件有价值且必需做的事。

初刊香港中文大学《二十一世纪》1999年第3期

# "从晚清说起"
## ——对陈平原学术史研究的读解

贺桂梅

1991年，当陈平原先生和他的同辈学人提出"学术史和学术规范"问题时，我还只是一个不知"学术"为何物的刚跨入大学校门的新生。陈平原先生撰写《中国现代学术之建立——以章太炎、胡适之为中心》期间，在北大开设的"三轮专题课"，我听了其中的两次："现代学术思想研究"和"近代的人与学"。一方面因为我所学的专业是"当代文学"，另一方面可能因为北大从来就是"得风气之先"的所在，在北大求学的近十年时间中，我熟悉的主要是"结构主义""解构主义""女性主义""后现代主义""后殖民主义"等一类西方理论；陈平原先生所阐述的清末民初学界的"清儒家法""考据与义理"之辩，对我来说，主要是"陌生"与"新鲜"。近一年来，因为所选择的博士论文题目是"80—90年代对'五四'的重构"的缘故，我在对当代学界阐述"五四"的资料的清理中，慢慢领会到陈平原先生在80年代提出"二十世纪中国文学史"与90年代倡导学术史研究之间的内在脉络。他"走出'五四'"而"从晚清说起"，这一学术思路的调整中包含的"超越二十世纪学术"，"为重新出发寻找动力乃至途径"的史识和见地，逐渐开始进入我的视野。

## 一、"走出'五四'"

在90年代初期提出学术史研究,是因为敏锐地意识到社会文化转型时期调整学术方向的必要性;而这种必要性的体认,则是对身处的学术研究现状的"危机意识"。90年代学界产生较大影响的学术论争,如急于宣告"80年代的结束"而提出"后新时期"概念来规划、描述90年代的文化走向,如针对"商品经济"的挤压和人文学科的"危机"而提出"人文精神"问题,也有针对80年代的文化思路出现的问题,而引入"后现代主义"这一新的西方理论范式的尝试……都可以看作学术危机效应的种种"征候"。陈平原先生在《学术史研究随想》这篇被视为"学术史研究"的"纲领性"文章中,也明确提出:"不否认在这个时候谈论学术史研究,有对80年代中国学术'失范'纠偏的意图。"——不满于80年代延续下来的学术研究思路,意识到危机的存在,是这一时期学人的共同意识,不同的只是所采取的"回应策略"。

但是,在90年代初期,对于谈论得最多的"转型"问题,其实并没有多少人认真地考虑所"转"的"型"到底是什么。这涉及如何来把握和认识学术现状的问题。在王瑶先生主编的《中国文学研究现代化进程》一书的"小引"中,陈平原写道:"一百年的学术史实际上已经成了某种'传统',对这一传统的隔阂与误解,很容易产生虚无主义态度或热衷横扫一切的偏激。"①针对80年代学术"失范"导致的"学风空疏",而选择学术史研究来"补偏救弊""推陈出新",并将研究范围锁定在"清末民初三十年间","讨论学术转型的方方面面,揭示已实现或被压抑的各种可能性",这其中包含了陈平原对于学术现状的基本判定:"今日谈

---

① 陈平原:《中国文学研究现代化进程·小引》,载王瑶主编《中国文学研究现代化进程》("学术史研究丛书"),北京大学出版社1996年版,第5页。

'转型',直接的对话者是'五四'","用'五四'来涵盖这百年的文化学术,当然是只见其大,主要着眼于其建立的'范式'至今仍在发挥作用"①——将80年代学术的主导"范式"归结为"五四范式",是陈平原对于学术现状得出的结论,也是他借以调整学术方向的起点。

关于80年代与"五四"的关系,我们无须考证,任何一个对80年代学界稍有了解的人,都不难发现二者的"对应"关系。80年代学界对"五四"范式的"无条件"接受,一方面,是其对当代历史的否定性指认而将思想资源的选择上溯至"五四";另一方面,在很大程度上得益于李泽厚版本的思想史阐释,即将"五四"看作是"救亡压倒启蒙"的"未完成"的现代性工程。因而,对于"五四",人们谈论得最多的是如何继承,而对这一现代性方案中包含的具体思维模式和学术范式,却很少被人谈及。陈平原先生在讨论这一问题时,较为明确地借用了美国科学史家托马斯·S.库恩的"范式"(或"典范",Paradigm)概念,并将之作为研究清末民初学术转型的核心概念。他把"五四"范式概括为"以西化为代表的研究思路;专才的教育体制;泛政治的学术追求;'进化''疑古''平民'为代表的研究思路"②。概括"五四"范式的特征,并强调它在20世纪的影响,实际上是为当代学术"正本清源"。如若对于身处其中的"范式"(或曰"传统")模糊不清,则很难找出问题的症结所在,也难以有所突破。对这一问题的敏锐关注,首先要求的是一种"历史的眼光",意识到学术研究作为一个"延续性"整体的存在。T. S. 艾略特的《传统与个人才能》,曾因注重作家与先贤的对话关系,意识到文化作为一个历史有机体的整体存在,而在80年代被很多谈论文学创作的人引用。但这一思路和见解,似乎在陈平原关于"学术历史"的理解中,得到了最好的

---

① 陈平原:《走出"五四"》,《学者的人间情怀》,珠海出版社1995年,第69页。
② 陈平原:《走出"五四"》,《学者的人间情怀》,第70页。

应用。他提出走出"五四",正因为意识到了这一传统在当代学界的制约位置,因而将其作为克服当代学术"失范"危机的第一步。

## 二、"从晚清说起"

在库恩之后,美国另一位从事科学史研究的学者拉瑞·劳丹在他的《进步及其问题》一书中,进一步探讨了关于"研究传统"和理论的"进步"问题。他认为:"对于任何学说,如不充分了解它的历史发展(以及它的竞争学说的历史发展),就不可能对它做出明智合理的评价。"①正因为意识到"五四"范式是构成当代学术问题的症结所在,陈平原先生才将他的学术史研究的重点,放置在从晚清到"五四"这一世纪初的学术转型期,考辨"五四"范式得以形成的具体语境,并在与晚清学术范式的比照中,分析其蕴含的基本思路。这一视域的拓展,将问题呈现在更为开阔的历史情境之中。联系陈平原先生在80年代中期提出的"二十世纪中国文学史",可以清晰地看出他学术研究的历史视野延展的过程。1985年,陈平原与黄子平、钱理群先生提出"二十世纪中国文学"这一新的文学史图景,确乎从根本上改写了由周扬等在历次文代会上的讲话确立起来的文学史图景。但我们今天可以看出,"二十世纪中国文学"所描绘的图景,实际上是以"五四"为起点,并以"五四"思路作为评判历史的依据的。正如王晓明先生所说:"这个新范型和'中国现代化'有着颇为密切的内在联系。你甚至可以说,它正构成了八十年代人们试图从'现代文化'内部发掘思想活力的一次相当成功的努力。"②对文学的"现代化进程"背后的学术范式,当时似乎没有明确的意识。陈平原先生在90年代的学术史

---

① [美]拉瑞·劳丹:《进步及其问题》,李新民译,华夏出版社1998年版,第199页。
② 王晓明主编:《批评空间的开创:二十世纪中国文学研究》,东方出版中心1998年版,第10页。

研究工作（包括专著《中国现代学术之建立》、论文《作为文学史家的鲁迅》、杂感集《学者的人间情怀》、主编"学术史研究丛书"和主持《学人》集刊等），则进一步向前追溯，以世纪初的学术转型期——晚清，作为考察的重点，分析"五四"学术范式发生的初始情境。

"从晚清说起"，是80年代后期以来，中国学界和海外汉学界在研究中国"现代性"问题上的某种共同思路。[①]注重"晚清"在中国现代化历史中的位置，实际上是"重理世纪初的文学（或文化、学术）谱系，发掘多年以来隐而不彰的现代性线索"[②]，浮现许多被过去的人们忽视的思想资源和学术可能性。而陈平原学术史研究的独特之处在于，他凸显了晚清至民国时期，"五四"范式与晚清范式——这一对构成竞争关系的研究传统之间的"共谋"与"对话"，并在对以胡适为代表的"五四"学术范式"因几十年处于主流地位，正日益暴露其内在缺陷"的反省中，对以章太炎为代表的"相对古老且正在被遗忘的'述学'传统"，表现出了更多"同情的理解"[③]。

正如库恩所说，一种学术范式的危机表征，是它无法解释和容纳亟待解决的新问题和"反常现象"。"五四"范式在80年代产生的困境之一，是它难以对"传统文化"问题获得较好的阐释。这也就是为什么在80年代后期，余英时的《中国近代思想史上的激进与保守》、林毓生的《中国意识的危机——"五四"时期激烈的反传统主义》、艾恺的《世界范围内的反现代化思潮——论文化守成主

---

① 研究者主要有李欧梵、王德威、孟悦、汪晖等，其代表性研究文章主要收集在王晓明主编的《批评空间的开创：二十世纪中国文学研究》一书中。
② 王德威：《想象中国的方法：历史·小说·叙事》，三联书店1998年版，第7页。
③ 陈平原：《关于经学、子学方法之争》，《中国现代学术之建立——以章太炎、胡适之为中心》，北京大学出版社1998年版，第267页。

义》、柯文的《在中国发现历史——中国中心观在美国的兴起》等引起中国大陆学界广泛关注的原因。与陈来等被称为90年代的"文化保守主义"研究相似,陈平原强调,应该以"比较平常心和比较严谨的学术态度,来谈论中国文化"①。以往的思想史和哲学史,基本上是从外部来考察思想文化的变迁,并延续了胡适在《中国哲学史大纲》开创的"以西学裁减国故"的方式。因而,"五四"与清代学术之间的关系,长久以来是一个被遮蔽的问题。《中国现代学术之建立》选择章太炎、胡适这两个在思想史上处于"枢纽"位置的人物为分析个案,侧重考察他们与有清三百年学术传统的关系。在对清代学术传统的辨析中,他并没有简单地将其理解为以乾嘉学派为代表的考据之学,而通过胡适、章太炎(以及在《作为文学史家的鲁迅》一文中对鲁迅)学术思路的清理,分析他们对于"求是"与"致用"、"官学"与"私学"、"学术"与"政治"、"专家"与"通人"、"治经学"与"治子学"……一系列矛盾的选择和倾向性。这种阐述框架颇类马克斯·韦伯的"理想类型"和丹尼尔·贝尔的"冲突理论"模式,但陈平原采用这一叙述方式却是由中国学术传统中衍生出来的。传统学术中"汉宋之争"及其造成的"门户之见"深刻地影响了中国学人的学术思路和文化选择。在一篇杂感中,陈平原写道:"清理近百年中国的学术,发现康有为、章太炎开启的'求是'与'致用'之争,贯穿整个世纪;时至今日,'借经术以文饰其政论',仍是中国学者的拿手好戏。"②对于当代学人来说,陈平原以学术史的方法,将这种矛盾的历史性存在揭示出来,而并不以为这是当代的"特有"困境,才是最富于启发性的所在。陈平原这一阐述方式的选择,还包含了不满于"拿来主义"的西化术语,而注重"虽然接受西潮的冲击,但

---

① 陈平原:《学术史·知识分子·民族主义——与东京大学渡边浩教授对话》,《学者的人间情怀》,第128页。
② 陈平原:《当代人文学者的选择及其命运》,《学者的人间情怀》,第120页。

思考方向及提出问题的方式,大多是本土已有的纷争"①的倾向。这意味着,他并不是泛泛地理解"从中国发现历史",而是真正将中国本土思想资源中蕴含的创造性(同时也是具有现实意义的)因素加以实践。

"走出'五四'""从晚清说起",打开的是另一片别有洞天的学术研究视域。它不仅使我们清楚地看到当代学术传统得以产生的具体历史情境,而且在对世纪初转型期的两种竞争性学术范式的比照中,为我们提供了可供现实选择的另一种被压抑的学术传统。

### 三、"跨越20世纪学术"

陈平原先生在谈及提倡学术史研究的动机时,曾说:"现在谈论学术史研究的,大都注重的是20世纪中国学术。这里蕴含一句不便直接表露的大话:那就是,为20世纪中国学术画上句号,然后走向21世纪。"②他以学术史研究勾勒出20世纪中国学术发展的完整脉络,"在探讨前辈学人的学术足迹及功过得失时,其实也是在选择某种学术传统和学术规范,并确定自己的学术路向"③。这种"告别20世纪"的方式,包含了明确的历史定位;而其采取的方式,则是通过对当代学术正本清源,从现有学术困境中"返身脱出"。身处世纪末的学人,大都有明确的历史意识,这就是如何对待"20世纪"这一即将成为历史的一百年。我们不能否认能够从当代历史和"现代文化内部"清理出值得延续和发展的因素,但陈平原先生提供的,更多的是如何在"返本求源"中走出纠缠已久的怪圈。

---

① 陈平原:《中国现代学术之建立》,第384页。
② 陈平原:《学术史·知识分子·民族主义——与东京大学渡边浩教授对话》,《学者的人间情怀》,第128页。
③ 陈平原:《学术史研究随想》,《学人》第一辑,江苏文艺出版社1991年版。

陈平原先生的学术史研究从晚清学术图景中浮现出来的因素，蕴含了他所理解的克服90年代中国学界偏弊的资源，实则也代表了他的一种学术选择。在《当代人文学者的选择及其命运》一文中，陈平原先生曾以三句著名的"大白话"概括一代人的学术思路："在政治与学术之间，注重学术；在官学与私学之间，张扬私学；在俗文化与雅文化之间，坚持雅文化。"从这种选择的倾向性，可以看出章太炎的某种影响，而更为明确的是要回答90年代中国社会转型对"知识分子"，尤其是人文学科的学人提出的关键问题，即人文学者应确立何种身份认同？将学人定位于学有专长的"专家"而非"大众代言人"或"不出如苍生何"的"国师"，因而摆脱学术与政治的百年纠缠以求得学术的独立，这是陈平原先生所说"学者的人间情怀"包含的自我定位的前提。其中引起争议的问题是知识者该以何种途径介入社会。我更为关心这种选择中蕴含的，能够与普遍的看法构成"补缺"关系的因素，即针对"五四"思路的泛政治化的"平民"色彩而做出的超越。

将学人还原为"读书人"，将学术研究理解为一种"职业"，确乎是一种"我不是堂吉诃德，我只是善人吉哈诺"式的"化绚烂为平淡"，但却包含了对治学主体人格的更高要求。陈平原先生多次强调，治学术史，"既是一项研究计划，更是一种自我训练"，因而他把"获得一种学术境界"看得比"写出像样的学术史论著"更为重要；他看重章太炎倡导的"私学传统"，也是希望克服现代化教育体制造成的"所尊仅在知识，不在人"的偏狭；并将"人间情怀"看作是学者"道德自我完善的需要"……关注治学主体人格修养，注重传统教育中"道问学"与"尊德性"的融合，实际上源自陈平原先生对于"学术"所具有的独立价值的精英立场的理解。将"学术"理解为"天下之公器，有比现实政治更为永久的独立价值"，因而主张政学分途；注重学术研究可以维护"学者和艺术家的独特才情"，以及调整"整个社会的文化趣味的日渐鄙俗化"，因而在俗文化与雅文化之间，坚持雅文化。陈平原先生描绘的学术史,实际上也是为确立"独立"学术传统所做的努力,因而着重凸显的,是章太炎、胡适、鲁迅等"革命家""思想家"的"学者"身份。丹尼尔·贝尔在《资本主义文化矛盾》的"序言"中曾对自己的立场做这样的描述:"我在文化领域里是保守主义者,因为我崇敬传统,相信对艺术作品的好坏应做出合理鉴定,还认为有必要在判断经验、艺术和教育价值方面,坚持依赖权威的原则。"①贝尔的这段话,与陈平原先生的学术史研究立场有某种相似之处。而这种立场,对于超越20世纪学术长久以来的泛政治和"平民化"学术立场,的确提供了深刻的"洞见"。

陈平原先生通过学术史研究,借助与先贤直接对话,"触摸"历史传统的存在。而对自己历史身份的明确意识②,则使他表现出了少有的革新学术范式的自觉。我想这种视野和见地,在很大程度上得益于对"学术史"方法的自觉。"中国有完善的学术史,自梨洲之治学案始",从黄宗羲的《明儒学案》、黄氏与全祖望的《宋元学案》,到梁启超、钱穆各自的《中国近三百年学术史》——学术史的经典著作屈指可数。从30年代到80年代后期,学术史似乎成为一门隐失的学科,学术史"辨章学术,考镜源流"的作用,也并不为多少学人自觉。或许是因为我过于"完整"地于学院中长大,按部就班地步入"学人"之列,学习前辈的研究成果、领略其学术思路,耳濡目染地接受师长的熏陶,确乎是我学术成长的主要方式。但在完整地阅读陈平原先生的学术史研究论著及其提示的相关学术史经典之前,这一点于我并不清晰。梁启超在评述黄宗羲的《明儒学案》时,曾引用其中的一段:"大凡学有所宗,是其人之得力之处,亦是学者入门之处。……讲学而无宗旨,既有嘉言,是无头绪之乱丝也。学者而不能得其人之宗旨,既读其书,亦犹张骞

---

① [美]丹尼尔·贝尔:《资本主义文化矛盾》,赵一凡、蒲隆、任晓晋译,三联书店1992年版,第24页。
② 陈平原在《学术史·知识分子·民族主义——与东京大学渡边浩教授对话》一文中,曾明确地谈及"新一代学者"的特征。

初至大夏,不能得月氏要领"——读解陈平原先生的学术史研究,不仅使我在清理相关的问题时获得新的视野,更重要的这是我的学术史"意识"形成的开始。在读解陈平原先生的学术史研究思路的同时,我开始反省自己在研究一些问题时的思路的出处,并意识到自己浸淫其中的当代学术传统的存在。而这一点,或许是每个学人的必要起点,也是陈平原先生90年代的学术史研究提供给当代中国学界的最富于启发性的地方。

初刊《文艺争鸣》2000年第3期

# 从文人与文事到文心与文脉
郑 勇

  关注陈平原近年来研究路向的人，尽管对其从小说史、文学史到学术史，进而兼及大学教育和图像研究的跳跃式不断转向有所适应，但可能依然对这本列入"三联讲坛"系列丛书的《从文人之文到学者之文——明清散文研究》感到不解：这次选择的研究领域和问题意识似乎和此前的移步换形又有不同——此前无论怎样闪展腾挪，仍大致聚焦于20世纪这一时段，但这次却前推至明清两代，跨度之大，不知会不会被古代文学专业的学者视为"越界言事"——虽然现代文学博士出身的陈平原早已走出现代文学，打通近代、现代、当代这些专业学科之间人为设置的时段概念的藩篱。

  不过，如果联系五四新文化运动期间陈独秀猛力挞伐古文"十八妖魔"的一段历史公案，则不难理解陈平原这一研究的背后理路。这在本书的"开场白"和"后记"中，有着较为明晰的"夫子自道"。与钱玄同不遗余力地攻击"选学妖孽""桐城谬种"相呼应，陈独秀向前后七子及八家文派的归（有光）、方（苞）、刘（大櫆）、姚（鼐）这"十八妖魔"宣战，目的乃是为"白话文运动"张目，属于"文学革命"情势下的偏激策略。因此，基于"古文"该死、"白话"当活的信念，把"十八妖魔"的文章说得一无是处，这可以理解；但事过境迁，在"白话"早已一统天下的今天，回过头来用理性的眼光重新打量被乱棍打压得抬不起头来的"古文"，一方面努力描述呈现其历史面目状态，另一方面以"理解之同情"态度重新分析其功过是非，则是后人应承担的责任。这应视为另一种矫枉过正,而不应看作翻案文章。用正在做这项工作的陈平原的话说,是"为五四新文化运动'打扫战场',呈现当初情急之余,被当作脏水泼掉的'明清之文'的另一侧面"。(见该书第265页)

由此可以理解,陈先生这本书最初命名为《明清散文十八家》的用意,"十八"这一看似偶然巧合的数字,背后其实隐含着这样一种理路,在拂去历史尘烟与明清文章及其作者进行对话的同时,还有着与五四新文化运动一代人的潜对话。在这样的坐标系中,作者的工作也是双重向度的:一面是呈现与还原,一面是辩诬与去蔽。尽管课堂讲录中的"十八家"在整理成书时,缩减到李贽、陈继儒、袁宏道、张岱、黄宗羲、顾炎武、全祖望、姚鼐、汪中九家,归有光、刘侗、龚自珍、章学诚等同样重要的九家却因技术原因未能转化成文字。但三百年间明清散文发展的基本面目和转型的大致脉络还是较为完整地呈现出来了。

呈现明清散文发展的"大致脉络",也就是以历史眼光勾勒出三百年间的"文脉",这体现了这本专著——准确地说,应该是这门课——的文学史性质,即如正题"从文人之文到学者之文"所揭示的。在作者看来,自周作人、林语堂始,直到当下诸多论者,仍颇为推崇的晚明小品——其中又以张岱和"公安""竟陵"等为荦荦大端——"乃典型的'文人之文',独抒性灵,轻巧而倩丽";而不太被看好、其实也少为人知的清代文章,"则大都属于'学者之文',注重典制,朴实但大气"(见该书第5页)。

由于从周作人、林语堂等"性灵派"现代作家的鼓吹张目,晚明小品形如"秦淮八艳"之艳帜高扬,舍此之外的诸家,却如良家妇女、大家闺秀,反而声名消歇,一如清初遗民三大家之隐逸,或隐于山林,或隐于文史,或隐于浪游。于是,在"五四"以后的近百年间,张扬前一派的同时,无疑也遮蔽了其他各派的声色光华。以致清代文章,除了桐城派及其"义理、考据、辞章"的主张之外,世人所知甚少。即使谈论顾(炎武)、黄(宗羲)、全(祖望）等大家，也多是从学术史、文化史的角度和框架来说，对其文章却大多语焉不详。在这种历史现状下看陈平原对顾、黄、全的钩陈阐幽，乃至大力揄扬，便有了发现的意义——不是颠覆众说，故作翻案文章，而是类于考古挖掘工作的去蔽彰隐，目的在于使陷落时间深处的历史遗存重见天日。因此，本书中清初三大家的专章，读来便觉意义非同寻常。黄宗羲"故古今来，不必文人始有至文"的论断和"元气淋漓"而又"气象阔大"的散文风貌；顾炎武"能文而不为文人，能讲而不为讲师"的人生定位和"文须有益于天下"的立意；全祖望融史学、气节、文章于一身，文章面目"芜杂"却"大气"……这些筋骨脉络的呈现，确实使我们有耳目一新之感。

　　这样的描述性结论固然简明而扼要；值得重视的是，作者在勾勒这一走向脉络时，乃是以大量的社会生活和历史文化材料为依据，也就是说，在散文这一气候的背后，隐藏着文学、思潮、生活、社会这些渐次放大的大环境的影响和制约，作者令人信服地揭示了这一时段散文发展的外部环境生态，而不是把散文剥离出来，当作样本孤立地考察。即如近百年间谈论较多的晚明小品，在陈平原的研究视野里，一方面梳理出苏东坡在明人欣赏趣味从"高文大册"转变到"小文小说"过程中的关键影响；另一方面从出版业繁荣和商业发展角度，解读"文人与书商的结合"对明代文学转向的作用、山人文学盛行与商业社会背景的彼此慰藉关系（参见陈著《中国散文小说史》，上海人民出版社2004年版，第158—160页）。这种由现象而及深层规律开掘的探讨，其意义也可以等视为前述的"去蔽"与"还原"。

　　这是作者从"明清散文"往外看，与此同时，作者的研究呈现出来的另外一面，同样值得注意的是"向里看"，即作者对散文的内视与对具体作品的细腻解读，对"文心"的独到发现和把握。比如全祖望的"大气与芜杂"，又比如陈继儒的"热肠与幽韵"。正是有了这些坚实的散点支撑，连接这些"文心"的"文脉"才有证而可信，不至于像踪迹缥缈难寻的"见首不见尾"的神龙。这涉及作者的文学教育观念和教学实践两个层面的思考和选择。有感于"喜欢高屋建瓴，指点江山，而不习惯含英咀华，以小见大。重理论阐发而轻个人体会，重历史描述而轻文本分析"（见该书第2页）这一中国文学教育的流弊及近年来中文系学生的通病，陈平原格外强调"读书时的个人体味、研究中的问题意识、写作中的述学文体"（第2页），表现在本书中，便是由作品出发，经由对大量散文的精细品味、析读、判断与比较这一过程，步步为营，最后抵达文学史的描述性结论，这样推演出的"文心"，勾勒出的"文脉"，才显得坚实而稳妥。所以，我以为阅读这本书，最好把作者编选的《中国散文选》（百花文艺出版社2000年版）和专著《中国散文小说史》（上海人民出版社2004年版，前身原为《中华文化通志·散文小说志》，上海人民出版社1998年版）分置左右，随时参证对照，方可得其真趣。前者是更显感性的作品，可细读明清部分；后者是更见理性的史述，可参看第五章"八股时代与晚明小品"、第六章"桐城义法与学者之文"。本书夹处其间，刚好组成这一课题的三部曲结构。

　　作者在本书中锁定的研究范围何以界定在明清两代：既不是更宽泛的通史性质的中国散文，也不是断代性质的明代或清代散文？我揣测，其内在思路不只限于前面提到的针对"五四"一代人划定的"十八妖魔"范围的对话，还应该有这样一层考虑：明代和清代散文，正是在互相打量和对比中，昭显各自面目和特点。具体来说，明人文章的"文人"路数，一变而为清人文章的"学者"气息，其间起承转合的发展脉络固然重要，而彼此互为镜像的映照和反衬，却更能清晰地"表现自我"。

　　在研究范式上，本书采取了"内部研究"与"外部研究"相互支持的方法，也就是说，既有从"文心"到"文脉"这一条文学史线索，又有从"文人"到"文事"这一条文本外部的社会线索。当然，这两条线索并非平行发展，而是纠缠互动为一体，所以我们看到书中每一讲的副标题都是某某的"为人与为文",这种个案研究吸纳了作家研究和传记研究的特长,也可以说是"知人论世"的路数。但不同的是,作者无意于生平概述,而是选择对形成其独特"文心"的典型"文事",在"为人"与"为文"之间往返,内外互为援证与诠释。举例而言,在作者看来,李贽其人的"才高气豪"正与其文的"放胆为文"互为表里和因果。在分析山人文学代表的陈继儒时,作者引入文人生计这一社会问题,把"妆点山林大架子,附庸风雅小名家"的著述为文特点与"形同商贾"的编书生涯、"翩然一只云间鹤,飞来飞去宰相衙"的生活方式关联起来讨论(参见该书第38—44页),进而揭示出晚明小品文盛行这一历史风貌背后的社会因素。

最后应该提到,并且需要强调,而非一笔带过的是本书的课堂实录性质及其背后文体问题。正如本书中多次出现,以及作者此前一再著文讨论的"述学文体",显示陈平原对这一问题的敏感和重视。与书斋著述不同,这本基于课堂录音整理出的书稿,虽然没有了句式不完整或重复、磕绊等口语习见之病,但还是最大限度地保留了口语色彩,同时保留了现场穿插、抚古思今式即席发挥和记录学生反应的现场氛围,这在作者的结集出版系列中,自然成为孤例。爱惜羽毛的学者,在这方面往往趋向保守,大多不肯这样素面向人;而同样以严谨著称的陈平原却不避不饰,让我们因此有了一次如身临其讲坛、如聆其面谈的机缘。黄宗羲曾有言:"故古今来,不必文人始有至文。"这句话也可以延伸到当代。读书界经常提到陈平原的"两副笔墨",即一手经营学术专著,一手挥洒随笔小品,而两手都博得喝彩。就本书而言,作者的两副笔墨因为讲坛实录这种成书体例,"二美具"得到难得的呈现。时有会心微笑的快意阅读,因之不再是惯常面对学术著作时那样的对自己耐心的考验。

所以,我最后要说的是,如果我的这些缠夹不清的评点早已让你昏昏欲睡的话,我除了要向作者道歉以外,还要建议你最好去听作者课堂上的精彩发挥。陈先生针对具体对象的夹叙夹议，既可见出沉潜把玩古人作品时的灵气与悟性，又能看到尚友古人时的机智和精敏。"三联讲坛"秉持的课堂实录精神则最大限度地再现了那种原汁原味的现场效果。因此，读这本"讲坛"，或许多少可以弥补我辈无缘北大教室，听陈先生讲这门已开设了三轮的选修课的遗憾。

初刊《邯郸学院学报》2006年第2期

# 当局者的敏锐与旁观者的智慧
## ——读《当代中国人文观察》
叶 隽

  陈平原虽然自称对晚清的思想文化最感兴趣,但对当代状况并非"两耳不闻窗外事,一心只读圣贤书"。其实"大学者一般都不会将视野封闭在讲台或书斋,也不可能没有独立的政治见解,差别在于发为文章抑或压在纸背"①,这又何尝不可看作是陈氏的夫子自道。不过,既然强调政治与学术的两分,彻底排除了"以经术文饰其政论"的可能,也就不会接受"为帝王师"的传统古训。政学虽宜分途,"学者的人间情怀"却不可以轻弃。这一点,陈氏自己也有过非常清晰的表述。在《当代中国人文观察》中,陈氏以"学有所长"的专家身份,而对当代问题"激扬文字",这当然与写作者的衷怀有关。早在《学者的人间情怀》中,陈先生就明确表白:"不是去当'国师',不是'不出如苍生何',不是因为真有治国方略才议政;而只是'有情''不忍',基于道德良心不能不开口。"但这是关于有关社会政治的表达,其实,对于仍在进程之中的现代中国建设大业来说,思想文化的推进,或许是表面显得悠闲,但很可能更涉及根本的大问题。

  《陈平原自选集》中曾有两篇文章让我印象深刻,一为《近百年中国精英文化的失落》,一为《当代中国人文学者的命运及其选择》,乃是直接论及包括自身在内的当代学者的使命及可能,让我在相貌谨严的学者面相之外,对陈氏的"人间情怀"说有了更深切

---

① 陈平原:《中国现代学术之建立》,北京大学出版社1998年版,第15页。

的体会。这两篇文章正是此部《当代中国人文观察》的开篇作。从1994—2004年的十年时间里,陈氏择文十篇,内容均关乎当代中国文化走向的根本问题,值得细加探究。这些年来,对于关涉根本的元命题,也曾略有思索,没想到在此处竟然有碰撞生发的感觉。可以列举的,如"文言与白话""小说与电影""传媒与学术""网络与传统""思想与民族""精英与大众"。没想到,此书皆有论列,而且有的命题,譬如小说(这当然是陈氏的本色当行),竟有多篇论及,且与通常的学术研究不一样,那要讲究材料论证、烘云托月、承转起合、步步为营,可这里的文章多半属于演讲稿性质,可以直抒胸臆,乃至直言无忌、直奔主题,将"思想的深刻"与"性灵的冲达"表现得淋漓尽致。这样的文章,真可谓别开生面,让人大有见"同学少年,风华正茂""指点江山,激扬文字"的感觉。

还是以小说为例,陈氏当初一句判断,认为21世纪作为文类的小说将退居边缘,而诗文则有可能重返中心,引来"无数英雄上擂台",评论家、作家、学者等纷纷发言,成为世纪初文学之争的一道亮丽风景线。这一判断,即使就我个人的观点来说,也不太同意。在我看来,文学关乎国民精神,尤以小说为甚。在20世纪倍感受到机械化与现代化压迫的人性之灵,很可能非常需要精神的解决之道。问题在于,我们的"国民精神建构者"——文学家(尤其是小说家),是否能创造出合乎时代需要的"精神产品"?首先是小说,新时代的挑战,其实更为严峻。李鸿章曾谓晚清遭遇的是"三千年未有之大变局",以今日观之,这个变局一直在持续之中;而20世纪中科技的迅猛发展,则更为之做出诸多注脚。在我看来,电视的崛起,网络的出现,值得特别关注。这两者恰恰与传统的两大传播方式,报刊的印行,书籍的出版,形成了一种相峙的张力。然而,不管是这居于现代社会核心的四大传播载体,还是其他方式诸如广播、电影等,作为文类的小说,仍很可能占据值得认真对待的"主流话语"地位。

买书的人少了，上网的人多了。但看电视、读报刊，仍是现代人生活中不可或缺之事。不要忘记，无论是电视、网络还是报刊，它们也同样是小说的重要载体。大众所津津乐道的电视连续剧，有几部不是改编自畅销小说的呢？为了省钱而不得不劳累在电脑屏幕前的眼睛，其实很多是在阅读网上的小说电子本。倒是报刊，陈先生说得很对，相较前辈而言，确实是没有树立起自己的风格，尤其是报纸副刊的愁云惨淡，真是半点风骨未存。要知道，影响大众的方式，往往正在这些看似下里巴人的日报周刊，因为与阳春白雪的知识界行报或专业刊物不同，这里才是大众对话的平台，民众了解社会的窗口。如何搭建知识精英与大众趣味的对话交流阵地，真的值得一般报刊大做文章。

任何一个时代的发展，都不可能脱离时代精神与国民精神的构建而"踽踽独行"，当代中国的建设不慢，经济发展尤颇迅速，但独力难远行。"国民精神"的重建迟早必须提上议事日程。但一般来说，像搞运动那样的"一蹴而就"，不太可能；倒是经由公共舆论空间"众说纷纭"之后的"水到渠成"，显得更为可取。如此，则公共空间中的舆论导向与经营模式，就变得至为关键。但无论此间如何变化腾挪，有一点我坚信不疑，无论是"时代精神"还是"国民精神"，其最为深刻与优美者，仍将表现于本时代的文学之中，在19世纪以降的中国，我相信，小说应始终处于中心位置。不能因为时代精品的贫乏，而对这一根本原则有所疑问。其实，在本书中关于小说的论述与思考也同样居于主流位置。且不说《怀念"小说的世纪"》《武侠小说与功夫电影》《"通俗小说"在中国》等题目直接与小说相关，而其中透露出的对大众趣味的关心，更是别有深意。

原理与事实有时不一定就成正比。与当代中国人极为丰富多彩的生活面相比较而言，能反映这一大变动历史时代的"大气小说"，实在是凤毛麟角。而文学，本应是走在时代最前列的"感声筒"。18—19世纪德国国民精神的构建过程中，文学扮演了极为重要的角色。一般我们都会称道德国古典哲学是马克思主义的重要来源,亦是西方文明史上的明珠,但如果没有德国古典文学的辉煌灿烂,前两者同样不可想象,彼此间是相互生发的关系,不存在非此即彼的可能。他们的特点,在我看来,是"超出潮流之外,立定现实之中",也就是说,不应为时代所流行的所谓潮流而轻易左右。所以歌德会在狂飙突进的时候悄无声息地走了,去魏玛开始了他的官宦生涯;席勒也会戛然止笔,到耶拿去当他的历史学副教授去了。然而,正是经过了这样自我心灵的"凤凰涅槃",才沉淀出他们日后光照万世的"魏玛时代"。在理想坚守之外,还要体验社会,在激情澎湃之后,必须进行理性反省。只有不人云亦云、东施效颦,才能走出自己的路来。未来20年的中国,必将进入历史上波澜壮阔的大时代,未来的"小说中国",也应当能担负起与这时代精神相称的"文学之声"。

  陈氏对于小说的判断,集中在以下这段话:"在'新世纪',小说如何调整自己的姿态,寻找重新崛起的契机,是文学史,也是思想史的重大话题,非三言两语所能轻易打发。至今我仍在思考,还没有成熟的答案。但有一点我敢肯定,中国小说目前的'外强中干'(品种多而销量少,足证其面临巨大的信任危机),不是一个单纯的技巧问题,牵涉到外在环境的变迁以及读者趣味的转移。至于作家的创作心态——而不是能力,更是令人担忧。"[①]这段话相当集中地表现出作者的"总结历史、忧思未来"的思路,这其实涉及当代中国小说"不死不活"的症结所在,其中既不乏那种对问题直觉性的敏锐判断,也展现出对问题出路可能的智慧。洞达作品的问题不在技巧,而在作家心态。我再补一句,在与时代的互动及"自我的立定"。另一个相关的问题,是语言。这个问题是"五四"留下的遗产,既有"好家当",也有"后遗症"。我总认为,当代小说面临的一个致命的内在难题,是语言的难以逾越。德国古典那代人,最成功的就是通过文学的创造构建出了"德意志语

---

① 陈平原:《当代中国人文观察》,人民出版社2004年版,第239页。

言";而在我看来,"五四"那代人因为过于躁急的"纠枉过正"心理,极端地"扬白话"而"抑文言",没能解决这个问题。虽然蔡元培毫无疑义是胡适等人的支持者,但他的立场仍与这些"新进"有所区别。所以,他一方面说:"我敢断定白话派一定占优胜。"但另一方面仍留了一个尾巴:"但文言是否绝对的被排斥,尚是一个问题。"这既显出那代人对"文言"的情结,同时也表现出他们的判断力。蔡氏的想法,是将"应用文体"与"文学文体"分道而行。后者,他用"美术文"的概念表示,认为其中"或者有一部分仍用文言"。可惜的是,蔡氏并未刻意强调这一观点,而新文化人似乎也未能注意到蔡氏的意见,毕竟,连蔡氏自己都认为:"至于文言的美术文,应作为随意科,就不必人人都学了。"①白话文之一统天下,在某种意义上也决定了至今为止的汉语格局。当初的开天辟地、创立新境界,自然有"纠枉过正"的必要,将孔孟儒家打倒在地,将文言一概视作"封建余孽",都有其历史原因。但时至今日,如果我们仍沿用那样的思维,那就不仅是过分,甚或是可怕的了。因为,国文者,即文章之道也,所谓"文章者,经国之大业,不朽之盛事",或许有些言过其实,但就本质而言,说文章关乎经世,国文关乎国运,委实不虚。陈先生为此而专论《当代中国的文言与白话》,足见其学术思想的敏锐度,但他的观点似乎取折中之态,一方面承认"白话的一统天下必须打破",另一方面却又拒绝文言过分占优。归总言之,还是将其纳入历史的脉络:"不管是历史上还是现实中,白话与文言一直在相互吸纳,其边界有时显得很模糊。以是否'通俗易懂'来断文白,其实行不通——在现实语境中,既有脱口而出的文言,也有佶屈聱牙的白话。将'文白之争'放在汉语的千年文脉中来解读,'你生我死'不占主流地位,更多的时候是'此起彼伏'。不说大的文化思潮,单就具

---

① 《国文之将来——在北京女子高等师范学校演说词》(1919年11月17日),原载《北京大学日刊》1919年11月19日,收入《蔡元培全集》第3卷,第731—733页。

体作家论,不同时代不同流派的作家面对不同的拟想读者、使用不同文类进行创作时,其调适文言与白话的功夫,觉得了作品的基本趣味。"最后亮出自家观点:"相对来说,我更欣赏周作人的思路:'混合散文的朴实与骈文的华美',并借杂糅口语、欧化语、古文、方言等,以造成'有雅致的俗语文来'。"①这一判断,在理论上颇为让人神往,但具体落实,恐怕还需要一个"不断实践"的过程,就是周作人的文章,在我看来,理论与实际差距仍然颇大。对于现代中国的建设进程来说,以超越"五四"为目标的"汉语重构"无疑是一个极为重要的命题,这既关系到前述的"小说中国"的可能,亦同样很可能兼及"国民精神"的构建与"时代精神"的阐发。但两者在实际进程中,很可能又是相辅相成、互相生发的。这且按下不论。

总体而言,陈氏此册文字,论述当代中国文化问题,落笔处小,关涉者大。而其思辨之精微、关怀之幽远、点题之敏锐、见解之智慧,都值得关注未来中国建设之进程者,细加体味推敲。而之所以能有这样的从容与智慧,在我看来,与作为学者的陈氏能够"出入其中"大有关联。所谓"出入其中",乃是指作为1980年代以来中国现代学术场域里身影矫健、影响颇广的学人,说他乃当代中国人文学术场域里的"当局者"(insider),自不为过。但通观全书,作者所表现出的那样一种冷静的、理性的审思态度,却又很难让人感觉到此乃"个中人"的夫子自道。这是因了作者有自觉的"旁观者"(outsider)的思路,希望能以"局外人"的身份来从容评判。下棋时的感觉,可能恰可印照此点,往往是"当局者迷,旁观者清",实际上各有各的好处,不可一概而论。能做到融通其间而出入自如的,真不多见。作者在自序中已预先表明:"本书的论述'鲜活'有余而'深邃'不足。"②倒也是一个好方法,此书本乃"业余客串"之作,不必当作学术专著看,观其思想如珠,晶

---

① 陈平原:《当代中国人文观察》,第145—146页。
② 陈平原:《当代中国人文观察》,第2页。

莹流淌，真是一种享受。当然，即便站在学术立场上，也颇有可钩稽发挥之处，譬如可以参照以"文化研究"视角对当代中国文化探讨的学者之作，如对1990年代的文化现象进行的学术研究。①能如此，则颇可相得益彰，陈著虽非严谨的学术论文，但其中表现出思想灵性的蛛丝马迹，或许更值得有心人细心品味。因为，作为典型的学院中人，以"现代中国"为治学对象的陈氏不太在大众媒体（这个概念不同于文化媒体）上抛头露面，即发言的对象除了学术界之外，最多即止于文化界、知识界。但这十篇文章，却都是与当代中国文化相关的论述，虽也一本正经地按照学术注释与论文模式，但其走笔轻松、思考明白，对于一般大众来说，要接受也不是太难。大学者写小文章，一直是一种经典的阐述，但由于学术文化体制的诸多约束，真正做到这一点的，还是太少。从这个意义上来说，以演讲稿为主体，以对当代文化问题探讨为中心的此书撰作，或许为现代中国的"述学文体"与"大众接受"，提供了又一种新的"范式"。

初刊《邯郸学院学报》2006年第2期

---

① 参见戴锦华：《隐形书写——90年代中国文化研究》，江苏人民出版社1999年版；王岳川：《中国镜像——90年代文化研究》，中央编译出版社2001年版。

# "走出"之后的"返回"
## ——评陈平原近著《触摸历史与进入五四》

杨联芬

一

在重倡"五四"启蒙主义的"80年代"沉重落幕之后，陈平原先生似乎未经"调整"，便进入了属于他自己的那块学术领地，躬耕不辍，自由自适。我们记得，80年代中期他与黄子平、钱理群共同提出了"二十世纪中国文学"的理论概念，结果剩他一人荷戟不彷徨，尽十年努力之功，促进了这一概念理论合法性的确立。90年代初以降，当陈平原以惊人的速度完成《二十世纪中国小说史》（第一卷）、《二十世纪中国小说理论资料》（第一卷）（与夏晓虹合编）、《小说史：理论与实践》、《文学史的理论与建构》，及至《中国现代学术之建立——以章太炎、胡适之为中心》出版，一位走出"五四"、远离当下、醉心历史，孜孜矻矻沉浸于荒江野老商量培养之事的"纯学者"形象，似乎就是他作为当代学者在90年代的自我定位。

然而，正如他在其随笔或演讲中常常使用"心情"一词，陈平原在追求学术独立的时候，背后其实一直有一种"心情"在支撑。毕竟，他阐释的对象，无论是康有为、梁启超、章太炎、蔡元培，还是胡适、鲁迅、周作人、傅斯年，无一不是一流的学问家兼思想家、作家兼社会批评家。这些现代中国最具魅力的特立独行的文化人格，不可能不时时摇撼并影响阐释者的心灵。1998年，陈平原在举国关注北大百年校庆时就校庆日的真伪发出"不和谐音",受到官方舆论批评;同时,他带领一帮学生"触摸历史"、探寻"五四"真迹,出了一部有违主流纪念话语的专著《触摸历史——五四人物与现代中国》,献给"五四"八十周年。陈平原的上述行为,用北京话来说是真"较真儿",它们从动机到方法,都是学术的;看似迂阔,实为狡黠。实际上,任何时候,立足于学术立场的对"真"的追究,都是以"作伪"为手段的思想垄断的最强劲的敌人。

《触摸历史——五四人物与现代中国》对史料的钩沉,固是陈平原、夏晓虹夫妇一贯的治学方法,但该书众多年轻作者的出场,章节的活泼有趣,叙述话语的通俗明了,都使它更像是陈平原在自己的学术研究之外,偶尔组织的一场思想狂欢。但是,六年之后,当他杀回马枪似的再次以"触摸历史"为题正面叙述"五四"时,我们才猛然意识到,他多年的学术研究,由晚清上溯晚明、六朝,由小说史、散文史旁及学术史,看似离"五四"渐行渐远,其实,"五四"从来没有远离过他。或者说,他当初的"走出",导致今天更深入地重新"走入",正像他的自我表白:

> 此前十年,主要为思想史及文学史上的"晚清"争地位;最近十年,随着"晚清"的迅速崛起,学者颇有将"五四"漫画化的,我的工作重点于是转为着力阐述"五四"的精神魅力及其复杂性。①

当晚清似有取代"五四"而成为现代文学研究之"显学"的时刻,他今番的重审"五四",与其说是事先的预谋,毋宁说是其审时度势、应对现实挑战的一种学术反应。尽管如此,纵深考察晚清以降中国文学与学术转型的细节、过程与相互关联,从而打破几十

---

① 陈平原:《触摸历史与进入五四》,北京大学出版社2005年版,第4页。此后援引该书,不再作注,只在引文后标页码。

年来新文化"五四起端"的意识形态,则确是陈平原二十多年来学术研究的一种思路。

中国思想、学术与文学的现代转型,并非始于"五四",而是始于晚清。"正是这两代人的共谋与合力,完成了中国文化从古典到现代的转型。"(页3)这个观念,今天已被普遍接受。但是二十年前,乃至十年前,在我们这个意识形态"道统"异常坚固的环境,没有敏锐的历史眼光和无畏的学术真诚,是很难有勇气坚持不懈地对之进行艰苦而细致的论证的。也许,正是因为立足于学术,而非其他,陈平原的学术研究显出一种持久的韧性和耐力。久之,他自己也从"求真"的探险中获得无穷的乐趣。

## 二

六年前的《触摸历史——五四人物与现代中国》,像是热身运动,最终引出陈平原眼下这部《触摸历史与进入五四》正式登场。

说起"五四",这个曾经被历史乐观主义者称为"中国的文艺复兴"的新文化运动,在几十年的历史叙述中,遭遇最为不堪。"五四"的具体时限,陈平原此书没有讨论。但无论以1915年《新青年》创刊、陈独秀呼吁"新道德"为上限,或以1917年胡适一干人倡导白话文学为起端,总之它绝不是单指1919年那场"反帝爱国"的政治运动,而是指《新青年》诞生以后围绕道德、思想、语言与文学的讨论而产生的告别传统、追求现代性的"新文化运动"。它至少包括思想启蒙、白话文运动和文学革命,以及1919年5月4日由学生游行引爆的政治运动。五四政治运动,不过是五四新文化运动中的一个插曲,而且在胡适、傅斯年看来,这个插曲所体现的政治倾向,是有违新文化运动思想启蒙宗旨的,因此傅斯年在"五四"游行后退出了学潮。退一万步说,即使"五四"指的就是1919年的政治运动,但"五四"游行总指挥傅斯年的长期缺席,李(大钊)、陈(独秀)、毛(泽东)、周(鲁迅)的排序,也完全不符合1919年五四运动的事实。新近两年矗立在北京五四大街路口皇城根公园的"五四"纪念雕塑,就是这样记载历史的,它像一尊怪物,象征着当代中国离奇荒诞的历史想象。

面对政治对历史的改动,陈平原的态度仍然是学术的,因而是理性的。他并不急于从观念上拨乱反正,而是抛开关于"五四"概念的狭义广义之争,干脆就着以讹传讹的"五四"定义(包括权威的《简明不列颠百科全书》中的定义),专门讨论"政治的五四",聚焦于"1919年5月4日那一天",以返回现场的方法,还原五四运动真相。尽管他运用的材料很广泛:新闻报道、旁观者言、亲历者自述,有报章文字、日记、回忆录、纪念文集等多种形式,但这些材料大都不是新发现。新材料固然对历史的阐释意义重大,但是历史不是依靠材料,而是依赖叙述产生意义的;已有的材料,因为叙述形式的不同,可以呈现不同的解释。以往关于"五四"的政治史叙述,是在因果决定论形式中,对历史材料做单一选择和规范而进行的。陈平原的叙述,目的就在打破这种机械论的历史叙述,尽可能呈现历史原本的真实性、丰富性和偶然性。该书对"火烧赵家楼"事件的分析与还原,是通过大量材料的比较、分析和论证完成的:火烧赵家楼的发生,并非事先策划,也非统一部署,甚至也不是大多数人的意愿;请愿学生在东交民巷的长时间受阻,是和平请愿发生逆转、游行队伍转向曹宅的关键;而北京高师匡互生等几个早就存心采取"激烈手段"的学生,则是火烧事件最终发生的主因。所以陈平原发出这样的议论:倘若那天不是礼拜天,游行队伍顺利将请愿书递到英美领事手里,那么"学生的激愤将得到很大缓解,事件很可能不会进一步激化"(页13)。关于"火烧事件",一向认为的关键——谁是点火者——当事人的回忆有出入,陈平原也无法坐实。但通过大量材料的分析,他得出这样符合逻辑的结论:"说不清谁的主意,你一言,我一语,群情互相激荡,一不小心,便可能出现'创举'。"而在陈平原看来,"此等'神来之笔',正是群众运动特有的魅力"。更有意思的是,而

"'五四'与日后众多由党派策动的学潮的最大区别,正在于其'著作权'的不明晰"(页27)。幽默的语言,道出了真理。陈平原的可贵还在于:面对浩瀚的资料,他之所以能够能游刃有余,应对裕如,从不被材料所俘虏,是因为他深知"并非所有的'第一手资料'都可靠"(页41),历史叙述的主体性,体现在把握历史材料的分寸上。

大量相关材料的比较、鉴别,容易使叙述陷入烦琐考证而变得枯燥。但陈平原的好处是,他在考证的学术文笔之外,还有另一副富于艺术想象的浪漫笔墨。以本书第一章第二节"五月四日那一天"为例,它原本是学生游行"时间、地点(及环境)、经过、高潮、结局"的依次叙述,但在平原先生诗意的想象下,成为"花开春日""集会天安门前""受气东交民巷""火烧赵家楼""夜袭警察厅"的带有小说趣味的情节结构。历史叙述的情节化,绝不是对历史的简单化处理和随意想象,相反是历史过程的偶然性、复杂性得以呈现的必要形式。"情节"将史料的丰富性,转变成为作者对环境、情绪、生活场景进行还原和想象的从容空间,不但坐实了材料,也使历史叙述在审美形式中展开。康德有一个观念:历史必须以审美的方式才能获得理解。[①]康德的观点,尽管针对的是欧洲史学的"科学性"追求,却也暗合中国的史学传统。对于从不迷信"理论"的陈平原来说,以审美的方式叙述历史,大概既符合他的知识"谱系",也符合他本人的性情。

从晚清回到"五四",客观上,强调了中国近现代历史的连续性——无论是思想史,还是文学史。二十多年来,陈平原在"晚清—五四"这个环节的研究,留下的轨迹是自文学史而学术史;眼下这本书,则多少介入了思想史。第二章"思想史视野中的文学",谈《新青年》借重文学进行思想革命,强调1920年前《新青年》作为"同人杂志"的启蒙主义的"本质",以与后

---

① 参见[美]海登·怀特:《元史学:十九世纪欧洲的历史想像》,陈新译,译林出版社2004年版,第76页。

来变为共产党机关刊物时的《新青年》区别开来，目的是强调思想史上《新青年》的价值。陈平原在与"五四""暌违"多年之后重叙"五四"，尽管本着"既不独尊'五四'，也不偏爱'晚清'"（页5）的态度，对"五四"有更多理性的审视。但是，他对"五四"之思想史意义的强调，将"思想的五四"和"文学的五四"与"政治的五四"的区分，都使人感到他身上抹不掉的"五四"痕迹；他在叙述"五四"那一代人、那一些事时，譬如傅斯年对章太炎先生《国故论衡》既"极佩服"而又不无"抨击"的眉批（第六章"写在新文化边上"），譬如周氏兄弟与胡适的文字交往（第五章"经典是怎样形成的"），字里行间流露的理解和欣赏，使人感到：他精神深处与"五四"的联系，抑或正是其既能入乎其间，又能出乎其外的原因。

## 三

关注教育，尤其是大学教育，似乎是陈平原学术研究的又一"别趣"。这自然与他大学教授的身份，以及北京大学在现代中国思想史、文学史与教育史上的特殊地位分不开。但是，陈平原研究教育，与他研究刊物、出版等媒体一样，并非其学术主干的旁逸斜出，而是他作为一位人文学者的整体学术关怀。

北京大学和蔡元培，是中国现代史上一个说不尽的话题。陈平原不满于以往那种局限在"'五四'运动的框架中"对蔡元培的叙述，认为倘若以掀起一场政治运动来评估蔡元培，"作为教育家来说，不算功成名就"。在他看来，"蔡元培首先是教育家，而后才是政治家。这就好像说北大首先是中国第一流的大学，而后才是'五四'新文化运动的中心一样"。（页128）蔡元培执掌北大时建立的一系列大学教育的理念，除了我们耳熟能详的"兼容并包，思想自由"外，还有很多具体的制度建设，而后者通常被忽略。陈平原施展他擅长史料搜集和分析的特长，详述蔡元培在北大的制度建设，诸如设立研究院，鼓励成立社团，提倡社会实践，倡导艺术教育等具体细节，一一钩沉。蔡元培关于大学的理念——大学要成为一个养成"人格"而非"资格"的场所——就是陈平原他所想昭示给我们的"大学的意义"。蔡元培的教育模式和教育理念，固然是从德国大学借鉴来的，但是，他成功执掌北大的经验，可谓中国现代教育的典范，对于今天中国的教育改革，实在是最好的鉴镜。读陈平原为我们梳理出的这段北大"校史"，不免胡思乱想：放着现成的蔡元培的北京大学之经验不看，却一波一波走马灯似的出国取经，不由得人疑心现在的教育改革究竟有多少诚意。

关于蔡元培"以美育代宗教"的主张，陈平原认为其"作为哲学命题""很难成立"，但是"美育"作为教育的宗旨，"不但过去，而且至今仍然发挥良好的作用"。（页139）"蔡先生所设想的'美育'，是全社会的审美教育——既以学校为中心，又兼及各阶层的民众；既以艺术教育为手段，又推广到日常生活的言谈举止。这样的'美育'，确实很像传统儒家所设想的'礼'。记得近世怪才辜鸿铭曾主张将'礼'译为art而不是rite，周作人对此深表赞赏，甚至加以引申：'礼'，就是'生活的艺术'。"（页140）这些精辟的议论，固然来自对先贤思想言论的解读，但也不妨看作陈平原先生在借历史话题浇自己的块垒。与此相似的还有对梁启超关于中学语文教育如何选择范文主张的介绍（第六章）："一是强调中学生需要培养欣赏美文的能力，'但中学目的在养成常识，不在养成专门文学家，所以他的国文教材，当以应用文为主而美文为附'。一是主张'学文学以叙事文为最要'，但不应该从小说入手。"（页315）后一条，是梁启超针对这些主张，对胡适建议中学语文课本应采用"白话小说"而进行的严肃思考与辩难。梁氏的主张，大约也符合陈氏自己的思想，所以他叙述还嫌不过瘾，干脆将梁氏《中学国文教材不宜采用小说》一文附于章末。"你看国内白话文做得最好的几个人，那一个不是文言功夫用得狠深的？你怕学生们多读几篇《史记》《汉书》，便变成《镜花缘》里咬文嚼字的'君子国'吗？不会的。放心罢！"（页317）这是梁氏的声音，却印了陈氏的心意，完全可以给我们今天的中学语文教改做参考。

至于陈平原对巴黎图书馆发现"老北大讲义"的兴奋，一旦我们明白他"以史鉴今"的用心姿态——谈的是吴梅的文学史，想的却是当今大学中文系文学史课程的设置，以及"文学如何教育"的问题——那么，对于这部分与前几章叙述风格的不和谐，以及似过琐碎的资料考辨，也就多一分理解和体谅了。

"五四"的话题远没有说尽，却已经有太多的误读。也许，陈平原"走出"之后又"返回"的经验，以及他立足于实证的方法，是我们面对历史——无论晚清、"五四"还是当下——的一种富于理性和建构意义的途径。

2005年12月20日凌晨完稿于哈佛

初刊《中国现代文学研究丛刊》2006年第3期

# 大学精神的另一种探寻
## ——《大学何为》述论

于述胜

自上个世纪90年代后期以来，与市场经济的迅速推进相适应，中国的大学教育也处在急剧变化之中。大学内外，繁密的章程条规、频繁的评估评比接踵而至，令人应接不暇。传统集权体制与新兴市场原则的畸形结合，使大学教育面临严峻挑战。人们在奋起指陈大学弊端的同时，不得不重整大学理念。于是，"大学理念""大学精神"之类的概念，不仅大量出现在教育著述的命名和行文之中，也成了大众传媒评说大学教育的流行话语。

在这场"大学精神"的话语爆炸中，陈平原既是"始作俑者"之一，也是有力的"推波助澜者"。从《老北大的故事》（1998年）、《北大精神及其他》（2000年）到《中国大学十讲》（2002年），再到如今的《大学何为》（2006），其谈兴之旺、笔锋之健，即便专业的大学历史和大学理论研究者，亦罕见其比。如此频频出击，弄不好就会或自弹老调，或拾人牙慧。可陈平原的论说却不拘一格。同他以往的相关著述相比，《大学何为》有承接，更有提升，呈现出一种新的问题意识；与学界同人的相关著述相比，《大学何为》洋溢着深沉的历史感、深切的人文关怀，展现出更加开阔的学术视野。这样一种颇具自家特色的大学论说，不妨将其视为"大学精神的另一种探寻"。

## 一、把"大学精神"转化为"大学传统"和"大学故事"

1990年代后期以来的大学论说，是在专业化、社会科学化的学术氛围中展开的。于是，"大学精神"的探究似乎亦呈专精化趋势：人们把大学精神作为一种独立的教育现象，试图通过汇聚古今中外有关大学精神的论述，分析有特色大学的办学经验，去抽象、概括带有普遍意义的大学精神或大学理念。相应地，在教育实践领域，不少大学的主事者也出于自我激励和向外界宣显自我形象的双重需要，试图用尽可能简明的几句话，去概括和总结自己的大学精神，如"北大精神""中大精神"等。与上述致思倾向不同，陈平原首先关注的，不是什么才是真正大学精神，而是如何谈论大学精神。

陈平原说："我不太相信能够用一句话来概括（比方说北大）十几万人近百年的努力，除非你说的是'爱国''民主''科学'之类的大话。……因为用一句话来概括几万乃至十几万师生几十年上百年的努力，只能高度抽象，那样，弄不好就成了另一种校训。大家知道，校训是主事者对于未来的期待，不是历史总结。……当每个大学都在努力发掘并积极提倡自己的'大学精神'时，确实有点儿夸张。而且，很容易变成一种变相的政治口号。"[①]他也不相信有凝定不变的大学精神，"如果说真有'北大精神''中大精神'的话，那也是经由一代代师生的努力，而逐渐积累起来的。只要大学存在，她就永远只能是一个未完成时——有大致的发展方向，但更需要一代代人的添砖加瓦；而后人的努力，必定对原有的方向有所修正"（《大学何为》，第142页）。这两个"不相信"，使他不得不转换思考的方式，把"大学精神"转化为"大学传统"："我更愿意说大学传统，她比大学精神更实在些，也更好把握。而且，一说传统，大家都明白，那是在培育过程中的，是没有定型的，还在不断发展。"（《大学何为》，第142页）

---

① 陈平原：《大学何为》，北京大学出版社2006年版，第141—142页。

把大学精神还原为大学传统，首先意味着要在生生不息的大学历史中坐实大学精神。而所谓大学历史，首先当然是指中国大学的本土生长、发育史。针对当代中国文化教育界"长于'开眼看世界'，短于'低头思故乡'"，读书人"似乎全都孤身一人，背靠长城，凝视远方，与海外学界对话"（《大学何为》，第189页）的倾向，陈平原说："1950年代以后，我们先是向苏联学习，后又转向美国，都是一边倒，一直到今天高喊'与世界接轨'，都忽略了对传统中国教育精神的理解、接纳与转化。"（《大学何为》，第158页）在他看来，"'千年书院'，再加上'百年大学'，如此'中国经验'，实在不该被忽视"（《大学何为》，第185页）。作为当今中国大学的研究和改革者，我们"缺的不是'国际视野'，而是对'传统中国'以及'现代中国'的理解和尊重"。（《大学何为》，第142页）

把大学精神还原为大学传统，还意味着用本土情怀去关注本土经验，养成研究者、改革者的历史意识和文化意识。这是因为，"尊重"也好，"理解""接纳"也罢，并不是发思古之幽情，也不只是储存充分的历史知识以备古为今用、以史为鉴；或抽象出若干教育定律、大学定理，以获得理论的武装。历史、文化意识本身是态度与知识的统一，情怀与经验的结合，她是"意识"而不是单一的知识或经验。她看似虚无缥缈、大而无当，却可激发我们的文化想象力和创造力。据此，陈平原说："思考问题，有这个维度和没这个维度，就是不一样。没有这个维度，就会变成简单的'拿来'，或自我陶醉于'中国的哈佛''东方的剑桥'这样不伦不类的比拟，而与'世界一流'无缘。"（《大学何为》，第186页）

在《大学何为》中，我们将会看到，陈平原已开始把上述问题意识，落实到对具体问题的研究中。比如，他那篇与北大改革论争有关的《我看北大百年变革》，就是一个很好的例证。2003年仲夏，北京大学教师聘任与职务晋升制度的改革，在全国学界引发了一场关于学术自主性与学术市场化的激烈辩论①。北大的人事制度改革之所以备受关注、成了全国性事件,既与北大的特殊地位有关,也反映了当下中国大学教育改革发展中的共同难题。在"怒目圆睁"的热烈气氛中,平原君似乎是一个冷静的"旁观者":他没有袒胸露臂、挥刀便砍,而是静静地翻开史书,写就了《我看北大百年变革》,发表在7月3日的《南方周末》上。看似不温不火、"王顾左右而言他",实则希望改革者能把眼界放宽、视距拉长,在与历史的深入对话中,领会北大历次自主改革中的问题、措施与实际,准确把握大学改革的应有方向。故其有关论说深沉而有力:

> 评判大学改革,不以当事人的主观愿望为准,而是揆之常理与人心,验之历史与现实,着眼学术与文化,既看短期效应,更看长远影响。(《大学何为》,第192页)

> 此回的温习校史,不是为了"发扬革命传统",而是希望阐明:任何改革都是在与历史对话,有其潜在动机,有其问题意识,也有其发展方向,而不可能只是简单的移植。(《大学何为》,第193页)

文章选取从1903至1993年的十个年代、几件大事展开叙述,却未显浮光掠影,因为每一次事变或改革都被提炼成关涉历史与现实的深刻问题,如"大学章程与学生运动""高深学问与社会责任""'国际水平'与学位制度""'拆南墙'与面向市场"等,不能不让人浮想联翩,陷入对历史的沉思之中。

在由"大学精神"到"大学传统"的转换中,陈平原用力最勤且最具特色的,是通过讲述大学故事来彰显大学精神或大学传统。如同中国的历史叙事既有官修的正史,也有民间口头流传的野史一样,中国的大学史也有校方刻意纂修的校史与师生们口耳相

---

① 罗燕、叶赋桂:《2003年北大人事制度改革:新制度主义社会学分析》,《教育学报》2005年第6期。

传的大学故事之别。后者或不如前者考证有据、庄重严肃,而是真真假假、虚虚实实,并常与调侃、娱乐相伴随。但正是这些在自发编排、自然淘汰中流传下来的大学故事,才构成了大学活的历史和活的精神,它们同样能动地发挥着塑造大学传统的特殊功用,这就像活在中国人民心目中的三国史事和三国人物,不是《三国志》而是《三国演义》一样。正是在这个意义上,陈平原说:"'大学故事'同样可以成为大学史乃至教育学研究的课题。"(《大学何为》,第144页)他发表于1998年的《北大旧事》(三联书店)和《老北大的故事》(江苏文艺出版社)固已开讲述大学故事之先河,就是《大学何为》中的多数篇章,也都具有故事性,且开始把故事的"传神"作用,付诸理性的思考。

## 二、在"精神与制度建设之间的张力关系"中展开思考

与成书于2002年的《中国大学十讲》相比,《大学何为》的另一种新的问题意识,是在"精神与制度建设的张力关系"中展开思考。在开篇之文《大学之道——传统书院与20世纪的中国高等教育》中,陈平原说:

> 本文借构稽康有为、章太炎、唐文治等十位身兼教育家的学问家或政治家融会中西教育的尝试,探讨精神渗透与制度建设之间的巨大张力,力图为二十一世纪中国大学的健康成长提供也许是不可或缺的思想资源。(《大学何为》,第4页)

那么,这种新的问题意识究竟意味着什么?

我们知道,清末的新教育体系,是以废科举和引进外来教育制度为前提,通过改书院为学堂而建立起来的。从书院到学堂进而到现代大学转换的总体趋势,是现代大学制度对传统书院的压抑和取代。在改制之初,作为中国现代大学之"前身",书院对大学的主

要"贡献",在于提供了当时建学所急需的场地和部分经费。从这个意义上讲,中国现代大学不是从接续传统而是从中断传统开始,且一发不可收拾,以至于有的外国学者把20世纪的中国大学,说成是"欧洲大学的凯旋"①。"可这么一来,传统中国的教育精神,被高悬云端,无法介入本世纪(指20世纪——引者注)初极富激情与想象力的制度创新。"(《大学何为》,第6页)

从一般意义上讲,作为同一个历史过程的自然产物,"制度"和"精神"是有内在关联的。通过"制度"来落实"精神",又用"精神"来统率"制度",是其题中应有之义。可对于中国现代大学建设来说,制度易造而精神难得:精神来自长期的历史和文化积累,并体现在大学人的日常生活和举手投足之间,非一蹴而就;制度则有现成的西洋模板,可照着葫芦画瓢。于是,制度与精神的经常性脱节以至相互背离,就成为中国现代史上大学制度建设的突出问题:西洋模式自有其历史文化传统和现实承担者;我们可以搬花运草,却无法移植其土壤。如果我们因担心"橘逾淮则为枳",在移来的花草与中国的土壤之间设置重重屏障,自觉地与传统绝缘,那花草就因不接土气而无法生存。为了让那些花草在中国安家落户,我们不得不通过制度的不断移植或繁殖(所谓"制度配套")来营造土壤。结果,制度日趋密繁,土壤日益贫瘠,大学精神成了无家可归的"游魂"。

例如,下面这种现象,在当今中国大学具有相当程度的普遍性:研究生答辩,从论文审阅时的"匿名校外评审",到组成答辩委员会时确定校内外人员的比例以及导师回避,再到答辩结束后的各级学术委员会层层审核,制度不可谓不严密。但谁都知道:"匿名"常常只是从文本上抠掉了有关标记而已;答辩前学生请求答辩委员最多的,是"高抬贵手""别难为我"之类的话,让人啼笑皆非;至于导师指定答辩委员,则成了事实上的"制度"。由此说

① [加]许美德:《中国大学1895—1996:一个文化冲突的世纪》,许洁英主译,教育科学出版社1996年版。

来，如果没有必要的学术精神做支撑，再繁密的制度也只是虚文。

在"精神与制度的张力关系"中，《大学之道》一文抱着同情和理解的态度，既分析了传统教育精神被高悬云端的可能原因或理由（《大学何为》，第6、19页），也提示人们：另一道不太耀眼的风景线也不该被忽视。早在清末兴学之初，章太炎就从官学与私学、教育与学术等的关系出发，对盲目乐观的兴学心态进行过极富预见性的批判，力倡书院精神和古老的私人讲学传统。至20世纪20年代，形式化地移植外来制度的现代大学弊窦丛生，借书院改造大学或重建已经失落的书院，为一批身兼教育家的学问家或政治家所不断尝试。陈平原以画龙点睛之笔，彰显了上述人物各种努力的具体历史内涵和不同精神内核。（《大学何为》，第8—18页）而《大师的意义及弟子的位置》一文，则以清华国学院为个案，通过考察它从历史走向神话的全过程，揭示了时代变迁、话语转换在形成不同历史想象中的巨大作用，指出"这个故事的得以流传，甚至在传播的过程中被日渐'神化'，都说明中国学界开始反省我们的教育体制、治学方法以及文化精神"（《大学何为》，第47页）。尽管清华国学院的神话包含非历史的成分，但神话的素材选择和编织者却是历史中的存在。这个神话的形成本身，就是反思既成体制、通过与历史对话来寻求大学精神的体现。

此外，由于制度是统一的，而具体的大学则可能也应该千姿百态，陈平原说：

> 考虑到这一点，不仅北大、清华不足法，哈佛、牛津也不足法，没有一个"标准的大学"，更不存在中国大学全都必须追摹的"榜样"。一百年来，中国人办现代大学，一开始学日本、学德国、学美国，再转而学前苏联，现在又回过头来学美国，言必称哈佛、斯坦福。学是应该的，但必须记得以下两点：第一，大学要接土气；第二，大学要千姿百态。（《大学何为》，第166页）

这意味着，有"精神"的大学同时也是有"个性"的大学。制度在规范大学行为方面具有不可或缺的作用，但个性却需要每一所大学从自己的传统和现实条件出发，"找到属于自己的位子和方向"。即此而言，好的大学制度，同时也应该是为大学的自主创造提供支持的制度。就大学内部的制度建设来说，"不将主要精力放在防止偷懒，而是鼓励创新"，"为中才制定规则，为天才预留空间"（《大学何为》，第179—180页），就显得格外重要。

因此，在陈平原的论说中，"制度与精神的张力关系"不是研究者所编织的抽象图景，它在不同的历史场景，由具体的人物、机构或组织的创造性思想活动来呈现。这恰与他把大学精神还原为大学传统的理路相一致。

### 三、在学术与教育的互动中把握当代中国大学问题

《大学何为》的第三部分特别是《我的80年代》一文，主要以对话的形式，回顾了陈平原从下乡知青到大学教授、人文学者的精神发展历程。自上个世纪80年代后期以来，陈平原一直是中国人文学术领域十分活跃的中青年学者之一。从80年代的"文化热"到90年代的学术转向，都留下了他活跃的身影。他的努力甚至引起了国外一些汉学家的关注。[①]本文无意渲染陈平原精神成长历程的过人之处，我更关心的是，由这样一个处于思想学术前沿的人文学者的个人精神史，所折射出来的20世纪80年代以来中国思想学术的变

---

① 例如，日本汉学家佐藤慎一1996年12月出版的《近代中国的知识分子与文明》（刘岳兵译，江苏人民出版社2006年版），如今被一些日本学者看作反映当时日本学界中国近代思想研究水准的著作（第279页）。该书论及中国当代知识分子与"五四"知识分子之关系时，就把陈平原、陈思和等看作"文革"后中国人文学者的重要代表人物（第26—29页）。

迁，以及它与中国大学教育变迁之间的复杂关系。毕竟，陈平原是以下乡知青的身份，跻身"文革"后第一批大学生之列的。接着，他马不停蹄地由学士而硕士而博士地完成了接受大学教育的全过程。其后，他又在北京大学任教近20年，经历了由广场到书斋的转变，进而以一个学院中人的身份，去关注中国的社会、思想和文化变迁。他是一个名副其实的大学人——在他那里，学者的追求始终关联着大学人的切己身份。

没有人会怀疑，学术研究（学术思想）和学术传承（教育），是大学的重要职能，无论是古典大学还是现代大学。然而，新的世纪开始以来，探讨20世纪中国思想学术变迁者不乏其人，但是，能在学术思想与教育（主要是大学教育）体制的内在关联中展开深入思考的，似不多见。我想，这应该是陈平原把新著的第三部分命名为"我的大学"而不是"我的学术之路"的潜在动因。

跟研究改革开放以来中国学术思想发展历程的绝大多数学者一样，陈平原也以1989年为界，将这个时期的学术分为前后两段：1980年代和1990年代。论及1980年代的学术和思想，陈平原称那是一个人文学者一统天下的时代，其突出特点是："独立的思考，强烈的社会责任感，超越学科背景的表述"（《大学何为》，第237页）。当然，其间也存在不少问题："那代人明显的精英意识，启蒙意识，没有得到很好的反省。……因急于影响社会进程，多少养成了'借经术文饰其政论'的习惯。……这一方面体现了我们的现实关怀，但另一方面，也会导致专业研究中习惯性的曲解和挪用。"（《大学何为》，第243页）

进入1990年代，中国的思想和学术发生了重大变化。这场变化，被形象地称为"从广场退回校园和书斋"。根据陈平原的分析，这个年代思想和学术的特征大致可以用"分化"二字加以概括。具体说来，"分化"主要表现在三个方面：一是学术刊物与大众传媒彻底分开；（《大学何为》，第239页）二是知识群体本身发生了明显的分化，形成了所谓"学院派"、"公共知识分子"和

"野狐禅"的分野;(《大学何为》,第239页)三是"学院派"和"学院"本身也进一步分化,学院中人形成了严格的学科边界并在给定的专业领域内活动,跨学科的交流、对话和合作日渐稀少。(《大学何为》,234—235页)由思想敏锐的李泽厚先生提出的"学问家凸显,思想家淡出"公式所引起的争论[①],陈平原没有介入。在他看来,这基本上是一个伪命题,争论背后的问题意识是:"90年代的中国学界,更多地关注具体问题,而忽略了作为总体思想的'主义'。"(《大学何为》,第245页)这种变化当然与1989年后学者活动空间的缩小有关,但就学术发展的内在理路而言,则是"90年代以后,好多学者抛弃大字眼,转而讨论具体问题,或者说,希望把对'主义'的理解和坚持,落实到具体'问题'的讨论中"。(《大学何为》,第245—246页)此外,"90年代的学术转型,跟社会科学在中国的迅速崛起有关","学界普遍质疑'宏大叙事',有后现代主义思潮的影响,但也牵涉到社会科学对人文学术的挑战"(《大学何为》,第246页)。

值得注意的是,陈平原还论述了从20世纪80年代开始建立、至90年代日趋严密的学位和大学制度,对90年代中国学术发展的深远影响。他说:

> 学位制度的建立,第一,意味着我们国家的教育日渐正规化;第二,追求国际化,也就是"与国际接轨",不再讲传统书院那一套;第三,具体操作时,以美国为榜样。……这条路线,一直影响到今天。……比起个别天才的创造来,制度建设更值得我们关注。比如大学里的课程设计、学科建设、论文评估、学位授予等,都不是小问题,都会影响到整个思想文化进程。……这种专业化趋势,与学者们从广场退回到书斋,大有关系。(《大学何为》,第250—251页)

---

① 夏中义等:《思想家的凸显与淡出——略论李泽厚新时期学思历程》,《学术月刊》第10期。

如果说退回书斋的学风是90年代大学制度建设顺利推进的重要动因之一,那么,专业化、规范化了的大学制度也反过来固定和强化了那种书斋式的学风。当然,他的分析并没有停留在一般概括上。例如,论及80年代的学术,他就谈到了那时的人才培养和学术传承,谈到了那些成长于1930年代前后的老学者,他们的学术、人品及其类似师傅带徒弟的教育方式,对新时代学风的巨大影响。

从中也可以看出,强调人文学术与社会科学的此消彼长在八九十年代学风变化中的突出作用,是陈平原的重要见解。这也为他反思90年代学术、展望未来中国学术发展方向,提供了有力的理论支点。

### 四、人文学术与社会科学:有无恰当的结合方式?

在评价80、90年代两种不同学术风气时,陈平原并没有采取扬彼抑此的简单化态度。在他看来,"我们会很怀念80年代的文化氛围,但整个专业水平,90年代显然有很大的进步"。(《大学何为》,第249页)他认为,人文学术与社会科学承担着不同的文化责任,即人文学者更为关注精神与信仰,以综合的目光进行长线思考,为社会建立理想性的精神标杆,"没有这种不妥协的追求,社会发展缺乏方向感";社会科学家更愿意采取建设者的姿态,注重现实性与可操作性,主动与政府、企业合作,通过一点一滴的改良,实实在在地影响社会进程,没有这种努力,任何理想的蓝图都会落空。(《大学何为》,第247—248页)基于这一立场,陈平原在1991年创办《学人》杂志的时候,有感于时人对于学问的轻蔑,以及由此形成的"借学术谈政治"的学风,一开篇就讲学术规范,提出应当允许并尊重那些钻进象牙塔的纯粹书生选择;十年后的2001年,他在创办《现代中国》学术辑刊时,专业化思想已深入人心,针对"专业主义"日益构成对不合规矩的"奇思妙想"的极大压抑,会逐渐剥离研究者与现实生活的血肉联系,他又希望"以

'情怀'来补充'规则'的缺失",倡导"以学术的方式,积极参与当代中国的精神及文化建设",在投身"专业化"大潮的同时,保持学者的人间情怀。①由此,我们便不难理会其学术思考的独特问题意识。

也是基于这种问题意识,在反思1990年代以来大学制度问题的时候,陈平原把人文学确立为大学的核心,他说:

> 作为专业设置,文、理、法、医、工、农等,各有其独立性,评价标准不一;但作为整体的大学形象,是人文(或社科),而不是科学(或技术)。这不仅仅指"教育"的学科定位,更包括"办教育"这一行为所蕴含的文化理念。(《大学何为》,第190页)

这就是说,人文构成大学的核心并能反映大学的整体风貌,主要不是在学科意义上,而是在活动的意义上,即大学教育作为由人来实施、为了人的成长而展开的文化事业和活动,所必然蕴含应当体现的文化理念。就培养目标和培养过程来说,大学不能变成单纯的职业训练,也得讲修心养性(《大学何为》,第260页);就制度设计而言,要"相信广大教师的学术良知,不将主要精力放在防止偷懒,而是鼓励创新,这既是对'人'的尊重,也是对'学术'的理解"(《大学何为》,第179页);而大学的管理工作,"应包含对'人'的尊重,以及对'创造性劳动'的理解。前者涉及'尊师重道',后者不妨称为'放长线钓大鱼'"(《大学何为》,第180页)。大学的这一以信念、精神和历史承担为核心的人文情调,或不如诺贝尔奖或SCI那样言之凿凿,却可收到"草色遥看近却无"的教化效果、长远效应。不用说,这种对于人文学的强调,本身就体现着"持世而救偏"的问题意识和人间情怀。

---

① 陈平原主编:《现代中国》第一辑,湖北教育出版社2001年版,第287—288页。

记得章学诚在《原学篇》中曾经指出:"所贵君子之学术,为能持世而救偏,一阴一阳之道,见于气数者然也。风气之开也,必有所以取;学问文辞与义理,所以不无偏重畸轻之故也。风气之成也,必有所以敝;人情趋时而好名,徇末而不知本也。是故开者虽不免于偏,必取其精者,为新气之迎;敝者纵名为正,必袭其伪者,为末流之托;此亦自然之势也。"①新学风的开创,必定是对旧风气的补偏救敝;而要补偏救敝,就必须汲取其偏中之正、敝中之精。然而,新风气一旦形成,从之者相沿成习、习焉不察,就会徇末忘本,又成一敝。即此而言,吾所取于平原君者,在于他能持世救偏,对于蔚然成风者保持清醒头脑并适时予以反拨,此其一;既能倡导新风气,又能身体力行地加以实践,以便形成具有典范意义的研究成果,此其二。

2002年,陈平原发表了《学问该如何表述——以〈章太炎的白话文〉为中心》一文,表达了他关于"学"与"文"的看法:

> 我的态度颇为骑墙:不主张"以文代学",却非常欣赏"学中有文"。仔细说来,就是不喜欢以夸夸其谈的文学笔调瞒天过海,铺陈需要严格推论的学术课题;但同样讨厌或干巴枯瘦,或枝蔓横生,或生造词语,或故作深沉的论学文字。②

2004年,他发表了一部讲义体的著作——《从文人之文到学者之文》。该书针对以"文学史"为主干课程的当代文学教育,"重理论阐发而轻个人体会,重历史描述而轻文本分析"的流弊,转而强调"读书时的个人体味、研究中的问题意识、写作中的述学文

---

① [清]章学诚著,叶瑛校注:《文史通义校注》,中华书局1994年版,第154页。
② 陈平原主编:《现代中国》第二辑,湖北教育出版社2002年版,第16页。

体"。①2006年7月18日,一个关于"教育公平与大学精神"的研讨会在北京大学举行。会上,他谈到《大学何为》的缺憾,说过这样一段话,大意是:细心的读者将会发现,我的行文在各种不同的文体之间呈游移状态。②这种种迹象似乎表明,陈平原正致力于尝试一种新的述学文体,以寻求人文学术与社会科学的恰当结合方式。

　　毋庸讳言,在这方面,《大学何为》还只是艰苦探索的开始。但我要强调的是,这种探寻既是陈平原独特学术理路的内在要求,也可能昭示着中国人文社会学科的新的学术增长点。这是因为,如果他所说的在投身专业化大潮的同时保持学者的人间情怀,确实是我们同时超越1980和1990两个学术年代的可能选择,那么,那话就不能停留在一般的原则上,它同时还要体现于研究过程,并最终落实到恰当的述学文体之中。即此而言,述学文体并不仅是一种文章的书写格式,它还关联着学术的理念,影响着提问的方式,制约着研究的方法。或许,那才是更加妥帖的大学精神探寻方式。

初刊《现代中国》第十辑,北京大学出版社2008年版

---

① 陈平原主编:《从文人之文到学者之文》,三联书店2002年版,"开场白"第1—2页。
② "教育公平与大学精神"研讨会暨《中国教育公平的理想与现实》《大学何为》新书发布会[DB/OL]. http://chat8.bokee.com/chat/html/template/fullcontent.php?id=108.

# 第三只慧眼看文学史
## ——陈平原《作为学科的文学史》的启示
张福贵

无论是文学史写作还是文学史学研究，都已经成为中国现当代文学近年来最引人注目的学术热点和难点。在大家的研讨中，我似乎有一种强烈的幻觉：中国现当代文学史写作和文学史学的突破就在眼前，因为学术的积累和学科的成熟已经提供了可能突破的基础。当然，像中国任何哲学社会科学的发展一样，其最关键的动力并不是来自学理逻辑，而是社会时代政治文化的影响。其实这也符合中国文学发展的历史实际，因为文学史本身就是中国社会历史的构成和表征。在这样一种前提下，文学史学研究中的任何一点创见和突破都是难能可贵的，都需要我们给予足够的重视。陈平原的著作《作为学科的文学史——文学教育的方法、途径及境界》（以下简称《学科的文学史》）所带给我们的，不仅仅是一点知识和思想的突破，而是一种思想逻辑和学科体系的反思与重构。其意义和价值随着时间的推移，可能会更加突出。

《学科的文学史》最突出的特色是从文学教育的视角来梳理和阐释中国现代文学史的发生发展和学科确立的过程，这是一个过去人人都有感受但却少有人系统阐述的重要问题。"五四"新文化为中国社会的现代化确立了全面的规范和标准，使中国教育特别是高等教育很快完成了近代转型。而其中中国文学这一传统领域也通过课程设定、讲义或教科书编撰、学习过程等环节具有了现代的学科属性，使其由一种个人情趣和知识养成，成为一种现代教育体系和规范。在这样一种认识的基础上,《学科的文学史》以北京大学为中心,"从课程、教师、教材、课堂入手,讨论百年来中国大学里以文学史为中心展开的文学教育,分析其利弊得失"①。《学科的文学史》的作者延续了他一贯的思维个性,采用扩散的和深化的视角,不局限于就事论事,把文学教育、学科确立和文化交融联系在一起:"文学教育的中心,由技能训练的'词章之学',转为知识积累的'文学史',并不取决于个别文人学者的审美趣味,而是整个中国现代化进程的有机组成部分。"(第509页)"进入现代社会,合理化与专业性成为不可抗拒的世界潮流;'文学'作为一个'学科',逐渐被建设成为独立自足的专业领域。最直接的表现便是,文学教育的重心,由技能训练的'词章之学',转为知识积累的'文学史'。如此转折,并不取决于个别文人学者的审美趣味,而是整个中国现代化进程决定的。"这一见解既区分了古代文学教育与现代文学史学科的本质差异性,又对于"五四"新文化的历史转折性价值给予了明确的肯定。"文学史"作为一种知识体系,在表达民族意识、凝聚民族精神,以及吸取异文化、融入"世界文学"进程方面,曾发挥巨大作用。至于本国文学精华的表彰以及文学技法的承传,反而不是其最重要的功能。(第29页)因为清末《奏定大学堂章程》就已经开宗明义:"以西式的'文学史'取代传统的'文章流别'。"(第10页)

  中国文学学科的学科性抑或学科的成熟性是有所不同的,对于这一点,陈平原虽说没有重点阐释,但是在字里行间不时透露出一种严肃的思考。在增订版的序中他指出:"谈论作为知识生产的文学史,必须深入体会体制与权力的合谋、意识形态与技术能力的缝隙,还有学者立场与时代氛围之间错综复杂的关系。"毫无疑问,学科的确立和成熟往往与其发展的时间成正比,学术和学科都需要成果的积累,而时间在此之中具有某种决定性的作用。然而,中国

---

① 陈平原:《作为学科的文学史——文学教育的方法、途径及境界》(增订本),北京大学出版社2016年版,第3页。以下未注明引文均出自此书。

现当代文学与古典文学等学科相比，学科性先天不足而又后天失调。强烈的意识形态属性是现当代文学的特质，这一特质一方面使其成为百年中国社会和思想文化发展变化的表征，另一方面又使其学科性具有某种不确定性。"有趣的是，无论是突然崛起的1950年代还是备受压抑的1960年代，或重新扬眉吐气的1980年代，作为学科的'中国现代文学'，始终跟国家的命运以及意识形态的变迁联系在一起。此等'处于旋涡中心'的感觉，使得很长时间里，这个学科的价值、地位以及重要性被过分高估了。忽而备受讥讽，忽而平步青云，一惊一诧，大起大落，难得以'平常心'视之，这对学科的发展并不十分有利"（第507页）。陈平原能把萦绕在无数学者心头的责难和困惑以如此形象而平静，足见其学识的精深和涵养的深厚。的确，中国文学特别是现当代文学在漫长的岁月里，一直被社会物质文明发展看得太轻，又被社会精神文明看得太重。当与社会意识形态构成一体化状态之后，极具变幻的意识形态属性必然使现当代文学亦步亦趋，随之而出现波峰浪谷的发展轨迹。这可能不只是一种价值观的改变所能改变的，它已经成为中国文学史的本质构成，成了一种客观的对象存在。无论是从文学创作主体、接受群体和生产过程看，还是从文学史构成本身的历史事实看，文学史都先天的与政治和意识形态休戚相关，密不可分。即使是在文学史写作、文学史教育的环节，也表现得十分鲜明。这是中国文学和教育的宿命。

　　读过陈平原的许多论著，我有一种感觉，他的学术叙述和价值判断总是能举一反三，于宏大中发现细微差异，从细微处看到巨大不同。他对中国现代文学学科的意识形态属性有一种历史性的观察："过去谈学科建设，对学问背后的政治关注不够；现在则反过来，受福柯影响，满眼看过去，'知识'全都变成了'权力'。这同样是一种遮蔽。在中文系所有课程中，很难找到比'中国现代文学'跟意识形态的关系更为紧密的了。可即便如此，这一课程的建立与拓展，也并非只是从属于政治，仍有其学理上的依据。"这里他进一步地指明现代文学的政治化并不只是因为"分属不同政治阵营",进而导致文学史观政治立场的差异,而是与中国现代文学的思想本质和历史原态紧密相关的。他以新中国成立后,大陆、台湾、香港三地的文学教育为例,说明几十年的冷战隔绝并没有完全中断现代中国的"大学之道",三地中文系的文学教育、文学史观"仍有若干潜在的呼应"。因为任何历史判断都离不开历史事实,而尊重基本的历史事实是文学史家最起码的素质。①与文学史相似,来自历史的真实存在,正像"革命小说"的模式化一样,主要来自正处于青春冲撞和社会觉悟的青年作家生活体验的相似,不能简单地以单纯的"革命加恋爱"公式来否定。艺术的模式化往往来自生活的模式化,而对于生活我们无法挑剔和回避。

说到底,中国现代文学史是一种思想体系,而且是在教育思想体系下形成的历史观念、道德判断和政治立场。因此,对于中国现当代文学史的评价从来就不是一种艺术史和学术史的评价,而是一种革命史和政治史的评价。作为当代中国教育体系中的一个学科概念,其本质也在这里。当我们指出文学史构成和研究中的这种特殊情况,并不一定就必然得出否定性的结论,更可能是为了陈述一种事实而已。作者所陈述的这种事实是切切实实的存在,是我们文学史学确立的基本前提,也是几代人的宿命。对此,作者不无自得地感慨:"直面意识形态与学术传统间错综复杂的关系,提供尽可能准确的描述与阐释,是很有趣味的精神历险。"此中蕴意我真的有些分不清楚是慨叹多还是调侃多。但是,其中的认真是有目共睹的。

陈平原的文学史观似乎并没有到此为止,而是明确地进一步向前迈进:"或学有余力,出而干政;或浮想联翩,纵横六合,将'现代文学课'变成'知识分子论述'的,比比皆是。"这个"知识分子论述"用得十分有趣而精准,也可以反过来说成"论述知识分子"。包括我自己在内的许多现代文学专业教师,总是有一种大文

---

① 陈平原:《三四十年代"中国现代文学"导言》,《华夏文化论坛》2015年第2期。

化情怀和"五四"情结,总愿意用文化破坏和创新作为现代文学史的视角和框架,从启蒙主义的立场来阐释本来属于文学自身的这段历史,真的成了"知识分子论述"。这也叫我再一次醒悟: 我们已有的文学史文本普遍欠缺的是文学审美论述。在不能从根本上改变大文学史观的情况下,加强文学审美论述不正是文学史写作的突破或回归吗?

透过《学科的文学史》思想与知识的星空,我们看到的是严密的结构逻辑和叙述逻辑。作者写作思路极其明晰,"全书共十二章,大致分为三块,分别讨论学科建立与学术思潮、学人及其著述、若干专业领域的成绩与拓展的可能性"。

首先,《学科的文学史》从课程、教师、教材、课堂入手,讨论百年来中国大学里以文学史为中心展开的文学教育,分析其利弊得失。这一切入点需要格外加以关注。至少在我看来,从文学教育和课程、课堂以及讲义来梳理文学史的构成与学科的确立,是一个极其具有历史价值的发现。这里将抽象而琐碎的对象系统化,将死的文学变成为活的文学。人们在这里看到的不只是历史的细致脉络,更看到了历史跃动的生息。除了借此构建学术谱系,更是在与当下中国学界对话——探究"文学"到底该如何"教育"。其次,作者以黄人、林纾和鲁迅三位具体的文学史家为例,"观察其在政治与学术、文学与史学、古典与现代之间徘徊、挣扎与突围,凸显作为学科的文学史是如何折射乃至承载时代风云的"。这种选择极具历史见地,三位大家的时代、趣味和精神历程互为对比衬托,共性与个性、学理与伦理的异同彰显着历史的变化。再其次,是一种"典型的学术史思考",从分类论述的视角,对于小说史、散文史、戏剧史和现代文学四个专业领域,当然也是四种文体流脉进行探讨。以上三大板块纵横交错,点面结合,完整地梳理了文学史的发展过程,廓清了文学史内容的构成。如果说三大板块更多的是线性分析的话,而其中对于文学史类型属性的细化分析,则是一种断面考察。作者把文学教育与作为课程设置的"文学史"、作为著述体例的"文学史"、作为知识体系的"文学史"和作为意识形态的"文学史"四者之间的关系做了深入考察,在系统中分类,牵一发而动全身,把一种十分完整的文学史谱系展示给人。用作者自己的话说,这是"希望在思想史、学术史与教育史的夹缝中,认真思考文学史的生存处境及发展前景"。最终我们看到作者非常具体的论述策略:"从学科入手,兼及学问体系、学术潮流、学人性格与学科建设"。当然,除这四种属性之外,文学史还有艺术感知和文化态势的属性,至少,在作为知识体系和意识形态体系的文学史中应该包含这些元素。从头到尾,在信手拈来和海阔天空之间,《学科的文学史》表现出整体与局部的逻辑性,文学教育、文学史和学科性环环相扣,紧密相连;从叙述内容和形式来看,此书甚至可以称之为"作为文学的学科史"。于是,当一种判断可以循环成立的时候,其逻辑构成就已经十分严密了。

说实话,如果从我自己的感受来说,我是把《学科的文学史》的最后一章"重建'中国现代文学'"当作全书的"结语"来看的,其中原因之一,就是作者对于文学史写作历史与现状评价的那种略带含蓄的犀利和深刻。在不长的段落中到处充满了作者智慧的思想和机智的语言交汇时的闪光点。

与全书的前大部分的内容有所不同,作者在这一章阐释自己的文学史观的同时,表现出对于当下中国现当代文学界治史治学不良倾向的强烈质疑:"今日中国,只要你执教大学并从事文学教育,便不可避免地投入'文学史'的编撰与讲授。"(第508页)平心而论,这句话还是一种现象陈述,是你我同感的现实存在。但是接下来便具有了前面我说过的略带含蓄的犀利和深刻了:"我甚至怀疑,中国学界(以及出版界)之倾心于编撰各种各样的'文学史',除了学问上的追求,还有利益的驱动,以及莫名其妙的虚荣心。过去之'统编教材',容易造成思想专制以及知识垄断;现在的全民大编'文学史',则走向另一歧路——除了不必要的浪费,还可能污染学界的风气。"(第511页)而且作者还将这一现象的出现与大学扩招联系在一起。话说到这个份儿上,已经把当下盛行编写教材之风的思想之惑与名利之心,揭示得再清楚不过了。当然,这可能是不提教育产业化而实际产业化过程中的一个最普通的案例罢了。

　　除了教科书编写热的写作动机分析外,《学科的文学史》的作者对于如何写史的问题也表达出自己独到的见解。他认为,不能说撰写"通史",就一定是"教科书";也不是一提"专家书",就非写成片段式的"谈艺录"不可。那些"四平八稳、玲珑剔透、体系完整、面面俱到"的"文学史",很可能适应于课堂教学,但不是理想的学问境界。"现代中国学人追求知识的系统化,话越说越长,书越写越厚",其中的原因何在?陈平原毫不犹豫地指出,"这一趋势很大程度是课程设置以及教学大纲造成的"。1950年代以降,受苏联文学教育模式的影响,在新的教育思想体系的制约下,文学史教科书写作成为一种写作形式的集体性和学术思想的规范性特征。放眼望去,不只是文学教育,包括所有的文科教育都进入了一种"教科书时代",许多不可证伪的学术前提使教科书内容和编撰形式长期同质化。在这种考量之下,陈平原明确表态:相对于权威性的教科书,我能理解大学课堂对于"教科书"的需求,但我更欣赏"孤行其意,虽使同侪争之而不疑,举世非之而不顾"的"专家书",因为后者无疑更有可能达到"通古今之变,成一家之言"的著述目标。(第514页)然而直到今日,大学文学教育的教科书依然是强调共性的"通史",而非突出个性的"专家书"。当然,教科书与专家书在功能、标准和用途上是有所差别的。教科书作为一种教育体制的知识指导和学习用书,需要讲求规范和相对一致,以此来培养学习者知识的系统性;而专家书则主要是体现个人思想见解和知识选择标准,具有学理和思想的优势,但是作为一种文学教育用书的话,即使除去现实的思想环境统一性的要求前提,则对于要进行国家系统评价和考试的学校与学习者来说,也是明显不具有实际应用优势的。也许,我所陈述的逻辑正是《学科的文学史》的作者希望改变的。如果是这样的话,我倒愿意与其达成一致。最后,陈平原把文学史看作是一门"可敬、可爱而又不无可疑的学问"。个中意蕴,冷暖自知。当然,对于历史的失望并不影响作者执着于现实的努力。陈平原在总结百年来中国人从事文学史撰述与教学的经验,力陈流弊,质疑那种根深蒂固的文学史情结的同时,对于文学教育和文学史写作可能的出路和方法做了极为有效的探讨。其实,否定错误指出问题的本身也就是在确立正确的标准。

《学科的文学史》在阐释思想的同时,为我们提供了无比丰富的资料。或者说,陈平原的深刻思想也形成于他对大量的文学史料的把握。他似乎是一边在梳理文学史,一边在匡正文学史料。例如,他认为制约着"文体"的,除了阶级与政治因素之外,还有文类与学科因素。再如,在一般的文学史文本中,文学革命之初的文白之争往往被看作是新旧文化阵营的对立和思想立场的斗争。这种认识不仅极端化了论证的剧烈程度,而且遮蔽了二者之外的第三种声音。据陈平原考察,"当初辨析文言白话各自利弊得失时,除了积极提倡白话与坚决捍卫文言的,还有第三种声音,那就是既积极推行白话,又不完全排斥文言"。他以当年北大国文系教授、被视为旧派领袖的刘师培1904年发表于《警钟日报》的文章为例,说明文白之争以外的中间观点:"中国自古以来,言文不能合一,与欧洲十六世纪以前同。欲救其弊,非用白话未由,故白话报之创兴,乃中国言文合一之渐也。"这可能是我们过去不太了解也不太重视的事实。此外,像他对于北京大学、台湾大学和香港中文大学历史、体制和学术承传等方面的细致比较,也都是建立在十分丰富的数据和材料基础上的。

《学科的文学史》主要以北京大学为考察对象,这是十分合乎历史的事实和学术逻辑的。北京大学的文学教育、学科建设和文学史文本写作,在世界上是独树一帜的。"发生在北京大学的有关'文学'的课程、课堂、教员、讲义等的变革,却因牵涉极为广泛,深刻影响了此后的教育思潮及文化进程,值得认真辨析。"

（第28页）无论是历史还是当下，北京大学的学科教育与学术建构始终是中国高校的指归和表征。在这个意义上，探讨北京大学的问题也就成为探讨中国的问题。"新文化运动时期的北大国文系，朝气蓬勃，至今仍令人神往。在其众多实绩中，形成'文学史'的教学及著述传统，并非最为显赫的功业。但文学史的教学与研究，不同于一般的批评实践，作为一种知识体系，需要新学制的支持，也需要一代代学人的不懈努力。此类熔古今于一炉的文学史想象，既是基础知识，也可以是文学主张；既是革新的资源，也可以是反叛的旗帜——故也并非无足轻重。"我宁可相信，作者以北京大学为中心探讨文学教育和文学史写作以及现代文学学科的发展，不是从资料把握和自我经验出发的，而是从经典和焦点的理解层面出发的。北大是举足轻重而常说常新的，中国的大学可以说只有两种：北大和北大之外。如果这一说法过于极端，倒可以修正一下：受北大影响大的和受北大影响小的。这里不是说学校的综合实力，而是专指北京大学文学教育和学科历史在中国高等教育发展中的特殊意义和价值。也许后来有许多学校取得突飞猛进的发展，但是在起点处不能不说北大是首屈一指的。"当然，认真谈论作为一种知识生产的文学教育在中国的演变，单靠北大作为个案，未免过于单薄。"（第27页）如果作者能更多地涉及海内外大学的同类问题，可能更完整全面，也更能显示出北大的价值意义。

我注意到，陈平原近些年来的学术论著都有一种口语化的叙述风格，读起来深厚而轻松，文字的行云流水和语气的娓娓道来的背后，有着丰富广博的历史资源和严丝合缝的逻辑支撑，直白而深刻，随意而不拉杂。这种"学术白话"已经炉火纯青，进入了巴金所说的"最高技巧是无技巧"的境界。对此，我甚至常常有一种皈依的渴望。其实，学术的训练和学者的水平不在于表达方式的与众不同，而在于思想和知识的与众不同。受宏大叙事和现代文化思潮的影响，1980年代以来中国大陆学界呈现出一种思辨或者玄学化的潮流，语言的理解往往成了读者面对的第一道难关。我一直认为，科学研究不能时尚化，而要个性化或者大众化。不能用人人都不懂的话说人人都懂的道理，而应该用人人都懂的话说人人都不懂的道理，这是学术大家的最后表达方式，这也可能是人们在阅读陈平原近年来的论著时往往不太注意的地方。

文学史观和文学史写作是当下中国现当代文学研究中最大的热点问题和难点问题。从1980年代到21世纪初，从"二十世纪中国文学""重写文学史"的口号到"民国文学"的主张，都是人们探讨这一难题的努力。这是学术积累和学理逻辑运行的必然结果，而要根本实现这些口号和主张又不仅仅是学术和逻辑所能够完成的。正如陈平原在《三四十年代"中国现代文学"导言》中所说的那样："与此相关，先有'二十世纪中国文学'的学科建设，近期又见'民国文学'概念的讨论，都是学界对于'中国现代文学'这一学科的自我反省。""不问此类'宏大叙事'，先从具体作品的阅读、鉴赏、阐释入手，未尝不是一种明智的选择。"他在《学科的文学史》中没有直接探讨文学史学的宏观问题，而是默默地爬梳历史，分析个案，从深层和细部入手来表达与大家相似而又相异的文学史观和文学史写作见解。沿着他所走过的脚印也许会蹚出一条通往终点的蹊径。

初刊《文艺争鸣》2016 年第 10 期

# 有精神的大学研究
## ——读陈平原"大学五书"
季剑青

  自上世纪90年代中期,陈平原先生步入大学教育研究领域,至今已有二十个年头。这期间作者孜孜不倦,钩稽近代以来中国大学的历史经验,关注当下中国大学的改革进程,追问和探求理想的"大学之道",为读者奉献了一部部包含着真知灼见的论著。去年以来,作者重加修订,由北京大学出版社陆续推出"大学五书"系列,包括《抗战烽火中的中国大学》(2015年出版)、《老北大的故事》(2015年修订版)、《大学何为》(2016年修订版)、《大学有精神》(2016年修订版)、《大学新语》(2016年出版)五部著作。作者积二十年心血的思考,大体得到了较为完整的呈现,这是作者求索道路上短暂的休整和检阅,也让读者有机会一览其中的风景,领略中国大学教育这一话题的分量和魅力。在此之外,作者尚有《读书的"风景"——大学生活之春花秋月》(北京大学出版社,2012年)、《花开叶落中文系》(生活·读书·新知三联书店,2013年)、《大学小言——我眼中的北大与港中大》(生活·读书·新知三联书店,2014年)等若干或大或小的著述,若能合而观之,读者当有更丰厚的收获。

  陈平原谈论他心目中理想的中国大学,有一句流传颇广的"名言":"大学以精神为最上。有精神,则自成气象,自有人才。"①借用这句话，我们不妨说陈平原的大学研究也是"有精神"的大学研究，这不仅是因为其中充溢着强烈的精神关怀，更因为从著述体例、研究方法、问题意识等诸多方面，它都迥异于一般专业意义上的大学史研究和高等教育评论，显出活泼泼的气象。读陈平原的大学研究论著，在欣赏具体问题上的诸多洞见之外，还能感受到一个人文学者对自己如何介入历史与现实问题的探索、反省甚至挣扎。"大学五书"里有作者的"人"在，这或许是其独特魅力之所在吧。

## 一、观察大学的多重视角

从学科领域来看，大学史研究属于教育史研究，而教育史虽然与文化史、思想史和学术史有密切的关系，但"过去研究教育史的学者重视的是制度史"②，特别是那些以整个大学教育或某大学整体为研究对象的论著，往往集中精力于高等教育政策和大学机构的建设和变迁，制度史的取向相当明显。③这些研究多出自专门的教育学家或教育史家之手，从方法论上倾向于把大学作为一个封闭的、自成一体的对象来处理。而陈平原则不受这一路径的束缚，他的大学史研究也显出别样的特色。

按照陈平原的自述，他在做关于中国小说叙事模式转变的博

---

① 陈平原：《我们需要什么样的大学》，载陈平原《大学何为》（修订版），北京大学出版社 2006 年版，第 31 页。为简明起见，以下注释凡征引作者论著者，不再标明作者。
② 李弘祺编：《中国教育史英文著作评介》，台湾大学出版中心 2005 年版，第 2 页。
③ 如金以林：《近代中国大学研究：1895—1949》，中央文献出版社 2000 年版；[加] 许美德：《中国大学 1895—1995：一个文化冲突的世纪》，教育科学出版社 2000 年版；苏云峰：《从清华学堂到清华大学：1911—1929》，三联书店 2001 年版；苏云峰：《从清华学堂到清华大学：1928—1937》，三联书店 2001 年版。

士论文的时候，就已经注意到新文学与新教育的关系。①90年代以后，陈平原的学术兴趣转向学术史研究，学术史与教育体制之间的关联也进入他的视野之中，从他写于1992年的那篇著名的论文《章太炎与中国私学传统》中，已能看出这一思路。1994年春，陈平原赴日本东京大学访学，恰逢东大百年校庆，这成为他着手大学研究的契机。此时距离北大百年校庆已很近，他便很自然地从搜集整理老北大的史料入手，进而考辨校史上的若干模糊不清却又至关重要的论题，陆续推出《北大旧事》（与夏晓虹合编）、《老北大的故事》等书，一时引起了强烈的反响。

1999年，陈平原对自己的北大研究做过一番总结："我之关注北大，从最早的研究五四新文学，到近年撰写现代中国学术史，再到逐渐逼近作为现代知识生产基地的大学制度。文学史—学术史—教育史，这互相制约的三角关系，是我目前最为关注的课题。"②从文学史、学术史进入教育史，他关注的是制度建设和变革与文学潮流变迁及学术思想演进之间错综复杂的互动，虽以北大为中心，却不限于北大，而是把北大置于教育史、文学史、学术史和政治史的多重脉络中来考察。又因为讨论的是大学与学术思想及政治文化的复杂关系，因而就不以撰写通论或通史为目的，而是以问题为中心，从专题的个案研究中生发开去。《老北大的故事》"校史杂说"辑中诸文，最能看出这一特色。作者从校庆日期、英文译名、人事关系等具体问题入手，抽丝剥茧，步步推进，牵扯出有关学术变迁和政治变革的大问题，虽是考证文字，读来却如侦探小说般妙趣横生，且给人以无穷的思索和启示。明乎此，便不难理解，作者虽然在北大校史上下了很大功夫，却不愿戴上"校史专家"这顶帽子。③一旦为校史这一特定的体例所束缚，便很难施展上下左右四处出击的功夫。

---

① 《我的"大学研究"之路》，《大学有精神》（修订版），第5页。
② 《〈北大精神及其他〉后记》，《老北大的故事》（修订版），第375页。
③ 《辞"校史专家"说》，《老北大的故事》（修订版）。

从个案入手,从细节入手,使得陈平原的大学史研究不同于一般大学史和教育史的平淡乏味,而具有鲜活的历史感和深刻的问题意识。即如谈论百年北大与政治的复杂纠葛,陈平原由1928年首都的南迁考察北大与中央大学的升沉起伏,透视政治权力对大学地位的塑造[①],又由北大校舍紧邻紫禁城,捕捉北大师生的政治意识和家国情怀[②],皆别具只眼。如果说个案研究亦为历史学者之擅场,对细节的把握则显出文学出身的人文学者的敏感。这些细节不见得都能落实为严格的史料,但对感悟和体会大学的精神却是必不可少的。

## 二、"历史"与"文学"之间的张力

一般来说,历史学以求真求实为鹄的,大学史自然也不例外,这就使得大学校园里许多流传已久的逸事和传说,不入一般教育史家的法眼。然而,陈平原却对这些故事性的材料情有独钟。他的第一部大学研究著作《老北大的故事》以"故事"为题,便有意突破历史学的藩篱,将文学的感觉和趣味注入其中。这不是简单地出于可读性的考虑,而是包含了严肃的思考,在他看来,"正是在那些广泛流传而又无法实证的逸事中,蕴含着老北大的'真精神',体现了北大人独特的价值取向"[③]。世代相传的故事,形成了北大人独特的历史记忆,而北大特有的精神即寓于其中。制度的设计可能会时过境迁,但看似虚无缥缈的精神却往往还保留着对今人的吸引力和感召力,因而即便"故事"中不乏想象和虚构的成分,"可具体人事的真伪其实不太重要,关键是借助老大学故事的讲述,体贴

---

① 《首都的迁徙与大学的命运——民国年间的北京大学与中央大学》,《大学有精神》(修订版)。
② 《校园里的真精神》,《老北大的故事》(修订版),第 27 页。
③ 《有容乃大》,《老北大的故事》(修订版),第 288—289 页。

并领悟真正的大学精神,接续那曾经中断的教育及学术传统"①。

然而,在具体操作过程中,引"文学"入"历史"却不是一件容易的事。《北大旧事》和《老北大的故事》出版后,广受读者欢迎,谈论民国大学的种种趣闻一时成为时尚,出现了很多学府逸闻一类的丛书。陈平原对此是有清醒的批评的:"从'故事'入手来谈论'大学',既怀想先贤,又充满生活情趣,很符合大众的阅读口味,一时间成为出版时尚。可书一多,鱼龙混杂,做滥了,也会讨人嫌。"②出版社可以只考虑市场需求,严肃的学者却不能无视其中的陷阱。陈平原对"故事"中包含的"历史"与"文学"之间的张力,始终有自觉和反省,他的工作策略是,一方面尽可能把"故事"还原到历史中,即"故事"本身须有史料的依托,不是向壁虚构,这样"故事"体现的精神才有所附丽,不会成为空谈;另一方面尊重客观历史的整体框架,不像后现代主义者那样走到视一切历史皆为文学性的"叙事"甚至"虚构"的地步,"大框架不能动,小故事则多多益善,尤其是精彩的细节,确实很见精神"③,这样实与虚、"历史"与"文学"就不是相互对立的关系,而是构成了有机的对话与互补。

陈平原协调"历史"与"文学"的努力,在《抗战烽火中的中国大学》这本专题性的著作中体现得最为充分。这本书由四篇长篇论文组成,不求面面俱到地论述以西南联大为主体的中国大学的抗战历程,而是力图勾勒中国大学面临战火昂扬不屈的精神。作者特别注意钩稽和辨析日记、书信、散文、杂感、诗词等私人或文学性的史料,但不是用它们来直接支撑论述,而是发掘和呈现其中蕴藏的精神,"让日渐遥远的'大学精神'重新焕发光彩,也让'富贵不能淫,贫贱不能移,威武不能屈'的大丈夫形象重新站立

---

① 《文学史视野中的"大学叙事"》,《大学有精神》(修订版),第242页。
② 《大学排名、大学精神与大学故事》,《大学何为》(修订版),第62页。
③ 《此情可待成追忆》,《抗战烽火中的中国大学》,第71页。

起来"①。除了对"故事"和"传说"青眼有加外,作者还特别注意对西南联大教授旧体诗词的阐释。从这些"有情"且"鲜活"的史料中,作者让我们"了解他们在战火中的遭遇与思考、困惑与怨怼,以及压在著述背后的心情"②。这在一般论述西南联大的历史著作中是看不到的。

"故事"与"传说"也好,旧体诗词也好,在大学史中引入文学的视角和感觉,归根到底是为了突出"人"的存在——大学的精神首先是"人"的精神。在陈平原看来,"大学不是一个空洞的概念,而是一个知识共同体,一个由有血有肉、有学问有精神的人物组成的知识共同体"③。这是作为人文学的大学史研究的基本前提,却往往为一般的史家所忽视。近年来的大学史研究,不少已能突破教育史的窠臼,注意到大学史与政治史、学术史之间的密切关联,但仍然多着眼于机构和制度,很少顾及具体的人的思想、情感和活动。④不仅教育史如此,整个专业化的历史学都有脱离"人"

---

① 《抗战烽火中的中国大学·绪言》,第15页。
② 《岂止诗句记飘蓬》,《抗战烽火中的中国大学》,第228页。
③ 《大学排名、大学精神与大学故事》,《大学何为》(修订版),第62页。
④ 着眼于大学与国家政治之间关系的,有王东杰:《国家与学术的地方互动——四川大学国立化进程(1925—1939)》,三联书店2005年版;许小青:《政局与学府——从东南大学到中央大学,1919—1937》,中国社会科学出版社2009年版;[美]叶文心:《民国时期大学校园文化(1919—1937)》(英文原书题为"疏离的学院:民国的文化与政治,1919—1937"),中国人民大学出版社2012年版;[美]魏定熙:《权力源自地位:北京大学、知识分子与中国政治文化,1898—1929》,江苏人民出版社2015年版。从大学学科设置来讨论学术史的,有陶飞亚、吴梓明:《基督教大学与国学研究》,福建教育出版社,1998年版;孙宏云《中国现代政治学的展开:清华政治学系的早期发展,1926—1937》,三联书店2005年版;《北大史学系早期发展史研究》,北京大学出版社2010年版;Xiaoqing Diana Lin, *Peking University: Chinese Scholarship And Intellectuals*, 1898-1937 (State University of New York Press, 2006).

的趋势。①在这个大背景下看陈平原的大学史研究，其意义就不限于大学史这一具体的领域了。

另外，陈平原游走于"历史"与"文学"之间，还有着变革述学体例的自觉追求。从《北大旧事》《老北大的故事》开始，他就有意"将历史研究的探索与写作方式的革新结合起来，希望兼及'文'与'学'"②。在他的大学史研究中，"文学"既是讨论的对象（故事、传说、诗词等），也是一种笔调和风格，两者融合无间，因而即使是专题性的论文，读来也不觉枯燥。作者本来就擅长学术随笔，又始终关注社会现实，从大学史研究迈向大学评论，从专题论文扩展至散文随笔，也是顺理成章。这里面其实包含着作者对人文学者的定位的思考，他谈到著述文体的时候，明确表示追摹"五四"时期的《新青年》和上世纪八九十年代的《读书》，欣赏"上下求索、不问学科、兼及雅俗的写作方式"，"既经营专业著作（'著述之文'），也面对普通读者（'报章之文'），能上能下，左右开弓，这才是人文学者比较理想的状态"。③理想的人文学者不仅能在研究对象中体会和把握"人"的精神，本身也能摆脱专家的角色，作为一个有见识、有趣味、有担当的"知识人"，介入到当代的思想文化建设中去。这正是我们在陈平原的大学教育评论中所看到的形象。

### 三、过去与现在的对话

上世纪90年代，陈平原谈论"老北大的故事"的时候，就有"为目前的大学改制寻找方向与动力"的考虑。④在陈平原看来，

---

① 2016年3月有4日，王汎森在北京大学的演讲，就以《人的消失？！——二十世纪史学的一种反思》为题，正面讨论这个问题。
② 《〈北大精神及其他〉后记》，《老北大的故事》（修订版），第377页。
③ 《我为什么跨界谈建筑》，《大学新语》，第231页。
④ 《作为一种文化景观的百年校庆》，《老北大的故事》（修订版），第280页。

"老北大在学生人格的培养、精神传统的呵护、学术氛围的营造、知识的生产与传播、与国际学术界的接触,以及对社会的实际影响等方面所取得的成绩,的确有值得称道之处。这一点,对于我们正在进行的大学改革,应该说是有积极的借鉴意义的"①。讨论抗战时期的中国大学,陈平原也不忘从中汲取对当下中国大学的启示,将其概括为三点:"第一,以教学为主;第二,注重师生关系;第三,坚持学术标准。"②

进入新世纪以来,陈平原在研究大学史之余,写了大量直接针对当下大学改革的评论文字,并实际介入北大改革的进程。大学改革是教育改革的重要组成部分,也是公众关注的热门话题。一般而言,主导和参与大学改革的官员与学者,往往受某种"政策思维"的主导,寄望于通过出台若干规划和方案,一蹴而就地改变大学现有的面貌,实现预期的目标,很少考虑历史经验的价值。作为对大学史素有研究的人文学者,陈平原强调在长远的历史视野中思考中国大学的未来。他坦率地表示,若要追问中国大学路在何方,"我只好开诚布公地回答:不知道"③。这与热衷于设计种种规划和方案的学者形成了鲜明的对比,表面的谦逊之下,实际上是一种负责任的审慎态度。陈平原深知当代中国大学是从历史中一步步走过来的,改革只能在历史的基础上进行:"中国大学不是'办在中国',而是'长在中国'。各国大学的差异,很大程度上是历史形成的,不是想改就能改,你只能在历史提供的舞台上表演。而就目前中国大学的现状而言,首先是明白自己脚下的历史舞台,寻找适合自己发展的道路,而不是忙着制订进入'世界一流'的时间表。"④他提醒大家,大学改革不能太急,"教育的实验必须小心翼翼,特别忌惮连续急转弯。宁肯胆子小一点,步子慢一点,追求

---

① 《"半真半假"说北大》,《老北大的故事》(修订版),第307页。
② 《战时中国大学的风采与气象》,《大学新语》,第237页。
③ 《中国大学百年?》,《大学有精神》(修订版),第63页。
④ 《全球化时代的"大学之道"》,《大学何为》(修订版),第108页。

的效果是'移步变形',而不应该是'日新月异'"①。

与大学改革主事者"一往无前"的思维形成对照的是,部分学者和公众对过去——特别是民国大学——的理想化甚至神化的态度。特别是在近些年的"民国热"中,民国时期的大学也成为许多人追慕怀恋的对象。②陈平原对此同样持批评的态度:"现在有一种流行观点,说民国大学多好多好。可是持论者必须明白,今天的中国大学同样需要一种'了解之同情'。民国大学是一种精英教育,这与今天我们的高等教育模式很不一样。……当下中国大学的困境必须直面,不是召唤'民国大学'的亡灵就能解决的。"③

无论是遥望未来,还是神化过去,出发点都是对现在的否定。陈平原的看法却没那么简单化,他承认当代中国大学面临种种困境,需要改革,但同时也不漠视其取得的成就:"最近十六年的争创一流与大学扩招,二者高低搭配,各有各的道理。身在其中者,很容易发现诸多积弊,因而怨声载道;但若拉开距离,其雄心勃勃与生气淋漓,还是很让人怀念的。"④史家最大的长处是分寸感,因为对特定历史情境中的人事有体贴和同情,对同样受制于种种因素的不尽如人意的现实,也能加以体谅。在陈平原这里,历史感和现实感是相辅相成的。

历史学家如何面对现实一直是一个难题,大体而言,可以区分出三种态度:一是用历史为当代服务,把现在视为历史发展趋势的必然结果,用英国史家巴特菲尔德的说法,这是一种"辉格党式的历史阐释"⑤,我们在种种历史进化论和进步论的叙事中常能看

---

① 《我眼中的内地与香港的高等教育》,《大学新语》,第76页。
② 这方面较有代表性的著作,有谢泳《大学旧踪》,江西教育出版社1999年版;陈远编《逝去的大学》,同心出版社2005年版。
③ 《我眼中的内地与香港的高等教育》,《大学新语》,第77—78页。
④ 《当代中国大学的步履与生机》,《大学新语》,第12页。
⑤ [英]巴特菲尔德:《辉格党式的历史阐释》,李晋译,三联书店2013年版。

到它的身影。二是视现在为历史的倒退,希望回到过去的"黄金时代",前述神化民国大学的倾向即属此种,中国古代的"复古"也可归于此类。当然不可能真正回到过去,真正的目的仍是通过"复古"来变革现实。三是把历史看作与当下现实完全不相干的存在,对历史做完全客观的研究,这是现代历史学家的普遍取向,"过去是异邦"(the past is a foreign country)是对它的最好概括。① 陈平原的态度则有异于是,考虑到中国大学百年来走过的曲折多变的历程,他一方面看重历史与现实之间的连续性,强调中国大学自身的历史传统,注重从过去汲取经验,发掘精神;另一方面他又对现在与过去的断裂一面有深刻的理解,知道"每个时代的大学,都有自己的问题,之所以如此追怀'过去的好时光',不是希望将其理想化,而是在与历史的对话中,展开'大学文化'以及'教育理念'的思考与实践"②。这种对话并不是那么容易实现的,需要在过去与现在之间保持某种艰难的平衡。这就使得陈平原的大学评论,乍读起来并不是那么痛快淋漓,但细细品味,却能体会到作者平实表达背后的通透和熨帖,既能照顾到方方面面,又不乏可操作性和建设性,确实很不容易。

在一段颇有夫子自道意味的话中,陈平原把自己的态度概括为"瞻前顾后":"'瞻前'让我们知道历史大概往哪个方向走,什么力量、事件及文体代表着未来,因而对这些'新生事物'表示宽容、理解与体贴;'顾后'则是因长期的学术训练以及由此形成的历史感,对即将逝去的'传统'充满温情与敬意。再往下说,那就是因明白新生事物的潜力、陷阱和可能性,在努力追踪的同时,用历史经验来加以警示与校正。这一立场与趣味,导致我不可能成为一个扛一杆大旗、不顾一切向前冲的革命家,而只能做一个认真

---

① 参见 David Lowenthal, *The Past is a Foreign Country*, Cambridge University Press, 1999.
② 《解读"当代中国大学"》,《读书的"风景"》,第197页。

细致的观察者或批评家。"①在新的媒体环境鼓励"语不惊人死不休"的表达方式的今天,这种看似低调的自我定位实际上体现了一种可贵的品质,蕴含了对过去与现在之关系的深刻思考。

### 四、人文学的关怀

陈平原的大学史研究注重对大学精神的阐发,这种精神往往体现在具体的"人"身上。同样,他关注当代中国大学,也把"人"放在最重要的位置上,这里的"人"既包括校长、教授,也包括学生。这方面他的立场可谓一以贯之,因而"对于目前大学排名的过分重'物'而轻'人',很不以为然"②。他讨论民国大学对当下的启示,也多侧重人格培养、师生关系、文化陶冶及精神传承等方面,这与他对自己作为人文学者的身份自觉是分不开的。陈平原所理解的人文学是"以'人'为中心的学问"③,学问中要有"人"和"文",方有精神和趣味。

就学问的门类而言,人文学大体相当于文史之学。陈平原治大学史,多从学术史、思想史、文学史的角度立论,注意力集中于民国大学的人文学科,自属当然。由于当时理工科和社会科学相对落后,人文学术可谓天下观听所系,引领思想潮流、推动社会变革的作用非常突出。然而当代中国人文学的处境却发生了很大的变化。20世纪80年代人文学仍独领风骚,到了90年代,社会科学异军突起,逐渐占据主导地位,对人文学造成了很大的冲击。这一转变,使得陈平原在讨论当代中国大学时,不得不调整论述策略,反省和思索人文学的危机与生机。

在陈平原的大学评论中,人文学是一个相当重要的话题,仅标题中出现"人文学"的文章,就不下五篇。讨论当代中国人文学的处

---

① 《报章与潮流》,《大学新语》,第221页。
② 《大学排名、大学精神与大学故事》,《大学何为》(修订版),第57页。
③ 《人文学的困境、魅力及出路》,《读书的"风景"》,第233页。

境，陈平原首先观察到的是大学校园中不同专业之间的分裂。他引入"学科文化"的概念，认为当代中国大学出现了社会科学和人文学相对立的格局，前者风头正健，咄咄逼人，后者则退居守势，日渐边缘。①更要紧的是，大学领导层和教育主管部门也往往以社会科学的思维模式来改造人文学科，使得"原本强调独立思考、注重个人品味、擅长沉潜把玩的'人文学'，如今变得平淡、僵硬、了无趣味，实在有点可惜"②。最明显的表现，便是独尊课题项目制，导致人文学的研究日益模式化。③这些都给人文学带来了严峻的危机。

  虽然身为人文学者，陈平原却并未因此对社会科学横加指责，而是承认社会科学的崛起有其合理性，甚至是一种"进步"。④人文学的边缘化大概不可避免，但边缘化也不见得是坏事，关键是"学会在边缘处探索、自省、呐喊、突围"⑤，"找到自己的位置"⑥，而不是去恢复过去的荣光。相反，人文学若"突然变得炙手可热，反倒有点形迹可疑，必须保持警惕"⑦。这里可以见出陈平原健全的现实感，见出他对时势的洞明和体察，以及对人文学之应然的清醒认识。同时，陈平原呼吁社会科学与人文学之间平等的对话和交流，呼吁人文学者理直气壮而又恰如其分地发出自己的声音，并学会说服自然科学与社会科学的专家。⑧不同学科能够共处

---

① 《大学公信力为何下降——从"文化的观点"看"大学"》，《大学何为》（修订版），第99—101页；《当代中国人文学之"内外兼修"》，《大学有精神》（修订版），第280—284页。
② 《全球化时代的"大学之道"》，《大学何为》（修订版），第117页。
③ 《要"项目"还是要"成果"》，《大学新语》第51页。
④ 《当代中国的人文学》，《大学新语》，第154页。
⑤ 《当代中国的人文学》，《大学新语》，第158页。
⑥ 《人文学的困境、魅力及出路》，《读书的"风景"》，第233页。
⑦ 《理直气壮且恰如其分地说出人文学的好处》，《文汇报·文汇学人》2016年4月17日。
⑧ 《理直气壮且恰如其分地说出人文学的好处》，《文汇报·文汇学人》2016年4月17日。

并相互尊重，方符合"大学"（university）的本义。

面对新的形势，人文学将何以自处呢？陈平原的思考大致可概括为三个方面：在塑造大学的精神风貌和形象方面，人文学有其天然的优势[①]；在培养学生方面，人文学有助于学生陶冶情操，养成人格，"远比过早地进入职业培训，要有趣，也有用得多"[②]；在介入当代中国的思想建设方面，"人文学者所擅长的综合的眼光，长线的思考，以及注重精神价值等，正可与社会科学家相互补充"[③]。

陈平原还注意到大学自身的变革也给人文学提供了某种机遇，虽然大学扩招的政策及其结果颇受诟病，陈平原却认为随着大学生比例的提高，"作为职业的'人文学'相对萎缩，而作为修养的'人文学'，将有可能获得更为广阔的发展空间"[④]，他指的是各类以普及文史知识为内容的讲座的兴起。此外，随着普通中国人日渐"小康"，越来越多的学生会不计物质回报，投身于文史之学，人文学科开始触底反弹，逐渐走出低谷。[⑤]凡此种种，使得陈平原对人文学的未来抱有谨慎的乐观态度，而在这态度背后，则是一位人文学者关心和期待中国人文学发展的拳拳之心。

## 五、本土情怀与国际视野

大学作为一种组织形式，起源于西方，当它被移植入具有悠久的文明传统的中国时，它与这片土地会发生怎样的关系？现代中国的大学在中国现代文化的主体性的建立过程中，扮演着怎样的角色？这些问题从一开始就引起了陈平原的关注和思考。在梳理北京

---

① 《陈平原谈大学中文系》，《东方早报·上海书评》2009年7月5日。
② 《我看"大学生就业难"》，《大学何为》（修订版），第140页。
③ 《学院的"内"与"外"》，《大学何为》（修订版），第271页。
④ 《当代中国人文学之"内外兼修"》，《大学有精神》（修订版），第301页。
⑤ 《当代中国的人文学》，《大学新语》，第161—462页。

大学的历史起源时,陈平原面临着两种叙事框架的选择,一种是把北京大学乃至中国的大学追溯到传统的"太学",构建从古至今连续不断的高等教育谱系;另一种则是明确以1898年为起点,着眼于作为现代化之一部分的大学教育事业。①前者是不少教育史家的思路,后者则是北大人的自我认知,也是陈平原认定的北大校史。在陈平原看来,承认北京大学起步晚,看似"谦逊",实则"蕴含着一种相当成熟的'野心':成为中国现代化进程的原动力"②。可见两种叙事不仅事关大学年头的长短,更牵涉对北大乃至中国的大学之于现代性的关系问题,兹事体大,不可不详加辨析。

讨论"中国大学百年",必须承认现代中国大学很大程度上是"西化"的产物,这种"西化"本身已经成为中国现代历史文化传统的一部分。从这个意义上说,"百年北大,其迷人之处,正在于她不是'办'在中国,而是'长'在中国——跟多灾多难而又不屈不挠的中华民族一起走过来"③。以"西化"为主要取向的中国大学百年史,自然也有不少教训,但无论成败得失,对历史的尊重是最起码的前提。至少有一点,与中国现代化进程同步的北大和其他大学,"对本国社会进程的影响及贡献",是其他国家很多世界一流大学无法比拟的。④这是值得珍视的历史传统,不应该在当代中国大学的改革中弃之不顾。

在肯定现代中国大学对国家现代化做出的贡献的同时,陈平原也不忘挖掘传统中国教育的资源,在他看来,"这一百多年来,我们不断强调跟国际接轨,向国外的大学学习,但相对忽略了传统中国的教育精神"⑤。不过他想要发扬的"传统中国教育精神",不

---

① 《北大校史:怎样溯源?》,《老北大的故事》(修订版)。
② 《校园里的真精神》,《老北大的故事》(修订版),第18页。
③ 《国际视野与本土情怀——我的大学观》,《大学何为》(修订版),第169页。
④ 《全球化时代的"大学之道"》,《大学何为》(修订版),第108页。
⑤ 《大学排名、大学精神与大学故事》,《大学何为》(修订版),第83页。

在官方的太学传统，而在民间的书院讲学。陈平原的大学史研究特别看重书院传统在现代的存续和转化，他关注北大研究所国学门、清华国学院和无锡国专，皆反复致意于此[①]，目的是"希望借此拓展学术视野，增加不同的思想资源，免得21世纪的中国大学，真的成为'欧洲大学的凯旋'"[②]。

无论是现代中国大学的成长经验，还是传统中国的教育精神，虽源头有异，但都已经成为本土历史的一部分，而本土情怀和历史感，恰恰是当代大学改革的主事者最为缺乏的。他们强调与国际接轨，强调"国际视野"，看似延续了现代中国大学面向西方的取向，实际上却对既往的历史经验缺乏理解，这是很吊诡的。因而也就不难理解陈平原的如下批评："今天谈论大学改革者，缺的不是'国际视野'，而是对'传统中国'以及'现代中国'的理解和尊重。"[③]

对当代中国的大学改革而言，"国际视野"的重要性不言而喻，关键是我们需要怎样的"国际视野"。如果单纯地服膺某种技术化的国际标准（实际上是西方标准甚至美国标准），割裂大学与本土历史与现实的血肉联系，"把北大改造成为在西方学界广受好评、拥有若干诺贝尔奖获得者，但与当代中国政治、经济、文化、思想进程无关，那绝对不值得庆贺"[④]。中国大学应该立足于自身的历史传统，在国际舞台上参与平等的对话和交流，那种"为国际化而国际化"的战略，为陈平原所不取。

这种对本土情怀与国际视野之间张力的思考，透露出陈平原

---

① 《北大传统：另一种阐释——以蔡元培与研究所国学门的关系为中心》，《老北大的故事》（修订版）；《大师的意义以及弟子的位置——解读作为神话的"清华国学院"》，《读书的"风景"》；《传统书院的现代转型——以无锡国专为中心》，《大学有精神》（修订版）。
② 《我的"大学研究"之路》，《大学有精神》（修订版），第13页。
③ 《大学三问》，《大学何为》（修订版），第164页。
④ 《国际视野与本土情怀——我的大学观》，《大学何为》（修订版），第170页。

对中国大学主体性的追求。主体性主要寄寓于本民族的历史文化，因而陈平原尤为看重中国人文学在国际舞台上的表现。令他担心的是，"改革开放三十年，若讲独立性与自信心，中国学界不但没有进步，还在倒退"，表现之一便是对海外汉学的过度推崇。①与之相比，随着中国综合国力的提升，理工科与西方发达国家的差距正在迅速缩小，假以时日，中国一流大学在科技方面完全有可能与国际著名大学平起平坐。②中国人文学如何在世界舞台上发出有分量的声音，而又不失去自身的特点，获得令人尊重的地位，这是陈平原念兹在兹的问题。这里重要的不是遵循西方人文学术的标准，而是一面以平和的心态与各国（不仅仅是西方）学术界对话，一面"练好内功，努力提升整体的学术水平。若能沉得住气，努力耕耘，十年生聚，十年教训，等到出现大批既有国际视野也有本土情怀的著作，那时候，中国学术之国际化，将是水到渠成"③。

综而观之，陈平原的大学研究打破学科的藩篱，跨越不同的文体，在古今中外的宏大视野中，追问与求索中国的"大学之道"，处处显出不同流俗的高远关怀和厚重品格。"大学五书"是一位真正热爱和关心中国大学的人文学者的思考的结晶，有真问题，有真关切，方有真学问，也只有这样的学问，才是真正有精神的学问，而作者见识之明敏通达或尚在其次。读者若能通读全帙，当知此言不虚。

初刊《云梦学刊》2016年第4期

---

① 《国际视野与本土情怀——如何与汉学家对话》，《读书的"风景"》，第257页。
② 《三说"拓展211"》，《大学新语》，第35页。
③ 《"道不同"，更需"相为谋"》，《大学新语》，第175页。

# 都市研究如何"接地气"
## ——读陈平原《想象都市》与《记忆北京》
袁一丹

  理想的都市研究者,不总埋首于故纸堆中。他乔装成走街串巷的负贩,黄昏时分敲着小铜锣,踱入某条胡同。挑子上挤满各色玩意儿:糖瓜、升官图、兔儿爷、霸王鞭、沙燕风筝。春夏之交,则改做卖花生意,吆喝着:"玉兰花儿来!茉莉花儿来!玉簪棒儿来!香蓉花儿来!叫知了儿!"伪装为负贩的都市研究者,用七个须、八个瓣儿的晚香玉或一尊兔儿爷,推开胡同人家的院门,换取在地者的生活经验与情感样式。

  "接地气"的都市研究,始于"盲目"的行走,而非居高临下的俯瞰。若把都市看作一个被反复书写的文本,负贩式的穿行就是对这个文本主动且精微的语法考察。

  专业化的都市研究,固然离不开坚实的文献基础,研究者仍不妨从自己最熟悉的局部出发,打破玻璃隔板,诉诸直接的见闻感受。都市研究在追求历史感与阐释力的同时,还应略带烟火气,贴近平凡人生、卑微哀乐,传递出在地者饱满的生活经验。比文献爬梳、理论提升更难的是,学会用在地者的眼睛打量周遭、用在地者的语言记录细节。

  将《想象都市》与《记忆北京》(三联书店,2020年)对读,方能理解陈平原都市研究的问题意识与论述姿态。在《记忆北京》"小引"中,作者坦言自家都市研究"不够纯粹"的一面,即书斋之外的现实关怀。他用"屡败屡战"一词形容其任北京市政协委员期间,为保护古城风貌所做的努力。面对不可逆转的城市化进程,人文学者"知其不可为而为之"的呼吁,及"说了也白说"的无力感,均渗透到陈平原的都市研究中。这些无法摒除的杂念,依违于过去与未来之间的目光,或许正是扎根本土的都市研究不同于海外城市研究的出发点。

介于专业与"爱美的"(amateur)之间的田野考察,是让学院派的都市研究"接地气"的一条小径。陈平原更看重都市里"爱美的"田野考察——"用你的眼睛,用你的脚步,用你的学识,用你的趣味,体会这座即将变得面目全非的城市"(《"五方杂处"说北京》)。他在北大开设的都市研究课程,意在引导学生亲手触摸北京这座古都的脉搏,进而将这种兴之所至的触摸转化为专题研究。我对抗战时期北京城市空间的兴趣,即发端于此种"爱美的"田野考察。

打开《记忆北京》,最令我感到亲切的是《宣南一日游》这篇小文。文中提及"请正研究沦陷时期北平的博士生袁君整理相关资料,印成小册子,加上十几张各时期的宣南地图,让每位参加者心中有数"。这册自制的宣南游览指南,我至今仍保留着,作为自己在陈师指引下步入北京都市研究的纪念。由此养成带着老地图游北京的习惯。

日后读到周作人翻译的永井荷风的文章,更能领会陈老师的用心。著有《东京散策记》的永井荷风,习惯将蝙蝠伞当手杖,拖着晴天屐,怀揣江户地图四处游荡。走在现代的街道上,对照古时的地图,将江户之昔与东京之今相比较,不免有读法国大革命之感。在永井荷风看来,精密正确的东京地图,"失却当意即妙的自由",难以引发游客的兴味。反倒是"不正确"的江户地图给人更多联想空间:在上野点染几朵樱花,在柳原添上一团柳絮,在云边描画一抹淡淡的山痕。这种"写意派"的制图方式,使现代读者能由当下的地名悬想昔日的风景。这或许是当年平原师命我搜集宣南历史地图供同门参考的用意。

2013年起，我在首师大为本科生开设"现代文学中的北京"，仿效平原师的做法，鼓励学生自主选题，开展"爱美的"田野考察。曾以寻访"千秋翰墨林"为主题，策划琉璃厂一日游。当时设计的路线，以正阳门为起点，经前门大街，折入大栅栏，穿杨梅竹斜街、樱桃斜街，游琉璃厂一带，再走南柳巷、椿树胡同，出虎坊桥。这条考察路线串联起与现代文学关系密切的几个亮点，如杨梅竹斜街上的酉西会馆、青云阁，前者是沈从文北上最初落脚处，后者是鲁迅等人常去的酒楼；又如南柳巷40号晋江会馆系《城南旧事》作者林海音故居。琉璃厂周边当然是此行的重头戏。我带学生参观荣宝斋、汲古阁、火神庙，一路讲旧书肆的诗意空气，清季京官"冷摊负手对残书"的风度，郑振铎寻访北平笺谱的经过。在逼仄残破的酉西会馆，听选课同学报告"北漂青年"沈从文如何对琉璃厂这所历经明清两代六百年的人文博物馆倾心神往，为他新中国成立后从事文物研究埋下伏笔。

"想象"与"记忆"是陈平原都市研究的两个关键词。想象都市的媒介，不止文字，他更强调图像与声音的妙用。关于图像北京，可参看《左图右史与西学东渐——晚清图像史》中的相关论文。更有挑战性的课题是利用文字与图像，复原北京的声音风景。我曾在课上问学生，如要为北京建一座声音博物馆，你觉得什么声音能代表这个城市？有人用刘心武的小说来谈钟鼓楼，有人引竹枝词中"冰盏丁冬响满街，玫瑰香露浸酸梅"，有人从齐如山《故都市乐图考》中发现磨刀剪的"惊闺"，有人在《北京风俗图谱》中搜寻各种叫卖声，还有人翻出陈师曾笔下"夕阳院落听宫徵"的话匣子。除了这些已经消逝的声音风景，能代表北京的还有晴空中悠远的鸽哨声、入夏后草丛里的蟋蟀声……去年一位同学的课程作业，出乎我的意料，他注意到北京站"东方红"的报时声。他陈述选题缘由时说：

北京站是一个纷杂之地，"三教九流"这里都有，偷偷倒票的黄牛、附近小宾馆的揽客者、黑车司机，隐秘地在此生存。它也汇集了很多情感，每天多少幕悲欢离合、人情冷暖在此上演，这里有最鲜活的人世。北京站是一条分界线、一圈结界、一个"中转站"。尽管北京站是很多人的终点站，但是这里是作为很多人背井离乡踏入北京这个新地界的中转站。这里有对未来热切的期望、奔生活的真实。

因此我想探索关于北京站"敲钟人"与北京站、与"东方红"之间的故事以及那些现在听不见"东方红"的客居者、北京人和北京站曾经的牵连，"东方红"这个旋律在他们生活中曾有过什么样的痕迹。

这段选题陈述让我想起陈平原在回答"为什么是北京"时谈到的他对北京的第一印象：初春破晓时步出火车站，闻到空气里有一股焦煳味，是凛冽的北风、家家户户煤炭的呼吸、热腾腾的豆浆油条，再加上汽车尾气搅拌而成的气味，这就是北京！

一代人有一代人的北京记忆。都市研究的意义，除学术上的推陈出新外，理应包括代际间的记忆传承。在这方面，学生给我的启迪与感动，比我在课堂教给他们的东西多得多。对90后、00后而言，接触都市研究与其说是为了掌握一套高大上的理论话语，不如说是个体的回溯与探寻。他们从个人成长史中提取的记忆符号，往往能打破我对北京的刻板印象。胡同、四合院是北京，筒子楼、学而思也是北京。豆汁、灌肠、卤煮是北京，肯德基、麦当劳、必胜客未尝不是北京。信息工程学院的一位辅修生，将北京公交系统比作"任督二脉"，按运行路线将其分为外向型与内向型，留意到这两种性格的公交路线、冬天车窗上创作风格的不同。来自台湾地区的交换生提交的作业是"城市的裂缝"，关注那些"三不管"地带及无家可归的街头露宿者。这些敏锐细腻的观察，已走出怀旧的情绪，触及城市发展的代价，进而有为"失语者"发声的意愿。从平原师处学到的视野、方法,从学生身上看到的好奇心、正义感,都成为我在都市研究上继续前行的动力。

      初刊《北京青年报》2020年8月9日

# "思"与"诗"的互渗何以可能

孙 郁

谁都知道,今天流行的文学研究话语基本是从域外传来的,我们在使用外来概念的时候,因受制于翻译语言,遗漏了原文的信息,书写时不太易对应文本的真意。当表述被知识的单一语境覆盖的时候,无论怎样言说都难以抵达审美深处。于是就出现了这样的局面:以简易的词语叙述对象世界时,所得仅仅是一角,许多丰富的意象被模糊掉了。

世人对于这种翻译体的写作早有微词,批评者重要的观点是,某些学术词语在简化着人的创造性的表达。我注意到陈平原新著《现代中国的述学文体》,一定程度是对于学界日趋枯燥的表达的不满,内中的思考也有针对性。陈氏重点关注着学人文章隐秘,牵扯出一个值得深入关注的话题,探究起来不乏难点。将学术语言作为研究对象,源自其身的审美性,一旦进入内中的核心点,则无疑会刺激着我们已经木然的神经。驻足那些有原创意味的文体家的著作,会发现世人对于母语的表达的差异。不过在今天有弹性的辞章越发稀少,陈陈相因的语言已经融化在我们的血液里。钱锺书晚年拒绝用通用的语言为文,实则寻觅自由的语态,旨在保持审美的自由。这是"五四"后一种学术文脉的延续,民国时期的学者,有许多也是作家,他们的文字其实也是诗。我们看王国维、鲁迅、废名的著作,知识向度中有诗的闪光,汉语在他们那里不是干瘪的存在,精神所指非单向度的,而是呈放射之状。这样的传统在今天渐渐地被外在的力量抑制住了。

文体是书写中形成的气脉、韵致和修辞智慧，也是表达感知世界的词语微澜。因了主体世界的丰富性，与对象世界的无限绵延性，每一次凝视与表述，都非固定的，语言在现象界前是有限的，只有不断调整其结构才能对应万千世界。就汉语本身而言，它有着自己特殊的意象空间，掌握了其特点方能有所变化。古代文学研究者，很早就注意到辞章变化的神秘轨迹。程千帆在面对杜甫文体时，发现其语言表达所以高明，以下几点颇为重要：其一是"贵乎变通"，呼应各类传统，古今笔意悉入文中；其二是"才足以严律令"，惨淡经营，文字跳跃自如，有着没有规律的规律；其三是"学足以达标准"，知识与见识高于他人，精神是高远的[①]。程千帆对于古人作品领略，是贴近文本的顿悟，指出了优秀的汉语书写的审美特征。文体之事，其实是学识的表现，精神的高度决定了审美的高度。他自己的述学文字，也染有古代文章的气息，读之味道醇厚。与程千帆相近，启功也是很在意辞章与文体的，在言及学者之文时，很推崇陈垣的文字，以为考据与逻辑性皆强，还不乏诗学修养。启功觉得大凡有创见者，文章都有逾矩之处。他研究唐宋文学，注释《红楼梦》，常有会心之语，对于超俗之韵颇为喜欢，而自己的文字也在反雅化中达到雅言的很高境界。启功对于文言与白话有许多研究，在律诗与骈文句调中苦苦摸索规律。他自称自己"从句式、篇式作过解剖和归纳，发现了四言、五言、七言这些基本句式的律调与非律调的区别所在"[②]。一般说来，大凡对于此类话题敏感的人，都有一点文体家的气质的。

与古代人的辞章比，现代人的写作并非无规可循，一些新文学研究者，也从文本里发现了其间的审美亮点。唐弢先生浸润于白话文学甚久，一生所得，许多都很值得珍视。他一贯讲究词语之境，对于文体洞悉入微。其现代文学研究文字，温润而有质感。吸收了白话文内在的美质，古代小品与题跋深深地传染了他。唐弢不

---

① 程千帆：《闲堂诗学》，辽海出版社2002年版，第281—284页。
② 启功：《启功学艺录》，中国对外翻译出版公司2000年版，第25页。

喜欢宏大叙事,论文也不乏书话体的意味。他说书话这一文体是从题跋中发展过来的,短小的语录向来便于自由的表达,故有一种学识和诗意在。唐弢的现代文学研究,没有学院派的凝固感,总是能够进入时代语境和作家文本深处,给人一种入乎其里,出乎其外之感觉。这种研究角度与运笔方法,现在很少有人为之,学界对于辞章之学的疏离, 就把汉语书写变得过于窄化了。陈平原在研究述学文体的时候,无意中也呼应了唐弢的观点。他一直强调"文"与"学"的统一①,不妨说也是在避免治学者的无趣化和单一化。新文学研究要超越的,其实是翻译体中的概念简单的演绎,在现代文学研究中带有复合意味的书写,也是保持母语活力的选择。

学术能够影响写作风气,同样,作家的书写也会刺激学术的生长点。千百年来的文脉,一直存在这样的对应。比如现代文学的发生与学术思想的演进关系很大,学者最先提出文学改良主张,是观念在前,实践跟后的。最早参与新文化运动的人,学术与创作兼顾者多多,故他们的文章从今天的学科理念看是跨界的。汉语的表述有对应性,也有意象性,前者是对存在物的影像之捕捉,后者乃心绪对于世界的鉴赏式的凝视。故词语的表述有写实的功能,亦有审美的效应。木心说古代人即便写实用文,亦带诗意,想起来是有道理的。梁启超主张语体文的解放,并非放弃古文,只是于桐城派之外获得自如的空间,目的在保持辞章的活力。这个传统是被后来的一些新文学作者继承下来的。而另一类学者如马一浮、陈寅恪的学术文章,背后都有古文的背景,要么取自先秦诸子,要么来自六朝文脉。他们于诗文写作者流出的才情,是不亚于同光体的诗人的。但也因为厚古薄今,影响了思想的传播力。今人对于他们的隔膜,也是自然的了。

新文化运动之后,有学问的作家不是走马一浮、陈寅恪的路,而是寻找与今人对话的途径,摸索出一种语体文。这语体文既保留了六朝精神,也带有与现实对话的功能,思维是敞开的。其实与述

---

① 陈平原:《掬水集》,百花文艺出版社2001年版,第69页。

学文体相关的还有批评文体,这是由述学文体转变过来的鉴赏式的辞章,因了受西方批评文章的影响,渐渐脱离了古代文论形影,格式不同于晚清一般新式文章。这类文章以周氏兄弟为代表,对于后来的文风转变都有影响。关于此点,近来学界有不少的论述,可以说是对于文章学研究的深化。讨论述学文体,除了对学者之文的审美特质的凝视外,不能不留意知识论神秘的载体性,西方学者对此的关注已久,流派纷呈。而批评文体,与诗学的本源更为接近,从尼采到博尔赫斯,积累的经验甚多。我国的朱光潜、李健吾的文章实验,都有值得借鉴的地方。

我自己因为选择了现代文学作为研究对象,最初的感觉是,面对的文本与自己身边的语境颇为不同。这种差异让我开始寻找失落的文脉。文体诞生于文脉之中,不是简单模仿可以成之。以文学批评文本为例,民国最好的批评文章,多为作家写就的。茅盾评论鲁迅、徐志摩、冰心的文字,都有温度,词语在他笔下是有智性的。王佐良评论穆旦的诗作,本身就是一篇美文。胡风与冯雪峰的批评文字好,可能与他们的诗人经验有关。那时候的批评家多受鲁迅影响,编辑、翻译、创作与批评彼此不分,文字背后是扯不尽的观念纠葛与审美纠葛。知识、学养、虚构与写实在一个空间里流动着。叶圣陶、朱自清曾研究过这一现象,对于新文人写作出现的问题提出过自己的意见。他们对于文章学的现代性的转化的理解,如今看来,依然有新鲜之感。

在今天,学者之文与批评家之文是很难交叉的。学科的堡垒将思维固化在狭小的路上,不能在表述上穿越认知屏障,我们的眼界也同时被限定了。80年代的时候,能够较好运用这两套笔墨的是李泽厚先生和刘再复先生,他们往来于思想史与文学史之间,一些观念至今亦有价值。不过无论是李泽厚还是刘再复,与晚清学人的言说方式已经有了很大不同,民国初期的学术语态在他们那里差不多已经淡化了。这个转折意味着学界整体地面向单一性语境,且不再易回到民国学人的语态中,除了少数学者,表述的空间是狭小的。

解决这个问题思路有多条，重回晚清与"五四"的学术形态与辞章形态，寻找现代学术与现代文学的逻辑点，成了一部分人努力的方向。这个时候我注意到了陈平原与赵园，他们不仅在思想趣味上努力衔接晚清与民国遗风，甚至上溯到明清之际。像陈平原的目光，很少投射在30年代后，他的姿态与其说来自章太炎，毋宁说取自胡适。而赵园的笔意，多沿袭了鲁迅之路，以鲁迅作为参照，照亮了晚明与"五四"文化的暗区。他们的经验说明，移动审美的坐标，以批判的笔触进入历史，可能发现被遗漏的存在。在梁启超、章太炎、蔡元培、鲁迅、胡适的经验里讨论思想表达的空间，会意识到我们与前人的距离，而时时回到晚清与"五四"，一些原点性的话题会自然浮动出来。

这是值得注意的：晚清之后，王国维、章太炎、刘师培的写作风格，何以对于学术转型造成影响，隐含着文章学的内在规律。这些前人对于旧学有自己的心解，知识与审美在辞章里都有恰当的位置，在得到学问亮点的同时，也有诗意的快慰。像《訄书》这样的著作，见识之光中，感受的美亦深藏其间，王国维《观堂集林》可以说是考据里的诗，学识之乐也含于辞章之乐中，后人每每读之，都惊叹不已。关注汉语自身的审美特质不始于"五四"，民国前已经有许多人有过自己的尝试，他们在接受新学的时候，依然保持了辞章之学的余韵。

章太炎弟子后来分化为两部分，一部分浸于音韵训诂之中，对于字体、语音研究很深，校勘功底不凡，这以黄侃、钱玄同、吴承仕等为代表；一部分对文章之道有所推进，成就最大的是周氏兄弟。就后者而言，坚守了古代诗文的精神，又衔接了域外辞章的智慧，可谓是一种难得的创造。后来的学术演进与文学书写，多少受到了周氏兄弟的影响。只是取意者多，取象者少，辞章渐渐弱化了。

周氏兄弟无论在学术研究还是文章表述方面是得到章太炎真髓的。这表现在两个方面，一是唤醒了沉眠的非主流的话语传统，辞章没有韩愈以来道学的痕迹；二是在开放的视野里，通过翻译、创作重觅汉语写作的路径。章太炎在《国故论衡》中提出的理念都被二人落实到了实处。鲁迅对于魏晋文献的梳理研究，方法上亦有章太炎的痕迹，对奇崛之风的赞佩里，重塑了文人风骨。周作人以明代文士的清丽之风译介域外文章，自己又多了陶渊明遗绪，在辞章上丰富了现代人的智慧。今人的写作，要么沿着鲁迅传统滑行，要么是周作人文风的承接，形成不同流派。但一个奇怪的现象是，无论是鲁迅追随者还是周作人的学生，他们文体的特质却没有都延伸下来，多得之于皮毛，丰富性与复杂性都受到不同程度的遏制。激进青年学会战斗精神，却难见学识，京派文人得到周作人的闲适之趣，但贯通中外的博雅风采却流失了。

在《现代中国的述学文体》一书里，陈平原对于作家的学术感觉是倍加关注的。小说家的学术写作其实有着一般学者所没有美感。在对鲁迅的述学文体的研究中，对于其学术话语有体贴的把握。比如文言与白话、翻译语言等归纳，看到了与文学语言相关的别样格式。这种格式让人想起司马迁、苏轼、曹雪芹以来的传统，我们在古代文章家的叙述里，可以发现学理与诗情是一体化的，鲁迅何以在研究古代文学时应用文言写作，在杂文里有赋体痕迹，都耐人寻味。陈平原对于鲁迅述学文体的描述，有诸多可赞之处，比如"古书与口语的纠葛""直译的主张与以文言述学"，是耐人寻味的。再比如他说鲁迅"文类意识"与"文体感"二者密不可分[①]，可谓卓见。在写作中，鲁迅是四面出击，对于各式文体都有尝试，当代作家几乎已经丧失了这样的本领，难怪莫言、阎连科自叹与鲁夫子的距离，汉语具有无限的可能性，而今人几乎已经失去了跨学科的能力。

新文化运动后来演变成政治运动和社会革命，实出胡适、蔡元培的意外，他们心目中的文化，与激进主义有很大的差异。就汉语书写的理念而言，胡适以为是文艺复兴，蔡元培则从古希腊与古

---

[①] 陈平原：《现代中国的述学文体》，北京大学出版社2020年版，第252页。

中国文明史对比彼此的意义,把"五四"以来新文化与古典学并列来谈,就跳出时代语境,境界是阔大的。①民国期间的学人对于再造文明是有一种渴望的,马一浮对于六艺之学的提倡,胡适整理国故之主张,都是在非革命的话语里的沉思,但社会动荡里的话语撕裂了他们的梦想,另一种话语撞开了语言围墙,超功利之梦被置换了。在学界,最吸引人的不是远古的遗产,而是新知识与新理念。而新知识最后被简化为自由主义与左翼精神,整体性地面对文明的历史的学术语言,被搁置了。

自从西学进入中国,人们对于知识的重视过于审美的凝视。这样的结果是,学者钟情于知识论,作家只顾审美。这与学科设置有关,也是职业分工过细的结果。到了后来,就出现了学者之文无趣,作家之书无学的局面。上个世纪80年代,渴望新知的学子们,在翻译体里找到表达自我意识的方法,论文的西化特点出现,以致演化为今天通行的叙述模式。

汪曾祺曾讥笑过同代学人的述学文体与批评文体的弱化,他对于赵元任学术文章与李健吾的批评文字的推崇,乃因为里面有着智性与诗意的缠绕。作为一位文章家,他自己的文字是有学者之文的优雅和批评家的鉴赏眼光的。这其实把问题引进文章学的层面,意识到了母语的潜质。汪曾祺从周氏兄弟那里获得启示,白话文照例可以像文言文那样灵光闪闪,具有无限的可能性。我们在汪曾祺的文本里,看到了士大夫辞章与现代诗人话语的融合,这避免了写作者的无识与无趣。能够以这类文体写作的还有一些,以现代文学研究者而言,赵园与陈平原的文字就二者兼而有之,我们在他们的叙述语态里,感受了周氏兄弟的某些遗风。这种语态显示,他们退可以与古人对话,进而能立于现实土壤,文章涉及当下文化的时候,背后有长长的历史之影。

陈平原从文体学的角度讨论晚清以来思想表述的意义,其实

---

① 蔡元培:《〈中国新文学大系〉总序》,载《中国新文学大系·文学论争集》,上海良友图书印刷公司1935年版。

在暗示这样的话题,他或许是厌恶了流行的八股,才恪守着自己的园地。当然,这种研究中的叙述语态,可能因偏于胡适、周作人的传统,而失去与现实针锋相对的直面。钱理群的写作与陈平原不同的地方在于此,他的文字更带有斗士风采。这是鲁迅传统重要的部分。钱理群的研究一直注意现实问题,他的不妥协的批判意识都是从鲁迅那里来的。不过钱理群不像陈平原注重学术史里的知识人,遗漏了一些问题是显然的。同样,倘陈平原能够多一些钱理群式的堂吉诃德的精神,其思想的厚度自然能够增加。鲁迅之后的知识人各自为战,因了专业化的分工,立体地呈现世界风貌,已经很难了。

据说在西方世界,也有类似的问题。我因为接触的资料有限,难以深谈。但在阅读西洋文论时,会发现思想者与批评家,对于使用的概念和文体,并非都是单语境的。伍尔夫的批评,在有锋芒的笔触里,也有激情意味。苏珊·桑塔格的文章也有诗意。我猜想她们的创作经验是影响了批评语言的,对于文学世界的思考有着很大感觉的笼罩。或许,中外学者讨论文学时,心态有诸多相似性,无论是述学文体还是批评文体,核心点是处理哲学界所说的"思"与"诗"的问题。中国古代的文论,讲究顿悟之语,"思"与"诗"混搭交错,《文心雕龙》里的格式,将汉语的沉思方式表达得颇为通透。后来的《诗品》《诗式》延续了类似的一些韵致,对于历代诗话与文话都有影响。这与欧洲以罗格斯为中心的言说方式是不同的,但一面也缺少了表述的确切性。欧洲的某些文论是注重思想的逻辑性的,但过于知识化的演绎其实也遗漏了直觉里的领悟力。海德格尔在讨论存在意义的时候,对于技术化的词语不以为然,倒是对荷尔德林的文本颇多赞赏,因为荷尔德林较好地处理了"思"与"诗"的位置,显然,古典学里的精神表达,更有意义。《荷尔德林文集》的译者戴晖写道:

> 这个与迄今的人和世界不同的另一种人的另一世界,其结

构的规定性在于大地与天空、凡人与神圣的亲近。海德格尔只在荷尔德林的诗当中听到这种亲近的惠临，诗与思共同在吟唱的元素中运作。在"诗思"关系中须加注意的是诗的先行性，这里的"先行"也是在将来的意义上加以理解。而思分为两种，所谓第一开端的思是指形而上学；另一开端的思一方面要与形而上学之思告别，另一方面等待着将来——简单地说，这正是海德格尔倾听荷尔德林的原因。①

现在的大学语境多的是知识论的逻辑，"思"与"诗"各自在对岸间瞭望。当这种现状持续于学界的时候，我们要问："思"与"诗"之互渗何以可能？我个人认为，文体不是单一的审美概念，它存在于文脉之中，且是一个不可规训的存在。从章太炎到钱锺书，都不在流行的话语里思考问题，他们心目中有着别一世界。鲁迅关注六朝，周作人欣赏晚明，都是对于身边的语境的反抗。有学者在研究域外诗人的作品时，也注意到这个现象，如策兰的德语是外国化的德语，而卡夫卡使用的是非母语化的母语，"语言只借给活着的人一段不确定的时间"②。在这个意义上说，文体家乃庸常思维的挑战者，不能简单看成是思想的载体，它本身就具有思想性，或者不妨说，文体即思想的外化。

遥想章太炎对于六朝辞章的借用，其实是对于桐城派的蔑视，他的古奥之语乃对于奴性语言的暴力。鲁迅《野草》的缠绕式的语调，不能不说也是对于本质主义思想的解构。徐梵澄《老子臆说》有先秦诸子语态，但也融入梵语与古希腊语的元素，乃澄明之境的闪光。穆旦在诗歌写作里，撕裂了母语的格式，以此抗拒古老的儒风，实则是自由思想的涌动。可以说，文体流露出的姿态，带出了思想的形影，我们在不同作家与学者的书写里，嗅出精神内部紧张

---

① ［德］荷尔德林：《荷尔德林文集》，戴晖译，商务印书馆1999年版，第3页。
② 曾艳兵：《卡夫卡研究》，商务印书馆2009年版，第111页。

的气味。

从某种意义上说，写作者找到了一种思想方式的时候，文体就随之诞生了。同样的结果是，一种文体规定了一种思想的颜色。文体家是不屑于重复以往的歌调的，他们来自传统，又出离了传统。汪曾祺的写作有陶渊明的影子，《容斋随笔》《梦溪笔谈》的话语方式也随处可见。这些散淡的、举重若轻的行文，其实是对于宏大叙事的消解，其辞章与笔法，乃对于极左的话语的揶揄。这种例子在国外哲学家里比比皆是。海德格尔就厌倦德国流行的语言，他一直强调的是思想的独特性与书写的特性。威廉·巴特雷在《非理性的人——存在主义哲学研究》一书中谈及海德格尔的精神表达时写道：

> 海德格尔告诉我们，只有当我们自己开始思（thinking）的时候，我们才能听到尼采的呼号。他唯恐我们把思想象为一种简单而又轻而易举的事情去做，又补充说："只有在我们认识到，几个世纪以来一直受到颂扬的理性是思最为顽固的敌人的地方，思才会开始。" ①

"思"开始的时候，以往的路径未必能抵达未来，在前人未去的地方才有着新选择的可能。这些独行者的文体有时是在我们意料之外的，它提供了陌生化表达的方式，在被人遗忘的地方发现属于自己的存在。无论是学者还是作家，当他们脱离流行语境走进未有之径时，既能吸收同代的精神营养，又能在传统中找到词语的启迪。美国学者沃伦·贝克在《威廉·福克纳的文体》一文中指出，福克纳突出特点是"把现代叙述技巧的精妙之处，与应用于传统的诗意或解释性风格中的丰富语言结合起来了"②。这个经验也让我

---

① ［美］威廉·巴特雷：《非理性的人——存在主义哲学研究》，杨照明、艾平译，商务印书馆1999年版，第203页。
② 李文俊编选：《福克纳评论集》，中国社会科学出版社1980年版，第97页。

们想起汪曾祺、孙犁的词语表述,他们也是能够调适古今写作经验的人。因为都发现了当下书写的问题,下笔的时候竭力避免了时代的平庸。不是每个人都能够做到此点,回想我们这代人多年间的写作,与这些超俗的人有太大的距离。曾国藩谈韩愈之文时说,"语经百炼","不复可攀跻",便是这种往者难追的感慨。

今之学者谈文体问题,多在文字间绕来绕去,谈到核心处也并不容易。张中行先生在研究文言与白话的时候,发现自古以来的语言一直在变化中,他总结了三点:一是佛经的翻译,本意是要通俗的,但译者不自觉加入了旧辞章的积习,文本就远离译本的辞章惯性了;二是文言是古老的,稳定的形态,而常常汇入白话文中,就有了文白相间的跳跃;三是时代风气使然,不同地域方言流入,市井里的表达日趋丰富,文体自然也有闪光之处。[①]木心先生分析兰波的译文时发现,其文体"卓荦通灵,崇高的博识,语言的炼金术"。他在对比马拉美与兰波的文本时说:"马拉美重句法,兰波重词汇,亦有说马拉美是夏娃,兰波是亚当,他以虐待文字为乐,他以碎块来炫耀他可能拥有的形体。"[②]这是深味写作甘苦与辞章隐秘的人的心得。而无论是张中行还是木心,都可称得上文体家。中国的作家甚多,著述丰富,但在张中行与木心的只言片语面前,多已显得苍白无力。文字不必多,能够在短小篇幅中给母语注入活力者,对于文学的贡献都不能说小。这也是像鲁迅、博尔赫斯、巴别尔这类作家何以被人不忘的原因之一。有没有长篇巨著并不重要,重要的是他们将母语的潜能扩大了。

2021 年 7 月 20 日于大连<br>初刊《小说评论》2021 年第 5 期

---

① 张中行:《张中行选集》,范锦荣选编,内蒙古教育出版社 1995 年版,第 471 页。

② 木心:《即兴判断》,广西师范大学出版社 2000 年版,第 158 页。

辑三：学术访谈

# 关于八十年代
## ——答旅美作家查建英问
陈平原、查建英

**查建英（以下简称查）**：咱们这个回顾，还是先从个人讲起吧。你是中山大学中文系七七级，直接从插队的地方考上来的，对吧？

**陈平原（以下简称陈）**：对。我插队八年多，在广东潮安，是回乡知青。就是说，不去东北或海南岛，而是回老家插队务农，接受贫下中农再教育。我是从那粤东小山村考出来的。今年是恢复高考多少多少周年，中央电视台做节目，让我去谈，目的是追问高考作文的事。

**查**：是吗，你还记得高考作文题目吗？

**陈**：当然记得，那年每个省的作文题目都不一样，北京叫《我在这战斗的一年里》，广东的题目则是《大治之年气象新》。电视台找我，是因为广州出版社出了一本书，叫《八二届毕业生》，其中有一篇关于我的采访记。那是2002年春天，大学毕业二十周年，中山大学七七、七八级学生回母校聚会，媒体也跟上了。记者采访时，希望我谈谈。因为，七七、七八级大学生现在大都成了社会中坚，从政界、商界到学界，都有出色的表现，于是，产生了不少美好的神话。我说：八二届毕业生没你们想象的那么好，真的，没那么"伟大"，人到中年，有很多尴尬的地方。之所以浪得虚名，是因为在此之前，有一个低谷，因此，我们很容易得到社会的承认。

**查**：你说的低谷就是六七十年代？

**陈**："文化大革命"中，中国的大学，十年没有正式招生，是有几届工农兵学员，但水平不高。所以，七七、七八级大学生进校，被寄予很大的希望。毕业时，恰逢国家推行改革开放政策，干部需要年轻化，所以，这批大学生很快占据了好的位子。即便下海经商，也是"春江水暖鸭先知"。这批人中，从政的与经商的，大都比较顺利。但在学术界，却很吃力。我们知道，这两级大学生，大部分人基础不好，生长在一个青黄不接的时代，没有受过很好的学术训练，想法多，能力小。每代人都有自己的局限性，那是没办法的事情，追悔莫及。但有的人知道自己的局限性，有的人不知道。像七七、七八级大学生，因大都走得比较顺，现在又颇为辉煌，很容易忘记自家内在的缺陷。所以，我主要谈这个问题。从某种意义上说，我们最大的好处，是见证了这个国家二十多年来的巨大进步。看我们当年那么差劲，今天能走到这儿，已经很不容易了。要我谈毕业二十周年感想，我就谈这些。没想到出书时，编者竟然找了我当年的高考作文，缩印在下面，弄得我很狼狈。我不喜欢这样，因为，有点卖弄的意味。

**查**：现在回头看，觉得不好意思。

**陈**：对。看我们当年的文章，比现在的大学生或高中毕业生，差得太远了。那个时候，八股腔还没有摆脱，唯一的好处是文从字顺、结构完整。大概也就只能这么评价了。我这篇作文，是登在《人民日报》上的，当时名声很大。可拿来跟今天好的高考作文比，真是自惭形秽。所以说，这二十多年，包括我们自己、包括这个国家，还是很有点进步的。大家都说"改革开放二十多年"，似乎那是一个整体，其实头尾之间差别很大。我们刚进大学那阵子，校园里的学术氛围很差，教学水平也很低。这很容易理解，"文革"刚刚结束，百废待举，校园也不例外。唯一美好的记忆，是同学们读书很认真，很刻苦。

**查**：特别珍惜失去的岁月。

**陈**：对，特别珍惜。好不容易拣回来的读书机会，能不珍惜吗？在中大，我们六点钟起床，听广播，做体操，跑步啊，读书啊，每天都这样。偶尔到市中心的新华书店去买书，挤公共汽车时还在背英语单词。晚上，学校十一点熄灯，还有不少学生蹲在过道里，或在水房里看书。

**查**：是啊，那时北大校园里也是这种气氛，我们班就有几个著名的楼道用功家。

**陈**：对，就那种状态。我相信，这是全国性的现象。现在不同了，现在的大学生，不会再像我们那样苦读，他们比我们会享受，也比我们聪明。机遇比我们好，但不见得成绩就一定大。每年新生入学，都需要有教师代表去发言，别人都是鼓励，说长江后浪推前浪，世上新人胜旧人，你们今天学习条件这么好，将来肯定比我们有出息。我就不这么说。因为，这些"劝学文"，我已经听了很多年，多少看出了些破绽——不见得一代真的就比一代强。其实，每代人都有自己的困惑，都有自己很难绕过的陷阱。我说，我们的难题是选择太少，你们则是歧路亡羊。可能性很多，如何选择，成了很大的精神负担。东看看，西摸摸，不知道怎么做才是最佳方案。我们当年的想法很简单：好不容易回到大学校园，那就一心一意读书吧。按照当时的思想潮流，补各种必修的课，读各种时髦的书，尽量往前赶。就这些，很单纯。至于毕业以后的工作安排，根本用不着操心，因为，那个时候，我们是"天之骄子"。

**查**：被全国人民捧在手心上。

**陈**：社会上确实对七七、七八级寄予很大的希望。我们呢，也觉得未来很美好，前途一片光明，根本不用考虑毕业后的出路。现在的学生不一样,比我们当年紧张多了。刚进大学,就开始盘算将来毕业后月薪多少,能不能换一个更有"钱途"的专业。进了大学以后,着意经营自家的文化资本,比如说斤斤计较每门课的分数,选课的时候,首先考虑哪个老师给的分数高;不是渴求知识,而是关注毕业证书。还有些热衷于校园政治,争当学生干部,包括争取入党,都有很明确的计算——为了将来好找工作,考虑得很实在。而我们当时,很少有人这么想,都希望抓紧时间读书,把失去的时间抢回来。所以,相对来说,那两届大学生虽然年纪大,但比现在的学生要单纯得多。得承认,我们起点很低,学习条件也不好。现在很难想象,我们上古代文学史课,老师可以拿游国恩等编著的《中国文学史》,照本宣科。因为我们手头没书,这书是等我们修完这门课后才开始重印的。文学理论课更惨,老师居然以毛泽东《在延安文艺座谈会上的讲话》为中心,来展开论述。上了一个学期,同学们提出抗议,希望多了解一点西方文论或古代中国文论,你猜任课教师怎么说?谁敢说毛泽东文艺思想不是文艺理论?考试的题目更刁钻:"对于文艺工作者来说,第一位的工作是什么?"要是不熟读《讲话》,你怎么论述都是错的。

**查**:起码在校头一两年都这样,原来"文革"教材还没来得及淘汰掉。

**陈**:对。还是"文革"中给工农兵学员讲的那一套,还没有转过来。大概是中共十一届三中全会前后,才有了明显的变化。老师们讲课逐渐放松,学生也有点独立性了。其中一个标志,就是创办大学生刊物。比如,我们中山大学中文系学生的《红豆》,就是1979年创办的。

**查**:哦,这是当年著名的大学生刊物呢。

**陈**:对,编到1980年底,总共出了七期。《红豆》是铅印的,很正规的样子。那时,各大学都有类似的文学社团,主编某一文学刊物，比如北京大学的《早晨》，武汉大学的《珞珈山》，人民大学的《大学生》，吉林大学的《红叶》等。

**查**：我还办过北大的《未名湖》呢，就参与了最后一期，弄了个全部漆黑的封面，很愤青的感觉，记得里边有史铁生、刘震云的小说，结果一印出来就给停办了，有人打小报告把我们告到校党委那里去了。

**陈**：《未名湖》我看过，但没有收藏。1979年11月，全国十三个大学生刊物，联合办起了《这一代》。不过，总共出了一期，就给查封了。《这一代》的创刊号，是在武大编印的，因一出来就被查封，传世的不多。在这么多大学生文学刊物中，中大的《红豆》实力不算强，但印刷得最好。大概是因为吴晓南或苏炜的关系，他们的父亲跟广州政界及文化界很熟。还有，学校很支持，给了钱。杂志印出来，还可以自己上街去卖。争着买的，主要不是学生，而是市民。

**查**：你还记得那个时候是印多少本，一本卖多少钱吗？

**陈**：印数不清楚，至于价格，我查了，是三角五分。那时没经验，大伙出去卖书，回来一结账，总是亏了。

**查**：没有经济头脑。

**陈**：我之所以关注这些学生刊物，原因在于它们是思想解放的象征。像我们的《红豆》，几乎跟《读书》同时创刊。这些天看电视，中央台的《记忆》栏目，刚好在讲述1978、1979年《中国青年》以及《读书》杂志创刊的故事。这就是我们所熟知的"思想解放"。从那个时候起，大学校园里才有一个比较好的氛围。当然有很多曲折，但坚冰已经打破。大学四年，不如意事很多，但办学生刊物，还是很有意思的。

**查**：很多重印的、新印的经典也是从大二那年开始的吗？

**陈**：对，有了重印经典，大家开始拼命读19世纪西方文学名著。至于读萨特、加缪等存在主义者的书，那是稍后的事。我自己的感觉是，先补19世纪的课，然后才进入20世纪。大学阶段，对我影响最大的，有三批东西，一是存在主义的著作，那和我们当时的心境有关系；二是马克思的《1844年经济学哲学手稿》，以及中国学界关于"异化"问题的讨论；三是契诃夫、易卜生、斯特林堡等人的剧本，以及雨果、托尔斯泰、屠格涅夫、罗曼·罗兰等人的小说。别人不知道，我和我中大的朋友受罗曼·罗兰的《约翰·克利斯朵夫》影响很深。

**查**：好像很多人读得如痴如醉。

**陈**：对，很多人喜欢。

**查**：这书我并没有读过。

**陈**：你那时年纪比较小。

**查**：为什么那本书那时候有那么大的影响呢？

**陈**：对于七七、七八级大学生来说，同是19世纪欧洲文学，现实主义作品，不如浪漫主义文学激动人心。罗曼·罗兰的英雄主义情怀，说实在的，很对七七、七八级大学生的胃口。因为，这一代人，普遍有一点理想主义。即便到今天，我们看陈凯歌的电影，都有这种状态。使命感、英雄主义、浪漫激情，还有一点"时不我待"，或者"知其不可而为之"，挺悲壮的。这种感觉，既源于现实生活，又与浪漫主义文学互相激荡。

**查**：跟这之前的毛泽东时代也有关系？

**陈**：对。这与60年代的教育有关。不只容易跟"雷锋叔叔"

接轨，也有《红岩》《青春之歌》《红旗谱》等红色经典的影子。这种理想与激情，在"文化大革命"中备受打击，经历这么多挫折后，竟然在19世纪欧洲文学，尤其是罗曼·罗兰那里得到某种程度的复活，不容易。当然，现实生活中越来越强烈的无奈与荒谬的感觉，以及刚刚引进的各种时髦理论，让我们很快迷上了存在主义。而中国学界之关注"异化"问题，则是为我们的思考增加了深度和广度。出于深入反省"文革"的需要，也出于对国际学术潮流的敏感，在阐释社会主义制度及发展道路时，引入马克思《1844年经济学哲学手稿》，思考异化劳动、人的解放，以及人道主义问题。念大学四年级时，我和同学杨煦生合作，撰写了第一篇稍微像样的论文：《论西方异化文学》。文章寄给当时很有影响的杂志《未定稿》，主编王若水回了信，大加肯定，还提了些修改意见。这篇文章后来刊发在《中山大学研究生学刊》上，发表后经历了一系列戏剧性变化，先是被学校勒令检查，后又获得广东省社科联的奖励。那真是个"东边日出西边雨，道是无情却有情"的时代。这是后话，不说了。你看看，存在主义、罗曼·罗兰、马克思手稿，这三个不同性质的东西，搅和在一起，构成了我的思想启蒙。从"文革"阴影中走出来，远不只是补课，还得清洗很多思想垃圾。不知道别人是怎么走的，像我这样步履蹒跚，先上吐下泻，然后再慢慢进补，真的很不容易。

**查**："文革"中的教育，是一种负教育，等于给你脑子里铺了一层硬壳。结果你就像一块盐碱地，板化了，直接播种都不行，得休养生息，逐渐改善土壤结构。

**陈**：对。我们那代人，不仅仅是好长时间没读书，基础不好；还有一个更大的问题，那就是以前的教育，打下了一个很深的烙印。基础不好，可以补课；旧时代的烙印太深，怎样修剪，如何转化，是个很大的难题。我是读到大学四年级的时候，突然间有一种开窍的感觉。那种感觉，对我来说太重要了。不是每个人都这样的,夏晓虹跟我同届,她是北京知青,原先的教育背景比我好,她进入大学,就没那么多惶惑与挣扎。同是知青,北京的跟外地的不一样;同是恢复高考后第一届大学生,大城市的跟农村来的,也有很大差别。比如"文革"后期,北京知青了如指掌的"上层斗争",我就完全不知道。

**查**:你等于是在化外之地,北京的政治斗争离你的生活很遥远。

**陈**:我在粤东一个小山村插队,只晓得外面乱哄哄的,今天谁上台了,明天谁又被打倒,至于为什么,不知道。什么"不断革命""两条路线斗争",还有"卫星上天红旗落地"什么的,离我都很遥远。那时消息封锁得很厉害,大众传媒不像现在这样发达。我猫在山沟沟里,哪知道北京城里发生了什么事?我的好处是,出生于教师之家,家里有不少藏书,可以自己读。父母都教语文,"文革"中被打倒,但藏书没有多少损失,先是被封存,后跟着我们到了乡下。山高皇帝远,不知道谁是忠臣,谁是奸臣;但反过来,思想束缚也比较少。这点,跟大城市来的知青很不一样。农场里的知青,消息灵通,对国家大事有较多的了解,因此,视野开阔;而我是回乡,周围都是贫下中农,就我一个孤零零的知青,只能自己念书。我是初中毕业就下了乡,先是务农,后来当了民办教师。1971年到1973年,邓小平"右倾回潮"时,我跑到附近的中学补念了两年高中。等到恢复高考制度,我已经在乡下整整待了八年。

**查**:你是五几年的?

**陈**:1954年出生。比起很多同龄人,我还是幸运的。毛泽东发动的"无产阶级文化大革命",使得很多人彻底改变了人生轨迹,永远荒废了学业。我的好处是,第一,在那个乍暖还寒的时节,抢读了两年高中;第二,由于父老乡亲的照顾,好长时间里当民办教师,也就是阿城小说写的"孩子王"。说句玩笑话,平生最得意的，就是从小学一年级，到大学博士班，我都教过。而且，当我退休时，可以"纪念从教五十周年"。大体上，我的读书生活没有完全间断，只是条件所限，视野小，趣味窄。家里是有不少藏书，但在山沟沟里，没有名师指导，连个"文革"前毕业的老高中生都找不到，只好自己摸索。因此，走了很多弯路。不过，那时候的读书，纯粹出于兴趣，根本没考虑"有用""无用"，更不会预料到日后还能上大学、教大学。

**查**：你读的那些书有经典吗？比如"四书"、老庄、《红楼梦》、《三国》、《水浒》这些？

**陈**：因为没人指导，太深奥的，我读不懂。所谓"阅读经典"，也是偏于文学方面。外国文学部分，我父亲喜欢普希金、莱蒙托夫等俄国诗人，趣味偏于古典，现代主义的东西家里基本没有。而这，严重限制了我的知识结构。唯一的好处是，既然没人教，那就乱翻书，于是养成了读杂书的习惯。比起日后众多训练精良的学者，我的唯一优势，就是不太受现有学科边界的限制，也不理会什么古代、现代的隔阂，或者文学、史学的分野。当年求知若渴，拿到什么读什么，好书坏书我都能消化，这种阅读趣味，自然不同于科班训练出来的。对于我们这代人来说，在那么低的地方起步，又曾经受到那么严重的思想禁锢，每个人都是经过一番痛苦挣扎，而后才逐渐走上正轨。这是一种独特体会，无所谓好坏，就这么走过来了。

对我来说，到广州上大学，是一个变化；到北京念博士，又是一个变化。基本的学术训练，我在中山大学已经完成，但说到整个的学术眼光和趣味，是到了北大以后，才发生了翻天覆地的变化。我能上北大念书，其实很偶然。因为，此前北大中文系没有招过博士生，我算是第一批。民国年间，中国大学没有博士课程。像我和晓虹的导师王瑶先生、季镇淮先生，当年在西南联大跟着朱自清、闻一多等先生念书，属于研究生课程，但没有正式授予学位。这已经是当年人文学者所能受到的最好的学术训练了。解放后,学习苏联,北大招过副博士班,等于今天的硕士课程。至于建立完整的学位制度,那是1980年代以后的事。北大中文系学术实力很强,像文学专业的王瑶、吴组缃、林庚,以及语言专业的王力先生等,都是第一批博士生导师,可一开始他们都不太想招生。倒是北师大的李何林先生胆子大,先招起来了。

我本想硕士毕业后到北京来工作,先是跟中国社科院文学所联系,有点眉目了,于是上京面谈,顺便到燕园看望黄子平。黄子平跟钱理群很熟,于是把我刚完成的《论苏曼殊、许地山小说的宗教色彩》转给他看。老钱当天晚上看了,第二天就来跟子平密谋,让我改投北大。多亏老钱热心,说服了王瑶先生,给中文系打了报告,说把这个人弄到北大来教书。中文系也同意了,报到学校,可学校给否了。那时候,北大基本上不从外校要毕业生。

**查**:北大有老大思想。

**陈**:是呀。北大校方说,你要觉得他好,就让他来念博士课程;如果真的学得不错,毕业后留校,那才顺理成章。王先生说:那好,今年我开始招博士生。就这样,1984年入学,1987年毕业,我成了北大第一批文学博士中的一员(还有一位是现在也在北大教书的温儒敏)。去年,为纪念中国建立博士学位制度二十周年,国务院学位办还专门让我写文章。不过,我的文章不合时宜,追忆往事时,顺带批评目前的教育体制。话说回来,我很幸运,1984年进京念书,正好赶上整个文学艺术乃至学术界正酝酿着突变,于是得以"共襄盛举"。我不知道别人怎么说,在我看来,1985年是个关键性的年份,对整个当代中国文学艺术,包括美术、音乐、电影等,以及学术研究,都是重要的转捩点。

**查**:为什么?

**陈**:因为,回头看80年代学术,1985年以前和以后,是两回事情。我估计,这与整个人文环境和人才培养有关系。所谓人文环境,是指经历思想解放运动,整个学术界缓过气来,走过最初的"拨乱反正",开始思考一些深层次的问题。而"文化大革命"以后培养出来的研究生,也开始走上学术岗位。作家不念大学,也可以写出好小说。但学界不一样,有没有受过良好的学术训练,差别很大。几届研究生出来,整个学界风气大变,这点很明显。在电影界,七七级大学生,1982年毕业,两三年后,可以独立拍电影了。印象中,似乎音乐和美术走得更快,更急,只是大众不太了解而已。我的感觉是,1985年,整个京城文化界,全都"蠢蠢欲动",不,是"跃跃欲试"。

**查:** "文化热"开始了。

**陈:** 对,是"文化热"。也是从这个时候起,我的工作才逐渐被大家所关注。这得益于老一辈学者的扶持。先是决定在万寿寺现代文学馆旧址开全国性的"创新座谈会",而且由年轻人唱主角。创新座谈会上,需要几个专题发言,落实到北大,就由老钱、子平和我三个人,联合做了一个关于"二十世纪中国文学"的报告。当时我还在念博士生,黄子平工作了,钱理群则教了好几年书,他们的资历比我深,专业修养比我好,但因为是"创新座谈会",要扶植年轻人,于是就推我做代表。发言后,反应很好,《文学评论》准备发表专题论文。文章还没正式出来,恰好我到《读书》编辑部,跟董秀玉她们聊天,谈起这事,她们很感兴趣,说《读书》想介入当代中国的思想文化建设,可以给我们篇幅,让我们再进一步发挥。以前,《读书》杂志的主要工作是介绍新知,没有主动介入当代中国的学术思潮。这是个开头,以后越做越好。

**查:** 要不要把你们三人的酝酿过程和思路稍微讲一下?

**陈:** "二十世纪中国文学"这个概念,如何酝酿,怎么阐发,我们在《二十世纪中国文学三人谈》里已经说了,没必要再谈。我很佩服董秀玉她们，胆子很大，还没见到正式论文，单凭直觉，就敢让我们放手去做，一连谈了六次。

**查**：六次都是在《读书》上发表的？

**陈**：对，连续发了六期。所以，才会在学术界造成那么大的影响。北大研究生会还召开专门的讨论会，文学的、史学的、哲学的，还包括部分理科的同学，一起讨论这个概念。中文系教师也集体讨论过，赞同的反对的都有，可谓"众声喧哗"。第二年，丸山昇、伊藤虎丸、李欧梵他们来北京参加鲁迅会议，顺便到北大跟我们座谈。记得是在临湖轩，就围绕我们提出的"二十世纪中国文学"这个概念。那个座谈记录，因为涉及"社会主义"，当初无法在内地发表，只好先在香港的杂志上刊登。关于"二十世纪中国文学"这个概念本身，以及相关的背景资料，都收在我们的书里。我想，有几点值得一提。第一，这个概念的提出，顺应了那个时候的学术潮流，在文学史论述中，打通近代、现代与当代。到今天为止，"二十世纪中国文学"这个概念，基本上被学界接受了，包括很多大学的课程，都是这么开。

**查**：这个出来之前，文学史是怎么分段的呢？

**陈**：以前我们追随政治史，分为三段，包括近代文学，从鸦片战争讲到民国初年；现代文学，从"五四"讲到1949年；当代文学，从共产党建立政权讲到当下。当然，光打通近代、现代、当代还不够，关键是背后的文化理想。说白了，就是用"现代化叙事"来取代此前一直沿用的阶级斗争眼光。

**查**：它的对应物是革命叙事，以革命作为历史叙述的构架。

**陈**：对，以"革命""政治""阶级斗争"作为文学叙事的框架，这是有问题的。我们改用现代化进程，以及世界文学背景，来思考并定位近百年的中国文学。当初颇有新意，今天看来，也都大有问题,你说是不是?

**查**:从后现代的立场看,包括从后殖民理论来看,那当然是有问题的。

**陈**:包括我们的世界文学景观。其实,我们知道多少外国文学?我们的"世界文学想象",不外是从此前的苏俄榜样,转为被长期禁锢的西方现代主义文学。这与那个时候外国文学界的热情拥抱"现代主义",大有关系。只能理解为整个学术界、文化界都在调整,我们因应了这种变化的时代需求,故所论引起很大的关注。

**查**:踩上点儿了。

**陈**:其实,我更看好和《论"二十世纪中国文学"》同时发表的"三人谈",也就是在《读书》杂志上刊出的那个系列。不是说思想有多高深,关键是文体意识,还有酝酿这种文体的文化氛围。以前,我们都是正儿八经写论文,现在改用谈话的方式,发表"思想的草稿",这个值得注意。

**查**:(笑)就像咱们这回采用半即兴式的系列谈话,哎,倒真是内容与形式一致了:用80年代开启的文体来回顾、总结80年代。

**陈**:所谓"思想的草稿",就是有想法,但不成熟,还没有定型,还在思考过程中。我们把尚不完整的思考说出来,吸引同道,一起来攻关。这是一种新的尝试。也正因如此,很多人对《读书》上"三人谈"的印象,远远超过作为主体的《论"二十世纪中国文学"》——那是我们的主打产品。

**查**:那是一本书?

**陈**:不,是一篇长文,主要影响局限于文学专业。外专业的读者,或许听说过,但很少认真阅读。

**查**：公众读者更不大知道。

**陈**：对于公众读者和其他文化人来说，他们记得的，是我们在《读书》上的漫谈。虽说有点"鸡零狗碎"，但所表达的，很多是同时代人所关注的，因此才会有那么大的影响。我们有很多很多的想法……

**查**：闪光的片段。

**陈**：对。只是片段，不成体系。一方面，我们没有构建体系的能力；另一方面，这种表达方式，让我们以及读者，都很激动。因为是"三人谈"，三个人的思路不一样，我们有意识地保留了我们之间的差异。因此，这不是一篇完整的文章，更不是一个自足的体系，而是你说你的，我说我的。同一篇文章里，并置不同的学术思路，三个人互不相让，这种"对话"方式，有利于激发思考。

**查**：你们真的是坐在一起谈？

**陈**：真的。先是录音，然后每期由一个人负责整理，整理完，再轮流看。会有所修改，但大体不动。当时的想法是，不要把它改成论文，要保留学术生产的"原生态"，也就是那个思想极端活跃、随时准备接受新知放弃旧我的开放姿态。这一点，很能代表80年代的风气，就是侃大山式的学问。我相信，那个时候，不同专业的学者，包括文学、艺术、史学、哲学等，都流行这种风气。

**查**：后来有人总结，说90年代和80年代知识界的区别，是80年代有思想没学术，90年代有学术没思想。也许这是调侃，但跟那时候"思想火花"的普遍流行恐怕有些关系。

**陈**：后面我会谈到"思想和学术"这个话题。先把"三人谈"的故事讲完。关于"二十世纪中国文学"这个命题，开始我们想逐步完善，后来决定不改了。为什么？这是历史文本，只有在那个环境下、在那个学术氛围中，才有意义。你再怎么改，都无法弥补其缺失，在我看来，这是个有新意，但不完整且有严重缺陷的论述。

**查**：那时候有什么东西是完整的啊，大家都是在摸索、在切磋，有好多当时的著名言论及作品，现在看根本就是幼稚，或者完全不靠谱。不完整才恰好是当时的状态。

**陈**：对，就因为这些言说适合当时人的趣味，也体现了当时的学术风尚。所以我说，我们关于"二十世纪中国文学"的具体论述，以及怎么酝酿，如何表达，这些都不是很重要；值得关注的是，它作为80年代学术的一个象征，长短兼备。学生们读这个，很开心，不是因为里面的观点，而是那种真诚的思考，以及那种直白、清爽的表达方式，让他们觉得很亲切。现在的大学校园，很少有这种状态，各人写各人的论文，不太关心别人的思路与命题。除非是朋友，互相捧捧场，否则，让不同专业的学者，来帮你出谋划策，很难。这是80年代学术和90年代学术最大的区别。

**查**：这正好是我下面要问的，就是想请你对比一下这两个年代学者之间的交流、交往方式。

**陈**：80年代的中国学界，有共同关心的话题；90年代基本上没有。原因呢，一是学科分化，不同专业的学者很难对话；二是大家只对完成的作品感兴趣，对过程以及思路，不是特别关注。还有就是，很少有人愿意深入理解别人的思路的，只顾自己说，车轱辘般地说，而不太习惯"倾听"与"对话"。

**查**：李陀也谈到这个区别，他甚至说现在我们生活在一个害怕讨论的时代。我感觉确实有这种倾向：炒作多，讨论少。90年代社科人文学界最激烈的交锋大概就是所谓"自由派"与"新左派"的争论，在2000年围绕"长江读书奖"事件达到高峰，彻底吵崩了、吵伤了。然后北大教改可以算一次对大学体制的讨论。但总的来说，深入的讨论、争论很少。有些网站上的讨论，也许因为大部分是匿名的，可以谈得比较尖锐，但常常变成一种泄愤，情绪化，不客观，而且也大多是持匕首、投枪的游击战士，正规军似乎不大屑于上去发言。学者公开发表出来的东西，很多也是春秋笔法或者自说自话，大家都有表演欲，但不大有耐心听别人讲话。

**陈**：对，我们只是关心怎么表达，而没学会如何倾听。80年代不一样，我们提出"二十世纪中国文学"这个概念后，中文系教授们开会，有好多批评，当然，赞扬的也有。包括我的导师王瑶先生，也不同意我们的观点，说我们有"世界主义"的倾向，这让他感到不安。王先生原先研究中古文学，后才转为五四新文化运动等，特别关注民族化与国际化之间的关系。还有，那次临湖轩座谈，那几位几个外国学者，伊藤虎丸、李欧梵、丸山昇等，都提了很好的意见。丸山昇提的问题还很尖锐。

**查**：丸山昇？

**陈**：他原来是东京大学的教授，在日本中国学研究方面，名气很大。他长期研究鲁迅，而且是日本共产党，他追问我们：你们为什么回避社会主义？谈论20世纪中国的思想、文化、文学，社会主义是个关键性的问题，绕不过去的。无论是当年的思潮，还是今天的实践，你们都必须认真面对。我们的解释是，条件尚不成熟。以当年的政治环境，确实很难说清楚。不过，王瑶先生和丸山昇先生的批评是对的——他们说，我们因对苏联阵营反感，反过来，在拥抱欧美文化时，缺乏认真的审视，带有某种盲目性。为了不直接冲撞意识形态禁忌，放弃左翼文学的讨论，或者回避社会主义问题，不是好办法。在80年代，我们确实没有能力很好地处理这些问题。现在不一样，应该认真反省当初将婴儿和洗澡水一起泼出去的毛病。那个时候，有批评，有赞赏，大体上都属于学术争辩，没有多少个人意气在里面。单就思想界来说，90年代确实比80年代深刻，但80年代的真诚，现在很难找到。

**查**：几乎所有人的回忆都有这个看法。

**陈**：80年代的学术界，人与人之间的关系，相对比较单纯。有争论，但很真诚。理论资源有限，学术功力不深，所以，我们的思考，其实比较肤浅。但是，学者间交流很多，没有那么多功利计算。90年代以后，我们懂得了福柯，动不动往权力、往阴谋、往宰制方面靠，每个人都有火眼金睛，看穿你冠冕堂皇的发言背后，肯定蕴藏着见不得人的心思。不看事情对错，先问动机如何，很深刻，但也很无聊。

**查**：就是法国人那套弯弯绕的理论吧，我也不懂，尤其是福柯的思路。不是说他不锋利，但我觉得他看世界看人的目光是带了一股怨毒、阴毒，暗幽幽的，让一些本来就压抑的人更压抑了，老提醒你要揭开温情的面纱、丢掉幻想准备斗争，其实有时聪明反被聪明误，这么一来可能走入了另外一个场。

**陈**：走入了另外一种歧途，而且，还自我欣赏。回过头来，思考80年代我们走过的路，其实也是对90年代中国学界的反省。

**查**：对。我想请你再谈谈"公共知识分子"的问题。公共知识分子，我理解应该至少有两方面定义，首先是独立性，其实这也是任何一位真正的知识分子都应该有的：独立的思考，独立的人格；其次，公共知识分子还有一个超越本学科的关怀，就是社会关怀和终极关怀，而且他会把这种关怀公开表达出来，他不像专家那样仅仅就他的专业发言，对吧。从这两点来讲，你认为80年代有没有公共知识分子呢？

**陈**：或许可以这么说：80年代没有所谓的公共知识分子，因为，几乎每个学者都有明显的公共关怀。独立的思考，强烈的社会责任感，超越学科背景的表述，这三者，乃80年代几乎所有著名学者的共同特点。大家都觉得，知识分子本来就应该是这样，无所谓

"没有公共关怀"的"知识分子"。那时候,学科边界尚不明晰,学者发言很大胆,因此才有笼而统之的"文化热"。你知道,"文化"是个很模糊的概念,所有学科的人都能参与对话,也正因如此,"文化寻根"可以一转眼就变成了"政治批判"。"文化热"作为契机,或者中介,让所有学科的学者,都能够站出来,表达他的社会关怀。这样一来,没必要再制造"公共知识分子"这样的概念。几乎所有读书认字的人,都敢谈"文化",或借"文化"谈"政治",体现我们的社会责任感。可以这么说,80年代的中国知识分子,特别像"五四"时期的青年,集合在民主、科学、自由、独立等宽泛而模糊的旗帜下,共同从事先辈未竟的启蒙事业。那个年代的学者,普遍有社会关怀,也尊崇人格独立,想走官场那条路的不是没有,但不多。这也是80年代学者真诚、单纯、幼稚的地方。当然,那个时候官场的好处也还没有真正体现出来。

**查**:体制油水没有后来多。

**陈**:就是。大家都觉得,我们对这个社会有责任,我们还能影响改革的进程,因此,不应该将视野局限于书斋。可以这么说,80年代京城里新一代的学者,大都有走出本学科、关注社会变革的欲望和举措。必须承认,这跟那个时候学科界限不明晰,学术评估不严格,大有关系。

**查**:那时有很多时间、闲暇。

**陈**:对,有时间来读书、思考、表达。大学没有规定你一年非要发多少篇论文不可,更没指定发表文章的刊物。"文化热"中涌现的许多名文,今天看来,大都不算"论文",只是"评论"而已。此类态度坚决立场鲜明的文章,假设多而论证少,今天送到《历史研究》或《文学评论》,估计都登不了。那个时候,没有什么"核心期刊",没有发表论文的硬性规定,更没有二十个注释以下不算论文的说法。这样一来,制度给了他们自由读书的时间,也给了他们独立思考的空间,别小看这一点,很重要的。那个时候的学者,大都狂放,很多人写文章不做注。记得上海有个著名的文学评论家说过,他本人写文章,无一字有来历,故一个注都不必要。要是现在的学生敢这么说,非被老师敲破脑袋不可。强调独立思考与自由表达,这是典型的80年代的文风和学风。

**查**:很多人对这个是很怀念的。现在这种强调效率的生活方式,把人推到一条轨道上,把你的时间精力全都塞满了,让你永远绷着一根弦,结果呢,你真正想做的事情也许倒没精力做,都忙瞎了。北大教改的争论当中,我注意到有一个好像是武汉大学的哲学教授叫邓晓芒,后来听说他是残雪的哥哥,他的文章就讲,80年代是高校最宽松的时代,各种管理没有健全,也不大管教授,教师们都有空间时间做各种各样的事情。虽然那种制度有它的问题,比如养了一群不学无术混饭吃的人,但你要矫枉过正,走到另一个极端,也很可怕,搞得人人神经质,疲于奔命,哪里还谈得上游刃有余呢?当年林语堂在《生活的艺术》里说过一句话,大意是你只有闲人之所忙,才能忙人之所闲。特别是做思索性的、创造性的工作,这种适度的"闲"是非常重要的。

**陈**:"能闲世人之所忙者,方能忙世人之所闲。"这是晚明张潮的话,林语堂借用来表彰中国人这"伟大的悠闲者"。你说的对,这种"悠闲",对于人文学者来说,太可贵了。不敢说所有学科都如此,但对于人文学者来说,没有海阔天空、漫无边际的思考,整天忙于日常事务,是不可能做出大学问的。后面涉及80年代与90年代教育制度的比较,再谈这个问题。90年代有一个很大的变化,那就是学问越来越讲规则,不能乱来,所以有了"野狐禅"、"公共知识分子"与"学院派"的区别。而在80年代,所有的"文化人"都有"学问",所有的"学问人"也都谈"文化",二者之间没有鸿沟,很容易跨越。90年代以后,学科边界越来越严格,有些不屑于或不能够撰写专精学术论文的,转而专攻学术随笔或文化评论。这些人,因经常在报纸杂志以及电视上露面,讨论国计民生,被称为公共知识分子。这就涉及第三个我想谈的问题,那就是90年代以来大众传媒的巨大影响。所谓"公共知识分子",很大程度是借助于大众传媒,来表达自己的社会关怀。90年代中国的另一个变化,就是学术刊物和大众传媒彻底分开。80年代,即便是学术刊物,也可能发表诗歌,比如《文化:中国与世界》,这在90年代是不可想象的。但另一方面,电视的作用越来越大,使得学界的声音迅速为公众所了解。同时,学者也可借助于媒体,表达他们对社会现实的关怀,介入到社会变革中去,比如像孙志刚事件,还有艾滋病问题等。所有这些,都不是学院派用论文所能解决的。有时候,电视人的作用更直接。

**查:** 属于《焦点访谈》上的那类话题。

**陈:** 不只中央电视台的《焦点访谈》,各地的电视台,都有类似的节目,承担大致相同的功能。还有各种专题片、纪录片,以及谈话节目等,多少都有些独立的声音。这是因为,很多志向远大的知识人介入其中。90年代以后,电视媒体的迅猛发展,对于学者来说,有两种可能性:一是借助大众传媒表达政见,干预社会,这比专业论文有用;二是在大众传媒上经常露脸,出名容易,这也是一种诱惑。所以,经常上电视的学者,有的是出于社会责任感,有的则是为了出名。正因如此,好多"学院派"对所谓的"公共知识分子"不大以为然,觉得他们是做不了学问,耐不住寂寞,方才跑到电台、电视台或报纸上,随便发表些高调的玄想。你要对着大众发言,不可能说得很专业、很深入,而且,往往只有态度与立场,没有论证,更谈不上专深的学问。

**查:** 是这样的。接下来,想问问你80年代社科人文方面影响最大的三套丛书的情况。你不必说得特别详细,因为甘阳一定会讲这一段。

**陈**：金观涛他们的"走向未来"丛书，我没有参与。我只参加了"文化：中国与世界"编委会。其实，在编委会里，我和老钱、子平，还有陈来、阎步克等，都是配角，因为，当年的主要工作是译介西学。这个编委会的主干力量，是搞西学的；而我们这些做中国学问的，一开始确实只能充当配角。我记得很清楚，在译介西学方面，我唯一做的一件事情，就是推荐伊恩·瓦特（Ian Watt）的《小说的兴起》，并负责审读译稿。其他的事情，都是甘阳他们做的。但到了编辑《文化：中国与世界》丛刊，以及出版学术丛书时，我们这些做中国学问的，可就有了用武之地了。比如，我的《中国小说叙事模式的转变》，便是放在编委会主持的"人文研究丛书"第一辑。把目光放远，这个编委会的成绩，很难说是西学贡献大，还是中学成绩突出。因为，最初的震撼消失后，介绍西学的工作，逐渐稳定下来了，我们还是必须回到本土，面对我们自己的历史文化，或者对现实发言。不过，这个题目，应该是甘阳来谈比较合适。

**查**：那谈谈对80年代文学的看法吧。这个问题也问了阿城、索拉这些作家，也问了李陀这样的评论家。你作为大学里的文学教授怎么看？而且你的研究专题之一是小说叙事模式，应该有另一种角度。

**陈**：我觉得80年代的文学、学术、艺术等，是一个整体。包括寻根文学呀，第五代导演呀，还有文化热什么的，在精神上有共通性。做的是不同的事情，但互相呼应，同气相求。一定要说有什么特点，我想，就是一种理想主义的情怀，一种开放的胸襟，既面对本土，也面对西方，还有就是有很明确的社会关怀与问题意识。

**查**：对，当时大家没有完全挑明讲，但心里明白，一个时代终结了，一场大梦之后，你会问：到底发生了什么？为什么？怎么办？往哪走？比如，田壮壮这次在访谈中讲起他的《猎场札撒》

《盗马贼》，当时被认为很隐晦，主要是电影语言实验，观众都不知道他在描写什么，他自己也拒绝解释，结果他这次说出来：他就是在用一个曲折的方式去表达他对"文革"经验的感受和疑问。你说的这个社会关怀，更多的是对共和国历史的关怀吧？

陈：每个人的情况不一样。比如说在现代文学界，延续的是"五四"新文化人对于国民性的批判。但不管学科背景如何，都是力图解释当代中国的一系列问题。换句话说，学术论述背后有明显的现实关怀。这点，跟90年代以后不一样。

查：怎么讲？

陈：90年代以后，我们会更关注论题本身，不见得非跟现实生活挂上钩不可。好的方面是学科大为发展，学术日渐独立，不再"借经术文饰其政论"；不好的呢，学界越来越远离现实生活，好多学者钻进书斋，不愿再抬头观看窗外的风景。当然，也有些始终在书斋和社会的边缘徘徊。我是被人划为"学院派"的，即便如此，我也认定，写书时，必须有"压在纸背的心情"，否则，只是熟练操作，意义不大。80年代的学术，有点像清初，虽然没有出现顾炎武、黄宗羲那样的大学者。当年梁启超在《清代学术概论》中有这么一句，说清初的学问，"在淆乱粗糙之中，自有一种元气淋漓之象"。我觉得，80年代也是这样，有点空疏，但气魄雄大，不该一味抹杀。或者用王国维《沈乙庵先生七十寿序》中那句话："国初之学大，乾、嘉之学精，道、咸以降之学新。"一个求气魄与规模，一个求专精，一个求新求变。这是我对80年代中国学术的基本看法。当然，我们可以说，这种"元气淋漓"，是因为整个社会在改革，整个文化在转型，在确立新规范的过程中，你有驰骋想象力的足够空间。等到规范确定了，你有再大的才气，也无法特立独行。所以我说，我们其实是生逢其时的。在一个稳定的社会里，各种规则都已经建立起来，而且牢不可破，即使你有心反抗，也没有实现的可能性。

**查**：你讲的是90年代以来的状况。

**陈**：90年代初，我第一次去日本。日本教授告诉我，70年代以后的日本，知识分子已经无力对社会产生真正的影响。

**查**：我觉得美国学者也是，70年代以后，学院越来越如此，尤其人文学界，自成一统，自说自话。比如前些年时兴的"文化研究"，就有很多美国学者写论文写书褒贬大众文化，评论麦当娜呀，迪士尼呀，但其实也就是同行、学生们会去看这类东西，大众文化那边根本不理会，你这套符码他也不懂，你也影响不了他。有时候会有一种荒诞的感觉，似乎美国学院倒成了迪士尼，里边有"魔术世界"呀、"高科技中心"呀等等千奇百怪的游戏和表演，表演者就是教授，游客就是学生，但它和外面的世界没什么关系。外面的人把它当作一群智力高超的大小孩的游戏场：把你们圈起来，你们在里头爱怎么玩就怎么玩吧！美国大学最后一次闹社会运动还是60年代反越战那时候了，现在呢，哪里搞得起来？美国知识界领袖很多是犹太人，但犹太知识分子在中东问题上自己就四分五裂，学生们呢，也比以前保守多了。

**陈**：日本的转折，大概是在1968年。那次学潮，是最后一次知识分子力量的展现。进入70年代，大学教授基本上就只能当一个……

**查**：教书匠或是象牙塔里的专家。

**陈**：对。在中国，80年代的知识分子，还能影响社会，影响社会的发展方向与具体进程。所以，中国的80年代，其实很值得怀念。那个时候，社会规范尚未真正确立，学者们一只脚留在课堂，一只脚踏进社会，将学理探究与社会实践相结合。说话有人听，而且实实在在地感觉到，这个社会的变化跟你的努力有关，这是很幸福的事情。在专业领域里，整个学术范式在转变，你的工作，很可能直接间接地促进了这一转变的完成。所以，那一代学者，其工作虽有很多不尽如人意处；但你从长远看，再过几十年、一两百年后来看，他们基本上完成了学术转型。从这个意义上说，他们其实是在创造历史。所以，尽管有这样那样的毛病，但没关系，历史就是这么走过来的。以后你的专业研究，会比他们深刻，你的著作也比他们的精彩，但他们影响社会的能力，以及对于学术转型的贡献，还是很让人羡慕的。

我说80年代的文化氛围值得我们怀念，但我同时承认，那代人明显的精英意识、启蒙意识，没有得到很好的反省。还有一个问题，80年代的学人，因急于影响社会进程，多少养成了"借经术文饰其政论"的习惯。这个说法文绉绉的，那是从《清代学术概论》借来的。梁启超说到他自己和他的老师康有为，早年为了变法维新，不屑于为学问而学问，而是借经术文饰其政论。换句话说，表面上在讨论学术问题，其实是在做政论，真正的意图在当代中国政治。这一方面体现了我们的现实关怀，但一方面，也会导致专业研究中习惯性的曲解和挪用。有好多人，80年代出名的人，一辈子也改不了这个毛病。在专业研究中，过多地掺杂了自家的政治立场和社会关怀，对研究对象缺乏必要的体贴、理解与同情，无论谈什么，都像在发宣言、做政论，这不好。

查：能举一个例子吗？

陈：（笑）我不想说。

查：啊，那好，但是很多学科里都有这个情形？

陈：是的。80年代当红的学人，有的年龄不算大，身体也还好，可没办法继续前进了。因为，已经形成固定的思维以及表述方式，老在专业论文中，慷慨激昂地表达他的社会关怀，而不管所论是否贴切。有点可惜。

**查**：这是80年代遗风。就像抽鸦片上了瘾，革命也能上瘾，批判也能上瘾，瘾来了得不到满足他会很压抑的。不同的是现在社会生活比较多元了，宣泄渠道比以前多了，公众注意力持续的时间比以前短了，他再慷慨激昂也很难有炸锅效应，因为外面的世界很精彩啊，各种各样的大嗓门都在吆喝，都在找卖点啊。那等他的瘾发过了，他该干什么也就干什么去了。

**陈**：回到80年代和90年代学界的差别。先从学术和思想之争说起，这是理解八九十年代学术转折的一个很好的突破口。你知道，这说法，最早源于李泽厚。李泽厚是很敏感的人，他看到，进入90年代，很多人谈王国维、陈寅恪，而不谈陈独秀、李大钊，于是，他概括出一个学问家凸现、思想家淡出的公式。再进一步引申，那就是随着学问家的日渐辉煌，学界不谈主义，只谈问题；学者躲进书斋，远离社会。这个说法流传甚广，影响很大。王元化不同意，希望兼及学问与思想，提倡"有学问的思想"与"有思想的学问"。

**查**：这是在90年代初？

**陈**：对。关于"学问家凸现、思想家淡出"，好多人回应，但我始终没表态。因为，在我看来，这是个伪命题，基本上是新闻界弄出来的。为什么呢？第一，某个特定时期，学问家很风光，但不可能长久，原因是大众根本听不懂。古往今来，大出风头的，都偏于思想型，而不可能是学问型。举一个例子：问你赞成还是反对自由主义，很多人踊跃发言；让你讨论自由主义这个概念的形成及其演进的理路，没几个人跟得上。谈思想，表达政治立场，谁都敢说，说好说坏是另一回事。谈学问，条分缕析，那需要读书，更需要思考，只能局限在很小的范围内。我记得，甘阳说过一句很经典的话，大意是：我敢跟第一流的学者对话，而不敢跟第二流的学者讨论问题。因为，第一流的学者谈思想，谈立场，那我们有；第二流学者谈学问，谈学问需要读书，你没读过，就说不出来。

**查**：甘阳是典型的思想型的知识分子和组织家。他80年代就说了这话？

**陈**：我想不会记错。这话很符合他的性格，也不无道理。只是关于一流学者二流学者的区分，我不太认同。其实，思想和学问，各有其强项，也各有其局限，没必要入主出奴。而且，我不太相信那些没有学问的思想，也不欣赏没有思想的学问。工作重点不同，学术趣味有异，硬要把思想和学问剖切开来，分而治之，不太合适。其实，挑起这一论争，背后的问题意识是：90年代的中国学界，更多地关注具体问题，而忽略了作为总体思想的"主义"。可风水轮流转，很快地，"自由主义"与"新左派"的论战，硝烟四起，"思想"重新吸引了大量目光。

我不否认，80年代末之后，缩小了学者的活动空间。不管是外在限制，还是所谓的"自律"，学者们很难就敏感问题公开发言。这个时候，转入书斋与校园，确有退而求其次的因素。告别振臂一呼应者云集的群众场面，改为与古人对话，有的人是兴趣使然，有的人则是不得已而为之。这一转折，也有内在的理路，即90年代以后，好多学者抛弃大字眼，转而讨论具体问题，或者说，希望把对"主义"的理解和坚持，落实到具体"问题"的讨论中。

**查**：这是那时候"国学热"的真正背景：不是主动转向，而是给逼到墙角了，只好面壁，但一旦面壁之后发现里头有另外一个天地。

**陈**：还必须考虑第三个因素，90年代的学术转型，跟社会科学在中国的迅速崛起有关。以前的"文化热"，基本上是人文学者在折腾；人文学有悠久的传统，其社会关怀与表达方式，比较容易得到认可。而进入90年代，一度被扼杀的社会科学，比如政治学、法学、社会学、经济学等，重新得到发展，而且发展的势头很猛。这些学科，直接面对社会现状，长袖善舞，发挥得很好，影响越来大。这跟以前基本上是人文学者包打天下,大不相同。

**查**:回头看,80年代学界几乎完全是人文学者的天下。

**陈**:活跃在"文化热"中的人物,学术背景大都属于人文。人文学者上谈日月星辰,下管国计民生,胆子大,什么都敢评说。90年代以后,社会科学家起来了,他们各有各的理论背景,各有各的工作方法,各有各的学科积累,再来讨论社会问题,明显深入得多。比如说宪法问题,还有言论自由、社会分层、城乡矛盾等,80年代我们也都谈了,但因缺乏必要的理论资源和实际调查,谈得很浅。社会科学的兴起,使得人文学者那种理想主义的、文人气很浓的、比较空疏的表达,受到了压抑。所以说,八九十年代的变化,包含着人文学者和社会科学家的各领风骚。80年代那种活跃的文化氛围,以及相对开放的活动空间,都已经不存在了,你还坚持那套启蒙话语,甚至"广场语言",政府不允许,学界也不认可。整个中国学界,面临巨大的转型,众多训练良好的法学家、经济学家、社会学家,他们讨论具体的社会问题,明显比人文学者专业、有效,而且深入。对于人文学者的喜欢使用"大字眼",动辄"主义",还有"理想"什么的,社会科学家并不买账。学界普遍质疑"宏大叙事",有后现代主义思潮的影响,但也牵涉社会科学对人文学术的挑战。我们所说的"思想和学问"之争,跟这个有直接联系。

另外,对于当下的中国,80年代学者更多地持批判立场,而90年代则讲究介入与协调。这似乎与人文、社科各自的特性有关。人文学者注重精神性,坚守自家的信仰与立场,甚至不惜当一个"永远的反对派";社会科学家不是这样,更愿意采取建设者的姿态,注重现实性与可操作性,主动与政府、企业合作,以获得大量研究经费,并实实在在地影响社会进程。说夸张点,80年代中国学界的擅长"批判",与90年代中国学界的关注"建设",其实是由人文、社科的"此起彼伏"所决定的。

**查**：以前的人文学者写杂文，是匕首和投枪——但匕首后面，其实他并没有大刀，投枪后面也没有迫击炮，所以他只能打打游击，真正的常规战争还得正规军来打。

**陈**：会打仗的，讲究"寸铁杀人"，不一定非要摆开阵势不可，更不必卖弄十八般武艺。人文学者选择"匕首"和"投枪"，以及更多地表达自己，更为关注精神与信仰，这一价值立场值得尊重。至于强调实实在在的工作，注重点点滴滴的改良，这是社会科学家的思路。一个经济学家，或者一个法学家，不可能像文学家那样发言。现在的中国，是社会科学家的思路占上风。

**查**：你觉得这是不是一种进步呢？

**陈**：是一种进步。很多人，尤其是学人文的，不太愿意承认这一点。

**查**：对，前一段北大教改引起的那场轩然大波当中，有些人文学者的文章我看就还是那种风格，文采斐然，高调批判，犀利固然犀利，但缺少建设性的、可操作的意见。我为了写一篇有关的文章访问了不少人，看了不少东西，发现那场激烈的争论背后就有这个学界转型的因素在起作用，各种反应背后牵涉了错综复杂的利益关系、体制的死结、旧病新疾，包括所谓的"人文科技之争""海龟土鳖之争"，非常复杂。在某种程度上，北大教改反映出的问题可以说是中国知识分子90年代以来状态的一个缩影。那场争论当中，人文学者是反对张维迎改革方案的主力，而社科学者，特别是经济学家们，则是支持的主力。我觉得你的态度在人文学者里比较少见，你始终保持一个温和的调子来讨论问题，你赞成的似乎是一种"保守疗法"，一种稳健的逐步的改革。我想这与你愿意承认学界转型是一种进步这个基本的态度有关系。

**陈**：在一个正常的社会里，两种人同样很需要：一种是建立精神的标杆,纯粹理想性质,不管社会如何变,我都坚持自己的理念与立场,用我的眼光和趣味来衡量一切。没有这种毫不妥协的追求,社会发展缺乏方向感;但反过来,只有这些,缺乏可操作性,社会没办法正常运作。因此,另一种脚踏实地、实实在在地承担起改造中国重任的人物,同样值得尊敬。如果不避以偏概全的话,这大概是人文、社科两类学者所应该承担的不同责任。也正是基于这一点,我才说90年代以来中国学界风气的变化,比如转向具体问题、转向社会实践、转向制度性建设等,跟社会科学的崛起有关。

**查**:这就正好接续到我想问的另一相关问题。一种观点认为:现在不仅科技知识分子占据学界话语中心、人文知识分子退居边缘,而且学术腐败猖獗,总体上知识分子已被物质利益招安,很多学者已沦为既无独立立场也无理想精神的名利之徒。你怎么看待这种批评?

**陈**:同是读书人,或者说学者吧,因所学专业相差甚远,发展出不同的立场与趣味。80年代我们常说,文科如何如何,理科如何如何,这个说法,现在看来必须修正。一定要分,应该是基础学科和实用学科的区别。所谓基础学科,包括人文学和自然科学里面的数学、物理、化学等;实用学科,包括社会科学以及工程技术等。后者更贴近社会,更强调实用性、可操作性,也更容易获得政府和企业的赞助。我之所以在《中国现代学术之建立》里,讨论若干古老的命题:比如"求是与致用""官学与私学""专家与通人"等,跟这种现实刺激有关。或者说,当我在面对历史时,压在纸背的心情是,如何理解90年代以来中国学界发生的巨大变化。

谈到80年代与90年代的区别,很多人从理想主义与物质主义的对决入手,对后者颇多贬抑。我是从80年代走过来的,但我能理解90年代的社会及文化思潮,为什么会走到今天这一步。而且,我不觉得有很多人攻击的那么严重。以学界来说,我们会很怀念80年代的文化氛围,但论整个专业水平,90年代显然有很大的进步。社会科学不用说，法学、经济学、社会学等，80年代才刚刚重新起步。即使是人文学，其实也还是在发展，只不过"学问人口"太多，著作数量庞大，泥沙俱下，你很容易碰到很烂很烂的东西，看得你很伤心。当我们批评当下学术风气败坏时，往往举出80年代作为对比，不知不觉中，将其理想化了。作为过来人，我很欣赏80年代的生气淋漓；但我必须承认，80年代的专业著述，大都激情有余，功力不足。这也是我常跟学生说的，80年代出道的人，学养不够，但机遇很好，发挥得相当出色。我想套用胡适谈新诗的一句话，来描述我们这代人的工作，那就是："提倡有心，创造无力。"

很多活跃在80年代学界及文坛上的人物，也都是这样。所谓"提倡有心"，80年代出现很多新思潮，比如方法论啊，系统论啊，跨学科，比较文学，等等，还有很多，都是让当时的人心驰神往的。那是一个热衷于发明术语及口号的年代，每个人都在"提倡"；至于提倡后有无能力真正落实，那可就管不了那么多了。意识到某种历史责任，于是积极提倡，最后成果不在你这里，没关系，"江山代有才人出"，"但开风气不为师"，提倡者已经圆满地完成了自己的任务。你别笑，这也是80年代可爱的地方。

我还想说一点，那也是理解80年代学术的一条重要线索。伴随着整个风云激荡的80年代的是，对于"五四"新文化的思考、追随、反省和超越。关键是，一面追随，一面反省。不信你查查80年代那些重要的思想文本，"五四"绝对是个关键词。我们不只反省"文革"，反省共和国的历史，也反省"五四"。"寻根文学"是在跟"五四"新文化对话，当时的一些作品也是对"五四"精神的一种阐发。对于80年代的学人来说，一步步溯源，首先回到"五四"，然后，在短短的几年间，将"五四"的这一套思想方法和政治行为迅速地重演一遍。

查：再出发。

陈：对，再出发。

**查**：比如说文学上的寻根，就是从寻找传统很快变成批判传统，跟"五四"批判国民性接上了，这种思路在之后的一些作品中达到高潮，之后戛然而止。进入90年代以后，"五四"那种批判的、革命的激情似乎终于挥发殆尽了。

**陈**：我曾经说过，再过两百年，谈论20世纪中国，如何命名？不是"启蒙时代"，也不是"革命时代"，很可能是"五四时代"。她的包容性更大些，既是"革命"，也是"启蒙"，有"民主"与"科学"，还有"现代民族国家"等。

**查**：我同意，"五四"的激进思维确实是20世纪中国的一条主导线索。共和国的思路也可以看作是从"五四"下来的变种，激烈反传统、全面革命、改造国民、彻底解决问题……毛当年就是"五四"青年嘛。

**陈**：关于80年代，我还想说说学位制度建立的意义。在此之前，中国没有学士、硕士、博士这样完整的学位制度。记得第一批授予博士学位，是在1983年。学位制度的建立，第一，意味着我们国家的教育日渐正规化；第二，追求国际化，也就是"与国际接轨"，不再讲传统书院那一套；第三，具体操作时，以美国为榜样。现代中国的大学制度，晚清时追随的是德国和日本，1920年代转向美国，1950年代学习苏联，1980年代又回到美国的路子。这条线，一直延续到今天。正规化、国际化和美国化，这三个发展思路，对1990年代中国学界的影响特别深远。你可以想象，国民中接受大学教育的比例迅速提高，这样一来，大学到底怎么办，当然是举足轻重的事了。将来有机会，再好好谈谈大学和大学制度。比起个别天才的创造来，制度性建设更值得我们关注。比如大学里的课程设计、学科建设、论文评估、学位授予等，都不是小问题，都会影响到整个思想文化进程。举个例子，就说学术论文吧。刚才说了，80年代的学界，规矩没那么多，专业化程度不高，写论文时很容易跨越学科边界，甚至可以闲庭散步般地"谈文化"。90年代不一样，撰写论文，有严格的形式方面的要求。这种专业化趋势，与学者们从广场退回到书斋，大有关系。

**查**：这个题目太大了。从几十年的革命时代走出来，大概除了搞运动是专业水平，其实我们做什么都不专业，各个领域都这样，不光学院。

**陈**：说到八九十年代学术，我想谈另一个问题，那就是学术上的"隔代遗传"。怎么讲？80年代的我们，借助于七八十岁的老先生，跳过了五六十年代，直接继承了30年代的学术传统。比如，我在中大、北大念书时，先后接触了容庚、王季思、黄海章、吴宏聪、王瑶、林庚、吴组缃、季镇淮等一大批老教授，他们大都曾就读于1930年代的北京大学、清华大学、中央大学，或抗战中的西南联大。因为历次政治运动的冲击，他们没办法很好地表现；改革开放以后，他们在学术上"重新焕发青春"。这不是比喻，而是写实。这些老先生，无论做人还是治学，一下子回到了三四十年代。注意，不是回到强调思想改造的五六十年代，而是回到最初接受学术训练的30年代。抗战前，中国的大学已经很成样子，虽数量不多，但质量很好。那个时候活跃在大学校园的诸多人文研究方面的大家，他们的业绩，今天仍然很难企及。学生更是如此，那个时候的大学毕业论文，比今天的硕士论文还好。这就难怪，80年代的学术，不屑于承继50、60、70年代，而是回到30年代。

你会发现，当年七七级、七八级大学生，崇拜的都是老教授。每所大学里，都有一批老先生，在学术上起薪火相传的作用。像甘阳他们，说起来就是洪谦、熊伟，陈来则提冯友兰、张岱年；我跟历史系的阎步克、高毅同宿舍，听他们说了好多邓广铭、张芝联的故事。每所大学都一样，都有一批硕果仅存的老先生，他们的人格，他们的风范，还有他们的学术趣味，影响了七七、七八级大学生；然后，再接着往下传。我对自己这个思路很得意，那就是：理解80年代学术，应该把它与30年代的大学教育挂钩。这跟一批老先生的言传身教有关。他们没有讲多少大课，但学生们会主动去接触，去品味，去追摹，去传说。更何况还有刚刚建立起来的研究生制度，使得一些入室弟子，有更多亲炙的机会。这批现在大都已经故去的老先生，对80年代学术潜移默化的影响，值得我们关注。进入90年代，好多学界名人喜欢追怀老先生，不知道的人，会觉得这是在拉大旗当虎皮，其实不是的，他们确实影响了历史进程。

**查**：能不能简要地讲一下这批成长于30年代的学者？

**陈**：第一，这些人大都受过较好的中学、西学的训练，是正规军，不是游击队，跟日后那些靠大批判起家，或者从大批判入手接受高等教育的，无论学养还是境界，都大不一样。只是由于长期的被压抑，他们很可能著述不多，或名气不是很大。第二，由于早年良好的教育，加上长期的生活磨炼，这些人大都有一种睿智、一种人格魅力。这点很重要，从他们身上，年轻一辈学得的，主要不是具体知识，而是治学态度，以及所谓的学术精神。第三，我们接触这些老先生时，彼此之间不构成竞争，没有利益冲突，因此很容易推心置腹。他们早就成名了，也乐意提携年轻人，当伯乐。老少之间，思想比较接近，学术上也谈得来，没有多少隔阂，这样，一下子就回去了。再说，老先生们年纪大、地位高，碰到风浪时，仗义执言，这点让我很感慨。或许是经历过的事情太多了，加上无所求，"无欲则刚"嘛。

很奇怪，那么多年的思想改造，基本上不起作用。我所说的这批老先生，大都没有真正融入五六十年代的学术思潮。这才可能在"拨乱反正"后，很自然地，一下子就回到了30年代，接续民国年间已经形成的学术传统。学位制度的建立，使得我们中的好些人，有了跟这些老先生朝夕相处的机会。80年代的研究生培养，接近于师徒传授，不正规，但学问人生一起来，也自有好处。老先生晚年重新焕发青春，让弟子们得以赓续30年代学术传统。而这些80年代的研究生，后来大都成为各个专业领域的顶梁柱。这你就能明白，为什么我们能较快地完成学术转型；还有，为什么进入90年代，学界有一种相当普遍的怀旧情绪；甚至连学术史研究成为时尚，也与这有关。

**查**：挺重要的，你讲出了一个从80年代到现在学术传统如何逐步复苏、接续、再出发的过程，至少具体到国学研究的领域里是这样。不知道其他领域里是否也有这样的过程，但我想你们能有这样的老先生做老师是很幸运的，多少有点中国传统书院里的味道呢。好，咱们今天就到此吧。

初刊《社会科学论坛》2005年第6期；收入查建英《八十年代：访谈录》，三联书店2006年版

# 有情怀的学术研究
## ——陈平原教授访谈
陈平原、杨　早

○陈平原　　★杨早

★首先想请你谈谈,你是如何走上治学之路的,哪些人与事对你影响最大?

○作为"文革"结束后公开招收的第一届大学生,我的"治学之路"不可避免地受制于当代中国的思想文化进程。没有改革开放,也就没有我们七七级;以我的愚笨,如果连大学都上不了,整天拿锄头修理地球,不可能知道学问为何物。在这个意义上,对我的治学影响最大的,毫无疑问是高考制度的恢复。另一件深刻影响我的人生道路和学术取向的,是上世纪80、90年代之交发生的事件。自知无力高瞻远瞩,唯一的好处是借助与历史的对话,不断校正自家的立场与思路。你问谁对我的治学历程影响最大,这很好回答:一是我的父亲,他使我建立起基本的价值观念与审美趣味;一是我念博士课程时的导师王瑶先生,他让我拓展学术视野,也谨慎自家的脚步。这些,我在《书生意气》《茱萸集》等随笔集中屡有追忆。

★十五年前,你的博士论文《中国小说叙事模式的转变》出版,当即在海内外学界产生很大影响。现在回头看,这篇论文是否受当时"方法热"的影响?你自己是否满意这种研究方式?

○我一向主张"小题大做",这篇博士论文便是一个尝试。1898年到1927年,是中国古代小说到现代小说的过渡阶段,可以从多方面进行阐发。选择"叙事模式的转变"做文章,是因其特征最为明显,且涉及面较广。当然,强调"形式革命",也不无对以往过分强调"内容层面"的研究进行反拨的意图。在论述过程中,确实借鉴了叙事学等西方文学研究方法。但我以为,任何方法都只是一种假设,必须与对象有效结合,方才值得称道。可以这么说,我关心的始终是活生生的文学历史。

这本书上篇论述西方小说的启迪,国内学界对此甚多好评;但我自己和国外学界更注重下篇,即传统的创造性转化在小说演进中的作用,尤其论述游记、逸闻、书信等次文类的渗透对小说转型的影响,以及"史传传统"和"诗骚传统"对小说发展的意义。就对此后学术风气转移的作用而言,下篇的影响可能更深远些。这本书对晚清小说与"五四"小说关系的论述,打破了原有近代文学与现代文学的隔阂,体现了当初提倡"二十世纪中国文学"概念的设想。而将中国古典小说作为研究的前提与背景,在注重古今变迁的同时突出文体演进的内在动力,使此书同时得到古代、近代、现代文学界的认可。日本学者对这一点非常敏感,所有书评都提到这一研究思路的意义,认为此乃"今后研究的出发点"。

★《二十世纪中国小说史》第一卷从体例上看是比较新颖的,与以前一般的文学史很不一样,所谓"承上启下,中西合璧,注重进程,消解大家"的原则,在具体写作时是怎样贯彻落实的?

○这本书最大的特点是"决断去取",因为本书的拟想读者是专家学者,所以更多地考虑新意与深度,而不必重复"常识"和"定论"。从这个角度考虑,我论述的重点不是哪一个作家哪一部作品的功过得失,而是整个小说史的发展线索,突出演变的脉络,在描述小说发展线索时兼及具体作家作品,但不为某一作家作品设专章专节。这就是我所说的"注重进程,消解大家"。而且,小说史不同于文学史中论述小说部分的集合,我认为应该以小说形式的发展为重心来展开论述,比如讨论当时的文化氛围,主要扣紧其如何影响小说形式演变来谈。第五章开始,都是专门讨论形式问题,谈结构、文体、叙事观点、主题模式、审美特征等。但这不等于"新批评"那种纯粹封闭的"形式",而是从形式变迁入手,努力寻找并解释其中隐含的意识形态因素。

鲁迅拟想中抓住主要文学现象来展开论述的文学史,对我很有启发。抓住主要文学现象,也就抓住了这一时期文学的"魂"。关于这一时期的小说,我关注的主要是小说的形式特征,其次是影响这些形式特征的最主要的文化因素。当我描述这段文学历史时,学术思路以及研究方法上,基本上是"博取杂用,守旧出新"——这也是我整个的学术追求。

★1992年,《千古文人侠客梦——武侠小说类型研究》出版,这本著作涉及当时大陆学者很少关注的通俗小说领域。但是,就方法而言,这本著作又是后来你对小说采取"类型研究"的一个滥觞。请谈谈它在你的治学历程中的意义。

○《千古文人侠客梦》全书共九章,第一至第四章描述武侠小说的历史发展,第五至第八章研究武侠小说的类型特征,第九章为全书总结。附录两篇,谈论"武侠小说与中国文化""武侠小说与类型等级"。从类型学的角度思考武侠小说,主要是寻找其"恒定因素"与"主要手法",发掘这些基本叙事语法的文学及文化意义;从通俗文学角度出发,理解而不是埋怨其表现手法的程式化,进而解读"程式"中蕴含的"无意识内容";将"侠"作为一种民间文化精神来考察,理解其拯救他人与拯救自我的双重功能——这三者,构成了这本书的论述框架。

这部著作研究通俗文学,不同于此前常见的居高临下:不再以文人叙事作为唯一的评价标准,而是努力理解通俗文学的特性,在准确描述其基本叙事语法的前提下,再做出评判。考虑到此前学界对待"小传统"要么不屑一顾,要么信口开河,本书的这一特色,比较容易为人所觉察。而选择类型学作为切入的角度,理论色彩比较强。一般读者比较关注前半部对于武侠小说的历史描述,专家们则更看重后半部的类型分析,认为其提供的结论,甚至可以用来解读游侠诗歌或武侠电影。从写作意图看,是试图将小说形态学的研究与文化发生学的探讨结合起来,力图沟通文学的"内"与"外",这使得本书的阅读与阐释,超越文学研究界。这种"跨学科的眼光",或许是其引起广泛关注的主要原因。

★在连续出版了以上三种著作后,你撰写了《小说史:理论与实践》,似乎是为你的小说史研究做一个总结,是这样吗?

○ 同是小说史研究,《中国小说叙事模式的转变》着眼于引进叙事学理论和突出传统文学的创造性转化,《二十世纪中国小说史》第一卷力图全方位综合把握一段文学进程并创建新的小说史体例,《千古文人侠客梦》则希望沟通文学的内部研究和外部研究,并提供一个小说类型分析的范例。至于三书共有的打破目前中国文学史研究中不尽合理的时期划分以及由此带来的理论缺失,更是延续或修正我们对"二十世纪中国文学"这一概念的设计。在撰写小说史过程中,我个人的理论思考,都汇集在《小说史:理论与实践》中。因为是治史中的理论思考,所以特别注重史家的个人感受以及可操作性。不追求体系化,也没能给出理想的答案,只是追问那些现有理论无法涵盖的"变异",描述研究过程中可能出现的"陷阱",甚至表白史家的"迷茫"与"困惑"。此书既非思辨程度很高的理论陈述,也非实证色彩浓厚的史学专著,而是介于两者之间——一个力图认真思考的文学史家的工作笔记。如果硬要自我评估,我只能套用"有长有短"这句老话:短处是不完整,好多该说的话没说;长处是真切,好多没体会的话不敢乱说。

★王瑶先生去世后,你从他那里接过主编"中国文学研究现代化进程"这一工作,现在这本书出了"二编"。关于这个工程,请谈谈其意义以及工作过程中的得失。

○ 近代以来的中国文学研究,颇多建树,值得专门总结。一百年的学术史实际上已经成了某种"传统",对这一传统的隔膜与误解很容易产生虚无主义态度或热衷于横扫一切的偏激。因此亟须认真研究这百年来的学术实践,为今人提供一些值得借鉴的学术规范和一些行之有效的治学方法。"中国文学研究现代化进程"及二编选择30多位中国文学研究的大家,探讨他们在借鉴西方学术思潮和研究方法以及继承发展中国传统治学精神方面的经验教训,并总结其学术成就。研究对象的选择,不以学术成就为唯一标准,而更注重文学观念、学术思想的创新以及研究领域的开拓。这个课题,是试图写成黄宗羲的《明儒学案》和梁启超的《中国近三百年学术史》那样的学术史著作。可惜天不从人愿,王瑶先生最后还是没能见到此课题的真正完成,他计划为此撰写的"导论"也落空了。

在今年出版的"二编"中,我们就"初编"中的问题,做了若干调整。例如,所请作者不像原先限于本课题组成员,而是广邀各路豪杰,而且不论资历深浅,唯贤是举。又如,近年我们对晚清学术变革的趋向有了较多的了解,对所谓"传统与现代"的叙事框架略有反省,更强调古今之间的"对话"而不是"对峙"。所以我们补选了刘师培和黄侃这两位治学"旧中有新"的大家。本课题成败的关键,在于能否为每位大家找到合适的研究者,因需要既了解研究对象的脾性、思路与学术贡献,又能保持史家的独立判断,不为私人感情所左右,这点很不容易。出于宁缺毋滥的考虑,只能将周作人等几位计划中的人物暂时搁置,如此继续保持此书的"开放状态",只能寄希望于日后的进一步完善。

★1998年出版的《中国现代学术之建立——以章太炎、胡适之为中心》,未成书前就已在《学人》《中国文化》等学术刊物上连续发表,引起了学界广泛的关注,有评论称"对于近年中国学界之注重学术史研究,起了引导的作用"。

○ 在我的学术论著中,这本书写得最艰难,从1991年写到1997年,行程竟六年有半。而且,这本书是我在北大讲授三轮"现代中国学术史"和两轮"中国文学研究百年"专题课的基础上整理而成。中间不断地停下来反省和思考,努力使自己的研究在理解与超越、温情与冷峻之间,保持某种必要的张力。简要地说,这本书在"西学东渐"与"旧学新知"双重视角的观照下,凸显现代中国文史之学研究模式的变化,一改此前过分依赖西学冲击而相对忽略传统内部变革动力的论述策略,进而挑战本世纪占主导地位的以西学剪裁中国文化的研究思路,兼及考据与思辨,借助于求是与致用、专家与通人、官学与私学之间的巨大张力,讨论传统中国学术在"走向专门家"之路所做的自我调整,以及所面对的两难困境。相对于面面俱到的铺陈,此类深入骨髓的探究,有可能为今日学界的选择提供必要的借鉴。在本书的撰写期间,《学人》诸同人对于学术史的共同兴趣,对我形成巨大的压力与无声的催促,使本课题不致半途而废。这是值得感谢的。

★《文学史的形成与建构》出版于1999年,分为"文学史叩问"、"小说史叙述"和"大学史寻踪"三辑。我的理解:这本书是用学术史的思路观照文学史、小说史和教育史,探讨这些专门史如何被书写和被接受,并主要关注专门史中的外部环境研究。不知道可不可以这样说?

○ "重写文学史"是我的本行,此前出版的《中华文化通志·散文小说志》以及本书第二辑诸文,大致体现我的志向与兴趣。"文学史叩问"中的篇什,则与《学者的人间情怀》《中国现代学术之建立——以章太炎、胡适之为中心》等书一脉相承,目的是追问作为研究对象、知识体系和著述体例三位一体的"文学史",在整个人文社会科学中的地位、功能以及发展前景。这种对学科根基的反省,必然涉及一系列重大问题,除了共通的现代民族国家意识的形成,更与西方教育制度的引进、文学革命的提倡与追忆、国家权力对学术研究的制约与利用,以及中国学术传统与西方文学理论的互动等密切相关。而关注"中国大学百年",不管作为话题,还是作为文章,既有历史的感慨,也有现实的忧思。如能将教育、思想、学术熔为一炉,探讨20世纪中国的一个侧面,这个课题,大有开掘的余地。这本书体现出来的,不过是一些小小的尝试,没能充分展开,但好在都有自家面目。

★北大百年校庆前后,你连续推出《老北大的故事》《北大精神及其他》,以及与夏晓虹老师一起主编的《北大旧事》,以致屡屡被外界称为"校史专家"。其实你和一般的教育史家显然不同,你曾提到,大学应该是"所有文化人关注的对象,并非只是教育家的专利",所以你的主要着眼点是教育体制与学术思想的关系。请你谈谈这一点。

○我所感兴趣的,不只是北大校史,更包括前人对于北大校史的叙述和阐释。比如,我把北大的历年校庆作为一种文本来阅读。从20周年纪念起,每次校庆几乎都用一个口号来诠释"北大传统"和"北大精神"。我将这些关于校庆的话语作为解读对象,试图在纵横交错的"历史地图"上,寻找真正的"北大精神"。

选择"老北大的故事"作为研究课题,首先是学术史的视野,而后才是百年校庆的机遇。我真正关注的,其实是蕴藏在"故事"后面的思想史线索。将北大置于教育史、思想史、学术史的脉络中考察,除了凸显史家的眼光,更希望引导读者走向历史深处,思考若干重大问题。编撰这些书,总的思路是:以考据出故事,以故事出思想,以思想出文章。文章没有采用严谨的学术笔调,是希望沟通文与史、雅与俗、专家与大众、论著与随笔。将历史研究的探索与写作方式的革新结合起来,希望兼及"文"与"学",这是我的小小的梦想。不是专业著述,也不是通常意义上的散文随笔,而是半学术半文章,我称之为"第三种笔墨"。在我看来,这是一个能调动研究者的激情与想象力、具备许多学术生长点的好题目。

★近两年你对"图像与文字"这一课题极为关注,开始是《触摸历史:五四人物与现代中国》,整个写作和编辑过程都试图提升图像在全书中的地位。之后,从《点石斋画报选》到《图像晚清》,再到你为报纸撰写的专栏"看图说书",不断强调和讨论的是图文之间的互补和张力,而不是以前被等闲视之的"配图"和"配文",除了追念古人所谓"左图右史",还有什么别的寄托吗?

○ 我在《触摸历史》的"总说"《触摸历史与进入五四》中曾说过:"没有'具体印象'的'五四',只剩下口号和旗帜,也就很难让一代代年轻人真正记忆。这么说来,提供足以帮助读者'回到现场'的细节与画面,对于'五四'研究来说,并非可有可无。因而,本书之选择图像与文字相配合的表述方式,不全是为了愉悦读者——也包括对历史研究方法的反省。"而选择用"图像"来解说"晚清",除了希望尝试一下中国学界比较生疏的"读图"外,《点石斋画报》作为一个理想的个案,也是重要的因素。"读图"并非易事,牵涉到图像制作过程的追踪,画面构成方式的解读,图文互动关系的阐释等。之所以敢于接受这个巨大的挑战,是基于以下四种自信:对于研究对象的熟悉,对于晚清社会及文化的了解,对于图文互动关系的重新认识以及以史料印证图像、以图像解说晚清的论述策略之确立。《点石斋画报》的图文之间,本就构成一种对话关系,其间的缝隙,不完全是使用媒介不同造成的,更包括制作者视角及立场的差异。正是这种对同一事件的不同描述,使我们对晚清社会的多元与共生,有直接的领悟。

★你的学术随笔在社会影响较大。《学者的人间情怀》是得到很多人赞叹的一篇文字,不只被选入中学教科书,洪子诚先生撰写的《中国当代文学史》中也有所论列。去年,你又在一则短文中强调"有情怀的专业研究"。从《学人》提倡"学术规范",到《现代中国》讲求"有情怀的专业研究",这里有何深意?

○我在《学者的人间情怀》中提到选择"述学"的知识者,如何既保持其人间情怀,又发挥其专业特长:"我的想法说来很简单,首先是为学术而学术,其次是保持人间情怀——前者是学者风范,后者是学人(从事学术研究的公民)本色。两者既并行不悖,又不能互相混淆。"我又说:"那种以'社会的良心''大众的代言人'自居的读书人,我以为近乎自作多情。带着这种信念谈政治,老期待着登高一呼应者景从的社会效果,最终只能被群众情绪所裹挟。再次,'明星学者'的专业特长在政治活动中往往毫无用处——这是两种不同的游戏,没必要硬给自己戴高帽。因此,读书人应学会在社会生活中作为普通人凭良知和道德'表态',而不过分追求'发言'的姿态和效果。"这些话,大致可以表达出我对这一问题的思考。

《现代中国》第一辑的"编后",曾以《有情怀的专业研究》为题,发在去年5月的《中华读书报》上。其中提到,随着专业化思想的深入人心,治学者必须接受系统训练并遵守学术规则,这已经成为共识,并逐渐得到落实。我担心的是,"专业主义"一旦成为塑造我们思想行为的主要力量,会对各种可能出现的"奇思妙想"造成极大的压抑。既投身"专业化"大潮,又对所谓的"正统派"之得失保持清醒的认识,我以为是必要的。具体说来,就是希望用"情怀"来补"规则"的缺失。

在我看来,规则是一个入门的东西,不可不谈,但也不可过分倚重。对于学者来说,除了规则,还有别的更重要的东西。比如做20世纪中国文化研究的人,总是在学术之外,对当下有所关心。对于他们来说,成为一个合格的"专家",并不是最高境界。我在1990年代初曾写过一篇文章,叫《超越规则》,其中提道:"建立规范是为了超越规范。'规范'在其方生未生之际最有魅力,一旦定型并建立起权威,对探索者又是一种压制。只是针对如今蔑视传统不守规则的时尚,才有必要再三强调学术的规范化。学术走上正轨,规范化局面形成,那时又得强调超越,怀念那些胆大妄为的'野狐禅'。对于具体学者来说,从守规则走向不守规则,是治学的正路。"尽管最近中国学界连续出现抄袭等不幸的事件,但我仍然坚持自己的主张:学者在遵守规则之外,还应该有更高的精神以及学术上的追求。

★最后,虽然我知道你不喜欢预告尚未完成的工作,但我还是想请你给读者透露一点你现在的研究计划。

○我确实不喜欢"预告"自己尚未杀青的作品,不是因为清高,而是对自己能否如期完成缺乏信心。应该说,我做学问是"有计划"的,可往往是"计划赶不上变化":或灵机一动,半路杀出个程咬金;或兴致索然,当即转移"斗争"大方向。真正应了那句老话:"有心栽花花不发,无心插柳柳成行。"我知道,这不是好习惯,可要改也难。好在我的学术兴趣比较广泛,同时从事若干课题的研究,说好听,是彼此照应,容易触类旁通;说不好听,则是不把所有的鸡蛋放在一个篮子里,任何时候都能找到自己感兴趣的话题。这样一来,不断有阶段性成果出现,但什么时候能拿出像样的成品,实在说不清。有过几次"失信"于朋友的惨痛教训,再也不敢乱开空头支票了。所以,这些年来,我只笼统地谈论自己的学术兴趣,比如学术史研究、图像研究、述学文体研究等,而拒绝公布什么"研究计划"。很抱歉,最后一个问题没回答好。或者换一种表达方式:因本人计划太多等于没计划,故"无可奉告"。

初刊《学术月刊》2002年第7期

# 中国大学改革,路在何方?
## ——答《书城》记者问
陈平原、李庆西

**《书城》(访谈者李庆西)**:您对中国大学的历史和现状有过不少著述和发言,实际上也产生了不小的影响。不过,您所表现的好像不只是通常知识分子对社会公共问题的关注,或许可以说您的关注中还包含着某种学术兴趣,您自己有这种意识吗?在您看来,关于大学问题的探讨是否有可能(或是有理由)发展成为有别于一般教育学的专门学问,譬如就像文艺学、建筑学、药理学那样成为一门"大学学"?

**陈平原**:十五年间,虽说不时涉足大学话题,可删繁就简,归纳成集,也就这次由北大出版社刊行的《老北大的故事》(增订本)、《大学何为》、《大学有精神》三书了。此前的相关著述,或不再重印,或转入他书。按说是成果有限,不过在他人眼中,我俨然已从"文学史家"变成了"大学史家"。只有一字之差,很容易"形近而讹",但自己心里明白,我之谈论"大学",依旧还是"爱美的"(amateur)。这么说,不是故作谦虚或妄自菲薄,而是别有幽怀。因为,我心目中的"教育学",不仅是一种专业,更是一种知识和情怀。

以高等教育为例,大学里的日常管理、经费筹集、教学方法等,都很重要,但不是全部。在我看来,"大学"作为一种教育形式、一种社会组织、一种文化精神,本身就值得仔细阅读、欣赏、品味、质疑。"大学"并非凝定的实体,不可能一尘不染,而是一个有呼吸、有血肉、有生命的组织形式。读书人在"钻研学问"之余,最好连带"阅读大学"。换句话说,不仅要接受学校里传授的各种专门知识,还要把学校传播知识的宗旨、目标、手段、途径,作为一种特殊的"文化"来加以反省,而不是盲目地接受。我们都知道,各种各样的专业知识,既是人类探索真理的结晶,也是在类似大学这样的组织形式中,一步步被酝酿、构造出来的;当它成为一门特定科目时,尤其如此。在这个过程中,"大学"本身参与到知识生产及传播的全过程,其间的是非曲直,它都必须承担责任。

这样来思考"大学",就不仅仅是传统意义上的社会科学,而必须引入人文学的视野和方法。我自己的体会是,从思想史、学术史、文学史、文化史以及教育史的角度谈论"大学",不仅仅是拾遗补阙,其越界思考与表述,说不定有重大发现。我自己的"大学研究",不同于教育官员,不同于大学校长,不同于教育学家,也不同于"愤青"或媒体记者。我的特点是关注中国问题,兼及理想性与操作性;强调古今对话,在历史与现实的碰撞中展开论述;怀疑"接轨说",侧重于对传统书院的体悟以及百年中国大学的阐释。说到底,这是一个"人文学者"眼中的兼及历史与现实的"中国大学"。

在我的诸多论述中,唯一被广泛接纳的是:好大学在"大楼"与"大师"之外,还必须有"故事"。这几年,谈论大学的书籍,纷纷从硬邦邦的论说与数字,转向生气淋漓的人物和故事,跟我的"开风气"之作不无关系。以致现在各大学编校庆读物,都会格外关注"大师"的表彰,以及"大学故事"的讲述。可以这么说,此举起码让大家意识到,大学不是一个空洞的概念,而是一个知识共同体,一个由有血有肉、有学问有精神的人物组成的知识共同体。关于大学历史的讲述,不一定非板着面孔不可,完全可以讲得生动活泼。从"故事"入手来谈论"大学",既怀想先贤,又充满生活情趣,很符合大众的阅读口味,一时间成为出版时尚。可书一多,鱼龙混杂,做滥了,也会讨人嫌。

你说的没错,我谈大学,有现实关怀,也有学术兴趣。之所以不提"大学学",是因为怕有跑马圈地的嫌疑。就像我做文学史研究,不喜欢"大题小做",而更倾向于"以小见大"。多讲"问题",少说"学科",因后者带有明显的权力意味,不是个人兴趣及能力所及。作为一级学科的"教育学",包括教育史、教育学原理、教学论、德育原理、教育社会学、教育心理学、教育经济学、教育管理学、比较教育学、教育技术学、军事教育学、学前教育学、普通教育学、高等教育学、成人教育学、职业技术教育学、特殊教育学等诸多二级学科。这样的学科分类,很全面,但偏于技术性。如果真有"大学学"的话,我想应该突出思想性,在社会科学的操作能力之外,吸纳人文学的精神文化。具体说来,应包括大学理念的探求、大学史的钩稽、大学内部管理的摸索、大学社会功能的呈现等。考虑到当下的中国,乃全球最大,也是人类历史上最为雄伟的"大学试验场",学界应该也有可能广泛吸纳公众的眼光及趣味。在这个意义上,那些切近现实的"大学批评",将发挥很大作用。

《书城》:自90年代以来,大学一直处于"改革"状态,从并校到扩招,从SCI论文到科研项目管理,从产业化运作到迁校建大学城,从211工程、985工程到教育部评估……所有这一切在高校和社会上都引起了许多争议和批评,感觉中似乎负面舆论居多。您认为这是大学改革的基本思路出了问题,还是所谓转型期必然出现的一些正常与不正常的现象?

陈平原:大学水平是一个国家综合实力的体现,跟经济有关,但不等于GDP,还有政治及文化等软实力,此外,也事关一个民族的精神状态。在这一意义上,近三十年中国大学的发展与进步,不该抹杀,起码是与"大国的崛起"互为因果。哈佛大学的杜维明教授曾问我,你认为中国的大学何时能在世界舞台上"轻松自如"地表演?我说再过十年,即便不唱主角,也不会总是跑龙套。他很欣赏,说是问过不少外国学者,有说五十年的,也有说一个世纪的,这让他很郁闷。记得十年前,某著名汉学家跟我说,他从不买中国学者写的学术著作,因专业性不够;现在他开始买了,而且认真阅读、引用。再过十年,我相信,谈论中国问题,必须倾听中国学者的意见,会成为各国学界的主流声音。

最近十几年,中国政府对高等教育的积极扶持,体现在办学经费的大幅提升——这里说的是相对于此前往往捉襟见肘的窘迫处境。总的来说,文化传统、国家实力以及几代学人的努力,尤其是近年的"走出去"与"请进来",成效还是明显的——虽说有些虚火。中国大学山高水低,但体量极大,总体水平在迅速提升,最明显的是有一股"气",这很难得。

问题在于,中国的大学起点低(从硬件到软件),稍微用力,就能感觉到发展与进步;可再往下走,会比较吃力,因此,得好好调整步伐。必须牢记,办大学讲的是长效,不可能一蹴而就。尤其应该意识到,"行政主导"是把双刃剑,走得快,但容易摔跤。这些年,跌跌撞撞,努力往前赶,也付出了不少学费。其中最为关键的,是主管部门的好大喜功,不太尊重教育规律。

我并不否认中国大学这些年的进步,但站在知识分子立场,对现状会有许多批评与反省。常有人提醒我,领导很不容易,你应该学会"换位思考"。这我不同意。屁股决定脑袋,我不是教育部部长,也不是大学校长,不了解决策的内幕,怎么可能时刻"站在全局的立场"发言?在我看来,无论在朝在野、为官为民,努力将自己的看法准确无误且酣畅淋漓地表达出来,同时认真倾听别人的意见,这就行了。至于有没有效果、达不达成目标,说实话,管不了那么多。即便"说了等于白说",那也是"白说也得说"。

《书城》:新中国成立后最早的大学改革或许可追溯到1952年的"院系调整",现在看来那是折腾过甚,使许多学校元气大伤。不过,在当时意识形态一元化的统制下,"院系调整"却调出了高教体制的二元格局,譬如北大的医学院、农学院都剥离出来成立北京医学院、北京农学院，50年代后此类专门"学院"还陆续新办了不少，如哈军工、北航、北邮等，形成了与"大学"并行的另一套路。据说这是搬照苏联的模式，改革开放后又检讨这种"单科思维"，逐渐废除专门学院，都搞"大而全"的综合性大学，导致同质化现象十分严重——现在无论冠以省市地名的"××大学"，还是"××理工大学""××师范大学"，院系设置都差不多，几乎是文、理、工、法、商、外、医齐全。但是，专门学院是否就等于"单科思维"，高教体制是一元化好还是多元化好？您认为现在是否有必要重新思考这样一些问题？

**陈平原：**我在《中国大学百年》等文中，努力梳理晚清以降中国大学走过来的路，理解其成败得失。无论是半个世纪前的"院系调整"，还是近在眼前的"大学合并"，都不仅仅是大学内部事务，而是真的"事关全局"，不要说大学校长，甚至教育部部长说了也不算。下面不一定有扩充或转型的愿望，拍板的是教育主管部门。至于教育专家，基本上是事后诸葛亮，跟着论证此举的合理性与重要性。好处是允许有不同声音，你可以提出质疑与批评。只是船大掉头难，即使发现流弊，也只能慢慢转弯。而且，还得有台阶下，面子上要过得去。如果我没判断错的话，大学合并的高潮已过，接下来是如何善后的问题。

你问"大学合并"好不好，很难说。若是学科发展需要，自行调整布局，那是应该鼓励的；但行政主导，拉郎配，后患无穷。大学千差万别，别老拿"国际惯例"说事。所谓"世界一流大学"，并非都是"大而全"，你总不能说加州理工、巴黎高师不是好大学吧？关键在学术质量，声誉由此而来。至于规模大小，不成问题。办大学，做学问，不能搞"人海战术"。有一阵子，中国人民大学都快顶不住了，因为没有理工科，不是"综合性大学"。其实，办大学，切忌一刀切，有的"大而全"，有的"小而精"，那都是在漫长的演变过程中，逐渐摸索出来的，强求不得。

所谓克服"单科思维"，提倡"综合研究"，与今日中国的

"大学合并"热潮,其实关系不大。关键在于主管部门大干快上的决心、世人"与国际接轨"的盲信、各类排行榜的催逼,还有拨款制度以及校长级别等,所有这些,才是背后的有力推手。

**《书城》**:您十年前写过一篇《大学之道——传统书院与二十世纪中国高等教育》的文章,提出可借鉴"书院制"改造现代大学的思路,读后颇获启迪;您讲到"体制外的独立讲学,容易形成学派",这尤其让人信服。不过,您那篇文章的着眼点似乎主要在人文学科,而理工科和其他自然科学学科是否也同样可以借鉴传统书院的某些理念?

**陈平原**:在那篇文章中,我谈及欧美大学制度在20世纪中国畅通无阻,并非毫无道理。比如西学的魅力无法抗拒、讲求"实学"乃大势所趋;新学堂整齐划一,便于人才的批量生产;等等。当今之世,毫无疑问,现代大学仍是主流。问题在于,传统的书院教育,是否能为我们提供某种思想资源?我的答案是肯定的。粗略言之,大概可以包括如下三种思路:从教育体制考虑,私立大学、研究院及民间学会对于中国学术思想多元化的贡献;从教育理念考虑,全人格教育、通识教育以及打破教育的实用主义传统;从教学方法考虑,强调独立思考、自学为主、注重师生之间的理解与沟通。

具体到声光电化、民主法制等,这些中国人梦寐以求的新知,到底该如何生产与传授,确实有赖于西式学堂。那是因为,传统书院中,科学技术并非重点。面对西化大潮,连极力主张"救学弊"的章太炎,也说"为物质之学者"或"治国际法者",只能听其"参用远西书籍"。人文学者(尤其是研究中国文化)追慕书院教学,效果十分明显,自不待言。我想强调的是整个学术思路的转移,即21世纪的中国大学,不应该只是"欧洲大学的凯旋"。至于借鉴传统书院,假如不胶柱鼓瑟,而是专注于方法及精神,我认为理工科院校同样适用。

其实，关键不在书院的具体功用，以及传统转化的有效性，而是对于"大学文化"的理解。我在谈论北大改革的《国际视野与本土情怀——我的大学观》中提及："大学不像工厂或超市，不可能标准化，必须服一方水土，才能有较大的发展空间。百年北大，其迷人之处，正在于她不是'办'在中国，而是'长'在中国——跟多灾多难而又不屈不挠的中华民族一起走过来，流血流泪，走弯路，吃苦头，当然也有扬眉吐气的时刻。你可以批评她的学术成就有限，但其深深介入历史进程，这一点不应该被嘲笑。如果有一天，我们把北大改造成为在西方学界广受好评、拥有若干诺贝尔奖获得者，但与当代中国政治、经济、文化、思想进程无关，那绝对不值得庆贺。"

**《书城》**：您怎样评价法国的 Grandes École（大学校）与 Université（大学）并行的两种高等教育体制？我们知道 École 的规模都很小，像巴黎高师在校学生至今不足一千人，但人家重视通识通才教育，学生选课自由，师生交流方便，鼓励发展交叉学科，这是否有点像您设想的那种现代"书院制"的思路？巴黎高师出过罗曼·罗兰、萨特、福柯、德里达、布迪厄那样的人文大师，出过十几位诺贝尔奖得主，还有六位菲立兹奖得主，如果考虑到学生人数，这等成才比例并不输于哈佛、牛津，可是为什么我们只是把眼光盯着英美的大学体制？

**陈平原**：北大学生很骄傲，可到法国念书，一点脾气都没有。因为人家不认，他们更看重的是外交学院、国家行政学院等的学生。当年德里达来中国讲学，原本想去首都师范大学，经陪同人员提醒，才知道北京大学更合适。随着时间推移，这种误解正逐渐消失。中国人也都开始明白，那个在校生只有900多人的巴黎高师，是了不起的好大学。

法国的高等教育实行双轨制，即大学（Université）和大学校（Grandes École）并存。前者有文、理、工、政、经、法等众多专业、招生量大，只要拥有高中文凭便可自由申请；后者则分工程师、军事、行政、师范等不同类型，有极为严格的入学考试。据说巴黎高师每年只招200多人，可报名人数大约4万人，可见竞争之激烈。单看入学考试，你就明白，"大学校"方才是法国的"精英教育"。

曾有法国朋友感叹，因办学经费及学科排名等影响，目前法国的大学正在向美国大学靠拢；好在作为精英的École岿然不动，依然故我。那位朋友骄傲地说，这才是我们的学术根基。这倒让我想起，中国人喜欢说"与国际接轨"，到底该接哪个轨？目前的中国大学，即便号称不扩招的北大、清华，其实也都程度不同地走上了大众化的道路。所谓"精英教育"，意味着自我限制，有所为有所不为，规模很小，选拔极严，有第一流的师长，也有第一流的学生，再加上师生间充分交流，这才可能培养出第一流人才。目前的思路是"广种薄收"，教学质量没大面积下滑，就谢天谢地了。

《书城》：您是否觉得国内的大学专业设置太细？似乎现在社会上有什么行当大学里就要开设相应的专业，查一下教育部2004年颁布的《全国普通高等学校本科专业目录》，光是一个"公共管理类"就分出了十二个专业，像"公共管理"之外还要单设一个"公共事业管理"专业，这有必要吗？我们一方面在嚷嚷"通识""通才""跨学科""文理打通"什么的，一方面何以又钻进了这种实用主义的牛角尖？

陈平原：为什么专业设置过细？那是因为办学思路上出了问题。同样是高等教育，有以探求知识与真理为主要目标的，也有以满足现实需求为基本导向的，二者功能不同。社会确实需要不同层次的专门人才，但如果是办"大学"，而不是"职业培训学校"，最好还是志存高远，侧重"知识"而不是"技能"。

一说到大学生就业困难，专家开出的药方，往往是强调如何与市场接轨——市场需要什么人才，我们就开设什么专业。可问题没那么简单。你讲市场经济，好，今年打着灯笼找不着的，四年后削价出售也没人要。很多热门专业的毕业生找不到合适的工作，就是这个道理。你赶着在师范大学里办房地产学院，我抢着在农业大学里开国际金融专业，都是瞄着市场去的。可等到你我的学生毕业，就业市场上已人满为患。这个时候，最容易被拒之门外的，往往就是这些"急就章"。这些年大学生就业市场的波动，跟所谓"热门专业"的转移大有关系。学生们没经验，容易被一时的社会舆论误导；大学校长们则应该很清醒，这种紧盯市场，"缺什么添什么"的发展战略，其实是很危险的。如果是必要的专业延伸，往市场靠一靠，那没问题；但原先没有任何根底，突然间天降神兵，就因为那些专业是"热门"的，而做出这样的决策，十有八九是要出事的。

这个意思，五年前在《我看大学生就业难》一文中就提到了。我反对在研究型大学里增设许多实用专业，那样会弄得不伦不类。关键还不在于这个具体的专业，而是破坏了整个学校的风气。再说，社会需求瞬息万变，大学根本无法有效控制。专业设置过于追随市场，很容易变成明日黄花。学得姿势优美的"屠龙术"，没有用武之地，还不如老老实实地"强身健体"。

说实话，今天中国大学里讲授的许多冠冕堂皇的"学问"，其实只是职业性的"技能"。花四年时间来学那两下子，实在太浪费了。正因为接近"职业培训"，出去后上手快，马上就能用。可这样的学生，很难再往上走，明显底气不足。我还是主张大学阶段以"通识"为主，至于"技术活"，参加工作后，稍加培训就行了。要不，你干脆办成高等职业学校。现在中国大学的最大问题是，实用学科放得太松，扩展太快，评价标准因而发生严重倾斜。长此以往，本科教育的目标被模糊了，不再是"知识"与"修养"，而变成了"职业"与"技能"，实在是很可悲的。

**《书城》**：您怎么看大学排行榜？按照国内武书连那个排行榜

的测评和计分规则,排名在很大程度上取决于学科多寡,因为多一个学科就多一个计分点,相对而言规模大的学校就占便宜。这种排名思路是否也影响到学校贪大求全的发展思路,或者说排行榜本身就是贪大求全发展思路的产物?

**陈平原**:这些年我一直写文章批评大学排行榜,认定其弊大于利。今天所有的大学校长,都被"你们学校排第几"这个问题折腾得死去活来。当然,有各种攻防策略,比如说如何在众多排行榜中,取一个比较好看的。但绝大多数校长心里都明白,这个排名其实是没有意义的。

2004年的《泰晤士高等教育专刊》,突然把北大推到了全世界第17位,北大当然很高兴,赶紧挂在网上。大家一批评,又拿下来了。当时我就说,这个排名所肯定的,不是北大的科研成果,而是中国在变化的世界格局中的地位。中国在崛起,在世界事务中发挥越来越大的作用,大家开始关注中国,连带关注中国的高等教育,这样,就有意无意地提高了中国大学教育的声誉。我的文章发出来以后,并没有引起大家的重视。第二年,北京大学排到第15位,超过了东京大学,大家感到很惊讶。第三次,北大排到第14位。记得那天晚上,我在哈佛,刚好跟朋友吃饭,一个来自东京大学,两个来自台湾大学,他们对我进行"集体批判":凭什么北大排名这么靠前?到2007年,北京大学突然下滑到了第36名,这次不说话了。

其实,当年排得那么靠前,不值得高兴;今天迅速下滑,也没必要灰心。我在北大百年校庆时说过,北京大学在人类文明史上的贡献超过很多世界一流大学,因其在一个古老民族转型、崛起的过程中,发挥这么大的作用,那是千载难逢的机遇。北京大学跟国家的命运息息相关,这才是最重要的,不要太在乎排名。其实,好大学都应该有这种自信,不看重各类排名。凡是喜欢挑一个好听的名次,整天挂在嘴上说的,都是缺乏自信的表现。

还有一个排行榜值得关注,那就是上海交大的"世界大学排行榜"。已经连续发布了好几年,有点影响,但2007年的排行榜一出来,就受到《科学》杂志的猛烈抨击。针对《科学》杂志的批评,上海交大主持这个排行榜的刘念才教授拒绝答辩,要大家读他2005年8月发表在《清华大学教育研究》上的论文《世界大学学术排名的现状与未来》。其实,更值得推荐的是刘教授和Jan Sadlak合编的《世界一流大学:特征、排名、建设》(上海交通大学出版社,2007)。在这本书中,有一篇奇文值得欣赏,即刘念才等撰《从GDP角度预测我国建成世界一流大学的时间》,其基本观点是:世界顶尖大学,即排名第一到第二十的,其所在城市人均国民生产总值二万五千美元以上;而世界一流大学,即排名第二十一到第一百的,则是二万五千美元左右。中国什么时候有"世界一流"大学呢?大概是在2020年。因为,到了那一年,上海的GDP总量将超过三千亿美元,人均国民生产总值接近二万五千美元,达到建成世界一流大学的标准。所以,最早进入"世界一流"的两所中国大学,会出现在上海。拜读这篇文章,我终于明白,大学办得好坏,端看GDP,你不觉得这很滑稽吗?

排名只能依靠数字,而数字是很容易造假的。以为读书人都讲"仁义礼智信",那是低估了造假的巨大收益,而高估了道德的约束力。即便是老实人,拒绝弄虚作假,可你潜意识里,着力于生产"有效的"数目字,也必定扭曲办学方向。大学排行榜的权威一旦建立,很容易形成巨大的利益链条,环环相扣,不容你置身事外。在我看来,此举将泯灭上下求索、特立独行的可能性。好大学必须有个性,而你那些"与众不同"的部分,恰好无法纳入评价体系。"趋利避害"是人的天性,大学也不例外。久而久之,大学将日益趋同。所谓争创"世界一流",这么一种内在兼外在的压力,正使得中国大学普遍变得躁动不安、焦虑异常。好处是举国上下,全都努力求新求变;缺点则是不够自信,难得有发自内心的保守与坚持。

《书城》:现在各地新建的"大学城"都设在远离城市的荒郊野地,有人说人家牛津、剑桥、哈佛、耶鲁就是这么发展起来的,您觉得我们需要这样从头学起吗？大学是办在城市里好，还是远离市区好，也许仍有讨论的必要，因为这好像关系到文化—教育资源共享的问题。

**陈平原：**欧美的大学城是历经几百年，逐渐演变过来的；而中国的大学城，却几乎是一夜之间建起来的，这点很不一样。而且，中国的大学城肩负一个特殊使命，那就是应付大学扩招的需要。因此，政府低价拨地，企业努力建设，大学勇敢贷款，三者合力，共同推进，各得其所。大学本来没那么多钱，学生学费再加上国家拨款，能应付日常开支就很不错了，哪能这么"大兴土木"？可为了响应政府号召，挺进大学城，大学也只好"义无反顾"地借贷去了。政府为什么那么积极？因为，那可以在很短的时间内，改变城市面貌，改善投资环境，顺便拉高地价。大学城一般建在城市边缘，原本很偏僻，周边环境不好，地价便宜。如今划一块地，盖起一片楼房，只要大学进来了，周边的房地产价格必定暴涨。因此，企业也很愿意投资。这么一来，中国各地蓬勃开展的大学城建设，包含很大隐忧，那就是本末倒置，最后被房地产商的利益所裹挟。

常听到大学城访问的外国教授说，没想到中国大学这么漂亮。以前外国人来参观，无不惊叹中国大学如此破烂。如今，鸟枪换大炮，几乎是一夜之间，中国大学变得焕然一新。但这么一个成功的"大变脸"，隐藏了一些严重的问题，先说硬的，再说软的。要达到这个目标，是需要大笔钱的，校长们只好努力贷款。至于怎么还贷，以后再说，相信后任校长以及政府相关部门"有足够的智慧"，能妥善解决这么棘手的问题。如此配合默契，"大踏步前进"，对于政府和学校来说，都是一着险棋。

另外，新建的大学城里，清晨或傍晚，清一色新建筑，清一色小青年，全都"朝气蓬勃"。至于年长的教师们，下课后，急匆匆赶班车回老校区去了。理想的大学校园，应是既有饱经沧桑的，也有英姿焕发的，老中青都有，大家在一起念书、思考、对话。照梅贻琦的说法，什么是大学？大学就是大鱼领着小鱼不断地游，游着游着,小鱼就变成大鱼了,这就是大学。可现在的大学校园里,只有小鱼们自己在游,没有年长的带,全是同龄人。这样的"大学生态",很不理想。

其实,之所以能一夜建起"大学城",这样的壮举,得益于政府的决心。可成也萧何,败也萧何,过度的行政主导,导致了教育独立性的丧失。办大学没钱不行,反过来,有了钱不一定就行。随着中国经济实力增强,政府可支配的钱越来越多,加大教育投资将是大趋势。我有点担心,作为教育主管部门,给了钱就想发号施令,就希望立竿见影;那时候,我们还能坚持走自己的路吗?如果官大学问大,钱多说话响,前景其实很不美妙。现在已经有这种趋势,大学校长以及教授们,为了数目可观的科研或教学经费,低三下四,委曲求全。真不知道,面对风光一时但遗憾多多的"大学城",我们能否有更为深入的反省。

**《书城》**:过去说一所成功的大学主要取决于"大师"而不是"大楼",现在"大楼"都有了,"大师"还是个问题。而且,有限的人才资源又是高度集中,优秀学者几乎都被少数名校垄断了,集中在京沪二地和个别中心城市。过去,地方上一些普通院校可能会有学术上很出色的教师,如吴宓在西南师院,任中敏(二北)在扬州师院,当时这类现象与极左路线时期知识分子政策有关。现在的人才流动政策拓开了个人发展空间,于是"人往高处走",都奔北京、上海等大城市去了。像30年代初,杨振声创办青岛大学,短时间内就招揽了一大批著名学者(如闻一多、梁实秋、赵太侔、沈从文、丁西林、陈梦家、游国恩等),现在许多地方大学"不差钱",却无法再现当年青岛大学那种辉煌。您认为,现在有可能改变这种人才分布极不均衡的状况吗?

**陈平原**:东方国家有个特点,好大学大都集中在首都或经济中心城市。欧美可不是这样,他们的学术中心与政治中心、经济中心、文化中心,并不完全重合。这一差异,本来是历史造成的;可改革开放三十年,高等教育大发展,资源与人才重新分配,无形中拉大了不同大学之间的距离。与经济、文化等领域的"孔雀东南飞"相呼应,大学里的著名教授,也都往京沪等地的著名大学集中。这确实有点遗憾,但我们又不可能回到计划经济时代。再说,那种人才分散、利益均沾,对个人才华来说,也可能是一种严重的伤害。

在我看来,人才流动的大趋势,应该鼓励,而不是抑制。你可能会认为,我是站着说话不腰痛,没能体谅地方院校留不住人才的困境。其实,正因为流动困难,上升管道不通畅,才会出现"人才堵塞"的尴尬局面。明明京沪等大城市里好大学的教职难觅,很多新科博士宁愿在不太合适的岗位上混,也不敢到地方院校去谋求发展。在美国找教职,很少一步到位的,好多都是辗转多年,方才立足名校。假如我们也能建立良性的竞争以及选拔机制,人才自由转移,新人才敢沉下去,等做出了成绩,再往上走。

这么说,还是要走,还是留不住人才。可这取决于你思考问题的角度——他(她)要往上走,必须格外努力,出好成果,这不等于为你的学校做贡献吗?若能创造好的学术环境,充分尊重有潜力的年轻学者,而不是纯粹为评博士点,一锤子买卖,那样的话,未尝不能留人。以前主要是享用学术资料的机会很不平等,现在互联网基本能解决这个问题。即便你在遥远的小城,只要上网,就可以及时获得很多学术信息。问题是,教师的经济收入与发展机遇等,确实很不均衡,这方面,政府应该出面,做必要的调整。还有一点,公众及媒体过于迷信名校,不利于人才的大批涌现。这方面,读书人也该自我反省,我们动辄就提哈佛、耶鲁,不也是名校崇拜?名校里并非都是豪杰,多的是很一般的教师。其实,学问做到一定程度,纯粹是个人的事情,与"背景"(就好像展示商品的"橱窗")无关。假如社会上能普遍尊重学问,认人不认校,目前的状态会有所改变。

**《书城》**：学术自由是保证创新和发展的前提，过去我们以为对学术的妨碍主要来自意识形态干扰，可是现在大学的行政管理倒成了教师身陷其中的"铁屋子"。现在大学里都有一整套制度化的量化考核，什么核心期刊论文数量，什么省部级以上科研项目，甚至某些大学把教师出国讲学或访学经历也作为晋升职称的一项硬性指标。听说许多教授经常得忙于填写各式各样的报表，须应付层出不穷的检查与评估。此中弊端早已为人诟病，可是愈见变本加厉。为什么要把大学教师搞成疲于奔命的公司雇员？在您看来，这是存心褫夺教授们的话语权，还是反映了政策设计者的一种文化焦虑心态？

**陈平原**：好多年前我就说过，大学的微妙之处，在于如何"为中才定规则，为天才留空间"。没有规矩不成方圆，可一旦有了规矩，又必定对特异之士造成压抑。学生如此，教师也不例外。大学里，不是每个人都尽忠职守，也有一直偷懒，甚至拆烂污的，怎么办？你管还是不管？是奖勤罚懒，还是稳定至上？反对学术考核的，喜欢举纳什为例，其实不太恰当。因获奥斯卡奖影片《美丽心灵》，很多人知道数学家纳什的故事。普林斯顿大学对这位被精神分裂症困扰了三十多年的天才相当优遇，一直传为佳话。可前提是，他的天才很早就被学界认识到，否则，大学不会那么慈善。当下中国的大学教师，是一种"超稳定职业"，只要不出大问题，基本上是终身教职。可没有任何危机感，过于高枕无忧，确实也有问题。

关键不在于管不管，而在于怎么管。大学教师的作用，本来是"教书育人"，现在变成了"科研第一"，这问题很大，暂且按下不表。就说学术贡献吧，谁都明白，文章不是越多越好，你一篇可能顶他十篇百篇。可谁说了算？谁来承担拍板的责任？之所以"量化管理"，有行政部门揽权的因素，但另一方面，也怨学界缺乏勇气与定力。在一个没有权威的时代，谁也不服谁，最过硬的，只能是数字。这当然是很可悲哀的事情。

好几年前北大就推行代表作制度，实行匿名评审，可在实际操作中，也碰到了很多问题。恕我直言，当下的中国学界，最大问题是，普遍缺乏理想，不敢较真，还说是"和为贵"。将工作重点放在防止抄袭，这已经是很丢脸的事；接二连三的大学校长抄袭案，更是让人气短。不是说此前没人抄，或者说国外就很干净，而是当下中国，学术道德沦丧已成风气。只是埋怨行政部门"乱作为"，有点不公平。教授们应该扪心自问：我们真的尽职了吗？举个例子，我们能否像国外大学那样，晋升职称时不限指标，只要条件合格、评审通过，就上。我问过，教授们大都反对，说做不到。原因是，评审人都不愿当"杀手"。人家送外审，本来就是走过场，你还当真？再说，此事肯定会传到当事人耳朵，记恨你一辈子的。就连学术委员会开会，也无法保密，你说了谁的坏话，第二天清晨当事人就会"理直气壮"地找上门来。而这在国外大学是不可想象的。

都说大学里应该"奖勤罚懒"，可硬逼出来的，大都不是好东西。对于大学教师，不能完全没有考核。但我主张，定一个最低标准，中等之才稍微努力就能达到。给老师们保留尽可能大的自我设计与灵活发展的空间，而且，以营造良好的学术氛围为主。检索论文篇数，规定刊物等级，一手交货一手交钱等奖励措施，很有效，但容易造成虚假繁荣，我认为，对学术发展不利。

五六年前，我写过《大学三问》，谈及建立规章制度的合理性，同时指出：管理有效，但并非万能；管理只是手段，不是目的。大学的管理工作，应包含对"人"的尊重，以及对"创造性劳动"的理解。前者涉及"尊师重道"，后者则不妨称为"放长线钓大鱼"。必须是有弹性且不乏人情味的"管理"，方才可能营造一个有利于产生学术大师的良好环境。

之所以会有"层出不穷的检查与评估"，除了对教师不放心，怕你偷懒，再就是"大跃进思维"。我再三说了，承认中国大学目前就这个水平，脚踏实地，操正步，走正路，那还有希望；老想着

"多快好省",甚至"超常规发展",容易出问题。目标太高,管理太严,最后完不成,弄得都造假,连底线都守不住,太可惜了。一句话,让校园重归平静。

初刊《书城》2009年第9期

# 中文百年,我们拿什么来纪念?

陈平原、高明勇

1910—2010年,北京大学中文系建系一百周年。作为中国最早的中文系,其建立标志着中国语言文学开始形成现代的独立的学科。中文百年变迁,对中国意味着什么?

### 创办肇始 不是重要,而是人才多、花钱少

**新京报(访谈者高明勇)**:1910年3月31日京师大学堂成立的"中国文学门",是我国最早的中文系。在西方现代大学的学科中,法学、医学和神学是三大最古老的学科,那么中国现代大学创建中文学科的初衷是什么?

**陈平原**:晚清提倡"新教育"者,一开始并没有把"中国语言文学"作为相关诉求。时人普遍贬考据、辞章、帖括为"旧学",尊格致、制造、政法为"新学",教育改革的重点在"废虚文"而"兴实学"。

**新京报**:可"文学教育"最终还是进入了改革者的视野,为什么?

**陈平原**:因为不管是举人梁启超,还是大臣张百熙、张之洞,一旦需要为新式学堂(包括大学堂)制定章程,只能依据当时的译介略加增删。而西人的学堂章程,即便千差万别,不可能没有"文学"一科。于是,不被时贤看好的文学教育,由于大学堂章程的制

定,居然得以"登堂入室"。

**新京报**:有点阴差阳错的味道。

**陈平原**:对比晚清三部大学堂章程,不难感觉到文学教育的逐渐浮出。1898年的《总理衙门奏拟京师大学堂章程》开列十种"溥通学",十种"专门学"。前者"凡学生皆当通习者也",故有"文学第九"之列;后者培养朝廷亟须的专门人才,故只有算学、格致学、政治学(法律学归此门)、地理学(测绘学归此门)、农学、矿学、工程学、商学、兵学、卫生学(医学归此门)。也就是说,"文学"可以作为个人修养,但不可能成为"专门学"。

**新京报**:问题在于"文学"还是成了一门"专门学"。

**陈平原**:因为在1902年,张百熙奉旨复办因庚子事变毁坏的大学堂,并"上溯古制,参考列邦",拟定《京师大学堂章程》。此章程对"功课"的设计,比戊戌年间梁启超所代拟的详备多了,分政治、文学、格致、农学、工艺、商务、医术七科。文学科又有经学、史学、理学、诸子学、掌故学、词章学、外国语言文字学等细目。将"词章学"列为大学堂的重要课程,不再将其排除在"专门学"之外,总算是一大进步。

**新京报**:是什么原因让"文学"从"专门学"变成了一门重要学科?

**陈平原**:第二年,也就是1903年,张之洞奉旨参与重订《大学堂章程》,规定大学堂内设经学科、政法科、文学科、医科、格致科、农科、工科、商科八个分科大学堂(接近欧美大学里的"学院")。

其中,文学科大学分九门:中国史学、万国史学、中外地理、中国文学、英国文学、法国文学、俄国文学、德国文学、日本国文学等。不用说,后五者纯属虚拟。与中国文学门从课程安排、参考书目到"文学研究法"都有详尽的提示截然相反,英、法、德、俄、日这五个文学专门,均只有不着边际的寥寥数语。单有设想不行,还得有合格的教师、学生、校舍以及教学资料。1910年京师大学堂各分科大学正式成立,其中有虚有实;中国文学门之所以步履比较坚实,不是因为它格外重要,而是因为我们这方面的人才很多,而且花钱较少。

### 学科初衷　担心中国传统文化价值失落

**新京报：**当时设立中文系的初衷是什么？

**陈平原：**设立中文系的"初衷"是什么,这很难说。到底是根据"上谕""章程",还是主持其事者的论述？一定要说,我推荐张之洞的思路。

1903年,晚清最为重视教育的大臣张之洞奉旨参与重订学堂章程,"参酌变通"的指导思想,在同时上呈的《学务纲要》中有详细解释。其中最重要的一条,就是强调"学堂不得废弃中国文辞"。以主张"中学为体,西学为用"著称的张之洞,强调"中国文辞"不可废弃,与其说是出于对文学的兴趣,不如说是担心"西学东渐"的大潮过于凶猛,导致传统中国文化价值的失落。

**新京报：**经过一百年的发展,目前的中文学科体系是否完善,与初衷是否一致？

**陈平原：**历经百年的演进,中国文化依旧屹立,而且时有创新,并没有因西学输入而失落,这点很让人欣慰。

而中文系的教学与研究,虽说以我为主(这是学科性质决定的),但从一开始,就有"世界史""西洋文学史""外国科学史""外国语文(英法俄德日选习其一)"的课程设计。

至于学科体系,不用说大家也明白,不可能永远停留在晚清照搬西方及日本学校课程表的水平。

**新京报**：能否举例说明一下？

**陈平原**：我曾举过一个例子，1915—1916年京师大学堂"中国文学门"的课程总共有九门：中国文学史、词章学、西国文学史、文学研究法、文字学、哲学概论、中国史、世界史、外国文；而2009—2010学年第二学期北大中文系开设的研究生课程，总共是五十七门。课程并非越多越好，我们正在自我评估；但这起码说明一点，所谓"学科体系"，不可能一成不变。

**新京报**：一个有趣的现象，很多大学里的中文系都"升级"为学院，包括专业设置也不统一。

**陈平原**：今天中国大学里，很少有像我们这样依旧还叫"中文系"的，绝大多数都升格为"文学院"或"文学与新闻传播学院"了。这是自我定位的问题，无所谓好坏。之所以选择相对保守的路径，与我们定位于精英教育有关，本科生80%进入中外各大学的研究院继续深造，不适合做"短平快"的设计。

## 中文价值 要产生影响社会进程的"思想"

**新京报**：中文学科这一百年，最大的启示是什么？

**陈平原**：我不止一次提及，不能将我们的中文系跟国外著名大学的东亚系比，人家是外国语言文学研究，我们是本国语言文学研究，责任、功能及效果都大不一样。

作为本国语言文学的教学及研究机构，北大中文系的独特之处在于：我们除了完成教学任务，还有效地介入了整个国家的思想文化建设。这是一种"溢出效应"。也就是说，我们的教师和学生，不仅仅研究本专业的知识，还关注社会、人生、政治改革等现实问题，与整个国家的历史命运紧紧联系在一起。

这个传统，在我看来，永远不能丢。

**新京报**：这一观点基于什么考虑？

**陈平原**：我们要出容易获得承认的学科体系内的科研成果，也要出不太容易被承认的跨学科著述，还希望出不怎么"学术"但影响社会进程的"思想"。这就需要一种开阔的视野以及从容淡定的心态。

**新京报**：恕我直言，现在这种心态已经非常罕见了，是不是有点理想化？

**陈平原**：我承认，这一追求，跟目前的评估体系不太吻合，会有很多遗憾。到底是"快马加鞭"好，还是鼓励"十年磨一剑"，我相信老大学的著名院系都面临这个问题。

当领导的，顶住压力，给老师们创造尽可能宽松的学术环境；前提是，同事大都认同这一理念，且自觉地奋发图强。若不是这样，外无评估的压力，内无奋斗的动力，回到吃大锅饭的时代，注重"人情"而不是"学问"，那也很危险。

**新京报**：一直以来，社会上包括高校内都以"万金油"来形容中文系科，您同意吗？

**陈平原**：称中文学科为"万金油"，大概是指其适应面广，专业性不强。这大体属实，但并非缺陷。

"文革"前，中学生就算"知识分子"。现在呢？中国的高等教育已经大众化，大学生毛入学率（即同龄人中能够上大学的人口）1998年是10%、现在是25%，教育部定下目标，2020年达到40%。这种状态下，我们应该反省本科教育的专业化程度到底应该多高。

在我看来，有些技术性的活儿，岗前培训就行了，根本用不着念四年；有些高深的学问，到研究院再学，一点都不迟。像中国这样，高中就开始文理分科，而且本科阶段就设商学院、法学院，我以为是不妥的。

**新京报**：你认为大学应该怎么学？

**陈平原**：大学四年，能获得人文、社会或自然科学方面的基本知识，加上很好的思维训练，这就够了。

问题在于，在中国，大部分人还是把"上大学"等同于"找工作"。假如有一天，念大学和自己日后所从事的职业没有直接对应联系（现在已经有这种趋势，尽管不是自愿），我相信，很多人会同意我的看法：了解社会、了解人类，学点文学、学点历史，陶冶情操、养成人格，远比过早地进入职业培训要有趣也有用得多。

这样来看中文系、数学系等基础性学科，方才明白其在本科教育阶段的作用及魅力。

**新京报**：有数据表明，现在每年报考中文的学生人数逐年呈下降趋势，报考北大中文系的学生人数（主要指本科生）也下降吗？是中文系科的问题，还是社会发展的问题？

**陈平原**：这个问题本不想多说，你既然追问，我如实汇报：托北大这块金字招牌的福，我们的本科招生情况很好。最近三十年，北大中文系没有扩招，一直稳定在80至100人，视每年考生水平而略为上下浮动。今年情况尤其好，最后录取了106人。本来我们在京计划招收5人，可上录取线共有27人，最终录取了13人。

## 社会认知　要相对脱离一时一地的就业市场

**新京报**：学科就业率应该也算是学生报考时的一个重要参考。温儒敏教授（北大中文系原主任）曾说，"文气"应该是中文系学生的强项。您认为"文气"是中文学科的优势所在吗，为什么？相对于其他学科，中文系毕业生的"核心竞争力"是什么？

**陈平原**：中文系学生的竞争力，用一句话说，那就是"厚积薄发"。因我们的课程设计全面，注重基础训练，要求同学潜心读书，避免过早介入实务层面。因此，一旦进入实际工作，上手也许不是最快，但后劲肯定很足，发展前景比较广阔。

当然，正如温儒敏教授说的，"会写文章"也是中文系学生的一大特长。只是这里所说的"文章"，包括文学创作，也包括学术论文，还有一般性写作。因北大中文系本科毕业生80%进了研究院，故对学术论文的强调更多一点。

**新京报**：作为中文系主任，您怎么看待和解决中文系学生就业难的问题？换句话说，一个高中生在高考后，面临着多个学科的选择，您认为最值得他选择中文系的理由是什么？

**陈平原**：六年前我写过《我看"大学生就业难"》，大意是说，大学扩招，专家们大都主张应注意专业对口。这一点，我不无疑虑。

如果原本就是以技能训练为中心，这样的学校容易与就业市场对上口；可又讲提高学术水准，又提瞄准市场需要，这"口"到底该怎么"对"？

在我看来，与其在研究型大学里增设许多实用专业，弄得不伦不类，还不如放手一搏，相对脱离一时一地的就业市场。这里的基本假设是：社会需求瞬息万变，大学根本无法有效控制；专业设置过于追随市场，很容易变成明日黄花。学得姿势优美的屠龙术，没有用武之地，还不如老老实实地强身健体。

**新京报**：现在，这个"预言"真的实现了。

**陈平原**：对。2010年5月5日《文汇报》上有一篇《工商管理："热门"专业风光不再》，说根据调查，十个失业率最高的专业包括工商管理、计算机、法学、英语、国际经济与贸易等"热门专业"。

在我看来，中文系这样的长线专业，没有大红大紫，也不会大起大落。并非北大情况特殊，去年在杭州的全国重点大学中文系系主任会上，我问了一下，大家都有这个感觉。

**新京报：** 我们还是以招生为例来谈谈吧。

**陈平原：** 上世纪80年代，北大中文系学生中，各省市文科第一名的很不少；90年代以后，家长都希望孩子念能赚大钱的院系，中文系风光不再。可最近几年，情况又有变化，开始有各省市文科第一名报考北大中文系。今年我们总共招了四名各省区市文科第一名（北京、新疆、内蒙古、云南），让很多人跌破眼镜。

**新京报：** 您以前似乎并不看重大家所说的"状元"？

**陈平原：** 不是说第一名就比第二、第三名好很多，那只是一个象征意义，代表社会上开始重新看好中文系。我稍做分析，成绩顶尖而愿意选择北大中文系的，大都是大城市的孩子（如北京、上海）。

**新京报：** 为什么？

**陈平原：** 一是视野比较开阔，二是家庭相对富裕，故更多地考虑个人兴趣而不是就业前景。因此，我有个大胆判断：随着中国人日渐"小康"，中文系等人文学科，开始"触底反弹"了。

### 所谓大师　"大师"要甘冒被边缘化的危险

**新京报：** 清华的老校长梅贻琦曾说，大学之大在大师之大。北大中文系历史上出现了不少知名的大师，但是今天再提到"大师"，估计会有不少人怀疑。

**陈平原：** 不做词语溯源，今人所说的"大师"，主要是指在某一专业领域做出突出贡献，且品德高超，得到世人尊崇的人。当然,因时、因地、因论述框架的差异,"大师"的标准不一样。

比如,为了纪念北大中文系建系一百周年,我们推出"北大中文文库",为曾在北大中文系任教、现已去世的名教授,编纂适合于大学生／研究生阅读的"文选",让其与年轻一辈展开持久且深入的"对话"。开列名单时,以1952年院系调整为界,前面是姚永朴、黄节、鲁迅、刘师培、吴梅、周作人、黄侃、钱玄同、沈兼士、刘文典、杨振声、胡适、刘半农、废名、孙楷第、罗常培、俞平伯、罗庸、唐兰、沈从文等(按生年排列,下同),后面则是游国恩、杨晦、王力、魏建功、袁家骅、岑麒祥、浦江清、吴组缃、林庚、高名凯、季镇淮、王瑶、周祖谟、阴法鲁、朱德熙、林焘、陈贻焮、徐通锵、金开诚、褚斌杰。

具体操作时,碰到很大困难,只好先集中精力,完成后二十种;好在前二十位声名显赫,业绩广为人知。在北大中文人的立场,他们就是我们敬仰的"大师"了。但放在更大的政治史或学术史视野,他们中有的依旧是"大师",有的则称不上。

**新京报**:您认为是"大师"的标准变了,还是时代不需要"大师",或者我们这个时代很难产生"大师"?

**陈平原**:我们这个时代能否产生"大师"?这一追问本身,隐含着某种批评。短期内,人类智商不会发生突变,没人规定"大师"只能出在哪个时代。但回顾历史,有时天才成批涌现,让你目不暇接;有时又十分沉闷,即便那些被捧为"大师"的,也都不够精彩。这里有外在环境的限制,也跟整个思想／文化／学术潮流的演进有关,强求不得。

当今中国社会,风气浮躁,"大师"的帽子满天飞。希望有更多的人沉得住气,别整天记挂自己是不是或能不能成为"大师"(那样活得很累,而且效果不好),甘冒被边缘化的危险,十年二十年甚至三十年"磨一剑",出大成果,做大贡献。明白什么是学术的最高境界,虽不能至,心向往之。

**新京报**：在历史上，某种程度上"中文系"似乎就是"知识分子"的同义词，但是，今天二者的关系似乎愈发疏远。是"中文系"的角色意识与责任担当发生了变化吗？

**陈平原**：你这么说，未免太抬举中文系了。虽然我是中文系教授，但我承认，上世纪90年代以后，在中国，社会科学比人文学科发展得好；影响国计民生以及政府决策的，是经济学家、法学家，而不是哲学教授、文学教授。

中文系师生会写文章，在社会上也有一定的影响力，但更多的是体现"位卑未敢忘忧国"。有"责任"，有"担当"，但"力量"不太大。

**新京报**：以北大为例呢？

**陈平原**：具体到现在的北大中文系师生，或许没有当初的思想活跃，因其大都转入专业研究。这是由整个社会环境决定的，不能怨老师或学生。"铁肩担道义，妙手著文章"，依旧是很多人的梦想——能实现多少，那是另一个问题。

## 母语教育　"大学语文"有必要成为"必修课"

**新京报**：现在社会上出现了"国学热"，比如北大就有各种各样的"国学研修班"；出现了"汉语热"，比如不少外国人热衷学习汉语；还出现了"汉学热"，比如海外汉学家受到热捧等，在这种背景下为何会出现"中文冷"（主要是指报考和就业）？

**陈平原**：这个问题很难回答，因为有点缠绕。"国学热"、"汉语热"、"汉学热"以及"研修班"不在一个层面上，有的是政治思潮或学术风气，有的则是经营策略，不好放在一起讨论。上面已经说了，"中文"并不冷，所谓中文系的招生与就业"有问题"，很大程度是外界的误解。

**新京报**：与其他国家相比，您认为我们的"母语教育"是重视过度还是不够重视？

**陈平原**：这个问题问得好。怎样进行"母语教育"，确实值得我们好好想想。"母语教育"不仅仅是读书识字，还牵涉知识、思维、审美、文化立场等。我在大陆、台湾、香港的大学都教过书，深感大陆学生的汉语水平不尽如人意。普遍有才气，但根底不扎实，这恐怕跟我们整个教育思路有关。

**新京报**：产生这种差距的原因在哪儿？

**陈平原**：上世纪50年代以前的中国教育，中学没有文理分科一说，所有大学生都得上"大一国文"。这个制度，台湾坚持下来了。而大陆呢，高中实行文理分科，大学又没有强制性的中国语言文学教育。

记得90年代初，北大几个著名的理科教授站出来，说现在的学生中文不好，影响其日后的长远发展。于是，请中文系为全校开设"大学语文"。可这个制度，在一次次的课程改革中被逐渐消磨掉了。因为，必修课时有限，每个院系都希望多上自己的专业课。政治课不敢减，"大学语文"又不是教育部规定的，就看各院系领导的趣味了。

**新京报**：前些年，在理工科大学里推广"通识教育"掀起了热潮，现在似乎冷了下来。

**陈平原**：我记得华中理工大学（现改名华中科技大学）在校长杨叔子的强力主导下，1994年春创办了系列"人文讲座"，第二年秋天又组织全校新生参加"中国语文水平测试"，且规定"过了语文关，方可拿文凭"。不知道后来情况如何。只知道目前教育部在推"素质教育"，也有模仿国外大学做"通识教育"的，这些都很好。

只是"素质教育"面很广,且容易演变成"营养学分"。在我看来,针对目前社会上对于母语的忽视,以及高中的文理分科,确实有必要在大学里设置类似"公共英语"那样必修的"大学语文"。

**新京报**:曾有人提出,汉语没有针对公民语文基本能力的标准,所以学生们都把精力放在学习可以标准化检测的外语上,母语教学需要这个标准吗?

**陈平原**:我不赞成对公民进行语文基本能力的测试。设想每个中国人都怀揣一本"汉语十级"证书,那不很好笑?关键是如何提高大家学习中国语言文学的自觉性。

初刊《新京报》2010年10月9日

# "一生而历二世"

陈平原、李怀宇

在北京大学中文系古色古香的小楼里,陈平原先生略带潮州乡音,娓娓而谈。二十四岁以前,陈平原的足迹未出潮汕。"因为远离中原,潮汕文化传统不太讲'士农工商',不会把经商放在最后。潮汕人有商业精神。人多地少,明清两代就有不少人闯南洋,外出打拼做生意。"陈平原说,"也因为人多地少,读书是一条重要出路。近年潮汕有两个名人:一个是做生意的李嘉诚,一个是做学问的饶宗颐。"

陈平原的父亲陈北是读书人,在汕头农校当语文老师,母亲陈礼坚也是语文老师。汕头农校在一座大山脚下,周围都是农村,陈平原的小学、初中教育都在农村学校完成。父亲藏书颇丰,既爱中国传统文学,又受新文学影响。陈平原清楚地记得,父亲的书桌上放着一座白瓷的鲁迅塑像。

少年陈平原开始阅读父亲的藏书。"我家的藏书有两种,一种是翻译的苏俄文学,我父亲对英美现代主义文学没兴趣。另一种是中国古代文学作品。这是我在农村插队时,主要的精神食粮。所以,我的知识结构及阅读趣味包括某些方面的缺陷,是早年经历造成的。"

陈平原进入初中一年级,"文化大革命"开始了。他回忆:"一方面是我的不幸,没有很好地完成学业。另一方面,父母受批斗,导致我不可能在学校里很活跃。因祸得福,'文化大革命'一开始,我就站在边缘了。我曾经想,如果我是工农子弟,当初或许也会参加红卫兵,说不定也会很凶狠或者'富有战斗精神'地批判老师。"

三年的初中阶段,陈平原没有多少时间安静读书。1969年,陈平原初中毕业,因为父母的问题,学校不允许他再继续念书。许多人上山下乡,陈平原选择回老家。"潮汕人有一个特点,年轻时外出闯荡,挣了钱回老家买田地、盖房子。这个祖屋只要能盖得起来,一般是不动的,将来子孙不管哪一代人落难了,都可以回来。原先我父亲在外面工作,我奶奶也跟着出来,房子就空在那边。到'文化大革命',父母说如果落难就回老家,父老乡亲会帮我们的。"

1969年秋,陈平原带着两个弟弟及奶奶回到离潮州城十多公里的小山村,他们真的得到了乡亲们的照顾。虽然陈平原才初中毕业,但乡亲们相信他一定可以胜任教书。于是,十六岁的陈平原一面当民办教师,一面在家自修。1970年9月,被囚禁两年多的父亲终于回家了;又过了两年,父亲重回汕头农校教书,工资全额发放,家庭经济好转。陈平原毅然放弃教书,跑去潮安磷溪中学(原潮安四中)读高中。当时在农村里当老师是一个好职业,不用下田干活,大家认为陈平原太傻了。高中毕业后,陈平原当了半年农民,又继续当民办教师。从1969年秋到1977年底,陈平原在农村待了整整八年。"比起正常上大学的人来说,我没及时得到名师指导,走了很多弯路,有很大的遗憾。我和现在哈佛大学教书的王德威同龄,我问他1978年春天在做什么,马上就知道差距。我好不容易上了大学,他已经去美国念博士了。上大学那年我二十四岁,在今天这已经是硕士毕业的年龄。这个状态导致我的知识结构有比较大的缺陷,当然也有好处,那就是自学的能力。很长时间里我不是靠老师带出来的,我全凭兴趣读书,不受现代学科设置的限制——把读书和生活混合在一起,这倒是跟传统中国读书人的趣味比较接近。"

1977年拨乱反正,政府决定恢复高考制度。陈平原的命运从此改变,他的高考作文《大治之年气象新》登在1978年4月7日的《人民日报》上。多少年后，陈平原不无感慨：大浪淘沙，各种偶然因素，留下了我们这些人，能走到今天，不容易。

1978年2月，陈平原搭上村里的拖拉机，再转长途汽车，到广州念书。回望家园，陈平原说，潮汕人经常自嘲是"省尾国角"——广东省的尾巴，中国的边角。"那时候潮汕没铁路，我上大学之前没坐过火车，也没看过飞机。明清两代，潮汕人搭乘红头船闯南洋，以前出国没有办护照之说，愿意到哪个地方，搭船就走了。对潮汕人而言，从明清一直到民国，海运比较便利。可是，进入铁路为主干的现代社会以后，潮汕在整个交通布局里就变得不重要了。"

在中山大学中文系，陈平原见到了前辈学者容庚、商承祚、王季思、黄海章、楼栖等。陈平原喜欢苏曼殊，访问过黄海章先生好多次，黄先生听力不行，塞着耳机，两人不断地笔谈，谈苏曼殊，谈佛教，谈诗歌。

1982年1月，陈平原获得文学学士学位，随后进入中山大学研究生院学习，专业是中国现代文学，导师是吴宏聪、陈则光、饶鸿竞三位教授。吴宏聪毕业于西南联大中文系，与王瑶是联大的前后级师兄弟。研究生期间，陈平原撰写了论文《论苏曼殊、许地山小说的宗教色彩》，这篇文章后来成了他到北大读书的重要因缘之一。1984年秋，陈平原北上求学，成为王瑶最早，也是北大中文系最早的博士研究生之一。陈平原从此与北大中文系紧紧地联系在一起。2008年9月起，陈平原任北大中文系主任。

回首前尘，陈平原引用日本人福泽谕吉的话"一生而历二世"：一辈子经历两个截然不同的时代。这既是一种尴尬，也是一种幸运。

### 进北大，"女友"钱理群慧眼识珠

**时代周报（访谈者李怀宇）**：你真正接受正规的学术训练是从

中山大学中文系开始？

**陈平原**：对。以前也读书，不过是自己读，跟进大学接受专业训练还是很不一样。对大学生来说，名师当然很重要，但校园风气以及同学间的交往同样让人怀念。1979年春，中大中文系学生创办了文学杂志《红豆》，同学风华正茂，办杂志是与整个社会对话，是思想解放运动的组成部分。我们这一代，从一个很低的起点开始往上走，不容易。进大学以后，我们跟随整个时代思潮，不断调整自己的立场与趣味。原来好些幼稚、糊涂的想法，在这个过程中不断清洗出去。那是一个大转折的时代，对于像我这样后知后觉的人来说，首先得把以前接受的不好的教育影响清除出去。这是个很痛苦的过程，比在一张白纸上画画要困难得多。

**时代周报**：对你个人来讲，如何清除前一个时代的教育？

**陈平原**："文化大革命"中，我插队下乡八年。在农村里，文学是唯一可以自学且向上发展的事业。你的数学再好，物理再好，在那种环境下，根本走不下去。在劳动、教书之余，我练习写小说，写诗歌，写戏剧，写相声。没有名师指导，也没有朋友交流，全靠自己摸索，加上内心不够强大，必定受当时报刊影响。你孤零零地在山村里读书写作，不想发表则已，一旦想要发表，必受时代风气及流行文体影响。进大学以后，我发现自己没有好的思想资源和文学资源，写作的思路、趣味、文体以及表达方式都是上一个时代遗留下来的，要好长时间把它清除出去。大概到大学三年级下学期的时候，才觉得好像有点自己的体会了。前面两三年一直在战斗，与其说跟外在的错误思潮搏斗，不如说跟自己内心深处残留的趣味、知识、思考方式搏斗。这就养成一种自我反省的习惯。凡事不会太得意，也不会太自满，会不断地反省自己，有自我否定、自我批判的冲动，内心深处常常翻江倒海，这是我们这一代人的特点。

**时代周报：**到北大读博士前，钱理群为了使你的学术风格更能为北大教授们所接受，多次写信来指导，那时你每周总有一两封北大来信，同学间纷纷传说你在北京有位"女友"。

**陈平原：**当时中大中文系没有招博士生，北大中文系也还没有。我是想硕士毕业后到北京工作。最初我找的是社科院文学所，因为我的老师陈则光先生认识那边的某位领导。久居京城的人，无法理解一个外地青年进入北京后为何像没头苍蝇一样乱转。外地青年进京，大概都像我一样，拿着老师的介绍信一个个访问。我哪知道北京学界有那么多矛盾，就像你告诉我，上午采访我下午采访谁，那个人如果刚好是我特别看不起的，那我心里就不舒服。时隔多年，我才明白这里面的道道。今天的广东挺辉煌，但80年代初不是这样的。京城里的文化人大都认为，广东人不就是有点钱嘛，读书不行的。广东学界有句口号，写文章要"跨长江过黄河"，不能只待在岭南这一块地方。我提出要北上时，导师吴宏聪老师告诉我："你去考，考得上北大，让你走；考不上，就留下来，中大也挺好的。"我当初的想法很简单，非要到外面走走不可，转一圈再回来也行。我到北京，只认识北大中文系研究生黄子平，他是广东人，与苏炜是老朋友。我就到北大找黄子平聊天，送上一份准备参加学术会议的论文，油印的，题目是《论苏曼殊、许地山小说的宗教色彩》。子平把论文给了钱理群。老钱比我大十五岁，已经毕业留校当老师，是王瑶先生的助手。钱理群看了我的文章，当天晚上就去找王先生，说把他弄到北大来吧。于是王先生出面跟中文系说，要我来北大中文系教书。系里同意了，报到学校，学校说："从中山大学招人？你要觉得好，就把他招来念博士，博士毕业再留校。"在我之前，北大中文系没招过博士生。王瑶先生说："好，那我就招。"就这样，我成了北大自己培养的最早的文学博士。

## 做研究，"隔代遗传"惹争议

**时代周报**：你在《八十年代访谈录》中谈到学术"隔代遗传"的问题。院系调整之后，很多学者在最好的年华里都经历了"反右""文革"，非常可惜。

**陈平原**：这一说法，我自认有见地，但也招来不少非议。我说的是大趋势，不针对具体学者。上世纪50年代培养的大学生有非常出色的，我没说他们都不行，只不过他们中的绝大部分人，在我们进大学的时候还没调整好学术姿态。进入八九十年代以后，这代人中的佼佼者，其才华方得到很好展现。至于70年代末，思想解放大潮中，学术也在急剧转向，老一辈学者因为"没有改造好"，很容易回到三四十年代的大学传统。中年一代解放后上大学，经过诸多政治运动的洗礼，留下很深的印记，转过来不容易。我们则因为念书少，底子薄，转弯转得快。因此，我们这一代人念本科及研究生阶段，确实更多地受民国时期老学者的精神风范、学术态度乃至治学方法的影响。中年这一代日后很多调整到位做得很不错，不能因为我说的"隔代遗传"否定他们的业绩，那样不公平，也不是我的原意。时代转折的时候，刚刚站稳脚跟的人最痛苦，好不容易适应上一个时代，又必须跟着连续急转弯，转的速度又不如后来者快。

王瑶先生跟我说过："都说耽误了十年，耽误在哪十年，大不一样。我耽误在创造力最旺盛的十年，等到可以重新起步，已经力不从心了，这是天大的遗憾。你们这一代，耽误在起步阶段，实迷途其未远，将来还可以补救。"可说起来，我们这一代，从大学毕业到今天也已经三十年了。别的专业我不敢说，在北大中文系，我问了若干同事，我们是否全面地超越了我们的前辈？答案是"否"。每代人都有自己的遗憾，实在不敢说"长江后浪推前浪"。

**时代周报**：我看典型的例子就是宗白华先生，学问很好，著作很少。

**陈平原**：1994年安徽教育出版社刊行过四卷本的《宗白华全集》，扣除翻译作品和小诗，真正的论著并不多。可读过宗先生书的，都承认他学术境界很高，内心很强大，对文学艺术的品位以及对人生的洞察，都是独一无二的。

## 聊文学，不在中心位置很正常

**时代周报**：你在文章中回忆当年和钱理群、黄子平三个人在北大的小屋里聊天，聊出"二十世纪中国文学"的命题来。我常想，文化有时候是有所谓气场的，几个人聚在一起聊天，喝咖啡、喝茶、抽烟，看似很散漫的思想碰撞，往往聊出学问。

**陈平原**：同道之间，无拘无束地"坐而论道"是很理想的状态。现在也有学术交流，但大都是论文发表会。学术会议过于正式，公开演讲过于正式，博士论文答辩也过于正式，是工作完成之后的"呈现"，有成就感，但不够酣畅淋漓。我在北大中文系推动"博雅清谈"，每过一段时间，老师们聚在一起，就某一大家关心的主题，随便聊天。我们已经逐渐失去了在非正式状态下"聊学问"的动力和趣味。1980年代中国学界盛行"侃大山"，后来被认为是汗漫无所归依，没有真正进入"学术状态"——做学问，不能满足于"思想火花"，可那种神聊还是让人神往。最近二十年，我们的好处是日渐专业化，我们的缺憾则是过于专业化，很难在一个比较开放的状态中轻松但又认真地讨论问题。现在，我们更倾向于把"活儿"都做完了，再登台表演，全都言之有据，可以马上拿出去发表，但没办法回到那种紧张思考、精力充沛、无所顾忌、互相挑战的状态。而且，这种过分专业化的聚会，导致我们只跟专家对话，只跟自己的学生对话，或者只跟学界同行对话，而不太习惯于面对各种各样的挑战，包括跟非本专业人士对话，这其中一个重要原因是大家都很忙。我批评现在的学术评估对于人文学的伤害最大。大学里的人文学者没有心思散步了，不再沉思，全都一路小跑，忙着做课题。这样的状态，对哲学、文学、艺术这样思想性的学问不合适，对社会科学比较合适。这些年，中国的社会科学发展比人文学好，就因为它比较适应这个状态。他们需要申请经费，做各种大型项目，聘很多助手，而人文学者完全可以孤军奋战，就一个人，在一种孤立无援的状态下，特立独行，与天地对话，与千古文人为伍，沉浸在自己营造的世界里，超越具体时代的日常生活。这样的"沉思"，近乎诗歌也近乎哲学，也是很好的学问。如今，这种伏尔泰式的散步与沉思基本绝迹，这对人文学发展非常不利。

**时代周报**：百年来中国知识人的变迁，从梁启超到胡适到当代，人文学者从非常主流的中心地位到现在变得有点边缘化了。这种趋势跟社会发展有重要的关系吗？

**陈平原**：当今中国，整个社会日趋实际，大家更愿意学一门"谋生的手艺"。这对文学、哲学等"大而无当"的学问很不利。我曾说过，文学是一个门槛很低但堂奥很深的学问。哲学也一样。"文革"中甚至提倡工农兵学哲学，老大妈说不就是一分为二嘛。相对于那些社会需求很强劲或者门槛很高很神秘的专业，人文学主要面对人类的过去、现在、未来，是"无用"之"大用"。在整个学问体系里面，传统中国读书人从"帝王师"转变为"知识分子"再转变为某一个专业的"专家"时，这种边缘化的趋势已经形成。但是在毛泽东时代，因为特殊的政治氛围，比如批判俞平伯等的《红楼梦》研究，由《刘志丹》引出"利用小说进行反党是一大发明"，"文革"后期的《水浒传》评论，都是政治斗争的重要组成部分。表面上很热闹，连武将许世友都被要求阅读《红楼梦》，而且要读五遍，可这跟人文学的命运没关系，是政治家在借文学作品说话。今天中国，文学及文学研究不处在社会的中心位置，我觉得很正常；如果整个社会都来关注文学问题或者哲学问题，那才是不正常。但是，不处在中心位置不等于人文学不重要。就其对人的精神世界而言，人文学犹如"生命的底色"。至于特定时期，大家注重经济效益而忽略人文学，那是由整个社会转型决定的。过了这一段，会逐渐调整的。

**时代周报**：当代人文学者，有没有可能再出现像梁启超、胡适这样的人？

**陈平原**：这很难说。我到清华演讲，学生提问："你怎么看一流的学生，二流的校园，三流的教授？"我说，这是全世界流传的笑话，不能当真。这么说，对好老师太不恭敬了。看一百年前的人，我们比较有把握；判断同代人，有时候是盲目的。再说，一个学者有多大的贡献，有时候是时代造成的，不完全取决于个人努力。今天不断追问大师在哪里，我觉得不公平，也没有意义。说不公平的意思是：大师是有时代性的，不同时代的社会需求不同，知识类型不同，大师的"风采"当然也就有很大差异。确实，晚清及"五四"那代人了不起，因为他们从传统中走出来，又是直接面对西学的冲击，综合创新能力很强，奠定了整个20世纪中国思想、文化及学术的格局。但是我们不能说，以后的人全都不行，一代不如一代。再过一百年，也许会说最近这二十年的中国，人才很多，也是学术上的"黄金时代"。你别说，有这个可能性，社会大转折是出思想出学问出人才的时候。也许，这个时代第一流成果不出在人文学而出在社会科学，因其解决了很多意义重大的现实问题。所以，谈人才必须考虑时代需求以及知识类型，不能笼而统之。比如，现在做学问不能再像梁启超那样古今中外都弄，文史哲之外，还兼及财政、金融、法律等。今天你要是像梁启超那样写文章，人家会说你抄袭，因为他很多文章带有编译性质。他是那个时代的"大家"，以一个人来面对整个西方学界，跟我们今天分工严密的状态很不同。胡适也一样，当时就有专家嘲笑他哲学不行，佛学不行，文学也不行，什么都不是"第一"，可他合起来却是"天下无敌"。每个时代都有"专家"与"通人"之争，是不是"大师"，先看时代,再说境界,最后是知识类型。与其追问当今中国有没有大师,不如讨论我们需要什么样的"大师"。

**时代周报**:今天有些人不停地提到"钱学森之问"(2005年温家宝看望钱学森,钱问:"为什么我们的学校总是培养不出杰出人才?"——编者注),这个问题有意义吗?

**陈平原**:为了落实"钱学森之问",教育部在各重点大学里设立基金,专门培养"天才少年"(最初叫"珠峰计划"),太夸张了,现在改了名,但计划已经在实施。这个思路,有点"举国办体育"的味道,希望赶紧催生几个诺贝尔奖获得者;可与其把大量经费投在"天才少年"身上,不如改进我们的整个教育体系,让学生普遍受益,为他们争取更好的发展空间。大学应该做的是创造好的学术氛围,让学生们自由发展,而不是认定谁是"未来之星"。

(实习生钟嘉榆对本文亦有贡献)

初刊《时代周报》146期,2011年9月8日

# 每一次学术转向的背后,我都有内在理路在支撑

陈平原、李昶伟

尽管还在暑假,陈平原的行程仍然排得很满。在北京采访陈平原时,他刚从拉萨回来,不是去旅游,而是忙关于西藏大学的援藏项目。接下来几天他要去潮州参加饶宗颐先生的国际学术研讨会,然后还要去香港,接着去日本。陈平原这两年在香港、北京两地跑,除了担任北大中文系的教职外,也是香港中文大学中国语言及文学的讲座教授。

在香港的一个变化是,作为凤凰卫视《锵锵三人行》的嘉宾,陈平原今年上了八次电视。对于做电视节目嘉宾,陈老师小心翼翼,说自己"还在评估以后能不能做这样的事情"。在节目中,陈平原侃侃而谈,谈大学、谈教育、谈武侠背后的人文等话题,但陈平原也有很多原则,譬如没准备的题目不说,八卦不说,不懂的问题不说。他说,不想让学生看到自己的老师在电视媒体上胡说八道。

当陈平原的学生很幸福,采访中,能感到学生在陈平原那里的分量。人在香港,除了邮件往还,陈平原也经常飞回北京上课,指导学生。更重要的是,入了"陈门",能得到陈平原、夏晓虹两位导师亲炙。这对学术伉俪术有专攻,但研究领域大体相近。陈平原一直看重师者言传身教的力量,他说自己做那么多研究一半是为了自己,一半是为了学生。"好大学给予学生的说得比较多,但是你不知道好的学生对老师是什么样的刺激。"

## 我最困难的关卡是在中大越过去的

**南都（《南方都市报》简称南都，访谈者李昶伟）**：你正式的学术训练是从什么时候开始的？

**陈平原**：正式的学术训练，一般都是在进大学之后才开始的。但我们这代人有点特殊，进大学前，在乡下待了好多年，那段自学的经历，对我们来说很重要。你这种提问方式，隐含了一个值得反省的问题，即我们是否太看重，也太强调"名门正派"了。现代大学制度建立以后，我们都特别倚重"正规训练"，看不起"野狐禅"。在我看来，有些专业靠自学不行，比如原子物理或基因工程。但有些专业不一样，比如文史哲，受过"正规训练"的，就不一定比"自学成才"的更精彩。

**南都**：其实是想追溯你学术上的渊源，从治学上讲，对你影响深远的师长都有谁？

**陈平原**：要说学术上的影响，最明显的，当然是到北大跟随王瑶先生念书。我读博的故事，在好多文章中提及。这里更想谈谈我在中大的老师。我在中山大学待了六年半，本科在这里读，硕士也在这里念。而且，我最困难的关卡，是在中大越过去的，无论是精神上、生活上还是学术上。因此，我到北大念书时，没有任何自卑感。

我在中大念硕士研究生时，有三位指导教师。三位教授的学识及性情都不一样。陈则光先生去世较早，他主要研究近代文学。当年学界做晚清文学研究的专家并不多，比较突出的是北大的季镇淮先生和中大的陈则光先生。我是学现代文学的，可我的博士论文兼及晚清与"五四"，学术视野跟别人不太一样，这和陈老师帮我打下的基础有关。

另一位导师饶鸿竞先生当过中大图书馆的副馆长，特别熟悉现代文学资料,对书籍本身也很有兴趣。我开始出书后,饶先生告诉我,凡理论著作就不必寄了,若是随笔集或资料集一定寄给他。我喜欢书籍,也写些小文章,这跟饶先生的鼓励有关系。

吴宏聪教授长期担任中大中文系主任,他对我的影响主要是学术视野与胸襟。我做学问的路子跟吴老师不太一样,可他能宽容地接受,甚至很支持。吴老师说,他当年在西南联大做毕业论文,选择曹禺戏剧为题,很多人不以为然,只有沈从文和杨振声两位教授支持他。这件事他永远感怀,使得他尊重学生的独立思考。我在中大的这三位老师,给我不同的教诲,一个是近代文学知识,一个是书籍的感觉,还有一个是对学问的眼光和气度。

上个月中大举行毕业典礼,请我回去演讲,就住在黑石屋。那是我当年举行硕士论文答辩的地方。那一届中大硕士生学制三年,北大只有两年半,我想考北大博士生,于是提前毕业。吴老师说:"别的学校就不必去了,但如果北大要你,我们欢送。"

**南都**:那是为学生的前程着想。

**陈平原**:是的,一直到现在,我还是很感激这三位导师。关于北大的老师,除了长文《念王瑶先生》,我还写过好些文章,如谈吴组缃先生、谈季镇淮先生、谈林庚先生、谈金克木先生等。还有不少老先生,只是偶然接触,没有机会登堂入室,不好妄加追攀。

**南都**:你的研究涉及范围很广,从20世纪小说研究,到学术史、散文史、图像研究,再到教育史,到城市文化,不同关注点演变的过程是怎样的?

**陈平原**:学生们不懂,以为老师真了不起,做了那么多研究,很羡慕。我告诉他们,那是因为我年纪大,读书时间长,且持之以恒。你们一开始不能这么做,还是要一个问题一个问题地解决。其实,我在某个特定时期,也是术业有专攻的。只不过学术视野不断拓展,兴趣也有所转移,全部著作放在一起,才给人眼花缭乱的感觉。你得了解我80年代喜欢什么,90年代关注什么,新世纪在做什么,最近又有什么新动向,分解开来,就一点也不稀奇了。唯一可称道的是,不断挑战自己,而未曾死守自家的一亩三分地。学问做到一定程度,我就会做出判断:是一直往前走好呢,还是另辟蹊径更精彩?这取决于课题本身的潜力,也取决于自己的兴趣。面对某个学术课题,有的人希望"彻底解决",把所有的残渣碎片都打扫干净,不留一点遗憾;有的人做学问特别倚重"好奇心",一看潜力不大,挑战不足,就开始转移阵地了。两种治学路径各有利弊,我明显属于后者。当然,如果有一天,我发现这老题目也能做出新文章,会杀个回马枪的。

**学术研究要学会量力而行**

**南都:**你近十年的关注点是什么?

**陈平原:**去年我发表过一篇文章,题为《"现代中国研究"的四重视野——大学·都市·图像·声音》,谈我近年比较关注的四个话题。第一是大学。因为,在我看来,现代教育制度的建立,决定了20世纪中国的基本面貌。对于现代中国教育的考察,我主要用力在大学。这方面的书籍,我已出版了好几种,也比较受关注。

第二是都市。传统中国文人即便长期住在都市,也都更向往山林与田园,这里蕴含着某种哲学趣味,但也不无"文化偏见"。今天回过头来看,不要说现代,即使在古代,城市的重要性也没有被充分认识。越来越多的中国人居住在城市,如何理解城市生活、城市文化、城市的历史以及城市的美感,是个有待开发的大课题。这一块,我做了一些工作,包括开课、出书、写文章,也包括组织讲座以及国际研讨会等。

第三是图像。我是中文系出身的,对文字比较敏感,无论谈社会、历史、文化还是文学,基本上靠的是文字。对文字的感受、挑剔、辨析、欣赏的能力,那是中文系人的拿手戏。但最近十多年,我还关注了图像。比如，我出版《图像晚清》以及《左图右史与西学东渐》等著作。后者前几年由香港三联书店推出，学界反应很好，我还在修订与补充，准备明年交给北京的三联书店刊行。谈论晚清画报，我自认为下了很大的功夫，也有不少心得。所谓的"读书人"，在"读字"之外，必须兼及"读图"，方才不至于偏废。

最后一个问题，是关于声音的研究。文字寿于金石，而声音则随风飘逝。中文系学生谈戏剧，基本上说的是文学剧本，很少理会声腔以及舞台演出。其实，声音很重要。而在录音设备出现之前，我们没办法永久保留前辈优美的声音，不管是唱腔、诵读还是演讲。我曾做过若干研究，比如晚清以降的"演说"如何影响现代中国文章的体式，还有教师课堂上的"讲授"，是怎样超越具体的教材与课室，而成为学生们永远的记忆。这需要理论假设，更需要大量的实证研究，以便重建那已经永远消失了的"现场"，让当下的读者真正理解那曾经存在的"有声的中国"。

**南都：**你曾经说过做学问要有其性情，也强调学者专业研究要有人间情怀，你觉得就性情而言如何影响你的治学方向？情怀如何体现于学术研究？

**陈平原：**说实话，我很高兴自己很早就知道很多事情我做不了，因此，只好专心读书。毕业后，同学有的从政，有的经商，做得风风火火，我之所以沉得住气，是因为我知道自己能力及兴趣均不在此。很多人自恃才高，什么都想做。想要的东西太多了，也就很难集中精力做任何一件事情。我想要的不多，且觉得读书做学问挺有趣的，也适合我的脾性，就这么一直走下来。能力太强或机会太多时，容易歧路亡羊。这么多年读书做学问，我从不眼红这个朋友当了省长、部长，那个同学发了大财。一方面知道那不是我的长项，另一方面也是志不在此。这是我说的"情怀"的第一层意思。

第二层意思呢，是我常说的，做学问要有"压在纸背的心情"。从事学术研究，有两种不同的取向，一是强调对社会、对整个人类都有意义;二是选择自己能做且真正感兴趣的。这两者之间常有矛盾,要学会很好地协调。有的人做学问喜欢标榜"国家需要",显得责任重大,毋庸置疑;但如果你做不了,或不是你擅长的呢,怎么办?若自家的知识储备以及性情都不在那里,硬做是做不好的。在"为人之学"和"为己之学"中间,最好能保持适当的张力。

我的学术转向,大都采取"移步变形"的办法,每一步迈出去,都有认真的考量。除思考此新课题在学术史上的意义,更多考虑的是自己的能力及兴趣。作为下乡知青,我深知选择合适的担子很重要:明明能挑一百斤,你只选了五十斤的担子,那是存心偷懒,没出息;为了大众的喝彩,勉强挑起了一百五十斤,踉踉跄跄,既不可能走长路,也很容易把腰给扭了。做学术研究,并非一蹴而就,得学会"量力而行",既不偷懒,也不充大头,这样才能走得比较远。

你问我学术的关注点为何转来转去,我不会随风转,每一次"移步"背后,都有内在理路在支撑,若时间允许,我可以讲出一堆有趣的故事来。在这个过程中,有挣扎,有困惑,有得意,也有失落。并不是"一路凯歌"的,每跨出关键性的一步,我都知道自己将失去什么。

**南都**:你能具体说说吗,譬如说学术史的研究,内在理路是什么?

**陈平原**:谈学术史研究,必须回到上世纪80年代的语境。我是那时走上学术舞台的,也很怀念那个时代的文化氛围。

90年代的学术转型,有政治上的因素,也是学界的自我调整。包括五六十年代被压制的若干社会科学的重新崛起,包括人文学因无力解决具体的社会问题而日渐边缘化,也包括新一代学人良好的学术训练等。别人不好说,我自己当年办《学人》集刊以及发起学术史研究,很大程度是在清理自己的思路,思考人文学的魅力、陷阱及突围方向，了解自己所研究的学科的过去、现在及未来，观察我们这代人的长处及毛病到底何在，看还能走多远。

我的学术史研究，更多的是一种自我训练，思考上世纪80年代的文化热、思考五四新文化运动的狂飙突进，思考晚清以降西学东渐的步伐，然后确定自己的方位，选择自己的道路。"中国现代学术史"这门课其实没准备好，我是一边讲授，一边备课的。今天看似乎只是"加强学术训练"，当年却主要是心情问题。

## 做学问不仅仅是一门技术活，需要大的文化视野

**南都：**心情问题怎么讲？

**陈平原：**这里所说的"心情"，属于我自己，也属于我的学生。当年学生们听这门课，之所以会感动，是因为听出我的弦外之音。《中国现代学术之建立》出版后，好几位同代人写评论，他们也都读出了论述背后的心情。这里有"古典"，也有"今典"，不知道后人能否欣赏。

**南都：**钱穆曾说以通驭专，你也写文章提倡通识教育，你自己是怎么解决治学中通与专的问题的？

**陈平原：**不是所有人都能"以通驭专"的，有的人只讲通，有的人只会专，也没什么不好。我更愿意采用另一种说法，那就是"大处着眼，小处入手"。没有"大处着眼"，很容易变成饾饤之学；不想"小处入手"，则往往变成凌空蹈虚，弄不好就成了"侃大山"。在专业分工日渐琐细的状态下，"通"更多的是一种理想，而"专"则是现实需求。在某种意义上，今天有志于从事学术研究的读书人，入口处必定是"专"，完成博士论文、获得学术职位后，才有可能放长视线，从容思索，逐渐获得一种"通"的立场、眼光与趣味。我们只能这么说，做"专家的学问"，但努力获得"通人"的眼界和情怀。

**南都**：余英时讲治学门径的问题时提到，目前的最大问题除了怎么做研究以外，是立志的问题。中国以前讲读书要先立志，现在都是职业观点。

**陈平原**：如果说上世纪80年代的学人喜欢说大话，学术训练不太好，那么今天恰好相反，很多人训练很好，但志向不大，且趣味不佳。受北大中文系学术委员会的指派，我为研究生开设一门专题课"学术规范与研究方法"，已经讲了八年，效果很好。最初设计这门课，确实带有"教训"的意味，提醒学生们要遵守学术规则等。我加入了"研究方法"，将着重点转移到了"学术志向"的培养。当一个好学者，不纯粹是技术问题，其中的境界与情怀，更值得期许。用什么办法，使学生们感觉到做学问是一件很有意思的事情，值得你全力以赴地投入，且乐在其中？关键是让他们理解技术背后的心情，路径蕴含的境界，然后，"虽不能至，心向往之"。

做学问不仅仅是一门"技术活"，确实需要大的文化视野，才能养成学者的气质与情怀。大学之所以超越"职业培训学校"，关键就在这儿。我这里所说的"职业"，不仅指官员、商人、记者等，也包括学者。二十年前，听日本学者感叹他们的大学教授基本上都成了"学匠"，那时感触不是很深。现在明白了，有了基本的学术训练后，能不能成为好学者，就看他在"职业"之外，有没有更高的追求。

**南都**：这种学问的吸引力，你是怎么传达给学生的？

**陈平原**：其实，我在北大讲这门课，每次讲都不太一样。有基本的思路，但大部分是根据学界的状态以及自己的研究，不断加以调整与更新。如大学的功能、学者的志向、述学的文体、引文的技巧等，牵涉很广，我会变着法子讲，且努力讲开去。但有一点，我做过学术史研究，会有意识地补充进来大量的学术史资料。这样，学生们才愿意听下去，也才会有比较真切的体会。如果你老是居高临下、耳提面命地教训学生,人家不听你这一套。做学问是有魅力的,要让学生体会到其中的乐趣,这比教他们怎么具体操作还重要。

**我的很多新想法都是被学生们逼出来的**

**南都:** 从晚清小说开始,到后面的图像研究等,你整个治学当中比较重要的思想资源是什么?

**陈平原:** 谈思想资源,有大小之分,有虚实之别。有挂在嘴上整天念叨的,也有藏在心里独自享用的。我不说这些,还是缩小范围,谈谈作为"中国现代文化或文化研究"这一特定专业的"思想资源"。如果你研究20世纪上半叶中国的历史、文化、思想、学术,建议你读我给我指导的研究生开的八个人的"必读书",这八个人是章太炎、梁启超、王国维、刘师培、蔡元培、鲁迅、周作人、胡适。不管你的研究课题是否牵涉这几个人,但其著作都值得你认真研读。因为他们恰好处在一个新旧交替、中西碰撞、社会转型、风云激荡,各种矛盾集合在一起的时代,他们的思考、他们的痛苦、他们的成功与失落,到今天你我都还能感受得到其"余波荡漾"。这八个人的政治立场与文化趣味虽不一样,但他们对世界的思考都很认真,也有一定的深度。我们今天的生活处境,仍处在其思考的延长线上,某种意义上,他们的困惑仍是我们的困惑,他们的追求也仍是我们的追求。我承认跟孔夫子对话很重要,但我更希望跟鲁迅、跟胡适等晚清以降的思想家、学问家深入对话。比起思路清晰、立场坚定、旗帜高高飘扬的"论述",我更感兴趣的是错综复杂、元气淋漓、生机勃勃的历史现场,以及当事人那些充满忧虑与纠结的思考与表达。因为,那更真实,更有张力,更值得仔细琢磨。我知道,要想说法响亮且被人记住,最好是立场坚定,一以贯之,几十年就说一句话。可惜我不是那种性格,我更愿意面对复杂的历史。

**南都：** 你无论是专著还是学术文章还是学者散文，所出成果让人叹为观止，有什么时间管理和工作方法上的秘诀吗？你是如何构建你的写作环境的？

**陈平原：** 我曾经说过，诗人和学者是两回事。诗人激情洋溢，神游四海，其代表作往往是一挥而就，且流传千古。在那个特定时刻，诗人的生命之花得到彻底绽放，让时人及后代惊羡不已。而学者则很少有这样的机缘，尤其是人文学者，很大程度是"千锤百炼"出来的。假如你有才华的话，经由长期的阅读、思考、积累、撰述，锲而不舍地走下去，基本上都能获得成功。我不敢说自己做得很好，聊以自慰的是，一路上左顾右盼，兴高采烈的。必须承认，我很幸运，刚上路时，因"文革"刚结束不久，竞争者不太多，有较好的表演空间。一路走来，不时有掌声鼓励，因此没有过早地停止脚步。有很多朋友才华横溢，但因某种偶然因素，没能获得好的舞台，或者过早地退场了。我是勤能补拙，几十年积累下来，因此就有了这么点小成绩。不过，内心深处我一直有一种困惑，我们这代人到底能走多远？借用鲁迅《过客》的话，前面是有召唤的声音，朋友们也都在往前赶，但大环境的限制不容忽视，同代人的水平也会制约你的思考及学问的格局。

还有一点我想说，那就是学生们期待的目光。别的地方我不知道，起码北大的学生很强，在他们殷切目光的注视下，你不好意思不努力往前走。我之所以不断地推进思路与变换话题，有一个技术性因素，那就是为了"应付"我的学生。北大允许优秀的本科生听教授们为研究生开设的专题课，而后他们很可能跟你念硕士、博士，一听就是十年，你总不好意思老讲那一套吧？学生都"天天向上"了，当老师的，不好意思原地踏步。

我的好多新想法，或者对某些新课题的关注，是被学生们逼出来的。当然，学生一旦跟上了，我就"光荣"地退出了，因为他们比我精力集中，一旦认准方向，心无旁骛，会做得比我好。起码在北大,"教学相长"不是空话。不断涌现的好学生,他们的提问,他们的作业,他们崇敬或疑惑的目光,会催促你往前走。

## 同题问答

**南都**:对你影响最大的书有哪几本?

**陈平原**:这个问题不好回答。因读书较多,不同时期兴趣不太一样,而且,还没到结账的时候。

**南都**:你认为要做好学问最重要的是什么?

**陈平原**:志向、才华、学养、身体。

**南都**:你到目前为止,个人最满意的著作是哪一本?

**陈平原**:1992年初版、日后多次重刊的《千古文人侠客梦:武侠小说类型研究》。因那本书的写作状态和当时的心境密切相关,对我个人来说,这既是一本不错的学术著作,我也借度过某种精神上的危机。

**南都**:你的工作习惯是什么样的?

**陈平原**:我和妻子夏晓虹都底子薄,所以,要格外珍惜自己的身体。既然懒得锻炼,那就改为不熬夜。我生活有规律,一般情况下,晚上十二点以前睡觉,早上七八点起床。

**南都**:除了做学问外,还有些什么样的爱好呢?

**陈平原**:旅游。我们每年走很多地方,国内国外都去,一边讲学,一边游玩。

初刊《南方都市报》2013年8月1日

# 思想操练、低调启蒙以及大学传统
## ——陈平原教授访谈录

陈平原、李浴洋

### 一、更看重"五四"的水到渠成

**李浴洋**：陈老师，刚过去的2019年是五四运动一百周年。"不断与五四对话"是贯穿您的学术生涯的一条主线。我们的访谈或许就从这"五四"百年说起。2005年，您的《触摸历史与进入五四》出版；2018年，您又有《作为一种思想操练的五四》一书问世。在您关于"五四"的个人著作中，这是影响最大的两部。二书的构架、体例皆有不同，甚至语言风格、修辞策略也存在差异。如果说《触摸历史与进入五四》是一部尝试为"五四"研究打开更深更广的学术空间的"专家之书"，而努力把某种现实关怀"压在纸背"的话；那么《作为一种思想操练的五四》则把学问背后的情怀和盘托出，甚至追求直接介入当下的思想论争。关于二书的具体贡献，学界已有不少讨论。我关心的是，您间隔十余年的这两次集中表达的"五四"言说，在选择核心角度与主要方式时，是否各有考量？而两者的区别，又是否意味着您在不同时期论述"五四"的立场与目标也有调整与发展？

**陈平原**：去年四月，在美国哈佛大学主办的"五四@100国际学术研讨会"上，我应邀做主旨演说，题为《从"触摸历史"到"思想操练"——我看五四以及五四研究》，其中谈及，对于五四新文化运动这样众说纷纭的话题，确实是"横看成岭侧成峰，远近高低各不同"。作为研究者，你可以往高处看，往大处看，也可以往细处看，往深处看。在2005年的《触摸历史与进入五四》，我采取的是后一种策略——于文本中见历史，于细节处显精神。也就是该书"导言"所说的："作为方法的'触摸历史'，不外是借助细节，重建现场；借助文本，钩沉思想；借助个案，呈现进程。讨论的对象，包括有形的游行、杂志、大学、诗文集，也包括无形的思想、文体、经典、文学场。入口处小，开掘必须深，否则意义不大；不是所有琐琐碎碎的描述，都能指向成功的历史重建。"

至于后者，带有论战性质，单看书名《作为一种思想操练的五四》，就明白作者的立场。中国人说"传统"，往往指的是遥远的过去，比如辛亥革命以前的中国文化，尤其是以孔子为代表的儒家；其实，晚清以降的中国文化、思想、学术，早就构成了一个新的传统。可以这么说，以孔夫子为代表的中国文化，是一个伟大的传统；以蔡元培、陈独秀、李大钊、胡适、鲁迅为代表的"五四"新文化，也是一个伟大的传统。在某种意义上，对于后一个传统的接纳、反思、批评、拓展，更是当务之急，因其更为切近当下中国人的日常生活，与之血肉相连，更有可能影响其安身立命。

**李浴洋**：在《作为一种思想操练的五四》中，收录了您在"五四"九十周年之际写作的《波诡云谲的追忆、阐释与重构——解读五四言说史》一文。过去一百年间的"五四"言说史恐怕是远大于"五四"研究史的。这是"五四"的独特魅力使然，但也对于"五四"研究提出了不小挑战。您曾谈到您面对"五四"时有"三种身份"，即"教授、学者、知识人"。那么，您是如何处理三者之间的关系的？您的"五四"言说与"五四"研究在相互成就的同时，是否也内含了某种必须直面的张力与限度？

**陈平原**：若以上述二书为例，著《触摸历史与进入五四》，主要基于学者立场；撰《作为一种思想操练的五四》，则更多地站在知识人立场。至于在北大课堂上讲述"五四"事件、"五四"人物以及"五四"文献,乃至带研究生编写的《触摸历史:五四人物与现代中国》[1999;2009;(增订版)2019],明显是教授立场。三者之间有某种内在联系,那就是我多年前谈到的:"就像法国人不断跟1789年的法国大革命对话、跟1968年的'五月风暴'对话,中国人也需要不断地跟'五四'等'关键时刻'对话。这个过程,可以训练思想,积聚力量,培养历史感,以更加开阔的视野,来面对日益纷纭复杂的世界。"其中的承传、差异以及裂缝,除了受时势及政治的影响,也与文体及拟想读者有关,这点请参照我的《为何不断与五四对话》(《文艺争鸣》2018年第9期)。

**李浴洋**:在《触摸历史与进入五四》与《作为一种思想操练的五四》以外,您还有一部2015年出版的《"新文化"的崛起与流播》,也是研究"五四"的著作。该书是您"从'报刊'及'出版'的角度"论述"新文化"在"晚清"与"五四"时期兴起与展开的专题文集,体现了您治学的一大旨趣,也就是"淡化'事件'的戏剧性,凸显'进程'的漫长与曲折"。不过对于受众乃至学界的普遍接受情况来说,好像还是戏剧性的研究更容易收获掌声。这点在"五四"研究中尤为突出。您也曾自陈,类似自己这样始终合观"晚清"与"五四",强调"进程"的重要性的只是"个别学者"。请问,您是如何看待以"进程"而非"事件"来论述"五四"时的得失的?

**陈平原**:北大出版社推出的《"新文化"的崛起与流播》,选择从"报刊"及"出版"的角度,谈论中国现代文学及文化,这本来是很有生长点的论述立场,可惜当初纯粹是为了纪念现代史上最重要的杂志《新青年》(1915—1926年)创刊一百周年,杂凑诸文而成,成书过于匆促。虽从未撰写过报刊史方面的专门著作,但我长期关注报刊对于中国现代文学及文化的深刻影响,这一学术趣味,在相关著作中不时表露。日后时机成熟,我再重新增补、修订。此书目前状态不理想,没能真正体现我的写作意图及学术立场。

相对说来，政治史更为关注突发事件，也更具戏剧性；而我所着力的文化史、教育史、文学史、学术史等，全都并非一蹴而就，需要放大视野，从长计议，更看重的是水到渠成。至于我为何倾向于合观"晚清"与"五四"，参见收入《作为一种思想操练的五四》中那篇《"新文化"如何"运动"——关于"两代人的合力"》。

## 二、从晚清画报中理解"低调启蒙"

**李浴洋**：说到您的"晚清"研究，必须提到您2018年出版的《左图右史与西学东渐——晚清画报研究》一书。该书是您2008年的同名著作的增订本，但说是一本新书，也并不为过。因为新版不仅篇幅扩充了一倍（从五章到十章），在论述深度上也有明显推进。在我看来，全书的第一章，也是您最后写作的一章——《图像叙事与低调启蒙——晚清画报在近代中国知识转型中国的位置》——对于理解您的此项研究至关重要。特别是"低调启蒙"概念的提出，使得该书超越了文化史与艺术史的范畴，而兼具思想史与社会史的品格。但让我感觉有些不满足的是，您关于"低调启蒙"的论述更多地围绕晚清画报的"媒介特征、读者定位，以及作者的能力及趣味"展开，对其与"近代中国"的思想演进和社会变革的互动关系着墨不多。不知能否请您就"低调启蒙"再做一些阐发？比如"低调启蒙"与"高调启蒙"的辩证，以及在整个晚清的启蒙"进程"中，画报除去作为叙事媒介，是否还有能动的思想功能？等等。

**陈平原**：关于"高调启蒙"与"低调启蒙"的辩证，是我谈论晚清政治、思想及文化的重要支点，也是我现实关怀的某种投射。先说现实关怀，我越来越敬佩那些既胸怀大志又脚踏实地、有一分光发一分热的人物，而不欣赏为取悦领导或民众而故意高调入云者——不管其立场是左还是右。我当然明白，要想成为某种思潮的"代表"，就必须把话说到顶点，说死说绝，不留任何余地，那样才有效果，才会被记忆，说不定还进入史册。

反省此前研究晚清，喜欢选择激烈的言论，而忽视相对平和、理性的声音，同样是受此表达策略的蛊惑。多年前，我曾撰《激烈的好处与坏处——也谈刘师培的失节》［初刊《东方文化》1999年第2期，收入《当年游侠人——现代中国的人文与学者》，三联书店，2006年；（增订版）2020］，去年又有《危机时刻的阅读、思考与表述——纪念五四运动一百周年》（《二十一世纪》2019年4月号），都涉及这个问题。读晚清及五四时期的论战文章，凡平正通达的（比如杜亚泉），都不如慷慨决绝的（如陈独秀）受欢迎。既然追求社会影响而不是文章自身的逻辑严密，那么，论述时就不能四平八稳，最好能出奇制胜。因此，写作时更多地考虑"策略性"，而不是"分寸感"。如此剑走偏锋，当初很有效果，只是随着时代变迁，其负面效应逐渐显示出来。

今人在复原舆论环境以及建构历史时，必须兼及激烈与平和、感性与理性、高调与低调。暂时不谈哪个更合理或更有价值，就说这种论述策略的选择，其实与作者的生存环境、社会地位、性格特征、传播媒介乃至文体息息相关。若不考虑身处东京还是北京，发言者是封疆大吏还是平头百姓，撰写的是奏章还是杂感，发表在政论杂志还是娱乐小报，那样缺失语境的"言论比较"是没有意义的。

谈论革命与改良，那是政治史的立场；关注上层与下层，那是社会史的视角。我辨析晚清及"五四"的启蒙思潮，因牵涉媒介特征、读者定位、文体选择以及作者趣味，故有高调与低调之分。所谓"低调启蒙"，也会兼及政治立场，但更侧重教育与文化，关心社会与日常，对那些相对浅俗、平实与低调的人与事，投以更多同情的目光。

**李浴洋**：您的晚清画报研究始于1990年代中期。那时您在本行文学研究之外，还从事现代学术史与教育史的研究。日后，关注现代文学的学者兼及学术史与教育史的越来越多，但同时致力于画报（或者广义的"图像"）研究的却仍是少数。印象中您似乎没有专门谈过自己涉足画报研究的缘起，而对于您历时二十余年完成这一庞大研究计划究竟是基于何种判断与抱负，我也很想了解。

**陈平原**：说是写了二十年，中间其实还穿插好些别的著作。而且，最早的《从科普读物到科学小说——以"飞车"为中心的考察》（1996），属于无心插柳，那是应香港中文大学卜立德教授邀请，去参加近代中国翻译史的会议。直到2000年撰写《晚清人眼中的西学东渐——〈点石斋画报〉研究》，我才逐渐明确工作方向及宗旨。至于为何涉足画报研究，我在2008年香港版"前言"中谈及，确信通过整理、描述、阐发在晚清这一特定时空中，传统中国的"左图右史"怎样与西学东渐之"图像叙事"结盟，进而汇入到以"启蒙"为标志的现代化进程，可以探讨商业与政治、文人与大众、图像与文字、知识与审美、新闻学与历史感、高调论述与低调启蒙等一系列重要话题。这似乎比我熟悉的晚清小说研究更为复杂，也更具挑战性。

但说实在话，一开始以为做这么个课题，三五年足矣。没想到从资料搜集到理论设计，都必须亲力亲为，难度很大，花那么多时间，出乎我意料。最后总算完成了，自己比较满意，学界及大众评价也很好，这就可以了。

**李浴洋**：翻看您的各部著作的前言后记，可知您的绝大多数研究课题都曾转化为课程给学生讲授过。唯独晚清画报研究，尽管您一直在做，却从来没有在任教的北京大学与香港中文大学开过课。我有些好奇，这是为什么？

**陈平原**：之所以不在北大或港中大开设晚清画报研究专题课，那是替学生着想。这样的课好讲，学生也会感兴趣，有样学样，他们多少能出论文，还可壮老师声威，何乐而不为？若是新闻专业或文化研究的学生，我会鼓励他们跟上来，但目前我带的是中国现代文学专业博士生，若被我的课程吸引，全力以赴投入晚清或现当代的画报研究，论文可能做得很不错，但就业会有问题。

所谓"跨学科研究"，教授做可以获得很多掌声，学生则必须谨慎，因为有就业压力。大学招聘教师，名额往往分配到各专业，录取时会考虑你能不能胜任相关课程讲授。若到社科院或大众传媒求职，没这个问题；可我这些年指导的博士生绝大多数都想在高校工作。偶尔做做讲座，让他们知道有这么一种研究思路及路径，这样就行了；万一将来有兴趣，我再告诉你这里面的沟沟坎坎。画报研究有趣，但资料琐碎，很容易旁枝逸出，不适合作为文学专业研究生的训练课程。这是当老师的一点小盘算，本来压在纸背的，不想明说，没想到被你逼出来了。

### 三、文学教育，关键是培养体贴与同情

**李浴洋**：文学教育也是您近年用心较多的领域。这就说到您2016年出版的《作为学科的文学史：文学教育的方法、途径及境界》（增订本）。与新版《左图右史与西学东渐》一样，这也是一部名副其实的"大书"。在该书问世的当年，我曾对您做过访谈。（参见《文学教育：在"学术研究"与"人文养育"之间——专访陈平原教授》，《北京青年报》2016年8月8日）而最近重读此书，我发现您的一处重要调整。在2011年的初版中，您以《重建"文学史"》一文作为全书代序，提出从"学术史视野"考察"文学史"这一"知识体系"与"著述形式"的发展脉络与经验教训。但到了增订本中，您不仅删去了该文，还在书名上增加了副题"文学教育的方法、途径及境界"。也就是说，同样谈论"文学史"的沿革与得失，您的重心已经从"学术史"转向"教育史"。能否请您介绍一下，为何会有这样的调整？

**陈平原**：其实没那么复杂，取消《重建"文学史"》，是因此文已入《当代中国人文观察》增订版（北京大学出版社，2010）。一开始我没注意，将其作为初版《作为学科的文学史》（2011）的"代序"，2016年北大出版社刊行增订版时，为避免重复而删去。

至于加上副题"文学教育的方法、途径及境界"，是为了让论述的主旨更为明确。在思想史、学术史以及教育史的夹缝中思考问题，是我在北大出版社刊行的"学术史三书"的共同特点，只是分别指向学人境界、学科文化以及述学文体。当然，特别标出"文学教育"，也蕴含着与当下教育实践对话的意味。

**李浴洋**：关于文学教育，您不仅有专业著作，更屡次直接面向公众发言。后者中的部分文章结集为您2016年出版的《六说文学教育》一书。在该书首篇《校园里的诗性——以北京大学为中心》中，您开宗明义地谈到了自己关切当下文学教育的旨趣："挑战现有的大学理念，纠正中文系的培养目标，努力完善中国的'文学教育'。"而在您2019年新出的文集《依旧相信》中，也重申了在这个"充满不确定性、失望远大于希望的时代"，您"依旧相信文学教育的意义"。那么，您认为现在距离您要"挑战"、"纠正"与"完善"的目标是更近了还是更远了？在与时代的较量中，文学教育的意义究竟何在？

**陈平原**：必须不断强调文学教育的意义，可见其在今日中国处于劣势，隐含着某种危机。北大中文系百年系庆时，我发表《"中文教育"之百年沧桑》（初刊《文史知识》2010年第10期，收入《花开叶落中文系》，三联书店，2013），其中有这么一段："学文学的，容易情绪化，要不特自卑，要不把自己的专业设想得特伟大。某种意义上，现代化的进程，也就是日渐专业化。以前有一句话，'一物不知，儒者之耻'；晚清以降，谁也不敢这么说了。因为，同是读书人，专业分工越来越细，彼此间的隔阂也越来越深。这一大趋势，使中国语言文学的教育，呈现两个方向：一方面，它越来越成为众多学科中的一个，范围及功能大大缩小；但另一方面，它又掉转过来，逐渐变成一种'修养'或'趣味'——就好像画布上的'底色'，虽不显眼，但不可或缺。"

这回新冠肺炎疫情严重，面对《解放日报》记者关于文学与科普何者为重的提问，我的回答是："面对重大灾难，科普读物与文学作品，二者都需要，只是有轻重缓急之分。我同意第一时间是科普，让大众了解疫情的来龙去脉，方不至于听见风就是雨，任凭各种谣言摆布。这个工作很重要，政府及媒体都会迅速跟上，很快就全覆盖，无死角。至于更为专业的，比如从物种进化的角度观察人与病毒的关系、讨论各种瘟疫的产生及社会影响，或者中外抗疫的历史，那要看个人兴趣，可读可不读。至于文学的疗救功能，不在救急，也不在知识，关键是培养体贴与同情——对于他人的痛苦感同身受，对于他人的高尚充满敬意。所谓人性善，是需要呵护与养育的；具体到每个人，经历（或体验）苦难，因而获得精神上的成长，是人生极为重要的一课。在这个意义上，一个应急，主要指向知识与理智；一个长线，更多地诉诸道德与情感，二者最好携手同行。"（参见吴越《对话陈平原：文学的疗救功能，究竟体现在哪》，《解放日报》2020年3月6日）

## 四、回顾"老大学"，是学问也是心情

**李浴洋**：您的影响力已经溢出了专业领域。而公众知名度的积累，在很大程度上与您的大学研究直接相关。2015—2016年，您的"大学五书"集中亮相。其中既有《老北大的故事》、《大学何为》与《大学有精神》的修订版，也有《抗战烽火中的中国大学》与《大学新语》两部新著。而在2014年，您还出版了《大学小言：我眼中的北大与港中大》一书。可以说，从1996年您与夏晓虹老师动手编选《北大旧事》（1998年问世）开始，到2016年您的"大学五书"出齐为止，在二十年间您几乎不间断地关注大学问题，并且

著述不辍。在"老大学"与"新问题"之间相互发现，是您的大学研究的一大特点。换句话说，百余年的中国大学传统在您那里是一个整体，您不回避此中存在的问题，但更看重其不断成长的潜力。这也就决定了您的大学论述虽有"冷眼"，可更具"温情"。甚至越到后来，您的研究也越来越多地呈现出了对于这一传统的呵护意味。请问是这样吗？

**陈平原**："老大学"与"新大学"的对话，确实是一种互相对峙、互相发现、互相确认的过程。前者的辉煌已经永远过去，后者的困境却依旧迫在眉睫。这个时候的"回顾"，是历史，也是现实；是学问，也是心情。

"老大学"历经时间淘洗，能被记忆且存留下来的，多为美好的一面；"新大学"仍在路上，不如意事常八九。谈论这个话题，须兼及你所说的"冷眼"与"温情"。并非将其完全切割，而是拒绝随意穿越。否则，很容易得出不着边际、耸人听闻的结论。在我看来，民国大学是一个需要认真体贴的研究对象，你可以保有较多的温情与想象，但不能将其作为拍打新时期中国大学的"砖头"。否则，两边都会夸张变形，效果不好。我谈"老大学"，严守史家立场；至于评论当下中国大学，则取介入的姿态。

**李浴洋**：您的《抗战烽火中的中国大学》是一部以西南联大为主体的专书。联大的故事其实不好讲述，因为如果传递不出这一"奇迹"的传奇色彩，则容易"失神"；而倘若将其"神化"，则又会"失真"。面对这样的"华章"与"丰碑"，不仅需要历史感，也离不开文学性。那么在您写作此书时，是怎样拿捏分寸的？

**陈平原**：我不主张将抗战烽火中的中国大学，全都讲成了风月无边的"西南联大传说"。谈论抗战中的中国大学，着眼于政治史、思想史、教育史，会有不同的论述策略。在如此艰难的状态下，大学维持正常的教学秩序，不坠青云之志，令后人无比钦佩。但过分强调政治正确，或刻意渲染师生浪漫，都会失真，不可取。

明知是"丰碑",也得以史家的眼光认真对待。

除了你提及的专著,我曾协助《光明日报》做抗战中的中国大学专题,力图用最简短的语言,描述我心目中大学内迁的意义——保存学术实力,赓续文化命脉,培养急需人才,开拓内陆空间,更重要的是,表达了一种民族精神以及抗战必胜的坚强信念。具体说来,战时中国大学的内迁有如下特点:第一,不是个人逃难,而是集体行动,且一路上弦歌不辍;第二,教学上,不是应急,而是长远打算,所谓"战时如平时",更多地着眼于战后的建国大业,保证了战时培养的大学生的质量;第三,学术上,不是仓促行文,而是沉潜把玩,出有思想的学问,有情怀的大学者——这一点人文学尤其明显;第四,广大师生因大学西迁而见识中国的辽阔与贫困,于流徙中读书,人生忧患与书本知识合一,精神境界得以提升;第五,大后方传出的朗朗读书声,代表某种文化自信与道德优势,召唤无数沦陷区的青年学生,穿越重重封锁线前来求学;第六,除了具体的学术成果,大学内迁为西南西北播下良好的学术种子,此举对于中国教育平衡发展意义重大(参见《战时中国大学的风采与气象》,《光明日报》2015年8月25日)。

至于你说的文学性,除了众所周知的小说、诗歌、散文以及回忆录、口述史等,我特别关注教授日记以及旧体诗的写作。前者见琐碎的日常生活,后者更是既确认其文化身份,让作者得以思接千古;又可以借助韵语,表达某些幽微的思绪以及不合时宜的感觉,指向的是个人修养、历史意识与文化情怀。这些"有情"且"鲜活"的史料,让我们得以了解他们在战火中的遭遇与思考、困惑与怨怼,以及压在著述背后的心情。这方面的论文,除已经收入专著的《岂止诗句记飘蓬——抗战中西南联大教授的旧体诗作》(初刊《北京大学学报》2014年第6期),还有未入集的《会思想的芦苇,竟如此坚强——抗战初期北大教授的艰难选择》(《北京大学学报》2015年第6期)。

**李浴洋**：2016年以后，您关于大学历史与大学人物的研究还在继续，但对于当下大学问题的评论明显减少了。这是您有意为之的吗？

**陈平原**：我谈当下的中国大学，有几个基本判断：第一，转型期的中国大学，既混乱不堪，又生气淋漓；第二，作为"知识共同体"的大学，应该有自我清洁的能力，不能将所有责任及失误都推给政府；第三，作为人文学者，批评中国大学现状的同时，也得反省自己的责任与立场；第四，教育的难处在于牵涉千家万户，且有很强的延续性，无法立竿见影，一个错误的决策，即使当局明白过来了，也无法马上纠正，很可能得花十年二十年才能回归正轨，因此，要有"说了等于白说，白说也要说"的志向（参见《历史、传说与精神——现代中国大学的六个关键时刻》，初刊《探索与争鸣》2016年第1期，收入陈平原《大学新语》，北京大学出版社，2016）。

中国大学问题，该说的以及能说的，我大都已经说了，再说就显得重复。关于中国大学，近几年没写新文章，公众号或朋友圈转发的，都是以前的作品。不是不关心，而是重心略为转移。不只发发议论，还希望做点调查研究，提出某些解决方案。得益于中央文史馆及国务院参事室的通道，我上交了若干改善中国大学办学环境的议案，有的切实解决了，有的功败垂成，有的则仅供参考。

## 五、述学文体与人文学的命运

**李浴洋**：此次访谈，主要围绕您近年有多部著作问世的"五四"研究、晚清画报研究、文学教育研究与大学研究四个领域进行。当然，您的工作不限于此。比如即将出版的《想象都市》与《记忆北京》二书，就收录了您在都市研究方面的成果；而同样不久便会问世的《现代中国的述学文体》，则更是您极具特色的一部学术史著作。关于后者，我想多说一句的是，您在文体方面的自觉一直令我印象深刻。这既包括您对于自家"述学文体"的锤炼与经营,也包括您非常有意识地根据议题、受众与期待效果的差异而选择不同的文体进行表达的习惯。您是首位对于现代学人的"述学文体"做出系统研究的学者,大概也是在钱穆之后最为强调表述之于学术本身的重要意义的学者了。对此,能否请您具体谈一下,您的学术史研究在完成了思想(《中国现代学术之建立——以章太炎、胡适之为中心》)与制度(《作为学科的文学史》)的部分之后,为何会特别推出文体维度?

**陈平原:** 因疫情紧张,新书印制略有耽搁,至今尚未面世,不过谢谢你的预告。虽然此前也偶尔涉及,但真正将城市作为一个学术话题,投入一定的精力,是从2001年秋天在北大开设"北京文化研究"专题课才开始的。那篇根据这门课的"开场白"整理而成的《"五方杂处"说北京》,初刊《书城》2002年第3期及台湾《联合文学》2003年第4期,反响很不错;而2003年10月与王德威合作,在北大召开"北京:都市想象与文化记忆"国际学术研讨会,算是拉开了架势,好像真要大干一场的样子。遗憾的是,因兴趣广泛,加上能力有限,这一"系列国际学术研讨会",只做了四次(北京、西安、开封、香港),便难以为继了。也正因如此,原计划撰写现代文人与都市记忆的系列论文,也就显得有头无尾。至于想借助"文学的都市与都市的文学",来揭示"中国文学史有待彰显的另一面相",那就更是遥遥无期了。这回三联书店推出的《想象都市》《记忆北京》二书,并非体系严密的专著,而是带着强烈的问题意识,徘徊于学界与民间,长枪短棒一起上。

相对而言,北大版《现代中国的述学文体》更能体现我的学术风格。从二十多年前的《中国现代学术之建立》(1998),到十年前的《作为学科的文学史》(2011),再到今天的《现代中国的述学文体》,终于完成了我的"学术史三书",自己感觉还不错。谈论现代中国的"述学文体",与传统中国的文体学、目录学以及西方的修辞学等有关系,但又不全然是。我最关心的,其实是在中外新旧文化激烈碰撞的时代，中国学者如何建立"表达"的立场、方式与边界。

我曾谈及，现代性既是一种思想体系，一种思维方式，一种生活方式，同时，也是一种表述方式。而我理解的"表述"，包括日常生活中的表述、文学家的表述，还有学者的表述——后者最容易被忽视，在我看来却最值得关注。这里所说的基本定型且意蕴宏深的述学文体，包括学科边界的确立、教科书的编纂、论文与专著的分野、标点符号的意义、演说与文章之关系，还有如何引经据典等。我更看好自己从演说角度切入，讨论近现代中国文章的变革——此举上挂下联，纵横驰骋，自认为颇具创见。但原本设想的章节还有《教科书、专著与札记——著作成何体统》《杂志、学报与副刊——学问怎样发表》《标点、段落与文气——文章如何呈现》，为此我还做了许多理论及资料准备，最终没能完成，有点可惜，好在目前中国学界的状态，能将此类题目经营得风生水起的大有人在。

**李浴洋**：最后一个问题是，您这些年的公开发言，除去大学问题，谈得最多的便是人文学的当代命运了。尤其是《理直气壮且恰如其分地说出人文学的好处》一文，可谓您的立场与追求的集中表达。一百年前的今天，中国进入了"后五四"时期。那既是一个人文学充满活力的时代，也是人文学遭遇危机的年代。那么，您是如何看待人文学在当下的可能性的呢？

**陈平原**：从1993年的《当代中国人文学者的命运及其选择》到2000年《数码时代的人文研究》、2006年的《人文学的困境、魅力及出路》、2007年的《当代中国人文学之"内外兼修"》、2012年的《人文学之"三十年河东"》，再到2016年的《理直气壮且恰如其分地说出人文学的好处》，同一个话题，重复论述，感觉不太有出息。好在经由多年不断的问难与探路，虽没解决多少实际问题，但心境日趋澄明。在最后一篇文章中，有这么一段："我们必须明白,曾经无比辉煌的人文学,而今在学术舞台上日渐萎缩,那不是毫无道理的。这顺之则昌、逆之则亡的'天下大势',到底是什么东西,你喜欢也行,不喜欢也行,都必须认真面对、仔细辨析。只埋怨自家领导昏庸无能,不理解这潮流背后的深刻原因,那是不行的。这不仅仅是人事纠纷,还得将制度设计、历史演变、现实刺激,还有可操作性等考虑在内,在理想与现实之间保持必要的张力,这样,才不至于只是生闷气,或者'说了等于白说'。一句话,人文学者必须调整自家心态及论述策略。"至于如何像文章标题所表明的那样,学会"理直气壮且恰如其分地说出人文学的好处",参见初刊2016年4月15日《文汇报·文汇学人》的拙文。

初刊《当代文坛》2020年第4期

辑四：资料编目

# 陈平原著作目录

## 一、专著及论文集

1.《在东西方文化碰撞中》,杭州:浙江文艺出版社,1987年12月,287页;上海:华东师范大学出版社,2014年11月,294页。

2.《二十世纪中国文学三人谈》(与黄子平、钱理群合作),北京:人民文学出版社,1988年9月,10+128页;《二十世纪中国文学三人谈·漫说文化》,北京:北京大学出版社,2004年8月,226页;(第二刷)2005年11月;(增订本)北京:北京大学出版社,2019年10月,310页。

3.《中国小说叙事模式的转变》,上海:上海人民出版社,1988年3月,326页;台北:久大文化,1990年,350页;北京:北京大学出版社,2003年7月,369页;(第三刷)2006年1月;(第二版)北京:北京大学出版社,2010年1月,352页;(二版二刷)2014年2月;(二版三刷)2017年2月,360页;香港:香港中文大学出版社,2007年,331页;[韩文版](李琮敏译),韩国拯救出版社,1994年,422页;[英文版](谢桂霞译),Springer-Verlag,即刊。

4.《二十世纪中国小说史》第一卷,北京:北京大学出版社,1989年12月,301页;1997年7月,361页;改题《中国现代小说的起点——清末民初小说研究》,北京:北京大学出版社,2005年9月,361页;北京:北京大学出版社,2010年1月,339页;[日文版](林祁、大梧美代子等译)东方书店,即刊。

5.《千古文人侠客梦——武侠小说类型研究》,北京:人民文学出版社,1992年3月,236页;台北:麦田出版,1995年,310页;(插图珍藏本),北京:新世界出版社,2002年9月,277页;(插图本)天津:百花文艺出版社,2009年4月,227页;北京:北京大学出版社,2010年1月,267页;(增订本)北京:北京大学出版社,2018年7月,305页;〔俄文版〕,东方图书出版公司,2015年,339页;〔英文版〕*THE DEVELOPMENT OF CHINESE MARTIAL ARTS FICTION*, Translated by Victor Peterson, Cambridge University Press, 2016年, 259页;〔白俄罗斯语版〕,俄罗斯尚斯国际出版社,2018年,472页。

6.《小说史:理论与实践》,北京:北京大学出版社,1993年3月,326页;1999年3月,322页;2005年1月,281;2010年1月,287页;台北:淑馨出版社,1998年,344页;〔韩文版〕(李宝暻、朴姿映译), Erum Publishing Co., 2003年, 440页。

7.《陈平原小说史论集》(三卷),石家庄:河北人民出版社,1997年8月,1776页。

8.《陈平原自选集》,桂林:广西师范大学出版社,1997年9月,348页。

9.《中华文化通志·散文小说志》,上海:上海人民出版社,1998年10月,392页;改题《中国散文小说史》,上海:上海人民出版社,2004年9月,396页;(第二刷)2014年5月;台北:二鱼文化出版公司,2005年,410页;北京:北京大学出版社,2010年1月,411页。

10.《中国现代学术之建立——以章太炎、胡适之为中心》,北京:北京大学出版社,1998年2月,471页;(第二刷)1998年11月;台北:麦田出版,2000年,468页;北京:北京大学出版社,2005年1月,361页;北京:北京大学出版社,2010年1月,438页;2020年8月,468页。

11.《老北大的故事》,南京:江苏文艺出版社,1998年3月,

270页；台北：立绪出版社，2001年，313页；（增订本）北京：北京大学出版社，2009年5月，269页；（修订版）北京：北京大学出版社，2015年10月，386页；新北：华艺数位，2018年12月，345页。

12.《文学史的形成与建构》，南宁：广西教育出版社，1999年3月，342页。

13.《中国大学十讲》，上海：复旦大学出版社，2002年10月，256页；（第二刷）2003年3月。

14.《触摸历史与进入五四：一场游行、一份杂志、一本诗集》，台北：二鱼文化出版公司，2003年，215页。

15.《当年游侠人——现代中国的文人与学者》，台北：二鱼文化出版公司，2003年，205页；（增订本），北京：三联书店，2006年6月，280页；（增订版）北京：三联书店，2020年3月，397页。

16.《当代中国人文观察》，北京：人民文学出版社，2004年4月，246页；（增订本）北京：北京大学出版社，2010年1月，308页。

17.《从文人之文到学者之文——明清散文研究》，北京：三联书店，2004年6月，266页；（第二刷）2005年2月；（第三刷）2009年4月；（第四刷）2017年10月；［韩文版］（金红梅、李恩珠译），昭明出版社，2018年9月，471页。

18.《文学的周边》，北京：新世界出版社，2004年7月，220页。

19.《晚清文学教室——从北大到台大》，台北：麦田出版社，2005年，223页。

20.《触摸历史与进入五四》，北京：北京大学出版社，2005年9月，378页；北京：北京大学出版社，2010年1月，412页；［英文版］*Touches of History: An Entry into 'May Fourth' China*, translated by Michel Hockx, LEIDEN·BOSTON: Brill Academic Publishers, 2011；（陈平原著作系列），北京：北京大学出版社，2018年10

月,448页。

21.《大学何为》,北京:北京大学出版社,2006年5月,316页;(第二刷)2008年3月。

22.《学者的人间情怀——跨世纪的文化选择》,北京:三联书店,2007年9月,245页;北京:三联书店,2020年3月,297页。

23.《北京记忆与记忆北京》,北京:三联书店,2008年7月,264页。

24.《千年文脉的接续与转化》,香港:三联书店,2008年10月,265页;上海:复旦大学出版社,2010年8月,171页。

25.《左图右史与西学东渐——晚清画报研究》,香港:三联书店,2008年10月,327页。

26.《大学有精神》,北京:北京大学出版社,2009年5月,297页。

27.《历史、传说与精神——中国大学百年》,香港:三联书店,2009年5月,337页。

28.《大学、文学与文学教育》,新加坡南洋理工大学中华语言文化中心,2010年2月,109页。

29.《现代中国的文学、教育与都市想像》,北京师范大学出版社,2011年1月,370页。

30.《作为学科的文学史》,北京:北京大学出版社,2011年2月,484页。

31.《假如没有"文学史"……》,北京:三联书店,2011年7月,322页。

32.《读书的风景——大学生活之春花秋月》,北京:北京大学出版社,2012年6月,340页;[增订版],2019年1月,304页;(第二刷)2020年7月。

33.《"文学"如何"教育"》,新北:新地文化艺术,2012年11月,358页。

34.《大学小言——我眼中的北大与港中大》,香港:三联书店，2014年4月，267页；北京：三联书店，2014年6月，271页；（第二刷）2014年11月；（第三刷）2017年2月。

35.《学问、思想与情怀——当代中国的"人文学"》，香港：三联书店，2014年6月，294页。

36.《图像晚清——〈点石斋画报〉之外》，北京：东方出版社，2014年8月，380页；香港：中和出版社，2015年3月，390页。

37.*Sept leçonssur le roman et la culture modernes en Chine*（《中国现代小说与文化七讲》），Edited by Angel Pino and Isabelle Rabut，LEIDEN·BOSTON：Brill Academic Publishers，2015年，251页。

38.《神游四方：陈平原自选集》，北京：首都师范大学出版社，2015年1月，547页。

39.《"新文化"的崛起与流播》，北京：北京大学出版社，2015年4月，298页。

40.《抗战烽火中的中国大学》，北京：北京大学出版社，2015年7月，292页；香港：中和出版社，2015年7月，263页。

41.《大学何为》（修订版），北京：北京大学出版社，2016年1月，411页；新北：华艺数位，2018年10月，364页。

42.《大学有精神》（修订版），北京：北京大学出版社，2016年1月，340页；新北：华艺数位，2018年11月，288页。

43.《大学新语》，北京：北京大学出版社，2016年5月，353页。

44.《作为学科的文学史——文学教育的方法、途径及境界》（增订版），北京：北京大学出版社，2016年5月，551页。

45.《六说文学教育》，北京：东方出版社，2016年9月，206页。

46.《讲台上的"学问"》，上海：华东师范大学出版社，2016年12月，232页。

47.《作为一种思想操练的五四》，北京：北京大学出版社，2018年4月，216页。

48.《左图右史与西学东渐——晚清画报研究》（增订版），北京：三联书店，2018年10月，513页；（第四刷），2019年7月。

49.《中国散文小史》，北京：北京大学出版社，2019年5月，312页；［韩文版］（金红梅、李恩珠译），昭明出版社，2020年，419页。

50.《中国小说小史》，北京：北京大学出版社，2019年5月，278页。

51.《想象都市》，北京：三联书店，2020年3月，319页。

52.《记忆北京》，北京：三联书店，2020年3月，260页。

53.《现代中国的述学文体》，北京：北京大学出版社，2020年8月，404页。

54.《文学如何教育——人文视野下的文学教育》，北京：东方出版社，2021年3月，435页。

55.《小说史学面面观》，北京：三联书店，2021年12月，360页。

## 二、书评及随笔集

1.《书里书外》，杭州：浙江文艺出版社，1988年7月，180页；（第二刷）1997年4月。

2.《大书小书》，广州：广东旅游出版社，1992年5月，276页。

3.《学者的人间情怀》，珠海：珠海出版社，1995年12月，265页。

4.《阅读日本》，沈阳：辽宁教育出版社，1996年8月，235页。

5.《书生意气》，上海：汉语大词典出版社，1996年8月，253页。

6.《漫卷诗书——陈平原书话集》，杭州：浙江人民出版社，

1997年7月，376页。

7.《游心与游目》，成都：四川人民出版社，1997年7月，262页。

8.《漫说文化》（与钱理群、黄子平合作），长沙：湖南教育出版社，1997年10月，23+128页。

9.《北大精神及其他》，上海文艺出版社，2000年1月，373页。

10.《掬水集》，天津：百花文艺出版社，2001年4月，260页。

11.《茱萸集》，沈阳：春风文艺出版社，2001年9月，249页。

12.《陈平原序跋》，南京：东南大学出版社，2003年6月，142页。

13.《大英博物馆日记》，济南：山东画报出版社，2003年9月，155页；台北：二鱼文化出版公司，2004年，184页。

14.《人在北京》，台北：联合文学出版社，2003年，311页。

15.《看图说书——小说绣像阅读札记》，北京：三联书店，2003年12月，139页。

16.《同学非少年——陈平原夏晓虹随笔》（与夏晓虹合作），西安：太白文艺出版社，2005年1月，438页。

17.《日本印象》，武汉：华中师范大学出版社，2006年1月，118页。

18.《学术随感录》，开封：河南大学出版社，2006年12月，360页。

19.《走马观花》，上海书店出版社，2009年4月，205页。

20.《压在纸背的心情》，上海：复旦大学出版社，2011年1月，302页。

21.《京西答客问》，南京：凤凰出版社，2012年10月，303页。

22.《花开叶落中文系》，北京：三联书店，2013年11月，366页。

23.《自序自跋》，北京：三联书店，2014年1月，379页。

24.《怀想中大》，广州：花城出版社，2014年11月，287页。

25.《读书是件好玩的事》，北京：中华书局，2015年4月，285页。

26.《刊前刊后》，北京：三联书店，2015年8月，322页。

27.《潮汕文化三人谈》（与林伦伦、黄挺合作），广州：广东教育出版社，2016年12月，283页。

28.《大英博物馆日记》（外二种），北京：三联书店，2017年2月，268页；（第二刷）2018年1月。

29.《阅读日本》（增订版），香港：三联书店，2017年1月，288页；北京：三联书店，2017年2月，292页；（第二刷）2018年6月。

30.《阅读·大学·中文系》，广州：花城出版社，2017年6月，398页。

31.《学术小集——陈平原书与文》（自刊本），北京：仰山楼，2018年，167页。

32.《依旧相信》，南京：凤凰文艺出版社，2019年1月，303页。

33.《书里书外》（增订本），北京：三联书店，2019年6月，328页。

34.《游侠·私学·人文——陈平原手稿集》（自刊本），绍兴：越生文化，2020年，150页。

35.《大字书——陈平原书法与文章》（自刊本），北京：仰山楼，2021年，149页。

# 陈平原论文目录

《幽默家之金刚怒目——从〈亚瑟王朝廷里的康涅狄克州美国人〉看马克·吐温的思想、创作》,《红豆》第7期,1980年12月。

《悲剧理论在欧洲美学史上的发展》,《韩师师专学报》1981年2期。

《论白话文运动》,《中山大学研究生学刊》1982年3期。

《论"乡土文学"》,《中山大学研究生学刊》1982年4期。

《论西方异化文学》(与杨煦生合作),《中山大学研究生学刊》1983年1期。

《略论明中叶崛起的浪漫主义思潮》,《韩山师专学报》1983年1期。

《论曹禺戏剧的民族风格》,《中山大学研究生学刊》1983年4期。

《鲁迅的〈故事新编〉与布莱希特的"史诗戏剧"》,《鲁迅研究》1984年2期。

《〈玩偶之家〉在中国的回响》(与易新农合作),《中山大学学报》1984年2期。

《论苏曼殊、许地山小说的宗教色彩》,《中国现代文学研究丛刊》1984年3期。

《〈清明前后〉——小说化的戏剧》,《茅盾研究》创刊号,北京:文化艺术出版社,1984年6月。

《许地山与印度文化》,《中山大学研究生学刊》1984年校庆60周年、创刊5周年特刊,1984年11月。

《"中国作风和中国气派"的美学内涵》,《毛泽东思想与新中国》,广东人民出版社,1985年2月。

《林语堂与东西方文化》,《中国现代文学研究丛刊》1985年3期。

《许地山:饮过恒河圣水的奇人》,《走向世界文学》,长沙:湖南人民出版社,1985年7月。

《论"二十世纪中国文学"》(与黄子平、钱理群合作),《文学评论》1985年5期。

《二十世纪中国文学三人谈·缘起》(与黄子平、钱理群合作),《读书》1985年10期。

《二十世纪中国文学三人谈·世界眼光》(与黄子平、钱理群合作),《读书》1985年11期。

《二十世纪中国文学三人谈·民族意识》(与黄子平、钱理群合作),《读书》1985年12期。

《二十世纪中国文学三人谈·文化角度》(与黄子平、钱理群合作),《读书》1986年1期。

《二十世纪中国文学三人谈·艺术思维》(与黄子平、钱理群合作),《读书》1986年2期。

《二十世纪中国文学三人谈·方法》(与黄子平、钱理群合作),《读书》1986年3期。

《文化·寻根·语码》,《读书》1986年1期。

《林语堂的审美观与东西文化》,《文艺研究》1986年3期。

《论四十年代的讽刺文学及其知识分子形象》,《学术研究》1987年2期。

《中国小说叙事时间的转变——从"新小说"到"现代小说"》,《文艺研究》1987年3期。

《说"诗史"》,《文化:中国与世界》第二辑,三联书店,1987年10月。

《传统的创造性转化与小说叙事模式的转变——从"新小说"

到"现代小说"》,《文艺研究》1987年5期。

《"史传"、"诗骚"传统与小说叙事模式的转变——从"新小说"到"现代小说"》,《文学评论》1988年1期。

《清末民初小说理论概说》,《中国现代文学研究丛刊》1988年3期。

《中国小说叙事角度的转变——从新小说到现代小说》,《文化:中国与世界》第五辑,三联书店,1988年11月。

《小说理论更新的先兆——读三部小说理论译作有感》,《读书》1988年1期。

《重提两部早该遗忘的小说论》,《读书》1988年4期。

《译本比较与文学史研究》,《读书》1988年7期。

《评价的标准与研究者的心态》,《鲁迅研究月刊》1988年7期。

《通俗小说的三次崛起》,《人民日报》1988年7月26日。

《两脚踏东西文化——林语堂其人其文》,《读书》1989年1期。

《论"新小说"主题模式》,《文艺研究》1989年2期。

《说〈九尾龟〉》,《读书》1989年2期。

《由俗入雅与回雅向俗——论清末民初小说思潮的演变》,《中国现代文学研究丛刊》1989年2期。

《中国古典小说研究断想》,《古典文学知识》1989年2期。

《"进化的观念"与小说史研究》,《文艺研究》1989年5期。

《谴责小说与狭邪小说的合流——谈〈梼杌萃编〉》,《读书》1989年6期。

《"小说史意识"与小说史研究》,《文史知识》1989年10期。

《武侠小说与中国文化》,《文史知识》1990年1期。

《江湖与侠客——武侠小说形态研究之一》,《传奇百家》

1990年1期。

《千古文人侠客梦——文学作品中的侠》,《文艺评论》1990年1期。

《江湖仗剑远行游——唐宋传奇中的侠》,《文艺评论》1990年2期。

《何必青灯古佛旁——文学与佛道》,《文学自由谈》1990年2期。

《工诗未必非高僧——说寄禅的"痴诗"》,《读书》1990年3期。

《剑与侠——武侠小说与中国文化》,《中国文化》第2期,1990年6月。

《侠情义胆英雄志——清代侠义小说论》,《文艺评论》1990年3期。

《说"快意恩仇"——武侠小说形态研究之一》,《文艺争鸣》1990年6期。

《未知死,焉知生》,《读书》1990年11期。

《小说史体例与小说史研究》,〔日本〕《中国古典小说研究动态》第四号,1990年。

《论清末民初小说类型理论》,〔日本〕《清末小说》第十三号,1990年。

《"雅俗对峙"与小说史研究——小说史研究方法散论》,〔日本〕《野草》第四十七号,1991年2月。

《论小说史体例》,《文学评论家》1991年1期。

《书剑恩仇儿女情——二十世纪武侠小说论》,《文艺评论》1991年1期。

《书剑恩仇儿女情——二十世纪武侠小说论续》,《文艺评论》1991年2期。

《论"新小说"类型理论》,《中国现代文学研究丛刊》1991年2期。

《浪迹天涯——武侠小说形态分析之一》，《上海文论》1991年3期。

《小说的类型研究——兼谈作为一种小说类型的武侠小说》，《上海文学》1991年5期。

《武侠小说、大众潜意识及其他：回应郑树森先生》，《二十一世纪》第五期，1991年6月。

《论鲁迅的小说类型研究》，《鲁迅研究月刊》1991年9期。

《兼问苍生与鬼神》，《读书》1991年10期。

《学术史研究随想》，《学人》第一辑，江苏文艺出版社，1991年11月。

《在政治与学术之间——论胡适的学术取向》，《学人》第一辑，江苏文艺出版社，1991年11月。

《在专家与通人之间——论胡适的学术取向》，《中国文化》第5期，1991年12月。

《有思想的学问家》，《文学自由谈》1992年2期。

《新文学：传统文学的创造性转化》，《二十一世纪》第十期，1992年4月。

《自立门户与径行独往：关于章太炎的学术品格》，《读书》1992年5期。

《论中国古代小说类型理论》，《文学研究》第一辑，南京大学出版社，1992年5月。

《书札中的文人与书局》，《读书》1992年6期。

《史家的位置》，《读书》1992年7期。

《章太炎与中国私学传统》，《学人》第二辑，江苏文艺出版社，1992年7月。

《理论整合》，《读书》1992年9期。

《"求是"与"致用"——章太炎学术思想覈论》，《中国文化》第7期，1992年11月。

《独上高楼》，《读书》1992年11期。

《晚清志士的游侠心态》，《学人》第三辑，江苏文艺出版社，1992年12月。

《超越规则》，《读书》1992年12期。

《小说类型与小说史研究》，《文学史》第一辑，北京大学出版社，1993年4月。

《学者的人间情怀》，《读书》1993年5期。

《近百年中国精英文化的失落》，《二十一世纪》第十七期，1993年6月。

《小说史研究方法散论》，《中国文学史的省思》，（香港）三联书店，1993年6月。

《作为文学史家的鲁迅》，《学人》第四辑，江苏文艺出版社，1993年7月。

《当代中国人文学者的命运及其选择》，《东方》创刊号，1993年10月。

《假设与求证——胡适的文学史研究》，《学人》第五辑，江苏文艺出版社，1994年2月。

《章太炎与胡适之关于经学、子学方法之争》，《学人》第六辑，江苏文艺出版社，1994年9月。

《西乡铜像》，《读书》1994年11期。

《关于苏曼殊小说》，《杭州师范学院学报》1995年2期。

《晚明小品论略》，《中州学刊》1995年4期。

《八股与明清古文》，《学人》第七辑，江苏文艺出版社，1995年5月。

《学术史·知识分子·民族主义》，《现代与传统》第七辑，1995年6月。

《清末民初言情小说的类型特征》，《民族国家论述：从晚清、五四到日据时代台湾新文学》，台北："中央研究院"，1995年6月。

《九十年代中国の"知识界"》（与渡边浩对话），［日本］《思想》1995年7期。

《清代的学者之文》,《文史知识》1995年8期。

《辞赋、玄言与骈俪》,《学人》第八辑,江苏文艺出版社,1995年11月。

《"当年游侠人"》,《读书》1995年11期。

《"乐谱"としての丸山真男》,[日本]《世界》1995年11期。

《桐城文章流变》,《文史知识》1996年1期。

《唐宋古文运动述略》(上),《浙江社会科学》1996年1期。

《唐宋古文运动述略》(下),《浙江社会科学》1996年2期。

《"通俗小说"在中国》,《上海文化》1996年2期。

《中国散文与中国小说》,《当代作家评论》1996年3期。

《最后一个"王者师"》,《读书》1996年3期。

《武侠小说中的"剑"》,[日本]《京都产业大学论集》26卷3号,平成8年3月。

《中国古小说的演进》,《寻根》1996年3期。

《中国古小说的演进(续一)》,《寻根》1996年4期。

《中国古小说的演进(续二)》,《寻根》1996年5期。

《中国古小说的演进(续完)》,《寻根》1996年6期。

《从言辞到文章,从直书到叙事:秦汉散文论稿之一》,《文学遗产》1996年4期。

《唐人小说及其流变》,《学人》第九辑,江苏文艺出版社,1996年4月。

《中国小说中的文人叙事:明清章回小说研究》(上),《郑州大学学报》1996年5期。

《中国小说中的文人叙事:明清章回小说研究》(下),《郑州大学学报》1996年6期。

《从科普读物到科学小说:以"飞车"为中心的考察》,《中国文化》第13期，1996年6月。

《现代中国散文之转型》，《文学史》第三辑，北京大学出版社，1996年6月。

《说书人与叙事者：话本小说研究》，《上海文学》1996年7期。

《英雄与历史：以民间叙事为根基——明代章回小说论略》，《中国文化研究》1996年夏之卷。

《半部学术史，一篇大文章——现代中国学者的自我陈述》，《学人》第十辑，江苏文艺出版社，1996年10月。

《文学史家的考古学视野》，《读书》1996年12期。

《学术史上的"现代文学"》，《中国现代文学研究丛刊》1997年1期。

《回眸〈新青年〉》，《青年思想家》1997年4／5期。

《四代人的文学史研究图景》，《北京大学学报》1997年4期。

《"太学"传统——老北大的故事之一》，《读书》1997年4期。

《校园里的"真精神"——老北大的故事之二》，《读书》1997年5期。

《学问家与舆论家——老北大的故事之三》，《读书》1997年11期。

《"文学史"作为一门学科的建立》，《中华读书报》1996年7月10日。

《百家争鸣与诸子遗风：秦汉散文论稿之二》，《文学遗产》1997年5期。

《跨世纪的文化选择——读〈国学大师丛书〉有感》，《中华读书报》1997年8月13日。

《现代中国的"魏晋风度"与"六朝散文"》，《中国文化》第15／16期合刊，1997年12月。

《西潮东渐与旧学新知——中国现代学术之建立》,《北京大学学报》1998年1期。

《北京大学：从何说起？——老北大的故事之四》,《读书》1998年1期。

《北大校庆：为何改期？——老北大的故事之五》,《读书》1998年3期。

《不被承认的校长——老北大的故事之六》,《读书》1998年4期。

《作为话题的北京大学——老北大的故事之七》,《读书》1998年5期。

《北大校史：怎样溯源？》,《北京大学学报》1998年2期。

《读〈（民国二十三年度）国立北京大学一览〉有感》,《东方文化》1998年3期。

《中国大学百年？》,《学人》第十三辑，江苏文艺出版社，1998年3月。

《老北大的自画像——校庆感言解读》,《北京文学》1998年5期。

《超越"雅俗"——金庸的成功及武侠小说的出路》,《当代作家评论》1998年5期。

《北大传统：另一种阐释——以蔡元培与研究所国学门的关系为中心》,《文史知识》1998年5期。

《"兼容并包"的大学理念》,《方法》1998年5期。

《迟到了十四年的任命——严复与北京大学》,《开放时代》1998年5/6期。

《鲁迅的小说类型研究》（韩文译本），［韩国］《中国小说研究会会报》34号，1998年6月。

《无法回避的"一九六八"》,《万象》创刊号，1998年11月。

《新教育与新文学——从京师大学堂到北京大学》,《学人》

第十四辑，江苏文艺出版社，1998年12月。

《汽球·学堂·报章——关于〈教会新报〉》，《中国雅俗文学》第一辑，江苏教育出版社，1998年12月。

*Destiny and Options of Contemporary Chinese Scholars of Humanities*，*Contemporary Chinese Thought*,Winter 1997–98

*From Popular Science to Science Fiction*：*An Investigation of 'Flying Machines'*,*Translation and Creation*,John Benjamins Publishing Company,1998

《舆论家的态度与修养——作为北大学生的成舍我》，《书与人》1999年3期。

《大学之道——传统书院与二十世纪中国高等教育》，（香港）《岭南学报》新第一期，1999年10月。

*Literature High and Low：'Popular Fiction' in Twentieth-Century China, The Literary Field of Twentieth-Century China*,Curzon Press,1999,Surrey

《激烈的好处与坏处：关于刘师培的失节》，《东方文化》1999年2期。

《设议院与开学堂》，《文史知识》1999年4期。

《五月四日那一天》，《北京文学》1999年5期。

《触摸历史与进入五四》，《五四运动八十周年学术研讨会论文集》，（台北）国立政治大学文学院，1999年6月。

《仪态万方的〈点石斋画报〉》，《中国图书商报·书评周刊》1999年10月19日。

《从独特编订法看〈点石斋画报〉终刊时间》，《中华读书报》1999年12月22日。

《二十世纪中国文学纪事》（上），《当代作家评论》2000年1期。

《大学史的写作及其他》，《读书》2000年2期。

《中国学家的小说史研究》，《清华汉学研究》第三辑，清华大学出版社，2000年2月。

《反思"文学史"》，《中华读书报》2000年3月22日。

《我看俗文学研究》，《中华读书报》2000年3月15日。

《数码时代的人文研究》，《学术界》2000年5期。

《以图像为中心》，《二十一世纪》第五十九期，2000年6月。

《美查的志趣与〈点石斋画报〉的宗旨》，《文汇读书周报》2000年6月3日。

《新闻与石印——〈点石斋画报〉之成立》，《开放时代》2000年7期。

《在图像与文字之间》，《读书》2000年7期。

《〈点石斋画报〉之流风余韵》，《文史知识》2000年7期。

《乡土情怀与民间意识——丘逢甲在晚清思想文化史上的意义》，《潮学研究》第8辑，花城出版社，2000年7月。

《鲁迅为胡适删诗信件的发现》，《鲁迅研究月刊》2000年10期。

《遥远的"时事"与"新知"：关于〈点石斋画报〉》，《中华读书报》2000年10月25日。

《读书时代的精灵》，《读书》2000年12期。

*Becoming Athached DUSHU*，*Contemporary Chinese Thought*，Summer，2000

《晚清人眼中的西学东渐》，《庆祝王元化教授八十岁论文集》，华东师范大学出版社，2001年1月。

《传统的书院の现代的转换》，[日]《古典学の现在》Ⅱ，2001-2。

《现代中国的述学文体——以"引经据典"为中心》，《文学评论》2001年4期。

《经典是怎样形成的：周氏兄弟等为胡适删诗考》（一），《鲁迅研究月刊》2001年4期。

《经典是怎样形成的：周氏兄弟等为胡适删诗考》（二），《鲁迅研究月刊》2001年5期。

《以"图像"解说"晚清"——〈图像晚清〉导论》，《开放时代》2001年5期。

《传统书院的现代转型——以无锡国专为中心》，《现代中国》第一辑，湖北教育出版社，2001年6月。

《关于〈章太炎的白话文〉》，《鲁迅研究月刊》2001年6期。

《令人神往的"提奖光复，未尝废学"——章太炎的东京讲学》，《文史知识》2001年9期。

《思想史视野中的文学——〈新青年〉研究》（上），《中国现代文学研究丛刊》2002年3期。

《学者的幽怀与著述的体例——关于〈陈寅恪集·书信集〉》，《读书》2002年1期。

《网络时代的传统文化》，《东方文化》2002年1期。

《文学史家的报刊研究》，《中华读书报》2002年1月9日。

《文人的生计与幽韵——陈继儒的为人与为文》，《文史知识》2002年1—2期。

The Modern Transition of Chinese Novel, Sungkyun Journal of East Asian Studies, Vol.2, No.1, Feb 2002.

《学问该如何表述——〈章太炎的白话文〉为中心》，《现代中国》第二辑，湖北教育出版社，2002年3月。

《当代中国的文言与白话》，《中山大学学报》2002年3期。

《"五方杂处"说北京》，《书城》2002年3期。

《"元气淋漓"与"绝大文字"——梁启超及"史界革命"的另一面》，《文学评论》2003年3期。

《能文不为文人——顾炎武的为人与为文》，《长江学术》第一辑，2002年5月。

《首都的迁徙与大学的命运：民国年间的北京大学与中央大

学》,《文史知识》2002年5期。

《1922年的"风景"——四位文化名人的演讲风采》,《文汇读书周报》2002年5月31日。

《失落在异邦的"国故"》,《读书》2002年6期。

《在图像与文字之间》,《读书》2000年7期。

《胡适的述学文体》(上),《学术月刊》2002年7期。

《胡适的述学文体》(下),《学术月刊》2002年8期。

《八十年前的中学国文教育之争》,《中华读书报》2002年8月7日。

《思想史视野中的文学:〈新青年〉研究》(下),《中国现代文学研究丛刊》2003年1期。

《兼及"著作"与"文章"——略说〈国故论衡〉》,《浙江社会科学》2003年1期。

《怀念"小说的世纪"——〈新小说〉百年祭》,《书城》2003年3期。

《别出手眼与放胆为文——李贽的为人与为文》,《东方文化》2003年3期。

《文派、文选与讲学——姚鼐的为人与为文》,《学术界》2003年5期。

《大气与芜杂——全祖望的为人与为文》,《东方文化》2003年5期。

《"都市诗人"张岱的为人与为文》,《文史哲》2003年5期。

《学术讲演与白话文学——1922年的"风景"》,《现代中国》第三辑,湖北教育出版社,2003年5月。

《大学三问》,《书城》2003年7期。

《我看北大百年变革》,《南方周末》2003年7月10日。

《国际视野与本土情怀——我的大学观》,《三联生活周刊》248期,2003年7月14日。

《武侠小说与功夫电影》,《万象》2003年8期。

《作为绣像小说的〈天路历程〉》,《书城》2003年9期。

《志在述学与文艺其末——汪中的为人与为文》(上),《文史知识》2003年10期。

《志在述学与文艺其末——汪中的为人与为文》(中),《文史知识》2003年11期。

《志在述学与文艺其末——汪中的为人与为文》(下),《文史知识》2003年12期。

《晚清教会读物的图像叙事》,《学术研究》2003年11期。

《史家之文的"博大"与"人情"——黄宗羲的文人与为文》,《文史新澜——浙江古籍出版社建社二十周年纪念论文集》,浙江古籍出版社,2003年11月。

Scholars, Ideas, Politics, One China,Many Path, Edited by Chaohua Wang,Verso London,2003.

《阐扬幽韵与表彰声色——袁宏道的为人与为文》,《杭州师范学院学报》2004年1期。

《现代文学的生产机制及传播方式——以1890年代至1930年代的报章为中心》,《书城》2004年2期。

《"未刊稿"及其他》,《中国现代文学研究丛刊》2004年3期。

《从左图右史到图文互动——图文书的崛起及其前景》,《学术界》2004年3期。

《作为著述家的许寿裳》,《鲁迅研究月刊》2004年3期。

《我看"大学生就业难"》,《北京大学教育评论》2004年4期。

《俗文学研究的精神性、文学性与当代性》,《中华读书报》2004年11月10日。

《古典散文的现代阐释》,《中山大学学报》2004年6期。

《小说史学的形成与新变》,《现代中国》第五辑,湖北教育出版社，2004年12月。

《蔡元培与老北大的艺术教育》，《现代中国》第五辑，湖北教育出版社，2004年12月。

《不该被遗忘的"文学史"——关于法兰西学院汉学研究所藏吴梅〈中国文学史〉》，《北京大学学报》2005年1期。

《北京记忆与记忆北京》，《北京社会科学》2005年1期。

《大学排名、大学精神与大学故事》，《教育学报》2005年1期。

《在巴黎邂逅"老北大"》，《读书》2005年3期。

《想像北京城的前世与今生》，《北京师范大学学报》2005年4期。

《"当代学术"如何成"史"》，《云梦学刊》2005年4期。

《分裂的趣味与抵抗的立场——鲁迅的述学文体及其接受》，《文学评论》2005年5期。

《历史学识与文学想像的纠葛》，《文史知识》2005年5期。

《文学的北京：春夏秋冬》，《北大文学讲堂》，北京：中央编译出版社，2005年5月。

《文本中见历史，细节处显精神》，《鲁迅研究月刊》2005年7期。

《我们需要什么样的大学》，《书城》2005年9期。

《早期北大文学史讲义三种》，《博览群书》2005年10期。

《大师的意义以及弟子的位置——解读作为神话的"清华国学院"》，《现代中国》第六辑，北京大学出版社，2005年12月。

《流动的风景与凝视的历史——晚清北京画报中的女学》，《中华文史论丛》2006年1辑。

《文学史视野中的"大学叙事"》，《北京大学学报》2006年2期。

《书画争夸点石斋》，《文史知识》2006年4期。

《文學史の視野のなかの大學についての'語り'》，［日

本]《中國文學報》第七十一册，2006年4月。

《重建"中国现代文学"——在学科建制与民间视野之间》，（香港）《人文中国》12辑，上海古籍出版社，2006年9月。

《学术文化视野中的"出版"》，《社会科学论坛》2006年12期。

《现代中国的述学文体》，《"自觉"与中国的现代性》，香港牛津大学出版社，2006年。

《"学术文"的研习与追摹》，《云梦学刊》2007年1期。

《大学校园里的"文学"》，《渤海大学学报》2007年2期。

《晚清辞书视野中的"文学"——以黄人的编纂活动为中心》，《北京大学学报》2007年2期。

《城阙、街景与风情——晚清画报中的帝京想像》，《北京社会科学》2007年2期。

《有声的中国——"演说"与近现代中国文章变革》，《文学评论》2007年3期。

《史识、体例与趣味：文学史编写断想》，《南京师范大学学报》2007年3期。

《视野·心态·情怀——如何与汉学家对话》，《南方周末》2007年4月5日。

Taste and Resistance : Lu Xun's Scholarly Style and its Reception, *Frontiers of Literary Studies in China*, Volume 1, Number 2, May 2007.

《人文学的困境、魅力及出路》，《现代中国》第九辑，北京大学出版社，2007年7月。

《作为"文化工程"与"启蒙生意"的百科全书》，《读书》2007年10期。

《大学公信力为何下降》，《中国青年报·冰点周刊》2007年11月14日。

《当代中国人文学之"内外兼修"》，《学术月刊》2007年11期。

《六位师长和一所大学——我所知道的西南联大》,《21世纪经济报道》2007年11月12日。

《长向文人供炒栗——作为文学、文化及政治的"饮食"》,《学术研究》2008年1期。

《此情可待成追忆——关于大学生活的追怀与叙述》,《学园》创刊号,云南人民出版社,2008年1月。

《折戟沉沙铁未销——关于来裕恂撰〈中国文学史〉》,《天津社会科学》2008年2期。

《那些让人永远感怀的风雅——任鸿隽、陈衡哲以及"我的朋友胡适之"》,《书城》2008年4期。

《学术史视野中的"关键词"》(上),《读书》2008年4期。

《学术史视野中的"关键词"》(下),《读书》2008年5期。

《文学史视野中的"报刊研究"》,《现代中国》第十一辑,北京:北京大学出版社,2008年9月。

《解读"当代中国大学"》,《现代中国》第十一辑,北京大学出版社,2008年9月。

《长安的失落与重建——以鲁迅的旅行及写作为中心》,《鲁迅研究月刊》2008年10期。

《何为/何谓"成功"的文化断裂——重新审读五四新文化运动》,《南方都市报》2008年11月14日。

《燕山柳色太凄迷——读木山英雄〈北京苦住庵记〉》,《读书》2008年12期。

《三读普实克》,《欧洲语言文化研究》第四辑,时事出版社,2008年12月。

*Male Gaze / Female Students : Late Qing Education for Woman as Portrayed in Beijing Pictorial,1902–08, Different Worlds of Discourse*,Leiden/Boston:Brill,2008.

《假如没有"文学史"》,《读书》2009年1期。

《阅读大学的六种方式》,《解放日报》2009年2月9日。

《全球化时代的"大学之道"》,《文汇报》2009年3月14日。

《文学的都市与都市的文学》,《社会科学论坛》2009年第3期。

《走不出的"五四"?》,《中华读书报》2009年4月15日。

《重建"文学史"》,《现代中国》第十二辑,北京大学出版社,2009年4月。

《作为物质文化的"中国现代文学"》,《中国文化》第29期,2009年5月。

An audible China: Speech and the innovation in modern Chinese writing, *Frontiers of Literary Studies in China*, 3:2, June 2009.

《读书的"风景"与"爱美的"学问》,《光明日报》2009年8月20日。

《波诡云谲的追忆、阐释与重构——解读"五四"言说史》,《读书》2009年9期。

《"哲学"与"考据"视野中的"文学史"——新版〈罗根泽古典文学论文集〉序》,《学术研究》2009年10期。

《知识、技能与情怀——新文化运动时期北大国文系的文学教育》(上),《北京大学学报》2009年6期。

《知识、技能与情怀——新文化运动时期北大国文系的文学教育》(下),《北京大学学报》2010年1期。

《俗文学研究视野中的"潮州"》,《南方都市报》2010年4月11日。

《中国戏剧研究的三种路向》,《中山大学学报》2010年3期。

《何为"大学"——阅读〈蔡子民先生言行录〉》,《学术月刊》2010年4期。

《"少年意气"与"家国情怀"——北大学生的"五四"记忆》,《光明日报》2010年5月4日。

《"中文教育"之百年沧桑——写在北大中文系百年诞辰之际》,《文史知识》2010年10期。

《当代中国的"人文学"》,《云梦月刊》2010年6期。

《在学术与思想之间——王元化先生的"九十年代"》,《书城》2010年12期。

《"文学"如何"教育"——关于"文学课堂"的追怀、重构与阐释》,《中国文学学报》创刊号,2010年12月。

《我见青山多妩媚——叶灵凤、李欧梵的"香港书写"》,《苹果日报》2010年12月26日。

《另一种"双城记"》,《读书》2011年1期。

《为何"文库",什么"文学",哪个"海上"》,《现代中文学刊》2011年1期。

《上什么课,课怎么上》,《中国大学教学》2011年2期。

《转型期中国的"儿童相"》,《儿童的发现》,北京大学出版社,2011年4月。

《训练、才情与舞台》,《中华读书报》2011年8月3日。

《人为什么远行、登顶且赋诗——读骆英诗集〈7+2 登山日记〉》,《书城》2011年10期。

《回首烟波浩渺处——〈鲤鱼洲纪事〉前言》,《书城》2011年11期。

《"三足"能否"鼎立"——都市文化的竞争与对话》,《南方都市报》2011年11月18日。

《国际视野与本土情怀——如何与汉学家对话》,《上海师范大学学报》2011年6期。

《徘徊在口语与书面语之间——当代中国的工作报告、专题演讲以及典礼致辞》,《中国文学学报》第二辑,香港中文大学出版社,2011年12月。

《永远的"弦吹弦诵"——关于西南联大的历史、追忆及阐释》,(台湾)《政大中文学报》第16期,2011年12月。

《"现代中国研究"的四重视野——大学·都市·图像·声音》,《汉语言文学研究》2012年1期。

《大学:如何"宁静",怎样"致远"》,《同舟共进》2012年2期。

《作为文化双城的京津》,《北京观察》2012年2期。

《不忍远去成绝响——张长弓、张一弓父子的"开封书写"》,《文学评论》2012年2期。

《人文学之"三十年河东"》,《读书》2012年2期。

《六城行——如何阅读/阐释城市》,《中华读书报》2012年2月8日。

《"大学"随想》,《大学与美术馆》第三期,同济大学出版社,2012年5月。

《"学堂不得废弃中国文辞"——关于重建"大一国文"的思考》,《中华读书报》2012年5月9日。

《如何建立中国大学的独立与自信》,2012年5月16日《中国青年报》。

《中原崛起,何处是短板》,《同舟共进》2012年6期。

《校园里的诗性——以北京大学为中心》,《学术月刊》2012年11期。

《如何"述学",什么"文体"》,《文史知识》2012年11期。

《中国博士是否值得信赖》,《南方周末》2013年2月21日。

《文学史、文学教育与文学读本》,《河北学刊》2013年2期。

《鼓动风潮与书写革命——从〈时事画报〉到〈真相画报〉》,《文艺研究》2013年4期。

《"城市"怎样"阅读"——一个人文学者的追求与困惑》,

《天津师范大学学报》2013年5期。

《读书是件好玩的事儿》,《读书》2013年9期。

《作为一种精神气质的"游侠"》,《文史知识》2013年10期。

《结缘河南大学与任访秋先生》,《书城》2013年11期。

《代际交接的接力棒》,《文学评论》2013年6期。

《与程千帆先生对话》,《古典文学知识》2014年1期。

《烽烟不绝读书声——中山大学档案中的徐中玉》,《现代中文学刊》2014年2期。

《为何以及如何编"全集"——从〈章太炎全集〉说起》,《中华读书报》2014年6月25日。

《在"文学史著"与"出版工程"之间——〈中国新文学大系导言集〉导读》,《现代中国》第十五辑,北京大学出版社,2014年7月。

《中文系的使命与情怀——二十世纪五六十年代北大、台大、港中大的"文学教育"》,《清华大学学报》2014年4期。

《要"项目"还是要"成果"》,《云梦学刊》2014年4期。

《八十年代的王瑶先生》,《文学评论》2014年4期。

《内地／香港互参:中国大学的独立与自信》,《探索与争鸣》2014年9期。

《假如我办"燕京学堂"》,《读书》2014年9期。

《从"大侠"到"大学"——香港文化形象的嬗变》,《南方周末》2014年9月26日。

《作为"北京文学地图"的张恨水小说》,《文史知识》2014年10期。

《作为"绣像小说"的〈文明小史〉》,《西北师范大学学报》2014年5期。

《岂止诗句记飘蓬——抗战中西南联大教授的旧体诗作》,《北京大学学报》2014年6期。

"wenxue" in the Purview of Late Qing Encyclopaedias and Textbooks With a Focus on Huang Ren's Activities as Compiler,*Chinese Encyclopaedias of New Global Knowledge（1870-1930）：Changing Ways of Thought*",Springer-verlag, Berlin Heidelberg, 2014.

《语文之美与教育之责》，《文汇报》2015年1月9日。

《关于日本的国语课本收录鲁迅作品的说明》，《文汇报》2015年1月23日。

《此情可待成追忆——中国大学内迁的历史、传说与精神》，《澳门理工学报》2015年2期休闲时代好读书，《文汇报》2015年4月23日。

《连天烽火中的遍地弦歌》，《读书》2015年5期。

《"道不同"，更需"相为谋"——中美人文对话的空间与进路》，《中华读书报》2015年5月13日。

《当代中国大学公平发展的步履与生机》，《探索与争鸣》2015年5期。

《在政学、文史、古今之间——吴组缃、林庚、季镇淮、王瑶的治学路径及其得失》，《北京大学学报》2015年3期。

《作为大学校长的蒋梦麟》，《书城》2015年7期。

《一个文学教授眼中的中国传媒》，《同舟共进》2015年7期。

《作为一种"思想操练"的"五四"》，《探索与争鸣》2015年7期。

《战时中国大学的风采与气象》，《光明日报》2015年8月25日。

《抗战初期北大教授的艰难选择》，《中国文化报》2015年8月27日。

《"新文化"如何"运动"——关于"两代人的合力"》，《中国文化》第42期，2015年10月。

《我为什么跨界谈建筑——从老房子说到新文化》，《北京青年报》2015年10月10日。

《中国或已错过发展民办大学最佳时机》,《文汇报》2015年10月30日。

《会思想的芦苇,竟如此坚强——抗战初期北大教授的艰难选择》,《北京大学学报》2015年6期。

《"多民族文学"的阅读与阐释》,《文艺争鸣》2015年11期。

《南国学人的志趣与情怀——读黄天骥教授近著四种》,《羊城晚报》2015年11月29日。

《"北京研究"的可能性》,《北京社会科学》2015年12期。

《弹性的"经典"与流动的"读者"》,《北京青年报》2015年12月1日。

《关于"人才养育"的十句话》,《光明日报》2015年12月22日。

《"三四十年代中国现代文学"导言》,《华夏文化论坛》第14辑,2015年12月。

《古文传授的现代命运——教育史上的林纾》,《文学评论》2016年1期。

《林纾与北京大学的离合悲欢》,《文艺争鸣》2016年1期。

《历史、传说与精神——现代中国大学的六个关键时刻》,《探索与争鸣》2016年1期。

《语文教学的魅力与陷阱》,《中学语文教学》2016年2期。

《理直气壮且恰如其分地说出人文学的好处》,《文汇报·文汇学人》2016年4月15日。

《非专业的文学研究——读钱穆讲述、叶龙整理〈中国文学史〉》,《东方早报·上海书评》2016年6月12日。

《六看家乡潮汕——一个人文学者的观察与思考》,《同舟共进》2016年7期。

《"大亚洲"的理想与现实》,《中华读书报》2016年8月

3日。

《"文学史"的故事》,《六说文学教育》,东方出版社,2016年9月。

《小书背后的大时代》,《读书》2016年9期。

《政治家的教育梦——孙中山关于教育的六次演说》,《中华读书报》2016年10月19日。

《大学故事的魅力与陷阱——以北大、复旦、中大为中心》,《书城》2016年10期。

《如何谈论"文学教育"》,《文艺争鸣》2016年10期。

《"北京学"的腾挪空间及发展策略》,《北京社会科学》2016年6期。

"The Story of Literary History", *The Oxford Handbook of Modern Chinese Literatures*, New York: Oxford University Press, 2016, Edited by Calos Rojas, Andrea Bachner.

《百年前的今日,蔡元培出长北大内幕》,"澎湃网"《上海书评》2017年1月4日。

《人文学·语文课·演讲术》,《文汇报》2017年1月20日。

《潮汕文化六题——从文化学的角度》,《韩山师范学院学报》2017年1期。

《乡土教材的编写与教学——关于〈潮汕文化读本〉》(上),《潮州日报》2017年4月13日。

《乡土教材的编写与教学——关于〈潮汕文化读本〉》(下),《潮州日报》2017年4月20日。

《图像叙事与低调启蒙——晚清画报三十年》(上),《文艺争鸣》2017年4期。

《图像叙事与低调启蒙——晚清画报三十年》(下),《文艺争鸣》2017年7期。

《在"爱国"与"爱乡"之间——以晚清潮州乡土教材的编写为中心》,《中国文化》第45期,2017年5月。

《编一册少数民族文学读本,如何?》,《读书》2017年8期。

《鹦鹉救火与铸剑复仇——胡适与鲁迅的济世情怀》,《学术月刊》2017年8期。

《追摹、混搭与穿越——晚清画报中的古今对话》,《岭南学报》第八辑,上海古籍出版社,2017年11月。

《风景的发现与阐释——晚清画报中的胜景与民俗》,《东亚观念史》第13期,2017年12月。

《"思乡的蛊惑"与"生活之艺术"——周氏兄弟1920年代的美文》,《中国现代文学研究丛刊》2018年1期。

《在范式转移与常规研究之间》,《探索与争鸣》2018年5期。

《为何不断与五四对话》,《文艺争鸣》2018年9期。

《看得见的风景与看不见的城市》,《北京社会科学》2018年第10期。

《于秋水长天处寻味——纪念朱自清先生诞辰120周年》,《人民日报》2018年11月23日。

《新文化运动的另一面——从卢梭信徒张竞生的败走麦城说起》,《文汇报·文汇学人》2018年11月30日。

《遥望八十年代》,《文艺争鸣》2018年12期。

《学术史视野中的鲁迅与胡适》,《中国文学学报》第九期,香港中文大学出版社,2018年12月。

《结缘傅山》,《名作欣赏》2019年1期。

《二周还是三周——现代中国文化史上的周建人》,《中国现代文学研究丛刊》2019年1期。

《如何谈论"故乡"》,《南方都市报》2019年3月20日。

《从"触摸历史"到"思想操练"》,(台湾)"中央研究院"《中国文哲研究通讯》第29卷第1期,2019年3月。

《危机时刻的阅读、思考与表述——纪念五四运动一百周年》,《二十一世纪》第一七二期,2019年4月。

《走向地方的新文化——"潮州民间文学丛书"总序》,《书城》2019年5期。

《直面核心文本》,《文艺争鸣》2019年5期。

《新文化运动中"偏师"的作用及价值——以林琴南、刘师培、张竞生为例》,《北京大学学报》2019年3期。

《晚清画报中的声音》,《文艺研究》2019年6期。

《互相包孕的"五四"与"新文化"》,《中华读书报》2019年7月31日。

《古城潮州及潮州人的文化品格》,《南方都市报》2019年8月18日。

《另一种大侠精神》,《南方周末》2019年10月31日。

《作为演说家的闻一多》,《文汇报·文汇学人》2019年11月22日。

《人文与科技:对话的必要与可能》,《中华读书报》2019年12月4日。

《学术史研究视野中的"述学文体"》,《读书》2019年12期。

《〈李炜教授追思集〉:学问之外的教授》,《中华读书报》2020年2月5日。

《〈水浒十讲〉:别有洞天的小说史著》,《文汇报》2020年2月15日。

《自将磨洗认前朝——〈游侠·私学·人文——陈平原手稿集〉序》,《书城》2020年3期。

《在边缘处策马扬鞭——关于黄子平的学术姿态》,《文艺争鸣》2020年3期。

《"风俗"如何"图谱"——关于青木正儿与〈北京风俗图谱〉》,《北京社会科学》2020年4期。

《现代大学与小说史学——〈关于中国小说史略〉》,《文艺争鸣》2020年4期。

《章回小说如何考证——关于〈中国章回小说考证〉》,《文艺争鸣》2020年5期;人大报刊复印资料《中国现代、当代文学研究》2020年第9期。

《社会概观与小说艺术——关于〈晚清小说史〉及其他》,《文艺争鸣》2020年6期。

《革命想象与历史论述——关于〈普实克中国现代文学论文集〉及其他》,《文艺争鸣》2020年7期;人大报刊复印资料《中国现代、当代文学研究》2020年第11期。

《杰作的发掘与品评——关于〈中国现代小说史〉及其他》,《文艺争鸣》2020年8期;人大报刊复印资料《中国现代、当代文学研究》2020年第12期。

《色情小说与翻译研究——关于〈中国近代小说的兴起〉及其他》,《文艺争鸣》2020年9期。

《现代中国的演说及演说学》,《中国文化》2020年秋季号(10月)。

《教材编写与严谨求实的一代——关于〈中国现代小说流派史〉及其他》,《文艺争鸣》2020年第10期;人大报刊复印资料《中国现代、当代文学研究》2021年第4期。

《在乾嘉学风与魏晋玄言之间——重提王元化的意义》,《华东师范大学学报》2020年第6期。

《雅俗鸿沟与团队合作——关于〈中国现代通俗文学史〉及其他》,《文艺争鸣》2020年第11期。

《想象中国与现代性的多付面孔——关于〈被压抑的现代性〉及其他》,《文艺争鸣》2020年第12期。

《与时代同行的学术史研究》,《探索与争鸣》2020年第12期。

《叙事模式与文学进程——关于〈中国小说叙事模式的转变〉及其他》,《文艺争鸣》2021年第1期。

《学术表达的立场、方法及韵味》,《南方文坛》2021年第2期。

《呼唤"学问"底下的"温情""诗意"与"想象力"》,《新华每日电讯》(草地周刊)2021年2月5日。

《中国大学"双循环"的必要性与可行性》,《中华读书报》2021年1月27日。

《阅读感受与述学文体——关于〈论小说十家〉及其他》,《文艺争鸣》2021年第2期。

《文本、灰阑与意识形态——关于〈灰阑中的叙述〉及其他》,《文艺争鸣》2021年第3期。

《岭南文化的新变与大湾区的未来》,《人民画报》2021年第6期;(英文版)*China Pictorial* June 8,2021;《国是咨询》2021年第9期。

《手稿研究的视野、方法及策略》,(香港)《中国文学学报》第十一期,2021年6月。

《文学教育与成长经验》,《中华读书报》2021年10月20日。

《"写字"四说》,《潮州日报》2021年10月21日。

《作为一种生活方式的古城》,《羊城晚报》2021年10月23日。

《美食三柱》,《南方都市报》2021年10月23日。

# 陈平原随笔目录

《大治之年气象新》（高考作文），1978年4月7日《人民日报》。

《呐喊呵！文艺》（本刊评论员），《红豆》2期，1979年7月。

《从"悲剧定义"谈起》，《红豆》2期，1979年7月。

《试论社会主义悲剧人物》，《红豆》4期，1979年12月。

《悲剧人物杂谈》，《广州文艺》1980年3期。

《〈在东西方文化碰撞中〉小序》，《博览群书》1987年3期。

《论学术对话》（与黄子平、钱理群合作），《上海文学》1987年9期。

《诗文家的书话》，《人民日报》1988年1月26日。

《京华买书记》，《中国文化报》1988年2月7日、3月27日、5月1日、8月21日。

《传统与现代——评〈普实克中国现代文学论文集〉》，《人民日报》1988年2月16日。

《江南读书记》，《读书》1988年2期。

《江南读书续记》，《读书》1988年3期。

《告别诗歌，走向散文（学术随感录一）》，《瞭望》1988年30期。

《"文摘综合症"（学术随感录二）》，《瞭望》1988年33期。

《"愤怒"与"穷"（学术随感录三）》，《瞭望》1988年37期。

《关于"学术语法"（学术随感录四）》，《瞭望》1988年38期。

《"不靠拼命靠长命"（学术随感录五）》，《瞭望》1988年44期。

《学问不等于人生（治学问题随感录）》，《人民日报》1988年8月20日。

《小说叙事的两次转变》（与黄子平合作），《北京文学》1988年9期。

《注重过程，消解大家》，《文艺报》1988年9月24日。

《读书俱乐部开场白》，《东方纪事》1989年1期。

《读书不能不知书——读〈书林清话〉》，《东方纪事》1989年1期。

《逛书摊》（小引、一至十三则），《瞭望》1989年2、5、6—7、10、13、15、17、21、25—26、31、36、42、44、51期。

《读书人语》，《随笔》1989年2期。

《藏书楼与学术史——读〈清代藏书楼发展史〉》，《东方纪事》1989年2期。

《学者和书局——读〈回忆亚东图书馆〉》，《东方纪事》1989年3期。

《〈二十世纪中国小说史〉第一卷后记》《〈新新旧旧〉小引》《〈文化碰撞中的文学〉自序》，《文学角》1989年4期。

《佛与道：三代小说家的思考》，《上海文学》1989年8期。

《难得浮生半日闲》，《读书》1989年11期。

《为人但有真性情——怀念王瑶师》，《鲁迅研究》1990年1期。

《王瑶先生的烟斗和酒杯》，《人民日报》（海外版）1990年2月22日。

《我的读书生活》,《文学角》1990年3期。

《畅销书的学问——读〈畅销书〉》,《瞭望》1990年5期。

《书肆与文人——读〈琉璃厂小志〉》,《瞭望》1990年11期。

《今夜料睹月华明》,《瞭望》1990年28期。

《书卷多情似故人》,《瞭望》1990年30期。

《春花秋月杜鹃夏》,《瞭望》1990年31期。

《漫卷诗书喜欲狂》,《文学自由谈》1990年4期。

《说书人与叙述者——读〈中国白话小说史〉随想》,《人民日报》1990年9月27日。

《我爱读的书》,《文学自由谈》1991年1期。

《也与武侠小说结缘》,《读书》1991年4期。

《此声真合静中听——怀念陈则光先生》,《中国现代文学研究丛刊》1992年4期。

《书海遨游之梦——我与北大图书馆》,《瞭望》1992年26期。

《永远的"高考作文"》,《瞭望》1992年38期。

《灯下窗前常自足——怀念唐弢先生》,《北京日报》1992年8月19日。

《雨夜漫步》,《南方周末》1992年9月18日。

《漫说"漫说文化"》,《北京日报》1992年11月18日。

《父亲的书房》,《群言》1992年12期。

《从古典到现代——学通古今的王瑶先生》,《文史知识》1993年1期。

《〈学人〉与〈文学史〉》,《美文》1993年1期。

《学会做梦》,《文汇报》1993年4月14日。

《花开花落浑闲事——怀念黄海章先生》,《读书》1993年9期。

《人文学者的命运及选择》(陈平原等),《上海文学》1993

年9期。

《文库文化》,《光明日报》1994年3月4日。

《神田书肆街》,《光明日报》1994年3月11日。

《教养新书》,《光明日报》1994年3月18日。

《风雨故人》,《南方周末》1994年3月18日。

《丸山"福泽"》,《光明日报》1994年3月25日。

《讲座学术》,《光明日报》1994年4月1日。

《木屐》,《南方周末》1994年8月5日。

《台湾行》,《读书》1994年6期。

《读书,读什么书?》,《中华读书报》1994年9月7日。

《"北京学"》,《北京日报》1994年9月16日。

《扪碑记》,《文汇读书周报》1994年9月17日。

《大学百年》,《文汇读书周报》1994年10月29日。

《日本论名著》,《文汇读书周报》1994年12月24日。

《文学之旅》,《大地》1994年11期。

《窗外的风景》,《美文》1994年11—12期合刊。

《流动的な社会情勢のなか、基础教育の重要性がぁらためて见直されている》,[日本]《文》1994年夏季号。

《满枕蝉声破梦来——怀念吴组缃先生》,《书与人》1995年1期。

《东京的古寺》(外一篇),《中华散文》1995年1期。

《历史文化散步》,《东方》1995年1期。

《从东京到江户》,《东方》1995年2期。

《"教育第一"》,《东方》1995年3期。

《"开国纪念"》,《东方》1995年5期。

《文学碑》,《东方》1995年6期。

《"厕所文化"》,《十月》1995年2期。

《"萧瑟昌平路"》,《北京日报》1995年2月20日。

《王瑶先生的最后一项工程——〈中国文学研究现代化进程〉

小引》,《书城》1995年3期。

《四十而惑》(含《十年一觉》等,共五则),《十月》1995年5期。

《神舆与神社》,《二十一世纪》第二十九期,1995年6月。

《东洋学系谱》,《文汇读书周报》1995年7月8日。

《与学者结缘》,《文汇读书周报》1995年9月30日。

《晚清的魅力》,《美文》1995年10期。

《徜徉乎书库之间》,《书与人》1996年2期。

《知识者介入社会的特殊途径》,《书城》1996年3期。

《轶事之外的辜鸿铭》,《中华读书报》1996年5月8日。

《遥想"九九"》,《东方文化》1996年6期。

《古小说中的人神之恋》,《文汇读书周报》1996年7月20日。

《杂谈"学术文化随笔"》,《文汇报》1996年9月21日。

《关于选家》,《文汇读书周报》1996年10月12日。

《"书信作家"胡适之》,《中华读书报》1996年10月16日。

《眺望一九九七》,《北京晚报》1997年2月11日。

《大学者应有的素质》,《光明日报》1997年2月12日。

《教育家的摇篮——哥大与北大之一》,[美国]《明报》1997年6月28日。

《借来的校园风景——哥大与北大之二》,[美国]《明报》1997年6月29日。

《洋教授的馊主意——哥大与北大之三》,[美国]《明报》1997年6月30日。

《被忘却的汉学家——哥大与北大之四》,[美国]《明报》1997年7月1日。

《名誉博士——哥大与北大之五》,[美国]《明报》1997年7月5日

《教育名家——哥大与北大之六》,[美国]《明报》1997年

7月12日。

《母校情结——哥大与北大之七》，〔美国〕《明报》1997年7月18日。

《北大精神——哥大与北大之八》，〔美国〕《明报》1997年7月23日。

《人文景观与大学精神》，《书城》1997年6期。

《小说家的小说史论》，《文汇读书周报》1997年11月1日。

《中国世俗与中国小说》，《文汇读书周报》1997年12月13日。

《未完成的"家族史"》，《钟山》1998年1期。

《北大校名：如何英译》，《人民政协报》1998年1月19日。

《戏谑小说与旅游叙事——掬水集之三》，《文汇读书周报》1998年1月24日。

《童心与诗心——掬水集之四》，《文汇读书周报》1998年8月29日。

《宝玉的意淫与柳生的侠义——掬水集之五》，《文汇读书周报》1998年10月17日。

《艺术感觉与史学趣味——掬水集之六》，《文汇读书周报》1998年12月5日。

《作为一种文化景观的百年校庆》，《好书》1998年3/4号。

《辞"校史专家"说》，《新民晚报》1998年5月10日。

《即将消逝的风景》，《中华散文》1998年5期。

《失败的英雄》，《书屋》1998年5期。

《从中大到北大》，（香港）《纯文学》复刊三期，1998年7月。

《再说"北大生日"》，《中华读书报》1998年9月16日。

《三联的学术使命》，《文汇报》1998年10月11日。

《关于建立"胡适文库"的设想》，《中华读书报》1998年9

月30日。

《千年文脉的接续》,《人民论坛》1998年12期。

《汉学家眼中的中国学者》,《群言》1998年12期。

《"学术史丛书"总序》,《书品》1999年1期。

《从〈红豆〉到"学刊"》,《东方文化》1999年1期。

《杂志与时代——为〈读书〉二十周年而作》,《文汇读书周报》1999年2月20日。

《历史小说与小说历史——掬水集之七》,《文汇读书周报》1999年3月27日。

《"悲凉之书"——掬水集之八》,《文汇读书周报》1999年10月16日。

《建设者的姿态——读北大版〈胡适文集〉有感》,《中华读书报》1999年3月10日。

《与〈读书〉结缘》,《读书》1999年4期。

《如何进入历史——〈触摸历史:五四人物与现代中国〉序》,《美文》1999年5期。

《乡间的野花——回忆我的中学生活》,《中华散文》1999年6期。

《〈北大精神及其他〉后记》,《书屋》1999年6期。

《二十世纪中国文化研究笔谈·权当"编后"》,《中华读书报》1999年8月4日。

《不知荣荑为何物》,《人民日报》1999年8月19日。

《兼及"青少年"与"非专家"——关于"中国文化史知识丛书"》,《博览群书》1999年10期。

《不该消失的校园风景》,《万象》1卷7期,1999年11月。

《作为"文章"的著述》,《书摘》1999年11期。

《坦然面对新世纪》,《中国文化报》1999年12月31日。

《学问中的"情爱"——掬水集之九》,《文汇读书周报》2000年1月1日。

《小扣大鸣与莫逆于心——掬水集之十》,《文汇读书周报》2000年3月18日。

《小说霸主地位受到挑战》,《文汇报》2000年1月3日。

《民间的记忆》,《新民晚报》2000年3月12日。

《文史的北京》,《新民晚报》2000年5月14日。

《过去的大学》,《新民晚报》2000年7月16日。

《学界"世风日下"》,《南方周末》2000年3月24日。

《"最好"的感觉》,《北京大学校刊》2000年3月31日。

《阅读"南开"》,《中华读书报》2000年4月12日。

《看图说书·小引》,《中国图书商报·书评周刊》2000年6月6日。

《看图说书·红楼梦》(一、二、三),《中国图书商报·书评周刊》2000年6月13日、6月20日、6月27日。

《看图说书·金瓶梅》(一、二、三、四),《中国图书商报·书评周刊》2000年7月4日、7月11日、7月18日、7月25日。

《看图说书·剑侠传》(一、二、三),《中国图书商报·书评周刊》2000年8月1日、8月8日、8月15日。

《看图说书·淞隐漫录》,《中国图书商报·书评周刊》2000年8月22日。

《看图说书·聊斋志异》(一、二),《中国图书商报·书评周刊》2000年9月5日、9月12日。

《数码时代的写作和阅读》,《南方周末》2000年7月7日。

《"中国文章"》,《文汇读书周报》2000年8月19日。

《"批评":文化生产的关键一环》,《北京观察》2000年11期。

《古典学者的当代意识——追忆程千帆先生》,《东方文化》2001年1期。

《文学是否要重新命名》,《中国图书商报》2001年1月23日。

《北大人的精气神儿》,《中华读书报》2001年5月16日。

《有情怀的专业研究》,《中华读书报》2001年5月30日。

《读书无诀窍》,《文汇读书周报》2001年6月2日。

《大英博物馆日记》(一),《文物天地》2001年6期。

《编辑的"积极"与"消极"》,《文汇读书周报》2001年8月4日。

《北大边缘人》,《中华读书报》2001年9月19日。

《小说家的历史意识与技术能力》,《中华读书报》2001年11月21日。

《谁来监督中国学界》,《南方周末》2002年1月24日。

《大英博物馆日记》(二),《文物天地》2002年1期。

《大英博物馆日记》(三),《文物天地》2002年3期。

《大英博物馆日记》(四),《文物天地》2002年4期。

《大英博物馆日记》(五),《文物天地》2002年8期。

《大英博物馆日记》(六),《文物天地》2002年9期。

《大英博物馆日记》(七),《文物天地》2002年11期。

《"文学"如何"教育"》,《文汇报》2002年2月23日。

《第三种笔墨》,《中华读书报》2002年3月27日。

《大众传媒与现代学术》,《社会科学论坛》2002年5期。

《大学生的毕业论文》,《中华读书报》2002年6月12日。

《我与武侠小说研究》,《书城》2002年7期。

《立足反省的学术史》,《中华读书报》2002年9月18日。

《闯进邻居神秘的"后花园"——〈中国大学十讲〉序》,《万象》2002年10期。

《书法的北大——20世纪北京大学著名学者墨迹》,《中华读书报》,2002年11月20日。

《〈大众传媒与现代文学〉序》,《博览群书》2002年11期。

《作为旅游纪念品的"福尔摩斯"》,《书城》2003年4期。

《真正领悟生命的意义》,《北京晨报》2003年5月6日。

《凝视与对话》,《文汇报》2003年7月27日。

《书籍的艺术》,《书城》2003年8期。

《从文武双全到中和之道》,《中华读书报》2003年8月13日。

《地图的故事》,《文学世纪》3卷9期,2003年9月。

《"大家"与"全集"》,《中华读书报》2003年9月17日。

《"好读书"与"求甚解":我的"读博"经历》,《学位与研究生教育》2003年12期。

《有数存焉于其间——"明清散文研究"开场白》,《博览群书》2004年4期。

《纸上得来味更长》,《中华读书报》2004年5月26日。

《同一个舞台》,《中华读书报》2004年9月8日。

《城市的韵味》,《中华读书报》2004年9月22日。

《给大学校长"正名"》,《南方人物周刊》2004年12月1日。

《大学精神与大学的功用》,《社会科学论坛》2005年1期。

《学院的"内"与"外"》,《社会科学论坛》2005年2期。

《北大"纯文本"》,《中华读书报》2005年7月27日。

《从"世纪人文"看中国出版的变革》,《社会科学论坛》2005年10期。

《作为一种生活方式的"读书"》,《文汇报》2005年12月25日。

《教育三题》,《书城》2005年12期。

《"左翼"、"时代"及"文学"》,《鲁迅研究月刊》2006年1期。

《〈读书〉的文体》,《南方周末》2006年2月16日。

《深情凝视"这一方水土"——〈广东历史文化行〉引言》,《同舟共进》2006年4期。

《"演说现场"的复原与阐释——"现代学者演说现场"丛书

总序》,《社会科学论坛》2006年5期。

《为何人人都爱"说狠话"》,《中国新闻周刊》2006年28期。

《怀念"小书"》,《中国新闻周刊》2006年39期。

《大学的"实"与"虚"》,《新民晚报》2006年8月2日。

《作为物质文化的"中国现代文学"》,《文汇报》2007年1月15日。

《"专任教授"的骄傲》,《人民日报》2007年1月16日。

《行过未名湖边》,《中华读书报》2007年1月31日。

《一次会议和一本新书——追怀丸山昇先生》,《鲁迅研究月刊》2007年2期。

《未必"永远"的记忆》,《文汇报》2007年5月25日。

《老房子:大学精神的见证人与守护者》,《建筑与文化》2007年5期。

《学问不是评出来的》,《人民日报》2007年7月6日。

《我为什么反对一流学者当校长》,《南方都市报》2007年10月18日。

《书里书外话大学》,《出版商务周报》2007年10月28日。

《小说家眼中的西南联大》,《群言》2007年12期。

《学界中谁还能"二十年磨一剑"》,《人民日报》2008年2月18日。

《教授生活,可以如此优雅》,《南方都市报》2008年3月27日。

《克里特游记》,《书城》2008年6期。

《看奥运,更看"看奥运之人"》,《中华读书报》2008年8月6日。

《左图右史与西学东渐》,《书城》2008年8期。

《请加入这道"风景"》,《启迪》2008年8月(上半月)。

《"爱书成癖"乃书生本色》,《中华读书报》2008年9月

24日。

《传道授业的责任与魅力——追怀王力、朱德熙、林焘、徐通锵四位先生》,《中华读书报》2008年11月26日。

《怀想三十年前的"读书"》,《出版人》2008年12期。

《〈西安:都市想象与文化记忆〉序》,《都市想象与文化记忆》,北京:北京大学出版社,2009年3月。

《"学术"谁来"评价"》,《社会科学论坛》2009年4期。

《今天怎样"教文学"》,《中华读书报》2009年4月1日。

《与五四对话,解时代之惑》,《时代周报》2009年5月4日。

《年轻的"五四"》,《人民日报》2009年5月4日。

《超越"五四",谈何容易》,《新京报》2009年5月4日。

《人生路上,不断与"五四"对话》,《启迪》2009年5月(下半月)。

《如何与"五四"对话》,《中华读书报》2009年5月20日。

《"现代中国大学研究"小引》,《云梦学刊》2009年5期。

《我看北大研究生教育》,《社会科学论坛》2009年8期。

《寻找系友张充和的故事》,《新京报》2009年11月5日。

《校友与大学文化》,《南方都市报》2009年11月17日。

《学生记忆中的"讲学"——关于〈章太炎说文解字授课笔记〉》,《民俗典籍文字研究》第六辑,北京:商务印书馆,2009年11月。

《学会怀疑自己》,《中华读书报》2009年12月2日。

《同一个中国……》,《新京报》2009年12月31日。

《人,如何诗意地栖居》,《南方都市报》2010年4月1日。

《"胡适人文讲座"的背后》,《南方都市报》2010年4月1日。

《那些日渐清晰的足迹……——写在北大中文系建系一百周年之际》,《人民日报》2010年4月22日。

《想我筒子楼的兄弟姐妹们》,《书城》2010年5期。

《"讲座"为何是"胡适"》,《中华读书报》2010年5月19日。

《"在场"感受学术魅力——写在霍米巴巴教授北大演讲之际》,《新京报》2010年5月20日。

《有师自远方来——"胡适人文讲座"开场白》,《中华读书报》2010年6月2日。

《"大学"如何"收藏"》,《中华读书报》2010年7月7日。

《"非典型"的筒子楼故事》,《文汇读书周报》2010年7月9日。

《赠言》,《文汇报》2010年7月22日。

《诗人的美食》,《东方早报·上海书评》2010年9月5日。

《"薪火"何以能"相传"》,《中华读书报》2010年9月15日。

《师长们的故事》,《南方都市报》2010年9月30日。

《百年阳光,百年风雨》,《中华读书报》2010年11月3日。

《同代人的学问与心情》,《南方都市报》2010年11月3日。

《诗歌乃大学之精魂》,《中华读书报》2010年12月8日。

《为何"严"上还要加"严"》,《文汇报》2010年12月13日。

《书前书后十八拍》,《社会科学论坛》2011年1期。

《"知识共同体"及"引文/注释"小引》,《云梦学刊》2011年1期。

《风正一帆悬——如何"养育"世界文化名城》,《南方都市报》2011年1月25日。

《告别一个学术时代》,《中华读书报》2011年2月16日。

《"我的香港记忆"小引》,香港《百家》12期,2011年2月。

《〈作为学科的"文学史"〉后记》,《社会科学论坛》2011年3期。

《"保护"才是"硬道理"——关于建设"历史文化名城"的

思路》,《同舟共进》2011年3期。

《课堂的魅力》,《南方都市报》2011年4月21日。

《语言学家的文学事业》,《中华读书报》2011年4月27日。

《大学之道,不在排名》,《大学指南》2011年4期。

《民族自信与文艺复兴》,《同舟共进》2011年5期。

《学人寄语》,《中国文化》第33期,2011年5月。

《〈董每戡集〉序》,《董每戡集》第一卷(共五卷),岳麓书社,2011年5月。

《北京文学地图的意义》,《中国社会科学报》2011年5月31日。

《有学问,又好玩》,《中华读书报》2011年6月1日。

《对学生最重要的是课堂》,《中国教育报》2011年6月13日。

《走向国际,不代表迈向一流》,《人民日报》2011年6月13日。

《〈北大中文百年庆典纪念册〉后记》,《北大中文百年庆典纪念册》,北京:北京大学出版社,2011年6月(内部印行)。

《把人生当作一首诗》,《南方都市报》2011年7月5日。

《毕业典礼如何致辞?——警惕"根叔体"的负面效应》,《南方都市报》2011年7月8日。

《宗璞的"过去式"》,《文汇报》2011年8月9日。

《格外"讲礼"的吴宏聪老师》,《南方都市报》2011年8月23日。

《问世间,"学"为何物》,《光明日报》2011年10月23日。

《未名湖的梦想》,《文汇报》2011年12月30日。

《"专业时代的文学教育"小引》,《社会科学论坛》2012年2期。

《读书的"风景"》,《中华读书报》2012年4月11日。

《〈鲤鱼洲纪事〉出版感言》,《文汇报》2012年4月13日。

《治学是一种"乐趣"》，《南方都市报》2012年4月26日。

《对宣南文化的一次"田野考察"》，《北京日报》2012年5月21日。

《作为大学精魂的诗歌》，《文艺报》2012年6月25日。

《知书、知耻与知足——在中央民族大学外语学院毕业典礼上的主旨演说》，《新京报》2012年6月30日。

《中文人的视野、责任与情怀——在北京大学中文系2012届毕业典礼上的致辞》，《中华读书报》2012年7月4日。

《与当代中国诗歌同行》，《北京青年报》2012年7月6日。

《〈"文学"如何"教育"〉序》，《新地文学》第21期，2012年9月。

《感恩与遗憾——再说"我与北大图书馆"》，《中华读书报》2012年10月10日。

《失落在康乐园的记忆》（上、下），《南方都市报》2012年10月23日、11月6日。

《述职报告》，《北大中文系简报》2012年5期。

《不薄小说爱诗文》，《明报》2012年10月19日。

《换个法子"劝学"》《北京日报》2012年10月29日。

《你读莫言了吗？》，《明报月刊》2012年11月号。

《追怀米列娜》，《文汇报》2012年11月14日。

《图书馆的学术使命》，《中华读书报》2012年11月21日。

《我们和我们的时代》，《同舟共进》2012年12期。

《作为学术话题的"京津"（代序）》，《三四十年代平津文坛研究》，北京：北京大学出版社，2013年1月。

《〈开封：都市想象与文化记忆〉序》，《开封：都市想象与文化记忆》，北京：北京大学出版社，2013年1月。

《我的都市文化研究》，《北京日报》2013年1月14日。

《了解脚下这块土地》，《南方日报》2013年1月20日。

《老北大的故事》，《民国大学》，北京：东方出版社，2013

年1月。

《失落在康乐园的那些记忆》,《同舟共进》2013年2期(加附记)。

《晚清画报·飞影阁画报》,《看历史》2013年2期。

《晚清画报·启蒙画报》,《看历史》2013年3期。

《晚清画报·时事画报》,《看历史》2013年4期。

《晚清画报·人镜画报》,《看历史》2013年5期。

《晚清画报·北京画报》,《看历史》2013年6期。

《晚清画报·益森画报》,《看历史》2013年7期。

《晚清画报·赏奇画报》,《看历史》2013年8期。

《晚清画报·星期画报》,《看历史》2013年9期。

《晚清画报·图画日报》,《看历史》2013年10期。

《晚清画报·开通画报》,《看历史》2013年11期。

《晚清画报·醒俗画报及醒华日报》,《看历史》2013年12期。

《"大学批评"》,《明报月刊》2013年2月号。

《我眼中的北大与港中大》,《新京报》2013年3月2日。

《大学本多事》,《文汇报》2013年3月2日。

《小言"小言"》(《大学小言》1),《新京报》2013年3月23日。

《国际化水平》(《大学小言》2),《新京报》2013年3月30日。

《大学交换生》(《大学小言》3),《新京报》2013年4月13日。

《招留学生:为何人家贴钱,我们创收》(《大学小言》4),《新京报》2013年4月20日。

《大学不该为走出去而走出去》(《大学小言》5),《新京报》2013年4月27日。

《大学的本土情怀》(《大学小言》6),《新京报》2013年5

月4日。

《无所谓的校训》（《大学小言》7），《新京报》2013年5月11日。

《遍体鳞伤的人文学》（《大学小言》8），《新京报》2013年5月18日。

《"中文系"与"文学院"》（《大学小言》9），《新京报》2013年5月25日。

《人才如何争夺》（《大学小言》10），《新京报》2013年6月1日。

《"匿名评审"如何实现》（《大学小言》11），《新京报》2013年6月8日。

《改革的代价》（《大学小言》12），《新京报》2013年6月15日。

《招聘的难度》（《大学小言》13），《新京报》2013年6月22日。

《开会与吃饭》（《大学小言》14），《新京报》2013年6月29日。

《超稳定的职业》（《大学小言》15）《新京报》2013年7月6日。

《校长的阅读》（《大学小言》16）《新京报》2013年7月13日。

《嘉宾之介绍》（《大学小言》17）《新京报》2013年7月20日。

《大学如何排名》（《大学小言》18）《新京报》2013年7月27日。

《"逸事"之可爱与可信》（《大学小言》19）《新京报》2013年8月3日。

《"天才"能否"豪赌"》（《大学小言》20）《新京报》2013年8月10日。

《过多奖励也是一种"折腾"》(《大学小言》21),《新京报》2013年8月17日。

《申请表格及研究计划》(《大学小言》22),《新京报》2013年8月24日。

《谁的面子更要紧》(《大学小言》23),《新京报》2013年8月31日。

《独立自尊与隐私保护》(《大学小言》24),《新京报》2013年9月7日。

《如何处罚作弊》(《大学小言》25),《新京报》2013年9月14日。

《内地学生的优越感》(《大学小言》26),《新京报》2013年9月28日。

《香港学生的困惑》(《大学小言》27),《新京报》2013年10月12日。

《此硕士非彼硕士》(《大学小言》28),《新京报》2013年10月19日。

《人文学者的声音》(《大学小言》29),《新京报》2013年10月26日。

《研究生们的志向》(《大学小言》30),《新京报》2013年11月2日。

《诗意的校园》(《大学小言》31),《新京报》2013年11月9日。

《大学与城市》(《大学小言》32),《新京报》2013年11月30日。

《教授们的认同感》(《大学小言》33),《新京报》2013年12月7日。

《捐赠者的权利》(《大学小言》34),《新京报》2013年12月14日。

《书院制度的奥秘》(《大学小言》35),《新京报》2013年

12月21日。

《纪念碑与大学精神》(《大学小言》36),《新京报》2013年12月28日。

《岭南文化如何"步步高"》,《广州日报》2013年4月16日。

《坚守自家的阅读立场》,《人民日报》2013年4月23日。

《谈读书,兼怀一位师长》,《中华读书报》2013年4月24日。

《〈花开叶落中文系〉序》,《书城》2013年4期。

《怀谢秀丽》,焦桐主编《晒恩爱》,台北:二鱼文化,2013年4月。

《文学教育需要突围》,《中国科学报》2013年5月20日。

《"另一种大学"的启示》,《明报月刊》2013年5月号。

《谁为城市"代言"》,《文汇报》2013年6月3日。

《"做大事"与"做大官"》,《南方都市报》2013年6月25日。

《"亲自读书"的重要性》,《中华读书报》2013年7月17日。

《关于书的书》,《中华读书报》2013年7月31日。

《网络时代需要"压舱石"》,《北京日报》2013年8月12日。

《如何提奖"读书"》,《中华读书报》2013年8月28日。

《告别〈现代中国〉》,《中华读书报》2013年9月11日。

《大学校长的遴选》,《明报》2013年11月9日。

《关于"教"与"育"的思考》,《光明日报》2013年11月6日。

《作为一种"农活儿"的文学教育》,《文汇报》2013年11月15日。

《为"无拘无束自由自在的读书"辩护——从我的读博经历谈

起》,《北京日报》2013年12月2日。

《大学小言·中大风景》,《明报》2013年12月28日。

《140字能表达什么：关于微博是否适宜学术表达的探讨》（陈尚君、张颐武、陈平原等）,《北京日报》2013年12月30日。

《追忆夏志清先生："小说三史"》,《明报》2014年1月3日。

《知识分子的责任》(《大学小言》37),《新京报》2014年1月4日。

《大学应以文理为中心》(《大学小言》38),《新京报》2014年1月18日。

《所有努力，只是让教育回归常识》,《新京报》2014年1月11日。

《中文大学的风景》,《南方都市报》2014年1月14日。

《大学精神如何演绎》,《明报》2014年1月25日。

《〈重回历史〉序》,《重回历史——五四与中国现当代文学》,北京：北京大学出版社，2014年1月。

《〈自序自跋〉小引》,《自序自跋》,北京：三联书店，2014年1月。

《晚清画报·民呼日报图画》,《看历史》2014年1期。

《晚清画报·时报附刊之画报》,《看历史》2014年2期。

《晚清画报·醒世画报》,《看历史》2014年3期。

《晚清画报·时事报图画旬报》,《看历史》2014年4期。

《〈燕都时事画报〉与〈神州画报〉》,《看历史》2014年5期。

《时事报馆戊申全年画报》,《看历史》2014年6期。

《〈日新画报〉与〈正俗画报〉》,《看历史》2014年10期。

《浅说日日新闻画报》,《看历史》2014年11期。

《〈平民画报〉与〈菊侪画报〉》,《看历史》2014年12期。

《关注教育问题》,《明报月刊》2014年2月号。

《学会写文章——写在"规范与方法"结尾之后》,《文史知识》2014年2期。

《"俗文学"与"北大传统"——追怀著名俗文学研究专家王文宝先生》,《中华读书报》2014年3月26日。

《"四有"与"四不"——写给弱冠的〈中华读书报〉》,《中华读书报》2014年4月9日。

《享受"读书"》,《人民教育》2014年4期。

《书比人长寿——典藏版〈中古文学史论〉小引》,《中华读书报》2014年5月7日。

《"学者百年"与"百年学者"》,《新京报》2014年5月7日。

《〈王瑶先生百年诞辰纪念论文集〉小引》,《王瑶先生百年诞辰纪念论文集》,北京:三联书店,2014年5月。

《患难见真情——追记两种王瑶图书的刊行》,《中华读书报》2014年5月21日。

《作为山西学人的王瑶先生》,《文汇报》2014年6月8日。

《〈大学小言〉序》,《书城》2014年4期,《大学小言》,北京:三联书店,2014年6月。

《我回母校讨诗笺》,《书城》2014年6期。

《我的"中大故事"》,《南方都市报》2014年6月10日。

《〈夏至草——夏晓虹序跋〉小引》,《北京青年报》2014年6月22日。

《"今古"何以"齐观"》,《北京青年报》2014年6月22日。

《研究者的立场与趣味》,《北京青年报》2014年6月22日。

《〈学问、思想与情怀——当代中国的"人文学"〉序》,香港:三联书店,2014年6月。

《依旧"关注'现代中国'"》,《中华读书报》2014年7月16日。

《民间学刊的可能性》,《北京青年报》2014年7月20日。

《〈张恨水年谱〉序》,《张恨水年谱》(谢家顺著),安徽文艺出版社,2014年7月。

《中国大学西迁的历史、传说与精神》,《南方都市报》2014年8月3日。

《图像晚清——〈点石斋画报〉新版后记》,《图像晚清——〈点石斋画报〉》,北京:东方出版社,2014年8月。

《图像晚清——〈点石斋画报〉之外序》,《图像晚清——〈点石斋画报〉之外》,北京:东方出版社,2014年8月。

《〈在东西方文化碰撞中〉新版后记》,《书城》2014年10期。

《"大师"如何诞生》,《文汇报·文汇学人》2014年10月24日。

《收藏校友的足迹》,《南方都市报》2014年11月12日。

《"摸着石头"办大学》,《南方周末》2014年11月20日。

《声音的魅力》,《文汇报》2014年12月2日。

《大学如何接受监督》,《南方周末》2014年12月12日。

《如何兼及咨询与监督——从"章程"看大学与社会之关系》,《经济观察报》2014年12月15日。

《制度创新的可能性》,《南方周末》2015年1月8日。

《〈神游四方:陈平原自选集〉序》,《神游四方:陈平原自选集》,首都师范大学出版社,2015年1月。

《说大不大、说小不小的"文化工程"》,《北京日报》2015年2月2日。

《"四面八方"读书声——我的治学经历》,《新文学评论》2015年2期。

《图像叙事中的晚清百态》,《北京日报》2015年3月16日。

《拓展211工程,实现高等教育的均衡发展》,《文汇报》2015年3月27日。

《〈香港：都市想象与文化记忆〉序》，《香港：都市想象与文化记忆》，北京：北京大学出版社，2015年3月。

《"国学"如何"新视野"》，《国学新视野》2015年春季号，2015年3月。

《我为何要"充大头"，为非211高校说话——再说"拓展211"》，《文汇报》2015年4月3日。

《〈"新文化"的崛起与流播〉序》，《"新文化"的崛起与流播》，北京：北京大学出版社，2015年4月。

《〈读书是件好玩的事〉序》，《读书是件好玩的事》，北京：中华书局，2015年4月。

《办大学以理工科论英雄，早落伍了》，《文汇报》2015年5月22日。

《再说夏志清的"小说三史"》，《中华读书报》2015年5月27日。

《"活到老，写到老"的来新夏先生》，《忆弢盦：来新夏先生纪念文集》，天津古籍出版社，2015年5月。

《民间立场、精神与趣味——顾编〈文坛杂忆〉合订本序》，《文坛杂忆》，上海书店，2015年5月。

《〈潮剧史〉小引》，《广东艺术》2015年5期。

《成绩要关注，但不是目标》，《新京报》2015年7月13日。

《中国教育为何让一流人才难得一见》，"凤凰网"2015年7月16日。

《很遗憾，没能补好台》，《明报》2015年8月1日。

《报章与潮流》，《人民政协报》2015年8月3日。

《"小书"说"大事"》，《人民日报》2015年8月18日。

《我为什么常回母校走走》，《中山大学校友》总第28期，2014年12月。

《与高雅擦身而过——一个外行眼中的古琴》，《文汇报》2015年12月30日。

《〈大学何为〉（增订版）后记》，《大学何为》（增订版），北京：北京大学出版社，2016年1月。

《〈大学有精神〉（增订版）后记》，《大学有精神》（增订版），北京：北京大学出版社，2016年1月。

《〈旧影潮州〉序》，丁铨编著《旧影潮州》，南方日报出版社，2016年1月。

《扛标旗的少女——我的春节记忆》，《人民日报》2016年2月22日。

《五味杂陈的春节故事》，《潮州日报》2016年2月14日。

《读书三策》，《光明日报》2016年3月29日。

《"新文化与新教育"小引》，《云梦学刊》2016年3期。

《人文学科学术评价的七个问题》，《中华读书报》2016年4月7日。

《我眼中的小说家金庸》，《东方早报·上海书评》2016年4月24日。

《一个好奇的读书人的日本印象》，《文汇报》2016年4月28日。

《与人论刊书》，《文艺争鸣》2016年4期。

《〈作为学科的文学史〉增订版序》，《文艺争鸣》2016年4期。

《"四国"行》，《书城》2016年5期。

《"平淡"是表象，"奇崛"是内涵》，《新京报》2016年5月26日。

《作为学科的文学史》增订本序、后记，《作为学科的文学史——文学教育的方法、途径及境界》（增订本），北京：北京大学出版社，2016年5月。

《关于教育话题的"长枪短棒"》，《解放日报》2016年6月4日。

《依旧相信文字的魅力》，《文汇报》2016年6月30日。

《希望酿成这么一种氛围与态势》，《光明日报》2016年9月

27日。

《〈六说文学教育〉小引》,《六说文学教育》,东方出版社,2016年9月。

《一代人的"国际视野"》,《文汇报·文汇学人》2016年10月21日。

《以书为媒——写给第四届广州国际藏书票暨小版画双年展》,《2016第四届广州国际藏书票暨小版画双年展·藏书票作品集》《2016第四届广州国际藏书票暨小版画双年展·小版画作品集》,广州:岭南美术出版社,2016年10月。

《大美与大爱》,《人民日报》2016年11月2日。

《诗是无形画,画是有形诗——写在马莉画展开展之际》,《南方日报》2016年11月10日。

《发现语文之美,反思教育之责——从〈六说文学教育〉谈起》,《青年教师》2016年11期。

《〈文体问题〉中译本序》,贺麦晓著《文体问题》,北京:北京大学出版社,2016年11月。

《〈双亲诗文集〉缘起》,《双亲诗文集》,自刊本,2016年11月。

《大学管理,何处是归程》,《光明日报》2016年12月13日。

《〈讲台上的"学问"〉小引》,《讲台上的"学问"》,上海:华东师范大学出版社,2016年12月。

《〈潮汕文化三人谈〉小引》,《潮汕文化三人谈》,广州:广东教育出版社,2016年12月。

《〈今古齐观——中国文学的古典与现代〉序》,香港中文大学出版社,2016年。

《陈平原教授谈〈中国小说史略〉》,李欧梵《中国文化传统的六个面向》,香港中文大学出版社,2016年。

《大英博物馆日记(外二种)自序》,《大英博物馆日记(外二种)》,北京:三联书店,2017年1月。

《〈阅读日本〉（增订版）序》，《阅读日本（增订版）》，北京：三联书店，2017年1月。

《潮汕文化读本·致同学们》，《潮汕文化读本》，广州：广东教育出版社，2017年1月。

《"为善"真的"最乐"》，《人民日报》2017年2月6日。

《〈一纸还乡〉小引》，《潮州日报》2017年3月9日。

《抗战烽火中的一段传奇》，《中华读书报》2017年4月19日。

《"五四"，永远的精神标杆》，《人民日报》2017年5月4日。

《说出你我的故事——致七七、七八级的兄弟姐妹们》，《南方都市报》2017年5月8日。

《"双一流"建设应兼顾效率与公平》，《人民日报》2017年6月1日。

《冰糖鸡蛋》，《人民日报》2017年6月24日。

《散淡中的坚守》，《北京青年报》2017年6月15日。

《〈阅读·大学·中文系〉小引》，《阅读·大学·中文系》，广州：花城出版社，2017年6月。

《为青年才俊提供舞台》，《北京青年报》2017年7月6日。

《〈行读天下〉序》，《潮州日报》2017年7月18日。

《商务的品格与出版的立场》，《北京青年报》2017年8月13日。

《对话录的立场与趣味》，《中华读书报》2017年8月30日。

《名刊的责任与困境——为〈文学评论〉六十周年而作》，《〈文学评论〉六十年纪念文汇》，北京：社会科学文献出版社，2017年9月。

《〈王瑶与现代中国学术〉小引》，《王瑶与现代中国学术》，北京：北京大学出版社，2017年9月。

《追记王富仁兄的三句话》，《中华读书报》2017年10月

11日。

《这个奖不需要自吹自擂——第四届思勉原创奖获奖感言》，《北京青年报》2017年12月29日。

《那是决定自己命运的关键时刻》，《北京青年报》2017年12月29日。

《"五能教授"夏晓虹》，《北京青年报》2018年1月20日。

《大学校长的理想与现实》，《新京报》2018年1月20日。

《"北大中国文学研究丛书"序》，葛晓音《杜诗艺术与辨体》，北京：北京大学出版社，2018年2月。

《我的大学梦》，《文汇报》2018年4月1日。

《〈鲤鱼洲纪事〉再版后记》，北京：北京大学出版社，2018年5月。

《〈筒子楼的故事〉再版后记》，北京：北京大学出版社，2018年5月。

《漫说"漫说文化"·再记》，陈平原编《读书读书》等，北京时代华文书局，2018年5月。

《出好书的"命"——为香港联合出版集团三十周年而作》，《中华读书报》，2018年7月11日。

《出版背后的学术立场》，《中华读书报》2018年10月10日。

《与晚清画报纠缠20年》，《文汇报·文汇学人》2018年10月19日。

《〈左图右史与西学东渐〉后记》，《左图右史与西学东渐》，北京：三联书店，2018年10月。

《学问之事，得失存心知——我的2018》，《南方人物周刊》2018年36期，2018年11月26日。

《重提与金庸先生合招博士生》，《明报月刊》2018年12月号。

《权力与责任——为人大书报资料中心六十年而作》，《中华读书报》2018年12月5日。

《历史的侧面与折痕》,《南方都市报》2018年12月11日。

《大学排名的是非功过》,《中华读书报》2018年12月12日。

《却顾所来径——"中国现代文学"的意义及可能性》,《北京青年报》2018年12月18日。

《〈学书小集〉序》,《学术小集——陈平原书与文》,北京:仰山楼,2018年。

《〈依旧相信〉小引》,《依旧相信》,南京:江苏凤凰文艺出版社,2019年1月。

《〈读书的风景〉新版序》,《读书的风景——大学生活之春花秋月》增订版,北京:北京大学出版社,2019年1月。

《在图文之间触摸历史——〈左图右史与西学东渐〉写作缘起》,《光明日报》2019年1月16日。

《国家学位宜改为大学学位》,《国是咨询》2019年2期。

《陈平原1978—2017年学术纪事》,《名作欣赏》2019年1期别册《学者的人间情怀:陈平原画传》。

《触摸历史与进入五四》,王德威、宋明炜编《五四@100:文化,思想,历史》,台北:联经出版事业股份有限公司,2019年4月。

《崔大夫病了》,《我的深情为你守候——崔可忻纪念集》,活字文化,2019年4月。

《〈触摸历史——五四人物与现代中国〉(增订版)后记》,《触摸历史——五四人物与现代中国》(增订版),香港:中和出版社,2019年4月。

《五四运动的历史地位是北大师生做和说出来的》,"凤凰网"2019年5月3日。

《"彩绘古典名著"丛书总序》,北京时代华文书局,《水浒传》《三国演义》(2019年5月)、《西游记》(2019年6月)、《红楼梦》(2019年7月)。

《教育的责任与魅力——在韩山师院"陈北国际交流奖学金"

颁奖仪式上的致辞》,《潮州日报》2019年6月20日。

《我的"五四"百年》,《国是咨询》2019年6期。

《序跋一束》,《社会科学论坛》2019年6期。

《〈书里书外〉(增订本)后记》,《书里书外》(增订本),北京:三联书店,2019年6月。

《有才华是好的,横溢就可惜了》,《中华读书报》2019年9月4日。

《学术刊物的日常与诗意》,《中华读书报》2019年10月16日。

《〈二十世纪中国文学三人谈·漫说文化〉(增订本)后记》,《二十世纪中国文学三人谈·漫说文化》(增订本),北京:北京大学出版社,2019年10月。

《纪念文论家、教育家及五四老战士杨晦先生》,"论文衡史"公众号2019年11月13日。

《在"同时代人的文学与批评"主题论坛上的发言》,《现代中文学刊》2020年1期。

《在综合大学开设"少数民族文学课程"》,《国是咨询》2020年1期。

《从物质之强到精神之强》,《国是咨询》2020年1期。

《借"研究学术"来解决"思想苦闷"》,《新京报》APP2020年2月17日。

《临老学绣花——我的第一次网课》,《北京青年报》2020年2月24日。

《这次疫情中有些官员为何不担当?》,《国是咨询》2020年2—3期合刊。

《瓦格纳:为学术的一生》,《文汇报·文汇学人》2020年3月13日。

《〈想象都市〉小引》,《想象都市》,北京:三联书店,2020年3月。

《〈记忆北京〉小引》,《记忆北京》,北京:三联书店,2020年3月。

《〈当年游侠人〉新版序》,《当年游侠人》(增订版),北京:三联书店,2020年3月。

《〈学者的人间情怀〉新版序》,《学者的人间情怀》,北京:三联书店,2020年3月。

《〈"小说"如何"史学"〉小引》,《文艺争鸣》2020年4期。

《〈游侠·私学·人文——陈平原手稿集〉后记》,《游侠·私学·人文——陈平原手稿集》,绍兴:越生文化,2020年4月。

《"造化心源:林丰俗作品展"序言》,《潮州日报》2020年7月30日。

《文化馆忆旧》,《南方都市报》2020年8月2日。

《〈现代中国的述学文体〉后记》,《现代中国的述学文体》,北京:北京大学出版社,2020年8月。

《〈中国现代学术之建立〉新版序》,《中国现代学术之建立——以胡适之、章太炎为中心》,北京:北京大学出版社,2020年8月。

《我的中大师兄》,《南方都市报》2020年10月18日。

《专业精神与人间情怀》,《中华读书报》2020年12月2日。

《纸上的声音——从书展到月历》,《南方都市报》2021年1月10日。

《山乡春节杂忆》,《美文》2021年第2期;《潮州日报》2021年2月4日。

《我认识的人文社编辑》,《美文》2021年第3期;《文学名著诞生地:人民文学出版社1951—2021》,人民文学出版社,2021年3月。

《农校子弟——"洋铁岭下"之一》,《潮州日报》2021年3

月8日。

《上学去——"洋铁岭下"之二》,《潮州日报》2021年3月9日。

《逃学记——"洋铁岭下"之三》,《潮州日报》2021年3月11日。

《我的语文老师——"洋铁岭下"之四》,《潮州日报》2021年3月13日。

《洋铁岭下》,《美文》2021年第5期。

《大器晚成与胸襟坦荡》,《中华读书报》2021年4月14日。

《那张唯一的合影找到了——纪念饶鸿竞先生诞辰一百周年》,《南方周末》2021年4月16日。

《百战归来仍战士——读温儒敏〈为精神界之战士者安在〉有感》,《新华每日电讯》2021年4月16日。

《老钱及其〈安顺城记〉》,《上海书评》2021年4月24日。

《陕西寻北大侧影,觅另一个联大》,《新华每日电讯》2021年5月21日;《陕西寻踪大学魂》,《国是咨询》2021年第6期。

《书法、手稿与艺术——序跋四则》,《中华读书报》2021年8月4日。

《〈漫说文化丛书·续编〉总序》,《文艺争鸣》2021年第7期。

《一次难得的聆听经验》,《国是咨询》2021年第7期。

《学术史视野中的小说研究——〈小说史学面面观〉后记》,《书城》2021年第8期;《小说史学面面观》,北京:三联书店,2021年12月。

《大学家书中的"陈年往事"》,《中国科学报》2021年9月14日。

《闻窗外事,读圣贤书》,(香港)《读书杂志》创刊号,2021年10月。

《作为一种日常生活的写字》,《北京青年报》2021年10月3日。

# 陈平原编纂目录

1.《二十世纪中国小说理论资料》第一卷（与夏晓虹合编），北京：北京大学出版社，1989年3月，628页；1997年2月，636页。

2.《漫说文化丛书·闲情乐事》，北京：人民文学出版社，1990年10月，262页；上海：复旦大学出版社，2005年5月，182页；北京时代华文书局，2018年5月，215页；香港城市大学出版社，2020年，202页。

3.《漫说文化丛书·佛佛道道》，北京：人民文学出版社，1990年10月，221页；上海：复旦大学出版社，2005年5月，162页；北京时代华文书局，2018年5月，207页；香港城市大学出版社，2020年，202页。

4.《许地山散文全编》，杭州：浙江文艺出版社，1992年10月，475页。

5.《漫说文化丛书·读书读书》，北京：人民文学出版社，1992年5月，274页；上海：复旦大学出版社，2005年5月，196页；北京时代华文书局，2018年5月，241页；香港城市大学出版社，2020年，219页。

6.《漫说文化丛书·神神鬼鬼》，北京：人民文学出版社，1992年5月，281页；上海：复旦大学出版社，2005年5月，197页；北京时代华文书局，2018年5月，250页；香港城市大学出版社，2020年，230页。

7.《漫说文化丛书·生生死死》，北京：人民文学出版社，1992年5月，313页；上海：复旦大学出版社，2005年5月，219页；

北京时代华文书局，2018年5月，277页；香港城市大学出版社，2020年，255页。

8.《中国现代学术经典丛书·章太炎卷》，石家庄：河北教育出版社，1996年8月，662页。

9.《中国现代学术经典丛书·胡适卷》，石家庄：河北教育出版社，1996年8月，773页。

10.《中国现代学术经典丛书·鲁迅、吴宓、吴梅、陈师曾卷》（合编，负责鲁迅部分），石家庄：河北教育出版社，1996年8月，823页。

11.《学者追忆丛书·追忆蔡元培》（与郑勇合编），北京：中国广播电视出版社，1997年1月，424页；北京：三联书店，2009年4月，428页。

12.《学者追忆丛书·追忆章太炎》（与杜玲玲合编），北京：中国广播电视出版社，1997年1月，593页；北京：三联书店，2009年4月，474页。

13.《学者追忆丛书·追忆王国维》（与王枫合编），北京：中国广播电视出版社，1997年1月，592页；北京：三联书店，2009年5月，504页。

14.《北大旧事》（与夏晓虹合编），北京：三联书店，1998年1月，602页；北京：北京大学出版社，2009年5月，485页；2018年5月，510页。

15.《触摸历史——五四人物与现代中国》（与夏晓虹合编），广州：广州出版社，1999年4月，363页；北京：北京大学出版社，2009年4月，387页；（增订本），香港：中和出版社，2019年4月，560页；（增订本），北京：商务印书馆，2019年8月，550页。

16.《中国散文选》，天津：百花文艺出版社，2000年9月，48+972页。

17.《（名著图典）中国小说史略》，杭州：浙江文艺出版社，

2000年12月，238页。

18.《点石斋画报选》，贵阳：贵州教育出版社，2000年10月，78+435页；（第二刷）2014年7月。

19.《图像晚清》（陈平原、夏晓虹编注），天津：百花文艺出版社，2001年8月，31+332页；（第二刷）2001年11月；（珍藏本），天津：百花文艺出版社，2006年4月，24+331页；（修订本），北京：东方出版社，2014年8月，337页；香港：中和出版社，2015年3月，375页。

20.《尝试集·尝试后集》，贵阳：贵州教育出版社，2001年8月，63+260页；（第二刷）2014年7月。

21.《章太炎的白话文》，贵阳：贵州教育出版社，2001年8月，52+166页；（第二刷）2014年7月。

22.《晚明与晚清——历史承传与文化创新》（与王德威、商伟合编），武汉：湖北教育出版社，2002年3月，618页。

23.《中国文学研究现代化进程二编》，北京：北京大学出版社，2002年4月，508页。

24.《新世纪中国大学生（文科学士）毕业论文精选精评·文学卷》，北京：西苑出版社，2002年10月，358页。

25.《大众传媒与现代文学》（与山口守合编），北京：新世界出版社，2003年1月，567页。

26.《国故论衡》，上海古籍出版社，2003年4月，147页；2006年7月；2011年12月；2016年1月；2019年5月。

27.《〈新青年〉文选》，贵阳：贵州教育出版社，2003年8月，452页；（修订版），北京：北京大学出版社，2019年9月，465页。

28.《现代学术史上的俗文学》，武汉：湖北教育出版社，2004年10月，514页。

29.《北京：都市想像与文化记忆》（与王德威合编），北京：北京大学出版社，2005年5月，561页。

30.《早期北大文学史讲义三种》，北京：北京大学出版社，2005年9月，623页；2020年10月，626页。

31.《语文（选修）·中国小说欣赏》，北京：人民教育出版社，2005年6月第一版，同年12月第四次印刷。

32.《语文》（与郭预衡、章培恒合作主编），北京：中华书局，2005年12月，小学及初中共18册。

33.《胡适论治学》，合肥：安徽教育出版社，2006年11月，231页；（第二刷）2010年9月。

34.《教育：知识生产与文化传播》，合肥：安徽教育出版社，2007年6月，414页。

35.《学术史：课程与作业——以"中国现代文学学科史"为例》，合肥：安徽教育出版社，2007年8月，279页。

36.《近代中国的百科辞书》（与米列娜合编），北京：北京大学出版社，2007年9月，213页。

37.《茶人茶话》（与凌云岚合编），北京：三联书店，2007年5月，368页。

38.《西安：都市想象与文化记忆》（与王德威、陈学超合编），北京：北京大学出版社，2009年3月，346页。

39.《红楼钟声及其回响——重新审读"五四"新文化》，北京：北京大学出版社，2009年4月，441页。

40.《王瑶文论选》，北京：人民文学出版社，2009年9月，396页。

41.《北京读本》（与郑勇合编），上海：华东师范大学出版社，2010年4月，212页。

42.《筒子楼的故事》，北京：北京大学出版社，2010年6月，253页；2018年5月，277页。

43.《何为大学——〈蔡孑民先生言行录〉》，台北：大块文化，2011年1月，135页。

44.《鲤鱼洲纪事》，北京：北京大学出版社，2012年4月，342

页;2018年5月,343页。

45.《开封:都市想象与文化记忆》(与王德威、关爱和合编),北京:北京大学出版社,2013年1月,485页。

46.《〈中国新文学大系〉导言集》,贵阳:贵州教育出版社,2014年7月,382页。

47.《〈文明小史〉与"绣像小说"》,贵阳:贵州教育出版社,2014年7月,223页。

48.《王瑶先生百年诞辰纪念论文集》(与温儒敏合编),北京:三联书店,2014年5月,760页。

49.《香港:都市想象与文化记忆》(与陈国球、王德威合编),北京:北京大学出版社,2015年3月,431页。

50.《科举与传播——中国俗文学研究》,北京:北京大学出版社,2015年5月,364页。

51.《今古齐观——中国文学中的古典与现代》(上下册),香港中文大学中文系,2016年,674+654页。

52.《王瑶与现代中国学术》,北京:北京大学出版社,2017年9月,605页。

53.《潮汕文化读本》(与林伦伦、黄挺合作主编),广州:广东教育出版社,2017年1月,共四册;(第五刷)2020年3月。

54.《文学史的书写与教学》,北京:北京大学出版社,2018年8月,317页。

55.《五四读本》(与季剑青合编),台北:大块文化,2019年5月,470页。

# 陈平原访谈目录

《文化思维中的"落后情结"》（答《光明日报》记者李春林问），《光明日报》1988年10月13日。

《术业有专攻 人间好情怀》（答《光明日报》记者李兆汝问），《光明日报》1993年11月5日。

《学术史研究及其他》（答《中华读书报》记者秦山问），《中华读书报》1995年9月6日。

《民族主义及其他》（答北京大学吴晓东问），《战略与管理》1995年6期。

《探究"文学史"的形成》（答《岭南文化时报》记者问），《岭南文化时报》1996年4月8日。

《学术史·学术转型·北京大学》（答北京大学研究生王枫、毛佩洁问），《北京大学研究生学志》1998年2期。

《关于学术史研究》（答《文汇读书周报》记者问），《文汇读书周报》1998年10月10日。

《与"五四"对话》（答台湾《光华》杂志社张静茹问），《光华》24卷8期，1999年8月。

《走出"话本正脉"》（答台湾《联合报》记者问），《联合报》2001年1月5日。

《书的命运与人的精神》（答《中华读书报》记者张洁宇问），《中华读书报》2001年11月21日。

《关注"现代中国"》（答《中华读书报》记者张洁宇问），《中华读书报》2002年3月20日。

《我们的苦与乐》（答《南方日报》记者郭滨问），《南方日报》2002年5月5日。

《自由地阅读，自由地思考》（答《姑苏晚报》记者李婷问），《姑苏晚报》2002年6月27日。

《有情怀的学术研究》（答北京大学研究生杨早问），《学术月刊》2002年7期。

《为中才定规则，为天才留空间》（答《立报》记者钟敏玲、许乃伦问），（台湾）《立报》2002年12月24日。

《台大学生沉潜　北大学生气如虹》（答《民生报》记者王兰芬问），（台湾）《民生报》2003年1月20日。

《金庸反省"道义"》（答《南方周末》记者杨瑞春问），《南方周末》2003年1月29日。

《博士论文只是一张入场券》（答《中华读书报》记者祝晓风问），《中华读书报》2003年3月5日。

《通俗文学中隐藏着深刻而真实的社会无意识》（答《文学报》记者马淑艳问），《文学报》2003年4月24日。

《关于"散文"》（答"中国散文论坛"听众问），《中国散文论坛》，北京：北京大学出版社，2003年11月。

《惟愿一辈子读书》（答《新京报》记者吴虹飞问），《新京报》2003年12月1日。

《精英知识分子启动民间关怀》（答《东方早报》记者杨志问），《东方早报》2004年2月27日。

《学院的"内"与"外"》（答《读书时报》记者熊彦清问），《读书时报》2004年9月15日。

《大学精神与大学的功用》（答《人民日报》记者徐怀谦问），《社会科学论坛》2005年1期。

《学者与传媒》（答复旦大学许燕问），《上海文化》2005年1期。

《如何阅读〈大英博物馆日记〉》（答台湾《野葡萄》文学杂

志社问),《野葡萄》18期,2005年2月。

《报纸副刊与学者发言的姿态》(答《成都日报》记者包忠问),《成都日报》2005年4月25日。

《从小学生教到博士生》(答《新京报》记者陈远问),《新京报》2005年5月11日。

《中学往事,那青翠的记忆》(答《光明日报》记者李玉兰问),《光明日报》2005年5月18日。

《学术经历·中国小说·北大学生》(答台湾大学学生问),《社会科学论坛》2005年3期。

《想象北京城的前世与今生》(答新华社记者刘江问),《北京师范大学学报》2005年4期。

《警惕学者明星化倾向》(答《成都晚报》记者李兵等问),《成都晚报》2005年9月4日。

《关于八十年代》(答查建英问),《社会科学论坛》2005年6期。

《研究思路与工作计划》(答《邯郸学院学报》常务副主编康香阁问),《邯郸学院学报》2006年2期。

《关于"经典"》(答卓越网记者问),《邯郸学院学报》2006年2期。

《警惕学术专业化潮流》(答《新京报》记者张弘、熊涛问),《新京报》2006年9月6日。

《马儿啊,你慢些走》(答《国际先驱报》记者问),《国际先驱报》2006年12月27日。

《书生意气长》(答《中华读书报》记者陈洁问),《中华读书报》2007年3月28日。

《"以晚清为方法"》(与北京大学李杨对话),《渤海大学学报》2007年第2期。

《我是个低调的理想主义》(答《小康》记者陶卫华问),《小康》2007年10期。

《大学最缺的是传统文化》（答《广州日报》记者李龙问），《广州日报》2007年10月16日。

《因为有情所以议政》（答《早报星期天》记者李慧玲问），新加坡《早报星期天》2007年11月18日。

《为中才定规则　为天才留空间》（答北大研究生院问），《江山代有才人出——北京大学研究生教育90年》，北京：北京大学出版社，2008年5月。

《勾沉报刊版图上之文学转世》（答《明报》记者方素云问），（香港）《明报》2008年6月10日。

《这代学者的视野、趣味和水平》（答香港《文汇报》记者张俊峰问），（香港）《文汇报》2008年10月27日。

《经过了30年，我们与世界思潮同步》（答《新京报》记者王爱军、高明勇问），《新京报》2008年12月13日。

《陈平原、饶毅教授共话北大发展》，《社会科学论坛》2009年2期。

《走不出的"五四"》（答马国川问），《经济观察报》2009年5月4日。

《陈平原谈大学中文系》，《东方早报·上海书评》2009年7月5日。

《中国大学改革，路在何方？》（答《书城》问），《书城》2009年9期。

《再学术一些，再专业一点》（答《深圳商报》记者刘悠扬问），《深圳商报》2009年11月16日。

《关于〈筒子楼的故事〉》（答《南方都市报》记者李昶伟问），《南方都市报》2010年8月1日。

《中文百年，我们拿什么来纪念？》（答《新京报》记者高明勇问），《新京报》2010年10月9日。

《人文学者不可丢"三气"》（答《人民日报》记者吕绍刚问），《人民日报》2010年10月27日。

《想象与记忆间　寻香港文化》（答香港《文汇报》记者林忆生问），（香港）《文汇报》2010年12月16日。

《城市书写·文化缺席——陈平原、陈国球、李欧梵三人谈》，（香港）《明报》2010年12月16日。

《学术声音如何介入都市论述——陈平原、陈国球、李欧梵三人谈》，（香港）《明报》2010年12月17日。

《中文教育在当代中国的地位和价值》（答《中国青年报》记者黄冲问），《中国青年报》2010年12月17日。

《关于〈解读"当代中国大学"〉》（答新加坡听众问），《大学、文学与文学教育》，南洋理工大学中华语言文化中心，2010年12月。

《关于〈作为物质文化的"中国现代文学"〉》（答南洋理工大学学生问），《大学、文学与文学教育》，南洋理工大学中华语言文化中心，2010年12月。

《铁肩担起历史使命　妙手著出现实关怀》（答《中国社会科学报》记者李杨乐问），《中国社会科学报》2011年1月6日。

《写给可能的"中文人"》（答《中国青年报》记者何瑢问），《中国青年报》2011年2月28日。

《将求学与致富挂钩是对大学的误解》（答《中国青年报》记者何瑢问），《中国青年报》2011年2月28日。

《陈平原、陈国球对谈香港文学与学术》，（香港）《百家》12期，2011年2月。

《既有国际视野，也讲本土情怀》（答《新京报》"清华百年纪念特刊"问及小引），《新京报》2011年4月23日。

《热火朝天不是做学问的常态》（答《中国青年报》记者张彦武问），《中国青年报》2011年5月3日。

《文学史的教学目标》（答《中国图书商报》记者王东问），《中国图书商报》2011年5月10日。

《大学的责任与风格》（答《合肥晚报》记者余琛问），《合肥晚报》2011年6月20日。

《1977恢复高考，我的命运我做主》（答《文史参考》记者周冉问），《文史参考》2011年6期（下）。

《读鲁迅的书，走胡适的路》（答《经济观察报》记者侯思铭问），《经济观察报·书评增刊》19期，2011年9月5日。

《"一生而历二世"》（答《时代周报》记者李怀宇问），《时代周报》146期，2011年9月8日。

《"别忘记苦难，别转为歌颂"》（答《东方早报》记者许荻晔问），《东方早报》2012年4月5日。

《"既有激情燃烧，也是歧路亡羊"》（答《深圳商报》记者刘悠扬问），《深圳商报》2012年5月7日。

《参与国际学界的对话》（答《北京大学校报》记者巴扬问），《北京大学校报》2012年5月15日。

《站稳自家脚跟 重拾学术自信》（答《深圳特区报》记者马璇问），《深圳特区报》2012年5月26日。

《大学更应关注普通校友的"小捐"》（答《新京报》记者高明勇问），《新京报》2012年5月26日。

《当今大学难出大学问》（答《中国科学报》记者孙琛辉问），《中国科学报》2012年5月30日。

《高校青年教师的处境及出路》（答廉思研究团队问），《社会科学论坛》2012年6期。

《"好的校长演讲对学生来说是一辈子的事情"》（答《东方早报》记者许荻晔问），《东方早报》2012年7月4日。

《当阅读被检索取代，修养是最大的输家》（答《文汇报》记者吴越问），《文汇报》2012年7月13日。

《关于金克木》（答《三联生活周刊》记者贾冬婷问），《三联生活周刊》2012年29期，2012年7月。

《教育理念与教学方法》（答语文出版社社长王旭明问），《语言文字报》2012年8月3日、10日、22日、24日。

《寻觅阅读的乐趣》（答《新京报》记者吴永熹问），《新京报》2012年8月10日。

《发现语文之美，享受阅读之乐》（答《语文建设》记者李节问），《语文建设》2012年9期。

《国家经济实力保证学者间的"平等交往"》（答《文汇报》记者吴越问），《文汇报》2012年9月2日。

《大学的职责，首先是教学》（答《南方都市报》记者赵大伟问），《南方都市报》2012年9月9日。

《在"史学品格"与"现实感怀"之间》（答《文学报》记者何晶问），《文学报》2012年9月13日。

《书里书外话"风景"》（答《新金融观察报》记者李香玉问），《新金融观察报》2012年9月17日。

《学者风范与学人本色》（答湖南理工学院余三定问），《文艺报》2012年11月28日。

《不凑热闹，不怕出局》（答《环球人物》记者姜璐璐问），《环球人物》2012年30期，2012年11月。

《走出大学体制的困境》（答《北京大学教学促进通讯》记者郭九苓、缴蕊问），《中国大学教学》2013年2期。

《岭南文化如何"步步高"》（答《广州日报》记者谭敏问），《广州日报》2013年4月16日。

《阅读受制于社会趣味，这是个大问题》（答《文汇报》记者黄纯一问），《文汇报》2013年5月16日。

《"我在中大康乐园完成了精神蜕变"》（答《广州日报》记者赵琳琳问），《广州日报》2013年5月22日。

《诗人，何以在大学安身——杨牧对话陈平原谈诗歌教育及其他》，《中国艺术报》2013年6月5日。

《关于"高考"》（答《南方日报》记者雷雨问），《南方日报》2013年6月7日。

《为中才立规矩　为天才留空间》（答《人物》杂志记者何瑫

问），《人物》2013年7期。

《每一次学术转向的背后，我都有内在理路在支撑》（答《南方都市报》记者李昶伟问），《南方都市报》2013年8月1日。

《中大五十年：大学还有大学精神吗？》（答《明报》记者问），《明报》2013年9月24日。

《为何"民国大学校长"难以重现》（答《看历史》记者刘杨、赵婕问），《看历史》2013年9期。

《"读书无用"，是个伪命题》（答《解放日报》记者王一问），《解放日报》2013年10月18日。

《请读无用之书》（答《南方周末·名牌》记者王与菡问），《南方周末·名牌》2013年11期。

《中文系就是为你的一生打底子》（答《钱江晚报》记者屠晨昕问），《钱江晚报》2013年12月8日。

《更多地选择学习的兴趣》（答《潮州日报》记者郑健问），《潮州日报》2013年12月12日。

《中文情怀与大学教育》（答《乌鲁木齐晚报》记者杨梦瑶问），《乌鲁木齐晚报》2013年12月24日。

《以港为镜，透视内地高等教育》（答"搜狐教育"记者谭畅问），"搜狐网"2014年3月17日。

《把心情压在纸背下》（答《南方人物周刊》记者彭苏问），《南方人物周刊》2014年4月9日。

《陈平原和夏晓虹谈学术话人生：学之大者行于路上》，《温州日报》2014年4月16日。

《北大与五四精神》（答《东方早报》记者胡攀问），"澎湃网"2014年5月4日。

《学术史视野中的王瑶先生》（答北京大学张丽华问），《北京青年报》2014年5月7日。

《在追摹时回味，在鉴赏处反省》（答北京大学博士生李浴洋问），《同舟共进》2014年7期。

《中国现代文学研究的方向——陈平原、王德威、藤井省三鼎谈》,《学术月刊》2014年8期。

《远离热闹,不离人间》(答《贵阳日报》记者郑文丰问),《贵阳日报》2014年8月4日。

《"文学史"永远都在重写》(答《深圳商报》记者夏和顺问),《深圳商报》2014年8月11日。

《谈"晚清",为何需要"图像"》(答《光明日报》记者李苑问),《光明日报》2014年12月5日。

《耳顺之年陈平原——与张双庆对谈人生与文学》,(香港)《百家》35期,2014年12月。

《不是把前面的拉下来,而是让后面的往上拱》(答《南方日报》记者达海军问),《南方日报》2015年1月15日。

《年长一辈应为后来者搭建舞台》(答新华社记者任沁沁问),《新华每日电讯》2015年5月4日。

《触摸旧报刊,就是触摸历史》(答《大众日报》记者卢昱、逢春阶问),《大众日报》2015年5月15日。

《对公众发言,必须坚持专业立场》(答"腾讯文化"记者胡子华问),"腾讯网"2015年5月26日、27日。

《重看"分数面前,人人平等"》(答"澎湃新闻"记者彭苏问),"澎湃网"2015年7月7日。

《媒体、大学与政治》(在凤凰网读书会上答听众问),《北京青年报》2015年7月14日。

《弦歌不辍　精神不死》(答新华社记者任沁沁等问),《新华每日电讯》2015年7月17日。

《大学的内迁与内迁中的学人》(答"腾讯文化"记者陈文嘉问),"腾讯网"2015年8月7日、8日。

《陈平原、储朝晖谈抗战烽火中的中国大学》,"搜狐网"2015年8月27日。

《弦歌不辍　艰难玉成》(答《贵州都市报》记者姚曼问),

《贵州都市报》2015年8月31日。

《史家的学养与文人的情怀》（答《北大青年》记者陈雪问），"北大青年"公众号2015年9月3日。

《如何超越"纪念图书"》（答《南方》杂志记者向松阳问），《南方》2015年20、21期合刊，2015年10月。

《新文化运动是一个播种的时代》（答《凤凰周刊》记者徐伟问），《凤凰周刊》2015年28期，2015年10月。

《青年的舞台、责任与命运》（答北京大学博士生李浴洋问），《同舟共进》2015年11期。

《中国大学的影响力比排名高》（答《长江日报》记者宋磊问），《长江日报》2015年12月15日。

《小城文化与学者之路》（答《潮州日报》记者邢映纯等问），《潮州日报》2016年1月19日。

《人文学科的评价标准》（答复旦大学"人文学科评价标准项目"课题组问），《中华读书报》2016年4月6日。

《"一个时代的希望是年轻人的感觉"》（答《文汇报》记者李思文问），《文汇报》2016年4月27日。

《忆青春》（答新华社记者任沁沁问），新华社2016年5月4日。

《不知道那么多，并非坏事》（答《解放日报》记者黄玮问），《解放日报》2016年5月7日。

《大学要淡看虚名不唯排名》（答赵青新问），《湖北日报》2016年5月14日。

《办大学不要搞成"办奥运"》（答赵青新问），《羊城晚报》2016年5月15日。

《希望读者了解香港的"喜怒哀乐"》（答《深圳商报》记者魏沛娜问），《深圳商报》2016年7月24日。

《大学的制度之困与精神之惑》（答《凤凰周刊》记者马迹、徐伟问），《凤凰周刊》2016年22期，2016年8月。

《文学教育：在"学术研究"与"人文养育"之间》（答北京大学博士生李浴洋问），《北京青年报》2016年8月8日。

《岭南文化要"雅俗并进"——与熊育群对话》，《南方日报》2016年8月21日。

《趣味比知识更重要》（答《北京晚报》记者王皎问），《北京晚报》2016年09月19日。

Q&A With Chen Pingyuan on the Future of China's Universities（Cai Yiwen），Sixth Tone Dec 24, 2016.

《整个20世纪都是五四的时代》（答《东方历史评论》许知远、庄秋水问），《东方历史评论》公众号2017年5月3日。

《恢复高考的最大意义是给年青人希望》（答"凤凰网"记者唐智诚问），"凤凰网"2017年6月6日。

《忆昔思今话高考："觉得自己真的是走在希望的田野上"》（答《南方日报》记者吴少敏问），《南方日报》2017年6月6日。

《77、78级大学生是在一个不幸的时代找到了一个好位置》（答《南方都市报》记者娜迪娅、刘嫚问），《南方都市报》2017年7月6日。

《下一代会比我们做得更好》（答《财新周刊》记者萧辉问），《财新周刊》2017年7月10日。

《金庸小说何以长盛不衰？》（答《三联生活周刊》记者艾江涛问），《三联生活周刊》2017年29期，2017年7月。

《破解我们的孤独和两难，致敬你们的奋斗和沉潜》（对话），《文汇报》2018年3月31日。

《学者要有人间情怀，也要有人文趣味》（答《羊城晚报》记者朱绍杰问），《羊城晚报》2018年10月7日。

《一切都如过眼烟云 唯有文化不变——钱理群、黄子平、陈平原落花时节读华章》，《北京青年报》2018年10月21日。

《黄金80年代中诞生的"二十世纪中国文学"》（陈平原口述，刘周岩整理），《三联生活周刊》2018年40期，2018年10月。

《在小说家中,金庸是最有学问的》(答《羊城晚报》记者吴小攀问),《羊城晚报》2018年11月1日。

《文化保护要让人爱上这里的生活》(答《广州日报》记者毛梓铭问),《广州日报》2018年12月24日。

《打造适宜市民生活的特色小城》(答《潮州日报》记者江马铎、邢映纯问),《潮州日报》2018年12月25日。

《画报是有娱乐色彩的"低调启蒙"》(答《南方都市报》记者黄茜问),《南方都市报》2018年12月26日。

《新旧之间:画报的低调启蒙与激进变革》(答《新京报》记者徐学勤问),《新京报》2018年12月29日。

《单就读书而言,"多快好省"不是好策略》(答"界面文化"记者潘文捷问),"界面文化"2019年1月10日。

《当女学生成为流动的风景,晚清画报如此"低调启蒙"》(答《第一财经日报》记者孙行之问),《第一财经日报》2019年1月11日。

《晚清画报的低调启蒙》(答澎湃新闻记者高丹问),"澎湃网"2019年1月12日。

《走进陈平原夏晓虹的书房》(答绿茶问),《新华每日电讯》2019年1月18日。

《大变革时代常识、道德和风尚的记录者》(答《南方周末》记者石岩问),《南方周末》2019年1月19日。

《再过40年,我们来相会》(答《南方周末》记者卫毅问),《南方周末》"创刊35周年特刊",2019年2月14日。

《五四百年,追忆、纪念与言说》(答北京大学博士生李浴洋问),《同舟共进》2019年4期。

《五四是思想的"磨刀石"》(答《环球人物》记者许晓迪问),《环球人物》2019年8期,2019年4月。

《"五四精神"在于重估一切价值》(答《新京报》记者徐学勤问),《新京报》2019年5月4日。

《文学的疗救功能,究竟体现在哪》(答《解放日报》记者吴越问),《解放日报》2020年3月6日。

《思想操练、低调启蒙以及大学传统》(答北京师范大学李浴洋问),《当代文坛》2020年4期。

《用想象和记忆重构古都》(答《北京日报》记者路艳霞问),《北京日报》2020年7月10日。

《压在纸背的心情——给近30年中国学界的演进提供一份证词》(答新华社记者任沁沁问),《新华每日电讯》2020年8月7日。

《过度追求知识渊博而不独立思考,不是很好的读书趣味》(答"界面文化"记者董子琪问),"界面文化"2020年8月20日。

《陈平原:唯善"自省",方能"外观"》(答李香玉问),《教育家》2020年第34期。

《陈平原:过度追求知识渊博而不独立思考,不是很好的读书趣味》(答董子琪问),"界面文化"2020年8月20日。

《陈平原:借都市想象重构中国文学史图景》(答张垚仟问),《现代快报·读品周刊》2020年9月6日。

《述学如何"成体统"》(答顾学文问),《解放日报》2020年9月19日。

《陈平原谈现代中国学术史与述学文体》(答丁雄飞问),《上海书评》2020年9月20日。

《北大精神、中文系定位以及教师的职责——陈平原教授访谈录》(答林峥问),《社会科学论坛》2021年第1期。

《陈平原:时代转折成就人才》(答李怀宇问),《粤海风》2021年第1期。

《陈平原:高等教育须构建内外双循环格局》(答陈彬问),《中国科学报》(大学周刊)2021年2月23日。

《陈平原谈读书》(答李浴洋问),《同舟共进》2021年第4期。

《陈平原、杨早对谈文学教育：文科生拖累国家财富吗？》，"澎湃新闻"2021年4月27日。

《陈平原：过分强调"反映当下"，文学创作容易走上春晚这条路》（答赵蕴娴问），"界面文化"2021年5月25日。

《专访陈平原教授：超越学科界限，表达"人间情怀"》（访谈人：林栋、千禧月、吴轩然、徐军），"学人Scholar"2021年6月15日。

《固学术之本　浚新思之源——学者陈平原谈"中国近代文学文献丛刊"》（答韩寒问），《光明日报》2021年9月16日。

《专访暨大潮州文化研究院院长陈平原：对潮州文化的传播转化值得用心用力》（朱绍杰、陈亮），《羊城晚报》2021年9月17日。

《陈平原：提供书法的另一种可能性》（朱绍杰），《羊城晚报》2021年9月19日。

《陈平原、黄天骥畅谈岭南文化——"生猛且务实，包容而交融"》（朱蓉婷、陆洋），《南方都市报》2021年9月19日。

# 陈平原研究资料目录

黄子平：《文学史的"边际研究"——读陈平原〈在东西方文化碰撞中〉》，《读书》1988年第4期。

鈴木陽一：《陳平原〈中国小説叙事模式的転変〉を評す》，《中国古代小説研究動態》第2号，汲古書院，1988年10月10日。

王培元：《拓展与掘进》，《人民日报》1988年12月6日。

季红真：《小说蜕变期的形式研究——读陈平原著〈中国小说叙事模式的转变〉》，《中国现代文学研究丛刊》1989年第1期。

石明（殷国明）：《创造性转化中的"小题大做"——陈平原〈中国小说叙事模式的转变〉读后》，《沿海大文化报》第4期，1989年1月25日。

穆紫（李辉）：《书里书外》，《散文世界》1989年第2期。

段吉福：《书里书外之趣》，《读书》1989年第3期。

陈跃红：《读〈中国小说叙事模式的转变〉》，《读书》1989年第6期。

季镇淮：《读〈二十世纪中国小说理论资料〉第一卷》，《瞭望周刊》1989年第43期。

王飙：《火山遗迹的勘察者——读〈中国小说叙事模式的转变〉》，《文学评论》1989年第6期。

刘俊：《研究的背后——读陈平原〈中国小说叙事模式的转变〉》，《南京大学学报》1989年第6期。

清水賢一郎：《パラダイム転換を迫る文学史》（《中国小説叙事模式的転変》），［日本］《東方》第109号，1990年4月。

仲远（吴方）：《昔风旧雨话"小说"》，《人民日报》1990年5月23日。

钱理群：《小说史研究的新视域》，《读书》1990年第7期。

谷梁：《崭新的史识开拓——《〈二十世纪中国小说史·第一卷〉》，《文汇读书周报》1990年10月27日。

李庆西：《文化、诗学和叙事方式——〈二十世纪中国小说史〉（第一卷）的两个问题》，《上海文论》1990年第6期。

解志熙：《文学史的新写作及其理论问题——读〈二十世纪中国小说史〉第一卷》，《中国现代文学研究丛刊》1991年第2期。

刘纳：《有意义而有意思的工作——也读〈二十世纪中国小说史〉第一卷》，同上。

晓华：《"文化"的别一种谈法》，《文学自由谈》1991年第3期。

大木康：《中国小説史の一構想——陳平原の〈中国小説叙事模式の転变〉に寄せて》，《竹田晃先生退官記念》（東アジア文化論叢），汲古書院，1991年6月。

吴淳邦：《陈平原著〈中国小说叙事模式的转变〉》，［韩国］《中国小说研究会报》第7号，1991年9月。

孟繁华：《"消闲者未必真能消闲"——〈闲情乐事〉读后》，《青海湖》1991年第11期。

黄维樑：《说部踪迹和宝山地图——两位潮人年轻学者的力作》，（香港）《星岛日报》1991年11月20—21日。

丁亚平：《结构的文学史论——由〈原型的意义群〉、〈二十世纪中国小说史〉说起》，《当代作家评论》1992年第2期。

杜俪：《蝴蝶效应——记中文系副教授陈平原》，《金风折桂人》，北京：北京大学出版社，1992年7月。

藤井省三：《"知のたから"としての文学史——陳平原と魯迅・胡适を語る》，《中国語会話》1993年第1期。

李零：《侠与武士遗风》，《读书》1993年第1期。

王瀛（沈颖）：《亚文化·小传统——陈平原与武侠小说》，（香港）《中国导报》1993年第2期。

黄成勇：《学人陈平原与〈大书小书〉》，《羊城晚报》1993年2月27日。

中里見敬：《中国文学研究における物語論——陳平原〈中国小説叙事模式的転変〉をめぐって》，《集刊東洋学》第69号，1993年5月30日。

藤井省三：《陳平原の小説史論》，《毎日新聞》1993年9月27日。

余三定：《献身学术与保持人间情怀》，《文艺报》1993年10月23日。

吴晓东：《文化视野中的小说类型学——评陈平原著〈千古文人侠客梦：武侠小说类型研究〉》，《文学遗产》1993年第6期。

安子（胡从经）：《创造性思辨的结晶——推荐〈小说史：理论与实践〉》，（香港三联）《爱书人月报》1993年第12期。

余三定：《博取杂用守旧出新——陈平原治学述略》，《云梦学刊》1994年第1期。

余三定：《一部开拓性的小说史学著作——读〈小说史：理论与实践〉》，《华夏文化》1994年第3期。

刘岚山：《〈千古文人侠客梦〉读后》，《语文报》1994年6月27日。

權錫煥：《中国小说叙事学》，[韩国]《中国小说研究会报》第20号，1994年11月。

红娟：《各有各的活法——访陈平原》，《中华读书报》1994年11月2日。

王稼句：《谈书小笺·笺五》，《谈书小笺》，哈尔滨出版社，1994年12月。

贾敬韩：《钟情学海是此生》，《中国青年报》1995年5月14日。

段功伟：《书生四顾心悠然——北大中文系陈平原教授素描》，《人民日报》1995年10月16日。

杜丽：《逼人锋芒过平原》，《北京青年报》1996年2月23日。

红娟：《陈平原：了却一桩心愿》，《中华读书报》1996年3月6日。

韩毓海：《平原忽分路超远——陈平原的学术史研究管见》，《当代作家评论》1996年第3期。

吴晓东：《陈平原的小说史研究》，同上。

侯江：《陈平原的"人间情怀"》，《北京晚报》1996年7月14日。

郑思君：《治学甘苦与人间情怀》，《书与人》1996年第4期。

周淑媚：《千古文人侠客梦》，（台湾）《中央日报》1996年9月24日。

郑勇：《书生之学与学者之文》，《书城》1997年第1期。

王稼句：《陈平原的"小书"》，《济南时报》1997年3月7日。

赵武平：《平原君引发的疑惑》，《文汇读书周报》1997年3月8日。

李劼：《阅读〈阅读日本〉》，《读者导报》1997年10月20日。

郑勇：《百年学术：示来者以轨则》，《中华读书报》1997年11月5日。

余秋雨：《学者追忆丛书》，《中华读书报》1997年11月19日。

余杰：《书卷多情似故人——读〈陈平原书话〉》，《建设银行报》1997年11月26日。

孙立峰：《一介书生的选择——访北京大学第一位文学博士、

教授和博士导师陈平原》,《中国对外服务》1997年第6期。

郑勇:《读〈陈平原小说史论集〉》,《书城》1997年第6期。

洪越:《遥想诸子当年》,《好书》1997年11·12月号。

周伯军:《学术·兴趣·方法——访陈平原教授》,《文汇读书周报》1997年12月20日。

郑勇:《神游〈游心与游目〉》,《中华读书报》1997年12月24日。

藤井省三:《知を再構築する個人文集ブーム》,《每日新聞》1998年1月21日。

里丰:《一个乡下书生的人间情怀:北京大学教授、博士生导师陈平原》,《人物》1998年第1期。

郑勇:《陈平原小说史论集》,《读书》1998年第2期。

山口守:《一九九七年読書アンケート·陳平原〈閲読日本〉》,《中国図書》1998年2月号。

刘泽友:《洒脱机敏的当代学人——记陈平原教授》,台湾《国文天地》1998年2月号。

葛涛:《陈平原谈游侠、西学、做学问》,《大学生》1998年第3期。

郑勇:《老北大的故事》,《东方文化周刊》1998年第13期。

杨早:《大学的自由》,《金融早报》1998年4月29日。

谢泳:《编一本〈清华旧事〉如何?》,《中华读书报》1998年4月29日。

朱建华:《陈平原:钟情讲述〈老北大的故事〉》,《文艺报》1998年4月30日。

朱悦华:《人间情怀——陈平原和〈北大旧事〉》,《市场报》1998年5月2日。

朱建华:《有趣但不轻松的〈老北大的故事〉》,《文汇报》1998年5月2日。

刘绪源：《老北大的魅力——读〈北大旧事〉》，《文汇报》1998年5月4日。

郑勇：《北大的旧事与轶事》，《中华读书报》1998年5月6日。

钱文忠：《真实的北大》，《南方周末》1998年5月22日。

苏晓进：《陈平原：北大的"别一种作家"》，《中国引进时报》1998年5月22日。

李荣明：《陈平原：书生意气》，《如歌岁月》，北京：北京大学出版社，1998年5月。

侯化生：《走近百年北大》，《精神文明建设》1998年第5期。

校史编者：《就〈北京大学校史〉说几句话——顺答陈平原君》，《北京大学学报》1998年第3期。

韩野：《学术所依托者，学人也——著名学者陈平原印象》，《长春日报》1998年7月9日。

马越：《红楼风景从头说》，《文汇读书周报》1998年8月1日。

郑勇：《陈平原：独上高楼望断天涯路》，《中华英才》1998年第18期。

许纪霖：《"继绝学"的叩门之作》，《中华读书报》1998年10月7日。

刘绪源：《对现代学术的同情之理解——评陈平原〈中国现代学术之建立〉》，《文汇读书周报》1998年10月24日。

段炼（等）：《陈平原先生的"大学理念"》，《长沙晚报》1998年11月1日。

郑勇：《学以境界为上》，《东方文化周刊》1998年11月20日。

王枫、柯凯军：《以小见大与野心勃勃》，《中国图书商报·书评周刊》1998年11月27日。

Jana Horská, "Chen Pingyuan, 'Ershi shiji Zhongguo xiaoshuo shi, 1897–1916'（Book Review）." *Archív Orientální*, 1999–01–01, Vol. 67（1）, p. 140–142.

胡香：《纯粹的读书人》，《三秦都市报》1999年1月10日。

王枫：《思想史视野中的学术转型——陈平原〈中国现代学术之建立〉读后》，《书品》1999年第1期。

旷新年：《学术的凸显》，《科学时报》1999年3月2日。

江中明：《陈平原论文重建五四现场》，台湾《联合报》1999年4月26日。

王敦：《"阅读"陈平原》，《传记文学》，1999年第4期。

李雪、王赢：《陈平原直面鲜活的"五四"》，《北京晨报》1999年5月2日。

陈晋南：《陈平原等编著〈触摸历史〉模拟80年前那一天》，《中国图书商报·书评周刊》1999年5月4日。

叶鸿、王世军：《触摸五四·感悟生命》，《羊城晚报》1999年5月24日。

郑勇：《京城学界的"独行侠"——北京大学教授陈平原印象记》，南京《周末》1999年5月28日。

焦婉：《访陈平原先生》，《寻根》1999年第2期。

孟容、薛理：《好一个"五四不吃香了，怎么办？"》，《中流》1999年第5期。

王效挺、黄文一：《北大校庆定在五四是顺理成章的——兼与陈平原、钱耕森两先生商榷》，《北京大学学报》1999年第3期。

李钧：《陈平原：两副笔墨写人生》，《联合日报》1999年6月1日。

欧阳哲生：《追寻现代中国学术的传统》，香港《二十一世纪》1999年6月号。

丁东：《触摸历史——五四人物与现代中国》，《好书》1999年5·6月号。

王宏志：《"注重进程，消解大家"：二十世纪中国文学史重要作家的评价问题》，《中国现代文学论集——研究方法与评价》，香港中文大学中文系，1999年8月。

余杰：《感觉历史的"凹凸"——读〈触摸历史：五四人物与现代中国〉》，《文论报》1999年8月5日。

宫苏艺：《打通本世纪中国文化研究时空界限》，《光明日报》1999年8月19日。

李新宇：《历史的拂尘与学术的承担》，《中华读书报》1999年8月25日。

王枫：《以才情发为学问——〈陈平原小说史论集〉札记》，《博览群书》1999年第9期。

陈言（杨早）：《陈平原的"以小见大"》，《中国图书商报·书评周刊》1999年9月28日。

马千里：《故事里的真精神》，《安康师专学报》1999年第4期。

张立国：《打捞历史的真实》，《中国图书评论》1999年第12期。

孔庆东：《平原下有海》，《博览群书》2000年第3期。

郑勇：《陈平原、夏晓虹：文章姻缘》，《中华英才》2000年第8期。

叶隽：《数码时代的"为主为奴"——读〈数码时代的人文研究〉》，《学术界》2000年第5期。

杨早：《重走五四路》，《羊城晚报》2000年5月10日。

郑勇：《是真精神自风流》，《中华读书报》2000年5月17日。

周义：《孤军深入百年中国大学》，同上。

李新宇：《走近陈平原》，《文艺争鸣》2000年第3期。

李书磊：《陈平原学术观讨论》，同上。

贺桂梅：《"从晚清说起"——对陈平原学术史研究的读

解》,同上。

周义:《多事不过陈平原》,《博览群书》2000年第8期。

叶隽:《大学精神何处寻——读〈北大精神及其他〉》,同上。

孙郁:《学术史背后的人生:陈平原》,《北京观察》2000年第10期。

周义:《胆大心细,智圆行方——陈平原文学史研究印象》,《中华读书报》2000年10月25日。

李国涛:《现代散文谱系一支》,《文汇读书周报》2000年11月11日。

尤小立:《回到现场:学术研究的方法与观念意义》,《博览群书》2000年12期。

宾恩海:《文学研究的另一种视角——陈平原〈小说书面化倾向与叙事模式的转变〉》,《北京大学学报》(国内访问学者、进修教师论文专刊)2000年S1期。

周伯军:《〈中国小说史略〉有了图典本》,《文汇读书周报》2001年1月27日。

林伟平:《亦文亦图添乐趣》,《新民晚报》2001年2月16日。

刘绍铭:《校园风景》,《万象》2001年第1期。

苇渡:《陈平原的"第三种笔墨"》,《书与人》2001年第1期。

孔庆东:《自将磨洗认前朝——赏〈点石斋画报选〉》,《博览群书》2001年第4期。

杨建民:《佳酿新瓶溢醇香——读图典本〈中国小说史略〉》,《中华读书报》2001年4月11日。

郑勇:《晚清的日常生活与离奇想像》,《中国图书商报·书评周刊》2001年4月1日。

吴展良:《重省中国现代人文学术的建立——陈平原著〈中国

现代学术之建立〉》述评,《台大历史学报》第27期,2001年6月。

郑勇:《没有晚清,何来"五四"》,《中国图书商报·书评周刊》2001年8月2日。

俞小红:《陈平原的〈掬水集〉》,《常熟日报》2001年8月6日。

陈思和:《散文漫想——读陈平原君编〈中国散文选〉所想到的》,《天津日报》2011年9月3日;《文汇读书周报》2001年9月8日。

魏泉:《出新意于法度之中——评〈触摸历史:五四人物与现代中国〉》,《现代中国》第一辑,湖北教育出版社,2001年10月。

刘恩波:《抒写史家的本色与性情——评陈平原〈茱萸集〉》,人民网2001年11月20日。

杨早:《学问还可以这样表述》,《中华读书报》2001年12月19日。

杨早:《左图右史说晚清》,《中国图书商报·书评周刊》2002年1月3日。

舒明:《专家导读:让"旧书"介入新世纪的钥匙》,《文汇报》2002年1月18日。

叶隽:《创业者的风范与继承者的态度——再读〈中国现代学术之建立〉》,《现代中国》第二辑,湖北教育出版社,2002年3月。

刘为:《未名湖畔的逸事——与陈平原谈〈北大旧事〉》,吴玉仑主编《〈读书时间〉的四十二本书》,山东画报出版社,2002年3月。

任珺:《两个视野中的视野》,《读书》2002年第3期。

由卫娟:《陈平原纵论"少帅"与"新青年"》,《齐鲁周刊》第18期,2002年5月3日—9日。

卞晶:《不要用"伟大"形容我们》,《南方都市报》2002年5月7日魏泉：《为历史打开一扇奇妙小窗——从〈触摸历史〉到〈图像晚清〉》，《博览群书》2002年第7期。

林伟光：《潮州才子陈平原》，《汕头特区晚报》2002年8月25日。

郑勇：《江湖侠骨已无多》，《好书》2002年第6期。

郑勇：《陈平原——学者情怀与书生意气》，《人民日报》（海外版）2003年2月14日。

程展鹏：《书斋中的侠客梦》，《博览群书》2003年第2期。

张丽华：《在历史叙述中发现"历史"——读〈中国文学研究现代化进程二编〉》，《现代中国》第三辑，湖北教育出版社，2003年5月。

王震邦：《历史现场导游》，台湾《联合报》2003年5月4日。

丁国强：《商业侵扰与大学精神——读〈中国大学十讲〉》，《文汇报》2003年6月5日。

丁国强：《大学的变迁——读〈中国大学十讲〉》，《人民法院报》2003年6月17日。

秦燕春：《献给唐文治的"尊敬与同情"》，《读书》2003年第6期。

秦燕春：《"别有幽怀"的大学"心史"》，《博览群书》2003年第7期。

江南秋（杨志）：《是夜也，月朗风清》，《广州日报》2003年8月25日。

叶隽：《"更上层楼"抑或"自坚门户"——读〈陈平原序跋〉》，《博览群书》2003年第9期。

安琪：《谦谦君子陈平原》，《杭州日报》2003年9月24日。

方美富：《哈嗾，看报！——谈看陈平原〈阅读日本〉》，马来西亚《光华日报》2003年9月25日。

郑勇：《一个人的文学史》，《北京青年报》2003年11月20日。

叶隽：《又一本〈伦敦杂忆〉？》，《好书》2003年第6期。

张裕：《图文书：眉毛勿在脸上乱跑——北大教授陈平原直斥图书滥用图像现象》，《文汇报》2003年12月24日。

秦燕春：《温润洒脱的学术之旅》，《博览群书》2004年第1期。

叶隽：《"现代中国"的文化理想》，《中华读书报》2004年2月4日。

黄锦树：《北京怀旧》，台湾《联合报》2004年2月8日。

翟思宽：《有气又有趣的书生见闻——〈人在北京〉》，台湾《中国时报》2004年2月15日。

魏泉：《海水天风琴瑟和鸣——记夏晓虹、陈平原二位先生》，《中文自学指导》2004年第2期。

叶隽：《"大学问题"的历史资源——再读陈平原〈中国大学十讲〉》，《开放时代》2004年第2期。

李思涯：《书生意气陈平原》，《新远见》创刊号，2004年4月。

张远山：《"江湖"的词源——从陈平原〈千古文人侠客梦〉谈到江湖文化第一元典〈庄子〉》，《书屋》2004年第5期。

沈沣：《一手"为文"，一手"为人"》，《北京晚报》2004年7月23日。

葛飞：《文学史家视野中的绣像——评陈平原〈看图说书〉》，《文汇报》2004年7月24日。

郑勇：《从文人与文事到文心与文脉》，《三联书情》2004年7月第3期。

张慧瑜：《被压抑的"文"学史》，《新京报》2004年7月30日。

方笑一：《学者的睿智与文人的情怀——读陈平原〈从文人之文到学者之文〉》，《完全生活手册》2004年8月6日。

郑勇：《从知人论世到尚友古人》，《中国图书商报·书评周刊》2004年9月3日。

郑勇：《从文人之文到学者之文》，《书城》2004年第9期。

马淑艳：《看绣像听说书》，《中国图书评论》2004年第10期。

陈洁：《听陈先生演讲》，《法制日报》2004年11月19日。

洪爽：《兼容并包的大学精神》，《广东师院》2004年11月30日

秦燕春：《"左图右史"：挑战读者的晚清视野——〈图像晚清：点石斋画报〉读后》，《现代中国》第四辑，湖北教育出版社，2004年12月。

蔡可：《〈中国大学十讲〉：从"文学"到"大学"的"越界"启示》，同上。

杨早：《旧史新意大题小作》，《中华读书报》2004年12月8日。

刘睿：《为何谈文学》，《文汇读书周报》2004年12月24日。

夏中义、周兴华：《论陈平原的"学人角色自觉"》，《华东师范大学学报》2005年第1期。

于述胜：《跨学科视野中的百年中国大学研究》，《教育学报》2005年第1期。

刘洋、申轩：《学术史视野中的现代散文——评〈现代中国的"魏晋风度"与"六朝散文"〉》，《中文自学指导》2005年第1期。

阮慧勤：《作为顾问的陈平原》，《中国图书商报》2005年1月21日。

周昭翡：《建构中国当代都市文学图景——谈陈平原教授的〈人在北京〉》，《新西兰镜报》2005年3月11日。

秦燕春：《文学教育之路径——陈平原〈从文人之文到学者之文〉意义考辨》，《励耘学刊》2005年第1期。

谢金蓉：《从旧报纸去寻找晚清的魅力》，（台湾）《新新

闻》第953期，2005年6月9日—15日。

姜华：《中国人的读书梦》，《科学时报》2005年6月16日。

范军：《借日本"阅读中国"》，《中国图书评论》2005年第4期。

季剑青：《都市想像与文化记忆》，《中华读书报》2005年8月24日。

容文华：《北京的前世今生》，《人民铁道》报2005年8月26日。

高秀芹：《北大人物·十年不变的陈平原教授》，《粤海风》2005年第5期。

余三定：《学术史："研究之研究"——兼评北京大学出版社"学术史丛书"》，《北京大学学报》2005年第5期。

张凤珠：《历史钩沉中的触摸与想像》，《中华读书报》2005年11月2日。

冯俊杰：《进入历史，进入"五四"现场》，《新京报》2005年11月4日。

高帝（杨早）：《第三套笔墨》，《南方都市报》2005年11月14日；《文汇读书周报》2006年1月6日。

叶隽：《学术拓展的"社会空间"》，《科学时报》2005年12月1日。

妥建清：《探寻中国文学自身的现代性——兼与陈平原先生商榷》，《社会科学评论》2006年第2期。

范军：《在图文世界中阅读日本》，《文汇读书周报》2006年3月3日。

叶隽：《细节、文本、个案与历史阐释——读陈平原〈触摸历史与进入五四〉》，《中国图书评论》2006年第3期。

林分份：《重构五四新文化的形象——读陈平原〈触摸历史与进入五四〉》，《博览群书》2006年第5期。

郑依依：《对北大情有独钟：慢火煲人文研究的汤》，（香港)《明报》2006年5月9日。

陈晓明:《重回"五月四日那一天"》,《中华读书报》2006年5月17日。

颜浩:《鲜活的历史与有趣的学问——读〈触摸历史与进入五四〉》,《邯郸学院学报》2006年第2期。

叶隽:《当局者的敏锐与旁观者的智慧——读〈当代中国人文观察〉》,同上。

郑欣欣:《陈平原老师印象》,同上。

杨联芬:《"走出"之后的"返回"——评陈平原近著〈触摸历史与进入五四〉》,《中国现代文学研究丛刊》2006年第3期。

陈晓明:《重建学术史的"意境"——评陈平原〈触摸历史与进入五四〉》,《现代中国》第七辑,北京:北京大学出版社,2006年6月。

王昊:《且说大学之道——评〈大学何为〉》,《文汇读书周报》2006年7月7日。

王稼句:《绣像与小说》,《看书琐记》,山东画报出版社,2006年7月。

丁公藤:《〈大学何为〉:有关大学特性的冷峻思索》,《西安日报》2006年7月7日。

傅国涌:《追问"大学何为"》,《科学时报》2006年7月13日。

丁公藤:《北大教授的大学观》,《青岛日报》2006年7月15日。

许由:《中国大学的死与生》,《新世纪周刊》2006年8月9日。

叶隽:《读〈大学何为〉》,《书城》2006年第8期。

尚杰:《大学不应该只是一座工厂——评〈大学何为〉》,《中国青年报》2006年9月4日。

陈丹丹:《侠骨柔情陈平原》,《北京青年报》2006年9月15日。

张洁宇：《文学的疆域——陈平原学术研究》，《北京社会科学》2006年第5期。

尤小立：《新传统与大学文化守成主义》，《博览群书》2006年第10期。

朱琳佳：《陈平原："文"、"学"兼修的典范》，《语文学刊》2006年第10期。

曾巍：《〈日本印象〉：学者之文别种风致》，《中国新闻出版报》2006年11月1日。

吴晓东：《历史如何触摸》，《读书》2006年第12期。

吴微：《我的博导陈平原先生》，《新安晚报》2007年1月11日。

窦坤：《北京文化研究的新气象——〈北京：都市想像与文化记忆〉读后》，《现代中国》第八辑，北京：北京大学出版社，2007年1月。

张俊峰：《陈平原：学人，也是旅人》，香港《文汇报》2007年2月12日。

杨扬：《学问家的众生相》，《文汇读书周报》2007年3月16日。

丁晓原：《陈平原："非意识形态化"文学研究模式的构建》，《渤海大学学报》2007年第2期。

王思泓：《热爱教育的理想主义者》，《北大青年》2007年4月1日。

许黎娜、丁妍：《"大学被娱乐化不是好事情"》，《南方都市报》2007年4月19日。

胡燕：《从〈散文小说志〉到〈明清散文研究〉》，《中国图书评论》2007年第4期。

凌云岚：《学术随感录》，《南都周刊》总127期，2007年6月1日。

秦燕春：《水边的茶酒话事——读〈茶人茶话〉与〈酒人酒

事〉》,《文汇报》2007年6月23日。

曾漫路:《走出潮汕的陈平原对本土文化的"爱恨情仇"》,《汕头特区晚报》2007年6月25日。

赵婕:《北大教授陈平原:"老板时代"的老师与学生》,《启迪》2007年第9期。

陶卫华:《陈平原:走过历史的苍凉》,《小康》2007年第10期。

王海军、邱韵菁:《"扩招有一种大跃进思路"》,《南方都市报》2007年10月10日。

邓琼、曲瑜:《著名学者陈平原羊城"论剑":高校热衷评估弄虚作假太甚》,《羊城晚报》2007年10月10日。

卢文洁:《高校办学:"马儿啊你慢些跑"》,《广州日报》2007年10月12日。

薛冰、徐燕平:《陈平原:评估细化令大学雷同》,《信息时报》2007年10月12日。

陈红艳、廖银洁:《著名学者陈平原:"中国大学越来越像官场"》,《新快报》2007年10月12日。

龚勤舟:《陈平原:"上流书"和"下流书"都可以读》,《中国青年报》2007年10月29日。

余三定:《作为"另一副笔墨"的〈学术随感录〉》,《中国政法大学学报》2007年第2期。

文敏:《大学校园里,该有大师们闲适的身影》,《钱江晚报》2007年11月2日。

张弘:《陈平原:漫卷诗书喜欲狂》,《新京报》2007年11月30日。

周兆呈:《大学何为》,新加坡《联合早报》2007年12月2日。

邓莉蓉:《陈六使基金访问教授陈平原:中国大学问题成公共话题　教授介入能影响大学走向》,新加坡《联合早报》2007

年12月3日。

张永禄：《论陈平原的小说类型研究——兼论现代汉语小说类型研究》，《理论与创作》2007年第6期。

于述胜：《大学精神的另一种探寻——〈大学何为〉述论》，《现代中国》第十辑，北京：北京大学出版社，2008年1月。

张丽华：《通向"观念史"的新途径——评〈近代中国的百科辞书〉》，《现代中国》第十辑，北京：北京大学出版社，2008年1月。

吴微：《文学史家的教育情怀——〈教育：知识生产与文学传播〉读后》，同上。

张海生、吴玉玉：《小说史观的变迁——从夏志清到陈平原》，《昆明师范高等专科学校学报》2008年第1期。

张海生、吴玉玉：《1980年代中国现代小说史编撰模式的流变》，《北京科技大学学报》（社会科学版）2008年第2期。

丘桓兴（等）：《農村から出た学者陳平原さん大学入試復活が運命を変えた》，《人民中国》2008年第2期。

徐敏：《别样的文学史述学文体——读陈平原〈二十世纪中国小说史〉》，《南京师范大学文学院学报》2008年第2期。

陈礼坚：《山村岁月的回忆——陈平原少年记事》，《潮州党史与党建》2008年第2期。

肖玉华：《瞎子摸象——话陈平原》，《韩山师院》2008年7月1日。

叶隽：《重温学者的人间情怀》，《科学时报》2008年7月31日。

陶卫华、潘佳蓓：《陈平原：实现对人文精神的自觉坚守》，《中国社会导刊》2008年第13期。

林峥：《我的燕园记忆·从夫子游》，《我的北大青春纪事——北京大学2008届毕业生毕业纪念文集》，北京：北京大学出版社，2008年10月。

李浴洋：《情趣·情结·情怀——读〈北京记忆与记忆北京〉》，《书品》2008年第6辑。

李浴洋：《以现代眼光重构古典资源——读〈从文人之文到学者之文：明清散文研究〉》，《理论与创作》2008年第12期。

梁伟诗：《正统与遗民》，香港《信报》2009年1月17日。

方麟：《平原君》，《北京晚报》2009年6月19日。

黄晓峰：《陈平原谈中文系的困境》，《中国社会科学报》2009年第7期。

杨玉圣：《关注我们的大学生态——读陈平原新著〈大学有精神〉》，《世界知识》2009年第14期。

宋剑华：《五四与传统：我们"成功"地"断裂"了吗？——兼与陈平原教授的论点进行商榷》，《理论与创作》2009年第5期。

王启元：《大学之道，在止于至善》，《文汇读书周报》2009年11月6日。

王俊：《大学中文系为何不培养作家》，《深圳特区报》2009年11月16日。

林夏：《平原君的题跋》，《河南教育》（高校版）2009年第11期。

李浴洋：《"陈述"的风采——试论陈平原的"述学文体"》，《现代中国文学论坛》（第二卷），中国华侨出版社，2009年11月。

孙秀芹：《陈平原中国小说史研究综论》，《江苏教育学院学报》2010年第1期。

吴励生：《问题史、心态学穿透与学术结构性洞察——陈平原学案研究之一》，《社会科学论坛》2010年第1期。

吴励生：《文学史、文学与历史的话语重构——陈平原学案研究之二》，《社会科学论坛》2010年第2期。

吴励生：《历史记忆：重建现场与智识建构——陈平原学案研

究之三〉,《社会科学论坛》2010年第3期。

黄育聪:《观察现代中国的别样视野——评陈平原〈历史、传说与精神——中国大学百年〉》,《云梦学刊》2010年第4期。

田志凌:《陈平原:藏书为读书　读书为兴趣》,《南方都市报》2010年7月11日。

袁一丹:《"文学"的立场与总体性的建构——读〈历史、传说与精神:中国大学百年〉》,《教育学报》2010年第4期。

《北大教授陈平原的书房》,《21世纪》2010年第10期。

袁依:《一个纯粹而温情的学人——浅谈陈平原的"书生本色"》,《文学界》(理论版)2010年第12期。

邓玉环、黄晚晴:《当代学术著述体例之"讲学文体"刍议——以陈平原〈从文人之文到学者之文〉为例》,《中国社会科学院研究生院学报》2011年第1期。

尚新磊:《论陈平原、王晓明〈新青年〉研究的特点及意义》,《嘉应学院学报》2011年第1期。

徐敏:《陈平原小说史研究方法论》,《南京晓庄学院学报》2011年第2期。

黄涌:《作为想象的文学史》,《中国图书评论》2011年第7期。

方永泉:《追求大学教育的真精神——陈平原〈中国大学十讲〉介绍》,台湾《通识教育学刊》2011年第8期。

杜新艳:《千里之行,始于"从游"——专访陈平原教授》,《革命·启蒙·抒情——中国近现代文学与文化研究学思录》,台北:允晨文化,2011年9月。

方泽强:《"大学有精神"何解?》,《煤炭高等教育》2011年第5期。

陈华东:《大学精神再认识——读陈平原〈大学何为〉》,《社会科学论坛》2011年第11期。

韩知延:《对于文学史的思考与解读——读陈平原〈作为学科

的文学史〉》,韩国《中国现代文学》第59号,2011年12月。

叶隽:《学术史的学科史根基与学科史的学术史视域——读陈平原〈作为学科的文学史〉》,《现代中国》第十四辑,北京:北京大学出版社,2011年12月。

林分份:《"重写文学史"的新征程——陈平原〈假如没有"文学史"……〉》和《作为学科的文学史》,《鲁迅研究月刊》2012年第3期。

朱炎军:《旁采泰西遗失三代——刍议陈平原〈中国大学十讲〉》,《鸡西大学学报》2012年第3期。

季剑青:《文学史的反思与重建》,《读书》2012年第4期。

季剑青:《书里书外皆风景——读〈读书的"风景"〉》有感,《光明日报》2012年8月11日。

石宁:《严谨的学术态度,独到的理论见解——读陈平原的〈中国小说叙事模式的转变〉》,《青春岁月》2012年第8期。

陆胤:《文体敏感、史家分寸与在场体验——读陈平原〈作为学科的文学史〉》,《中国现代文学研究丛刊》2012年第8期。

张治:《读书是最重要的事》,《南方都市报》2012年9月9日。

谭熹琳:《重思"大学"》,同上。

玉旖旎:《新颖、独特、奇妙、精湛——读〈中国小说叙事模式的转变〉有感》,《北方文学》2012年第9期。

何晶:《陈平原:在"史学品格"与"现实感怀"之间》,《文学报》2012年9月13日。

于强:《对陈平原90年代学术的考察》,《文学教育》(下)2012年第10期。

颜浩:《当读书成为风景》,《北京青年报》2012年11月9日。

许莎莎:《读书"风景"里的人间情怀——评陈平原新作〈读书的"风景"〉》,《中国艺术报》2012年12月14日。

法霖：《陈平原：压在纸背后的"人"》，《传记文学》2012年第12期。

Edmund S. K. Fung, "Touches of History: An Entry into 'May Fourth' China, by Chen Pingyuan, translated by Michel Hockx, with Maria af Sandeberg, Uganda Sze Pui Kwan, Christopher Neil Payne and Christopher Rosenmeier. Leiden: Brill, 2011. x + 437 pp. €133.00/US$182.00（hardcover）." *The China Journal* （Canberra, A.C.T.），2013–01, Vol. 69, p. 240–242.

朱伟南：《陈平原喊你——不要想当官想疯了》，《信息时报》2013年7月11日。

夏爱华：《书里书外皆风景——读陈平原〈读书的"风景"〉》，《中国职工教育》2013年第15期。

张涛：《大学应该怎么"读"？》，《今日中国》（中文版）2013年第11期。

陈艳敏：《为什么是北京——读陈平原〈北京记忆与记忆北京〉》，《书与城》，山东画报出版社，2014年3月。

陈艳敏：《漫谈北京——读钱理群、陈平原等〈北京读本〉》，同上。

陈艳敏：《不问风轻云淡，独慕人间烟火——读钱理群、陈平原等〈北京读本〉》，同上。

陈艳敏：《为茶而生，拥茶而舞——读陈平原、凌云岚〈茶人茶话〉》，同上。

艾伞伞（赵婕）：《精深陈平原：给学术盖钢印的人》，《看历史》2014年5月刊。

孙明亮：《现场抵抗遮蔽——读陈平原〈五月四日那一天〉》，《名作欣赏》2014年第5期。

王婷婷：《从〈千古文人侠客梦〉看陈平原的史料考证》，《哈尔滨学院学报》2014年第8期。

张志忠：《"今古"何以可能"齐观"？——兼答陈平原"今

古"何以"齐观"》,《名作欣赏》2014年第10期。

夏晓虹:《陈平原的"五快"——六十岁生日会上的感言》,香港《百家》第35期,2014年12月。

陈国球:《山移海动见平原——我眼中的平原君》,同上。

李婉薇:《纷乱世相中的洒脱与温润——读平原师的〈大学小言〉》,同上。

黄志江:《浅谈大学两三事——〈大学小言〉读后感》,同上。

韩劲杨:《一面之缘》,同上。

李明:《陈平原武侠小说研究的整体性》,《郑州师范教育》2014年第6期。

徐晨光:《历史的文学书写——读陈平原〈"元气淋漓"与"绝大文字"——梁启超及"史学革命"的另一面〉》,《黑龙江史志》2014年第24期。

颜亮:《陈平原:情怀是更柔软、内向的表达方式》,《南方都市报》2014年12月20日。

花尻奈緒子:九〇年代中国知識界と「『侠』の発見」:陳平原の侠文化研究から,《言語社会:Gensha》第9号,一橋大学大学院言語社会研究科紀要編集委員会,2015年3月。

刘一霖:《大学如何小言?》,《南方教育时报》2015年3月27日。

任我行(林伟光):《康乐园里弦歌声》,《汕头日报》2015年4月12日。

林峥:《既开风气亦为师——记陈平原、夏晓虹先生兼怀我的北大岁月》,《北京青年报》2015年6月11日。

李浴洋:《读书,在专业性与趣味性之间》,《中华读书报》2015年6月24日。

高慧斌:《战时大学:连天烽火遍地弦歌》,《辽宁日报》2015年8月10日。

李英群：《好玩与搞笑》，《潮州日报》2015年8月11日。

许旸：《坚守一代学人的信念与情怀——陈平原著〈抗战烽火中的中国大学〉讲述大学内迁岁月中的师生风骨》，《文汇报》2015年8月12日。

李浴洋：《"自有名句"与"自成高格"——〈抗战烽火中的中国大学〉读后》，《文汇报》2015年8月16日。

柳哲：《我在北大的两位导师——记钱理群与陈平原先生》，《粤海风》2015年第5期。

祝帅：《读陈平原〈抗战烽火中的中国大学〉》，《中国文化报》2015年9月15日。

禾刀：《别误读了"苦难"这块磨刀石——读陈平原的〈抗战烽火中的中国大学〉》，《北京日报》2015年10月22日。

刘克敌：《沿着鲁迅的道路——对王瑶与陈平原之学术研究的不完全考察》，《海南师范大学学报》（社会科学版）2015年第10期。

叶杨曦：《大学之道：值得追怀的遥远兴趣》，《南方教育时报》2016年5月6日。

季剑青：《追问"大学"：人能弘道，非道弘人》，《新京报》2016年5月28日。

袁一丹：《大学转轨亟需制动装置而非加速器——读陈平原〈大学新语〉有感》，《文汇报》2016年6月2日。

季剑青：《有精神的大学研究——读陈平原"大学五书"》，《云梦学刊》2016年第4期。

陈丹玲：《文学研究与史家风度——评洪子诚与陈平原的文学史治学方式》，《名作欣赏》2016年第8期。

李浴洋：《文学教育有没有新的可能——评陈平原的〈作为学科的文学史〉（增订本）》，《文汇报》2016年9月18日。

白宇极：《陈平原先生您的批评太谦虚了》，《北京青年报》2016年9月23日。

夏中义：《"人与学科史"关系的两种书写（以王瑶为例）——对陈平原〈作为学科的文学史〉的一个旁白》，《文艺争鸣》2016年第10期。

张福贵：《第三只慧眼看文学史——陈平原〈作为学科的文学史〉的启示》，同上。

朱寿桐：《文学教育学建构的学术可能性》，同上。

吴晓东：《文学史家的"通识"与"情怀"——评〈作为学科的文学史〉》，同上。

贺桂梅：《文学史传统与大学文学教育》，同上。

沈卫威：《"自家的学术史眼光与趣味"》，同上。

张鹏：《人文学科退居边缘人文学者应走出"偏见"》，《文汇报》2016年12月16日。

Michel Hockx, "Introduction to the English Edition," *The Development of Chinese Martial Arts Fiction: A History of Wuxia Literature*, Cambridge University Press, 2016, xi–xv.

胡静：《转身中的坚守——陈平原的学术研究理路》，《铜陵学院学报》2017年第4期。

周智敏、刘铁峰：《"人间情怀"摭谈》，《湖南人文科技学院学报》2017年第5期。

肖波：《有精神的内迁大学，有温度的西南联大——读陈平原〈抗战烽火中的中国大学〉》，《文化软实力研究》2017年第6期。

吴琼：《文侠陈平原：真名士自风流》，《时代潮人》2018年1期。

杜小烨：《读书人的问题都在这本书里》，《天津日报》2018年1月8日。

李浴洋：《作为学术史人物的王瑶——陈平原编〈王瑶与现代中国学术〉读后》，《文艺报》2018年1月18日。

张丽华：《为什么还要谈论文学史？》，《读书》2018年

3期。

李念：《陈平原："忍不住"的人间情怀》，《文汇报》2018年3月25日。

季剑青：《亦开风气亦为师——陈平原的文学史研究》，《中国语言文学研究》2018年春之卷。

季剑青：《陈平原：学者的立身与行世》，《传记文学》2018年6期。

李浴洋：《对话"五四"：理解历史与关怀时代——陈平原新书研讨：思想操练的迫切压在纸背的心情》，《北京青年报》2018年6月30日。

宫立：《从"纪念王瑶"到"王瑶研究"——读陈平原编〈王瑶与现代中国学术〉》，《文汇读书周报》2018年7月2日。

王勉、梁天伊：《陈平原：有好作家的城市，真的是有福的》，《北京青年报》2018年7月11日。

凌云岚、张丽华、王鸿莉、颜浩：《承载在"散文"里的"文化"》，《解放日报》2018年7月28日。

欧阳哲生：《新世纪五四话语的演进》，《文艺争鸣》2018年第9期。

杨联芬：《思想操练与五四遗产》，同上。

贺桂梅：《以五四为磨砺之石，探寻知识主体的位置》，同上。

孔庆东：《五四与二马——读陈平原〈作为一种思想操练的五四〉》，同上。

杨早：《第三个"五四"："新文化"怎样流播？》，同上。

程凯：《重返"危机时代"——一种通向五四的路径》，同上。

张丽华：《五四：一个尚未闭合的文本》，同上。

季剑青：《激活历史的方法——读〈作为一种思想操练的五四〉》，同上。

袁一丹：《绣花针与狼牙棒》，同上。

王勉：《书有书的命运，该出手时就出手》，《北京青年报》2018年10月28日。

杨早：《学会理解图像的力量》，《新华每日电讯》2018年11月30日。

王风：《陈平原先生旁论》，《名作欣赏》2019年第1期。

张广海：《通过对话"五四"实现自我启蒙——读〈作为一种思想操练的五四〉》，同上。

卫纯：《从图像研究看文化史建构的一种可能——以三联版〈左图右史与西学东渐〉为例》，同上。

张春田：《"学问"如何"讲授"——由〈讲台上的"学问"〉说开去》，同上。

张治：《"趣味"背后——由〈读书是件好玩儿的事〉想到的》，同上。

葛飞：《学术体制之外的笔墨和情怀——读〈阅读·大学·中文系〉有感》，同上。

崔文东：《从图像叙事看传统的现代转化》，《中华读书报》2019年2月27日。

李骞：《陈平原先生著作阅读记》，《边疆文学·文艺评论》2019年第1期。

杨洁：《个人才能与历史传统的合力——读陈平原〈中国小说叙事模式的转变〉》，同上。

孙金燕：《陈平原〈千古文人侠客梦〉谫论》，同上。

张勐：《文学史论的另一面相：以三部讲堂实录型著述为视点》，《杭州师范大学学报》（社会科学版）2019年第2期。

杨早：《陈平原：将情怀和兴趣转化为学问》，《文化月刊》2019年第5期。

郑珊珊：《文化史的观照与文学研究的另一学术进路——陈平原〈左图右史与西学东渐——晚清画报研究〉》，《中国现代文学研究丛刊》2019年第8期。

王勉：《潮州：不需浮饰惊艳，只需平常打造》，《北京青年报》2019年8月13日。

刘兰肖、叶建：《从画报看晚清社会的独特文化面相》，《辽宁日报》2019年12月16日。

龙其林、聂淑芳：《平原中国文学研究图像史料实践述略》，《阴山学刊》2020年第1期。

袁一丹：《三代师生读城记——"接地气"的都市研究》，《北京青年报》2020年8月9日。

李浴洋：《"史笔"与"心迹"》，《读书》2020年第9期。

李浴洋：《"千年文脉"视野中的"现代文学"——陈平原学术关怀与研究方法述略》，《晋阳学刊》2020年第6期。

李浴洋：《"做学问"与"写文章"——陈平原教授中间美术馆讲座侧记》，《北京青年报》2020年11月15日。

刘勇：《思想·谱系·情怀——浅谈学术史研究的三个关键词》，《探索与争鸣》2020年第12期。

解志熙：《学术史的寻根与补课》，《探索与争鸣》2020年第12期。

欧阳哲生：《学术史研究的人文情怀》，《探索与争鸣》2020年第12期。

孟庆澍：《讲课与谈话——当代口头述学形式一瞥》，《探索与争鸣》2020年第12期。

季剑青：《中国现代学术的自我理解与再出发》，《探索与争鸣》2020年第12期。

张丽华：《学者与他的时代：作为媒介的"学术史"》，《探索与争鸣》2020年第12期。

陆胤：《学术史的多元进路与文章学的学术视野》，《探索与争鸣》2020年第12期。

李浴洋：《"学人"的学术史及其新的可能性》，《探索与争鸣》2020年第12期。

张幸幸：《在"放"与"守"之间——陈平原的学术研究》，《散文百家》2021年第2期。

杨联芬：《从"声音"发现文体——读陈平原〈现代中国的述学文体〉》，《南方文坛》2021年第2期。

袁一丹：《"述学文体"的远观与细剖》，《南方文坛》2021年第2期。

李浴洋：《"未有深于学而不长于文者"——陈平原〈现代中国的述学文体〉刍议》，《中国现代文学研究丛刊》2021年第5期。

颜浩：《文学教育的"无用"与"有用"》，《北京青年报》2021年5月21日。

张治：《文学课堂的趣味》，《北京青年报》2021年5月21日。

汤莉：《从语文课开始向往远方》，《北京青年报》2021年5月21日。

林峥：《面向"爱美者"的文学教育》，《北京青年报》2021年5月21日。

李浴洋：《作为"压舱石"的人文学——读陈平原新书〈文学如何教育〉》，《光明日报》2021年8月7日。

吴建华：《回归文学的初心》，《风流一代》2021年第16期。

孙郁：《"思"与"诗"互渗何以可能》，《小说评论》2021年第5期。

陈培浩：《文学教育与大学诗教》，《福建文学》2021年第10期。

仇赤斌：《梳理明清散文的发展脉络——读陈平原的〈从文人之文到学者之文〉》，《宁波日报》2021年11月23日。

## 博士、硕士论文

徐敏：《中国现代小说史书写研究——以夏志清、陈平原、杨联芬为个案》，南京师范大学，博士，2006年。

陈正敏：《意识形态与范式转换——北京大学中国现代文学学者现代文学史观研究》，复旦大学，博士，2009年。

张海生：《中国现代小说史编纂模式的流变》，北京语言大学，硕士，2009年。

姜婷：《陈平原文学史教育思想研究》，吉林大学，硕士，2016年。

胡静：《论陈平原的中国现代文学研究》，安徽师范大学，硕士，2018年。

聂淑芬：《陈平原图文互文思想初探》，广州大学，硕士，2018年。

李雄：《陈平原大学理念研究》，云南大学，硕士，2019年。

## 編纂委員會顧問

王　起　　周　林　　周紹良　　啟　功　　程千帆

## 編纂委員會

鄧廣銘　　錢仲聯　　繆　鉞

孔凡禮　　王　嵐　　王麗萍　　安平秋　　李　更

李致忠　　宋祥瑞　　吳　鷗　　金開誠　　馬秀娟

高秀芳　　孫欽善　　陳新　　陳曉蘭

倪其心　　許逸民　　張弘泓　　張躍明

傅璇琮　　裴汝誠　　趙前　　漆永祥

劉瑛　　楊忠　　羅琳　　榮貴明

嚴紹璗

本册资料人员

朱宝模　孟宪忠　姚兆宁　徐永强　崔　岩　崔庚昌

刘　雯

参加本册整理者

于博文　于世明　王　岚　吕桂珍　朱宝模

吴　鸥　岳仁堂　孟宪忠　查九星　徐永强　李　更

崔统华　许红霞　闻　贤　刘　瑛　陈晓兰

卢新宁　戴　萤　严文儒　　　　　刘锦云

参加本册补遗者

虞　行

本册责任编委

李　更

（以上均以姓氏笔划为序）

# 第四五册诗人总目

徐逸（二七六八七）
梁平叔（二七六八八）
章才邵
李伯敏（二七六八九）
鄒軼
釋志南（二七六九〇）
袁梅岩
晁子東（二七六九一）
王暉
徐昭然（二七六九二）
江朝議
楊興宗（二七六九三）
謝洪
莫若晦（二七六九四）
高文虎
錢聞禮（二七六九七）

張伯垓
耿秉（二七六九八）
虞詔（二七六九九）
周登
朱藻（二七七〇〇）
吳宗旦
吳時顯（二七七〇一）
沈瀛（二七七〇二）
沈揆
尤檬（二七七〇三）
祖世英（二七七〇四）
葉延壽
林外（二七七〇五）
馬先覺
陸律（二七七〇七）
陳善（二七七〇八）

陳睍（二七七〇九）
鍾炤之
王齊輿（二七七一〇）
趙濟（二七七一一）
李處全
羅頌（二七七一二）
麋師旦
黃銖（二七七一四）
王厚之（二七七一七）
袁樞
林大中（二七七二一）
郭知運
李輔（二七七二三）
龔頤正（二七七二四）
部使者（二七七二五）
韓彥質

韓彥古（二七七二六）
紹興士人
何中太（二七七二七）
雍大椿
釋深（二七七二八）
釋法空（二七七三〇）
張孝祥（二七七三一）
衛博（二七八〇五）
釋崇嶽（二七八一四）
劉翰（二七八四一）
沈端節（二七八四六）
李孚（二七八四七）
陸九韶
陸九齡（二七八四九）
岳霖（二七八五〇）
葉祖義

趙善俊(二七八五一)
高公泗
白丙(二七八五二)
婁壽
莊珙(二七八五三)
邵轍
撫州樂妓(二七八五四)
尹穡(二七八五五)
趙端行(二七八五六)

朱某
湖南使者
強彥文(二七八五七)
宋沇
釋惟嶽
張栻(二七八五八)
陳造(二七八五九)
釋可封(二七八四七)
任詔(二八二六八)

王正功(二八二六九)
婁機(二八二七〇)
宋恭甫(二八二七一)
陶去泰
王曉
趙不敵(二八二七二)
劉大辯
周承勛(二八二七三)
唐子壽(二八二七五)

章淛
王藝(二八二七六)
胡元功
趙彥衛(二八二七七)
趙彥瓌
陳德明
成欽亮(二八二七八)
郭明復(二八二七九)
劉知仁(二八二八〇)

# 第四五冊目次

## 全宋詩卷二三九五

徐逸　晝眠治平寺　梅花　蒿村居偶題 ……………………… 二六八七
句 ……………………………………………………………… 二六八八
梁平叔　與晦庵先生同宿清虛庵 ……………………………… 二六八八
章才邵　題嚴子陵釣臺　過清遠大家峽 ……………………… 二六八八
進月堂 ………………………………………………………… 二六八九
李伯敏　聞象山論學語有得　道謁朱晦庵先生 ……………… 二六八九
鄒軼　謁毛竹間先生　題讀書林　山居寓興 ……………… 二六八九
釋志南　詩一首 ……………………………………………… 二六九〇
袁梅岩　接晦庵薦志南書有作 ……………………………… 二六九一
晁子東　賡韻題精舍 ………………………………………… 二六九一
王暉　三河道中　龍游道中聞雁 …………………………… 二六九一

## 全宋詩卷二三九六

徐昭然　句 …………………………………………………… 二六九二
江朝議　早離永明晚抵江華道中　遊陽華口占　五言八句呈諸僚友 …… 二六九二
楊興宗　句 …………………………………………………… 二六九三
謝洪　賦梅 …………………………………………………… 二六九三
莫若晦　震山巖 ……………………………………………… 二六九四
高文虎　送台倅趙叔明趨朝　和曾原伯寄超化　謝人海棠　次韻楊少雲桂花　雪館 …………………………………… 二六九五
舉長老　山茶 ………………………………………………… 二六九五
醱醵花　瑞香花　種菊　水仙　次韻江朝 ………………… 二六九六
宗梅花　集高亭 ……………………………………………… 二六九六
錢聞禮　題簡寂觀 …………………………………………… 二六九七
張伯垓　題椿桂堂 …………………………………………… 二六九七
寄沈菊山壽昌寺 ……………………………………………… 二六九八
耿秉　挽崔舍人 ……………………………………………… 二六九九

全宋詩 第四五册目次

虞詔
　荷花　柳花 ……二六九九
周登
　遊廬山南阜步月回寓館 ……二六九九
泛舟西湖 ……二七〇〇
朱藻
　鼎湖 ……二七〇〇
吳宗旦
　都梁宮　九頂大像閣　金釜山靈泉 ……二七〇一
吳時顯
　大寧寺過舅書舍　法相寺可賦亭 ……二七〇一
　句 ……二七〇二
沈瀛
　石人 ……二七〇二
沈揆
　夜宿國清寺題更好堂　題石井泉 ……二七〇三
尤戀
　石井泉次沈太守韻 ……二七〇三
祖世英
　三學院 ……二七〇四
葉延壽
　句 ……二七〇四
林外
　題西湖酒家壁　戲題灘傍驛壁 ……二七〇五
馬先覺
　喜樂功成招范至能人詩社 ……二七〇五
幽居客至　索笑圖詩　樂菴李先生居南牀論

送崑山丞謝子瀟解官還朝
云 ……二七〇六
因作二詩哭之僧諱清照神濟乃其師號
濟善醫能知人死生於數歲或數月之前或有奇
疾則以意用藥無不差者既享高壽臨終甚了
張同知不行挂冠而歸賦二詩為壽　慧聚僧神

陸律
　盈川渡　盈川舊縣 ……二七〇七
陳善和人
　姑蘇靈巖寺 ……二七〇八
陳睍
　題廣福寺軒　游曉覺寺 ……二七〇九
　句 ……二七〇九
鍾炤之
　句 ……二七一〇
王齊輿
　儒生墓 ……二七一〇
全宋詩卷二二九七
趙濟
　賞蓮夜警 ……二七一一
李處全
　挽崔舍人　蛻龍洞　深靜堂 ……二七一二
羅頌
　蘭亭序墨本 ……二七一三
麇師旦
　妙庭觀 ……二七一三

黃銖 鐵笛亭 梅花 秋日 送朱元晦遊湘
中 送仲晦 ........................................ 二七七一四
寄南康使君仲晦五十二兄 秋日懷元晦
夏有懷仲晦 曉起有懷仲晦彥集不
至 ........................................................ 二七七一五
句 ........................................................ 二七七一六
王厚之 香山刻石 ............................................ 二七七一七
袁樞 高宗皇帝挽詞 題建寧南鄉橋 題屏
風 武夷精舍十詠 ............................................ 二七七一七
寄朱晦翁山中丹砂 ........................................ 二七七一八
句 ........................................................ 二七七二〇
林大中 題椿桂堂 ............................................ 二七七二一
郭知運 清愛堂 題雙廟 登凌歊臺 岳陽樓
紀興 寄楊公闈修撰 ........................................ 二七七二二
送張子韶謫居南安 寄孟始兄兼示弟姪 偶
成早春 ................................................ 二七七二三
李輔 真空寺 ................................................ 二七四七三

龔頤正 泰伯廟迎享送神辭三章 陳山龍君祠
迎享送神曲 ............................................ 二七七二四
部使者 贈林次齡 ............................................ 二七七二五
韓彥質 高宗皇帝輓詞
韓彥古 題大智院明月巢 ........................................ 二七七二六
紹興士人 題鳴山祠
何中太 留題延慶院 ........................................ 二七七二七
雍大椿 東巖寺
釋深 偈頌六首 頌古八首 ........................................ 二七七二八
釋法空 乞賞曹勳 ........................................ 二七七三〇

全宋詩卷二二九八

張孝祥 和何子應賦不欺室韻 .................................... 二七七三一
讀中興碑 題張仲欽所藏隆茂宗畫登瀛圖
題蔡濟忠所摹御府米帖 賦王唐卿廬山所得
靈壁石 ................................................ 二七七三三
月之四日至南陵大雨江邊之圩已有沒者入鄱
陽境中山田乃以無雨為病偶成一章呈王龜齡
近得一二硯示范達甫笑以為堪支牀也許送

# 全宋詩 第四五冊目次

端州大硯作詩以堅其約 ........................ 二七七三三
劉倅示崇寧上舍題名翰林其父也 黃升卿送
　棕鞋 贈張欽州 賦沈商卿硯 .............. 二七七三四
大雨呈同行諸公 吳城阻風 金沙堆 欲
　雪 ............................................ 二七七三五
鑑湖納涼 和沈教授子壽賦雪三首 鄱陽史
　君王龜齡閟雨再賦一首 喜晴賦呈常守葉夢
　錫 ............................................ 二七七三六
七夕 謝劉恭父玉潭月色真石室之賜 從張
　欽夫覓紙 幽興 .............................. 二七七三七

## 全宋詩卷二一九九

張孝祥二 麒麟硯滴分韻得文字 諸公分韻賦
　冒頓之區落焚老上之龍庭得老庭字 椰子酒
　檻 ............................................ 二七七三八
頵山分韻得成葉字 重入昭亭賦二十
　韻 ............................................ 二七七三九
登馬氏永寧閣和朱漕元順分韻 再用韻呈仲
　欽元順 贈江清卿 .............................. 二七七四〇

張孝祥三 昨日極暑今日極寒 初得愛嚴 與
邵陽李守二子用東坡韻 奉送李彥國還廬
陵 ............................................ 二七七四一
和蔡濟忠天字韻 考試呈周茂振舍人陳季陵
國正 和子雲白蓮 ........................ 二七七四一
與趙李二同年夜飲有懷石使君惠叔 金沙堆
廟有日忠潔侯屈大夫也感之賦詩 詠雪
題朱元順浯溪圖 ........................ 二七七四二
寄題向彥績史君采菊堂 止酒 .............. 二七七四三

## 全宋詩卷二二〇〇

張孝祥三
暑甚得雨與張文伯同登禪智寺 丙戌七夕入
衡陽境獨游岸傍小寺 福嚴 .............. 二七七四四
湖湘以竹車激水秔稻如雲書此能仁院壁 贈
黃司法宵征 汎湘江 上封寺 .............. 二七七四五
岸傍偶得木犀 王弱翁與余相遇漢口賦古意
贈別 贈朱遠遊 和張欽夫尋梅 黃龍侍者 ............................................ 二七七四六
本高覓詩
題濁醪賦後 屢登橫舟欲賦不成阻風漢口乃 ............................................ 二七七四七

四

## 全宋詩卷二四〇一

### 張孝祥四

萍鄉境上有驛傍有老杉餘百本余過而愛之驛無名余名之曰愛直而為之詩又以告邑大夫趙君公廩日使繼自今為令者幸如君之賢也則此杉長存不然將斧斤斯民以自封植於杉何有 ……………………………………………… 二七四九

遊千山觀 庚辰二月夜雪 ……………… 二七五一

張欽夫笋脯甚佳秘其方不以示人戲遣此詩

蒙和答益奇輒復為謝 張欽夫送笋脯與方俱來復作 勸農以湘波不動楚山碧花壓闌干春晝長為韻得干字 陳仲思以太夫人高年奉祠便養卜居城東茅屋數間澹如也移花種竹山林丘壑之勝湘州所無不足而樂有餘謂古之隱君子若仲思者非耶乾道戊子六月某同張欽夫

追作寄趙文富楊齊伯 棲真寄南康錢守 黃子餘自海昏見予於九江欲行為賦此詩 勸范東叔飲 留題彭澤故縣修真觀 湘中館 中隱 贈師永錫併簡子西文潛 ……………………… 二七四八

過焉裴回彌日既莫而忘去欽夫欲專鑿買鄰欽夫有詩某次韻 送邵懷英分魯直詩韻人間風日不到處天上玉堂森寶書得書字 送張定叟 ………………………………………… 二七五二

贈陳監廟 送邵懷英分魯直詩韻人間風日不到處天上玉堂森寶書得書字 送張定叟 ………………………………………… 二七五三

朱陵洞 題屏風送裴甫歸臨川 送道州酒與吳伯承 葵軒觀笋 贈尹童子夢龍 一覽亭 ……………………………………………… 二七五四

睡起 吳伯承送苦笋消梅用來韻各賦一篇戲書贈蘇待問 贈震山主 春盡日送聞人伯卿次家君韻 洗塵贈張立之判官 ……………………………………………… 二七五五

王龜齡賦喜雨諸賢畢和某客行半月未嘗晴也故於末章云 八桂堂池上賞蓮納涼 前日出城苗猶立槁今日過興安境上田水灌輸鬱然彌望有秋可必乃知賢者之政神速如此輒寄呈交代仲欽秘閣 南臺 ……………… 二七五六

贈盧司法 書懷 元宵同張欽夫邵懷英分韻得紅旗字 ……………………………………………… 二七五七

## 全宋詩卷二四○二

張孝祥五 進芝草 某頃蒙信陽使君敎以邊字韻佳句伏讀降歎病倦答謝甚緩復不能奇仰俟

斲削子雲壓境先遣詩次韻 …… 送劉伯同侍開府公人觀 送子雲倅荆州

上聞雪呈趙郭二丈 湖上晚歸遇雨 雨入廬山 …… 二七七五九

再和郡侯遣騎至山中餓名醞輒呈長句用黃宰韻 去年正月三日雪霽入昭亭訪應庵如庵二老今年在臨川追懷昔游用寄卍庵韻 卍庵自東林欲還蜀某以報恩招之大人賦詩勸請再次韻 用韻簡天童應庵 奉陪宣守任史君謁昭亭神祠

任守作醮爲民祈福先期而雪是日開霽 應庵退席蔣山來寄昭亭萬壽三請不得已而去輒贈長句兼簡蘇州內翰尚書 辛巳冬聞德音

和曾褒父韻送老人赴鎮九江 上丁齋宿 和 …… 二七七六一

## 全宋詩卷二四○三

張孝祥六 齊山夜讀五公楚東酬唱書其後呈龜齡 薦福觀何卿壁間詩對之悵然次前韻再用韻作五公詩 蒙侍御丈再用韻作行詩走筆和答迫放船不暇工也 …… 二七七六五

龜齡攜具同景盧嘉叟餞別於薦福即席再用韻賦四客詩 登清音堂其下琵琶洲也再用韻餘干趙公頴宗室魏公題其堂曰養正且爲作銘取易頤之義刻碑堂上予過之爲賦詩籠福地在歷陽將至豐城望一山宛然感之賦詩午憩道傍人家 入清江界地名九段田沃壤百里黃雲際天他處未有也 題吳城廟 呈樞密劉恭父 子功補音 …… 二七七六六

之遠送海錯甚珍　張仲欽朝陽亭次
韻............................................................二七六七
送張司戶還蜀　和仲彌性煙霏佳句兼簡貳車
庾樓和林黃中韻.................................................二七六八
高遠亭和林黃中韻　與同僚十五人謝晴東明
得淵字　釋奠　風雨石首呈同行寄荊州僚舊
江行再用前韻　次韻黃子餘....................................二七六九
去臨川書西津漁家　將至池陽呈魯使君　上
元設醮畢作長句　齊安郡夫人挽章..........................二七七○

## 全宋詩卷二四○四

### 張孝祥七　賀郊祀　送顏廷藻歸三

衢..................................................................二七七一
送郭退齡　次家君韻　題玄英先生廟　謹和
老人貽具圓復之什　和王景文...................................二七七二
即事簡蘇廷藻　和韓中父　東壩　過建
德..................................................................二七七三
龜齡侍御以番陽士子之意作五峰亭且賦詩某
敬和　過嶽麓見子雲題字偶逢來使因寄二詩

送劉子思　月夜與蔡濟忠曹公會汎舟自水
東歸　鹿鳴燕..................................................二七七四
鄯洲即事　罷歸　罷歸呈同官　贈江清卿
過靈川寄張仲欽兼贈王令尹.................................二七七五
滑石　興安　炎關　蒸霞谷為曹公會賦　登
瀛橋為曹公會賦..................................................二七七六
丙戌七月望日自南臺遊福嚴書留山中　和萬
老　再和.........................................................二七七七

## 全宋詩卷二四○五

### 張孝祥八　三塔寺阻雨　過湘中得詩僧萬致一

於書無所不讀非苟得詩名於僧中者余欲與俱
還吳中而萬家澐溪將結草庵其上送余至湘陰
復歸作四十字以別　欽夫子明定叟夜話舟中
欽夫說論語數解天地之心聖人之心盡在是矣
明日賦詩以別.................................................二七七八
送張立之赴臨江判官　黃陵廟　磊石　黃州
東坡　過蘄口六奉寺丞仲文親帖之貺令早
本約來陳店復勤千騎至冶塘所以招迎之意甚

厚感歎不已賦此為謝 …………………… 二七七九
臨發再和 送仲子弟用同之韻 送謝夢得歸
昭武 和欽夫喜雨 詩送荊州進士人
都 ………………………………………… 二七八〇
城西晚步呈王亮采 壓雲亭 玉淵亭 簡寂
觀 皇甫坦所居 出郊 ………………… 二七八一
酬朱元晦登定王臺之作 吳伯承生孫交游共
為之喜凡七人分韻我亦從來識英物試教啼看
定何如某得啼定字 贈王茂升 秋日郊居
中秋書事 ……………………………… 二七八二
請說歸休好 喜歸作 故年家姚公挽
章 …………………………………… 二七八三

## 全宋詩卷二四〇六

張孝祥九 殿廬偶成 和劉國正覓雌黃 蠟梅
次韻左舉善木樨 以茶芽焦坑送周德友德
友來索賜茶僕無之也 蘄春道中 ……… 二七八四
次江州王知府叔堅韻 道間見梅 題定山
寺 昭亭食柑 ………………………… 二七八五

和如庵 楓橋 題西湖可賦軒 題胡敦約
山行圖 從張唐卿乞韭黃 送紙衾韓中
父 …………………………………… 二七八六
再用韻 將至宣城和壁間韻寄王宣子 寄當
塗王守叔堅 隱靜覓杉株 題夏氏莊 舟中
即事 小憩孫氏竹軒觀諸公詩 ……… 二七八七
王龜齡遣妓送酒賜詩走筆為謝 與薦福
城觀音院有胡明仲范伯達汪彥章諸公題字
入桂林歇得滑石驛題碧玉泉 明年重過次韻六
言 和都運判院韻輒記即事 ………… 二七八八
敬謝經略秘閣餘甘湯 德慶范監州以子石
硯寵假雖小而奇戲作 以水仙花供都運判
院 再和 和仲欽題粉巖 仲欽寄民為重
齋詩和答 …………………………… 二七八九

## 全宋詩卷二四〇七

張孝祥一〇 偶得四月菊以奉提刑運使 偶得
新茶獻提刑丈既壽北堂太夫人亦可助齊眉之

飷也　鄭義寧送蔬菜　贈甘法曹　贈劉全州
子龜從兄弟　和蔡濟忠溪上⋯⋯⋯⋯⋯⋯⋯⋯⋯二七九一
廣右無筆劉子思携一束來擇其尤者作字但如
此它日中州有筆當愛惜也　登七星山呈仲欽
壽老迓使者以齋素不置餞　臨桂令以薦當
趨朝置酒召客戲作二十八字遣六從事佐之壽
其太夫人　風洞　羅江驛　秦城⋯⋯⋯⋯⋯⋯二七九二
龜潭　早發衡山　西湖　舟中　喜雨　謝黃
主管　有懷⋯⋯⋯⋯⋯⋯⋯⋯⋯⋯⋯⋯⋯⋯二七九三
廣右道中　贈鹿苑信公詩禪　聞德遠與曾裘
甫黎師侯會飲范周士所　水仙　賦衡山張氏
米帖　借魏元理畫⋯⋯⋯⋯⋯⋯⋯⋯⋯⋯⋯二七九四
欽夫折贈海桐賦詩曳晦夫皆和某敬報況
贈周義山子季隱　樞密端明先生寵分新茶將
以麗句穆然清風久矣不作感歎之餘輒敢屬和
送慈曼如金山迎印老住大溈　小山書院
舟中熱甚從鄂守李壽翁乞冰雪櫻桃　夜半走
筆酬壽翁⋯⋯⋯⋯⋯⋯⋯⋯⋯⋯⋯⋯⋯⋯⋯二七九五

琵琶亭　過三塔寺⋯⋯⋯⋯⋯⋯⋯⋯⋯⋯⋯二七九六

全宋詩卷二四〇八

張孝祥一一　玉淵　萬杉寺　楞伽寺　鷺溪
漪瀾堂⋯⋯⋯⋯⋯⋯⋯⋯⋯⋯⋯⋯⋯⋯⋯⋯二七九七
和家君韻寄舅氏　送猿翟伯壽　奉題富文橫
舟　子餘許修草堂遣句勸請　次韻南軒喜雨
送茶　從吳伯承乞茶⋯⋯⋯⋯⋯⋯⋯⋯⋯⋯二七九八
題趙知府墓　朝謁南嶽　題方務德靜江所作
雪觀　和伯承送茶韻　和伯承惠筍　有懷長
沙知識呈欽夫兄弟⋯⋯⋯⋯⋯⋯⋯⋯⋯⋯⋯二七九九
題塔子寺　題斷堤寺　德化漪嵐堂感二林碑
六言　欽夫遣送箭筍日鑄甚珍用所寄伯承韻
作六言便請過臨　欽夫和六言再用韻　游湖
山贈圓禪六言　次東坡先生韻　題福嚴寺行者
堂　題梅塢圖⋯⋯⋯⋯⋯⋯⋯⋯⋯⋯⋯⋯⋯二八〇〇
送萬老六言　題朱元晦所書凱
贈趙簽　歸宗寺　煙雨觀⋯⋯⋯⋯⋯⋯⋯⋯二八〇一

歌卷後 贈萬上座 野牧圖 題畫 ……………………… 二七八〇二
寧淵觀 寒光亭 讀書堂在烏江即唐張文昌
讀書處自五代至宋皆世守之渡江後為史氏所
有 詠梅次韻二首 山居 ……………………… 二七八〇三
上辟廱 船齋 寄方帥 大麥行 ……………………… 二七八〇四
衛博 送長壽黃主簿 偶成雜意四

全宋詩卷二四〇九

首 ……………………… 二七八〇五
送楊舒州 不寐 題安流亭 ……………………… 二七八〇六
二貓詩 ……………………… 二七八〇七
醉歌行 贈王君用求畫小屏 送齊六歸石城
次韻張司法題鄭少尹庭下緋桃 十二月十七
張君請同次前韻速鄭少尹賞桃 ……………………… 二七八〇八
日病中立春 次韻贈汪解元 再次前韻送行
次韻汪解元留別 次韻贈汪解元
行 ……………………… 二七八〇九
次韻酬大光見贈 次韻謝王使君見贈二首
次吳國器韻 次何友直韻 次韻王大光見

贈 ……………………… 二七八一〇
春晴 次韻春日書懷 送江南聞祕校 過江
上答吳子文 ……………………… 二七八一一
和人雪詩 病中書懷 書懷 次韻張君倚春
郊且速東山之遊 明日出城愛其平沙淺水有
錢塘西湖氣象借前韻呈諸公 ……………………… 二七八一二
春日書懷 ……………………… 二七八一三

全宋詩卷二四一〇

釋崇嶽一 偈頌一百二十三首 ……………………… 二七八一四

全宋詩卷二四一一

釋崇嶽二 頌古二十五首 ……………………… 二七八二五
釋迦出山相贊 無量壽佛贊 觀音贊 九祖
贊 維摩贊 達磨贊 ……………………… 二七八二八
龐居士贊 臨濟贊 金華聖者贊 大巔和尚
贊 應庵師祖贊 密庵先師贊 ……………………… 二七八二九
芝山智默長老請贊密庵先師 能仁光睦長老
畫師頂相請贊 雲居善開長老請贊 道嚴首
座請贊 師肇首座請贊 師警維那請贊 希

璉書記請贊 ……………………………二七八二〇
大成藏主請贊　文蔚侍者請贊　惠文伯居士
　請贊　送悟藏主還姑蘇 ………………二七八三一
題張直閣亦庵　題先登齋　送聰首座之弋陽
　兼呈陳郎中　柏庭永和尚出世天禧以頌寄之
　孟知府嗣令求法名興福　興密 …………二七八三二
孟府判令嗣求法名興璞　興一　興祖　示惠
　文伯宣義二偈　題張四直閣容山居 ……二七八三三
庵　題王子庸上舍實齋　示如理道友
惠康伯宣教請陞堂舉張拙秀才問長沙百千諸
　佛只聞其名未審居何國土沙云黃鶴樓崔顥題
　後先輩曾題否拙云不曾沙云無事題取一篇好
　因說偈　送琉書記還長樂　題金山郭璞墓
送光長老住顯親　送鹿野珍禪友還七
　閩 ………………………………………二七八三四
送謙侍者還鄉省親　示智弼禮混源塔　示丁
　都院　思齊化士　示葛都院　贈蜀中李道士
　尤氏妙蓮請普說舉僧問風穴語默涉離微如

何通不犯穴云長憶江南三月裏鷓鴣啼處百花
　香因說偈 ………………………………二七八三五
鞭法鼓求頌　送普岩維那　正現上人遊廬山
　雲翼書記歸鄉　林上人歸蜀　三衢椿監寺
修造佛殿　白牛接待　示如淨禪人　茶湯會
　求頌 ……………………………………二七八三六
福州黃檗送廣州化主　黃檗送茶化主　送泉
州化主　衢州祥符僧堂帳化士　示汪居士
南侍者還莆陽　孜侍者行乞　且侍者持
　鉢 ………………………………………二七八三七
接待　超禪人持鉢　祐水頭　鹽街坊　尹山
　接待　送化主 …………………………二七八三八
題寄巢　題有餘齋　臨終偈　應庵密庵同日
　忌　亮典座歸中峰菴　頌古六首 ……二七八三九

全宋詩卷二四一二
劉翰　翠屏曲　小宴　余久客都城秋風思歸
　作楚語和吳郎採菱叩舷之音 …………二七八四一
種梅　紅窗怨　漁父　春晚呈范石湖　上元

## 全宋詩卷二四一三

沈端節 挽于湖 復挽 弔于湖墓在秣陵 ……………… 二七八四六

挽于湖 句 ……………… 二七八四七

李孚 句 ……………… 二七八四七

月石 ……………… 二七八四八

陸九韶 誡子弟詞 躍馬泉 鳴玉泉 試茗泉 ……………… 二七八四八

陸九齡 鵝湖示同志 與僧淨璋 早過何郎 ……………… 二七八四九

道間示德甫德稱 ……………… 二七八五〇

岳霖 過靈山述懷 ……………… 二七八五〇

葉祖義 句 ……………… 二七八五一

趙善俊 登虎丘寺 ……………… 二七八五一

高公泗 吳中羊肉價高有感 ……………… 二七八五一

小亭 石頭城 天上月 春日 ……………… 二七八四二

江南曲 鴻門宴 玉斗歌 ……………… 二七八四三

吳門行 客去 哀友人 聞笛 小亭 題飛 ……………… 二七八四四

雲閣 立秋日 ……………… 二七八四五

句 ……………… 二七八四五

港口野步懷歸 峽塾講中庸第二章 ……………… 二七八五二

白丙 龍多山次馮使君韻 ……………… 二七八五三

婁壽 句 ……………… 二七八五三

莊珙 鑑軒 深靜堂 ……………… 二七八五三

邵輅 寧國寺 鑑軒 ……………… 二七八五四

撫州樂妓 郡宴合生 ……………… 二七八五四

尹穡 庸醫行 句 ……………… 二七八五五

趙端行 少稷賦十二相屬詩戲贈 白鶴關 ……………… 二七八五六

朱某 紹興乙□中秋後五日乘休沐之□□舟□家為藏真之游 ……………… 二七八五六

湖南使者 送黃行者 ……………… 二七八五七

強彥文 句 ……………… 二七八五七

宋沆 食米倉 養鼉 ……………… 二七八五八

釋惟嶽 神移泉 涵虛沼 ……………… 二七八五八

## 全宋詩卷二四一四

張栻一 風雩亭詞 ……………… 二七八五九

謁陶唐帝廟詞 公安竹林祠迎神送神樂 ……………… 二七八五九

韻 …………………………………………… 二七八六〇

送八兄　五士游嶽麓圖 …………………………… 二七八六一

次韻伯承見簡探梅之什且約人日同遊城東
張安國約同賦仇氏鹽甕酒　李仁父寄茯苓酥
賦長句謝之　和吳伯承 …………………………… 二七八六二

用前韻送彪德美　再用前韻　采菊
亭 …………………………………………… 二七八六三

送楊廷芳三首　送鮮于大任入成都幕　同遊
嶽麓分韻得洗字 ………………………………… 二七八六四

送張深道二首　留題金山寺　送范西叔教授
西歸 ………………………………………… 二七八六五

王長沙梅園分韻得林字　送邵懷英赴召　陪
安國舍人勞農北郊分韻得蘭字　安國晚酌葵
軒分韻得成字 …………………………………… 二七八六六

安國置酒敬簡堂分韻得柳暗六春字　同元晦
擇之遊嶽道遇大雪馬上作　詩送元晦
兄 ………………………………………… 二七八六七

遊南嶽風雪未已決策登山用春風樓

全宋詩　第四五册目次

一三

全宋詩卷二四一五

張栻二　陪舍人兄過陳仲思溪亭深有買山卜
鄰之意舍人兄預以巔壑見名因成古詩贈仲思
送然姪西歸二首 ………………………………… 二七八六九

送黃子默　過胡文定公碧泉書堂　次韻德美
碧泉感舊之什且約胡廣仲伯逢季丘來會上封
自西園登山 ……………………………………… 二七八七〇

路出祝融背仰見上封寺遂登絕頂　中夜祝融
觀月　晨鐘動雷池望日　道旁見穫
者 ………………………………………… 二七八七一

臘後一日尋梅東門外馬上遇雪　雪中登樓分
韻得末字　笋脯一平馳寄因和去歲詩為一笑
春笋未盛尚續致也　湖南使者邵公召赴行在
所寓客張某敬賦以餞行李　次韻元晦擇之雪
中見懷 …………………………………………… 二七八七二

送甘甥可大從定叟弟之桂林　湘中館餞定叟
弟分韻得位字　廣漢黃仲秉即轉運使治之東

作亭扁以楚翠蓋取杜陵所謂楚岫千峰翠者屬客賦詩 ……二七八三

三茅觀李仁父劉文潛員顯道趙溫叔崔子淵置酒分韻得高字 寒食前三日野步烏龍山中石上往往多新芽手擷盈匊酌玉泉煮之芳甘特甚有懷伯承兄賦此以寄 六月晦發雪川廣德兄與諸友飲餞于漁山已而皆有詩贈別寄此言謝 遊靈巖 ……二七八四

遊惠山 遊池州齊山 齊山石壁間見林擇之題字緬懷其人賦此 ……二七八五

次韻陳承建除體 湖南參議宋與道奉祠歸崇安里中賦此以別 ……二七八六

嚴慶冑射策南歸迁途相訪六月二十有一日同遊城南書院論文鼓琴煮茶烹鮮徜徉湖上薄莫乃歸明日作別書此為贈 長沙歷冬無雪正月十日與客登卷雲亭望西山始見一白莫夜復大 過馬當山 過乖崖堂 張子困携二子西歸求詩為賦此以致鄉黨之義 過洞庭 ……二七八七

# 全宋詩卷二一四六

張栻三 五月十六日夜城南觀月分韻得月字 ……二八八二

生辰謝邵廣文惠仁者壽賦 吏部笋詩 ……二八八一

三友堂 初春和折子明歲前兩詩 和德美韓閣 ……二八八〇

芭蕉茶送伯承伯承賦詩三章次韻 賦遺經 ……二八七九

林 平時兄弟間十三章章四句送定叟弟之官桂別離情所鍾十二章章四句送定叟弟之官嚴陵 ……二七八八

知問訊城東梅塢七首 ……二七八八

作竹聲蕭然是日坐上分韻得雲字 次韻周畏 ……二八七七

來城南積潦方盛湖光恬然如平時泛舟終日分韻得水字 展省龍塘有作 ……二八八三

田舍 舊聞長沙城東梅塢甚近歲亦買圃其間念欲一往未果也癸巳仲冬二十有八日始與客遊過東屯渡十餘里間玉雪彌望平時所未見

也歸而為詩以紀之 平父求筭炙既并以法授
之乃用往歲張安國詩韻為謝輒復和答 題淮
陰祠……………………………………………二七八八四
時為桂林之役前一日刑部劉公置酒相餞曾節
夫預焉既而劉公用陶靖節斜川詩韻見貽亦復
同賦以謝 送劉樞密留守建康 淳熙乙未春
予有桂林之役自湘潭往省先塋以二月二日過
碧泉與客煮茗泉上徘徊久之…………………二七八八五
七月旦日晚登湘南樓 望後一日與客自水鄉
登湘南月色佳甚翌日用鄉字韻簡游誠之 定
叟弟生朝遣詩為壽………………………………二七八八六
八月既望要詳刑護漕游水東早飯碧虛徧觀棲
霞程曾龍隱諸巖晚酌松關放舟過水月洞月色
佳甚逼夜分乃歸賦此紀遊 次韓機幕
韻………………………………………………………二七八八七
秘閣鄭公移節鄉部置酒餞別詩以侑之 清明
後七日與客同為水東之游翌朝賦此 題榕溪
閣……………………………………………………二七八八八

送陳擇之 止酒 斜川日雪觀所賦 靜江歸
舟中讀書………………………………………………二七八八九
張子真楊政光吳德夫追路湘源賦此以別 登
江陵郡城觀雪 正甫還長沙復用斜川日和陶
韻為別 子遠使君出守廣漢始獲傾蓋諸官賦
詩贈別某廣漢人也故末章及之………………二七八九〇
李仁甫用東坡寄王定國韻賦新羅參見貽亦復
繼作 外弟信臣總幹西歸駐舟沙岸得半月之
款於其行口占道別 盧山有勝處曰卧龍南康
朱使君始築茅繪諸葛武侯像於其中以書屬予
賦詩寄題此篇…………………………………………二七八九一
淳熙四年二月既望靜江守臣張某奉詔勸農于
郊乃作熙熙陽春之詩二十四章章四句以示父
老俾告于其鄉之人而歌之…………………………二七八九二

全宋詩卷二四一七

張　栻四　和石通判酌白鶴泉 憩清風峽 讀
李邕碑 登法華臺 謝楊文昭主簿寄詩楊之
父紹興間倅建康不屈於兀术而死………………二七八九四

齋………………………………二七八九五

次沈國錄韻 早秋湖亭 賦周畏知寓

喜廣仲伯逢來會 和黃仲秉喜雨 遊道場山

送甘可大 送胡伯逢之官金陵 寄題建安公

梅山堂 重九陪詳刑護漕東西樓之集 次趙

漕贈王昭州韻 九日登千山觀………………二七八九六

和正父游榕溪韻 仲冬朔日登湘南樓復用正

父前韻 六月二十六日秀青亭初成與客同集

送韓宜州 鹿鳴宴 送宇文正

甫………………………………二七八九七

雨後同周允升登雪觀 題邢使君釣隱某扉

歸父丈惠既新詩謹次韻末章為別 和查仲文

雪中即席所賦 和宇文正甫探梅………二七八九八

襄州護漕使者張侯寄示所作快目亭記辭多慷

慨予讀而壯之且想斯亭觀覽之勝為賦此

舜臣撫幹表兄赴部 贈樂仲恕 小園荼蘼盛開伯承以

佐登龍山 壽定叟弟 重九日與賓送

詩見督置酒于此為增不敏之歎………二七八九九

再和 和楊教授 送少隱兄赴興元

幕………………………………二七九〇〇

廉州何使君挽詩二首 和張晉彥遊嶽麓 送

臨武雷令 喜雨呈安國………………二七九〇一

十二月十六日夜枕上聞雷已而大雪

劉信叔舊居有感 題唐興寺湘江亭 彪德美

來會于泉有詩因次韻 上封有懷元晦 題福

嚴………………………………二七九〇二

題南臺寺 由西嶺行後洞山路 過高臺寺

宿方廣寺 和黃漕雪中將至長沙……二七九〇三

人日遊城東晚飯陳仲思茅亭分韻得香字二

月十日野步城南晚與吳伯承諸友飲裴臺分韻

得江字 與弟姪飲梅花下分韻得香字 十四

日陪黃仲秉渡湘飲嶽麓臺上分韻得長字 王

長沙約飲城縣圃梅花下分韻得梅字 湯總管邢

監廟約遊城東酒間求詩為賦此

謝胡掾惠詩 除夜立春 送趙節卿 二月二

十五日登裴臺坐上口占 上巳日晚登裴臺自

## 全宋詩卷二四一八

### 張栻五

| | |
|---|---|
| 喜聞定叟弟歸　聞定叟弟已近適迫祀事未能出先遣姪輩往迎書此問訊　醇叟崇道之喪未得往哭聞奄歾有期輒賦二章以相挽者　故太子詹事王公挽詩二首 | 二七九〇八 |
| 詩送陳仲思參佐廣右幕府　呂善化秩滿而歸兩詩贈行　默姪之官襄陽兩詩以送之　送零陵賈使君二首 | 二七九〇九 |
| 送周畏知二首　題伏龍寺壁 | 二七九一〇 |
| 寄曾節夫 | |
| 外弟宇文挺臣二首 | |
| 寄題周功父溪園三詠　曾節夫罷官歸盱江以小詩寄別　寄趙漕 | 二七九一一 |
| 送李新州　游誠之來廣西相從幾一年今當赴 | |
| 官九江極與之惜別兩詩餞行　寄宇文邛州次陳擇之遊湖韻　送但能之守澧州 | 二七九一二 |
| 送祖七姪西歸二首　中春過陽亭　堯廟　戶曹廬陵胡君引年求謝事予視其精力未衰留之踰半載乃今告去不復可挽為詩送別澹庵君之叔父也 | 二七九一三 |
| 若海運使移節廣東賦詩贈別予每過若海諸郎誦書于旁琅琅可喜為之重賦　送李松老歸閩二首　和定叟送行韻　題益陽清修寺　故觀文建安劉公挽詩四首 | 二七九一四 |
| 追餞馬憲　某以四十字送詳刑使君　除夕登仲宣樓 | 二七九一五 |
| 隔牆聞正父鄉飲甚樂偶畏風不預用前韻敬簡劉勝因自襄陽過予渚宮於其歸小詩贈別　光弼姪得邑西歸賦詩勉之併示光羲二首　送曾裘父 | |
| 嶺迂道相過臨別求予言姑賦此 | 二七九一六 |
| 中秋與僚佐登江陵郡城觀月　遊章華臺　和 | |

全宋詩　第四五冊目次

元晦擇之有詩見懷　送范伯崇　定叟弟生辰 ……二七一七
南軒木犀
和安國送茶　賦鄭子禮壽芝堂　喜雨呈安國
自烏石渡湘思去歲與朱元晦林擇之偕行講
論之樂賦此　道間晚稻甚盛喜而賦此　墳庵
枕上追愴賦此　晚晴 ……二七一八
渡興樂江望祝融　仲秉再用前韻為梅解嘲復
和之　有懷安國　自上封下福嚴道旁訪李鄰
侯書堂山路榛合不可往矣　下山有作　廬陵
李直卿以復名其齋求予詩久未暇也今日雪霽
登樓偶得此遂書以贈顧惟聖門精微綱領豈淺
陋所能發祇增三歎　和張荊州所
寄 ……二七一九
正月強半梅猶未開黃仲秉作詩嘲之次韻　謝
邢少連送葡萄豆蔻栽　晚過吳伯承留
飲 ……二七二〇

張　栻　六　某敬采民言成六韻為安撫閣老尚書

壽伏幸過目　夜得嶽後庵僧家園新茶甚不多
輒分數椀奉伯承　四月四日飲吳仲立家海桐
花下吳伯承以事不至寄詩來次韻　題湘潭丞
黃子辯峨松軒 ……二七二二
筠州曾使君寄覼中州新芽賦此以謝　仲春有
懷　次韻無為使君尊兄見寄之什　從呂揚州
覓芍藥栽　鶴　望廬山 ……二七二三
十二月乙卯登岳陽樓丙辰再登　舟行湘陰道
中雪作　登樓　題城南書院三十四
詠 ……二七二四
臘月二十二日渡湘登道鄉臺夜歸得五絕次
韻許深父 ……二七二五
初夏偶書　墨梅　謝韓監芍藥　龍孫竹生辰
陽山谷間高不盈尺細僅如針而凡所以為竹者
無一不具予真石斛中暮春生數筍森然可喜為
賦此葉夷中屢以書求予記敬齋予往年嘗為
親舊為記及銘矣今獨成兩絕句寄之　謝侯彥
明惠白蓮栽 ……二七二六

## 全宋詩卷二四二〇

張栻七 次韻趙漕 和答鄭憲分贈米帖 偶作偶成 送鄭憲酒 再和

韓廷玉築亭於官舍之旁園中故多梅會有飛雪予因題其扁曰梅雪蓋取少陵詩語而劉公貢父送劉長官掌廣西機宜嘗用此事有雪片梅花五嶺春之句今廷玉為此官于以名亭抑其宜也 ……………………二七九三〇

亭邊花木多吾弟定叟舊植故予首章及之立春日禊亭偶成 和陳擇之春日四絕元日書妙應庵壁 壽定叟弟 嶽後步月 訪羅孟粥竹園 臘月二日攜家城東觀梅夜歸 題庾樓 城南即事 次韻劉樞密 是日二使者出游晚涼有作 二使者游東山酒後寄詩走筆次韻 ……………………二七九二七草堂復齋聽雪 送林擇之 題馬氏觀所藏書帖之富既歸戲成三絕簡之 ……………………二七九二八次韻范至能峽中見寄 前日從趙漕飲因得遍作偶成 送鄭憲酒 再和 ……………………二七九二九

從鄭少嘉求貢綱餘茶 初食荔枝 嶺南荔枝不可寄遠龍眼新熟輒以五百顆奉晦叔或可與伯逢共一酌也 壽定叟弟 丙申至前五日復坐南窗憶去年詩又成兩章 題雉山禊亭 ……………………二七九三一夢乘大舸臥泛江湖波濤甚壯醒乃悟其為雨因成小詩 南嶽庵僧寄上封新茶風味甚高薄暮分送韓廷玉李嵩老跋王介甫遊鍾山圖晚烹試小春建茶 昨過漕臺庭前茶縻盛開已而詹體仁海棠和章及此因用前韻賦兩章思亭海棠初開折贈兩使者將以小詩 廖憲送牡丹用海棠韻復走筆戲和之 ……………………二七九三三定叟弟頻寄黃蘗仰山新芽嘗口占小詩適災患亡聊久不得遣寄今日方能寫此 益陽南境松杉夾道鬱然父老相傳忠定張公為邑時所植也其間亦有既剪而復生者作詩屬來者護持之登楚野亭見張舍人題字 城南雜詠二十首 ……………………二七九三四

柳堤 …………………………………… 二七九三五

游嶽尋梅不獲和元晦韻 十三日晨起霜晴用
定王臺韻賦此 用元晦定王臺韻 和擇之韻 和元晦十六日
馬上舉韓退之語口占 和朱元晦韻 馬上口占 自西園登
有作 和元晦馬跡橋 …………………… 二七九三七

方廣道中半嶺少憩 道中景物甚勝吟賞不暇
因復作此 崖邊積雪取食清甚賦此 和元晦
後洞山口晚賦 和元晦雪壓竹韻 和元晦懷

定叟戲作 方廣聖燈 賦羅漢果 …………… 二七九三八
和元晦詠畫壁 和元晦方廣版屋 和擇之賦
泉聲 和擇之賦霜月 和擇之賦枯木 聞方
廣長老化去有作 賦蓮花峰 和元晦詠
雪 ………………………………………… 二七九三九
自方廣過高臺 賦石廩峰 道傍殘火溫酒有
作 和元晦林間殘雪之韻 和擇之看雪 和
擇之福嚴回望嶽市 福嚴讀張湖南舊詩 和
擇之登祝融峰口占 ……………………… 二七九四〇
和元晦晚霞 過高臺獲信老詩集 和元晦贈

上封長老 和元晦醉下祝融 和元晦十六日
下山之韻 和擇之韻 …………………… 二七九四一
題曾氏山園十一詠 ……………………… 二七九四二
昨日與周伯壽別終夕雨小詩追路 自西園登
頂舉酒極談得聞比日講論之樂 春日西興道
中 ………………………………………… 二七九四四
寺睡覺 十五日再登祝融峰用臺字韻 方廣
張栻八
全宋詩卷二四二一
山 ………………………………………… 二七九四三
胡丈廣仲與范伯崇自嶽市來同登絕
晚春 晚望 八詠樓有感 遊絲 題劉氏綠
映亭 大雲巖 和故舊招館 落梅 荆湖望月
和友人夢游西山 過上天竺寺 ………… 二七九四五
登嶽麓赫曦臺聯句 ……………………… 二七九四六
全宋詩卷二四二二
陳造一 和陶淵明二十首 …………… 二七九四七
書法蟹方後 寄二孫 …………………… 二七九五〇
苦旱六首 馬上見賣白蓮者三首 ……… 二七九五一

蔡秀才求予所作記作詩贈之時蔡移居彭尉 …… 二七九六一
焚巢二首 次韻章舜舉 …… 二七九六二
再用前韻贈鹽城四士 次韻王解元賃地築屋
九月二日 次韻袁憲閱兵許浦 …… 二七九六三
次韻章時可
次諸公詩韻 八月晦試院中作
題徐居士遯庵 次韻徐秀才十首 …… 二七九六一

贈施都正三首 次潘德久韻 次韻章茂深安
撫見寄 …… 二七九五四
七月附米舟之浙中作 召伯停舟辟雨 過樊
村 呂城待閘得陳魏二生晤語 贈楊伯
時 …… 二七九五五
送葉主簿楚州應錢帥之招 次韻王解元 贈
錢郞中 …… 二七九五六
次王仲衡尚書鹿鳴宴韻 再次韻謝王仲衡尚
書薦章 …… 二七九五七
次王尚書韻呈石湖 次前韻贈龔養正 大雪
…… 二七九五八
復用前韻呈王尚書 …… 二七九五九
祈雨齊雲樓 次韻諸公清樾軒詩 代羅大著
遙題雲巢 …… 二七九六〇
次韻胡學長喜雨 贈鍾汝楫

全宋詩 卷二一四二

陳造 二
三月初晚晴寄高縉之三首 苦雨
再用前韻贈高縉之三首 …… 二七九六四
謝袁起巖使君借貢院居 寄題徐虞卿醒心
亭 …… 二七九六五
餘姚飯 車堰牛 舟行即事 餞寄定海交
代 …… 二七九六六
復吳祕正五詩 …… 二七九六七
張丞見和次韻答之 送李象山趨朝二
首 …… 二七九六八
遊慈溪龍虎軒 十二月二十六日趨府十二
月二十七日趨慈溪 …… 二七九六九
次韻王省幹 次韻張丞 …… 二七九七〇
謝制帥高卿劄四首 次韻張守不欺堂 次韻
不擾堂 …… 二七九七一

# 全宋詩 第四五冊目次

宿雲巖山 李伯成食甘豆粥和淵明詩分寄次韻 次韻解樞幹二首 ……………………… 二七九六二

題張仲思孝友堂 次韻嚴文炳暫別歸吳門 ……… 二七九七二

再用才子富文華校讎天祿閣韻贈周教授 ………… 二七九七三

別俞君任通判三首 書隱靜寺壁 贈臧文仲 四首 ……………………………………… 二七九七五

戒飲三詩 …………………………………… 二七九七六

邵伯阻風小泊贈送行諸公 次韻丁判院 泊瓜步 …………………………………… 二七九七七

魏帝廟 長蘆寺二首 ……………………… 二七九七八

泊龍灣 龍灣看初日 舟中除夜 草鞋夾 ……………………………………… 二七九七九

泊慈湖北岸 泊府口 采石渡 上下驛 …… 二七九八○

蕪湖感舊 過繁昌 繁昌早發 磯 ………… 二七九八一

**全宋詩卷二四二四**

陳造 三 泊海子口 泊小姑山 郭家洲 ……………………………………… 二七九八二

富池廟 離富池 馬口 銀葫蘆 ………… 二七九八三

回風磯 龍眼磯 散花洲晚泊 檮雨福溪 ……………………………………… 二七九八四

庚樓 題六宜堂 次韻余司理 嚴 ………… 二七九八五

近榆亭 答余司理 教授有詩再次韻 次韻余司理路監獄 ……………………………… 二七九八六

答余司理 次韻余司理 ………………… 二七九八七

和陶淵明歸田園居六詩 ………………… 二七九八八

病起四詩 ……………………………… 二七九八九

題陳主管奧廣樓 題雍和堂 題通明堂 次韻余司理 ………………………………… 二七九九○

離伏龍 過八疊山 還家登悔來坡 程帥和次程帥和陶詩韻 謝程帥袁制使 ………… 二七九九一

陶二詩見憶次韻 …………………………… 二七九九二

次程帥和陶詩韻 …………………………… 二七九九三

程帥以詩見慰用韻謝之 梁廣文歸自襄陽作古樂章迎之 …………………………… 二七九九三

次韻陸子高 再次陸子高韻奉寄 ………… 二七九九四

感事十詩上李侍郎……二七九九五
隱靜道中 同陳宰黃簿游靈山八首宰云吾輩
可謂忙裏偸閑苦中作樂以八字爲韻……二七九九六
郡寮按樂飮趙判院有詩次其韻……二七九九七
再過楊秀才莊……二七九九八

全宋詩卷二四二五

陳 造四 張秀才復留爲作 次韻臧秀才讀蘇
集 送臧子與子儀之楚州告免解二
首……二七九九九
寄陳用晦四首 次兪簿韻……二八〇〇〇
檢旱望礠山 三山磯 謝宋宰惠玉友麪
方……二八〇〇一
病起閑步 示師文 辛丑春雪甚意有
感……二八〇〇二
答毛叔子 有嘆 王漕小燕玻璃分韻得路
字……二八〇〇三
送李監獄二首 次韻王漕燕玻璃 題五柳先
生詩編年後二首……二八〇〇四
次章房陵韻四首 再次韵……二八〇〇五
次韻梁敎章宰喜雪……二八〇〇六
遣興次前韻 雪再次韻 雪夜與師是棋次前
韻 再次韻作招隱篇……二八〇〇七
題解禹玉文卷後 贈章宰……二八〇〇八
贈廣敎主人 清明西湖再次韻……二八〇〇九
再次韻 呈交代……二八〇〇九
至喜鋪 報恩方丈小憩二首 十詩謝廖計
使……二八〇一〇
涷口守風……二八〇一一
買藘 渡揚子 赤口灘 鴈汉東守風四
首……二八〇一二
奔牛堰 呂城堰 命書 正學……二八〇一六
財昏 聽政……二八〇一六
錢弊 次韻林郞中相送北歸 次韻楊

全宋詩卷二四二六

陳造五 旅館三適 官務……二八〇一五

宰 送羊侯因簡崔帥一首 題陳守宰仁和無倦堂
二首 次韻楊宰 …… 二八〇一九
次韻楊宰對雪有感 贈張德恭 次韻張守阻
冰 …… 二八〇二〇
野携具用韻謝之 遊北山 再次韻 吳節推趙楊子曹器遠趙子
再次敬字韻 再次韻張簿 分韻得家
字 …… 二八〇二一
遊乾明分韻得山字 小飲俯江樓分韻得俯字
招朱法曹趙宰趙予野飲 …… 二八〇二二
儀真諸公餞別 真州諸公語別 送趙夷仲南
歸 立秋日 …… 二八〇二四
寄嚴文炳 …… 二八〇二五
次韻楊宰檢旱野宿 題劉行父淨香軒 次姜
堯章贈詩卷中韻 …… 二八〇二六
次韻林子長計使 次林子長韻 再次韻酬林
子長運使 …… 二八〇二七

再次韻 陳宣卿為予作後彫圖 次趙判宗送
李象山韻 …… 二八〇二八
再次韻 次程帥勸農和陶詩韻 程帥和陶二
詩見憶次韻 …… 二八〇二九

## 全宋詩卷二四二七

陳 造六 明妃曲 柘皋短吟 題趙伯政醫俗
軒 …… 二八〇三一
急筆贈歐處士 記夢示師是 題胡處士猿塵
圖 百花樓 題劉明府所藏秋江欲雨
圖 …… 二八〇三三
送項平甫教授之成都 題欽廟主器時所作登
瀛圖 …… 二八〇三三
布穀吟 薄薄酒 …… 二八〇三四
讀師文和郡侯喜雨詩次其韻 娟峰 …… 二八〇三五
墾山叟 竹米行 聞舒州書生聚衆為
盜 …… 二八〇三六
田家嘆 寄馮尉 鶻帶箭行 …… 二八〇三七
送瑞蓮新米白酒與韓監倉 招鄭良佐 臘茶

并三诗送李元诚 喜雪六首 …………………………二八〇三八
东园诗寄兴化吴从道 叶进卿寄和章次韵复
之 ………………………………………………………二八〇三九
再次韵酬叶进卿 次韵寄叶进卿 再次韵酬
进卿 喜雪篇 ……………………………………………二八〇四〇
次郭祕正韵 试俞珣笔呈罗大著 次韵酬
佐 …………………………………………………………二八〇四一
春雨寒甚作长句 王秀才亦爱轩 寄郑良
者庵 ……………………………………………………二八〇四二
赠龚养正二首 次韵严上舍读书目昏 谢韩
幹送丝糕 ………………………………………………二八〇四三
韩守松卿索近诗 食晚崧新笋 题姑苏南道
图 …………………………………………………………二八〇四四

全宋诗卷二四二八

陈 造七 赠盐城诸友 归自淮南雪行呈张盐
袁宪 …………………………………………………二八〇四五
龙泉 登龙泉山丈亭 癸丑劝耕净居 赠
妙胜主人 ………………………………………………二八〇四六
赠赵排岸兼简汪尉 云严晓 …………………二八〇四七
净居主人索诗急笔赋 送云严老住天宁寺
识村翁语 …………………………………………………二八〇四八
魏知元有赠仍索诗作此言别二首 赠送行六
子 谢仪真诸公 琵琶亭 题陈主管东墙三岘
繁昌县感旧 ………………………………………………二八〇四九
次韵许节推喜雨 再次韵答余司理 次韵答
图 …………………………………………………………二八〇五〇
路监狱 ……………………………………………………二八〇五一
再次韵答节推司理 再次韵答梁教授 记扬
州旧事 ……………………………………………………二八〇五二
再次韵答节推司理路监狱 赠梁教授 次韵
梁教授 ……………………………………………………二八〇五三
次韵梁教授 次韵梁广文重午吊古 …………二八〇五四
急笔次梁教授韵 高头市 谢高机宜惠
纸 …………………………………………………………二八〇五五
寄安抚程丈 次韵程安抚蟹二首 次前韵言
怀 次韵程帅 ……………………………………………二八〇五六
分糟蟹送沈守再次韵 帅寄诗再次

韻　攜襄陽詩卷示子孫再次韻 …………… 二八〇五七
再次韻　寄程安撫 …………………………… 二八〇五八
贈安道士 ……………………………………… 二八〇五九

## 全宋詩卷一二四二九

陳　造八　程帥以古人名作詩見寄擬作謝之
　　暗用古人名詩寄程帥　次韻張秀才題汪叔量
　　挹秀亭 ……………………………………… 二八〇六〇
次韻鍾汝楫　再次韻示師文　長句簡諸
　公 …………………………………………… 二八〇六一
愛筍　次趙判院韻　出郭 …………………… 二八〇六二
次韻張秀才　望夫山　檥旱宿香雲 ………… 二八〇六三
田家歎　謝翟元卿詩卷見投　題燕湖雄觀
　亭 …………………………………………… 二八〇六四
張秀才枕屏　謝朱宰借船　墨梅魚扇寄孫成
　甫　從王守獵　粉水行　田家謠　鹿鳴 … 二八〇六五
散解廟行 ……………………………………… 二八〇六六
燕 ……………………………………………… 二八〇六六
次前韻送胡省元　次韻許節推喜雪 ………… 二八〇六七

謝襄陽陶宰惠靖節先生編年大本　題識山
堂 ……………………………………………… 二八〇六八
次韻高殿撰題東山　次韻徐監嶽四首　再次
韻呈林子長郎中二首 ………………………… 二八〇六九
正月晦步西湖小憩市樓　再次前韻呈林郎
中五首 ………………………………………… 二八〇七〇
徐南卿招飯　次韻謝徐監嶽惠和章　再次
林郎中韻 ……………………………………… 二八〇七一

## 全宋詩卷一二四三〇

陳　造九　贈王仲和架閣　次韻林郎中
再次韻寄林郎中 ……………………………… 二八〇七三
再次韻呈林子長郎中龔養正寺簿　再次韻林
郎中　次兒輩喜雨韻呈太守　再次韻寄楊
宰　使君有詩復次韻　贈臧汝舟次韻 ……… 二八〇七四
花石綱遺石　再次韻楊宰　次韻楊宰 ……… 二八〇七五
次韻解禹玉　贈解禹玉 ……………………… 二八〇七六
次韻楊宰食蟹　送羊侯因簡崔帥 …………… 二八〇七七

次韻張守垂虹小駐 再分韻得花字 贈趙子
野 贈劉行甫 次韻趙子野贈別 ……………………………二八六七
送曹器遠從使虜 次韻趙金陵秋闈之行 送
劉常父秋試兼簡行父 送二趙金陵秋闈之行 ……二八六九
題六么後 陳伯固使君禱雨得雪為作 次韻……二八七〇
石湖兩帖還李推官 陳學正惠詩酬以長句
戲作 次陳倅同年瓊露酒詩韻 題高夢錫指
牛圖 ……………………………………………二八八〇
陳學正孫學錄有詩復次韻 ……………………………二八八一
次朱必先與師是唱酬韻 客以詩為東園飲不
果次其韻二首 雨未止再次前韻二
首 ………………………………………………二八八三
次韻魏知元 次高賓王餞徐南卿韻 贈畫士
龔子 呈趙帥 …………………………………二八八四

**全宋詩卷二四三二**

陳 造一〇 山居十首 ……………………………二八八六
元夜病起二首 香雲寺 丁簿到蕪湖書不

至 ………………………………………………二八八七
圩上 丁酉道中暮春 秋日 仁于庵 次韻
得姪消息二首 感興 送人赴試 金地寺
翟元卿 ………………………………………二八八八
調官歸 陪盱眙王使君東游四首 都梁八
留行都 …………………………………………二八八九
雨後病起二首 歸自湖西 客中 次韻朱萬
卿五首 …………………………………………二八九〇
寄姪 ……………………………………………二八九一
寄興化徐尉二首 次韻彭景覬 贈課會諸公
次瓜州 ………………………………………二八九三
贈高黃二子 贈趙秀才 約二趙棋集雨不果
來 次韻高緝之二首 次韻石湖居士瓶中早
梅二首 ………………………………………二八九四
再遊虎丘二首 謝陳夢錫詩卷二首 即
事 ……………………………………………二八九五
次韻羅春伯提舉 送高緝之歸謀武林結課二

首 歲晚言懷　贈相士蜀張二詩 …………… 二八〇六
贈陳錢二別乘　送李元英還常熟從周宰讀書
　次韻歸路微雪　鹽城阻冰雪贈陳德美三
首 ……………………………………………… 二八〇七
夜雨　次韻何學諭送行二首　曹娥廟二
首 ……………………………………………… 二八〇八
寄師文二首　登招寶山　定海四首 …… 二八〇九
聞師文過錢塘二首　即事　官居二首 送學
生歸赴秋試因省別業三首 ………………… 二八一〇〇
冬至　立春　祭龍　答龔炳澤卿 ……… 二八一〇一
送嚴上舍并寄諸公十首 …………………… 二八一〇二
再次韻十首 ………………………………… 二八一〇三
題陳主管小壺天三首 ……………………… 二八一〇四
過八疊舖問宿　高頭山　無題三首　思
歸 …………………………………………… 二八一〇五
答壽詩　次韻章宰　過樊村　書懷二
首 …………………………………………… 二八一〇六
步西湖次韻徐南卿 ………………………… 二八一〇七

觀諸公射於城北書壁二首　次韻楊宰次郎裴
　次韻楊宰公田道上　次韻楊宰樊
漢 ………………………………………… 二八一〇八
次韻楊宰秋尾雪　次韻楊宰葫蘆格　次韻楊
宰述懷　次韻楊宰野步　次韻樊漢　次韻楊
宰雪 ……………………………………… 二八一〇九
次韻楊宰宿田家　次韻漕使張守二首　題吳
司理子隆兼隱　次韻張守赴真州辭家　次韻
張守惠山 ………………………………… 二八一一〇
次韻張守塗中逢節二首　次韻張守與潤守總
卿詩四首　瀨江樓分韻得春字 ………… 二八一一一
次韻楊宰泛湖　次宿北阿韻　次韻趙帥四
首 ………………………………………… 二八一一二
次韻林子長　次韻趙帥歲暮　次韻小閣　高
宗皇帝挽章四首 ………………………… 二八一一三
壽皇聖帝挽章三首　強同年次子挽詩二首
黃尉挽章二首 …………………………… 二八一一四
李粹伯挽章二首　九日　次韻盛教授　再遊

殖軒小酌 …… 二八一五
送羅提舉 謝龔養正病後分藥 勸農書淨居壁 …… 二八一六
寄顧簽判 飲寓隱 再遊福溪巖贈主僧 …… 二八一六
州贈應守沈倅 …… 二八一七

## 全宋詩卷二四三二

陳造一一
   楮坵 閒題 飲客 次丁嘉會韻二首 …… 二八一九
   再用韻寄丁知縣三首 念衰 閒適二首 …… 二八一九
   日留交代 …… 二八二〇
   次韻蘇監倉二首 再次前韻二首 縣圃酴醾 …… 二八二一
   賞酴醾病不赴 …… 二八二一
   次陳宰韻 即事 縣西 上峨橋 …… 二八二二
   行寄幼度主簿 徐陶會 …… 二八二二
   和張秀才 雪晴再用韻 次韻早春 次韻張 …… 二八二三
   秀才 用前韻酬雪霽 …… 二八二三
   寄丁主簿 寄林子長教授 楊家會小坐 七 …… 二八二三
   夕 復程平叔 汪叔量白酒 …… 二八二四

寄鄉中親舊 隱靜簡堂老贈籐杖 次韻楊樞 …… 二八二五
視圩遊隱靜 次韻楊樞喜雨 病中書懷二 …… 二八二五
首 …… 二八二五
次韻元卿二首 次韻劉宰 夏夜飲客 贈趙 …… 二八二六
監嶽行都 …… 二八二六
春晚郊外 託人賣馬二首 次韻王知軍雪 …… 二八二七
次韻郭教授雪二首 次王帥韻後坐有懷 …… 二八二七
次沈倅韻呈王漕 次韻王漕起秀亭 次韻趙 …… 二八二七
教授 再次韻贈郭高叔 寄陳居仁二 …… 二八二八
首 …… 二八二八
次韻郭教授雪二首 次王帥韻後詩呈葉教授 …… 二八二八
次王帥韻 書劉元之教授劄子 …… 二八二九
立春前一夕雪三首 餞趙伯衛趙有詩次其韻 …… 二八二九
贈仲國美 次韻彭景覬 贈課會諸 …… 二八二九
公 …… 二八二九
再次韻答陳居仁二首 題殖軒 賀二石登科 …… 二八三〇
次韻何符山人二首 …… 二八三一

## 全宋詩 卷二四三三

### 陳造 一二

| 詩題 | 頁 |
|---|---|
| 次王仲衡尚書韻　次韻石湖居士 | |
| 晴窗遣興　次韻石湖居士遊虎丘 | |
| 尚書　　贈陳簽判　寄王仲衡 | |
| 京口呈張閣學　題成倅小築　皇孫壽詩二首 | |
| 酬賈學錄韻并送炭 | |
| 次陳夢錫韻二首　次韻朱解元雪　次韻陳倅趙宰雙 | |
| 錫約二同年游虎丘　次韻陳倅趙宰夢 | |
| 次林計議喜雪韻　次韻朱秀才二首　次韻石 | |
| 湖居士見梅　虎丘 | 二八一三五 |
| 一首　寄興化葉明府進卿二首　贈曹秀才 | 二八一三四 |
| 飲殖軒　趙使君淮春樓落成二首　贈趙秀才 | |
| 次韻章守移學　次韻章守獵 | 二八一三三 |
| 早步湖上　次韻章守移學 | |
| 首 | 二八一三二 |
| 居　次韻張直閣避暑　次前韻謝胡運屬二 | |
| 同高叔不愚如晦飲再次韻二首　題潘德久竹 | |
| 竹 | 二八一三八 |
| 寄王尚書　次韻嚴上舍　次韻朱通判嚴上舍 | |
| 再次韻後篇戲朱 | 二八一三九 |
| 苦雨再次前韻　試院贈三同官　歸有日喜作 | |
| 次韻袁提刑勞軍許浦中路風雨 | 二八一四〇 |
| 次韻常熟感舊　次韻犒士打冰欲 | |
| 遵陸　別趙文卿明府　次韻袁丈知府喜雨 | |
| 次韻袁憲雪二首 | 二八一四一 |
| 贈趙步帥　壯觀亭為真州作　次韻吳江陳學 | |
| 長送行二首　次韻張丞月試士人 | 二八一四二 |
| 次韻答張丞　次韻張丞二首　再次韻二首 | |
| 正覺寺　次韻張丞　次韻任解元喜雨二首 | |
| 次韻陳秀才二首　元日 | 二八一四四 |
| 次韻張丞　再次韻　十四夜丞和章來復次韻 | |
| 十六夜張丞有詩次韻　張丞再有詩次 | |
| 韻 | 二八一四五 |
| 再次張丞韻　次韻王簽判　次韻自序　次韻 | |

三〇

## 全宋詩卷二四三四

陳造一三

| | |
|---|---|
| 戰艦　次韻招飯不赴 | 二八一四六 |
| 即事　勞農淨居贈皎啟二僧　題林監稅漁鄉 | |
| 小樓　九日登樓　鑑湖道中　言懷二 | |
| 首 | |
| 贈陳居士　次諸公韻　對雪小吟次前韻　再 | 二八一四七 |
| 次韻謝張守得新居　再次韻呈張守 | 二八一四八 |
| 聞旴眙北使信感事再次韻　雪晴再次韻　對 | 二八一四九 |
| 客再次韻　述懷再次韻 | |
| 再次韻張德恭二首　文炳近歲節感愴作詩寬 | 二八一五〇 |
| 之　再次韻呈張守 | |
| 贈張德恭　再次韻呈張守 | 二八一五一 |
| 都梁塗中　謝鄒祕正惠淮白呂判院送酒寄 | 二八一五二 |
| 章茂深郎中二首 | |
| 自適三首　正月十四日雪　送七子赴省次 | 二八一五三 |
| 韻胡元善 | |
| 張守招隱　次韻張守勸農　次韻張守王勉夫晚春 | 二八一五四 |
| 次韻張守遊趙園　次韻張守王勉夫二 | |
| 首 | |
| 再次韻送張守　次韻常倅俞君任二 | 二八一五五 |
| 又悼石湖老人　再次韻酬俞君任　再次韻呈 | |
| 楊侍郎　楊侍郎召飯再用韻　郝澤民主簿贈 | |
| 詩次韻二首 | 二八一五六 |
| 再次前韻二首　登平山堂　郢州二首　春日 | |
| 客中二首 | 二八一五七 |
| 石城　次韻程帥遊習池三首　春雨贈陳主管 | 二八一五八 |
| 陳主管招飲　次日再次韻三首　穀城道中 | |
| 山行寄程帥　次韻寄王帥屬　諸公邀留不 | 二八一五九 |
| 再次習池詩韻寄程帥二首　次韻寄陳主管 | |
| 次韻寄程帥二首　次韻謝程帥復遊習池見寄 | |
| 二首　復次韻寄程帥二首 | |
| 留交代韋倅　觀山刑鵝夜歸　禱雨鳳凰山二 | 二八一六〇 |

# 全宋詩 卷二四三五

陳造 一四

送詩陳惠伯 襄陽賦秋日江梅菊花 …………………………………………… 二八一六五
次韻程帥二首 次韻言懷 …………………………………………… 二八一六五
次韻記別程帥轂城旅夢 梁教病起 上外朝
山 過八疊山 馬息山 寄鄉中親友二
首 …………………………………………… 二八一六六
賀程帥因任四首且言久缺詩筒之意 再次韻 …………………………………………… 二八一六七
答程帥高機宜四首 …………………………………………… 二八一六七
正仲和帥屬被盜二首 贈高司理 再用前韻 …………………………………………… 二八一六八
贈高司理共八首 …………………………………………… 二八一六八
病起聞步 寄師文二首 …………………………………………… 二八一六九
次韻什邡馬主簿二首 再次韻馬主簿二首 …………………………………………… 二八一七〇
再次韻二首 …………………………………………… 二八一七〇

偕章宰勸農房山 簡章宰二首 上巴溪上燕二首 …………………………………………… 二八一七一
試柘枝溪上 次韻答許推章宰二首 再次韻 答節推二首 再次韻答許推章節推二首 …………………………………………… 二八一七二
再次韻四首 梁教授次柘枝詩韻再和 書懷 …………………………………………… 二八一七三
次韻高機宜送別 贈黃國器二首 過伏龍祠 …………………………………………… 二八一七三
再次韻謝惠詩 …………………………………………… 二八一七四
武昌 歸歟老秋 宿何人家 次韻張司戶 凌晨復有惠急筆次韻 再口占次韻 …………………………………………… 二八一七五
再次韻贈俞德瑞 送張文昌帥豫章二首 行都夜歸 …………………………………………… 二八一七六
左司韻贈俞德瑞 次韻答德瑞 次韻雪詩 次 四子二首 次韻 曾 …………………………………………… 二八一七六
次韻同年諸公環碧叙同年會 約徐南卿出遊 西林訪鉆師 約呂徐二友遊淨慈二 首 …………………………………………… 二八一七七
再次韻二首 還王編修詩卷 元日訪丁端叔 …………………………………………… 二八一七八

# 全宋詩卷二四三六

陳造一五

次韻楊宰食蓮戲作　次兒輩戲商
卿設醴韻二首　再贈澤卿商卿道舊三
首 ................................................. 二八一

九日登神居留題　傅商卿借鵝　次韻謝陳守
伯固　贈傅商卿　夜宿商卿家 ........... 二八一二

述懷有作　贈實老　次韻答龔澤卿　晚飯商
卿家　次韻答楊宰 ........................... 二八一三

次韻楊宰宿北阿　次韻楊宰　次韻楊宰
韻楊宰遊神居　次韻楊宰二首 ........... 二八一四

次韻楊宰野步　再次楊宰遊土山韻　次韻
守塗中生日　次韻張守妻閔忌　次韻張守曉
起 ................................................. 二八一五

正月十六夜大雪次張守諸公韻二首　次韻王
簽判二首　贈吳子隆　次韻張德恭主簿二
首 ................................................. 二八一六

次韻張守勸農二首　次韻張守泛春亭遊乾

安撫二首　次韻王編修二首 ............... 二八一七九

明分韻得山字　寄眞州詩社諸友　眞州諸公
語別 ............................................. 二八一八七

次韻趙夷仲　再次趙侯韻　送臧汝舟楚州秋
試　重九山陽儀眞兩使君送酒　次梔子花
韻 ................................................. 二八一八八

次喜雨韻　次韻李壽卿明府憶梅　次崔帥韻
崔侯燕城西高家亭復次韻　鄧倅有詩次
韻 ................................................. 二八一八九

次韻寄汪教授二首　客路寄崔帥　再次韻
次韻陳學正 ................................... 二八一九〇

次韻趙帥賞古梅　次韻劉常甫見贈二首　次
韻張守勸耕三首　題彭傳師無喧境壁 ... 二八一九一

次韻贈高賓王二首　再次韻贈高賓王二
首 ................................................. 二八一九二

次韻贈高賓王見投四首　次韻方秘正
答高賓王　次韻林子長一首 ............... 二八一九三

再次韻自誑簡賓王二首　次韻
次韻楊帥留客賞雪二首　再次韻二首　次韻

全宋詩 第四五冊目次

趙帥四首 ……………… 二八一九四
用贈朴翁舊韻二詩 次韻趙帥
登平山堂 次韻鄭同年餞行
挽章 太碩人臧氏挽章二首 ……… 二八一九五
挽章 太碩人臧氏挽章二首 ……… 二八一九六

## 全宋詩卷二四三七

陳造一六 次張學錄韻十首 再次贈張學錄
韻十詩 ……………… 二八一九七
次韻錢倅諸公睡香花四首 泊上虞驛來日行
四首 ……………… 二八一九八
予七十趙監稅見賀以詩次韻 銅官道中二首
舟行六言 題長沙新到鷹圖 題別浦遠
來舟圖 題野渡風烟圖 題寒光雪嶂
圖 ……………… 二八一九九
禱雨木欄堂四首 羅提舉見和再用韻四首
題草蟲扇二首 ……………… 二八二〇〇

## 全宋詩卷二四三八

陳造一七 劉向二首 梁元帝二首 管仲二
首 孔明二首 東坡二首 ……………… 二八二〇一

王逢原二首 閱史六首 讀晉史二首 曹魏
二首 ……………… 二八二〇二
袁本初二首 公孫述 隗囂 馬援 光武二
首 高祖二首 和意 ……………… 二八二〇三
相如二首 文帝 詠史二首 遊靈山二首
早夏 偶題 ……………… 二八二〇四
題人家壁 棲隱寺紫薇花二首 題趙秀才壁
新林小憩見花二首 贈相者二首 次玩鞭
亭小詩韻 ……………… 二八二〇五
次林子長教授韻 次張節推山字韻詩留其行
靈巖道中二首 游隱靜往反 ……………… 二八二〇六
首 無題三首 ……………… 二八二〇七
戲促黃簿鷄粥約三首 次韻黃簿 贈趙承四
首 無題三首 ……………… 二八二〇七
臨澤寺留題 元夕遣懷二首 書南柯太守曲後二
雪二首 次韻諸公絶句 ……………… 二八二〇八
贈郭高叔三首 游普向十首 十絶句呈章茂
首 ……………… 二八二〇八

深安撫……二八二〇九
村居二首　謝三提幹召飲三首　謝兩知縣
鵝酒羊麵二首……二八二一〇
次兩知縣韻四首　題椿桂堂四首　次石湖送
炭韻贈龔養正三首　送鶴鴨臘龔養正二
首……二八二一一
早春十絶呈石湖　題溪橋雪月圖　題高緔
劍室二首……二八二一二
題龔養正孩兒枕屏二首　次韻答陳夢錫
次韻吳守四首……二八二一三
謝劉提幹墨竹見遺二首　劉有詩再次韻四首
題畢直閣繙經圖三首　循資趙宰有賀詩次
韻三首……二八二一四
都下春日　次韻答趙文卿四首　次韻袁憲
軍許浦中路冰合二首　次韻袁憲打冰移舟三
首　贈何符山人二首……二八二一五
趙介卿見簡解嘲二首　寓吳門十首　次韻張
丞……二八二一六

全宋詩卷二一四三九

陳　造一八　次韻楊宰汲泉浸梔子花　次韻張
守三首　次韻張守四首　慶元冬再到盱眙四
首……二八二二三
閑居十首　趙園飲三首　題九老圖二首　題行山園
客夜不寐四首……

次張丞送菊韻二首　紹熙壬子勸耕妙勝四首
净居勸農三首　次韻王統制喜雨　示阿泰
三首……二八二一七
次王巡檢韻三首　朱倅索詩作三絶謝之　瑞
嚴寺三首　再次韻三首……二八二一八
喜雨二首　定海甲寅口號七首　謝張德恭送
糟蚶三首……二八二一九
再次前韻三首　張守送羊羔酒將以三絶次韻
答之　郡齋鶴飛來作三詩還之　張守有和章
復次韻三首　再次羊羔酒韻三首……二八二二〇
再次還鶴韻三首　題項處士山堂二
首……二八二二一

三五

江行四首　到房交代招飲四首 ……二八二四
再次交代韻四首　再次交代韻
四首 ……二八二五
再次韻四首　復次韻四首　襄陽二首　春陰
二首 ……二八二六
祈雨而應范簿有詩次韻四首　漢江岸二首 ……二八二七
題驛舍二首　呈程帥五首　六絕句呈趙帥兼簡
程帥寄詩見憶次韻四首 ……二八二八
鄭機宜　房陵十首 ……二八二九
春寒六首 ……二八二九
同沈守勸農十首　不寐二首　觀山四
首 ……二八三〇
鄖州守風二首　過呂仙洞四首　書事二首 ……二八三一
客枕不寐二首 ……二八三一
次韻郭帥梅三首　寄張守仲思十首　寄廣教
主僧二首 ……二八三二
題潮出海門圖二首　再題二首　贈淨慈主人
五首　畫過荷葉浦二首 ……二八三三

約徐呂二友訪淨慈老二首　再次寄肯堂韻五
首　題潘德久侍兒扇　題張省幹扇　題臧子
儀扇 ……二八二四
題扇集句五首　題扇七首　再次寄肯堂韻五
首 ……二八二五
同徐呂二子遊西湖復次前韻五首　次韻答壁
侍者五首　題趙景安二亭　次韻趙景安四
景安和章來再次韻謝設醴四首　徐南卿友竹
軒二首　即事二首　再次韻趙景安四
首 ……二八二七
再次韻四首　苦雨次前韻四首　四月望再遊
西湖十首 ……二八二八
次韻楊宰食野蓮　次韻楊宰捕蝗宿兌嚴四首
次韻楊宰凌霄花 ……二八二九
再次韻楊宰七首 ……二八四〇

**全宋詩卷二四四〇**

陳　造一九　題傅商卿家壁二首　題彭尉軒壁
三首　題吳子隆兼隱二首　次韻張守仲思食

車螯 ………………………………………………………… 二八二四一

寄趙宰三首 學宮諸生飲邀予與子野同之三首 登頻江三絕趙宰增為四復次韻答之 贈相士潘翁二首 ……………………………………… 二八二四二

題乾明寺壁 題柏氏壁二首 次梁教授見貽韻五首 喜雨口號呈陳守伯固十二首 ……………… 二八二四三

漫與 跂簡齋二帖 無題 陳君美許仲和赴省病不能出餞以二絕句 ……………………………… 二八二四四

春暖贈梅喜作二首 遊山陽十首 ……………… 二八二四五

招山陽高徐二生飲二首 題因老松江烟雨圖二首 題因師蒲桃圖二首 ……………………………… 二八二四六

八月十二日夜偕客賞木犀八首 書城北尼庵二首 漏澤院四絕句 ……………………………… 二八二四七

曉枕二首 題墳庵壁四首 雨中題柏氏壁二首 次韻楊宰愛竹 次韻楊宰思庭竹 寄鄆州崔守八首 ……………………………… 二八二四八

東莊小留四首 ………………………………………………………… 二八二四九

送吳子隆節推之官信州五首 次程平叔韻二首 ………………………………………………………… 二八二四九

閩水教次前韻 程言聚散有感次前韻 再次韻 再次韻 次韻贈郭侯 侯拉客歸置飲再次韻 ……………………………… 二八二五〇

吟詩自笑用前韻 病起二首 口號十首呈程殿撰 ……………………………… 二八二五一

題史髯詞卷二首 贈包道二首 暮春泛西湖 ……………………………… 二八二五二

次口號韻呈程待制十首 ……………………………… 二八二五二

題濟勝七物 ……………………………… 二八二五三

題史髯詩卷後二首 寄題高賓王詩後卷 泛湖十絕句 ……………………………… 二八二五四

次韻趙帥二首 又次看字韻二首 陳總管坐上贈寫竹妓二首 十五夜再次趙帥韵 贈琴妓二首 次趙帥喜雪韻 ……………………………… 二八二五五

次魏知元韻三首 次姜堯章餞徐南卿韻二首 又次銛朴翁韻四首 次史髯韻二首 又次韻二首 ……………………………… 二八二五六

次韻趙帥蠟梅 寄趙帥三首 再次韻趙帥見寄三首 題杜彥敷山茶 次趙帥韻三首
次韻趙帥寒食四首 次韻趙帥 十絕句寄趙帥
次韻趙帥五首
陳造二〇 送龍辭三章 行春辭三首
楚辭三章送郭教授趨朝
神居實師退院作偈留之
天申節致語 又對廳 王母致語 又對廳 平江府天申節致語口號 王母致語口號
又通衢 趙守燕王漕致語口號 鹿鳴宴致語口號 石湖生日致語口號 定海縣廳事落成致語口號
廳事落成致語口號 房州到任交倅事筵致

全宋詩卷二四四一

……二八二五九
……二八二五七
……二八二五八
……二八二六〇
……二八二六一
……二八二六二
……二八二六三
……二八二六四

語口號 到任交權州事筵致語口號 待衆
官致語口號 喜雨燕致語口號
交割州事致語口號 宴新守致語口號 任滿
交割倅事致語口號 任滿交割郡事致語口號
燕鄉守致語口號

全宋詩卷二四四二

釋可封 頌古偈二首 頌古三首
任詔 冰井
王正功 嘉泰改元桂林大比與計偕者十有一人九月十六日用故事行宴享之禮作是詩勸為之駕 嘉泰二年歲在壬戌正月八日携家還里幕中諸友遠來餞別同遊乳洞遂為終日之款因成
古風一章 題日哦軒
婁機
宋恭甫 社日不飲
陶去泰 句
王曉 送鹿伯可致仕歸天台兼簡致政龍學給事吳明可丈

……二八二六五
……二八二六六
……二八二六七
……二八二六八
……二八二六九
……二八二七〇
……二八二七一
……二八二七二

趙不敵
　句 ………………………………………… 二八二七二

劉大辯
　資深堂 ………………………………… 二八二七三

周承勛
　端午　題度門院　宿玉龍宮 ………… 二八二七三

食河豚　杜宇　繫冠船篷自戲　題縣圃蘊輝亭 ………………………………………… 二八二七四

吳下同年會詩 ………………………………… 二八二七五

唐子壽
　吳下同年會詩 ………………………… 二八二七五

章瀚
　吳下同年會詩 ………………………… 二八二七六

句 ………………………………………… 二八二七六

王藝
　吳下同年會詩 ………………………… 二八二七六

胡元功
　吳下同年會詩 ………………………… 二八二七七

趙彥衛
　題蘭亭帖　吳下同年會詩 …………… 二八二七七

趙彥瑗
　吳下同年會詩 ………………………… 二八二七八

成欽亮
　吳下同年會詩 ………………………… 二八二七八

陳德明
　吳下同年會詩 ………………………… 二八二七八

郭明復
　題琵琶亭　大人按部過雲安下巖留小詩命同賦 ………………………………… 二八二七九

題三峽堂 ………………………………… 二八二八〇

劉知仁
　儲福宮 ………………………………… 二八二八〇

# 全宋詩卷二三九五

## 徐　逸

徐逸,字無競,號竹溪,又號抱獨子。天台(今屬浙江)人。朱熹提舉浙東時曾過訪其家,又曾託作謝恩表。事見仇遠《稗史》。今錄詩五首。

### 晝眠治平寺

頻年遊覽不暫寘,野艇往來無水程。雨休最好是鷗浴,風靜更清聞鶴聲。酒家新熟欠前賬,僧榻借眠餘宿醒。崧高泰華未挂眼,鬢影蕭颯難為情。

宋施諤《咸淳臨安志》卷七九

### 梅　花　影印《詩淵》冊四頁二五三七作孤山看梅

咸平處士風流遠,招得梅花枝上魂。疏影暗香如昨日,不知人世幾黃昏。

宋陳景沂《全芳備祖》前集卷一

### 蒿

駝峰巍巘蹯取熊,百金不滿節下供。朱門人物多偉岸,一字不識神氏蒙。深林蕭薺最強項,不肯失身羔酒胸。

同上書後集卷二七

### 村　居

酸甜半熟山頭果,紅白爭開屋角花。柴戶不關春睡足,太平多在野人家。

### 偶　題

影印《詩淵》冊五頁三一五三

病身鬱屋等驚蛇,埃塿何堪舉手遮。四海知心是明月,一生結客得梅花。風搖酒浪紅鱗小,香暖歌雲翠葆斜。休問畫橋西去路,要憑消遣舊生涯。

同上書冊六頁三九四九

### 句

誰與深春共憔悴,隔江一樹紫桐花。 桐花

《全芳備祖》前集卷一九

## 梁平叔

梁平叔,生平不詳。孝宗乾道間曾與朱熹同宿新昌清虛庵。

### 與晦庵先生同宿清虛庵

幽齋共坐論功夫,借問先生識此無。悟得此中真妙訣,人間始信有仙壺。

明呂光洵萬曆《新昌縣志》卷一三

## 章才邵

章才邵,字希古,崇安(今福建武夷山市)人。元振子。少從楊時學。以父蔭補官。歷知臨賀、辰陽二州,改荊湖北路參議官。晚年與朱熹游。事見《名賢氏族言行類稿》卷二六,明嘉靖《建寧府志》卷六八有傳。今錄詩三首。

### 題嚴子陵釣臺

短櫂夷猶七里灘,人亡依舊水光寒。漢家名節君知否,盡在君家一釣竿。

### 過清遠大家峽

## 進月堂

嚴頭風急樹欹斜,溪畔漁樵十數家。老盡往來名利客,年年秋水映蘆花。

不將簾幕礙虛空,為愛清光入室中。滿目盡成金色界,勝游寧羨水晶宮。世緣淡泊尤相稱,心鏡圓明總一同。長照金樽歌酒樂,爭如此境樂無窮。

以上宋章定《名賢氏族言行類稿》卷二六

## 李伯敏

李伯敏,字敏求,一字好古,高安(今屬江西)人。嘗向朱熹、陸九淵問學。《宋元學案》卷七七有傳。

### 聞象山論學語有得

紛紛枝葉漫推尋,到底根株只在心。莫笑無絃陶靖節,箇中三嘆有遺音。

清黃宗羲《宋元學案》卷七七

## 鄒軾

鄒軾,字行之,一字孝行,平江(今屬湖南)人。朱熹帥長沙,道經平江,軾謁之,歸讀《四書》有得。一生清貧,有《自樂軒集》,已佚。明隆慶《岳州府志》卷一六有傳。今錄詩五首。

### 道謁朱晦庵先生

武夷洞前皎月生,歸人近得坦途行。陰霾滌盡無纖翳,遠徹乾坤一樣明。

清胡敬《淳祐臨安志輯逸》卷七

梁平叔 章才邵 李伯敏 鄒軾

## 謁毛竹間先生

野意淒涼遠俗情,出門一笑亂山青。癡兒白晝猶鼾睡,可是無人會喚醒。

## 題讀書林

不辱其身不辱親,要明聖學盡人倫。豈為媚世文章士,養就中和萬古春。

諸君著意讀書林,好去鳶魚箇裏尋。不必浪浮空記誦,且須識取各人心。

## 山居寓興

花陰不正月將西,欲到溪邊步懶移。坐對前山無一語,此心惟有古人知。

(以上清鄧琮《沅湘耆舊集》卷二三)

## 釋志南

釋志南,朱熹曾為其詩卷作跋。事見《詩人玉屑》卷二〇。

### 詩一首 按:明嘉靖《池州志》卷一錄後二句,謂寫梅山。

古木陰中繫短篷,杖藜扶我過橋東。沾衣欲濕杏花雨,吹面不寒楊柳風。

宋魏慶之《詩人玉屑》卷二〇引《柳溪近錄》

《詩人玉屑》:僧志南詩云云,晦庵嘗跋其卷云:南詩清麗有餘,格力閑暇,無蔬筍氣,余深愛之。

## 袁梅岩

袁梅岩,名不詳。朱熹曾薦釋志南至袁處。事見《詩人玉屑》卷二〇。

(以上呂桂珍整理)

接晦庵薦志南書有作

上人解作風騷話,雲谷書來特地誇。楊柳杏花風雨後,不知詩軸在誰家。

《詩人玉屑》卷二〇引《柳溪近錄》

(以上聞賢整理)

## 晁子東

晁子東,名不詳,疑爲公溯、公爲兄弟輩。其賡和朱熹所作精舍詩時,熹已逝。

### 賡韻題精舍

數椽茅屋俯清溪,學者盈門所得棲。地僻任從雲聚散,林深不礙日東西。巍巍道德千年在,凜凜聲猷萬古齊。遺像載瞻三太息,一庭煙草有餘淒。

影印《詩淵》冊四頁三〇〇二

(吳鷗整理)

## 王暉

王暉,生平不詳。《龍游縣志》編次其詩於朱熹、翁卷之間,姑置於此。今錄詩三首。

### 三河道中

龍丘風土類中原,雨勢山開百里川。白鷺水田摩詰畫,桃花溪洞武陵船。路入龍遊不見山,縱橫阡陌瀫江邊。穿籬殘笋如攢槊,夾道寒花似火燃。

### 龍游道中聞雁

避寒來熱稻粱肥,水遠山長結伴稀。已是江湖遠行客,雙雙猶是向南飛。

以上清盧燦康熙《龍游縣志》卷一一下

(盧新寧整理)

釋志南　袁梅岩　晁子東　王暉

二七六九

## 徐昭然

徐昭然,字子融,鉛山(今江西鉛山東南)人。從朱熹學。事見清同治《鉛山縣志》卷一五。

### 句

精一危微共一心。

宋陳文蔚《克齋集》卷一六《和子融韻》詩注

(劉錦雲整理)

## 江朝議

江朝議,失名。孝宗乾道六年(一一七〇),以朝議郎通判道州。事見《八瓊室金石補正》卷一〇六。今錄詩三首。

### 早離永明晚抵江華道中

飛沙翳翳路曼曼,萬籟風聲重曉寒。涉澗躋危任勞役,服勤王事敢辭難。捨車跨馬喜新晴,倍見旌旗照眼明。顧我未能流美化,邦人何事喜相迎。

### 遊陽華口占五言八句呈諸僚友

十里雲深處,陽華小洞天。千巖虛夜月,萬壑溜寒泉。石磬生何世,仙田種幾年。神靈自幽顯,時序任流遷。

以上清陸增祥《八瓊室金石補正》卷一〇六

(孟憲忠整理)

# 全宋詩卷二三九六

## 楊興宗

楊興宗,字似之,長溪(今福建霞浦)人。高宗紹興三十年(一一六〇)進士(《淳熙三山志》卷二九),授鉛山簿。孝宗初爲武學博士。乾道四年(一一六八),除秘書省正字,次年,遷校書郎。八年,出知處州(《南宋館閣錄》卷八)。歷知溫州、嚴州。淳熙十一年(一一八四),罷荆湖南路提舉常平(《宋會要輯稿》職官七二之三九)。有《自觀文集》,已佚。明嘉靖《福寧州志》卷一一有傳。

### 句

要得一書藏石室,爲緣新説自金陵。

宋林亦之《網山集》卷一《奉陪嚴陵史君楊校書興宗賽山夜語一别數月欲再見不可得因寄此詩》注

(李更整理)

## 謝洪

謝洪,字範卿,興化(今福建仙游東北)人。高宗紹興三十年(一一六〇)進士,授海豐主簿。調信州永豐丞。明弘治《興化府志》卷四四有傳。

### 賦梅

朔風颼颼著古梅,寒枝冷落俟春回。可憐雪萼無人問,乞借陽和早放開。

明陳效弘治《興化府志》卷四四

## 莫若晦

莫若晦,字子明,崇德(今浙江桐鄉西南)人。琮次子。高宗紹興三十年(一一六〇)進士。歷知袁州、徽州(清雍正《江西通志》卷一六五)。寧宗嘉泰元年(一二〇一),知嚴州。三年,遷湖南提舉(《淳熙嚴州圖經》卷一)。事見《至元嘉禾志》卷一三、一五。

### 震山巖

一巖孤峻出塵埃,下瞰僧坊七寶臺。鴻鵠凌空無礙去,浮山供望有情來。臨風笑語飄飄遠,舉酒襟懷落落開。莫訝作詩詩句好,醉魂飛自月邊回。

(《永樂大典》卷九七六四)

## 高文虎

高文虎,字炳如,四明(今浙江寧波)人。高宗紹興三十年(一一六〇)進士,調吳興縣主簿。孝宗淳熙五年(一一七八)以國子正兼國史院編修官。光宗紹熙五年(一一九四)擢將作監兼實錄院檢討官、玉牒所檢討官。寧宗慶元元年(一一九五)遷軍器少監。二年,爲國子司業,遷祭酒。三年,以中書舍人兼實錄院同修撰。五年,拜翰林院學士兼侍讀。出知建寧府,以事奪職,卒。事見《南宋館閣續錄》卷九,《宋史》卷三九四有傳。今錄詩十二首。

《興化府志》:洪父穆,號鰲軒主人,人目爲書笥。洪童卯時已有文名。鰲軒嘗以事忤縣令,洪亟走救之。令指庭中梅謂曰:能賦此乎。洪援筆立就云云。

## 送台倅趙叔明趨朝

羲輪正弭節,別駕忽揚鞭。游從亦雨暑,朋盍知何年。欲敘情繾綣,難得形周旋。譜系玉為牒,輝華珠在淵。漢家子駿才,今世德麟賢。浡倅丹丘地,平分刺史天。婉畫邁前輩,陰功培後緣。人或得其一,君亦幾於全。微涼起天末,觸熱趨日邊。石橋禮尊者,瓊臺訪遺仙。高張天姥蓋,穩泛雪溪船。稽山萬塍稻,鏡湖千頃蓮。行庖擊小鮮,觸境亂鳴蟬。應酬圖畫中,懷想冕旒前。早渡月千里,晴帆風一川。清都鬱佳氣,絳闕鎖祥煙。放朝上閣後,投謁巖廊先。諸公競羅致,百辟會班聯。託契荷傾蓋,為僚因贄員。猶憑六六魚,寄問我沈綿。

《天台續集別編》卷五

## 和曾原伯寄超化舉長老

文聲宮祉韻鶯和,素履冰霜凜節柯。鵬翼扶搖驚斥鷃,鳳翔寥廓舞靈鵝。參玄問學淵源遠,友許游從日月多。誰袖新篇來古刹,夜寒不覺聳肩哦。

宋高似孫《剡錄》卷八

## 謝人海棠

富貴天姿錦里人,高華全比玉堂臣。綠嬌紅嫩精神是,肯折園林兩樹春。

## 次韻楊少雲桂花

溶溶漠漠秋光淡,耿耿寥寥夜色清。不是靈根函爽氣,如何醞得此香成。廣寒慣識朝真趣,一笑秋空意欲凌。花凝玉兔搗霜千萬粒,淒風折作四

## 雪館山茶

江南嘉木蔚蒼蒼,能與山梅次第芳。葉厚耐擎三寸雪,飛初怯受一番霜。

莫若晦 高文虎

## 酴醾花

羽蓋珠旛上下蒙,倚欄碧動舞蛟龍。誰憐澹素朝天面,自現光明滿月容。楊柳風柔霑絮濕,薔薇露重染衣濃。典型猶帶醺酣力,醞得餘春百倍醲。

## 瑞香花

雲岑深處獨翹翹,香逐吳山一夢銷。味入禪心清透澈,錦熏篝暖不容招。

## 種菊

菊載種農經,不見詩三百。周官敘鞠衣,一言僅可摘。黃華紀呂令,落英餐楚客。伯始飲得壽,桐君書探賾。移根候萌動,需時當甲拆。我羨柴桑里,敢希履道宅。不種兒女花,朱朱與白白。閱譜品雖多,求栽地恐窄。揠苗助其長,抱甕漑以澤。朗詠黃為正,流播風傳格。寒香紫茁蘭,晚節銅柯柏。相繼早梅芳,一笑巡簷索。

## 水仙

朝朝暮暮泣陽臺,愁絕冰魂水一杯。巫峽雲深迷昨夢,瀟湘雪重寫餘哀。菊如相得無先意,梅亦傾心敢後開。惱徹會心黃太史,他花從此不須栽。

以上同上書卷九

## 次韻江朝宗梅花

新新數點照疎籬,又折今生第一枝。只為知心無著處,雪中獨立最多時。

## 集高亭

踏雪歸來水路長,親曾相見白雲鄉。風來風去都無那,分付行人一點香。

## 錢聞禮

錢聞禮,嘉興(今屬浙江)人。高宗紹興三十年(一一六〇)進士(清雍正《浙江通志》卷一二五)。歷知賀州。寧宗慶元四年(一一九八)以贓罷(《宋會要輯稿》職官七四之四)。

### 題簡寂觀

先生舊隱在廬山,幽谷千年竹萬竿。偃松拂盡煎茶石,苦筍撐開禮斗壇。

宋王象之《輿地紀勝》卷二五《江南東路·南康軍》

(崔統華整理)

## 張伯垓

張伯垓,字德象,嘉興華亭(今上海松江)人。高宗紹興三十年(一一六〇)進士(《南宋館閣錄》卷九)。孝宗淳熙七年(一一八〇)任幹辦審計司官告院(同上書選舉二一之六)。光宗紹熙三年(一一九二)知徽州(明弘治《徽州府志》卷四)。寧宗慶元三年(一一九七)知紹興府(《嘉泰會稽志》卷二)。五年,以中書舍人兼實錄院同修撰(《南宋館閣錄》卷九)。官至吏部尚書(清光緒《嘉興府志》卷四四)。今錄詩三首。

### 題椿桂堂

進士從來榮一第,至比梯雲仰攀桂。弟兄罕見五枝芳,昔說竇郎今莫氏。莫氏一門真可榮,二難三秀衆

## 寄沈菊山

八十乾淳老,生涯半子虛。久無朝士餽,空有故人書。詩道窮方進,塵緣老盡除。茫茫天壤闊,誰復是知予。

元劉應李《新編事文類聚翰墨大全》辛集卷八

## 壽昌寺

塵埃終日事無窮,不得探真問遠公。莫訝殷勤題粉壁,重來應見碧紗籠。

明夏良勝正德《建昌府志》卷一八

(徐永強整理)

## 耿秉

耿秉,字直之,江陰(今屬江蘇)人。高宗紹興三十年(一一六〇)進士(《南宋館閣續錄》卷七)。孝宗乾道三年(一一六七)知新城縣(《宋會輯稿》食貨一〇之二一)爲魏王府記事參軍(同上書職官六一之二八)。八年,知廣德軍(同上書六二之二三)。淳熙元年(一一七四)爲兩浙運判兼權平江府事(《正德姑蘇志》卷三)。十年,知鎮江府。十三年,知明州(《嘉定鎮江志》卷一五)。十六年,爲兩浙轉運副使(《宋會輯稿》食貨四一之一九)。光宗紹熙元年(一一九〇)除秘書監。二年,兼權兵部侍郎(《南宋館閣續錄》卷七)。終知太平州(《攻媿集》卷四一《兵部侍郎耿秉焕章閣待制知太平州》)。

美并。見聞歎羨不易及,往往答兒親短縈。堂下荷衣戲成伍,堂上椿齡奉慈母。母夫人是月中娥,種得森森桂如許。飛騰從此上天衢,豈但森森月桂如。更看勳名相炤燿,連珠光彩奪星榆。

元單慶《至元嘉禾志》卷三一

## 挽崔舍人

足躧修門甫十年，惟餘篇翰富流傳。橫經趣得陳編外，草制雄誇落筆先。爭美冰銜塵不染，忍觀華□□隨遷。忠輸丹扆箴猶在，一鑑云亡共黯然。

宋崔敦詩《崔舍人玉堂類稿》附錄

## 虞詔

虞詔，號可齋。高宗紹興三十年（一一六〇）進士（明嘉靖《建寧府志》卷一五）。今錄詩二首。

### 荷花

晚來一棹鑑湖東，隊隊峯巒入短篷。一色藕花三十里，淡粧濃抹錦青紅。

宋陳景沂《全芳備祖》前集卷一一

### 柳花

短長亭外柳依依，念我心歸未得歸。粉蝶不知行客恨，也隨飛絮點征衣。

同上書前集卷一八

（以上劉雯整理）

## 周登

周登，號月窗。寧宗嘉定二年（一二〇九）以閤門舍人充賀金國登位副使（《宋會要輯稿》職官七三之四三）。今錄詩二首。

### 遊廬山南阜步月回寓館

不入山中不識閑，不因月上不知還。老僧長揖歸方丈，只有鐘聲送出山。

影印《詩淵》冊五頁三六二八

## 朱藻

朱藻,字元章,縉雲(今屬浙江)人。高宗紹興三十年(一一六〇)進士。由知浦城縣攉通判江陵府(清光緒《浦城縣志》卷四、五)。孝宗淳熙十五年(一一八八)知仙居縣(《嘉定赤城志》卷一九),官終煥章閣待制。有《西齋集》十卷,已佚。事見清康熙《縉雲縣志》卷七

### 泛舟西湖

湖邊無日欠春風,金碧樓臺面面同。白鳥慣隨船上下,畫橋分斷水西東。百年樂事浮雲外,一段傷心落照中。老盡風流無問處,藕花今是幾番紅。

清厲鶚《宋詩紀事》卷七四引《詩林萬選》

(于博文整理)

## 吳宗旦

吳宗旦,宜興(今屬江蘇)人。高宗紹興三十年(一一六〇)進士(清嘉慶《宜興縣志》卷七)。孝宗乾道七年(一一七一),除大理評事(《宋會要輯稿》選舉二〇之二一)。淳熙元年(一一七四),知開州(同上書選舉二二之一)。八年,入爲刑部員外郎(同上書選舉二二之四)。十年,遷大理少卿(同上書職官二四之三六)。光宗紹熙中出爲廣西提刑、江西提刑(同上書職官七三之七、食貨二八

### 鼎湖

孤峰獨立聳巑岏,轍跡苔封量未乾。秀拔山川清氣上,直衝星斗夜光寒。東南擬作擎天柱,今古稱為壓地盤。上有鼎湖風雨隔,寶蓮吹下碧雲端。

清曹懋極康熙《縉雲縣志》卷七

之三〇)。寧宗慶元元年(一一九〇)召爲中書舍人兼侍講(同上書職官六之七一)。三年,以刑部侍郎兼直學士院(《宋中興學士院題名錄》卷二八)。今錄詩三首。

## 都梁宮

從來香草騷人詠,晚作離宮煬帝遊。三殿重重鎖秋色,七泉脈脈貫中流。

《輿地紀勝》卷四四《淮南東路·盱眙軍》

## 九頂大像閣

嘉州石佛名天下,回視新昌可子孫。幸甚身遊大人國,怳然夢跨北溟鯤。

同上書卷一四六《成都府路·嘉府》

## 金釜山靈泉

泉來有脈去無痕,水底神龍暗吐吞。莫怪一池杯樣小,個中風雨洗乾坤。

明束載嘉靖《洪雅縣志》卷五

## 句

避暑自應歸故國,無端依舊入揚州。

《輿地紀勝》卷四四《淮南東路·盱眙軍》

# 吳時顯

吳時顯,字元明,涇縣(今屬安徽)人。偉子。高宗紹興三十年(一一六〇)進士。孝宗乾道二年(一一六六)爲江陰尉(明嘉靖《江陰縣志》卷一二)。寧宗慶元四年(一一九八)由太常博士放罷(《宋會要輯稿》職官七三之二四)。嘉泰二年(一二〇二)爲廣南東路轉運判官(同上書職官七四之

## 沈瀛

沈瀛,字子壽,號竹齋,吳興(今浙江湖州)人。高宗紹興三十年(一一六〇)進士。孝宗乾道八年(一一七二)主管吏部架閣文字(《宋會要輯稿》選舉二〇之二二)。淳熙四年(一一七七)知梧州(同上書職官七二之一七)。有《竹齋詞》、《沈子壽文集》各一卷,已佚。事見《水心集》卷一二《沈子壽文集序》,清乾隆《湖州府志》卷一九、三一。

### 大寧寺過舅書舍

長怕山林勒駕回,幽尋空像櫟山隈。乘閑特羨春風約,行樂寧論暮景催。情分一家欣滿座,窮愁千斛厭成堆。白頭甥舅今稀有,願把清樽日醉陪。

### 法相寺可賦亭

塵埃誰復識瞿曇,高座風生玉塵談。露泣芙蓉心與净,香浮蒼蔔鼻先參。杜陵託興歌茅屋,山谷留情賦草菴。試叩禪關聞密語,前三三與後三三。

以上清李德淦嘉慶《涇縣志》卷三一

### 石 人 在德清縣南戴巷,邑人呼為石人頭

檢點行程歲歲同,石人頭畔且從容。向來奉口溪邊月,此夜乾元寺裏鐘。

清陸心源《吳興詩存》卷六

## 沈揆

沈揆，字虞卿，嘉興（今屬浙江）人。高宗紹興三十年（一一六〇）進士。孝宗淳熙六年（一一七九）知台州。九年，除秘書少監，累遷秘閣修撰，出為江東轉運副使（《南宋館閣續錄》卷七）。光宗紹熙二年（一一九一）知平江府（清乾隆《蘇州府志》卷三二）。四年，遷司農卿，權吏部侍郎。官終禮部侍郎（《嘉定赤城志》卷九）。有《野堂集》，已佚。清光緒《嘉興府志》卷五〇有傳。今錄詩四首。

### 夜宿國清寺題更好堂

堆案文書在眼邊，身閑俱是好林泉。乞渠解褐休雙足，為結□中飽睡緣。

《天台續集別編》卷二

### 題石井泉

靈源一闢幾經年，石上重流豈偶然。上方高閣倚層巒，下有清泉一鑑寒。圓通大士闢茲境，誰遣石湖詩老知。漸喜行春有幽事，人間初見第三泉。更作小亭供勝覽，盡收吟思入毫端。人生流止亦如此，時與一來題好詩。

明王賓《虎丘山志總集》

## 尤懋

尤懋，光宗紹熙三年（一一九二）知平江府沈揆修復石井泉，并有詩，尤有和作（《虎丘山志》卷二）。今錄詩三首。

### 石井泉次沈太守韻

不知開鑿是何年，已有新亭更翼然。從此雲巖添勝事，合教名亞第三泉。

煙光溰漾映林巒，井底新泉漱齒寒。品第試尋張陸記，却因今日又開端。

靈源顯晦豈無時，便有高人怍已知。賞識先從石湖老，發揚更賴隱侯詩。

（以上孟憲忠整理）

清顧湄《虎丘山志》卷二

## 祖世英

祖世英，字穎仲，浦城（今屬福建）人。年十七領鄉薦。高宗紹興三十年（一一六〇）進士，調貴池縣主簿，歷衡州教授。孝宗淳熙六年（一一七九）知南昌縣（清道光《南昌縣志》卷四），遷融州通判。事見明嘉靖《建寧府志》卷一五、清光緒《浦城縣志》卷二〇。

### 三學院 在新城縣。郭文舉捨宅為寺

洞庭之山天下奇，岡巒百轉盤青螭。金堂玉室白雲鎖，中有仙客來棲遲。方睛秀骨郭文舉，孤劍青鞋出巖戶。遏來此地訪禪翁，共掃松花談太古。挐雲忽駕升天行，西歸隻履埋巖坰。聲流影散邈如許，故山惟有松風清。道師懷古興不淺，堂宇橫陳迎翠巘。悠悠遐想山阿人，水帶雲衣猶在眼。涼飆五月吹浮埃，蕉旗竹簜搖空階。我來箕踞發長嘯，月光飛射雲樓開。寸心浩蕩逸天外，欲去復住聊徘徊。永懷西山五色藥，服之羽化登蓬萊。

清鄭杰《閩詩錄》丙集卷三

## 葉延壽

葉延壽，建安（今福建建甌）人。高宗紹興三十年（一一六〇）進士（明嘉靖《建寧府志》卷一五）。孝宗隆興二年（一一六四）為安溪簿（明嘉靖《安溪縣志》卷三）。

### 句

（劉雯整理）

卷一三

## 林外

林外,字豈塵,晉江(今福建泉州)人。高宗紹興三十年(一一六〇)進士。知興化縣。有《嬾窠類稿》,已佚。事見清乾隆《福建通志》卷五一。今錄詩二首。

### 題西湖酒家壁

藥爐丹竈舊生涯,白雲深處是吾家。江城戀酒不歸去,老却碧桃無限花。

### 戲題灘傍驛壁

千古傳名黯淡灘,十船過此九船翻。惟有泉南林上舍,我自岸上走,你怎奈何我。

以上宋周密《齊東野語》

自昔吾泉出異僧,清溪今又兩巖興。 題太山巖 明林有年嘉靖《安溪縣志》卷一

(李更整理)

## 馬先覺

馬先覺,字少伊,號得閑居士,崑山(今屬江蘇)人。高宗紹興三十年(一一六〇)進士,調海門主簿,改常州教授,遷兵部架閣。出爲浙西常平幹官,主管台州崇道觀。事見清同治《蘇州府志》卷九一。有《慚筆集》《宋詩紀事》卷五三),已佚。今錄詩八首。

### 喜樂功成招范至能入詩社

燕國將軍善主盟,新封詩將一軍驚。范家老子登壇後,鼓出胸中十萬兵。

祖世英 葉延壽 林外 馬先覺

二七〇五

## 幽居客至

吾愛吾廬似野人,軒窗花草逐時新。尋常俗客經過少,咫尺詩仙往復頻。小摘園蔬微帶雨,淺篘甕蟻曲留春。莫嫌供給全羞澀,禮薄情濃却是真。

## 索笑圖詩 并序

余有小墅在甫里之東,將營草堂,種梅以娛老。命陳良士圖其意,為作陋質,幅巾藜杖,巡簷玩香,殊有逸趣。因號《索笑圖》,且賦詩以志之。

封侯無骨登淩煙,食肉無相當萬錢。君看簷下偃蹇者,如何頭上著貂蟬。雅宜置之一丘壑,了此三生梅竹緣。雲巖霜落月照水,有美玉樹臨風前。影窺疏櫺香破夢,隱几維摩起幽禪。杖藜徐步遶千匝,一笑與花俱欲仙。呼童秉燭進詩具,折香來薦冰壺泉。少陵此興隔千歲,顧我素好亦同然。但覺搜腸乏妙語,也擬著句開雲牋。淋頭盎盎春有味,案上泠泠風入弦。人生適意政須爾,何用底死浮名牽。是圖落筆有妙解,先事立意非徒傳。草堂之貲吾辦久,不學杜老長乞憐。甫里下田儻逢年,便判百斛買江天。

## 樂菴李先生居南林論張同知不行挂冠而歸賦二詩爲壽

高人擺塵鞿,厲俗非小補。朝來漉酒巾,談笑易珪組。百年全始終,一節照今古。回首聲利場,車輪正旁午。
聞健即收身,歸耕躬饁餉。詩中句堂堂,淋頭春盎盎。寒花晚更香,霜節老益壯。相對無俗情,端的義皇上。

慧聚僧神濟善醫能知人死生於數歲或數月之前或有奇疾則以意用藥無不差

者既享高壽臨終甚了了因作二詩哭之僧諱清照神濟乃其師號云

端的西來了世緣，有身寧肯自謀安。殷勤療病肱三折，去住無心指一彈。貝葉翻餘清磬在，梵音飄斷暮鐘殘。祇今雙樹婆娑影，空鏁靈山片月寒。自注：房在靈山。

料理歸期不作難，等閒坐蛻白雲軒。去來自熟三生路，談笑聊書四偈言。舍利雖藏多寶塔，化身應返給孤園。陰功若證菩提果，更與衆生洗病根。

## 送崑山丞謝子瀟解官還朝

結交無慮三十年，道同志合難其全。傾蓋相歡豈無有，當面論心背不然。晚知趣向動違俗，閉門避客魚淵潛。屬聞貳令非常好，才德遠過崔藍田。有懷欲吐難忍脚，試剝雲霧看青天。穆如清風灌煩慍，皎若明月墮我前。論文未易探涯涘，講政壹以民為先。老夫請説衆所廢，公獨採拾無棄捐。承顏請益恨不數，契合乃過金石堅。我方怙焉以為命，忽聞歌吹張離筵。西郊日煖玉生煙，羨公此行若登仙。何當化龍逐雲氣，四方上下相周旋。含情握手不忍別，敢效昔人神一言。聖王當寧方急賢，願公袖疏朝甘泉。為言民瘼殊未痊，徑須下詔寬緡錢。

以上《崑山雜詠》卷下

## 陸 律

陸律，西安（今浙江衢縣）人。高宗紹興三十年（一一六〇）進士。寧宗慶元四年（一一九八）知衡州（《永樂大典》卷八六四七引《衡州府圖經志》）。事見清康熙《衢州府志》卷一八。今錄詩二首。

### 盈川舊縣

## 盈川渡

青草湖頭合,舟行向晚天。疏燈孤枕宿,細雨片帆懸。雁下平沙荻,猿啼獨樹烟。風塵隨去住,鄉思倍淒然。

同上書卷一〇

(以上劉錦雲整理)

## 陳 善

陳善,字子兼(一作謙),自號潮溪先生,羅源(今屬福建)人。高宗紹興間為太學生,力詆和議,主司畏秦檜,不敢錄。及檜死,始登紹興三十年(一一六〇)進士第,授太學錄。孝宗乾道五年(一一六九),為左迪功郎(《宋會要輯稿》選舉二〇之二〇)。有《捫蝨新話》傳世。事見清道光《羅源縣志》卷一七、一九。今錄詩二首。

### 和 人

鮫綃巧織在深泉,不與人間機杼聯。要知妙在筆墨外,第一莫為醒者傳。

《捫蝨新話》下集卷四《文章關紐》:文章要須於題外立意,不可以尋常格律而自窘束。東坡嘗有詩曰論畫以形似,見與兒童鄰,作詩必此詩,定知非詩人。此便是文章關紐也。予亦嘗有和人詩云云。

### 姑蘇靈巖寺

山僧不好古,改作任所欲。洞荒徑已迷,廊空響誰續。

清林春溥《羅源縣志》卷三〇

句

不到滄浪亭上望,那知此句是天成。 游西園 《捫蝨新話》下集卷一《題滄浪亭》

(孟憲忠整理)

## 陳睍

陳睍,西安(今浙江衢縣)人。高宗紹興三十年(一一六〇)進士。事見清康熙《衢州府志》卷一八。今錄詩二首。

### 題廣福寺軒

小軒架寒溜,激激鳴水蒼。老僧不靳惜,借與一榻凉。枕流暫憩息,清飈襲衣裳。蟬聲亦多思,牽引畫夢長。俗慮頓消處,栩栩無何鄉。翻嫌市塵中,吏隱殊相妨。未賦淵明歸,祗益袁君狂。平生不勇决,戀戀粟一囊。何如水西頭,飛雲共徜徉。日尋方外遊,煮茗燒妙香。此致渺未遂,嘯歌空自傷。坐待山月明,挐舟泛滄浪。

明沈敕《荆溪外紀》卷四

### 游曉覺寺 在長興縣

肩輿行到竹邊村,竹裏僧房盡閉門。小洞頗聞三里近,殘僧今有一人存。旋沾薄酒欺寒力,未怯春泥踏雨痕。笑覓梅花伴歸去,斷橋流水月黃昏。

清宗源瀚同治《湖州府志》卷二八

(劉錦雲整理)

## 鍾炤之

鍾炤之,字彥昭,饒州樂平(今屬江西)人。高宗紹興三十年(一一六〇)進士。歷善化尉《南軒集》卷一五《送鍾尉序》、宜陽教授、知宿松縣。事見《夷堅志支癸》卷一,清同治《樂平縣志》卷七有傳。

## 句

霖作商嚴雨,薰來舜殿風。

宋洪邁《夷堅志支癸》卷一

《夷堅志》:高宗紹興二十九年春,夜讀書窗下,過三鼓,聞有吟哦詩句於外者云云。至秋試,以膏澤多豐年為詩題,鍾押豐字韻,用此兩句入第五聯。考官讀之,擊節稱嘆。鍾以次年一舉登科,然僅得改秩而卒。

## 王齊輿

王齊輿,字之孟,寧海(今屬浙江)人。高宗紹興三十年(一一六〇)進士。孝宗淳熙元年(一一七四),知崇安縣(《南澗甲乙稿》卷九《薦崇安建陽兩知縣》)。歷將作、司農丞、知鄂州,提點東川刑獄,樞密院檢詳文字。寧宗開禧元年(一二〇五),爲宗正少卿(《宋會要輯稿》職官七三之三六)。事見《嘉定赤城志》卷三三。

## 儒生墓

儒生骨朽名猶在,高冢相望已亂真。只認夜深螢聚處,便應泉下讀書人。

《輿地紀勝》卷七《荊湖北路·澧州》

(以上朱寶模整理)

# 全宋詩卷二三九七

## 趙濟

趙濟(一一三一～一一七一),縉雲(今屬浙江)人。高宗紹興二十一年(一一五一)進士,未仕。孝宗乾道七年卒。事見清光緒《縉雲縣志》卷七、卷八及民國十七年刊《蒙城趙氏宗譜》卷七。今錄詩二首。

### 賞蓮

芒鞋竹杖踏晴沙,雲白山青老歲華。太極一丸融造化,賞心應不為荷花。

### 夜警

滿城警柝喧深夜,半壁青燈動客心。烽火未除眠不得,欲將長劍倚危岑。

(以上民國十七年刊《蒙城趙氏宗譜》卷一)

(朱寶模整理)

## 李處全

李處全(一一三一～一一八九),字粹伯,號晦庵(《雲莊集》卷一),祖籍徐州豐縣,南渡後僑居溧陽(今屬江蘇)。高宗紹興三十年(一一六〇)進士。歷宗正寺簿,太常寺丞,孝宗乾道元年(一一六五)以事罷(《宋會要輯稿》職官七一之二一)。起知沅州,提舉湖北茶鹽。六年,除秘書丞,累遷侍御史(《南宋館閣錄》卷七),丁母憂。淳熙二年(一一七五)知袁州,以賄罷(《宋會要輯稿》職官七二之一五)。七年,權發遣處州(同上書食貨四一之一〇)。移贛州,改舒州。十六年卒於任,年五十九。有《晦庵詞》。《景定建康志》卷四九有傳。今錄詩五首。

## 挽崔舍人

雅望高簪履,昌言動冕旒。五花方判事,萬戶合封侯。未換黃金帶,俄成白玉樓。匆匆大槐國,起滅等浮漚。

宋崔敦詩《崔舍人玉堂類稿》附錄

## 蛻龍洞

桂籍聯升望舜裳,香飄折檻馥天光。我心但愧蒹葭倚,衆目爭觀鴻雁翔。策足華塗欣衮衮,致身台路失堂堂。併看雙壁埋黃壤,一慟風前淚數行。

宋潛說友《咸淳臨安志》卷二九

## 深靜堂

龍化當年去不回,空餘古洞出崔巍。蒼蒼野色連天遠,脈脈泉音穴地來。壁上梭飛三尺雨,匣中劍躍一聲雷。紅雲六月炎蒸處,應作商霖澤九垓。

明吳之鯨《武林梵志》卷六

鼎來朱墨苦難逃,兩夕山中暫釋勞。野岫擁簷青巀嶭,迴塘足雨綠週遭。縵經深院心宜靜,遠跡紅塵意自高。漫把新篇供寫物,么麼那敢說詩豪。

連筒接水下橫塘,漫被塵襟引興長。喜有一枝安靜境,閒看九曲泛流觴。涼生客枕秋將老,月上紗窗夜未央。滿眼詩材皆可賦,惜哉無計脫官忙。

明方廉萬曆《新城縣志》卷四

(崔統華整理)

## 羅頌

羅頌（？—一一九一），字端規，徽州歙縣（今屬安徽）人。汝楫子。高宗紹興二十二年（一一五二）以蔭補承務郎。歷湖北帥司主管機宜文字，行在檢點贍軍酒庫所幹辦公事。擢通判鎮江府，知鄂州。光宗紹熙二年卒。有《狷庵集》，已佚。事見《新安文獻志》卷八四《羅鄂州墓誌》，明弘治《徽州府志》卷七、清道光《歙縣志》卷八有傳。

### 蘭亭序墨本

文皇嗜好非聲色，偶愛蘭亭亦其癖。河南猶恐後來聞，竟使昭陵隱真蹟。世間能悟知幾人，墨本珍傳意愈勤。有似春雲隱明月，光影還到千江分。法曹得此深恨晚，有客攜從大梁遠。多言南渡罕曾見，大勝薛家蟬翼本。嗟我學書從少年，較計點畫分媸妍。老拈撅筆萬事懶，忽見錦軸心悽然。真行姿媚公所取，篆隸何妨更兼有。退之但作石鼓歌，談笑譏訶換鵝手。

宋桑世昌《蘭亭考》卷一〇

（朱寶模整理）

## 麋師旦

麋師旦（一一三一—一一九七），字周卿，吳縣（今江蘇蘇州）人。高宗紹興十八年（一一四八）進士（《吳郡志》卷二八）。歷高郵、西安尉，通州、南康軍、衢州教授，知富陽縣，秀州。寧宗慶元初以左司郎中召，適金國賀生辰使至，假顯謨閣學士充接伴使。三年卒於常州，年六十七。事見明崇禎《吳縣志》卷四五。

### 妙庭觀

## 黄銖

黄銖(一一三一——一一九九),字子厚,號穀城,建安(今福建建甌)人。徙居崇安。少師事劉子翬,與朱熹爲同門友。以科舉失意,遂隱居不仕。理宗慶元五年卒。年六十九。有《穀城集》五卷。事見《晦庵集》卷七六《黄子厚詩序》、卷八七《祭黄子厚文》,《宋元學案》卷四三有傳。今録詩九首。

### 鐵笛亭

一聲蒼壁裂,再奏蛟龍悲。事往迹猶在,山空人不歸。

### 梅花

玉簫吹徹北樓寒,野月峥嶸動萬山。一夜霜清不成夢,起來春信《詩人玉屑》作意滿人間。

### 秋日

曉日初浮萬里暉,西風搖蕩送秋歸。冥鴻直上三千丈,社燕春鶯不敢飛。

以上宋《詩家鼎臠》卷上

宋魏慶之《詩人玉屑》卷九《諸賢絶句》

### 送朱元晦遊湘中

有美人兮,蹇何爲兮中洲。鳴玉佩兮,冠雲章而遠遊。浮沉湘而西蹠兮,因返睇兮層丘。繄發軔之指期兮,歌予懷以送之。粤大道之汩湮兮,嗟惟君兮何求。唐虞遠而不可見兮,鳳鳥去兮周衰。翟朱之詭行兮，鄒人拒而劉之。竺老氏之猖披兮，浸淫渝而益非。思正氣之所繇兮，度百世而固然。豈日夜而忘之兮，曰夫子之所傳。髮絲絲其不斬兮，哇淫蔽兮莫開。訖大振於茲時兮，余將從乎洛之湄。心鬱鬱而無告兮，顧衆兆兮何知。梏夜氣而不存兮，外其良而四馳。彼早興而夕息兮，既日用而不能察也。紛蠢蠢其倚靡兮，曰鶩亂而莫之達也。思存養而莫吾觟兮，所事天下而不繇兮，致知以自強兮，至天下以□覽。余初其性之兮，稽□墳而載陳。仁與人其并致兮，道烏乎而遠身。剛柔之弛張兮，一氣繚轉而無息。矯吾奠夫兩間兮，又陰陽而與為一。超無極而混淪兮，精凝融而以神。卒變化而不窮兮，周流通乎九垠。悲空言之無所底兮，固將推乎余所行。既鄙棄而不吳疑當作吾庸兮，徒淵潛以自珍。思存養而莫之達也。豈不鬱陶而思君兮，覬方來之以申。既鄙棄而不吳疑當作吾庸兮，曾樂天而不云恚。故仁智之所樂兮，遂倘佯而辭去。即友聲以自樂兮，夷與裔兮得志。□冠巾之易置兮，曾樂天而不云恚。故仁智之所樂兮，遂倘佯而辭去。即友聲以自樂兮，夷與裔兮得志。□冠巾之易置兮，曾永慨以嗟咨兮，聊遠舉乎湘中。時與時其未際兮，不余信。既鄙棄而不吳疑當作吾九疑而在上兮，湘流奔其在下。故仁智之所樂兮，遂倘佯而辭去。即友聲以自樂兮，蓋將切偲以益其躬。山橫分兮。鸞鳳并馭，羌不得留兮。時未適當適，吾何為東周兮。亂曰：汨兮沉兮，心若謀兮。眴兮眣兮，目白雲東兮。樹木萎落，山鬱盤兮。風車雨輪，旌搖搖其行兮。委蛇噎抑，多修艱兮。白首倚戶，思結棘兮。信莫樂兮，君乎無忘歸兮。

## 送仲晦

靡靡歲時晏，亂山紅葉稀。端居已無惊，況與親故違。駕言臨廣路，惜此須臾期。祖燕未云洽，雞鳴促再馳。晨裝儼然隊，天澹風凄凄。迤邐征人行，悵惘離言悲。令德本高世，誠思開聖微。虎豹文采異，幾年丹詔垂。眷茲皇華寄，那得淹退隮。君王久延佇，去矣翔天埏。顧我抱幽獨，已為清世遺。冥鴻聿高舉,蜩鷃何由追。繁繁西郊道,晻晻朝陽暉。出處自殊迹,操袪胡不恰。明當逐雲月,依舊東岡陂。

## 寄南康使君仲晦五十二兄

故人久已別,出擁朱轓轓。昨嘗枉札素,謂言尋里門。何由一襃開,豁然見乾坤。云胡不踐諾,使我心煩冤。天門深九重,叫閽聞有言。猖猖猛犬吠,喧喧黃霾昏。沈憂諒難瘳,掩默孰與論。秋風吹層波,落葉何翩翻。林端月照夜,谷口雲迷村。誰同紫芝友,桂枝誰攀援。江蘺老已盡,況復芳蘭蓀。應當虎符戀,熒熒勞夢魂。

## 秋日懷元晦

葉落不勝秋,山空退煩暑。高齋讀書罷,枕臂聽殘雨。靄靄野雲昏,翻翻墜紅舞。中虛萬思息,動靜理可觀。敬直如有存,勇進忽無所。要當涵濡得,未易氣力取。林□傳秋聲,晚色霽宮宇。肅騷節物變,仰伏冥鴻舉。誰與會心期,懷君自延佇。

## 季夏有懷仲晦

六月苦炎蒸,山居晝方永。泠然南風至,蕭散荷氣騁。蜩鳴綠樹陰,魚躍橫塘淨。高蔓展修條,幽篁苗陰穎。良時倏回改,白髮益蔽領。雖無簪組累,要有貧賤瘴。故交何寥闊,畫戟光烱烱。滄洲期未遠,歲晏心獨耿。誰同茲寂寞,歛退自幽屏。向夕牛羊下,過翩急似逞。默默掩荊扉,明蟾在東嶺。

## 曉起有懷仲晦彥集不至

月落北牖曉,鄰雞號夢殘。林端清露墜,寢衣淒已單。爽朗朝景晰,嘲啾庭雀喧。日高溪霧收,四望開青天。荷謝水初冷,菊黃香正繁。晶晶灝氣凝,餘光浮遠川。懷人天一方,唔言誰與驩。徘徊遂薄暝,丹楓搖暮寒。

以上清劉應李《新編事文類聚翰墨大全》辛集卷八

## 句

先聖有遺訓，憂道不憂貧。
私意苟未克，放心何由馴。　自警

以上宋真德秀《西山文集》卷二八《黃子厚詩後序》

## 王厚之

王厚之（一一三一—一二〇四），字順伯，號復齋（《宋元學案》卷五八）。其先臨川（今屬江西）人，徙諸暨（今屬浙江）。高宗紹興二十六年（一一五六）以鄉薦入太學。孝宗乾道二年（一一六六）進士。淳熙十二年（一一八五），監都進奏院。十五年，爲秘書郎兼權倉部郎官（《宋會要輯稿》職官五二之一七）。十六年，除淮南路轉運判官（《南宋館閣續錄》卷八）。移兩浙路轉運判官（《攻媿集》卷三五《皮支員外郎王厚之直秘閣兩浙路轉運判官》）。光宗紹熙五年（一一九四），由知臨安府以事放罷（《宋會要輯稿》職官七三之一八）。寧宗嘉泰四年卒，年七十四。《會稽續志》卷五有傳。

### 香山刻石

山琢青瑤水染藍，鶯聲促我醉雙柑。
十年準備抽身去，記取鎸詩在石龕。

清朱緒曾《金陵詩徵》卷七

## 袁樞

（以上朱寶模整理）

袁樞(一一三一—一二〇五),字機仲,建安(今福建建甌)人。孝宗隆興元年(一一六三)進士(明嘉靖《建寧府志》卷一五)。乾道七年(一一七一)除太學錄,出爲嚴州教授。撰《通鑑紀事本末》成,以大宗正簿召,遷太府丞,兼國史院編修官(《南宋館閣續錄》卷九)。淳熙九年(一一八二)遷軍器少監(同上書),出提舉江東常平茶鹽,改知處州。入爲大理少卿,因事貶祠(一一九〇)知德德府。寧宗慶元元年(一一九五)知江陵府,尋罷,自是閒居十載。開禧元年卒,年七十五。《宋史》卷三八九有傳。今錄詩十五首。

## 高宗皇帝挽詞 二首

雲集燕城擾,龍翔漢業興。風燃燎衣火,雪擁渡河冰。險難成戡定,憂勞付纂承。百年餘父老,嗚咽望原陵。

曆數欽堯命,謳歌樂舜歸。璣衡新日月,黼黻舊裳衣。姑射遊神遠,崆峒探道微。龍髯攀莫及,空悵白雲飛。

## 題建寧南鄉橋

玉龍倒影臥寒潭,人在雲霄天地寬。借問是誰題此柱,茂陵詞客到長安。

宋魏齊賢、葉芬《聖宋名賢五百家播芳大全文粹》卷九二

## 題屏風

建路·建寧府

宋王象之《輿地紀勝》卷一二九《福建路·建寧府》

## 武夷精舍十詠

泰山一毫輕,滄海一滴水。我觀天地間,何啻猶一指。

元《排韻增廣事類氏族大全》卷三

## 隱屏精舍

先生出雲谷,看盡東南山。吳越幾往來,衡廬屢躋攀。恨無璃瑤英,駐此冰雪顏。有懷武夷仙,相期蒼翠間。

## 仁智堂

此身本無累,動靜隨所寓。結廬在巖谷,自適山水趣。朝來挹雲氣,日夕沐風露。坐觀天地心,詎忘仁智慮。

## 隱求室

本是山中人,歸來山中友。豈同荷蓧老,永結躬耕耦。浮雲忽出岫,膚寸彌九有。此志未可量,見之千載後。

## 觀善齋

出處紹前哲,典型資後生。虛堂懸青鏡,視者心自明。古人不難到,功用在力行。緬懷朋簪盍,耿耿中夜情。

## 寒棲館

巖前風入松,谷口泉漱石。寫之五弦琴,身在函丈席。竹間有餘地,營館招羽客。靜夜緪高弦,待月寒林隙。

## 晚對亭

落日鬱蒼烟,空山轉寒碧。石屏倚天立,端峭一千尺。無言獨與對,足以永朝夕。何用向時流,抵掌恣談劇。

鐵笛亭

當年跨鶴翁,想在雲深處。鐵笛忽龍吟,萬壑披霾霧。遙知發天秘,踏破蒼苔路。吹與衆仙聞,來看晚題句。

釣磯

投轄出東溟,持竿歸九曲。溪翁來問訊,笑失雙鬢綠。潭邊舊釣石,瑩滑磨青玉。竟日謾垂綸,忘機看鷗浴。

茶竈

摘茗蛻仙巖,汲水潛虹穴。旋然石上竈,輕汎甌中雪。清風已生腋,芳味猶在舌。何時棹孤舟,來此分餘啜。

漁艇

溪迴山路斷,月白沙汀冷。有人掀短篷,擊楫歌聲永。聞之三嘆息,渙然發深省。歸去萬石灘,理我釣魚艇。

清董天工《武夷山志》卷一○

寄朱晦翁山中丹砂

丹砂九轉世莫傳,羽衣婀娜飛朝天。淒然風露洗塵世,星斗一天隨轉旋。空餘丹鼎在巖際,夜夜虹光騰霽煙。天遺紫陽弭絳節,點石成玉公須專。朝來金鎖開洞府,丹火已灰當復然。離龍坎虎玄又玄,不須人間詢謫仙。黃熊跑號青兕舞,爭欲舐鼎嚴答鞭。巖頭風高捲衣袂,嘶斷玉龍雲滿川。怡然上池漱瓊液,鼓枻下濯丹溪泉。雲間雙鶴儵未下,招隱為我歌長篇。

## 句

溫黃前後并,殿下不須行。謁夢得

《永樂大典》卷二二七六〇

同上書卷二二一

(吳鷗整理)

## 林大中

林大中(一一三一—一二〇八),字和叔,婺州永康(今屬浙江)人。高宗紹興三十年(一一六〇)進士,調烏程縣主簿。孝宗淳熙間歷知撫州金谿縣、湖州長興縣,幹辦行在諸司糧料院。光宗紹熙元年(一一九〇),遷殿中侍御史。三年,出知贛州。五年,遷給事中兼侍講。寧宗慶元元年(一一九五)知慶元府。五年,提舉武夷山沖祐觀。六年,致仕。嘉泰三年(一二〇三)起為吏部尚書,端明殿學士、簽書樞密院事。嘉定元年卒,年七十八。諡正惠。事見《攻媿集》卷九八《簽書樞密院事致仕贈資政殿學士正惠林公神道碑》。有奏議十卷,外制三卷,文集二十卷,皆佚。《宋史》卷三九三有傳。

### 題椿桂堂

詩禮栽陪歲月深,流芳到此見天心。桂枝競秀椿難老,寬占堂前十畝陰。自注:《十州記》,仙家有洪桂,每一株占二畝廣。

元徐碩《至元嘉禾志》卷三二

(崔統華整理)

## 郭知運

郭知運,字次張,自號息庵老人,鹽官(今浙江海寧西南)人。高宗紹興二十一年(一一五一)進士,時甫弱冠。秦檜欲與聯姻,不屈。官至知荆門軍。有《猥稿》,已佚。事見《咸淳臨安志》卷六七。今録詩九首。

## 清愛堂

清愛堂前竹色佳,留烟帶月翠橫斜。日長吏散庭空後,風景蕭蕭對瀹茶。  《咸淳臨安志》卷五四

## 題雙廟

唐祚中不振,孽胡恣姦驕。君德弗克終,治亂在一朝。渠魁睥神器,四海俱動搖。向來為厲階,其迹已冰消。中興功執盛,張許冠百僚。堂堂二公烈,千古名不凋。義膽極華岳,忠肝齊斗杓。平生慕節義,卜居祠匪遥。丹青就湮鬱,古屋風蕭蕭。英靈如可問,激懦討惛妖。  同上書卷六七

## 登凌歊臺

臺荒落日屯,臺名空在耳。大江天際來,叠障雲邊起。空見梵王宫,占斷黄山址。殘碑何處捫,塔影秋空裏。

## 岳陽樓紀興

森森長江百尺樓,樓頭宿雨來收。天連衡嶽烟光淡,日抱瀟湘水氣浮。風月豈消今古恨,江湖空代廊廡憂。風波滿目鄉關遠,夢遶駕湖問釣舟。

## 寄楊公闇修撰

秀翩翩翩五采鸞,乘雲飛傍玉闌干。天開金馬文章署,詔選銀魚侍從官。念我覊栖三澨水,憐君出入五

## 送張子韶謫居南安

稜稜直節振朝班,孤劍衝風夜度關。東海波濤明主德,西江烟雨逐臣顏。霜青楓老丹成樹,月落猿啼淚滿山。橫浦棲遲君莫恨,已留名姓在人間。

## 寄孟始兄兼示弟姪

奄忽離家已數秋,湖山何日掃松楸。封章允得天恩許,便買春風海上舟。

## 偶成

黿鼎功名染指來,故園山水亦悠哉。可人最是猥園菊,不待秋風也自開。

## 早春

年來飄泊任西東,解組論文意自雄。臘盡竺溪漁唱晚,杏花溪上又春風。

(徐永強整理)

以上元陳世隆《宋詩拾遺》卷一七

# 李輔

李輔,高宗紹興三十一(一一六一)年爲御前水軍副統制,駐紮鎮江府(《宋會要輯稿》職官三二之三八)。

## 真空寺

括蒼山上雲,山好雲亦好。可憐山下僧,看雲不知老。

明彭大翼《山堂肆考》卷一七四

(于博文整理)

# 龔頤正

龔頤正,原名敦頤,因避光宗諱改,字養正,歷陽(今安徽和縣)人。孝宗淳熙十四年(一一八七),以薦入仕。寧宗嘉泰元年(一二○一),爲樞密院編修官兼實錄院檢討官,遷秘書丞。尋致仕。有《芥隱筆記》。事見《南宋館閣續錄》卷七、九。今錄詩六首。

## 泰伯廟迎享送神辭三章

翼翼兮新宮,蘭橑兮枅桂,氣總總兮高靈下隊。君視八絃兮昔何殊于棄屣,今復何有兮一席之壝。惠我吳人兮曷日以弭。吁嗟君來兮我心則喜,君來不來兮我忘食事。迎神

登歌兮堂上,屢舞兮堂下。君來享兮清酤,溪毛陸離兮筐筥。尊鄜芳鮮兮亦有肥羜,君不來兮使我心苦。享神

車兮載游,舟兮揚帆,鼓咽咽兮君當還。君肯來兮尚盤桓,我心甇甇兮其無端,君不我留兮下土嚚煩。福吳人兮無疾與患,千秋萬歲兮歌至德以何言。送神  宋范成大《吳郡志》卷一二

## 陳山龍君祠迎享送神曲

海波淵淪兮海山巃嵸,其下潛通兮君之宮。時思其母兮來春容,菖葉生兮杏蔕融。君之來兮雷隆隆,雨我田兮秋芃芃,我之懷兮無初終。君祝駕兮芬陽斯陳,鼓鐘廣享兮列鼎重茵。君之宮兮屯雲,蕙肴蒸兮芬芬。我黍我稌兮抑亦薦其萍芹,君明其衷兮無吐芳新。君之歸兮雲在下土。十風兮五雨,祐我海邦兮汙萊斥鹵。君不來兮使吾心苦,千秋萬吹洞簫兮望極浦,

## 部使者

部使者，失名。孝宗淳熙中爲廣南西路轉運司屬官，有詩贈知貴州林次齡。

### 贈林次齡

户長盡蠲民不病，室家相慶酒頻沾。農桑課績無遺恨，循吏聲名并兩都。

《輿地紀勝》卷一一一《廣南西路·貴州》

（以上孟憲忠整理）

## 韓彥質

韓彥質，延安（今屬陝西）人。世忠第三子（《建炎以來繫年要錄》卷一一七）。高宗紹興十一年（一一四一），直秘閣（同上書卷一四三）。二十八年，行光祿寺丞（同上書卷一七九）。孝宗淳熙五年（一一七八），知秀州（《宋會要輯稿》職官六二之二一）。六年，權兩浙轉運判官（同上書禮二四之九六）。七年，知平江府（《吳郡志》卷一一）。九年，除太府少卿，淮西總領。十年，兼知臨安府。以太中大夫致仕，卒諡敏達（同上書禮五八之九〇）。今録詩三首。

### 高宗皇帝輓詞 三首

大曆開真主，羣雄控六飛。山河千載業，天地一戎衣。復古邊疆定，銷兵聖母歸。依然興禮樂，文武徧郊畿。

為物聊經世,本無黃屋心。重明得傳器,大業若遺簪。典冊襃崇極,庭闈孝養深。昊天歸德報,不使二毛侵。

八秩歸希有,三靈感具衣。鼎湖龍已遠,汾水雁空飛。羽衛愁無色,風雲慘不暉。惟餘功與德,千古歎巍巍。

《聖宋名賢五百家播芳大全文粹》卷一〇二

## 韓彥古

韓彥古(?—一一九二)字子師(《癸辛雜志》前集),延安(今屬陝西)人。世忠第四子(《建炎以來繫年要錄》卷一一七)。高宗紹興十八年(一一四八),直秘閣(同上書卷一五八)。孝宗乾道二年(一一六六),以居家不檢,由知嚴州罷,奉祠(《宋會要輯稿》職官七一之一四)。五年,以凌辱官吏,送臨江軍居住(同上書職官七二之五)。九年,再奉祠(同上書職官七二之三六)。光宗紹興三年卒(同上書職官七三之一〇)。

### 題大智院明月巢

原注:在富陽縣西二十五里。

清風去無塵,白雲來無心。一笑玉溪上,落花流水深。

《咸淳臨安志》卷八四

## 紹興士人

紹興士人,高宗紹興末曾題詩鳴山祠。事見《貴溪縣志》卷一〇。

### 題鳴山祠

(以上崔統華整理)

自擊牛昌隱,威風震海寰。待吾謀用日,同共掃完顏。

清黃聯玉同治《貴溪縣志》卷一〇《貴溪縣志》:紹興末有一士人謁鳴山祠下,題詩於祠之牆云云。明年,完顏亮大舉入寇,臨江不敢渡,遂變起帳下,完顏亮被殺。

（于博文整理）

## 何中太

何中太,高宗紹興三十一年（一一六一）解知萬州任後,曾途經金堂。事見民國《金堂縣志》卷九。

### 留題延慶院

一峯環合柏蒼蒼,中有金仙古道場。夜半雨聲來枕上,頓令炎熱變清涼。

民國《金堂縣志》卷九

（岳仁堂整理）

## 雍大椿

雍大椿,字千秋,閬中（今屬四川）人。高宗紹興三十一年（一一六一）有題閬中東巖寺詩。事見《金石苑》冊四。

### 東巖寺

精廬隱東山,氣象嚴竹柏。入門佛畫好,曉日明金碧。向來巖名寺,初不覘遺跡。隱庵中梁秀,邂逅論夙昔。行前亟指似,雲磴飛雙舄。始知翠微中,洞穴刊青壁。莓苔暗龍象,缺甃貯靈液。開山記乾元,斷碣餘□□。經營想耆舊,興廢今幾易。平生泉石心,逮此欣有□。惜哉荊棘地,尚阻遊人屐。疇能發

韓彥古 紹興士人 何中太 雍大椿

## 釋 深

釋深,號已庵,溫州(今屬浙江)人。住溫州光孝寺。為青原下十六世,中竺癡禪妙禪師法嗣。有《已庵深和尚語》附《續古尊宿語錄》卷二之末。《五燈會元》卷一六有傳。今錄詩十四首。

### 偈頌六首

風蕭蕭,葉飄飄。雲片片,水茫茫。江干獨立向誰説,天外飛鴻三兩行。

龍生龍,鳳生鳳,老鼠養兒緣屋棟。達磨大師不會禪,歷魏遊梁乾打閧。

桃符休釘,艾人莫縛。太虛無雲,本自寥廓。大家拊掌歸去休,擬議思量錯錯錯。端午

維摩默然,普賢廣説。歷代聖賢,互呈醜拙。君不見落花三月子規啼,一聲聲是一滴血。

一九二九,相逢不出手。三九二十七,籬頭吹觱篥。翻憶小釋迦,雙手抱屈膝。知不知,實不實,摩訶般若波羅蜜。

東村王老夜燒錢,百萬雄兵帶甲眠。四塞八蠻皆鎮靜,大家拊掌賀堯年。

宋師明《續古尊宿語錄》卷二

### 頌古八首

寳頭盧尊者赴阿育王宮大會。王行香次,作禮問曰:承聞尊者親見佛來,是不?者以手策起眉毛曰:會麼?王曰:不會。者曰:阿耨達池龍王請佛齋,吾是時亦預其數。

龎眉策起貌稜層,見佛元來却不曾。南嶽天台相撞著,被人喚作捉齋僧。

宋法應、元普會《頌古聯珠通集》卷三

龐公倒地,靈照扶起。至今幾百年,清風猶未已。猶未已,東海鯉魚千尺觜。

溈山冬月問仰山:天寒人寒?曰:大家在這裏。師曰:何不直說?曰:適來也不曲。和尚如何?師曰:直須隨流。

大家在裏許,南山焦尾虎。牙爪利如鋒,日輪正當午。 同上書卷一四

清涼法眼禪師舉柏樹子話問覺鐵觜:承聞趙州有此話,是否?覺曰:先師無此語,莫謗先師好。眼曰:真師子兒。

一人背手抽金鏃,一人反身控角弓。南北東西競頭看,果然一鴈落寒空。 同上書卷一五

趙州因僧問:狗子還有佛性也無?師曰:無。曰:上至諸佛,下至螻蟻,皆有佛性,狗子為甚麼却無?曰:為伊有業識性在。又問:狗子還有佛性也無?師曰:有。曰:既有,為甚麼入這皮袋裏來?師曰:知而故犯。

狗子無佛性,勸君不用舉。欲透萬重關,須是千鈞弩。 以上同上書卷一九

臨濟問院主:甚處去來?師曰:州中糶黃米來。師曰:糶得盡麼?曰:糶得盡。師以拄杖劃一劃曰:還糶得這箇麼?主便喝,師便打。典座至,師舉前話。座曰:院主不會和尚意。師曰:你又作麼生?座禮拜。師亦打。

臨濟大師,可知禮也。 同上書卷二一

投子因僧問:曹漕猶如指月,靈山猶如畫月,如何是真月?師曰:昨夜三更轉向西。

行喝也打,禮拜也打。昨夜三更轉向西,明眼宗師為指迷。若於話下尋端的,未免泥中又洗泥。 同上書卷二五

嚴頭因沙汰在甘贄家過夏,補衣次,贄行過,師以針作劃勢。贄遂整衣欲謝。妻問云:作什麼?贄云:說不得。

不點自行,不撥自轉。伎倆天然,機輪如箭。如今分付當行家,百歲光陰已不多。若能直下猛提取,天上人間爭奈何。

同上書卷二八

## 釋法空

釋法空,從妙喜(宗杲)參禪。卒後二十年,王質有詩追吊。事見《雪山集》卷一四《吊法空》注。

### 乞貲曹勛

一夢江湖已十春,芒鞋不踐馬頭塵。只知今日了今日,豈料一身愁一身。南阮固應慚北阮,越人哪得累秦人。西風不但吹游子,吹老天涯白髮新。

宋王質《雪山集》卷一四《吊法空》注。

《雪山集》:空在建康雨花臺方尋詩,忽有省,始棄去從妙參禪。妙喜甚恨其障深也,見空來即曰:「拽出死屍著蓋。」以屍為詩,提撕剖擊力矣。空竟坐詩為魔,參請少倦,即尋溪涉山,不覺又發諸吟哦。妙喜屢嘆其形太脆,數不長,此事恐難成。來幾瘦死,今二十年矣。埋丹徒南坡。有母尚存。其《乞貲曹勛》云云,效唐人體,非空本法也。

(以上聞賢整理)

# 全宋詩卷二三九八

## 張孝祥一

張孝祥(一一三二——一一七〇),字安國,號于湖居士,歷陽烏江(今安徽和縣東北)人。高宗紹興二十四年(一一五四)進士第一。方第,即上疏言岳飛冤獄,忤秦檜,授簽書鎮東軍節度判官。檜死,召爲秘書省正字,累遷起居舍人,權中書舍人,爲御史中丞汪徹劾罷。尋起知撫州。孝宗即位,知平江府。召爲中書舍人,遷直學士院兼都督府參贊軍事。領建康留守。力贊張浚主戰,爲宰相湯思退所忌,以張浚黨落職。思退罷,起知静江府兼廣南西路經略安撫使。乾道五年(一一六九),因疾力請歸養侍親,以顯謨閣直學士致仕。六年,卒。年三十九。有《于湖集》四十卷。事見本集附錄《宣城張氏信譜傳》,《宋史》卷三八九有傳。

張孝祥詩,以《四部叢刊》影印慈谿李氏藏宋刊《于湖居士文集》(其中詩十一卷)爲底本。校以影印文淵閣《四庫全書》本(簡稱四庫本)、影印文淵閣《四庫全書·兩宋名賢小集》(簡稱小集)。新輯集外詩附於卷末。

### 和何子應賦不欺室韻

隆興天子開千齡,六龍飛天動潛鱗。東嘉先生初召對,不欺之論驚廷臣。誰令浮雲蔽白日,脫幘歸來環

## 讀中興碑

堵室。巍巍烏府憶霜簡,凜凜蠕蚼有椽筆。魏公眼力無餘子,與公周旋豈其死。請公細讀不欺銘,一字之襃如魯史。

繡繃兒啼思塞酥,重淋燎香驅羣胡。阿環錦襪無尋處,一夜驚眠搖帳柱。朔方天子神為謀,三郎歸來長慶樓。樓前拜舞作奇祟,中興之功不贖罪。日光玉潔十丈碑,蛟龍蟠拏與天齊。北望神皋雙淚落,祇今何人老文學。

## 題張仲欽所藏隆茂宗畫登瀛圖

老隆已死畫筆枯,畫歸天上人間無。公從何處得此圖,眼明嶺海三歎吁。天策上將天為徒,指揮羣龍清八區。褒鄂英衛供掃除,功成告廟金模胡。歌童舞女不願渠,乃此數士相為娛。鐵面苦口談詩書,直欲措世如唐虞。老隆妙手神所摹,蒼頭廬兒亦敷腴。祝公歸直承明廬,願持此道補帝裾。

## 題蔡濟忠所摹御府米帖

生前官職但執戟,身後一字萬金直。當時雷霆下收拾,世間不復有遺逸。上清虛皇手自擇,編星為囊雲作笈。流鈴擲火守護密,君從何處見真跡。知君定通玉帝籍,太微垣中賜餘墨。江南鉤鎖腕中力,釵折屋漏千態出。整整十卷字猶濕,光彩激射海為立。平生我亦有書神授五色筆。口咕汗下厭太息,十日把玩不得食。作牋天公拜稽首,乞我此老生時一雙手,為癖,對此懍怵心若失。墨池如江筆如帚,一掃萬字不停肘。君痛飲百斛酒。

## 賦王唐卿廬山所得靈壁石

湘江竹深韶不傳,后夔神禹飛上天。泗濱之磬無人編,帝敕此寶淪深淵。於乎不知幾千年,奇形異質鬼所鑱。青虹赤虎遭縛纏,蹙筋怒爪身攣拳。自從胡塵障中原,神物變化隨霏煙。金聲玉振義不辱,六丁徙置康廬巔。靈臺星官未知處,但怪寶氣干霄躔。王郎齋居敷淺原,飲水泣血天所憐。空山無人下羣仙,似夢非夢或告吾。捫蘿獨上果有得,失喜而懼心茫然。百夫原作失,據小集卷上、四庫本改挽取自包裹,解衣更買蠻兒氈。緘肩不肯鄉人說,知我好古容觀瞻。焚香再拜妻歎息,安得致之天子前,明堂郊丘備宮縣。調和正聲薦上帝,簫勺小集作消爍羣慝收戈鋋。朝廷清明用者哲,小集作舊一律四海歸陶甄。鳳皇來儀獸率舞,復古却到虞韶邊。是時賦公筆如椽,褰幨為草登歌篇。

## 月之四日至南陵大雨江邊之圩已有沒者入鄱陽境中山田乃以無雨為病偶成一章呈王龜齡

圩田雨多水拍拍,山田政作龜兆拆。兩般種田一般苦,一處祈晴一祈雨。去年水大高田熟,低田不收一粒穀。只今萬錢羅一斛,浙西排門煮稀粥。聖神天子如堯湯,日雨而雨暘而暘。天公廣大豈有意,爾自作孽非天殃。

## 近得一二硯示范達甫笑以為堪支牀也許送端州大硯作詩以堅其約

范郎紫玉餘半圭,翻手作雲雨雹霰。龍蛇起陸孔翠飛,雲收雨霽千首詩。薦以文錦盤珠璣,夜光發屋鄰翁知。桂州刺史書成癡,單車萬里日夜馳。囊中已無去年錐,欠此石友相娛嬉。范郎笑我支牀龜,忽遣致我重寶齎。金印如斗不願携,愛此直欲忘朝飢。君行題輿古端溪,溪石醜好紛不齊,欺,須君眼力為辨之。更作萬斛之墨池,為君大書十丈碑。

## 劉倅示崇寧上舍題名翰林其父也

崇寧天子開皇極，發揮神謨詔羣辟。十八學士天與力，攀鱗附鳳才一日。翰林尚書古遺直，不作三公奄奄歾。當時盛事刊樂石，後五十年已今昔。令我再拜三嘆息，尚有之子似世德，不羸其躬且赫奕。

## 黃升卿送棕鞋

編棕織蒲繩作底，輕涼堅密穩稱趾。帝庭無復夢絲絢，上客還同貺珠履。我家江南山水窟，日日行山勞屐齒。感君投贈欲別時，布襪青鞋從此始。亨衢知子方着脚，直上雲霄三萬里。泰階歷盡却歸來，赤舄一雙應几几。

## 贈張欽州

張家承平四姓侯，門前列戟金成丘。南來清貧家立壁，但有萬卷書滿樓。雲山極觀半空寫，下有花竹秀而野。閉門讀易已三年，樂天知命忘華顛。我行湘中識此老，難兄莫年更枯槁。從來戚畹須表勸，會聽鳴珂趁朝早。衡陽小隱雖深幽，去天尺五君無留。貂蟬兜鍪何足道，君必不為猿鶴羞。

## 賦沈商卿硯

石渠東觀天尺五，壁星下直圖書府。琳琅寶鎮出三代，浩瀚簡編照千古。右文儲硯一百九，鈿匣珠囊護瓊玖。有時清夜發光怪，諸儒縱觀容拜手。一收朝蹟歸故園，瓦池葦管涂突煙。夢尋清都故歷歷，起憑書案空潛然。眼明見此超萬石，色如馬肝涵玉質。白圭之玷尚可磨，澀不拒筆滑留墨。摩挲太息不自已，呼兒汲甘為渝洗。天遺至寶瑞吾子，要與詞林壯根柢。子行飛騫為時須，西清承明有佳除。收功翰墨儻乞我，田間自抄種樹書。

## 大雨呈同行諸公

我船千斛初甚遲,上灘下灘風薄之。百夫撐挽才得過,水淺舟大行無期。同來賓客笑鈍滯,一葉自買如鳧鷖。鱉波急槳亂藻荇,瞬息不見颭車馳。忽然昨夜雷雨作,黑雲頼山風卷壑。龍門春漲魚鱉亂,牛渚宵明鬼神惡。篷翻纜斷泊不得,客只一身無處着。長年絕叫客驚起,一浪先掀半船水。囊衣漂盡到巾屨,一夜奔忙沙石裏。我時甘寢殊不覺,但怪颼颼風到耳。起來呼酒自勞苦,水滿凉生差可喜。鄉來笑者今却悲,人生淹速那能知。明朝轉柂我船快,唤客同船莫嫌隘。

## 吳城阻風

吳城山頭三日風,白浪如屋雲埋空。北來大舸氣勢雄,車帆打鼓聲韸韸。我船政爾不得去,踢促沙岸如鼃翁。長年三老屢彈指,六月何曾北風起。由來官儂多齟齬,世不汝諸神亦爾。我愧此言呼使前,順風逆風皆偶然。皇天廣大豈有意,想汝嗔喜庸非偏。瓶中有粟囊有錢,與汝飽飯姑留連。

## 金沙堆

玻璃盆中金作堆,藥房桂棟中天開。洞庭無底蛟蜃惡,君不唤我那能來。旁船守風四十日,我行昨夜到磊石。山頭望君乞杯珓,僮僕歡呼得頭擲。二更南風轉旗脚,打鼓開船曉星落。秋光淨洗八百里,亭午投君廟前泊。斬牲釃酒報君德,君今清都豈其食。聊須醉飽撐船儂,明日依舊行南風。

## 欲雪

欲雪未雪天模胡,凍行沙尾鶴鴣呼。北風刮耳立不住,更騎鈍馬穿枯蘆。兩生憐我意不舒,江頭三日占檣烏。高堂明朝置安輿,買羊沽酒償勤渠。

## 鑑湖納涼

鑑湖周圍三百里，極目平波清到底。荷花歲久生滿湖，人來採蓮唱歌起。賀家千頃水雲鄉，六月荷花風最涼。短楫輕舟來斷續，山橫曉月正蒼蒼。

## 和沈教授子壽賦雪三首

北風吹來燕山雪，十萬王師方浴鐵。風纏熊虎靈旗靜，凍合蛟龍寶刀折。何人夜縛吳元濟，我欲從之九原隔。東南固自王氣勝，西北那憂陣雲結。豈無祖遜去誓江，已有辛毗來仗節。

今年米貴更風雪，破屋荒涼冷於鐵。道人三日不出門，臥聽敧簷竹枝折。高吟忽送三十韻，觀面未覺千里隔。比公也自可憐人，家徒四壁衣鶉結。君不見漢時蘇子卿，窖中齧氈終持節。

天公作劇已三白，刮面東風利如鐵。只今斗米錢數百，更說流民心欲折。胡兒打圍涂塘北，煙火穿廬一江隔。陛下宵衣甚焦勞，微臣私憂長鬱結。爾曹忍凍不足說，我輩何時立奇節。

## 鄱陽史君王龜齡閔雨再賦一首

老農歌舞手作拍，一雨紛紛稻花拆。去年秋田旱政苦，史君隨車有甘雨。旁州不熟我州熟，至今中家有藏穀。地碓春秔珠滿斛，老農左餐仍右粥。史君行矣伊佐湯，緝熙和氣無常暘。豈徒一雨潤九穀，要為萬物除千殃。

## 喜晴賦呈常守葉夢錫

史君憂民出至誠，欲晴未《咸淳毗陵志》卷二三作而晴天所矜。白衣老人無逢迎，香火未收東方明。指揮六龍扶日行，羣陰卷盡見太清。女攜柔桑男趁耕，熙熙和氣滿春城。去年歲事已如許，田頭試聽老農語。澍

## 七夕

去年永州逢七夕,今年衡州逢七夕。往來不敢怨道路,迎送但知慚吏卒。年年七夕有定時,我行屬天那得知。東西南北會逢汝,但願強健無所苦。西更着五日雨,麥根爛盡種不土。

## 謝劉恭父玉潭月色真石室之賜

玉潭月色洌以清,石室千里猶典刑。何人遣我雙玉瓶,武夷先生翰林卿。約束風雨驅雷霆,長鯨夜吸川為傾。明朝風止醉不醒,扁舟徑度君山青。

## 從張欽夫覓紙

蜀江擣麻色勝玉,百金才能致一幅。君家人則充棟宇,再拜未肯乞纖粟。為君破慳作此詩,擔囊揭篋應有時。比鄰寒亡忌唇齒,君但勤渠送川紙。

## 幽興

海涵大陰日西墜,畫角一聲城欲閉。柴門關上濯足眠,萬事不如高枕睡。睡鄉廣大能我容,兀兀騰騰興莫窮。推枕起瞻河漢曉,月明庭竹響清風。

以上《于湖居士文集》卷二

# 全宋詩卷二三九九

## 張孝祥二

### 麒麟硯滴分韻得文字

素王西狩麟,筆削昌斯文。茂陵一角獸,妙語聞終軍。豈獨濡毫端,政爾清妖氛。會當獻君王,玉殿春夜分。壯哉筆硯間,英姿欲拏雲。名參龜龍瑞,威掃狐兔羣。

### 諸公分韻蹛冒頓之區落焚老上之龍庭得老庭字

橫槊能賦詩,下馬具橄草。忠義乃天賦,勳名要時早。龍卧南陽客,鷹揚渭濱老。當其尚棲遲,衆或輕潦倒。風雲會相遇,氛祲當獨掃。鳳皇翔千仞,駑馬顧棧皁。士為一飽謀,懸知不同道。吳甲組練明,吳鈎瑩青萍。戰士三百萬,猛將森列星。揮戈却白日,飲渴枯滄溟。如何天驕子,敢來干大刑。嗚呼三十年,中原飽羶腥。陛下極涵容,宗祊甚威靈。犬羊爾何知,梟獍原誤作鏡心未寧。囊血規射天,蒼蠅混驚霆。佛狸定送死,榆關不須扃。虜勢看破竹,我師真建瓴。明堂朝玉帛,劍佩鳴東丁。八章車攻詩,十丈燕然銘。我學益荒落,尚可寫原校:一本作紀汗青。

### 椰子酒榼

矮胡生南方,託家碧山崖。採擇供貢篚,扶持上天街。愧此顓懇姿,欲售久未諧。道傍斸先生,風味故自佳。逢渠即傾蓋,輸寫能開懷。刮削出光彩,規繩去欹衺。金玉豈足貴,膠漆真吾儕。客來有嘉招,

## 赭山分韻得成葉字

昨日一尺雪,今朝十分晴。杲日上積雪,光若虹氣升。江平鏡新磨,地迥玉琢成。赭山有令色,令我白眼青。借馬屋東家,喚客踏層冰。冒貂挾裘茸,石路五里平。竹樹紛掩冉,珠幢間霓旌。野僧不慣客,倉皇門前迎。屋古少完壁,堂虛有危登。石上迹宛宛,山腰塔亭亭。劫火偶不燒,百年費支撐。我有一尊酒,高處得細傾。諒非無事飲,憂國空含情。長歌眇寥廓,歸路已戴星。萬生紛不同,宿昔有定業。哀哉彼遷民,苦事乃稠疊。縈縈庭際炊,采采澗底葉。問渠胡為來,悲淚不盈睫。連年避胡亂,生理安可説。今年更倉皇,芻藁亦焚劫。扶持過江南,十口四五活。斗米六百錢,兼旬又風雪。前時詔書下,振廩要周浹。聖主甚哀矜,我曹空感咽。願今兵革罷,復得理歸楫。傳聞菰蒲中,相殺血新喋。本是耕田農,飢寒實歐脅。須公語縣吏,早與支米帖。

## 重入昭亭賦二十韻 此詩僅十九韻,四庫本作十二韻,亦誤

我本山中人,對山輒忻然。蹉跎落世網,欲去常拘牽。蒼原作倉,據四庫本改鷹著珠鞲,側腦思高騫。青絲絡奔驥,擺脱意乃便。抑鬱不自聊,沉冥向誰宣。長懷昭亭山,積翠摩青天。下有千柱宮,突兀數百年。往者雪中游,羣峯玉回旋。飛閣出木末,下眺春無邊。堂中二老人,龍象開法筵。炯炯月在空,浩浩海納川。應庵默無言,妙處心已傳。如庵説千偈,微辭諦真詮。静極炷爐熏,對床且安眠。更欲捐冠簪,一

## 登馬氏永寧閣和朱漕元順分韻

佛宮昔誰營,猶挾蓋世氣。應慚割據醜,稍識苦空味。重簷隱白日,隆棟湧金地。耽耽壁間像,尚可將千騎。鄉來歌舞處,荒棘擁城雉。惟此悲願成,歷劫更興起。橫撞鍾萬石,妙響警昏醉。憶當風雪辰,茲事實經始。老僧喜成就,膜拜顙有泚。喚客饌伊蒲,齋房頗深邃。空巖才跬步,不往獨何謂。徑攜雙竹杖,腳力勇難制。繡衣兩使者,風誼我所畏。相逢瘴海上,此樂豈天惠。山林與心會,風月可回施。聊乘簟書隙,拚此一日費。摩挲水邊石,勝處欲專美。不用濡漆書,公詩即行記。

## 再用韻呈仲欽元順

今時朱仲欽,文字有奇氣。潛幽覘天奧,雋永得古味。袖手閱世紛,虛心餘樂地。那持瘴野節,不從羽林騎。埋輪吾宗英,補袞五色雉。去年對延英,御坐再三起。憂民甚已溺,稽古乃心醉。天衢行日月,發軔從此始。會當紀鴻業,我筆墨先泚。相期并徵詔,禁殿直清邃。尚憶此追游,班中語相謂。我懷江湖去,初服反芰制。閑邊靜成趣,岐路險多畏。此事屬兩君,它年儻終惠。長篇起予病,妙語充法施。高和難工,初學慚紙費。郊原春無數,風日極清美。已遣具方舟,重游更須記。

## 贈江清卿

吾友林少穎,讀書不計屋。抄書手生繭,照書眼如燭。往時羣玉府,上直對床宿。夜半聞吾伊,我小集卷上作吾睡已再熟。此君抱高節,雪柏映霜竹。造物乃兒戲,臥病在空谷。尚能作手書,寄我成一束。我懶

## 和蔡濟忠天字韻

憶我初識君,屈指今七年。鹽車着駑驥,駑蹇紛爭先。謂當對清閒,帝席半夜前。稍使修世官,復近尺五天。如何尚朱紱,亦墮嶺海邊。前山春色多,佳樹午陰圓。散策履幽徑,方舟下長川。心目得開明,語笑為芳鮮。但恨瞑色至,不得窮攀援。尚欲夜然犀,下照蛟龍淵。清遊渺難原作灘,據小集卷上改繼,歸夢蒼山巔。須君換鵝帖,更叙山陰賢。

## 考試呈周茂振舍人陳季陵國正

胸中五斗棘,厭此十日讀。紛然湘羅帕,猶作春筍束。先生擇法眼,一閱不再復。探囊得至寶,每出輒驚俗。孟公更超絕,涇渭飽淳漉。從容了官事,繭紙唾珠玉。鄙夫聞道晚,衡鑑恐不足。冥搜夜無寐,慚愧費宮燭。何時即三昧,屈指社甕熟。秋容日夕好,應到堂前菊。

## 和子雲白蓮

仙人玉步搖,佛子白練衣。新粧水底明,素手風中揮。盈盈夜露光,艷艷秋江肥。寒月分好色,朝霞借餘輝。遙聞功德水,盡洗幻化非。惟此妙花幢,坐受諸天圍。鄉來孤山遊,末覺所見稀。零落塞草邊,

## 與趙李二同年夜飲有懷石使君惠叔

相逢故依依。結實須及早,要令飽霜威。采剝登君盤,勿嫌此么微。

佳月久不見,忽見如故人。清風何方來,過我孤竹君。我有一尊酒,政為二子斟。會此風月宵,更覺笑語新。北城石先生,欲喚不敢頻。坐上欠此客,長懷渺無津。南方鳳之徒,瑞世五色文。鐵石賦梅花,一洗瘴海氛。臺家須貢珍,我欲列九閽。且補諫官闕,日酌白獸尊。

## 金沙堆廟有曰忠潔侯者屈大夫也感之賦詩

伍君為濤頭,妬婦名河津。那知屈大夫,亦作主水神。我識大夫公,自托腑肺親。獨醒梗羣昏,聚臭醜一薰。瀝血摧心肝,懷襄如不聞。已矣無奈何,質之雲中君。天門開九重,帝曰哀汝勤。狹世非汝留,賜汝班列真。司命馳先驅,太一諏吉辰。翩然乘回風,脫迹此水濱。朱宮紫具闕,冠珮儼以珍。宓妃與娥女,修潔充下陳。至今幾千年,玉顏凜如新。楚人殊不知,謂公果沉淪。年年作端午,兒戲公應嗔。

## 詠雪

東皇攜春來,屬車載霓裳。回風作妙舞,雜珮鳴珠璫。千官玉笋班,再拜稱瑤觴。酒罷各分瑞,圭琮粲琳琅。浩蕩涵濡恩,一笑徧八荒。塵垢得湔洗,焦枯亦輝光。偉哉造化力,天地為翕張。功成了不居,呆日天中央。

## 題朱元順浯溪圖

去年過浯溪,王事有期程。夜半度湘水,但見天上星。平生中興碑,夢入紫翠屏。已辦北歸時,十日窮攀登。今朝復何朝,忽此短軸橫。歷歷眼中見,湘山無數青。白雲著山腰,樓閣秋氣明。便欲扶短策,下濯滄浪纓。主人山水仙，妙處心自評。元順骨已冷，千載交蓋傾。賞音寄幅紙，益見忠孝情。題詩疥公畫，託我不朽名。

## 寄題向彥績史君采菊堂

史君天資高，夙昔事幽屏。長懷渺丘壑，餘習謝鍾鼎。東籬羲皇人，槁死骨已冷。淒其千載後，妙處一笑領。高堂娛白髮，兄弟極整整。不須南陽泉，壽與日月等。

## 止酒

飲酒見真性，此酒不可止。一飲病三日，止酒寧獲已。飲酒有別腸，勸酒無惡意。既因酒成病，那識酒真味。將軍罵不敬，次公醒而狂。破面根觸人，不如持空觴。人言我止酒，似是遣客計。但使客常滿，客醉我亦醉。

以上《于湖居士文集》卷三

# 全宋詩卷二四〇〇

## 張孝祥三

### 昨日極暑今日極寒

昨日火流金,今日風折膠。昨着練布衣,今衣弊緼袍。赤帝與玄冥,凜凜隔一宵。聊將擁爐適,換此揮箑勞。冰炭欲盈懷,炎凉不崇朝。幻生過隙駒,是身九牛毛。等是一寒暑,胡為自訕嘲。萬法從心生,心靜境亦消。悟此本來無,綈紿同狐貂。還當隱吾几,試聽萬竅號。

### 初得愛巖

高巖劃天門,仄徑通乳穴。隈堆青螺髻,嶙峋白玉闕。外有虎豹蹲,中恐蛟蜃蟄。東榮俯雷電,西出挾日月。萬壑生悲風,六月不知熱。但覺駭心目,未易紀筆舌。平生山水趣,嶺海最奇絕。洞府二十四,未厭屐齒折。晚乃得游此,餘地皆僕妾。同來六七士,嗜好頗相躡。舉酒酹山神,慰汝久湮滅。

### 與邵陽李守二子用東坡韻

兩李有佳句,冰雪灑肺肝。清越石在懸,圓熟珠走盤。我家十二樓,下俯千仞湍。誰擎白玉瑱,借與一子看。臨風度長篷,瘴海為清寒。却立望九州,隘陋非所安。便欲馭長鯤,九萬扶摇摶。神山在吾牖,弱水空瀰漫。回首五千劫,不費一指彈。絕笑塵中年,攝提與涒灘。

### 奉送李彥國還廬陵

## 暑甚得雨與張文伯同登禪智寺

老火陵稊金,聚作三日熱。舟行湘江上,蒸煮到魚鱉。黑雲起東北,一震山石裂。不知雨來處,但見風卷葉。銀河倚天瀉,高浪舞飛雪。只聽打篷聲,已覺涼意愜。岸傍古佛屋,樓殿頗巀嶪。不辭衝泥去,一看雨脚闊。吾宗紫嚴客,窮苦志不懾。自我來浯溪,奔走已旬浹。我懶久廢學,愧子來挈挈。相携得偉觀,為子爇然說。願子領話頭,吾今指摽月。

## 丙戌七夕入衡陽境獨游岸傍小寺

七年暑中行,道路萬里賒。今夕已七夕,我猶在天涯。繫船蒼石根,人影散晚沙。上岸是修竹,仄徑如行蛇。茅屋四五間,往昔佛所家。經禪劫火盡,舊觀初萌芽。牆壘古瓦盆,僧披破袈裟。喜聞拄杖聲,疏星銀掃地自點茶。何以為我娛,冰雪汲井花。一洗十日渴,分涼到童髻。盈盈牛女期,不着雨洗車。漢動。新月玉鈎斜。更呼老奚官,卷蘆作鳴笳。莫驚潭中龍,聊起棲樹鴉。

## 福嚴 丙戌七月

行行山益高,所見益以奇。煮茶南臺寺,更上千級梯。道傍古時松,閱世心已灰。不與歲月競,況受霜雪威。路回聞鐘聲,寶刹隱翠微。門前兜率橋,劫火昔所遺。神龍厭庫陋,一炬然枯其。譚笑舊觀還,殿柱百尺圍。老禪七十餘,高與此山齊。大屋貯龍象,空巖走金犀。齋盂細

## 湖湘以竹車激水杭稻如雲書此能仁院壁

細參,至味無鹽醯。頗聞三生藏,中有萬寶竇。佛牙舍利湧,貝葉旁行稀。剖蚌慈相尊,破匣血縷飛。稽首所願觀,為洗往昔非。却尋上山路,擬看浴日池。急雨忽留人,吾其具少須之。
象龍喚不應,竹龍起行雨。聯綿十車輻,伊軋百舟櫓。轉此大法輪,救汝旱歲苦。橫江鎖巨石,濺瀑疊城鼓。神機日夜運,甘澤高下普。老農用不知,瞬息了千畝。抱孫帶黃犢,但看翠浪舞。餘波及井臼,春玉飲酏乳。江吳誇七蹋,足繭腰背僂。此樂殊未知,吾歸當教汝。

## 贈黃司法

吾友黃升卿,乃是天下士。阿翁苦硬節,御坐留諫紙。辛勤教其子,不但為科第。一官法曹掾,整整老胥忌。吾行桂嶺南,所得但吾子。願渠自愛惜,窮達初不計。功名儻來耳,期子以千歲。

## 宵征

畏暑倦長道,呼童戒宵征。三更渡前溪,溪水清且鳴。舟人自相喚,炬火如疎星。俯視亂石多,仰見北斗橫。微微白露下,磔磔宿鳥驚。竹輿出林薄,十里月漸明。光采散草木,凉意侵冠纓。

## 汎湘江

十日行湘江,湘水清而溫。不療亭午渴,却憶土井渾。道傍古刹竿,著屋高樹根。飛泉出山腹,甘冷冰瓶盆。何止解百憂,一灑塵埃昏。設供者誰與,稽首兩足尊。

## 上封寺

七月十五夜,我在祝融峯。與世隔幾塵,上天通九重。手取白玉盤,納之朱陵宮。羣山羅豆登,萬籟酬

笙鏞。盡酌五湖水,勸我酒一鍾。為君賦長言,寫向西北風。原校:一作為君長言謠,寫向東南風

## 岸傍偶得木犀

天公不求金,富媼不復藏。居然土同價,散作草木芳。英英園中葵,一心傾太陽。采采籬下菊,令汝壽命康。惟此木之犀,更貯萬斛原作解,據四庫本改香。雄姿傲霜雪,鱗甲森青蒼。三賢鼎足立,正色凛相望。豈比桃李徒,紅紫紛披昌。聊息貪者心,來上君子堂。歲晚從我遊,實汝兄弟行。

## 王弱翁與余相遇漢口賦古意贈別

我船行荊江,厭此江水渾。北風知人意,引着清漢濱。漢濱有佳人,心與漢水白。涉江弄秋葉,喚客踏明月。明月永相望,佳人不可忘。期君以千年,珮我明珠璫。

## 贈朱遠遊

遠遊何方來,崨嶪古衣冠。袖中三百篇,貯月白玉盤。溪清石瀨急,雪凍銅壺乾。有如山澤仙,外瘠中氣完。便合朱絃彈,細着青瑤刊。懷哉人未識,飛步江風寒。

## 和張欽夫尋梅

寒梅本無心,適與春風期。孤根擢歲晚,桃李更媚之。取我碧玉壺,薦此白雪枝。故人不可寄,耿耿空自奇。故人隔湘江,獨立知者稀。采香正滋蘭,忍飢不食薇。挐舟許過我,此約不可違。江南煙雨村,願與子俱歸。

## 黃龍侍者本高覓詩

高禪本儒冠,誰令着伽黎。勞渠千里來,贈我一卷詩。句法有源流,人物乃清苦。不用追九僧,政須越

## 題濁醪賦後

仇君在長沙,未嘗出門。養丹火三十年,不惜分人,屢起死。又善釀山東酒,李卿寶文所為賦濁醪也。此軸留余所半載,其猶子洪自長沙來荊州求跋,乃書一詩併歸之。幸呈似南軒先生,或肯同作。

仇公昔釣璜,乃得丹竈術。
閉門養真火,贛甕釀新秋。
酒熟分四鄰,丹成活千人。
窮巷不改樂,一室長如春。
我知酒中仙,歲晚當得度。
乘雲見東皇,請誦濁醪賦。
諸祖。君家寒巖師,今代僧中龍。持此送君行,更去問乃翁。

## 屢登橫舟欲賦不成阻風漢口乃追作寄趙富文楊齊伯

已過漢陽岸,却望橫舟山。
秀色挹不盡,西風將夢還。
我昔登橫舟,最愛漢陽樹。
橫舟今不見,闌干試拍手,我亦同舉酒。

## 樓真寄南康錢守

憶昔姑蘇臺,實與君子別。
一別已六年,音書間何闊。
我行半天下,塵土汙鬢髮。君亦抱艱棘,衣袂灑清血。今日復何日,相望一山隔。我領通玄府,乃在廬山北。君宦山之南,兵衛森畫戟。無由接杯酒,但可共明月。作詩付郵筒,聊復寄消息。

## 黃子餘自海昏見予於九江欲行為賦此詩

昔我初識君,乃在潯陽城。
却數已十年,此地還見君。
積雨楚水高,落日淮山明。
我病不舉酒,何以娛佳賓。
我行不可留,明復與君別。
悠悠千里情,還當付明月。

## 勸范東叔飲

今代太史公,四海范氏門。斯文十世澤,斑斑被諸孫。我識叔西父,白玉比粹溫。今來見令弟,俊氣百馬奔。一第溷子耳,勿愧而家尊。臨分無多言,更酌老瓦盆。

## 留題彭澤故縣修真觀

五月問修途,今日二百里。莫投彭澤縣,愧此邑中士。古觀官道傍,借榻暫少憩。折腰向道士,乞我五斗米。聊為奴僕飯,明日更早起。原校:一本作借榻容少休,高林度清風,似為客子謀。按:末四句小集卷下作較彭靖節翁,衷情相繆戾。不能早投簪,一官苦匏繫。見人厭折腰,奔走徒自斃。聊為奴僕飯,明日更早起。速過栗里去,毋遺高士鄙。

## 湘中館

雲去月在沙,潦淨秋滿川。北斗挂落木,西風送歸船。去年過湘中,夜半投馬鞭。篝燈洗塵土,稍稍明河偏。微微清露溥,那知闌干外,有此山水妍。所見只屋椽。雞鳴問前途,殘夢兀擔肩。身世兩悠然,吾其遂飛仙。孤光耿自照,靜極忻所便。

## 中隱

吾家中隱君,才比萬斛泉。短小精悍姿,一劍當雄邊。去年過湘中,俯視衡嶽顛。君從襄陽來,去年郴州賊,俯視衡嶽顛。譚笑百雄安,淨洗湖嶺煙。謂當酬王勳,金印如斗懸。言歸遽如許,此意誰為宣。孤忠作戈鋋,小隱即居山,大隱即居塵。夫君處其中,政爾當留連。早晚有詔書,喚君遠朝天。欲為中隱遊,更着三十年。

## 贈師永錫併簡子西文潛

永錫西方來,持論乃據正。健飯不飲酒,自詭作縣令。我已識淮父,但未見伯渾。林林三珠樹,知是難弟昆。上方顧中原,有君但無臣。豈有千里足,而令走踆踆。願子徑入關,請對通明殿。此事定在我,不必問和戰。

以上《于湖居士文集》卷四

# 張孝祥四

萍鄉境上有驛傍有老杉餘百本余過而愛之驛無名余名之曰愛直而爲之詩又以告邑大夫趙君公廨曰使繼自今爲令者幸如君之賢也則此杉長存不然將斧斤斯民以自封植於杉何有

此杉已百年，林立官道側。鬼神所訶護，斤斧不敢迫。愛此遺直姿，凜凜有正色。未云支大廈，聊以蔭行客。作詩調令尹，爲我驛壁刻。但使杉長存，懸知令清白。

## 遊千山觀

朝遊七星巖，莫上千山觀。東西兩奇絕，勢略領海半〔四庫本作嶺海半〕。長江寫縑素，疊嶂俯杯案。中有萬雄城，鐵立不可玩。伏龍起行雨，老樹舞影亂。衝風挾驚電，意恐崖谷斷。路懸石磴滑，衆客紛駭汗。嵌空偶自託，發若鳥集灌。須臾便開霽，呆日麗清漢。却坐山巔亭，容我烏幘岸。長懷付尊酒，別語不容判。會須九垓外，與子期汗漫。

## 庚辰二月夜雪

夜半雨鳴廊，晨起雪暗空。不減臘月寒，故作昨日風。融銀擁山腰，飛花滿裘茸。辦此了不難，咳唾煩天工。纖纖園中花，一夕無光容。凜凜庭下松，巍然兩蒼龍。

## 張欽夫筍脯甚佳秘其方不以示人戲遺此詩

使君喜食筍,筍脯味勝肉。秘法不肯傳,閉門課私僕。君不見金谷饌客本萍虀,豪世藉此真成癡。但令長須日致饋,不敢求君帳下兒。

## 蒙和答益奇輒復為謝

齋厨極蕭條,晚食以當肉。公來共蔬盤,留語輒更僕。平生懲沸仍吹虀,欲了官事渠能癡。何時竟作淮南歸,擊鮮校獵從盧兒。

## 張欽夫送筍脯與方俱來復作

筍脯登吾盤,可使食無肉。鮭腥辟三舍,棕栟乃臣僕。書生長有十甕虀,却笑虎頭骨相癡。得君新法也大奇,且復從游錦綳兒。

## 勸農以湘波不動楚山碧花壓闌干春晝長為韻得千字

積雨已連月,長沙尚春寒。今朝定何朝,喚客來江干。問訊湘西寺,霧重江漫漫。聊須萬斛舟,渡此千尺湍。老松如相迎,翠落頭上冠。却望城中花,寶髻垂珠鬘。勸農有故事,般樂非所安。薄晚會春園,老稚隨馬鞍。嶢肩侑尊酒,呼喚來同盤。從容及鄙事,爾汝開心肝。我是耕田夫,偶然此為官。飽不知稼穡,愧汝催租瘢。願言各努力,長年好相看。

## 陳仲思以太夫人高年奉祠便養卜居城東茅屋數間澹如也移花種竹山林丘壑之勝湘州所無食不足而樂有餘謂古之隱君子若仲思者非耶乾道戊子六月某同張欽夫過為裴回彌日既莫而忘去欽夫欲專鑿買鄰欽夫有詩某次韻

平生交遊中，此士故耐久。不折爲米腰，頗袖靳輪手。卜居并東郭，草草宮一畝。日課種樹書，籤題徧窗牖。花草當姬妾，松竹是朋友。上堂娛偏親，家飯隨野薮。客至即舉詩，興來亦沾酒。清溪遶屋角，高木老未朽。翻翻荷見背，戢戢魚駢首。幽觀天所藏，勝踐我獨後。不因南軒君，茲遊幾時有。爲君便買鄰，溪南好岡阜。我喜君亦狂，呼兒挈尊卣。一灑塵埃胸，快若苗去莠。夜涼佳月出，人影散箕斗。恨我當先歸，君能小留否。

## 贈陳監廟

陳子居城東，茆屋三四間。下有五畝園，灌畦泓清灣。松柏充羽葆，荷芰作髻鬟。再拜太夫人，壽比衡麓堅。我早與子遊，期子到孔顏。察子意甚真，不與時輩班。扁舟漾荆渚，餘子頗謗訕。大道甚坦夷，勿歎行路難。彼自種荆棘，吾寧羸榛菅。一醉乘秋風，共此霜月彎。

## 送邵懷英分魯直詩韻人間風日不到處天上玉堂森寶書得書字

將酒澆君車，問君行何如。初無十萬錢，但有一束書。往昔千官班，渠曾綴簪裾。日月九門隔，江湖十年餘。老骭久凌剝，寒灰費吹噓。今者尺一追，問津承明廬。蓬萊道家山，紫極帝所居。功名儻來爾，步武當徐徐。遙岑出疏林，淺水行游魚。臨分再三囑，音信莫我疎。

## 送張定叟

戊子歲二月，定叟如南山。行李太匆草，問君何當還。敬展南陽阡，永慕涕已潸。畢事却登攬，紓子悲悴顏。羣峯最高處，眼界窮塵寰。紫蓋款佛刹，黃庭扣玄關。夜榻藉雲衲，曉窗闖煙鬟。野飯薦笋蕨，幽尋霜榛菅。酒賤可痛飲，詩成要重刪。勿作買胡留，閨人賦刀環。歸時買竹輿，小破行囊慳。

## 朱陵洞

黑雲起我趾,白雨過山腳。却立朱陵洞,一望紫虛閣。神丹吾已必,仙臂真可握。試向靜處聽,空濛有笙鶴。

## 題屏風送裘甫歸臨川

不見已四年,既見還作別。贈以墨竹屏,況此君子節。歲月不我留,玉立空山陰。願言無相忘,因風時寄音。

## 送道州酒與吳伯承

陽城所臨州,酒味猶清醇。我病不能飲,負此盎盎春。髯吳燒苦筍,喚客車連軫。名酒隨惡詩,掀髯一笑囅。

## 葵軒觀筍

葵軒新筍生,戢戢水蒼玉。脫籜便林立,爾輩殊窘束。黃梅四月雨,念子亦良苦。十二鳳凰鳴,秋風何處聲。

## 贈尹童子夢龍

長沙尹氏子,四歲誦萬言。青松一寸長,歲晚當摩天。終為棟梁用,莫作梽與橡。斫根剔其明,本瘁末亦顛。持此勸乃翁,閉門養真源。

## 一覽亭

城中十萬戶,亭腳五千丈。小退鴈鶩行,却立雲雨上。主人心如此,坐了鏡中像。沙尾是我船,煙波更空曠。

## 睡起

睡起有佳聲,蕭蕭竹間雨。萬廬澹無營,一榻不受暑。微颸入牖來,喚起香中縷。撫卷忽超然,空梁走飢鼠。

## 吳伯承送苦笋消梅用來韻各賦一篇

問訊湘西笋,政得夜來雨。高標諸杠直,餘味良藥苦。脆圓供小摘,不待四月雨。新詩同咀嚼,學子心獨苦。

## 戲書贈蘇待問

從公覓此紙,欲與蘇待問。醉中墨鴉黑,北風起雲陣。明朝酒醒看,為子傳心印。子若不領略,取火燒作爐。

## 贈震山主

震公住山年,與我共壬子。瓦礫化金碧,願力一彈指。鄉來祖師禪,風定月滿天。語子義第一,飢餐困當眠。

## 春盡日送聞人伯卿次家君韻

早年翰墨場,未見心已親。筆底三峽流,胸次萬卷春。自注:省試文字適在某房。相從未淹時,欲別故惱人。敢虞老仙詩,索去不用頻。

## 洗塵贈張立之判官

立之居糟丘,胸有萬斛塵。歸來卧西窗,涇渭自此分。汗泥生芙蕖,榛墟有白雲。莫厭吏事煩,願子清天君。

## 王龜齡賦喜雨諸賢畢和某客行半月未嘗晴也故於末章云夜焚。

客行苦淫潦,道路渺不分。十步九掀淖,眷言僕夫勤。昔旱欲訟風,今雨當誅雲。我已寫綠章,擬向清天君。久旱一雨足,高低水平分。老農爾何知,史君甚艱勤。史君家鴈山,出作無心雲。四海方立槁,須君來救焚。

## 八桂堂池上賞蓮納涼

山月半池白,水風終夜涼。蛙聲作鼓吹,芰製為衣裳。萬里俱遠客,三人同一觴。但使嶺海豐,此樂未渠央。

## 前日出城苗猶立槁今日過興安境上田水灌輸鬱然彌望有秋可必乃知賢者之政神速如此輒寄呈交代仲欽秘閣

筒車無停輪,木枧着高格。秔稌接新潤,草木丐餘澤。府公為霖手,號令行頃刻。願持一勺水,敬往壽南伯。

## 南臺

我遊衡嶽巔,路半此歇脚。風雷駕飛殿,日月隱傑閣。闌干十萬里,仰視天一握。遂訪紫虛君,歸時騎白鶴。

## 書懷

七夕在衡陽,九日在蘄州。秋風浩如海,我行尚扁舟。破帽不堪落,菊花空滿頭。醉眼忽瞠若,悠然過滄洲。

## 元宵同張欽夫邵懷英分韻得紅旗字

佳月姞纖雲,微和扇東風。聊持一杯淥,共此千燈紅。吾宗延閣英,聖學與天通。且最治郡課,遂收活國功。邵子坐學官,今日有詔追。道山萃竹帛,武庫森戈旗。文武要兩有,腐儒不足為。明年燕端門,舉酒還相思。

## 贈盧司法

逃秦盧博士,讀書不讀律。江陵法曹掾,移病滿百日。燕坐供佛香,青燈照繩床。肺熱今無恙。原校:一本作今好否門前春草長。

以上《于湖居士文集》卷五

# 全宋詩卷二四〇二

## 張孝祥五

### 進芝草

廟錫珍符豈偶然,靈華再見只經年。祥開二室昭貽燕,根託同楶自屬聯。上瑞應誠雖紹至,宸衷思孝益增虔。微臣願考皇天意,不獻終童效異篇。

煌煌瑞彩映金鋪,元氣回旋即此都。太史連年書盛事,近臣更日奏新圖。璇宮薦祉寧虛應,玉葉流芳已兆符。早晚清塵款原廟,臨觀敢請駐前驅。

### 某頃蒙信陽使君教以邊字韻佳句伏讀歎病倦答謝甚緩復不能奇仰俟斷削

風流追數建安年,誰遣朱轓并塞邊。舉國向來儒服少,是邦端有大夫賢。須公帷幄收長策,著我江湖刺釣船。池閣追涼肯臨否,紅粧翠蓋擁三千。

百適歸來又一年,投身烽火戍樓邊。私憂自笑愚無策,制勝懸知國有賢。中州更有王夫子,筆陣猶能獨掃千。北去燕然堪勒石,西來樊口看燒船。

### 子雲壓境先遣詩次韻

相風日日問長年,鵁首遙知近箇邊。別後情親難過我,故家人物更誰賢。一尊且對荒城酒,六月休牽上水船。小此淹留待追詔,公車歸奏牘三千。

## 送劉伯同侍開府公入覲

相公早勒太常銘,康樂當家更典刑。槍急曾看飛鳥過,筆精時作換鵝經。極知許國心常赤,趁取封侯鬢尚青。若到都城見知舊,為言江漢有浮萍。自注：謝玄封康樂公。

## 送子雲倅荊州

閱世波流險未涯,愛君悃愊靜無華。高門自惜聯三戟,飛珮何當乞九霞。喬木世臣餘故國,采蘋齊女甚宜家。君王早晚思前席,會有徵書訪賈嘉。

荊吳相望各天涯,惜別尊前菊未華。便放扁舟衝駭浪,要看秋日冠輕霞。新詩滿路分吾子,盛業康時是故家。好去依劉靜邊原作暖,據小集卷上、四庫本改瑣,策勳行即賜褒嘉。

## 枕上聞雪呈趙郭二丈

上瑞來寧玉座憂,夜聲先到竹窗幽。飢腸已作來年飽,病眼聊須臘月收。高士清貧無弊履,故人狂興原作輿,據小集卷上、四庫本改阻扁舟。却思清曠江邊路,鶂兔成車酒自篘。

## 湖上晚歸遇雨

陰雲靄靄草萋萋,晚過東湖雨濕衣。細柳含煙凝翠色,浮鷗戲水弄晴暉。輕舟繫纜斜依岸,釣子收綸原作輪,據小集卷上、四庫本改欲下磯。湖上人家未扃戶,兒童蓑笠負薪歸。

## 雨入廬山

夢想羌廬一段奇,經行那得雨追原校：一本作相隨。晴來見說山逾好,勝處如今我自知。虛室真人珠咳唾,卍庵老子白鬚眉。并游三士風流甚,袖手傍觀定有詩。自注：清虛真人皇甫坦、東林長老道顏俱在山中。

## 再和

借原校：一本作帶雨尋山故自奇，幕中佳客肯相隨。清游端拜史君賜，此樂詎容兒輩知。暗谷水來鳴雜佩，遠峯煙斷出脩眉。庾樓百尺江千里，遙憶憑高政索詩。

## 郡侯遣騎至山中餉名醖輒呈長句用黃宰韻

山南山北雨生寒，竹樹風煙蒼莽間。青壁倚天元未見，白衣送酒故相關。共追蓮社公應許，穩上籃輿我欲還。後日重來拚一月，細扶藜杖覓屏顏。

## 去年正月三日雪霽入昭亭訪應庵如庵二老今年在臨川追懷昔游用寄卍庵韻

蹇驢衝原校：一本作踏雪度松林，謁原校：一本作漱石溪流有令音。旋摘白雲濡燥吻，更參黃蘖印初心。嵐開複嶺雲千疊，凍合浮圖玉數尋。一夢經年歸去好，宦情全薄此情深。

## 卍庵自東林欲還蜀某以報恩招之大人賦詩勸請再次韻

憶攜拄杖過東林，掣電奔雷聽法音。青壁倚天元滿眼，白雲出岫本無心。峨眉江嶮公無度，法眼泉清我欲尋。手種庭前柏樹子，孤根應比鄉來深。

## 用韻簡天童應庵

敬亭松竹古叢林，二老風流舊賞音。樓閣長開太平象，鐘魚能洗祖師心。別來黃鵠還千里，盟在白鷗當再尋。卻憶西堂大言客，只今高坐海雲深。

## 奉陪宣守任史君謁昭亭神祠

緩驅千騎出朝京，自注：門名。喚得春回眼界青。旗腳靈風來廟步，馬蹄山雪過昭亭。極知太守懷忠款，

## 任守作醮為民祈福先期而雪是日開霽

紫府仙人自列真,綠章封事更通神。清塵已作連宵雪,不夜潛回萬屋春。玉節朱幡來浩蕩,雲車風馬正紛綸。步虛聲徹朝元路,便挈荷囊款帝闇。

## 應庵退席蔣山來寄昭亭萬壽三請不得已而去輒贈長句兼簡蘇州內翰尚書

小集卷中無州字

逍遙丘壑欲忘年,忽作風蟬蛻骨仙。鍾阜恰從三昧起,靈原校:一本作雲巖重要一燈傳。極知掃迹終無策,不寄音書又隔年,因師問訊玉堂仙。碧油早覺儒為貴,青海應無箭可傳。憶昔絲綸催喚仗,何時沙路聽鳴鞭。生涯落莫公知否,準擬松江受一廛。

## 辛巳冬聞德音

帳殿稱觴送喜頻,德音借與萬方春。指揮夷夏無遺策,開闢乾坤有至神。南斗夜纏龍虎氣,北風朝蕩犬羊塵。明年玉燭王正月,擬上梁園奉貢珍。

轞輈奚家款附多,王師直到白溝河。守江諸將遙分閫,絕漠殘胡競倒戈。翠蹕春行天動色,牙檣宵濟海

(自注:太白詩云:昨日方為宣城客,擊鈴交通二千石(原作日,據小集卷上,四庫本改)。
端為君王薦德馨。慚愧去年冬十月,軍書徹夜聽鳴鈴。
豐年已卜稻如京,雪盡春從草際青。竹裏紅旗行點點,松間白塔見亭亭。暖回宿麥開寒色,風約疎梅度晚馨。卻憶宣城李太白,也將詩句擎齋鈴。

無波。小儒不得參戎事，賦賦新詩續雅歌。

## 和曾裘父韻送老人赴鎮九江

邊籌收聲江不波，廬山高處與天摩。向來只作青鞋計，此去無如紫詔何。塵滿庾樓小集卷中作鯨起江濤煩剪拂，經餘蓮社更摩挲。文成本自籌帷幄，不數黥彭戰伐多。

## 上丁齋宿

青衿陪祀憶初年，老矣齋居重慨然。俎豆不知鵝鸛事，牲牢空薦犬羊羶。北來被髮車連野，東去乘槎浪接天。汲汲兩宮常旰食，受脤歸去淚如川。

## 和總得居士康樂亭韻

尚憶池塘夢阿連，當時此意惜無傳。薪車以上十六字小集卷中作氣格稜稜層壓大千塵囂遠盡惝然龍門不障洪河決，喬木終隨故國顛。柳下煅工真得道，竹林酒友謾稱賢。先生義慨雲天薄，千載參渠活句禪。

## 寄張真父舍人

玉珮瓊琚出近班，仙槎從此到人間。聊須海內無雙士，往鎮坤維百二關。御府應留霜簡看，鄉人休羨錦衣還。嗚呼國步艱危日，補袞懸知欠仲山。

投分平生不數人，憶陪文館笑談新。資中宰樹看成拱，荊府詩筒迹又陳。已恨別離空歲月，那知解后亦參辰。古來命駕須千里，薄宦區區愧此身。

## 中秋觀月齊雲樓用孫昌符韻

玉宇無塵夜氣清，銀河徹底素波明。人應好月同千里，身在高樓近原校：一本作接五城。丹桂定知憐我老，

## 題魯如晦通隱

綠尊何惜為君傾。建章鵷鷺當年夢,便欲憑空上玉京。先生早結社中蓮,覆錦憑熊亦偶然。不向江湖忘魏闕,故應山澤有儒仙。十洲便着登瀛士,三徑難留避世賢。我亦經營一丘壑,問公先乞小壺天。

## 同胡邦衡夜直

慕用高名二十年,敢期丹地接周旋。先生義與雲天薄,老去心如鐵石堅。夢了瓊崖身益壯,煙銷金塢臭空傳。一尊莫惜空相屬,宮漏穿花夜色鮮。原校:一作月滿天

## 雪晴成五十六字

鳥鳥聲樂作初晴,日到南窗氣象新。天接瓊瑤三萬頃,樹明組練五千人。已從炎海消陰翳,更與神皋洗戰塵。曾侍嚴宸知帝力,隆興借與萬方春。

## 將如會稽寄曾吉甫

起居一代文章老,闕寄音書恰二年。詩債未還緣懶拙,官游如此竟危顛。會稽舊有探書穴,賀監應尋載酒船。我欲從公留十日,問公乞句手親編。

## 過昭亭哭二弟墓

陌上春風久矣歸,墓頭衰草正迷離。白頭未抆三年淚,黃壤長埋短世悲。憶昔追游常并轡,只今獨往更題詩。兩兒俱冥漠,顧影伶俜欲語誰。

## 贈邕州滕史君

千騎東方白玉鑣,十眉環坐紫檀槽。安南都護來鰲禁,建武將軍握豹韜。瘴雨蠻煙驚鼓角,朔雲邊雪滿旌旄。夕烽不到甘泉殿,尺一徵還近赭袍。

以上《于湖居士文集》卷六

## 張孝祥 六

### 齊 山

江山平遠三千里,水石嵌空二百巖。地闢天開成洞府,峯回路轉有精藍。九華却立纔堪倚,萬井橫陳我所監。欲賦齊山無傑句,夢中危壁尚巉巉。原校:一本作提筆上巉巉。

### 夜讀五公楚東酬唱輒書其後呈龜齡

同是清都紫府仙,帝教彈壓楚山川。星躔錯落珠連緯,嶽鎮岧嶤柱倚天。宮羽在縣金奏合,驊騮參隊花鮮。平生我亦詩成癖,却悔來遲不與編。

### 薦福觀何卿麒壁間詩對之悵然次前韻

金華老子定臞仙,翰墨文章徧兩川。遺迹已驚風落木,高名依舊日行天。人間易得朱顏老,寺壁空懸玉唾鮮。欲繼三賢歌薤露,嚴詩杜集儻同編。

### 再用韻作五公詩

公如韓子定飛仙,更喜門人老玉川。莫說小集卷中、四庫本作厭詩筒頻度嶺,即看侯弁去朝天。飛龍位正雲霄近,集鳳樓高采色鮮。我欲扁舟君記否,但教歸去雜民編。

### 蒙侍御丈再用韻作送行詩走筆和答迫放船不暇工也

龜齡攜具同景盧嘉叟餞別於薦福即席再用韻賦四客詩

憶曾總領道山仙,自挽狂瀾制百川。廷策萬言功蓋世,臺評三上力回天。楚東騰喜詩郵速,天北催頒詔墨鮮。老我江湖堪野史,看公勳業手親編。

使君領客訪金仙,小隊旌旗錦一川。我欲采芝非辟世,公當立極要擎天。詩聲政爾容傳稿,僧律何嘗禁割鮮。一笑番陽逢歲熟,問公鐘磬幾時編。

登清音堂其下琵琶洲也再用韻

夜橫霜竹夢遊仙,曉到餘千月滿川。山遶樓臺欲無地,水環洲渚更連天。明霞一抹朱弦直,芳草分垂綠綬鮮。却憶洞庭張樂地,石鐘浮磬定同編。

餘干趙公頎小集卷中作頤賢宗室也魏公題其堂曰養正且為作銘取易頤之義刻碑堂上予過之為賦詩

眼裏紛紛不要同,從教三徑滿蒿蓬。肯來與子談周易,此去何人識魏公。家近星辰雙闕北,身居煙浪五湖東。清臺有日占雲氣,一丈豐碑夜貫虹。

雞籠福地在歷陽將至豐城望一山宛然感之賦詩

黃茅白葦徑才通,忽見晴嵐掃翠空。從吏只令俱蜑戶,仙山何許是雞籠。逢人漸覺交游少,問路仍行盜賊中。自是粗才合粗使,瘴鄉那得便途窮。

午憩道傍人家

一崦人家竹樹涼,午陰深處著胡床。石泉政似煮茗沸,稻花已作炊秔香。夢到家園歸自好,起尋官路去

## 入清江界地名九段田沃壤百里黃雲際天他處未有也

野水瀰漫欲漲川,稻雲烘日更連天。定無適粵千金橐,可買臨江九段田。黃犢眠邊高樹陰,白雞啼處遠炊煙。此中若許投簪紱,便老勤耰卜數椽。

## 題吳城廟

乞得東歸一信風,敬持牲酒扣靈宮。千尋石甃蒼藤合,百歲神倉赤售空。自注:廟有神倉,每遇覆舟則赤氣起。浥浥午陰移岸樹,蕭蕭涼意滿船篷。杖藜更作僧坊去,借壁題詩却未工。

## 呈樞密劉恭父

鼎席方虛望已隆,上游那得更煩公。敢言兩鎮成交契,自是孤根累化工。舊粥新開元帥府,閑官且領太平宮。歸家淨洗如椽筆,準擬燕然勒駿功。

## 子功補之遠送海錯甚珍

白黿烏羊見未曾,青蛇赤蟻當常珍。忽驚海物來登坐,能致南烹有故人。萬里漂流憐逐食,百年粗糲愧嘗新。新篘恰趁來時熟,細酌梅花雪片春。

## 張仲欽朝陽亭

便合朝陽作鳳鳴,江亭聊此駐脩程。南瞻御路臨雙闕,東望仙家接五城。日上白門兵氣靜,春歸淮浦暗潮平。遙憐莫府文書省,時下滄浪自濯纓。

## 次韻

明年,余為桂州,仲欽以常參官十六人薦,為廣西提點刑獄公事。又明年,余罷去,仲欽直秘閣,實代余。蓋仲欽常遊朝陽巖而樂之。於余之行也,仲欽置酒巖上,諸侯賓客咸集。顧不可以無語,乃塵建康之詩以記余與仲欽事契如此,為嶺表異日雄觀云。

## 送張司戶還蜀

空巖相望一牛鳴,不要郵籤報水程。天接海光通外徼,地連江勢挾重城。絲綸疊至龍恩重,繡斧前驅蜑霧平。鳳閣鸞臺有虛位,請君從此振朝纓。

飢腸得酒作雷鳴,痛飲狂歌不自程。坐上波瀾生健筆,歸來鐘鼓動嚴城。不應此地淹鴻業,盍與吾君致太平。伏櫪壯心猶未已,須君為我請長纓。

## 和仲彌性煙霏佳句兼簡貳車

似向川人有夙緣,交游存歿最多賢。今年初識張公子,六月還尋上水船。萬里親庭心已到,一杯別酒意空傳。西行賸有新詩句,寄我應書十樣牋。

收斂經綸寄一麾,戲分風月與煙霏。醉餘綵筆三千首,老去蒼官四十圍。露菊薄秋催落帽,蠟花摧夜照更衣。登臨縱好難留滯,白髮雙親待汝歸。

引手星辰逼太微,盪胸雲物散空霏。莫山好處青成案,秋月明時雪打圍。竹洗佳人千點淚,荷翻仙子六銖衣。西巖定有漁翁宿,障雨攔風不肯歸。

## 庾樓和林黃中韻

九月扁舟下水風,一尊佳處與君同。眼高四海氛塵外,詩在千山紫翠中。傾坐只驚談麈白,踏筵不怕舞

## 高遠亭和林黃中韻

簷楹飛翔入太空,下窺廬嶽最高峯。亭如峴首應遺愛,詩比西湖欲亢宗。天上喚君從此近,酒邊著我幾時重。憑闌欲去仍回首,誰與佳名但點胸。

## 與同僚十五人謝晴東明得淵字

靈光便滿恒沙界,大士重來七十年。秋入郊原成樂歲,風隨簫鼓散香煙。定知蠻獠安三窟,更遣蛟龍闕九淵。太守憂民但逃責,所忻畢至有群賢。

## 釋奠

又領諸儒款泮宮,車書同處禮應同。柏庭老影留江月,竹屋寒聲作社風。坐客語殘香一穗,候人催起鼓三通。歸來稅冕仍分肉,更覺休官興未窮。

## 風雨石首呈同行寄荊州僚舊

昨日離筵酒未醒,今朝風雨暗江亭。近人積水春全綠,隔岸荒山夜卻青。野吏衣冠行木偶,客船燈火散疏星。寬程且作三旬約,要看廬山紫翠屏。

## 江行再用前韻

澤畔行吟我獨醒,歸程不計短長亭。西風送浪頭頭白,芳草隨人段段青。昨夜疏篷猶窘雨,今朝嚴鼓欲侵星。無人去喚華容宰,畫我江行作小屏。

## 次韻黃子餘

縮肩得句極酸寒,何似黃郎咳唾間。少日曾經諸老學,傳家自有祖師關。詞林根柢今誰在,振古風流要力還。我老故應無此此,因君猶欲更晞顏。

## 去臨川書西津漁家

作客臨川又一年,却尋歸路淺灘船。宦游到處真聊爾,別恨何須更黯然。夾道長紅慚父老,繞城濃碧記山川。無端此地成留滯,定自從渠有宿緣。

## 將至池陽呈魯使君

珍重池陽魯使君,忘年交契獨情親。江山佳處公開府,風雨來時我問津。翠逼筍輿松徑合,綠隨秧馬稻畦新。東歸臘作登臨好,病怯詩腸故惱人。

## 上元設醮畢作長句

綠簡朱書自叩真,復小集卷下作馥爐香霧晚絪縕。雪花便作茶花白,春色還隨月色新。江漲不憂堤萬丈,年豐何啻粟千囷。微生只擬休官去,拜昨歸來吉夢頻。

## 齊安郡夫人挽章 錢長主之孫女,楊子寬之內子

儲祥吳越王家子,媲德蓬萊閣上仙。湯沐幾年開大國,笄珈長夜撐窮泉。鸞臺曉月悲塵鏡,鳳軫春風泣斷弦。木落菱枯何限恨,藥砧應賦悼亡篇。

以上《于湖居士文集》卷七

# 張孝祥七

## 賀郊祀 并序

臣恭惟皇帝陛下飭躬齋精，祇見郊廟，神靈昭答，符瑞紛委。臣猥叨奉引，與觀熙事。竊慕《天保》歸美之義，昧死再拜，上郊祀慶成詩一章。句格淺鄙，不足以鋪張鉅麗，垂示無極。

漢統千齡接，虞衡七政齊。德馨天自饗，容袳古猶稽。興衛鈎陳北，衣冠觀闕西。自注：景靈宮在國之西。雨人迎駕于道左。自注：給事中周麟之實進圭，為臣言圭之溫，手不知寒，蓋和氣所聚。宮垣挾御堤。廟芝楹疊壁，自注：去歲靈芝又生廟楹。帝樂字連奎。自注：始用御製樂歌。士朝仙仗，自注：是日有異人迎駕于道左。慄，自注：不御小次。懷親極慘悽。崇壇六降隮。自注：粵初卜郊及今，六舉上儀，於是方備二相。犀。宗藩申寶酌，祕檢護金泥。和聲翔四表，嘉澤浸羣黎。奉引星辰爛，旋歸錦繡迷。盛事真寥廓，微生荷獎提。侍祠叨執爵，著籍繆通閨。異寵何由報，孤忠誓不睽。裁詩獨慚晚，猶得并鳧鷖。

## 送顏廷藻歸三衢

歲事今如此，公歸意若何。倚門親望切，傳舍客愁多。美識當圓石，仙游看爛柯。一科須俯拾，五字要

## 送郭遐齡喬年

去從公府辟,不為故人留。國士真如此,臺家合見收。聲名早多誤,功業晚方優。不必毛錐子,相期定遠侯。

## 次家君韻

柏禪工立雪,松壽不凋寒。筆底波瀾壯,胸中宇宙寬。登車慵攬轡,投檄願休官。四海英名滿,懸知袖手難。憶昔金門直,通班玉殿寒。風雲黃道近,日月太虛寬。法錦羅千仗,宮花覆百官。江湖歲將晚,未覺報君難。

## 題玄英先生廟方干

木老參天直,江清白日閑。先生元不死,遺廟亦空山。文采雲仍似,風流正始間。平生子嚴子,高處得追攀。

## 謹和老人貽具圓復之什

儒名參墨行,詩律傲宗風。老去能從我,生來未識公。據梧心已死,行李歲將窮。應見維摩詰,天花結習空。

## 和王景文

陸行忌豺虎,水去怯風波。世路險猶爾,客中愁更多。吾生真漫與,天道合如何。千古興亡意,臨風一放歌。斯文到之子,砥柱閱頹波。致主規模別,傷時疾痰多。大臣譏賈誼,逆旅欠常何。無路排閶闔,聊當扣角歌。

王師行六月,淮海靜無波。元老前籌密,諸軍捷奏多。西風向蕭瑟,北顧要誰何。聞說收兵後,謳吟雜雅歌。

### 即事簡蘇廷藻著

落日邊書急,秋風戰鼓多。私憂真過計,長算合如何。盡歛清淮戍,仍收瀚海波。棲遲一尊酒,幽恨滿關河。

### 和韓中父

天入南郊白,雲連朔野昏。弱臣開盛府,殤虜哭新魂。聞道通韶傳,何當拜寢園。荒寒歲將晚,愁絕更堪言。

東鄰子韓子,憂國忘晨昏。也作漳濱臥,誰招楚些魂。舊勳留幕府,新渥到丘園。家法傳來久,遲君一盡言。

### 東壩

固城朝送客,東壩晚留儂。浙近風煙好,春回港汊通。北來愁亂轍,南去喜疎篷。不是趨朝市,松江學釣翁。

### 過建德

古縣依山住,肩輿帶雨來。閭閻無地着,巖壑有天開。野驛編青竹,公庭砌碧苔。傳聞長官好,小泊亦佳哉。

## 龜齡侍御以番陽士子之意作五峰亭且賦詩某敬和

廬山真滿眼,秀句憶東坡。但遣佳名易,懸知得士多。雲霄身已近,星象手能摩。太守文章伯,風行水自波。

## 過嶽麓見子雲題字偶逢來使因寄二詩

籍甚韓公子,情親我弟兄。星沙逢驛使,嶽麓見題名。共作三年別,相望五日程。湘江接淮水,寄與濯塵纓。原校:一本作十日程。

故人應問我,客裏定何如。馬鋪為行館,雞栖是使車。四郊多賊壘,五筦欠兵儲。此去無來鴈,因人數寄書。

## 送劉子思

送客古城東,陰晴一日中。舊憐杉檉碧,新喜荔枝紅。香火叢祠冷,魚蝦小市空。明朝萬里別,今夕此尊同。

## 月夜與蔡濟忠曹公會汎舟自水東歸

一舸駕長風,銀河此路通。波光連月白,燭影到江紅。五嶺經星外,千山颭霧中。不知今夜賞,更有幾人同。

## 鹿鳴燕

## 莒洲即事

一雨便清涼,風回百草香。雲山米家畫,水竹輞川莊。僧賦蜀新帖,牆榛斬舊行。歸鞍乘晚霽,空翠滿輕裝。

明庭下溫詔,方岳貢羣賢。巢鳳山中客,栖原校:一本作駿鸞地上仙。魚龍回夜水,鵷鷺在秋天。添種家鄉桂,歸途快着鞭。

## 罷 歸

親老難為住,恩深許放歸。北行湘水闊,南望瘴煙微。兵衛收門戟,征塵上客衣。遙知六七月,喜氣滿庭闈。

## 罷歸呈同官

去年秋七月,我犯瘴煙來。賦少畬田熟,徭歸驛路開。上恩均雨露,孤迹返蒿萊。想像山中趣,參差屐齒苔。

嶺水常時急,蠻山是處高。戶輸無翠羽,溪瘴有黃茅。游子歸鄉國,斯人滯冗曹。臨分那忍別,風裏鬢蕭騷。

## 贈江清卿

嶺海適相逢,經年颶霧中。官閑詩格進,祿薄俸囊空。子昔南征鶴,吾今北去鴻。江湖渺何許,聽唳九霄風。

原校:一本作一舸釣絲風

## 過靈川寄張仲欽兼贈王令尹

塵沙行半日,煙火是靈川。縣只三家市,渠通十斛船。官空無見俸,稅重有荒田。太息王郎子,樓遲欲四年。

## 滑石

重來滑石鋪,為愛碧泉鳴。古甃苔花澀,虛簷桂月明。喬林通夜氣,密竹動秋聲。客裏清涼地,悠然一振纓。

## 興安

提封連嶺海,風土似江吳。仙去山藏乳,商歸斗算珠。劭農多樂歲,厲俗有通儒。已過炎關了,吾行且緩驅。

## 炎關

驅馬度炎關,身經瘴野還。稍餘衣帶水,已盡劍鋩山。海月隨人遠,湘雲似我閑。不須占紫氣,遊戲且人間。

## 蒸霞谷為曹公會賦

見說蒸霞谷,連山只種桃。補成天五色,散作佛千毫。月底羣仙下,風前細〔原校:一本作綵仗高〕。期君成美實,歸獻赤霜袍。

## 登瀛橋為曹公會賦

從此上瀛洲,虹蜺晚未收。濟川誰作楫,浮海不乘桴。弱水三萬里,五城十二樓。讀書羣玉府,風袂挹丹丘。

## 丙戌七月望日自南臺遊福嚴書留山中

乞我一枝筇,經行又別峯。水流仙界葉,風落化城鍾。錫去泉無恙,車行石有蹤。却憐磨衲老,曾見兩儒宗。

自注:自方廣、南臺主僧萬致一能詩,呂紫微、汪内相昔嘗指授。

### 和萬老

歸途正遼邈,此地更淹留。落木千山夜,空江萬里秋。聊為無事飲,莫賦畔牢愁。明發催船鼓,風帆過橘洲。

### 再 和

吾行聊復爾,處處賈胡留。天入星沙晚,風連夢澤秋。未容詩作祟,政要酒澆愁。明月無人伴,携君鸚鵡洲。

以上《于湖居士文集》卷八

# 全宋詩卷二四〇五

## 張孝祥

### 三塔寺阻雨

塔上一鈴語,湖頭三日風。蒼山在煙外,高浪與天通。市迴薪芻少,僧殘像教空。不妨留滯好,且看夕陽紅。

倦客三杯酒,高僧一味茶。涼風撼楊柳,晴日麗荷花。鐸語時鳴塔,漁歌晚釣槎。停艫快清憩,步穩覩明霞。

### 過湘中得詩僧萬致一於書無所不讀非苟得詩名於僧中者余欲與俱還吳中而萬家澬溪將結草庵其上送余至湘陰復歸作四十字以別

別去太匆匆,回船夢澤東。擬尋行腳路,忽遇打頭風。梵網威儀在,天花結習空。它年三百首,吾為子流通。

### 欽夫子明定叟夜話舟中欽夫說論語數解天地之心聖人之心盡在是矣明日賦詩以別

江北我歸去,湘西君卜居。誰知對床語,勝讀十年書。不飲清無寐,來朋樂有餘。明朝千里別,密處幾曾疏。

## 送張立之赴臨江判官

珍重清江掾,相從五見秋。炎涼無改節,夷險有忠謀。蓮幕開新府,蒲帆漾小舟。淒然洞庭野,別意與川流。

原校:一作波流

## 黃陵廟

百世黃陵廟,淒涼屋數間。只憐斑楚竹,那記赭湘山。訪古韓碑在,徵歌屈些閑。虞嬪更堯女,莫人原校:一作水仙班。

## 磊 石

鼓發營田市,帆收磊石山。冰紈六十里,煙髻兩三鬟。天氣水雲合,人家罾網間。晚來風更熟,別浦棹歌還。

## 黃 州

平生聞赤壁,今日到黃州。古戍參差月,空江浩蕩秋。艱難念時事,留滯豈身謀。索索悲風裏,滄浪亦白頭。

## 東 坡

繫船著明弘治《黃州府志》卷六作背西日,曳杖過原校:一作到東坡。暗井蛙成部,荒祠鳥作窠。老仙騎鶴去,釋子飯牛歌。興廢何須問,斯文自不磨。

## 過蘄口六奉寺丞仲文親帖之貺今早本約來陳店復勤千騎至冶塘所以招迎之意甚厚感歎不已賦此為謝

故人經歲別,連日幾封書。不識江頭路,仍迂長者車。追參空幕府,牽挽到賓除。太息交情薄,多公不我疎。

### 臨發再和

水落魚成塞,風高鴈欲書。公為東道主,我滯北轅車。邊障無傳警,朝廷有拜除。江干便迎候,此別未云疎。

### 送仲子弟用同之韻

凄然鴻鴈影,晚歲索衣裘。惜別湘江夜,歸程楚甸秋。極知違定省,不敢更淹留。明月分攜處,無言只是愁。

### 送謝夢得歸昭武

莫吟青玉案,恐弊黑貂裘。國步艱難日,人間浩蕩秋。不須鳥工往,且作賈胡留。後夜回春閣,凄然一段愁。

### 和欽夫喜雨

佛刹起香雲,高低一雨均。使君心未已,閣老句還新。喜入村鄉樂,凉生甕盎春。莫嫌知稼穡,我是種田人。

### 詩送荆州進士入都

人才收楚產,賓薦謹周官。就日三吳近,披風七澤寬。解包珍貢入,璞玉寶光寒。簇仗春旗裏,看君策治安。

## 城西晚步呈王亮采

城西行半日,佳客偶相隨。古寺尋修竹,荒園讀斷碑。三杯午時酒,一簇晚沙旗。春色從今好,重來未可知。

## 壓雲亭

登臨多好處,第一壓雲亭。水作高低白,山分遠近青。人家半煙樹,客柁滿春汀。賸欲留連晚,歸時更摘星。

## 玉淵亭

夜投寶覺寺,徑上玉淵亭。峽束千崖水,天分一段星。神光行熠燿,空翠蠱青冥。雄觀兼幽趣,悠然寄獨醒。

## 簡寂觀

瀑水流紅葉,荒祠瑣翠微。紫霄人不到,白鶴事全非。苦笋今年少,黃冠竟日飢。摩挲石龍柱,竚立為歔欷。

## 皇甫坦所居

石側疑無路,峯回別有天。神泉通玉海,帝畫麗奎躔。紫闥雖重到,青瑤却未鐫。直須香案吏,為寫白雲篇。

## 出郊

楚霧侵衣潤,湘江到眼明。春連嶽麓寺,花滿定王城。佳客真如此,天公却不晴。空濛殊可意,沙濕馬

## 酬朱元晦登定王臺之作

海內朱公子,端能為我來。譚諧渺今古,歡喜到興臺。日月何曾蔽,風雲會有開。登臨一杯酒,莫作楚囚哀。

## 吳伯承生孫交游共為之喜凡七人分韻我亦從來識英物試教啼看定何如某得啼定字

得孫當贊喜,喚客便分題。樓鼓方行夜,天星恰照奎。熊羆通夢寐,孔釋自提攜。湯餅那應晚,吾來為止啼。

吳郎薄軒冕,市隱室垂罄。兒孫忽成行,乘除乃天定。我女才三歲,此事當退聽。朡欲便款門,積雨道苦濘。

## 贈王茂升

薦士移書早,論交識面遲。寬行十里路,細讀百篇詩。句法能如此,胸中定自奇。不嫌知己少,莫厭此官卑。

## 秋日郊居

秋日郊扉樂,心閑景趣閑。風生疏竹裏,雨在片雲間。疏港聊通水,關門不礙山。殘書讀未盡,飛鳥暮雲還。

## 中秋書事

江月清光冷,波亭夜色奇。流螢翻露草,倦鵲遶風枝。素魄不長滿,故人頻語離。有懷千里恨,若為一杯辭。

## 請說歸休好

請說歸休好,扶行白髮親。訪醫無遠近,買藥辨新陳。索酒兼鄰甕,要賓盡里人。短長無不可,且得是閑身。

請說歸休好,從今自在閑。新除疊黃紙,舊隱接青山。竹遶披風榭,蘆藏釣月灣。田間四時景,何處不開顏。

## 喜歸作

月地參差影,風簷取次花。酒為春主掌,貧是老生涯。湖海扁舟去,江淮到處家。扶持兩仙伯,丹鼎絢彤霞。

以上《于湖居士文集》卷九

## 故年家姚公挽章

世德方隆報,君恩未及封。起家惟子好,弗壽竟誰鍾。無復時中聖,遙憐不相春。隻雞吾阻往,抆淚睇喬松。

# 全宋詩卷二四〇六

## 張孝祥九

### 殿廬偶成

簾幕垂垂燕子風,宮花春盡翠陰濃。
日長禁直文書靜,寶爇時時一拆封。

### 和劉國正覓雌黃

劉郎家具少於車,只有詩囊未厭渠。
蠻牋欹斜落傑句,清似秋月橫蛾眉。
乞與丹鉛將底用,點勘腹中行秘書。
口中雌黃蓋天下,聊欲教我煩新詩。

### 蠟梅

滿面宮粧淡淡黃,絳紗封蠟貯幽香。
遙憐未識春消息,乞與一枝教斷腸。

### 次韻左舉善木樨

想見秋花插滿頭,遙憐不負此山遊。
一枝併與詩筒餉,氣壓西湖萬斛秋。

### 以茶芽焦坑送周德友德友來索賜茶僕無之也

帝家好賜霱雲龍,祇到調元六七公。
賴有家山供小草,猶堪詩老薦春風。
仇池詩中識焦坑,風味官焙可抗行。
鑽餘權倖亦及我,十輩走前公試烹。

### 蘄春道中

## 次江州王知府叔堅韻

霜淨波平水落灣，我行正在畫圖間。
簾鉤不用怕風日，且看江南江北山。

說河不救癡兒渴，砥柱乃障頹波流。
霜餘江北山如畫，歲晚家鄉稻作京。
今朝放纜好天色，過午忽作打頭風。
廬山突兀上霄漢，使君豪氣與相酬。
連城鼠璞不足唾，千金敝帚誰能酬。
谷簾釀酒極清美，憶對清歌重慨然。
何人列屋閉嬋娟，我有一尊正傾寫，
經行有恨是陰雨，不見香爐生紫煙。
庾公樓中三昧手，何時歸侍殿西頭。
萬里公方黃鵠舉，扁舟我自白鷗盟。
却望江州縂十里，我船且繫蘆花中。
廬山雖好不足戀，歸矣當為蒼生謀。
只今機會不容髮，願借前箸君當謀。
一笑相憐窮相眼，護撩詩思入愁邊。
安得草堂容一榻，聽松聽水日高眠。

## 道間見梅

寒女生來不解糚，天然玉色照孤芳。
疎籬茅舍無端恨，故有幽人與斷腸。

## 題定山寺

寒驢夜入定山寺，古屋貯月松風清。
止聞挂塔一鈴語，不見撞鐘千指迎。
幽人隱几撫羣動，清燈明滅爐煙高。
千山蒼茫月東出，萬木擺搖風怒號。

## 昭亭食柑

一雙分我洞庭秋，梨棗傍觀不那羞。
喚得風霜回齒頰，夜尋清夢五湖舟。

## 和如庵

厭聽諸方三昧禪,却思夜雨對床眠。
欲知千偈如翻水,看取朝來綠漲川。
不談世法不談禪,徹曉齁齁一覺眠。
箇裏神通元不小,回風急雨震山川。
朝供爐香夜供燈,閑來落得困騰騰。
如庵許我參堂去,長作昭亭粥飯僧。
一燈分作百千燈,光徧河沙正鬱騰。
稽首應庵休揀擇,直須傳與在家僧。
道人受偈自然燈,筆底光芒夜夜騰。
詩成十手不供寫,鏖齒敢對彌天僧。
飛蛾撲撲誤占燈,火色何人要上騰。
我已澹然忘世味,蒲團紙帳只依僧。

## 楓橋

四年忽忽兩經過,古岸依然窣堵波。
借我繩牀消午暑,亂蟬鳴處竹陰多。

## 題西湖可賦軒

風光獵獵上烏巾,不那西湖爛熳春。
借我繩牀對脩竹,為君一洗軟紅塵。

## 題胡敦約山行圖

松行石磴兩崎嶇,此去長安路更迂。
底箇官儂強健在,葛巾芒屩自騎驢。

## 從張唐卿乞韭黃

雪壓畦蔬僅手皴,度郎多日欠常珍。
懸知旅食初無恙,窖裏黃芽借得春。

## 送紙衾韓中父

韓郎香盡諸緣絕,壞衲簷燈供佛熏。
乞與紙衾綿樣暖,撩教醉裏夢紛紜。

了知夢境皆虛妄,妄念常從夢處開。敗子道心因此夢,夢成還我紙衾來。

## 再用韻

雪中紙衾有奇趣,燼香夜作椒蘭薰。毗耶丈室本無病,天女為散花紛紜。雪花如席風色惡,擁被圍爐門不開。我亦窮閻車馬絕,一杯相屬望君來。

## 將至宣城和壁間韻寄王宣子

一笑歸來見在身,倒傾江水洗緇塵。騎驢緩緩東風裏,知有工夫展故人。

## 寄當塗王守叔堅

隔江燈火夜深明,見說江城犬不驚。黠虜頭顱當獻社,使君胸次有長城。

## 隱靜覓杉株

舊聞隱靜庭前柏,虎嘯龍吟三十秋。我亦經營一丘壑,無根樹子卻須求。

## 題夏氏莊

平湖漠漠雨霏霏,壓水人家燕子飛。欲向湖東問春色,杏花無數點征衣。

## 舟中即事

夜行水澀舟難進,月白林稀鳥易驚。老去不堪霜露力,尊中微覺似多情。

## 小憩孫氏竹軒觀諸公詩

開軒種種竹仍留客,想見此翁強健時。借我繩床小盤薄,為君試讀壁間詩。
種竹主人今白髮,題詩客子半青雲。北來南去何時了,風月依然只此君。

## 王龜齡遺妓送酒賜詩走筆爲謝

不復襄王夢裏雲,紛紛綺袂與青裙。鳴鞭拄送齋中釀,病徹杯觴欠薄醺。

## 與薦福

湖上童童百畝陰,丹樓碧閣照清深。不嫌歌板相喧聒,要見桃花印此心。

## 豐城觀音院有胡明仲范伯達汪彥章諸公題字 原校:一本作依然野寺中。

中興人物數諸公,遺墨淒涼。欲訪英靈無處所,獨搔蓬鬢立西風。

## 入桂林歇滑石驛題碧玉泉

百折崎嶇嶺路頭,一環清駃石間流。須君淨洗南來眼,此去山川勝北州。

## 明年重過次韻六言

世事風經兩四庫本作雨過,此身遇坎乘流。折腰不為五斗,轍環或徧九州。

## 和都運判院韻輒記即事

登臨不但為山水,玉節政爾觀民風。因君引我看勝處,詩在千山煙雨中。

平生烟霞成痼疾,置在朝市殊不宜。夢尋歸路向何許,淮南小山生桂枝。

先生名字帝所識,三節在道已相望。早晚鳴珂朝玉闕,朱衣正在殿中央。

便建油幢上木天,棠陰元不用蒲鞭。南州小試調元手,國步多難政要賢。

綠簑青笠舟一葉,黃麻紫誥言如綸。君扶日月行黃道,我向江湖作散人。

盆池雖小亦清深,要看澄泓印此心。不嫌蛙黽相喧聒,夜靜恐有蛟龍吟。

## 敬謝經略秘閣餘甘湯

君詩我續貂不足,曹鄶大楚非匹儔。要知二人唱必和,異日盛事傳中州。
甘言誤我三折臂,良藥為洗五斗腸。欲知苦過味方永,請試君家肘後方。
此老才堪上諫坡,南州留滯意如何。還將苦口劘英主,醫國懸知藥籠多。

## 德慶范監州以子石硯寵假雖小而奇戲作

曾侍虛皇玉案前,夜書繭紙筆如椽。莫嫌此石規模小,一寸玄雲萬斛泉。
端溪別駕極風流,白璧明珠不暗投。笑我支床已多許,須君隱几更冥搜。

## 以水仙花供都運判院

十月西湖冰齒涼,梅間松下小齊房。幽芳靚色天為笑,落莫南來也自香。
瘴土風烟那有此,却疑姑射是前身。冰肌玉骨誰消得,付與霜臺衣繡人。

## 再和

雪屋因君發妙思,作歌可比漢芝房。根塵已證清淨慧,鼻觀仍薰知見香。
玉壺寒露映真色,霧閣雲窗立半身。可但凌波學仙子,絕憐空谷有佳人。

## 和仲欽題粉巖

一麾縻我欠追從,悵望千山紫翠重。忽向郵筒得新句,知君正在碧蓮峯。

## 仲欽寄君民為重齋詩和答

齋中寒日影瓏葱,齋外參天十八公。二十四州民樂否,莫教一物怨途窮。

玉節南來兩使星,埋輪折檻有家聲。不嫌齋榜民為重,去國當時一葉輕。
德意丁寧到綠林,都捐刀劍作齊原作齋,據四庫本改民。皇華入奏天顏喜,趁得朝元第四春。
行邊使者幾時回,寄我清風欲滿懷。已把十詩鐫樂石,為公滿意落新齋。
蠻烟瘴雨侵行李,每向南雲有所思。定自為民忘涉險,請君細讀寄來詩。

### 贈珪老求竹
小集卷中作從

東窗便種千竿竹,準擬清風六月涼。傳語報恩珪長老,相煩去作竹街坊。

以上《于湖居士文集》卷一〇

## 張孝祥一〇

### 偶得四月菊以奉提刑運使

午陰籬落小裴回,底許清香鼻觀來。定自霜臺風力峻,故教霜菊暑中開。
金縷裁衣玉綴裳,掃除瘴暑作秋香。一杯擬做重陽賞,更借西風一夜涼。

### 偶得新茶獻提刑丈原誤作文既壽北堂太夫人亦可助齊眉之餉也

龍焙新春出尚方,細官佳句總堪嘗。遙知舉案齊眉處,再拜萱堂壽未央。

### 鄭義寧送蒓菜

我夢扁舟震澤風,蒓羹到筯晚盤空。那知嶺海炎蒸地,也有青絲滿碧籠。

### 贈甘法曹

北嶽仙人汗漫遊,斯文曾到海邊州。誰憐詩禮甘公子,牢落青衫向白頭。

### 贈劉全州子龜從兄弟

山到湘中青未了,月橫嶺北夜何其。問字劉郎能載酒,為渠更賦一篇詩。

### 和蔡濟忠溪上

一潭秋水不見底,十里暮山無斷頭。長恨公餘過溪晚,放教明月上扁舟。

## 廣右無筆劉子思携一束來擇其尤者作字但如此它日中州有筆當愛惜也

劉侯贈我筆一束,筆鋒如錐管如玉。
不嫌夜艾剪銀燭,為君一掃千兔禿。

## 登七星山呈仲欽

魁杓歷歷控雲嵐,地闊天虛萬象涵。
不與天公管喉舌,猶堪嶽立鎮湘南。
便驅匹馬出煙嵐,聖主恩深若海涵。
却到璣衡高處望,白雲無數滿江南。 按:末兩句小集卷中作却道幾重杯罩地,載來恩醖過江南。

## 壽老迓使者以齋素不置饌

火雲飛電遠連天,太息齋厨几不霑。
定自隨車有甘雨,為言星使早加鞭。

## 臨桂令以薦當趨朝置酒召客戲作二十八字遣六從事佐之壽其太夫人

藩府東行迓繡衣,海雲山月照旌麾。
錦囊賸有新詩句,寄與幽人莫遣遲。

雙鳧舊作朝天計,一鶚新收薦士書。
不惜持杯相煖熱,白頭慈母最憐渠。

## 風洞

山入烏蠻連越嶲,天開斗野對珠宫。
應憐嶺海長炎熱,乞與清涼萬竅風。

## 羅江驛

湘南湘北三十里,六月七月再經過。
紫荆花開白酒賤,奈此湘中風月原校:一本作山水何。何。

## 秦城

塹山堙谷北防胡,南築堅城更遠圖。
桂海冰天塵不動,那知壠上兩耕夫。

## 龜潭

浯溪見渠文字古,龜潭有此竹石幽。王孫賣藥城市去,江雨過時余獨遊。

## 早發衡山

飛廉盛怒土囊口,美滿風帆真快哉。後日南山山下過,更留餘力掃塵埃。

## 西湖

岸草汀花對夕陽,滿船新月夜鳴榔。秋清菡萏紅千柄,風靜瑠璃碧一方。

## 舟中

扁舟東去幾時還,身寄雲濤溴溮間。山圍平遠水浮天,目送歸鴻落照邊。亂山深崦小蹊斜,野水微茫浸斷霞。南來北去祇紛紛,又過荆山一月春。泊船江口夜深深,月傍蓬窗照淺斟。

## 喜雨

已晴復雨雨還晴,慣閱人間夢不驚。小立欄干搔短髮,亂雲飛度夕陽城。一夜櫓聲鳴到曉,覺來滿眼是它山。好趁新年釀雲液,歸來猶及牡丹前。一笛晚風生碧樹,始知林裏有人家。笑殺風前桃李樹,飄蓬猶作未歸人。隔岸漁燈半明滅,不眠空有故人心。

## 謝黃主管有懷

一杯為我貰天刑,便覺人間有獨醒。憶昨金華侍經席,曾分甘露飲春庭。

## 廣右道中

參天古木綠陰合,峻極層巒瀑布長。
觸鼻野花香泛泛,勸歸啼鳥意諄諄。
嶺南三月已煩暑,猶向江頭細問津。

## 贈鹿苑信公詩禪

詩卷隨身四十年,忙時參得竹箄禪。
句中有眼悟方知,悟處還同病著錐。
而今投老湘西寺,臥看湘江水拍天。

## 聞德遠與曾裘甫黎師侯會飲范周士所

海棠開後碧桃開,寒食人家燕子來。
張飲名園樂有餘,奉常何苦但齋居。
膩曾句法早知名,新築詩壇五字城。
一病閉門三十日,更無屐齒到蒼苔。
一杯我亦垂涎甚,病起無聊只羨渠。
不要絺袍憐范叔,應將石鼎調彌明。

## 水仙

淨色只應撩處士,國香今不落民家。
江城望斷春消息,故遣詩人詠此花。

## 賦衡山張氏米帖

人物千年海嶽翁,筆精墨妙與天通。
傳聞有帖藏張姓,怪底湘江月貫虹。

## 借魏元理畫

復古殿中留醉墨,只今神品世間無。
衡山尚畫傳家寶,花鴨來禽肯借不。

## 欽夫折贈海桐賦詩定叟晦夫皆和某敬報況

童童翠蓋擁天香,窮巷無人亦自芳。能致詩豪四公子,不教辜負好風光。

## 贈周義山子季隱

迺翁幾年在黃閣,郎君四十猶白丁。一家榮瘁不足道,誰持此意聞天庭。

## 樞密端明先生寵分新茶將以麗句穆然清風久矣不作感歎之餘輒敢屬和

伐山萬鼓震春雷,春鄉家山挽得回。定自君王思苦口,便同金鼎薦鹽梅。先生筆勢挾風雷,春色先從筆底回。却笑粗官成漫與,望林止渴竟無梅。詩腸隱隱轉飢雷，原校：一本作殷殷作驚雷春困無人與喚回。強續新詩終不似,空傳衣鉢向黃梅。自注：茶為郵卒所竊,但詩筒至耳。

## 送慈曼如金山迎印老住大潙

傳語金山山下龍,乞將上水一帆風。道人自有飛空錫,只載中泠十丈洪。

## 小山書院 為劉之翰作

萬里清江占一灣,叢生桂樹點幽閑。誰人得似劉郎子,賦到淮南大小山。

## 舟中熱甚從鄂守李壽翁乞冰雪櫻桃

熟顆櫻桃原校：一本作種沙和露摘,新冰削玉辟風開。南樓縱作一水隔,不遣小舟衝浪來。

## 夜半走筆酬壽翁

短篷掀舞不得寐,忽枉新詩手自開。主人留客不作意,更送一江風雨來。二年塵土堆中坐,一到南樓眼暫開。風靜江平留不得,待教黃鵠送詩來。

## 琵琶亭

江州司馬舊知音,流落江湖感更深。萬里故人明月夜,琵琶不作亦沾襟。
潯陽江上琵琶月,彭澤門前楊柳風。兩賢抵許不相似,哀樂雖殊吾意同。

## 過三塔寺

湖光瀲灩接天浮,風捲銀濤未肯休。夜岸繫舟來古塔,不妨蹤跡更遲留。
層巒疊嶂幾重重,萬頃煙波浩渺中。釣艇未歸饒夕照,耳邊蘆葦戰寒風。

以上《于湖居士文集》卷一一

全宋詩卷二四〇八

張孝祥一一

## 玉淵

靈源直上與天通,借路來從五老峯。試向欄干敲挂杖,為君喚起玉淵龍。

## 萬杉寺

莊田總是昭陵賜,更着官船載御書。今日殘僧無飯喫,却催積欠意何如。
老幹參天一萬株,廬山佳處着浮圖。只因買斷山中景,破費神龍百斛珠。

## 楞伽寺

朱砂峯下楞伽寺,白髮僧生乙丑年。乞我一杯清淨水,為扶脚力上層巔。
天圍欲盡三千界,地險真成百二關。不向中峯最高處,諸君元未識廬山。
山北山南劫火餘,如何留得此僧居。原校:一本作廬可憐鐘閣三枝竹,無復山房萬卷書。

## 鸞溪

蒼龍翔舞餘千仞,瀑水奔流欲百盤。定自山靈憐寂寞,故教臨鏡有窺鸞。

## 漪瀾堂

水漫春洲到處通,牆竿無數插空濛。主人只愛堂前木,不放廬山入眼中。

## 和家君韻寄舅氏

夷齊之清格鄙頑,蹠蹻盜跖何曾閑。
空齋風定香縷直,但有書冊猶相關。

## 送猿翟伯壽

萬里歸來無苜蓿,扁舟共載兩猿君。
今日送君向何處,黃鶴山中多白雲。

## 奉題富文橫舟

山林城市不相得,此處俱勝天下降。
欲展江天一千里,橫舟西南更開窗。

## 子餘許修草堂遣句勸請

蓮社高人久寂寥,草堂風物故蕭蕭。
追還舊觀須公等,喚我它年寄一瓢。

## 次韻南軒喜雨

午窗溜雨忽潺潺,想見欣然阡陌間。
北風吹雲如裂絲,赤龍卷水尾倒垂。
天公有意不作難,一雨千里須臾間。
使君保障仍繭絲,可憐民屋如罄垂。

## 送 茶

頭綱八餅密雲龍,曾侍虛皇拆御封。
今日湘中見新夸,喚回清夢九煙重。

## 從吳伯承乞茶

三月新茶猶未識,作詩去問野堂君。
春風有腳家家到,定為粗官不見分。

## 送僧遊天台

寶刹憑虛五百仙,猶將心事向塵邊。煩君試問橋東寺,若箇而今又應緣。

## 石惠叔以石斛爲貺因筆賦詩

截得蒼山一段秋,千峯萬壑翠光浮。虛堂百尺瑠璃簟,對此真堪作臥游。

## 題趙知府墓

翁仲無聲石馬閑,墓門蕭瑟鎖青煙。故人仰臥青松下,落日孤村聞杜鵑。

## 朝謁南嶽

泰常嵩岱拱神州,玉帛閑來四十秋。却到朱明回北首,憂時淚作九江流。

## 題方務德靜江所作雪觀

昔日主人今法從,空留偉觀古城隅。邦人指點思遺愛,我亦先生屋上烏。

## 和伯承送茶韻

佳句新茶亦太奇,嘗新即日未全遲。掃除鵰鶉行邊事,細輾春風細讀詩。

## 和伯承惠笋

錦繃離離鄉觸藩,怒雷挾雨更追奔。絕甘賴有吳公子,菌蠢猫頭不足論。

## 有懷長沙知識呈欽夫兄弟

楚產惟渠可定交,時時隔壁望煙梢。已煩稺子來相過,更有新詩送島郊。

順寧去覆郎官錦,府谷仍監太府錢。唯有吾宗老兄弟,閉門依舊絕韋編。

春風花柳又芳妍,更接嶲郎水竹園。小閣橫橋俱勝絕,只應欠我共開尊。

召公分陝是東鄰,天遠堂中好主人。更喜新來黃太史,剩拚佳句了新春。

嶲郎高臥元無恙,何日湘濱具一舟。肯約春風同過我,為公釃酒炙肥牛。

洛陽家世邢郎子,閒止逍遙自在身。病肺秋來定甦否,可能乘興到沙津。

## 題塔子寺

酴醿壓架玉交加,深院無人有落花。却憶江南田舍樂,旋敲生火煮新茶。

## 題斷堤寺

柔桑細麥綠油油,雲水烘春爛不收。馬上困來尋歇處,斷堤寺裏半時留。

堤邊楊柳密藏鴉,堤上游人兩髻丫。可惜行春來較晚,誰家留得碧桃花。

古寺留春最得多,紫微花畔海棠窠。無人歲晚同幽獨,古柏陰森著薜蘿。

## 德化漪嵐堂感二林碑六言

兩林文章翰墨,只今塵上牆陰。炎涼莫作世態,是非當印吾心。自注:置二林碑於屋後,恐非作碑者之意,請移置堂上。

## 欽夫遣送箭筍日鑄甚珍用所寄伯承韻作六言便請過臨

君家稚箭寶茗,賜出太官水衡。已約嶲吳過我,更須君來細評。

## 欽夫和六言再用韻

君詩與物俱妙,鄙夫那敢抗衡。芭蕉辟君三舍,筍脯亦須改評。自注:欽夫筍脯甚妙,顧非稚箭比也。

## 游湖山贈圓禪六言

素香無脂粉氣,好語諧韶濩音。有人問西來意,門前秋水沉沉。

## 送萬老六言

桑下不須再宿,囊中莫留一錢。打鼓退高臺寺,洗脚上五湖船。

## 次東坡先生韻

微涼入船窗,秋水滿湘浦。
過盡前頭灘,只得夜來雨。
人魚不相及,挂頰以香餌。
因循十年錯,歸計覺今是。
悠然望江南,日出煙靄微。
倚門雙白髮,屈指待兒歸。
漁師來賣魚,船小風蕩漾。
得錢瞥波去,不怕江流漲。
朝發方良磯,莫宿白水灣。
寬作一月程,須見江南山。
我程可默數,中秋過江池。
趁得江南米,新春玉滿箕。
棧羊割肥紅,社甕撥濃綠。
再拜為親壽,起舞自作曲。
閉門靜觀心,踵息闖天和。
從渠江頭人,尺水一丈波。

## 題福嚴寺行者堂

揮毫高山巔,餘墨走龍蛇。請收今夜雨,為汝洗袈裟。

## 題梅塢圖 并序

尹孺文往時住廬山,名所居曰梅塢。蓋一丘一壑,自在孺文胸中,觸於外者感乎內,信乎其有樂於此也。孺文遇異人,得丹竈術,蠲痾起死,探囊一笑。客建康市,久之,解后故人,恐其遂忘歸也,為此圖,殆騷人賦招隱之意。然聖賢之學,不但為己,孺文窮困,悼無以施諸人,一寓之藥,真得道者所為。儻又欲按圖尋故巢,翩然而往,其可乎哉。

我曾到梅塢,正自畫不如。是處有風月,君無懷故居。

### 贈趙簽

趙侯富貴種,自有嚴鬯姿。同姓古所敦,早晚踏天墀。

### 歸宗寺

兩峰雙澗水,萬古一篇詩。玉局竟仙去,空山無此碑。

### 煙雨觀

七澤闌干外,茲游亦壯哉。主人何處去,猶未賦歸來。

### 題朱元晦所書凱歌卷後

我詞不足錄,聊以醒渠醉。更參三十年,當與風子對。

### 贈萬上座

過了鐵圍山,復生金蓮臺。與問萬上座,一笑愁容開。

### 野牧圖

吳牛三十角,久與牧相忘。忽憶淮南路,春風滿柘岡。

秋晚稻生孫,催科不到門。人閒牛亦樂,隨意過前村。

### 題 畫

權郎筆墨禪,往者屢參請。斯人骨已朽,妙處一笑領。

以上《于湖居士文集》卷一二

## 寧淵觀

極目洪波渺渺,轟轟浪接天。江心分殿宇,敕賜號寧淵。日照山如畫,雲濃小似烟。休尋蓬島地,只此水中仙。

## 寒光亭

亭依三塔占清幽,松竹環除翠欲流。晚色晴開千嶂月,波光冷浸一天秋。瓊瑤影裏詩僧屋,雲錦香中釣客舟。風送不知何處笛,雁聲驚起荻花洲。

以上《兩宋名賢小集》卷一二四五《于湖集》卷中

## 讀書堂在烏江即唐張文昌讀書處自五代至宋皆世守之渡江後爲史氏所有

漫有五車書不讀,豈似一編勤過目。癡兒騃肆蠹魚書,巨富牙籤塵滿屋。市南水竹一畝空,平生腹笥史長公。閉戶却掃得真樂,冥搜萬古窺鴻濛。淹留歲時亦何有,策勳茲事要持久。吾家文昌讀書處,好在溪山落君手。上方治定登文儒,東觀石渠森寶書,望公起直承明廬。從來海內知名士,須讀人間未讀書。

## 詠梅次韻二首

樓上簫聲欲斷魂,仙官分與一枝春。旋摧粧額添新樣,細撚香鬚數玉塵。月下精神宜淡貯,雪邊肌體更清勻。老來花事無消息,只有君詩當寫真。

天與孤標不受塵,生憎桃李鬭芳新。詩成名下無虛士,花在身邊當麗人。只恐素英欺白髮,試煩纖手插烏巾。風流今代神仙尉,管得河陽縣裏春。

## 山居

松韻笙竽徑,雲容水墨天。人行秋色裏,鶯語落花邊。修竹三間屋,清泉二頃田。了無官府事,雞犬慕神仙。

以上同上書卷二四六《于湖集》卷下引《四川總志》

## 上辟廱

金銅隱花古龍澀,朱干大羽紛紜立。寶鍾玉磬垂丁東,和鸞雍雍八音翕。鯨吞虎噬二十年,至尊戎衣不解鞍。里中小兒事刀劍,管鑰擲去塵漫漫。真儒倏興明典禮,周庠連雲斬荊杞。銀袍如雲拱翠華,師儒便坐講經旨。

《永樂大典》卷六六二

## 船 齋

齋居安穩似乘船,魚躍池光鷺宿煙。還有一生江海客,釣竿閑放日高眠。

同上書卷一二五四〇

## 寄方帥

吳楚山河盡付公,君王長策在平戎。人才王謝風流似,地望東西節制雄。赤手尚能探虎穴,白頭空是釣魚翁。將軍知我非徐庶,不向江邊起臥龍。

賤子如今休說窮,玉麟銅虎信頻通。君今持橐甘泉裏,我不投書苦海中。且願耕桑依地主,長教溫飽荷天公。回思三十三年事,一笑相逢兩禿翁。

同上書卷一五一三九

## 大麥行

大麥半枯自浮沉,小麥刺水鋪綠針。山邊老農望麥熟,出門見水放聲哭。去年泠泠九月雨,秋苗不收一粒穀。只今米價貴如玉,併日舉家纔食粥。小兒索飯門前啼,大兒雖瘦把鋤犁。晴時種麥耕荒隴,正好下秧無稻畦。

同上書卷一二二一八一

(劉瑛整理)

# 全宋詩卷二四〇九

## 衛 博

衛博,歷城(今山東濟南)《宋詩紀事補遺》卷六〇)人。高宗紹興三十二年(一一六二)爲左承奉郎(《宋會要輯稿》兵一九之六)。孝宗乾道三年(一一六七),主管禮兵部架閣文字(同上書職官六〇之三四)。四年,爲樞密院編修官,旋致仕。有《定庵類稿》十二卷《《宋史·藝文志》),已佚。清四庫館臣據《永樂大典》輯爲四卷。

衛博詩,以影印文淵閣《四庫全書·定庵類稿》爲底本,編爲一卷。

### 送長壽黃主簿

黃郎千人英,凜凜霜松姿。鄭侯三萬卷,載復無遺辭。十年居太學,辛勤厭朝虀。詞場事雄俊,傲睨深叢羆。再拜天子前,袍笏光陸離。謁來皖水濱,樂哉同襟期。顧我蓬之心,友婭慚非宜。朝來攬征衫,悵望當分攜。君家閩海陬,去作楚邸歸。大哉天宇間,會合固有時。丈夫志八表,曲士守一涯。錦衣行未暮,鸞桂先高枝。清潤照冰玉,唱和共壎箎。行行得所詣,何必事町畦。寒江清無波,愛景搖窗扉。袞袞江上山,萬象供品題。還登古石城,往和白雪詩。儻因西飛鴻,寄我長相思。

### 偶成雜意四首

清風被草木,歲歲蕃中園。佳蔭欲翳空,擢秀何爭妍。黃楊獨咫尺,更說厄閏年。惜哉堅正姿,何獨慳於天。

長松栽萬年,必在千仞巔。卑哉蓬蒿間,斥鷃無高騫。如何一杯水,活此橫海鱣。誰能激滄溟,為子搏青天。

方朔出世士,揮斥隘八極。乃與優侏儒,饑飽同一食。調笑劉天子,給之聊一劇。此意竟不傳,無人子思側。

朝草百幅牋,暮草千函書。貴人肯首耳,一言驚雲衢。但見人因子,不見子亦如。梁間嘯者誰,知是鬼揶揄。

## 送楊舒州

我昔懷軍書,西行盡淮泗。是時敵方張,長江飲渴騎。憨將何一律,兩地一朝棄。川原厭膏血,關山接烽燧。歸然舒子國,屹立干戈地。中有袴襦民,未可文法治。瘡痍待良藥,天子念循吏。雅是詩書帥,淮揚君肯薄,吾丘世寡二。正須烹鮮手,往述羨魚意。前驅觸炎熱,弭節及涼吹。誰厭承明直,朝衙百吏散,閉閣有餘致。臨州古云樂,此理敢輕議。近聞今單于,已遭朝正使。公師杜征南,郡得漢龔遂。里閭息愁歎,抎牧殆餘事。政成多暇日,寄我千金字。淮魚秋正美,灊山日空翠。匹馬不作難,為公十醉。頗見有此客,要使州人記。

## 不寐

夜深耿不寐,鼻息聞比鄰。家童亦倡酬,轟雷隱牀裀。病夫默欹枕,愈覺展轉頻。天籟寂不聞,獨此聲輪囷。懸知鼾睡夫,定非識字人。不然事紛糾,豈得全其真。世上學書兒,頗結煩惱因。多識一丁字,便欲了八垠。誰甘凍龜縮,競作寒螿呻。今日為何時,酣寢圖安身。往往中夜興,起舞徒逡巡。大哉出世士,天地衾枕均。首壓西山巔,氣蓋北海濱。死生一夢覺,寒暑同屈伸。時於兩踵間,出息疑氤氳。蝴蝶亦翩翩,客主誰疎親。譬如善飲人,號呶觀眾賓。又如富家翁,經營笑彌貧。優游木雁際,卒歲誰斧斤。問我無眼禪,答君妙入神。我亦起洗醆,軟腳長安春。垂我大鵬翼,脂我神馬輪。未經華胥國,聊追葛天民。夢回復惘然,喚起啼叢榛。

## 二猫詩

地偏人跡希,齋厨冷如刷。老僧挑野菜,豈識腥與血。饑鼠知自遷,畜猫竟徒設。我來客南齋,盤飱稍羅列。烹炰愧寡鮮,棄置謝瑣屑。二猫亦慕羶,蹩躃事爭齧。二猫復及閧。懲羹肯吹虀,廢食未因噎。小兒恚猫癡,提耳當割切。謝兒勿嗔,我曹更癡絕。要之為口,已矣莫中熱。

## 題安流亭

福州諸卒赴建康大閱,還,出劍津,遂登舟東下。較之度嶺,有兩日之間,其勞佚甚不相侔。時僕亦抵江頭,馬病人疲,雅有登舟之意。舟人告不容,獨趨陸道。明日流屍滿灘,乃知其已覆溺。憫歎久之,作詩記其事。

劍潭百尺深,中有神物蟠。東流并山脚,鑿鑿穿巉屼。擬一葦航,聲戰兩耳寒。異哉黃頭郎,放棹隨飛湍。勢若從天來,千仞轉一圜。百里不及晌,孰與嶺道難。長篙信敏手,岸石如劍攢。江頭悍瘖痛,僕夫第誰不謀所安。嗟嗟彼征夫,遭時棄師干。不裹馬革中,來葬魚腹間。壯士等死耳,此命良辛酸。知免,笑言雜悲歡。寧知利害塗,倚伏如毫端。豈無跛男子,不救為可歎。晏安有鴆毒,懷哉宜鑒觀。

## 醉歌行

軟沙挾徑草微微,畫堂甲帳光流離。堂外花驄瑪瑙轡,黃金埒下班如剪,蒼槐不動蟠蛟螭。出門膽落金吾將,歸去泣走銅山兒。河龍供鯉桂為醑,御廚珍送絲絡垂。乾坤整頓萬事了,蹴踏四海乘丹梯。丈夫生時重意氣,胡為到處潛傷悲。鄉里小兒狐白腋,五陵豪客顛倒衣。酒酣耳熱歌浩蕩,揮斥八極隘九圍。投戈却日日不住,焚膏尚卜升朝曦。君看博浪沙中客,圯下偷生天地窄。相期要看後五日,路逢莫問前一著。

## 贈王君用求畫小屏

先生本是談天口,雲夢胸中吞八九。一丘一壑未忘情,得之於心應之手。分裂玄圃翻瀟湘,鬼神夜泣蛟龍藏。興來八極眇揮灑,陵奪萬象歸微茫。十日一水五日石,千年王宰今相識。已知相識意相親,異時直恐空相憶。跨鯨挾矢滄海遊,袖無纍贅無乃羞。促迫能事吾豈敢,激昂浩興君應酬。崩崖壓牀浪翻屋,咫尺端將萬里蹙。我生有意水石間,枕漱須君一屏足。

## 送齊六歸石城

春衫快馬君來時,寒江穩泛君今歸。人生聚散定何許,悵望十年三別離。憶昔見君石城下,雜佩瑤瑜間蘭麝。三年一鳴驚倒人,欲和薰風奏韶夏。翰林主人子墨卿,文章意氣飄朝雲。君歸但掃三千牘,後會却揮賢書登。離離漠漠霜蕪沒,江上陰風攪寒日。不用長吟河畔草,與君且盡杯中物。

## 次韻張司法題鄭少尹庭下緋桃

梅飄柳墜半春中,庭下緋英細作叢。刺眼定添新葉綠,傷心應似故園紅。玄都怨感成塵事,石髓追游滿

## 張君請同次前韻速鄭少尹賞桃

邂逅溪源一夢中，空餘羅袖疊春叢。生憐烟杏勻肌薄，不分江梅映肉紅。要識臨塘比西子，便須索酒對東風。隨君拄杖敲門去，莫惜觥船一棹空。

## 十二月十七日病中立春

綵勝宮花鬧九門，挽回和氣入乾坤。未教柳樹誇青眼，先與梅花作返魂。不見新蔬行節物，漫將一歲答春溫。病軀可是能頑巧，偏發天公造化恩。

## 次韻贈汪解元

邇來待詔溢金門，詭賦誇詩陋古文。獨念典謨誣舊注，直將堯舜望吾君。公車兩吏催朝奏，乙牘中宸達夜分。且忍覊孤度殘臘，行看漢殿賞凌雲。

## 再次前韻送行

匆匆行役駐無因，縞紵相看足禮文。江闊孤舟誰伴我，夜闌尊酒獨思君。離筵不用歌三疊，元夕重來月十分。更欲四方隨孟子，此生安得化為雲。

## 次韻汪解元留別

留別詩成語更酸，誰憐索米困長安。聖朝有意臺萊詠，高士無嫌桂柏寒。聞道新書行入奏，少陪征棹慰餘歡。一封臨召君須出，山色溪光不可餐。

## 次韻贈汪解元行

平湖畫鷁春無際,古寺名花色斬新。走馬未同追勝處,出門翻作送行頻。詩成轉覺傷離緒,別去應煩說舊因。野店無人山月白,明朝尊酒更愁人。

## 次韻酬大光見贈

十年蹤跡并萍浮,今日行藏謾倚樓。明月相思淮水外,東風吹夢越江頭。深深庭院鶯春晚,淡淡鶯花稱客愁。記取追隨休暇日,殷勤陶謝許同遊。

## 次韻謝王使君見贈二首

西江派別幾經年,聖處騷人總未傳。遺我驪珠三歎罷,乞君霞佩一翩然。自聞流水知音趣,苦厭秋蟲傍耳煎。歸去寒光驚部屋,明朝紙價溢都廛。

功成刻楮謾三年,技拙空慚不可傳。晚事韓門稱弟子,終期幕府頌燕然。相看霜幹寒猶在,未許蘭膏明自煎。祭竈乞隣端有志,只愁多指費困纏。

## 次吳國器韻

平生不作稻粱謀,身世江湖一舸浮。顧我方論天下事,喜君還向古人求。塗窮解識知津意,歲晚應甘短褐憂。便欲盡攜書策賣,東家還許問鄰不。

## 次何友直韻

野棠堤柳固依然,無奈輕寒濕暝烟。鶯語匆匆無意緒,花時寂寂廢詩篇。曉來洗出天容靜,空外吹殘雨脚連。春色便須同檢校,已隨流水半涓涓。

## 次韻王大光見贈

頭角崢嶸冠八龍,相逢宛馬昔從東。披懷一笑交情重,轉眼三年世事空。浪迹偶登君子里,歲寒今見古人風。新詩欲報非瓊玖,涉獵由來愧呂蒙。

## 春　晴

柳梢梅子暗春城,深院誰家曲水橫。海燕未來人鬭草,野鳩相喚雨初晴。韶光縱好都來幾,客抱如今作麼生。風物不堪頻檢校,曉來花落半階平。

## 次韻春日書懷

是非無遇不心亨,此道吾猶及老成。知己相逢須管鮑,傳家各自歎韋平。富貴儻來安足計,且應尊酒話平生。

## 送江南聞祕校

胸中逸氣凜橫秋,欬唾珠璣落九州。堪歎羣兒自相貴,如君百戰未封侯。相逢不啻平生舊,一笑還從汗漫游。好去慇懃護行李,要看鯨海試吳鈎。

## 過江上 地名三山

失腳塵凡不易收,莫思冠佩裹狙猴。但逢司馬心相許,便擬中郎賦遠遊。弱水蓬萊三萬里,仙家日月八千秋。聞名徑欲茲山穩,不學劉郎世外求。

## 答吳子文

東游吳苑定何年,猶有佳名處處傳。殆過百聞今果爾,相逢一笑兩欣然。強藏燕石知君厚,試乞鸞膠為我煎。世上功名端易與,共期雲翼跨芝塵。

## 和人雪詩

白玉樓臺近廣寒,冷侵銀海眩光翻。只應天上梨花老,聊作人間柳絮繁。慶卜有年先一白,喜隨寬令到千門。使君浩興憐詩酒,雋飲誰供五石尊。

## 病中書懷

平生技拙笑屠龍,去國尤慚易道東。回望飛雲親舍下,不堪伏枕左書空。四方未了男兒志,一飯長懷國士風。憐我已深兄弟好,願從之子客東蒙。

## 書懷

一劍西來又蒯緱,空餘逸氣凜橫秋。羈情正類南飛鵲,生事渾隨萬里鷗。歲晚已驚霜入履,夜寒唯有月當樓。四方八表男兒志,留滯江干恐白頭。

萬里江山一褐裘,十年蹤跡并萍浮。困禾誰展周郎指,負米長懷季路憂。書劍未酬平昔志,水雲空結異鄉愁。悠悠萬事書空足,獨立西風自點頭。

## 次韻張君倚春郊且速東山之遊

瀲色嵐光暖更妍,陰晴恰稱養花天。惱人春事濃於酒,得意莎茵軟勝綿。欲把風光供翰墨,直須杖履躡雲烟。知君已作東山興,緩步何辭十里阡。

## 明日出城愛其平沙淺水有錢塘西湖氣象借前韻呈諸公

花紅水綠鬭春妍,長望江南憶樂天。黃栗留鳴山寂靜,野棠梨發樹蔫綿。樓臺三竺將歸路,氣象西湖欲晚烟。風物不殊鄉國異,好尋歸馬問長阡。

## 春日書懷

東風吹雨半斜斜,青草池塘憶謝家。池李山桃護春色,傷心不見洛城花。
人世逢春能幾回,區區從使寸心灰。故園花柳應依舊,萬里歸思獨上來。

以上《定菴類稿》卷一

(查九星整理)

衛博

# 全宋詩卷二四一○

## 釋崇嶽

釋崇嶽(一一三二—一二○二),號松源,俗姓吳,處州龍泉(今屬浙江)人。二十三歲受戒於大明寺。首謁靈石妙禪師,繼見大慧杲禪師於徑山。此後遍歷江浙諸老宿之門。後入閩見乾元木庵永禪師,逾年,見密庵於衢之西山,從之移蓮精舍,蔣山、華藏、徑山。密庵遷靈隱,命爲首座。不久出世於平江府陽山澂照寺。後徙江陰軍君山報恩之光孝寺、無爲軍冶父山實際寺、饒州薦福寺、平江府虎丘山雲巖寺。寧宗慶元三年(一一九七),詔住臨安府景德靈隱寺,居六年,道盛行,得法者衆。嘉泰二年卒,年七十一。爲南嶽下十八世,密庵傑禪師法嗣。有《松源崇嶽禪師語錄》二卷,收入《續藏經》。事見《語錄》及所附陸游撰《塔銘》。

崇嶽詩,以輯自《語錄》者編爲一卷,以《語錄》卷下單編之偈頌讚及他書所錄編爲另一卷。

## 偈頌一百二十三首

三人證龜作鼈,有口都不能說。須彌頂上浪滔滔,大洋海裏遭火爇。別別,金色頭陀曾漏泄。春風浩蕩,古佛榜樣。春水潺湲,急著眼看。燈籠跳入露柱,佛殿走出三門,撞著箇無面目漢。却道衆口難調,須是臨機妙轉。請典座殿主有問西來便答東,從教人笑我伴聲。白雲乍可離青嶂,明月難教下碧空。舉古德道:君若隨緣得似風,飛砂走石不乖空。但於事上通無事,見色聞聲不用聲。

萬般施設不如常,又不驚人又久長。誰知遠煙浪,別有好思量。

以上輯自慶如《松源崇嶽禪師語錄》卷上善開《平江府陽山澂照禪院語錄》

彌勒真彌勒,分身千百億。時時示時人,時人皆不識。

太虛挂劍全生殺,星馳電卷煙雲豁。可中誰是出頭人,長嘯一聲天地闊。據坐方丈

有利無利,不離行市,張公喫酒李公醉。伸脚打睡有來由,纔放醒醒成忌諱。非不非,是不是。遇貴即賤,遇賤即貴。狸奴白牯念摩訶,祖師不會西來意。

月旦日朔,月圓日望。八字打開,有收有放。薩怛原校:二字疑倒阿竭,二千年前。摩醯首羅,頂門正眼。覷面提持,生鐵門限。俊底撩起便行,漆桶一任擔板。

一不成,二不是,突出眼睛失却鼻。少林剛自覺安心,瞎驢不受靈山記。

千年田,八百主,郎當屋舍没人修,不風流處也風流。

生平活計一絲頭,嘯月迎風得自由。管甚澄江興逆浪,等閒平步過滄洲。退院

以上輯自同上善開《江陰軍君山報恩光孝禪寺語錄》

妙用縱橫,十方坐斷。未諳此脈,舉步猶難。入實際禪院,指三門

冶父方丈,了無遮障。拳踢相應,當人不讓。妙轉綿綿一脈通,誰知滅却臨濟宗。入方丈據坐

冶父門風,別無道理。家田米飯,《續古尊宿語要》卷四作種田博飯早眠晏起。洗面摸著鼻,啜茶滋却嘴。

冶父山門齋粥粗,文章佛法一時無。地爐些子無煙火,且與禪人樂有餘。

曩運推移，日南長至。上下四維，慶無不利。冬至

雪雪，明明漏泄。枯木開花，虛空迸裂。無位真人徹骨寒，燈籠露柱眉毛結。忽然晴，沒可說，齊賀豐年好時節。

元正改旦，事事成現。有時放行，有時坐斷。不惜兩莖眉，和坐盤撥轉。佛法世法，都盧一片。既是佛法世法，如何得成一片，但辨肯心，必不相賺。歲旦

今朝結制，叢林體例。長期短期，似兀如癡。離四句，絕百非，大家相聚喫莖虀。結夏

今朝五月端午節，衲僧門下無一說。千妖百怪自潛蹤，萬里長天一條鐵。

江月照，松風吹，永夜清霄何所為。無孔笛吹雲外曲，相逢知我者還稀。

十五已前取不得，十五已後捨不得。正當十五日，築著磕著七花八裂，明眼衲僧只得一噇。

入得治父門，不避治父劍。劍下驀翻身，為君通一線。喫底劈胸拳，透底生鐵面。莫怪粗糲藜，方便沒方便。舉五祖云：先入白雲門，次過白雲限。吞底栗蓬禪，喫底秈米飯。君子如到來，好好看方便。

秋光清淺時，白露和煙島。良哉觀世音，全身入荒草。一鏃破三關，低頭何處討。

日可冷，月可熱，衆魔不能壞真說。且道如何是真說，笑倒清風明月。

治父生來百拙，開口都無一說。今朝指空畫空，鉢盂一日兩度濕。請典座

一方一所，叢林保社。或廢或興，截鐵斬釘。推倒嘉州大像，扶起迦葉師兄，管取曹源一派清當陽顯赫，神龍妙訣。倒嶽傾湫，雷轟電掣。

有句無句，如藤倚樹。築著磕著，了無回互，八臂那吒留不住。而今又却隨他去，訐甚楊岐八世孫。辭衆

只箇長行粥飯僧，江南江北震乾坤。

以上輯自同上書普嚴《無為軍

《冶父山實際禪院語錄》

入門正路，不容回互。千人萬人，當陽蹉過。入薦福禪院，指三門要行便行，要坐便坐。自古自今，只是這箇。指法座一著高一著，一步闊一步。坐斷佛祖關，迷却來時路。舉俱胝和尚凡有所問只竪一指十五日已前取不得，十五日已後捨不得。正當十五日，取即是，捨即是。問汝問余都不會，可憐只解那斯祁。

薦福住院，事事成現。露柱燈籠，三門佛殿。若上若下，和光同塵。有時又却，神頭鬼面。衲僧一拶，鉢盂口闊。天下楊岐，望林止渴。舉僧問楊岐：天得一以清，地得一以寧，衲僧得一堪作什麼？楊岐云：鉢盂口向天。

元正改旦，來千去萬。物物咸新，眼上生塵。拶破多年桃核裏，分明只是舊時人。元正張弓架箭魚游網，物外安身鳥入籠。生殺盡時蠶作繭，如何透得這三重。達磨九年面壁，二祖立雪齊腰。三人證龜成鱉，一塊頑銅鈍鐵。殺人刀，活人劍。那吒眼睛，金剛正焰。咬定牙關，赤心片片。有解有結，虛空釘橛。無解無結，咬著生鐵。二千年代錯流傳，天下衲僧無處雪。雪不雪，崖崩石裂。莫莫，大海乾枯，須彌倒卓。逆行順行，將錯就錯，明眼衲僧休卜度。

分明月上長珊瑚，一段風光爍太虛。大地眾生同受用，如來藏裏本來無。舉師祖問南泉：摩尼珠，人不識，如來藏裏親收得，如何是藏？泉云：王老師與汝往來者是。雪竇著語云：草漢。師祖云：直得不往來時如何？泉云：亦是藏。雪竇云：雪上加霜。師祖云：如何是珠？泉召云：師祖。祖應喏。泉云：何不會老僧語？師祖忽然悟去。雪寶云：百尺竿頭作伎倆，也未為嶮。若向這裏著得一隻眼，賓主互換，便能深入虎穴。若不恁麼，直饒師祖悟去，也是龍頭蛇尾。圜悟和尚頌云：蒼鷹逐兔，驪龍玩珠。透青眼不瞬，照物手不虛。往來不往來，草裏謾荼胡。百尺竿頭入虎穴，分明月上長珊瑚。

哭不徹，笑不徹，倒腹傾腸向君說。父子非親知不知，擡頭腦後三斤鐵。舉百丈侍馬祖遊山歸，忽然哭。同事問，丈云：無事。又呵呵大笑。同事罔然。

海上爭馳老柏庭，生憎佛祖長無明。驀然打箇翻身轉，依舊龍門一派清。龜峰柏庭永和尚遺書至仰面不見天，低頭不見地。喫飯了瞌眠，聖諦第一義。

今朝正月半，舉箇舊公案。一燈百千燈，千人萬人看。百草頭邊，威音那畔。相逢若是箇中人，終不隨他光影轉。 元宵

萬戶千門到者稀，一挨一拶在臨時。威音那畔真消息，不是知音莫與知。 送化主

薦福少方便，拳頭如掣電。千眼無摸索，千耳不可見，家家門首透長安。

威音那畔真消息，累及瞿曇老祖翁。四十九年顛倒說，人間天上漫流通。

五月端午，薦福直舉不會，諸方書符呪土。風從虎兮雲從龍，千妖百怪自潛蹤。

今朝九月二十，莫怪光陰電急。游人南北憧憧，不識自家城邑。眨上眉毛從此入。

十方同聚會，箇箇學無為。此是選佛場，心空及第歸。

春風似箭，春雨如膏。曠劫來事，不隔絲毫。

行亦禪，坐亦禪，語默動靜體安然。匝地普天收不得，都來不直半分錢。

石鞏張弓，魯祖面壁。正令不行，拗曲作直。

欲得現前,莫存順逆。祖師來也還見麼,切忌扶籬摸壁。

空手把鋤頭,蚊子上鐵牛。步行騎水牛,黃河水逆流。人從橋上過,猛虎當路坐。橋流水不流,佛祖是仇讎。舉僧問雲門大師:如何是佛?門云:乾屎橛。此意如何?答云:鷓鴣啼處百花香。

五年於此謢隨緣,去住無心自坦然。六月霏霏飄瑞雪,須知別是一壺天。

以上輯自同上書光睦《饒州薦福禪院語錄》

有時堆堆坐禪,有時一向打閑。年來行腳衲僧,都是箇般病痛。報君知,休打閑。入門拚却箇渾身,頭自有生蛇弄。

五祖老人好語,只為探頭太過。香山有箇方便,也要諸人共知。透得金剛圈,細嚼鐵餕餡。一飽忘百飢,始信不相賺。舉五祖云:四五百石麥,二三千羅稻。愁人莫向愁人說,說向愁人愁殺人。舉古德云:去年貧未是貧,今年貧始是貧。去年貧有卓錐之地,今年貧錐也無。

年去年來貧復貧,祖師擡腳重千斤。愁人莫向愁人說,說向愁人愁殺人。舉大慧云:有佛處不得住,生鐵秤鎚被蟲蛀。無佛處急走過,撞著嵩山破竈墮。三千里外逢人不得錯舉。兩箇石人相耳語,恁麼則不去也。此語已行遍天下。摘楊花,摘楊花,唵嚩呢囉哩吽嚩吒。

鐵山崩倒壓銀山,盤走珠兮珠走盤。密把鴛鴦繡出,金針終不與人看。舉古德云:去年貧未是貧,今年貧始是貧。去年貧有卓錐之地,今年貧錐也無。

半雨半晴,桃紅李白。點著便行,不勞咶啅。舉趙州訪臨濟,州纔洗腳,濟便下來問:如何是祖師西來意?州云:會即便會,咶啅作麼?濟拂袖便行。

青天白日,驪珠擊碎蒼龍窟。舉趙州問南泉:如何是道?泉云:平常心是道。道不屬知,不屬不知。知是妄覺,不知是無記。若真達不疑之道,豁如太虛,豈可強是非耶!趙州忽然大悟。

咄咄咄,

第七箇沒尾巴,不落羣隊獨露爪牙。擬心湊泊終難見,須信蓮開火裏花。舉僧問明招:虎生七子,那箇沒尾巴?招云:第七箇沒尾巴。

静處鬧浩浩,鬧中静悄悄。鐘動月黄昏,雞鳴五更早。挂杖子,却懊惱,可惜好光陰,等閑空過了。坐斷毗盧頂,超然亘古今。萬緣俱剝脫,一片祖師心。舉法華示衆云:不結毗盧印,那弘古佛心。明月照幽谷,寒濤響夜砧。以上輯自同上書普開《明州香山智度禪院語録》

入門一句,賓主歷然。不勞彈指,天寬地寬。壼中消息異人間。入雲巖禪院,指三門一著高一著,一步闊一步。明眼人前,猶涉路布。鳳棲不在梧桐樹。舉王常侍訪臨濟,同到僧堂。侍云:這一堂僧還看經否?濟云:不看經。侍云:還坐禪否?濟云:不坐禪。侍云:既不坐禪,又不看經,作箇什麼?濟云:總教伊成佛作祖去。侍云:金屑雖貴,落眼成翳。濟云:元來是我家裏人。

佛眼覷不得,祖師提不起。石裂崖崩,掀翻到底。不風流處更風流,也是波斯入鬧市。

恁麼恁麼,牽犁拽杷。不恁麼不恁麼,泥多佛大。臨濟三玄,趙州勘破鼻孔大。

欲得大用現前,直下頓忘知見。諸見若盡,昏霧不生,大智洞然。

今朝九月初一,祝聖陞堂已畢。若是達磨兒孫,箇裏寧容唅啄。

諸方如法開爐,虎丘家風淡泊。拈出箇鐵餕餡,令人樂聞。且道是什麽曲調,洞庭山脚太湖心。

一人打覷拍板,一人吹無孔笛。梵音清雅,轉雲門念七。

恁麽恁麽,這一堂僧盡是婆婆生得。復指趙州云:唯有大底孩兒五逆不孝。州瞪目視之,婆便出去。

年去實不去,年來實不來。山僧都不會,露柱笑哈哈。歲旦

深聞淺悟,三更問路。深悟淺聞,痛處遭針。胡盧子,放教沉。莫將閑學解,埋没祖師心。

總是掩耳偷鈴,殊不知甘贄有收有放,首座徹底惺惺。雲收雨霽長空闊,一對鴛畫不成。舉黃檗在南泉作首座,甘贄行者齋僧次,入堂請首座施財。座云:財法二施,等無差別。贄異錢出堂。須臾復云:請首座施財。座云:財法二施,等無差別。贄便行。

今朝五月五,粗言及細語。會得也尋常,不會超佛祖。

去却一,拈却七,佛祖玄關元不識。百尺竿頭掉臂行,笑指西方日頭出。透金圈,吞栗棘,明眼衲僧沒氣息。

靈源洞徹,真照無邊。萬機旋復,十方目前。聖中聖,天中天,最尊貴,復何言。文明齊北極,睿算等南山。聖節

懷州牛喫禾,益州馬腹脹。天下覓醫人,灸豬左髆上。也好笑,也堪悲,耳垛元來兩片皮。

十月瑞慶節,真人降中天。萬國葵藿心,虔祝一爐煙。龍圖鳳曆等乾坤,睿算彌隆億萬年。瑞慶節

一不做,二不休,賓主互換有來由。焦磚打著連底凍,赤眼撞著火柴頭。舉靈觀和尚常閉門坐,一日雪峰敲門,觀便開門,峯攔住云:是凡是聖?觀乃唾云:這野狐精。拓開,又閉却門。雪峰云:也要識老兄。

有句無句,非即全非。孟八郎漢,便恁麼去。蘇嚕蘇嚕。

是即全是,非即全非。大用現前,携手同歸,不知猶自涉離微。舉仰山問溈山:大用現前如何辦白?溈山云:打睡坐禪,坐禪打睡。有利無利,不離行市。老黃檗,太憨癡,深耕淺種少人知。舉臨濟在黃檗堂中打睡,黃檗下來,見,以拄杖打板頭一下。臨濟舉頭,見是黃檗,又却睡。檗又擊板頭一下。却去上間,見首座坐禪,乃云:下間後生却坐禪,你在這裏妄想作麼?又打板頭一下,便出去。

錯。仰山回首云:香嚴師弟來,莫道無語。

以上輯自同上書師肇《平江府虎丘山雲巖禪院語錄》卷上

世尊三昧,文殊三昧,總在拂子頭上。卧龍纔奮迅,丹鳳便翺翔。舉世尊一日陞座,纔斂衣,文殊白槌云:諦觀法王法,法王法如是。世尊便下座。

百丈耳聾,黃檗吐舌。後代兒孫,半生半滅。破沙盆,曾漏泄,炎天六月飄霜雪。舉睦州見僧來參,便喝云:上座如何偷常住果子?密庵禪師忌日

傾盡寶山寶,全身入荒草。若是鳳凰兒,不向那邊討。舉睦州和尚陞座云:首座薦。答云:在。

云:某甲方來,困甚道偷常住果子?州云:賊物現在薦。

萬法是心光,諸緣性性曉。本無迷悟人,只要今日了。

靈隱開爐,火種全無。將無作有,孰辨精粗。擬議烏藤劈脊搜,從教箇箇嘴盧都。

東過西西過東,主中賓賓中主。大地全收,千差一舉。打鼓普請看,通身是泥土。出鄉歸

仰面不見天,低頭不見地。眉毛在眼上,鼻孔裏出氣。易分雪裏粉,難辨墨中煤。

今朝十五,陞堂直舉。全主全賓,燈籠露柱。不是佛,不是祖。剔起兩莖眉,三更日卓午。

年年此日潑惡水,簡事從悉達多起。釋迦彌勒,打失眼睛。自云遍界獨稱尊,後代兒孫誰管你。浴佛

忽雨忽晴,天平地平。龍門上客,未舉先知。若不然者,靈隱失利。舉睦州和尚陞座云:首座薦。答云:在。

借手行拳,驚羣動衆。維那薦。答云:在。

又云:寺主薦。答云:在。

大人具大見,大智得大用。一舉定千差,百發而百中。密贊中興業,了無毫末共。福如滄海壽如山,赫赫聲名繼前踵。韓少傅請

青天復青天,打失髑髏前。看看日又過,爭教人少年。舉僧問瑯瑘清淨本然,云:何忽生山河大地

道人相見,如如不變。同氣連枝,略通一線。笑揖飛來峰,大家看佛面。楊寺義和尚至

西天四七,唐土二三。天下老和尚,的的相承,不容眨眼,老德山因甚拆却佛殿。第一義諦,分文不直。略露機鋒,青天霹靂。恁麼恁麼,不識不識。急水波心下直鉤,魚龍蝦蟹一時收。祖師活計無多子,惱亂春風卒未休。湯侍郎入山請,舉達磨西來,直指人心,見性成佛。

言無展事,語不投機。承言者喪,滯句者迷。和底掀翻了,趙州東院西。千聖不傳到今日,口上著來無等匹。洞庭山腳太湖心,行人路上空啾唧。舉盤山道:向上一路,千聖不傳。楊岐和尚云:口上著。

諸佛降生,鼻直眼橫。打與狗喫,據令而行。流通正法眼,日午打三更。浴佛

今朝月半,見成公案。臨濟德山,猶是鈍漢。靈隱恁麼道,也是不著便。

百尺竿頭弄險,是非海裏橫身。更有全提底時節,只堪惆悵不堪陳。舉雲門云:直得乾坤大地無纖毫過患,猶是轉句,不見一色,始是半提。更須知有全提時節。

這僧不妨懵懂,白兆終是惺惺。不惺惺,藥因救病出金瓶。舉僧問白兆和尚:如何是萬行?兆云:今年桃核也無,説什麼爛杏。又問:如何是妙覺?兆云:若是妙藥,見示一服。僧云:不問這箇。兆云:你問什麼?僧云:妙覺。兆云:口上著。

諸佛求,不著法求,不著僧求。揚帆鼓棹,任性優游。收捨南州與北州,都盧無有一絲頭。出鄉歸絕羅籠,脱韁鎖。雖是善因,而招惡果。

從門入者,不是家珍。拶倒燈籠露柱嗔。舉僧問投子:萬法從一法生,未審一法從何而生?子云:回首看。

梵志翻著襪,摩耶生悉達。聲迹不相干,今朝四月八。浴佛

識不識,見非見。說易說難,如油入麵。舉趙州道:諸方難見易識,我這裏易見難識。

世尊良久,維摩默然。便恁麼去,十萬八千。

開爐開爐,柴炭全無。星兒火種,照徹十虛。十月朝

以上輯自《松源崇嶽語錄》卷下道嚴《臨安府景德靈隱禪寺語錄》

有你不有我,有我不有你。咬定牙關,齊之以禮。入報慈禪寺,入佛殿

端居丈室,青天白日。寶八布衫,雲門念七。據方丈

一二三四五,五四三二一。風過樹頭搖,天晴日頭出。會得日頭出,不會而自屈。端午

兩刃交鋒,略通一線。有耳者聞,有眼者見。

達磨達磨,不識這箇。直指單傳,胡揮亂做。

以上輯自同上書了能《開山顯親報慈禪寺語錄》

## 釋崇嶽二

### 頌古二十五首

世尊初生下,一手指天,一手指地,云天上天下,唯吾獨尊。

開口分明便埋根,指天指地獨稱尊。成群作隊隨他轉,幾箇男兒有腦門。

南嶽讓和尚示馬大師云:譬如牛駕車,車若不行,打牛即是,打車即是。馬師悟去。

平生心膽向人傾,過犯彌天已不輕。帶累馬師胡亂後,至今錯認定盤星。

藥山問石頭:三乘十二分教,某甲粗知。嘗聞南方直指人心見性成佛,實未明了。頭云:恁麼也不得,不恁麼也不得,恁麼不恁麼總不得。

坐斷千峰路,穿開碧落天。那容問端的,端的髑髏前。

僧問趙州:如何是道?州云:牆外底。僧云:不問這箇道。州云:問那箇道?僧云:大道。州云:大道透長安。

大道透長安,言端語亦端。臘盡雪消去,春來依舊寒。

雲門問僧:光明寂照遍河沙,豈不是張拙秀才語。僧云:是。雲門云:話墮也。

分明寫出與君看,意在鉤頭不在盤。縱使石人開得口,不知猶被舌頭瞞。

女子出定。

出得出不得，攧落精靈窟。何處不風流，祖師無妙訣。

龐居士問大梅和尚云：久嚮梅子熟也，還許人摘喫也無？梅云：你向甚處下口？士云：百雜碎。梅云：還我核子來。

大梅梅子熟，龐老已先知。正眼驗深要，相逢拍手歸。

僧敲鵠林門，林云：誰？僧云：僧。林云：非但是僧，佛來也不著。僧云：佛來因甚不著？林云：無你栖泊處。

十月清霜重，臨風徹骨寒。苦無栖泊處，擺手出長安。

僧問古德：如何是冬來事？古德云：京師出大黄。

京師出大黄，見賊便見贓。竹杖化龍去，癡人戽夜塘。

普化云：明頭來，明頭打。

水急魚行澀，峰高鳥不栖。世情看冷暖，人面逐高低。

翠巖芝和尚上堂云：大家相聚喫莖虀，若唤作一莖虀，入地獄如箭。

殺活全機覿面提，大家相聚喫莖虀。後生不省這箇意，只管忙忙打野榸。

僧問雲門：如何是雲門一曲？門云：臘月二十五。

雲門一曲，徹髓徹骨。霽雪千峰，寒梅破萼。啐啄公子，風流鳴木鐸。

僧問洞山：寒暑到來如何回避？山云：何不向無寒暑處回避。云：如何是無寒暑處？山云：寒時寒殺闍梨，熱時熱殺闍梨。

寒暑分明説向君，不容擬議辨疎親。匾擔驀折兩頭脱，舉目長空一笑新。

風幡。

不是風兮不是幡,分明裂破萬重關。誰知用盡腕頭力,惹得閒名落世間。

僧問雲門:如何是佛?門云:乾屎橛。

雲門小廝兒,作大獅子吼。鼻孔得半邊,不知失卻口。

臨濟問僧:甚處來?僧便喝。濟揖坐。僧擬議,濟便打。又僧來參,濟豎起拂子。僧禮拜,濟便打。又一僧來,濟豎起佛子。僧不顧,濟便打。

閃電光中賓主分,虛空背上立綱宗。祖師活計只如此,後代兒孫掃地空。

趙州喫茶去。

趙州喫茶去,毒蛇橫古路。踏著乃知非,佛也不堪做。

不是心,不是佛,不是物。

夫子不識字,達磨不會禪。大唐天子國,依舊化三千。

六祖一日云:汝等諸人當備舟楫,吾歸新州去。僧問:和尚去後幾時卻還?祖云:葉落歸根,來時無口。

雲開空自闊,葉落即歸根。回首煙波裏,漁歌過遠村。

僧問智門:蓮花未出水時如何?門云:蓮花。又問:出水後如何?云:荷葉。

出水何如未出水,蓮花荷葉有來由。定光金地遙招手,智者江陵暗點頭。

僧問溈山:如何是百丈真?山下禪床叉手立。僧又問:如何是和尚真?山復上禪床坐。

百丈狸奴面,溈山鬼眼睛。見人空解笑,弄物不知名。

僧問天衣和尚:古鏡未磨時如何?衣云:撐天拄地。僧云:磨後如何?衣云:夕陽影裏快藏身。

拄地撐天全體用,夕陽影裏不藏身。有時獨坐孤峰頂,寂寂猶聞落葉頻。

盤山云：心月孤圓，光吞萬象。光非照境，境亦非存。光境俱亡，復是何物？
描不成兮畫不成，臥龍長怖碧潭清。擬心湊泊終難會，達者應須暗裏驚。
僧問香林：如何是衲衣下事？林云：臘月火燒山。
臘月燒山，天寬地寬。築著磕著，徹骨毛寒。
舉僧問古塔主：如何是佛？主云：莫莫。又問：如何是祖師西來意？主云：莫莫。
莫莫，拈出一條斷貫索。任從我佛及眾生，撩天鼻孔都穿却。 《松源崇嶽禪師語錄》卷下《頌古》

### 釋迦出山相贊

棄輪王位放癡獸，夜半逾城心未灰。冷坐六年無折合，有何面目出山來。

### 無量壽佛贊

四十八弘誓願，百千萬億彌陀。圓通大士，瑞應人間。水鳥樹林開正眼，為人親切不消多。

### 觀音贊

月團團，星斗寒。風振海，雷破山。圓通大士，瑞應人間。

### 九祖贊 按《頌古聯珠通集》卷六錄作頌古，為八祖答九祖偈。

半生足不履地，軒知路《頌古聯珠通集》作蹋遍天涯。得箇冬瓜印子，至今目瞪口哆。

### 維摩贊 按：《頌古聯珠通集》卷五錄作頌古，公案為《維摩經》三十二菩薩各說不二法門。

深入不二門，巧盡翻成拙。一默定千差，常說熾然說說拙，萬古清風寒徹骨。

### 達磨贊

## 龐居士贊

鳳凰城闕，不通水泄。少室巖前，話作兩橛。賺它人家男女，開眼喚龜作鱉。直指西來，分明禍胎。渡江面壁，偷心未息。從茲皮髓分張，轟起青天霹靂。一葦渡江，無處埋藏。分皮分髓，瞞神謔鬼。忙忙直向西歸，不知失却隻履。心空及第，深根固蒂。共說無生，異類中行。惱亂禪家至今日，不知日午打三更。

## 臨濟贊

一棒一喝，傾湫倒嶽。凌蔑吾宗，這白拈賊。

## 金華聖者贊

千兵不若一將，伎倆何如帳樣。不識古佛定光，稽首猪頭和尚。

## 大巔和尚贊

趂首座出院，勘三平中箭。放過韓文公，鈎頭通一線。謾道晝夜一百八，也是和盲悖訴瞎。

## 應庵師祖贊

深入虎穴，有屈難雪。天下應庵，只得一橛。虎口裏轉身，拳頭上捏怪。胡亂三十年，起東山正派。不知過犯彌天大。

## 密庵先師贊

咬猪狗之手討甚巴鼻，奮劈胸之拳瞎却頂門。出達磨身血，斷衲僧命根。纖毫不肯放過，叢林為讎為冤。簡般種草決，定累及兒孫。

## 芝山智默長老請贊密庵先師

擊石火裏穿遼天鼻孔,妙轉機前打鳳羅龍。正法眼,瞎驢邊。滅却破沙盆,扶臨濟正宗。門庭峭峻,孰敢當鋒,鐵壁銀山一線通。

## 能仁光睦長老畫師頂相請贊

恣拍盲性,用劈胸拳。併蕩三玄三要,管甚栗棘金圈。渠儂已是滅胡種,不知將底付兒孫。

## 雲居善開長老請贊

為人巴鼻,一點渾無。明眼衲僧,失却鼻孔。鐵餕餡,金剛圈。分明開口不在舌頭邊,累及後代結佛祖深冤。

## 道巖首座請贊

人我如山,狠氣如雲。炊無米飯,接不來人。電光影裏賓主分,不是冤家不與隣。

## 師肇首座請贊

這箇漢,太愚癡。一句子,佛不知。臨濟老,客作兒。四天下,更有誰。擬開口,劈胸椎。肇首座,莫學伊,學伊彼此落便宜。

## 師警維那請贊

冤有頭,債有主。鱉鼻蛇,白額虎。活捉生擒,當陽直舉,發機須是千鈞弩。

## 希璉書記請贊

臘長年高,甚生風彩。南來北來,無可相待。黑漆竹篦聊一揮,看你當人在不在。璉書記,甚叶耐。鎮

## 大成藏主請贊

一段風光,寧容描邈。祖祖相傳,將錯就錯。不以佛法作人情,掣電機前活卓卓。海明珠,懸空撲碎。

## 文蔚侍者請贊

心粗膽大,少實多虛。瞎衲僧眼,斷肘後符。臨濟東山之道命若懸絲,念念刀耕火種老此殘軀。寥落林泉意自殊。

## 惠文伯居士請贊

不著佛求,不著法求。人天眼目,佛祖冤讎。香岩下指南作北,劍池上看樓打樓。機輪妙轉一絲頭,不得鯢鯨不肯休。這箇賊,無面目。指東南,看西北。不住雲居,又憎薦福。自知不解守叢林,永劫甘心入地獄。阿呵呵,屈指東西誰似它。咄。這漢生來無狀,佛祖亦難近傍。趨出金圈栗蓬,開口不在舌上。是人道渠執拗,不知年老成魔。偏要時時入室,所招怪恨者多。楊岐種草鐵心肝。這般村僧,佛亦掃。一錐一劄,不妨凜冽。肋下三拳,攔顋一掌。據令而行,誰知痛癢。轉身一拶驗來端,沒人情,脫空到老。無卓錐之地,有無價之寶。元不用安排,拈來用恰好。討便宜,破邪說。

行脚不到廬山,住院只在江浙。偏要冷笑諸方,忘却自家百拙。

## 送悟藏主還姑蘇 <sub>靈隱笑庵和尚時在西烏巨山</sub>

以上同上書卷下《讚佛祖》

玲瓏巖畔瞥不瞥,豎起脊梁生鐵橛。無端林下錯商量,攜手相隨入虎穴。甕裏鶩然失却鱉,箇事明明向誰說。彼時只是此時人,誰知眼裏重添屑。我攜拄杖奔南北,君入西山恣輕忽。放下蛇頭持虎鬚,翻身便作白拈賊。太虛全布目前機,生殺交馳誰敢窺。我來一笑重相見,鼻孔由來向下垂。密庵家風徹骨貧,密庵有眼且無筋。將無作有這些子,透這些子能幾人。西風落木天宇迥,君兮不住別峯頂。曹谿一滴杖頭挑,漲起吳江千萬頃。

### 題張直閣亦庵

曹溪無一滴,誰道庵名亦。問訊老維摩,鐵壁復鐵壁。

### 題先登齋

大道難將萬物齊,先登猶自涉階梯。翻身直透青霄外,回首方知宇宙低。

### 送聰首座之弋陽兼呈陳郎中 蒙庵和尚時在徑山

當頭一著沒巴鼻,坐斷諸方成忌諱。此心不向白雲閑,一錫飄然下層翠。晦庵過犯彌天大,居士無端也捏怪。至今落賺有誰知,也要大家償夙債。

### 柏庭永和尚出世天禧以頌寄之

孟知府令嗣求法名興福。雖然不受靈山記,鼻孔依前著那邊。林下相從知幾年,好因緣是惡因緣。

### 興密

興福奇兒,福無邊表。一點靈臺,青天月皎。

## 孟府判令嗣求法名興璞

真璞無瑕,實際無涯。心空及第,震耀邦家。

### 興一

只這一脈,人間顯赫。妙轉綿綿,甚生標格。

### 興祖

有祖以來,世不可陪。當機日用,著著全該。

### 示惠文伯宣義二偈

見色分明便見心,此心非我亦非人。臨機不用從它覓,信手拈來著著新。

盤走珠兮珠走盤,靜中消息鬧中看。一毫頭上忘知解,始覺從前被眼瞞。

### 示如理道友

如如不動已周遮,理事馳求路轉賒。直下踏翻樵子徑,知君未到葛洪家。

### 題張四直閣容庵

大辯若訥,大巧若拙。太清點雲,千江并月。直為我容庵,故作如是說。

### 題王子庸上舍實齋

世出世間法,和底盡掀翻。唯此一事實,真金火裏看。

### 山居

路嶮人稀到,窮居稱野情。雲開空自闊,月落夜深清。風動數莖草,鳥啼三四聲。箇中無限意,唯我與誰評。

### 惠康伯宣教請陞堂舉張拙秀才問長沙百千諸佛只聞其名未審居何國土沙云

黃鶴樓崔顥題後先輩曾題否拙云不曾沙云無事題取一篇好因說偈

黃鶴樓前一首詩,把將掃箒畫娥眉。百千諸佛真消息,觀面分明舉似伊。

### 送琉書記還長樂

相見從道自親,妙高峰頂護因循。甌閩佛法半生滅,江浙叢林日漸凋。携手十年如一默,孰云生死不同條。迢迢故國三千里,忽憶萱堂送別時。拄杖生風興何極,楚天遼邈遠山低。

### 題金山郭璞墓

要識先生真實地,龍門浪裏碧崔嵬。時人著眼這邊立,親切何如到一回。

### 送光長老住顯親

同條端的不同條,箇箇潙山水牯牛。一做這般蟲豸去,牽犁拽杷幾時休。

### 送鹿野珍禪友還七閩

共處十年真歲寒,山邊水邊相盤桓。捋倒幾回扶不起,未嘗說著祖師關。密庵的子是冤讎,疾欻過風第二籌。笑裏一場無折合,不容提掇轉風流。千差坐斷路頭通,萬里鄉關一信風。不負靈山親記莂,好音專待寄來鴻。

## 送謙侍者還鄉省親

有句無句藤倚樹,鐵壁銀山沒回互。三千里外面尊堂,一毫頭上全體露。睦州謾說編蒲屨,新豐賣峭不歸去。今人不比昔時人,出門便是還鄉路。

## 示智弱禮混源塔

相逢不相識,去後空相憶,靈骨撒長江。清風有何極極識,滔滔浪裏休尋覓。

## 示丁都院

鑊湯爐炭三禪樂,劍樹刀山大覺場。此日撥開心地印,了無佛法可商量。

## 思齊化士

三千條法為今時,一性圓明要自知。會得自知知底事,人間何處不光輝。

## 示葛都院

拔劍紅塵斬萬機,直教佛祖浪頭低。我儂贏得呵呵笑,老倒思賢愧不齊。

## 贈蜀中李道士

從來佛法無多子,利益人天越古今。棒喝交馳難近傍,信知徹底老婆心。

透出重關一瘦筇,湖湘江浙絕行蹤。自從得箇安心法,禪道先儒只此宗。

## 尤氏妙蓮請普說舉僧問風穴語默涉離微如何通不犯穴云長憶江南三月裏鷓鴣啼處百花香因說偈

百花香處鷓鴣啼,百歲光陰七十稀。翻憶世間多少事,落便宜是得便宜。

## 鞭法鼓求頌

內空外空內外空,一聲纔舉迅雷風。流通佛法無多子,千古靈山氣象雄。

## 送普岩維那

冶父門庭索索,東湖風波甚惡。知心能有幾人,萬里秋天一鶚。

## 正現上人遊廬山

透過重關得自由,相期佛祖雪冤讎。西湖風景無留戀,南嶽廬山拄杖頭。

## 雲翼書記歸鄉

慣嘗甘草與黃連,大海沙濤盡底掀。誤吸冷泉無味水,方知不在舌頭邊。

## 林上人歸蜀

明明此事不由他,喫飯無端咬著沙。自己靈光皆喪盡,三千里外摘楊花。

## 三衢椿監寺修造佛殿

黃面瞿曇放搭癡,千方百計討便宜。而今無著渾身處,却要兒孫蓋覆伊。

## 白牛接待

田園隱密白牛閑,近揮湖光遠對山。何似踏翻無寸土,上方香積在其間。

## 示如淨禪人

劈面三拳,連顋兩堂。撒手懸崖,喪盡伎倆。德雲不在別峰上。

## 茶湯會求頌

**福州黃檗送廣州化主**

春風吹落碧桃花,一片流經十萬家。
何似飛來峰下寺,相邀來喫趙州茶。

**黃檗送茶化主**

不住煙蘿第一層,翻身要勘嶺南能。
謂言欒嶠三千指,不比黃梅七百僧。

**送泉州化主**

百草頭邊說法戰時,鎗旗未展露全威。
直饒陸羽知端的,也落吾家第二機。

**衢州祥符僧堂帳化士**

少林無孔笛橫吹,此曲誰人和得親。
向曉洛陽江上路,一聲喚起幾多人。

**示汪居士**

滿堂蟠蟄卧僧龍,一片閒雲下碧空。
舒捲當機元自在,從教蛟蚋弄狂風。

**南侍者還莆陽**

參禪悟道染泥沙,見佛與祖生冤家。
破塵破的栽荊棘,壁立萬仞有譊訛。也大差,也大差,一刀兩段,火裏蓮花。十分無伎倆,處處有生涯。

**孜侍者行乞**

若將此語定宗綱,任是靈山未厮當。
大地撮來無粟粒,令人翻憶老曾郎。

**且侍者持鉢**

不學文章不學書,孜孜於道自忘軀。
黃塵堆裏挨身轉,一任清風捲太虛。

## 接待

靈山無法與人傳,臨濟宗風盡滅門。唯有道人知此意,赤心扶起破砂盆。

## 超禪人持鉢

茶飯家常沒可陪,臨機元不在安排。門前有客來相訪,試問朝從何處來。

## 祐水頭

秋風颼颼,乘興悠悠。因行掉臂,南州北州。相頭買帽,看樓打樓。格外知音纔領略,虎頭虎尾一時收。

## 鹽街坊

風吹不入,水灑不著。掀轉玄關,隨緣自若。任是碧眼胡兒,從頭與汝一杓。著不著,誰言過水不濕脚。

## 尹山接待

紅爐鼓浪瞥然間,突出銀山照膽寒。便是馬師胡亂後,要須不被舌頭瞞。

## 送化主

千古尹山寺,家風不厭貧。只將這箇意,接待往來人。

即心即佛眼中屑,非心非佛轉乖真。大唐國裏無南北,盡是靈山一會人。勞生擾擾夢喧譁,夢破喧譁也大差。雲淨水天江上望,一輪皎潔落誰家。把得裂裰裹草鞋,孔門弟子還知否,曾向靈山及第來。百億分身利有情,有時鬧裏聊伸手,意在鈎頭不在星。驢頭馬領實難明,自言世上無仙客,老倒維摩得半邊。日用分明直似弦,不將佛法污心田。

### 題寄巢

巢穴通宵螢眼,塵勞無住心。經行及坐臥,萬古至于今。

### 題有餘齋

日月雙螢火,乾坤一鵲巢。大千沙界外,總在目前包。

<sub></sub>同上書卷下《偈頌》

### 臨終偈

來無所來,去無所去。瞥轉玄關,佛祖罔措。

<sub></sub>同上書卷下《塔銘》

### 應庵密庵同日忌

冤有頭,債有主,撞破砂盆眼卓竪。不是佛,不是祖,太白峯前只如許。

### 亮典座歸中峰菴

太白峯高宇宙低,先師靈骨不曾移。兒孫箇箇且如許,路上行人口似碑。

以上宋師明《續古尊宿語要》卷四

《松源嶽禪師語》

### 頌古六首

世尊因調達謗佛,生身陷地獄。佛敕阿難傳問云:汝在地獄中安否?云:我雖在地獄,如三禪天樂。佛又令阿難傳問:你選求出不?云:我待世尊來便出。

地獄天堂,八字打開,誰知無去亦無來。若言已得三禪樂,未免將身自活埋。 宋法應、元普會《頌古聯珠通集》

卷二

襄州龐蘊居士參馬祖,問曰:不與萬法為侶者是甚麼人?祖曰:待汝一口吸盡西江水,即向汝道。士於言下頓領玄旨。

一口吸盡西江水,龐老不曾明自己。爛醉如泥膽似天,葦縣茶瓶三隻嘴。

船子囑夾山曰:汝向去直須藏身處沒踪跡,沒踪跡處莫藏身。吾二十年在藥山,祇明斯事。汝今既得,他後莫住城隍聚落,但向深山裏钁頭邊覓一箇半箇接續,毋令斷絕。山乃辭行,頻頻回顧。師遂喚闍黎,山乃回首。師豎起橈曰:汝將謂別有。乃覆船入水而逝。

同上書卷一四

機輪元不挂絲頭,會有金鱗上直鉤。鶖口一橈猶未徹,踏反船子有來由。

同上書卷一七

狗子佛性無,門上釘桃符。千邪俱不入,百怪盡消除。

趙州因僧問:狗子還有佛性也無?師曰:無。又問:狗子還有佛性也無?師曰:有。曰:既有,為什麼入這皮袋裏來?師曰:知而故犯。

同上書卷一九

大機圓應,大用直截。鶖拈拄杖云:我這箇只為中下機人。有僧問:忽遇上上人來時如何?門便打。

雪峰上堂,舉拂子曰:這箇為中下。僧問:上上人來如何?師舉拂子。僧曰:這箇為中下。雲門曰:我不似雪峰打葛藤。雪峯雲門,只得一橛。畢竟如何?不說不說。

同上書卷二九

古德因僧問:年窮歲盡時如何?德曰:家家盡看野狐兒。

家家盡看野狐兒,鐵笛橫拈撩亂吹。吹罷不知何處去,夕陽已挂柳梢西。

同上書卷四〇

(聞賢整理)

# 全宋詩卷二四一二

## 劉 翰

劉翰,字武子,長沙(今屬湖南)人。曾為高宗憲聖吳皇后姪吳益子琚門客,有詩詞投呈張孝祥、范成大。久客臨安,迄以布衣終身。今存《小山集》一卷。事見《兩宋名賢小集》卷三○五、《沅湘耆舊集》前編卷二三小傳。

 劉翰詩,以毛晉汲古閣影宋《六十家集》本為底本。校以影印文淵閣《四庫全書・兩宋名賢小集》(簡稱名賢集),與新輯集外斷句合編為一卷。

### 翠屏曲

小亭簾幕垂陰陰,梅香入枕春生屏。西窗月落翠被冷,鳥聲殘夢東風醒。三年不喚清溪渡,夢裏瀼西春水路。江頭女兒雙翠眉,能唱劉郎芳草句。

### 小 宴

一曲歌雲勸玉觴,歸來斜月恰侵床。小窗細嚼梅花蕊,吐出新詩字字香。

### 余久客都城秋風思歸作楚語和吳郎採菱叩舷之音

秋風兮淒淒,山中兮桂枝。彈余冠兮塵墮,芳草綠兮未歸。家遙遙兮辭楚荊,傷去國兮重登臨。扶長劍兮增慨,復鳴鋏兮成音。採中洲兮蘭芷,望美人兮千里。我所思兮天一,共明月兮隔秋水。

## 種梅

淒涼池館欲棲鴉,采筆無心賦落霞。惆悵後庭風味薄,自鋤明月種梅花。

## 紅窗怨

啼鶯喚起紗窗夢,紅日滿簾花影弄。翠屏香字冷薰爐,羅衣疊損金泥鳳。去年君去燕歸時,今日燕來君未歸。欲把相思挑錦字,夜寒懶上鴛鴦機。起來翠袖香羅薄,東風滿地桃花落。

## 漁父

輕舟一葉一輕蓬,上有蕭蕭鶴髮翁。昨夜不知何處宿,月明都在笛聲中。

## 春晚呈范石湖

風日蕭蕭兩鬢華,倦尋銀筆賦餘霞。五更枕上無情雨,三月風前薄命花。春困有時因病酒,客懷何日不思家。年來事事心情懶,惟有歸耕策最嘉。

## 上元小亭

靖康詔令文章種,桐邑公侯國老家。種得人間桃李滿,春風無地不開花。

## 石頭城

離離芳草滿吳宮,綠到臺城舊苑東。一夜空江煙水冷,石頭明月雁聲中。

## 天上月

## 春日

春冰一片淨無瑕,萬里清光遍海涯。欲與常娥移桂樹,月中先合種梅花。

## 江南曲

我家江南同野老，自紡落毛采蘋藻。清風滿袖讀離騷，半酣幽畦種香草。門前流水鳴濺濺，日暮歸來自刺船。遙山數疊作媚嫵，落日斷霞明晚川。雨餘汀草漲新綠，紅衣濕盡鴛鴦浴。採蓮女兒何處來，唱我春風湖上曲。瓮頭酒熟方新篘，白魚如銀初上鉤。呼兒洗杓醉明月，酒酣更作商聲謳。

## 鴻門宴

江東遙遙八千騎，大戰小戰七十二。劉郎曉鞭天馬來，蹴踏長安開帝里。子嬰已降隆準公，君王置酒鴻門東。張良已去玉斗碎，三月火照咸陽紅。繡衣歸來日將夜，可惜雄心天不借。當時已失范增謀，尚引刁斗夜營疊驚，夜深旗尾秋風橫。玉帳佳人不成夢，月明四面聞歌聲。拔劍相看淚如雨，我作楚歌君楚舞。明朝寶馬一聲嘶，江北江東皆漢土。

## 玉斗歌

漢高帝真英主也，其入關，則約三章，封府庫，子女玉帛略無所有，秦人歸心焉，不待白蛇赤帝、老嫗夜哭，然後知為天命。彼姁姁項羽欲扼其喉而困之，難哉！鴻門之戰，名賢集作會沛公亦幾危矣。項莊舞劍，項伯翼蔽，沛公得從間道以歸，獨使張良謝羽，羽受其璧。此亞父知其為勇，所以慨然碎其玉斗也。感之作歌。

漢兵咸陽未休舍，楚王長歌到戲下。項伯夜入張良營，沛公倉皇出城謝。自言戮力共攻秦，不意入關成此勳。閉關籍民備他盜，盡封府庫待將軍。項莊拔劍項伯起，漢楚興亡在今爾。鴻門壯士斬關來，慷慨

## 吳門行

吳歌婉婉清如水,西風曉自閶門起。雙橈艇子採菱來,翠荇綠濱藕香十里。芙蓉影落已知秋,濺濕羅衣眉黛愁。回聲蕩槳入門去,明月家家秋水流。

名賢集作藕香

## 客 去

送客歸來月滿簷,梅花微笑隔疏簾。酒醒今夜銀屏冷,沉水薰爐旋旋添。

## 哀友人

案成歌舞小春嬌,何事君隨草木彫。從此巴江江上月,有人和淚獨吹簫。

## 聞 笛

誰將玉笛按涼州,吹徹春風不下樓。若道聲聲都是恨,不知消得幾多愁。

## 小 亭

芳草萋萋怨未歸,西池殘夢要題詩。綠窗昨夜東風小,開遍梅花第幾枝。

## 題飛雲閣

一笑歸來春尚寒,小梅飄盡雪初殘。遲遲更待梨花月,醉倚飛雲十二欄。

## 立秋日

亂鴉啼散玉屏空,一枕新涼一扇風。睡起秋聲無覓處,滿階梧葉月明中。

## 句

吹入征鴻數字秋。宋魏慶之《詩人玉屑》卷二

青山經雨菊花盡,白鳥下灘蘆葉盡。盡字疑誤 宋陳景沂《全芳備祖》前集卷一二

劉翰

(于世明整理)

# 全宋詩卷二四一三

## 沈端節

沈端節,字約之,號克齋,吳興(今屬浙江)人,遷居溧陽(今屬江蘇)。歷知蕪湖縣,提舉江東茶鹽。孝宗乾道八年(一一七二),主管官告院(《宋會要輯稿》職官一一之七三)。淳熙三年(一一七六),知衡州(《永樂大典》卷八六四七引《衡州府圖經志》)。著有《克齋集》,已佚。清《溧陽縣志》卷一三有傳。今錄詩四首。

### 挽于湖

荒城難訪十全醫,半篋遺書世共悲。寧有故人憐阿騖,但餘息女類文姬。忠籌屢畫平戎策,宦蹟常留墮淚碑。醉扣西州重回首,山陽鄰笛夜淒其。

### 復挽

氣概凌雲孰敢先,中興事業冠英躔。朝廷議論一言定,翰墨風流四海傳。恰跨鼇頭升紫閣,忽騎箕尾上青天。竹林笑傲今陳跡,撫檻江皋涕泫然。

### 弔于湖墓在秣陵

晚出白門下,疲馬踏秋色。鍾山度蒼翠,慰我遠遊客。暮投清泉寺,花草獻幽寂。長廊靜無人,落日照西壁。平生張于湖,萬里去一息。翻然九州外,汗漫跨鯨脊。乾坤能幾時,安用較顏跖。文章失津梁,所念斯道厄。夜闌耿不寐,搔首賦蕭索。懷人感西風,翁仲守孤陌。

### 挽于湖

十年帥越倦馳驅,適意方謀一壑居。買誼有才終太傅,薛收無壽處中書。傷心風月江山在,過隙光陰夢幻虛。紅紫飄零春色盡,後凋松柏獨蕭疏。

哭王淇　清宋驤《太平府志》卷三一

### 句

讀書渾不問家事,得酒但知延友生。

宋《錦繡萬花谷》前集卷二六

宮柳不知興廢事,春來還是綠纖纖。

宋王象之《輿地紀勝》卷八一《荊湖北路·壽昌軍》

以上宋張孝祥《于湖集》附錄

(岳仁堂整理)

## 李浮

李浮(或作郛),字子經,一字元功,宜黃(今屬江西)人。屢試不第,遍遊江淮,見知于張孝祥,退而著述,時人號爲書櫥。與楊萬里、何異、陸游等有交。有《洛誦堂文集》,已佚。清道光《宜黃縣志》卷三一有傳。

(崔統華整理)

## 陸九韶

陸九韶,字子美,金溪(今屬江西)人。九淵四兄。築室梭山,自號梭山老圃,講學其中。著有《梭山文集》等,已佚。《宋史》卷四三四有傳。今錄詩八首。

## 誡子弟詞

按：前三首為「晨揖，擊鼓三疊」後子弟所唱，末首為「食後會茶，擊磬三聲」後所唱。

聽聽聽聽聽聽聽，勞我以生天理定。若還惰懶必飢寒，莫到飢寒方怨命。虛空自有神明聽。

聽聽聽聽聽聽聽聽聽，衣食生身天付定。酒肉貪多折人壽，經營太甚違天命。定定定定定定定。

聽聽聽聽聽聽聽聽，好將孝弟酬身命。更將勤儉答天心，莫把妄思損真性。定定定定定定定，早猛省。

凡聞聲，須有省。照自心，察前境。若方馳驁速回光，悟得昨非由一頃。昔人五觀一時領。

宋維大經《鶴林玉露》丙編卷五

## 躍馬泉

靈泉蓄幽憤，躍石作良馬。奔騰曳練駛，追風非汎駕。行健石有跡，氣驕珠汗灑。何當奮厥志，萬騎陰山下。

## 鳴玉泉

揭來坐幽亭，恍在崑山曲。清越聲盈耳，群工琢良玉。又疑躋金闕，仙班珮相屬。圓環碎瓊琚，登降互擊觸。灑然襟袍爽，無處著利欲。不貪以為寶，對此景高躅。

## 試茗泉

邂逅成山行，往往有異景。奇峰爭呈露，獨不見試茗。逶迤即道周，澄泓得幽井。淆之不可濁，凝然如自省。龜蒙于越來，儻亦煮石鼎。豈為渴者甘，醉夢當一警。

## 月 石

玉兔愛佳泉，飲泉化為石。規圓立山趾，萬古終不息。應厭舊星躔，盈稀多缺夕。自從寄茲蹤，表表無晦蝕。光彩雖暫埋，體素得不易。神物豈終潛，早晚照九域。

以上元陳世隆《宋詩拾遺》卷一九

## 陸九齡

陸九齡（一一三二—一一八〇），字子壽，學者稱復齋先生，金溪（今屬江西）人。九淵五兄。孝宗乾道五年（一一六九）進士。與弟九淵講學鵝湖，互爲師友，時稱二陸。淳熙七年授全州教授，卒年四十九（《象山集》卷二七《全州教授陸先生行狀》）。著《復齋集》，已佚。《宋史》卷四三四有傳。今錄詩四首。

### 鵝湖示同志

孩提知愛長知欽，古聖相傳只此心。大抵有基方築室，未聞無址可成岑。留情傳注翻榛塞，著意精微轉陸沉。珍重友朋勤切琢，須知至樂在於今。

### 與僧淨章

自從相見白雲間，離別嘗多會聚難。兩度逢迎當汝水，數年隔閡是曹山。客來濯足旁僧怪，病不烹茶侍者間。不是故人尋舊隱，只應終日閉禪關。

以上《宋詩拾遺》卷一二

### 早過何郎

蕭蕭風雨曉籃輿，沒脛泥深我僕痡。却憶去年苗欲槁，任從行李且虛徐。

《永樂大典》卷七三二九

### 道間示德甫德稱

天地中間本自寬，何須特地起無端。更宜頓掃從前事，相與攜筇一笑歡。

同上書卷一三三四四

（以上劉瑛整理）

# 岳 霖

岳霖(?—一一九二),湯陰(今屬河南)人。飛第三子(《宋史》卷三六五)。孝宗淳熙三年(一一七六)知欽州(《南軒文集》卷九《欽州學記》)。十二年,爲潼川路轉運使。十六年,提舉封椿庫(《宋會要輯稿》職官七二之四,食貨五二之一九)。光宗紹熙三年(一一九二)知廣州。以敷文閣待制致仕(《攻媿集》卷三四《知廣州岳霖敷文閣待制致仕制》)。

### 過靈山述懷

折腰爲米本憂貧,流落天南清道光《廉州府志》卷二六作涯瘴海濱。千里雲山空別恨,同上書作萬里雲山悵别十年萍梗可傷神。拊膺但覺丹心壯,覽鏡那堪同上書作還驚白髮新。歸去恩深知感激,只慚無德愧同上書作到斯民。

明林希元嘉靖《欽州志》

按:此詩《宋詩紀事補遺》引《廉州府志》作「折腰原不爲憂貧,那到天涯瘴海濱。萬里雲山迷望眼,十年蹤跡愧前身。拊膺尚覺丹心壯,覽鏡還驚白髮新。此去孤臣蒙雨露,不堪圖繪是邊民」,未詳所據何本。

(李更整理)

# 葉祖義

葉祖義,字子由,婺州(今浙江金華)人。早年入太學,後舉進士,官杭州教授(《夷堅支景》卷六)。編次姑從《宋詩紀事》。明隆慶《臨江府志》卷一〇有葉祖義,爲徽宗崇寧二年(一一〇三)進士,然籍貫不同,不知是否一人。

### 句

醉來黑漆屏風上,草寫盧仝月蝕詩。

宋洪邁《夷堅支景》卷六

(許紅霞整理)

## 趙善俊

趙善俊(一一三二—一一九五),字俊臣,邵武(今屬福建)人。太宗七世孫。高宗紹興二十一年(一一五一)監南嶽廟。二十七年第進士。孝宗乾道三年(一一六七)幹辦諸司審計司。六年,知郴州,留爲太府丞。七年,知廬州。淳熙元年(一一七四),知襄陽府,徙知建州。十六年,爲江西轉運副使。光宗紹熙二年(一一九一)遷秘閣修撰,知鎮江府。寧宗慶元元年辛,年六十四。事見《周文忠集》卷六三《秘閣修撰趙君墓志銘》,《宋史》卷二四七有傳。

### 登虎丘寺

我有家山與茂林,閉門肯復事幽尋。偶來千古雲巖寺,洗盡三生宦海心。竹綟不停泉溜響,苔花難掩劍痕深。秋晴借得重陽意,領客登高共醉吟。

明王賓《虎丘山志》卷三

(戴螢整理)

## 高公泗

高公泗,字師魯,蒙城(今屬安徽)人。高宗紹興末監平江市征(《夷堅丁志》卷一七)。今錄詩三首。

### 吳中羊肉價高有感

平江九百一斤羊,俸薄如何敢買嘗。只把魚蝦充兩膳,肚皮今作小池塘。

《夷堅丁志》:吳中羊價絕高,肉一斤為錢九百。時郡守去官,浙漕林安宅居仁攝府事,其人介而嗇,意郡僚買羊肉食者必貪，將索買物歷驗之。師魯作一絕句云云。林公微聞之，索歷之事亦已。

### 港口野步懷歸

天宇空青晚更佳，溪頭滑石路欹斜。山深苦竹方抽笋，日暖甘菘始放花。莎草牆垣沾燕屎，棘針籬落聚鼉沙。預知半夏當歸去，梔子開時應到家。

### 峽塾講中庸第二章

滔滔逝者若斯夫，不有耆儒孰共扶。昭揭五條皆達道，由來一本不殊途。聖經奧義難窮盡，老筆名言妙寫模。我欲研硃同看易，先生肯往此中無。

以上明姚鳴鸞嘉靖《淳安縣志》卷一七

## 白丙

白丙，高宗紹興末以左文林郎知合州赤水縣。事見《宋詩紀事補遺》卷四九。今錄詩二首。

### 龍多山次馮使君韻

今日相逢慰別顏，獲參後乘訪龍山。古仙已去靈蹤在，杖履尋幽喜共攀。陰陰雲霧埋仙境，不放山巒容易開。風伯前驅為除掃，分明認得使君來。

清陸心源《宋詩紀事補遺》卷四九
（按，未標原始出處）

## 婁壽

婁壽，高宗紹興三十二年（一一六二），以右奉議郎知崇安縣。官至宮師。事見明嘉靖《建寧府

## 莊琪

### 句

飛雲過雨灑明月。題浮香閣 明夏玉麟嘉靖《建寧府志》卷六

莊琪，高宗紹興三十二年（一一六二）知新城縣（明萬曆《新城縣志》卷三）。今錄詩三首。

### 鑑軒

鑿地一鑑小，清照遠山眉。不起奔雷浪，微生濯月漪。林深來《淳熙臨安志輯逸》卷四作欠屬玉，萍碎引伊尼。緬想人中鏡，披雲覿同上作觀更奇。

### 深靜堂

卜築愔愔不記年，蒲團布衲《淳熙臨安志輯逸》卷四作衲被夙因緣。一燈明滅照秋雨，殘炷有無縈暮烟。空谷風篁自成韻，虛窗霜葉警安禪。昔游尚記春強半，幽鳥相呼細柳眠。

林泉適意可忘年，靜境寥寥斷俗緣。滿戶清風翻貝葉，半窗晴日裊爐烟。無塵虛室自生白，隱几安心即是禪。杖策每來乘逸興，偷閑聊借北窗眠。

以上明方廉萬曆《新城縣志》卷四

## 邵輈

邵輈，高宗紹興三十二年（一一六二）為新城主簿（明萬曆《新城縣志》卷四）。後知崑山縣（明

嘉靖《崑山縣志》卷五）。今錄詩二首。

## 寧國寺

地勝千巖秀，名高萬古存。丹崖紀靈躅，紺宇蔽祇園。樹老垂藤影，池幽浸蘚痕。會心多興趣，隨意坐林樊。

明吳之鯨《武林梵志》卷六

## 鑑軒

池光開淨鏡，山影展修眉。石泠映碧色，烟輕生翠漪。乞湖思賀監，觀水詠宣尼。照坐心神瑩，徜徉殊復奇。

萬曆《新城縣志》卷四

（以上劉瑛整理）

## 撫州樂妓

撫州樂妓，知州張孝祥嘗招之侍宴。事見《夷堅支乙》卷六。

## 郡宴合生

同是天邊侍從臣，江頭相遇轉情親。瑩如臨汝無瑕玉，暖作廬陵有脚春。五馬今朝成十馬，兩人前日壓千人。便看飛詔催歸去，共坐中書秉化鈞。

宋洪邁《夷堅支乙》卷六

《夷堅支乙》：江浙間路岐伶女，有慧黠知文墨能於席上指物題詠應命輒成者，謂之合生，其滑稽含玩諷者，謂之喬合生，蓋京都遺風也。張安國守臨川，王宣子解廬陵郡印歸次撫，安國置酒郡齋，招郡士陳漢卿參會。適散樂一妓學作詩，漢卿語之曰：「太守呼為五馬，今日兩州使君對席，遂成十馬，汝體此意做八句。」妓凝立良久，即高吟云云。

（王嵐整理）

## 尹穡

尹穡，字少稷，兖州（今屬山東）人，僑居玉山。高宗紹興三十二年（一一六二）與陸游同爲樞密院編修官，同賜進士出身。孝宗隆興元年（一一六三），除監察御史，尋除右正言。二年，除殿中侍御史。歷遷諫議大夫，尋因言者論其議和之失而罷。《宋史》卷三七二有傳。

### 庸醫行

南街醫工門如市，爭傳和扁生後世。膏肓可爲死可起，瓦屑蓬根盡珍劑。偏收棄藥與遺方，縱有神丹亦無用。實者爲虛熱爲寒，幾因顛倒能全安。君不見形枯然卧一室，醫方爭功藥無必。左手檢方右顧金，兩手雖殊皆劍戟。

宋劉克莊《後村詩話》續集卷三

### 句

酬功不惜賞千布，送死惟堪縛一驢。　　聞僞齊入寇

景龍只是當時路，不見金錢打著人。　　靖康元夕

徒然五侍從，不辦一書生。　　束劉致中

本來飢飽非同鼎，安得浮沈自一舟。　　聞逆亮入寇

異日是非憂史謬，終身寒餓羨錢愚。　　又

草黃眠失犢，石白動知鷗。　　西軒

以上同上書前集卷二

以上同上書續集卷三

宋韓淲《澗泉集》卷一七《和昌甫》注引

## 撫州樂妓　尹穡

（劉瑛整理）

## 趙端行

趙端行,生平不詳,與尹穡(少稷)有唱和。今錄詩二首。

### 少稷賦十二相屬詩戲贈

不用為鼠何數奇,飯牛南山聊自怡。探穴取虎有奇禍,守株伺兔非全癡。文成雕龍成卷軸,畫蛇失杯坐添足。走馬章臺憶舊遊,歲月纔驚羊胛熟。羊疑當作六窗要自息獼猴,異□當每雞字無應心日休。白衣蒼狗變化見,世事何如牧豬戲。

影印《詩淵》冊一頁五七八

### 白鶴關

危亭石作關,假道一躋攀。白鶴何年去,青松盡日閑。坐時聞遠水,望處小他山。衲子雲衣厚,寒猶宿此間。

同上書冊五頁三二七七

(岳仁堂整理)

## 朱 某

朱某,高宗紹興間人。

### 紹興乙□中秋後五日乘休沐之□□舟□家為藏真之游

白首扁舟□訪尋,江山□□□登臨。□□□是□藏處,□□□平生賞愛心。

《宋詩紀事補遺》卷九八引石刻

(劉瑛整理)

## 湖南使者

湖南使者，失名。高宗紹興末爲荆湖南路轉運司屬官，駐衡州。事見《夷堅三志辛》卷四。

## 送黃行者

自有棋來不計年，古今唯是說爭先。個中一著如教會，殺盡三千與大千。

宋洪邁《夷堅三志辛》卷四《觀音寺道人》

《夷堅三志辛》：衡州柏坊渡觀音寺，紹興末年，有黃行者五更登樓聲鐘，見兩道人於板上對弈，暗中無所睹而爭戰甚酣，意其異人，叩頭求藥。其一授以一棋子使吞之，蹇然不見。黃行者素不習弈，然自是高手無敵。部使者兩臺臨治於衡，迎置公廨從學，竟歲不能得其妙。及遣歸，送以詩云云。

（岳仁堂整理）

## 强彥文

强彥文，失名。《清波雜志》卷二稱之爲近人。當生活於高宗、孝宗時，曾官溧陽丞。

### 句

空有青山自龍虎，可能荒塚更衣冠。　金陵道中

遠山初見疑無路，曲徑徐行漸有村。

船中燈火十年話，枕上江湖萬里心。

客舍三杯酒，漁舟半夜燈。

以上宋周煇《清波别志》卷二

（陳曉蘭整理）

## 宋沆

趙端行　朱某　湖南使者　强彥文　宋沆

宋沉,字叔子,學者稱鷹齋先生,金華(今屬浙江)人。光宗紹熙進士宋牲父。事見《宋元學案補遺》卷七二。今錄詩二首。

## 食米倉

陋巷顏回獨屢空,生涯惟在一瓢中。太倉腐粟雖山積,非義寧甘君子窮。

## 養齏

男必耕耘女必齏,古人尚爾我何貪。浴沂時候成春服,歌詠來歸道味甘。

(以上宋陳郁《藏一話腴》外編卷上)

(于博文整理)

## 釋惟嶽

釋惟嶽,《淳熙三山志》卷三三錄其詠福州東山功德禪院景物詩,當爲孝宗時人。今錄詩二首。

## 神移泉

嚴頭瀑布瀉寒烟,井底澄清浸月圓。性水真空周法界,神從何處更移泉。

## 涵虛沼

碧虛涵沼沼涵虛,虛沼員同絕欠餘。夜月麗虛知是影,更誰臨沼照蟾蜍。

(以上宋梁克家《淳熙三山志》卷三三)

(聞賢整理)

# 全宋詩卷二四一四

## 張栻一

張栻(一一三三—一一八○),字敬夫,《誠齋集》卷九八《張欽夫畫像贊》作欽夫),號南軒(同上書卷七三《怡齋記》作樂齋),祖籍綿竹(今屬四川),寓居長沙(今屬湖南)。浚子。從胡宏學,與朱熹、呂祖謙爲友。以蔭入仕。高宗紹興三十二年(一一六二),浚爲江淮東西路宣撫使,辟爲書寫機宜文字(《宋會要輯稿》選舉三四之一二)。孝宗隆興二年(一一六四),湯思退用事,主和議,隨父罷。乾道初,主講嶽麓書院。五年(一一六九),起知撫州,改嚴州。六年,召爲吏部員外郎兼權起居郎侍立官,尋兼侍講,遷左司員外郎。明年,出知袁州,以事退職家居累年。淳熙元年(一一七四)起知靜江府,廣南西路安撫經略使。五年,除荊湖北路轉運副使,改知江陵府、荊湖北路安撫使。七年卒,年四十八。有《論語解》、《孟子詳說》、《南軒先生文集》等。事見《晦庵集》卷八九《右文殿修撰張公神道碑》、《誠齋集》卷一一六《張左司傳》、《宋史》卷四二九有傳。

張栻詩,以明嘉靖元年劉氏慎思齋刻《南軒先生文集》(四十四卷,其中詩七卷)爲底本。校以明嘉靖繆輔之刻本(簡稱繆刻本)、清康熙錫山華氏刻本(簡稱康熙本)、影印文淵閣《四庫全書》本(簡稱四庫本)等。新輯集外詩編爲第八卷。

## 風雩亭詞

嶽麓書院之南，有層丘焉，於登覽為曠。建安劉公命作亭其上，以為青衿遊息之地。廣漢張某名以風雩，又繫以詞。

眷麓山之面陳，有絃誦之二宮。鬱青林兮對起，背絕壁之穹隆。獨樵牧之往來，委榛莽其蒙茸。試芟夷而刞視，禽衆景之來宗。擢連娟之修竹，森偃蹇之喬松。山靡靡以旁圍，谷窈窈而潛通。翩兩翼兮前張，擁千麾兮後原缺，據繆刻本、康熙本、四庫本補從。帶湘江之浮淥，盡遠岫兮橫空。何地靈之久閟，昉經始乎今公。悅棟宇之宏開，列闌楯之周重。撫勝概以獨出，信茲山之有逢。予揆名而諏義，爰遠取於舞雩之風。昔洙泗之諸子，侍函丈以從容。因聖師之有問，各踧陳其所衷。獨點也之操志，與二三子不同。方舍瑟而鏗然，諒其樂之素充。味所陳之紆餘，夫何有於事功。蓋不忘而不助，示何始而何終。于鳶飛而魚躍，實天理之中庸。覺唐虞之遺烈，儼洋洋乎目中。惟夫子之所與，豈虛言之是恭。嗟學子兮念此，遡千載以希蹤。希蹤兮奈何，盍務勉乎敬恭。審操舍兮斯須，凜戒懼兮冥濛。防物變之外誘，遏氣習之內訌。浸私意之脫落，自本心之昭融。斯昔人之妙旨，可實得於予躬。循點也之所造，極顏氏之深工。登斯亭而有感，期用力於無窮。

## 謁陶唐帝廟詞

宋淳熙四年，靜江守臣張某既新陶唐帝祠，以二月甲子，率官屬祗謁祠下，再拜稽首，退而歌曰：

溪交流兮谷幽，山作屏兮層丘。木偃蹇兮枝相樛，皇胡為兮于此留。萬冠佩兮充庭，潔芳馨兮載陳。純衣兮在御，東風吹兮物為春。皇之仁兮其天，四時叙兮何言。出門兮四顧，渺宇宙兮茫然。

## 公安竹林祠迎神送神樂章

神之來兮何許，風蕭蕭兮吹雨。悄屏氣兮若思，嚴霓旌兮來下。昔公車之自南，民望車以欷歔。今乘駒兮入廟,亦孔悲兮若初。秋月兮皎皎,嚴霜兮凜凜。微管吾其左袒。酌荊江以為醴兮,擷衆芳以為羞。歌嗚嗚兮鼓坎坎,惠我民,為此留。澤終古兮何窮,噫,兮,撫一氣兮橫九州。有新兮斯宇,竹森森其在戶。神之去,何所游。風颯颯,挾歸輈。俟昭明兮上征,有新兮斯堂,竹猗猗其在旁。嗟我民兮勿替,公顧民兮不忘。嗟我民兮勿傷,公時來兮一顧。有新兮

## 送八兄

彌旬積雨穗生耳,冬犂未渠收潦水。圍爐情話政爾佳,乃復歸舟行萬里。三年百感卧湘城,風急鶊鴒原上情。豈無他人意獨真,每覺軟語溫如春。少年銳氣凌八區,晚以樂義稱鄉閭。聞人有急若己如,天報兩子雙明珠。小隱卜築蘭溪邊,修篁喬木今參天。是非榮辱不到處,卷書一榻清晝眠。人言壽骨隱脩眉,慶事鼎鼎供期頤。豈惟宗族託軌範,政倚晚節增光輝。有弟有弟復何為,杜門讀書人謂癡。故山未遂掃松願,江頭獨立送歸時。

## 五十游嶽麓圖

閉門六月汗如雨,出門襟裾紛塵土。文書堆案曲肱卧,夢逐征鴻過前浦。西山突兀不可忘,勇往政須求快睹。朝暾未升起微風,中流吚啞挾鳴櫓。長林秀色已在望,有如出語見肝腑。意行愛此松陰直,眼明還喜碑字古。高低梵刹著幽居,深隱仙家開閟宇。忽看宮牆高十丈,學宮峩峩起鄒魯。斯文政倚講磨切,石室重新豈無補。危梯徑上不作難,橫欄截出可下俯。惟茲翼軫一都會,往事繁華雜歌舞。變遷返覆寧重論,昔日樓臺連宿莽。邇來人物頗還舊,豈止十年此生聚。泉流涓涓日循除,華表何時鶴來語。炎氣知不到山林,茗碗蒲團對香縷。鼎來杖履皆勝引,季也亦復同步武。洛陽年少空白頭,三閭大夫浪

自苦。一笑便覺真理存，高談豈畏丞卿怒。不圖畫僧聖得知，貌與兒童作夸詡。請君為我添草堂，風雨蕭蕭守環堵。

## 次韻伯承見簡探梅之什且約人日同遊城東

江湖漫浪歲年晚，雖有梅花誰寄遠。城中可人獨吳郎，不惜日力供往返。東郭枝頭玉雪明，下有清淺溪流橫。新春好趁花前約，莫待飄零空作惡。

## 張安國約同賦仇氏鹺甕酒

人間炎熱不可耐，君家甕頭春未央。想當醉倒卧永日，夢遶清淮歸故鄉。後生那得識此酒，從君乞方還肯否。徽州作賦為歆歆，荆州詩來端起予。

## 李仁父寄茯苓酥賦長句謝之

岷峩山中千歲松，枝虬幹直摩青空。雪霜剝落中不槁，膏液下與靈泉通。龜趺鳥伏自磊砢，金堅玉潔仍豐融。篝明夜取喜得雋，煮鼎朝聽如吟風。杵成坐上看飛雪，更和酪乳收全功。當知至味本無味，子若巽嚴脊梁硬如鐵，冠峩衣切雲佩明月。百好都隨春夢空，大藥獨傳鴻寶訣。中宵咀嚼不搖服之壽莫窮。豈嚴脊梁硬如鐵，冠峩衣切雲佩明月。百好都隨春夢空，大藥獨傳鴻寶訣。中宵咀嚼不搖頭，玉池生肥嚥不徹。憐我百慮形蚤衰，裹贈扶持意何切。丹砂着根護爾傳，脂澤釀黍計已拙。由來妙道初不煩，此法莫從兒童說。徑思舉袂揖浮丘，下視塵世真一瞬。朱顏留得亦何為，追逐同堅歲寒節。

## 和吳伯承

一葦湘可航，風濤逮春深。裴臺咫尺地，勇往復雨淫。窗前幾紅藥，俯首如不禁。悠悠覽物化，了知予心。卜鄰得佳士，問學方駸駸。端如雲間鶴，不受塵埃侵。應門有長鬚，杖策許相尋。匪為食有魚，

## 用前韻送彪德美

嘗嗜貴知味,短綆難汲深。讀書不能發,但自成書淫。況復翻異說,潢流渺難禁。豈知言意外,妙此惟微心。初無古今異,歲月漫駸駸。斯文天未喪,千載發韶音。春風滿天宇,魚鳥自飛沉。河流貫霄極,芥舟膠寸涔。鳴鳳不可見,修竹餘清陰。吾子妙處但微吟。文會匪易得,未應歸故林。君無泉石癖,膏肓詎須箴。

## 再用前韻

元化首萬類,聖學極幾深。有如亞聖賢,尚謹殆與淫。淺見僅一斑,歡喜不自禁。豈知天地全,於穆千聖心。嗟哉我學子,進道宜駸駸。立志務弘毅,異說毋交侵。仁端驗發見,精微試探尋。超然見大體,皎日破重陰。重新鄒魯傳,挽回韶濩音。當年不自勉,與物終堙沉。神龍倏變化,豈復顧泥涔。有來南山友,更唱共迭吟。羣材欲封殖,杞梓看成林。懇懃勸學子,逆耳成良箴。

## 采菊亭 并引

陶靖節人品甚高,晉宋諸人所未易及。讀其詩可見胸次灑落,八窗玲瓏,豈野馬遊塵所能棲集也。前建安丞張君,精力未衰即挂冠,家于瀏陽有年矣。葺小園為亭,面南山,來求予名。予名之曰采菊,取靖節所謂「采菊東籬下,悠然見南山」。嗚呼!靖節興寄深遠,特可為識者道耳。

陶公千載人,高標跨餘子。豈無濟時念,歛陰獨知止。歸來卧衡門,無慍復何喜。九日天氣佳,東籬擷芳蕊。舉頭見南山,佳處政在此。地偏心則遠,意得道豈否。張侯謝銀魚,築室娛燕几。小亭才尋丈,景物自新美。頗聞雙瞳清,亦復強步履。不妨數登臨,倚杖看雲起。高詠悠然篇,飛鴻送千里。

## 送楊廷芳《濂洛風雅》卷三作秀三首

自吾友若人,歎息恨不早。相逢未出語,已足慰懷抱。寒窗逾浹旬,百慮略傾倒。霜晴不留客,別語詎能好。不盡此時情,梅邊試深討。

昔人忘言處,可到不可會。還須心眼親,未許一理蓋。辭章抑為餘,子已得其最。當知鄒魯傳,有在文字外。請哦碩人詩,匪為樂考槃。

平生風雨夕,每念名節難。窮冬百草歇,手自種琅玕。吾子三十策,字字起三歎。豈欲求人知,正自一心丹。

## 送鮮于大任入成都幕

虞馬昔飲江,扁舟憶同鷺。翁方為國謀,客以名義故。安危匪前料,得失渠異趣。淮壖渺風雪,王事有程度。息偃多在床,君車不停駐。初無作難色,所立詎愁素。嗟我吳門別,風木歲徂暮。相逢復湘城,從容試長思,取急無窘步。作往事忍回顧。獨餘後凋心,特立凜不懼。莫邪雖云利,寧作囊錐露。善藏要有待,小試隨所遇。終無缺折虞,豈但走狐兔。吾州得良牧,民力或可裕。他時下瞿唐,訪我林下屨。儻於功名餘,更講末後句。本根賴封殖,彊索費調護。別忽草草,懷抱復誰付。

## 同遊嶽麓分韻得洗字

遊觀不作難,呼舟度清泚。新晴宿潦淨,羣山政如洗。上方著危欄,萬象見根柢。寒泉自可斟,況復雜

## 送張深道二首

秋風木葉落,送客麗譙東。豈懷兒女戀,愛此趣味同。牛風。吾子實所畏,立志高冥鴻。卓然遊聖門,不受異說訌。精微浩無窮。願言終玩繹,默參元化功。人言底柱險,袖手不敢邇。孰知人心危,毫釐千萬里。真僞。良知本易直,天機驗所起。涵濡自日新,日新乃無蔽。所進渺涯涘。我雖念不敏,詎敢忘所止。後會儻有時,深功同舉似。

肴醴。高談下夕陽,邂逅玄鑰啟。中流發浩歌,月色在波底。

## 留題金山寺

長江岷山來,灌注天下半。東行近海門,勇往更瀰漫。兩岸。我來最奇絕,霜月與璀璨。褰衣到絕頂,怳若上河漢。今古有長算。更深寂羣動,樹杪獨鳴鶴。回頭喚山僧,為記此公案。蒼巒忽中流,屹立助傑觀。孤根入層淵,秀色連悠然發遐思,俯仰為三歎。乾坤無餘藏,

## 送范西叔教授西歸

乃祖至和間,忠謀書鼎彝。但知陛下聖,豈知吾言危。元祐愛君語,讀者猶涕洟。典刑今不亡,盛德故在茲。歲晚子過我,秀若齋房芝。持身蹈規矩,出語無瑕疵。向來長安道,詎肯舍靈龜。萬里一泮宮,行囊幾新詩。湘山足幽勝,而水清漣漪。登臨豈不樂,邂逅紛榆思。我懶抱僻學,絕絃理朱絲。子獨慕千載,悠然契心期。豈不爲我留,感此節物移。臨岐撫陳編,為子三噫嘻。高深諒何極,循求有端倪。願

言勉事此,奕葉光前規。

## 王長沙梅園分韻得林字

令君五畝園,不問蓬蒿深。江梅忽秀發,邂逅成賞音。一笑領諸客,掃地坐牆陰。清芳到酒面,落蕊飄衣襟。月去未忍去,起舞獨微吟。人自賞晤耳,問花亦何心。花雖有開落,意則無古今。須君戒勿折,嘉實看成林。

## 送邵懷英赴召

自君之西來,吾徒獲三益。匪惟欣晤言,望見意已適。俯仰歲再更,交情共金石。翛然別我去,寧復得此客。諸公有推轂,詔下亟傳驛。嘉言久填胸,往觀天咫尺。豈其湘水邊,而可滯六翮。雖深惜別思,敢後天下責。嗟哉善利途,雞鳴分舜蹠。浮雲起毫釐,乃有泰山隔。持身與謀國,茲義貫於一。君侯天資高,遇事無逼迫。所立凜不回,舉手謝物役。保此方寸印,勿受一塵隙。廓然麗昭回,萬象歸指畫。富貴豈君心,事業追往昔。贈言不能工,庶以永無斁。

## 陪安國舍人勞農北郊分韻得蘭字

寒收花尚瘦,風靜江不湍。元戎肅千騎,歷覽無留難。好景要徐出,微雲故遮闌。惟春布嘉惠,公豈樂遊觀。龐眉八十老,扶杖來蹣跚。去年幸一稔,何以報長官。酌酒公自勞,得無有愁嘆。嗟哉三章約,所貴簡且寬。黃堂載清靜,自覺田里安。須公出妙語,茲遊記不刊。

## 安國晚酌葵軒分韻得成字

桐花三月寒,風雨滿江城。使君晚被酒,千騎過友生。名談宿霧捲,逸氣孤雲橫。揮斥看墨妙,笑語皆

## 安國置酒敬簡堂分韻得柳暗六春字 原連作一首,今按韻分作四首

詩成。人物有如此,爾輩賴主盟。更呼南鄰客,共此樽酒傾。愛我庭下竹,頭角方崢嶸。永懷冰雪姿,寧復世俗情。新篇一湔祓,凡木不足程。願言謹封殖,歲晚長敷榮。

桴鼓息荒村,襏襫盛南畝。永日省文書,呼客共樽酒。主人出塵姿,宛是靈和柳。行歸帝所遊,此地豈淹久。

公卧百尺樓,餘子可下瞰。我每奉談塵,原作塵,據康熙本改汲古得深探。身外皆為餘,此道要無憾。從渠梅雨天,陰晴遞明暗。

公憎孔壬面,怪石乃寓目。夜堂發深藏,林立驚滿屋。我亦苦嗜此,一見下風伏。何當載而歸,妙策三十六。

堂下列絲竹,堂上娛佳賓。相看夜未艾,樂此笑語真。風流今屬公,我輩但逡巡。文章千古意,翰墨四時春。

## 同元晦擇之遊嶽道遇大雪馬上作

驅車望衡嶽,羣山政參差。微風忽南來,雲幕為四垂。炎官挾蓐收,從以萬玉妃。庭燎亦何有,尺璧仍珠璣。奇貨吾敢居,妙意良自知。林巒倏變化,轍迹平高低。喬松與修竹,錯立呈瓌姿。清新足遐寄,浩蕩多餘思。平生湘南道,未省有此奇。況復得佳友,晤言相追隨。茅簷舉杯酒,旅榻誦新詩。更約登絕頂,同觀霽色時。

## 詩送元晦尊兄

君侯起南服,豪氣蓋九州。頃登文石陛,忠言動宸旒。坐令聲利場,縮頸仍包羞。却來卧衡門,無愧自日休。盡收湖海氣,仰希洙泗游。不遠關山阻,為我再月留。遺經得紬繹,心事兩綢繆。超然會太極,眼底無全牛。惟茲斷金友,出處寧殊謀。南山對床語,匪為林壑幽。白雲政在望,歸袂風颼颼。朝來出別語,已抱離索憂。妙質貴強矯,精微更窮搜。毫釐有弗察,體用豈周流。驅車萬里道,中途可停輈。勉哉共無斁,邈矣追前修。

### 遊南嶽風雪未已決策登山用春風樓韻

人言南山巔,煙雲聳樓觀。俯瞰了坤倪,仰攀接天漢。勇往愧未能,長吟湘水畔。茲來渺遐思,風雪豈中斷。行行重行行,敢起自畫歎。我聞精神交,石裂冰可泮。陰沴驅層霄,呆日麗旭旦。決策君勿疑,此理或通貫。

以上《南軒先生文集》卷一

## 張栻二

### 陪舍人兄過陳仲思溪亭深有買山卜鄰之意舍人兄預以頲鏊見名因成古詩贈仲思

築居湘水濱，歲月亦已久。寧知負郭東，勝處入君手。回環烟塢深，有此溪十畝。朝暾穿林薄，荷氣薰戶牖。堂堂吾州牧，下馬喚賓友。主人故喜事，一笑具殽蔌。汲泉泛崇蓮，洗盞傾稚酒。淋漓壁間書，自可傳不朽。我獨留薄莫，并溪時矯首。人言君不偶，此豈落人後。觀君眉宇間，似亦挾所有。隔溪更幽絕，古木蔭高阜。却立望遙岑，四序列鍾卣。原作鹵，據康熙本、四庫本改一鏊，豈羨印如斗。未知鄰家翁，還肯見容否。

### 送然姪西歸二首

堂堂希白翁，共惟同出自。百年詩禮傳，名教有樂地。嗟予力未勝，永抱蓼莪意。積累蓋百艱，承家豈云易。惕然履淵冰，中夜耿不寐。協心望爾曹，勉力紹前志。歲晚期有成，庶或保無墜。自子來見我，倏焉十六秋。一聞沂上音，此意便綢繆。中間豈不別，會合同轉頭。今茲舍我去，萬里不復留。豈不能挽子，懼子為親憂。六月送歸船，我思與悠悠。愛子剛毅資，不作繞指柔。琢磨須自修。居然知見廣，百病會有瘳。誰謂道云遠，行矣當深求。

## 送黃子默

元祐不復見,太史今諸孫。人物尚論世,典刑故猶存。酬歌拓金戟,三年佐雄藩。超然車馬中,高韻獨孤騫。永懷白鷗盟,修竹滿故園。得句見眉睫,外慕何足言。顧以感知己,跋馬向修門。朝開英俊途,王度待討論。小試翰林手,乘槎薄崑崙。我懶臥衡麓,秋風擷蘭蓀。交遊歡益落,拭目看騰掀。軒冕豈足貴,政爾名義尊。執手念相聞,此意古所敦。

## 過胡文定公碧泉書堂

入門認溪碧,循流識深源。念我昔此來,及今七寒暄。人事幾更變,寒花故猶存。堂堂武夷翁,道義世所尊。永袖霖雨手,琴書賁丘園。當時經行地,尚想語笑溫。愛此亭下水,固若玻璃盆。晴看浪花湧,靜見潛鱗翻。朝昏遞日月,俯仰鑑乾坤。因之發深感,倚檻更忘言。

## 次韻德美碧泉感舊之什且約胡廣仲伯逢季丘來會上封

相逢傾蓋地,回首歎川上。士窮不足怪,但喜氣愈王。凜然歲寒姿,儒林有龍象。棲遲似隱君,變鑠真詩將。惟應一彈指,欲了四大藏。舊習想冰消,豈復留餘恙。新篇更紆餘,和氣與醖釀。却思東魯遊,幾載南陽葬。風霜摧宰木,日月隨過浪。豈期經世心,晚歲成獨往。蕭然屋半欹,使我懷抱愴。獨有千載傳,此事可憑仗。細觀宇宙間,何得復何喪。尚期浮雲開,衡嶽來見狀。秋塞采蘭蓀,霜林收栗橡。曉看日浮空,夜賞雪侵帳。更憐二三友,前山屹相望。文會儻來尋,勝踐天所相。妙理須細論,長歌却雄放。褰裳請勿疑,當仁應不讓。

## 自西園登山

卷七有同題七絕一首,《南岳酬唱集》此詩題作《宿方廣寺》。

雨後溪重碧,木落山增明。西風肅羣物,感此秋氣清。振衣千崖表,俯瞰萬籟生。匪云幽遐慕,政爾未忘情。

## 路出祝融背仰見上封寺遂登絕頂 《南岳酬唱集》作聯句詩

我尋西園路,徑上上封寺。竹輿不留行,及此秋容霽。磴危霜葉滑,林空山果墜。幽吹不知山益高,但覺冷侵袂。路回屹陰崖,突兀聲蒼翠。故應祝融尊,羣峰拱而侍。崇蘭供清芬,深壑遞瓊田。白雲起我旁,兩腋風翩翩。舉酒發浩歌,萬籟為寂然。寄言平生友,誦我山中篇。勇往詎容憩。絕頂極遐觀,腳力聊一試。昔遊冰雪中,未盡登臨意。茲來天宇肅,舉目淨纖翳。遠邇無遁形,高低同一視。永惟元化功,清濁分萬類。運行有機緘,浩蕩見根柢。此理復何窮,臨風但三喟。

## 中夜祝融觀月 《南岳酬唱集》作聯句詩

披衣凜中夜,起步祝融巔。何許冰雪輪,皎皎飛上天。清光正在手,空明浩無邊。羣峯儼環列,玉樹生

## 晨鐘動雷池望日 《南岳酬唱集》作聯句詩

浮氣列下陳,天淨澄秋容。朝暾何處升,彷彿認微紅。須臾眩衆采,閶闔開九重。金鉦忽湧出,晃蕩浮乾坤。谽呀呈露,羣物光芒中。誰知雷池景,乃與日觀同。徒傾葵藿心,再拜御曉風。雙瞳。

## 道旁見穫者

腰鎌聲相呼,十百南畝穫。婦持黍漿饋,幼稚走雀躍。辛勤既百為,幸此歲不惡。王租敢不供,大室趣逋約。雖云粒米多,未辦了升龠。姑寬目前飢,詎有卒歲樂。樂歲尚爾為,一歎更何託。書生獨多憂,何以救民瘼。

## 臘後一日尋梅東門外馬上遇雪

嬴驂出東郭,靜與幽意期。尋梅冷入眼,野路信所之。寒萼靳未吐,我自愛橫枝。雪花忽排空,成此一段奇。歲晚故人闊,天寒鴻鴈稀。南國少霜霰,北山多蕨薇。坐看節物改,莫遣心事違。角巾風獵獵,日暮獨吟歸。

## 雪中登樓分韻得未字

南州冬多溫,一雪已可貴。今年臘三白,故足蘇品彙。朝來并危欄,舉酒聊自慰。翩翩着客衣,漠漠亂雲氣。珪璧滿天地,造物初不費。更邀二三友,晤賞見風味。燭至僕尚更,酒苦飲亦既。仍遣探梅花,已折南枝未。

## 笋脯一平馳寄因和去歲詩為一笑春笋未盛尚續致也

權門極珍羞,未辦食龍肉。我家湘楚山,鐸龍飫奴僕。淮南戶戶有黃虀,公令徑歸亦不癡。更包笋脯贈行李,定應笑殺長安兒。

## 湖南使者邵公召赴行 原奪,據文義補 在所寓客張某敬賦以餞行李

公來使湘州,氣象日淳美。不為察察明,自謂平平耳。頃聞上封章,便欲返桑梓。其如夔鑠姿,難着湖山裏。春風一札下,趣往觀天咫。儻無耳目蔽,庭戶即千里。項聞上封章,便欲返桑梓。揚舲一何駛。士方處遠外,憂國抱蘊底。寧應立君前,輔車有或柅。煌煌四門開,側席問民疾。百慮願畢陳,高風洒餘子。

## 次韻元晦擇之雪中見懷

## 送甘甥可大從定叟之桂林

流水浩無息,游雲去不休。我思在何許,起步三徑幽。男子四方志,胡為守一丘。盍簪未可期,此意空綢繆。平生子朱子,砥柱屹橫流。探古獨遐觀,萬象供雙眸。結友得林子,苦心事窮搜。原作士夸,據繆刻本、康熙本、四庫本改看渠清介姿,便可披羊裘。昔者千里駕,共我風雪遊。永言清絕景,秖以好語酬。居然隔年別,却喜翰墨留。詩來尚記憶,知子不我尤。講習今難忘,離索古所憂。但當勉耘耔,歲晚儻可收。

## 湘中館餞定叟弟分韻得位字

季也有行役,我思獨悠悠。親朋非不多,子能從之遊。人言桂林好,頗復類中州。近郊多勝概,雉堞冠層樓。待渠幕府暇,時與同冥搜。願為百鍊剛,莫作繞指柔。昔人不吾欺,子盍試反求。預想他年歸,此地復綢繆。刮目看二子,一笑紓百憂。子秋。處世多齟齬,但當付滄洲。超然擴遐思,詎可耳目謀。胸中富九流,挂席上湘水,青山挾行舟。籃輿問嶺路,政爾荔子秋。江樓倚夜闌,樽酒留客醉。挽衣更小語,不盡今夕意。吾家德義尊,此豈在名位。勉哉嗣芬芳,停此寬別思。

## 廣漢黃仲秉即轉運使治之東作亭扁以楚翠蓋取杜陵所謂楚岫千峰翠者屬客賦詩

維衡屹南荒,作鎮自開闢。蟠根結地厚,面勢倚空碧。陂陀數州境,高下相接迹。麓山乃其趾,神秀固未極。定王十里城,處處見山色。知誰長在眼,嗟此塵中客。觀風君獨暇,延納到几席。得句恍忘言,寄興渺今昔。自君之東來,民瘼極探索。仁言徹九闠,寧懼虎豹厄。諏詢遍南畝,民肥吾則瘠。築亭一舒嘯,遂此百憂隙。看山儻不愧,隱几亦聊適。寄語後來者,此意當無斁。

## 三茅觀李仁父劉文潛員顯道趙溫叔崔子淵置酒分韻得高字

節物歲云暮,九衢塵滿袍。起我二三友,招要步林皋。仰看冥飛鴻,俯覽千丈濤。石徑上深窈,竹風更蕭騷。杯榮自真率,更起瀉濁醪。歎我會合難,慰我涉歷勞。薰然鄉社遊,飲少意已陶。我亦壽長者,萬里欣所遭。嗟哉士業艱,逝矣日月滔。古義重金石,外物真秋毫。願言共勉厲,勿負岷山高。

## 寒食前三日野步烏龍山中石上往往多新芽手擷盈匊酌之芳甘特其有芳叢

披雲得新腴,煮泉聽松風。香永味自真,不與餘品同。悠然泊莫留,歸來隱疎鐘。念昔湘濱游,年年擷芳叢。遲日照高嶺,新雷驚蟄龍。落磴快先啜,鼓腹欣策功。夜燈紫筠窗,香生編簡中。誰與共此樂,臭味有鄰翁。揭來七里城,日月轉飛蓬。山川豈不好,予憂日忡忡。原作冲冲,據康熙本、四庫本改思君復無窮。

## 懷伯承兄賦此以寄

平生苔雪夢,邂逅此登臨。青山秀而遠,溪水潔且深。已歌棠棣詩,更作伐木吟。兄嗟弟行役,友念朋盍簪。情深語更質,意到酒自斟。荷風生泊莫,涼雨洗遙岑。翻然放舟去,別緒故難任。我行日以遠,佳處長會心。作詩寄餘韻,併以謝幽尋。

## 六月晦發雲川廣德兄與諸友飲餞于漁山已而皆有詩贈別寄此言謝

修竹初成林。居然得此客,領畧還披襟。浮玉千古色,飛鳳何年音。小丘闢菀荒康熙本作荒蒼,

## 遊靈岩

我登姑蘇臺，笑指前溪水。水從具區來，古色映清泚。明朝泛舟去，兩岸雜蘋芷。縈紆知幾曲，舉目皆可喜。稻熟千頃黃，秋入四山紫。疎鐘度橫塘，青帘穿野市。忽驚秀氣逼，突兀平地起。飛閣出林頴，穹石滿山趾。褰裳上深徑，鳴蟬聲聒耳。木罅露遐觀，欲進足屢止。梵宮開何年，金碧煥相倚。上方納湖光，千里净如砥。中峯何亭亭，正爾當燕几。沙闊鷗鷺微，水落魚龍徙。雲遠閩邦，草迷于越壘。琴臺俯香徑，不念前王侈。兹山自古今，詎此能為痣。老松獨堅卧，根株互盤峙。頹然閱滄波，愛此青未已。我來三日留，幽事付行李。領畧寧有窮，登臨聊可紀。

## 遊惠山

兹泉幾歲月，復此慰渴心。諒惟獨鍾秀，源委來何深。在昔抱幽獨，邂逅逢賞音。希聲聽者難，至味乃可尋。兀坐正亭午，涼風度清陰。於焉有深晤，三歎復微吟。

## 遊池州齊山

舊聞齊山勝，抱病來登臨。蒼然俯平湖，秀出幾百尋。穹石天與巧，修篁近成林。高攀極巉巖，俯探窮窈深。愛此堅貞姿，摩挲會予心。憶行西湖岸，亦復多欹嵌。頗恨人力勝，刻畫時見侵。誰知醜石面，乃亦變孔壬。何如榛莽間，屹立長森森。天然抱幽獨，妙質逢賞音。支笻到絕頂，孤亭指遥岑。樊川有留詠，兀坐一長吟。

## 齊山石壁間見林擇之題字緬懷其人賦此

平生子林子，一別今幾春。寧知林壑中，忽見題墨新。巉巉屹蒼石，恍若對其人。徘徊不忍去，我懷誰為陳。自子來江東，相去亦已邈。謂當復相逢，跂首日望子。云何竟差池，又此隔千里。憑高久佇立，飛鴻渺煙水。

## 過馬當山

千秋馬當廟，千尋獅子磯。寒風起崖腹，慘澹含陰威。孤帆駕巨浪，瞬息洲渚非。忠信儻可仗，神理茲不違。

## 過乖崖堂

平生乖崖公，及此拜原作邦，據繆刻本、康熙本改仿像。念當絕其根，所畏日滋長。晴空轟雷霆，下土走魅魍。凜然風埃外，餘子避英爽。憶公昔正色，抗論指邪枉。云何廊廟姿，半世江海上。徒令治郡聲，迄今滿天壤。論相危及公，亦豈坐倔彊。嗟哉彼隘俗，利欲扼其吭。聞公卓絕風，吐舌仍儻悅。豈知古之人，事業係所養。臨機隨手應，如爬適苛癢。李侯亦高世，希蹤自疇曩。萬里見丹青，高堂闢虛敞。琅琅壁間記，讀者興慕仰。我來歲云莫，霜林振餘響。嘆息重徘徊，題詩詔吾黨。

## 張子困攜二子西歸求予詩爲賦此以致鄉黨之義

窮冬泝荊江，風急波濤怒。張君一葉舟，追逐任掀舞。時從古岸邊，頗得班荊語。君家岷山下，須眉挾風雨。萬里垂橐歸，問君自何苦。兩兒纔過膝，秀色隱眉宇。昨者試省中，誦書聲琅琅。我爲三咨嗟，每見必摩拊。祝君須愛惜，事業貴有序。美質在亦復記訓詁。呼前與酬答，進止良應矩。道遠方愁予，速成戒自古。可使利欲風，居然熏肺腑。良心人所同，愛敬發端緒。岷江本一勺，東流貫吳楚。但當養其源，日進自莫禦。君歸閉門思，予言或可取。陶冶，如器無苦窳。

## 過洞庭

城頭雞一號,浩蕩風腳回。篙師起相呼,牽帆上高桅。我亦推枕聽,波浪聲轟隤。窗間試一覘,萬頃銀山開。附火且安坐,念此亦快哉。良久天平明,已見金沙堆。泊舟古廟底,喜色動輿臺。我行正長夏,及此歲律摧。通籍恨亡補,敢賦歸去來。所至有何忙,妙處姑徘徊。險阻元自平,鷗鳥亦不猜。萬事有定理,渠謾費安排。明朝上湘水,雪意正栽培。行矣一杯酒,好在故園梅。

## 次韻陳寺丞建除體

建議了亡補,歸來謝馳驅。除荒城南丘,有田十畝餘。滿城車馬喧,得此逃空虛。平湖永畫靜,泉聲雜埤堄。定自非偶然,供我耳目娛。執熱者誰子,來浣塵土褕。破顏為我笑,共看雲卷舒。危機起於中,胡越生同車。成功妙克己,八荒元一區。收心試參此,得失竟焉如。開緘得君詩,嗜好如我迂。閉門君未可,出處本非疎。

## 湖南參議宋與道奉祠歸崇安里中賦此以別

憶昔歲丙寅,束書從吾翁。驅車服嶺南,弭節湟江東。湟江地僻左,窮年少過從。邂逅傾蓋友,一笑鸞煙空。秋水泛孤艇,春郊支短筇。琴書適有餘,酬唱寫不供。豈惟吾曹歡,固足愉親容。日月遽如許,于今再星終。中間亦會面,別去復轉蓬。歸來洞庭野,乃此相迎逢。回首欷風樹,欲語悲填胸。愛君堅忍姿,凜凜霜後松。徐公真有常,意味與襄同。自云洞庭樂,遠勝千戶封。將兒更抱孫,綵衣映謏叢。幸蒙故人惠,苦語相磨礱。梅霖漲宿潦,行李何匆匆。知君頗挾此,詎信詩能窮。同里有佳人,抱獨環堵中。未妨閒暇日,更共討論功。它時有新得,為寄冥飛鴻。

## 嚴慶胄射策南歸迂途相訪六月二十有一日同遊城南書院論文鼓琴煮茶烹鮮徘徊湖上薄莫乃歸明日作別書此爲贈

炎暑盛三伏,駕言得清遊。城南才里所,便有山林幽。崇蓮炫平堤,修竹綠高丘。方茲閔雨辰,亦有清泉流。舉網鮮可食,汲井瓜自浮。絲桐發妙音,更覺風颼颼。喜無舉業累,獨有講學憂。遽子閒暇日,微言要窮搜。譬彼治田者,黽勉在勿休。但勤穮襃功,勿作刈穫謀。雖云千里別,豈無置書郵。祝子時嗣音,慰我日三秋。

## 長沙歷冬無雪正月十日與客登卷雲亭望西山始見一白莫夜復大作竹聲蕭然是日坐上分韻得雲字

冬溫氣苦蟄,玄冥未書勳。薄雪殿餘臘,一夜收楚氛。原作氣,據繆刻本、康熙本、四庫本改 蒼蒼西山樹,棲此萬鶴羣。爽氣入病眼,幽懷愜前聞。意到自舉酒,興欣想農圃,潤澤到萬芹。我亦破曉出,喚客來卷雲。薄莫勢未已,飛花復繽紛。還將蕭瑟聲,一一付竹君。洗盞且更酌,清絕未酣醺。語多祗論文。

## 次韻周畏知問訊城東梅塢七首

城東幽事如許,一見定勝百聞。苦雨斜風無奈,斷橋流水餘芬。

誰知牛鐸黃鐘,寡和陽春白雪。如君句法飽參,妙處不關言說。

春意新回庭樹,角聲莫起江城。更着水仙爲伴,真成難弟難兄。

可是看花不厭,城南更欲城東。多謝諸君着語,莫教孤負春風。

堤上已垂新柳,屋邊尚有殘梅。雪盡春生湖水,野航竟原作意,據繆刻本、康熙本、四庫本改日悠哉。

人情自爾變遷，此道不渝燥濕。未妨靜處閑觀，要知二五即十。短筇遍歷溪山，款段時尋鄰里。遇酒聊一中之，得句亦偶然耳。

## 別離情所鍾十一章章四句送定叟弟之官嚴陵

別離情所鍾，會合意無斁。如何僅踰歲，復賦弟行役。

去路阻且長，念子衣裘單。歲律亦已暮，風烈雪漫漫。

嚴之水渝漪，其山復蒼蒼。子陵釣游地，草木有餘光。

我昔臨此州，民容拙使君。子行為多謝，慰彼無毫分。

別駕亦何事，休戚理則同。但使民受惠，無論別駕功。

巍巍孤高亭，念我昔所喟。子也時一登，千載起立志。自注：某在嚴陵，嘗為宋廣平立孤高亭。

義路本如砥，利徑劇羊腸。何以書子紳，世德不可忘。

自昔謹交際，人情易因循。敬始以念終，君子貴守身。

鄭邦呂正字，質疑時以書。校官有衺子，苦語莫厭渠。

藐茲遺體重，相對子與予。祝子以自愛，念不忝厥初。

雲滿南陽陌，書藏善和宅。行行重回首，無使歸思隔。

送子目力短，朔風吹我裾。心焉獨如結，子也當念予。

## 平時兄弟間十三章章四句送定叟弟之官桂林

平時兄弟間，未省別離味。別時已不堪，別後何由慰。

庭萱既荒蕪,綵綬委塵土。子嘆予咨嗟,寒窗夜風雨。逮此閒暇日,賴有先世書。與子共細繹,舍去情何如。嗚呼忠獻公,典則垂後裔。何以嗣先烈,匪論達與窮。永惟正大體,不遠日用中。遺言故在耳,夕惕當自厲。履度如履冰,猶恐有不及。事業無欲速,燕逸不可求。南山有佳木,柯葉正敷榮。歲晚豈不念,風雨漂搖之。嶺海坐清靜,府公金玉姿。幕府省文書,簡編可委蛇。但當護木四庫本作本根,紛紜爾何為。願圖歲晚功,大用寧小成。速成適多害,求逸翻百憂。毫釐儻不念,放去如決拾。十步有茂草,會府宜多賢。親仁古所貴,更誦伐木篇。聞之元城公,南州宜止酒。止酒縱未能,少飲還得不。子行日以遠,我思日以長。政或少閒暇,書來不可忘。

## 芭蕉茶送伯承伯承賦詩三章次韻

與子藝蘭九畹,勝渠賜壁一雙。更碾春風白雪,同看明月清江。

正色可參官焙,妙香還近稶山。草木叢中清絕,天教散在人間。

春去雲藏嶽麓,梅黃雨漲昭潭。政爾倚欄無那,一甌喚起清談。

## 賦遺經閣

生世豈云晚，六籍初未亡。向來言外旨，瞠視多茫茫。隱微會見獨，如日照八荒，始知傳心妙，初豈隔毫芒。絕學繼顏孟，淳風返虞唐。讀書無妙解，數墨仍尋行。沉復志寵利，荊榛塞康莊。自云稽古功，一洗漢儒陋，活法付諸郎。此病真膏肓。君家屹飛閣，面對羣山蒼。匪為登臨娛，牙籤富書藏。邀予為著語，會意詎可忘。

## 三友堂

寒窗政爾念蕭瑟，況復故人疎近音。憑欄為子賦三友，便覺冰霜千古心。

## 初春和折子明歲前兩詩 原連作一首，據韻改兩首

古今同活法，妙處在阿堵。浮雲不作祟，原作祟，據康熙本、四庫本改白黑可坐數。窮冬掩關卧，豈為作詩苦。一杯徑陶然，敢羨車載麴。
新春風雨中，日日鳩鳴屋。小園政可步，奈此泥淀足。却坐問樽酒，知足乃不辱。
挑燈讀韋編，至味可深咀。

## 和德美韓吏部笋詩

籜龍春雨後，得勢頪乘軒。驟長寧嫌速，駢生詎厭煩。錯連非異族，蒼老見玄孫。色并蒲葵扇，香侵老瓦盆。靜依花影轉，新帶蘚文昏。外美看彪炳，中虛驗晏温。出欄俄競秀，侵徑怳孤騫。穎脫錐囊見，森嚴武庫存。風回飄粉霧，龜拆露坤垠。生理知無息，神功本不言。牙籌誰數箇，玉斧莫傷根。錯立環兵衛，周羅儼翰藩。危岑遥寸露，睹浪忽驚奔。勁節回青眼，齊觀壯小園。嚴凝難奪志，霡霂合知恩。蛟鱷蟠深宅，牛羊隱半垣。委蛇隨戶牖，撑拄動荃蓀。藐真應莫稱，著譜欲重
愛惜滋千畝，高低辨兩番。

論。豈止同苞茂，真成後嗣繁。兒童防戲折，口腹謝空飧。深夜共椽燭，清朝列戟門。於菟真筆棁，季子屢髯掀。北海雖頻設，南山可盡髠。深培資後賞，獨倚莫消魂。看取炎歊候，清陰蔭午暾。

### 生辰謝邵廣文惠仁者壽賦

左弧念當辰，藐此卧歲晚。重雲不予蔭，敢望滋九畹。南鄰有良朋，敏質快瓴建。進道方騤騤，吐辭看衮衮。妙語極吹噓，至理屬關鍵。嗟予澹泊好，學植自穢蔉。豈能益涓埃，感子意繾綣。昭然隱微中，當念仁豈遠。起知妙乾體，實理踐坤簡。大易乃在我，亙古當一本。期君得真傳，永以息邪遁。

以上
《南軒先生文集》卷二

## 張栻三

### 五月十六日夜城南觀月分韻得月字

梅收清風來,宇淨實鑑揭。頻年城南游,未有今夜月。呼舟泛微瀾,游魚亦出沒。危榭倒影浮,倚檻涼入骨。舉酒屬西山,寒光動林樾。諸君興未已,南阜上突兀。目極大江流,高情更超越。

### 三月七日城南書院偶成

積雨欣始霽,清和在茲時。林葉既敷榮,禽聲亦融怡。鳴泉來不窮,湖風起淪漪。西山卷餘雲,逾覺秀色滋。層層叢綠間,愛彼松柏姿。青青初不改,似與幽人期。坐久還起步,堤邊足逶迤。游魚傍我行,野鶴向我飛。敢云昔賢志,亦復詠而歸。寄言山中友,和我平詩。

### 四月二十日與客來城南積潦方盛湖光恬然如平時泛舟終日分韻得水字

澤國盛梅雨,漲潦彌兩涘。常時侵溢患,乃復到城市。納湖迫西闉,衝突固其理。今年築隄防,楗石細積累。艱辛迄崇成,龜魚亦歡喜。節宣有程度,盈縮無壅底。昨宵水沒岸,民居例遷徙。走馬來問訊,屹若堅城壘。江濤從渺茫,湖光自清泚。小舟足游泳,新荷方藹藹。嘉我二三客,共此風日美。相期寂寞濱,雅意淡如水。念言隄防功,得失乃如彼。而況檢身者,詎可忘所止。明朝更哦詩,斯言或當紀。

### 展省龍塘有作

十年衡山陰，驅馬幾往還。山色如故人，牧豎隨馬鞍。俯伏長松下，清晨涕汍瀾。念昔初拱把，茲焉影團欒。白雲歸何時，日月如轉環。矯首祝融峯，依前倚高寒。於焉百感集，欲去良獨難。我阡。卒歲復何念，一飽未補前。我思昔之人，備豫理所先。積倉徧郊野，甘雨盈公田。風霜摧我稼，粮莠長復古何由緣。

## 田舍

竹葉帶曉露，茅簷起炊煙。蠻吟枯草根，犬吠壞垣邊。田家亦何營，生理固足憐。風霜摧我稼，粮莠長我阡。卒歲復何念，一飽未補前。我思昔之人，備豫理所先。積倉徧郊野，甘雨盈公田。臨風重搔首，復古何由緣。

舊聞長沙城東梅塢甚盛近歲亦買園其間念欲一往未果也癸巳仲冬二十有八日始與客遊過東屯渡十餘里間玉雪彌望平時所未見也歸而為詩以紀之

半生客荊楚，歷覽非一隅。寧知城東路，有此梅萬株。瘦馬路曉寒，清風起菰蒲。度溪上平坂，頓覺景物殊。霏雪下晴畫，香霧迷前驅。近坡與遠嶺，玉立同一區。老樹固瑰特，小枝亦敷腴。有如衆君子，彙聚德不孤。精粗無可揀，酥酪與醍醐。千株未覺多，此語信不誣。班荆或小憩，沽酒時一斟。勝賞諒難盡，昭質知不渝。我有十畝園，丘壑正盤紆。念此縞袂侶，歲晚足我娛。來遊自今始，琴書與之俱。回首桃李場，泠淡莫邪揄。

平父求筍炙既并以法授之乃用往歲張安國詩韻為謝輒復和答

知君友竹君，寧使食無肉。更哦脯筍詩，句妙騷可僕。南公鮭菜儈父齋，嗜好自爾元非癖。君但將從力嗷此，大勝折腰鄉里兒。

## 題淮陰祠

秦關昔先驅,南鄭豈淹久。夜中丞相歸,平明印垂肘。古來豪傑人,調度出樽俎。登壇一軍驚,六合已在手。從茲看廓清,指揮如運帚。時艱思奇才,廟古醅樽酒。出門望長淮,故國長稂莠。風雲正慘澹,人事極紛糾。拘攣儻無累,吾欲獻九九。

## 時爲桂林之役前一日刑部劉公置酒相餞曾節夫預焉既而劉公用陶靖節斜川詩韻見貽亦復同賦以謝

通籍念無補,先廬獲歸休。所忻三載間,暇日從公遊。城中十畝園,頗復依清流。渺渺送歸鴈,翩翩下輕鷗。駕言欲南鶩,跼蹐眷林丘。況且遠晤言,公唱孰與酬。祖席近佳日,呼客仍我儔。相與千載思,誰復念此不。新詩更紓餘,用以寬離憂。它年南阜約,剝啄時相求。自注:城南有丘歸然,名以南阜。它年當與公歲講是遊也。

## 送劉樞密留守建康

整駕欲南騖,乃復送公舟。公行民所瞻,願言勿淹留。向來秉事樞,正色有忠謀。坐覺國勢尊,已驗權綱收。如何霖雨澤,偏使及南州。新春紫詔下,聞者寬百憂。誰昇今重鎮,百萬宿貔貅。控江撫長淮,聲勢接上流。吾皇志經略,此地合綢繆。不應萬全策,歲月空悠悠。先當植本根,次第施良籌。未聞欲外攘,而乃忽內修。幕府方宏開,人才要旁搜。可不念菲菲,惟當別薰蕕。留鑾豈淹久,即歸侍前旒。盡舒醫國手,調療會有瘳。還憶退荒守,時能寄音不。

## 淳熙乙未春予有桂林之役自湘潭往省先塋以二月二日過碧泉與客煮茗泉上徘徊久之

下馬步深徑，洗盞酌寒泉。念不踐此境，于今復三年。人事苦多變，泉色故依然。緬懷德人游，物物生春妍。當時疏關功，妙意太古前。屐齒不可尋，題榜尚覺鮮。書堂何寂寂，草樹亦芊芊。于役有王事，未暇謀息肩。聊同二三子，煮茗蒼崖邊。預作他年約，扶犁山下田。

## 七月旦日晚登湘南樓

又書稍去眼，日夕進微凉。高樓一徙倚，清風為我長。漁父蔭深樾，歸人度浮梁。仰看河漢明，俯視羣山蒼。平生會心處，於此故難忘。舊聞水東勝，巖巒發天藏。豈無一日暇，勇往聊徜徉。民瘼未渠補，況敢懷樂康。天邊雲物佳，似復為雨祥。秋成儻可期，歲晚或自強。當從農家鼓，一歷水雲鄉。

## 望後一日與客自水鄉登湘南月色佳甚翌日用鄉字韻簡游誠之

一雨五日餘，南州三伏涼。喚客近方沼，笑譚引杯長。相將復登樓，月色在屋梁。念我懷百憂，忽忽髮變蒼。及此少自舒，觴詠未可忘。孤光凜下照，景妙無留藏。沙邊數白鷺，欲下仍翔祥。羣動亦自得，如我四體康。平生子游子，虛白生吉祥。官舍并樓居，登臨筋力強。未可效王粲，居然思故鄉。自注：誠之所居正在樓旁。自中憂以來，每攜書獨登。

## 定叟弟生朝遣詩為壽

我昔在嚴城，惟子桂林思。舊游復更踐，相望仍今茲。行止不可期，會合何參差。況乃近重九，清杯憶同持。想子撫初度，難忘蓼莪詩。而我獨束向，慇懃頌期頤。祝子以愛身，永佩過庭規。勉子事遠業，昔賢以為師。安車按節度，中道行逶迤。他年老兄弟，鶴髮仍龐眉。歲晚話平生，期以無媿辭。及此良未易，兢兢願同之。

八月既望要詳刑護漕游水東早飯碧虛徧觀棲霞程曾龍隱諸巖晚酌松關放舟過水月洞月色佳甚逼夜分乃歸賦此紀遊

瀧江即湘江,戢戢清見石。其東列羣峯,秋色碧復碧。日出霧露收,草徑上逼側。憑欄揩望眼,已足慰疇昔。更窺巖穴勝,創見為驚咋。如何數里間,奇觀相接迹。寬同廈屋深,劃若巨靈擘。日月遞光景,風雲變朝夕。石橋幾年成,乳竇時一滴。神龍舊隱處,仰視多辟易。蛻迹凛猶存,隱隱印霜脊。下有澄湫深,餘波漱蒼壁。往者已仙去,來者此其宅。薄晚扣松關,風過聲索索。聊麈車騎退,容我且散策。却望菅家洲,輕舫度前磧。回首煙樹林,已復挂蟾魄。宇曠淨餘滓,羣物被光澤。何所寄遐思,空巖皎虛白。清輝可一規,水色相激射。天邊與川上,亭亭如合璧。居然廣寒游,不用假六翮。班坐依微瀾,晤賞共佳客。因之想千載,詎有今古隔。簫鼓歸夜闌,觀者粲城陌。往往羅杯盤,班班見骰核。諒因年歲豐,人意少舒適。視爾意少舒,於予亦忻懌。

## 次韓機幕韻

韓杜有佳句,炯炯如辰星。自昔此邦勝,中土亦歆聽。奇觀今愈多,洞戶長不扃。原作扁,據繆刻本、康熙本、四庫本改秀色真可餐,腴澤到畦丁。寒巖度輕舫,瘦嶺着危亭。固已小鴈蕩,寧復談錦屏。自我來擁麾,每思御風泠。如何半載間,足迹才一經。居然俯仰中,便覺塵慮冥。舊刻暗蒼蘚,往事過奔霆。頗聞煙霞外,往往接神靈。向來羽衣士,吐內誇奇齡。終焉亦歸盡,難留鬢毛青。塞隴度霄漢,沙鷗飛遠汀。人生亦何有,泛若水上萍。勿作分外念,但勉明德馨。哉天壤間,逍遙各隨形。乘時各努力,日馭不我停。夢回故園好,蘭菊羅中庭。從知靖節醉,遠勝次公醒。

## 秘閣鄭公移節鄉部置酒餞別詩以侑之

嗜僻寡同好,意合難語離。傾蓋今幾年,盍簪愜心期。況復王事同,退食陪委蛇。窺君肺腑中,落落無藩籬。獨有見義勇,褰裳原作襄,據四庫本改欲從之。憂時多苦語,據古更餘悲。坐使嶺海間,冰雪映清規。我拙倚君重,孤懷良自知。平時里社游,耳目到隱微。正如乘霧行,不覺蒙其滋。人生豈無別,懷此尤依依。維閩號蕃庶,今亦困繭絲。平時里社游,耳目到隱微。還歸報明主,廟論資扶持。願堅歲寒節,慰我別離思。

## 清明後七日與客同爲水東之游翌朝賦此

平生山水癖,妙處只自知。夙約常寡味,邂逅愜心期。幅巾與藜杖,安步隨所之。謁來坐官府,頗覺此願違。城頭望羣峯,欲往類絆羈。三春苦風雨,晴日一伸眉。沙邊散車騎,竹輿從嘔咿。獨與三四客,興來即野服相追隨。亭高俯空曠,洞古探環奇。懸崖隱日月,幽壑蟠蛟螭。澗水雜鳴佩,松風發清吹。昔游木葉下,今茲綠陰肥。江傾酒,語到亦論詩。聊揩簿書眼,償此閒暇時。所歷固未厭,所感多餘思。山雖可識,歲月迅如馳。素餐豈不念,懷安敢云私。歸來耿不寐,欹枕聽晨鷄。

## 題榕溪閣

寒溪澹容與,老木枝相樛。其誰合二美,名此景物幽。太史昔南騖,於焉曾少休。想當下榻初,清與耳目謀。品題得要領,亦有翰墨留。我來訪遺址,密竹鳴鈎輈。稍令舊觀復,還與佳客遊。樹影散香篆,水光泛茶甌。市聲不到耳,永日風颼颼。所忻簿書隙,有此足夷猶。平生丘壑願,如痼不可瘳。雖知等喧寂,終覺靜理優。更思濯滄浪,榕根浮小舟。

## 送陳擇之

君能千里來，乃作觸熱去。涼秋幸非遙，歸計無已遽。向來文字間，講論有平素。及茲共王事，益得君佳處。幾微獨深窺，圭角本不露。豈期寂寞濱，獲此友朋助。吾邦雖云僻，山水足奇趣。更期休沐晨，後會未可期，往事屢回顧。匆匆何少悰，咄咄出別語。君懷負丞恩，行矣當及戍。我亦念歸歟，霜天收栗芋。臨相與窮杖屨。贈言復何有，獨以此道故。寥寥千載前，達者同一路。所趨固絕塵，所履無虛步。深覺居高，仰止有餘慕。要須學滄溟，匯此百川注。他年儻相憶，訪我城南囿。無使歲月深，永思編簡蠹。

## 止酒

淵明通達士，止酒乃成詩。終焉未能忘，寄意良在茲。勇哉典午君，覆觴無再期。念彼萬乘貴，艱難有深思。況乃一介士，而或志可移。祓齋撲前訓，剛制聖所辭。銘心諒無斁，多言亦奚為。

## 斜川日雪觀所賦

行客念故里，勞者思少休。如何歲華新，尚爾天南游。涉五遇佳日，品題自名流。緬懷千載人，孤高諒難儔。亦有一二士，舉酒相勸酬。未知吾故園，草木如此不。政拙甘下考，智短空百憂。賜歸儻蒙幸，舊盟良可求。

## 靜江歸舟中讀書

南風駕小雨，羣山淨如沐。吾歸及新涼，所歷慰心目。軋軋柔櫓鳴，臥見山起伏。推枕意悠然，還取我書讀。平生領解處，於焉更三復。老矣百念疏，但欲斯境熟。向來五嶺游，日力半吏牘。小心了官事，

## 張子真楊政光吳德夫追路湘源賦此以別

終覺媿悍獨。世路自險夷,人情費追逐。翩翩孤飛翼,息蔭望林麓。驅車出嚴關,觸熱歸路長。一雨羣物蘇,吾行亦清涼。蕭然短長亭,每語夜未央。張子名家駒,千里方騰驤。灘水自南去,湘流正洋洋。楊郎嶺中彥,而能歛鋒鋩。延陵舊所熟,跋馬勤送將。向來幕府遊,三秀麗齋房。居然出別語,分袂楚粵鄉。人生會有別,勿悲參與商。獨有贈言意,臨岐更平章。風俗易移人,宦途劇羊腸。千鈞有不守,決去飛鳥翔。要當勉自持,詩書作金湯。他年相會處,刮目看增光。為謝桂父老,無澤留一方。惟餘石間字,時與洗苔蒼。

## 登江陵郡城觀雪

黃雲澹四垂,飛雪忽無際。排空風力靜,整整若有制。穿林初着花,點瓦已成壘。低連七澤波,遠接關河勢。憑城領奇觀,壯思起病滯。四年領邊州,氣候苦多盭。清秋日昏昏,仲冬雷虺虺。雪花有時零,轉首即開霽。及茲洗瘴眸,天公豈無意。為邦抱百憂,但願得豐歲。對之一欣然,不飲心已醉。春前尚餘臘,三白或可冀。更約竹間梅,共作歲寒計。

## 正甫還長沙復用斜川日和陶韻爲別

吾黨有佳士,寡欲自日休。卷言平生心,從我萬里游。披雲度嶺嶠,犯雪臨江流。顧我無定蹤,飄然若輕鷗。茲行雖云遠,所忻近故丘。況得與君俱,豈患寡朋儔。有酒君為飲,有句君能酬。如何舍我歸,頗亦念此不。我老百念冷,獨有謀道憂。臨岐無他祝,簡編細研求。

子遠使君出守廣漢始獲傾蓋諸官賦詩贈別某廣漢人也故末章及之

半生落南州,分與岷峨疎。謁來荆江上,所忻近鄉間。吾鄉多隽豪,雜遝來舟車。時從說情話,頗覺中懷舒。中間識胡公,粹美真璠璵。心遠氣自靜,語簡意有餘。向來有推轂,入校中祕書。名場萬夫立,人亟我則徐。拳拳抱忠愛,百慮纔一攄。白雲已在望,思親惜居諸。乞州枌榆邊,政以便版輿。同舍挽不住,清風挾歸裾。觀君進退間,此豈為名譽。春帆肯小駐,論交良慰予。愛君秉質高,且復富蓄儲。任重則道遠,願言勿踟躕。我亦有一廛,徑思歸荷鋤。

## 李仁甫用東坡寄王定國韻賦新羅參見貽亦復繼作

三韓接蓬萊,祥雲護山頂。涵濡雨露春,吞納日月景。相期汗漫游,歲晚共馳騁。美蔭背幽壑,靈根發奇穎。艱難航瀚海,包裹走湖嶺。仙翁閱世故,未肯遽生瘿。願持紫團珍,往扣黃庭境。想翁面敷腴,玉色帶金井。芸芸納歸根,湛此方寸靜。清規照濁俗,不惑類楊秉。懸知藥籠中,此物配丹鼎。從今談天舌,不用更澆茗。

## 外弟信臣總幹西歸駐舟沙岸得半月之款於其行口占道別

外家源流遠,文物被諸孫。嗟我數年來,頗識佳弟昆。酥酪本同味,蘭芷非殊根。競爽有如此,知當大其門。信也來過我,氣貌清而溫。方忻駐足地,中有靜者存。皎然明月光,豈復受濁渾。填篠迭和時,此理試共論。

## 廬山有勝處曰卧龍南康朱使君始築茅繪諸葛武侯像於其中以書屬予賦詩寄題此篇

廬山仙靈宅,佳處固非一。頗聞卧龍勝,幽深窈難匹。懸瀑瀉琮琤,石壁兩崒嵂。草木被光輝,波瀾動回没。今年朱使君,下馬恍若失。徘徊領妙趣,指點築茅室。為愛卧龍名,英姿慨超軼。於焉儼繪事,長風起蕭瑟。髣髴梁父吟,尚想翁抱膝。慘澹風雲會,飄忽日月疾。獨存經世心,千載詎可泯。褰裳欲從之,雲濤渺寒日。

淳熙四年二月既望静江守臣張某奉詔勸農于郊乃作熙熙陽春之詩二十四章章四句以示父老俾告于其鄉之人而歌之

熙熙陽春,既發既舒。翼翼南畝,是展是圖。

嗟爾農夫,各敬乃事。往利爾器,誡爾婦子。

惟生在勤,勤則及時。惟時之趨,時不爾違。

祁祁甘雨,膏我下土。習習谷風,和澤乃普。

往即爾耕,惟力之深。往蒔爾苗,勿倦其耘。

于日于夕,自遂自達。爾心勿忘,彼生孰遏。

惟天之心,矜我下民。民不違天,使爾有成。

爾穫既周,先養爾老。既迄有年,復思嗣歲。

保爾家室,撫爾幼穉。俾務於本,惟土物愛。

嗟爾父老,其訓其誠。所思既越,害斯百罹。

不念其本,則越其思。俾務於本,惟土物愛。

嗟爾父老,其告其喻。爾之有生,君實覆汝。

尊君親上，其篤勿忘。小心畏忌，率于憲章。

嗟爾父老，教之孝悌。孰無父母，與其同氣。

嗟爾父老，勿替諄諄。即是而推，烏往不順。

反于爾心，孰無愛敬。其未率從，警厲其身。

嗟爾父老，勿替諄諄。告以禍患，其使知懼。

惟國之法，燁燁其垂。使爾知避，豈欲爾施。

爾或自陷，予疚予恫。無俾蹉跌，以陷罪罟。

於赫聖主，敷德流澤。曷使予懷，實于爾衷。

咨爾父老，助予念兹。布宣弗勤，時予之責。

粵以今日，勸相于郊。豈予之助，報國是宜。

咨爾父老，尚演厥義。乃作此詩，以戀爾勞。

俾一其心，服我訓言。其諷其歌，于鄉于里。

擊鼓坎坎，自古有年。

以上《南軒先生文集》卷三

# 全宋詩卷二四一七

## 張杙

### 和石通判酌白鶴泉

談天終日口瀾翻,來乞清甘醒舌根。滿座松聲聞金石,微瀾鶴影漾瑤琨。淡中知味誰三嚥,妙處相期豈一樽。有本自應來不竭,濫觴端可驗龍門。

### 憩清風峽

扶疎古木盡危梯,開始知經幾攝提。還有石橋容客坐,仰看蘭若與雲齊。風生陰壑方鳴籟,日烈塵寰正望霓。從此上山君努力,瘦藤今日得同攜。

### 讀李邕碑

荒榛日莫倚筇時,歎息危亭北海碑。後輩但知尊字畫,當年不得戍邊垂。豈關貝錦能成禍,祇恐干將不自奇。杜老惜才千古意,如今誰詠六公辭。

### 登法華臺

山間景物轉流年,臺上風光處處傳。放目便應雲夢小,憑欄平挹祝融巔。忽尋故國占天際,誰看孤舟繫岸邊。百感還將山下去,肯同槁木墮深禪。

### 謝楊文昭主簿寄詩楊之父紹興間倅建康不屈於兀朮而死

## 喜廣仲伯逢來會

酒翁罍賊氣如虹,千載衣冠起懦庸。雙廟已應同下壼,佳兒今喜見甄逢。傳郵贈我凌雲句,斷簡知君學古胸。忠孝可全須力勉,策勳寧復羨侯封。自注:楊公血食金陵,政與卞將軍祠相望。

## 和黃仲秉喜雨

二阮向來俱莫逆,支節為我到山巔。濁醪共飲聊復爾,勝集于今亦偶然。人立千峯秋色裏,月生滄海暮雲邊。高談此地曾知幾,一笑歸來對榻眠。

## 遊道場山次沈國錄韻

玻瓈盆外起千鬟,路入空濛紫翠間。心遠最便天宇迥,眼明偏見野雲閑。寒泉宰木留千載,清磬疏鐘度兩山。我亦湘城三徑在,湖邊歸去洗塵顏。

雨後清泉遶舍流,懸知耘耔遍南州。占相歲事端無恙,勞苦農人亦少休。好句收功經百鍊,彌旬不見便三秋。閑來只願長豐稔,江海白鷗盟共求。

## 早秋湖亭

澤國今年秋氣蚤,湖亭清晚獨裴徊。翩翩荷蓋隨風舞,蕭瑟松聲帶雨來。靜處豈云身計得,吟邊但覺歲華催。悠悠遠思憑誰寫,多病新來罷酒杯。

## 賦周畏知寓齋

知君隨寓即能安,久矣家山詠考槃。幕府漫游從鬢禿,竹窗寄傲有書觀。此身詎可忘三省,世路何妨閱萬端。俯仰周旋皆實理,未應祇向寓中看。

## 送甘可大

子陵溪水千年綠,猶憶登臨日暮時。子去定能尋勝概,書來當復慰相思。簡編有味寧論晚,得失從渠莫自疑。也學迂疎教似舅,不應空賦渭陽詩。

## 送胡伯逢之官金陵

相望數舍已云疎,遠別何因執子袪。漫仕想應同捧檄,舊聞當不廢觀書。月明淮水空陳迹,山繞新亭有故墟。暇日更須頻訪古,因來為我道何如。

## 寄題建安公梅山堂

梅公山色近庭除,勝日供公几杖餘。千古護傳樓迹地,當年誰憶愛君書。丹心炯炯元無間,白髮星星不用鉏。待得斯民俱奠枕,歸來端亦愛吾廬。

## 重九陪詳刑護漕東西樓之集

獵獵西風滿角巾,登臨秋思與雲平。山圍原作圖,據繆刻本、康熙本、四庫本改四野高低碧,江遠東城今古清。莫恨寒花未堪摘,且忻樽酒得同傾。政須客裏頻回首,細話家山此日情。

## 次趙漕贈王昭州韻

煌煌金節按江城,驛路梅花正小春。聞説爭迎來滿道,定將何術慰斯民。憩棠異日誇南國,懷橘歸時拜壽親。流澤會看均一路,要令治象復熙淳。

## 九日登千山觀

清晨領客上巉巖,野路衣襟濕翠嵐。九日開樽仍絕景,西風欹帽且高談。地形盤薄一都會,山色周遭萬

## 和正父游榕溪韻

隔岸高低露碧山,眼明便作故園看。直從榕影度輕舫,更傍溪光撫曲欄。鴻雁來希空悵望,梅花開早未初縷刻本、康熙本作知寒。喜君萬里同情話,明月清風足佐歡。

## 仲冬朔日登湘南樓復用正父前韻

歷遍江南處處山,嶠南還得倚樓看。化工此地無餘巧,爽氣窮冬更逼欄。官事隨時寧解了,書盟平日未應寒。相逢自有論文樂,只把空杯未礙歡。

## 六月二十六日秀青亭初成與客同集

亭成勝日好風光,佳客攜將共一觴。蒼壁插空千古色,高松蔭堤三伏涼。網魚縷膾寒水玉,剝蓮煮鼎甘露漿。便覺故園渾在眼,祇應灘水似瀟湘。

## 送韓宜州

頃年未識宜州面,已信諸賢品藻公。幕下從容逢益友,胸中骯髒本家風。一麾且與寬凋瘵,華髮應無慕勇功。從古安邊須自治,人情初不間華戎。

## 鹿鳴宴

從昔山川夸八桂,只今文物盛南州。秋風萬里攜書劍,春日端門拜冕旒。聖世取才先實用,儒生報國豈身謀。且看廷策三千字,為寫平時畎畝憂。

## 送宇文正甫

玉簪。却指飛鴻煙漠漠,故園茱菊老江潭。

## 雨後同周允升登雪觀

一雨端能減百憂,肩輿徑上最高樓。山容净洗無窮碧,江水新添自在流。已覺春隨花片老,不應身似胡留。煙蓑風笠南山下,正好歸歟看麥秋。

重來能復幾旬餘,臨水登山又送渠。夜雨已知農事好,春寒未放小桃舒。我亦相將歸舊隱,杖藜時復訪樓居。眼前佳處應難盡,別後書來詎可疏。

## 題邢使君釣隱

使君卜築占芳洲,短檻疏籬處處幽。風月隨時供燕几,笑談終日在中流。翩翩影落來賓鴈,漠漠寒生欲下鷗。城市山林俱寓目,問君底處足消憂。

## 某辱歸父丈惠貺新詩謹次韻末章爲別

淮海相從幾歲年,南州鴈不到西川。重逢影落煙沙外,却喜身如金石堅。莫歎武城資莞爾,且看平楚正蒼然。剸繁自是君餘事,毫髮難逃止水淵。

## 和查仲文雪中即席所賦

方帽衝泥有客來,九衢俗眼莫驚猜。一樽相對十年外,兩脚新從萬里回。壯志未隨衰鬢改,孤懷良爲故人開。雪中細放梅花發,不用匆匆羯鼓催。

## 和宇文正甫探梅

天與孤清迥莫鄰,祇應空谷伴幽人。千林掃迹愁無那,一點橫梢眼便親。顧影莫驚身易老,哦詩尚覺句能新。幾多生意冰霜裏,説與夭桃自在春。

## 襄州護漕使者張侯寄示所作快目亭記辭多慷慨予讀而壯之且想斯亭觀覽之勝爲賦此

聞說君家快目亭,溢江直上起千尋。昔人事業規摹在,故國山河草木深。世態從渠翻覆手,壯圖還我短長吟。會須一展平戎策,始稱平生灑落襟。

## 送舜臣撫幹表兄赴部

疇昔相看意便傾,重逢便覺眼增明。半生漫仕壯心在,五月長江去棹輕。龜櫝久藏千乘寶,鵬風方快九霄程。公朝兼用人門選,外氏傳家舊有聲。

## 壽定叟弟

為邦和氣滿鄉間,袖手還家樂有餘。案上簡編元好在,閑中日月更寬舒。功名且要身長健,尋尺何求計不疎。好泛菊英斟壽酒,扁舟吾欲賦歸歟。

## 重九日與賓佐登龍山

曉風獵獵笛橫秋,澤國名山九日游。萬里煙雲歸老眼,千年形勢接中州。丘原到處堪懷古,萸菊隨時豈解愁。此日此心誰共領,朝宗江漢自東流。

## 贈樂仲恕

老子曾從先覺遊,後來文采繼風流。胸中有意窮千古,筆下成章映九秋。塵世利名無着莫[康熙本作意、四庫本作算],聖門事業要精求。詠歸消息今猶在,魚躍鳶飛會得不。

## 小園荼蘼盛開伯承以詩見督置酒于此爲增不敏之歎

留連紅紫計無從,晚惜芬芳萬卉空。枕上幾回清夢斷,風前政可碧紗籠。春隨夜雨但三歎,韻入香醪尚一中。長有花開消息在,不應鳴鼓便相攻。

## 再和

閉門謝客少過從,獨倚修篁傲碧空。胸次本無愁可著,何為苦要酒兵攻。夜讀韋編起欲從,門前流水落花空。春同心事應長在,月當燈光不用籠。君詩似玉無瑕玷,豈有他山石可攻。市朝車馬列雲從,君有危樓出半空。但覺乾坤增老眼,不妨日月轉空籠。花開花落關何事,江北江南只此中。互出新詩殊未艾,長城尚許短兵攻。

## 和楊教授

道在無今昔,才難有屈伸。青編知了康熙本作子意,白眼付時人。鏡裏顏容舊,胸中事業新。絕歎知味鮮,渠自說甘辛。客少從萬長,居深懶戶開。孤城歲云莫,瘦馬子能來。長策憐葵向,新詩更雨催。相看前日事,此首忍重回。

## 送少隱兄赴興元幕

出手寧嫌晚,論心本不欺。五年江左客,萬里故園思。肯枉洞庭棹,來尋棠棣詩。固知名義重,豈但慰朝飢。

## 廉州何使君挽詩二首

橘井登賢籍,槐宮并俊游。姓名題鴈塔,文字上瀛洲。自注:公嘗進卷,召試詞科。青簡窮千載,朱轓但一州。有懷終未試,眼看落山丘。

憶昔湟江上,相逢意便傾。胸中元浩蕩,筆下更縱橫。士伏徐公德,人言景倩清。定應鄉里敬,粉社祭先生。

## 和張晉彥遊嶽麓

齋舫凌煙浦,雲屏入畫圖。日烘花炫晝,風定水明湖。布穀催春種,提壺勸客沽。湘中無限景,賦詠繼三都。

## 送臨武雷令

詔舉循良吏,時資撫字功。人情平易看,治道古今同。綠野新耕盛,潢池舊習空。便應君課最,名姓御屏中。

去路連崇嶺,扁舟上漲濤。不違將母願,敢歎獨賢勞。境靜歸鳧鴈,庭空長艾蕭。不妨頻拄頰,千里寄風騷。

## 喜雨呈安國

望歲民心切,為霖帝力均。崇朝變炎暑,舉目盡清新。坎坎連村鼓,熙熙萬室春。北窗涼枕簟,安穩到閑人。

## 十二月十六日夜枕上聞雷已而大雪

春信梅邊動,雷聲枕上驚。忽看窗紙白,頓覺竹聲清。江海空餘夢,壺觴起自傾。朝來倚樓處,玉樹滿湘城。

## 過湘潭劉信叔舊居有感

北渚留行客,東陵憶舊侯。池蓮半枯折,風葉正颼飀。事業留千載,英雄去一丘。平生許國志,歲晚詎悠悠。

## 題唐興寺湘江亭

寺廢蒼崖聳,江回遠岸明。風霜摧翰墨,自注:有唐大中記及詩刻,兵火後沉于潭中。歲月老絲綸。自注:寺右有釣磯。兀坐知茶味,閑行忘去程。長哦伊水句,回首若為情。自注:鄭都官嘗題詩云:湘水似伊水,湘人非故人。

## 彪德美來會于泉有詩因次韻

君臥衡山北,我行湘水濱。相逢還莫逆,清絕兩無塵。勝集追前日,輕陰近小春。濯纓聊復爾,舉首謝簪紳。

## 上封有懷元晦

憶共朱夫子,登臨冰雪中。劇談無俗調,得句有新功。別去鴈橫浦,重來月滿空。遙憐今夕意,清夢儻相同。

## 題福巖

擲鉢峯前寺,肩輿幾度來。樓臺還舊觀,杉檜撫新栽。湘水堂堂去,秋山面面開。裴徊千古思,風變有餘哀。

### 題南臺寺 寺字原無,據康熙本、四庫本補

相望幾蘭若,勝處是南臺。閣迥規摹穩,門空晝夜開。回風時浩蕩,高嶺更崔嵬。謾說石頭滑,支筇得往來。

自注:寺多風,二門不可置扉。寺之側有石頭庵。

### 由西嶺行後洞山路

西嶺更西路,雲嵐最窈深。水流千澗底,樹合四時陰。幽絕無僧住,閒來有客吟。山行三十里,鐘磬忽

原作忽,據繆刻本、康熙本、四庫本改傳音。

### 過高臺寺

著屋懸崖畔,開窗疊嶂秋。半敧雲樹冷,不斷石泉流。茗椀味能永,竹風聲更幽。平生版庵老,得句似湯休。

自注:寺之前有雲莊樹、舊車轍亭,侍郎胡公以其妄謬,易今名。記刻不存,必惡其害己者所去也。長老了信有詩名。

### 宿方廣寺

俗塵元迥隔,景物自天成。山近四圍碧,泉鳴永夜清。月華侵戶冷,秋氣與雲橫。曉起尋歸路,題詩寄此情。

### 和黃漕雪中將至長沙

吾道元如砥,人間謾畏途。未容舟泝峽,且泛雪平湖。子孝寧投杼,天回看脫弧。不應從我懶,欲老豆麻區。

## 人日遊城東晚飯陳仲思茅亭分韻得香字

絕憐梅事晚,與客到林塘。瓦椀村醪釅,杯羹野菜香。舊遊看壁字,新歲尚他鄉。一笑俱真率,悠然意未央。

## 二月十日野步城南晚與吳伯承諸友飲裴臺分韻得江字

春日煙沙岸,禪房風竹窗。有時傾綠酒,隨處見清江。世路紛多轍,吾生老此邦。千林看不盡,白鳥去雙雙。

## 與弟姪飲梅花下分韻得香字

日多色愈正,春和天與香。提攜一樽酒,問訊滿園芳。嗣歲詩多思,懷人心甚長。更須多秉燭,玉立勝紅粧。

## 十四日陪黃仲秉渡湘飲嶽麓臺上分韻得長字

支筇穿百級,把酒問春光。喬木依然在,幽蘭祇自芳。未當湘水滿,更覺橘洲長。暝色猶回首,天涯話故鄉。

## 王長沙約飲縣圃梅花下分韻得梅字

平生佳絕處,心事付江梅。縣圃經年見,芳樽薄暮開。朗吟空激烈,燒燭且徘徊。未逐徵書去,窮冬尚一來。

## 湯總管邢監廟約遊城東酒間求詩爲賦此

春事已如許,客愁空自多。梅花成莫逆,樽酒付亡何。楚楚邢郎子,眈眈老伏波。定應容我醉,耳熱更高歌。

## 謝胡掾惠詩

一見知心事,旋觀慰月評。慈祥漢循吏,儒雅魯諸生。莫作周南歎,終期冀北程。新詩連夜讀,梅影伴孤清。

## 除夜立春

積雪陰難解,新梅凍未開。誰知殘臘底,已報早春來。一氣元無息,羣兒浪自猜。短檠非守歲,百感政交懷。

## 送趙節卿

昭代才難歎,宗盟世有人。千鈞定晚試,一角信逢真。政擬尋梅共,還經折柳新。青雲看穩上,回首楚江春。

## 二月二十五日登裴臺坐上口占

朝來風雨好,抱病亦登臨。故國江山在,荒城花柳深。憂時空百慮,望遠只微吟。春事如櫻筍,幽盟可重尋。

## 上巳日晚登裴臺自仲春凡三登

前日看花地,重來對落暉。雨餘山着色,沙沒水初肥。寒食家家原脫家字,據繆刻本、康熙本、四庫本補出,殘紅樹樹飛。還同二三子,及此詠而歸。

## 長沙郡丞丁君挽詞

廉吏令尤重,朝家詔舉頻。方看千里駕,忽盡百年身。職業憂勞甚,遊從笑語真。空令行路歎,沒後見清貧。

## 和黃仲秉喜雨

雨凉窗户好,佳木正陰陰。欥欥憂時念,乾坤濟物心。引泉聊自照,移竹更親臨。尚想皇華使,風前擁鼻吟。

## 寄候彥周

塞鴈仍南去,慇懃問耒陽。催科應獨拙,理髮詎能長。邑古絃歌地,年豐魚稻鄉。婆娑還得不,三徑未云荒。

## 過長橋

西風吹短髮,復此渡長橋。木落波空闊,亭孤影動搖。徘徊念今昔,領畧到漁樵。儻有山中隱,憑誰為一招。

## 多景樓

疇昔南徐地,登臨北固樓。平原迷故國,滄海接江流。木落煙莎晚,城孤鼓角秋。寄言鷗鷺侶,吾已具扁舟。

## 金 山

萬頃洪濤裏,巍然閱古今。雲煙三島接,花木四時深。亂石維舟住,西風倚檻吟。朝宗知不斷,凄切此時心。

## 重陽前一日

九日明朝是,清樽強自開。蕭蕭疏雨暗,滾滾大江來。野菊閑四庫本作開無數,沙鷗靜不猜。何須騎臺飲,此興亦悠哉。

## 十五日過小孤山

沃野迥千里,歸然突孤標。崖分勢亦裂,江靜影頻搖。栖鶻巢何險,盤柯凍不凋。吾行足觀覽,未覺客程遙。

## 新亭

風景自今古,斯亭今是非。絕憐江水去,還有故山圍。得失同千慮,成虧共一機。所思惟謝傅,不但勝淮淝。

## 庚申過青草湖

已越重湖險,張帆勝順流。亂雲藏野寺,橫網鬧漁舟。物色湖南好,風霜歲晚謀。未知荒歡後,得似向來不。

以上《南軒先生文集》卷四

# 全宋詩卷二四一八

## 張栻五

### 喜聞定叟弟歸

吾弟三年別,歸舟半月程。瘦肥應似舊,歡喜定原作走,據繆刻本、康熙本、四庫本改如兄。秋日聯鴻影,涼窗聽雨聲。人間團聚樂,身外總云輕。

### 聞定叟弟已近適迫祀事未能出先遣姪輩往迎書此問訊

漸喜書題近,懸知歸意忙。才聞下湘水,早已過衡陽。雨洗秋山凈,涼生桂樹香。慇懃二三子,策馬為迎將。

### 醇叟崇道之喪未得往哭聞窆有期輒賦二章以相挽者

慶席親賢胄,心知道義尊。如何着閒處,終不近修門。三載成長別,微言未細論。人琴俱寂寞,風雨閉丘園。

晚歲渾無事,端居只自如。冰霜澆塊磊,日月老籧篨。山寺留題墨,晴窗罷卷書。從今行嶽路,忍復過公廬。

### 故太子詹事王公挽詩二首

大節元無玷,中心本不欺。排姦力扛鼎,憂國鬢成絲。方喜三旌召,俄興一鑑悲。西風吹淚眼,夫豈哭

## 詩送陳仲思參佐廣右幕府

吾私。睿主龍飛日,如公舊學臣。忠言關國計,清節映廷紳。歲月身多外,江湖澤在民。當年遺直歎,千古更如新。

舊說桂林好,君今幕府遊。江山資暇日,梅雪類吾州。煮海何多說,安邊更預謀。政應勤婉畫,不用賦離憂。

## 呂善化秩滿而歸兩詩贈行

令尹三年政,湘民去息思。艱難救災歉,憂瘁見云為。薦牘今交上,夷途去不疑。正須頻顧省,御者可無辭。

伯氏相從舊,歸來意若何。從渠笑方拙,還我自吟哦。聖有詩書在,人多歲月過。德門好兄弟,夜雨細研磨。

## 默姪之官襄陽兩詩以送之

默也相從久,吾心念汝多。又為江漢別,空覺歲年過。氣習須消靡,工夫在講磨。惟應介如石,人事易蹉跎。

潦雨彌旬月,予方念鞠窮。子行何草草,別語又匆匆。漢沔英靈在,江山今昔同。未須登峴首,先合拜隆中。

## 送零陵賈使君二首

藉甚零陵郡,風流記昔賢。宅存元水部,人識范忠宣。山近地宜竹,溪清岸有泉。官閒時訪古,餘韻故依然。

孝友傳家法,如君好弟兄。祇應推此意,便足慰民情。間歲仍艱食,新書督勸耕。想今瀟水畔,惟日望雙旌。

## 寄曾節夫

曾子別經月,相思如幾秋。不應行役歎,却為賈胡留。雨後湖光滿,梅邊春意浮。須君細商略,晴日共茶甌。原作歐,據繆刻本、康熙本、四庫本改

## 送周畏知二首

秋冬仍苦雨,旬浹喜霜晴。木末樓臺見,江頭橘柚明。登臨方適意,離別已增情。後夜相思地,寒梅原作橫,據繆刻本、康熙本、四庫本改影正橫。

半世功名誤,蒼顏幕府游。文辭追楚些,得失付陽秋。薦牘方交上,衡門豈重留。青雲看穩去,快處一回眸。

## 題伏龍寺壁

少日憶曾到,歸途得小留。回還山寺古,蕭瑟柿林秋。道路情無那,琴書可細求。從來士窮達,分付水悠悠。

## 送外弟宇文挺臣二首

合族情尤重,論交意復深。還為萬里別,未盡幾年心。佳處應相憶,書來儻嗣音。及時須努力,莫待鬢

漠漠灘江上,匆匆送客情。平原宵雨濕,絕壁野雲橫。世路多新轍,葦編有舊盟。中流屹砥柱,過浪豈能傾。

## 寄題周功父溪園三詠

聞說亭花好,居然似蜀鄉。色深姿不俗,香淡意能長。高燭留深夜,輕陰護晚芳。何心較桃李,只擬答春光。

右嫣然亭

未識主人面,先為溪上吟。澄潭依近岸,絕壁聳遙林。領略襟期遠,登臨歲律深。想當軒冕外,三歎有餘音。

右溪亭

溪園平廣處,雅稱雪中游。疎密看千變,高低共一丘。寒知松節勁,靜覺竹聲幽。還有故人否,當能着小舟。

右雪亭

## 曾節夫罷官歸旴江以小詩寄別

俗隘寧為異,言深敢自欺。如何幕中辯,翻作暗投疑。行李秋將半,家園菊正滋。反躬端得味,當復有餘師。

## 寄趙漕

想得昭潭上,兒童夾道迎。皇華今日使,竹馬舊時情。梅蕊冬前拆,山光雨後清。使君桃李客,當為駐車旌。

## 送李新州

清絕湘南地,鄉間見老成。薇棠方有望,折柳却關情。側聽輿人誦,還新月旦評。相望幸鄰壤,猶得借餘明。

## 游誠之來廣西相從幾一年今當赴官九江極與之惜別兩詩餞行

游子名家後,天資更敏強。壯懷知自許,遠業定難量。幕府文書簡,韋編趣味長。悵原作長,據四庫本改,繆刻本、康熙本作居然成闊別,音寄莫相忘。

士學端成己,工夫要自程。聖門窺廣大,中德養和平。美玉資勤琢,良才詎小成。心期須後會,拭目更增明。

## 寄宇文邛州

寄語臨邛守,相望萬里情。有來詩句好,足驗教條清。好古從時訕,為邦已政成。無尋子虛賦,忠厚詔諸生。

## 次陳擇之遊湖韻

落日遊魚上,青林白鳥過。稻香來隔岸,巖影占清波。招隱何年賦,尋幽此地多。晚涼容縱棹,聽我采菱歌。

## 送但能之守潯州

## 送祖七姪西歸二首

循吏古猶少,嶺民今未蘇。丁寧煩詔旨,推擇得吾徒。根本誰深念,詩書計不迂。惟應敦此意,豈但應時須。

萬里逢猶子,中年憶故鄉。只知情話好,豈覺去途長。巫峽波濤壯,秦山檜柏蒼。何能從汝往,佇立看歸艎。

故國非喬木,名家重典刑。飄零念吾黨,寂寞撫遺經。菽水知何病,芝蘭要滿庭。汝歸應記取,為我話丁寧。

## 中春過陽亭

亭古危臨岸,林幽巧近城。煙容隨雨住,花片着溪清。春事已如許,客懷誰與傾。亭前兩好樹,滿意欲敷榮。

## 堯廟

明祀崇千載,荒山拱萬靈。插天巉絕壁,飛瀑下空庭。繪事存淳古,真風寄杳冥。蘋繁何以薦,帝德日惟馨。

## 戶曹廬陵胡君引年求謝事予視其精力未衰留之踰半載乃今告去不復可挽爲詩送別澹庵君之叔父也

原作云,據繆刻本、康熙本、四庫本改

出守嗟何晚,懷歸已倦游。細看渾霽鑱,可是畏伊優。幕下傾三語,山中賦四愁。平生大小阮,來往足風流。

若海運使移節廣東賦詩贈別予每過若海諸郎誦書于旁琅琅可喜爲之重賦

行止非人料,驅馳未席溫。傳聞選膚使,端為慰黎元。瘴嶺農耕少,山城海氣昏。唯勤凋瘵慮,此外更何言。

玉雪明人眼,森然膝下郎。原流知袞袞,誦讀聽琅琅。有子若何慕,他年我莫量。願崇詩禮訓,勿近利名場。

## 送李崧老歸閩二首

歷數勳賢後,如君到眼希。胸中蘊金石,筆下出珠璣。傾蓋嗟何晚,臨流又送歸。他年儻相憶,尋我釣魚磯。

公事妨開卷,遐征念索居。能來數月款,端為百憂紓。師友洛川上,人才元祐初。歸來有新益,不惜幾行書。

## 和定叟送行韻

舊別情何限,重逢意豁然。相看疑似夢,款語不成眠。但欲燈窗共,其如事役牽。固應回首處,祇在集雲前。

## 題益陽清修寺

峯勢香爐直,溪流峽水潺。居然一蘭若,喚作小廬山。老木千崖表,孤亭萬竹間。明朝間征路,回首白雲閑。

## 故觀文建安劉公挽詩四首

憶昨登廊廟，忠言達帝聰。所思惟盡瘁，敢復計成功。半世江湖上，千憂窹寐中。汗青誰秉筆，請考衆言公。

國恥臣當死，公家二繆刻本、康熙本作三世心。忍看垂絕筆，誰續斷絃音。精爽今如在，衣冠恨更深。却嗟蜍與志，處世漫侵尋。

平日多奇節，中間似富公。天從廬墓請，人説救荒功。辛苦培邦本，雍容遏亂鋒。文傳遺奏切，更過子囊忠。

曾是南荆地，他年竹馬迎。旌旂嚴騎士，弧矢盛民兵。細考規摹舊，還知節制明。思公如峴首，同我淚縱橫。

## 追餞馬憲

膚使行原隰，清風伴往還。詩情渾漫興，雪意正相關。許國心何壯，憂民鬢易斑。留連三日語，解后十年間。

## 某以四十字送詳刑使君

拙守荆江上，無人共往還。能來慰牢落，話舊幾間關。冬蟄龍蛇蟄，風林虎豹斑。相期涵養力，且到古人間。

## 除夕登仲宣樓

懷土昔人志，傷時此日心。長江霜潦净，故國莫煙深。訪古多遺恨，憑欄更獨吟。細看前浦樹，生意已堪尋。

## 隔墻聞正父鄉飲甚樂偶畏風不預用前韻敬簡

元日忻晴色,新年祇舊心。故人同客裏,鄉話自情深。儘說成都酒,休為楚澤吟。相逢須痛飲,歲月易侵尋。

## 劉勝因自襄陽過予渚宮於其歸小詩贈別

骯髒寧多忤,樓遲久倦游。折肱諳世味,袖手惜良籌。日月隆中晚,風煙峴首愁。登臨應慷慨,還解寄詩不。

## 光弼姪得邑西歸賦詩勉之并示光義二首

共惟二百載,詩禮一門中。冷落吾憂甚,扶持爾輩同。傳心無異轍,隨用不言功。外慕知何極,惟應念祖風。

得邑寧論小,居官最近民。中誠儻無倦,同體會相親。暇日書還讀,清源政自新。吾兄有遺訓,爾輩足持循。

## 送曾袤父

交舊間何闊,能來浹日留。還尋佳橘頌,惜別仲宣樓。探古書盈屋,憂時雪滿頭。絕思黃閣老,招隱意綢繆。自注:樞密劉公嘗欲以遺逸舉袤父。

## 帳幹周君桂林相從之舊己亥莫春出嶺迂道相過臨別求予言姑賦此

江北逢新雨,湘南憶舊遊。能來慰岑寂,恨不小遲留。日月徒催老,巧名浪自愁。惟應編簡樂,在己可深求。

## 中秋與僚佐登江陵郡城觀月

涼意今年早,蟾光七澤多。憑欄共懷古,擁袂獨高歌。風物關山遠,功名歲月過。一樽聊復爾,於此興如何。

## 遊章華臺

楚國舊雄勝,荒臺今是非。平川留宿潦,蕭寺掩斜暉。木落秋聲急,天高鴈影微。淒涼無處問,騎馬踏堤歸。

## 和元晦擇之有詩見懷

作別又如許,何當置我旁。卷舒書在手,展轉月侵床。合志師千載,相思護一方。臨風三歎息,此意渺難量。

## 送范伯崇

堂堂延閣老,遺範見斯人。孝友傳家舊,詩書用力新。人心危易失,聖學妙難親。願勉思弘毅,求仁可得仁。

## 定叟弟生辰

清秋記弧原作孤,據繆刻本、康熙本、四庫本改矢,舉酒頌年長。別去今踰歲,情親祇對床。韋編閑玩味,幕府小徜徉。刮目它時看,光暉映棣棠。

## 南軒木犀

不隨秋月鬪天香,冰雪叢中見縷黄。却得清寒惜花地,少須梅影慰孤芳。

## 和安國送茶

官焙蒼雲小卧龍,使君分餉自題封。打門驚起曲肱夢,公案從今又一重。

## 賦鄭子禮壽芝堂

莫向堂中覓壽芝,主人心地本平夷。子孫保此傳家瑞,世享長年自不疑。

## 喜雨呈安國

懸知雨意未渠已,一夜簷聲到枕間。曉上高樓望雲氣,蟄龍千丈起西山。
早秧出隴蠶已絲,農家辛苦渠能識,請誦周公七月詩。
向來惻怛哀矜意,便覺雨滿乾坤間。城東大士寧關汝,民倚邦侯如泰山。
凉生椽筆試烏絲,妙語便作星斗垂。我亦小窗無一事,細傾新酒和公詩。

## 自烏石渡湘思去歲與朱元晦林擇之偕行講論之樂賦此

朝來一舸渡湘水,山色橫秋真可憐。忽憶去年聯騎客,沙邊搔首意茫然。

## 道間晚稻甚盛喜而賦此

我行自喜有勝事,夾道黃雲禾黍秋。聞道今年罷和糴,老農卒歲儻寬憂。

## 墳庵枕上追愴賦此

秋氣惻惻侵户牖,霜林風過猶餘音。八年淚濕龍塘土,展轉不眠中夜心。

## 晚晴

昨日陰雲滿太空,眼前不見祝融峯。晚來風卷都無迹,突兀還為紫翠重。

## 渡興樂江望祝融

日上寧容曉霧遮，須臾碧玉貫明霞。人謀天意適相值，寄語韓公不用誇。

## 仲秉再用前韻爲梅解嘲復和之

幾年身在水雲間，愈見花邊下語難。猶有故人相慰藉，西山載酒未盟寒。東君豈是結新知，誰共羣芳較疾遲。不但開花高一世，更看嘉實滿青枝。

## 有懷安國

若人別去已經秋，却見山間翰墨留。獨對西風揩望眼，試從雲際辨荆州。

## 自上封下福嚴道旁訪李鄰侯書堂山路榛合不可往矣

石壁巉巖路已荒，人言相國舊書堂。臨機自古多遺恨，妙策當年取范陽。

## 下山有作

五日山行復下山，愛山不肯住山間。此心無着身長健，明歲秋高却往還。

## 廬陵李直卿以復名其齋求予詩久未暇也今日雪霽登樓偶得此遂書以贈顧惟聖門精微綱領豈淺陋所能發祇增三歎

李侯索我復齋詩，此理難明信者稀。要識聖賢端的意，須於動處見天機。萬化根原天地心，幾人於此費追尋。端倪不遠君看取，妙用何曾間古今。

## 和張荆州所寄

自古荊州通陸海，祇令學士過青錢。笑譚坐了安邊策，取次成詩盡可編。

詩來千里作春妍,尚記城南五畝園。
有時散策當西鄰,共向東風憶故人。
鍾陵未命千里駕,洞庭亦繫沙邊舟。
明時未可廢譚兵,壯歲寧容便乞身。
豈但苔痕留屐齒,故應石上有窪罇。
芙蓉亭下池水滿,敬簡堂前楊柳春。
閉門讀書臥歲晚,世事敢云風馬牛。自注:共父、安國皆欲相招,未能往也。
何人為向沙頭去,憑仗慇懃一問津。

## 正月強半梅猶未開黃仲秉作詩嘲之次韻

孤芳未分落人間,故向東風小作難。
水邊疎影幾人知,尚喜詩翁到未遲。
眼底莫容蜂蝶亂,好留明月趁春寒。
怪得尋花心眼別,去年曾賦上林枝。

## 謝邢少連送葡萄豆蔻栽

君家小圃占春光,眼看龍鬚百尺長。
留取園中數畝餘,擬栽靈藥謝紛華。
移向樓邊并寒井,明年垂實更陰涼。
兒童今日知翁喜,移得君家豆蔻花。

## 晚過吳伯承留飲

推門野路竹毿毿,落日天寒相對談。
可是主人風韻別,自斟白酒擘黃柑。

以上《南軒先生文集》卷五

# 張　栻六

## 某敬采民言成六韻爲安撫閣老尚書壽伏幸過目

里胥不踏桑麻路,桴鼓長閑花柳村。
前時勸君出東郊,父老歡呼望羽旄。
清坐鈴齋公事稀,春來風日更遲遲。
蜀江東下接襄江,總是當年蔽芾棠。
公今卧護足從容,豈有扁舟欲便東。
湘民清曉壽邦君,下客慚無句語新。

## 夜得嶽後庵僧家園新茶甚不多輒分數椀奉伯承

小園茶樹數十許,走寄萌芽初得嘗。雖無山頂煙嵐潤,亦有靈泉一派香。

## 四月四日飲吳仲立家海桐花下吳伯承以事不至寄詩來次韻

原誤作梅

翠蓋亭邊春色歸,還來把酒及開時。坐無車公歡意少,猶得風前讀好詩。

## 題湘潭丞黃子辯哦松軒

黃子官居多暇日,吟哦薄暮一窗中。雖無瀏瀏循除水,但覺颼颼滿屋風。

## 筠州曾使君寄貺中州新芽賦此以謝

黃蘗山前水遠沙,春風吹石長靈芽。午窗落磑飛瓊屑,嗚繆刻本、康熙本作烏椀翻湯湧雪花。
日長燕寢無公事,忽憶故人雲水邊。包裹甘芳慰幽獨,使君風味故依然。

## 仲春有懷

青山四面擁江城,暮角聲中淡月明。自倚闌干生白髮,無心行樂趁春晴。
西湖景物元瀟灑,楊柳新來兩岸垂。亦有游人往來否,不應閒過看花時。
老木高枝不可攀,玉泉飛出半崖間。如何借得清冷水,一洗瘡痍為解顏。
楚翠亭邊花正開,道鄉臺下石崔嵬。主人今有此客否,客亦思君日百回。
想見城南春水深,春來夜夜動歸心。隔牆季子應無恙,為託飛鴻寄好音。

## 次韻無為使君尊兄見寄之什

江山接境相望近,風雨一春音問疏。安得從公茗雪上,幅巾一葉臥看書。

## 從呂揚州覓芍藥栽 原作裁,據繆刻本改

揚州風物故依然,夢想他時楚水邊。乞與靈根歸自種,梢頭繭栗看新年。

## 鶴

月底風前意味多,不妨佇立勝婆娑。軒中君子知多少,遣汝乘軒看若何。

## 望廬山

卻望廬山倚柂樓,半空宿靄未全收。蒼然五老獨獻狀,似欲勸人求一遊。

## 十二月乙卯登岳陽樓丙辰再登

維舟徑上岳陽樓,風雨排空暝不收。
明日重來天色好,君山元自翠光浮。

## 舟行湘陰道中雪作

歲晚歸來風雪裏,有懷端復為誰開。
江清沙白湘陰路,却似當年訪戴回。

## 登 樓

風雨經旬只閉門,朝來倚檻已春深。
不知花片飛多少,但覺江城滿綠陰。

## 題城南書院三十四詠

差差竹影連坡靜,細細荷風透屋香。
午寂睡餘聊隱几,人間何用較閒忙。

新竹成林蕉葉青,隔籬深處有蟬鳴。
原作烏,據繆刻本、康熙本、四庫本改晚涼更覺長堤靜,自遠荷花待月明。

塈前樹影開還合,葉底蟬聲短復長。
睡起更知茶味永,客來聊共竹風涼。

新涼物物有精神,靜倚書窗聽雨聲。
忽憶子蒙元未解,強分天籟太粗生。

凌晨騎馬路新涼,來把湖邊風露香。
妙意此時誰共領,波間鷗鷺靜相忘。

林塘過雨不勝秋,萬蓋跳珠寫碧流。
倚檻孤吟天欲暮,更穿芒屩上方舟。

山色頓清秋欲半,湖光更净日平西。
凉風獵獵低荷蓋,歸翼翩翩度柳堤。

湖邊小築喜新成,秋入西山照眼明。
不是厭喧來覓靜,四時光景本均平。

秋風颼颼林塘晚,萬綠叢中數點紅。
若識榮枯是真實,不知何物更談空。

移得幽蘭幾本來,竹籬深處手栽培。
芬芳不必紉為佩,月白風清取次開。

今年少雨菊花遲,青蕊方開三兩枝。但得悠然真意在,青山何處不相宜。

秋後冬前一月晴,小園佳處日經行。半山木落樓臺露,幾樹霜餘橘柚明。

鐃鼓喧豗十里城,人情正喜上元晴。瘦筇獨立湖邊路,却有白鷗同眼明。

和風習習禽聲樂,晴日遲遲花氣深。妙理冲融無間斷,湖邊佇立此時心。

曉來天氣便清新,獨倚蘭干正暮春。花落花開鶯自語,東風吹水細鱗鱗。

花柳芳妍十日晴,五更風雨送餘春。莫嫌紅紫都吹盡,新綠滿看還可人。

並湖數畝新疏闢,便有魚兒作隊行。我亦隨流浮小艇,晚涼細看縠紋生。

無言桃李也成陰,葉底黃鸝自好音。一縷爐煙清晝永,韋編卷罷短長吟。

化工生意源源在,靜處詳觀總不偏。飛絮滿空春不盡,新荷貼水已田田。

野艇新成尋丈許,柳堤橘浦足周旋。出門不但為遮日,準擬乘涼聽雨眠。

暮從別墅跨驢歸,風雨蕭蕭泥濺衣。何許狂風來動地,夢回波浪洶春江。

陰陰松竹影自轉,午枕無人到北窗。鉤窗燕坐夏將半,荷葉已香湖水清。

疏竹蕭蕭正雨聲,眼中日影又還晴。閉門清晝讀書罷,掃地焚香到日晡。

莫道閒中一事無,閒中事業有工夫。悠然但覺盈襟抱,千古虞絃意未央。

亭畔薰風盡日涼,來從水面過新篁。欲去未須愁日暮,月明波面更溶溶。

拍堤水滿風作惡,雷奔電掣雨懸河。須臾天宇復清霽,突兀西山紫翠多。

烏雲天矯風作惡,雷奔電掣雨懸河。須臾天宇復清霽,突兀西山紫翠多。

朝陽初上藕花香,下馬虛亭一味涼。山鳥自呼魚自樂,誰云身世可相忘。

北窗竹簟午陰涼,亦有清風到我旁。
睡覺西山月正平,荷香不斷曉涼生。
西風夜半摧炎暑,曉看雲橫天際秋。
新涼修竹意愈靜,初日芙蕖色倍鮮。
四面紅蕖鏡綠波,晚涼奈此野情何。
殷雷終日在前山,風卷雲環意作難。
還與陶公事同否,未妨諸子細商量。
園中隻鶵刻本、康熙本、四庫本作雙鶴知人意,已作金風警露聲。
時序轉移皆妙理,惟應及早戒衣裘。
物態直須閑裏見,人情多向快中偏。
憑城更覺看山穩,入戶還欣得月多。
泊暮有懷空佇立,忽然飛雨到闌干。

## 臘月二十二日渡湘登道鄉臺夜歸得五絕

三年不作山中客,才踏船舷眼便明。
舊日書堂倚翠屏,只今棟宇尚高明。
道旁老松高拂雲,剗心取明彼何人。
人來人去空千古,花落花開任四時。
湘江歲晚水清淺,橘洲霜後猶青葱。

曳杖直登千尺磴,尚欣腳力慰生平。
門前恍若聞絃誦,瀝瀝遶牆流水聲。
說與往來須愛護,雪霜時節看長身。
白鶴泉頭茶味永,山僧元自不曾知。
歸舟着沙未渠進,且看漁火聽疏鐘。

## 次韻許深父

日日經行只小園,靜揩邛竹聽鳴泉。
西山老木正亭亭,雲影參差陰復晴。
却下斜坡並柳堤,雙飛燕子正銜泥。
下瞰寒江百尺坡,小松新種也婆娑。

此時心事何人共,素壁題詩第幾篇。
手卷殘書天欲暮,聞君剥啄叩門聲。
紛紛風雨春將半,淥漲平湖橋柱低。
栽培擬待凌雲日,眼底浮花奈若何。

## 初夏偶書

年中一稔願無餘,漸喜微呼息里胥。贏得閒身學農圃,未妨斜日帶經鋤。

江潭四月熟梅天,頃刻陰晴遞變遷。掃地焚香清晝永,一窗修竹正森然。

## 墨 梅

眼明三伏見此畫,便覺冰霜抵歲寒。
日暮橫斜又一枝,水邊記我獨吟詩。

## 謝韓監芍藥

一年春事雨聲裏,十里揚州夢想邊。眼底名花煩折贈,君家風物自嫣然。

## 中暮春生辰陽山谷間高不盈尺細僅如針而凡所以為竹者無一不具予實石斛

龍孫竹生辰陽山谷間高不盈尺細僅如針而凡所以為竹者無一不具予實石

小竹如針能具體,方春茁筍更堪憐。乾坤妙用無餘欠,隱几旁觀為莞然。

葉夷中屢以書求予記敬齋予往年嘗為親舊為記及銘矣今獨成兩絕句寄之

若識聖門持敬味,臨深履薄更何之。
今日報君惟一句,工夫端的貴躬行。

聰明用處翻多暗,機巧萌時正自癡。
向來屢着敬齋語,正恐多言意未明。

## 謝侯彥明惠白蓮栽

添得湖光百畝餘,湖邊早已成菰蒲。
青鞋不踏遠公社,偶共濂溪嗜好同。
少待薰風開玉鏡,與君來賦月明中。

更移玉井峯頭種,還有花開十丈無。

自注:周濂溪有《愛蓮說》。

## 書妙應庵壁

窗前新竹净娟娟,借我風涼一榻眠。試問莊周說鵬鷃,何如洙泗舉魚鳶。

## 壽定叟弟

今年黃菊開花早,手擷芳新壽一杯。不用南陽三十斛,家山根蒂好栽培。

堂堂自昔源流遠,袞袞方來事業長。駟馬安車遵大道,正須緩轡不須忙。

向來相望各天涯,兩載團欒似舊時。只恐桐江來趣駕,明年把酒又相思。

## 獄後步月

衡嶽山邊霜夜月,青松影裏看嬋娟。正須我輩為領略,寒入衣襟未得眠。

## 訪羅孟弼竹園

籃輿嘔軋上荒坡,奈此緣成修竹何。歷眼向來誰復領,買山未覺費金多。

林深谷窈路詰曲,慘澹西山橫遠青。想得天寒來獨倚,空雲髣髴下湘靈。

江梅獨立蔭頽牆,苔蘚封枝色老蒼。手剪荊榛增歎息,眼中春意滿三湘。

知君日來修竹底,却課市樓朱墨程。應是禪門嫌揀擇,不論清濁要圓成。 自注:是日見孟弼方校市樓簿書。

## 臘月二日携家城東觀梅夜歸

前日看花正薄陰,重來晴日更精神。莫教容易放飛花片,且放千林原作秋,據繆刻本、康熙本改自在春。

元自陽春無間斷,何人能識化工心。梅邊把酒日近午,鳥語風微花氣深。

晴日東山飽看花,歸來野路已昏鴉。坡頭認得疏籬處,蒼蔔林中李老家。

## 題庾樓

仰看鴻雁思吾弟,連日清游只欠渠。
南瞻廬阜北淮山,下有長江萬頃寒。
往事無邊隨去浪,西風有客傍闌干。
不知千里江南路,亦有梅花似此無。

## 城南即事

活泉細引忽盈溝,自遶書齋堦堦流。
一春風雨水平湖,更覺湖心月榭孤。
東風吹得綠成陰,積雨初收柳絮輕。
月榭當湖景最奇,故人千里寄新題。自注:元晦新寄月榭題榜。
茅亭水溜四周遭,花木經春一一高。
枕邊風雨過今春,起步園林已綠陰。

## 次韻劉樞密

朔風漠漠低黃雲,曉看繽紛萬鶴羣。
燕寢凝香意自長,不須乘月據胡床。
添得眼前無限思,石橋竹塢共清幽。
坐看百花開落遍,依然山色對清盧。
記取湘中最佳處,橘花開時香滿城。
背欄看字成相憶,何日能來步柳堤。
却望西山隔江水,徑思一葉泛雲濤。自注:新亭名東渚。
更向坡頭望湘浦,水雲無際遠遙岑。自注:病起。

## 是日二使者出游晚涼有作

為應農祥眉一展,更將餘力付斯文。
新正更喜身強健,和氣都歸柏子觴。

## 二使者游東山酒後寄詩走筆次韻

疎風細雨隨華節,西浦東山總勝游。
拙守亦忻涼意好,挑燈清坐讀春秋。
頗聞東山盛行樂,坐想風前酒興豪。
領略正應胸次別,吟哦更覺筆端高。

## 次韻范至能峽中見寄

繡衣雙節從天下,文字皆稱一世豪。
壯歲幾成山水癖,年來袖手不能豪。
合縑絲繪對紫薇,却捫青壁聽猿啼。
桂山發地凜千尺,新詩與之相並高。
忽傳燈底詩篇好,但想雲間屐齒高。

## 前日從趙漕飲因得徧觀所藏書帖之富既歸戲成三絕簡之

烏雲夭矯天欲雨,虛堂美蔭共徜徉。
舊藏自是承平物,新軸收從古道旁。
祇應許國心金石,蜀道如天亦可梯。
開奩百軸驚傳玩,更覺人間六月涼。
人間好事戒多得,防有雷霆下取將。
今古驅馳翰墨場,何人下筆到顏楊。
君侯知我有書癖,乞與西臺字幾行。

自注:李金之亂,護漕為寧遠宰,猶守

邑不去。以兵行縣郊,視道旁卷帙零亂雜泥土。
下馬就觀,多得佳帖。

## 題馬氏草堂復齋聽雪

前鄰百鬼瞰高明,夜雨華榱歎昔人。
今古茫茫浪着鞭,誰知聖學有真傳。
平生求友人千里,永夜論心雪滿窗。
却愛君家鴻鴈集,還能葺理草堂春。
請君細誦復齋記,直到義父未畫前。
為問蒲團聽修竹,何如一舸泛清江。

## 送林擇之

遺篇寂寞論心少,一見吾人意已傾。
冰雪持身金石志,它年事業更光明。

以上《南軒先生文集》卷六

# 全宋詩卷二四二○

## 張栻七

### 次韻趙漕

中宵憂歲不成寐,一雨為霖敢自虞。應是行臺借餘潤,故教均澤及樵蘇。雨聲歷歷來庭戶,喜色津津到澤虞。擊壤徑思同野老,名亭詎敢學坡蘇。

### 和答鄭憲分贈米帖

字中有筆米博士,片紙人間什襲藏。好帖袖歸終日看,從渠車馬鬧康莊。

自注:是日中元,傾城出遊。

### 偶作

世情易變如雲葉,官事無窮類海潮。退食北窗涼意滿,臥聽急雨打芭蕉。

### 偶成 至前

公庭過午無餘事,退食歸來默坐時。晴日半窗香一縷,陽來消息只心知。

### 送鄭憲酒

晴日南山几杖俱,躋高選勝不須扶。也知坐上多佳客,可著青州從事無。

### 再和

想得經行與客俱,身強寧復要人扶。晚來山色應難盡,十里青蒼看有無。

韓廷玉築亭於官舍之旁園中故多梅會有飛雪予因題其扁曰梅雪蓋取少陵詩語而劉公貢父送劉長官掌廣西機宜嘗用此事有雪片梅花五嶺春之句今廷玉適爲此官于以名亭抑其宜也亭邊花木多吾弟定叟舊植故予首章及之

城陰一徑自深窈，花木成行菊遶籬。
南州要是梅開早，北客巡簷偏眼明。
眼底風光正自佳，滯留何必歎天涯。
日長況是文書省，且與閑吟對落花。

細說當時經始事，夢回春草費相思。
一夜飛花來點綴，新亭而鑱刻本、四庫本作扁，康熙本作端，復得佳名。

## 立春日禊亭偶成

律回歲晚冰霜少，春到人間草木知。
便覺眼前生意滿，東風吹水綠差差。

## 和陳擇之春日四絕

花落花開總可憐，嶠南亦復好風煙。
雨餘起我故園夢，漠漠浮鷗水拍天。

年華冉冉春將半，花事匆匆雨滿城。
想復東郊變新綠，未妨攜酒趁初晴。

泗上當時鼓瑟人，風雩豈是樂閑身。
言外默傳千聖旨，胸中長有四時春。

日長漸有簡編樂，春半已將櫻筍來。
無數青山相慰藉，有時明月共裴徊。

## 元日

古史書元意義存，春秋揭示更分明。
人心天理初無欠，正本端原萬善生。

## 從鄭少嘉求貢綱餘茶

貢包餘瀝小盤龍，獨占人間第一功。
乞與清風行萬里，為君一洗瘴雲空。

茗事蕭疎五嶺中,修仁但可愈頭風。春前龍焙令人憶,知與故人風味同。

## 初食荔枝

開奩未暇論香味,便合令居第一流。細擘輕紅傾瑞露,周南端復且淹留。照水依山祇自奇,晞風沐雨借光輝。冰肌不受紅塵涴,頰頰從教酒暈肥。

嶺南荔枝不可寄遠龍眼新熟輒以五百顆奉晦叔或可與伯逢共一酌也

荔子如今尚典刑,秋林圓實著嘉名。雖無頳玉南風面,却耐筠籠千里行。手自封題寄故人,聊將風味赴詩脣。千年尚憶唐羌疏,不汗華清驛騎塵。

## 壽定叟弟

聞說清朝對紫宸,君王側席屢咨詢。惟應民瘼開陳切,故遣分符驗撫循。聞說嚴人愛貳車,呻吟赴愬賴攜扶。從今充擴應無倦,千里疲民待子蘇。聞說年來更老成,清心寡欲厭紛紜。固知造物有深意,端享修齡看策勳。秋風想已治歸裝,吾亦扁舟具碧湘。世味祇應諳歷遍,何如兄弟對方床。年年桂綻菊開時,長憶芳樽共一卮。請誦周人和樂句,全勝三歎陟岡詩。

丙申至前五日復坐南窗憶去年詩又成兩章

依然紅日照窗櫺,還是去年消息時。妙理不須尋轍迹,只於生處驗新知。新晴物物有春意,正值一陽來復時。變化無窮俱是易,探原密處起乾知。

## 題雉山禊亭

一曲清江正可憐,隔江新竹露娟娟。

夢乘大舸卧泛江湖波濤甚壯醒乃悟其爲雨因成小詩

平生得意白鷗外,歲晚歸心鴻鴈俱。蕉葉雨聲喧曉枕,夢成風檣泛江湖。

南嶽庵僧寄上封新茶風味甚高薄暮分送韓廷玉李嵩老

浮甌雪色喜初嘗,中有祝融風露香。徑欲與君同晤賞,短檠清夜正相望。

跋王介甫遊鍾山圖

林影溪光靜自如,蕭疎短鬢獨騎驢。可能胸次都無事,擬向山中更著書。

歲晚烹試小春建茶

陽月藏春妙莫窺,靈芽粟粒露全機。煮泉獨啜寒窗夜,已覺東風天際歸。

昨過漕臺庭前茶蘪盛開已而詹體仁海棠和章及此因用前韻賦兩章

玉立春深雪不如,生香透骨雪應無。莫遣飄零雜塵土,芬芳留入碧琳腴。

紛紛花片逐風飛,綠幄藏春自一奇。不入時人紅紫眼,却須我輩與題詩。

所思亭海棠初開折贈兩使者將以小詩

未須比擬紅深淺,更莫平章香有無。過雨夕陽樓上看,千花容有此膚腴。

東風着物本無私,紅入花梢特地奇。想得霜臺春思滿,一枝聊遣博新詩。

廖憲送牡丹用海棠韻復走筆戲和之

綠葉滿園風雨餘,君家花事嶺中無。眼明見此復三歎,京洛名園憶上腴。

報答春光須着語,年來老我不能奇。風前娟好有餘態,未必此花如此詩。

定叟弟頻寄黃蘖仰山新芽嘗口占小詩適災患亡聊久不得遣寄今日方能寫此

瘴雨昏昏梅子黃,午窗歸夢一繩床。江南雲腴忽到眼,中有吾家棠棣香。集雲峯頂風霜飽,黃蘖洲前水石清。不入貢包供玉食,祇應山澤擅高名。自注:坡公貶草(原作章,據繆刻本、康熙本改)茶,未為確論。予謂建茶如臺閣勝士,草茶之佳者如山澤高人,各有風致,未易貶也。

益陽南境松杉夾道鬱然父老相傳忠定張公爲邑時所植也其間亦有既剪而復生者作詩屬來者護持之

夾道松杉半老蒼,前賢餘澤未應忘。君看直幹連雲起,豈但當年蔽芾棠。

登楚野亭見張舍人題字

英豪自昔多遺恨,人物于今正渺然。來訪舍人題字處,淡煙莎草滿平川。

城南雜詠二十首

納湖

原原錫潭水,匯此南城陰。岸花有開落,水盈無淺深。

東渚

團團凌風桂,宛在水之東。月色穿林影,却下碧波中。

詠歸橋

四序有佳趣,今古蓋共茲。橋邊獨微吟,回首忘所之。

### 船齋

窗低蘆葦秋,便有江湖思。
久已倦垂綸,游魚不須避。

### 麗澤

長哦伐木篇,佇立以望子。
日暮飛鳥歸,門前長春水。

### 蘭澗

藝蘭北澗側,澗曲風紆餘。
願言植根固,芬芳長慰予。

### 山齋

疊石小崢嶸,修篁高下生。
地偏人迹罕,古井轆轤鳴。

### 書樓

高樓出林杪,中有千載書。
昔人不可見,倚檻意何如。

### 蒙軒

開軒僅尋丈,水竹亦蕭疎。
客來須起敬,題榜了翁書。

### 石瀨

流泉自清寫,觸石短長鳴。
窮年竹根底,和我讀書聲。

### 卷雲亭

雲生山氣佳,雲卷山色靜。
隱几亦何心,此意相與永。

### 柳堤

### 月榭

前年種垂柳,已復如許長。長條莫攀折,留待映滄浪。

### 濯清亭

危闌明倒影,面面湧金波。何處無佳月,惟應此地多。

### 西嶼

芙蓉豈不好,濯濯清漣漪。采之不盈把,怊悵暮忘飢。

繫舟西岸邊,幅巾自來去。島嶼花木深,蟬鳴不知處。

### 琮琤谷

幽谷竹成陰,懸流着石清。不妨風月夕,來此聽琮琤。

### 梅堤

亭亭堤上梅,歷歷波間影。歲晚憶夫君,寂寞煙渚靜。

### 聽雨舫

風吹渡頭雨,摵摵蓬上聲。欣然會心處,端復與誰評。

### 采菱舟

散策下亭阿,水清魚可數。却上采菱舟,乘風過南浦。

### 南阜

湘水接洞庭,秋山見遙碧。南阜時一登,搔首意無斁。

## 游嶽尋梅不獲和元晦韻

眼看飛雪灑千林,更着寒溪水淺深。應有梅花連夜發,却煩詩句寫愁襟。

## 十三日晨起霜晴用定王臺韻賦此

晴嵐開嶽鎮,雲雨斷陽臺。日出寒光迥,川平秀色回。興隨天際鴈,詩寄嶺頭梅。盛事它年說,憑君記玉杯。

## 用元晦定王臺韻

珍重南山路,驅羸幾度來。未登喬嶽頂,空說妙高臺。曉霧層層歛,奇峯面面開。山間元自樂,澤畔不須哀。

## 馬上口占

向來一雪壓疆昏,曉跨征鞍傍水村。七十二峯俱玉立,巍然更覺祝融尊。

## 馬上舉韓退之語口占

擾擾人心隨渺茫,更於底處問穹蒼。今朝開霽君知否,春到無邊花草香。

## 和朱元晦韻

一見瓊山眼為青,馬蹄不覺渡沙汀。如今誰是王摩詰,為寫清新入畫屏。

## 登山有作

上頭壁立起千尋,下列羣峯次第深。兀兀籃輿自吟詠,白雲流水此時心。

## 和元晦馬跡橋

便請行從馬跡橋,何須乘鶴篷叢霄。殷勤底事登臨去,不為山僧苦見招。

## 方廣道中半嶺少憩

半嶺籃輿小駐肩,眼中已覺渺雲煙。山頭更盡無窮境,非是人間別有天。

## 道中景物甚勝吟賞不暇因復作此

支筇石壁聽溪聲,却看雲山萬疊新。總是詩情吟不徹,一時分付與吾人。

## 崖邊積雪取食清甚賦此

陰崖積雪射寒光,入齒清甘得味嘗。應是山神知客意,故將瓊液沃詩腸。

## 和元晦後洞山口晚賦

石裂長藤瘦,山圍野路深。寒溪千古思,喬木四時陰。更得尋幽侶,何妨擁鼻吟。笑看雲出岫,誰是鏤刻本、康熙本、四庫本作似此無心。

## 和元晦雪壓竹韻

山行景物總清奇,知費山翁幾許詩。雪急風號聯騎日,月明霜净倚闌時。

## 和元晦懷定叟戲作

路入青山小作程,每逢佳處憶吾人。山林朝市休關念,認取臨深履薄身。

## 方廣聖燈

陰翳傳聞炯夜燈,幾人高閣費追尋。山間光景祇常事,堪笑塵寰萬種心。

## 賦羅漢果

## 和元晦詠畫壁

黃寶累累本自芳,西湖名字著諸方。里稱勝母吾常避,珍重山僧自煮湯。

## 和元晦方廣版屋

松杉夾路自清陰,溪水有源誰復尋。忽見畫圖開四壁,悠然端亦慰予心。

茸蓋非陶埴,年深自碧差。如何亂心曲,不忍誦秦詩。

## 和擇之賦泉聲

試問今宵澗底聲,何如三歎有餘音。堂中袂子還知否,月白風清底處尋。

## 和擇之賦霜月

月華明潔好霜天,遙指層城幾暮煙。妙意此時誰與寄,美人湘水隔娟娟。

## 和擇之賦枯木

陰崖虎豹露鬚牙,元是枯槎著蘚花。不向明堂支萬祀,玄冬苦節未須誇。

## 聞方廣長老化去有作

夜入精藍意自真,上方一笑政清新。山僧忽復隨流水,可惜平生未了身。

## 賦蓮花峰

玉井峯頭十丈蓮,天寒日暮更清妍。不須重詠洛神賦,便可同賡雲錦篇。

## 和元晦詠雪

兀坐竹輿穿澗壑,仰看石徑接煙霞。是間故有春消息,散作千林瓊玉花。

## 自方廣過高臺

《朱文公文集》卷五,《南嶽酬唱集》詩題作至上封用擇之韻

兩寺清聞磬,羣峯石作城。風生雲影亂,猿嘯月華明。香火遠公社,江湖鷗鳥盟。是中俱不著,俯仰見平生。

## 賦石廩峰

巋然高廩倚晴天,獨得佳名自古傳。多謝山中出雲氣,人間長與作豐年。

## 道傍殘火溫酒有作

陰崖衝雪寒膚裂,野路燃薪春意回。旋暖提壺傾濁酒,陶然絕勝夜堂杯。

## 和元晦林間殘雪之韻

眼中光潔盡瓊瑤,未覺鬱藍宮殿遙。石壁長林冰筯落,鏘然玉佩響層霄。

## 和擇之看雪

獄背三冬雪,真同不夜城。野雲何晃蕩,澗水助空明。行橐多新句,青山有舊盟。堂堂身世事,渠謾說三生。

## 和擇之福巖回望嶽市

回首塵寰去渺然,山中別是一風煙。好乘晴色上高頂,要看清霜明月天。

## 福巖讀張湖南舊詩

茲遊奇絕平生事,只欠瀛仙冰雪姿。元是經行題品地,却從山際誦新詩。

## 和擇之登祝融峰口占

## 和元晦晚霞

祝融高處好，拂石坐林端。雲夢從渠小，乾坤本自寬。回眸增浩蕩，出語覺高寒。明日重來看，寧應取次還。

## 過高臺獲信老詩集 原作攜，據《南岳酬唱集》改

早來雪意遮空碧，晚喜晴霞散綺紅。便可懸知明旦事，一輪明月快哉風。

## 和元晦贈上封長老

蕭然僧榻碧雲端，細讀君詩夜未闌。門外蒼松霜雪裏，比君佳處讓高寒。

## 和元晦醉下祝融

上方元自好，一榻有餘清。祇趁晨鐘起，寧聞山鳥聲。高僧足幽事，野客富詩情。試問峯頭景，今朝作麼生。

## 和元晦十六日下山之韻

雲氣飄飄御晚風，笑談噓吸滿心胸。須臾歛盡還空碧，露出天邊無數峯。

## 和擇之韻

歸袂隨雲起，籃輿趁雪明。山僧苦留客，世故却關情。小倚枯藤杖，聊聽絕澗聲。如何山下客，一笑已來迎。

## 和擇之韻 《朱文公文集》卷五題作和敬夫韻

山中好景年年在，人事多端日日新。不向青山生戀着，祇緣身世總非真。

舊說峯頭寺,真成杖屨來。却尋泥路滑,更喜野雲堆。寒積三冬雪,陽生九地雷。城中幾親友,為說看山回。

## 題曾氏山園十一詠

### 尚絅堂

昔人為己學,深旨妙隱微。三復尚絅章,服膺願無違。

### 夕陽臺

日暮天無風,岸巾夕陽中。回首發遐想,明月已升東。

### 橘洲

我家湘水濱,年年賦徕服。君家百畝田,晚歲千樹綠。

### 霜傑

種松苦難長,松長還耐久。莫作目前思,但種門前柳。

### 菊隱

不肯競桃李,甘心同艾蒿。德人一題品,愈覺風味高。

### 君子亭

嘉蓮秉嘉質,解后逢賞音。翁豈玩物者,寄意一何深。

### 蓼步

扁舟橫薄莫,渺渺蓼知秋。家山有江湖,何必賦遠遊。

## 北山

南山煙雨霏，北山風露多。衣沾非所惜，履濕知如何。

### 梅沼

寒梅只自芳，野水有餘清。山空歲云暮，妙意相發明。

### 桃花塢

花開山與明，花落水流去。行人欲尋源，只在山深處。

### 吟風橋

橋邊風月佳，俯仰有餘思。無忘履冰心，方識吟風意。

### 昨日與周伯壽別終夕雨小詩追路

夜雨虛簷響徹明，地蒸衣潤欲生雲。想君渚路頻回首，我亦書窗倍憶君。

### 自西園登山

日光射崖冰雪色，風壑傳響松龍吟。但忻耳目得所遇，不覺山高幾許尋。

以上《南軒先生文集》卷七

# 全宋詩卷二四二二

## 張 栻八

### 十五日再登祝融峰用臺字韻

今朝風日霽,共約再登臺。人在雲端上,僧從天際回。巖頭風憾竹,林畔雪欺梅。濁酒消寒氣,無妨飲數杯。

### 方廣寺睡覺

僧舍孤衾寄此情,莊生夢破曉鐘聲。浮漚蹤跡原無定,惆悵西風一夜清。

### 胡丈廣仲與范伯崇自嶽市來同登絕頂舉酒極談得聞比日講論之樂

久憩珠林寺,高軒自遠來。攜朋上喬嶽,載酒到瓊臺。論道吟心樂,吟詩笑眼開。遙觀松柏樹,風韻有餘哀。

以上《南嶽唱酬集》按:《南嶽唱酬集》所收詩多有舛誤,今錄此三首。

### 春日西興道中五首

短短菰蒲綠未齊,河洲水暖鴈行低。歸時須趁春光淺,待得春深意卻迷。

江梅已過杏花初,尚怯餘寒著尊疏。待得重來幾枝在,半隨蝶翅半蜂鬚。

岸容山意兩溶溶,便是東皇第一功。春色平鋪人不見,却將醉眼認繁紅。

一川曉色鷺分去,兩岸烟花鶯帶來。徑欲卜居從釣叟,綠楊缺處竹門開。

## 晚春

簷鐸無聲鳥語稀,徑深鐘梵出花遲。日長徧遠溪南寺,未信東風屬酒旗。

捲地狂風殿晚春,落花蓋水欲成雲。向人不改舊時面,只有蒼官無此君。

## 晚望

獨上荒亭數過帆,橫林疏處見蒼灣。固知不入豪華眼,送與鳧鷗自在看。

## 八詠樓有感

仲舒舊事無人記,家令風流一世傾。天下何曾識真吏,古來幾許尚虛名。

自注:王仲舒守婺,有異政。

## 遊絲

遊絲浩蕩醉春光,倚賴微風故故長。幾度鶯聲留欲住,又隨飛絮過東牆。

## 題劉氏綠映亭二首

涼葉翻翻不受塵,芒鞋藤杖及清晨。開簾小放前溪入,澄綠光中獨岸巾。

鷺浴魚跳在鏡屏,搖青浮碧太鮮明。牆東種得陰成幄,隔葉看來却有情。

以上宋金履祥《濂洛風雅》卷五

## 大雲巖

平地起突兀,頹然若負龜。初疑斤斧鑿,安得此巧奇。乃知化工巧,精意運神機。巖深翠長滴,冲冲閟四時。

《永樂大典》卷九七六三

## 和故舊招館

牢落詩盟寒欲灰,非君懷抱若為開。未闌樽酒論文意,拂榻應須有待來。

同上書卷一二三一三

## 和友人夢游西山

故人疇昔隱西峰,野寺幽房一徑通。無復老僧談舊事,空餘修竹滿清風。夢中尋勝忘南北,句裏論心豈異同。我欲壁間題唱和,他年留得詫南公。

明張鳴鳳《桂勝》卷三

## 過上天竺寺

上竺諸天近,中林萬木低。迥超塵世外,恍入雪山西。忽漫參龍象,行將混鹿麋。何年釋簪紱,於此獨幽棲。

清梁詩正《西湖志纂》卷八

## 荊湖望月

浩浩湖之源,迤邐衡山下。有月來中天,明珠千斛瀉。澂澈一塵無,交輝清不夜。嗟彼泉下人,逝莫挽逸駕。惟有不死心,清光徧華夏。

## 登嶽麓赫曦臺聯句

泛舟長沙渚,振策湘山岑。朱熹　煙雲渺變化,宇宙窮高深。懷古壯士志,憂時君子心。張栻　寄言塵中客,莽蒼誰能尋。朱熹

## 落　梅

清溪南畔小橋東,落月紛紛水映紅。五夜客愁花片裏,一年春事角聲中。歌殘玉樹人何在,舞破香衫曲未終。却憶孤山醉歸路,馬蹄殘雪襯春風。

以上清張伯行《濂洛風雅》卷六

## 句

郴山足奇變,其水復清美。送吳仲權還郴

宋王象之《輿地紀勝》卷五七《荊湖南路・郴州》

（陳曉蘭整理）

# 全宋詩卷二四二二

## 陳造一

陳造(一一三三——一二〇三),字唐卿,高郵(今屬江蘇)人。孝宗淳熙二年(一一七五)進士,調太平州繁昌尉。歷平江府教授,知明州定海縣,通判房州并權知州事。房州秩滿,爲浙西路安撫司參議,改淮南西路安撫司參議。自以轉輾州縣幕僚,無補於世,置江湖乃宜,遂自號江湖長翁。寧宗嘉泰三年卒,年七十一。有《江湖長翁文集》四十卷,由子師文刊刻行世,陸游爲之序,已佚。明神宗萬曆四十六年(一六一八)仁和李之藻獲抄本,與秦觀集同刊于高郵。事見本集卷首自序及元申屠駉《宋故淮南夫子陳公墓志銘》。

陳造詩,以明李之藻刊本爲底本。校以影印文淵閣《四庫全書》本(簡稱四庫本)等。詩集外的作品另編一卷。

### 和陶淵明二十首 予幼多病,不能飲酒,中年稍稍近杯勺。延賓客,對妻兒,每舉少分,亦能數舉,陶然足樂也。頃以病復作,絕不飲,對飲者意輒爲之酣。適暇日,讀淵明《飲酒》二十詩,并東坡居士和章,遂次其韻。紹熙壬子閏二月定海邑齋

淮鄉酒價賤,希復獨醒時。
齒髮變今昔,撫己屬負茲。
清坐把飲客,辭費未作計憂患場,賢聖頗中之。
客歡我怡然,此戒何妨持。
免疑。

壯歲銳著述，嘗欲藏名山。中間忽自哂，聒聒厭多言。棄置杯中樂，雕鎪耗歲年。不知百歲後，何益空名傳。

薄俗不難化，君子要得情。善政良易孚，循良本無名。且了飽飯課，不問報政成。不念建德遊，柱作心奮飛。一溺狂泉飲，坐受人所悲。吾樂有餘地，醉鄉真可依。窴填虎自避，心冥鷗不驚。

捐金得嘉旨，舉室更笑喧。老子舊小戶，醉帽每先偏。即今省酒費，或辦歸買山。吏隱有定趣，縣債當亟還。乘流遇坎止，畢世佩此言。

知歸。棄置近藥裹，改絃計扶衰。歡趣固自若，誰謂志願違。

張辣誕陳遵，彼此竟誰是。徐公今似優，昔行未容毀。中年覆觴過，畏病乃能爾。兒輩無真見，縕袍賢錦綺。

海鄉亦好春，紅紫紛蕤英。黃鳥托庭柯，嗝唔如有情。知我得碧濤，似勸花前傾。豈知好飲客，靜坐耐耳鳴。茹津拆紅泥，鯨吸看後生。自注：碧濤，酒名。

骯髒老眉面，豈是趨世資。四庫本作謬著百僚底，躄躨彊折枝。深知才用短，敢謂時命奇。歸耕不顧計，更問婚娶為。何向不貧賤，肯為寸祿羈。

公朝不遺才，蕩蕩天門開。雜遝盡奇士，騰凌舒壯懷。有客尋遂初，與時自作乖。脫粟傲肉食，官居當嚴棲。東州拜璽書，西州迎芝泥。夫也商聲謳，滿屋金石諧。詩書孰踐履，簿領甘沉迷。平生獨往願，萬牛挽莫回。

自公有至樂，詩卷還坐隅。得句一吐之，嬉然忘窮塗。百世一俯仰，萬象付馳驅。吟情當飲興，其樂皆有餘。役心聲利場,咄咄彼何居。
卯金穿窬雄,典午盜有道。當時附炎人,忍恥稱國老。延之終代北,范粲車上槁。矯矯竹林儔,斵轑豈
真好。陶公諸公右,烔若橫道寶。不就酣涵逝,亦恐自標表。
訪書酒誥空,揚子浪傷時。頌德譽大人,劉伶頗費辭。人生意行耳,暇復商略茲。用己律世人,一信起
千疑。規規滯所然,在物寧非欺。我心受風舟,漂然隨所之。
人生無賢愚,彼是皆夢境。矻矻迷所求,冥冥睡未醒。此心方放紛,息念乃要領。衝風有驚波,握苗無
佳穎。夢覺悵今昔,吾其默自炳。
暇日坐北窗,好風竹間至。楚騷偶到眼,開卷已心醉。愛君君子心,湛身抑其次。自靖各所安,苟難豈
所貴。非渠工語言,誰遣忘肉味。
憒憒綺紈兒,客或大其宅。長公抱胸奇,所向有削迹。窮達吁可驚,賢否乃什百。請君勿此計,計之當
浮白。九品寧用評,四并良可惜。
細閱史氏書,宛若身所經。夢錄以命之,過影紀虧成。一堯間十秦,寒暑倏變更。我起千歲後,遊心於
大庭。俛仰海塵揚,鼓舞天籟鳴。紛紛閱過前,表立俱志情。自注:予讀史,名以夢錄。
達觀無睢盱,自狹叔季風。典書有佳釀,飲徒常眼中。彼醉我俱適,未覺介勝通。剛制免寂寥,政復人
得弓。
少從師友間,雅意效一得。中年彈塵冠,欲起復回惑。初無輔時具,吾責良易塞。即今禹紹舜,羣俊萃
王國。臣猶自知之,環省每慙默。
昔人蟻壞遊,方復詫貴仕。回首辭窮約,投分感知己。鄰鼓驚邊隅,得無豢養恥。戰酣日為卻,血尸三

百里。推枕視窗日，前事皆可紀。向來心營營，乃始得真止。彼此誰賢愚，所持那足恃。陶翁出宰縣，徑去亦天真。閑居詩成集，古雅仍深醇。坡翁訪赤壁，臨流雙鬢新。小袖補衮手，千篇準過秦。兩翁閱當世，眇若毫端塵。熙豐望義熙，愛君最忠勤。向非與道俱，寧爾著語親。自我誦遺編，行身少知津。敢忘炷原作注，據四庫本改爐香，亦復墊雨巾。鼎鼎蓋棺前，期無愧斯人。

### 書法蟹方後

放麝念號鳴，易牛憐觳觫。仁心誰獨無，天機或待觸。悠悠寄宇宙，往往狥口腹。君子一飽適，庖事不到目。寧知刀俎間，宛轉無聲哭。空蕢與土穴，暴殄無遺育。況此佳風味，世肯貧爾族。炳炬擒爬沙，淡茹吾免介薦膏馥。向來橫戈怒，不救搖牙酷。醬浴酒拍浮，方法忍抄錄。躁擾至絕命，耳聞痛在肉。能事，晚食媚山蔌。

### 寄二孫

憶昔初抱孫，雙鬢颯已秋。眼看與我長，歲月如許遒。我以薄宦西，汝為守舍留。夢輒來後前，歲律欻再周。想今與迺父，長我更半頭。天姿粹而溫，整整靜不浮。六經如取攜，八面自優遊。落筆動萬言，頗能如翁不。如翁何足道，抗志須前修。良匠有妙斵，惰農無厚收。彼哉碌碌者，不源而計流。吾言不虛往，過是夫何求。

#### 右嶤

阿泰幼儻碭，勢若泛駕馬。暫別已束髮，折節殊曩者。誦書口瀾翻，晝夜曾不捨。課肯犯雪供，筆亦揮汗把。才地校優劣，不在阿儒下。平時於方兄，眇視真土苴。念翁少年日，為學不餘暇。混俗類疎放，乘心迺儒雅。兒今頗肖吾，解笑時苟且。師匠求有餘，好書不外假。緬懷螢雪邊，力倍功更寡。可用吾季孟，直輩古班賈。

右 宸

## 苦旱六首

旱氣乘炎熇，觸耳仍怨咨。九重正宵旰，解顏定何時。書生身世憂，寧止八口饑。可復河朔醉，欲麾云漢詩。

雨師久退藏，風伯恣吹鼓。翕然西郊雲，離合太熒侮。及玆一汛灑，頗亦清祥暑。幾占魚鱗天，僅得龍尾雨。

我雖甓社居，有田不瀕湖。漫漫湖水長，奈此田中枯。携文客邊侯，劣可輸殘租。鰲瘵不識飽，愧爾耕田夫。

枯旱歲十九，無若今歲酷。日色雖許赤，苗心尚餘綠。舉觴勸睡龍，雄飛勝雌伏。作意收桑榆，前愆儻容贖。

蒼生惜死所，倚須數寸澤。連朝油雲度，空勞問雨色。豐歉恐數然，造物莫為力。定知天屢陰，為爾動悽惻。

頻年忍流移，猶幸稊稗熟。稊稗亦已無，何以填饑腹。時方迫凍餒，勢恐萱榮辱。儻無意外憂，根蘗猶可勵。

## 馬上見賣白蓮者三首

引息度奇暑，風日正交戰。淮鄉六月春，嫣然擡頭見。香凝素囊拆，濕餘清露泫。豐膚專正色，一忠百佞賤。祝融洒司花，慰我紅塵面。買歸一盃適，得共黃葵薦。

東蕩百頃寬，滿蕩蓮結花。孤村蓮蕩西，茅茨吾所家。年年紅紫盡，為春留芳華。酒船墮雲錦，歌棹凌瑞霞。只今鄉閭夢，不道身風沙。把花但三嗅，對酒長咨嗟。

東蕩花清晨，西湖渺無津。涼荷引天遠，極目粧面新。鳴榔與鼓枻，彼豈尋芳人。香風漂我舟，領略不及賓。當時賞花句，興在迹已陳。歌似冰玉友，花面俱迴春。

## 蔡秀才求予所作記作詩贈之時蔡移居

古人四壁居，今人猶歎息。蔡子攜百指，亦自無四壁。分絕檳榔求，未斷文字癖。此行誰知己，所向盡艱食。予文久自知，不作杯水直。方君忍饑雷，可語寧此石。

## 彭尉焚巢二首 彭以韋經名堂

彭家柳邊堂，江色潤書畫。洒公根柢學，衣傳自心會。唾手勳業餘，探妙文字外。區區青紫計，韋子豈君配。神物護揮毫，而不告成壞。赫炎卷地過，椽瓦了無在。賴是堂間書，萬軸腹中載。洒公洞天理，否傾則為泰。原作秦，據四庫本改向來薦才名，開口取猜怪。從今柳先生，頗為參元快。

洒翁五車讀，弓劍初一命。九十歸田園，顏丹眼如鏡。客來不告倦，筆落有餘勁。霜嚴草花落，松柏獨也正。吾憐盼與札，徐閱襄昭定。濟美竟寂寞，陳編漫輝映。翁家戲綵郎，足繼賢業盛。雄詞逼王楊，奧學窺韓孟。援今校古昔，兩翁猶此病。今段天試君，處此要以靜。

## 次韻章舜舉

## 再用前韻贈鹽城四士

行李小槃薄,海西裨海東。交情半新故,生世有遇逢。從我二三子,草木臭味同。業工畫眉嫵,飾此冰雪容。高軒一再過,向我作春融。陳侯犀一角,錦腸星斗胸。章侯金百鍊,學派傳正宗。楊侯較諸楊,朝墨收儁功。王郎天地間,合侍明光宮。我老一無可,短翼羣螢中。樽酒剪銀燭,詩錦佩奚童。寬破十日留,文律得細窮。

## 次韻王解元賃地築屋

饑麟不落毛,士生常百憂。何人金為埒,振客不待求。之子磊魂胸,貯書不貯愁。焉知奉二老,百指借岸舟。方耐冷侵骨,未暇吟掉頭。目前絣櫞託,急於溫飽謀。詩來懇窮狀,讀想寒颼飀。我亦寄別巢,其拙真病鳩。每慼烏所瞻,更羨鸎出幽。君看沉沉者,生不譚軻丘。可食忘嗟來,至寶忌暗投。天地吾蘧廬,此理君信不。為親儻可屈,三返無宜休。

## 次韻章時可

般門難呈拙,仰屋方自咎。詩肩卓兩峰,因君笑今又。袖手非不佳,拜賜良獨厚。翩翩王公孫,肝肺衷繪繡。向來傳新作,價欲擅文圃。妙語再墮前,吟玩忘昏畫。江濤駭澎湃,風竹聆疎瘦。足我學古心,

## 贈施都正三首

嚴嚴神仙居,不受世塵涴。棲身白玉壺,眼净訖容唾。主人敬愛客,馬秣僕不餓。洗心爐薰前,容了舊經課。

雨窗舞晦明,風竹作騷屑。斷無思歸夢,人境兩清絕。道人氣金玉,妙論挾冰雪。未須金鼎丹,始可黑霜髮。

欲觀芸芸初,當求根極地。古今貉一丘,貴賤魚千里。纖雲翳太空,玄珠在深水。安得數年閑,與師商榷此。

## 次潘德久韻 潘茂和買妾不成,其兄德久有詩,即席次韻

沉沉王侯居,列屋皆妖妍。性斧糜春葱,日詫歌舞筵。孰知山澤儒,超然廣文氈。野花供嫵媚,山月獻連娟。潘郎真吾徒,常加視後鞭。居無鮑生馬,紅粉風蓬旋。張公為石奴,處仲政復賢。繼今看遠業,賤子當留年。

## 次韻章茂深安撫見寄

引領數仞牆,坐歷幾秋仲。西風度凝香,稍羞文字供。使君今退之,一昒士輕重。碩德金玉文,天畀為吾宋。鄙夫老世紛,萬事曲肱夢。向來竊膏馥,編綴飽吟諷。此詩舍古意,羣騷之橘頌。理窟有餘地,猶許一醉共。名卿壁一雙,豪士笛三弄。侍公眼生纈,聊目歸鴻送。

## 七月附米舟之浙中作

白蟲散如蛆,黑蟲聚如蟻。循緣仍咂齧,欲寐復九起。吾舟玉為粒,生此果何理。神奇作臭腐,秋暑況如熾。人生託洪爐,一飽蓋分爾。臨流念彫年,胡迺置身此。笑口忽嗢㖕,曼膚或瘡痏。隄防費應俗,情偽良不美。短籬護松菊,吾歸殊可喜。錐刀詑朋儕,嗟爾商販子。

## 召伯停舟避雨 去年是日之山陽,避雨繁梁,作《菩薩蠻》云

窗度荷芰風,舟欹鴛鴦浦。落帆憩篙師,避此白淙雨。長征取愜快,留滯不云苦。適喜縣麻勢,為盪鑠石暑。去年舟繫柳,臥看虹飲渚。龍公會事發,尚記跳珠語。崎嶇不諧俗,似為龍所予。一盃酬新涼,開瓶先酹汝。

## 過樊村

襄鄂二千里,何啻三百灣。風色九順逆,左往復右還。舟行已三日,沿流不作艱。即今蒼煙面,猶是泊處山。信次有定期,曲直了不關。聊可供戲事,輕橈與回環。

## 呂城待閘得陳魏二生晤語

呂城望奔牛,道里不作遠。徙倚不容前,奈此河流淺。窘步客懷惡,癡坐僕夫倦。班荊得兩生,晤語忘旦晚。文卷得細披,湯餅亦粗辦。生須朋從樂,時亦慰連蹇。長吟行路難,回首偶耕願。卜鄰儻君等,老我幸無怨。

## 贈楊伯時

璧月無纖翳,冰壺不受塵。西京子雲裔,有官居士身。今代龐德公,淑質秉大雅。生事一丘壑,龍鳳拜

床下。緒餘辦官業,膏馥付爾曹。詩聲華岳重,士論錫山高。京塵逆旅中,初喜識芝宇。鄙語愧呈拙,有底極推許。漂流當定居,久計浙西東。他年結詩社,未嫌後從公。

## 送葉主簿楚州應錢帥之招 主簿已七十

漢庭用少餘,無策銷外侮。充國七十翁,勝算定樽俎。夫君譚西北,萬里真目睹。諸將失投機,遽豈一二數。形勢可聚米,君王未借箸。江湖五十年,帝閽嚴九虎。後生不更事,兒戲議邊圉。圓方殊枘鑿,清嘯臨寂默忍羈旅。平生千霄氣,百吞不一吐。白眼閱流俗,閉口避爾汝。山陽文武資,幹國今吉甫。籌邊,志已無驕虜。經年虛代舍,須君作謀主。心噎區區鄭,綏不省之武。盡思度外意,徑略紙上語。山陽吾未識,彷彿夢眉宇。斷知磊落人,衆棄能獨取。一屆勸臨分,三歎欲輕舉。抒君胸中奇,定作商應羽。還應訪隱淪,道我聽雞舞。

## 次韻王解元

觀名計利心,惴惴日交戰。洪濤探龍睡,赤手投虎圈。孰知青雲士,眼靜不汝眩。中年琴書趣,早歲林壑願。我無適時具,未敢厭寒遠。政須營一醉,尚喜春酒賤。前回所探花,撲簌已如霰。把杯臨清池,新句到朝彥。縹影中流見。可須催歸語,且領提壺勸。向來眼中人,此客頗嘗見。兩王風流絕,聲名到朝彥。鶯花不無情,向君真自獻。破竹,脫手金丸轉。石交可忘年,時亦共酣醼。春來景物好,題品幾時遍。

## 贈錢郎中

刓方利祿媒,抱道俗不省。詩書工發冢,孰起世儒病。錢侯挺直節,蠻徼復蘭省。劍氣夜星明,鶚翻秋霜耿。上前論世務,萬乘為首肯。平生中原慮,壯歲左符請。不作黃閣想,擬試白羽秉。孤忠當宁知,

## 次王仲衡尚書鹿鳴宴韻

儒冠幾經秦,士貴始藝祖。英儁承上意,不止工造語。文風逮列聖,秀異彌博取。即今再太平,比屋務稽古。先生國元老,曩亦原夫舉。倚相能丘索,吉甫允文武。後生藉膏馥,掉臂雄藝圃。豈伊鄶無譏,敢睨大國楚。諸生觀國光,名欲箝龍虎。初非意敢料,顧為公所與。蕙蘭俀芳筵,肴核富雕俎。酒行不待醉,閣坐喜欲舞。妙句韋白前,拭目嗟未睹。豪氣條賈餘,舉舉陵天宇。懸知三千牘,去作虹霓吐。我坐廣文氈,勤拙初不補。看揮修月刃,穩送搏風羽。傳燈知道尊,食蔗記茶苦。明年公東歸,商衡傳嚴雨。附翼偕渠儂,遠臣觀所主。

## 再次韻謝王仲衡尚書薦章

禰生布衣兒,始未客黃祖。一鶚輕百鷲,名已騰薦語。跌宕嗟不施,衆笑此何取。一賦出緒餘,已可光近古。先生傳正學,抱負幾文舉。名世昔退之,好善今衛武。汲引略權近,論薦及農圃。高義表一時,代舍著衰翁,秋芹薦侯俎。泉甘困惡氣可消楚。俗方急梯媒,中表羊而虎。低顏下氣地,百請幾一與。傅毛可飛肉,矮屋俄廣宇。平生氣輪困,非公向誰吐。小深汲,袖短妨妍舞。薦士不待求,昔聞乃今睹。朝來詩興動,毫端鳴急當工撫字,大或效遺補。長風初借便,振迅顧雙羽。未妨著書緣,人有譏自苦。

雨。夸似鱸堂生,頗見此賓主。

## 次王尚書韻呈石湖

聖經三百篇,凜凜詩鼻祖。日月懸太空,不作雕篆語。可學不可議,仲尼親去取。變為屈宋騷,刻畫已愧古。曹劉驥騄聘,沈鮑鴻鵠舉。并稱五字雄,繩墨蓋陵武。甫白壁萬仞,際彼柳樊圃。又如曹邾鄭,屏息從晉楚。黃陳嗣前作,風壑嘯兩虎。公生四子後,相望心相與。溟渤無棄流,酸鹹或登俎。取源自聖經,長袖固善舞。清篇神所護,近句誰先睹。鄉來儀朝行,拱揖尊帝宇。出使辭氣振,前席情素吐。非公任安危,袞闕幾不補。歸來將詩壇,越笥傅之羽。陳黃伯仲爾,胡復用心苦。學力我枯涸,進冀濡教雨。首肯公不疑,更用詢季主。

## 次前韻贈龔養正

淮鄉富奇髦,欽衽讓乃祖。及今戶相衿,十襲藏妙語。遺澤有源水,豈直輪一取。夫君典刑在,落筆更醇古。白眼視公卿,剡肯睨豪舉。世味淡如水,進德吾孔武。四壁但圖史,一飽問場圃。初服仍楚楚。團蒲芥軒寂,索手縶雕虎。客來輒欣然,詩就寧漫與。自云窺官達,束身著高俎。修眉冰玉顏,肯思麟楦,強作沐猴舞。見笑寒如冰,如睫不自睹。君眼高一世,天光靜生宇。寓意文字間,軋軋繭緒吐。後皇急幽側,員闕多未補。當儀振鷺羣,欼下冥鴻羽。鄉來受塵地,幽屏良獨苦。蓬萊道家山,金碧上煙雨。反君招隱篇,長懷報明主。

## 大雪復用前韻呈王尚書

密雪何自來,雨禰雲其祖。史臣紀上瑞,外此可無語。帝豈為詩設,偏為詩人取。梁園謝家庭,麗句傳今古。玄冥老更事,厥職甚脩舉。屬者甫見白,今者復接武。賦形想像殊,玉田瓊作圃。定知懷璧人,躐足不向楚。天孫事遨嬉,開關叱九虎。剪冰幾何時,下土均付與。羣儓燕青冥,酒所未徹俎。狂撼白榆花,笑看風處舞。林巒帶城堞,變滅眩所睹。安得鶴背游,一覽了九宇。頗煩孟光請,杯覆詩不吐。海圖拆曲折,兒女粗紝補。明年麥秋好,落磨收鵝羽。盍廣屢豐謠,少慰田家苦。嘉應自丘禱,不待書閔雨。飽飯對翻飛,此惠仍地主。

## 祈雨齊雲樓 與羅春伯提舉露坐,索詩作

波涼魚初浮,露下蟬罷警。胡床俯前池,妙意吾已領。主人絕俗姿,此地背塵境。霜華耿玉宇,璇漢轉金餅。桂娥不無情,與客閑弄影。紅妝擁千蓋,環坐殊秀整。盤珍供剝芡,水厄停煮茗。自注:羅以河魚不飲茶。清譚略逕庭,快若客醒醒。不辭僕頻更,頗覺夜彌永。明朝雨一尺,重約追霽景。但恐閑塵尾,鼓吹鬧蛙黽。適聽步虛聲,縹緲碧雲頂。

## 次韻諸公清樾軒詩

塵中望青山,防有移文阻。誦君清樾篇,頓忘三伏暑。想見松風底,樹羽仍設虡。山靈莫逆友,獻豈煩縞紵。招隱未容反,陳迹渠能序。詩翁麋鹿姿,窮不問唐舉。歸誅故山茅,吳鴈憑寄語。君寧山中人,居州定王所。

## 代羅大著遙題雲巢

高人玩世心,仕學有餘裕。稍償俗間負,未忘塵外趣。結巢依莽蒼,泉石得佳處。牙籤三萬軸,遮眼豈云盡。鳥啼巖作屏,翛然不移具。時招檜山雲,蒼白繚窗戶。徑潤樹罩煙,庭虛月含霧。萬景供旦夕,

## 次韻胡學長喜雨

胡君著述間，動作千載計。雅奧三百篇，挹取欲無藝。一源發至醇，萬象赴傲睨。平生笑此癖，論交惜晚歲。君詩信入神，我眼本無翳。屈膝邢娥前，酬贈慚醜婢。憶初拜雩壇，遽恐枵腹斃。徒然陰樞縱，寧止乾肺噬。敢徐救焚步，頗徇非鬼祭。端知世興道，密若有司契。神孚聖君德，家沐良牧惠。天人隔顯幽，論理不論勢。朝來望阡陌，白水漲天際。歌呼滿中田，不勉渠自勵。黍稌分後先，稂稗易耘薙。清泉向小歇，比屋念遺穩。饑飽巧相補，上帝亦已諦。老夫辦疊期，是恩良不細。儻曹有佳招，天閽不堅閉。長安粟一囊，補破仍茹糲。出處顧何心，一漚寓斯世。衆雛能稼穡，暇日訓孝悌。相望渺海涯，恩懇未渠替。張侯本萬中，蘇子勞再說。排霄眄世儒，笑閱風外帶。草麻侍金鑾，雲空澹溶洩。丈夫要特達，不必須援繫。即今轉圜句，可薦五方帝。如今縣麻雨，立見萬生濟。

## 贈鍾汝楫

坐窗雨蕭蕭，出戶泥活活。旅食向六旬，淫霖破七八。舊新佳客斷，局陋不可活。鍾郎卷銜袖，詩與人秀發。誦之未數紙，驟覺陰氛豁。壯如秋濤湧，清比哀玉戛。騷人詠香草，不足供採擷。詩人深堂奧，掉臂欲排闥。應接殊不暇，愧恥那容刷。正宜長聚集，慰我抱饑渴。不見動十日，有力苦見奪。轉頭二十年，夢覺幾電抹。我甘龜五窮，子亦狼載跋。川增得深敬，外此本毫末。別語忽見諗，回腸隱膠葛。乘除等寒暑，休王有回斡。豫章出林遲，出乃千丈拔。天居五雲處，往矣儕俊傑。當念淮山陽，有人睎短

## 題徐居士遯庵

世網誰所張,四彌天宇大。萬情本一機,矻矻同此在。徐君經世心,心乃超世外。趣靜緣有動,無顯奚用晦。姑為辟俗去,示世無吾待。結庵定其遷,初不憚一再。容膝得勝處,外物了纖芥。有山自煙雲,有水可灌溉。百丈峙翠屏,千尋拖碧帶。床頭三聖書,會意謝分挂。天山得要旨,肥遯元非內。此名扁此室,吾詩儻容配。

## 次韻徐秀才十首 以才子富文華,校讎天祿閣為韻

冷官卧漳濱,書龕漫棲埃。餐魚苢瓠葉,局縮養不才。窮鬼不受送,與君作陳雷。將軍視將浼,夫豈餒無臺。

杜陵將詩壇,受敵湊多士。黃陳大其傳,券契密付委。徐君萬卷腹,詩作風雷起。春秋富有餘,著眼置餘子。

向來孟浩然,醉眼高宇宙。清詩落京師,蘇李欲束咮。蔗隴槎頭編,未覺黃金富。纖鈎餌蝦蠅,但取浮陽嗅。

禽赫公侯門,下客亦方聞。慘澹埃堨地,高賢絕通津。蠹書分此老,華國須奇文。渠觀有旁招,子行當冠軍。

毅毅挂榻翁,孺子來如家。長安聚蚊兒,車馬紛嚚譁。裔孫會兩窮,韶顏映蒼華。長嘯叙孔李,驚翻籬角鴉。

髮。噬肯回葉舟,譚妙共蔬櫺。

霄霽上冥鴻，山霧臥文豹。餓鷗嚇腐鼠，啄啄詫飛趯。吾徒為己學，欣感置不校。小草或遠志，詭遇乃近效。鉤妙如悟禪，去瑕等居雛。學詩得是法，善刀無全牛。脫手希代珍，願子毋輕投。袞袞譚項斯，愧非古人儔。閱世難衣食，眼中子能賢。萬像入吟筆，摹寫皆其天。塞子我荒學，一字不蘄傳。子家文章錄，得書或許復。釣湖鱠紅鱗，厭山飯黃獨。書生甘若飴，八珍不在目。出處有餘裕，矗矗營寸祿。一舟指三徑，不遠儻堂笑伊優登，米笑侏儒索。見笑與笑人，等可付束閣。從俗心易波，矚理眼無膜。但求種秋田，歸療酒腸涸。

## 次諸公詩韻

去年略憩成倅小築，約今年同遊不果。諸公詩卷來索和章，感而次韻。成有歌姬甚點云

牆圍護風煙，簷影納紅綠。城西百弓地，論價指和玉。滄浪取具體，輞川儼遺躅。年時得小憩，振衣休汗足。山靈不留人，定復厭根觸。坐想散花女，深堂伴金粟。今年桃李月，僮馬幾裝束。竟成夢魂到，似聞偕六逸，自注：成仲鄰旬會凡七人。碧酒仍艷曲。風鶴羽人下，永歎春事促。此亦志願違，世有谿壑欲。詩卷肯屬我，為洗顏面俗。元亮晚來粗，彌明舊符籙。可須白月前，熠熠度螢燭。露花妃子浴。

## 八月晦試院中作

官居課程地，生有文字癖。誠知蝨負山，詎得辭此檄。嘉禾古多士，孰者非巨擘。老眼不待封，舊苦眩

花隔。勿云石賈玉,箴失眸亦得。自注:荀子云:失箴者,眸而得之。捧心若為妍,竊鈇徒自匿。陸海貪窮搜,奇寶多偶獲。巧常昏金注,勇或便大敵。清醑聆鄒琴,款識辨周鬲。頗收半段槍,退念連城璧。渠應悔羔袖,吾敢厭雞肋。撫囊寧利穎,體國免素食。明朝羅客拜,定自百夫特。俗無拋磚惡,歸舟緩張席。燈火一樽酒,笑語亦固然。如何棘圍夜,憶歸不成眠。衰懷動多感,妻兒須眼前。人生四方志,誰遭霜覆顛。

九月二日

## 次韻袁憲閱兵許浦

皇澤泉及瀨,戎索均帝闕。邊屯笳簫地,彎弓睨胡月。萬旅皆金繒,不待持閥閱。于時江流漸,極目雲閣雪。嬉嬉忘其寒,恩寵自稠疊。使星照海徼,天意不虛設。勞勤需摩拊,勇怯要旌列。扣閽許陳列。古來分君憂,下敢謝薄劣。叱馭陵九折,摧鋒取三捷。況公經世才,翻浪海鯨掣。夷吾吾目中,江左佇茂烈。汾陽唐柱石,守器未應缺。衡茲小試,鼓勇士眥裂。指揮用諸將,他日須此傑。聖君中興主,詔語一見決。治具有罅漏,訑容惜捫舌。兆朕貴先識,沉默真小節。鄙夫百僚底,欲隱尚不屑。幾登王公門,面靦辭易竭。向公又一鳴,當復笑燕說。

以上《江湖長翁集》卷二

# 全宋詩卷二四二三

## 陳 造 二

### 三月初晚晴寄高緇之三首

東風掃積陰,殘雨不敢漂。壞雲裂裳帛,倒挂磴嶺腰。鳥影不作暝,夕陽明山椒。安得上上頭,風露永清宵。

人家繡閨閑,湖上粧面新。湖山簫鼓中,魚鳥安得馴。山靈建飛雨,淨洗綺羅塵。即今隄邊柳,為誰管殘春。

曲欄倚青冥,萬井入指顧。湖光漾明霞,照我憑欄處。森木倦鳥歸,遙空征鴻度。定知待月人,破竹有奇句。

### 苦 雨

有足不下樓,有耳祇聽雨。一日不可耐,忽忽彌旬所。軒蓋斷還往,尸居成獨語。日色似見慰,雲氣復如許。西湖梅柳月,裘馬趁簫鼓。細追他日夢,一笑念縛虎。

### 再用前韻贈高緇之三首

晴色與春違,香紅不餘漂。出郭縱遠目,草長麥齊腰。詩來慰幽獨,吭諷芬蘭椒。招月作三益,庶用娛中宵。

## 謝袁起巖使君借貢院居 以簡齋詩一涼恩到骨為韻

閉門雨兩月,君來無舊新。白眼睨牢石,騫飛不受馴。落落含風松,紛紛棲健塵。慚非修月手,向君和陽春。

高郎客京華,好事有左顧。儒林丈人行,乃得曳裾處。亦知短褐底,蘊抱美無度。繼今數公間,可但傳新句。

書生歡漂流,卜築定何日。折腰為斗升,問舍羨九一。諸公有好事,往往遂所乞。懸知許黔突,當復念容膝。

火雲烘白晝,悠悠畫日長。黃塵撲面去,行客汗反漿。老夫清夢起,開卷鉤北窗。微風入巾袂,世恐無此涼。

久晴忽一雨,為洗暑氣煩。斯人作欣感,造物無怨恩。我方墮窮塗,獨能庇寒暄。公亦不自德,自笑煩於言。

槃薄蕭寺中,永嘆無客到。吾室自勃豀,粗免以饑告。及此蔭寬閒,好風日見勞。安得長者車,茶餅寫襟抱。

槐龍舞修影,頹景忽西沒。空庭漾金波,坐待月東出。臨風思傳觴,沃此支離骨。開門拜嘉惠,正得杯中物。 自注:是日,鹽車送酒人適至。

## 寄題徐虞卿醒心亭

人間聲利場,疾馳不知反。營營計毫末,一益昧百損。徐侯大雅士,探道自其本。策勳虛明地,外累不待遣。出能同光塵，歸念寄蕭散。著亭得勝處，竹茂水清淺。亭中際亭外，畏塗塵眯眼。翛然得此心，萬化無餘蘊。老我尚問津，人與室俱遠。向來卜鄰計，欲舞嘆袖短。會當尋此盟，蔬飯同茗椀。灑落無何遊，共閱世沈湎。自注：昔嘗託虞卿買屋丹陽，價高不果。

## 餘姚飯

昨暮浴上虞，今晨飯餘姚。官期有餘日，我行得逍遙。盤實剝芡芰，羹魚薦蘭椒。一飽老人事，茗飲亦復聊。捫腹每自愧，昔賢尚簞瓢。僧垣棲翠微，金碧煥山椒。龍泓甘可茹，塔鈴如見招。遲留本不惡，況復待晚潮。

## 車堰牛

牛力輕萬鈞，性順異諸畜。有足不解蹄，有角不皆觸。課日引未粗，為人給穀粟。私家憂闕食，公家要餘蓄。公私雖相須，置汝誰取足。奈何過堰客，行舟動千斛。挽牽亦誘汝，鼻鬣頸骭縮。扣角一勞之，膏血薦鼎俎，誰定悲轂觫。物生愧無用，懷安或非福。於人儻有益，厓身豈云酷。君看廟前牲，被繡飽蒭菽。不語對以腹。

## 舟行即事

昨日出曹娥，明日指慈溪。待潮舟為膠，得潮舟若蜚。留滯復一快，計程元不遲。人生意失得，孰者乘除之。今屈昔已伸，彼贏此或虧。但可自適適，尚用悲喜為。水伯愚弄人，政如造物兒。丈夫木作腸，渠輩未易知。

## 餞寄定海交代

縣尹古子男,今不一錢直。低摧原誤作催奉簡書,偵伺常屏息。白簡與按章,歲月供彈劾。當路雖所懼,姦民巧狙擊,意外變白黑。政使有卓魯,未容置形迹。云何世難事,君不動聲色。編民翕風移,惡少且心革。田廬有笑歌,魑魅亦竄匿。斯人紀仁愛,幾磨南山石。政聲懿如此,僅免繩治厄。諸公蠭鷚書,犯嚴尚遺力。安得定海民,為君灑薦墨。蘭臺傳循吏,採訪多失實。安得定海人,為君秉直筆。嗟我吏隱者,志在山南北。身名萬金重,如博試此擲。賴今遺愛地,一可矜式。政恐效西子,美顰得嘲劇。江皋一樽酒,聊挽朝天客。妙樂喧江浪,清潭倒理窟。盟言底遽寒,舟駛潮水急。西望念風義,感嘆徒至骨。

## 復吳祕正五詩 以識子用心苦為韻

武陵邁往氣,當世隱一敵。揚眉諸公間,甘作遷客客。裔孫典刑在,磊落抱深識。我學謝柳州,顧肯睨門席。

簿書阻從遊,人遠嗟室邇。胥徒怪坐忙,眉睫若為喜。方釐于蔿于,忽誦子虛子。悠然得此心,外累蚊過耳。

我如不材材,自詆無用用。向來風月前,詩筆頗吟弄。低摧髮皓白,無與世輕重。枯株欲丹黃,因君彌自訟。

作宰古尚教,宓齊但橫琴。唐吏猶易為,讀書或松林。一從來海瀕,琴書暗塵侵。俗有古今異,鞭扑違寸心。

君詩用功深,平處猶近古。北斗燦繁星,拜賜詑兒女。亦思貂可續,中夜攪肺腑。攬鬢粲一笑,笑翁祇

## 張丞見和次韻答之

中年賦遠遊,羣儻謂匹敵。揭來吏海隅,笑死鶴背客。昔人混屠酤,不取俗眼識。惟應赤城老,默許分半席。

故人十年別,牆宇今密邇。譚勝復詩工,排日有歡喜。所嗟連城璧,過詫寠人子。何況政術疎,一一賴提耳。

我本山林人,娛老有日用。時須禽一戲,暇乃笛三弄。言償作縣責,顧敢寶所重。催科未妨拙,防速牙角訟。

張陳舊莫逆,雅趣瑟和琴。器用異所宜,渠觀與山林。朝來覽鏡笑,鬢雪無可侵。但辦摩衰眼,送君立班心。

男兒鼎珍食,富貴倚稽古。不然東山車,穩載十眉女。可憐強項令,俗塵塞腸腑。端如溧陽尉,老訴食薺苦。

## 送李象山趨朝二首 象山海邑,古稱象山郡。今聽李明府言,頗亦費支梧,故云。

人將宰象山,蕭散目郎署。即今撥煩手,蓄縮殆難措。鄰分銅鐵名,恐坐汙染故。德孚俗風動,政洽民孺慕。過虞檣中毀,穩下竿頭步。定川壯哉縣,曹不揣鯸腐。虎鬚有危攬,羊腸無善御。彼此劇易間,霄壤計相去。滿懷血指羞,乏君弼輪具。鄰輝幾餘分,忽復失強助。歸舟不可挽,臨風悄延佇。

## 自苦

書肘詎容掣,箏柱不可膠。付事多其防,職業自寂寥。頗思圓機士,細苛舉綱條。宰邑古難之,茹苦耐煎熬。百抑不一揚,推波益驚濤。由來法愈密,祇為下所操。一饑驅我出,銅墨強折腰。挾翅著籠中,側睨鵬冲霄。平生有知己,持橐貳銓曹。君來定倒屣,道我不自聊。願推變通術,霧雨均枯焦。而況代舍舊,肯惜引手勞。

## 遊慈溪龍虎軒 軒有石湖碑,字如新刻

坐曹可勝勞,出郭復行役。半年定海令,三度慈溪客。慈溪足勝處,山秀江繚碧。終然縈夢寐,違此事遊歷。高軒閾龍虎,表表市闤側。得興不暇憊,徙倚且數刻。洞户初推敲,階除旋登陟。向來攫怒勢,枯榦抱頑石。乃知名實間,未易膠今昔。尚喜詩翁碑,不受蒼蘚蝕。可但神所護,人未忘翁德。非使老眼明,斯遊竟無得。

## 十二月二十六日趨府

誰謂一舍遠,不辦三餐趨。亭午縣市西,衙鼓府城隅。匹馬驚鳥去,指裂冰在須。北風挾霜氣,萬象付摧枯。想當折琴絃,未怪裂人膚。駝裘被甲如,是日有若無。客首不暇回,顧容不跼蹐。出處不能同,勞逸為之殊。龐翁馬少游,似非隱者徒。鄉居老躬耕,飽温得自娱。婆娑銅墨間,盍亦省頭顱。蓑穗脱中熟,吾口良易餬。

## 十二月二十七日趨慈溪 既到更盡,則同官以新帥夜過,狼狽而還,予念從者寒且勞,獨留宿

西風蜚江浪,江畔那容立。霞花濺千尺,望望客衣濕。小舟艤兩三,人已鵝鴈集。側睨波汹汹,俯憐身岌岌。乘凌玩掀舞,生死付呼吸。前登為回首,舟重巾幰颯。支徑不通車,車去如見縶。念此役夫苦,

體我官事急。傍顧中夜還,得無僮僕泣。畀汝就甘寢,白飯亦周給。徇人多意外,自信寧不及。利物身每輕,睡覺況六十。

## 次韻王省幹 王以懷君想報珠作詩見遺

南橘合嘉頌,為枳緣踰淮。黃濁轉眼涸,一昨瀰兩涯。志士抱根柢,千古容興懷。後生事蟲篆,蟻穴麈檀槐。
一官初有祿,三月免無君。平時愛人學,蘄試百一分。習俗南北異,所見違所聞。致化要無倦,儒者貴長文。
王侯文振奇,人作高山仰。世學方波頹,渠獨不流蕩。諸生畏雄鷙,六藝厚涵養。遙知落詩筆,高像寄逸想。
叔也過我門,往往接羅倒。甚以元亮止,終然劉伶襑。我此待鴛翔,夫合戒陵傲。惰遊置耕耘,曷怨鹵莽報。
大匠成風手,器就不待模。老夫默自哂,堆庌守一隅。論交獨何幸,魚目儷明珠。他年君鄰牆,作意營一區。

## 次韻張丞

政平民安之,不在書上考。君看道傍樗,蒼雲陰合抱。明時話英䇲,佳氣指蓬島。孰知嶔巖幽,乃韞希代寶。張侯儒而吏,笞筆環臺皁。政聲載輿論,文價動諸老。學富食猶貧,志堅進不早。即今紫霄人,豈必皆橫草。亦知名煒燁,曾上薦士表。靜女家無媒,深閨自媚好。胡寧倚昌丰,濃抹且淡掃。會看邢娥前，妬婦付絕倒。

## 謝制帥高卿剡四首

宰邑非良才，朴拙曹信己。曾無補毫髮，粗不畏首尾。倚公造物手，襲壁護玷毀。世有百謫餘，觀旁首重稽。

薦書未及門，啅鵲拂人衣。盥手袠字褒，祇遣顏忸怩。瑕瑜僅相償，葑菲終不遺。窮途石作腸，持用答恩私。

去年來甬東，旄倪喜動色。公今畫船西，行路亦嗟惜。去來本何心，民自作欣感。達人了世緣，八極付揮斥。

論世究德業，先生處其全。茲議可斷國，餘功猶護邊。此行雖暫屈，袞職正急賢。璽書起黃霸，摩眼待新年。

## 次韻張守不欺堂 鄉守張仲思以不欺不擾堂二詩見寄求和，為次韻

使君古醇儒，內視保良貴。芸芸鏡中影，了莫遁情偽。賦芧原作茅，據四庫本改豈至術，機灌彼誰子。退食一堂間，百事反諸己。床敷但詩卷，庭砌亦屐齒。洞洞靈府閑，拳拳聖言畏。獨傳迂叟印，不作俯仰愧。何當拾級前，拱坐商略是。謦咳付元城，歸詠如闕里。從俗倦執熱，得意風雨會。自注：元城問迂叟學誠所入，叟云：自不妄語人。

## 次韻不擾堂

取民狼走羊，勝之楚克庸。孰知號召初，已賦大小東。賢侯守此道，力若拔山雄。深堂玩閒寂，翠影環

蒙籠。泛應得天遊，靜鎮副上袞。樂知前池魚，吟當北窗風。情寄埃壒外，俗自和氣中。高吟與傑作，鏗鈜而春容。無欲民自朴，契鑰今古同。即今美化乎，袖手自即功。坐令鞭蒲捐，寧遣馬力窮。我心偕郡人，會當志願從。新年鋒車南，帝渥看稠重。政聲潁川上，可庸不作公。自注：時予宰定海，未識君。

## 宿雲巖山 是夜大雨

名山邦域中，每嘆夢境隔。如何夏而春，共苦沽水厄。睡醒鐘魚鳴，猶是翻盆勢。不因官事驅，寧許山門留。況今浴種天，更持靈壼清。初宵潺淙聲，大慰望霓意。向來夢中山，真作緣雲升。夜氣與僧話，凜凜冰頓釋嗣歲憂。雨既副我禱，山亦入吾手。一旦二喜并，誰謂終不偶。涉世嗟聱牙，天頗憐其窮。臺香，歸謝淵德龍。自注：定海有淵德觀，祈雨所也。

## 李伯成食甘豆粥和淵明詩分寄次韻

八珍較半菽，豐悴歧兩端。志士儻所逢，心泰體亦安。李侯貧食粥，吾獨於此觀。竈婦不餘饟，鄰券有後還。顏帖孰嗣之，范叔可勝寒。破砒砂瓶前，蘭佩雜木難。堂堂五字律，鋩鍔凜莫干。不羨休儒飽，寧追陋巷顏。挈瓶肯見分，特特扣荊關。讀詩良起予，投匕忘悲嘆。

## 次韻解樞幹二首

我方首儒冠，頗亦易此人。尚友卑自漢，讀書考先秦。士或暗鄭朴，識面蘄卜鄰。計疎志空勤，敝帚浪自珍。口前齊東語，薺欲潤帝綸。學如村社醞，百醨間一醇。老藥媚衰紅，飽閱姚魏春。顧慚誤題品，五字極清新。君才允文武，行矣拱帝宸。余年念桑榆，歸去儕編民。

阿文鈍于學，莫計故新年。向微他山錯，詎徹醯瓮天。論交置才否，如君政自賢。為導有源水，俾加視

## 題張仲思友堂

筆端吐陽春，胸次著雲夢。袖中匠石斤，規矩隨意中。君侯道藝樂，不許俗子共。深堂埃壒外，平日文字供。默對八窗靜，不但十年種。妙語落人間，一一萬金重。平反與進修，併作旨甘奉。只今衣五綵，頗亦笛三弄。何人侍板輿，觴豆燕羣從。鴒原春事繁，鳹影天宇空。傍睨梟雉呼，或作鄒魯鬨。紛紛手翻覆，納納腹空洞。汲直合居中，器博滯近用。初計拔薤來，竟息憩棠訟。翛然擁書坐，竹風助吟諷。聽雛鳳鳴，未妨蜑鴻送。今皇志復古，俗有後賓貢。斯文屬耆儒，夏屋況巨棟。江漢繼嵩高，誰當第嘉誦。縣知尹吉甫，縮手辟張仲。

## 次韻嚴文炳暫別歸吳門　且堅仲春歸來之約

白駒縶維之，君乃再歲住。政如荷蓧翁，雞黍止季路。得句推敲餘，每肯向予吐。平生識丁字，頗亦指佳處。只今妙著述，詎云工訓詁。東陸方播和，南雲遽回顧。似聞漢諸公，交口河東賦。挽袖不轉頭，欸作翩鴻去。郡舍雖舊約，侯門有晚遇。可忘酒招攜，況識棋勝負。老景樂事稀，春意駿足鶩。無令歸騶前，怒風塵花絮。

## 再用才子富文華校讎天祿閣韻贈周教授

仙人藤陰夢，金骨窨黃埃。當年晁張雙，縮手推其才。陳編且千載，萬蟄聽春雷。偕公閑弔古，文遊但荒臺。

步屟城脚園，蒼官拱綠士。向來錦打圍，轉首就紛委。流光不貸客，感喟中夜起。肝腸舊輪困，言賦子虛子。

胸涵陽秋筆，眼高古今宙。周子定可人，萬象樓一味。眇睨紈綺郎，自詭多文富。世有九鼎珍，唾去不渠嗅。

窮途有快意，辟席得異聞。青天千萬里，翳日帶煙雲。今者君子後，滿窺崔蔡文。當此陣堂堂，嘆我提孤軍。

矻矻守枯策，頭童未起家。居陋婦勃谿，食貧兒護譁。養高有鷟岸，戰勝無紛華。黔浴如可移，誰辨鴇與鴉。

徇物笑蠻觸，自守等毅豹。寸壤聞蚓吟，九萬觀鵬踔。孰知塵外士，戴目懶此校。營營彼誰子，磔蜥計微效。

審知才非充，敢怨言不讎。進乃隔九虎，退且辦十牛。向非食不足，此欖當徑投。黃鍼漁樵翁，揣分吾其儔。

君家小阿𩔀，擇壻須才賢。我家小於菟，披霧欲窺天。鵲語燈著花，妙契默有傳。何當珠簾外，綵絲自相聯。

萬木同一秋，松柏正也獨。夫君閱流俗，塵過不留目。我昔甘曳裾，低首問宜祿。及今君子前，玩易愧頻復。

假板未通班，此氣渠容索。周友萬卷腹，小却石渠閣。培學虎出翼，息妄眼蛻膜。何當去為霜，萬蟄正枯涸。

## 別俞君任通判二首

客舍不宜久,黃塵翳衣纓。非君此解后,孰使老眼明。握手雜談笑,洗醆共濁清。已爐銅爐煙,倏聽丙夜更。清詩相勞苦,凜然見高情。珠璧眩璀璨,珩璜競鎗鏗。寧惟老眼明,亦使病骨輕。語離信所重,未敢促歸程。

一代石湖翁,韓歐或其儕。當時出門下,如君屈幾指。論定難為才,我乃輩多士。一笑破千憂,天幸寧有此。石湖倏眼中,椎成方未器,正賴君礱砥。師友繫魂夢,栩栩輒千里。驚見得此客,乾鵲預為喜。遡江日千里,豈無紅尾魚。交情儻未忘,與問今何如。

## 書隱靜寺壁 丙申中秋入隱靜,未到雨甚苦行,既到遽晴,迫官事即去,感而作

房陵望毗陵,計舍六十餘。今我從遠役,羨君方逸居。逸勞不足道,會合嗟愈疎。向來江南北,二年能幾書。殘山賸水地,詩題當不虛。得句茹不吐,思君定愁予。

此翁真不死。

籃輿初半塗,飛雨欲無路。到山臂屈伸,赫日照窗户。山靈太孤介,深厭俗塵汙。雨似難客來,晴似推客去。書生林泉意,此癖端有素。俛眉紅塵中,正以五斗故。菫菫三徑資,渠須畢婚娶。出既非得已,歸亦奚早莫。他年五湖舟,何殊一杯渡。卷舒吾自由,誰招復誰拒。

## 贈滅文仲四首

青山玉所蘊,下此翠鳳雙。音含古韶濩,身非世文章。衆羽不敢睨,謂是聖時祥。有人摩老眼,側佇雲路翔。

夫君根柢學,宜我屢即之。罷馬取長道,顧肯過我為。索寶黔婁家,怪君焉取斯。頗嘗見此客,且用詫吾兒。

理以定故明,用智或成疎。芸芸自根求,一一皆我儲。饑糗渴須漿,水固不宜車。請君默自燭,是物誰欠餘。

始吾泛其觀,中吾固其守。拳拳寶所重,世或輕敝帚。廄馬我所師,家雞誰得有。此心如此用,煩君訂是否。

## 戒飲三詩 并叙

予中年病于酒,以飲自誓,謂不當自賊,亦不以賊人,飲客多寡聽自酌,人皆笑之。然向病脫然,客亦未始因吾病。臧子子儀獨不見笑,且曰:「某不能飲,見虐以酒,輒病。」求予言曉客,因信筆申其戒。古人之詩,語工而意婉,使人思而得之,思而得,故得之深,守之固,後山秀骨畫眉是也。吾歅欲為臧子益,故直書而詳為之言,不暇為前人也。子其識之。

毒痛痛受辛,斬刈憎暴秦。杜康與儀狄,原作狄儀,據四庫本乙賊物其罪均。商毒烈火炎,岐鎬方陽春。秦暴虣虎搏,歐粤無顰呻。二子起酒禍,古今同湛身。計實乃鳩葛,適口良甘醇。文錦覆深穽,病媒鬼之鄰。剝殺不遺迹,辛政猶為仁。今子知所戒,浮俗豈其倫。生世千金軀,况復富席珍。嗟哉竹林子,嗜茹日瓶罌。時既謝周漢,顧肯羨中古避世者,或以飲自名。世網未易脫,顛眩寧其情。偕我偶盛時,生亦未易輕。况子淑茂資,久生。中聖憐徐逸,種秫想淵明。卯金當塗高,委質吾顏頳。親言銘肺肝,盍師陶士衡。

天驥趣修程。論才應時須,挺志為親榮。親言銘肺肝,盍師陶士衡。

自我銘盤盂,覆盃遠麴糵。人或安清修,身亦享黃髮。奈何悠悠者,沈酗無虛日。言之每逢怒,周誥存苦闕。狂悖貽世戒,氣血瞢中竭。持觴勸客意,彼肯獨夭折。投轄車鈴頸,抽腸擢其骨。交遊多若人,自重要勇決。關須太虛閉,交繼叔夜絕。毋興聖賢悲,濡首右臂折。自注:司馬子如飲孫摩,摩即死,高歡謂折我右手。

## 邵伯阻風小泊贈送行諸公

長征每愛日,小泊未遽意。陰風自南北,客子聽軒輊。召棠望吾鄉,不作秦越異。船閣鵁鶄洲,人穿魚蝦市。相逢各吳語,知識十三四。水實不自買,海錯有佳饋。餞行餘十客,超俗見友義。笑譚寒谷春,為我洗羈思。相與臥玉瓶,跂燭得微醉。老懷易作惡,別語毋動喙。

## 次韻丁判院 丁方謀保職官

丁侯詩詩來,容聽媧皇絃。咀嚼冰齒頰,如漱錫谷泉。露花有餘姿,風漪自成紋。中含班傅香,復絕郊島寒。汗流竟後塵,何有一字難。明月墮我側,盥誦喜欲顛。因君念漂零,俛仰追昔年。門間半面初,隉柳嘶晚蟬。寒暑機不停,奔鶩履欲穿。客舍此相遇,把酒和鴻天。男兒氣干霄,猶受稠人憐。似聞國士遇,一度外置拘攣。渠信造物兒,賦予終奇偏。凌風謝垢濁,仙者一探丸。多肉彼下乘,更趨驊騮前。我老從斗祿,纖鱗潛重淵。饑火少見貸,歸志久已堅。自甘尺蠖屈,何與風鵬騫。會看鷞書薦,領此雲錦篇。從今拭病目,長風駕蜚翰。

## 泊瓜步

擁衾迎鑾曉,欹楫瓜步夜。問俗鄉音轉,束縕野宿乍。去家僅兼旬,取道逾三舍。江神雖世情,羈客忍陵藉。初趁風色好,忽復帆席卸。泊舟市區外,繫纜古柳下。遙聽波浪湧,未息妻孥怕。譙翁身世拙,

## 魏帝廟

衷貨迄未價。榮望絕臺閣,歸計盍桑柘。男兒四方志,肯與衰鬢謝。古人出處間,分取世俗訝。呼酒把譚麈,捫虱復王伯。

佛貍歲未卯,志欲吞宇縣。當年江飲馬,腥血浸淮甸。無人飯耕牛,有井巢歸燕。至今閱遺史,為汝空飲恨。緬想瓜步留,殺氣纏吳分。云何此山椒,遺像儼高殿。無乃甘事讎,吳俗昧所見。或復綿歷久,後嗣忘敵怨。冥漠原作莫,據四庫本改彼有識,福汝吾敢信。君看趙與薛,狗國冒禍釁。魏侯繼前躅,長呼死白刃。胡不尸祝之,香火均遠近。豈但祈神休,抑使頑懦奮。誰令決從違,引手適我願。自注:趙侯立、薛侯慶、魏侯勝,皆淮南死事將也

## 長蘆寺二首

梁帝號用儒,顧有佞佛癖。區區泥其粗,佛者寧汝即。矯矯隻履翁,談妙麈可析。冀上一言契,何意水投石。瓶錫翩然逝,北去甘面壁。有道惡驚世,應俗肯留迹。一時起誕罔,千載受詿惑。至今利涉地,傳流何荒惚。渡江一葦爾,古今尚遺植。紛紛捕影徒,唱一和者百。遠渡有浮杯,行空或飛錫。至人果善幻,幾何異鬼蜮。世人墮邪蔽,狗虛不計實。我學謝傅韓,艤舟重嗟唧。

昔年望長蘆,去江逾百步。垣宇呀已缺,浮圖欹欲仆。僧徒噆肯留,日有沉溺懼。似聞瓶錫侶,復作醯蚋聚。居人禱蠶麥,行客乞泉布。營者肆夸侈,故處安衆得宂爽,定遷酬夙素。百堵煥金碧,奚翅復其故。往往豪傑人,四壁有未具。彼徒創寺意,取鎮淜濤怒。向來梵唄所,倏為蛟螭據。在己不自保,誘俗說依怙。波流置不省,此理吾未諭。

## 泊龍灣

小灣隱沙觜,沙外仍奔湍。是間以龍名,信乃龍所蟠。浮煙澹寒鑑,斷岸圍清瀾。孰知面勢要,中有水府寬。我來艤倦楫,天水夜茫漫。狂飆吼薄暮,驚浪摧舊灘。鯨鱣碭厥居,渡鳥垂羽翰。孰睡不知曉,夢次聞平安。龍公自兼愛,況此行路難。何以答神休,幽佩紉蕙蘭。

## 龍灣看初日

江聲夜寂絕,江霧曉空濛。亂霞映淡日,隱隱空濛中。義馭巧呈瑞,不與他時同。烱然玉盦靜,泛此瑛盤紅。分明三足烏,依微絳綃蒙。曾穹歛氛瞖,幽壑舞魚龍。昇從海儦府,光射河伯宮。遙想麗帝闕,佳氣正鬱葱。鷟鸑同虎拜,三呼并神嵩。散人得壯觀,醉約持釣翁。

## 舟中除夜

老境閱流光,翩若下坂車。除夜更深念,繫尾留去蛇。自注:坡詩云:昔人老世故,亦復興此嗟。迫歲況羈旅,孤舟如泛槎。妻孥共蓬窗,偪側棲樹鴉。撥火話鄉國,悽愴雜笑譁。桃柏粗能具,爆竹知誰家。欹聽鷄鼓翼,尚看燈結花。遙知諸神曉,共正青帝衙。我亦東風前,坐待帆影斜。

## 草鞋夾

隆岸圍小河,紆鬱江之隩。初看一泓窄,旋望百頃淥。餘艎與下瀬,山屹復雲矗。自治貴不試,此舟江左腹。向來胡騎南,勢若撼坤軸。飛城截中流,羣孼頸為縮。元兇坐自斃,犬羊僅還毂。千齡有機會,二豎方角逐。武剛環貔貅,突騎驚陵陸。古今常勝術,所投副所欲。神州久望望,廟算佇復復。區區自保,膠柱難為曲。客行寧賈胡,小泊遂信宿。撫事空三嘆,為儒慚碌碌。

## 泊慈湖北岸

坐覺江流平,溰漫裂三股。舟子告風橫,因循宿中浦。慈湖古戍近,猶復小江阻。漁翁家葦間,蝸舍無鄰伍。把酒訊三老,此寧泊舟所。諗我今昔異,解帶無所苦。向來探丸徒,白晝猶旁午。一自尚書來,此輩凜刀俎。江山亘千里,有屋皆外戶。似聞襄江道,衽席過行旅。翳公舊威愛,平寧尚如許。兩地好經行,為官喜欲舞。倒床鼻雷吼,夢破聞船鼓。受欺墮姑息,迂儒彼何取。自注:謂張尚書定叟。

## 泊府口

建鄴重東南,爰從吳晉後。鎮戍分淮江,心腹運臂肘。我舟歷陽岸,煙外見鍾阜。問名良賓實,南渡此其口。龍蟠虎踞地,永藉藩籬守。六朝或易之,戎馬輒騰蹂。鐵山此濟師,竟致凶渠走。扼吭懍得要,制敵果何有。設險務究本,不獨計山藪。任吏所宜擇,撫民所宜厚。孤生恤緯意,南望凝竚久。深愧行歌人,招邀話佳酒。

## 采石渡

大江礙崇山,突起作湍悍。采石天下險,揭厲誰敢玩。戈樓泊千艘,鋒旗麗天漢。昨憶辛巳秋,胡馬蜂蟻亂。敢觸貔虎怒,旋作狐鼠竄。繄此折其角,羣孽終內叛。孤亭試一登,明眼得奇觀。欻聽鉦鼓闐,戎事閱鵝鸛。折衝須武備,保治賴彊幹。鄙夫華封祝,泚筆亦其漫。
已復犠沙岸。我犀不敢然,幽察神所憚。

## 上下驛磯

湖陰數里間,山麓矹兩磯。磯麓突江出,禹功不及施。千古妨行舟,死生繫毫釐。我昔步磯上,雨歇暑

## 蕪湖感舊

下帆同烏棲,掛帆逐雞起。居人江山間,安處忘古縣。泊舟穴子初,舊觀儼自薦。嶠山高攙雲,雲際抹今比。酒杯慣邀留,妓圍供燕喜。流連動十日,自注:每過蕪湖,朱、丁諸公約以十日為期。江左此壯縣,我昔舟屢艤。諸公各敬客,款曲豈如昨,故交今餘幾。逝者泉壞隔,存者參辰似。浪憑楚些招,盍寄相思字。可能喚巫陽,且欲託雙鯉。險無興國,興國須藩籬。帝王所取重,文武各攸司。險易倏變改,即磯餘可推。進退,寒暑分盛衰。古來設險守,亦有可易時。函谷與劍閣,秦漢嘗用之。人輕地亡重,正煩折箠笞。坐嘆舟上兒。壯哉天下險,姦軌容抵巇。如身護風寒,要地此幾希。今來歲華暮,去舟良坦夷。人言水氣微。驚湍下百尺,怒勢轟千礱。尚憂坤軸動,無怪沙岸敧。蟄龍渠得安,過鳥翅欲垂。頭眩膽為掉,

## 過繁昌

江山互映帶,竹樹渺隱見。居人江山間,安處忘古縣。泊舟穴子初,舊觀儼自薦。嶠山高攙雲,雲際抹深靚。慰我塵埃容,嘉此煙雨面。山脚慣奔走,尉曹分卑賤。縣人應指似,鬢改顏狀變。漂零渠未知,舊遊想憂患嘗欲遍。俛仰二十年,轉眄閱蠆電。故人半在亡,在者或海甸。明朝理去楫,山影暝江練。安得人如山,來往長相見。

## 繁昌早發

客行固塵身,留滯如掖翼。及茲祖禮竟,蓐食理帆席。風停浪未螫,天曙月正白。版磯匯湍殺,荻港煙樹碧。杖策丁家洲,徙倚容少息。無酒問山店,憶鱸聽村笛。鳥鳥啼松行,鵩鵾下沙磧。回柂投曲澳,又寄糝潭夕。情疎或易合,不作淮楚隔。累然槁項翁,軟語慰行役。

以上《江湖長翁集》卷三

# 全宋詩卷二四二四

## 陳 造 三

### 泊海子口

池口至海口,望望三舍外。辰發莫已到,回首西日在。風師肯憐客,祖道煩一嗌。我舟疑凌虛,楚山真歷塊。蜑鳥相讓疾,驚浪乃弗逮。窮塗坐局縮,頗嘗得此快。邁邁自本圖,闕供恐貽悔。未辦問村膠,且計具薪菜。

### 泊小姑山

楚山屹兩姑,我見乃其稚。聞名詩卷間,識面客舟次。玉刻極端麗,簪植瞑蒼翠。娟月上天角,相與詫主此勝絕地。明朝捐行橐,可無答神賜。白鵝雪為肪,綠蟻香馥鼻。舟穩風又熟,無乃契神意。未暇訪嫵媚,辭費辨非是。怒風將我西,未憖卜晚憩。山足舟可艤,山木纜可繫。山外正風波,獨此佳食寐。斷知有神物,彭郎,辭費辨非是。

### 郭家洲

攜兒上絕岸,微徑步蒙密。人稀鳥樂,老屋幾百室。荒涼郭家洲,籬落映殘日。問俗得周旋,詹門頗倉卒。興衰今昔殊,郭姓尚十七。鄰里闋鹽茗,翁姬僅盥櫛。共說頻歲歉,平陸江浪沒。場圃或潭洞,橡栱行蠐螫。去秋微收爾,樵採取黔突。接耳多樂郊,一去恐兩失。吾邦有杜母,撫我不待乞。蠲租桑柘在，休役孫子佚。意使流殍無，寧後倉廩實。官今潯陽來，吏師那容失。書紳拜此賜，知我佐郡綏。古來裨肉食，多自蘖蘗出。必若窮吏道，孰先究民疾。剝膚快目前，吾固笑無術。

## 富池廟

買香馬頭西，跂望富池口。我帆廟下卸，祇費一炊久。匆匆索冠裳，薰薰辦牲酒。出門聞風聲，萬竅一呼吼。林摧巨木折，江驅雪山走。所取薦鬻潔，不必須富厚。精魄我為悚，勇節公則有。鄰舟曹冒去，膽碎面黧黝。非今羞供留，例亦罷饗啗。交神不用卜，遲速示可否。噬將捨齋心念神佑，繫纜下窗坐，舟楫，望望終稽首。

## 馬口

江流寂無聲，明滅窗月曉。客枕歸夢餘，意先西蠒鳥。雪天信少風，翳面正繚繞。富池忽信次，肯羨雕鶻矯。向免犯險艱，神惠顧豈少。今晨有佳興，調笑向諸小。波平旗脚直，康莊馳驟裊。鱗鱗到座隅，健鶻哢林杪。人家積蘇間，山影橫練表。未成官縛去，得句吾事了。

## 銀葫蘆

氛昏翳春曉，瞠目如受蒙。停舟少須之，紅日輾高空。是時群山間，積雪未肯融。嚴霧不盡收，似角藻繪功。屏障莽回合，粉墨紛異同。嵌巉眩有無，草樹森玲瓏。皛皛瓊為田，奕奕斾卷風。幕籬抹高頂，牽取不下乃卧玉龍。隱顯隨斷續，間篙成葱櫳。微漪湛不搖，一一縣鏡中。酒杯與詩筆，客次寧闕供。貨景，納我雲夢胸。一笑漂泊裏，孰謂吾塗窮。摩挲好束絹，世恐無此工。

陳造三

山水佳有餘,我與之周旋。江行已久矣,今復領其全。漾舟銀葫蘆,雪在春漸妍。素瓊間蒼玉,化工與雕鏤,屏圍無空缺,護此百頃天。圖畫別濃淡,粉墨生雲煙。人間有此境,定屬水府仙。先生嗜奇勝,久駐無由緣。命名失雅馴,吾意終慊然。玉鑑扁山石,取重須時賢。可無泊舟所,作亭近江壖。登臨付楚客,當有雲錦篇。

## 回風磯

大江悠悠去,淥靜初演漾。山石齟齬之,湍險乃萬狀。君看回風磯,却畧不可上。椒石卧中江,與江作陂障。鏗砑匯石下,澎澎劇奔放。北磯屹對峙,其中過舟舫。水流作高下,咫尺便尋丈。我行返壑餘,坐想瀇流潒。頰波次灩澦,如馬亦如象。攖觸寧完舟,奇禍此無妄。入峽與上瀧,艱惡偕巨量。下澤遵夷塗,回首一怊悵。

## 龍眼磯 甚小而巧,漁者聚焉

誰謂石一拳,不作江流礙。朝來揚帆西,瞥若驥歷塊。龍眼風火磯,培塿視華岱。似聞潢潦時,亦復鼓湍滙。鑿去本不難,奇巧禹所愛。其上嘉樹密,其側魚網曬。居惟羨漁鄉,復欲老犢背。西歸儻得此,庸敵七里瀨。

## 散花洲晚泊

罨眼毛山夾,枯涸不可留。風帆劈箭去,遼海吹一漚。長年面死灰,死爭如赴仇。一飯六十里,幸泊散花洲。呼婦具盥櫛,命酒浣驚憂。我無資身策,老計餬口謀。勿云朝不坐,叱馭復何求。奔車非伯夷,覆舟無孔丘。薄德既謝此,身世付浮休。亦念三徑具,歸從沮溺遊。笑說今日快,擊轅為渠謳。別留初熟酒,飲處酹陽侯。

## 庾樓

晉起不由德,亦坐崇清虛。陵夷莫挽回,後世猶受汙。夷甫真其徒,樓以庾得名,而庾愎且迂。面勢瞰空闊,簷楹煥丹朱。遐想如不及,效尤無乃愚。風流與經濟,本自珉玉殊。狗名不既實,扁榜誰權輿。得輿偕胎禍取炭塗。峻約火燎原,典午轅下駒。舉扇障蟲塵,王叟寧厚誣。空潭養虛譽,下僚,小節安足模。捍患識黃樓,仰高題景疏。于是復閒然,吾言乃迂儒。

## 題六宜堂

昔人厭俗心,寧取無肉瘦。平時眼為青,綠士須客右。立節自修竦,適用兼庇覆。君家所居堂,音響不待叩。千溝蔭百椽,一一渭川秀。公今王元之,好尚如授受。記樓賦此堂,異聲同一味。心謀耳目適,所樂壹能副。昔人言外意,泥一乃百漏。拘拘六者間,見未脫科臼。我此小盤礴,萬境欬通透。徐步寒玉琤,長謠靈籟奏。主人信清絕,此君舊幽茂。并策超俗勳,醉墨點衫袖。

## 次韻余司理 余為隸所陵,見告治之,有詩,次其韻

名分屬我輩,那容狗多可。勢由服勞屈,享以蓁貴夥。積水須固防,易溢不難破。勸沮自有機,懲一警千箇。世儒略其本,顧詳獄犴課。彼頑工抵巘,未可援宥過。姦名犯具分,論罪不在大。吏姦易為熾,士氣寧受挫。漏網容汝輩,厚顏向此座。新詩驚老眼,唱高信難和。向來搏虎手,老去但慵懦。近者勞阿買,金薤編玉唾。此詩尤傑出,氣有江山佐。揆予收新得,比君倍當賀。

## 禱雨福溪巖 嚴下初無旱意,蓋泉所沾溉也

我訪福溪巖,行行黍稌中。人家打麥罷,鄰里笑語同。迎官問來意,不信有蘊隆。淙激田間泉,詰曲走青虹。此泉有餘用,此巖無闕供。福巖真福地,為民保年豐。縹緲三花仙,蜿蜒千尺龍。翛然乞靈地,陪此超世翁。是巖既磨滅,是泉乃終窮。洪慈小決擇,妙化符鴻濛。彼此猶屯膏,無乃坐怨恫。稽首貢此言,庶其鑒丹衷。

### 近榆亭 予以近榆名亭,取少陵詩種杏仙家近白榆。而梁教授作長篇見贈,以詩句為韻答之

小亭園西偏,政復園取重。扶疎百本木,自昔誰所種。敷舒曉霞爛,磊落金丸奉。城東詩客在,端許與此供。
董老故自貧,但有滿林杏。別令雕虎守,探橐續人命。我老斷狡獪,昔人慵季孟。惟餘隱几地,可愈俗子病。
天亦積氣爾,種榆誰所傳。人間自得得,何適而非仙。少陵健於辭,暇計然不然。長翁名亭意,縶影更可憐。
何年歲星精,自注:《典術》曰:杏木,歲星之精。夜辭天帝家。幻為賴鄉種,增貴別乘軿。似聞綵鳳舞,天風亂晨霞。尚當月林飲,一摻漁陽檛。自注:予到官,此花已過。
坐亭撚吟髭,搯抉了不近。詩來良為吾,吭潄膡芳潤。遽令方丈屋,遠壁走虬蜃。何如嶺頭梅,題品得何遜。
擷華復食實,果部誰稱伯。兄桃柰其弟,無若此眉白。三玄信殊稟,五沃擅嘉殖。藏核待東歸,分供橘奴帛。

## 答余司理

余以予在定海時宿雲巖韻作詩見遺，故答之

緬懷海縣遊，不作千山隔。雖償還俗債，自注：自教官作邑，人謂還俗。茲復望霓厄。孰知赫曦中，欻有油雲升。靈湫貝為宮，龍伯肯小留。與翁寧兩心，當亦憂民憂。願龍噓為霖，礦電歸袖手。免令山城民，議我拜土偶。千里飫玉粒，秉穗周困窮。牲肥酒如油，歲歲敬為龍。

## 教授有詩再次韻

人間望晴雨，長若物所隔。虧成間十五，嘉穀信多厄。假手方寸丹，誠與爐煙升。風伯齟齬之，不容徹九清。玄雲起西北，似副祈禜意。驚飈塵晚空，汛灑第末勢。寄聲主雨神，雲車盍小留。咄嗟澤枯槁，為人消殷憂。輔帝凝太和，繫子一引手。如昔五三代，濟時須聖偶。詩壇我賤工，康莊自途窮。眩旋向良樂，并御天閑龍。

## 次韻余司理路監獄 瑞巖禱雨，是日雨，明日雨足。二公有詩，因次韻

入山日正烈，出山雲忽濃。身疑潤空青，旋覺霏雨濛。歸來坐良夜，淙瀉如崩空。縣知焦卷地，轉眼青芃芃。似聞移晚秧，竭蹙不暇慵。人計故新年，已判一倍豐。此惠究所自，無乃西山龍。叱使則天公，我行與雨會，僅殺顏發紅。地上螻蟻臣，渠敢貪天功。兩公壯藻思，表表千夫雄。澤物龍能之，新詩猥見予，拜賜豈所蒙。得意筆生春，狀物斤成風。生世有如願，兼得寧易逢。此詩自宮商，為君絃枯桐。準

擬雞酒社，往和擊壤翁。

## 和陶淵明歸田園居六詩

予漫仕代耕，山林之意無一日忘，顧口未餬爾。官上得師文書，知埠荒田，竟自此告功，必酬曩志。乃和淵明《歸田園居詩》以自堅其約，且志喜云。

一室類蜂房，為食來窮山。僅救饑火煎，跋履恐彫年。平生丘壑念，回首魚脫淵。鄉居何許家，菰茭滿中田。有兒可耕牧，枉滯章句間。昨日鵠啅餘，鴈書忽墮前。云集南蕩工，數竈騰青煙。書賣猶可市，

前功戒頹顛。官業詎宜老，倦客志在閒。置書命鷗夷，心事今泰然。

良驥馳康莊，驤首輕鞿靮。筋骨倏謝昔，得無伏櫪想。自審涊額質，蹀躞欲奚往。如我合漁樵，奪煬忘幼長。資身本缺如，與世志空廣。老去傺所安，豈直樂榛莽。儒吏菅不長，竟為老農歸。妻芸兒可犂，稱力食且衣。平生睎龐翁，此意今

種禾摭其實，即覬乃可稀。
不違。

半生冒吏塵，初不一日娛。往往清夜夢，翛然繫林墟。已辦二頃耕，更有三畝居。養魚近傳訣，種桑不

論株。呼兒計囊昔，屈信果何如。不復首尾畏，形泰神裕餘。枝筇莎徑微，枕書竹牖虛。日用食眠爾，

外此一事無。

我慙曠達人，夢寐眷鄉曲。十年仕楚越，政坐食不足。人皆詫善奕，舉世鮮識局。陶翁有高躅，迷塗炳

明燭。於焉稅吾駕，作息課昏旭。長謠柴桑詠，聊復自適適。梓里三鬴餘，鄰犬不吠夕。稼穡政使忙，樽酒取

把竿坐斜陽，跨牛出曉陌。

空隙。仙曹有知友，自揣無能役。經時雋英事，小人分耕繢。成言君勿問，賣菜可求益。

## 病起四詩

### 一 節食

醫經戒多食,書惡殄天物。細茹取微足,衛生此其術。大嚼健武事,欲強蒲柳質。行年踰知命,備歷世纖悉。胡為冒所戒,一卧復十日。恙疴不虛生,一一自口實。昔人議四凶,饕餮乃其一。不見辟穀翁,曾是漢良弼。嘗味幾十七。婪酣復不已,頤正昧終吉。

### 二 止酒

少日良束脩,但識名教樂。誰令憂患後,頗復近杯勺。嗤號或跳梁,扶携取諸謔。興來偶一適,事過含餘怍。向非病鼎至,或未悟狂藥。不知黍麥毒,終乃薑葛若。腐腸自浸漸,履虺尚歌號。覆觴吾已後,遽覺今勝昨。此衷天啟之,相予固不薄。卒歲辦僧過,茗粥安淡泊。時醉床頭經,妙意翔碧落。

### 三 息念

禄位據極品,勳業垂不磨。出從白馬肥,家有黃金多。世間貴富者,才德乃莫過。骨相審自知,甕盎哀駘他。一昔讀書史,志空慕丘軻。矻矻章句樂,所趣不及他。日月倏遷謝,如此定命何。知已初不無,旌翻火馳餘,但有雙鬢皤。迨今要勇往,灌園仍養痾。石女自無兒,古井那解波。西湖佳風煙,久矣辦一簑。腰金鳴玉珂。一旦逝水去,匪斧嗟不柯。揆材既樗櫟,揣原作採,據四庫本改分合潤適。

### 四 論報

我本扶犁手,為儒父兄意。全家飽官廩,髮膚盡君賜。一念三稽首,報答迄未議。向來把前修,謂可跂步至。即今頻頻食,空負堂堂志。尚當桑榆收,未可弁髦棄。奈何不自愛,生理冒所忌。致君榮吾親,環省已不冀。餘年猶視息,舊學有造詣。其次在立言,揆予敢辟是。於世粗有益,就死可無愧。噬將金玉女,凛凛戒失墜。

## 題陳主管奧廣樓

卷舒樂天遊,仕宦甘吏隱。吾宗大雅士,為學先究本。樓居盤磚地,超然寄妙蘊。沉沉一機深,納納萬象泯。人方窺端倪,我自絕畦畛。胡寧山川麗,詩卷規束擔。彼哉狹且露,之世坐拘窘。薈為登斯樓,不博粲然矧。

## 題雍和堂

元功播萬有,洪纖各秀穎。一或疵癘之,槁乾例榛梗。是身儲至和,舉世乏妙領。粹然太丘裔,父子皆秀整。學自付衣鉢,刃不留綮肯。文字長少蘇,智趣大小耿。翛然詩禮庭,翩度脊令影。穆穆塤篪春,矯矯塵務屏。會看蟬媽去,滋味調九鼎。彼哉夸毗子,肝膽作蛙黽。斯焉世宗師,胡不日三請。

## 題通明堂

世儒困牆面,窒外由蔽中。一理有朝澈,四庫本作味八窗自玲瓏。公無末俗病,人識古賢風。照物鑑絕塵,與世雲行空。似聞虛白室,略與公心同。彼哉壞陂老,史語寧所蒙。吾知泚筆意,千載為公。

## 次韻余司理 留襄陽日,侍帥論詩。既歸,余有詩次韻

一從荊楚役,八數昏旦星。剸裁有瑣碎,觴詠無頻仍。世故未焚劵,官曹方治經。客或嗤臞儒,下亦安聾丞。過日念知己,遠方空舊朋。持斧迺宗匠,歃血主文盟。天瓢䕫捉注,風翼困凌乘。袖憐醉墨淄,眼為故交青。招此窮鄉吏,閬彼小玉京。樽罍容吟嚛,粉黛羅娉盈。理窟領新得,詩瓢傾舊盛。風前雕

## 離伏龍

北風鏖屯雲,倦鳥白晝迷。篩為縣麻雨,寒氣晚凄凄。何以贈行客,去路一尺泥。卒徒淖莫前,草棘取新蹊。可能辭滯留,十步九顛隮。窮我恐非天,問子誰見擠。少日憂患海,有眉未肯低。流年況衰病,縱死非孩提。戚欣何足云,壽夭久已齊。秀色浮嶺路,清音淙上溪。會心各姿態,捋須忘慘悽。山靈不無情,斬新獻詩題。

## 過八疊山

我從外朝來,巉峭相連接。巉絕不可上,孰與西八疊。車匪毛羽去,我豈猿猱捷。一步九頓仆,陟起正岌嶪。飛蘿攀恐斷,狠石高更躡。時方積雨後,沒骭泥涉涉。客居慣澤國,未到意先懾。呀如敵場赴,隸卒不敢怯。及此問次舍,猶覺口囁嚅。剪燭未渠寢,尚恐夢驚魘。

## 還家登悔來坡

下坡黐膠墮,上坡風鶂退。歷險雖末勢,未易忘嘆慨。散人吏隱心,下上不云悔。摩眼見南山,眾嶺莫謀大。雲陰巧蔽虧,日御頗隔閡。誰規山一凹,千室作闤闠。嵐影暝竹柏,吾廬良好在。言歸休吾勞,嘯詠山與對。

## 程帥和陶二詩見憶次韻

離合定有數,撫事尚忍言。憶掎枚鄒袂,遊從如兔園。堂堂繡衣老,凜凜雲錦篇。繁公笑譚爾,諷玩良超然。效顰徒區區,睎駕嗟無緣。登樓漫多感,漂泊類仲宣。窊石取供醉,孤子真次山。東望搔白首,不獨悲流年。

## 次程帥和陶詩韻勉兒子以學,亦公意也

昔吾竊科第,正自學力勤。雖從士夫後,祿已不及親。痛感韋經傳,敢忘擇孟鄰。念汝知策厲,燈夜仍雞晨。立志忌作輟,惜陰計寸分。盍抽胸次陳,驅為筆底春。解顏獻新得,眩眼釋嶠雲。鉏頭足膏腴,天人巧相因。奉親有如此,況予耐賤貧。誰今子不如,儘美須前人。

## 謝程帥袁制使 安撫程丈詩筒不乏,近袁丈、制帥附寄蜀書五部,以把筆已頭白,見書猶眼明為韻以謝者寡。

昔人道與俱,物外一不假。而我同是見,兼取及土苴。虛心超萬境,詩筆時一把。造詣豈二機,此秘知者寡。

還山念初願,老夫辦一物。生平萬金產,自託五色筆。譬如十全醫,付此無妄疾。落紙亂蛇蚓,超然百憂失。

世人事夸毗,失得紛滅起。回思少年日,失腳幾墮此。尚友千載人,得已吾逕已。高眠北窗風,賢否付一指。

俗間若偏仄,有士能湛浮。任真自得得,與世不同憂。得閒書遮眼,覺倦書枕頭。不辭蠹魚誚,不貽牢豕羞。 作睅牢豕羞,原誤

江左風流人,安石頗巨擘。絲竹不去耳,用逃憂患域。陶琴不須絃,我輩所矜式。設逢東山翁,兕觥與浮白。

好書飛墮前,客有記衰賤。蜀道六十舍,汗牛煩輅傳。端如枵腹人,品列古賢風,凜凜眼中見。

會青媲熊膽,入眼冰雪如。疎雲放佳月,赤舌為之除。自拭烏皮几,日課蠅頭書。政使堂下笑,矻矻糟粕餘。

豐約自定分,絲粟戒妄求。斯文寓理窟,多取誰汝尤。人間張長公,骯髒謝公侯。窮途有樂地,投老容夷猶。

九死得此生,萬事遂成懶。惟餘坐進地,劣亦受推挽。交遊金玉人,畢力補疎短。詩書衡矴劑,陸續到老眼。

一編用劉漢,誰似進履生。高吟謝世書,我嘗羨彌明。昭文倦袖手,此曲寧虧成。屠龍與澼洸,付渠自重輕。

### 程帥以詩見慰用韻謝之

平時聯輝星,轉首食既月。誰能玄覽空,影事睌盈缺。老子一掬淚,未愁謝天合。生世岐高下,末路各一六。莊生悟浮休,荀粲枉悲咽。公言敬書紳,聞道有先達。

### 梁廣文歸自襄陽作古樂章迎之

自君之出矣,適我患禍初。入門悼今昔,顧影憐畸孤。古有鼓盆達,自笑食藥如。石交不在眼,勝談誰見娛。

自君之出矣,春意尚妖冶。著我愁城中,轉首已中夏。豈無鼓吹具,塵筆置不把。亦欲鞭其慵,獨倡無和者。

自君之出矣,無心惜流光。但記燕營巢,俄復蜂割房。煩君驗節物,可孤北窗涼。戎葵一笑粲,竹萌十尺強。

自君之出矣,饑民日北首。春從二天來,共拜更生手。未議解倒垂,促膝此何有。非君面揚榷,誰有筆端口。

## 次韻陸子高 子高歸鄉里,去甚匆匆,有詩見贈,因次韻留之

一從別君來,圓缺幾望舒。相與兄弟然,異姓殊厥居。向來帆歸船,欲去仍趑趄。平安可但已,擬憑雙鯉魚。兩地邈千里,二年能幾書。了知故人意,記憶猶勤渠。當君訪甓社,值我留南徐。終冀或起予。扣户聽剝啄,果爾不作疎。屬者久契闊,兹焉不躊躇。阿戎青出藍,萬壑赴歸墟。宸廷奉大對,百輻財一紓。有偕仲補袞,無取辛引裾。子家老嗣宗,三賦陵相如。視我若浼然,於君何賴與。願言風誼重,暇計日月除。許尋十日盟,自注:子高初來,已欲十日留。視漢諸公,彼餒此有餘。置之不吾即,欲刃捐礪硎。南臺復西掖,高位為誰虛。求全待補劓,涉險資閑輿。滔滔多面朋,著眼增歎欷。平時交遊間,別酒慣擥袪。如君可畏敬,且復同鄉閭。治具有赤腳,抄詩戒小胥。安得方角輪,一昔生君車。妙論窮終初。

## 再次陸子高韻奉寄 言懷叙別

孰能下書帷,潛心如仲舒。沒視息間,飽食仍懷居。紛華或交戰,進修顧趑趄。屹立視儕輩,未脱同隊魚。欲耕我無由,生計付束書。推卷了無得,每嗟吾負渠。日月駒隙過,撫事猶姑徐。衰晚時用少,

## 感事十詩上李侍郎

齊人石為瓠,自視比金璧。鑽之不能竅,寶此果何益。

客來自羅浮,遺我藥如粟。茄之三頓首,已覺顏如玉。

鄰女德稱色,婉孌白玉溫。無資嫁未售,行媒不顧門。

國工鑄良劍,髮白心志悴。晶熒淬歙餘,千莫并犀利。

荊璞自楚寶,顧終雜土木。和氏浪三獻,一身已再辱。

倖直女罵予。拙憐官路澀,貧覺交情疏。沈沈王侯宅,進步終踟躇。所悲名不稱,暇計家無儲。一官劣自庇,晉如復摧如。犁頭足膏澤,良田本榛墟。洪鍾忍不扣,妙意誰為紓。纖缺間衆美,狐裘羔為裾。而我空無有,一饋九嘆餘。原誤作除眼中今士龍,才業世舍諸。橡筆將精騎,詩來真擣虛。陳前眩錦繡,論報乏瑤琚。應以巴人歌,踢踏疑見袪。逝將賣書去,近君營田間。更僕懷韋編,課兒肩竹輿。有志竟未酬,塊處念南睇幾欷歔。愛我寧惡石,菲子而誰與。江山悵路長,冰雪迫歲除。臨風歌歸去,平日賦遂初。離索,文會思樂胥。寄語識自警,僕夫行膏車。

不食。

穀熟。

難婚。芳歲逝不留,苦節中彌敦。潤潦有遺采,此意與誰論。

一試。樓蘭猶頡頑,顧汝豈虛器。

遺俗。善價誰不懷,一辱詎可贖。吾亦笑和氏,葵猶衛其足。

和氏浪三獻,一身已再辱。小儒褐衣底,磊落幾荊玉。把玩坐蓬屋,和應笑伯夷困采薇,名不厠周亂。敬通可言命,四七拱炎漢。聖主方側席,士或槃薖澗。有斧苦無柯,古今同此嘆。大人世鳳麟,吐握豈云憚,么麼未足數,一官從浪漫。長松倚絕壑,高蘿纏綿之。蒼山屹半空,白雲相因依。揮策馬不前,自問此何時。聖賢運化樞,奇髦各鶩馳。躑躅諸儒後,槁暴窮山為。槃木貴有因,平心勿嗟咨。燕君市駿心,一昔馳九野。豈知千里足,近出鹽車下。臨風非一鳴,幾謂無識者。詳肉略之骨,曠古無善馬。柱尋固已汗,索價則已欺。人生功名念,舒卷自一時。榮辱取所適,窮達非敢知。及物儻在道,卑官亦可為。咄咄厭矮屋,心無一日嬉。還應乘田翁,笑汝太矜持。幽人一床書,不肯睨侯伯。領會有真樂,未厭四立壁。平日太玄經,看人五鹿客。今代元紫芝,獨未覿顏色。向來縈原作縈,據四庫本改清夢,倏喜得親炙。一洗衰俗耻,滿腹志願畢。

### 隱靜道中

晴日瞑復出,煙雲尚飛浮。東風解人意,松間作颸飀。罷馬不用鞭,正愜道塗修。凉氣濯毛骨,百疾洒然瘳。縈紆草根泉,激激冰玉漱。籬頭薔薇花,娜娜新婦頭。空林人語寂,野鳥時啁啾。名山無窘步,晞髮五峰影,濯足雙澗流。

### 同陳宰黃簿游靈山八首宰云吾輩可謂忙裏偷閑苦中作樂以八字為韻

春色況未休。盤礴翠微寺,判作三日留。曾非就禪寂,聊此樂深幽。文移暫見貰,清境與心謀。

浮天大江白,發地羣山蒼。江山環抱處,一鷺棲寶坊。偶從紅塵中,與客分僧床。却窺紅塵底,紛作磨蟻忙。

精廬兩牛鳴,欲往輒復止。山靈應笑人,矻矻簿書裏。

令尹拯濟功,在處騰歌謳。翛然伊洛意,副此招提游。一笑烴慅餘,政以先民憂。雖懷蔡侯靜,不作趙餘耻。清辰陪詩翁,俗態方一洗。但恐煩移文,松檜負孟偷。

我雖裹章服,雅意耕寬閑。著貂可採藥,挂笏或看山。白頭敲榜地,茲游破天慳。有興聊可歌,睡語不受刪。

枕流未云清,食蘗不言苦。老禪家翠微,風窾嘯一虎。碧眼照人天,金地漂花雨。千偈彈指頃,竟亦無剩語。

名山吾敢忘,獨往興易窮。勝游得勝士,杖屨凜生風。表表益者友,當求古人中。今世習鑿齒,前身黃石公。

一代無為翁,雅志屬丘壑。至今玉雪句,為山鎮不若。生平稊生龍,何時令威鶴。弔古但三嘆,九原如可作。

吾儕自由身,聲利為纏索。不有山林幽,何以寬此縛。熏爐仍茗椀,鉤窗共盤礴。何必覘史天,是中差可樂。

### 郡寮按樂飲趙判院有詩次其韻

簿書夢如絲,取樂得少空。悠然杯勺興,藉此歌舞送。從事來官厨,醉不睡鄰甕。衣裳膡蘭澤,言議雜囂闐。人生醒忌獨,勝日飲須痛。向來鞲上鷹,府公解其縱。自注:僉判、司理稟樞相,許之方作會。先生作禪臥,肯以靜嗤動。形臞詩則昌,萬境供日用。文字與紅裙,寧非一理共。退之強分別,無乃夢中夢。絲竹娛中年,耐此髮種種。明當解予醒,酒德廣舊頌。

### 再過楊秀才莊

茆茨竹間見,竹根漱清流。翛然楊子宅,面勢崇山陂。開窗得小憩,忽復成再游。流光屬深省,昔扇今駝裘。主人中田宿,穡事方未休。譽門紫蘭兒,見客頗邀留。雞黍要後約,行止寧前謀。攬轡茗事已,黃塵迷馬頭。

以上《江湖長翁集》卷四

# 全宋詩卷二四二五

## 陳 造 四

### 張秀才復留爲作

郵城望繁川,渺莽天一畛。親知非不多,噬肯一來游。張侯我石友,前輩放一頭。逃俗火避濕,赴義鷹辭韝。窮谷喜足音,況接大雅流。前之翩然來,今復欣然留。茲非爲我歟,厚意胡宜酬。日邊有知己,山院作僧過,竹靜荷氣浮。故人書沓來,擁麾淮上州。置彼肯就此,與世風馬牛。文字有至味,過從無珍羞。崇論親冕旒。載下東野拜,幸貸別離憂。從渠夸毘原作奪,據四庫本改之,見謂君何求。

### 次韻原缺,據四庫本補臧秀才讀蘇集秀才甚文,予未識也

自我得蘇集,玩閱幾忘年。汲甘乏脩綆,適遠疲短牽。取一九不隨,望若終茫然。子齒始半我,用志超我先。晶熒出秀句,妙駛遺雕鐫。此翁深堂奧,駢闐誰敢專。潢汙置不云,學海須百川。怪子介且方,落筆盤走圓。子真蘇門徒,豈獨長短篇。平生修月手,不補衣履穿。秦黃晁張陳,衆星耿霜天。世儒昂其首,指似如登仙。子起斯人後,遊刃牛無全。邢娥望可知,衆女空丹鉛。何時班荊地,解我心懸懸。即今清夜夢,不止懷昔賢。

### 送臧子與子儀之楚州告免解二首

二臧如靜女,不受朱粉加。尹姬望邢娥,宜著帝者家。向來揚蛾眉,衆喙怒以呀。指玉謝堅潔,摩肌起

疵瑕。去汝忽若蛻，人與室俱遐。玉臺鏡如月，滿意事鉛華。九重訪娟麗，萬目看婷婷。當使聽聽者，昂首七香車。

昭代論豪傑，崔侯允武文。小却折退衝，厚用當致君。敷政極中和，殖學根典墳。士有砥玉岐，公自涇渭分。何人非教育，二臧實不羣。兩兩計偕去，名猶塵上聞。試袖于蒍歌，往拜劉將軍。心醉公瑾前，何待麴糵醺。

### 寄陳用晦四首 時陳對移蕪湖

昭代儒者尊，青雲坦脩途。即今子陳子，尚歌于蒍于。百謫孟公達，三絀柳下直。今君向于湖，頗帶遷逐色。府公酷好賢，要試心鐵石。此學祇現前，嗟傷定何益。

詩翁磊塊胸，大邑佳麗地。瓊也領蜥蜴，懿也目秋水。清歌釂碧筩，粗足令公喜。醉呼翩欲仙，誰要卿料理。

我初識蘇仙，談詩達旦夕。君今與提衡，當復詫此客。一代紫微公，文采耀楚澤。歸來要同登，聮句慰英魄。自注：歸來張安國堂名。

### 次俞簿韻 棋於俞家，愛小荷，併以長句分惠，作此

昔賢識紫芝，不恨生叔季。同寮得若人，襟宇極冲粹。相過鄙吝忘，滿抱昔賢意。傍睨襁褓兒，真堪裂人皆。棋枰消暇日，竹軒蔭疎翠。不作沮洳臨，纖鉤笑侯喜。愛此小泓渟，歷亂青鈿委。大篇副么荷，

## 檢旱望磕山

長塗并江沙，我行頗寂寥。登高望西南，羣山如湧潮。崩騰勢相排，又如羣馬驕。磕山乃孤峙，坐受羣山朝。雲斜復煙橫，助爾干碧霄。虛氣信所聚，神物不汝遥。有龍窟其趾，貝珠麗宮醮。豐凶執其柄，禱禬走黎苗。胡為今兹旱，不能澤枯焦。史巫歲紛若，無乃徒嚻嚻。奔馳吾得辭，未救民腹枵。問龍當厚顏，深池卧逍遥。

## 三山磯

江頭數羣山，駢蹤各崢嶸。兹山挺秀出，乃以三山名。三山戟拔立，離合煙雲橫。巨麓截水出，石轉為微行。倒影射江北，陰森如未晴。盤渦觸岸去，勢若蛟龍争。狹岸束洪流，突怒起不平。舟檝復往來，立者膽為驚。

## 謝宋宰惠玉友麴方

夫子如周郎，即之疑飲醇。相從不踰歲，遂欲瀟湘秦。此生憂患餘，飲助嗟無幾。安得如公者，莫逆與終始。麴生到我室，莫贅心已傾。醖藉非俗輩，面作玉雪明。挹彼醇厚資，春意生户牖。非公介其間，<small>自注：此方不用藥。</small>著我無何鄉，顧能蠲積痾。月團信佳人，業工未易交此友。此友仙者流，勿藥氣自和。敗人意，使我百慮攻，愁城不餘地。雖無叔夜書，泛交方自訟。平生一鮑子，世莫知管仲。悠然甘不懷，交道自久長。因渠念公他，端人更難忘。

## 病起閑步

青女橫侵鬢,詎堪連日飲。黃媼不克家,倏伏半月枕。陰陽有酣戰,藥劑闕上品。衛生忘周防,內愧每流瀋。今朝步崇岡,晴日貸餘凜。江波轂動鏡,嶺雪印塗凜。竹間小梅花,幽香到襟衽。去春無幾日,鳥嚌如見諗。酒瓢隨短轅,舊盟聊復寢。詩句酬物華,是口不容噤。

## 示師文 時在當塗

樸樕已非材,骯髒遽成翁。生無適時具,何向不塗窮。賴結文字緣,人士飽過從。三年尉山邑,趣操有同風。博古得二臧,秀發仍兩鍾。蔣侯厚本學,落筆語更工。我卜當塗居,薪米耐闕供。從渠得琢磨,遺汝不已豐。士生在知道,寡陋難言功。會理貴博觀,受物由虛中。潢汙不揚漪,大江日傾東。遲汝草靈光,一觴壽乃公。

## 辛丑春雪甚意有感

歲序各司存,雪神屁厥終。度臘不成白,接春吹旱風。井脈青煙起,地毛黃埃蒙。東君借一怒,六合玄雲同。玉龍專獨夜,紓帶縞長空。破曉欻三尺,山川積蘇中。宿麥賴一溉,園林潛動容。繄此玄冥事,鮒也胅土苴,顧能魯使東。鳶肩既歐刀,五孺各疏封。融約漫百數,不當劉係宗。梯稗實桴腹,常以歲不豐。奇疾待烏喙,參术渠能攻。高位有不稱,坐令蛇為龍。快意雖目前,道撥終龐茸。惟昔道興世,聖賢啟泰通。元凱森
雪擅春,何異雷鳴冬。方蘄焦槁息,未暇尤化工。緬懷虞周下,賢哲多不逢。權柄在掌握,秦越際困窮。即今春皇豈原作挑,據四庫本改功。瘵官可辭責,代庖容非恭。風霜與暘雨,不時皆沴原作渗,據四庫本改。君子諉不謀,或非世用充。當知寸有長,琤琤即疇庸。變故方沸渭,頃刻分吉凶。

帝庭,十亂拱法宮。盡屏欺負徒,鯀兜變夷戎。此人如此雪,胡寧久長雄。小乖見睍期,適貽吾民痌。仰天欲三嘆,羲馭曒朝紅。

## 答毛叔子

章甫不價越,澼洸或疆吳。事以適時重,投暗恐類愚。毛子抱高學,眇睨大小儒。過閱幾公卿,攜文及吾廬。我窮劣識字,三讀起長吁。妙處未遽了,君意無乃孤。勸子俛從俗,青紫摘領須。他時不朽託,一一世楷模。

## 有嘆

應事如應敵,收功端有素。詩乃隨景遷,預計幾膠柱。鼓吹月明秋,當時亦佳句。見卵求時夜,竟為陰雲妬。想像蘄為工,故智那用據。向來東遊意,夢境騷人賦。出郭帶月行,過山衝雪去。風力馬欲卻,吟情形寒氣鳥不度。舊擬忽新偶,自笑邯鄲步。與世甘數奇,失意資一悟。覆卻從萬方,翛然隨所遇。前影,塵事風外絮。

## 王漕小燕玻璃分韻得路字

郊原二月天,節物屬丹素。山風欻雪花,野屋欲冰柱。破除酒邊興,截斷口前句。誰將萬玉妃,一一事嬌妬。東皇不無情,退縮自失據。史君文章家,客子舊能賦。茲遊豈偶然,擬作袖手去。江梅孤舊約,預知詩桃花悵前度。漂忽幾何時,林影映沙步。層雲放曒日,瑩澈等僧悟。一笑百慮餘,如世有晚遇。及門,新語謝鹽絮。

去年客京華,酷暑不可度。時為冷泉登,稅駕脫巾屨。風外雜佩鳴,松根一竇注。可聞不可把,已足盥祥暑。竭來黃埃中,夢遶湖西路。寧知虎頭側,碧溜依紺宇。玲淙響琴筑,噴嘆起霏霧。餘潤碧苔滋,照影紅葵婥。涼氣濯毛骨,寒聲到樽俎。逼人灑清寒,如翁玉雪句。更喚泉間龍,為霖下山去。自注:是日小雨愆期。西亭,聽泉渠須數。

## 送李監獄二首 蓋從周信道學詩者

李侯西州英,早著武士冠。竭來淮上郡,鷄羣見翠鷟。清詩萬卷餘,脫手走銅丸。初聽耳目醒,再讀毛骨寒。解榻一甌茗,敢作粗官看。今者連日語,衮衮為發難。中年可堪別,別君倍悲酸。書來有新句,政用驅愁端。

寥寥黃陳後,詩律日就卑。京江一燈續,天乃不憖遺。念君從之遊,十年埧應篦。盡渠磋磨巧,況君粹美資。奪標快一得,不計弟子師。向來誦新作,格力欲并馳。肩戶玩明月,寒餓用一岐。及今辦一飽,無取空名垂。

## 次韻王漕燕玻璃

輕颸度翠密,碧溜下崚嶒。飲處凌埃坮,談間忘鬱蒸。何物辟塵犀,墮我玉井冰。落手錦繡段,酬贈憗未能。

## 題五柳先生詩編年後二首

淵明英傑氣,不減運甓翁。漫仕徑拂衣,高枕北窗風。平生經世意,蕭然詩卷中。卯金納大麓,正自竊鐵雄。妖雛自取死,遽敢貪天功。斯文未殄喪,吾道聊污隆。把菊得沉醉,直氣欲長虹。區區記隱德,史筆殊未公。

## 次章房陵韻四首

老驥挺高骨,彌耳塵中馳。鄰女嫁不售,泣向流黃機。與子落窮山,坐無適時姿。濠梁莞一笑,遊鱗喻風漪。

詩法究源委,今古有正傳。寥寥風騷後,誰定執此權。杜韓到黃陳,刃藏牛無全。愧我蠹負山,良夜卓兩肩。

章子五車讀,詩外未一施。清篇忽見屬,了不計吾誰。投暗率如此,世路宜暮遲。獨無牙曠手,並坐絃君詩。

詩社有血指,鉛刀齒魚腸。橫江限一鎖,未易枝龍驤。山澤護我瑕,珠璧耀我箱。勝譚當不遺,茗果秋夜長。

## 再次韻

咄咄嗟數奇,覰覰笑坐馳。超然達觀士,顯晦用一機。夫君抱器業,軒豁見奇姿。付我舟一葉,縋絲漾清漪。

覆觴課五升,秘訣不待傳。百里三萬家,優主師帥權。坐肉荒歲骨,豈但醫十全。高郎徑刺史,況論擔弛肩。

世人競捧心，妍醜西東施。揮斤得妙質，捨子吾從誰。所惜憂患餘，歸計不暇遲。繼今省幽獨，鴈足時新詩。平日四方念，見謂石作腸。即今還家夢，絆驥首屢驤。不作垂橐嘆，藏書頗青箱。此燈可無傳，兒孫共翁長。

## 次韻梁教章宰喜雪

袖手飛雪前，徒有風雅渴。久親無言子，此興今莫遏。兩君壯藻思，詩柄專殺活。可須龍伯睡，驪珠乃清晤乃細閱。晶熒盤走圓，便旋玉為屑。汛掃無惡氛，肯縈有妙割。解頤得匡鼎，和羹本商說。技癢吐復吞，正恐誚燕說。山城僧舍似，休務況佳節。可疏觸寒過，一笑卷蕉葉。作詩供捧腹，巴唱酬白雪。窮臘缺膏潤，何異客病渴。龍伯供雪事，落勢不受遏。繽紛一再餘，繡衣肉骨手，大帚掃妖蘖。貸金今可償，去年痛無年，回首氣尚奪。流亡何紛紛，哀訴良聒聒。為民倒陳紅，擬效叫閽謁。想聞三白訊，把酒顏為說。嗣歲復許歲再閱。秦越作肥瘠，德人終不屑。協氣非挽回，何以救方割。忍思狼狽初，草木茹根葉。苦樂倚伏間，屈指計，老農聚頭說。團欒飽餅飥，原作托，據四庫本改市驚追時節。此耻幸一雪。平時豪飲興，人議老羌渴。駿蹄就康莊，中有谿澗渴。俛仰三十年，僅作扶病活。樂事生無幾，造物忍見奪。謝安晚多感，正賴簫鼓聒。胡姬賣酒地，緬想不容渴。即今少年夢，尚苦法士孽。兩君詩酒豪，將壇最閱閱。左顧得投轄，勝譚看吐屑。雪天僕為更，盤飯鮮粗割。共憐后山窮，塊處但禪說。一飽共

## 遣興次前韻

斫水蘄斷流,捻鹽寧療渴。區區守荒學,籠鳥眩樊遏。向來麋鹿姿,祇可樵牧活。始其事誦數,魄似窮鬼奪。文字取憎疾,見謂蜩螗聒。回首輩行人,班劍或朝謁。方嗟沈帶減,正坐河魚孽。分無青雲上,但有枯策閱。衮衮指頂地,羣口免騷屑。醪敷兒為供,蜜脾手親割。敞尋非世用,槁梧取已說。非君莫逆者,此懷誰與說。反求每日誶,百行收一節。西來傾藥冊,又滿三百葉。暮年了無得,付子鏡中雪。

## 雪再次韻

卑官望雪心,有賦繼夢渴。旱氣方兆朕,造物工式遏。山城窮陋地,民以牟麥活。即今稼事實,趙璧還秦奪。忽訝天雲近,旋遭鳥烏聒。豐年得奇讖,賀詩簽佳謁。了知叶氣熏,人定銷天孽。老眼眩鹽絮,已不啻三閱。瓣香為神報,無乃笑瑣屑。絕望羔酒醉,作意鶩股割。賞雪須佳客,生恐無此說。來年當更好,可但老農說。來春還家吟,要使君擊節。今朝泚筆否,浩蕩對雲葉。儻肯躡凌兢,黎椀更一雪。

## 雪夜與師是棋次前韻

投醪士或醉,說梅人不渴。窮途餘樂事,不受憂患遏。詩可供呻吟,棋亦識死活。朝來喜雪句,神藥胎可奪。一枰與兒晤,斷無市聲聒。既免沈舟誤,不作賭墅謁。指冷良易忍,眼花苦為孽。瓜葛勝負間,時亦近屑屑。策幾奇兵塵,地比弱王割。吾非江左管,舐犢愈愛說。升沈作隨意略細閱。家居鼓吹具,藉以保晚節。掀髯得一笑,為汝倒蕉葉。豐悴,今古無成說。袖手聽殘更,紅鱗曈晴雪。

## 再次韻作招隱篇

我家五畝園，泉細地不渴。載酒噬肯遊，開門誰汝遏。典衣買花栽，種十八九活。繁華出荒穢，天巧容人奪。三徑紆曉步，兩部厭晴聒。長日岸幘嘯，看人曳裾謁。伸屈較倚伏，烜赫藏戾孽。蠻觸勝負間，吾老飽所閱。孰知花藥疇，細炷沈檀屑。此樂彼莫顧，渠愛我已割。微吟會心處，山鳥亦欣說。焉得喙三尺，佳處為君說。秋蘭媚幽芳，野竹挺高節。當知陶一觴，可敵蕭八葉。騂來作蜾蠃，獨立耿玉雪。

## 再次韻

雪應時可喜，晴不遲尤可喜。雪止恰除夜，因作此。要須百篇富，趁此梅語說。

人間十日雪，已潤夸父渴。宿雲忽披靡，羲馭與抑遏。春從九地回，旋放牙甲活。主張披拂是，大塊司予奪。椒柏追時序，鼓吹聽曉聒。詩壇有同盟，辦作銜袖謁。得雪晴更佳，過是或為孽。羣山半披剝，衆巧獻一閱。懸知兵吏集，不待鋪木屑。令尹活人手，小試牛刀割。廣文甘僻左，不肯事容說。與俗分樂事，盡以韻語說。獨慙長鬚送，不量好時節。正使領兒觥，快作湯沃雪。

## 再次韻

廣文欲出迓使車，作詩挽留，少俟燈夕後。予作《漁家傲》。舞隊欲燈夕小試云

傳聞使者心，急士幾忍渴。廣文馬已秣，勢似不宜遏。長翁仕窮山，離索幾苟活。藉君忘幽獨，長恐有力奪。勸其少徐之，無謂險膚聒。吾儕冷如冰，雖坐慵造謁。渠儂夏畦譏，火馳自生孽。而況已再閱。佳人參辟辰，俗子眼中屑。一笑待休沐，官事罷剸割。期喪近絲竹，憂患愉愉說。山城燈火夜，中年，吾請用此說。為君枝病軀，偕我酬令節。捐金裝玉梅，蟻楫命桃葉。舊曲迄未試，把盃看翻雪。

## 贈章宰

章三月二十八日偕客燕湯池，雨不可往，勸其飲于家，送九室井白酒佐樽，因贈以古詩。十七日偕予勸農房山，是日亦大風雨，殊阻登眺興。事不如人意，往往如此，詩之作，道此也

湯池潴巇巖,房祠踞穹隆。向來偕君西,寒雨斜驚風。虛簷吞山川,俛若困樊籠。往來三十里,兀兀婦車中。頸方學縮鼈,眼不到飛鴻。迄今簿領前,老面潮羞紅。昨夕縣麻勢,子亦胡能東。如子亨衢人,不應分我窮。山靈兩介士,不屑陵原通。我輩吏塵浣,根觸肯見容。高興未渠盡,佳節寧易逢。調瑟家治具,竹堂小窗櫳。酬酢十客優,庖隸良易供。登山與聽雨,取醉政自同。玉友陪從事,共達吾深衷。逮今彊健時,數近玻璃鍾。丹杏正媚嫵,柳枝頗昌丰。古今共陳迹,春事尚匆匆。此歡不可失,此言儻見從。對花但忍渴,請看衰病翁。

## 再次韻 予與章宰前後為于野之行,皆以雨止,因作古風道之。初一日寒食邊晴,來日排日溪邊領客為上巳燕。是日,宰和章見贶,復次韻道喜歡意

谷嚴蟄石燕,帝闕鎖豐隆。入懷疑有無,愜此靡微風。晴空寄望眼,已快鶴出籠。向來陰雨餘,缺然賢聖中。庭竹忽乾鵲,雲衢亦輕鴻。新詩照老眼,娉婷欺羣紅。飛僊款幽寂,珩璜韻丁東。稠疊挹勝槩,執謂吾天窮。花神憐客心,密密靈犀通。冗官況暇豫,令節聊從容。少徐泛觴醉,或有解佩逢。傾城試新粧,戶戶虛簾櫳。未用橡筆飛,坐詫十吏供。樂事易陳迹,此歡今古同。當時序蘭亭,一一言由衷。嘉會青帝惜,芳情吾輩鍾。繁香與麗人,相映媚以丰。瀝酒勸羲馭,西去忍匆匆。遲暮冀如願,百違今一從。瀾翻笑譚口,幾成咕嚅翁。

## 呈交代 雨中至蘭若,交代置酒,雨尋止,來早安行而北。

雨行不轉首,豈即真良圖。二年望鄉國,得歸不暇徐。徒隸悉此意,頗作竭蹙趨。衝泥傍險地,亦復歌載塗。使君卓旌斾,小燕留僧居。一盃酹龍公,庶或輔相予。捧觴未一再,霽色明桑榆。安寢俟清曉,

辦裝無滯濡。有禱必其應,顯幽無乃拘。夸詡諱天幸,此理良自誣。

## 至喜鋪

外朝走馬息,險絕欲無路。駔駿蹙萬蹄,勢若敵場赴。崩騰臨空曠,踠足此小駐。蕭然一驛傍,為此數家聚。川城南山下,邑屋隨指顧。行人不勝喜,息駕始此處。蹬然愀然意,南北分來去。我解房州印,初試歷險步。胡為亦自得,不作罷爾慮。鄉心建瓴水,歸夢受風絮。殘年歸來引,他日遂初賦。是役固已勞,端復酬夙素。臨風搔白首,一笑飭徒御。

## 報恩方丈小憩二首

還家自欣然,小耐孥輩累。老禪遽辟席,倦客容即次。仍將寒碧供,為滌羈寓意。斷續饑龍吟,煜燿金鎖碎。

石鼎無幾然,團蒲有餘藉。山嵐變寒涼,更挾清露下。月幹澹疎櫺,風枝語良夜。為君賦招隱,自剔篝燈炧。

## 十詩謝廖計使 以後山詩何以報嘉惠,江湖永相忘為韻

三年仕窮山,書外睡作魔。吹律黍為苣,賴公有孰何。懸知登門初,大宅浮陽和。泛愛公自爾,小子何足多。

平生書成癖,初不冀料理。頹齡迫肺病,課此未云已。屠龍詫流俗,祿邀欲何以。閉目耐昏花,三嘆仍啟齒。

繡衣蓋代公,學力閟天造。千篇發幽秘,萬物困陵暴。攟收盡隨和,吾富無乃暴。小試推敲手,聊效桃

李報。

偓佺地上仙,笙鶴不我返。楚騷欲命僕,古詩無名家。晉當澤帝範,小却侔國華。本末計中外,倚須拜亨嘉。

我生守荒學,意造無根蒂。時時寫所蘊,致遠終恐泥。小勞欹鼻巧,霜風掃氛翳。一言可終身,萬金寧良惠。

深井無淺汲,洪鍾須妙撞。揆公取士心,海若吞湖江。泓涵老昌黎,客或隴頭瀧。可待函丈扣,此心久已降。

古今國士遇,揆我不盡無。頑鍾未容器,巧匠徒為模。即今鸚書上,逮此鶴髮餘。但恐良夜夢,翩翻只江湖。

陸子木已拱,遺文空雋永。鄭子為米仕,縣廨縻簿領。聽公譚舊社,文陳鵝鸛整。離索我若斯,胡術謝榛梗。

欲留苦滯淫,欲去復彷徨。卧漳仍登龍,兩心正交相。粲粲金玉人,納納錦繡腸。安得雲隨龍,意行即公傍。

貧女信難昏,俗子每易忘。文學公世師,一見遽倒囊。願公出調燮,容我濯滄浪。台鼎五雲處,浩歌長相望。

## 涷口守風

辦舟留襄陽,辟風泊涷口。得行秋甲辰,初到夏癸酉。跛鼈已自慣,束髮至衰朽。坐是冥得喪,況復多病後。絕憐操舟兒,不惜脫穎手。顧瞻峴山亭,覿面可搴取。微風吹薄暮,霽景挂高柳。涼月欲略篙,陰氛尚侵斗。明朝起柂計,未敢決可否。身已不藉在,心自無何有。一事萌一意,但見掣君肘。擁書坐蓬窗,醉我不以酒。

### 買薤

平日屠門嚼,因病不敢縱。園翁富薤畦,尚可羞此供。長白連嫩葉,雅稱鹽虀共。暖鬲號多益,斷下仍百中。醫經備收錄,詩老屢吟諷。韭齏葵作菹,未覺取世重。雞壅謝稻帝,杞菊第賓從。佐我炊玉飽,食指免輕動。歸計三徑成,少辨百本種。指日筋骨強,報汝當抱甕。

### 渡揚子 王其姓者助扶拖,安然已濟,喜而有作

濤江吞天去,委此舟一葉。前之恃勇往,微命幾顛踣。弱纜維復解,宿浪俄妥帖。北風不滿帆,晴空欲凌躐。淮人鄉情重,相為細扶楫。浮玉瞥眼過,笑譚得利涉。窮塗有快意,十北收一捷。龍公不常喜,未用輕吾怯。

### 赤口灘

漢江多惡灘,赤口乃其最。前年將家上,正值江流殺。奔衢震溝猷,狼石森戟鐓。晶厲取進寸,一跌尋丈退。聞此尚痛定,躬履況兒輩。今者劈箭去,未覺有湍匯。一雨動三日,遠岸卷澎湃。向者險巇地,了不經眼界。三老笑相語,無復憂滯礙。路可屈指計,歸將平心待。窮塗偶快意,此惠莫謀大。龍公本何心,賤子多感慨。

### 鴈汊東守風四首

柱渚八日留,池口百里近。東風翻白波,寸步不容進。如許天吳怒,頗訝地軸震。崩騰雪山飛,膽掉老眼暈。豈惟佐豪吟,更覺蘇宿疢。還家可指日,去意復小靳。遺體泰山重,詎敢誘忠信。流坎隨所遇,遲速吾不問。
蓬窗隔世塵,但有書滿床。度日無與虞,日課一指彊。坐免驚鴟怛,自詫肝肺香。奔驥踠足意,翛然吾自忘。賢否岐非是,狗已乃所望。溫故靨新得,但覺此味長。晚來砲車雲,翻空更漂揚。吾書未渠盡,更借燈燭光。
驚麋碭洪浸,何人矢麗龜。遂令老病叟,珍毳及晚炊。野鹿敢伯仲,江鱏讓甘肥。淮人篤鄉義,賤乞等韭葵。向來無人境,沙漫水無涯。市聲不到耳,茭葦相因依。今無暴客虞,解衣候朝曦。厚味真過矣,安食如含飴。
東趣長風沙,移柂取空隙。波頭蟄飛雪,幸矣不數刻。連延百家聚,俯瞰白沙磧。賣餅售蝦菜,傍舫忽絡繹。矧聞淮南音,眼中便鄉國。田翁顏甚溫,村酒釅堪喫。突兀戎官廨,戶柱相映赤。頗喜霜夜眠,更鼓聽歷歷。自注:泊戎廨前,無盜賊憂。

## 題解禹玉文卷後

平生解公子,器質美無度。長加進學鞭,猶後趣時步。充腸笠澤書,脫手彈丸句。儕輩無爭衡,儒先有延譽。豈應如老夫,噴噴聲不遇。表表蠹齋翁,容易九原去。石交不在眼,賴子慰遲暮。新文爛錦繡,夫我何足赴。凜凜傳遠計,堂堂濟世具。葆愛今其時,自視要嬰孺。白璧不受塵,素絲易成汙。毋為樗木散,寧作鐵硯鑄。良晨有逢年,逸足看取路。吾言信惡石,敢謂愛莫助。

## 贈廣教主人

留子飯為膀脈決疑,約翌日再同拉客,客不能往而止,作詩諗之

七年走薄宦,重放湖上步。偕客憩鷲峰,訪僧得龍樹。瘦骨書作祟,餘年藥為助。君技信精微,我疾判疑誤。多謝辦再往,一飽許復具。意偶俗物敗,行非山靈沮。定貽高人笑,竟墮塵事汙。似聞今參寥,近在西林住。擬掇若果供,飽玩玉雪句。勝踐後五日,盟兼諗鷗鷺。風雨破十九,可得閒餘步。畫舫連千百,排挼隄側樹。湖山墮空濛,於客信非助。香塵紛羅綺,隱服耐此汙。前朝冒雨還,正為初日誤。今者乘興往,不暇家治具。賞心有新愜,行計無舊沮。鶯花殊未厭,烏兔渠小住。愛日擬秉燭,把酒先得句。上馬一回首,前灘下白鷺。

## 清明西湖再次韻

蘇公舊隄束,增築更千步。右為縈回溪,夾以蔥青樹。晴湖映碧山,詩客獨多助。醉鄉赴新約,書癡悔前誤。況此好清明,酒果隨意具。向來計追歡,幾為陰雨沮。今者成清遊,仍免俗子汙。斜陽不無情,似戀花柳住。春光念報答,襞牋須好句。此筆付此人,遊客半鴛鷺。自注:假日,朝士多在湖上。

以上《江湖長翁集》卷五

全宋詩卷二四二六

陳 造 五

旅館三適 予以病愈不食麪，此所嗜也，以米糵代之，且宜燒猪。客有惠清白堂酒者，同時饗。作三詩識之

厥初木禾種，移殖雲水鄉。粉之且縷之，一縷百尺彊。勻細繭吐緒，潔潤鵝截肪。吳儂方法殊，楚產可倚牆。嗟此玉食品，納我蔬蕨腸。匕筯動輒空，滑膩仍甘芳。豈惟僕婢餌，政復奴桃椰。即今弗沮感，頗思奉君王。

雋永項上臠，紅嫩劣帶膋。彼美大欄君，坐受羣毛朝。鼎漕走真味，正藉松炬燒。芼我銀絲窩，葱豉巧和調。菫塗非所宜，淑郁如蘭椒。腹腴但下隸，薑根合藤條。併填長翁腹，未覺喉牙搖。但訝大嚼餘，無補詩腸枵。

佳齊肯見分，春意偕客至。誰將清白名，言代碧香謐。起瀹饒磁甌，玩呪色香味。醍醐馥牙頰，沆瀣沃肺胃。桑落古宜城，不足偕品第。我病久不飲，此日欲小醉。快哉羈寓中，乃遣拜嘉惠。一盃先晨飯，飽足仍酣醺，眇睨人間世。

欵作凌雲意。米飯薦燒猪，佳此三者備。

官務

磨陷為官多，曉了未更歷。今世從仕者，萬口用一律。文椽日從事，鴈鶩竄投隙。自謀脱悔吝，初肯計

## 奔牛堰

挽舟下奔牛,挽丁已疲極。長衢此埭東,衢心齒砂礫。千指取寸進,纍纍山可拆。舟子提肺肝,舟材寧鐵石。即今揚塵處,劣計三百尺。時賢或興懷,僅費十夫力。往來日幾舟,孰者違此厄。為人計安便,作吏戒徒食。斯人仍斯患,胡必須目擊。猶為埭兵地,吾言竟何益。

## 呂城堰

堰西泱泱,堰東已膠盃。呂城校奔牛,客舟更遲回。嗟我為貧仕,此路幾往來。厲翁市冠師,與我熟追陪。渠貧安無求,我困坐不才。三別二十年,鬢髮各摧頹。擬賡北山杞,候笑南柯槐。惟翁未厭客,望影笑口開。生得數會面,升沈何有哉。相約飽飯過,世事付飛埃。

## 命書

命書唐濫觴,委源傳呂後。有倡莫為遏,波蕩今不救。字育叵數計,八字詎所囿。甲子動垓億,舉一百萬漏。荒唐無稽據,誦言指休咎。奈何聰達人,頗復安此謬。懷刺曳長裾,傴塞文士右。夸詡走干謁,薦墨不待叩。士有待濡沫,百請不一售。我昔遊江淮,知識間新舊。文士不到眼,此輩日交篝。辭章輕盃水,羨彼行橐富。鰓鰓問利祿,吾儒所深陋。自笑與世違,迂論取排詬。

## 正學

政術自學術，君子惡其欺。道學不容偽，世以偽用之。向來濂溪翁，粹然時所師。光風與霽月，取重前輩詞。兩程從之遊，流變已受疑。應世頗拘訥，自立如矜持。何人傳其粗，矯許取世資。口中誠敬語，捄袂把惠夷。其行則市井，跖蹻差所為。危坐悄長默，覆此庸蚩蚩。經正盛時事，怪女尚抵犧。秉畀幸一旦，嘉穀去稗稊。正士駕鴻集，古學星日垂。江湖隱淪客，有見真管窺。爾輩受排抏，似亦無子遺。得無奇英士，失腳遂磷緇。用過賢用功，取壁忘小疵。鬼瑣審辟就，譸張憖昨非。願引扶拭手，免興失時悲。六通而四達，恢若隆古時。治道貴去甚，世變須防微。吾言或可錄，敢用告採詩。關以周孔塗，正以孟韓規。

## 財昏

師昏古所辭，財昏今不恥。傳祀合二姓，古者貴由禮。四德五可外，貨賄亦未爾。民風日就頹，捨此爭資耀鄰里。西家女三十，閉戶事麻枲。四壁漏風霜，行媒無可紀。已聞歸有日，東家女未笄，儀矩無可紀。已聞歸有日，趣富營貪鄙。流弊例不免，其源實此起。多約或少酬，暫譽甘長毀。坐令親舊歡，詭譎變狐鬼。何況性習間，貧富歧臧否。士俗未易挽，人情大不嫟。悠悠何足道，吾以諗君子。

## 聽政

為政貴中和，偏徇古無取。無心斯善應，奸譽乃其蠹。奈何聞見間，往往用心誤。扶弱抑其彊，古或垂此譽。世異俗且殊，處今猶徇故。曲直本不昧，彊弱豈所據。君子不此恤，情偽溷丹素。富室被剝膚，日有貧寠慮。士夫受加陵，悔不齒編戶。羸弊取必勝，玉色吞氣去。不知世富室，如母子所怙。不知意定向,未語機已露。傳繼用一律,抱冤莫赴愬。用是致和氣,南首問燕路。

## 錢幣

為家重牆垣,為民須貨殖。揚廬國北戶,東南賴控扼。淮民魚米餘,百貨仰殊域。用銅防外泄,用鐵乃奇畫。一利伏一弊,救弊要得策。持貨貿官券,捨此莫衣食。錢貨天下用,鐵乃限南北。坐令兩淮民,塊處斷貿易。計鐵取券直,十纔收六七。朝賢愛淮民,此困盍矜恤。銅鐵均國寶,通變豈無術。近甸視遠地,未可岐眕域。況今苦倒垂,倚待振焚溺。緣江八郡爾,雜用顧何失。官券朝北來,淮俗暮安宅。即今私鑄斷,胡尚膠今昔。吾貧復淮人,計勢不容默。

## 次韻林郎中相送北歸

銖兩作低昂,舉世皆此心。羨君松柏操,不受霜雪侵。向來車笠誓,歲寒迄能尋。骯髒吾何取,振拔意彌深。天才有賢否,宦路岐昇沈。鼎貴聽新渥,疊來當好音。我草賀緘處,碧溪映青林。祝公小婆娑,未宜輕分陰。

## 次韻楊宰

淮俗日就薄,識者頗借憂。天變不徒然,旱暵將誰尤。日來聞見同,比屋聲悲愀。令君不鄙夷,疋馬走道周。似聞嶙巄間,蟄蟄戢雨稠。課功撲燎餘,準粟秉庚收。一甓洒百孽,旱堅肥螵蟊。服勞豈容已,方將解佩蘭扈玄薙,所向多暗投。世賢劉係宗,芥視東家丘。即君論才謂,為邦似求由。旄倪飫菽粟,羈罷安田疇。探善後良未謀。願天開老眼,一雨洗歎愁。橫前觴深淵,君其萬斛舟。倒垂,未遑賦歸休。我亦民之一,擔石略不留。遭罹本自致,未敢忘反求。詩來念賢勞,效顰聊殺丸等和扁,沈痾灑然瘳。

羞。孰視援溺手,不計輸幾籌。

## 送羊侯因簡崔帥一首

遊宦何許佳,解印還故鄉。舊國仍舊都,別去未始忘。一旦吾眼中,怡然得徜徉。釣處它日梁,樹是兒時桑。扶攜擁道周,老倪皆壺漿。官簿有高下,此樂均未央。羊侯萬金將,文武擅兩長。稜威肅貔虎,談兵厲冰霜。小作漳濱臥,斗飯方健強。胡為倚秋風,歸思歌慨慷。似聞山陽郊,迓者立堵牆。湖蟹九月肥,社酒千室香。海舶來麋鹿,江戶送鱒魴。舉白作鯨吸,羅嶪同春陽。樂事有如此,夙志今始償。我袖如椽筆,落紙煙雲翔。自今小畫錦,為君記新堂。

## 題陳守宰仁和無倦堂二首

仲尼治道師,今古誰造闒。公與由也果,有得非二本。為政貴無倦,聖語要自反。吾宗宰仁和,條教仰瓴建。吟對千挺竹,日課五升飯。膠擾付冰解,隱幽莫形遯。器資銅百鍊,心地蘭九畹。人絕懸魚績,自詭割雞倦。秉心寧作輟,提耳悟頑諼。豈伊不可耐,據以為益損。譬如歲豐凶,良農守穮蓘。功名自民庸,君子計歲晚。

陳侯昔為邑,鼓舞輦轂民。爾來佐淮郡,喜詫有腳春。例滿谿志望,正緊不已純。帖焉受馴擾,初豈煩令申。撫臨不云倦,依然舊持循。終始秉厚德,邇遐沐深仁。報政已捐日,設施方日新。千棟成逶迤。向來簡齋倦,九德罄忱恂。長源無涸流,盍嘗究所因。一印妙心傳,千載把聖真。此學不勝用,企公嗣前塵。

## 次韻楊宰

留別業偶雪,欲作詩未暇,因詩見及,次韻

## 次韻楊宰對雪有感

生世波上舟,高下隨掀簸。樓閣或藩溷,風花聽飛墮。朝陽麗山川,湛碧仍眩𥉌。簿書辦官事,酒炙趁村社。長翁取意適,吾策未云下。優服作貴賤,觀傍了真假。平生招隱詩,尋盟遽今果。吾村劣收穫,座隅紛碎瑣。繽漂纔一瞬,彌滿已四野。慨念萊茹農,負愧吾顏赭。人同忍朝饑,神亦輟秋社。有薪尚濕惡,有穀未舂簁。病客正牢落,急雪忽蜚墮。枵腹嘔問炊,曲身可欠火。簷隙納璀璨,猶幸了眼下。嗷嗷聞見間,久已絕貸假。何人發陳紅,倚待由也果。

## 贈張德恭

張作詩日進,有句見推,次韻謝之

少日試推敲,未脫蜂鶴病。世間十全手,噬肯愛三請。即今悔少作,草草生氣盛。逢人忍脩縮,拜手博往往掉其臂,百叩不一應。贔屭仰前修,菱僢不能勁。從君父子遊,似頗識蹊徑。使君唾隋珠,郵城望是正。郎君撞烟樓,楚珩復相映。兩豪五字律,萬象一清鏡。臆馥副羣趨,餘風振不競。政枚叟每後乘,向來從渠後,無乃瑩吾聽。回省多歧亡,滿冀一語訂。此篇尤愛我,見推乃見警。迎鑾未敢憚奔命。向君亦脩敬。使元白前,向君亦脩敬。

## 次韻張守阻冰

予訪使君于真州,沿塗亦膠舟,故云

清篇方鼎來,強韻不可柰。膽掉久未定,如守上瀧柂。渾厚出綺麗,平淡含頓挫。正始嘆不嗣,黃初君突過。想當舟陷泥,勢若右旋磨。河神要好句,待君顏一破。我行阻重壩,倍費客炊火。邙溝塵欲揚,人步溝尾㳽。一雨濯早枯,此惠誰所假。生世天不人,孰者可弔賀。

## 遊北山 張守送酒次敬字韻作詩謝之

有客可與遊,闕酒得無病。豈意四從事,過我不待請。洗杓挹風度,免慙林花盛。公學此味如,渾厚兼醇正。公量虛谷如,有來良善應。肯分兵廚瀝,少佐筆力勁。罷營杖頭錢,徐取松間徑。登臨舊能賦,七發踵枚乘。此興老未衰,西日尚餘映。風怒雷再鼓,雲破天一鏡。此下奪競字韻一聯山花下野鳥,詩題一堪命。府公文章伯,聲稱聳羣聽。明朝倒錦囊,非是庶所訂。豈伊綵鳳鳴,而聆露鶴警。定知謝東山,凡百易子敬。

## 再次韻 春月驟寒,既晴小出

當臘可折絃,羣植不告病。春令宜畫一,驟寒乃奇請。淙潺急雨後,摧拉北風盛。倚戶頸為縮,引望立不正。下牕斷過逢,袖手謝酬應。坐嘆花信遲,陡怯弓力勁。今朝晴色好,呼童掃幽徑。客子踏青約,久許陪駿乘。逶迤望北山,巷柳俄陰映。乾鵲語紅樹,遊儵唅明鏡。平時詩酒社,賈勇與春競。即今鶯花前,欺客頗方命。擊轅歌于為,寧人俚耳聽。喧靜交戰間,詩老儻能訂。寓物不流物,古語方自警。追隨黃白郎,不擬繆為敬。

## 吳節推趙楊子曹器遠趙子野攜具用韻謝之

平日從俊遊,寂寂坐多病。犯牀漫飛埃,瑤笙罷重請。自注:犯牀,置樂器牀,謂宮調相犯,脩樂器,惟笙日請。昔遊喜復到,風物他日盛。坡恐名燕支,樓亦詫端正。新交間舊友,氣合宮羽應。譚塵冰霜厲,筆陣鵝鸛勁。吏隱分樂地,與世不好徑。拔貧辦一歡,挾貴輕百乘。四豪載酒過,講德珠璧映。歌奏雲近人,舞罷鸞顧鏡。酬酢忘主賓,笑語似紛競。朱樓譤阿盼,白酒醉師命。明朝耐殘醒,江聲醒幽聽。此樂謫仙後,同異君試訂。四豪成風手,可但隻字警。我投詩社名,拜手敢貌敬。

## 再次敬字韻 張守召飯,臥疾不赴,主簿送和章,再作

陰風摧行車,欲作三日病。使君敬愛客,重此折簡請。碧香駢柔嘉,虛辱禮意盛。老衰已不支,節候況失正。寒事動奸時,暖氣久未應。積雨遷厭怒,密雪佐其勁。新詩挽春色,墮我桃李徑。飄蕭尋芳興,嘔問果下乘。把君珠兩兩,後照仍前映。重燒見火浣,百鍊乃寶鏡。折箠敵可答,歌風楚不競。讀檄且觀濤,壽我無有命。舊聞句通神,癉鬼褫魄聽。援君起廢手,直用古賢訂。笑送夢中豎,子行良機警。亦笑齊東翁,口舌邀客敬。

## 再次韻張簿

生世詩作癖,頗坐艱局病。當前成風手,每來難塞請。後身習鑿齒,名儷乃公盛。新詩再出奇,後出尤雅正。高吟步芳園,靈籟想隨應。荊戶厭盧羅,陳勢無前勁。鋤隱度九軌,眇眇秋蛇徑。狐兔新竄伏,願前王公乘。我學但宋璞,多憨楚珷映。才與年貌衰,不擬拂晨鏡。妙句駢魁傑,襄見絕夸競。居然大小巫,詎容恥受命。目窺曹劉牆,日有韶護聽。古今尚論間,未遽優劣訂。此意客未知,太簡效規警。平生孔文舉,敢替此心敬。

## 分韻得家字 以人家寒食月,花影午時天為韻

東園郡勝處,不作里所遐。池臺掇天巧,草木專年華。一雨洗清曉,十頃圍紅霞。云何秉燭客,未駕載酒車。掾郎郡之望,士價詩名家。折簡挽名勝,行庖富柔嘉。清風應靈籟,高譚振衝牙。酬酢角鯨吸,廝和紛天葩。痛飲未渠醉,浩興渺無涯。孰知此老憊,坐受強敵加。空拳將一旅,堅陣凌五花。自注:時

分韻同某六客。詩成字欹倒,病眼正麻嗏。

## 遊乾明分韻得山字

竹風清如水,浣我塵埃顏。老禪貧無錐,小破蔬筍慳。短轅下鷗夷,共此半日閑。住筆訊鶯燕,把盃屬江山。老夫病止飲,苦語澀莫刪。揆予郊島寒,著君季孟間。江柳未遽折,園花且同攀。後夜短亭夢,漫寄東風還。

## 小飲俯江樓分韻得俯字

流光肯貸人,春事遽如許。眼不到蜚鴻,身每念縛虎。他日載酒約,坐受陰寒阻。非君韻超俗,疇肯顧鞿旅。今朝鶯花前,有興浩莫禦。茲樓可圖畫,山立瞰江滸。壯俸彭城蘇,氣吞潯陽庾。乘凌脫埃壒,盤礴上煙雨。向來狀雄觀,尚欠魁傑語。江山君周旋,得句忍不吐。詩成人未醉,鄰雞喚亭午。新音略韶濩,至樂非簫鼓。却話庾與蘇,今古一仰俯。

## 招朱法曹趙宰趙子野飲 以寒食數日得小住為佳耳為韻,分得食得二字

秦郵望儀真,相與不三驛。仕學四十年,此地幾旅食。寓公芹泮士,十九盡親識。茲遊最奇偉,詩壇許投迹。每當觴詠間,不蓋戁頰赤。赤手桃虓虎,空卷抗雄戟。四盼號猿手,未敢箭鋒直。排日有勝踐,尚恐坐岑寂。纔卷俯江帳,復蠟東園屐。小奚費收攬,巨橐珍必歷。摩挲歸裝富,足容傲侯伯。自公置簿領,來作一笑適。表表三英粲,各各萬夫特。揆予自僑寓,人詫有此客。風煙入揮毫,江山皆動色。尚友古所貪,解后歸來四庫本作未得。今朝鄉思動,招邀話暌隔。非復向軒豁,但有新淒惻。吟詩尚爾工,把酒不能喫。縣知短長亭,小蓬雲月白。還應遷遷夢,蜚墮清江側。

## 儀真諸公餞別分韻得永字

旅懷我岑寂，詩語君雋永。新篇蜚墮前，坐閱仙府景。曉林媚紅酣，春池涵淥靜。叱吸風起籟，模寫燈取影。東園固成言，此境亦深靚。應世足變遷，為謀難要領。酒車且新圖，客棹非舊整。明朝鷗鷺前，鴨綠渺千頃。飛觴擊鉢地，獨夜起重省。還應蓬背雨，閒滴魂夢冷。

## 真州諸公語別 得盃字

屈指舊新雨，何人顧蓬萊。駢車各鴟夷，良為老夫來。古今漆投膠，不獨數陳雷。衮衮慰勞意，一盃復一盃。索句不解工，何以寫別懷。敢惜吟髭折，奈此雨意催。此會良姱嫮，此行重徘徊。得無葉舟重，滿載離愁回。

## 送趙夷仲南歸

離索老不堪，應接意多遷。愛者挽不留，惡者推不去。道人心如水，胡復生愛惡。方厭塵眯眼，倏驚瓊為樹。趙侯南州英，中抱經世具。碧巖紫電耀，翠竹青鸞翥。聯翩拜新作，一一彈丸句。傾蓋得此友，霽月破愁霧。交君良恨晚，別我用許遽。溽暑挾旱氣，河底車取路。在客身為本，食眠要將護。燕子遡北風，端許問尺素。

## 立秋日

酷暑如酷吏，頃刻不可對。萬口噤不息，束濕底多罪。微風忽鳴秋，遽喜又無害。天豈狃狗我，生死置度外。會看三日雨，怛悼推所愛。甘澤洽嘉穀，生意亦蕭艾。況我七十翁，形劣氣已憊。薾若墮丹書，孰者我牘背。

## 寄嚴文炳 以寄聲來問安,足音到空谷為韻,嚴寄書存問甚至云

故人千里遠,論心未遐棄。不謂江淮隔,尺書鴈能寄。春風生展掩,滿慰別後意。陳義凛冰霜,不獨相思字。

隻影秋鴻驚,獨夜秋葉零。離索欻五霜,搔首聽此聲。豈無金石友,相避參辰星。安得木作腸,與世無復情。

子雲草玄宅,門徑積莓苔。昨夢憑詩說,新雨無客來。袞袞手可炙,自詫甘寒灰。蜀莊寂寞者,念我首獨回。 自注:兩馮君,謂真州父子。

烏墅兩馮君,風霆蒿休問。自昔從之遊,詩力借餘潤。夫君凛一敵,鴻筆上羣俊。舊壇今尋盟,得句毋我靳。

嚴子老於菟,彪炳踞賢關。可憐五車學,僅博九品官。客程望至喜,江闊山叢攢。緬懷造物心,念子詎能安。

善忘常憎醫,獨者自尊足。嚴子骯髒面,如我不諧俗。世情趣操間,憎愛岐珉玉。饒舌誇我賢,祇取白眼辱。 自注:文炳每稱賞予,或者不然之,來書云。

聯鑣行樂地,俛仰成古今。可但捧觴人,貫珠無復音。繾綣棋酒伴,電泡半銷沈。何時兩衰翁,話舊同清斟。

趙侯當賜環,倔強耻媚竈。張侯鳴琴手,戍期幾時到。何郎偕賢書,論價未足道。多煩問何如,好語君一報。 自注:三君與文炳同居吳,予與之厚,嘗有詩送之。

石湖良樂眼,收士冀北空。嗟我孤所期,經世老無庸。一莊賴芥庵,報厚艾亦豐。賓實得美謚,表表無終窮。自注:來書及二公,故云。嚴子從我時,脩竦峙雙鵠。章綬裹瘦軀,此相胡宜肉。當嗣溧陽尉,苦語叩哀玉。寧當蘇門翁,清嘯答幽谷。

### 次韻楊宰檢旱野宿予近亦頻至莊上,人情備嘗也

旱後訪親知,悲風塵愁霧。未辦飽翳桑,況能嫁阿鶩。令君妙為政,果藝今求路。道逢桴腹民,挾纊誦言句。保社知自愛,奪攘可無慮。飛騰要及時,封殖須此樹。來年步畏壘,繪象各村墅。自注:時宰君垂滿。

### 題劉行父淨香軒

劉郎何所有,寒碧二百本。方渠懋進脩,藉爾伴蕭散。妙處鼻觀領,脩然市聲遠。朱墨五千卷,日力自繾綣。久聞伯仲間,珠璧各檀欒。一笑把此君,方外得秸阮。饑鳳吟夜良,斑犀散春晚。慣嘗推枕聽,肯作苙羹挽。長翁紀幽致,一字粲褒衮。譜傳渭川孫,石屹益州筍。行當浮驚雷,龍躍閶天閽。功名有咄嗟,世道計舒卷。平昔對床約,里閈規息偃。大屋俯嬋娟,畫繡替前扁。

### 次姜堯章贈詩卷中韻

徐郎巢已焚,庭竹亦無在。太倉五升米,舉室枵腹待。云何鮭菜供,日與長翁對。世有作金術,閭里頗猜怪。丘嫂剪髻餘,舊質疊新債。姜郎粲然文,羣蚩見孔翠。論交辱見予,盧馬果同異。念君聚百指,一飽仰詩傳侯王家,翰墨到省寺。臺饋。我亦多病過,忍口嚴酒戒。終勝柳柳州,吐水賦解祟。

## 次韻林子長計使

壯年志在行,皇皇困無君。老矣此念灰,去住如閒雲。詩壇二三子,一見勝百聞。徐郎吳下蒙,絢麗工語言。滔天自溢觴,昔人求其源。自甘謝祖風,屑屑掃一室。準擬高史來,函丈置三席。聲名絕輩行,文字追古昔。黃白馬上郎,覿面不相抱。眼青節食事,日耐饑雷吼。兹幸陪衆後,酒巵甫到口。不離寂寞濱,徑造無何有。問津歸有期,尚許尋盟否。

## 次林子長韻

招燕拂雲樓,讀子長《遊壯觀亭詩》,因賦

林侯上州庵,便飫大官飯。左淮魚稻供,顧肯回一盻。待人均待士,樂易屏崖岸。懸知訖民庸,功倍而事半。淮鄉舊樂土,兼有齊俗緩。頃來南北雜,頗復煩城旦。要須禁奪攘,自注:淮鄉歸正人誘率江浙遊手劃佃良民之田,計使約束甚嚴,淮民安妥。立可息愁嘆。為公泚銀筆,攬袂歌粲晏。

孤亭屹山椒,山靈信多助。比肯迂玉節,來作數刻住。雲嵐遠明滅,阡陌隨指顧。何以驗人情,楚歈雜吳舞。我來空想像,夢去上煙雨。尚及拂雲飲,翹楚。新歡償昔遊,幸會乃如許。古人重一飯,志士賦盛遇。歸時混遊人,健倒各扶路。醉狂煩杜舉。

## 再次韻酬林子長運使

繡衣如椽筆,可但江山助。登樓得秀句,飛雲為公住。使君傾意氣,接我便親故。自忖庸郡陋,兩公富全楚。賦雪容未至,高軒先左原作尤,據四庫本改顧。醉鄉信餘地,肯作長沙舞。和氣挽春回,冰柱下簷雨。

自注：是日晚晴，簷溜有聲。代舍著狗盜，珠履貴豪舉。阿遷詫齊魏，瑣瑣吾未許。我從兩公遊，趣舍本神遇。更當問學閒，司南取夷路。

**再次韻**

拂雲宴之明日，雪復作，回思偕趙帥賞雪于淮海樓樂甚，茲地足以繼之，復賦一篇

雪神再出奇，剪水誰歟助。羣仙幻塵寰，落勢未肯住。政成氣乃和，此瑞豈無故。同雲方頌周，惡氛已銷楚。乾坤玉花中，客子眩回顧。人家占嘉平，酒處應起舞。了知及物功，當倍蘇旱雨。前雪淮海燕，把酒欲輕舉。今雪燕拂雲，勝槩驚似許。客途一笑適，樂事詫晚遇。回思何人家，雞黍羞季路。

**陳宣卿爲予作後彫圖**

吾宗灑畫墨，似我詩得趣。未至心手忘，敢議江山助。東絹十幅圍，中有千尺樹。窮冬萬蟲蟄，拆地雙虬怒。彷彿風雨聲，想像棟梁具。人間汗反漿，對此毛髮竪。怪君物寫影，落筆神與遇。自言閱世孰，妙解等僧悟。每當槃原作整，據四庫本改薄餘，了知精靈聚。此圖尤傑出，持用博新句。墨君第一流，論世無殆庶。三熏且十襲，復靳為子賦。

**次趙判宗送李象山韻**

邑政易墮，我方在行。挽袖柅車，交遊至情。兩君玉峙，表表國士。下榻傾倒，有賢公子。我介三子，匪同而和。提衡披挽，交口孰何。月堂之評，寂久未改。匪瑕振過，茲焉有待。卜夜之飲，輟驪駒章。雖情鍾，河魚未康。作吏則疎，羨人報政。彼益者友，工藥我病。低昂達窮，冥心所遭。獨喜故人，往偕仙曹。搖搖脩程，烱烱初度。眷言顧之，矯首雲路。胡不小留，共頰醉山。胡不更僕，共譚孔顏。西睇歸帆，徙倚悽切。去留之間，仙凡斯別。

## 再次韻 判宗留飲,以冗故不及終席,作詩謝之

載羽其觴,客遁于行。歸從我私,茲焉用情。一奇搴秀,萬金論士。生世已後,識古君子。宮倡羽隨,至樂則和。俚音間之,人謂斯何。潔不容緇,薰不苟改。袖司命手,旁睨世病。海瀕埤污,蒼山周遭。觴詠翱翔,樂殊溪時施,躋之阜康。曾是偉人,而未聞政。斯道在公,九報其章。人爾曹。盍攄胸奇,煥我王度。盍提公言,闢我賢路。赫日中天,麗彼南山。賡歌交修,不覥其顏。有鉛者刀,用或一切。雲龍從之,無重此別。

## 次程帥勸農和陶詩韻 房民種藝簡率,水旱豐歉一委之天,人力不至,且不知用水車。土皆桑柘地,而蠶事尤莽鹵。因帥《勸農和陶詩》次韻呈帥,且示其民之不甚愚惰者

我官于房,庸諗房民。是腹枵然,惟貯一真。服事告工,以成以因。雄也言之,參天以人。燥之潤之,是有黍稷。天不竟刈,物豈自植。繫人之力,溫飽稼穡。惟蠶而衣,如稼而食。盍槌于家,盍桑于陸。飼眠後先,如族昭穆。爰繰爰織,如寇之逐。悠悠玩日,迄莫歸宿。孰溉不車,徒用播耨。吳豐楚約,誰非朕歟。穗斯繭斯,均揩厥手。彼多其儲,汝則易匱。微勞計工,寧終不冀。蹀躞十駕,與驥一至。枵中赤立,吾代爾愧。吏職民憂,無庸汝鄙。農以濟學,繄吾素履。豈曰多言,率遵前軌。教詔順從,庶或兼美。

## 程帥和陶二詩見憶次韻

我瞻西郊,雲停不雨。雞栖亂山,十舍千阻。一書緘春,慰屬存撫。望之或違,搔首企佇。停雲釃之,蚩雨濛濛。啟筒有獲,如渴吸江。孤月河漢,輕颸牖窗。憶侍誨色,杖屨後從。盱衡推予,褒袞儷榮。靡

懷不傾,靡言不情。會晤良難,欻然西征。孰謂愁斛,無自而生。竹萌觸雪,粟花綴柯。風日山城,未春已和。命駕取塗,計日不多。官曹簡書,公其謂何。

以上《江湖長翁集》卷六

# 全宋詩卷二四二七

## 陳 造 六

### 明妃曲

漢宮第一人,只合侍天子。四絃春風手,可用入胡耳。天生國艷或為累,金貂畫工寧不恥。玉顏初作萬里行,朔風黲面邊塵昏。路人私語淚棲睫,況妾去國懷君恩。穹廬漸耐胡天冷,政復難忘心耿耿。夜深拜月望長安,顧嘆當時未央影。胡雛酌酒單于舞,銘肺千年朝漢主。傳聞上谷與蕭關,自頃耕桑皆樂土。向來屯餉仍繒絮,廟算年年關聖慮。但令黃屋不宵衣,埋骨龍荒妾其所。

### 柘皋短吟

鐵山橫飛截平野,寧復江流飲胡馬。大酋膽落狐鼠逃,虎頭將軍自天下。拂廬連絡屯長雲,提戈敢謂秦無人。驚霆白晝振解葉,淮地一掃留無四庫本作無塵。歌謠千載淮民口,將軍歸飲策勳酒。烏袍使者來如煙,騰書乞和胡稽首。蠅鳴鴟噪初不聞,賈怒一舉雌雄分。辛勤結髮七十戰,數奇堪笑李將軍。

### 題趙伯政醫俗軒

風淫氣格初不意,往往膝脈流腸胃。金匱一編亙古今,幾人用之能起廢。痛恙切身知謁醫,俗氣痼人渠不知。持籌側肩盡日力,錦韝金彈隨癡兒。斯人斯疾可攻否,更恐良醫原誤作翳望之走。南窗解榻竹風清,請訪軒中十全手。

## 急筆贈歐處士酒所歐索去甚急，作此送之。歐善畫山水

南州江山昔所歷，雨峰黯靉晴江碧。幾年思之忽墮前，政得歐生醉時筆。斯人歷覽山川奇，得興落筆天露機。不須十日五日一水石，已可王宰相攀追。相逢便整南歸柂，短章許君慵未果。酒邊搜句敢言工，不解似君般磚贏。原誤作贏

## 記夢示師是

青燈寒夜思吾鄉，合眼便坐吾家堂。阿丁焗然目如水，綵服蹁躚趨我傍。中心喜之謬督過，還為遨嬉廢書課。指似斜日西窗紅，小賦未破書未供。向渠不敢恩勝義，亦憐忸縮不自容。蝶螢鹿失忽驚寤，城撼霜風在庭樹。幾時筆力跨乃父，與汝相忘不關慮。

## 題胡處士猿麈圖

畫工神品今代無，祁岳一脈傳醉胡。幾年傲睨不落筆，乘興掃出赤縣圖。今君所寶亦第一，我疑神遇非有筆。青林紅葉晚未暝，遙山遠水秋一色。五猿踞石相因依，兩猿挂樹松枝低。仰睇側顧麈善疑，其二行趨如不知。昔人畫馬師厩馬，畫山直付居山者。野猿不馴麈易驚，邈影渠能寫閒暇。草露空荒遠刀几，即今放麗誰氏子。山蜂負毒不足憐，盍貸蠛蜉留報喜。

## 百花樓

樓中香漂百和濃，樓下錦纜翻東風。玉樽美酒清若空，吳姬粧面相映紅。人生一笑不易得，是間一醉千金直。元龍百尺君勿論，芳時且可金杯側。

## 題劉明府所藏秋江欲雨圖 明府侍兒善歌舞，欲出不果

墨雲含雨江空濛,島嶼細瑣連煙空。我家茆屋菰葦叢,卷蓑背笠隨漁翁。展掩倍覺心神融,緬想慘澹經營中。王孫玉面食肉相,萬里山川入遐想。當時宮禁斷過逢,可得如儂逞江望。江天漠漠那容畫,渺莽風烟生筆下。鳧鴻滅沒波不搖,霧墅霜林共蕭灑。乃知絕藝神與通,般薄傲睨窺化工。市師日日江湖上,幾人擅價能無窮。君家雙蓮冰玉質,此畫與人俱第一。固應纖鐍付牢收,俗眼紛紛莫輕出。

## 送項平甫教授之成都

昔人石穴命西蜀,豈知桃源華胥隱石腹。詩人昔吟蜀道難,何曾錦城風物平時看。平時風物今猶故,井絡坤維神所護。漢官威儀二百年,斬新不受胡塵污。蜀民日為藥市遊,家說追歡不說愁。蜀人之文落中州,中州儕父縮頸羞。吾徒向來夢遊處,今日倦送君去。遨頭上客人所敬,翰林先生士知慕。似聞儒冠不容假,自注:近士之濫吹者去其半。挽致鄒魯無難者。況君筆力西漢前,亟遣人才有揚馬。錦城之樂樂未涯,綠鬢朱顏君更佳。要奉板輿追勝日,暮萬里橋朝浣花。古今勝槩爭入眼,歸軒日日詩囊滿。黃鵠東飛定有書,莫靳珠璣祇推懶。自注:平甫能詩,每言詩不工,故懶作。然人知其謙云。

## 題欽廟主器時所作登瀛圖

唐家大府開天策,祖廟工歌登七德。偽王連組紵頸歸,山東羞死虯鬚客。文儒濟濟陪英遊,海内共指登瀛洲。未妨濫吹一延族,中有謀斷皋伊流。崇寧聖人撫洪業,黃頭遺種初芽蘗。青宮進講多暇日,睿情遠覽思才傑。水墨落紙分毫釐,心融筆忘天運機。鸞翔鵠峙儼在目,更用褚亮摘辭為。知,神京北風吹旱旗。空令便橋乞盟未央酒,盛事拂膺正觀時。天家所寶君家得,拜手披圖悼今昔。鼎湖龍去餘弓劍,上林鴈來斷消息。莫年筆力猶枝梧,慣題七騎陰山圖。為君掛句偕畫往,貸我老淚淋衣裾。

## 布穀吟

人以布穀為催耕,其聲日脫了潑袴。淮農傳其言云郭嫂打婆,浙人解云一百八箇。鳥何與人事,人以意測之是非皆不同。為作此

潑袴不容脫,鳥語徒殷勤。輸租質農器,有袴那解新。官中催科吏如虎,告時趣耕爾能許。即今春種未入田,安得縣胥知愧汝。卑棲僥倖良易謀,聒聒彊任田家憂。啼時未旦夜不休,班班血痕衘口頭。人將近似測禽語,汝意真解憂農不。或傳悍妻天所怒,姑不可過渠不顧。罰為此鳥聲矍懲,警世毋為郭家婦。南方詼佛古到今,人持數珠家梵音。區區說似一百八,譏訶勸報知何心。浙風淮俗隔江水,意解禽言乃如此。蘇黃妙句誰嗣之,兩地流傳併須紀。世間儒墨紛相攻,巨細彼此臧穀同。爭如痛飲卧長晝,付渠馬耳射東風。

## 薄薄酒

畢叔茲通判寓吳門,無數日不觴客,取足而已,不求甚豐。嘗見招酒所小豎誦《薄薄酒》侑樽,有感予心,擬作此詩

薄薄酒,顏可丹。龐龐布,身不寒。醜醜婦,貧相歡。人生浪悲行路難,欲不外驚心內安。富貴底用極力奸,政自沐猴求棘端。君不見寒儒骯髒默自守,橫前書笈,燕坐甕牖。麻畦可衣,秫田可酒。抽針紉綻,侑饎鼓缶。齊眉結髮,賴有此婦。人不裂眦,事無掣肘。陶陶此興殊未窮,一身足天地中。蘭芳菊秀梅含春,拂翠勻紅隨子,為樂渠能同。宅舍頗軒亭,園池亦花草。相過便開樽,掀髯寫懷抱。畢公子,吾之樂兮樂自如,一盃對婦兮,布衣蔽其軀。設侍以金谷傾城之艷姝,酌以宜城 原誤作分好。乏愛不無苧衣贈,取醉何妨接羅倒。驅君之樂兮樂有餘,妓女能楚楚,鏄罍應指呼,醉鄉寬閑兮吾得俱。九醖之醪歟,被狐白兮擁羅襦,朝歌暮燕,窮歡極娛。婪酣伈儗驕妻孥,外若豐澤中槁枯。吾不彼願猶

## 讀師文和郡侯喜雨詩次其韻 時秋雨霖霪,大為民患,臨安最甚,吾鄉恰五分熟,可喜

濤波襄陵尚霖雨,龍伯不省田家苦。官中出糶瘞流尸,內地之民無宅土。京邑本根枝外邦,渠儂枵虛闖官倉。流亡可飽骨可肉,縣官仁愛吏慈祥。古來畏天災無小,迄今百變餘一笑。陽愆陰伏誰致此,共說羣儂投有昊。一昨禱飯不葷,神祠佛屋香炷氳。霓望朝昏耐跼踳,風傳真贋長紛紜。我歸得同郡人樂,愁農喜雨收奇作。想摩鯨牙凌浩蕩,更穿月脅翔遼邈。吾邦不熟農告功,溜匙雲子行沾儂。小兒解謝倩人誚,搜鐫徑欲分吾窮。乃公拙無尺一召,他日當歸有先兆。耕先耘後計未失,誰謂山林迹如掃。世人二五不知十,赴爭奪場不遺力。分表營營竟何補,截趾適屨山藏澤。黃堂詩老民所天,秋來衢路有謝眠。樂職未賦吾歉然,人言此筆須膶仙。小草可錄寸有長,會從之遊據胡床。蜂腰鶴膝容探湯,借兒門楣。門前亂石無津涯,一叱轉眼羊萬蹄。粉骶黏羯紛蹴尼,蹲鳴蹠齧供兒嬉。有褐之曳鬢已絲,似點

## 娟　峰 偷羊名山,人惡其俗。其峰舊崒秀整可喜,余故作詩為山雪恥,而以娟峰名之

當年金華小家兒,神遊九天狹八維。房陵之山秀而奇,蔚藍一山羣山推。兒肯下顧停軿輜,珠貝作官瓊茹蕺升公堂。

彼不吾羨。畢公子,方吾徒,狂歌而起舞,更酬而遞勸。蓋不知南威嬤母之有妍醜,袞衣短褐之為貴賤。彼驕其有,殆醢雞之撒天。貪其取,如蝸牛之交戰。益知心怡愉,無窮塗,中焚如,無亨衢。畢公子,倡予和女笙應竽。他年遂初賦,老盍歸去。塵裏無曠懷,人間有同趣。四方向來志,一巢今可具。亦不願黃金為梁桂為柱,茅屋三間近君住。

傲睨覷覘兒所為,掉臂席卷靡子遺。一盃見罰兒醋詎,呵鞭風馭還瑤池。幻變起滅荒是非點癡非癡。

非,彼此失得誰成痏。即有而無道乃幾,仙者狡獪人得知。以偷而名真見疵,我來訪古求端倪。山吾良友兒吾師,嘉木異石相因依。如刻如椓如鬟眉,名峰以娟吾始之。為丐片石儳可碑,更遣子虛摛厥辭。此兒此叟當解頤。

## 墾山叟

雜木漫山誰所種,居不臨流多不用。有畦。家家墾田日嫌窄,荒林翳薈惜虛擲。屑屑校升斗。寧其棄之聽民取,實亦藉是作康阜。九月霜風捲黃落,羣山一昔皆班駮。厲荒作熟不挂籍,輸官之餘給衣食。州中之政常近厚,不欲遙看拖陂橫橡衣,農家刈粟山繼承不皆惠慈守,汝須彌縫吏胥口,防有後來規稅畝。

## 竹米行

竹君元宗擅楚墟,一一脩聳山澤臞。風流秀整與世殊,楚俗食息皆爾須。薪之籬之且籧篨,箄筥箱筐籔籃簽。溝瓦厭祖羹其雛,隨索斯獲掇諸塗。今歲麥秋旱歲餘,得麥僅足償官租。竹君憫農如士夫,著花結實千林俱。密砌玉粒綴琉珠,株株擷取雖錙銖。彌頃亙畝無閒株,礱磨蒸炊勝雕胡。鄰里乞索水火如,坐令甕甊興歌呼。野叟好事能分吾,香清而冽甘而腴。此君行能不一書,此惠及物旋就枯。摩頂放踵忘其軀,所學無乃墨者徒。老子苟祿天之隅,袖手無策蘇婷孤,投匕三嘆吾慼歟。

## 聞舒州書生聚衆為盜

邊頭僅絕胡塵警,頻年麥秕禾不穎。淮民久矣困憔悴,淮俗豈常藏不逞。吾民苦旱無生意,更復跳梁汝為梗。堂堂王度無玷缺,赫赫軍容仍暇整。前年蜑戶煽凶威,長蛇封豨搖湖嶺。元戎白羽纔一揮,欲乃微生一無幸。爾曹么麼真癬疥,天網莫倚容蛙黽。昧逐青蟲干斧鑽，盍辭綠林救要領。鯨鯢虀粉有前戒，儻被皇恩各鄉井。旱魃逞妖民倒垂，廟堂聖賢自司命。徑須委節發陳廩，少息流離服頑橫。四庫本作獷勸分己責可次第，庶援沉焚痊國病。正資方岳佐堯禹，側佇剡章伸此請。

## 田家嘆

五月之初四月尾，菖蒲葉長楝花紫。淮鄉農事不勝忙，日落在田見星起。前之不雨甫再旬，秧疇已復生龜紋。近者連朝雨如注，麥隴橫雲欲殷腐。如今麥枯秧失時，舉手仰天禱其私。秧惡久晴雨害麥，兼收并得寧庶幾。餅托登盤米藏庾，儂家歲寒無重稭。豈知送日戴朝星，凡幾憂晴幾憂雨。吾儕一飽信關天，下筯敢忘田家苦。

## 寄馮尉 尉時捕蝗甚亟

我遵兔徑西山麓，荊棘鈎衣塵眯目。憐渠此地費流光，君亦風餐并露宿。涪饑可念勞可忍，君自坦坦人憐之。繁昌亂山僅容鏺，一一到我馬蹄下。遺蝗蹢躅無地皮，田禾蠶食猶子遺。即今不作勞者歌，器識視我幾倍過。脫身筮楚吾已多，簡書趣走子如何。皇家獵隼張雲羅，長安知己肩相摩。五雲深深護臺閣，縹緲羣僊依碧落。即看郭振起通泉，應笑卑陬郡文學。

## 鵰帶箭行 楚州營士射鵰，中之，鵰墜郡庭若訴云

城邊鵰城棲，水食衣楚楚。欲鳴不鳴候天雨，此肉胡宜登鼎俎。柳營子弟弓石八，南山之石猶飲羽，如汝正可虛弦取。血毛分披誰汝憐，低摧直訴使君前。使君德意孚魚鳥，全汝之生令汝飽。徐行側睨若無旁，飲潔啄腥近臺沼。使君暫擁山城麾，詔音不日遄其歸。矢來無鄉汝誰依，江湖粗飽莫卑飛。

## 送瑞蓮新米白酒與韓監倉

珍珠滴紅敵紫膎,君家寶此如珍珠。我家玉友亦勝友,論交遭到君座隅。秋蓮結實甘勝蜜,香粳薦新玉為粒。遙知毫末不及賓,一笑聊同孟光喫。

## 招鄭良佐

向來聞名思見面,常恨東西異鄉縣。即今去我一葦航,亦復經年不相見。重陽佳辰可虛辱,橙香蟹肥家釀熟。相過一醉猶待速,為君已約東籬菊。

## 臘茶并三詩送李元誠

池魚千里磨蟻旋,人生出處俱可憐。束書結鄰晏溪側,淮安一寓三十年。積今成古閱飛電,我與昔人同此嘆。悲歡離合置勿論,且喜重逢各彊健。
向來袞袞論風期,百年心事多好違。君如荊石尚衷璞,我似野馬初受羈。射陽廣陽水雲屋,襄城郵城塵土衣。俛眉作吏一不遂,丘壑付君未覺非。
北風吹霜戰林樾,菊花彫零梅未發。留君無物供吟筆,一炷沉煙伴清絕。騷人悲悽為搖落,舟挽不回仍此別。還家試碾墊源春,何似盧郎三百月。

## 喜雪六首

寒空黯慘塞不開,筵瓊屑玉卷地來。乾坤變滅定何意,風為披拂雲剪裁。和聲載路天亦喜,簸弄花絮為春臺。了知麥秋更好在,老農指此豐年媒。

平明僮奴更笑呼,羣飛掇取如拾塗。僵鳶窘兔真鮮腴,勸汝貸此驚啼烏。巢營卵伏知念母,一一向來反哺雛。梟獍縱橫鳳高引,珍滅此族寧良圖。玉龍睡起長風激,盡蛻玉鱗漂八極。蓬仙帝女聚瑤臺,剪水效祥誰所役。或疑天公陋塵域,幻作冰壺供一劇。是耶非耶竟莫知,杯酒聊容曲身直。淮春之樓高突兀,憑欄小耐寒如割。平湖穹山兩西子,愛此鮮粧巧塗抹。回首斜陽照屋梁,玉際坤輿尚摧壓。今宵更呼甓社龍,高挂明珠照空闊。

### 東園詩寄興化吳從道 吳索詩久矣,今尋盟云

溪流抱玦園亭裏,三面欄干壓清泚。養花種竹今幾年,紅紅綠綠皆風煙。黑頭主人富文墨,隙地營園喜留客。去年香霧搖東風,藉花一醉君見容。翡翠拂衣蝶窺酒,歸時簷牙挂星斗。有物繫足寒前盟,徙倚東風空復情。歌前酒所何限意,黃鸝應說鷗應記。一春不風即蜚雨,曾奉親輿賞花否。向來券游付夢雲,向來券負今償君。濡毫却嘆無好語,說似能詩葉明府。

嗚呼悲歌兮歌且止,安得薪炭如蓬酒如水。

去年孰不蘇捐瘠,今年已餘四齠食。自公之來適吾願,挽回太和壽此域。一旬再雪近歲無,日日歡謠沸阡陌。瓦溝待泮亦不惡,要趁春前作三白。南鄰賞雪珠箔裏,紅爐綠酒圍嬋娟。北鄰飛雪灑枕席,擁戶亭午無炊煙。袁安吻燥屋不補,東郭足皸履已穿。

### 葉進卿寄和章次韻復之

君文如泛濤淵裏,方快驚瀾忽清泚。手抄口誦欲忘年,小窗長日銅爐烟。端宜飲我三斗墨,有底向人矜此客。平生歌頌仍歌風,寬柔靜直能形容。心知公瑾勝醇酒,人仰韓公真北斗。詞壇正倚君主盟,筆驅

化工鉤物情。詩來得我玩世意,刻石便當幽居記。兒曹轉手作雲雨,陳雷輸心可人否。中牟報政徑青雲,此老洗眼久溪君。重逢首理車笠語,定指渠儂笑城府。

## 再次韻酬葉進卿

病翁耐病杯杓裏,鼠矢壓書毫不泚。眼中凜凜黃初年,讀詩意欲凌紫煙。君才王佐綬猶墨,公外從容作詩客。心期與俗馬牛風,化頑惠弱清而容。不學玄明剛制酒,不學陶公辭五斗。斯民信君如詛盟,飲羊攫金皆用情。聖皇旰食求賢意,姓字今應御屏記。太微清都上雲雨,鹽梅調鼎極可否。一艇付我眠溪雲,詠歌太平橫紫君。十行看君拜天語,去酹天漿列仙府。

## 次韻寄葉進卿

回車記我君能賢,席門忽下梟背僛。參辰相避徒自惜,但有妙語邦人傳。阿戎齒錄雖牽聯,陸沈父書如縛禪。題鳳不實稚喜下,殺雞容羞季路前。才名放君一頭出,高山可仰井用汲。小兒弄筆不及噴,顧捐鄭璞收和璧。作十日飲當有時,岸花水芝皆可詩。祇憂老氣不復振,挑大國楚提偏師。

## 再次韻酬進卿

平生友仁今事賢,長裾每侍黃堂仙。東方一士復石友,平安幾見郵音傳。斬新好語來翩聯,當念醉叟方逃禪。亦知平處古人上,更卜氣蘇君子前。敢辭敝帚為君出,瞽井塵生不受汲。但思共坐蓮蕩風,雲錦明船月升璧。把酒一歡當及時,定拚費日仍費詩。轉頭相望便淮浙,已辦催直呼篙師。

## 喜雪篇

玄冥職寒事,尸職今幾時。窮秋試雪似早計,冬令欲盡嗒莫施。風聲不怒日車近,客裘未綿河未澌。吳

## 次郭祕正韻

曠琴,幼眇絃吾詩。
遠誰可追。即今欲雪未雪已著念,挽回春意能先期。擬揭蘇臺之仙惠慈術,請繼潁仙千古垂。惜無師
咨。孰知此雪瑞此土,邦之人兮建德之遊臺嬉。坡仙昔潁尾,喜雪憂民罷。賦薪遺粟亦戶到,盛事未
年豈無雪,雪神春不歸。賬施不預計,熟視民饑羸。他邦亦此雪,災祥果是非。苦樂叵尺殊,滿聽民嗟
五日雨,一雪不待公有祈。花作坻壠絮作陣,雪為翦刻風為篩。豈直冬溫要彈壓,抑令宿麥蒙沾滋。去
日周比屋,更以晴日相融怡。黃童白叟歌且舞,和聲協氣塤箎。羣仙飄然下,龍亦赴指麾。先之汜灑三
兒。顧此千里間,司命付吏師。拊摩窮日力,日究仍夜思。向來裸露各溫燠,一衾一絮公手之。趙衰之
指想不龜。徒勞望切切,終竟來遲遲。芹宮冰氏翁,見與俗異岐。亦知仙人不作省事過,龍公肯如游惰
避靜扃神扉。把弄明月坐貝闕,世間休戚吾何知。瑤臺十二層,列坐萬玉妃。屑瓊翦水亦戲事,仙界運
門十萬家,心口同一疑。天公行四序,暑寒各有宜。歲云暮矣未見雪,嗣歲何以銷疹痎。或云太湖龍,

## 試俞珣筆呈羅大著 時羅趨朝

和日九返,君腕脫矣盍少休。惡語送似定一笑,共笑燕石酬精璆。
作,山奇海祕困窮搜。頃從同盟漫著脚,欻遇強對須抽頭。吾鄉巨擘子龔子,磊塊貯腹皆陽秋。麗唱妍
趙壹辭伊優。往之論交恐避俗,是人搖颺如綴旒。長年閟默墮俗學,夙志顧省傷羈囚。頎然扣門出新
所侔。嗣孫學力有家法,洪毅不割清不浮。驥子受轡抹燕越,粉袍長鋏猶小留。人稱張籍好古淡,我愛
伊昔乃祖使朔幽,艱難以來無此流。節旄欲盡氣彌厲,始元屬國真其疇。清篇神護到江表,河梁訴別豈

## 春雨甚作長句

白龍天飛宜莫測，吳儂解數歸消息。年年青帝發生時，似妬園林春動色。西山龍母誕彌月，歸覲親顏供子職。壽觴瓊醴俗共傳，玉鱗素鬐誰所覿。酸風鼓寒苦霧塞，行人縮頭欲僵立。蛟鼉凍蟄大水拔，更問嬌紅井眉白。閉門三夜淙簷雨，起視溪流高數尺。去年夏秋走祈禜，原作崇，據四庫本改雲電收藏日血赤。農家倚鋤望眼穿，白汗呀流地龜拆。天可問，曷不遣，兩龍此時會生日。

## 王秀才亦愛軒詩窮

王郎一室天地中，客來有榻樽不空。奉親一笑辦能事，插架萬軸收新功。男兒磊落四方志，況子郎罷方嘔書周庸賜漢第，可用容膝師陶翁。

## 寄鄭良佐 良佐戶履甚多，嫉之者以為狎小娼，諸生多引去者。徐察之，乃同姓比居之子，嫉者嫁其謗，可笑

書生著書貪日課，文士賣文救窮餓。青樓歌酒屬富兒，不意此名君乃荷。風波平地自誰始，一倡從知百人和。東魯男子舊脩謹，南郡諸生底通播。平安敢煩街吏報，潔白長虧楚人些。流言不計兩曾參，機上慈親尤驚墮。阮舍須辨南北，杜冠可無分小大。寧知宋玉笑登徒，或指宣尼作陽貨。原作和，據四庫本改壁亡誤使張儀去，兵利徒為少卿禍。違從兒食祇厚誣，償同舍金聊引過。無黥可息劓可補，未信白璧青蠅涴。君不見吾宗孟公士所傾，亦有俗子驚人坐。

## 贈襲養正二首 與養正俱病，久不晤會，作詩寬之，相濡呴之意也

思君不辦一再過，束書謝客方臥痾。不為儒林丈人地，可耐造物小兒何。我亦病氣剛制酒，自春迄秋在告多。幾時蹁躚數訪我，為君快作鯨飲河。

百骸綴聯等非實，調虞小愆諸病人。忘三彭仇念昔聞，作五禽戲曹此術。吾身甚羸心甚安，妻孥已捐今昔觀。平生學力外生死，砭劑求工聊復爾。

## 次韻嚴上舍讀書目昏

聲利營營閱蚩甿，人生悲歡更幾遍。羣兒沈迷如病醒，尚念醇醪夢酣醺。吾儕較之唯阿爾，書淫僅逃紅綠眩。短檠半世課蠅頭，老閱舊藏紛莫辨。近從損讀得奇方，穩坐幽窗憩吾倦。嚴侯著書定千載，尚向枯策求聞見。可無一洗寶郎癡，捉筆因君拂塵硯。

## 謝韓幹送絲糕

玉顆瑩澈珠就磋，吳鄉早秔莫計過。無乃風露秀結異，移種崑崙之水禾。君家廚婦窮百技，三春九淅付重羅。銀絲萬尋忽縈積，中疎外潔生搓挼。扶桑仙鼉大如盎，繰之本供織女梭。悅驚萬喙鬭新巧，胃作米茸雪網裹。即今擬形供食事，纖手幻出千絢多。倒甗入節第三絕，色香兼味皆可歌。周官祭珍餈餌，有此復具粗糊。詩翁物色及粗糊，得此來前當見訶。鱠盤漫詫金縷釘，湯餅徒夸銀線窩。瓊酥玉膩信非匹，胡麻崖蜜仍相和。感君泛愛記衰朽，回首一笑分餘波。腐儒口實長作累，饞噇之名定不磨。金山別去每挂夢，老眼復見還雙摩。㚢酣得飽問便腹，如汝平生相負何。更從公子乞方法，日當飫之老澗邁。買田二頃不種秋，未怕酒客來操戈。 自注：糕不用糯，金山者名天下。

## 韓守松卿索近詩錄數紙寄似,并詩道意

昔人技成嘆屠龍,似我五字就雕蟲。鎸肝搯腎探懍恍,半世不辭詩得窮。詩成頗訝神與力,疇昔夢中分五色。援毫動作萬鈞斡,應俗何曾一錢直。豪韓有句當千年,取世所遺政自賢。數篇蚩向青眼邊,可復把玩盤中圓。君家十頃圍翠密,近榭遠亭如畫出。時須喚我一罇同,笑對風煙揮此筆。

## 食晚菘新筍

化兒出奇安此腹,不稱智囊不盛肉。飢雷收聲纔脫粟,薦以藻芹仍杞菊。園丁可是監河侯,供我朝昏三畝綠。即今春菘晚不衰,況復桂筍森可束。含烟帶露不相下,拄腹撐腸未云足。食單一日得一雋,回首常嗜真興僕。殿春日月官上速,日擷芝莖剝纖玉。風排雨浥猶須卜,臥作枯荄起成竹。

## 題姑蘇南道者庵

城南路長勤往返,迎送何由貸吾嬾。向來紅葉撲吟袍,重到綠秧圍望眼。有人閱世風前蓬,年年客我此庵中。問津莫問庵中翁,貝葉結伴渠陽聾。

以上《江湖長翁集》卷七

# 全宋詩卷二四二八

## 陳 造七

### 贈鹽城諸友

鹽城偏海,不可井飲。城西有池甚近,人狃習俗,置不省。祛蔽起俗,非當官君子不可。

且舟致之易足,意為此必有道,不然,無為貴政術矣。長句呈二三友,或可以告為邑者也

泉脈不通海濱土,人家轆轤上鹹鹵。新秔本自玉為粒,薦熟便如猩血煮。初嘗已嘆失香味,久食更憂戕肺腑。城西禪海百頃寬,紺碧瀰瀰含霧雨。我者龤柁酌清泠,潔比盤冰味牛乳。得非天意補此乏,跬步可竢殊不苦。但令十舟玄津致,坐遣千室皆甘茹。迄今俗習不自拔,如食置傍飢不取。銅章師帥盡時賢,盍有教條祛惰窳。君不見樂天六筦挽西湖,惠利可容今愧古。

### 歸自淮南雪行呈張鹽袁憲

歲星逼歲回躔吳,吳兒不用憂旱枯。社鬼雨師當率職,雪龍已復隨指呼。百年眷屬無寧居,崩騰膠葛周太虛。翻雲挾雨動十日,灑潤及物無遺餘。帝意嘿與皇心符,屢豐政欲婢鰥鰥。鳳麟告瑞底用此,粟麥充腹可使無。節物破臘催謝徂,挽回和氣浮洪爐。熏煙已告佛供罷,壽斝想見皇情娛。漂然一舸將腐儒,風前壞席爭長塗。乘凌繽紛入縹緲,俛仰色界行畫圖。平生壯觀老不孤,今段造物真娛予。擬從玉妃助剪水,徐與帝子看積蘇。天倦著我白玉壺,應笑袖手毫不濡。歸從繡衣兩詩伯,照夜更掇驪龍珠。

自注:時兩公有雪詩,故云。

## 龍　泉

神龍媚此清淺居，欻然騰陵行太虛。越民倚賴龍沾濡，頻年歲事勝三吳。至仁一視無戚疎，置彼此心及缺如。嗟龍自伐端欺予，淮南之民如渴烏。自注：是年淮南旱。

## 登龍泉山

越山東來萬煙鬟，餘姚為邑山四環。客車細穿市井間，邑屋更繞龍泉山。佛閣翬飛最高處，遠近嵐霏隨指顧。小留開船有新句，君知可是囚山賦。

## 丈　亭

小江隨山巧回互，轉首碧流分兩股。丈亭繫纜待潮生，徙倚纔容一炊許。潮信曾何差頃刻，固應作意憐行客。為誰東去為誰西，酹酒殷勤酬河伯。

## 癸丑勸耕凈居

十五里近車不驅，凈居之役良舒徐。愁霖鼓寒妬春事，條喜淡日行雲衢。涉患知樂問自古，積忙得閒聊慰予。崇堂修廡般礴久，龐眉鮐背紛前趨。為催酒炙勞苦罷，細問里間愁嘆無。怡然離席手加額，共說溫飽沾妻孥。頻年豐登豈偶爾，聖恩及物天地俱。卑官政拙民未厭，輦輸肩負憐朱愚。餅果在袖笑在頰，鬨門稚子爭攜扶。我亦僧飯對兩雛，未妨清坐留斯須。爐香翻頻茗事竟，殿影已暄東廊隅。復撚吟髭度盤紆，人聲鳥語樂有餘。

## 贈妙勝主人 勸農正覺風寒甚，明日歸晴色可喜。迂路訪妙勝主人，因贈以詩，具道塗中所見

興臺却略車不前，寒風皴肌冰在袖。還家大勝去家時，景物頓回春氣候。宿雲壞裂無幾留，滿放羲輪碾

晴畫。卧石犖确猶潤濕,短籬檀欒挺疎瘦。是處麥畦間青壤,誰家柳陰圍碧溜。前山競獻曉髻濃,後海全收紋穀皺。妖桃艷杏各跌宕,近樹遙林錯文繡。池魚酣煖泳清淺,山鳥何語幽茂。搜詩忽忘路遠邇,啅鵲不離車前後。閑身勝踐多齟齬,緩駕幽尋容宿留。轉從净宇寄倦憩,得訪老禪閑話舊。拂除塵壁詩刻在,俛仰歲華春事又。開單一飯吾易飽,袖手千倡渠無陋。戴星摩撫防務廢,挽袂留連慚意厚。出處殊科要酬應,氣味相投真邂逅。吾歸自竟武城歌,放師道價諸山右。

## 贈趙排岸兼簡汪尉 奉化二奇士,得之聞見。趙君過我,得而友之,昂藏蕭散,真晉宋間豪邁士。作

別未幾,書來訴窮狀,因急筆作古風寄之。汪君輕財好施,惜未識也,詩兼簡君

二年俛眉簿書俗,分無足音到空谷。趙侯縹緲塵外人,肯艤歸舟問幽獨。冰壺炯炯當九秋,嚴電熠熠懸雙目。小家樽俎解呫嗟,卷褥或能營酒肉。從容不待投轄留,坐來屢跋銅盤燭。酒酣辭鋒不受觸,脫手詩成驚破竹。雄才偉論兩超絕,磊鬼大稱此腰腹。定多欹睡到銀筆,自可風標藏畫軸。別去日月詎幾餘,豐悴真成手翻覆。慈烏絕哺心糜碎,脊令斷行淚陸續。化兒與人底異情,念君胡寧耐茶毒。詩腸祇作飢雷吼,譚舌未免窮塗哭。肉割鷲股竟何補,書憑雁翼慚虛辱。奉川之汪乖崖上,有粟如阜金如粟。載寬縣籍償丁算,長與飢民共年穀。一牛鳴地監河侯,盍令語追竸病代舍寬,王將軍家禄千斛。奮蛩行矣君有待,否泰更吾已熟。豈容步仞局赤驥,會見青冥上黃鵠。

## 雲巖曉

淮山歸夢清莫續,僧窗睡足雨亦足。鐘鳴鼓動其爐紅,深炷沈檀共僧粥。我生身口良易供,志願略與山顏園能饘粥。

僧同。明年聽雨淮之東,還許幽人林下逢。

## 净居主人索詩急筆賦

净居棟宇犀辟塵,山居不乏塵外人。我來肯作厭客想,老語一一刊翠珉。頻年愧煩香積供,醉後狂言亦安用。詩成每博覆瓿譏,更向叢林繫輕重。皎公啟公後進師,好事繼今誰似之。他年落筆須妙質,政自兩公勞夢思。

## 送雲巖老住天寧寺

道人兀坐雲巖山,雲巖之雲是知己。風嘘岫吸漫不知,道人之心亦如此。從地湧出煥金碧,信手拈來自奇偉。門施鐵限十五年,一旦剌頭鬧籃裹。天寧古刹中闤闠,學子遊人萬其趾。世將喧靜計今昔,不信道人心似水。方圓隨器我何與,乘流即行坎當止。十字街頭鐘鼓鳴,八千偈成一彈指。今秋客公我得閑,井甘不竭囊無底。清潭要洗三載塵,肯學玉川勞送米。

## 識村翁語 勸耕淨居,村翁老而健,問其壽,云山居淡食乃爾。昔一村叟,一野僧,皆壽百二,守四庫本作歲杜郎中、史丞相呼而致敬,厚設而歸,即逝。二人壽未必止此,厚味非野人所饗也。其言有契予心,作此紀之

山僧一生饜山蔌,溪叟所仰纔魚菽。闒首侯家與相家,珍膳不應填汝腹。百二歲翁清且臞,茵坐鼎食寧其宜。焉知暫飽博長往,穀神震怒脾媼悲。官家顆粒皆民力,此祿食之須此骨。兩翁安食壽弗延,當念

## 魏知元有贈仍索詩作此言別二首

朋從應酬岐薄厚,魏郎凜凜金石友。四年再面情轉親,日有溫言到衰朽。涇渭不混清濁流,雲雨肯隨翻覆手。自今淮徼望吳天,安得山林長聚首。
作詩求工今則然,古人培本深其源。周雅莊騷略未究,浪搴月露綴語言。知君胸中藏武庫,平生遊戲皆好句。老夫血指妙斲前,嘔當還家事溫故。

## 贈送行六子 予之官,嚴文炳、傅商卿、張公輔、臧子與、子儀、汝舟送

北風獵獵吹行舟,客子坎止今乘流。汀洲立鷺仍飛鷗,定應笑我當退休。一貧所驅不自由,表表六子古與儔。知我此意不見羞,送行兩舍未轉頭。我生甚愧羊荆州,郭吉校君誰劣優。天氣冰井風力遒,召棠
蕪城甘滯留。推挽共作平山遊,倚欄逸興浩莫收。劇譚落屑酒溜油,不許旅寓生羈愁。飽閱世態諳栮
浮,高情如君未易求。嗟予老矣胡為酬,相與金玉論軻丘。
此身漂然不繫舟,呂梁灩澦皆安流。江湖萬頃浮一鷗,此心玩世常休休。吳山楚水紀所由,湘纍老枚寧
匹儔。琢句亦復忘晨羞,招抉肝腎掉白頭。歲六十四方佐州,計原夫日無乃優。客路日月迅且遒,朱顏
壯志逝莫留。吾聊爾爾賦遠遊,山川自可卷軸收。老懷槁暴今膏油,訪峴山石弔莫愁。庸隨大楚皆萍
浮,顧我不樂夫何求。緬思六客同獻酬,如把韓衆追浮丘。

## 謝儀真諸公 蔣教授、楊知錄、吳司理、曹主簿挽留作

十幅擬掛東風蒲,衆賢好事爭挽裾。盡不一笑留斯須,咄嗟而具成燕胥。儳醴湛湛白玉壺,篆烟裊裊黄

金爐。駢集水豢羅山膚，彼姝者子不待呼。韡塵相携來坐隅，炯然皓原作浩，據四庫本改齒明眸俱。含宮吮羽縈貫珠，移柱品索鳳將雛。詼笑盡略世謫拘，諸賢堂堂吏而儒。才猷聲稱雄萬夫，慰藉傾倒向老迂。風義已與古并驅，況把樂事分窮途。衰顏得酒失槁枯，暫容二子相映朱。尚憶扶醉下筍輿，江灘人聲雜鴟梟。一歡轉頭墮空虛，此歡欲繼良難圖。周旋四賢偕兩姝，此人此日吾知無。

## 繁昌縣感舊

繁昌古縣依山麓，縣外峯巒更重複。連山斷處圍平陸，有地可耕無十六。昔我作尉三年留，局促似為山所囚。野行村宿飯古寺，山路孰悉如吾州。車如雞栖馬如狗，風袂塵襟博升斗。是時身健髮財斑，頗復興懷為奔走。遠近人家山影濃，與我周旋圖畫中。山鳥翔集相和應，野花開謝能白紅。薄宦而今更長道，回頭祇覺當時好。筋骸罷憊鬢摧頹，不嘆漂零嘆吾老。

## 琵琶亭

抱愁莫遣朱絃鳴，此聲更與愁人聽。江邊一聞琵琶語，月慘風悽如動情。何況思婦傷幽獨，少年多藝顏如玉。江州司馬廊廟人，暮上諫書朝放逐。輕攏細撚忍淚彈，開樽側耳思惘然。一詩說盡兩心事，遺音翻入歌舞筵。此翁詩名自千古，誦詩亦嘆琵琶女。誰惜亭前泊舟客，頗為漂零動悽楚。鄰家故妓春風手，此曲每侑澆愁酒。今宵月影祇三人，倚欄長嘯空搔首。

## 題陳主管東牆三峴圖

堂上不合青楓起煙霧，牆間江山更疑誤。千巖萬壑眩明滅，暖翠浮嵐滿窗戶。峴山鼎列屹相望，發地撐空騫欲翔。一峯拔起羣山上，嶪若紫蓋相雄長。仙山佛國住杳靄，晨煙暮雲追慌恍。良工妙與山寫真，詩中有畫須詩人。誦君清詩對畫壁,承蜩黏鼻俱疑神。知君懷古有高趣,我寧襄山識佳處。願抄此詩膡此圖,開卷時時揖羊杜。

## 次韻許節推喜雨

昨夕聽雨喜不寐,清曉欲作喜雨詩。撚髭臨紙筆未落,墮前乃獲瓊瑰辭。玄璧揚輝珠剖蚌,詩思方慳得奇語。似聞比屋歌謠中,如我與君歡喜同。偕渠一飽已入手,錫羨甘雨。民是天民天自恤,佻天之功天所疾。君言寵矣吾敢荷,更喜因詩識詩律。吾儕豐悴懸諸陰隲繄誰功。轉頭匕筯薦餅托,鼓腹可但田家樂。天,此雨無亦天興憐。手調玉燭屬廊廟,歸功假手敢固辭。婦子赴工聽曉鼓,山歌和應舊雨新雨不後期,豐年當復歌周詩。偕君薄宦羣山中,與我憂喜大抵同。畏壘謬詫庚桑楚,醉鄉汗雨。麥黃蠶老十分熟,坐衙日日聞此語。焉得妙思作彊對,如塤如箎日應律。行藏老矣不問盍訪王無功。向來小旱煩憂恤,爐熏頻炷窗頻托,公餘還我文字樂。
天一飽肯受兒輩憐。

## 再次韻答余司理

雨來不後晴不遲,今晴昔雨皆可詩。自憐老去才易盡,平日尚有黃絹辭。挑燈初聽鼕鼕鼓,南風收盡簷間雨。麥根既潤燥乃宜,此事時傳老農語。人家屋脊黃雲中,南村北村歡笑同。定知老子喜欲舞,鼎來騷客爭奏功。詩人例窮天肯恤,浩然不逢李賀疾。宿習纏結我未脫,前身永思今次律。君亦妙巧戲其天,低摧與我皆可憐。此篇嚴密更開托,却須編入襄陽樂。

## 次韻答路監獄

房陵水秀山崛奇,政與路子昌其詩。臨風啟緘誦傑句,狂酲病卧聞楚辭。陰陽閉縱坎其鼓,年年瀆神為暘雨。所嗟坐衙未暖席,已有疲民相告語。買牲釃酒方熱中,霈然一雨千里同。雨足便晴夏田好,麥秋決可收全功。與民父天免衡恤,更因歡喜忘肺疾。雄篇良佩君記存,聯翩古調仍唐律。自注:君前以律詩見遺。人才高下淵視天,貂不易續私自憐。側理漫草腮漫托,纏聲鹿鳴媲林樂。

## 再次韻答節推司理

人生行樂當及時,底用就古仍癖詩。老子平日汗牛載,五窮追逐不得辭。君看白面紈袴郎,不知經史何等語。笑我盡魚塵簡中,口角儒墨紛異同。幾人插羽上金鑾,漫云九事八為律。不如醇朴還吾子墨收新功。雪毛眵眼不自恤,譏詞抵觸取憎疾。羅幃圍香擊鼉鼓,食填巨壑酒天,抉腸剔臂誰汝憐。且從酒徒趁落托,向來失計今差樂。腹雷畫隱吟仰屋,詫向如雨。

## 再次韻答梁教授

陰晴如期喜可知,況復擔束收新詩。相從可獨臭味同,接耳僅聽淮鄉語。詩來驚倒囁嚅翁,結字著語古與同。一笑行舉通家杯,計日尚前蒞賓律。過君定發醯瓮化雨。相如未至客之右,開編自愧多蕪辭。倅貳付我千家聚,佩襟戴君霑句法幾即功。似聞知津問沮溺,山間晴乾度山疾。天,傾困倒廩當吾憐。家居除領齊眉托,意與諸雛誦思樂。少須官解住家穩,往問

## 記揚州舊事

吟成遂復用此韻,一笑,事固有大同小異者

合宮嚼蕊今柳枝,燕臺酷賞騷人詩。國色天香豈凡品,瓊枝璧月信好辭。向來弄影對簫鼓,楚山高深自雲雨。若為白晝去臨邛,鸚鵡難防漏私語。翡翠久矣雕籠中,轉頭縹緲雲鴻同。遙知懷璧駭衆目,負山

雖力難為功。敢意歸來辱收恤,瑾瑜匿瑕山藏疾。客子一誦打鴨章,東君盧胡置嚴律。風生翠扇開闔天,酒邊重聽想夫憐。樓中之燕當掌托,老子久謝裙裾樂。

## 再次韻答節推司理路監獄

世傳秀句我既不能如唐王維,民依慈母亦復不能如漢杜詩。一官彊顏竊溫飽,粗免庚癸形廋辭。分從村歌趁社鼓,厭見翻雲覆手雨。橐中僅辦買山錢,徑當拂衣踐此語。老夫老矣暇他恤,灌園之隙要治疾。折腰曳裾今痛定,端知縮鼇取辭壇嶄然推大手,官業行矣收雋功。三子表表吾眼中,趣操背復衰朽同。誰能違性譽所天,俛眉屏息前乞憐。回思一挽問千托,帶索彈琴有餘樂。

## 贈梁教授 梁與予頡頏翰墨,相傲於寂寥窮約之境。惠詩,用其韻答之,昔人反招隱意也

梁侯藿菽茝山雌,冷坐欲試菁莪詩。嗣聖急賢饑渴似,項背召君得辭。九門方懸帝堯鼓,久旱可無傅嚴雨。幾聽言議得韜韞,了知日酬所語。人言才俊當居中,可使流落吾輩同。鄧禹舊補文學掾,蕭何不書野戰功。民庸國計當惠恤,和扁之側無廢疾。會看同沐一臺春,底用更試三尺律。生齒所戴共此天,杞國過憂吾絕憐。八柱如虧遲君扶,未應詩酒私所樂。

## 次韻梁教授

房陵為州亂山鎖,雅宜著此衰病身。勿云叢爾曹鄶下,舞袖莫回腳不伸。土風疏邕北通魏,語音勁正西帶秦。入筵卧沙慣澀鮮,溜匙雲子免薦陳。發軔淮鄉此般礴,兩地頗同真純。出處徑付無何有,泊乎無營道自親。損欲驟覺靜勝熱,休心寧作艮列寅。聲名藉甚梁夫子,相與一笑寂寞濱。袞袞新篇警衰朽,清淵曉吹轉澌淪。胸次但有雲夢澤,衣上不留京洛塵。賓友固應消鄙吝,妻孥亦解忘賤貧。顧慚陸

沈俗吏行，長須叩戶何妨頻。世儒難得詩造妙，汝曹但詫錢通神。甓社它年訪遺老，為君蠅頭編舊草。

自注：甓社，高郵城西湖，山谷詩亦及之。以贈孫中丞莘（原作萃，據四庫本改）老。

## 次韻梁教授

一代司馬公，山立皋稷後。聲名竦華夷，所樂在五畝。著書不止陵左班，揩世治平嘉祐間。不欺之學誰與嗣，元城逸駕君獨攀。秀野之堂新斷手，儼如拱侍公左右。扁榜結字吾何取，顧使與堂傳永久。斯邕古篆學未成，鍾王石經空典刑。向來玩碑一再宿，怒猊渴驥慚舊評。柴車爭道乏妙領，畫沙之錐猶露穎。閉門柿葉徒滿屋，竟使吳霜颯垂頸。潮平相逢奈老何，妙語愛君金叵羅。及君未中元祐科，深衣容我時相過。

## 次韻梁廣文重午弔古

去年重午飲酒歸，賡歌酬酢無俗子。今年重午約同飲，更向詩人閱詩史。平生玩物遊戲爾，把酒孰知情所寄。交朋徑略形體中，嗜好本非杯勺裏。自昔騷人吟九辯，亦知令尹安三已。宗英分嚴君恩重，一身摧折財秭米。空遺楚俗千古哀，沈菰鼓鼙喧江涘。屬世休明偕五細，尚論取友吾謝此。但製荷裳扈明月，無復淒風起蘋芷。明日菖盤薦急觴，容我客間先坐寐。君來何止四者并，九室之春賤如水。菰粽蘸蜜綵作絲，竹萌尚籜榴未子。官居端午不可孤，小却文移謝胥史。酒社切戒屨聲疏，詩郵莫漫奚奴寄。與君相望淮南北，宦遊適偕亂山裏。老紆章紱我不稱，路指雲霄君未已。相期玳席醉九室，先向花牋驚八米。自昔詞源浩千頃，粗許老子窺涯涘。明朝酒罷詑里閒，頗嘗見客今有此。吏隱顧竊詩酒樂，自公委蛇容食寐。一歡況復酬佳節，豪飲當觀建瓴水。古人獨醒怨不逢，時搴菹蒥棄蘅芷。

## 急筆次梁教授韻

禱雨應祈,梁有詩褒予過當,且早晚有三杯約,故末章及之

旱氣如燬民其容,漂然一雨喜可知。醮席龍壇揭精意,青章祝號免愧辭。馨香了知罔時怨,耕耨亟用發爾私。四餔足食可倚俟,三年餘蓄夫何疑。小麥困藏繭已擇,及此得雨未後時。陰晴向人信大巧,此柄似付吾輩持。豈特貧窶免逋捕,抑令催歛箠笞。旱魃蝗螟方躑躅,不待炎火俄殲夷。吾皇聖德帝所佑,上瑞何必占蓍龜。職民之憂假守事,遇災詎可缺禱祠。擊鉢千紙久不講,聚頭一醉屬有期。自公退食況病減,今我不樂將誰欺。揣己未敢拜此賜,亦念佳句堪療饑。青樓歌舞有新按,中年絲竹聊自怡。已戒隸人謹約束,酒闌一屏驪駒詩。

## 高頭市

陂行欲盡山崛起,十數人家住山觜。行人不炊市無米,買餅充腸聽頤旨。日未薄山收市里,閉戶人家呼不起。今春倦憩車曾捱,風物人情不如此。主人睨屋為翁指,方秋此屋猶在水。閭里禠負皆轉徙,老夫危不魚腹死。更向秋田問餘幾,使之饑寒責廉恥。不忘資人約諸己,焉得人人顏氏子。向純厚俗今不美,曾是登山號庚癸。

## 謝高機宜惠紙

詩人百用皆草草,文房所儲備精好。君家此紙世上珍,肯分嘉惠及此老。女膚膩滑葭膜勻,溪叟搗冰舊疑神。何人袖有善幻手,解藍田玉山為貧。銀光魚卵人皆重,薛濤小牋總近用。盡自留供鳳尾諾,十吏卷舒看飛動。杜郎百幅顧見貽,敢用實腹療朝饑。囊詩方逐大堤客,快意揮掃播搖辭。策翰墨勳閎宏大,功名逼君方未沫。何當太史牛馬走,秉筆特書端有待。

## 寄安撫程丈

次穀城，常宰送羊。先是，襄陽蒸羊甚佳，試效蒸之，亦不惡，故作書生次舍先菜把，迺有甘肥來筯下。今日之羊我為政，屬饜敢忘分甘者。府公寬容蓋代豪，憐我詩窮仍老饕。臥沙九肋匕不筯，出甑嫩顋如花糕。即今野飯山棲地，食指屢動饑涎墜。穀城明府府公似，割鮮庸繼臺無饋。食神黃媼喜欲顛，一夜搜詩不得眠。將軍問腹汝見負，世用官業俱茫然。論情少須分袂處，未敢徑指房山路。餓鷹得飽邃颺去，政恐陳原作阿，據四庫本改登輕呂布。

## 次韻程安撫蟹二首

横前兩鋒踞草泥，恃勇寧復防吴兒。候隨主父死五鼎，豈止郭最遭寢皮。凡物有用皆賈禍，汝禍已酷孰使之。平生一窟不自辦，敢羨鯨鱷遊天池。含飴茹酒膏懷璧，僅得士女稱珍奇。不搖喉吒雋永，遠封羃缶爭矜持。爬沙躁擾良可念，請續杜老觀漁詩。

物生不學螭蟠泥，禍及乃誘造化兒。良材厚味庸自保，熊羆以掌豹以皮。託身要是鯤鵬宅，不然借穴習家池。主人仁心及蟲蟻，一肉三韭不好奇。每譏騷客寒蒲縛，更笑狂士左手持。忍饞愛物良未失，可愧於軔形聲詩。

## 次前韻言懷

莊叟所願龜曳泥，正平止從屠沽兒。了知聲利昏酣者，一一癡骨包姸皮。江湖我雖吏隱去，仰視二子終愧之。逝將歸種二頃秫，又欲深鑿六畝池。目寄飛鴻百念息，付渠夸世與釣奇。山翁溪友結三益，長年直鉤時一持。灌園之隙課阿買，分題細和陶翁詩。

## 次韻程帥

程分惠糟蟹，破戒食之，因詩來遂作

嗜慾割去土與泥，調虞氣血等稚兒。拘拘謅諛世所怪，未免鶴髮仍雞皮。甘脆為目不為腹，蠶繭自縛良苦之。兩鰲公子大於扇，九室春色堪為池。自注：九室春，房州酒名。開緘況讀萬選句，快意領此一段奇。自憐忍欲忍艾似，涎流津體不自持。明知喘疾有時愈，更寄斫雪加餐詩。

### 分糟蟹送沈守再次韻

笑呼赤腳拆印泥，婦姑歡喜舞兩兒。沉江似識九肋鼈，伏雌祇慣五殺皮。海螯不落江蟛下，郭索公子是似之。但聞淮浙詫此味，豈意分派來江池。自注：今年二州大蟹不乏。閉戶獨享良多愧，古以饕餮聯窮奇。使君據案帶減圍，一杯解顏情分持。未用秉燭喚窈窕，促軫且絃詩老詩。

### 再次韻 犯雪南歸，因帥來詩有雪句

腢䠟履險不踏泥，我亦策蹇驢兒。玄雲吹寒作飛雪，瑣碎渺濔無地皮。幻蒼變白頃刻爾，翕張披拂誰為之。定自帝所千玉妃，羽衣鶴氅集瑤池。俯視下方粲一噱，剪水刻花爭出奇。忍寒索句徒自苦，萬象偕我遭控持。明朝雪收鵲亦喜，郵筒到眼還新詩。

### 帥寄詩再次韻

才力高下岐雲泥，龜鏡國老乳臭兒。紛紛過眼敗人意，棘端覓猴毛不皮。江西久無金華伯，平水未識元微之。府公牙頰著天籟，吮潄濩武鳴咸池。江城屢雪傳新作，梁園賦客讓瓌奇。振兩文忠舊號令，赤手破敵無所持。小人拜賜但袖手，匪報未辦瑤華詩。

### 攜襄陽詩卷示子孫再次韻

還家未澣衣袂泥，聚首笑語環孫兒。挽鬚倒褚問所得，酬倡定續陸與皮。小子情話吾所師，指瑜摘瑕切

中之。謂公傑作含古意,白月在天影在池。阿翁贔屭十駕足,故步雖在欠新奇。向者護前今不爾,自呼罰爵為汝持。與問潮乎奈吾老,亦喜商也能言詩。

## 再次韻 是日得程帥詩筒

歸擔乍弛誰洗泥,使君載酒攜歌兒。小家捲褥當酒負,醉倒一笑眠虎皮。平生自審枯槁甚,高情顧肯振拂之。均州從事六輩來,歡喜如官浴鳳池。詩筒偕拜府公賜,格律高古語崛奇。頭風失去肺渴減,病夫雖病容枝持。南山側望潔齋久,知我日誦無生詩。

## 寄程安撫

離襄陽始冒雨,中塗大雪,間關凄楚已甚,然奇觀亦良快人。車中讀程詩卷,作古詩紀行,且寄之

歸袖翩翩去誰禦,篝燈熒熒翳復吐。取道言從草市西,問津更訪脩竹塢。殘夢歘過均州山,殺更尚數襄陽鼓。盎盎屯雲連遠岫,剪剪北風斜細雨。袖手縮頸寒可勝,羨殺昨宵宿僧宇。伏龍一炊隨分飽,小市居民無醞脯。孔明棲遯此其地,有廟巋餘十里所。側望縛足欠一往,不得持盃弔忠甫。鹿門三峴率如此,何者不為積陰阻。行行野香間幽艷,晤對未用嗟無侶。櫟林森疎陂潆淨,江梅水仙爭媚嫵。殿秋迎臘太早計,花神令歲良誇詡。黃堂交筆為爾吟,題品再三猶記不。天涯驟作懸麻勢,但聽人家擁爐語。寂寂關門喚不譍,青錢可能沽重醑。奪煬爭席吾敢校,定知楚俗輕羈旅。土風人情管頭好,不比陽阿原作河,據四庫本改輒相遇。饋漿亦有白首翁,束縕乃得青裙女。推枕每被荒雞催,捉鞭動與寒鵶伍。東村西里無乾地,上山下山泥濺股。隸厮任輦起復僵,登頓連朝吾愧汝。空荒頗怪人迹絕,撩亂俄驚雪花舞。攪絮鋪鹽疑變幻,寒壑漫山太熒侮。瀰漫六幕眩明滅,夢丞兩間迷仰俯。山川映帶巧裝鏤,林藪斕斑幾

纂組。麋鹿決驟鳥鳥駭,頡頏獵夫布置罟。腳毛胃羽不遺力,割鮮倒瓶供快茹。人間壯觀今創見,城市蔽虧無此覰。跨驢索句能事,還憶詞壇有盟主。風雲月露溢縑素,膏馥芳鮮存肺腑。大筆軒軒軋時傑,新篇袞袞流樂府。擊節長哦風為傳,吮漱天籟含宮羽。雪神風師底顏面,解渠嚴冷聊夸與。霧掃天開一彈指,燭龍揚輝上瓊圃。勞勤愜快初不意,倏忽起滅嗟如許。及茲追悔前兩日,浪嗜萍蓬悲兕虎。穀城重到昔所安,令君存舊猶比數。黃昏剝啄門為啟,盤卧肥羊樴佳醑。他時回首追陳迹,可無甲子記毫楮。歲乘赤蛇月就盈,中澣之後厥壬午。

### 贈安道士 道士能琴,亦吟詩

吳買傳世皆妙語,善昇乃近崔遵度。絲桐造妙詩疑神,古來多屬方外人。羨君矯矯雲山客,子墨桐君生莫逆。此人此藝吾了然,錦囊傑句多時賢。月斧雲斤且遊戲,纏聲鹿鳴莫經意。古人進藝道與俱,如君不應古與殊。謁帝行如稷丘子,莫謾瓜芋嗤侯喜。

以上《江湖長翁集》卷八

# 全宋詩卷二四二九

## 陳　造八

### 程帥以古人名作詩見寄擬作謝之

胸次不平當近酒，熱官奮揚肯回首。即今羊杜詩中仙，襄陽城中獅子吼。我將仲子趨黃堂，孰看畢戰寨旌幢。自注：筆、秦曰筆，楚曰筆，吳曰不律。抗顏路塵旋行役，但有魂夢公之傍。瀕海作宰我漫仕，留贊郡符真左計。老夫已老子白丁，解頤與言游戲事。駢羅隱服芙蓉裳，設張翰墨當絲簧。敢向青山簡奇勝，有田肯賣吾倒囊。如公端合穆王度，不靳尚作歸田語。蓬萊朱金久已齊，還許遠來結鄰否。

### 暗用古人名詩寄程帥

羨公椽筆衡陽秋，黃鍾大呂豪端收。省闈高撥未足道，文章老手第一流。轆轤玄譚已驚衆，倒河翻瀾駭飛動。遞中筒詩陸續來，舊債未償新債重。即今擲管重犯嚴，強顏回顧口如箝。更驅行李伸此情，句法政用公鐫劖。

### 次韻張秀才題汪叔量挹秀亭

清江如玦山如環，主人胸次自江山。寰中秀氣困豪取，著亭杳靄空濛間。碧浪明邊帆影遠，暖風香裏林花晚。市聲隱地了不聞，貪看霏煙抹層巘。青山隱吏鬚已霜，帶寬未用憐東陽。每來亭上小箕踞，傲睨山色挹江光。一樽從君多暇日，更誦清詩綠人髮。絕勝九衢塵霧中，金印纍纍客牢石。

## 次韻鍾汝楫

清遊如省隔世環,身繫組綬心溪山。此亭攬踞山水上,羨君脫屣塵埃間。不應室邇嗟人遠,時上風煙慰衰晚。怳如坐我天姥傍,長嘯持杯揮雲巘。張侯清吟句挾霜,肯因聞笛賦山陽。空青染袂醉頹玉,笑人簿領閱流光。誅茅結鄰約他日,會映軒窗晞禿髮。徑從兩君賦歸來,何須官滿六百石。

## 次韻鍾汝楫

鍾郎耐暑如被酒,亦復不閑讀書口。胸中莫可渚涯窺,筆下時時作蛟龍吼。老夫瞠若終後塵,兒子徒勞汗流走。中年眼見花,養痾肘生柳。漂然振我衰懦氣,此士此詩今僅有。亦思琢句與周旋,強敵當前難措手。

## 再次韻示師文

中年多病剛制酒,文字譏評慵挂口。克家尚須獅子子,時踞風林一哮吼。藏山有書當衣鉢,端能太史牛馬走。之齊莫操竿,名楚要穿柳。未聞狗監薦子虛,聊遣吳王質非有。獨無鼓吹娛乃公,勝日不應長袖手。

## 長句簡諸公 縣圃餘釀小宴,病不及賞,復同賞家圃芍藥,作此

君家開宴為酴醾,竹聲裂石絃輥雷。我家芍藥繼如許,如解商量先後開。深紅妍白各媚嫵,瓊<sub>自注:瓊,赤玉。出《廣韻》。</sub>肌玉骨無纖埃。日高未覺睡態足,風定亦送龍香來。素艷壓架頹欲雨,粧面卧叢羞未擡。邢娥微服屏粉黛,衆女望影慙莫陪。真妃嬌泥午酒困,紅潮作暈回香腮。春到陋邑好花少,鬱鬱高柳間古槐。濃李淺桃不入眼,菖條杏葉何有哉。喜如足音賞魏紫,<sub>自注:前日看牡丹。</sub>愁寄驛使邀江梅。殘春索寞風絮亂,有此二物生庭隈。維揚金腰可伯仲,閩南素馨但輿臺。倚煙娉盈復妖嫭,等閑力挽春光回。

東皇有情花有意,似欲我輩倒玉罍。君家賞花我方病,憶花有恨空成堆。我家花開病適愈,對花發興知難裁。簿領困人日作惡,玉山猛判花前頽。及今樂事須秉燭,風狂雨橫誰能猜。

## 愛筍

犀非犀,玉非玉,拂拂輕霜浮脆綠。披籜舍梢稊欲成竹,娟娟裹裹森可束。稀間只稱佳月照,勁處差耐清風觸。少忍充庖得補林,主人為目不為腹。論材似也子勝人,終竟鼻祖與膏馥。官閑盡日據胡床,樂與此君同避俗。冷笑京華癡少年,枉費千金買花木。

## 次趙判院韻 趙射弓損指有詩,欲林教授出寵於某,甚見推避,次其韻

公詩見壓楚服隨,孤軍懼怯逢荊尸。將壇已辦降旗送,顧乃借重如等夷。文工武習知餘事,腰箭臂弓聊寓意。僕姑不作餓鵰鳴,策策鮫人珠迸淚。巧匠血指非意及,微恙未須湯熨治。蟹螯置把蛇卧影,生世多才古為累。誰家酒好花打圍,今日人閑柳生臂。不妨惡客着坐隅,身則獨醒心解醉。

## 出郭 寒食日,迓使車,初甚怊悵,郊外春色慰人,戲成

江縣居人寒食下,少在縣中多在野。哭聲不似笑聲長,麗服新粧盡遊者。長郊芳草接天綠,我亦行行策罷馬。盡簪命醉豈不懷,卑官出入元無假。偶來却勝特來好,觸處春光可圖畫。幾日陰寒風用壯,今朝霽景天所借。趁人胡蝶作團蠶,逐婦鳴鳩數聲罷。天桃艷杏雖已過,郁李金沙猶未謝。其餘紅白爭姹婼,醉態啼粧各瀟灑。輕風笑露頗欲語,半吐梨花最閑雅。游人幾許健倒去,紅粉誰家短牆亞。良辰獨醒還自惜,捐佩一樽猶可賈。餅盤餳餳已寒盟,故人應問花應訝。對春長作了事癡,不念清歡本無價。會當從公謝不敏,百罰深杯不辭把。魏花有約待人歸,秉燭酬春期後夜。

對花不領幾柳下,以詩自苦如東野。今年陡覺負芳時,狎興蕭條殊纍者。西湖南園悅入夢,漫道尻輪神作馬。可堪山鳥勸歸去,擬為蓴羹乞長假。十分銷瘦空自憐,一段閑愁倩誰畫。春光只比東逝波,堂堂去意那能借。青梅崖蜜倏登俎,禊祓鞦韆仍復罷。感君妙句慰岑寂,欲挽清歡付衰謝。光風搖搖壓壓輕暑,亭樹況經微雨灑。徑煩鞠蘖寬懷抱,未用文章繼風雅。翻階芍藥醉面欹,壓架酴醿香蓓亞。江城日有問字人,酒不論錢更須貰。君今賴以主人賢,我亦不憂官長訝。鶯花好處醉為鄉,與君平日俱聲價。旗亭市樓故鄉約,歲晚會須茅一把。客中一笑且追陪,飲勿言歸當卜夜。

## 次韻張秀才

風前病眼如挾沙,蕭蕭兩鬢吹蒼華。翩然一馬度平楚,時見碧溜浮梅花。胡蝶遽遽恐非夢,乾鵲角角營其家。哦君新詩念鄉國,膈字一行天際斜。

## 望夫山

亭亭碧山椒,依約凝黛立。何年蕩子婦,登此望行役。君行斷音信,妾恨無終極。堅誠不磨滅,化作山上石。煙悲復雲慘,髣髴見精魄。野花徒自好,江月為誰白。亦知江南與江北,紅樓無處無傾國。妾身為石良不惜,君心為石那可得。

## 檢旱宿香雲

香雲之山瞰平楚,松篁路窮得僧宇。明窗深室皆嚴靚,白菊紅蘗相媚嫵。它日欲來坐忙迫,此行忽忽寧得所。蒲團愒定飯秋蔬,衣袂黃塵尚如許。山僧共話豈須禪,但愛茶甌如潑乳。投床有夢不能記,忽聽風林如過雨。雞聲不貸擁被溫,又控罷駿陵險阻。出門便覺仙凡隔,猶聞窣堵風鈴語。今年旱暵遂無年,桴腹籲天運保伍。頗能念我困馳驅,兩兩致詞相勞苦。但使秋租毋病汝,吾自卑官慣塵土。

## 田家歎

秧欲雨,麥欲晴。補創割肉望兩熟,家家昂首心征營。一月晴,半月陰。宜晴宜雨不俱得,望歲未免勞此心。

## 謝翟元卿詩卷見投

從君只比羊胛熟,得詩已可牛腰束。誰言此老四壁立,襞積錦繡羅羣玉。我生嗜學類貪夫,婪酣欲訴南山竹。桴腹我欲川增,前之汗漫今邊幅。頗嗟詩客千鈞筆,不博長安一囊粟。人不求君君即,高臥窮鄉數椽屋。苦無好事問奇字,寂寞寒庖供苜蓿。長篇短韻寫不平,日使貧交得驥目。握瑜不價自應爾,有底汲汲須圓曲。我有鳧夷繫短轅,持澆胸中三萬軸。尚恨不作多田翁,秔糯分君歲千斛。

## 題蕉湖雄觀亭

大江來東南,旁受衆壑輸。下驛峽門窄,積水陡下百尺餘。勢如千鼓驅萬馬,閶闔嚙礴崩騰排軋爭危塗。不知河伯窟宅託何所,只應蛟鼉跋扈無寧居。陰晴明晦何限景,付與沙鷗浦鷺綸竿夫。令君作亭攬其要,豁然眼界了江湖。我昔暫登覽,詩瓢仍酒壺。寒聲隱隱撼窗戶,綠霧噴嘆擅曉哺。吳檣楚柁亂秋葉,蠻山湧雪客座隅。淮山千嶅更在洪濤外,昏煙淡日時有無。崑陽勝負等蠻觸,魏中之梁直錙銖。人生紅塵中,局縮轅下駒。安得李成王宰不死俱在眼,水墨揮灑丹青摹。江山千里入卷軸,從此不數玄圃崐崙圖。

### 張秀才枕屏

寒風慘澹森木古,羣鴉無人自翔舞。重山積水幾里所,稍見孤舟渺煙雨。意吞洞庭卓天姥,短屏數幅渠能許。何時去作湖山主,還喚詩翁來着語。

### 謝朱宰借船 宰為蕪湖,予官繁昌

書生祿遂空自憐,三年官滿囊無錢。身如絆驥心千里,安得一舸西風前。令君磊落濟川手,留滯亦憐窮獨叟。大舟百尺影白虹,借我搬家我何有。函牛之鼎著鷄肋,涓滴渠須瓠五石。劣留兩席真圖書,輂石囊沙壓搖兀。典衣買酒餉三老,槌鼓鳴鑼人看好。相過重讀借船帖,我自盧胡君絕倒。自注:自繁昌歸,先經于湖。

### 墨梅魚扇寄孫成甫

都城六月難為客,暑燄火山不餘息。從人輒博襤襨嘖,假館翁家得休適。髯翁困積胸中奇,對客清談霰雪飛。扇材寄似亦安用,聊代玉塵談間揮。須知寒夜冰花影,著子駢枝可調鼎。濠梁之樂物我融,翁自欣然渠不領。向來般磚非畫工,象外析理翁則同。少酬他日清涼惠,知我夢依君子風。

### 從王守獵

生世能忘塵外趣,官居定作車中婦。男兒胸次萬斛寬,不著塵埃著詩酒。虎頭起秀屹雙高,層城更是干青霄。使君領客凌縹緲,天風颯颯搖旌旄。吳嶠魯山青未了,眇視平淮衣帶繞。艶歌濃笑碧雲深,聲下人間却驚鳥。不妨卷障下煙霏,翠袖紅粧旋打圍。杯行飛瀑亂歌吹,蜚霧暗香俱在衣。詩翁得興飛綵筆,銅丸脫手初無迹。酒酣登車接離倒,馬上梁州霜月白。

## 散解廟行

巨靈揮斧山為拆,谽谺飛出寒溪碧。南西北槻皆户家,種秧插稻供衣食。此水不枯歲不饑,此溪不涸龍是司。森木古屋龍所宅,人家望歲如取攜。笳簫嗚嗚坎坎鼓,秋報春祈從父祖。雞豚肥腯社酒香,擎跪曲拳誰敢侮。年時雲禱嗟徒勤,適龍睡熟喚不聞。溪心蒿艾化埃塩,可怪嘉穀遭惔焚。千溝萬澮分飛瀑,面露搖颺際天綠。懷寶睡足龍亦驚,雁門之跼此焉復。安得溪水長滂浪,龍不怋怋民樂康。向來野草填飢腸,怨氣括作頣下囊。

## 粉水行

散解溪紆福溪直,兩山空中瀉清激。潴渟甕建幾千家,邐入中田作膏液。餘流復合古城東,末世尚奏鉛華功。定名粉水自誰始,水神有靈當熱中。去年龜紋布溪底,房民倒垂憂死徙。今年活活夜繼晨,淥漲稻禾三百里。此溪今昨殊豐盈,郡民即溪岐死生。天設地施禹疏鑿,世人盡亦求其情。古來名實為賓主,兩溪厚農非小補。但令旄孺無飢羸,安用女子相夸詡。

## 田家謠

麥上場,蠶出筐,此時祇有田家忙。半月天晴一夜雨,前日麥地皆青秧。陰晴隨意古難得,婦後夫先各努力。倏涼驟暖繭易蛾,大婦絡絲中婦織。中婦輟閒事鉛華,不比大婦能憂家。飯熟何曾趁時喫,辛苦僅得蠶事畢。小婦初嫁當少寬,令伴阿姑頑自注:旁謂嬉為頑。過日。明年願得如今年,剩貯二麥饒絲綿。

## 鹿鳴燕

小婦莫辭擔上肩,却放大婦常姑前。

亂山森立圍古房,重碧疊青天與長。鍾奇孕秀為雋良,有如六子爭軒昂。胸次襞積雲錦章,漢之晁董唐常楊。當日折衝陣堂堂,尺箠不折築受降。皇上籲俊奄帝王,士孟其晉如康莊。即今勸駕觀國光,接翼便合駕鷺行。後先差池似未妨,一夔自足開天荒。五大次第趨嚴廊,懷寶判閱三星霜。一盃首餞江夏黃,一詩竊比振履商。功名逼人未易量,坐來相映眉間黃。誰遣大宅浮春陽,他年朝路偕翱翔,惟南有斗耿昊蒼,一字定寄漁樵鄉,老子善誦君巨忘。

## 次前韻送胡省元

南宮巖巖各分房,過眼千牘春晝長。戛戛百楷收一良,主司黍累作低昂。黃道湛碧誰為章,胡郎筆勢傲長楊。掉臂舊升賈馬堂,自讀君文此心降。看寫帝伯仍皇王,諸公盥誦顏為莊。射策便近天子光,一鳴坐痙千駟行。騰陵絕澗略不妨,我昔塗抹策寒荒。襄筆亦解趨東廊,一官蹭蹬鬢領霜。桑榆聊樂師陳黃,逐逐一飽隨工商。才無它奇堪斗量,放君綠鬢便銀黃。功名若木昇朝陽,鵬鵬舉翻雲路翔,腰印纍金玉佩蒼。功成畫繡歸鄭鄉,車笠舊誓無相忘。

## 次韻許節推喜雪

雪後纖詩送春燠,何異祠壇起祇肅。吟哦三嘆思答報,幾欲揮毫紙隨縮。多聞實藉益者三,敬客不啻需之六。別君方看月弦下,及門僅比羊胛熟。前時為雪謁仙佛,俯傴叩神如問卜。陰陽妙由帝把握,寅亮傍賴公迪篤。死生休戚繫雨暘,此柄不輕果誰屬。天公欠雪如負券,得之無庸計遲速。盈尺告功邊浚放晴,孰謂十寒財一暴。念子詩愁替酒狂(自注:許云途中不濡唇)。幾日風餐仍露宿。想見晨窗誤月明,催汲溪泉煮山菽。雲際羣峯駁粉繪,日下衆壑淙哀玉。我雖越俎政無補,猶飽官饔住官屋。不嗟破履印遺

## 謝襄陽陶宰惠清節先生編年大本

陶翁清節人可追,陶詩妙處吾所師。百篇昭昭揭日月,行雲流水無定姿。顛倒後前昧甲子,可忍白璧猶小疵。三家紀述互踳駮,千載傳授仍參差。遠孫挺立翁不死,更隱平挹鄉里兒。空洞胸襟著今古,遺編訂正當屬誰。扶微擿隱究茫昧,別白蒼黑分毫釐。翁拔俗心詩其寓,彼亦易識此則遺。幽意隱義眼中了,筆端有口今見之。細書大字肯及我,故人嘉惠良不貲。摩挱老眼屏湯熨,欸訝毛孔生涼颸。歸裝不憂更空匱,招隱正用寬衰遲。世間報施有厚薄,自顧壁立謀晨炊。心期炯炯共一月,未妨相望天之涯。

陶翁清節人可追,陶詩妙處吾所師。百篇昭昭揭日月,行雲流水無定姿。顛倒後前昧甲子,可忍白璧猶小疵。

趾,更免長鑱劚黃獨。剝啄或肯送尺書,傾箱中有麕鹿肉。遙知合圍冒蹄角,驚奔窘怖徹毛骨。放麑歠羹未愍然,老子平生蔬茹足。瓶中療飢餘白粲,甕裏度寒仍旨蓄。但有赤腳侍玉川,分無散花問金粟。春前三白盛世瑞,幸此迂愚寬譴逐。寒梅嫵媚粧更新,弱柳瓏瓏眉上蹙。朝來徙倚觀稼上,宿麥泛煙青極目。佻天之功敢僥罪,含生有自如其欲。風日清妍近試燈,載路已聽歌鼓腹。不辭三夜同此樂,瓮蟻妓衣預催趣。仕逢歲稔信可喜,人任天真或為福。長翁一世文字餘,可是營生有機軸。徑來同作醉鄉遊,聚散回頭車轉轂。自注:觀稼,房陵亭名,予三月即替云。

## 題識山堂

物之或暝九牛毛,理有適契鶴鳴皋。對山眩旋目無主,山靈定笑山不遭。廬阜姿態杳莫狀,煙容嵐影翻海濤。德人眼力了天巧,離朱眣睆難形逃。高堂面勢踞縹緲,曠度灑落遺塵勞。萬巧千奇領定體,如闞闤闠把同袍。要須般磚煩畫史,正自指顧分秋毫。聞道樽罍富賓從,至今卷軸餘風騷。我登斯堂嘗遲暮,仙翁已蹋海上鰲。橫前三萬八千丈,天台信美非其曹。崩騰恍駭失要領,窺覘歷覽首屢搔。先生毉驚驂紫鳳,想後韓衆前盧敖。白玉之童手碧桃,雙成智瓊各雲璈。神遊未置茲山遨,徙倚悵望吾鬱陶。塵中局束真狴牢,但覺德人山與高。

## 次韻高殿撰題東山

廬山佳處雲英英,鶴歸誰識丁佐卿。東林遺址倏興廢,未害諸老傳清名。向來杖履孰遊歷,猿鳥近人鷗不驚。樂天本願祇兜率,思邈不忘聽化城。一從棘位復帥閫,晉酌白獸懸旄旌。先生本自遠公輩,夢繫蓮社松竹行。即今上品已補處,妙句留幷山崢嶸。未下飲光領一笑,曾是圓澤論三生。何人著語嗣絕響,浪許伯起新有聲。尚憶詩翁運椽筆,坐排九派咸東傾。

## 次韻徐監嶽四首

文字挽回正始音,如君豈合安家林。干祿不作次且嘆,讀書方競分寸陰。斯人與室幸孔邇,有底尋丈能汲深。兩詩竟得摩老眼,慰我饑渴他年心。

落落過眼誰知音,故山檜枝森碧林。白鷗盟堅不待歃,豈應辟影忘息陰。末路功名夢已斷,生平丘壑情自深。素琴濁酒般礴地,頗領淵明千載心。

湖間波聲環珮音,湖上遊子紛如林。坐窗日夢舊遊處,屯雲重霧專積陰。淒風剝香梅塢滑,輕煙暝翠松行深。畫船載酒年少事,老不耐閑猶此心。

抱枝山鳥雖好音,未放紅糝黏青林。東風一掃寒雨盡,羲馭明晦雲移陰。嶝嶺熹晴亂屏合,漣漪湛淥半篙深。翩躚舟子得我羨,笑傲山影眠波心。

## 再次韻呈林子長郎中二首 林淳熙丁酉為當塗教官,予尉繁昌,攝事郡中,館於泮宮,相與款

密。再見行都,俯仰道舊,作此呈似,且謝見觸

諸生吾伊鶯燕音,憶嘗客我詩書林。交期離合悼今昔,宦路漂泊費光陰。故人恩意歌酒款,省郎香霧簾櫳深。二十四年一笑適,可待車笠論初心。
三嘆熟君朱絃音,可但文價高儒林。課聞安仁最花縣,車想召伯駐棠陰。詩壇自昔隱一敵,意匠超忽陵高深。補袞活國要次第,向來子牟魏闕心。
鼓腹不詫金石音,吟步竹塢俄梅林。方愛羣鶩漾清泚,忽聽一鴻啼晏陰。自注:諸公約再遊。
酒卻憶向來深。明朝晴雨恐未卜,鷗鷺盟寒空復心。

## 正月晦步西湖小憩市樓

清詩似奏韶樂音,林侯宿世孤山林。疎雲時漏涼月影,雛鳳獨嘯修竹陰。金華后山儼在目,非子誰復鉤其深。掩卷炷香三嘆息,向來望若空潭心。
坎流行止忌株守,敢薄紳笏高山林。平時交期車合轍,回首夷路鶴鳴陰。窮鳥低摧客吟苦,九虎眈視天門深。南道主人推轂手,賴君未遣灰吾心。
儀圖登俊煩玉音,何人望傾英俊林。比喜諸公挽此傑,正復寶鼎薦汾陰。楚珩趙璧希代寶,丹地紫閣五雲深。論思調虞要無迹,安用夫人知格心。
一書僅達缺嗣音,郤屋有夢定山林。賢者即今在王所,陳人不憂老牆陰。或容連茹駕鷺後,聞道結知君相深。時遣吳姝近酒盞,更防蜀鳥搖歸心。自注:郎中出侑觴者,仍戒以客中小耐。

## 再次前韻呈林郎中五首

春皇報人如寄音,紫燕窺簾鶯遠林。于時不無客欣戚,此意正繫天晴陰。傍湖樓影酒旗直,到眼人家花霧深。老子獨醒尚此興,歸時參昴橫天心。

## 徐南卿招飯

徐郎陋巷四立壁,乘間亦戒賓友食。慈親衰鬢不供剪,定賣春衣典書冊。小樓十客不餘地,猶勝陶翁劣容膝。江西米纇絲作窩,吳國香秔玉為粒。嗣宗阿戎各好士,笑顏羹鄙仍婦德。老子旅寓得此飽,勃鬱詩情喙三尺。出門未妨雨墊巾,萬屐聲中緩歸策。東隣客來每堅壁,西鄰客來常蓐食。旅中一飽豈細故,偕舉大事書之冊。末路孜孜食眠計,外此敢忘在得。蘇端向我顏色好,衝雨不辭泥沒膝。居貧頗禁惡客惱,念子秤薪仍數粒。肺可用糝米可餅,併付饞僮飽君德。人謂裁詩等裁錦,拙婦渠能把刀尺。陶翁宜報苦未賡,搜攪肝腸閑倚策。白晝曲肱睨東壁,驚斯空復賊糧食。晚途自笑硯生埃,少日頗嘗韋串冊。生世恐隨草木腐,忍使功言兩無得。長安寧無奮艴者,自疑有鐵關腰膝。樂天任運時近酒,子房逃榮猶却粒。求窮我者迄未知,夫此誰怨夫誰德。擬訪鶯花韜襟抱,門外雨餘泥一尺。山陰不待興盡回,掠面東風寒策策。

## 再次韻謝徐監獄惠和章

若人胸中著奎壁,落筆似不煙火食。平生著述奏奇勳,玉綴珠編今幾冊。涎穎十駕終後塵,坐看康莊驂騄膝。陶猗廩庚詫陳腐,小家瓶罍不餘粒。清詩屬我狼見予,祇遣心顏騰愧德。條枚拱把竟何取,挺拔蒼松二千尺。政恐血指匠石前,袖手觀傍猶上策。

## 再次林郎中韻

幾年塊處斷足音,日詠楚些歌常林。朋知久矣張邴我,矻矻抱甕如漢陰。末路面顏殊自笑,故人情義無與深。桑榆可收倚君重,表表玉立行班心。

以上《江湖長翁集》卷九

# 陳 造九

## 贈王仲和架閣

王招飲,小姬十輩,執樂甚閑。予以王之才誶能辦,又疑其天降地湧也,徐乃知皆其妹所有。再訪之,去已久矣。為賦古詩

朱樓窗霏楊柳烟,樓中香霧浮龍涎。羯鼓催開裹風蓮,橫笛未放蛟鼉眠。眩旋客眼錦繡筵,鬧花打圍妖且妍。小蓓稚尊紅玉鮮,酒行急管雜繁絃。翠鸞彩雲欻漂翩,縹緲三十六洞天。老子判醉忘華顛,歸去就枕疑針氈。但有夢語追遊仙,芳訊忽聽青翼傳。水佩風裳若箇邊,重來朱樓柳吹緜。樓中主人卓詩肩,渝處士茗安僧禪。兀坐向我俱可憐,君才時彥孰後先。宦路已著祖生鞭,富貴取攜固有然。列屋見嬋娟,老子賢否真天淵。蕙蘭香中錦瑟前,觴詠或可君周旋。

## 次韻林郎中龔宗簿

散人擁書茅屋底,祇合下澤居鄉里。浪指青冥期策足,端復滄浪規洗耳。林侯坐分韓席半,龔侯天才寧習慣。瓢酌天漿泰紫傍,峩峩貝闕連蜚觀。名位顧肯卑微休,兩傑未易今世求。老子志願一丘壑,鷦鵬彼此消遥遊。清篇駢來真好在,誰云物理莫兩大。捧心血指不得辭,門外長須翹足待。

## 再次韻寄林郎中

林侯理窟元無底,如拜宣尼親闕里。經笥沈醇文筆古,俯視時流皆口耳。我生憂虞占多半,鼇跛螻屈今

已慣。林侯尚抗倉庾塵,盍胡嘗作不二觀。相魯君小公儀休,從政顧自愧由求。崧高蒸民有吉甫,飄風浪欲歌來游。索米惜不留行在,坐論看君偕五大。樵謳或配鼎彝書,衰翁縱衰猶可待。

### 再次韻呈林子長郎中龔養正寺簿

荒學蹄涔易窺底,祿邀不應夾帝里。昧為此役君定笑,當念平生意行耳。餬口未忘丐斗升,投閑正須問祠觀。歸雲倦鳥且罷休,鏡中頭顱盡反求。過耳毀譽紛相半,曳裾袖刺何營慣。石友青雲兩君在,肺肝傾倒不自大。還家猶可詑里閒,渠儂祇博白眼待。小兒能耕婦能餉,老子卒歲良優游。

### 再次韻林郎中

醉鄉陶然真我底,落世薑作魚千里。頗思溪風鳴檜枝,一洗半生市聲耳。帝城春月雨強半,蹣屐衝泥今已慣。湖瑩冰奩濤湧山,回思向來領奇觀。角角倦鵲語未休,晚鳩饒舌如有求。明朝定可載酒去,攜兒一為湖上游。湖西羣艷雖無在,宿雲掃空天宇大。塞吾健倒趁早歸,醉尉未須嗔目待。

### 次兒輩喜雨韻呈太守

老子簞食師顏淵,憂世不合居民先。今年不雨春破夏,惝惘亦復針氈然。嗟嗟五月河無水,溫飽之望疑已已。一雨滂浪彌夜旦,龍伯至仁端起死。國史未用書旱雩,人神幽顯修交孚。老子一飽危不給,恩私仰戴君大夫。君恩如天不遺物,龍伯豈應甘蠖屈。使君況是龍之友,偕兒同依趙卿日。

### 再次韻寄楊宰

小家作活魚脫淵,凶歉之備渠能先。勞勤頗似抱甕叟,安得心數如計然。人方渴羌欲沾水,龍公睡足那容已。怒捲淮江作飛雨,旱魃潛藏蝗蝻死。令君丘禱亦魯雩,天心默隨人意乎。百里旄倪歌載塗,我亦

## 使君有詩復次韻

詩播樂職聞子淵,貴耳底用泥古先。吾宗使君當世賢,援今輩古敢間然。即今朝野屬望深,簡齋仙人真不死。詩律欲並元劉驅,郡政坐使豚魚孚。編輯妙製紀殊績,瘡痏未已。壯歲毫端有神物,才與年衰此心屈。伸紙索句頗強顏,漫把清明譽天日。措手吾非夫。

## 贈臧汝舟次韻

昔人得珠沒濤淵,悟後悚惕悔厥先。世間萬事無真是,辯口莫究然不然。紋楸亦有進道機,介視勝負齊生死。臧子多智守己愚,能事不蓋已日孚。此心疑然古井水,與俗方圓寧得已。閑中敢意防俗物,喜君相過不待屈。此樂政令兒輩知,閱日無庸譏愒日。得雋逾老夫。

## 次韻楊宰花石綱遺石

令君藻翰輩古先,脫口二可樂石刊。盍令珥筆草大冊,底用韻語談槐安。一詩為弔湖邊石,深感崇寧全盛日。玉燭叶和黃道明,天扶休運非人力。豐碑端合頌虞周,遠來近悅絕嘆愁。有君無臣古所恨,殲姦嬉笑乘膠舟。鳩心飴口詼聖主,漕石移花鬧南土。玲瓏蒼石中路棄,不見姦憸歐刀死。此心安得此石頑,感物抱恨甘終天。平日志願裹馬革,杖扶蔾茹吾衰年。

## 再次韻楊宰

君不見奇章平生石解顏,有得甲乙勞鐫刊。又不見衛公平泉嚴作戒,要與山岳爭完安。袵席杯盤易沈溺,可無雅好嬉過日。生須玩物不流物,負山暇問誰有力。此石擯棄歲幾周,幾人摩抄動詩愁。不妨野

## 次韻解禹玉 解作詩，亦工於畫。

鳥印爪跡，曾是畫鵠明方舟。奇嗜豈必真無取，尤物未可輕糞土。二公真情不激詭，靜對屋顏堪樂死。揆予骯髒如石頑，一跌回復能朝天。石默不言詩為宣，正用吟玩忘吾年。

夫君官職雖西班，夫君不獨師孔顏。畫手人言逼曹霸，詩力自詭追子山。對客每遊庖丁刃，得興笑解齊女環。般磚贏前筆未落，競病韻險思不慳。掀髯掃出山河影，就醉或放風月閑。我亦平生弄翰墨，諸公頗置齒頰間。側身南望常仰高，肯交下風俄二毛。京口市樓聽度曲，廣陵帥席陪揮毫。悲吟自作夜蟲響，絕唱傍羨秋鷹豪。虛孰高名擅顧陸，僅識妙思陵莊騷。挈挈去尋樵牧盟，貸我抗俗憇山靈。金阜老仙憲文武，醴筵繼日喚我曹。銀臺吐餞眩金翠，繡帷護煖聞蘭膏。風流雲散有悲唶，目前赤腳仍樵青。府公忽駕西蠻鵠，言訪劍閣摹舊銘。女媧青泥萬山外，爭突雲日寒崢嶸。前歡弦斷更容續，一紙寄意良未能。向者望望君不來，談舌攬棘胸填埃。叩門剝啄槃一笑，灑然一洗衰病懷。新詩絕妙不我靳，笑口忽復緣君開。驥足爭先真老矣，屠門大嚼亦快哉。但令石交不遐棄，此外擾擾付一哈。幾時攜將好東絹，倩卷吳中山水回。

## 贈解禹玉 解將家子，以文字取世知。予望之以致遠，而老夫癡為可戒，故復取前韻作詩進之

讀書祇博雙鬢斑，詩好豈解留朱顏。平時無客憐轍鮒，觸處有人嘲飯山。相府略嘗喚宜祿，木門不夢窺銅環。多病但結藥裹伴，得酒間發詩囊慳。頻頻終懶鶿斯飽，浩蕩擬逐江鷗閑。未死更費屨幾兩，此生祇欠茅三間。自注：方營巢未竟。丁年悔不全吾高，正坐枵腹守不毛。卑官餂口竟何補，捐棄什百收一毫。執版仰看上官面，可復直氣陵羣豪。夜剔殘燈賦招隱，愁追交情廣楚騷。豐約僅足優龍具，汗隆真可付

馬曹。共嗟孔奮不自澤,政復所至無脂膏。向來枯策苦傷生,塗窮却用陶性靈。故人肯來問牢落,河畔罷吟草青青。夫誰急草修期檄,夫誰大刻班超銘。孼虞遊魂須髠刻,燕然蒼石高崢嶸。橫槊千篇月三捷,是責捨子誰當能。可遽學我賦歸來,臨流欲濯襟袂埃。老子期君舊不淺,看上要津舒壯懷。烏驚兔急易寒暑,堯舜不辦供合開。文字玩世請少息,盛時難得君念哉。昔人聽謀取一得,勿以老耄資笑咍。君不見壯歲一跌子陳子,江湖畢世甘低回。

## 次韻楊宰食蟹

長翁服食僧樣清,灌園得閑收落英。壯歲頗營口腹事,岡有置罟梁有罾。酒邊最愛無長叟,坐隅未揖先風生。揮斥肴品進此叟,似去傖荒遊上京。王謝家兒負販子,氣味不待口舌爭。年年屬厭不汝厭,勇向上黨人誇矜。一從多病戒奇嗜,屏絕鱗介疎薑根。水中之怒寧阿系,丈室高卧幾净名。二年閑殺把螯手,久要藥裹熏爐并。早後籃筐薦蚌越,君乃下筯收所憎。銘盤久斷舊嗜好,垂涎忽誦新歌行。射陽浦口霜耿耿,繁梁埭頭霧冥冥。及今尖團日供百,莫孤君家竹葉清。

自注：射陽最出蟹,自繁梁入城,故云。予嘗傳無長叟,無長無物也。今秋此物艱得而小。

## 送羊侯因簡崔帥

殿廬護嚴外蕃宣,崔侯文武能兼全。石城之政列城先,迄今遺愛春與妍。爾來淮上提帥權,淮民歌舞且晏眠。術業可但朝路傳,異域南首爭駢肩。舊故顧念無愚賢,如我衰病霜滿顛。緘春飛墮前。嬾拙雙足如繞纏,欲往謝之尋回船。每獨念之幾針氈,叔子北歸氣翩翩。棋酒辦與君周旋,未醉定復譚瞿仙。知我抱憤方中田,黄堂名酒壓香泉。淮白不下槎頭鯿,叔子小駐當還轅。有人北望心拳拳,無使渴德垂饞涎。

自注：香泉,高郵佳酒名。

## 次韻張守垂虹小駐

聞道垂虹舒遠目,江波浩蕩江天晴。江城竹馬待已久,未妨小寒鷗鷺盟。郡民憔嗟歲不熟,丈夫慨慷志在行。盛時陳力要接淅,遮莫常譚嗤老生。

## 再分韻得花字

春工幾時來天涯,人間指顧成豪華。未嘆丹杏無餘葩,能事已到桃李花。東園地勝賓盡嘉,塵邊霏屑杯中霞。將壇令下手一叉,陣勢欻變常山蛇。眉顰肩聳靜不譁,詩成笑語還紛拏。吾儕此樂世莫加,聚蚊金谷何足夸。但恐兒輩搖齒牙,法士亦復工疵瑕。君且休矣吾還家,況復高柳翻倦鴉。徑催紫衣巾小車,我亦款段隨揮樋。

## 贈趙子野 子野分韻得日字,借其韻

長翁飲德腹為實,趙侯論交膠在漆。官曹未肯孤吟賞,車載鷗夷挽衰疾。巾欹幘墮人傲兀,堂堂飲興方未畢。眼看韶華吾囁嚅,氣摩披拂。崢嶸帝畔專花事,彷彿江妃奏瑤瑟。人間樂事易陳迹,便恐清歡轉頭失。孰知椽筆今詩史,煩君揮毫記今日。

## 贈劉行甫 分韻得耳字

劉郎雍容古君子,平時人指原夫耳。忽然闖我風雅壇,疾雷破柱蛟龍起。豫章可棟今七年,魏舒驚人總一矢。後來獨步君仲宣,撫髀輪具吾衰矣。

## 次韻趙子野贈別

白地倒海翻重湖,趙侯塗改插架書。石麟角犀清而腴,了知不是山澤臞。舌宮齒商鳳將雛,一笑著我東

## 送曹器遠從使虜

郭竽。曹後鮑前君指呼,郊寒島瘦君童奴。翠鳳未炙口不䬼,吮漱沉瀿騎兔烏。挈水挹取驪領珠,挂作白月照海隅。丹山阿閣久榛蕪,跳梁餓鴟啼搗鵌。兩鳥囚作轅下駒,巨靈蹶起張怒鬚。一鳥伸喙羣翼趨,向來偃仆須君扶。大篇落手吾戒塗,春風得意揄翠裾。東西州爾非秦吳,猶金玉音寧所圖。

暑風燄面黃塵底,曹侯據鞍輕萬里。曉趁官程夜未休,不為功名為知己。男兒生有四方志,誰能俛眉婦車裏。周原咨度使塵飛,漢官威儀渠頟泚。異時橫草恐不免,此去灌瓜聊復爾。赤縣神州吾舊物,文謨武略君奇士。列聖恩波迄未涯,百年胡運今如此。山川險隘須默究,他日上前煩聚米。殺胡之林定何許,持酒遲望一啟齒。歸來有句敵車攻,老子滯蕭資一洗。

## 送二趙金陵秋闈之行

君家種德麻葦似,兩郎今日東南美。石麟角犀互輝映,挂腹撐腸皆錦綺。賢書聯翩取如掇,文字欲貴江淮紙。步光久匣自光芒,僕姑所指當披靡。去去秋風鼓鵬翼,翱翔煙霄此其始。建鄴山川古雄麗,平分勝槩供筆底。氣陵鍾阜峰頭雲,辭傾白鷺洲前水。聯壁不難先衆俊,歷塊仍能輕萬里。平日雙眼不屢青,奇窮一生端坐此。即今意氣為君傾,老子閱人蓋多矣。

## 送劉常父秋試兼簡行父

良樂佇目思驥子,工師擇材須杞梓。劉家昆季寧近用,直幹百圍日千里。戲綵之暇同雞窗,平挹千古無探囊。尺箠政自無堅彊,鄉邦驚嘆有此客,一筆與翁箭鋒直。秋賦春闈洞子爾,老子賀書已濡筆。香名聯翩傳里閭,珠宮貝闕方權輿。他年日奉平反笑,更勝而今讀賀書。

## 題六么後

愛愛少日淫奔女,愛愛死作貞烈婦。東隅一跌收桑榆,竟得佳名傳樂府。男子處死正自難,此女勵志雪柏寒。至今挺挺在人目,詩翁作詩垂不刊。誰翻此詩入宮羽,檀唇緩歌細腰舞。直掩霓裳羽衣曲,更問離魂餽漿女。且玩此舞空金巵,莫奏此曲增悲悽。蘭摧蕙枯崑玉碎,不如人家嫁狗隨狗雞隨雞。百年佳麗終枯骴,汝名芬芳無已時。捨生狗義渠安之,而我更用興悲為。我悲所悲人不識,撫事懷人悼今昔。翻雲覆雨行路難,君不見買臣之妻彥升客。

## 陳伯固使君禱雨得雪為作

妖魃肆虐挺餘災,麥田未麥空黃埃。饑民忍饑守鄉土,倚公力挽和氣回。梵筵告旱初拜手,補陀仙人已回首。楊枝一麾神受職,雪龍占先效奔走。飛翔作意擅曉昏,膏潤趁時救枯朽。人名此雪宗丞雪,祈禳取攜屈伸肘。德政可但人間最,大士與徒龍與友。閔雨競喜雪應祈,今段尤拜天賜厚。歸前帝席指日冀,更遣奇祥福諸後。太歲在戌如在酉,看取乞漿還得酒。

## 次韻楊宰

頭顱敢意封戶牖,飲處往往推祭酒。宜人珍果亦鼎來,把杯未省嗟不偶。拳栗御棗玉山奇,南北氣殊仍地醜。少日詩人鱠鯨興,莫年醉客持鼇手。令君未負將軍腹,甓積琅玕向誰剖。三珍薦槃侑從事,翛然徑訪無何有。詩來可但落饞涎,萬卷更慙王季友。

## 送赴省七子

憶昔塗抹鬢未秋,著書初不緣窮愁。交契往往第一流,愛且助之恩意周。翳桑榮飯鷲浪舟,如輮轉轂需膏油。疾需妙劑寒需裘,李郝硯席初綢繆。陳趙進脩謦墜偷,出語鑿鑿珊瑚鈎。三蔵筆底風雨逌,丁年出我便一頭。儒林丈人拔其尤,賢書政用譚笑收。七子寂寂從我遊,窮人累人君信不。迄今里閈聞沈浮,玉音下天正旁搜。南宮之行勿夷猶,巨魚縱壑鷹辭講。膈塔岐路鄰崑丘,捷音聯翩走吾州。壯志此去不啻酬,士抱奧學追前修。嗟不施世吾儕羞,肯卧少室甘沈幽。肯闖侯門提蒯緱,賢科夷塗古共由。論才君等誰與儔,可學老子拙自謀。所向數奇老不侯,一樽上盡猶未休。索句軋軋繭緒抽,不作兒女聲悲啾。倚須接武拱帝旒,付我一竿釣滄洲。

## 石湖兩帖還李推官

石湖老子家蓬丘,一笑俯作人間遊。風度人品第一流,結字亦復無朋儔。還轅蓬丘俄十秋,恍開此帖揩病眸。便若執鞭侍瓊舟,狂奔渴驥騰驚虬。斷圭折劍紛然投,蜚虹曳霞爛相繆。人間至寶人貪求,無間珣琪雍琳璆。彼此輕重寧其侔,借我肯作一月留。我癡不減顧虎頭,還君孰視仍牢收。愛護幸免寒具油。

## 陳學正惠詩酬以長句

寒風折人粟生膚,局坐掩户孰與娛。吾宗學力源委俱,決為巨川潄陂湖。粉袍未脱口未餬,氣凌雲霄色敷腴。肝肺向我每傾輸,我老舊學熟榛蕪。妙語正賴君起予,不辦瓜李酬瑤琚。病鶴曳翮寒松臞,可復飛動索故吾。

## 陳學正孫學録有詩復次韻

俗子敗興蚊咂膚,獨賴勝士相嬉娛。彼異趣者哂我迂,豈知木茂水不枯。縈山韞玉淵懷珠,二子豪爽仍廉隅。才名角立風義俱,詩筆為我翻重湖。雨膏霧沐春模糊,佳節尚忍孤雲腴。古來左角計贏輸,但有丘隴埋煙蕪。願言公等常娛予,不辱褐褐榮瓊琚。山雌卑飛未妨翬,更用烏烏歌吾吾。

### 戲 作 飲食小過不佳,趙帥招飲,淡食止酒。因成古詩

書生稟賦紙樣薄,平日扶衰惟粥藥。一日飲濕小嚼肥,河魚數日煩醫治。佳辰府公約把酒,嚴斥廚丁預節口。借問主賓酬酢餘,還許公榮袖手無。厚味腊毒古不予,如作病何仍古詰。生世例非金石堅,支離如我更可憐。饑喧動使諸病人,冷坐亦復百憂集。彭殤瘠肥本自齊,此理祇許蒙莊知。筋下萬錢無足取,厨薦三韭徒自苦。法士語飲應且憎,何如卧客懷中醉不瞢。婪酣任人嗤穀伯,何如辟穀高人師黃石。陳遵張辣枘鑿夫何為,彼此未可相是非。七十老翁誰能促戚縛此戒,醉死病殂吾命在。

### 次陳倅同年瓊露酒詩韻

君家家釀人家無,市酤漓澀真剝膚。朝來洗盞釂先酒,凝自注:去聲。若金莖秋露珠。色香第一味稱此,淮鄉香泉興臺桑落卿玉腴。客間公榮不共飲,主人恩意無乃孤。歡伯三益能娛予,愁城九守付摧枯。君家家釀人家無,渴羌惱君君恕乎。為君劇飲首就濡,可待謀樂間憂虞。豈其徒,魂夢柱用馳粉榆。

### 題高夢錫指牛圖

將軍向來馬量谷,封君劣比羊千足。浮雲富貴漫夸毗,不博范叟回青目。此叟落魄水墨仙,松煤染指皆其天。奏刀浪訛牛無全,寢訛降飲二百角。身不服箱鼻不穿,縠觫肯受衆目憐。高郎畫偏米家船,此軸寶重一當千。老子老欲耕淮壩,資糇施滿高下田。政用百尾收烏犍,刀劍縱售能幾錢。展掩此畫空惘然,平日幽趣終拳拳。此叟儻可作九原,畫我草履麻為鞭,經挂牛角摹牛前。

## 次朱必先與師是唱酬韻

朱郎滿腹抱賢業,壯歲彈鋏仍哀歌。飛將未侯方朔餓,天無老眼如子何。紛紛過眼日百十,超拔如君信平陵筆陣吾敢支,穩掇世科人所必。小兒鹿鹿空肩隨,血指汗顏驚崛奇。於菟一嘯百獸懾,誰顧難及。詩書鼓吹且強飯,舜咨皋謨適華旦。功名迫逐可得辭,等閑莫詠南山粲。露草寒螢悲。男子負抱成蹉跎,唾壺自擊商聲歌。此聲此意誰解領,政用折東招羊何。人言百里半九十,它日聰明嗟不及。雲衢掎袂夢空勞,神武挂冠吾已必。久要但有窮鬼隨,此鬼亦使文怪奇。推敲慣警京尹怒,登臨肯興賦客悲。蠶蟻可浴牛可飯,農家星候知昏旦。不妨婢子辦黃紬,更貸鄰僧供白粲。

## 客以詩為東園飲不果次其韻二首

東園千樹篠白紅,携壺滿意一醉同。向來可是君宿諾,政復急雨斜驚風。縣知此興未渠盡,暖日晴雲豈終客。叩門日聽長須來,老夫於子驂之靳。

春池照影紅錦衣,鴛鴦與鴨同低摧。金籠鸚鵡頗詳語,解道春色今寒灰。客來命笑還錯莫,此情不似君情薄。會須把酒杏花前,祇喚茶甌充罰爵。<sub>自注:主人怒諸妓,故及之。</sub>

## 雨未止再次前韻二首

蒼顏無酒不能紅,坐窗袖手禪衲同。幾時義馭肯憐客,滿意花卉搖光風。樽酒向君懷抱盡,庚歌劇譚忘悔吝。更看珠玉聯翩來,孰云猛乞猶小靳。

樽前罷唱金縷衣,花為薦菱玉為摧。欠伸舊識名駒子,<sub>自注:後山語。</sub>蘭艾一燎同飛灰。匆遽不及呼莫莫,春愁禁人酒力薄。擬令大白徑浮君,畢獻繼今仍此爵。

## 次韻魏知元

詩人索詩無乃俗，我乎索之更虛辱。從來東郭濫吹竽，繆使尾續陽春曲。此腹涸矣勞誅求，我老知恥吾罷休。使君拂雲敞新樓，且可一醉同樓頭。自注：是日真州拂雲樓買酒。青樓琴客信超俗，俗外客子幸臨辱。定知略眼歲寒枝，肯負平生白頭曲。雌凰雄鳳副所求，和鳴之樂方未休。暗香疎影春借力，更看青子駢枝頭。

## 次高賓王錢徐南卿韻

徐郎坐窮無幾請，千里過我身將影。未辦還轅梅雪漂，頗憶離家鴈天冷。高郎表表今子雲，等閑落筆詩中君。學力不為救飢分，歸從夫子收奇勳。

## 贈畫士龔子

古人論畫索畫外，世俗區區較形似。眼明亦有可人者，龔子畫形兼畫意。秋蘭春蕙相與芳，梅花照影生暗香。倚煙映霧各夸婭，併作短軸供寶藏。斬新雪色三丈壁，勝日煩渠揮淡墨。楂牙老樹對醜石，龍騰獸伏起恍惚。松底跳波隱隱轟千礮，石間橫斜風竹相因依。長翁雅趣在水竹，新開湖南規辦五畝綠。此松此石偕四友，身未出門先在目。暮年供給良易足，龔子惠我真絕俗。萬錢酬贈不領頤，新詩渠能飽君腹。平生好事吾屢空，龔子好事未後翁。藏詩寶畫從人笑，與子把玩無終窮。

## 呈趙帥

訪帥，困於腰輔。次日帥聞到招飲

雨行本自貪風便，四十里程真劈箭。長年攤錢夸半仙，一炊黍頃風頭轉。生世快意多所辱，葉舟瓠壺浪如屋。暗椿觸船船版折，船丁籲天船媼哭。塗窮儻有哀王孫，腰輔人家緊閉門。丁翁祿邀捕魚者，向我顧肯顏色溫。茅屋新成容寄宿,麻茶初熟仍見分。解衣滅燭睡欲死,鄉夢醒時雞喚晨。平時晨餔下南浦,定向揚州聽更鼓。飛廉生憂吾敢怨,薄命若為防市弩。今朝河面吹細痕,竹樹不聲人駿奔。掣鈴一笑話疇昔,便有樂事酬佳辰。鎮淮主人開渌樽,蕙蘭香前簫鼓喧,一盃為我安驚魂。勝談亹亹清耳根,向來憂虞無足言。

以上《江湖長翁集》卷一〇

# 全宋詩卷二四三一

## 陳 造 一〇

### 山居十首

山間有好事,時肯問何如。束送筋頭薤,鮮分匙面魚。披襟偕我飽,攬髮為君梳。一笑塵勞外,都無病可袪。

咀毒橫戈地,財堪博一羞。時流正攘臂,老子解抽頭。秦楚蝸兩角,跖夷貉一丘。向來回晚照,了不見全牛。

忽作斷過訪,經旬閒瘦筇。慵添和詩債,病減灌園功。石鼎裊輕碧,庭柯零碎紅。竹君如見慰,竟日嘯窗風。

居深自少客,兒輩省謷門。日課午鐘飯,生涯三畝園。嗜魚親蜑戶,輟果及王孫。不惜苔錢破,橫縱步屢痕。

鳥息我亦倦,行行取徑微。石稜妨錯足,藤蔓每鉤衣。森木各天籟,連山同夕暉。推門吟袖冷,滿帶野風歸。

涉世慣多迕,還欣愜此心。雞孫當歲稔,竹母值秋陰。言配香秔軟,行須綠影深。繼今摩腹去,風日更蕭森。

萍梗纔餬口,爬沙亦畏塗。悠然三徑地,有此百金軀。乘興聊吟筆,無絃且槁梧。幽居喜客醉,未遣秋田蕪。

蕉鹿謝依乘,孤高酒得朋。閑談每褐父,清晤或鄰僧。止酒玄真子,居家杜伯升。此心安隱處,蜩鷽傲鵾鵬。

一室市聲外,生經良不孤。園花非獨笑,風竹巧相娛。為客求鵝母,供家課橘奴。殘年溫飽爾,外此亦何須。

丁年陪友舊,塵霧去駸駸。不賴學問力,終孤雲水心。無波真古井,躍冶豈祥金。撫己知今是,扁舟釣碧潯。

### 元夜病起二首

霽色莫澄鮮,和聲入管絃。人家無事日,時節放燈天。璧月紅塵外,東風綠酒前。強陪兒女笑,病骨得輕便。

節物撩佳興,浮生盍自寬。山城如許樂,燈市不多寒。微步漂香細,行歌惜夜闌。何人欹醉帽,朱袖簇歸鞍。

### 香雲寺

山月明空隙,庭柯下槁乾。沈沈僧夜靜,漠漠鴈天寒。夢境愁偏隔,詩情老易闌。未容辭水厄,聊復踞蒲團。

### 丁簿到蕪湖書不至

幾日到于湖,交情未合疎。相望百里地,不寄一行書。待此寬相憶,何人念索居。朔風吹鴈斷,徙倚正愁予。

## 圩上

小村山影裏,山腳水明沙。春事初移柳,人家未摘茶。生兒了門户,饋客有魚蝦。笑我塵埃者,奔馳鬢易華。

## 丁酉道中暮春

去家如昨日,節物轉頭非。風處綠自舞,雨餘紅頓稀。野橋平水過,村路躡花歸。趁得酴醿在,筝琶拂舊衣。

## 秋日

夢蟻浪多憂,隙駒如許遒。凄涼一霜早,黃落萬山秋。得失古青簡,漂零予白頭。不因多病過,始覺此生浮。

## 仁于庵

穉稏圍僧屋,檀欒隔槿籬。月池聊濯足,雪壁賸留詩。里社皆困廩,鐘魚亦歲時。平生松隱賦,回首十年遲。

## 次韻瞿元卿

君是儒冠秀,源流況父兄。文堪一戰霸,氣欲五郎卿。與世甘多遷,謀生迄未成。其誰爲推挽,小試合承明。

我困枘投鑿,君才瓴建高。要之同臭味,政以借熏陶。觴詠聊真樂,嫭妍付爾曹。能來緩詩餒,芋火薦松醪。

## 得姪消息二首

甚喜年穀熟,仍聞佳食眠。郡人新過此,鄉信得真傳。社酒浮蛆淥,湖魚割玉鮮。平時計安穩,莫靳里胥錢。

二頃居耕穫,為謀未覺非。輸租能早計,坐社莫相違。念我官將滿,連宵夢只歸。團欒老丘壑,肯作食言肥。

## 感興

如鏡江流去,奔馳合自羞。病容霜後葉,歸興浪前漚。岐路三生債,風埃一飽謀。山田饒芋栗,珍重故園秋。

## 送人赴試

之子是荊璞,溫純仍琢磨。諸公推大手,壯歲合賢科。豹霧三年隱,龍門一躍過。得詩應自慰,老子閱人多。

## 金地寺

側徑崎嶇去,飛蘿次第捫。山橫欲無地,路轉却逢村。竹柏圍荒寺,莓苔上繚垣。殘僧不知客,芋火老雲根。

## 留行都

久飫南來飯,長維北去船。薰衣子笑韻,入筯望潮鮮。意適忘漂泛,吾生計食眠。歸期何用數,寬待藕花天。

## 調官歸

穰穰衣冠地,眈眈公輔居。雲霄有捷徑,塵土且長裾。老去懷歸切,生知與世疎。解裝漫刺在,況說子公書。

## 陪盱眙王使君東游四首

錦席浮波影,牙檣轉霧霏。飛花窺碧酒,舞蝶傍紅衣。野日歌前淡,雲峯望處微。游魚應與樂,啼鳥莫催歸。

纜解鷗飛處,船移柳影中。林廬桃李月,浦溆蕙蘭風。酒淺能無醉,歌長惜有終。賦詩聊泚筆,寓意未須工。

紅旗圍皁蓋,離迥碧山隅。水色涵雲樹,賓筵著畫圖。香溫金鑿落,花亞錦屠蘇。醉裏銀絲鱠,漁舟不待呼。

風林山闕處,茅舍兩三家。小駐回鵾隊,重尋粟玉花。疎煙橫暖靄,碧溜漱晴沙。野興未渠盡,數峯明晚霞。

## 都梁八首

淮汴朝宗地,孤埤只眼前。譙樓西日淡,戍鼓北風傳。破竹非無計,澆瓜亦自賢。客愁渾幾許,撫劍倚吳天。

天外纖雲盡，山巔望眼遙。平淮剪綠野，白塔界晴霄。客裏風光異，吟邊物象驕。功名它日事，回首興蕭條。

新居得翠微，景趣自幽奇。白石羣羊臥，脩篁翠葆欹。山光銜睥睨，雲影傍藩籬。席戶無車馬，禽猿不更疑。

關塞凄涼處，青徐指顧邊。如何漢正朔，不盡禹山川。將略輕三捷，天威重萬全。諸公不竭日，老子判留年。

路惡惟沙磧，山回忽市廛。樓臺明晚照，花竹暝寒煙。生事知無警，歡聲驗有年。猶嫌武陵遇，不載割淮鮮。

犬吠蔥青裏，人家竹徑深。短籬循石磵，老屋枕煙岑。牛瘠知春事，鳩啼認晏陰。豐年易為客，盃酒慰幽尋。

向來經世蘊，每作負山馳。鬢髮不留黑，京塵憋舊緇。生涯黃卷在，心事白鷗知。回首林泉癖，窮吾不為詩。

年年漢臣節，春鴈與同歸。番俗尊華服，皇家後武威。市中斜毦賤，水外拂蘆稀。南北皆生息，和親果是非。

## 寄姪

擁衾聽良夜，風葉不餘飛。天地清霜冷，江湖旅鴈歸。幽人惜短夢，遊子念征衣。窮老人間世，愁城屢合圍。

## 雨後病起二首

旱歲仍無麥,淮民食正艱。幾時占雨信,今日破天慳。盡息田家嘆,聊開病客顏。何由長歲稔,金火莫循環。

小卧竹間齋,幽懷得好開。病從涼後減,雨及望時來。兩屩山千疊,諸雛飯一杯。吾生計此耳,無夢到燕臺。

## 歸自湖西

晨具湖西飯,還家腹果然。怒風長擘席,急浪不鳴船。身覺青冥上,情留白鳥邊。衰年端一快,整帽向雲天。

## 客 中

多夜淮瀕夢,言歸未有期。愁禁客舍雨,寒過杏花時。酒廢無何飲,春如不自持。若為丹九轉,能黑鏡中絲。

## 次韻朱萬卿五首

陳雷好賓主,亹亹各風流。末座仍枚叟,捐金得莫愁。濃歡兼卜夜,暇日賴銷憂。近按梁州譜,何妨一再謳。

風義陶朱裔,斗南無此流。懸知禁厨饌,不賦畔牢愁。筆落無千載,談間散百憂。盡抄新樂府,惜欠雪兒謳。

彼姝綠窗子,歐覿亦其流。裙衩何因瘦,眉梢不貯愁。唾花新得意,庭草共忘憂。雌鳳求凰曲,人前莫誤謳。一雨動三日,溝塍皆怒流。風涼欺酒力,喜色寄詩愁。不待桑林禱,俄寬杞國憂。豐登知有象,滿聽載塗謳。

平時歌酒伴,雲散與風流。白髮潘懷縣,青衫許散愁。生憐自謀拙,人謂不堪憂。只擬江湖去,狂吟和棹謳。

## 寄興化徐尉二首

敬問昭陽尉,餐錢得飽無。時方依絳帳,課謝剪萑苻。賓俎仍黃雉,書窗了白駒。低回自愛惜,才業正時須。

自折河橋柳,何人慰寂寥。一書寧用靳,兩舍未為遙。瓜戍裝應趣,荊扉興自饒。回頭五雲處,猶肯訪漁樵。

## 次韻彭景貺

鳩杖隨身去,鄉園得自娛。紅鮮終日有,俗物向來無。酒所揮椽筆,風前據槁梧。逢人休舉似,兒輩笑吾徒。

## 贈課會諸公

書社他年事,尋盟未厭煩。須吾執牛耳,助子躍龍門。凌厲先諸彥,從容即萬言。雋功科舉外,暇日要深論。

## 次瓜州

雲暗平山塔,煙明老溽城。客行判費日,舟泊細論程。闡水清兼濁,潮天雨復晴。未須歸有夢,午枕愜涼生。

## 贈高黃二子

平昔金蘭契,過逢意自饒。乘閑無窘步,命笑有嘉招。翠斂歌眉黛,紅生醉頰潮。歸驂從惜夜,小待玉笙調。

## 贈趙秀才

袞袞紅塵去,扁舟得挽回。半生障日手,一笑沃愁杯。應俗吾衰矣,論文子壯哉。明年日邊信,滿冀好懷開。

## 約二趙棋集雨不果來

客子離羣意,蕭齋只睡宜。得無新雨嘆,漫有故人期。日力須棋局,風涼入酒卮。轉頭車婦去,相憶各兒癡。

## 次韻高紹之二首

能事餘千牘,幽期自一丘。向來書襞積,不療客漂流。小挹蘇耽鶴,同歌甯戚牛。幾時詩酒社,相屬話天遊。

奚囊走湖海,襟度極風流。學力隱一敵,才華追二劉。與時君有用,漫仕我非優。它日霄霏上,詩成復寄不。

## 次韻石湖居士瓶中早梅二首

詩翁靜三昧，筇杖壁間橫。小閣自清絕，幽芳從瘦生。巧當窗影見，時映燭花明。底用尋春去，衝寒踏月行。

羅帷護春色，羣木未昭蘇。絕勝翻香坐，聊陪琢句臞。天資便靜獨，冰影倚空無。後夜逢姑射，仙家白玉壺。

自注：翁約相過。

## 再遊虎丘二首

闔廬歸骨地，僧宇庇高丘。又趁能詩伴，來為弔古遊。英雄餘幅紙，歲月莽東流。未解山前客，相逢更說愁。

自注：末句紀所見。

令節携壺客，當年伏虎山。詩成雲氣上，人語畫圖間。官作三年住，時須半日閑。從今碧眼老，幾送醉中還。

## 謝陳夢錫詩卷二首

詩法工如此，何時粟一囊。渠儂須攤簟，老子欲燒香。世論曹賢否，人家皆稻粱。願天開老眼，為子療飢腸。

高才萬夫敵，餘事十全醫。有句撞哀玉，它年飲上池。可緣乖世用，政自畏人知。當復嫌多口，頻頻說項斯。

## 即事

側徑苔竹潤，短籬鷄鶩喧。小停障日手，聊憩卧雲村。綠影烏皮几，新醅老瓦盆。平生農圃計，重與野人論。

## 次韻羅春伯提舉

龍公靳飛雨,盍趁望時來。
尚及豐年計,真令笑口開。
池蓮端自若,月地信佳哉。
倚檻西風夜,題詩判費才。

## 送高紹之歸謀武林結課二首

眼底論人物,如君亦壯哉。
作書猶乞米,造物不憐才。
跛履妨詩筆,祛除近酒盃。
飛塵棲劍室,歸棹莫遲回。
自注:劍室,紹之所居。

輻輳羣英地,皇州異別州。
能文纔倚馬,作意付焚舟。
士價知名下,醫門要擔頭。
明年春鴈足,詢我賀書郵。

## 歲晚言懷

病在歲云除,相羊小石渠。
連朝無出日,進藥止觀書。
舊苦將迎困,新慙誦說疎。
官曹不事事,世恐消相如。

紙屋酣春意,霜空凝凍雲。
甘違酒伴約,稍策睡鄉勳。
寂寂觀騰踔,堂堂斂放紛。
冥心得今我,回首謝前聞。

雀響初防雪,鴉驕恐報晴。
徒妨一老夢,莫究二蟲情。
虛籟吹羣動,洪爐寄短生。
只今觀物化,未替白鷗盟。
自注:天晴雀飛有聲,時人以為欲雪。

## 贈相士蜀張二詩

博古亦多藝,相形仍論心。
司南輔名教,左契指升沈。
好語空千紙,行囊未一簪。
鄉關劍閣外,鴈足謾

## 贈陳錢二別乘

久絕還往,邂近二公,陳園小酌話舊,且約為小築之遊

平時被花惱,因病此心輕。笑語初疑夢,香紅旋問名。杖藜回白首,頹景欽衡城。

蜂蝶如相識,窺人却怪生。花氣浮遲日,鶯歌佐緩觴。肯孤留客意,兼貸著書忙。疇昔朋遊樂,扶攜醉後狂。因君話塵外,清興頓能長。

自注:塵外,樓名。

小築縈人夢,詩翁況舊期。定攜桃葉女,猶羨習家池。鶯燕聽歌慣,風煙取醉宜。餞春餘幾日,一笑更容遲。

## 送李元英還常熟從周宰讀書

久跂尋師足,還家訖受經。可容輕日力,政使帶朝星。高步須堂奧,它年看典刑。奉親時得笑,餘事賜袍青。

## 次韻歸路微雪

卓犖康時略,昂藏報主身。衝風還按轡,飛雪却宜人。帝渥先春遍,詩題觸目新。行行何樣好,歸路玉為塵。

## 鹽城阻冰雪贈陳德美三首

貧病謝人謀,形容覽鏡羞。要隨耕釣往,聊為斗升留。子術誠探妙,吾門恐暗投。霜鬢文學掾,寧復鄧元侯。

歸音。

斷港冰初合，窮塗歲欲除。臨年仍此悔，議道得無疎。撫事空搔首，何人為寄書。海風吹浩蕩，側望正愁予。

身口真相累，風霜得備嘗。即今歌匪兕，未慭反屠羊。辟謗規閉口，因衰再覆觴。不知詩酒外，何計遣悲涼。

雪意知呈瑞，還欺客鬢星。悲歡隨處異，艱阻向來經。夢境翩蝴蝶，宗盟近脊令。盤餐更譚塵，足用慰漂零。

## 夜雨

窗聲呼夢斷，燈影尚微茫。忽掃蚊專夜，從知雨獻涼。佳眠嗟莫續，殘漏耿猶長。却憶熒三尺，憑書怯曙光。

## 次韻何學諭送行二首 時小休吳江

新詩念報答，呫囁未能書。落筆羣英右，惟君一敵如。窮愁疎翰墨，客路費義舒。延閣青冥上，摩研正望渠。

湖山迎客棹，觸目總宜詩。回首蓬萊近，平生汗漫期。衰年得奇觀，往事屬懷思。何日鳧夷去，扁舟共翠眉。

## 曹娥廟二首

處死稽緦素，求名每寂寥。紛紛等枯冢，凛凛獨高標。玉刻龜趺字，風驅水伯潮。英魂儻如在，楚些未須招。

閱世誰無父,渠寧厭久生。驚波輕一死,森木竟雙塋。石壁千尋立,江流萬古清。祠宮拜遺像,猶復涕縱橫。

## 寄師文二首

父子相為命,淮鄉望海隅。誰非牛舐犢,心羨燕將雛。綵服藏書盡,青春負隙駒。營營溫飽計,猶恐未良圖。

阿泰知何似,無書坐地偏。未妨歸緩緩,可免意縣縣。肖父仍便酒,如翁不蓄錢。況須供老眼,欲說已欣然。

## 登招寶山

一鷲風煙上,三韓指點中。地隨山共盡,天與水無窮。夢蟻紛軒冕,騎魚可閬蓬。仙曹應拊掌,顧我簿書叢。

## 定海四首

縣境拖脩直,人家住土塗。三方鯨浪湧,一島虎頭孤。風物猶佳處,絃歌付老夫。平生蟲篆意,或許間憂虞。

齒髮今如此,東來料一寒。愛民平日事,宰縣昔人難。稍得官租辦,聊容坐席安。渠儂趣負軏,疑未厭兒寬。

穫稻來境埇,開篘薦碧香。地偏皆斥鹵,汲井得甘芳。漫仕今千室,前人陋一鄉。民安吾亦飽,相樂亦相忘。

官廨鹽煙外,居人雜賈胡。聽言須畫字,討海倚輸租。習俗何妨陋,鮮肥頗不無。已甘三載住,疇昔計乘桴。

## 聞師文過錢塘二首

行役兒無慮,衰懷自不忘。待潮何處泊,聽雨共更長。指俟烏供哺,先容鴈著行。更寬三日計,茫蒼下歸艎。自注:時師是入州迎兄舟。

九堰三江外,欹帆側柂頻。海鮮當日四庫本作入筯,雨鵲定隨人。椒酒須分歲,江梅巧借春。團欒多樂事,未沫物華新。

## 即事

平昔功名念,如今冷似灰。藏書堪樂死,望歲待歸來。小宅依城築,虛簷枕水開。溪翁詩社侶,有酒賸追陪。

## 官居二首

碌碌初鳴曉,通通已報衙。拙勤知待旦,欺紿未停撾。漫役鄉園夢,祇添老眼花。屈信庸敢計,斗祿倚生涯。

官居不惜日,宰縣動三年。忍事腸欲爛,為防頭救燃。不應一飽計,長受衆人憐。俛仰堪供笑,人間海易田。

## 送學生歸赴秋試因省別業三首

涼意蘇殘夢,催兒起問塗。功名數前輩,術業舊原夫。漫觸煙樓破,應先老驥驅。躅躑吾有待,端不倚岐盧。

年事真無賴，官曹已憚煩。兒堪付門户，吾粗有田園。遊舊因相問，襟懷為細論。此心歸隱計，日日受風幡。

食口幾鵝雁，田收問菜麻。自注：子美力難及黍稷，得種菜與麻。寧堪再攬減，自注：淮人謂歲饑為年歲攬減。又抱兩嘔鴉。自注：越人以嬰兒為嘔鴉。投老憐漂泊，何時了貸賒。終慙陶靖節，歸不計生涯。

## 冬至

至節占天意，豐登又必然。相風綠漪靜，賓日矞雲鮮。比屋皆生意，窮閭有醉眠。端容衰病宰，索句海山前。自注：正覺凌曉望日出，五色雲捧之，是日無風。

## 立春

春信葭灰動，尋知寒事休。光陰從冉冉，身世判悠悠。鬢影看銀勝，官期志土牛。羸骸更元命，惜為斗升留。

## 祭龍

廣殿羅籩豆，脩廊振珮環。帝觴初拜手，仙馭不違顏。瑞霧浮空下，靈風拂袂還。定知龍宛宛，千祀拱南山。

## 答龔炳澤卿 龔寄書，首云今更名炳

之子違離久，前宵夢見之。秋蛇開側理，曉鵲噪疏籬。歆秀何時改，郊庠更問為。有言今贅矣，暗裏自應知。

陳造 一〇
二八一〇

## 送嚴上舍并寄諸公十首

嚴子老且健,翩然湖外行。歸來困一跌,悲嘯念餘生。幸棄扶衰杖,幾成折足鐺。開籠出雙鳥,身已御風輕。

噴噴鴈聲急,稜稜秋意深。行都舊新雨,獨客短長吟。子肯憐衰病,時來慰滯淫。惜無移日酒,留照蠟燈斜。

### 右送嚴

自昔金陵幕,周旋未盡能。淒涼論閥閱,突兀擅聲稱。直己堪從事,公言不負丞。嗣當蠶鵐贐,留眼看依乘。

聞道張夫子,還家俗累輕。兩官終短袖,五字屹長城。龍斷悲人世,煙雲寫物情。只今遙夜月,獨許伴空明。

### 右寄張次夔縣丞

趙子趨吳幕,予偕詠舞雩。迄今推轂力,不墮拾塵誣。鬢腳今全白,車輪欲半朱。何階答知己,冰蘗耐窮塗。

已種河陽柳,將題晉客輿。論交記曩昔,因使問何如。擁爐應多暇,援毫不一書。詩成當屬我,拜賜袞褒餘。

### 右寄趙景安府判

憶訪俞夫子,頻頻挽袖留。酒邊無俗物,塵外有高樓。未醉催歌扇,言歸聽漏籌。此歡誰與繼,怊悵歲時遒。

暇日詩成集,西來見未曾。金徽想流水,玉井定層冰。呵護山靈惜,流傳紙價增。石湖千載託,密密續前燈。

右寄俞君任府判

交際論才業,何郎種種長。元推萬人敵,況別四年彊。文看青錢中,詩須古錦藏。西歸容盥讀,老境借輝光。

舊識追風足,低摧坂下車。長驅待雲路,小捷已鄉書。唾手須科第,差肩有詔除。公餘富佳句,記我渾樵漁。

右寄何解元

再次韻十首

重見髮更白,屬棲偕在行。余嗟遽如許,子亦可憐生。玉粒書新券,霜蔬煮破鐺。詩成莫浪出,或取世儒輕。

曲巷絕人跡,泥塗没屐深。未妨衝雨到,要伴掉頭吟。大巧專亭毒,何時掃疹淫。濁醪君莫厭,排悶勉孤斟。

客舍無佳晤,君來肯小留。衣穿從見肘,賦好似登樓。論世聊捫舌,輸棋不計籌。明窗坐方穩,寒日為誰遒。

吳門詩酒伴,人社記吾曾。香篆溫難爐,銅壺冷易冰。廢酬恕吾老,聲價放渠增。衰謝猶迴首,思分部屋燈。

朝家無闕政，秋熒繼春雩。恤緯憐吾怯，知言敢自誣。閉陰寧董傅，為己肯楊朱。未斷蝸緣壁，仍多豕負塗。

城西山水窟，早晚命籃輿。勝絕僧能有，拘攣我不如。山雲側步踊，雪壁細行書。它日營般磚，蕭然樂有餘。

中天有臺閣，自問汝何能。世路信薄命，吏曹須異稱。北歸甘醉叟，西上且聾丞。執友論文地，能無興可乘。

進業湖海窄，取名絲縷輕。因君論前輩，衛道有金城。潢潦先知本，機緘貴用情。靈臺與秋日，炯燭古今明。

仕為飢寒迫，歸憐興味長。卜居從詭譎，勿藥幸康強。鄰擬千錢買，書開萬卷藏。殘年文字癖，更欲競流光。

靖節瓶無粟，思歸更命車。慵垂督郵帶，況袖子公書。老我須閒適，塵緣得破除。還應與鷗鷺，分占碧溪漁。

## 題陳主管小壺天三首 陳延客棋于中

一室凌埃壒，公堂更左偏。閑消官上日，小隱洞中天。棋酒隨醒醉，蚊虻斷撲緣。憐渠鍛爐側，矻矻計巢仙。

棋枰外世故，喧靜信奇偏。俗網恢三面，冰壺令一天。時供詩友課，未斷宰官緣。付我紅塵去，如君自半仙。

未放歌雲散,先看醉帽偏。周郎自醇酎,樂廣定青天。持勝收賢業,推枰睨世緣。明年一品手,却訪玉堂仙。

## 過八疊舖問宿

平野俄空闊,遙山且有無。斜陽對捫蝨,暝樹忽啼烏。老去猶覊旅,生平頗壯圖。田翁詫豐歲,不擬話為儒。

## 高頭山

小駐緣雲脚,居然睡眼醒。楚田銜樹闊,漢水挾山青。躞蹀初忘倦,巉巖已飽經。川原方啖蔗,不擬嘆漂零。

## 無題三首

薄宦受風梗,還家歸岫雲。行人與喬木,老色竟平分。末路憨周朴,窮交有墨君。看渠綏若若,千騎詫鄉枌。

浪出嗟何補,歸來樂有餘。山川付不借,天地託蘧廬。酒熟聊呼客,鈎垂不在魚。平生棲遯意,政用蓋迂疎。

臥病十四五,秋來身自輕。已拚不籍在,寧復可憐生。每笑隱者傳,尚存身後名。灌園聊日力,分藥且交情。

## 思 歸

薄宦隨漂梗，流光任迅湍。家山蝶夢隔，節物鴈空寒。撫事頻回首，微吟小凭欄。多情但烏鵲，時肯報平安。

## 答壽詩

感念垂弧日，無成忽老衰。尚須庚癸諾，可諱甲辰雌。但有散人傳，難勝幼婦辭。呼兒張座右，言配蓼莪詩。

## 次韻章宰

窮山從薄宦，小郡著衰翁。政術甘疎拙，辭壇敢長雄。一飢纔自救，五細未宜中。又擬包羞去，京塵冒軟紅。

遊舊多厭絕，怪君終眷知。帳留仍碧酒，紵獻更清詩。風義固難及，月評無乃私。相從文字樂，悔作十年遲。

## 過樊村

幾日囚籠鳥，今朝縱壑魚。空勞計遲速，凡百有乘除。岸勢驚禽過，江聲午夢餘。心融得新句，澄水滴銅蜍。自注：漢江水黃濁，貪行不暇汲井。

## 書懷二首

俛仰人間世，纔為一笑資。百年羊腪熟，萬事虎頭癡。文字聊遮眼，功名浪朵頤。浮生如此爾，況復病餘衰。

薄宦爬沙地，平生一不施。才名將底用，齒髮欸如斯。自笑書汗馬，誰令手不龜。惟餘五色筆，忍賦四

## 步西湖次韻徐南卿前後九首

載酒幽尋地,乘閒得再臨。麗黃啼曉霽,魏紫笑春深。撫事揮犀管,他時夢鶴林。心期更閒寂,物理付昇沈。

楊園騫絕嶺,萬象赴窺臨。坐久嵐霏潤,來時翠碧深。鶯花自佳處,魚鼓亦叢林。誰在飛埃外,芸芸付陸沈。

山寺曾題竹,尋詩記所臨。緣雲俯空曠,捫石探幽深。倦鳥低平野,菸花下碧林。沙頭催喚渡,空水遠沈沈。自注:水月,趙園名。

水月春猶淺,攜壺記此臨。雲煙澹閒寂,魚鳥媚清深。堤路俄人海,侯家或肉林。高樓下金彈,簾影眇平沈。

徐子學詩苦,硯池寧暫臨。課功初矗矗,著語遽精深。更積歲月力,儻陪英俊林。人生才業地,渠輩分

徐郎小隱處,愛我許迂臨。多遵話歲晚,言歸忘夜深。袪愁倚詩酒,結伴卜山林。更喜檀欒舊,風煙挺綠沈。

西湖千頃畫,政用好詩臨。鑒揭霧解駮,屏紆雲淺深。鈿車隨寶馬,紅舫度青林。歸去開囊錦,君先炷水沈。

詩課迨離索,蕭窗誰肯臨。語方逢衆怒,自詫用功深。未議辭窮鬼,纔堪補笑林。舊交多冊府,肯信有愁詩。

湮沈。
逐利爭名地，扶衰蕢一臨。官同冰谷冷，盟締海鷗深。局步無夷路，卑棲有故林。鳶魚天地內，遂性各飛沈。

## 觀諸公射於城北書壁二首

舊約已湯餅，新歡仍碧香。小閑障日手，同憩臥雲莊。羣彥矢復沓，老夫詩在囊。疏畦暝晚色，野興為誰長。

塵我玉蟾蜍，弦君金僕姑。分曹雙壁立，中雋萬人呼。壯歲功名地，從渠山澤儒。他年玉音問，册府起孫吳。

## 次韻楊宰次郎裴時予亦留西鄉，因述懷

信次尚村落，食眠隨曉哺。山瓶餘灩倒，自注：村人以野釀名灩倒。僧宇謁伊蒲。笑挾兔園策，問收魚澳租。前灘起鷗鷺，為我作前驅。

## 次韻楊宰公田道上

人有褰裳去，時閑野渡舟。知君問彫瘵，隨處訪深幽。歲事方關念，村醪不破憂。貰租仍已責，或可繼前脩。

## 次韻楊宰樊汊

邑東南或偏得雨，然足不足村村不同。嘗與令君言荒政，寧虧官無寧厲民，此役也，哀不幸略僥倖乃可。因君有詩，輒次韻

龍豈分勤惰，司存想異方。縈雩均此意，豐歉竟殊疆。惠戒憎漏網，君寧專擊強。東南有偏熟，鄙語未

應忘。

## 次韻楊宰秋尾雪

密雪界秋冬,悲歡可得同。祥如關歲事,時合奏場功。政要肉骨手,民方霜葉風。強吟鹽絮句,面不蓋羞紅。

## 次韻楊宰葫蘆格

生常信流坎,老不嘆漂零。雪後菊未死,雨餘山更青。仍煩析塵語,遠寄打包僧。政績隨詩價,多君日日增。

## 次韻楊宰述懷

為儒如此爾,糧食第晨晡。詩漫南山杞,愁連董澤蒲。賓筵闕鵝炙,券負有牛租。久要惟窮鬼,文成不受驅。

## 次韻楊宰野步

筇杖陪隨去,漂然不繫舟。雲低山影暝,風定竹林幽。病減柳臂感,老無蒿目憂。吟詩如蝕月,玉斧儻能脩。

## 次韻樊汉

荒政賴賢守,湛恩推上方。龔黃真父母,秦越肯圻疆。手自起僵仆,術先銷暴強。膏肓得司命,銘肺可能忘。

## 次韻楊宰雪

對雪動遐想,此情今古同。饒為灞橋句,會奏蔡城功。恥卧袁安屋,思乘列子風。高翔廣樂地,眩旋九霞紅。

## 次韻楊宰宿田家

雪曉烏驚矯,無風葉自零。人家住莽蒼,徑柏挺寒青。千載猶歸鶴,三生省病僧。脾虛眼多眚,更比向來增。

## 次韻漕使張守二首

政績新皇眷,功名舊壯懷。人才雙立玉,筆勢各排淮。鵬路天惟眈,鰌生骨未埋。行看仲淹弼,接武冠堯階。

授書天佐漢,鼓篋客師韓。氣宇包溟渤,辭鋒凜莫干。經綸股肱似,姓字齒牙寒。不作規隨起,誰令九鼎安。

## 題吳司理子隆兼隱

紳笏視林藪,達人忘異同。端知柱下史,卻笑鹿門翁。犴獄仍陰德,詩書亦雋功。何須笠澤去,煙浪放船篷。

## 次韻張守赴真州辭家

爭引依風領,須公布惠慈。深恩手摩拊,數計月盈虧。歲事方援溺,情親更語離。來時鴈天闊,觸目總宜詩。

## 次韻張守惠山

詩伯心如水，熊軾再護邊。教條父老舞，姓字裔夷傳。客到牽鈴索，詩成仰屋椽。平吞雲夢澤，聊酌隱之泉。

## 次韻張守塗中逢節二首 向予房州之行，亦舟中作歲節飲

塗中歲遹盡，江影暮澄凝。柏酒惟宗武，河梁似李陵。問津田叟傲，挾柂長年能。繫纜纔沙觜，人家已上燈。

賞心仍令節，十事九相違。老境家猶遠，愁城日合圍。客塗君尚嘆，世路我知非。羨殺鄉居子，耕梁木葉衣。

## 次韻張守與潤守總卿詩四首

天階玉作筍，此地合垂紳。尚戒專城馭，虛逢籲俊辰。公方閱竹馬，名已薦楓宸。政恐經綸去，諸公拱後塵。

漁樵送晚景，天地著陳人。澗底離奇榦，人間浩蕩春。峨冠纔識字，何策可資身。不擬千言賦，忉忉恩大鈞。

殘年仍舊學，平日亦新書。酒渴今司馬，嚴棲昔幼輿。夢無三字拜，家有五車儲。但諗催詩燭，吾衰冀少徐。

向我能忘勢，張侯却甚真。頻分代舍飯，遣濯客裾塵。長日無知己，因君愛此身。可須砭劑力，振臂起漳濱。

## 頰江樓分韻得春字

## 次韻楊宰泛湖

他日草玄手,效官今武城。端憂計豐歉,行色問陰晴。詩酒時陶冶,身名孰重輕。猶能記鷺蹇,拜賜得瓊纓。

## 次宿北阿韻

聞道籃輿去,遙崗復近阿。詩應弔孝逸,碑或贊頭陀。靜者官餬口,公朝禮作羅。憐君日阡陌,塵土撲陰何。自注:北阿,李孝逸破李敬業處。

## 次韻趙帥四首

藩方人奠枕,楚尾鐵為城。曉日熙仁惠,春雷殷政聲。護邊一李勣,增戶幾王成。笑指瓊花露,如公徹底清。

腹裏羣經笥,毫端五字城。少陵寧漫興,侯喜欲無聲。竊聽鏘金奏,仍聞破竹成。君知盥手處,毛骨為誰清。

我亦飽參僧,贏糧走百城。諸公傳句法,夫子擅詩聲。自笑屠龍誤,時須畫鷲成。峨肩出苦語,蠻夜共淒清。

自昔繁雄地,蕪城壓錦城。惟公工活國,上課已蜚聲。富庶幾當日,調虞屬老成。歸應演周頌,宗祀奏維清。

## 次韻林子長

詩壇舊同歈,攀附不無因。攬轡今膚使,回轅記老身。雲泥知已隔,譚笑尚容親。不記棋前酒,當時定幾巡。

## 次韻趙帥歲暮

虛心觀物變,投老得詩窮。玄草居然白,爐萁却暫紅。詩緣梅雋發,愁倩酒消融。未用凌羈客,疎簾逗雪風。

## 次韻小閣

聞道委蛇地,金虬自炷香。心雖便靜默,時恐後騫翔。物外貯春色,人間占夜光。定誰傳句法,俗骨點玄霜。

## 高宗皇帝挽章四首

雨露均皇澤,丹青煥帝猷。恢圖自天運,授聖與神謀。方睠脩齡夢,俄偕造物游。姑山餘四子,不復候瓊輈。

惜俗皇風粹,怡神象帝先。寶圖傳聖嗣,金闕觀羣僊。典訓昭如日,華夷痛所天。衣冠游歷地,一一淚河前。

天地重開闢,華夷赴指揮。羣生欣按堵,三紀仰垂衣。鳳歷雖無極,龍樓忽告違。廣成譚道處,千古想驂騑。

精一心傳後,功隆道固存。徐乘儴馭去,往儷玉皇尊。典誥無遺意,臣民有斷魂。嵩靈弓劍望,愁霧慘

## 壽皇聖帝挽章三首

孝儉超千古,初終秉一心。時前未央酒,每惜露臺金。遺範天同久,湛恩海與深。攀攜慟夷夏,悲淚作秋霖。

受授光堯禹,規摹陋漢唐。皇圖開壽域,國步坦康莊。檢玉方慈範,乘雲忽帝鄉。華夷均孺慕,矯首涕滂浪。

慈儉遵先志,剛明肖上乾。題期千一遇,躋治五三前。他日山藏篆,終天澤漏泉。稽山穿望眼,松影五雲連。

## 強同年次子挽詩二首

識子初衿佩,巋然自夙成。風猷乃公似,文字老夫驚。遽隕連城器,難推造物情。新宮漫仙伯,政復待君銘。

弱歲不好弄,俯窺同隊魚。開編便頭角,諸老辦吹噓。囊錦餘詩草,悲風忽輀車。人今埋玉恨,清淚灑衣裾。

## 黃尉挽章二首

傳緒祖風懿,居鄉家道肥。羣書了漁獵,一性自弦韋。官僅紆黃綬,時須補黑衣。空纏百身恨,遽作九原歸。

落筆心猶壯,論年鬢未斑。硯損初鑄鐵,澤失善藏山。談麈那容數,靈輀去莫攀。松阡縈望眼,衰淚可勝潛。

## 李粹伯挽章二首

今代論時傑,如公未易量。冰壺鍾器質,繡段粲文章。遂鬱鸞臺望,俄成馬鬣藏。忠賢如此爾,天意竟茫茫。

病酒漳濱久,傳聞信復疑。為郎真地下,哭友漫天涯。雨紼何由挽,風松想助悲。自今思有道,時展蔡邕碑。

## 九日

樽俎天風度,亭高眼界寬。江山對吹帽,煙雨人凭欄。蟻酒傾靈液,霜花碎辟寒。樂長回過鴈,香細靄雙鶱。樂事酬佳節,千金命一歡。燈前喚歸騎,星漢已闌干。

## 次韻盛教授

詞章有餘力,老色嘆侵尋。況苦漳濱卧,俄聆正始音。新篇驚間發,平處冠來今。脩月無前手,凌雲得此心。葩華分子細,矛戟駭陰森。玉楮何勞刻,於菟不易擒。競傳平水市,或博樂浪金。妙弭風無迹,清價渠能許。徐驅憐老驥,決起羨驚禽。善搜海并深。與時猶落落,逼古謾駸駸。襆被征塵暗,臨流鬢雪侵。頃歲欣相識,高山慰所欽。周旋窺義府,衰朽謝書林。適越慙荒陋,依劉耐滯淫。交情向來密,詩病幾時箴。遲子迂軒蓋,呼奴潔釜鬵。其爐足幽趣,玉唾滌煩襟。斗酒窮簷日,招搖得共斟。

## 再遊殖軒小酌

生世岐喧静,平章有不如。宦塗吾畫虎,濠上子知魚。去索長安米,歸細笠澤書。茲軒住蒼莽,勝日復躊躇。酒盞扶頭後,鶯聲禁火餘。蘭風度樽俎,蝶翅掠襟裾。有底煙霄意,便為水竹居。可須供麴糵,未後課欀鉏。花蓓紅酣日,池光碧浸虛。鶴頭依綠荇,龍骨鬧清渠。詩興因超忽,愁端得破除。時從一吟醉,小計百硨磲。

## 送羅提舉

萬口歌謠裏,臨岐挽使車。五雲金碧際,平步閶天居。皇眷須裨益,清朝有詔除。致君真夙素,活國此權輿。壯歲持英節,春風滿比閭。民皆樂耕鑿,吏敢狃侵漁。日者流離嘆,時方旱暵餘。飽飢親勞來,骨肉費勤渠。汲直開倉後,韓公報政初。重前漢皇席,肯挾子公書。冠豸傳應實,嬰鱗可待徐。規恢今日事,抱負與時攄。吏治捐邦蠹,羣妖信鼎魚。衰翁憐命蹇,違世坐才疏。壯心翔碧落,歸夢謝黃淤。凝睇成分袂,從人更曳裾。念為天下賀,不擬賦愁予。

## 謝龔正養正病後分藥

如許卧痾久,入春知少蘇。遽能捐藥物,分惠及吾徒。字驗親題健,形非賤子臞。人情工老芋,友意寓柴胡。怪底陰陽寇,偏陵山澤儒。從君足力減,嘆我酒腸枯。解橐供砭劑,投筇試步趨。身方困厲鬼,名已屬亨衢。書蠹妨生理,盃蛇可自誣。斯文千歲計,平世萬金軀。大手堪周史,諸公待董狐。幾時隨急詔,帆影漾前湖。自注:養正補官有信。

## 勸農書淨居壁

小出成休務,徐驅免戴星。風枝禽磔磔,煙隴麥青青。蕭寺蛬塵外,行軒數刻停。謄呼黃髮叟,看卧碧香瓶。庶富幾無憾,耕桑飽所經。由衷疎直語,或可比間聽。

## 寄顧簽判

定海虛籍米數,簽幕主張蠲放,作詩謝之

版財虛占籍,為弊與年深。挹酒空名斗,無虞可即禽。焦頭寧自救,捫舌未渠瘖。上幕真時望,平居念陸沈。蠲痾丹九轉,援墜綆千尋。容易令公喜,恩勤獲我心。益昌留署考,神武貸抽簪。厚德何容報,交情擬斷金。

## 飲寓隱

軒亭曉清曠,行樂未妨頻。無客不堪醉,有花長是春。憑欄尚紅藥,結伴擅芳辰。笑駐凌波步,香分折角巾。鶑聲殊自健,杏子況嘗新。仰止宗英伯,來為鄭驛賓。言辭獨樂樂,仍命可人人。鴻弄舞時影,梁蛬歌處塵。棋枰誰得雋,詩筆自疑神。欹倒何妨屢,歌呼却甚真。升沈塞上馬,容易鬢如銀。奈許追歡地,回頭迹便陳。

## 再遊福溪巖贈主僧

山路細縈蛇,欹危訝泛槎。幽人肯假榻,倦客似還家。茶供含秋露,菘殖帶早花。香秔有炊玉,煮餅不搖牙。好在經行處,還憐舊約差。摩抄驗蛇蚓,圓缺屢蝦蟇。境信人俱勝,心寧迹與賒。農時多閔雨,意緒每如麻。却話三生契,空嗟兩鬢華。蒲團坐雙穩,良夜對篝紗。

## 均州贈應守沈倅

聞道均陽郡,平時百萬家。客行休訪古,世異定興嗟。逐逐總為市,通通亦摻摣。僅成新聚落,那復舊豪奢。屬者歌籥地,連畦蔓瓠瓜。今來冠蓋侶,薦筯欠魚蝦。自注:連日買漢江魚無所得。狹路幾沙磧,頹垣膩土花。街塵坌鳥雀,屋影暗桑麻。恐有如鴇鵬,仍驚攫肉鴉。郡計稽圖牒,農功富秉秅。遺基滿空闊,面勢踞谽谺。一水紆龍脊,羣峯簇犬牙。封疆界梁楚,形勝引黔巴。吏庸常報最,帝澤向來賒。劫火延中夏,髻頭震四遐。風聲離夷裔,俗習墮奇衺。穀蓄寧關慮,山荒久廢畬。腰間尚牛犢,籬脚漫貙犯。久矣皇恩洽,悠哉户籍加。帥車初柅軌,倅戍未歸槎。厚本還千載,移風待兩衙。撫摩端不苟,悒悒信無華。已日知胥悅,為生漸有涯。耕耘捐末務,惰窳棄前瑕。條教須源委,浮淫計蘖芽。要能潞鄭白,不必漕褒斜。號召人投袂,污邪歲滿車。騰陵傾獻替,陸續拜亨嘉。績效煩銀筆,人才况絳紗。翰藩仍庶富,餘付史臣誇。

以上《江湖長翁集》卷一一

# 全宋詩卷二四三二

## 陳 造 一一

### 赭圻

朱旗僅奏蜀川功,咫尺中原未向風。禮接謝安猶故舊,心知越石是英雄。生前逆氣無宗國,身後餘妖有狡童。忍對青山話遺臭,人生過鳥抹秋空。

### 閒題

自笑冠裳裹沐猴,只今江海信虛舟。斷無貝闕珠宮夢,好在黃鷄紫蟹秋。詩外盡為閒日月,人間分占素公侯。政須鷗鷺供青眼,未厭山林映白頭。

### 飲客

暑氣憑秋已自消,可能枯策伴良宵。試開玉友招詩客,共吸金波對舞腰。人近笙歌堪耐老,天非風月定無聊。簿書正使無閒暇,卜夜時須慰寂寥。

### 次丁嘉會韻二首 其弟嘉正亦在倦駐頻題醉後襟,離羣自嘆闕知音。卜鄰未暇論前約,著語聊須慰此心。小挽歸軒清夜飲,憶嘗對卧白頭吟。中年畏別猶輕別,添我霜毛又幾尋。

塵裏清風忽滿襟,詩成正始識遺音。才輕餘子今文舉,氣壓諸豪復季心。棋罷蠟燈銜爐暗,酒闌庭樹挾

## 再用韻寄丁知縣二首

旗亭風月小披襟,慰我東歸聽足音。潮水去來當有信,岫雲出入自無心。酒盃乘興從妨夢,詩律緣愁久廢吟。明日揚舲回白首,烟橫北固權千尋。

南樓酌酒未分襟,啅鵲啼烏亦好音。晴日倒紅生笑頰,烟梧搖淥漲盃心。可堪歲月供行色,盡把江山博醉吟。不繼蕉湖留十日,焦峯浮玉恣幽尋。自注:丁為蕉湖簿,留予必以十日為約。

## 念　衰

別時把酒欲霑襟,楚翼吳鱗要嗣音。撞玉礧聽辭客語,斷金深得故人心。對床風雨終前約,滿眼湖山念獨吟。何日水雲淮上宅,草荒三徑肯深尋。

心意彫殘底自娛,每臨清鏡笑頭顱。詩從多病難為好,官過中年劣勝無。急景驅秋著髭鬢,歸鴻銜夢下江湖。更應載酒高陽伴,誤輓歌呼話故吾。

## 閑適二首

人間火烈更風蠆,笑殺幽人詠檜枝。貪赴敵場爭腐鼠,寧知造物玩癡兒。百年擾擾玄駒聚,萬化悠悠野馬馳。老子床頭但周易,尚容隱几耐支離。

丁年故紙枉埋頭,老去時名底用求。得句蓋嘗身被謗,屏書姑免眼為仇。關門工作橐駝坐,閱世已冥鵬鷃遊。槁木山糜真適適,從來里舍議家丘。

## 九日留交代

歸軒小駐莫匆匆,佳節胡宜客路中。已締金蘭千載契,政思萸菊一樽同。礧山烟薄秋容瘦,槐袞簾疏晚照紅。此興向君殊不淺,要看醉帽受西風。

## 次韻蘇監倉二首 時蘇兼主邑學

交朋又得一相如,高掩虞郎行祕書。妙論析微驚我倒,諸生到眼可人無。一官幸此分鄰燭,五字渠能攬虎鬚。快讀清篇病如掃,北軒風竹對森疎。

長日奔馳傳置如,久妨著論與抄書。逢人爭席有時有,疥壁留詩無處無。禦寇未辭躬楚製,論文常憶攬桓鬚。扁舟再有東游便,肯向朋從自作疎。

## 再次前韻二首

未說高文錦不如,談間已勝十年書。是中我亦潛心久,作者君今舉世無。應俗不堪塵眯目,論交政復棘如鬚。獨憐兒戲心猶在,更向詩筒較戚疎。

倉官尉職賤誰如,終歲區區奉簡書。勝日偷閒須著便,青山有約定來無。著書聊閣如椽筆,疾惡休張磔蝟鬚。好袖新瓢五峯路,碧淙清樾伴蕭疎。

## 縣圃酴醾

北園紅紫已蜚塵,始放幽亭爛熳春。疊翠影低珠幰重,洗粧人倦玉容真。薔薇清露疑分派,茉莉評香且外臣。領略濃芳須好語,即令袖手恐花嗔。

## 賞酴醾病不赴

不得花前共一樽,蕭齋藥裹自相親。閒追水佩風裳夢,空負雲階月地春。縹緲瑤英霧為幄,敷腴玉面酒

## 次陳宰韻

鯢籌交錯舞僛僛,曉色侵窗客未知。便整醉魂乘款段,尚餘吟興屬醍醐。還家擬趁寶瓔珞,喚客重乾金屈卮。著意風煙與調護,免教花意恨歸遲。

## 徐陶會

松底軒窗卸虎韉,竹簾閑裹石爐烟。山間風日小春後,會裹杯盤長至前。蟻子醪敷能及客,彈圓侯栗不論錢。巖棲野嘯平生意,失腳塵埃雪滿顛。

## 即事

泛蟻醪敷且命斟,中年節物自關心。風前千柳競春態,烟際一鳩啼晏陰。急景絕憐添鬢雪,芳辰猶阻盡朋簪。年時醉藉梨花地,回首鷗盟可得尋。

## 縣西

一徑斜穿犖确行,身閑尤覺馬蹄輕。坡頭嘉樹千幢立,烟際長江匹練橫。茶皷適敲靈鷲院,夕陽欲壓柸坵城。一春簿領沈迷裹,野鳥山花眼最明。

## 上峨橋早行

一從筆楚替陳編,漸慣山行野店眠。白氎風霜雞唱後,黃塵岐路馬蹄前。光陰付我千莖雪,伏臘何時二頃田。寄語淮鄉隱君子,浪言梅福是神仙。

## 寄幼度主簿

辭家暑雨濺紅蘂,轉首蕎花已雪如。歲月祇隨流水逝,笑談陡與故人疎。簡書我正罷長道,歸棹君行指舊居。他日霜風吹夢破,空從旅鴈覓來書。

## 和張秀才

山川向晚點塵無,忽訝篩瓊屑玉鋪。巧與梅花爭便旋,試將姑射比肌膚。破寒春酒何曾釀,薦筯窮鳩不料臞。陵藉東君從作意,未妨芽甲暗昭蘓。

## 雪晴再用韻

龍燭飛空雪漸無,光搖窮巷麗金鋪。妓樓邊喜春生座,席戶渾驚粟在膚。剡水不須乘興去,飯山猶是作詩臞。自憐白髮疎慵客,擁被高春夢未蘓。

## 次韻早春

良辰邀醉得錢無,雪後郊原翠欲鋪。無力晚風搖柳線,有情新日養花膚。尋芳擬貸愁邊意,照水還驚病後臞。春到祇思為圃樂,臘移杞菊種鷄蘓。

## 次韻張秀才雪

可是春皇吝物華,羣仙剪水作奇葩。壺中天地渾糜玉,風處園林盡勒花。宿火煖寒聊榾柮,夜光落手忽驚嗟。忍飢邊擬搜詩謝,何異空腸更飲茶。

## 用前韻酬雪霽

東風吹暖擅年華,不放江雲颺素葩。嫩碧忽看搖水面,暗香已復辨梅花。塵埃憐我褐之父,名德思君留子嗟。沈辱清詩祛滯思,真成酒病薦真茶。

## 寄丁主簿

江邊聚首偶經旬,自挽園蔬拂甑塵。老檜根株官舍古,涼蟬風露賊曹貧。斑雖去後情無那,紫燕飛還句更新。一舸東浮待秋老,菊花蘆葉定留賓。

## 寄林子長教授

芹堂風景幾經過,匝坐紅蕖倚綠荷。下筯慣嘗雲子味,開樽仍費雪兒歌。官移催我離羣去,夢境思君樂事多。鴈足寄詩情未薄,却慙屬和付羊何。

## 楊家會小坐

斷蜺收盡有雲屯,月映蒼山斂昏。白露素空猶暑意,碧林危葉已秋痕。鳥烏定為何人樂,絡緯惟能竟夕喧。老閟流光易悽惋,惜無佳客共清樽。

## 七夕

龍旋鳳扇一相迎,知費青禽幾寄聲。天上經年纔舊約,人間轉盼便深更。後夜玉琴彈別鶴,獨應乾鵲夢魂驚。

## 復程平叔

早歲雄文手自編,偶同聞喜聽鈞天。漫為官去吾何取,肯寄詩來子定賢。潘岳自憐頭易白,士安況苦病相纏。羨君身健須如漆,萬里亨衢穩著鞭。

## 汪叔量白酒

妙訣何年受異人,釀成珍齊祇逡巡。端憂肯念霜髯客,取醉時分玉色春。窃處想如君德厚,飲來渾類我

## 寄鄉中親舊

攜書憶上上江船,撚指官曹欲二年。白傅病多空自嘆,老坡仙去却虛傳。人生傰短庸非命,我判浮休不問天。來歲過君定驚笑,尚堪詩酒與周旋。自注:鄉中有傳僕物故者。

## 隱靜簡堂老贈籐杖

兩枝籐杖各過頭,一贈詩翁一自留。借力崎嶇知意厚,分岐喧靜果誰優。挂歸山路煙嵐好,橫向禪堂魔魅愁。償盡阿師行脚債,不妨分我老滄洲。

## 次韻楊樞堂老贈籐杖

勸相江糜奮鋸忙,却回小隊訪山房。松風不約爐煙直,畫晷潛隨僧話長。政外輟閑知有味,區中得醉浪名鄉。銅丸好句長哦罷,坐聽驚猿墮莽蒼。

## 次韻楊樞視圩遊隱靜

神護天關色正莊,挽回帝眷一絲香。人間雨信先鳴鶴,仙界雷翁叱卧羊。剗剗青秧迷迥野,浮浮白水溜方塘。豐年信出為霖手,懇惻憂民意叵忘。

## 病中書懷二首

少日清孤效樂天,諫書未落世間傳。曾圓八節灘頭夢,重了三生石上緣。雪竹霜林便老境,蒲團禪板付臞仙。詩篇把玩真聊爾,古井無波敢自賢。

促促浮生忽二毛,安心有法賴禪逃。夢知二竪今相避,仇問三彭底許饕。世路從今蝸兩角,燈窗姑置兔千毫。破顏細點功名錄,祇許淵明酒處高。

## 次韻元卿二首

君自才高與世疎,我頑能使此溪愚。醫師久已肱三折,賦客栖然屋四隅。莫道十年同好惡,相過一笑間

憂虞。胸中圭角今餘幾,詩膽由來已破觚。

笑攜佳句又衝寒,政用消憂觴詠間。酒賤粗能留子醉,食貧未暇慘予顏。搜詩杜老方須藥,強項蕭生且

抱關。舊約偶耕猶念否,霜林雪竹正斕斑。

## 次韻劉宰

傾蓋回舟一再逢,向來淮左又江東。自驚歲鑰催衰白,況說京塵踏軟紅。吏役吾方百寮底,詩工君更古

人中。挽留重試傳杯手,得醉歌呼興未窮。

## 夏夜飲客

砣砣官曹興易窮,得閑何惜一樽同。傍愁邊到無惡客,從竹間來皆好風。勝日詩狂輸酒聖,轉頭渭北復

江東。雕鞍未作扶攜去,更放蘭缸子夜紅。

## 贈趙監獄

才俊如君士論推,下交從昔最知歸。談間八面無餘敵,酒處千金不當揮。方辦西湖陪語笑,預愁南浦訴

分違。只今又捧江西檄,連夜驚魂夢打磯。

## 行都

露冷河傾斗柄低,望仙橋外獨歸時。風梳御柳娟娟靜,月度觚稜故故遲。幾處清歌留客醉,誰家長笛倚

樓吹。太平喜樂朝仍暮,帝力何曾爾輩知。

## 春晚郊外

輕雲閣雨不成飛,稍喜行軒貸夾衣。帝里園林春欲老,人家簾幕燕初歸。滄灣潮應沙痕瘦,碧隴烟生麥浪肥。眼底湖山聊著句,那憂樂事與心違。

## 託人賣馬二首

伴我山城慣嶮巇,長因馬健感吾衰。三年粗了癡兒事,併日猶嗟竈婦炊。會見千金市龍種,可能一笑換蛾眉。還家劣有枯籐在,神駕尻輪得自欺。

閑人徐步覺優游,馬似羞貧意不留。久厭短衣隨射虎,更憐匣劍佩耕牛。楚山好處聊雙屩,淮水生時辦一舟。如子長才當柄用,佇看干旄擁鳴騶。

## 次韻王知軍雪

雪神濡物不遺時,嗣歲懸知羨帝祺。沙界積蘇煩阿母,天仙剪水倩風姨。鄗城曲好無前調,梁苑賓來有後期。未辦壺天陪一笑,夜深空歛索詩眉。自注:壺天,盱眙齋。

## 次韻汪解元

萬里亨衢子舊期,故人留眼看輩馳。低回尚作風鷖面,遇合何妨物在頤。落筆每驚風雨駛,探囊或恐鬼神悲。禹門合有龍頭信,小待桃花浪暖時。自注:汪兔解赴省。

## 次韻王知軍夜坐有懷

夢想天兵下不其,壯心搖蕩受風枝。攝衣試作聽雞舞,窮我庸非造物兒。腰下誰懸蘇子印,城中人笑董生帷。西來江左夷吾在,小敵纔堪劍首吹。

## 次沈倅韻呈王漕

王家流慶水傾東,不獨烏衣紀數公。天畀臧孫當有後,人遲汲直未居中。鳳巢袞袞九文羽,鵬路搖搖萬里風。隔坐從今幾雲母,定知周魯各元功。

## 次韻王漕起秀亭

夢矚常山萬仞巔,寶符千載尚依然。烏孫有底梟憑夜,赤子能忘蟻就羶。正朔會須還禹服,登臨聊復對吳天。明年重放危亭目,萬旅公方北首燕。自注:王公每譚恢復計甚銳。

## 次韻趙教授 辛丑大旱,農楫腹可念,歌酒市誼譁自如。趙有詩,次其韻

爭米何心問斗城,聚蚊底許太狂生。未遑饑粟如子罕,謾復公言付阿平。緩我愁腸千縷結,羨君筆力萬鈞輕。何時去上中和頌,却用詩情寫物情。

攜筇西壘復東城,觸處千愁百恨生。如許堯民艱粒食,未應漢法廢常平。愛君長策三農重,泥古迂儒一芥輕。會略文移倒陳廩,一時骨肉慰皇情。

## 再次韻贈郭高叔

知君詩價舊連城,不作渠儂苦瘦生。血指有人慙妙斲,空拳如我合輸平。珠同魚目曾非匹,鼓過雷門定見輕。久已傳抄呼阿買,陶編可復置閒情。

## 寄陳居仁二首 得居仁書,說來舊游,作此寄之

鵲語晨簷燈夜花,雙魚隨客到寒家。交情從昔金可斷,別夢即今天一涯。風雨對床他日意,雪霜欺鬢與

時加。閱人半世花開謝,更覺松筠耐歲華。尚記誅茅柳外隈,水光搖霧潤窗扉。桑間曾是僧三宿,海上能忘鶴一歸。野店樽罍醅腳釀,比鄰雞鶩稻頭肥。解顏一醉平生事,更向行藏計是非。

### 次韻郭教授雪二首

皇心憂喜與民同,帝意深憐歲不豐。瑤檢何時下仙界,瑞花一昔覆寰中。和聲已自消疵癘,陳廩從知困窮。今世夔龍活國手,信知人職代天工。

詩力駸駸雅頌同,人言平處逼熙豐。清篇自昔傳平水,妙曲何人和郢中。頗怪鯨牙須手攬,懸知鼠技笑吾窮。衰慵合袖推敲手,且可旁觀跼鼻工。

### 次王帥韻後詩呈葉教授

業履冰壺器鏌邪,元戎韜略況儒家。功名自昔須橫草,南北于今賴灌瓜。村墅稻田黃罷亞,塞垣榆樹老丫叉。為公著意收詩稿,傳與中都萬口誇。

功名回首負年華,梨棗諸雛未克家。老計生涯須下澤,才非世用但匏瓜。為儒僅博肱三折,謀食寧羞手一叉。青眼故人猶念此,肯持巴唱向人誇。

### 次王帥韻 九日楚州燕,帥出詩,即席次韻

使君觴客及公榮,慰我他時渴德深。已為穆生重設醴,更聞正始嗣遺音。打圍紅袖留連舞,論檻黃花取次簪。恰似雄邊臺上醉,回頭歲月嘆侵尋。自注:雄邊,高郵臺,守舊所臨。

### 書劉元之教授劄子後

碧酒清歌興未央,挽留行色為風光。小人政自屬饜足,老子工於作樂妨。舞雪放閒愁踏月,夢雲驚散冷禁霜。明朝一寄相思字,旅鴈無情亦斷腸。

## 立春前一夕雪二首

天仙幾夜集瑤臺,剪水篩瓊不受催。直遣瑞花將臘去,盡驅和氣與春回。坐窗客有吟飛絮,對酒人應唱落梅。雪與相如俱未至,可能草賦壓鄒枚。

雪龍侵夜正銜枚,破曉郊原玉作堆。雲葉攀翻徒自舞,瑤花頃刻為誰開。土膏已遽宜農事,綵勝何妨映酒杯。幻作冰壺天一噱,夢回品物各春臺。

## 餞趙伯衛趙有詩次其韻

雪後垂楊裊綠絲,郵亭折贈訴違離。明朝月地嗟分影,勝日風流此一時。白閣論詩成夢境,清湖載酒有心期。樽前擬倩如椽筆,細與邦人寫去思。

## 贈仲國美 前年春,國美亦留夜飲云

三閱春光一建瓴,依然歸棹泊危亭。烏迎客子各頭白,柳學故人俱眼青。曾是縱譚僵婢僕,又成豪飲臥罍瓶。明朝小話前溪別,分付溪風管醉醒。

## 次韻彭景貺

紫燕穿簾若有求,為人端作置書郵。詩翁別後猶能酒,妄尉歸來亦未侯。江閣香溫留語笑,花樓月好記從游。即今滿眼悲凉意,投老寧禁此段愁。

## 贈課會諸公

## 再次韻答陳居仁二首

籬菊擎霜又著花,插花猶記醉君家。兩州札翰雖頻寄,一笑班荆迄未涯。酒處賦成千載計,床頭易熟數年加。珠璣屬我元無踵,坐想揮毫寫物華。

丁年也辦刺天螢,幾夢西垣與北扉。未逮時英書汗簡,已煩溪友寄當歸。桑榆境界寧辭冷,芹藻杯盤可得肥。說似故人應絕倒,衰顏五十盍知非。

## 題殖軒

窗戶青紅斷手初,桃蹊竹徑類僧居。日陪騷客揮椽筆,時著班衣奉板輿。領會能忘一樽酒,窮通擬付十年書。仍聞布穀催春事,一雨朝來溜決渠。

## 賀二石登科

捷音西下巫蜑星,二隽辭鋒舊莫京。桂樹前宵減清影,棣華同日擅香名。謝家蘭玉真門戶,蘇氏文章亦弟兄。此去提衡霄漢上,鵬摶鯤運更論程。

## 次韻何符山人二首 久雨而晴,故有後章

門下軒裳不轉頭,何人皮底著陽秋。獨煩客子衝泥屨,屢到衰翁聽雨樓。從昔詩聲追正始,即今賓友驗宣州。清篇快讀彊人意,未覺京塵厭薄游。

曉看明畿下網絲,物華俱屬喜晴詩。一詞不措重呈拙,七字鼎來當更奇。喜鵲啅人真作意,蝸牛屏迹似

知時。湖山好處長謠去,擬赴蘇堤勝日期。

## 同高叔不愚如晦飲再次韻二首

詩老掀髯吟掉頭,紅粧間坐眼波秋。白下,可無急鼓衮伊州。憑君更挽劉師命,寬破三年爛熳游。

珠簾深裏按金絲,幻出揚州杜牧詩。共引玻璃扶窈窕,更煩側理寫璵奇。一歡有約能如願,四者求并每後時。却念少陵從鄭老,得錢沽酒話襟期。自注:樓乃舊名倡居。想有疏簾窺

## 題潘德久竹居

竹裏幽棲不掩關,解將應俗等居山。風流彭澤羲黃上,詩力蘇州季孟間。官縛猶存紫公服,客來肯靳玉條環。雪兒小直珠千斛,可但疎簾見一斑。

## 次韻張直閣避暑

紅榴照眼笋穿階,峭閣登臨快此來。淨境袪煩仍客共,醉鄉逃暑更書催。庭陰碎喜風頭動,虹影明看雨脚回。萬事屏除詩債迫,此心抖擻未容灰。

## 次前韻謝胡運屬二首

耐暑初宵露白頭,詩來分我一襟秋。露飛瓊滴溥蒼竹,月漾金波冰小樓。政用桐君絃白雪,便煩從事到青州。此懷未滿須餞與,更為狂生賦遠游。

爐烟裏裹上晴絲,伴閱長須送似詩。眼着昏花予已老,句鏘哀玉子能奇。隨人趨步庸非俗,取意粗梳自入時。大手只宜臺閣裏,不應猶話鹿門期。

## 早步湖上

忽忽京塵漬客衣,正須軒曠一伸眉。獨行初日葱蘢處,不待游人雜遝時。魚樂暗搖亭樹影,風輕閑弄水雲姿。因循又耐簫歌聒,早晚湖山細入詩。

## 次韻章守移學

千柱崇成儼舊規,小勞移築未為非。諸儒受業三熏沐,賢守收功一指揮。歲事此時爭拭目,決科它日看增輝。問玄亦復侯芭事,可但經生識指歸。

## 次趙解元韻

養病年來嬾著書,逢人掉臂睨迂儒。愁邊好客從天下,譚處清風起座隅。愧我多言終不近,似君知已未應無。酸鹹嗜好雖殊稟,政恐渠儂誚太愚。

興劉止用一編書,萬軸垂籤或腐儒。表表君今超北學,多多我已悔東隅。聲華看續諸公後,爾雅深知一筆無。縮手袖間真老矣,灌園蓄特了朱愚。

## 再次韻呈章守

吾儒交賀得宗師,片善盱衡置百非。小駐鋒車宣室召,時觀譚麈頖宮揮。詩壇已許公餘論,鄰燭何曾靳寸輝。此意急須賤阿衮,不因魚稻久忘歸。

## 次韻章守獵

身著邦君小隊中,縱觀虎將萬旗紅。目光注射鷹窺草,電影騰凌馬弄風。忽有清詩驚破竹,更憐蜚翼墮抨弓。南歸又苦車中婦,夢憶分鮮一醉同。

## 飲殖軒

病骨今朝覺倍輕,雲天昨夜已全晴。爛遊花木欣榮處,賸喜風烟指顧生。春草池塘頻入夢,夜窗燈火會尋盟。悵然又與禽魚別,波影沉隄晚照明。

## 趙使君淮春樓落成二首

五鳳規橅到眼中,摘星奇觀欲爭雄。客乘雲氣遊三島,人聽歌聲指半空。便擬瑤盃酹銀漢,何妨醉面受天風。胡床不盡登臨興,未覺邦君後庚公。

步帳高牙置下方,華筵雲影入風裳。西山爽氣珠簾外,北海芳罇錦瑟傍。賓主前聞無勝事,簪紳明日賸餘香。一天和氣誰拘檢,付與邦人作醉鄉。

## 贈趙秀才一首

平生心事釣漁舟,邂逅青衫映白頭。肯為功名戲雕虎,不留顏面對沙鷗。露溥青蓋高荷曉,風約黃陂小麥秋。入眼斜川歸趣好,此身何處不菟裘。

## 寄興化葉明府進卿二首

奧學居瞻數仞堂,業文自笑及肩牆。平時江月工分影,勝日篝燈約對床。身世我方憐枘鑿,風期君肯遽參商。相忘兩舍雖匏繫,當有詩筒訪士鄉。

一昨連甍較詐狙,龥箝合闢未良圖。君來嚬笑民之法,政絕鋒鋩古與徒。俗變身如游建德,時清人不畏萑苻。自公日有詩書樂,大府仍無急急符。

## 贈曹秀才二首 生,杭人,方免解赴省

不復林逋起九京,空留詩卷逼人清。如君況自鬼神助,擲地應聞金玉聲。敗履人今笑東郭,奔蜂我亦愧南榮。三千奏牘真餘事,側耳齊廷待一鳴。

抖擻胸襟一不憂,迂臨惟子肯綢繆。訪書笠澤心摧落,苟祿吳門路阻脩。老去欲追三徑約,客來當辦一錢留。它年水北山南計,更挈詩瓢就我不。

## 次林計議喜雪韻

雪縞長空紵帶翻,數知冬意未闌殘。歲功告瑞須三白,客子憑高耐一寒。拍塞閑郊瑤圃闊,晶熒危堞玉龍蟠。歸來凍坐追清賞,重把君詩剪燭看。

## 次韻朱秀才二首

蕭齋愁興倩誰寬,籠鶴昂霄顧羽翰。自昔詩深知武謔,肯辭雨濕過蘇端。心期落落空軒豁,世事悠悠控摶。正枕誦君悲壯語,夢隨飛將躍鞿汗。

儒冠林立更鴻生,經倚蕡道可耕。便合摘髭書桂籍,未須擁鼻避時名。似聞睇夢成三耳,會見驚人取一鳴。講易露門誰第一,佇君重席振家聲。

## 次韻石湖居士見梅

東風猶是玉為塵,靜女冰肌小帶皴。尚壓芳華擅春事,枉當窮臘議花神。仙姿絕俗遺羣妬,鼎實收功看一新。疎影暗香吾袖手,且容詩伯繼黃陳。

## 虎丘

長日蕭齋類蠹魚,出門春事半銷除。快舒中散飛鴻眼,穩憇文公臥虎廬。塵外風光詩筆底,竹梢禪榻茗甌餘。歸塗定有行人間,底許空青潤客裾。

以上《江湖長翁集》卷一二

# 全宋詩卷二四三三

## 陳 造 一二

### 次王仲衡尚書韻

着腳功名馬絡頭,人生君所幾居州。惟公德操朱絃直,映世冰壺白月秋。久已短長冥尺寸,可須骯髒羨伊優。即今千里謳謠地,贏得揮斤五鳳樓。

### 次韻石湖居士晴窗遣興

闔門車馬隱晴雷,我亦臨風詠快哉。平碧際空烟羃歷,蔫紅照影水縈回。園翁門巷初沾絮,遊子杯盤欲薦梅。落晚小家還饌客,旋篘春瓮取新醅。

### 次韻石湖居士遊虎丘

山靈知我欲巾車,岫幌雲肩已被除。竹葆松幢平几席,碧烟紅影認林廬。飯分禪供清無敵,飲屬詩流興有餘。莫話長安牢落客,付渠塵土曳長裾。

### 寄王仲衡尚書

世態翻雲覆雨間,令人合眼夢還山。生平名義非肝膈,歲晚師門要面顏。鷗鷺波寬雖有約,鳳凰城近可容閑。留年看試調元手,未擬安仁賦拙艱。

### 贈陳簽判 訪陳,方闔門飲

## 京口呈張閣學

熠熠螢光罥露荷,搖搖盃面漲金波。受風正作團欒飲,閉戶深防襁褓過。情話想無雲母隔,新篇應有雪兒歌。揆予可諱劉郎笑,講舌長乾鬢自皤。

歸懷未用話南園,卧治于今又北門。但息兒啼寬上意,小稽霆擊取中原。虎頭銳視非無種,獅子當觴且勿喧。更恐譚公家世事,斷無宣勸定驚魂。自注:時迓北客,故云。

色辭他日慰淒涼,別去吳山楚水長。蟻國槐安消幾夢,鶴歸華表恐千霜。安排久矍冷官飲,軟語重登君子堂。所惜將迎無暇日,妨人詩律悟濠梁。

## 題成倅小築

主人領客竟成遲,閑殺林園此段奇。勝日阿蓮須後乘,即今佳菊尚東籬。肯來雪壁題詩處,許繼華堂墮幘時。醉後與渠同起舞,一庭花影月迷離。

## 皇孫壽詩二首

寶祚煌煌羨帝祺,天潢餘潤到孫枝。壽星良月占重見,振古熙朝此一時。椽筆紀祥芳草頌,龍樓開笑正含飴。蘿圖況與乾坤永,長歎三宮奉玉卮。

曾箋蓬萊挹德風,日親儒保馨寅恭。學窮奧閫包賢聖,人仰英明肖祖宗。綵服近天仍樂孺,帝觴拜賜更從容。應劉壽語年年事,九萬香牋未闕供。

## 酬賈學錄韻并送炭

何人戴目倚錢神,更問吾徒拂甑塵。醉纈不供詩客眼,弊裘應笑廣文貧。坐看十日澠為雨,遙想千家桂作薪。貸子曲身當得句，地爐分施臘前春。

## 次陳夢錫韻二首

薄雪晶瑩壓屋茅，未須桂玉計晨庖。已便鹽絮明愁眼，更喜烏鳶得夜巢。小聽騷人賦梁苑，旋看春意滿東郊。忍寒便擬尋梅去，夢想瑤英點舊梢。

思君采艾嘆如年，眼底羈愁只自煎。破夢有來驚剥啄，衝泥徑欲跨連錢。新篇端復千年計，舊集猶須百手傳。早晚聚頭三日語，塵邊閑聽有源泉。

## 次韻朱解元雪

掉頭取別未經旬，已積胸中幾斛塵。密雪忽明銀海夜，端憂空負玉花春。筆驅和氣君何健，囊致新詩我未貧。勝日兔園當有賦，可能客右欠斯人。

## 次韻陳夢錫

手板貪緣替荷鋤，從渠爭挾子公書。三年已辦青箱蠹，一飽纔分代舍魚。煙爐其爐朝兀兀，窗明風籟夜疎疎。獨思把酒看君醉，墨汁淋浪點翠裾。

## 約二同年游虎丘

兼旬閉户耐寒威，起視晴空碧四圍。黃鳥啼邊忽游子，白龍去後漸單衣。年時尚記尋芳約，老境仍憐得醉希。紅影幽香虎丘路，杖藜携酒莫相違。

## 次韻陳倅趙宰雙竹

兩君深結此君緣，句裏蕭森墮我前。筍茁便應欺瑞麥，詩成端合付雙蓮。窗間儷影斜新月，風處駢梢裊綠煙。會擬韓公頌連理,為渠小輟枕書眠。

## 寄王尚書

一昨家庭拜帝綸,熊轓催去不遑巡。小遲繡袞昇元輔,復向蓬萊作主人。竹馬未迎歡意浹,蒲鞭重試教條新。詩廑樂職諸生事,筆力誰今幹萬鈞。

## 次韻嚴上舍

待月尚思前度月,中天圓璧不留分。即今霜氣挾靈籟,如許金波乘壞雲。念我吳牛終喘夜,憶君冀北忽空羣。自注:文炳時已就他館。睡魂作魔病作祟,猶賴清詩來解紛。

## 次韻朱通判嚴上舍

蜀莊漂泊閬間城,獨向陶朱意氣傾。詩寫閑情易為好,雨塵炎暑欲爭清。居同蟻穴晴猶閉,歸笑鳩巢老未營。久擬投君渠保社,援毫空復可憐生。篛玉誰今窺正色,班荊渠定賞真清。雙壺問字寧能許,一醉留賓不君家名酒壓吳城,肯向時流取次傾。辦營。莫惜驅車餉元亮,須防結襪要王生。萬手抄詩遍洛城,老懷可但向來傾。采菱白雪方迭奏,蜇雨曉風相與清。價重欲輪和氏璧,令嚴誰犯伏波營。即今貂尾那容續,更判工夫費此生。子元才望未專城,玉面醲敷且細傾。寵辱盡捐身外事,釃酣聊樂聖之清。分甘亦復憐吾老,歸去須君傳此法,秋田百畝便平生。

## 再次韻後篇戲朱

淙淙雨勢欲沈城,袞袞辭源亦對傾。闢户渾疑雲氣近,誦詩如在玉壺清。射知猿臂須穿札,陳怯魚麗且閉營。只把兩君新句法,為歌豐樂韶諸生。

## 苦雨再次前韻 後詩謝許送酒

似聞新醖敵宜城,想對簷花又獨傾。別乘工為海鯨吸,廣文當念露蟬清。投醪頻遣春浮頰,盜印寧無夜闖營。約束長鬚牢閉户,瓮間防有畢先生。

席蚓堂蛙豈趙城,崩空急雨未休傾。青秧可復成堅皂,碧海渠能受濁清。田舍望秋猶萬一,官曹需禄更征營。寶熏定有回天力,即看朝曦指顧生。

底用詩名到鳳城,未妨醉帽笑欹傾。日聞蜺嬴譏狂率,目送鯤鵬箠紫清。譚客有時三不對,生涯除酒一無營。鳴鞭走送君能斷,小印親封定好生。

## 試院贈三同官 八月十二日

果飣茶甌意未闌,獨慚衰鬢映朱顏。聚頭長作三更語,屈指惟餘兩日閑。食葉蠶聲行人聽,探珠驪頷不應慳。預憐朱墨秋宵永,咫尺燈窗斷往還。

## 歸有日喜作

夜燈晨飯棘圍重,檻束飛猱鶴在籠。敢效騷人悲迫陋,秖防舉子誚冬烘。搏風定有莊鵬化,得雋從知冀馬空。明日還家墨壓新酒,菊登金蕊拒霜紅。

## 次韻袁提刑勞軍許浦中路風雨

方隅尺儼威顏,窮谷回春不作難。渥澤欲隨金節到,先聲已失鐵衣寒。來時敢憚風將雨,泊處仍聽浪卷灘。天自與公供壯觀,海涵雲物正闌干。

## 次韻常熟感舊

詩囊隨處紀山川,古縣繁雄更海邊。按節將春巡甲壘,循陔回首記丁年。綵衣尚念親三釜,芝檢終當歲九遷。移孝為忠賢聖事,期公迄反汶陽田。

## 次韻犒士

萬竈連連儼舊屯,朝來喜氣襲人溫。固知除器須平日,政復投醪亦至恩。帝紓函春周壘壁,使星回耀照和門。文經武緯君王聖,汗簡須公紀治原。

## 次韻回塗打冰欲遵陸

轉頭風日破堅冰,未用穿危冒滑行。瀚海無波聊整棹,陽春有腳莫論程。詩情動處髭頻撚,使事閒時酒細傾。馮問逢迎黃髮叟,里間歡意為誰生。

## 別趙文卿明府

人品推君第一流,論文向我肯綢繆。日從紅粉追譚笑,家置青編紀唱酬。轉首各乘鳧背去,幾時同作鳳城游。臨風莫道書難寄,旅鴈飛還是便郵。

## 次韻袁丈知府喜雨

使君今代段荊州,指顧為霖旱不憂。比屋便令開笑口,散人亦復掉吟頭。封君擅富寧容數,義廩賙貧可待求。想閱賀章天更喜,津津玉色動凝旒。

## 次韻袁憲雪二首

犯雪回帆歲邊殘,自憐雨澁更風慳。從遊已落鄒枚後,著語渠能季孟間。夢逐蜚僊凌色界,誰因逭客護雲關。獨思快目毗陵曉,玉襯金波妥錫山。自注:塗中壯觀如此。

天憐梅蕊怯摧殘,善後何妨小作慳。一雪應期真望外,三詩說喜想顏間。瑤花已兆食四䭔,沉炷為通天九關。捲帳盍酬民氣樂,蘇臺持酒挹湖山。

### 贈趙步帥

出處升沉轉首非,無端顛倒念分違。瘦羊博士尚骨立,白馬將軍今肉飛。共仰鈎陳明帝極,少須尺箠下金微。為公草罷平羌檄,徑指淮鄉舊釣磯。

### 壯觀亭為真州作

頻年入夢此躋攀,驟覺平時氣象還。吳客到應忘月觀,淮鄉勝不數平山。飛檐曲檻霄霏處,疊嶂橫江几席間。見說能詩好賓主,風雷落筆每乘閑。

### 次韻吳江陳學長送行二首

詩人六十合恩袍,平日周旋重譽髦。舊學堪重漢儒席,新文欲僕楚人騷。等觀得喪心無累,飽閱豪英眼更高。聞道青箱富嘉頌,詔音早晚召王褒。

白首詩書未亢宗,還紆墨綬揖王公。玉堂金馬拌身外,法護僧彌且眼中。自詭噓枯酬雅志,肯從束濕就奇功。垂虹高士知心客,定信襟期出處同。

### 次韻張丞月試士人

居有齋庖教有官,諸生肯復計安閑。充庭數貢知非遠,造物于人本不慳。思苦得無金注拙,眼明終眩錦花斑。自憐慣秉雌黃筆,案牘如今拄屋山。

## 次韻答張丞

顧省辭華分槁乾,簿書堆裏作粗官。客懷止飲仍多病,海氣乘秋早戒寒。好語相濡真禁臠,不才持答欠琅玕。從今惡況能排遣,日課君詩一再觀。

## 次韻張丞二首

夫君腹笥盡奇謀,每叩談鋒聽不休。誦賦久嗟無此作,薦賢端合拔其尤。政恐諸公有推挽,平時果藝仰由求。

槁梧閑據自沈吟,投老真成負此心。酒沃渴鯨悲事往,官隨跛鼈笑吾今。進為終愧周人朴,歸去曾無陸子金。尚賴君詩慰牢落,時清聾聵發純音。

## 再次韻二首

鉛墨才為一飽謀,還因跛躄賦休休。南州習俗難馴擾,北客迂疏易悔尤。世味辰星今落落,歸心風斾正悠悠。知非況自五十九,為問衰翁底更求。

自揖高人擁鼻吟,湖濱詩酒便論心。天教聯綬同民社,日許挑燈訂古今。刺眼未妨翻著襪,躍爐寧問不祥金。簡編自有千年計,遲子追還正始音。

## 次韻周秀才

暇日枝筇對搖落,衰年悲感為誰多。政疎里俗有囁咕,身遠貴遊無孰何。耐病阻陪吹帽醉,袪愁聊復擊鑮歌。詩來起我湖海興,夢逐狎鷗分白波。

## 正覺寺

細穿詰曲上高寒,一鶩青冥杳靄間。欄楯欹浮滄海影,東南重見紫金山。方壺入眼鯨堪跨,璧月依人桂易攀。聞說老禪佳寢飯,一生無夢落塵寰。

## 次韻張丞

邦人邑吏總堪憐,茶供爐薰共籟天。占雨幾孤霞粲曉,望霓何啻日為年。翻黃已熟村村麥,平淥行看處處田。擬倩龍公作霖雨,更煩終惠息頭燃。自注:諺云朝霞不出門,近頻有此,亦復不驗,故云。

## 次韻任解元喜雨二首

寄語今年主雨神,當知小雨未康屯。人心正切霧霑望,農事深愁晼晚春。朽壞舊嘗封蟻穴,停雲空復壘魚鱗。鮒生宿蘊天人學,無計王前拜手陳。自注:俗謂魚鱗天必雨。

跪奉爐香幸見憐,人言匹庶可回天。及今一睹盆傾勢,滿意重占斗覆年。僅息黃塵昏永晝,幾時翠羽冒中田。此心安得頑如石,水旱豐凶付偶然。

## 次韻陳秀才二首 其父在獄,有詩哀鳴,為弛其禁,作此答之

吏治因循俗已疵,可無柱後濟寬慈。顧慚德化一何取,敢意古人三不欺。剔蠹方圖洗薰染,放麛端復甚衰遲。成君今段萊衣笑,莫更風前賦百罹。

七字開緘粲陸離,元非劍氣燭闉扉。夜光信出老蚌殼,錦段遽分鄰女機。庭賦繼今行北闕,市娼過眼忽南威。蜑騰可但榮親計,我亦他年得儁歸。

## 元日

## 次韻張丞 是日忽晴

縣人燈夕舊嘗看,夜敞窗扉曉不關。勝賞鑾應追俗尚,晴暉巧與破天慳。招邀便擬日復日,容易遽吟山上山。更乞紫姑豐樂語,為添喜色到顏間。自注:張計為越行。

## 再次韻 未燈夕,張丞送詩再往返矣。十四日丞飲,借三妓遺往

長日官曹迄未閒,佳辰一笑頗相關。萬情同樂那容失,四者來并每坐慳。歌酒恐孤燈市月,烟霏猶瞪海門山。龍公可復會事發,汛掃陰霾彈指間。

## 十四夜丞和章來復次韻 是夕陰無月

好時好節工惱客,投老祇思深閉關。鶴膝痛醫終是病,蛾眉公奪豈容慳。浩歌已減落梅曲,苦思更妨醉山。冷語陋姝何所似,貧家矮屋劣成間。

## 十六夜張丞有詩次韻

衰年寢食僧齋似,甚欲持盃解入關。桂魄元非月蛾靳,韭葅終笑庾郎慳。不成小醉穿燈市,又作相逢頰飯山。思澁徒貽山婦怪,羨渠飛雉落黃間。

## 張丞再有詩次韻

燈夕勝遊皆邈意,可無歌酒答豐年。雲藏玉斧重修月,樂奏壺仙小隱天。鴈陣低空危欲墮,龍公驅雨未成眠。惟應鐵鎖銀花句,落紙明朝萬口傳。

仰高排昇玩清圓,學力卑摧舊判年。後進或夸金擲地,前修猶是斗橫天。晚規省語安衰病,暇復分題攬醉眠。祇有君詩追古作,未忘緗素遣兒傳。

## 再次張丞韻 十六日作假,風狂雨橫,無聊就枕,復作

龍職陰晴肯轉圜,寒侵春事倍常年。彌旬稔聽盆翻雨,一室何殊甕裏天。多病可堪嚴酒戒,高春未愁枕書眠。忘憂蠲忿疑無策,小草論功亦浪傳。

## 次韻王簽判

奧學聞君不近名,聲華猶是壓時英。詩篇向我肯揮掃,句法驚人渾老成。未厭泛蓮依衛幕,只今薦鶚達周京。明朝置酒當投轄,萬斛洪源看倒傾。

## 次韻自序

丁年拾芥視功名,可但紉蘭茹落英。深愧官曹無所補,向來志願幾餘成。分營伏臘耕淮壞,久絕音郵到帝京。尚有好賢餘習在,老懷端合向君傾。

## 次韻戰艦

下瀨千艘舊擅名,漢家虓將況飛英。呼韓款渭人胥後,小耿平齊事竟成。擊楫定無違廟算,覆盂端有奠神京。聖君動靜天人合,持滿何妨亦定傾。

## 次韻招飯不赴

吏能儒業實慙名,晚喜論交蓋代英。千里久勞魂夢往,一歡猶阻咄嗟成。粲花論勝違頻聽,擊鉢詩工況莫京。別後樗溪縈望眼,此心川水漫東傾。

## 即事

江漾晨光入縣門,樓斜晚影到漁村。海聲不為無風靜,山色居常帶霧昏。問俗即今防竭日,來時撫事錯銷魂。浮生寄寓君恩重,未覺天涯異故園。

## 勞農淨居贈皎啓二僧

勞農今喜復南轅,夾道扶攜亦笑誼。縣尹庶幾無疾病,山人迎送耐頻煩。苁蔥湯餅聊堪飽,出瓮春醪半帶渾。惟有為民真實意,異時陳迹付公言。

## 題林監稅漁鄉小樓

半是蜑軒半是樓,主人雅趣寄滄洲。晨霞莫靄紛濃淡,越舶番檣閱去留。徙倚想君舒醉眼,從容須我掉吟頭。病來止酒便高卧,幾夢烟波没白鷗。

## 九日登樓 海上重陽,率多風雨,邑寄(疑當作宰)罷飲作

縣曹逢節猶忙迫,陰雨乘秋每接連。九日歡娛異前日,幾年晴霽有今年。帽委西風判一醉,故人應未笑華顛。

## 鑑湖道中

風烟佳處放歸橈,吟坐篷窗首屢搔。萬壑千巖爭獻狀,三江九堰自忘勞。尚多菡萏張秋錦,少待蟾蜍印夜濤。繚碧森青誰子宅,未容載酒訪清高。

## 言懷二首

此身與世分相違,可是平生不見幾。知己方占白雞夢,寸心已傍碧山飛。周旋觴詠須三益,斟酌行藏欠

一歸。覓社湖西隱君子,為翁應掃釣魚磯。自是三生賀季真,亟應收拾水雲身。蜑氓吏隱聊同俗,飯犢生涯且耐貧。林壑風烟當未愜,利名韁鎖聽橫陳。世間靜者猶張郝,老境婆娑定笑人。

### 贈陳居士 居士不娶,居林氏樓,與一神童處教而成

昏宦冥冥墮急流,羨君高謝此籠囚。能詩似是林和靖,博古寧慚許散愁。上藥化金緣頃刻,虛舟觸物信沉浮。何時我亦休官去,對臥元龍百尺樓。

### 次諸公韻 歸高郵,張守即日招飲,次韻謝之

回首舟餐野店樓,何殊子美詠青泥。竭來賢將先回盼,徑上詩壇許命題。舉白爛陪山簡醉,凝香到有武陵迷。異時過計今方悔,曾慮談間彼子西。

### 對雪小吟次前韻 時使君留嚴文炳,偕師文飲

翻鴉啅鵲瞑爭樓,舞絮郊原雪冰泥。已綴瓏璁分檜柏,併揚光彩貢稂題。撚鬚句好無前勇,索酒人歸有後迷。客子鬢毛今愧此,忍寒挾策市橋西。

### 再次韻謝張守得新居

得巢歸翼愜卑棲,尚卷風茅落凍泥。病樹緣階旋培植,舊書堆案細籤題。地非新野聊龍卧,人似東屯勝客迷。身世只今供冷笑,百川東注月行西。

### 再次韻呈張守

烏衣雛燕正依棲,又見南風遞赤泥。宣室殊恩子夜對,天章清問御書題。可無上藥蠲民瘼,有待司南覺

世迷。好在論功繼皋益,毋庸問管濆曾西。

朋舊携持過陋樓,炊香瀹鱠拖泥。酒澆磈磊聊娛老,詩惱酸寒最切題。種秫集功今有約,對棋銷日不嫌迷。千奴別去平安否,時欲挐舟覓社西。

### 聞盱眙北使信感事再次韻

猲犬妖狐合故樓,函關底限一丸泥。堁中已辦吞青海,甲外寧惟餤白題。提封舊物渠須計,一候韃汗更向西。

### 雪晴再次韻

璇穹瑩澈晴風後,曉日初融陌路泥。老檜蒼筠潛動色,迎春送臘好分題。藏春僧閣心曾戀,闞海山亭夢到迷。回首桑陰三宿舊,鄴城東去虎存西。

### 對客再次韻

客來一笑同鄉味,便粉秋菰刷藕泥。糟浥子薑仍舊法,籠緘乾笋儼新題。白魚紫蟹空濡沫,窘兔驚麋想碭迷。自揣腫儒合蔬糲,放麑終恐愧巴西。

### 述懷再次韻

高車駟馬笑雞棲,亦笑餔糟與泚泥。魯酒得間聊復飲,晉興投老偶然題。春冰自水收新悟,雨矢無鄉悔舊迷。尚有平生山水癖,未妨遊戲向京西。

以上《江湖長翁集》卷一三

全宋詩卷二四三四

陳 造 一三

## 次韻嚴文炳兼簡張守二首

嬉遊有願自今償,回首春容已浩茫。霽景偏遲張錦地,小園秀出卧雲莊。梅林破玉香沾袂,池水搖漪漾淥泛堂。茶具筆床陪語笑,未妨日飲慰還鄉。

梅梅柳柳護深行,倦客重遊眼更明。谷鳥自應尋舊約,渚蘭潛欲換新萌。詩工已可醒人醉,賦就當須冰坐清。老我客渠真得計,夢魂無復鳳凰城。自注:文炳許作賦。

## 再次韻二首

宋璞隋珠不當償,平時佳思墮荒茫。老規種秫師陶令,備有前茅愧楚莊。蜂鶴攪腸空軋軋,鸛鵝嚴陣怯堂堂。即今全勝輸公等,自占床敷霸睡鄉。

欲彎青驄試小行,擁衾待得曉窗明。端知霽日渾無價,可信啼鳩識未萌。勝處風烟堪一醉,是家池館擅雙清。不憂兒輩妨人樂,倚賴詩豪五字城。

## 再次韻二首

郡政只今多暇日,名園欲到指蒼茫。能詩有客憐侯喜,好士惟公繼鄭莊。促膝未妨灩似酒,轉頭當復玉為堂。聯金綴玉真吾事,膌刻堅珉表士鄉。

近墅何妨一再行,後車應著老彌明。詩成直壓摶榆上,譚勝寧容鄙吝萌。鷗鷺一灘窺語笑,松篁千挺峙寒清。從今好繪斜川集,莫靳流傳到帝城。

## 再次韻張德恭二首

公家父子書林傑,力探希微析混茫。膝上風流識文度,鯈游領解契蒙莊。六花陣勢容摩壘,五鳳規模見肯堂。自嘆吾兒豚犬爾,祇宜耕牧守窮鄉。

平日疎愚但意行,每從師友仰高明。如君況是庭蘭秀,向我防譏凍芋萌。柏悅懸知待松茂,渭流終不涊涇清。新詩應敵纔餘事,紙價于今貴列城。

## 文炳近歲節感愴作詩寬之

嚴侯才氣舊無朋,晚作江淮肉食僧。飽對風烟吐膏馥,時因節物動銷凝。君今宛是林和靖,我亦何如杜伯升。濁酒寒菹共一笑,未妨同剔課詩燈。

## 再次韻復文炳

君猶芹泮老賓朋,我似房公再世僧。烟徑幽尋春澹泩,月窗冷語夜澄凝。人情感舊多為祟,酒盞澆愁更計升。笑命棋枰同永夜,旋添其火上篝燈。

## 再次韻呈張守

使君劉白信其朋,笑我頑然粥飯僧。打睡正便簷日煖,味詩還喜蔗漿凝。破陰風軟梅猶小,弄影雲疎月漸升。一自藏鈎得新句,莫停吟筆到燒燈。

## 再次韻贈張德恭

老尋詩法得良朋，轉處驪珠悟後僧。帝所宮商中夜奏，仙盤沉瀣未秋凝。樂天不幸逢元稹，季友而來有彥升。交手當家親父子，為君別本記傳燈。

辭鋒森列看分明，退作窮山苦行僧。每讀嚴詩驚我倒，亦知舜績待公凝。絲綸指日從天下，閶闔摩霄接武升。更想班衣奉親壽，五雲低護九枝燈。

閭門不乏遠方朋，辟席渾如問話僧。筆底煙雲無盡藏，譚間霜霰不寒凝。身行建德歡謠裏，人在春臺瑞日升。老子生涯漫訾省，擁書猶傍短檠燈。

同門誰定肯論朋，拙似茗鳩嬾似僧。病減不辭詩語拙，歸來少貸客愁凝。老欺鬢髮絲千丈，羅仰官倉日五升。臺閣中天清夢斷，分眠山店間漁燈。

## 都梁塗中

西來行路未妨長，敢指淮山作異鄉。隨處饋漿驚禦寇，有人酬藥話韓康。柳方弄色新經雨，雲似多情巧護霜。風俗淳厖節物好，一樽時與倒詩囊。

## 謝鄒祕正惠淮白呂判院送酒

簷鵲聲前拆鴈書，雙材有底到蝸廬。潔樽幾夢沾膏露，下筯于今薦腹腴。仙府流霞端伯仲，徐州禿尾但臺興。寒人醉飽何緣靜，徑攪詩腸撚白鬚。

## 寄章茂深郎中二首

州麾郎省未華顛，解組歸來作地仙。杖屨良多閑日月，亭臺仍占好林泉。青奴白牯冰壺裏，墮絮漂花醉眼前。政用著書傳我輩，未須緘口縛枯禪。自注：章酷好佛。

## 自適三首

自憐老瘦仍癡絕,每強衰顏趁後生。療癖無方了詩課,迷魂有寨對棋枰。繞床不著阿堵物,玩世何須後名。倚賴兒曹解人意,典衣長得解餘酲。

渺漭湖天入短篷,心期祇許白鷗同。人言火食閭蓬客,自命官身田舍翁。酒可銷閑時得醉,詩憑寫意不求工。更那長日溫書眼,一送蜚鴻下遠空。

雲水為家百累無,意行從昔客方隅。饒饒禮法工相眊,閉戶仍防大小儒。飲忘醒醉狂常爾,夢到無何午未蘇。遺俗可辭翻襪錯,付渠陰作負舟趣。

## 正月十四日雪

鄉園燈市頗豪奢,客子扁舟恰到家。月姊層雲藏寶鑒,雪神千手撲天葩。未容火樹陪宵燕,謾說江梅擅歲華。苦憶醉穿羅綺陣,小輧吟度赤城霞。

## 送七子赴省

旋轉璣衡運化樞,嗣皇襲六待耆儒。斗南譽望俱難匹,鄴下才華舊不孤。郡賦今推作者並,王庭可但靜臣趨。竹林昔隱休回首,四輔三公此首途。

## 次韻胡元善

柳間鶯友羽衣輕,花外溪流鏡面平。勝處過君時得醉,今春屬我老歸耕。吏塵祇可黃粱夢,棋社聊尋白鷺盟，猶計浮名孤樂事，風煙滿眼得無情。

## 張守招隱是日王勉夫到，明日嚴文炳之吳中

春風吹作萬家春，誰得聯鑣從使君。微徑問花同載酒，深堂剪燭細論文。王郎把臂簪仍盍，嚴老呼舟首又分。安得雲龍隨上下，佳辰不復嘆離羣。

## 次韻張守勸農是日雷

東郊春好近清明，小隊相羊為省耕。扶路人歸皆喜色，應時雷殷亦和聲。遙想一尊同客夜，燭花未剪已詩成。眼向囊書老不明，合遵寬教事農耕。雨餘驟變菖條綠，曉起欣聆布穀聲。譚笑俾民無死徙，豐凶轉手有虛盈。衰翁倍荷殷勤意，織致無非翠織成。

## 次韻王勉夫晚春

送春無酒未須嗟，却有新茶試大家。便愜輕涼生小扇，獨憐撲籔下蔫花。霜膚解籜初嘗筍，怒瘦因誰擬問蛙。嘉樹著行森羽葆，翠青疎密儼排衙。

## 次韻張守遊趙園

躬挽慈輿訪小園，徑斜和氣滿壺天。微風會意祛輕暑，紅藥多情駐晚妍。欸唾生春見能事，平反供笑掩前賢。奉親得句無窮樂，不學狂生卧酒船。

## 次韻張守王勉夫二首

兩隻詩聲敢重輕，蒼山對峙大川傾。形為幼眇無遺恨，有人題評莫遁情。未許曹劉夸獨步，不應郊莒合

## 再次韻送張守

目送歸帆風翻輕,贈詩還笑字欹傾。如公風義仍知己,計我隆污合用情。想觀龍顏新得意,未忘牛耳舊
同盟。周旋尚可諸公後,肯放江湖了此生。

未解州符累已輕,辭源滿意酒邊傾。頡頏前輩真無愧,襃拂迂儒每過情。老境更堪聽別語,書郵當復固
齊盟。吳山正合供酬唱,安得風前兩翼生。

唾壺聲裏晚涼輕,風自徐月自傾。詩好要從知者道,格高今識古人情。三熏誰定分膏馥,十襲吾方守
詛盟。預恐幽居念離索,時須開卷慰愁生。

性資涼踽緊時輕,青眼惟公底裏傾。砥柱頹波儲碩望,陽春窮谷見高情。青冥蚩上應回首,陸續詩來可
待盟。念我老無當世意,擬從樵牧寄餘生。

## 次韻常倅俞君任二首

匆匆同醉記前年,客路重逢亦偶然。理窟扣君彌入域,生涯憐我欠加鞭。了知富貴難投足,共約歸來徑
息肩。舊欲將雛卜鄰去,未應須辦十牛田。自注:與俞甲寅倉卒三杯即別,南徐再會,約共歸休甚銳。

與君顏面各臨年,同滯江湖恐不然。虎兕向來甘曠野,驊騮寧復待揮鞭。政成合進凌霄步,客裏猶撞弭
句肩。人品國華君可仰,豈應學我賦歸田。

## 又悼石湖老人

老商笑不待三年,枒腹人人得果然。商俗均霑傅巖雨,中行羞死繞朝鞭。探原已茹丘軻蕆,落筆聊差屈宋肩。緬想神遊知有處,定驂鸞鶴戲芝田。

## 再次韻酬俞君任

閶首亨衢屬壯年,即今奔驁恐徒然。時情合退羊腸步,宦路難加馬腹鞭。朱紫浪驚流俗眼,風騷要拍古人肩。歸休計辦君當賀,兒輩新營種秫田。

## 再次韻呈楊侍郎

左符得請未逾年,民譽朝評兩藹然。補袞工夫舊荷橐,承流政績暫蒲鞭。周衡可迓須分陝,孔室容窺顧及肩。側佇翹材看枚叟,看公親反汶陽田。

## 楊侍郎召飯再用韻

昇沉渠敢話齊年,妙句推襃輩行然。高燕況叨瓊作醴,凡騈底稱玉為鞭。歌終畫扇猶遮面,舞罷欹花半壓肩。此去雋遊縈客夢,夢陪笙鶴下瓊田。

## 郝澤民主簿贈詩次韻二首

夫君糠粃視錢神,詩逼黃初論借秦。義槩咸推天下士,簿曹聊見宰官身。茶香延客自不飽,書幣踵門誰可人。從古功名多晚節,相逢雙鬢未妨新。

薄宦年來尚轉蓬,忍將榮悴問虛中。共憐杜老諳為客,不訝元忠厭作公。勝日笑譚方袞袞,殘冬光景苦匆匆。棋枰得雋詩反水,誰信吾徒舊諱窮。

## 再次前韻二首

解纜征途一愴神,房陵十舍望西秦。苦無勳業禪昭代,久分江湖着老身。三楚上遊常定伯,六朝陳迹渺愁人。不緣俛仰悲涼甚,可博臨風得句新。

起柂揚帆趁便風,狎鷗驚鴈水煙中。裹香薦彘聊隨俗,計日聽雞等自公。詩句滌愁收一一,酒杯澆別悔匆匆。與君二紀陳雷契,猶遣時人笑兩窮。

## 登平山堂

平山堂上命琴樽,前輩風流肯見分。戀客嬾斜當檻日,藏山不斷隔江雲。吟牋得意窺天巧,醉面禁涼減纈紋。杖策歸來新月上,落梅如雪點風裙。

## 鄆州一首

古郢繁華得少留,披雲更喜識賢侯。徑容拱挹侍譚笑,怪底咄嗟成獻酬。羅綺香中偷醉眼,蕙蘭叢裏掉吟頭。何如白玉堂中客,試問樽前小莫愁。

滿慰人間渴雨心,未收雲靄定為霖。憐渠沾水論涓滴,況我行舟苦滯淫。已漲麥田千里碧,更添沙料一篙深。小輧會指晴山去,布穀提壺各好音。

## 春日客中二首

平時譁說醉為鄉,對景今如石作腸。老去猶興客中嘆,春來剛制酒邊狂。露桃煙柳為誰好,蜂蜜燕泥徒自忙。紅紫打圍歌笑地,暮年多感怕思量。

芳時已嘆鬢毛斑,何況棲棲客路間。杯酒故人千里隔,錦囊著語一春閑。燕鶯飛處頻回首,桃李香前合厚顏。昨夜東風貸庭竹,少容歸夢到家山。

## 石城

山巖水繚石為城,千古餘風尚典刑。竟詫君王啟藍縷,不無艇子載娉婷。流連猶問圭堪柲,兆朕虛傳蜜作萍。更惜讒鋒發蘭尚,祇今日月炳騷經。

## 次韻程帥遊習池三首

牙纛猶容後乘追,枕書不出此何時。香飄玳席千花塢,影倒粧光百子池。詩句肯藏押虱手,仙曹容著牧羊兒。回思行李冒塵土,更喜百憂偷一嬉。自注：後山百憂間一嬉。

清明勝賞尚容追,不減觴浮曲水時。坐覺晴雲戀歌扇,看供吟筆瀉天池。春光有底遽如許,酒量勉添些子兒。可但大堤民氣樂,啼鶯語燕共嬉嬉。

青編勳業笑談追,千載生賢瑞聖時。竹帛會書河似帶,封疆不止漢為池。玄譚日屬王平子,妙語心輕謝客兒。來歲賞花應帝所,賡歌宣勸倍歡嬉。

## 春雨贈陳主管

初宵微月尚窺簷,雨腳斜斜曉入簾。春謝歡驚風處減,愁將老色鏡中添。頗思甫里陪觴詠,不嘆周南更滯淹。倚賴宗盟慰牢落,得閑詩筆未妨拈。

## 陳主管招飲 時納婦

鵲拳庭竹語頻頻,忽有書來寂寞濱。盛事許同花燭夜,芳辰仍醉綺羅春。璧聯香閣初鳴鳳,霞泛仙觴定脯麟。更辦歸裝攜珠玉,一時人物各詩人。

## 山行寄程帥

雨餘支徑濕平沙,恰稱卑官下澤車。雜樹暝烟森立槊,亂峰迎客儼排衙。水禽時弄蹁躚影,野草爭開細碎花。久憶山行此如願,不應回首更思家。

## 次日再次韻三首

山行風色怒飛沙,山末屯雲湧砲車。伏軾不容同蝶夢,問炊猶可趁蜂衙。龜魚泛淥熹晴日,草樹留春著晚花。暮憩自憐塵滿面,五漿先饋定誰家。

微吟緩步愜晴沙,聊謝愔愔載婦車。時遣貰貂邨店酒,回思縛虎長官衙。春山好著屏中色,吟筆誰添錦上花。不妨習池風月主,只今何處問詩家。

鷗雙鷺隻傍汀沙,却匯沙汀過客車。清吹解撩叢竹嘯,高山如受衆峰衙。寒生碧澗懸魚網,潤著蒼崖賸土花。所惜隔牆紅紫滿,行行無暇訪山家。

## 穀城道中

何許珠襟繡袂娘,額黃胸粉自新粧。野芳貪折髻丫重,蝴蝶亂隨裙幅香。緩唱采菱空答響,小留挑菜翠盈筐。漢風未許休喬木,行客相逢莫漫狂。

## 再次習池詩韻寄程帥二首

南園勝絕真堪畫,邊上誰為李伯時。山納嫩嵐侵密坐,花駢紅影闖清池。吟賤傳遍鴛鴻友,舞袖輕于翡翠兒。東府西州皆四韻,若為長伴酒邊嬉。

春意垂垂如我老,客懷領畧欠當時。倏驚鶗鴂鳴清晝,便有蜻蜓點碧池。酒檻相過但溪友,錦囊餘幾問廬兒。芳辰渠盡人離索,苦念從公乘燭嬉。

## 次韻寄王帥屬

才華奔逸可能追,我識王郎自壯時。酒處每看鯨吸海,書成還想墨為池。窮交徒自憐東野,孰看于今敬道兒。莫斬詩筒數還往,人生何處不兒嬉。

## 次韻寄陳主管

韶韡七十曉相追,記得張園叙拜時。香襯蕙蘭來北里,雲隨笙鶴燕仇池。朋簪重盍寧人力,貧仕居卑聽化兒。祇冀幕蓮分皦酌,詩壇棋社與閑嬉。

## 諸公邀留不及赴次前韻寄謝

一失濃歡悔可追,故人應念獨醒時。回思翠幕圍香霧,定復長虹起硯池。照應鼎來聯璧客,風流羞死聚蚊兒。當時枉重千金諾,不見芳辰卜夜嬉。

## 次韻謝程帥復遊習池見寄二首

名園壯觀還前日,禊事追遊可後時。試問繡筵張綠野,何如詩客到昆池。綺羅香外鶯偷眼,花柳稀間鳥啼兒。定許此民同此樂,春城無處不嬉嬉。

風流羊杜不勞追,況復輕裘緩帶時。醉倒莫孤桃李月,韶歸恐便鳳凰池。政傳西蜀中和頌,筆跨東京大小兒。我亦抄詩支郡去,公餘吟玩取娛嬉。

## 復次韻寄程帥二首

節物匆匆可挽追,直須樂事趁芳時。行春儵喜花園屋,借景何殊月在池。自注:南昌:當官借景未妨民,恰似鑿池取明月。對酒不無桃葉女,扣舷却笑木腸兒。山家有約須重到,定放遊人張水嬉。

## 留交代韋倅

山城老稚競攀轅,況復官曹辱後先。敢愛一樽追笑語,未妨五日作留連。天香國色酡顏去,渭北江東把臂前。已辦明朝開煮酒,絲桐小置式微篇。

## 觀山刑鵝夜歸

巢鵲枝蜩已罷鳴,風聲露氣可勝清。人諳淺瀨安然度,月隔高林未肯明。却亂宿雲尋去路,漸因更鼓辨孤城。誰知歲事關心切,翻憶衝泥傍險行。

## 禱雨鳳凰山二首

跨鳳西來得好山,千年人與鳳俱還。本規法席專嶄絕,先遣山靈鑿捍頑。聞道碧泓嚴水印〔自注:或請雨于龍,龍見日,帝印封水,不敢取。〕,試携清醑閼雲關。此心炯炯龍應識,莫遣歸塗更厚顏。

人心神理未交孚,敢愛微軀走道塗。雲氣滿山空夢永,秧畦夾澗就焦枯。罷羸眼看號庚癸,感格吾猶愧鼓桴。老去憂民心易折,龍公高臥得知無。

## 病起二首

吏民兩議公公癡,簿領空勤笑語稀。元亮有詩新止酒,休文多病不勝衣。飛塵嬾拂孤三絕,止水初澄悟百非。窗度涼颸殘午夢,閑聽喜鵲哢斜暉。

## 寄高郵僧

門巷蕭然草不鋤,小軒衹置兩團蒲。惟師表表叢林秀,眷我凉凉山澤臞。晨飯每同三韭陋,夜棋常辦百籌輸。一書未負西飛翼,滿寄清風到座隅。

## 苦雨

連月奔趨禱息肩,即今積雨厭濛漫。蒼天信自有時漏,后土不知何日乾。坐想田疇淪沼沚,忍聞升合換罷紈。縱陽援溺知無術,慙愧身為撫字官。

## 客次小憩

竹屋深明許客解欣然。霜枝高掛頳虬卵,風砌初搖白玉錢。得飽衹疑珠作粒,汲深仍詫乳為泉。譚間更笑狂沮溺,政復知津未是賢。

## 騎過山村

烟村面勢枕蒼山,一徑循山作屈蟠。入望高幢羅翠密,掛空匹練嘆清寒。吟髭撚白迎風去,粧面駢紅倚户看。頗似騎驢後山老,倩誰粉墨灑豪端。

## 杜母

杜母遺芳豈遠求,田功誰比此邦優。麥驎桑隴疑淮左,近水遙山似秀州。樓識景疎知俗美,亭因思孟各風流。我來眷眷淳厖處,比屋嬉嬉路載謳。

## 次韻程帥二首 帥二子未之識,到襄陽,二公是日成行,因帥有詩,次其韻

滿懷披霧慰生平,到日音容隔暮城。想見舟中留郭泰,可能酒處欠公榮。韋家相業應門戶,謝氏才華況弟兄。愧我携兒在塵滓,寸田境堀望茨京。

人間塵不到籌邊,詩老乘閒思湧泉。千佛香名仍世纉,一燈素業自家傳。斗城一去嗟多病,賓幕重登便半仙。要看諸郎各行馬,染鬚膏面計留年。

## 再次韻

門第應疑甚不庭,翺隨府檄下山城。江梅作意先秋拆,檻菊多情擅晚榮。飲處凝香嚴畫戟,客間張丈間殷兄。主賓縹緲蜚埃外,信有人間小玉京。

從公囊筆看西邊,不比分弓出酒泉。觴詠每忘秋漏永,平安晏有夕烽傳。痾腸頓已蜂腰病,妙手親逢鶴背仙。歸捋霜鬚詫兒子,為翁試校故新年。

橫前整整萬全兵,自笑空拳借背城。更遣齊竽混東郭,坐令鵠卵化南榮。黃陳得法仍宗派,甫白論情自弟兄。顧我無能鄒賈役,放公筆力擅西京。

因詩衰病顧徒然,鑿井今猶未及泉。藥幻霜鬚端有待,囊緘玉唾愧無傳。冥心擬學無言子,授訣今猶不老仙。探妙衛生俄兩得,信知穮蓘解逢年。

## 再次韻小雪餘言別 是日小酌

舞霙飛霰鬧中庭,已辦持盃聽渭城。漢水襄山驟漂忽,早梅晚菊自枯榮。雪神作意凌風伯,客子歸途待日兄。蹀躞霜蹄從踏鐵,穿林蹴石賦于京。

語別詩翁玉塵邊,已催歌舞壓香泉。日陪色笑庸何取,橐攜篇章敢浪傳。還舍謄書銀筆字,今朝猶是玉壺仙。後山幸自坡公客,誰遣離懷愴暮年。

以上《江湖長翁集》卷一四

陳造一四

### 送詩陳惠伯 惠伯求所居三詩,既為賦,作此送似

危樓深室桂為堂,題品端宜虎豹章。歷數諸公皆大手,尚須此老索枯腸。馳神幾夜層虛上,血指如今妙斲傍。聊復送君供覆瓿,未須傳到鄭公鄉。

### 襄陽賦秋日江梅菊花

秋香冬艷各時宜,叵怪花神令出奇。金菊正含霜曉秀,江梅不待雪寒期。帽欹同伴龍山醉,詩到終嫌驛使遲。陶杜當時儻經目,定并東閣賦東籬。

### 次韻程帥二首

平時渭北與江東,文會賓筵幸許同。政使遲遲嗟去魯,未應咄咄遽書空。抄詩奚翅無瑕璧,會意俄乘在下風。自注:摶扶搖風斯在下。更喜朝來賓鴈足,陽春封寄客塗中。

從昔文章蓋代翁,言間有物自無同。娟妍徒玩花含露,灑落還驚月印空。底許賤工慙擢矢,信知妙斲有成風。古今一印元呈露,要在神融領會中。

### 次韻言懷

房陵回首望淮東,物土人情未易同。比屋蜂懸人帶癭,亂山戟立勢凌空。汙鰦共鷽川人食,簡樸仍存太

### 古風

破我殘年七百日,盡抛詩卷酒盃中。

### 次韻記別程帥穀城旅夢

金翹搖曳玉丁東,賓主依然醉笑同。舊事忽隨殘漏斷,新愁不逐曉雲空。挑燈旋拂穿帷雪,攬轡還禁逆帽風。回首夢魂飛到處,壺公窟宅五雲中。

### 梁教病起

側聽長須得好音,笑譚已復替呻吟。逃知二豎今無地,仇想三彭亦就禽。定免帶圍憂沈約,可須檄手待陳琳。尚須十日安岑寂,酒聖詩愁恐未禁。

### 上外朝山

度隴凌坡冒百艱,今朝又上外朝山。當車狠石通人過,交道飛蘿要手攀。猿坐沉寥猶嘯詫,鴈驚魄絕故飛還。臨風却快塵埃眼,全楚山川指顧間。

### 過八疊山

路入于平舒倦眼,襄陽佳處亦班班。燒香峴好思三峴,八疊山高似萬山。喜此經行無雨阻,向來遊覽坐天慳。山靈定笑貴野鶩,默遣歸求邦域間。

### 馬息山

猿蹊鳥道且攀隮,暝靄頑蒼只尺迷。狠石忽開防地裂,屯雲不散訝天低。眼高欲了三千界,夢斷猶驚七百梯。回望故山真可指,杜鵑腸斷為誰啼。

### 寄鄉中親友二首

棋酒遊從嘆離羣,酒四庫本作犯床吟筆漫飛塵。潮乎可奈才力老,甫也尚為南北人。安信不隨秋鴈到,流年倏復野梅新。想見親朋遲歸楫,為翁補漏厲空荒。坐衙隨分吏分行,退食還先藥探囊。已為河魚廢詩酒,彊教籠鳥聽宮商。老猶苟祿寧良計,病悟休心是秘方。

## 賀程帥因任四首且言久缺詩筒之意

恩綸輩下漢江濱,特許襄民借寇恂。千里江山皆動色,列城條教再生春。方倚金城親邵父,近君寧惜小逡巡。哺民。詩律寧惟似變風,姓名久矣御屏中。逢辰千載合致主,入夢九華仍插空。兒童。煩剩叶氣成豐歲,却簹皋夔侍舜瞳。肯優襄峴劣南徐,行止平時每裕餘。荷紫端宜冠鴛鷺,飛黃猶似顧蟾蜍。從此追陪得如願,重分膏馥澤空虛。後車。緩帶輕裘祇坐堅。平日鷗盟當未愁,于今鷹足每空還。傳抄可但聞平水,老瘦從知笑先生一筆將詩壇,皮置珠璣底坐堅。飯山。

## 再次韻答程帥高機宜四首

自分迂愚著海濱,諸公薦力漫忱恂。摧頹晚境空多感,局縮窮山亦再春。故里歸耕雖有約,中田敬饁遂無人。何由消破愁千斛,甓社春濃莫計巡。自注:甓社春,吾鄉酒名。名德誰今挺古風,人嗟汲直合居中。揮毫有物鬼落膽,與世無心雲度空。倚聽金鑾拜新渥,又煩竹馬走羣童。貝宮風露龜峯月,行矣輝華映兩瞳。

高郎筆勢未姑徐,千紙珠璣欵唾餘。春興漂陵野馬,夜窗清絕冰自注:去聲。金蜍。諸公交口傳黃絹,蠻詔褒賢定赤車。亦使窮山拜嘉惠,衰翁擊節正馮虛。

倒海翻湖袖手觀,揆予才思坐天慳。愁攻心折仍無賴,債壓頭低不辦還。坐想麐酬聯白璧,祇令翹企仰高山。拙疎却喜衰病,贏得蕭齋盡日閑。

## 正仲和帥屬被盜二首

衣囊緘鐍竟胡為,祇與偷兒便挈携。訾重得無猜祖珽,璧亡遮莫議張儀。館人求履古未免,有力負山人得知。不用經營辦春服,舊紉蘭芷扈玄纚。

向來忠信倚垣牆,誨盗如今坐慢藏。望意漫言疑聖智,奇文不合吐光芒。玉川空屋遭窺瞰,子敬青氈果在亡。賴有平生千牘在,未妨攡載作歸裝。

## 贈高司理

窮鄉洗眼把清揚,凜若重登月旦堂。驥子鳳雛端不苟,吏能儒業況兼長。簡孚首解秋茶密,襞積仍熏古錦香。我亦床頭一經在,自公正欲共平章。

## 再用前韻贈高司理共八首

少年場裏獨鷹揚,他日懸知玉作堂。小試問囚窮兩造,徐看載筆擅三長。得詩遽眩珠璣爛,玩味還疑齒頰香。風月無窮才不盡,坐須喬木擁千章。

帥幕羣才賴激揚,衰遲猶喜後升堂。雷封局縮聊償債,袞字褒嘉但寸長。再試真成不龜藥,九言終佩辟邪香。龍門夢斷誰知己,幾誦桑阿賦末章。

衰宗如此況他揚,碌碌諸雛欠肯堂。薄宦幽憂殊未醒,故園歸夢可勝長。盃盤頓頓家雞嫩,翁媼嗚嗚社酒香。猶記比鄰笑行客,夏畦龍斷為金章。

詩語庸非自播揚,流傳朋舊定哄堂。儒書投老空成癖,舞袖平生不解長。黃鳥啄殘丹杏顆,清風搖動綠筠香。山城寂寞便吾嬾,劣勝精神弊句章。

俗裏毫絲起抑揚,諸君時閉讀書堂。渭清肯混涇流濁,梟短徒憂鶴脛長。千載流傳防造次,百年表立要馨香。了知此印君堪付,過眼尨涼忽報章。

蘇李宗風我舉揚,少陵公按子開堂。官曹此地文書省,詩社從今日月長。山滴曉烟收後翠,蓮漂天女戲時香。可孤煮餅分彊韻,正使銅花澁印章。

腰錢幾夜夢維揚,上雨傍風祇此堂。人笑鉛刀那用割,自知襪線豈能長。課詩壇畔獨飛動,問字人來且碧香。徑欲披衣還舊隱,二天寧久溷蘇章。

帝旅曾觀武事揚,如君文勢整堂堂。了知一筆無前古,坐遣諸生喪所長。丹桂高攀霄漢迥,捷書西下姓名香。貝宮鼇禁應餘地,看展平生補袞章。自注:君方從舉試,陳倅有桂華香之語,故末章祝之。

## 病起閒步

瞑綠園亭小雨晴,病翁雙眼為誰明。柳如張緒不殊昔,竹與子猷相對清。門下鳥烏無客到,壁棲蛇蚓又詩成。回頭溪友千山阻,更向何人話此情。

## 寄師文二首 時悼亡室

世塗豈必盡籠囚,自是迂疎拙應酬。簿領嬰心寧素志,夢魂何日不滄洲。攪吾溫飽兒堪託,平昔行藏婦與謀。已判來年拂衣去,寄言叵辦釣魚舟。

萍梗漂浮已老翁,歸來差樂未終窮。稻田取足隨豐歉,花圃逢春自白紅。禪老版頭容客飽,臧孫鼎足祇牆東。更聞名酒新傳法,詩外棋邊莫放空。

### 次韻什邡馬主簿二首

陶謝前蹤一筆追,掀天聲價舊風馳。瑞時不數九文羽,換骨疑餐三秀芝。螢電燭巖方左席,明珠照乘忽清漪。裹創嘗欲凌堅陣,可諱含毫不自持。

紛紛過眼甚蠢斯,膽掉驚逢驥騄馳。獻替付君溫省樹,朝晡還我故山芝。荊江蜀棧聊舒嘯,卷耳思齊正採詩。回首定傳天上信,囊荷知傍紫皇持。

### 再次韻馬主簿二首 後詩餞其行

冥搜成癖漫勤斯,緬想騷人正坐馳。點化今逢萬金劑,神奇蒸出九華芝。三吳才雋應焚硯,萬里風烟盡入詩。盡與元劉論伯仲,未容郊島更矜持。

左顧衰翁底取斯,轉頭歸馬又西馳。臏催阿買抄新稿,大勝齋房紀瑞芝。樂歲人家皆有酒,高秋天氣總宜詩。霜花露菊留迎客,預戒西成省控持。

### 再次 原缺,據四庫本補 韻二首

飽食頻頻祇驚斯,可堪迅景隙駒馳。不逢猶是桐為弩,當價胡寧菌作芝。天籟寂時三弄笛,楚山窮處四愁詩。將壇可復宜衰病,此柄須君為主持。

歷塊飛黃可得追,加鞭十駕浪驅馳。不應猗頓懷周朴,敢向天仙話土芝。晚傍涪翁觀落筆,了知高叟固為詩。謬為恭敬吾何取,政恐龍泉有倒持。

## 偕章宰勸農房山

登臨一擬豁心胸,著我松窗竹屋中。宛是官曹縛雕虎,不容塵眼到飛鴻。綿延天際應平碧,孤負林梢抹嫩紅。俛仰去年舒嘯地,解衣聊復近熏籠。

簪外雲深雨合圍,此行不嘆始謀非。對君便是蘇端過,把酒曾無叔謨。紅濕烟郊思散策,寒欺病骨旋添衣。了知未盡山陰興,共作衝泥傍險歸。

## 簡章宰二首

蕙蘭洲北觀山頭,未暇尋盟訪舊遊。自笑春來多病過,靜無人處但詩愁。遙知聯轡窮幽勝,更想簪花賸獻酬。報答東風應得句,奚奴亟肯寄儂不。

縹緲雲藏羽客廬,不妨尋勝小踟躕。鳧夷載酒鶯花處,古錦囊詩簿領餘。百和風輕吹欲醉,萬山嵐凝對憑虛,譚間定笑衰慵客,竹屋高舂尚枕書。

## 上巳溪上燕二首

後溪分占羽觴浮,雷隱歡聲半棹謳。況我閑官似犀首,為渠領客作鼇頭。玻瓈影裏粧光膩,桃李香中步障留。病骨得晴堪近酒,與君同拜醉鄉侯。

杜若洲邊卓旆旌,佳晨一醉萬金輕。春光僅有一分在,天氣可能三日晴。解道蘭亭亦陳迹,肯吟楚些愴幽情。人生到處皆兒戲,笑看爭標鬭兩鯨。

## 試柘枝溪上 是日晴色，衆客喜甚

蕙風花氣雨餘天，報答融和玉作船。壯歲自能鸜鵒舞，老狂猶有柘枝顛。羣鴻翩度昆昭四庫本作明錦，雙鳳翔從玉井蓮。起我少時豪俠興，未甘詩客號臞仙。

## 次韻答許推章宰二首

喬雲非霧靄飛浮，滿聽遊人載路謳。痛飲君能判濡首，新翻我亦辦纏頭。羽觴瀲灧風微度，翠蓋蹁躚晚尚留。且倩銀鉤寫陳迹，未須詩律壓劉侯。

北來青翼導霓旌，翩若凌雲鶴馭輕。烟柳困眠纔痡曉，露花酣醉正熹晴。獻之能賦雖辭罰，楚客同醒恐不情。豪興尚堪追少雋，漏卮灌酒繪長鯨。

## 再次韻答許節推一首

透幕穿簾香霧浮，行雲低影傍清謳。遊人是處歌鼓腹，佳客伴翁吟掉頭。令節可孤三日醉，歸期猶有一春留。詩壇酒會容先敵，莫問將軍老不侯。

## 再次韻答許節推二首 禊事罷，覺飲過度，強起遊觀山，小雨尋止。因節推有贈，用韻答之，兼簡知縣

疨成久不撓心旌，老閱人間百事輕。却笑平生甘淡薄，每緣行樂問陰晴。羽觴錫粥同春事，臥醉行歌見俗情。擊鉢更遭強敵困，可能赤手控奔鯨。

起依筇竹似桴浮，改就新詞却自謳，囊錦斬關聊袖手，酒兵推戶且扶頭。東風已拆紅躑躅，碧樹更啼黃栗留。醒醉醉醒殊未沫，不應通守羨通侯。

步屧巉巖屏騎旌，松風茵露爲誰輕。已無桃李擅春事，忽有烏鳥啼晚晴。羽客不妨同水厄，宿酲端解敗

詩情。開緘又拜同寮賜,錦段中含掉尾鯨。

## 再次韻四首 三公再和,復成四詩道歸休意,且謝所貺,亦以譚詩

新醅開缸淥蟻浮,舊辭仍缺唾壺謳。宦塗要處難插手,詩社叢中常引頭。倒載肯陪山簡醉,反關莫厭孟公留。秋田粗可供佳客,不比封君亦素侯。

翰墨場中對抗旌,黃陳一筆萬鈞輕。武安屋瓦秋聲震,湘水波光夜月晴。沮洳求魚真自笑,渚涯向若倍馳情。吾生恨落任公後,不見投綸掣海鯨。

尸祝代庖良過矣,即今坐嘯免謝謳。陶朱計食魚萬尾,景畧有兒牛十頭。甫里過從勞夢寐,輞川歸去忌遲留。大玠一弛吾通袖,冷看逢蒙中射侯。

韻語聯翩到浚旌,楚珩非重夜光輕。吟成品物回春態,誦處東風放曉晴。抖擻錦囊娛我老,滌除愁斛見君情。固應詩膽驚無本,刺手霜牙摩怒鯨。

## 梁教授次柘枝詩韻再和

洞裏鶯花別有天,為渠蘸甲上金船。舞姝貪看塵生襪,飲興渾忘雪滿顛。弄影競垂三昧手,倚風疑裹五枝蓮。廣寒再閲霓裳罷,笙鶴飛來未是仙。

## 書懷

人間窮達命污隆,作意功名欲捕風。但見劉班誤車子,何曾鄧禹笑王融。官曹得飽餘何事,書課乘閒亦雋功。少待尊鑪付張翰,一溪風月放船篷。

## 次韻高機宜送別

棋枰詩課憶同堂,轉首喧寒幾蓓章。每嘆鸝離念陳迹,更因衰病感流光。
魚澳芋區真好在,連宵歸夢爲誰長。
士價如君定玉堂,陳陳腹笥漢文章。即今綵筆春爭媚,它日青藜夜有光。詩力不勞凌汝輩,才名況自溢
班行。清篇見屬吾何取,愧闖辭壇闖寸長。

#### 再次韻謝惠詩 仍叙不敏

百鎰籯金數忉堂,何如盥手頌佳章。奪胎信自非凡劑,獻佛當知便放光。
衰年離緒誰禁得,鏡裏新絲莫計長。
分行。
小家茨竹即爲堂,暇訪深林索豫章。平日牀頭但周易,看人筆落便靈光。庫隆賦質嗟多樣,良楛論材要
當行。莫向黔婁問奇貨,長沙舞袖可能長。
交情凛凛久彌堅,遊舊何人似子賢。別去漂零各天末,喜今譚笑復樽前。德人政用寬幽獨,歸路胡宜更
後先。彈壓山川須妙語,不妨排日爲君編。

#### 贈黃國器二首 予仕窮山,故人黃國器亦奔走湖湘,予官滿相值鄂渚,叙舊喜甚,約連舟東歸,二詩贈之

簿書叢裏久囚拘,鷗鷺羣邊忽自如。白傅已甘多病過,安仁況復悼亡餘。歸田且辦充腸米,遮眼非無插
架書。如子功名方迫逐,未應偕我問樵漁。

#### 過伏龍祠 原缺,據四庫本補

蜀棧荆江志未酬,兩京直擬笑譚收。僅容屏后存鄻祀,誰遣東吳解魏仇。制敵豈應無法正,爲謀不合有
譙周。伏龍祠上長烟靄,憤氣堂堂恐未休。

## 武昌

客子脩程未息肩,江山佳處小留連。醉臨庾亮樓前月,夢閱回翁洞裏天。形勢盤縈蹲虎鳳,輪蹄隱軫度絲絃。登高欲賦還東望,楚些無因喚謫仙。

## 歸歟老秋

已辦求田問舍謀,登臨那復更悲秋。蟹肥與客爭先把,稻熟催兒徹晚收。霜後峯巒添峭措,波間鷗鷺劇風流。寰中勝處天應惜,付與癡兒祇暗投。

## 宿何人家

步尋松篠款谽谺,忽到孤山處士家。十頃蒼鱗漾牆角,一鉤寒玉插簷牙。杯行不乏紅絲鱠,飯了仍供白露芽。把臂傾舒吾已怯,又分離緒上歸槎。

## 次韻張司戶 鴈汊解后,張有詩見惠

橘頌精靈雜遠遊,如君信是古詩流。吳門肯問鱸魚鱠,東武當營燕子樓。有底揮毫挾風雨,定知貯腹盡陽秋。即看珥筆駕鸞右,莫漫江城詫狎鷗。

他日猶能說宦遊,老禁多病厭漂流。近臨西蜀窺鮫室,舊傍東溟看蜃樓。歸計已嗟霜蟹晚,吟聲閑伴候蟲秋。塵冠徑欲留神武,萬頃蒼茫漾白鷗。

## 凌晨復有惠急筆次韻

小駐江干接雋遊,渭清涇濁可同流。假真笑我陳驚坐,造妙推君趙倚樓。姓字已高時輩上,功名尤忌鬢毛秋。等閑莫學金華伯,碧水如天擬夢鷗。自注:山谷詩:夢作白鷗去,江南水如天。

仕塗決矣息交遊，姑向林泉訪勝流。短褐直甘乘下澤，異鄉終勝賦登樓。驚心夢境檀槐戰，屈指鄉園秫稻秋。雉鷇龜燋緣有用，未聞金彈中沙鷗。

## 贈四子二首 龔澤卿、傅商卿、臧子與、子儀追送予至維揚，作此贈之

峩峩冰港僅通舟，策策霜風透重裘。良為予來真好事，小留君住得銷憂。可無譚笑傳觴處，賸有煙雲灑筆頭。保社相娛倚公等，暮年干祿判悠悠。

交遊過眼亦班班，四子聲猷豈易攀。百里來羞長翁驢，片言仍解相公顏。事乖雅意疇忘嘆，我已南驪子北還。繼此開樽講德處，定知矯首向雲山。

## 次韻雪詩 林郎中宴八客，七客皆朝彥。出春雪詩軸，因口占次韻

欺梅瀉竹透承塵，熒侮東風似妬春。匝地閭閻皆種玉，插空樓觀忽鎔銀。自注：坡云鎔銀百頃湖。窗明尚憶就書夜，身曲誰憐旅食人。親見飛仙下瑤檢，諸公居處與天鄰。

## 再口占次韻

君家朱閣隔囂塵，可欠筵蘭蕙春。橫草定銘鞬汗石，穿楊新賜上方銀。幾時醼酒招嘉客，不假傾囊得麗人。莫坐風悭仍雨澀，祇將詩筆詑無鄰。

## 次曾左司韻贈俞德瑞 時俞買妾

班荊同冒軟紅塵，一種東風兩樣春。舅飲放君顏似赭，幽居憐我鬢如銀。簡編自詑供良夜，要襯渠今有好人。把酒若歌歸緩緩，不妨折簡喚東鄰。

## 次韻答德瑞

詩客胸襟舊絕塵,惠然分我一緘春。裁成蜀國添花錦,貴重丹砂伏火銀。自注:坡《謝二孫詩》:養火雖未伏,要是丹砂銀。暮雨朝雲知有夢,瓊枝璧月可無人。要須共醉彭宣酒,莫訝忘情宋玉鄰。

## 再次韻贈俞德瑞 前後共三首

珠軒繡轂輾香塵,回首西湖羅綺春。便合行歌訪花柳,可辭買笑費金銀。清吟自屬當千客,勸醉那無第一人。肯學孤山舊居士,平生詩酒祇僧鄰。

孰知妙語析微塵,細寫都城浩蕩春,向我能分趙城壁,為君還缺唾壺銀。平時宦路甘違俗,投老詩聲更後人。柄鑿推敲有砭劑,不勞千萬得芳鄰。

襟袂猶緇客路塵,攀追強踏帝城春。落身窮僻才全璧,敵已遊從半佩銀。枉却近臣開薦口,頗嘗內地著癡人。君看捉筆青燈夜,得句歡呼眊四鄰。

## 送張文昌帥豫章二首

倚侯新年轉化鈞,畫方三接徑抽身。平時但有凝香夢,盛世那無勇退人。滕閣賓筵時可醉,金華詩令看重新。盍思遠邇商霖望,不但淮鄉有涸鱗。自注:張文潛云補外之樂,發於夢寐。故後山贈詩時平身早達,未用夢凝香。

談間賓客重宣州,到後兒童敬細侯。薶本擊彊休領寧,棠陰問俗見風流。湖連市屋疑豐樂,江遠城團似石頭。鷗鷺要盟公莫信,江湖祇許半年留。

## 行都夜歸

燈火通衢苦未稀,望仙橋外獨歸時。風梳御柳娟娟淨,月傍觚稜故故遲。隱地輪蹄忘夜旦,幾家樓閣不金絲。時平睿澤天無外,帝力何曾爾輩知。

## 次韻同年諸公環碧敘同年會

天瓢挹注拱仙官,更閱詩仙錦繡端。離合不忘車笠誓,留傳當並畫圖看。玄譚想有蛟龍聽,得醉仍均客主歡。俛仰謫仙三百載,從知樂事繼今難。自注:東坡云謫仙後三百年無此樂。

春意溫然侍上官,松膠更勸語更端。行廚勝遣黃頭載,下客何曾白眼看。傑在漢庭方眷注,功將周室更祇歡。孰知未至慈恩舊,老境猶歌行路難。

聚首論年不計官,寥寥故事復開端。俯容我輩輸心語,更遣時流洗眼看。庚亮賓筵無盡興,昌黎文飲有餘歡。舍人妙句還新樣,白雪賡酬政自難。

### 約徐南卿出遊 前夕雨曉枕作

古寺周圍錦樹裹,清湖演漾麴塵波。偷閑已計三餐反,敗興其如一雨何。政復小孤鷗鷺約,未妨來校魯魚訛。春光尚有三之一,徐辦蘇隄一再過。自注:時予編惡稿,南卿每分勞。

### 西林訪銛師 師頗能詩

天將宿雨淨春空,却著湖山鼓吹中。載酒言辭藉花伴,運斤來看斲泥工。前身師定參廖子,拙宦吾今張長公。俛首人間皆長物,未妨分饗北窗風。

### 約呂徐二友遊淨慈二首 二友簡問行期,急筆以告

芒鞋明日踏晴沙,肯學渠儂走狹斜。天井巷前休倦足,暗門城外把煎茶。暫同佛屋僧庖飯,徐訪姚黃魏紫花。要及錢唐尚留鑰,共揄吟袂緩歸家。

一笑成行不待營,可無條約謚同盟,盤餐取飽真君事,杯酒邀歡太俗生。撥冗得閑殊自樂,吸光飲淥不

勝清。即今冷眼聚蚊夢,彼此劣優君試評。

## 再次韻二首

問舟初立柳汀沙,雲日昇空淥影斜。詩橐恥隨金埒客,蔬腸未厭玉川茶。青湖波外方遊女,翠幄叢間亦晚花。小待春歸簫鼓靜,還容襆被款禪家。

塵中誰定免營營,鷺渚鷗沙且舊盟。夙世林逋漫千首,逢人圓澤悟三生。扣門喜共僧窗飯,斲句猶能鏡樣清。身世已拋春夢外,更於文字措譏評。

## 還王編修詩卷

奕奕長篇間短吟,子綦天籟伯牙琴。幾人不溺西崑體,老我親聆正始音。得寶渾驚探驪領,換金當復售雞林。還詩正恐非子助,畫易忘飢夜易深。

## 元日訪丁端叔安撫二首 時丁出謁,徑行,留講古一集

幾夜徒勞夢帝宸,行貨已橐更逡巡。北山祇合追逋客,南道于今欠主人。表表德名當世重,堂堂公議有時申。繼今重策冲霄足,鴞表胡寧後隱淪。

節中應接可辭煩,客子回車重慨然。比我過秦應一笑,想君出峽富千篇。前知此別非久別,定復新年勝故年。紅藥紫薇方次第,莫占風色問春田。

## 次韻王編修二首 作詩還王詩,王有詩,次韻謝之

落手新詩晚復吟,自甘壁角掛枯琴。祈光已吸金莖露,張野俄聆帝樂音。療我平生風雅渴,放君高步雋英林。人間夢想珊瑚樹,龍護靈湫萬仞深。

老誓捐書斷苦吟,君苗筆硯戴遂琴。因君又試推敲手,揆我終慙繳繹音。漫作蠹魚餐朽策,倏聽鵯鶋語中林。肉臺盤客曾丁字,碧酒留賓聽淺深。

以上《江湖長翁集》卷一五

陳造一五

次韻楊宰食蓮戲作

平時蓮實吾羊棗,日飫甘寒不自疑。病恐傷生嚴食事,居多節口甚嬰兒。舌融沉瀣詩能說,手掬珠璣我屬思。對酒移風勞想像,靜看千柄泛前池。

詩到衰翁耐病時,辟渠三舍更何疑。才高王儉幕中雋,氣懾孫郎帳下兒。向我論交得無意,他時懷舊更長思。蓮莖把玩不為腹,羨殺逢人飲上池。

次兒輩戲商卿設醴韻二首

水薺山膚自土宜,況邀從事到青齊。賓筵大嚼寧虛口,竈婦深顰想噬臍。爛醉豈無醒酒鯗,明朝重閱不鳴雞。扶頭更憶松江曉,旋買鱸魚薦擣虀。

將命長鬚脚未移,聯翩客馬已來齊。菊花旋採浮雲液,羅幕寬圍護麝臍。醉裏有詩皆虎鳳,區中無物不蟲雞。主賓等是龍津客,未分金鱗卧瓮虀。

再贈澤卿商卿道舊三首

一昨西風散馬蹄,肯如接淅去東齊。人家炊玉香馥鼻,禾壠如雲高過臍。飲雋不無驚渴虎,醉歸同約候鳴雞。二卿好客家聲在,遮莫茅柴薦韭虀。

隆污非是莫端倪,蓸蹈觴深試泪齊。荆璞笑渠忘衞足,塢金何策贖然臍。悠悠塞上悲亡馬,斷斷尸鄉叢養鷄。可是世紛吾屑去,平生結習晚吹藜。

過眼紛紛更問爲,幽人生死況能齊。海桑恐礙日車轍,宸極劣爲天磨臍。臧穀君方墮書盡,研桑我亦笑醯鷄。晚知戰勝輕千乘,悔厭晨鹽與暮齏。

## 九日登神居留題

行行十刻冒風沙,驟喜深堂放馬撾。旋報陰雲漏紅日,共追佳節把黃花。多煩沽酒留元亮,莫漫移文調孟嘉。未竟笑譚人樹四庫本作已醉,簷楹片月欲翻鴉。

## 傅商卿借鵝

吾家水豢慣秋春,穀飼欄栖又一新。友義何須換鵝帖,鄰牆防有喙葵人。眠沙泛渚期它日,問俗充庖戒未仁。酬我質劑當倍稱,學書還復慰清真。

## 次韻謝陳守伯固

投老登龍借齒牙,可能病驥待揮撾。恩章袞袞從天下,濃墨疎行砌亂鴉。

## 贈傅商卿 商卿以予憂患,冒雨相訪,詩謝之

亨嘉。清篇久矣窺修月,欱論琅然聽粲花。小却御屏書姓字,行當宣室拜

## 夜宿商卿家 復用撾字韻

殘年多病更銜哀,今日衰懷得好開。聞道場功因雨止,逕緣老子犯寒來。下簾小熾其爐火,煨芋聊持藥玉杯。翻憶黃公酒壚夜,畧無憂嬈靈臺。

## 述懷有作

青奴白牿共幽情,鷺隻鷗雙自舊盟。家視子平如已死,世嗤張翰不求名。馬牛見命從浮俗,螟蠃觀傍得此生。千載淵明吾易地,心期端有不容聲。

## 贈實老 神居禪翁訪予于華村,用舊遊壁間詩韻贈之

幾時風色不飛沙,再遣齋魚為客搥。塵裏槐安空夢境,眼中優鉢忽天花。玄譚正用蠲憂患,白飯胡寧當旨嘉。南去路貧同一笑,不憂攫肉有飛鴉。 自注:時予不將行李。

## 次韻答龔澤卿

君如綠耳抹流沙,蹩蹀追風不待撾。綴茸曾童楚山竹,燕遊行插曲江花。久煩鳳韶搜奇逸,定復龍光疊寵嘉。叱咤即今凌筆陣,坐令楚幕集歸鴉。

## 晚飯商卿家 用土山韻 按:土山詩為寒韻,見後,此誤。

我似長松久臥沙,迄今諫鼓夢猶撾。倚消愁斛人如玉,欲近書籤眼有花。投老無庸尚強聒,過君每肯具柔嘉。婪酣得飽行摩腹,不省饑號有莫鴉。

## 次韻答楊宰

民情可但絕愁嗟,吏畏誰何等受撾。教諭久知風偃草,山行聊賦雪飛花。牛刀試用終稱屈,鳳韶絨春定拜嘉。穩上要津吾拭目,角犀冰嶠鬢如鴉。

## 次韻楊宰宿北阿

寒事崢嶸念解攜,芳樽憶共拆紅泥。郵筒空有詩相續,夫子東歸我復西。剌剌掀林朔風駛,沈沈閣雪晚雲低。巴歌擬報陽春贈,未敢從人索品題。

## 次韻楊宰

令君輿馬俱倦,有詩,予亦寂居荒僻,因次韻

君方總轡冒塵沙,我亦青燈未著花。縣宰憂民暇黔突,道人有飯即為家。倦溫村釀葚火暗,笑撚吟髭風帽斜。等有灞陵橋上興,不妨頻著小詩誇。

## 次韻楊宰

姚法曹,可人也,官滿去,民惜之,君與予尤惜之。然池蛟籠鵠,君與姚豈宜久淹者,因原作困,據四庫本改次宰君詩韻

我方獺髓療蜂腰,渠自才華蓋代豪。州掾聊容養文豹,玉音催去踏金鼇。聯芳君亦花封最,雙峙人推玉筍高。看即提衡霄漢上,得無交口話嘐號。

## 次韻楊宰遊神居

峯頂留雲一鷟鷟,山腰涵碧老蛟蟠。鷗鵬翻海十洲近,江漢分流三楚寬。曾是乘閒上埃靄,小留舒嘯倚高寒。想君緩憩雙梟鳥,不羨沖霄吳綵鸞。

## 次韻楊宰二首

早緣官事坐兒癡,晚悟騷人賦汨泥。耐病久閒金鐓裹,扶衰時近玉東西。詞場尚友心終在,詩力逢君價自低。欲試成風須妙質,莫懷章甫問雕題。

五斗寧辭小折腰,簿書那久困才豪。得無貍豹驚雕虎,妙有鉤絲掣巨鼇。詩就鼎來宮錦腸,閒中眼與楚

## 次韻楊宰野步

眼邊室邇嘆人遐,再見驚飈衮雪花。歲歉民勞真矮子,泥行草宿又誰家。題詩山寺神應助,問俗村區日易斜。隨處棠陰誦遺愛,他年騰著翠珉誇。

## 再次楊宰遊土山韻 述房陵昔遊

志公巖頂雲縈繞,羅漢洞前山鬱盤。鯀禹鑱鑱那用許,乾坤包納若為寬。我行六月猶春服,誰遣千巖起暮寒。思與三花古仙伯,往還遊戲響青鸞。自注:三朵花,仙人也,隱于房陵。市井都(原作郡,據四庫本改)畫像敬之,且像于志公巖。東坡有詩畫圖欲識先生面,試問房陵好事家。

## 次韻張守塗中生日 予生日皆客中,凡四年,感漂泊

諸君稱壽紀桑蓬,此會頻年客路逢。撫事祇令傷急景,持盃隨分發衰容。心緣羈旅長多遲,情為思親政復鍾。更惜齊眉舊蘭友,今春觴詠斷相從。

## 次韻張守妻閔忌 予亦有悼亡之感

萊妻魂逝不容招,敢問何方處寂寥。老去更堪聽薤露,病來久不近金蕉。聲搖夜夢蛩相弔,垢翳篝衣雨輒潮。細讀君詩重悽惋,隱侯膚骨不勝銷。

## 次韻張守曉起

客亭移枕待殘更,起趁鄰雞第二聲。了了每添新悟解,營營無復舊心情。興來命酒禁詩瘦,老去衰容怯鏡明。況是杏花濃露曉,不應蒙被問春晴。

## 正月十六夜大雪次張守諸公韻二首

陽闔陰開意莫窮，東君銜巧似良工。紅蓮熄燄人收市，丹杏開時雪滾風。韻語真宜詠飛絮，短歌當有頌元豐。一番壯觀俄漂忽，已落詩人卷軸中。

詩款鈴齋到即通，細工時肯博粗工。政聲已獨當時步，人士飫觀前輩風。未分清新命開府，可能簡遠盡安豐。譚間和氣熏人醉，不覺栖栖客路中。

## 次韻王簽判二首

客中誰者伴閑身，祇有蒼槐與翠筠。回首昔遊驚夢斷，故人重見倍情親。簿書簡省官居好，月露清圓句語新。千里相思匪天意，聚頭一笑此何因。

五鬼侵陵兩鬢蒼，振窮掃白分無妨。酒徒叢裏投名嬾，詩社中間趁課忙。塵暗鳳笙空自嘆，風驚鴈字不能行。向四庫本作因君草草追強韻，政復通人笑楚狂。自注：予重見有兄服。

## 贈吳子隆 小飲頰江樓分韻，子隆得遲字，借其韻贈之

詩到吳侯信崛奇，汗顏飛動可容追。小揮夢裏五色筆，吟作人間黃絹辭。滿耳龍鸞嘯空曠，驚人雨雹散雷搥。相如氣壓鄒枚倒，未覺樽前運思遲。

## 次韻張德恭主簿二首

一日乘閑燕畫樓，連宵飛夢只樓頭。掾郎談麈驚飛電，公子吟毫漲怒流。歸去定誰扶下馬，重來有約屬馴鷗。可堪風雨妨人樂，却向盧家訪莫愁。自注：彭尉侍兒慧甚。

漢南獨步有登樓，肯為衰翁吟掉頭。價比連城容品裁，句專八米見風流。生涯枯澤鳴饑鶴，老去驚波蕩

白鷗。當念飯山人似削,撩人更遣耐新愁。

## 次韻張守勸農二首

傳聞載酒西郊曉,迎候前旌擁老農。賢守承宣先勸課,太平風俗見聲容。官堤烟樹紆紅縐,沙岸風蒲裊紫茸。想憩凝香倒囊錦,銀鉤側理疊千重。

競籯行軒親色笑,教條初不作風霜。為公醉德仍醇酎,惠我溫言亦報章。重見桐鄉敬朱邑,不須畏壘詫庚桑。受塵定許休吾老,已戒諸雛計裹糧。

## 次韻張守泛春亭

小退鈴齋復此亭,自公喜色更津津。再紆皇眷分憂寄,坐鎮江城與物春。長日雍容少公事,共誰談笑作詩人。撚髭慣厠分題客,元亮柴車已命巾。

## 遊乾明分韻得山字

一從隼軌得追攀,日日江皋倒載還。貪向諸公論友義,未容老子憶家山。酒邊鯨吸仍疇昔,筆底羊腸出險艱。莫便樽前話分袂,此心不與石俱頑。

## 寄真州詩社諸友

疇昔離亭酒一鍾,酒盃不比別愁濃。羨君聯壁方保社,付我耦耕親老農。握手陳雷便膠漆,幾時韓孟果雲龍。自今筆硯還高閣,可是詩情病後慵。

## 真州諸公語別分韻得盃字

嬌紅爛紫正銜枚,不待王家羯鼓催。佳客又衝新雨至,羈人未許片帆回。自今寒食嗟無幾,奈許閒愁撥不開。只擬分攜乘醉去,為君領略十分盃。

## 次韻趙夷仲

趙侯才望屹撐空,肯我過從笑語同。妙論全勝十年讀,清篇分飼一襟風。斑疣可用酬崑璞,涎瀨何曾夢錦蒙。莫把詩聲陵此老,遲君謁帝畫平戎。自注:《素問》以頭風為首風。紫誥君坐聽嚴更一再通,卓肩搜句夜蟲同。拜嘉傑作開囊錦,似為衰翁療首風。轡橐文陳甘三舍,百勝將軍正總戎。宜步西掖,蒼顏我欲隱東蒙。

## 再次趙侯韻

趙能文,為古選詩三見屬,次韻贊嘆
理窟疎明面面通,如君襟抱古賢同。孤標碧落行霜月,勝韻芳林度蕙風。妙語寧惟壓元白,大封端合啟龜蒙。規恢佇看收功去,自勒豐碑紀殄戎。

## 送臧汝舟楚州秋試

羡殺君家有兩方,阿戎材幹更昂藏。久知筆力能扛鼎,此去賢書定探囊。鄰近玉淵嘗借潤,眼中珠樹看爭芳。舊陪衆俊工飛動,老氣因君尚激昂。

## 重九山陽儀真兩使君送酒

酒會文期興尚濃,佳辰一笑坐天窮。兩州各遣六從事,九日俄成一病翁。詩不受催空急雨,帽無緣落任西風。明朝晴徑通行屐,却漫枝節遶菊叢。

## 次梔子花韻 予家有數本,亦可愛

居士窗前蒼蔔花,清香不斷逗窗紗。傷和錯觝風霜實,照夜偏憐玉雪葩。瓊樹未應矜潔白,金神端為發

## 次喜雨韻

被旱農家怒伏龍,衰翁歲望甚於農。人方半菽延朝夕,我亦頻年闕釜鍾。洒潤似驚其火冷,驟寒不貸布衾重。有來喜雨清新句,一笑令人失病容。

## 次韻李壽卿明府憶梅

不分無花空折枝,探梅要趁未紛披。憶常月地攜節去,似許風裳倚竹時。莊蝶認香憐夢短,墨君寫影竟誰欺。故人底事江南北,驛使來時僅好詩。

炯若橫陳耐凍枝,清篇細讀更重披。即令扶病揩塵硯,痛憶尋芳載酒時。政使雪霙來眼底,却愁霜鬢被花欺。暗香疎影君能事,何處騷人敢語詩。

## 次崔帥韻 崔叢碧置酒話別,有詩見贈,即席次韻

虎塞風雲自壯懷,詩壇尤見不凡才。至音忽作鏘金發,急筆寧須擊鉢催。屬饜重嘗項上臠,拜嘉如嗅隴頭梅。還家定遣比鄰怪,珠璧光芒重載回。

## 崔侯燕城西高家亭復次韻

昔人勝踐此興懷,復見西園遊上才。譚塵生風容滿聽,酒觴插羽未須催。小令纖指鳴飛雹,却遣紅檀趁落梅。更約歸來醉叢碧,將軍端豈興闌回。

## 鄧倅有詩次韻

袖手從公辟不懷,天心月脇有餘才。將壇賈勇知無敵,册府新除定見催。楚國誰今銜屈宋,歐門我亦後

蘇梅。錦囊得句無虛日,盡卷淮山勝槩回。

## 次韻寄汪教授二首

友賢端許寫中懷,千丈孤標十倍才。黃絹舊知儒業富,黑頭寧受歲華催。筆囊小却司盤詰,鼎實終期薦傅梅。指日元侯彎龍袞,未容文學久低回。

客路何人起病懷,論交今得謫仙才。每當玉麈玄譚勝,不問銅壺漏箭催。魯泮舊常烹瓠葉,廣平聊復賦江梅。撩予儻可陪英軌,莫向詩筒靳往回。

## 客路寄崔帥

笑語生春慰老懷,鄒枚端復顧凡才。酒邊徐罷長鯨吸,夢裏還驚去鷁催。野渡水渾妨轉柁,霜林寒淺未逢梅。神馳縹緲凝香地,却惜無人為挽回。

### 再次韻 既歸,梅開甚嫵,崔帥贈酒更佳,且二丈皆有送行詩,次前韻寄之

解橐臨風得好懷,祇令公等費詩才。行裝併喜鴟夷滿,春意如煩羯鼓催。飯白重供飛雪鱠,眼青還對照溪梅。滯留不惡歸仍好,笑殺山陰興盡回。

## 次韻陳學正 道居鄉之適

區中塵外自由身,囊不留錢最入神。便約春秋同保社,不妨天地著陳人。園翁溪友曾無間,野蔌山肴繼薦新。却嘆聲名雪堂老,莫年嶺海夢峨岷。

自審江湖槁項翁,浪將張邴並高風。就閑耕釣真無說,投合侯王況不工。策足不應諸俊後,如君寧復老夫同。呕須秉燭歡遊地,行篋英雄入彀中。

## 次韻趙帥賞古梅 予後不及賞,故云

把酒花前量自寬,花同人意愜輕寒。盈盈似駕翠虬起,特特為邀青眼看。紙貴共誇詩律細,客來旋報粉香殘。若為白璧青錢費,可問東君博此歡。

## 次韻劉常甫見贈二首

重來觸目總宜詩,頗費行吟與坐思。舊友相過有嘉惠,滿篇更喜勝前時。連朝把玩驚飛動,萬象低摧受控持。塵翳玉笙嗟耳冷,何人度曲顫鸞篦。

筆陣平時枉計功,鈍鎚那辦突銛鋒。灞橋雪裏嗟良苦,飯顆山頭記昔逢。斷句自知窮有相,從人財博繆為恭。彭郎小隱劉郎宅,抖擻塵襟聽所從。

## 次韻張守勸耕二首

吾徒一笑似關天,離合胡寧付偶然。夢境萍蓬渺雲水,舊遊花柳更風煙。交情繾綣今猶昔,妙句傳抄喜欲顛。廷尉歸須結襪客,為公飽飯計留年。

三揖清揚歲兩更,煩公倒屣費逢迎。抽簪仕籍心彌厲,撰履詞壇計欲成。西洛況聞高紙價,蘇州從昔擅詩聲。拙衰枉作登龍客,領略玄譚自阿平。自注:使君子主簿公,作詩甚進。

## 題彭傳師無喧境壁

塵外軒窗寓嘯吟,勝遊重到更情深。湖山覿面渾相識,蜂蝶窺簾似見尋。客路每歌歸緩緩,歲華亦嘆去駸駸。摩抄竹樹論今昔,親見栽時已欲林。

## 次韻高賓王見投四首

殘年病眼苦眵昏,盡屏甘腴誓綠樽。龍樹難逢刮膜手,孟公顧有獨醒孫。頗煩十吏供揮掃,無奈諸峯役夢魂。友義惟公記衰疾,新編肯到雀羅門。

病念還家可奈愁,客中日月急梭投。土花暈壁迎梅雨,海燕將雛送麥秋。霑袖正憐珠隕睫,關門能復玉為舟。搘頭閣膝高春卧,黃嬭青奴共此樓。

簷花如霧濕黃昏,猶夢君前白獸樽。但有紅塵染衣袂,更堪碧草思王孫。逃威正坐齊竽謬,歛舞難招楚客魂。回首仙曹雲雨上,誰云九虎踞天門。

知君玅句為袪愁,得句須防有暗投。我病床頭但周易,人誰皮裏著陽秋。騎驢久袖推門手,載酒慵移捉月舟。祇命君詩作三益,伴翁聽雨卧徐樓。

### 次韻贈高賔王二首

瓦注緣窮也自昏,掃除膠擾近清樽。瘦田可穀宜投劾,小子今年亦抱孫。慣病已拚疎藥物,就閑聊免愴吟魂。徑當雲卧山南北,芋火醅缸畫掩門。

滯留無地豁閑愁,詩將壇高許客投。過我肯論新舊雨,即君如望蓑穟秋。幾時霧穀寧蛟室,快意湍濤放鷁舟。招抉腎腸須小息,請攜霜竹上危樓。

### 再次韻贈高賔王二首

塵外高人謝宦昏,生全天爵嚌衢樽。逸民佳傳須銀筆,常侍流風見耳孫。入洛真能折儈父,浮湘更欲弔英魂。男兒有志輕萬里,辟世何如金馬門。

虞卿與世得窮愁,柄鑿方圓豈易投。政復有文衙屈宋,須防罪我坐春秋。千株已種柴桑菊,萬斛空橫野渡舟。可惜玉堂揮翰手,獨緣羈旅賦登樓。

## 再次韻自誑簡賓王二首

魚避清澄鳥愛昏,陶翁歸計酒盈樽。山田雨足鳩呼婦,籬院春深竹有孫。百首旋編新賦詠,三生猶憶舊精魂。小摩他日紅塵眼,閑送蜚雲過海門。

庚郎胸次枉堆愁,馮衍才名迄不投。歸去來兮歲華晚,末如何矣鬢毛秋。令威心事千年鶴,張翰生涯一葉舟。回首月堂金谷夢,却憐海蜃結飛樓。

## 次韻方秘正

方未相識,有詩和韻,聊致謝云

靜女無媒未易昏,幽人樂地但琴樽。詩聲況自推侯喜,牆仞懸知陋叔孫。拜手行申不敏謝,慕賢正黯索居魂。拘拘泄柳非君匹,老子來時肯閉門。

小窗危坐正凝愁,詩客華編肯見投。明月拜嘉千斛賜,清風分送一襟秋。路迷端倚司南駕,金換還隨過海舟。誇與湖山須快讀,湧金門外倚曾樓。

## 次韻答高賓王

向來騎鳳下天津,冠屨因循混世塵。行處西湖作西子,靜中佳茗是佳人。秋風暗凝金莖露,香霧潛浮海樹春。喚尊綠華書玉葉,人間新筆有通神。

陂量如君信有容,諾金到我豈宜蒙。蛾眉自古偕三惑,虎旅何心待九攻。雨室聊辭秉燭女,石腸莫笑叩舷翁。吾徒嫵媚青編在,櫱茹冰棲定雋功。

## 次韻林子長一首

使華不袖生春手,絳老泥塗亦使年。病後隱淪甘甫里,向來魂夢頗祁連。受塵已傍鄉三老,對客還矜我二天。處士一星君漫記,會揚光彩映台躔。

## 次韻楊帥留客賞雪二首

錫羨端知自杳冥,更資和氣與烘成。從公草賦梁園罷,未羨將軍下蔡城。瞖觀攪海翻雲勢,旋聽摧簷瀉竹聲。狎坐駕鴦方薦笑,窺簷烏鵲已熹晴。

園林花絮忽冥冥,水墨工夫憶李成。瓊樹挽春爭炫晝,玉龍轉野寂無聲。綺羅樽俎諸賓醉,簫鼓樓臺九陌晴。不比遊仙向來夢,真陪仙伯燕曾城。

## 再次韻二首

雪神不袖噓枯手,嗣歲豐登預告成。泚筆徑煩書上瑞,載塗況已沸歡聲。騎驢有客搜新句,扶路何人趁晚晴。一笑與渠分樂事,的知瓊露勝宜城。自注:瓊花露,揚酒名。

吹花舞絮纔俄頃,可待區區刻楮成。催動江梅傲春意,喜聽冰筯滴階聲。剡溪載酒人乘興,縣圃明空月碾晴。更想捧觴天一笑,恩光旋浸鳳凰城。

## 次韻趙帥四首

酒會頻頻詩課忙,從公衹爾了星霜,虛舟自昔安驚浪,左角從渠赴敵場。戀月每忘寒夜永,寄梅渾訝驛書香。吟邊更厭秋蛩苦,滿聽青鸞嘯女床。

北歸客子謾貪忙,河欲生冰野覆霜。他日鶤鵬常避敵,即今竿木又逢場。思遲正坐相如渴,文好知熏武仲香。妙語鼎來吾拜手,乳泉更用汲銀床。

月姊多情闑綺窗,停雲著意護飛霜。艷桃穠李寬圍坐,舞雪歌雲各擅場。醉倒不堪酬禮原作勸,據《永樂大典》卷一五一三八改數,歸來贏得夢魂香。明朝誰省扁舟客,但載茶鐺與筆床。舟子喧呼解纜忙,駝裘答颯原作颯,據《永樂大典》改冷禁霜。行分槁項新岐路,心屬毛錐舊戰場。談笑慣陪北海酒,馥膏擬炷後山香。詩筒儻肯生毛羽,飛到幽人夢蝶床。

## 用贈朴翁舊韻二詩送徐南卿南歸兼簡湖上詩友

飛鵬尺鷃計窮通,今古幽人一笑中。等是勞生浮大塊,誰能詭遇詫良工。書堪引睡聊遮眼,酒可袪愁勝作公。此意平章有同社,絕憐相望馬牛風。

莫將半菽羨千鍾,生世誰非圂數中。薦福議碑雷已震,浩然遇意句徒工。我知寒餓憐顏閔,人說乘除有誌公。窮鬼趁渠來敗類,秋禾一昔仆霜風。

## 次韻趙帥登平山堂

東皇未愁養花功,遠近嬌紅亂老紅。勝賞已容陪隼軌,憑虛仍喜受雄風。小勣蜀井寒冰齒,旋俯波光碧蘸空。更看詩翁落椽筆,彈丸句法許誰同。

平章景物我何功,猶博賓筵醉頰紅。歡甚銳戈思卻日,吟餘豪興欲凌風。急艫泛灩春浮淥,摻鼓喧轟鴈墮空。白雪拜嘉仍袖手,汗顏終恐坐雷同。

修月于今第一功,後車九萬蜀牋紅。詩供寒食鶯花課,袖拂平山楊柳風。匼坐蕙蘭歌似剪,生香笑語酒如空。胡床不減南樓興,今古風流正自同。

## 次韻鄭同年餞行 時癸亥七月

一官自食天水草,羣雋追奔風馬牛。儉幕胡寧效涓滴,孔裝未擬借膏油。交情顧我失一臂,才地較君輸幾籌。更引功名挽衰朽,天生江水不西流。

## 挽章

隱操人將處士看,寧知器業自榮榮。襄陽耆舊今餘幾,儒館先生定莫攀。元亮歸來猶責子,德公老去竟無官。子孫忠孝聯三緩,說似前人合厚顏。

少微前夕欲無光,白首俄傳地下郎。一代衣冠郭太宅,百年文物鄭公鄉。松煙黯慘空黃壤,芝檢紛綸漫紫囊。人過新阡應下馬,不論知識涕滂浪。

## 太碩人臧氏挽章二首

德風千祀藹芳馨,生享修齡歿更榮。早歲衣冠賢德耀,莫年門戶寄升卿。迹陳莫嗣登堂拜,匏繫空馳執紼情。里巷萬人緫布會,一應如我淚河傾。

帝恩三沐壽親筵,更數何人福慶全。紙眩鸞廻餘舊誥,地占牛卧忽新阡。陰功不倚長年藥,補處仍開上品蓮。欲紀哀榮付豐石,諸儒當有筆如椽。

以上《江湖長翁集》卷一六

## 陳造一六

### 次張學錄韻十首 張以新涼入郊墟,燈火稍可親為韻

俗習有南北,交情無故新。
東鄰夜牙籌,西鄰晨伊涼。
學者闖聖門,囁嚅未易入。
三吳士淵藪,向我肯論交。
燒香為後山,展像拜太虛。
張子五車讀,筆作蛟龍騰。
廣文無酒錢,到官倏改火。
朧鴨久欲忘,食蛙近亦稍。
君才高一時,從我計已左。
眾景紛驕蹇,君獨著語親。

得子班荊地,朴魯俱淮人。
孰知陋巷士,乾坤書一床。
張子乃深造,以文作梯級。
尚友忌一鄉,同人貴于郊。
誰能作九原,候蟲弔寒墟。
百戰氣彌厲,依然短檠燈。
清譚坐蕭齋,惟子屢過我。
人言淮浙殊,得飽不汝較。
要追莊惠塵,揮塵論詎可。
十詩已檀藏,不與俗子論。

### 再次贈張學錄韻十詩

解頤匡鼎來,詩語窮益新。政用追前輩,不勞吞吾人。

再說可雙壁,斗酒或西涼。索飯仰屋梁,付子瘦木床。
杜陵深堂奧,無己掉臂入。裔孫漫睎驥,槃姍取拾級。
取友英雋場,如子乃石交。進善定見與,言從浚之郊。
閱世有順逆,飛埃瞪空虛。曠懷略外物,曲士乃拘墟。

## 次韻錢倅諸公睡香花四首

鈎窗玩孤芳,殘月衣上明。紫囊拆蘭麝,小風弄初晴。
幽人睡為鄉,長日踵納息。天香喚醒然,頗復費詩力。
輦流魏家芳,要領僧榻夢。翛然目為青,未敢蜇鴻送。
小籬護殷鮮,久厭雜芳眩。風煙桃李蹊,一付檀槐戰。

## 泊上虞驛來日行四首

秋雨歇復下,西風微自涼。不妨舟繫柳,已貸汗反漿。
梁湖莽蒼外,後去未云遲。縣市容吾戀,江潮不汝期。

## 予七十趙監稅見賀以詩次韻

平生燭之武,況已雪髯翁。譽我猶時用,君言恐未公。
龍公底戲劇,長嘯暝江天。雨鵲翻仍語,風舟舞不前。
溪山可圖畫,風物憶吾鄉。漁艇鷗鷺亂,茅茨菱芡香。

## 銅官道中二首

人家自淪新茗,山路行衝翠嵐。今日供人行李,向來夢裏江南。
盡日巉巖峻陟,有時罷亞橫陳。看雲不妨挂笏,耦耕定自知津。

## 舟行六言

風頭正帆影駛,雨腳轉天容開。黃雲覆野未極,青山趁人欲回。

## 題長沙新到鴈圖

渺莽雪波煙渚,有底鼓翅相呼。如老子載家去,眼明見黽社湖。自注:黽社,高郵湖,山谷詩亦云。

## 題別浦遠來舟圖

道人毫端妙用,幻出烟水淮南。頻與東風商略,幾時送我歸帆。

## 題野渡風烟圖

畫師毫素筌蹄,波光野色淒迷。舟檥樹陰欲動,魚驚帆影應低。

## 題寒光雪嶂圖

瞳寒流覆絕壁,君纔得想像間。輸我一庵漁浦,雪中真看江山。

## 禱雨木欄堂四首

池上客熟無那,池中魚不自濡。
安得涼煙泛坐,綠荷盡日跳珠。

絕知豐凶有數,豈必天地不仁。
鵓鳩底用緘口,晨霞徒解欺人。

物享用達幽秘,政庝自奸陰陽。
我已泣刑白鴞,誰繼請烹洪羊。

醮壇煙斷金鼎,缺月印天一梳。
想知瞻望雲漢,君王寢帳猶虛。

## 羅提舉見和再用韻四首

又作凝香齋宿,未容燥吻得濡。
頗怪太湖龍伯,貝宮卧戲明珠。

斬山木寧為民,焚巫尪恐傷仁。
看書饑而不害,公政無愧古人。

紫沉初炷爐香,青章已達寥陽。
當有碧玉宮使,叱起河瀆卧羊。
自注:《靈姻傳》載,所牧羊皆雷雨神也。

鐵鐵水芝照影,娟娟風柳受梳。
何日詩成喜雨,憑欄客意凌虛。

## 題草蟲扇二首

挼首一振怒臂,鼓翅雙搖利鋒。
底用交綏解鬭,政應沐我仁風。

迎隨小躍低飛,無謂二蟲何知。
却因毗陵畫手,憶我田間杖藜。

以上《江湖長翁集》卷十七

# 全宋詩卷二四三八

## 陳造一七

### 劉向二首

江邊逐客楚宗卿,諫數君疎命自輕。可信後儒慙往哲,輒將強聒議更生。
若將初節訂賢愚,聖哲功名古亦無。一代儒宗憂國意,當年幾落僞金誅。

### 梁元帝二首

慢藏已重阿琳憂,君道平時況未優。冀北羊腸各亡社,浪言建業勝荊州。
中外誰非肉骨恩,顒顒帝子亦王孫。君王日握金銀筆,忍署兵威極六門。

### 管仲二首

棠潛俄正魯封圻,施伯安翔梱載歸。屍授夷吾寧復此,君臣應愧始謀非。
平生勳業載成書,脅制諸侯祇霸圖。盡繼車攻奏嘉頌,迄今璧帛篚東都。

### 孔明二首

古今深忌忿為兵,及壘師臣要力爭。白帝敗歸思孝直,端知難抗魏元成。
搴蜀寧蠻走阿瞞,功名繼此坐天慳。平生囊括華夷策,畏虎纔教見一斑。

### 東坡二首

## 王逢原二首

五載詩鳴臥雪堂,暮年長嘯走南荒。
當時戲綵慈親側,豈復陳編羨范滂。
高文鯁論博艱危,凜凜聲名百世垂。
得意王公葬枯冢,誰令聖主想同時。

弱歲文推一代豪,諸公斂衽看顛毛。
天於屈宋應為地,不放先生僕命騷。
文章俯睨漢唐餘,屬思深湛到古初。
正使玉樓須有記,忍令銀筆嗣無書。

## 閱史六首

百戰淮西僅奏功,澶淵欲戰已平戎。
三紖相縱猶公道,長為萊公羨晉公。
公安枯竹本何知,標表精忠解不私。
應笑神奇甘臭腐,讒鋒得意幾餘時。
樹威立敵祇商君,俯仰欺誣莽更文。
何事君王自聰哲,三槐五鼎買君分。
帝惜人才幾手培,誅鉏借作盜權媒。
更憐孫息追仇誤,忍死龍荒首不回。
徐穉申屠晚見機,當時張郃是先知。
冥鴻久矣層霄上,置網彌山漫爾為。
平時憤世謝王符,更肯佯狂踵接輿。
須信有心端有累,與君乘木用舟虛。

## 讀晉史二首

司馬家兒轉首亡,姦欺三葉是餘殃。
區區牛氏何關汝,覆面猶須淚滿床。
只知成濟犯乘輿,劉石兇威更有餘。
狼顧魂靈應自反,尚將鬼責怖公閭。

## 曹魏二首

睢盱漢鼎漫心勞,夢覺俄驚馬食槽。
馬漸天飛龍在井,當塗能得幾時高。

## 袁本初二首

問卓諸公半虎狼,魏旗四指不留藏。
老瞞濟水如先死,不必炎劉果後亡。

入門偶藉移韓馥,健者何曾抗董公。
須信阿瞞人物論,但言玄德是英雄。

劈孽朝兄主父囚,女戎銜猾史蘇憂。
便教官渡交綏去,二豎猶能亂冀州。

## 公孫述

東來溫詔枉丁寧,隆少忠謀肯汝聆。
不待賓臚延馬援,始知西帝偶人形。

## 隗囂

諸父論情是至親,若為見賣苟全身。
發崔冤魄旋無憾,眼見君侯殺伯春。

## 馬援

朱勃風標似可親,文淵竟作白頭新。
平時輕侮知何事,辨雪冤誣獨此人。

## 光武二首

濟業何關赤伏符,王梁不拜未云疎。
君王幸卻東封請,底事終身溺讖書。

閉關謝質保豐功,建武規模見祖風。
幸輔駢誅非細故,平章敢謂茂陵同。

## 高祖二首

未推壯邑賞平津,已采先知赦奉春。
齊越淮南皆斧鑕,狂胡邅指漢無人。

坐鹹關東扛鼎雄,指呼奴隸走王公。
祗緣奪嫡中心慊,反畏商山鶴髮翁。

## 和　意

## 相如二首

仁傑狂甥趁獵人,頗能戴眼笑庭紳。漢家退堡猶麻沸,正復羞為女主臣。

中宵卒卒去臨邛,賣酒壚邊混傭儓。想見令君醒後意,向人深悔謬為恭。

逸德狂情賴補苴,文君合塯相如。白頭曲裏殷勤意,不愧先生諫獵書。

## 文 帝

君王儉德本天然,蕭相鳩營已造天。不見千門并萬戶,露臺雖罷未為賢。

## 詠史二首

暴楚狂秦席卷中,謀臣戰將各言功。端知四百綿炎祚,祇屬商山禿鬢翁。

平側區分偶儷勻,無階更復古真淳。浪言此秘無前睹,畢竟休文是罪人。

## 遊靈山二首

高人避俗水雲居,客子偷閑簿領餘。本自毗耶病居士,不妨僧飯小踟蹰。

何年山股創禪房,陵谷遷移不易量。舊日中流小浮玉,如今欲到祇塞裳。

## 早 夏

安石榴花猩血鮮,涼荷高葉碧田田。鱮魚入市河豚罷,已破江南打麥天。

滿地榆錢未掃除,畫簷忽復燕將雛。風窗夢破搔頭坐,重課兒時讀了書。

## 偶 題

霧紅煙白忽橫陳,雨後風光聖得新。說似遊人須著便,陰寒已破一分春。

## 題人家壁

等是黃粱未熟時,車塵馬足竟胡為。
山翁不起功名想,足穀多田正自奇。

## 樓隱寺紫薇花一首

深紅淺紫碎羅裝,竹樹陰中獨自芳。
已伴白蓮羞遠供,款陪黃菊薦陶觴。

## 題趙秀才壁

絳霞影裏一徜徉,甚欲搜詩與發揚。
馬自尨贔塵染袂,句中羞說紫微郎。

日日危亭憑曲欄,幾山蒼翠擁烟鬟。
連朝策馬衝雲去,盡是亭中望處山。

## 新林小憩見花一首

白玉毬團青玉枝,幽芳不恨見春遲。
略得花邊一欠伸,羅衫歸去滿緇塵。

酴醾過後榴花未,管領風光更是誰。
鳴鳩乳燕空多思,苦雨淒風不貸春。

## 贈相者二首

人言尨艾可功名,獨取臞儒子麼生。
材同樗櫟將安用,官帶答笭亦漫為。

槁項猶多吟擁鼻,好移君眼與公卿。
更欲品題人所棄,君癡尤勝老夫癡。

## 次玩鞭亭小詩韻

心事即今驚白髮,世情從昔穀黃間。
竊祿未辭官九品,歸田止欠屋三間。
著書他日藏巖穴,或繼淮南大小山。
寶家錦上四百字,祇道藥砧山復山。

獻玉者三付身外,與馬為二合田間。
亦知此足無人縛,政恐有文移北山。

## 次林子長教授韻

伯主或能尊九九,餓隸恐復辦多多。
豫章材成七年後,潢潦眼看三尺彊。
盤姍勃窣不快意,鉛刀一割君謂何。
山翁坐閱刺天翼,抱書亦耻崔鬼藏。

## 次張節推山字韻詩留其行

足音肯到寂寥處,風味要看樽俎間。
人瞻甫里歊埃外,詩著蘇州伯仲間。
紅塵嘆我奔馳久,空谷逢君夢寐間。
粹學堂堂真有本,玄談亹亹盡無間。
老醜只宜巖谷裏,何人挈致俊賢間。
故人偶得一飯款,僻縣纔餘十畝間。
行役小休良不惡,雷聲昨夜殷南山。
爽氣憑銷殘暑盡,鉤窗不用對西山。
政使公榮可無飲,風江驚浪湧銀山。
小回餘事入詩律,句法還能逼後山。
雖云章服裹叔夜,尚有笭箵隨次山。
赤米白鹽君勿誚,病夫官況等居山。

## 靈巖道中二首

過盡南山過北山,幽花好鳥翠霏間。
滿前風物牽詩興,可是平生馬上閑。
涉澗登山倦不勝,松間敲戶有人譍。
竹簾瑣細爐煙直,小作蒲團入定僧。

## 游隱靜往反四首

突兀南山萬仞青,鼇觀山頂白雲生。
今朝訪道五峯去,却向白雲生處行。
烟樹雲生若有無,行興咿軋路盤紆。
小風弄雨晴還落,身在龍眠水墨圖。
一隨俗駕走紅塵,松竹生愁鶴怨人。
杯渡老師相悉否,野僧心地宰官身。

## 戲促黃簿雞粥約二首

夢覺篝燈瞳瞳明，碧雞啼罷欲三更。
定知山雨陣頭惡，但怪瀑聲雷樣鳴。

微吟仰屋耐調饑，腹負將軍竟是誰。
側耳鄰翁隔牆喚，黃雞粥熟是何時。

鵝炙博噴寧復計，馬肝知味不須評。
老宜此輩充庖宰，更問鑽籬與不鳴。

隻雞可饜小人腹，未羨侯家千足羊。
借問解黿食指動，何如蒸鴨瓠壺香。

## 次韻黃簿

先生不著惠文冠，須信論才當價難。
法律剗章真未盡，盍言粹學輩豪韓。

揮毫麗句得旁觀，字字懸黎間木難。
可但詩聲高海內，有人金換過三韓。

## 贈趙丞四首

老嬾無詩到雪梅，僧窗駝坐撥其灰。
要君彈壓湖山景，莫惜新篇舉似人。

君家鸞鏡照芙蓉，笑我衣襦綻不縫。
朝來好語成快讀，匕筯驚投不為雷。

我衰但作一廛計，認古宣城為故鄉。
想見後堂頺醉玉，梁州按罷晚粧慵。

共約京都看早春，橐駞緩踏軟紅塵。
待得故人來作牧，試吟打鴨起鴛鴦。

## 無題三首

酒鴟車後無何飲，易卷床頭脫復看。
豈謂浮生須此具，世紛方解不相干。

才不時宜嬾治生，學專信已一官輕。
只今尚友須千載，獨惜時無尚子平。

居為耕叟出為官，出處人將二致看。
朝市山林俱樂地，《永樂大典》卷八九六作一道却須神武掛衣冠。

## 臨澤寺留題乃予舊讀書處

發冢詩書謾一官,舊遊重到鬢毛斑。
塵埃可是山靈意,不待文移始厚顏。

## 庚子冬望雪二首

冬盡風霜只薄寒,人將雨雪卜新年。
癡兒不問豐凶事,但快茆簷炙背眠。

隴麥枯時雪意濃,可堪新日已曈曨。
因循度臘無三白,孤負明年飽二紅。

## 次韻郭教授雪二首

霏霏透隙上承塵,想見園林玉樹春。
世紛長作眼中塵,酒力能回物外春。

明日銀杯隨寶馬,城東應有探梅人。
清論挾霜詩映雪,即今超俗賴斯人。

## 元夕遣懷二首

陸海蓮開夜色鮮,短檠燈下掩陳編。
平世計功須壯歲,異時敵己盡亨塗。

風姨竟日鳴條罷,月姊因誰得意圓。
鬢鬚久已沾青女,窮達何勞問紫姑。

## 書南柯太守曲後二首

門前車馬競飛馳,等是槐安未寐時。
何似阿憐歌此曲,一巵隨分得伸眉。

竹葉舟前客念家,慈雲甕裏事如麻。
而今不笑檀槐戰,笑汝研桑了歲華。

## 次韻諸公絕句 時麐唱已成巨軸

琳宇無塵夜色鮮,露明叢菊月臨淵。
荊玉驪珠忽滿前,未須攻石探濤淵。

世間人境雙清處,誦與西風更此編。
南帆自詫歸裝富,準擬重呼阿買編。

## 贈郭高叔三首 元宵作詞與太守陸子煥,密寫寄營妓,蓋欲其備卒也。戲贈高叔

護香深閣寫烏絲,有底朱樓望得知。
與問天津倚欄客,庸非青瑣竊桃兒。

燕臺賦就尚緘囊,已作新聲遶杏梁。
見說負山常夜半,能言鸚鵡枉關防。

翠扇紅牙淺黛愁,梁塵飛下晚雲留。
貫珠未竟金杯側,却欠周郎一轉頭。

## 游普向十首 謁兩石解元,得十詩,隨得書之,呈王仲衡尚書

西湖西岸三百寺,一一題名嗟未能。
他日誅茅追勝賞,却尋詩版驗吾曾。

一老昂藏物外高,陳陳胸次盡龍韜。
功名未療湖山癖,却著袈裟替戰袍。

青林果熟星宿爛,修竹風來環佩鳴。
翠影扶疎僧宇靜,吟餘屋角見雲生。

蘆鹽未必劣僧蔬,塵裏光陰易破除。
他日摩肩霄漢上,却須此室與藏書。

日冒風埃鬢脚黃,歸懷絆驥可能忘。
誰知碧嶺蒼雲外,占斷人間五月涼。

寺壁龍蛇石刻新,夔州十絕典刑存。
鵝溪為卷湖山去,擬與詩人到處論。

遠近僧垣共白雲,蕭然不著世間塵。
朝參夜講庸何計,野飯山棲已可人。

處士前身自水仙,天教清句紀山川。
即今秋菊寒泉意,雙鶴飛來若箇邊。

崇岡回首路縈盤,夕照明邊小憑欄。
船閣淺沙催客上,玻璃影裏見長安。

行穿老檜千尋影,歸受涼荷十里風。
從此勝游縈客夢,夢隨黃鵠下雲空。

## 十絕句呈章茂深安撫

雨餘涼氣曉風颸,却愛朝陽一抹紅。
照影芙蕖天與遠,可能猶恨打頭風。

忍饞留得可羹魚，微沫相濡未就枯。
自解柳枝投淥水，勞生與汝各江湖。

三傍清淮酹酒杯，四年霜鬢犯風埃。
即今定被淮人笑，又見衰翁祿遯來。

追尋名勝勝留年，白首猶參五字禪。
寄語蜚廉亟回馭，擬凌風去訪詩仙。

詩伯于今第一流，清篇傳誦到鰲頭。
共推句法源流遠，伯仲夔州只楚州。

密受眉山一印傳，斯文千載石林仙。
使君酷似牢之舅，更喜鶯膠續此絃。

右史文章海倒流，淮南異政古人儔。
親聞撫几推雙美，獨向夫君放一頭。

楚城巇絕控窮邊，楚俗傷弓未帖然。
一自并州煩李勣，不聞貴買渡江船。

里社過逢起醉眠，行人魚稻不論錢。
欲知勸課功多少，地覆黃雲遠接天。

經綸術業向來優，千騎東方恐未儔。
他日應攜報恩子，還朝看拜富民侯。

### 村居二首

五風十雨梅破夏，三青兩黃麥欲秋。
山禽詳語野花笑，瘦筇隨客下西疇。

卷書揩目小披襟，睡起初便茗椀深。
一縷碧檀無與語，坐窗閒看竹移陰。

### 謝三提幹召飲二首 既往，則妓車集，一盃徑歸

坐上紅衣未放歌，客間冷面釅金荷。
驚飛可待聞檀板，擬奈吾家故事何。

賓筵笑語雜絲絃，說到山翁更粲然。
衰鬢豈應糚面側，陳編只合粉袍前。

### 謝雨知縣送鵝酒羊麵二首

不慣香風擁妓車，分當清坐冷官衙。
歸來自笑殺風景，却把茶甌對菊花。

## 次兩知縣韻四首

僧樣齋廚冰樣官,饑憑脫粟食無單。
麥生宜配卧沙羊,鵝炙仍便碧酒香。
不因同里兼同姓,肯念先生首蓿盤。
陡覺今年好冬節,朝來紅日為誰長。

老去棲遲八品官,劍頤深悔誚田單。
暴醉琳腴飽棧羊,巡簷閑認小梅香。
似我聱牙亦漫官,倚君風義慰羈單。
政成無復敗羣羊,萬軸書前一縷香。

東鄰未省吟髭斷,笑擲牙牌命肉盤。
胡牀曝背關情甚,古錦囊詩引興長。
開緘更識新詩法,脫手銅丸轉玉盤。
明日過君況休務,茶邊清話不妨長。
自注:立春日大雪,是日國忌。

## 題椿桂堂四首 為莫倅作

日日高堂笑臉新,五株芳桂拱靈椿。
枝縈非霧根盤石,共閱壺中不盡春。

靈椿移植自仙官,丹桂年年不辦供。
材薦明堂皆巨棟,君家培殖富陰功。

蒙莊漫詫楚冥靈,獨秀吾今陋郤生。
更笑田家紫荊樹,每隨人意作枯榮。

鴈影聯翩上絳霄,庭蘭再世更奇標。
義方可但燕山寶,行跨當年八葉蕭。

## 次石湖送炭韻贈龔養正三首

饑烏窘兔不謀身,君亦衣穿桂作薪。
小露化工陶鑄手,地爐分得雪中春。

廣文書案雪沾身,竈婦冰葅燄濕薪。
綵勝銀花猶拜賜,凍醅寒餅不成春。

寒谷冰崖底著身,望晨疑寢越王薪。
今年未辦巡簷笑,急雪陰風肯貸春。
自注:立春後雪寒特甚。

## 送鵠鴨臘龔養正二首 龔以憂不作詩

霜湖風草自徜徉,夜網晨弦不易防。
作意分甘資一飽,為撩清夢到江陽。

騷人茹粥耐支離,過眼風光不到詩。
鄉味慇懃勸開肉,未妨新句解人頤。

## 早春十絕呈石湖

不是風寒即雨寒,朝來春意破天慳。
怪君未解春皇意,恐把韶華付等閒。

俟看媚白破梅枝,更喜嬌黃著柳絲。
春事斬新當客眼,可須山鳥報人知。

樹外晴雲不擬飛,東風無力愜單衣。
垂楊院宇斜陽裏,還是鉤簾待燕歸。

中林頻度養花風,合放林梢一點紅。
蝴蝶與春偏有約,依依先占去年叢。

杏羞桃澀要詩催,客子情鍾倍費才。
惜欠王家千杖鼓,輥雷聲裏看花開。

未須看竹扣人門,且復尋梅過水村。
香片點衣歸馬健,臨風只博斷吟魂。

虎丘僧宇瞰坡陀,幾許香醅載酒過。
遊子花驄烟外駐,麗人塵襪水邊多。

緩引牙檣載綺羅,寬圍絲錦著笙歌。
小擡醉眼遊絲外,夕照御城奈樂何。

鴟夷古錦犢車轅,盤薄沙鷗舞蝶前。
少日長安聚蚊夢,莫年詩酒解隨緣。

館娃宮外趁遊人,不見湖山自在春。
聞道石湖清絕處,芳時不著綺羅塵。

## 題溪橋雪月圖

雪野無人訪夜闌,冰壺絕景畫中看。
橋邊覺欠梅枝在,姑射嫦娥各耐寒。

## 題高縉之劍室二首

高郎楄具映峨冠,沈燎茶鐺一室安。
遊刃聖經千載計,即今長鋏未須彈。

題龔養正孩兒枕屏二首 養正方苦少子

皇家威德憺遐荒,何物樓蘭尚頡頏。
小屏光潔雪難如,寫出嬉然同隊魚。
想見詩人敧枕處,雲霄中夜有光芒。
眼中何止舞雩音,況是君家積慶重。
索句擁書皆薄相,笑啼嗔喜莫憐渠。
夢裏送來煩孔釋,要令門户繼荀龍。

次韻答陳夢錫十首

古人存心屹底柱,卷舒晦明付時行。
蕞爾之身函天地,政可蠛蠓睨功名。
吾宗石友讀書眼,可但於易鉤其深。
日來弄筆課七字,萬象奔忙供醉吟。
向來應俗用古學,我亦未悔金注昏。
伍胥宰嚭各腐滓,吳歈越吟誰誦冤。
巨室熒煌萬金產,小家經營一簪餘。
克庸盟隨制梴足,更用荊尸來擣虛。
姜子嗜酒不良行,諸公俛顧憖登瀛。
尚堪堅坐作周鼎,底用詩名滿鳳城。
冰櫱未肯執名卿,搔頭自剔書窗燈。
君家老人如椽筆,瀏江鄞水倒泓澄。
九重聖孝絕今古,喬雲麗畫南山高。
臺閣不無補袞手,付我五畝耘艾蒿。
諸儒峨冠每捫舌,四肢非骨寧自強。
即今可言尚十八,直須坐治開明堂。
續經發冢古今病,未容灼膚防瘡疣。
決知蕭蘭異根葉,始議溟渤包眾流。
詩人鋒鋩不可觸,薅攬鯨牙撩虎鬚。
飛來此編更作意,詩行快對夔州圖。

次韻吳守四首 時上冢,得吳詩招賞牡丹

十日陰寒此日晴,歸來趁賞大花春。
主家千斛香泉碧,却自摩抄漉酒巾。

陳造一七

園林落粉吹香雪,魏紫姚黃獨步春。
莫管龍公嬾放晴,主賓笑語自生春。
當日謫仙隨鳳詔,毫端寫出禁園春。
明日插花同一醉,小閑譚塵岸綸巾。
不妨妃子天香面,滿壓林宗折角巾。
沉香亭北人沉醉,誤認龍香在領巾。自注:是日以雨行。

## 謝劉提幹墨竹見遺二首

王孫筆自徐州派,戲為詩翁寫渭川。
龍孫褭褭初辭籜,鳳尾娟娟擬受風。
眼底疎枝欹密葉,靜含寒雨暝蒼煙。
疎影向人翩欲舞,夢殘依約月庭空。

## 劉有詩再次韻四首

小點猩毫出碧鮮,技隨文思各增川。
已後湖州禿鬢翁,喜君揮掃有遺風。
此君高韻已蕭然,更向新詩得媚川。
耐暑支離倚瘦筇,百金未博一襟風。
祇應月地饒般礴,心醉寒梢曳曉烟。
幻成黤雨熹晴態,盡使塵凡一洗空。
誰遣小家藏二妙,為君時炷水沉煙。
了知詩有蠋蜎力,絕勝江濤捲碧空。

## 題畢直閣繙經圖三首

凝碧有詩纔道死,青巖不語竟何禪。
伯圖無繼昧尊王,獨抱殘經析渺茫。
中原正朔合天王,細讀遺書瘦作襄。
先生著論胡塵底,未覺丘明見仲尼。
地下威文應吐氣,人間宋李解升堂。
老子披圖揩病眼,為公重炷石爐香。

## 循資趙宰有賀詩次韻三首

宦塗跋鼈陵坡上,學舍寒蟬飲露清。
鼈蹩強顏纔跬步,不應天驥與論程。

萬帛入門無幾潤,妻孥食粥有餘清。

自注:文林則添減如此。

輕肥騰趠非吾願,矻矻雌黃且課程。

反唇餘子輕玄白,屬目耆儒上紫清。

老境我甘追汗漫,明時君合訂章程。

## 都下春日

烟林紅翠已班班,雨後春工不暇慳。付與笙簫三萬指,平分綵舫舺湖山。

## 次韻答趙文卿四首

才名一世未通班,天向詩人每坐慳。不作上書來北闕,可無攜妓醉東山。

平日詩聲不易班,聯翩屬我未應慳。得無紙貴咸陽市,當有人逢飯顆山。

小燕招邀慰病顏,何曾雨澁與風慳。分明喜鵲先知得,未曉飛鳴鬧屋山。

簾疎財許客窺班,未得纏頭小破慳。已結雲愁蜚蝶夢,莫斜秋水蘸春山。

## 次韻袁憲勞軍許浦中路冰合二首

風聲雪意恣馮陵,更挾霜華夜氣凝。水伯護河銀作板,欲留公斸玉壺冰。

細讀清詩擬泣岐,問津平日幾河湄。只今西去須遵陸,平地風波恐更危。

自注:予亦阻冰常州。

## 次韻袁憲打冰移舟三首

倚柂扶篙待打冰,回思鏑首漱波聲。定知行止非人計,料理詩愁喚麴生。

留滯何曾念奮飛,君恩已布得徐歸。賢勞肯羨膏粱子,醉眼曹騰坐妓圍。

東行定見野橋梅,望望花隨驛使來。曾約南枝春信否,急煩好句與催開。

## 贈何符山人二首

## 趙介卿見簡解嘲二首

小詩落紙粲春葩,傳遍侯家與主家。未怪東來將隻影,十年囊筆飯京華。
冷看俗態詼嘲裏,緩閱年光醉夢間。想得酒瓢詩卷外,此生無物更相關。

複閣朱樓繡箔裹,蕙蘭風處各嬋娟。
酒家舊識玄真子,街吏嘗隨杜牧之。回首昔遊堪一笑,暮年茶果祇僧期。

## 寓吳門十首 張監留居平江,率趙守、袁憲,月助桂玉費作

一寒驅去還干祿,萬慮紛然祇愛山。閱世怳如清夢覺,求田聊計白頭閑。
官卑責薄得徜徉,漫仕歸來味更長。它日故人多好笑,籠雞載酒未吾忘。
諸公念我閑無食,粟繼輿臺扣戶頻。眼底梅花還索笑,酒腸詩膽已輪困。
溪翁園客問何如,可諱浮生百計疎。不憚典衣規得酒,長因乞米役能書。
向來勇策著書勳,一刻曾將白璧論。老去光陰都不惜,靜看烏兔總朝昏。
興闌猛輟凌江棹,重看鸞花茂苑春。歸自乘流留亦好,浙風淮俗總宜人。
日日烟林野市間,路人應作老狂看。排門賞竹寧辭罵,踏雪尋梅耐苦寒。
稚子浪憂陶令老,山妻終譽仲卿賢。虎頭試寫經行處,龍具寧甘未死前。
禹益咨俞儼紫庭,藩星仍映使星明。鄙夫少日三千牘,盡付詩情寫治平。
平時觸詠妨生理,此去狂疎託上官。但使推敲貸衝節,不煩排日報平安。

## 次韻張丞

官上絕無歌酒樂,堆垛了事執非癡。開樽良省纏頭費,却有新章贈雪兒。自注:是日仇香出寵,不費而歡洽,有小曲之傳。

## 次張丞送菊韻二首 時已十一月

粉身免泛杯中物,並駕容陪隴首花。
寒花彭澤門闌舊,好句柯山伯仲間。
況耐歲寒雙榦在,周旋三益羡君家。
貧負清樽只三益,詩人錯笑庾郎慳。

## 紹熙壬子勸耕妙勝四首

縣曹文墨厭拘纏,野飯山行舊所便。
每愧敲榜辦賦租,會心還喜勸耕初。
勝日乘閑覺半仙,笑摩老眼向風烟。
桑條麥隴接比鄰,社酒家炊丐路人。
祇道窮塗難措足,朝來風日為誰妍。
渠儂嗣饗金穰慶,老子長捐柱後書。
平章春事禽能語,媚嫵韶光柳未眠。
風俗尚如它日否,憑誰細問故園春。

## 净居勸農三首

妙勝庭前折小梅,净居門外躡枯苔。
今年春計定何如,說道家家飯石餘。
簿書堆裏得抽身,梅柳風前觸眼新。
日煩禪老羞茶供,親與田翁把酒杯。
滿意為翁開笑口,老夫心事祇耕鋤。
報答好春還著語,今朝猶喜是閑人。

## 次韻王統制喜雨

公餘競病揮詩筆,誰似風流老伏波。
對雨肯來同把酒,當令阿素為君歌。

## 示阿泰三首 挈累登招寶,獨留守舍,既歸,小詩付之

曾倚新晴望海天,天容海色湛相鮮。
盦中遙點羣鴉影,萬舶千艘忽過前。
官上依然四壁空,訟庭人寂每從容。
看家不為穿窬計,老去登臨分外慵。
老稚懸知樂有餘,迎門先問小於菟。
風烟滿眼山環海,對酒還曾鮨句無。

## 次王巡檢韻三首 王得予詩,鋟之木

每愧銅盤走柘丸,忽驚檀軸卷絲闌。
真成敝帚千金享,笑喚諸雛掛壁看。
平生嘿識玩詩昌,對客揮毫底未忘。
祇恐韓陵讀碑客,誚君草草誚吾狂。
搯臂搜腸不自奇,細模深刻似非宜。
流傳縱便鷄林售,指摘防遭鵝腿嗤。

## 朱倅索詩作三絕謝之

因循不試推敲手,日月消磨簿領間。
舊故書來盡新作,窮兒券負幾時還。
多謝詩翁肯唱予,挑燈泚筆復踟蹰。
龍文虎脊渠皆有,鶴膝蜂腰我未除。
從公揮掃且觀傍,免費雕鎪苦腎腸。
血指忍慚嗟已老,怒睨相向更深防。

## 瑞巖寺三首

嶺岫周圍罅縫無,勝流三百鑠冰壺。
客來誤作囚山想,猛憶門前自坦塗。
橫前石廩疑無地,步入蓮宮別有天。
說道三山環弱水,不應回首羨巢仙。
已到平生未到山,朝來白水漲田間。
要須樂事成三絕,更倩詩翁露一斑。

## 再次韻三首

得君清句我愁無,不惜長哦缺唾壺。
句法森嚴誰到此,了知島可但中塗。

## 喜雨二首

俗塵我亦憐多病,道價師今重五天。
投老鼎山追舊約,未妨林壑着臞仙。
連朝飛雨暗羣山,局步修廊廣雷間。
會作閑人留十日,當令履齒遍苔班。自注:寺主作庵鼎山云。

## 定海甲寅口號七首

長官清苦舊傳聞,檢放禾苗近四分。
田租有約不相違,比着豐年數已虧。
已抄口數報隅官,歲後朝餔定不難。
水泛溝塍意欲饜,凌晨還復雨廉纖。
父子分頭上海船,今年海熟勝常年。
鄰家兩兩捉春歸,笑語相過復嘆咨。
連宵飛雨喜滂流,已入梅天過麥秋。
招寶山鄰娑竭宮,縣峰仍接補陀峰。
晴晴雨雨皆如響,謾挹池鰻拜土龍。
永寧開善皆留宿,夢破階除急雨傾。
人道行車定膏澤,我知龍伯念春耕。
畢竟不緣胥吏手,旱頭科斂枉紛紜。
一飽分明郎首賜,幾曾刺口問抽卑。
且願眼前疆健在,趁坊討海過冬寒。
早秧未領自注:其感切。猶須插,晚穀無多不更坤。自注:直廉切。
官中可但追呼少,不貸田輸折米錢。
共說颶頭前夜作,幾人莆網里流尸。
二十年前如此晚,金城地抱却全收。

## 謝張德恭送糟蚶三首 德恭,師文友也

舊篋蠹介甘溫性,樽俎風流每策勳。
壓倒淤泥白蓮藕,半捐介甲露禮纖。
況復鋪糟小醒後,眼中羣品此其君。
玉川水厄那知此,急具薑葱喚阿添。
誰與江瑤角長雄,一時風味兩無同。
吾兒不友王文度,底肯分甘及乃公。

## 再次前韻三首

春事兼回寂寞濱,茅簷背日已書勳。
連夜愁陰苦戒嚴,雪將寒雨鬭廉纖。
茗甌對客乳花濃,靜聽揮犀發異同。
徑須引睡攜黃嬭,未辦尋芳命紫君。
老人凍餓人情斷,米價何如酒價添。
度臘迎春如此過,不知人世有王公。

## 張守送羊羔酒將以三絕次韻答之

生嘗跪乳資名教,死去遺芳謚碧香。
小槽清凝帶羶香,釀法知非羸角羊。
甕中別作一家春,粉胔微生得效珍。

洗盞開嘗吾未敢,稱冤肯入菜羹腸。〔自注:俗云秀才食羊,踏破菜園。〕
拜賜未辭乾講舌,呼兒留得薦蒸嘗。
少貸陶家煎雪水,更論徐邈對賢人。

## 郡齋鶴飛來作三詩還之

倒頰翹然望四遲,芝田懸圃不應賒。
不知蝸舍安卑陋,何似侯家效羽儀。
君家矯矯乘軒骨,聞道今成趙壁回。

僛僛飛傍茅茨下,誤認西湖處士家。
千字罷譍明遠賦,一詩聊送佐卿歸。
却擬黃堂掣鈴問,夜光論斗幾時來。〔自注:守許以詩贖。〕

## 張守有和章復次韻三首

一骨萬金知未愜,五雲七字不妨賒。
接翼鴻冥聊爾爾,大書麟獲更儀儀。
閑舒側理題長句,漫與胎仙紀往回。

此翁久斷揚州夢,徑付凝香舊主家。
雄邊仙伯橫琴處,應道蘇耽與盡歸。〔自注:雄邊,臺名。〕
花徑宿鶯樓着燕,因思如願賦歸來。

## 再次羊羔酒韻三首

元放諸孫憐邂許,截肪醉骨薦馨香。
萊子杯盤別樣香,春浮親面日相羊。
他時阿奮辭犛簿,來作東風席上珍。

## 再次還鶴韻三首

竭來室邇念人遐,回首青田幾許賒。
啅鵲却陪新飲啄,啼猿儼識舊容儀。
人家往往琴堪劈,誰定如翁肯放回。

飛去定驚魚蕩水,跫原作鷙,據四庫本改然今似客還家。
可須辯士誑荊楚,似喜逐臣還秭歸。
他日颷輪駟修翮,銜恩當復誓雲來。

老夫底幸霑餘瀝,却笑無魚客孟嘗。
安得方平鞭亂石,百舸陸續丐吾人。

## 題項處士山堂二首

一庵小憩俗間勞,月牖風軒俯鳥巢。
我亦青衫倦遊者,羨君先辦蓋頭茅。

久安楚俗眠雲屋,又向吳儂倒藥囊。
出處無心俱樂地,世間何處不山堂。

以上《江湖長翁集》卷一八

# 全宋詩卷二四三九

## 陳 造 一八

### 次韻楊宰汲泉浸梔子花

山行不識小人羹,但有清寒餉瓦甖。想見雪膚陪獨夜,世間無比長官清。

### 次韻張守三首 使君治惡子,邦人快之

頻歲中田苦螟螣,為渠秉畀作豐年。只今鼠子誅求地,巷議街談一粲然。

平時漫詫跳梁去,末勢寧逃死棄如。但遣鯨鯢絕吞噬,茫洋春澤盡嘉魚。

虐天子是無天,讁一何妨惠億千。聞道蝸中猶滑淏,可偕五細尚窮邊。

### 次韻張守四首 守出郭回

畫舫前頭碧湛空,晴雲低影更溶溶。橫陳景物無央數,盡獻詩翁阿堵中。

新詩囊錦墮春窗,旋炷銅爐百和香。試握毛錐支勁敵,獨憐赤手強扶瘡。

舟凌清泚轉彎環,立鷺馴鷗拱抱間。還憶茗溪聽鳴櫓,歸來清夢定家山。

蔥青嘉樹被平岡,素艷丹葩半在亡。安得芳春并好客,一時難老倚玄霜。

### 慶元冬再到盱眙四首

虎頭山下參天柳,親見栽時共我長。柳自摧殘人自老,半生不抵熟黃粱。

平日朝京此問途,如今一水剪坤輿。
體筵曾作二年留,靜鎮人今郭細侯。
日行犖确面犀顏,舊慣山居意易闌。
客來羨殺閑鷗鷺,北禽南飛得自如。
望斷江南空夢到,西風斜照白楊秋。
見說煙雲暝崷崪,北人爭指畫圖看。

## 閑居十首 營隙地頗事栽種。隨遇作一詩,前後不同,故無倫次

雪雲脫壞漏朝陽,風物橫前引興長。
種桃接李不辭勤,旋作花前把酒人。
春來敢自貸衰慵,正要檀欒間白紅。
僛僛弄影俯瓊瑤,月地香紅苦見撩。
步屧歸來未覺勞,迎門喧笑問兒曹。
破曉東風尚作寒,孤筇隨客已翾姗。
閉關不為賞心闌,咫尺東園到自難。
病減還思近嬾催,嚼花嗅蕊對空瓶。
桃李爭先不待催,梅花轉首已青苔。
寒食清明一箭過,晚晴庭院綠陰多。

紅糝紫蒸今次第,遷鶯來燕費商量。
羨殺文禽映花語,飛來趁得見成春。
愛竹少留枝策徑,灌花分破著書功。
清夢定為蝴蝶去,杏花繁處宿良宵。
絕知蚤起非吾事,要趁梨花帶露看。
笑翁渾似魚千里,小圃周圍日幾遭。
斟酌東君惜春色,破除十九作陰寒。
不應斗酒錢三百,猶惜春衣耐獨醒。
即今蜀種胭脂樹,壓倒羣芳尚嬾開。
兔葵燕麥易輕脫,紅藥碧桃須孰何。

## 趙園飲三首

不謂東君雨後春,尚多紅紫待遊人。
收藏春色駐年華,珍重王孫好事家。
天香更有西京種,來伴賓筵笑臉新。
肯挽歸驂共良夜,一天風露一林花。

## 客夜不寐四首

久客情惊苦鲜欢,園林摇落菊花残。
陣鴻轇輵上雲衢,夢欲成時每破除。
清樽黄卷交期绝,芋火前頭老嬾殘。
飛騰志意老來休,却聽鷄聲吟掉頭。

酒邊容角少年狂,扶路歸來興未央。
羨殺雄蜂雌蛺蝶,月膏煙膩宿花房。
北風作意吹霜曉,又報江梅一信寒。
少睡更堪寒夜永,新來熟遍少時書。
賴有平生短檠在,一燈明滅伴更闌。
催雪憶梅還得句,到家準擬阿儒求。

## 題九老圖二首

凉亭燠館塵埃外,野鳥溪花俎豆前。
帝憐憂國許歸田,猶得幽居俯澗瀍。

但愛林泉映華髮,豈知勛烈載青編。
應笑詩人賦招隱,茹芝帶索只臞仙。

## 題行山園

溪山無處著纖塵,翠壁蒼漪襯月痕。
可惜人間清絕地,葦間漁父與平分。

## 江行四首

帆飽舟輕去若梭,平生忠信傲風波。
舟鷁凌乘著羽翰,攤錢三老喜安閑。
遠近青山不辦看,翩翩征鴈敢争先。
帆檣飛去劃空明,人倚東風兩翼生。

忽然隱几驚搖兀,知是那吒石畔過。
江豚白鯸欺人甚,噴浪跳波帆影間。
船頭起浪風頭軋,不假驂鸞自半仙。
世事快人如此否,日斜三百不留行。

## 到房交代招飲四首

## 再次韻四首

躡盡巉巖氣未蘇,悔來坡下獨長吁。
簷外浮嵐暖翠堆,道人親眼為渠開。
勝日山堂共一樽,未妨窈窕對嶙峋。
妓圍簮額潤空青,岫幌雲關夜不扃。

一觀烟霧南山面,從昔名坡信厚誣。
餐錢官簿何須計,直為南山亦合來。
翳分翠影眉爭綠,人與南山各可人。
吏隱風流輸我輩,可須遍客詫山靈。

## 再次韻四首

山好能令肺病蘇,詩來把玩更驚吁。
語不能工恨作堆,撚髭空對翠屏開。
犖确悍頑經數驛,醒然初把碧嶙峋。
山色陰晴遠更青,誰教睥睨枕巖扃。

蜀人例作殘山看,端喜因詩免受誣。
清吟賴有雕龍手,繡段聯翩韶後來。
眼明驟與真山晤,不比逃虛見似人。
詩翁意欲移千步,安得朱符祝巨靈。自注:公云:山甚佳,惜不更遠一二三里。

## 再次交代韻四首

筆力潛窺大小蘇,詩傳諸老定嚱吁。
昔夸亭石廩祝融堆,劣見人家畫軸開。
環秀亭中命淥樽,雲烟明滅映嶙峋。
詩人妙思天同巧,鬼守玄關不及扃。

從今訂價連城重,政使羣兒有善誣。
坐把高寒吾願足,此行似為此山來。
佐州不喜分風月,喜與南山作主人。
閑把山光誦奇語,斷無塵滓涴襟靈。

## 再次交代韻四首

嗣皇仁覆物昭蘇,皋自陳謨鯀自吁。
今朝著我簿書堆,領客樽罍未辦開。
聞道諸公扶國論,須君左祖訂邦誣。
始信南山是知己,露奇呈秀斬關來。

漫叟當年曰作樽,侑樽青嶂漫嶙峋。與君屢共山前醉,似覺清歡勝昔人。
傳聞洞府鎖高青,採著詩成數啟扃。相見羣仙書玉葉,更應交口嘆精靈。

## 再次韻四首

君家詩價自姑蘇,系冑蟬聯世喈吁。欲把阿元輕董行,古今俗子喜相詆。自注:世稱韋郎,葛立方謂士元非韋比,立說甚嚴。見《韻語陽秋》。

眼底薔薇玉雪堆,過從休待牡丹開,送春疏酒山應笑,底用奚囊日往來。自注:是日同小酌。

視草行看賜上樽,濁醪付我酹嶙峋。扶攜誰共山前醉,從此無君度外人。

詩愁磨盡鬢邊青,玄鑰無施閉理扃。牛渚錦官祠廟古,瓣香儻格在天靈。

## 復次韻四首

諸李辭章推李白,向來蜀道賦憶吁。房陵山險猶如許,石穴巴邛定不誣。

昔上瞿塘灩澦堆,盤渦如井放船開。山行歡喜今非錯,備見梢漘掣漩來。自注:地有錯歡喜山。

十里鬐鬟誰綰結,半天蒼翠自嶙峋。教兒莫憚依山住,闊領裁衣盡土人。

病肺還孤竹葉青,自注:房酒頗佳。小園春去尚深扃。春衫紅藥強相比,婢子可憐無性靈。

## 襄陽二首

自憐薄宦走紅塵,相見山靈厭俗氛。咫尺峴山無計到,祇應飛雨是移文。

採藥仙人去不還,鹿門山翠鬱孱顏。霜髯尚困卑官縛,自問胡顏上此山。

## 春陰二首

## 祈雨而應范簿有詩次韻四首

連連麥浪搖空闊,挺挺松幢舞暝寒。
園林桃杏已無餘,雨挾春寒擅曉晴。
眼底春工餘幾在,更堪風雨苦摧殘。
苟藥紅慳猶料理,海棠嬌甚可枝梧。

蒼黃日日冒黃塵,敢意誠通主雨神。
瓣香親謁睡嚴龍,高臥逶迤豈自公。
曉起遽聽沾足報,天心政爾念疲民。
嚴下望龍須一怒,向來作止繫凶豐。

久無音信日邊來,憂國誰憐愴老懷。
山城粗滿望霓心,老去私憂念自深。
想見天顏歡喜甚,駕鴻入賀滿堯街。[四庫本作階]
更祝今宵繼疇昔,併煩魯史紀為霖。

## 漢江岸二首

一自陽侯戰雨師,柬畦桑隴但空陂。
沙隨秋漲漫川原,沙外人家盡毀垣。
此君屹立如尊勇,依舊青青似昔時。
寄語飢嬴莫深恨,西人無數飽魚黿。

## 題驛舍二首

客到淮鄉話楚鄉,長將天末指襄陽。
官曹有底著迂疏,祇合江湖老釣徒。
如今漂泊君休問,又過襄陽十舍彊。
萍梗可能忘在莒,尊鱸祇有夢歸吳。

## 呈程帥五首

平剡陸海吸潘江,羽扇雍容築受降。
楚境橫天下,懷王信弱王。
許蔡衡湘全楚地,了知邾鄫不在邦。
景物橫前祇費才,何妨折簡喚鄒枚。
連朝積雨前宵雪,總為催詩陸續來。

自注:坡詩北行連許蔡,南去極衡湘。

不將杯酒破衰顏,轆月凌風取鬢班。雋永要同無味味,雕搜聊樂不閑閑。客間久欲賦歸歟,歸去何人為起予。平日嘔心空子墨,羨公落筆便黃初。

一樽規度雪寒朝,小轂鳴弓抗射鵰。未用軍書送巾幗,故人祭竈有佳招。

### 程帥寄詩見憶次韻四首

擾擾飛潛易陸沉,化工刺手斬然新。清篇屬我慰平沉,密密玄關領會新。

車笠何人記舊盟,惟公不作白頭新。渠儂欲識九華伯,可但詩壇第一人。

子雲屬思舊深沉,脫手清詩語意新。天上黃陳應首肯,授公此柄淑諸人。

### 六絕句呈趙帥兼簡鄭機宜 二公同乙未榜

南徐把酒送行行,話我漂零倍愴情。屈指六年纔一夢,更消幾夢了浮生。

玉筍班中第一流,冰花影裏釂瓊舟。來遲輸與花前客,袖手看公筆不休。

鴈塔題名盡俊賢,即今十八卧重泉。合離榮瘁何須較,強健相過是半仙。

宦路平時欲陸沉,先生海語每南金。長庚配月空回首,古井無波已此心。

蒲鞭閣束久停樞,暮府人閑早放衙。頻喚羊何把詩筆,即看姚魏用年華。

長日登臨憶侍郎,芳時譚笑客凝香。須公多辦瓊花露,容我時開古錦囊。

### 房陵十首

似聞僊伯厭乘龍,常混紅塵市井中。覿面未須趄避我,褰衣無計趿尋公。自注:房人謂巧避云趄避,力尋為趿尋。

陰晴未敢捲簾看，苦霧濛濛鼻為酸。政使病餘剛制酒，一盃要敵潦朝寒。自注：晨起霧久乃開，土人目曰潦朝。
霓壇歌舞雜嗟吁，下酉猶濡上酉枯。誰謂朝來一拆雨。歡聲已覺沸通衢。自注：潞水漑日酉，得雨曰一拆雨。
竹屋高低復斜，蔚藍影裏著人家。底消山峽三分瘴，爭課盧仝七椀茶。自注：土人晨飲茶，云勝山嵐氣，又曰房（四庫本作防）三分瘴。
夏田少雨富來年，多雨何妨穡事秋。已戒日供皮子麫，更教晚稻飽霜收。自注：麫皆墢，不墢者曰皮子麫。稻待霜乃收，曰飽霜米。
跨牛待得夕陽回，在處諸嫌笑口開。已借蠟錢輸麥稅，免教緝捕闖門來。自注：弓手下鄉，目以緝捕。
杯酒清濃肉更肥，咸言趁社極歡嬉。丁寧向去坐年日，要似如今斂脯時。自注：年日飲食日坐年，社日日斂脯。
農閑間里有逢迎，白飲傍邊骨在羹。老稺不妨頑過日，邊頭難得是升平。自注：俗謂戲曰頑，羹曰骨在。
刈罷秋禾未敢慵，更須趁逐過殘冬。城中竹笑今年貴，鹽茗新來免闕供。自注：賣枯竹供爨曰竹笑，古巧反。
翁媼同圍老瓦盆，倒篘新酒雜清渾。桉南桉北皆春社，且放烏犍卧晏溫。自注：村落所聚曰桉。

## 春寒六首

掃雪階頭曉未乾，東風作惡鼻仍酸。
稍稍春光到眼中，衝寒試與小揎節。
衰年心緒自低摧，可是青春昧一來。
去年秋地傷秋潦，春酒澆醨不可親。
清明寒食經旬是，笑問風寒更幾餘。

西園點檢江梅後，祇有櫻桃不避寒。
杏花已尾櫻桃拆，正要深紅間淡紅。
幾日不教書作祟，為留病眼向花攧。
紅樹梢頭山鳥語，祇應笑我獨醒人。
小杏惜香春恰恰，新楊弄影午疎疎。

平明欲斂雲復厚,薄晚未休風更顛。老怯春寒不宜出,下帷添火擁書眠。

## 同沈守勸農十首

誰似青君用歲華,遍分春色到幽遐。
房陵遠近山千疊,到處東風到處花。

門橫石瀨漱潺湲,兩兩人家柳映門。
花影灩紅山影碧,客行疑到武陵原。

行遍西阡更北村,檀欒處處綠梢雲。
官身未敢山間宿,可得排門謁此君。

共扶翁媼看行軒,亦有娉婷立道邊。
侵鬢黛眉唇淺注,鉛瑠勻瑩茜裙鮮。

沉炷茶鐺且翠微,歸軒何惜小逶迤。
晴天壁月今宵好,待得金波泛夜時。

紅旆朱輀得暫陪,端知非為踏春來。
即今歸馬班如意,定被山花野鳥猜。

林花斷續碧溪長,好在冰盃照靧粧。
泛膩流膏知遠近,未妨粉水更添香。

病來止酒似淵明,潘岳歸田賦已成。
布穀催耕如見誚,提壺勸醉更多情。

抖擻平時簿領塵,偷閒來作看花人。
從今日作花間去,已費今年一半春。

露粉煙香細執何,荊扉竹徑喜經過。
陽和若作留連計,誰遣飛紅掃更多。

## 不寐二首

改遍年來所著書,依然幽夢隔華胥。
追思可樂是丁年,日力孳孳有食眠。
頭觸屏風袛燈後,慈親笑勸掩陳編。

寒更何與衰翁事,數到琤摐殺點餘。

## 觀山四首 予創小亭觀山,五月十八日偕客遊,是日晴而雷,防雨先歸。三月亦為此遊,晴出雨歸,坐此小不快,蓋懲此也。二十六日滿罷而去,因作此紀之。築亭所委張道堅也

晴春載酒小徘徊,倏作衝泥冒雨回。
畢竟山靈嫌俗駕,即今還殷阿香雷。

山如豪俊客方調,傲睨驕寒未受拘。
好在此亭同把酒,與君全體看南山。

道人動作千年調,京兆纔餘五日留。
此去浮圖桑下意,得無追憶費冥搜。

每從迫隘面屛顏,劣比緣牆見髻鬟。
為著孤亭凌縹渺,至今端委正衙趨。

### 郢州守風二首

驚風清旦捲黃沙,薄暮螢雲尚砲車。
今夜石城樓上角,不妨重聽小梅花。

甕盎轟硠恣擊撞,珮環時亦奏鏗鏘。
風濤欲靜猶須怒,一付天吳自抑揚。

### 過呂仙洞四首

神遊八極此焉歸,紫府天寬石作扉。
天人蛻迹便天飛,混迹塵凡世得知。

嵌巖中有玉為壺,不作穢生守煆爐。
玩世肯嘗東老酒,翻身時過洞庭湖。

塵蹤了鳥病催殘,夢謁真人九轉丹。
已熟浮生枯骨觀,更悲凡質遇天難。

### 書事二首

壯年膚骨已清臞,老去支離轉不如。
二十七年扶病過,半緣躭酒半躭書。

苦吟添滿鏡中絲,課效全輸博塞嬉。
改就新詩哦百過,浪言兒輩不須知。

### 客枕不寐二首

老羨平生睡作魔,刿因多病覆金荷。
起憑曲几頻搔首,如此迢迢良夜何。

## 次韻郭帥梅三首

客子徒煩賦憶梅,怯寒未肯臘前開。
定知酒處頻回首,有待江南信使來。

薄遊他日為尋梅,爛賞菁村十里開。
冰影玲瓏想仍舊,夢為莊蝶認香來。

後乘從公訪古梅,梢含笑臉未全開。
不妨東閣撩詩興,未分愁聽起夜來。

## 寄張守仲思十首

一思交好一悲悽,楚嶠吳山夢到迷。
怕說萬山天樣遠,房陵更在萬山西。

詩成跬步遣長鬚,江隔郵筒已自疏。
相望六年無一字,故人何計慰窮塗。

相從軟語說睽離,起我清譚更好詩。
別後憂虞今痛定,未須細誦悼亡辭。

知君喜客我攜雛,徑喚郎君到坐隅。
二字通家仍莫逆,可憐相對各縲粗。

衰年淡食當膏腴,不為聞韶味有餘。
定自迎門驚骨立,可須蓬語及河魚。

迂船徑欲一相過,安德橋西之字河。
未苦路長寒切骨,倚君一笑作春和。

珍蔬解佐盤餐飽,妙劑真令病骨輕。
鍾乳茈薑皆楚產,薦芹聊致野人誠。

衰慵潦倒知無用,祿遽扁舟昧此來。
滿聽勝譚心已足,浩然欲指弊廬回。

我方投老嗟多難,君亦頻年悼百罹。
樂事定知神所妬,把盃追話唱酬時。

詩社同盟欲二年,吭宮含羽飽周旋。
儀真又屬風騷將,定喚閑身續此絃。

## 寄廣教主僧二首

## 題潮出海門圖二首

絕島平岡捲欲空，兩崖相對屹穹崇。
卷裏濤波快一披，蒼山踴起雪山馳。

即今畫手兼詩筆，更與江山角長雄。
浮天沃日無窮意，到我春窗病酒時。

## 再題二首

天吳憑怒鼓濤瀾，不作閑居卷軸看。
夜半負山誰料得，重來坐失兩高寒。

濤頭蛩過不斯須，祇合朝昏展此圖。
緬想海門巉未勢，終然眈視澮江湖。

## 贈淨慈主人五首 肯堂師住明之瑞巖，予宰定海時，為師出不二。云營庵鼎山，他日委兒輩以家事，約訪師山中，為年歲留。謁來行都，則受淨慈請，為主人于此。予既汩沒，而師亦未得歸休也。因寄五絕句

平時野飯與嚴棲，忽向皇都作住持。
見說禪和蜂蟻聚，心閑祇似瑞巖時。

炊珠爨桂走門徒，須信高人道不孤。
政使過門盡侯主，也須拳棒做工夫。

識君方吏虎存邊，已嘆疲羸雪滿顛。
別後漂零怯人間，窮山往返費三年。

寺前寺後花如錦，相見遊人撥不開。
好把春光供一笑，從渠塵襪涴蒼苔。

師似蜚雲未定居，我方薄宦走江湖。
鼎山他日過從約，借問今猶記得無。自注：虎存，定海山名。

## 畫過荷葉浦二首

約徐呂二友訪净慈老二首先是,過廣教寺,牡丹盛開,不我前後,客主大喜

荷葉浦邊支港多,兒人出沒土人窩。
一舟失得關生死,中夜何人肆奪攘。
故人飯我非留滯,月黑天陰免夜過。
外此湖江多樂土,憶常通夕聽漁榔。自注:過舟云為賊奪舟,驚奔幸免。

魏紫千葩壓曲欄,問君何似檐頭看。
城西更有芳菲地,舊約重尋莫作難。
人間機巧厭相親,南道吾今有主人。
誰與清遊聯此轡,呂兄孺子最真醇。

### 再次寄肯堂韻五首

住山今日得宗師,妙與緇徒示總持。
丈室雲趨彼豈徒,拳拳此意忍容孤。
共譚詩律更譚禪,人指昌黎接大顛。
眼向朱門每嬾擡,今朝笑口為君開。
好在新居勝舊居,右連靈隱面西湖。

衣鉢更緣延客盡,衲衣包卻鄭當時。
即今又舉二三語,說似當年邑大夫。
屏疊葛藤燒筆硯,息陰休影了殘年。
別來卻喜人爭席,浪遣長鬚掃徑苔。
東南勝境誰同領,我亦閑官一事無。

### 題潘德久侍兒扇 侍兒去而復回

襪塵去眼恨成堆,賦客當年浪費才。
何似天風吹霧鬢,乘鸞新自月邊回。

### 題張省幹扇

前溪天闊淥泱泱,溪上詩翁引興長。
安得南風吹小艇,吟看千蓋擁紅粧。

### 題臧子儀扇

買鄰千萬許兒賒,老子詩成賴指瑕。
門枕醴泉交讓木,行人不問識君家。

## 題扇集句五首

寶扇重尋明月影,月邊仍有女乘鸞。
主家陰洞細烟霧,姑射仙姿不畏寒。

庭院深深深幾許,美人縹渺在雲堂。
落花遊絲白日靜,錦薦金爐夢正長。

竹裏高亭燈燭光,月移花影上西廂。
蔗漿金椀冰盤凍,始信人間五月涼。

自恨尋春去較遲,古來四事巧相違。
如今說着成離恨,曾為梅花醉不歸。

綠槐高柳咽新蟬,綾扇喚風閶闔天。
見欲掃床懸塵尾,簟紋如水帳如煙。

## 題扇七首

桃葉渡頭魚喚春,莫愁堂上燕依人。
玉觴欲舉心先醉,痛憶當時迹未塵。

吳霜有信鏡先知,楚雨無蹤夢自迷。
風榻燒香作僧過,羅襟得句為誰題。

聞道廣寒修月手,靜看如鑒忽如眉。
即今扇裏乘鸞女,解笑嫦娥不自持。

東絹須題黃絹辭,老來斯句不能奇。
定知爍石流金日,記我持觴賞雪時。

裁就霜紈未副揮,濡毫欲下更遲遲。
昔遊尚記蕪湖夜,把酒中秋見月時。

峨眉山北雪極目,方丈海中冰作壺。
我自飆輪隨所往,憐渠局息寄洪爐。

廣寒二十五萬戶,跪奉素娥聽指呼。
落屑欲堆懸圃滿,人間但愛玉輪孤。

## 再次寄肯堂韻五首

夢思遊覽慰衰遲,起耐陰寒不自持。 自注:是日早陰暝。
捉筆把盃吾技癢,可堪袖手過花時。

道人心地古為徒,野鶴昂藏白月孤。
我亦生來世緣薄,回思昏宦歎非夫。

枝筇過我海雲邊,空谷人聲喜欲顛。
更喜重逢各強健,未須悽愴話彫年。

倦遊祇有囊詩錦,試為高人一笑開。
當日留題海山寺,旋聞石刻暗莓苔。

精藍端未下雲居,況復僧中有後湖。
理障禪那俱坐斷,頗嘗遊戲到詩無。

## 同徐呂二子遊西湖復次前韻五首

老去胡宜誓酒卮,興來破戒為君持。
自今排日花間醉,報答春光已後時。

林倦金骨闕丘壚,松自蕭森鶴自孤。
靈魄在天聯傳說,遺書落世仰潛夫。

僊祠佛舍碧山邊,扶路逢人有醉顛。
火急向渠分此樂,徐郎多病我衰年。

酴醾芍藥借春回,似解商量陸續開。
安得玄霜著花骨,不教容易染蒼苔。

天分天上靈河水,圍作錢塘千頃湖。
未有風亭花月觀,已誇勝境世間無。

## 次韻答璧侍者五首

佛屋連延跨翠微,看雲手版向曾持。
獅子窟中獅子子,孤羣懍怯更清孤。

他日山行不喚船,浪花如雪北風顛。
而今已苦山行熱,却辦鷗夷餉長年。

為向詩翁致命回,定應禪老笑顏開。
盤餐要是隨宜飽,畧具油葱市海苔。

欲買青山貸寓居,時臨絕頂瞰平湖。
已容下榻煩重問,肯念吾貧折券無。

## 題趙景安二亭

尺五二首

山亭縹緲五雲連,瑞靄靈河最近天。
儘樂慣常醒醉夢,市香不斷襲衣裾。
當念江湖吏塵客,舉頭見日獨悽然。
何須更羨城南杜,丹地黃扉即詔除。

## 雲濤二首

坐看銀山捲壞雲,濤頭蟄過不遑巡。
世間壯觀何人領,付與亭中筆有神。

閩沓每疑坤軸動,撞唐更恐日車翻。
憑欄待得波聲寂,孿絮依然掛海門。

## 景安和章來再次韻謝設體四首

揭來取友得三賢,安石仁風樂廣天。
七字不應呈此拙,詩腸老去已枵然。

道裝人映醉中姝,十二分行儼翠裾。
遙想翻階麗清禁,似今羣豔篋庭除。

玉盤盂側玉為人,插羽瑤觴不計巡。
想送客歸回醉盼,司花來夢翩精神。

拜賜清詩醒醉昏,恍如帝所聽新翻。
君才炙輠無窮盡,未敢先關月下門。

## 徐南卿友竹軒二首

皺縠香羅裹瓠壺,此君高韻豈其徒。
蕭然相對心莫逆,敢謂徐郎山澤癯。

嘯風含月近窗扉,金鎖瓏璁鳳尾齊。
況復賴君相引重,一時同作辟塵犀。

## 即事二首

陰圍山擁碧崚嶒,二載房陵冷似冰。
今日皇皇空載質,令人翻憶在房陵。

形容骯髒水雲宜,心意闌殘欲語誰。
不作貴人炎冷面,北山逋客最相知。

## 再次韻趙景安四首

迂儒法士就雞連,猶復拘拘詫甕天。度外有人能好客,一樽容我賦超然。
艷粉奇葩照座隅,更闌醉墨點襟裾。詩成平處猶元白,無限覊愁賴破除。
平時一飽每從人,自庇官曹等徼巡。且可放狂中酒聖,冷看得意詫錢神。
酒濃勝得晚天寒,雲氣侵帷水墨翻。蘭蕙香前還判醉,不須投轄鎖重門。

### 再次韻四首 或勸長翁圖分長安粟,遽授議幕歸,故作

公朝已後茹茅連,幕府偷閒亦所天。寵辱肯為差別觀,道人隨寓祇怡然。
作吏丁年熟李書,調官晚境曳鄒裾。平時外慕生災怪,嘉遁交中有袚除。
到眼浪岐官冷熱,遇人傳得酒逡巡。曼容東老俱通夢,不勸趨榮勸養神。
頗有傳詩問子山,或將贊易譽虞翻。先生不乏醺酣笑,問字能無款席門。

### 苦雨次前韻四首

雨脚波頭遠接連,衣寒礎潤犯梅天。誰憐旅食緇塵客,日間珠炊與桂然。
墨雲篩雨密還疎,欲出塗泥恐濺裾。惡況橫陳費料理,枯棋濁酒有驅除。
安排看駕趁遊人,禁籥猶遲漢帝巡。留取晚香天一笑,倩誰寄語主林神。
騷宰松筠聽夜喧,淙潺盆盎駭朝翻。衰翁危坐追交態,舊雨軒車尚到門。

### 四月望再遊西湖十首

前時小舫冒氛昏,重到輕橈破麴塵。湖面風烟飽姿態,一番到眼一番新。
傑屋修垣著畫圖,連連勝士逸人居。乘閒我亦無覊束,竹杖芒鞋信所如。

疇昔相期襆被來，飯餘歸意類擠排。
挑初日闖雲關，忽報充師早下山。
杖頭托鉢盂，鴈鵝食口待朝晡。
十字街諸山粥飯緣，每歸留得杖頭錢。自注：充老要宿山間，以事不果留。
定結山粥飯緣，每歸留得杖頭錢。
堆青泛碧放船篷，萬里風前鶴髮翁。
春光陸續委東流，看到湖邊安石榴。
歌呼浩渺翠霏間，祇苦詩才老坐慳。
橫途縱徑平如水，無復衝泥防險人。
　　　　　　　　　　　　　　　　自注：是日遊靈感庵，庵主包道人砌南
山街客遍。

### 次韻楊宰食野蓮
小營紺葯掉吟頭，甓社湖陰風露秋。
仙實休誇華峰頂，吭霜嚥蜜亦其流。

### 次韻楊宰捕蝗宿兌巖四首
歸來聞道頗休閒，蝗事今隨暑氣殘。
早蝗蔽土翳雲空，遙想驅馳逐轉蓬。
去為民勞走險艱，停驂幾問具茨山。
龍公私我雨霶浪，醸酒須防有乞漿。自注：弊家東莊，近屢得雨。

### 次韻楊宰凌霄花

高花笑屬賦花人,花自鮮明筆有神。可惜人間兩清絕,不教媚嫵對閑身。

## 再次韻楊宰七首

雪英閑澹炯雙明,水斛泓渟碧一罌。小憩山村無與語,熏爐茶鼎鬪僧清。

頗思菱角問雞頭,且放蓮房擅早秋。齧渴滌煩須底物,未應接綆汲溪流。

能書徒自想高閑,煨芋何從得嬾殘。蕭寺隨緣茶餅供,勝譚誰為解憂端。

棗飣菘葅不闕供,露蓮何啻剥千蓬。迎秋更有蒼虬卵,邀勒斜陽未肯紅。

微吟長嘯强躋攀,愁斛多於庾子山。我亦豐凶關夢寐,秋成消息待君還。

驟聞行旅嘆資糧,無復居人肯饋漿。十襲君詩要娛老,却愁痛定説常暘。

附麗高陰暑裏春,衰榮不預主林神。胡床想踞僧垣夜,却愛香隨露滴身。

以上《江湖長翁集》卷一九

# 陳造一九

## 題傅商卿家壁二首

表表兩卿吾莫逆,青芻白飯玉為酪。因循桑下成三宿,解后花時更一來。自注:兩卿,傅商卿、龔澤卿也。
酒處清潭燭下棋,歸期初未厭遲遲。若為徑作翩然去,明日陰晴可得知。自注:時兒有訊,初三日過華村,予以及曉,先一日去。

## 題彭尉軒壁三首

小軒肯許置琴書,客邸僧垣總不如。豈但郎君可棋酒,舊便江水煮江魚。
氍社家居水四環,房陵官舍衹重山。客中一旦兼雙美,山影江光衽席間。
軒成首作梅仙客,再到園池更可觀。日有脊令栖小樹,時看鶺鴒下前灘。

## 題吳子隆兼隱二首

盛吉低眉亦問因,不疑斷獄但春秋。定知小試皮鞭罷,却喚樵青薦茗甌。
元亮官居亦松菊,次山生事有筊箸。酒如欲乃聲中醉,目向平反笑處長。四庫本作青

## 次韻張守仲思食車螯

斤除介甲更加鞭,隽永豐腴舊所便。蠦弟蛤兒從倚市,車公酒處信光前。

## 寄趙宰三首 同趙子野、吳子隆、趙楊子登瀕江樓小酌,楊子以約客之北山,先躍馬去,急筆賦此

瀕江山水簷楹外,壯觀風烟畫軸中。
詩客去留俱不惡,緩搖吟甕倚天風。

猛士語難熊虎樣,畫樓山立水雲間。
雄豪等作詩家助,酒處吟餞莫放閑。

北山何意阻清遊,似為江山挽得留。
客未言歸君好事,此盟端肯再尋不。

## 學宮諸生飲邀子野同之三首

同簷儒宮把一觴,鹿鳴伐木奏深堂。
要防技癢論文地,莫憶前宵放酒狂。

少日峨冠英俊場,課餘觴詠共徜徉。
孰知薄宦江湖去,頻夢爐亭餅飥香。

忍飢不嗅嗟來食,強項從教俗子嗔。
乘閑甘作不速客,好事無非我輩人。

## 登瀕江三絕趙宰增爲四復次韻答之

泛香樽俎飛雲上,着色江山泚筆前。
乾鵲鳴鳩共晴晝,長紅短綠各華年。

### 右追和

流光何忍太匆匆,一段清歡欸夢中。
賴是緘藏玉雪句,老人他日苦頭風。

兩豪揮筆對江山,怪底風螢齒頰間。
雕虎未馴金索緊,長鯨已鱠鉤竿閑。

兩夜北風吹石裂,雪神驕蹇更淹留。
羈人坐嘆肌生粟,媚白妖紅耐此不。

東園北寺非無約,瘦骨禁寒未敢前。
寄語驚風并急雪,多情多感況中年。

## 贈相士潘翁二首

平時鏡裏笑頭顱,道我為官已近訣。
但遣餘年猶甲子,不妨絳老尚泥塗。 自注:翁謂予頗壽。

## 題乾明寺壁用趙子野韻

涼涼寂寂不關天,自詭詩窮五十年。君比老夫癡又甚,更教狎句當行纏。

## 題柏氏壁二首 二月二十七日

不待車輪四角生,欲行還駐為交情。又成一笑淥樽晚,詩卷竹風相與清。

客裏春光似許忙,還家餘幾酒邊狂。酴醾芍藥芳期在,不問蕪菁滿意黃。

夢覺號呼擷鶗風,忽驚膚粟似深冬。凄涼斂白收紅後,賴有春醪琥珀濃。

## 次梁教授見貽韻五首

紅塵半世僅緋衫,白首官曹兩換銜。沐猴豈合纏章服,野馬如今脫轡銜。誰向仙曹接勝譚,金泥天篆署冰銜。藏室仙經玉作函,一編當復翠鸞銜。敝帚千篇漫手緘,分無三字入官銜。

## 喜雨口號呈陳守伯固十二首

旱風蟲孽久挻災,好雨如今陸續來。共說邦君禱雨時,盡如疾痛切膚肌。未明出作夜深歸,敢怨今年雨後時。豈獨旱杷全好在,晚秧不死尚堪移。

羞見淮鄉隱君子,紫芝黃獨老嵌巖。屈指梅來坡下路,瘦筇隨客上巉巖。如聞不惜蜚霞佩,乞與耕莘與築巖。即今尚喜觀書眼,月射清池電耀巖。消磨不盡千雲氣,時作長虹貫夜巖。

自注:使君近請觀音祈雨。

誰道天人不相與,青章解挽帝心回。公心一片秋空月,可但圓通大士知。

自注:淮鄉散種目以旱杷。

醮壇初上水沉煙,甓社龍公敢晏眠。為建清泠三萬斛,坐令翠密舞中田。

貨絕交通腹殷雷,人家一雨便春臺。即看商販接踵集,已有米船銜尾來。

錢輕幣重病吾農,未有奇方起困窮。粗遣年豐官糴粟,少令錢幣各通融。

使君手有垂雲帚,虐魃妖蜮掃不餘。十頃飛蝗戴蛆死,已濡銀筆為君書。自注:是夏,凌塘飛蝗十頃許忽至,人

方憂懼,繼皆抱草死,一蛆食其腦。

癘疾流時囊探丸,羸癃十九得安全。再煩起死回生手,挽作山城大有年。

邦人苦旱日呻呼,公比邦人更瘠臞。賀雨歸來人競問,邦君今日解顏無。

得句聊將頌作霖,開樽亦復陋孤斟。南亭舊約何時踐,志喜從公更一吟。

歲收粗足蟄飢雷,不賴門生送酒杯。坐遣將軍捫腹笑,端知此惠有從來。

雨後郊原小杖藜,行人相語各伸眉。即今極目如雲稼,曾是蝗蟲蓋地皮。

## 漫與

與世端如上瀨船,還家稍辦買山錢。松風吹斷蓬瀛夢,詩酒淋漓送暮年。

## 跋簡齋二帖

夜光一百八十七,自注:簡齋三進劄,共一百八十七字。有底六丁忘下收。密勿端知紫皇側,鎮櫝猶計子孫謀。

## 無題

多譽庸非蜀忿草,一謙良是辟兵符。先生聲欬忘鷄口,俗子過逢動虎鬚。

## 陳君美許仲和赴省病不能出餞以二絕句

## 春暖贈梅喜作二首

晴日烘開栗玉葩,嫩隨霰雪送年華。淮鄉地冷開雖晚,竟是人間第一花。

手撚芳枝酹淥樽,東君乃有發生恩。即今省暖銅瓶水,羅幙圍香共晏溫。

何人把酒送揚舲,定復從容柳下亭。共說歸時柳陰合,與君衫色鬭青青。

修程快著祖生鞭,勝日同乘李郭船。自愧不能扶病去,郭南亭上看登仙。

## 遊山陽十首 予於山陽似有宿契,頻遊焉,遊必久留。丙原缺,據四庫本補戌正月,以事再到,成十詩,觸事感懷,隨得書之,遂無倫次

山陽城外艤舟初,先問黃公舊酒壚。空有向來觴詠意,歲華不貸白髭鬚。

邗溝帆席即長淮,鬢未霜時慣往回。絳縣老人今若此,此生更復幾番來。

官池二十四駕鵝,錦綵爭鮮伴醉狂。翡翠有兒知更好,幾時飛到酒樽傍。

玳筵當日小紅裳,珠壓雙丫十歲強。回首方知但青子,胡琴聲裏怨茶商。

故人不復倒奚囊,但有荒阡蔭白楊。魂定可招吾得已,試吟楚些命巫陽。

高郎胸次著瀟湘,亭枕城闉野趣長。我欲亭西分一曲,白鷗波外自鳴榔。

會看亭下水涵空,菡萏香中理釣筒。北道主人吾有託,不應獨饗北窗風。

多許金釵換好辭,長巾短帊縷金泥。老來詩力知何似,細訪香羅驗舊題。

劉伶臺畔酹金卮,寂寂荒丘帶晚暉。今日先生不能飲,婦言屏棄未為非。

熙臺楚觀小開樽,老去登臨易斷魂。蹀血龍荒平昔志,即今搔首望中原。

## 招山陽高徐二生飲二首

梅花時節屢開樽,欲贈梅花欠可人。今日有人梅樣好,遲君同賞雪中春。
欲作山陰興盡回,良思與子共銜杯。要須人境俱清絕,好抱瑤琴踏雪來。

原作離,據四庫本改

## 題因老松江烟雨圖二首

遠峰近薄鑑中浮,每泊行舟十日留。雨望晴臨俱不惡,最憐烟靄暝高秋。
千里湖山宿霧昏,倚欄一筆解平吞。漁郎好在收綸罷,想踞笭箵共一樽。

## 題因師百鴈圖二首

蓼灘蘆渚好徜徉,肯便雲天去作行。未用選奴防夜燎,不妨結伴傲晨霜。
聞道崔公作蘆鴈,端如莊叟玩儵魚。鴛翔唼喋妙百態,君看老因般磚餘。

## 題因師蒲桃圖二首

因師寫物三昧手,公取天機付筆端。坐想瑛盤分磊磈,憶嘗貝齒冰饞涎。自注:去聲。甘寒。
晶熒壓架紺珠圓,苜蓿縈風露葉鮮。病酒人方渴羌似,為師開卷忍饞涎。

原缺,據四庫本補

## 八月十一日夜偕客賞木犀八首

冰蟾螢下一天霜,領客巖花旖旎香。我亦小園清絕處,與君同命醉為鄉。
謝蘭潘壁少年場,玉塵金罍度夜央。老子遽能忘此興,且容投杖喚胡床。
朋來濟濟盡嘉賓,飲興翩翩笑語真。絕勝謫仙邀月醉,當時和影祇三人。
露顆零空泬欲冰,風姨收盡晚林聲。金波冷浸山河影,直為高陽酒伴明。

衰懷對客便超然,病骨枝梧勝去年。
未作槌腰摩腹想,尚堪淥蟻翠蛾前。
客間那不笑翁癡,酒處猶須古錦為。
不道詩成還玉雪,聊憑一解桂娥頤。
人間雨恨更雲愁,月殿僊娥替汝羞。
詩酣此觸堅後約,與人晴霽作中秋。
酒邊先起未須扶,猶聽槌床擊唾壺。
風月撩人成不寢,隔牆卻擬應歌呼。

## 曉枕二首

兩鴨驚鳴轉五更,幽人宿酒未全醒。
銅丸驚破將軍夢,銀箭催登朝士車。

## 書城北尼庵二首 時觀諸公射

諸郎弓力勝黃間,中戟穿楊氣貌閑。
小搖蛇影鳥驚墮,已落背毛牛自如。
曹欲分朋憖老病,與渠甘作典籤舒。
樂府新傳殺胡讖,看君飛矢下陰山。
小軒祇似孤舟上,憶得霜湖帶夢聽。
老朽布衾酣曉暖,晨烏夜鶴莫愁予。

## 漏澤院四絕句 偕羊統制、三減、十二孟射于漏澤園,寺主置酒為賦

雪翎如扇十鈞弓,霹靂聲前玉弮空。
人似堵牆爭指似,少年場裏著衰翁。
雋遊分破北窗眠,笑撚吟髭看控弦。
久袖飛鷹馳銀管手,為渠塗改角弓篇。
將軍弓力令羊侃,病渴歸來似長卿。
抹羽尚堪支十槊,憶看銜尾餓鴟鳴。
粹公頗似廬山遠,美酒還因我輩沽。
想得靜看豪飲罷,一燈彌勒伴跏趺。

## 題墳庵壁四首

餬口卑官似不逢,解將觴詠當千鍾。
劣優何似隆中叟,投老歸來作卧龍。

## 東莊小留四首

南陂荒弗已成圍,北墅田租頗應期。
夾溝欲插柳千株,遠舍先營五畝蔬。
親朋樽俎日周旋,無限歡情到酒邊。
接屋連牆翠密中,炊香羹玉飽過從。

兩地徑規般薄地,小為庵屋大為池。
供饟禦冬須次第,西歸新得務農書。
底許擠排作尊客,祇令撫己嘆衰年。
人將逋客為同社,地與斜川作附庸。

## 雨中題柏氏壁二首

行尋詰屈躡崎嶇,已謝鄰翁果下駒。
蘇端頗慣招新客,御叔何煩訝聖人。
北走松楸無數里,杖藜筋力尚枝梧。
未用平章舊新雨,一樽聊喜對情親。

## 次韻楊宰愛竹

看竹排門愛靚深,青青不受雪霜侵。
誰知倦客幽尋去,老越風波亦此心。

## 次韻楊宰思庭竹

數尋脆碧裊輕陰,歲不知寒暑不侵。
屬厭吟風仍嘯雨,盡收縣解入琴心。

## 寄郢州崔守八首

陽關聲斷酒盃殘,昨夢回思變暑寒。
七見蟾蜍作圓缺,四憑鱗羽問平安。

自注:是書得之歸州。

嘗記停驂古鄂州,待晴曾是賈胡留。錦囊亦有陽春句,不得親題白雪樓。自注:時以雨,且匆匆,不曾登白雪樓。

楚郢繁雄亞上都,莫愁風韻未應殊。小園依舊深紅色,曾辱遨頭載酒無。

碧香當日薦金船,桑落宜城不直錢。一自黃堂沉醉後,至今追憶尚流涎。自注:是時黃堂留飲,次日酒甚佳,自釀云。

## 送吳子隆節推之官信州五首

別乘修程驥騄馳,書來猶肯記衰遲。每思膠漆班荆地,敢忘風波在莒時。自注:同黃倅舟行之官,共經風波之畏。

雍郎高韻似文同,水墨仍參二米風。解挽山川歸短幅,可能陸續寄來鴻。

將軍競病舊能詩,黃絹于今玩色絲。何日酒兵塵筆陣,未應羽檄謾交綏。

牙板聲中斂翠眉,時應歌我遣懷詞。豈知薄宦飄零去,無復風情似舊時。

## 次程平叔韻二首 戊戌上當奪丙字三月二十日,南徐水教,陪程同年登金山,繼遊西園,置酒。程有詩,次韻

人生窮達後愚賢,宦路何妨小着鞭。三釜吾今嗟弗洎,奉親東下羨登仙。

行行幕府泛蓮初,井井官曹遊刃餘。當路急賢飢渴似,不須衡袖子公書。

共把離杯柳影邊,柳枝如線拂歸船。枝枝似恨人輕別,擘不成眠更可憐。

幕中婉畫得斯人,郡政應從到日新。銀鎚金苗休刺口,祇將耕稼富州民。

連城照乘動分珍,他日詞壇著散人。詩筆有神官有暇,楚鱗燕翼要頻頻。

故人常嘆別時長,一笑眉開色便黃。領畧西園好風景,憑君更喚郭汾陽。自注:同年折簡郭統制。

詩情對景可勝長,酒與鵝兒鬭嫩黃。忠貫主人真好事,肯來訾省沈東陽。自注:郭侯即時至。郭有堂名忠貫。

## 閱永教次前韻

戈船干栧截江長,殺氣氛氳昏日氣黃。江畔詩翁洮椽筆,射蛟無復羨樅陽。

## 程言聚散有感次前韻

不須勸醉眉翠長,莫問何時腰下黃。䐺喜相逢各強健,免教聞笛賦山陽。
羣芳圃坐引盃長,滿目深紅間淺黃。寄語東君好憐客,水西花外慢頹陽。
垂柳搖絲千尺長,柳陰深處轉鵬黃。把盃借聽歌聲醉,絕勝酸寒尉溧陽。
步趁遊人歡意長,誰交鶯燕強雌黃。憑欄凝佇多佳麗,底羨簪花醉洛陽。

## 再次韻 平叔吾南道主人,酒處吟詩,遂成巨軸。後章褒予太過,作詩謝之

掉鞅詞場缺寸長,端如策蹇趁蜚黃。彌明小貸凌侯喜,太白猶堪客紫陽。自注:六一作李白詩:乘雲紫陽家。
微風不放浪紋長,喚暖跳魚三尺黃。祇欠高荷護千襪,醉粧濃艷媚斜陽。

## 再次韻 程同年之子與予孫牀侍側,不應詩不及之,用韻

二子峨冠共我長,即看紫綬映銀黃。不須握手論家譜,更舉宣尼與伯陽。自注:用孔融事。

## 次韻贈郭侯

郭侯智勇兩俱長,驛騎何時詔檢黃。胡運于今已灰口,看君萬旅出漁陽。

## 侯拉客歸置飲再次韻

將軍恩意為誰長,酒未闌殘日腳黃。儻有春風四絃手,真成留客醉潯陽。

## 趙通判有詩次韻二首

## 吟詩自笑用前韻

文字光騰萬丈長,錦官老杜豫章黃。
投荒忍死經人鮓,討飯充腸上岳陽。
退歸我欲學真長,君定才名江夏黃。
考父舊嘗睎吉甫,陵陽端的嗣黔陽。

## 病起二首

老去難堪痼疾纏,支離甘受眾人憐。
出門定被將迎困,緊閉風窗聽雨眠。
平生嗜好消磨盡,留得枯棋了索居。
舞席歌筵自闊疏,麴生久送絕交書。

老,憶昔上岳陽,一飯從人討。

## 口號十首呈程殿撰

白璧明璣每墮前,續貂輒復聳雙肩。
歡意長隨夜漏長,隆寬盡貸酒邊狂。
八月襄城暑始回,水仙爭趁玉梅開。
芳信飛來自月宮,月中桂茂劣能容。
福地常披十幅圖,仙翁隱隱處玉為壺。
郎君袞繡照鸞行,詩老時須住帝鄉。
公家昆季盡時賢,叔也騧驪擬度前。

一從歸作漳濱臥,不寄詩筒恰五年。
東歸祇有南窗夢,夜夜掀髯錦瑟傍。
當時二物知天意,共報公家福鼎來。
素娥封殖非無意,準擬公家不盡供。
九華山側兩峰下,還許儂分半席無。
即見魁材闢新館,預應綠野敞深堂。
書諗親庭先靜退,至今文采照林泉。

霍王無短似無長,驚見新詩寫硬黃。
短歌對酒不能長,猶勝車塵撲面黃。
魚在九淵終足羨浮陽,世間濡足羨浮陽。
我自關門寶崇鼎,從渠睎價尚咸陽。

自注:趙宗室詩後出。

自注:南昌詩:我雖窮至骨,猶勝杜陵

## 題史嵒叟詞卷二首

童顏緩緩閱莊靈,鬢影青青表帝庭。後四六年同此夜,台星光映老人星。

故人折柳送東轅,不羨當年李郭船。囊錦鷗夷有供給,自疑身是御風仙。

帝所鄉關等是家,奚囊納納盡天葩。西湖久待公題品,莫遣波神妒九華。

## 贈包道二首 靈應庵呂公齋包公留飯作

方朔歲星仍客星,竊桃他日太狂生。幾時又泛靈槎去,平撥天孫翠織成。

南風未蟄浙江波,倦客閑愁似許多。安得雙鬟如阿素,紅檀聲裏醱金荷。

何妨塵外卻塵中,風舞寒漪月印空。洗缽與渠同一飽,未憂交臂失回公。

吟風嘯月是真常,何處無何更有鄉。我與呂仙俱不死,靜看烏兔幻炎涼。

## 暮春泛西湖次口號韻呈程待制十首

客舟日日野芳前,鶗鴂鳴時始息肩。

湖山引興尚能長,小貸詩愁放酒狂。蝴蝶應憐落春後,無聊時近綠樽傍。

重到西湖可便回,前年待得水芝開。憑君問取閑鷗鷺,親見跳珠濺客來。

幾飯南山佛老宮,詩昌譚勝每春容。不妨重就山間宿,蔬筍香茶未闕供。

何須履道寫新圖,不用悲歌缺唾壺。嚴壑清奇皆我有,利名韁鎖向來無。

老來已謝著書忙,但向清遊訪睡鄉。寄語深師與包叟,可無客枕假雲堂。自注:深,醫僧;包,知堂道人,予與之熟。

行行撫事念前賢,修竹祠西碧嶂前。
不復船歸下雙鶴,空緣酒渴酌寒泉。
已規觴詠了餘齡,徑自無何到大庭。
爗矮欄干錦繡筵,欄邊仍泊女郎船。
詩到雙峰自一家,紛綸仙卉雜天葩。

## 題濟勝七物

### 一拄杖

驚蛇却犬破莓苔,筇竹隨公幾往回。
龍化葛陂應未忍,為扶衰病作陳雷。

### 二扇

何人月樣剪霜絲,改就新詩却自題。
為惜持盃折花手,免教遮日步蘇堤。

### 三錢篋

與人替得杖頭閑,日日蓮塘柳岸邊。
爛醉質衣吾不問,歸時猶有買舟錢。

### 四筆囊

毛錐老去未輕投,革帶羅囊特命收。
準擬西胡持酒處,偕翁濡首破詩愁。

### 五酒榼

相從有命每傾舒,不寄轅端即坐隅。
肯落蘇家慳婦手,深藏云待不時須。

### 六釘鞋

幾步山間屬雨餘,徐行猶可當安輿。
計功高出芒鞋上,傍險衝泥得屢書。

## 七村童

貌野言偷却近真,客前疎畧不能嗔。折花替我簪紗帽,看竹須渠問主人。

## 題史髯詩卷後二首

平生一士萬金多,更恨詩人餓澗薖。羇旅忽成開笑口,軟紅塵底得陰何。

腦脂侵眼耐昏眵,詩卷猶便小字題。浪信奇方須損讀,即今刮膜勝金箆。

## 寄題高賓王詩後卷

韶護充庭篋漢官,鋪紓宏偉嘆才難。高郎袖有如椽筆,却伴秋蟲弔夜寒。〔自注:予昔掌教吳門,與劉東玉提幹同官十五年矣。其子收予詩二首,蓋與東玉唱和墨竹也。〕

## 泛湖十絕句 道終日歡意

荷面跳珠小濺衣,酒邊團扇已停揮。濕雲收盡人間暑,却度西山載雨歸。

浦溆樓臺遠近殊,樽罍隨處小踟躕。高郎頗勝高常侍,解把西湖敵孟諸。

銀筆曾煩贊此君,即今墨色儼如新。因君細數登龍日,十九年前入幕賓。

嫩綠搖漪紅藕香,雨膏煙膩午供涼。西湖到眼真西子,莫信溫柔別有鄉。

桃葉相逢但交臂,李鬟何許費凝眸。爾曹豈解文字飲,應道吾儕輸此籌。

酒邊涼意雨餘生,望夜重期看月明。安得水仙會事發,巧隨人意作陰晴。〔自注:是日陰涼,再約望夜泛湖。〕

底許詩人到醉鄉,銀壺玉塵倍增光。小舟如織浪花中,盤珍俎實隨供給,亦有紅衣載短蓬。

尋得詩人到醉鄉,銀壺玉塵倍增光。小囊賦就駕鴦錦,一路荷花別漾〔四庫本作樣〕香。

## 次韻趙帥二首

玉人罷浴試梅粧,詩客揮毫落夜光。
因病覆觴今破戒,為渠豪飲為君狂。
樓前行客競昂頭,樓上齊聲唱石州。
袞遍實催猶未徹,暑風晴月各新秋。

天公一笑晚雲殘,戲與璇穹貼白團。
試問天風搖翠袖,玉肌何似玉笙寒。
妓臺香裏漏聲殘,金步搖歌鬧作團。
羯鼓更催銀字管,等閒驚破一天寒。

## 又次看字韻二首

誰扶壁月上天端,雪魄揚輝桂影寒。
照見羣仙擁仙伯,嫦娥定復轉頭看。
明年屈指春來早,定是元宵不苦寒。
十里珠簾火城夜,客來應許醉中看。

## 陳總管坐上贈寫竹妓二首

勁節蒼梢筆底寒,一天風雪與堅頑。
回思擁扇賓筵見,却為嬌嬈一破顏。
此君寫影道機熟,猶記涪翁詫子舟。
誰信紅衣萬鈞筆,擬分此派嗣湖州。

## 十五夜再次趙帥韻

嘉賓飲興未闌殘,却倩纖纖奉雪團。
一笑舉杯邀月姊,為渠聊貸廣寒寒。

自注:帥侍有元宵約,故云。

## 贈琴妓二首

夢中曾揖蔡文姬,焦尾親傳半夜衣。
莫向詩人彈別鵠,免煩衰淚對君揮。
千紙爭傳夏玉詞,一庭渾卧借書帷。
從今有問新知識,徑説江城女項斯。

## 次趙帥喜雪韻

府公憂國雪神知,三白呈祥不待祈。舊歲新年多樂事,一時分付筆如飛。

## 次魏知元韻三首

客中把酒挹江山,更藉詩人為解顏。
魏郎日共無喧酒,舊學新詩得細論。
江城半月從遊樂,別去知君剩有詩。

自是交遊十年舊,向來相得立譚間。
可見高情重離別,又同一舸宿煙村。
相望郵三舍便,幸能時寄慰相思。

## 次姜堯章饒徐南卿韻二首

姜郎未仕不求田,倚賴生涯九萬錢。
風調心期契鑰同,誰教社燕辟秋鴻。

稇載珠璣肯分我,北關當有合肥船。
莫年孤陋仍漂泊,可得斯人慰眼中。

## 又次銛朴翁韻四首

僧床正聽曉樓鐘,客棹方占上水風。
聞為詩魔掩貝多,辭源衮衮倒洪河。
婪酣貴宦鮫綃帳,最屬功名泊浪沙。
幾向西湖戲畫橈,冰盦儻受衆峰朝。

喧靜未須岐出處,與渠心事各冥鴻。
遙知傳誦日千紙,淇上高唐無善歌。
誰似朴翁隨分過,曹溪水煮趙州茶。
即今去鴈將清夢,飛下長橋更短橋。

## 次史舉韻二首

痛憶分題把酒時,暑寒誰遣隙駒馳。
已誤西湖鷗鷺約,客舟西上更徘徊。

芙蓉風露梅花月,又費騷人幾首詩。
故人益嘆天涯遠,懷抱何從得好開。

## 又次韻二首

## 次韻趙帥蠟梅

窗底閑尋斷續香,貼金誰此憩風裳。
漢姬嬾赴昭陽燕,宮額塗成却覆觴。

## 寄趙帥三首

揚州燈火萬家春,誰著詩翁寂寞濱。
銀鉤滿紙墮荊扉,樂事如今與願違。
先生列館似夔材,慣見瓊筵為客開。

## 再次韻趙帥見寄三首

枝撐強趁火城春,蹤跡猶煩問水濱。
前歡已悔東隅失,後約如前敢再違。
倏晴驟雨寒猶在,約勒羣芳未盡開。

更醉南州好紅紫,凝香詩伯是花神。
連夜揚州昔年夢,小梅清瘦杏花肥。
銷得燕堂千杖鼓,旋看錦纈裹條枚。

舊臘新年無好況,何須更問紫原作子,據四庫本改姑神。
撫已可憐多病過,憶公深愧食言肥。
夜夜元宵日寒食,一春儘可厠鄒枚。

## 題杜彥敷山茶

丹艷濃粧媚晏溫,誰招妃子醉時魂。
此花信出此君下,那有詩人來叩門。

## 次趙帥韻三首

眼眩如看九色霞,女膚側理字棲鴉。
挽回春事憑詩力,留住風林欲褪花。
上冢歸來更乘興,醉依柳影藉梨花。
遊人笑語問朝霞,處處相隨攫肉鴉。

詩仙催客共流霞,不待高城噪晚鴉。好競春光醉良夜,即今庭院已飛花。

## 次韻趙帥寒食四首

瘦島寒郊衹外臣,先生俊逸更清新。
日佩詩囊侍貴臣,向人肯作白頭新。
散吏容陪漢鼎臣,隆隆恩意為誰新。
夜雨勾芒正主臣,晴雲暖靄曉來新。

勸耕小出仍寒食,謄辦新詩報答春。自注:是年寒食勸農。
自今歌酒追隨去,猶有風烟一半春。自注:得詩乃二月望。
重來畫戟凝香地,爛醉瓊枝壁月春。
小軿徑趁遨頭去,共醉郊園爛熳春。自注:昨夕,帥出家姬痛飲。

## 次韻趙帥

平山已自勝超然,況復鶯花二月天。
管領鶯花屬仙伯,不應草草賦歸田。

## 十絕句寄趙帥

柳堤陰裏放船開,識面人家首屢回。
一片飛花到客襟,當時便有惜春心。

款陪仙伯燕池亭,不但新詩老眼明。
即今歸路慵擡眼,紅影彤彤綠影深。

金田碧野把盃前,飛騎鳴弰箆玭筵。
鼓吹激天飛鳥墮,旌幢點水睡龍驚。

豪竹哀絲薦玉觴,羽衣仙袂儼分行。
五百年來逢此樂,府公今續謫仙絲。

醉中記得新翻譜,土苴梁州笑石州。
酡顏一為東君笑,媚白妖紅不敢芳。

從公日日醉中歸,插鬢長分最好枝。
火急歸來傳好事,為渠一洗世間愁。

子駿福星方久照,漁陽竹馬省相迎。
他時薤水休重問,市虎晨羊各用情。

舊約何如趁新約,浪言燈夕勝花時。

訟户無聲日燕閒,驅馳風月笑譚間。
自今玉海添新集,與繼當年大小山。

每上平山把酒卮,海鴻泉驥滿烏絲。
風流人物詩書帥,萬字千鍾更屬誰。

### 次韻趙帥五首 趙送牡丹瓊花露見招

平時花酒費詩催,塊坐愁城誰為開。
六輩妖姬十從事,先生親遣斬關來。

前知紅藥翻階處,別許金腰一朵開。
名在金甌花會得,即看飛詔下天來。

一昨波光修禊事,賓筵俯枕玉奩開。
重遊鷗鷺應偷眼,定記曾陪杖履來。

紅藥主人修月手,渌樽許為故人開。
肯教客子如王式,一聽驪駒却悔來。

南遊可待再書催,芍藥醅醱陸續開。
看自花開到花落,紅葉時候却歸來。

以上《江湖長翁集》卷二〇

# 全宋詩卷二四四一

## 陳 造二〇

### 送龍辭三章

沈燎兮桂醑,筠籩鳴鳴兮逢其鼓。緌吳歙兮蹌越舞,送龍兮歸處。龍之歸兮悅娭,翻倒霄霏兮膠輵霧雨。歷館娃兮不留,過胥口兮小顧。水天模糊兮迷仰俯,仙真迎兮排空,蛟黿駢羅兮而在下。祥飈肅兮綠興,非烟羃兮紫府。覯儂望兮何所,目屯雲兮南鶩,心靡迤兮延佇。

早氛兮炎浮,地毛焦兮金石為流,龍不來兮殷憂。心憚悰兮執謀,戴儂目兮俁龍之遊。龍翩然兮副求,呵蟄雷兮鞭潛虬。忽墨雲之崩騰坌湧兮,黭黮薈夫昏晝。摐甲馬之喧空兮,耊飛練之淙溜。夫豈不能噓膚寸彌六幕兮,胡薔其施於此州眷吾儂。龍所私兮匪新而舊,安棲飽茹兮龍之佑。願龍兮千萬壽,暨我子孫兮烝嘗春秋。

雷車轇兮電淡熹,蟄氛静兮旱魃摧,龍之來兮慰我思。翠其幢兮羽旗,乘焕燁兮紛躟跣。龍之去兮盡徐之,蜚雨兮一旦再。室予居兮穀予饑,眷他州之枏橘兮,匪龍其吾曷依。東阡北陌兮謳而嬉,右湖左海兮夜不屝,林屋之洞兮蟠翠微。瓊餐兮貝宫,雲墩兮玉妃。奠龍居兮無愧,功成兮龍則歸,送龍兮陳辭。

### 行春辭三首

溪藻茇兮山有蕨薇,餞吾歸兮幾時。

白沙兮青莎，徐予車兮坡陀。黮屯雲兮閣雨，沸後海兮起波。紛稚綠與小紅，媚丰潤兮靚嘉。聲禽鳥之啾喈，偕人語兮相和。驚雞蚤而跳犢兮，儼倦憩之人家。玩歲華之俛仰兮，復躞蹀而此過。彼何人兮骿首，爭指似兮笑譁。鏗有聲兮長謠，疑其麋蔦于之歌。

訟牒兮糾紛，榜檟兮未全閑。色不形兮意孚，每厚顏於蟲賢。捋父兄兮使前，尚笑語之怡然。道菽粟兮卒歲，審里閭之相安。食三餔兮袴襦，悼單杅於昔年。我酒旨而肴可茹兮，屬饜兮共此桮觴。一行而三謝兮，起且坐而誼繁。歸目送而扶路兮，予亦倦踞而假僧氈。

蕆官曹兮縛虎，擁簿領以昏憒。竊逍遙於數刻，儻洟泗於終歲。倚僧垣睨鴻影兮，滌胸塵而一快。飯雲子而泛乳兮，引吟興之未沫。吾西道之主人兮，有老禪之晤對。愈雙瞳之月淨兮，館授予而已再。頑予姿之麋鹿兮，合巖栖而釣瀨。悅泉石之入眼兮，浩歸懷之自倍。計三徑之可具兮，顧二頃之猶在。明年其餞西歸兮，將家漁舟老牛背也。

## 楚辭三章送郭教授趨朝

昔尚父之之國，嘗寢甘而見譏。懷與安其實日，亦館人之或知。豈以抱當世之志，而常後可為之時耶。有美一人兮居今而與古諜，氣飄蕭兮好脩。邑中之晢兮獨能閟闡爽於軻邱，扈芷蘅兮荃其佩。檀驪珠兮匪干將而未試，雖未試吾何慊兮，顧鬒裳猶可隱蝸廬。般礴兮天地儼其蓋軫，一世騺望兮如蒼生何。君何心兮山之阿，剝糵社兮羞藻芹，無為此焉婆娑。儒之宮兮千柱肮如，峨冠綺袂兮羣而趨。食焉稻魚兮隸焉詩書，我侈其成兮繹其初。海掖之孔敏兮築興之不徐，償於昔煥於今兮繄百年其有待。企三賢而相攸兮遺躅未沫，匪若人之良茂兮吾將奚賴。芹波搖日兮槐陰轉午,一塵不棲兮重廊邃宇。有覿其古,風舞零兮步趨繩矩。鄙人留眼兮夫也接前人之武,人兮翩鴻兮與南翔。雲氣蓬瀛兮觀虛皇,膏馥霈被兮淮之鄉,君之惠兮鄉之人不可忘。爰有人兮盤珊偪側,耕耘寒暑兮圖史儒墨。吟抱膝兮山南水北,佩明月兮冠切雲。曳芙蓉兮敷芬,冰其茹兮蕙其薰。之於世曾莫諒兮,蹇吾猶淮之瀆塊。予揆夫初度兮,磷競彊而為懦。髮之新兮志偕而墮,非金玉之人兮孰振吾過。有牽其復兮有倡其和,完予獨而息黥兮睨新功以自課,一息怳三秋兮胡為去我而他之。些君行兮指日邊,章陳兮君席為前。搴風袂之翩翩,壽君兮綠樽。貝宮觀深兮碧落寬,陵天風兮整羽翰。君無謂予兮考槃,有塵冠兮待彈。

以上《江湖長翁集》卷一

## 神居實師退院作偈留之

瞿曇住西域,說法度羣生。羣生所依怙,目以不動尊。惟其不動故,羣動皆攝受。是時波旬種,百千萬眷屬。排根摧毀辱,蜂發雨矢集。瞿曇如須彌,蜉蟻如予何。亦如太虛空,雲翳自變滅。砥柱中驚波,古今無少損。不動而坐勝,妙力固如是。子道已末法,袵子沈世紛。競為住院計,匪利即趨名。就常不待招,逐有棧豆戀。實師住神居,四衆所歸向。以師清修故,翹然挈瓶錫,去若釋嶠雲。亦如箭辭弦,勢若不可挽。自師掃積弊,羣魔尚遺種。雖無末法病,或昧不動意。請答四衆心,云何得歸向。師行不回首,彼魔所願欲。須彌自無恙,太虛自空曠。衝波汎汎去,砥柱屹屹不知。羣魔今末勢,殘雪行見晛。梔車折蠆錫,山立鎮故棲。故,是瞿曇智力,是子大法權。我不為子道,子道可槩舉。庸酬四衆心,為子說此偈。瞿曇設住世,與子動,

## 天申節致語 口號

遐想雲璈奏未央,璇輿金鑰慶生商。九光霞裏停仙仗,萬歲聲中奉帝觴。天上駢麟供樂事,人間舞鳳佽恩光。小臣願效華封祝,試頌靈椿壽聖皇。

### 又對廳

黃堂綠影轉槐龍,錦繡圍中度好風。珠履相輝人峙玉,金罍更勸酒如空。逢辰正自千齡會,勝日何妨一醉同。來歲從公話今日,鈞天應篋未央宮。

## 王母致語口號

曾燕瑤池到世間,祝堯今復馭青鸞。衆真已送駢蕃瑞,萬國同瞻咫尺顏。聖統有傳尊北極,帝齡無盡等南山。兒家幾許蟠桃熟,準擬年年薦露盤。

### 又對廳

綠輿初下玉龜山,小駐黃堂相府蓮。上客居多天下士,主人況自地行仙。九光霞裏聞譚笑,三素雲中度管絃。來歲日邊桃薦碧,帝觴應共醉鈞天。

## 平江府天申節致語口號

擗麟侑酒紫皇家,降乙開祥寶祚賒。又見仙真奉瑤檢,從教日月數金沙。星明丙極方呈瑞,燕歕需雲共拜嘉。睿算的知天與久,大椿何必問南華。

## 王母致語口號

天仗凌晨拱未央,君王親奉紫霞觴。社鳴當紀乾坤闢,筴授端知日月長。為祝堯齡辭翠水,閑留羲馭頓扶桑。兒家不上千秋鑒,自摘蟠桃壽聖皇。

### 又通衢

清微風動萬年枝,瑞紀流虹誕聖時。天上玉卮山比壽,侯邦錦席酒如池。滿城淑氣生英蕩,夾道歡聲度綵旗。來歲望公天仗側,尚應回首記吳兒。

### 趙守燕王漕致語口號

二天依德幸吾州,四牡徐驅得小留。勝日非煙浮綺席,異時盛事繼文游。春還蓓蕾生譚笑,香泛叵羅騰獻酬。來歲鳳池雙立玉,應從丹地話秦郵。

### 鹿鳴宴致語口號

黃堂賓宴霧香浮,岵玉時髦得意秋。莊海長風吹怒翼,禹門驚浪化吞舟。黃生眉宇看輝映,淥漲瑤盃度獻酬。來歲歸時君記取,恩袍成行擁龍頭。

### 石湖生日致語口號

壽筵高敞老仙家,簾影中間五色霞。碧酒舊須麟作脯,雕盤新薦棗如瓜。玉壺縹緲非塵世,金狄依稀記歲華。勝日年年歆醉帽,鬢香長點吉雲花。自注:《神仙傳》吉雲花千歲開一枝。

### 定海縣廳事落成致語口號 七夕

罩飛華屋酒如池,賓主風流況一時。千杖敲春瓊竿滑,九霞搖晚舞衫傲。輕颸泛座漂香遠,纖月窺人轉影遲。牛女多情應羨客,瓜華適已胃珠絲。

廳事落成致語口號 前以禱雨罷會,中秋再作

向晚簾櫳上玉鉤,縣人應指小瀛洲。龍蘭煙外調宮羽,羅綺香中擁獻酬。百祀規模新壯觀,一時文武極風流。月明鼓吹煩重賦,終恐清新媿少游。

房州到任交倅事筵致語口號

平時風義等肩差,況此周旋別乘衙。湛淥徐傾卜夜酒,欹紅同插殿春花。成規燦備堪從事,殊渥便蕃定拜嘉。爛醉長吟答佳致,不妨賓主各詩家。

到任交權州事筵致語口號

假印侯封付繼承,教條久已洽山城。政成何異徵黃霸,日接寧惟拜水衡。春酒入杯紅浪漲,晚花薦座靚粧明。良辰便合同沉醉,且置陽關疊後聲。

待衆官致語口號

公堂錦繡映簪紳,不著人間一點塵。地窄尚堪紅袖舉,情孚那復白頭新。蔗漿玉醴壺天晚,翠蓋紅巾暑月春。況是山城無一事,醉鄉賓主屬吾人。

爐熏抽蕙裹高寒,列宿低光近醮壇。夜屋忽驚簧溜響,曉畦旋放桔橰閒。政須酬酢乘多暇,況間憂虞取一歡。投轄孟公留客意,應伴月路醉扶還。

喜雨燕致語口號

華筵楚楚為誰開,和氣融融逐雨回。飲處偕酬未央樂,旱餘新紀不為災。詩成肯放庭陰轉,舞困何妨羯鼓催。聽取邦人歌笑地,山城幾處不春臺。

## 交割州事致語口號

一時律呂韻金絲,用播中和樂職詩。所喜珉筵重啟日,還當璧月再圓時。自注:前月十六日燕。伊涼聒夜鏗千杖,蘭蕙回春艷十眉。明日酒醒還得句,東遊夸與大堤兒。自注:十四日宴,來日往襄陽。

## 宴新守致語口號

相門賢裔聖門儒,錦席葩羅慶合符。天歊沉陰輸瑞靄,月銜清影照冰壺。鶯膠密應鏘金奏,麟脯何妨薦玉腴。聞道山城觀盛事,一時歌舞溢通衢。

## 任滿交割倅事致語口號

黃堂冰峙兩飛仙,不遣纖塵到繡筵。龍麝香中揮玉麈,蕙蘭叢裏酌金舡。即今別乘符初合,佇看丹墀璧再聯。來歲涼飆生殿閣,帝觴同捧聽鈞天。

## 任滿交割郡事致語口號

星屏已喜一樽俱,嗣敞芳筵合郡符。曩襄細香生玉醴,颸颸涼吹度冰壺。錦紋眩旋明回雪,雲影依微覓貫珠。乘醉言分當卜夜,火城璧月共通衢。

## 燕鄉守致語口號

胡床玉麈錦囊詩,賓主風流此一時。珉席邀歡酬令節,羽觴湛碧轉微漪。綺羅圍外香風遠,絃管聲中漏刻遲。莫道蘭亭已陳迹,勝遊端復嗣芳規。

以上同上書卷四〇

(嚴文儒整理 虞行補遺)

# 全宋詩卷二四四二

## 釋可封

釋可封,號復庵,俗姓林,福州(今屬福建)人。住常州宜興保安寺。孝宗淳熙末卒,年五十七(《叢林盛事》下)。爲南嶽下十六世,大潙月庵善果禪師法嗣。有《復庵封禪師語》,收入《續古尊宿語要》卷三。今錄詩六首。

### 頌古

鮑知府入山,舉僧問雲門云一切智通無障礙時如何,門云掃地潑水相公來。師云:雲門當時因行掉臂,遮僧未必知歸。山僧今日借水獻花。

掃地潑水相公來,最好三門八字開。祇恐玉堂便歸去,未容蓮社久追陪。

### 偈二首

天左旋,地右轉,過眼光陰人不薦。春已過,夏初臨,塵劫來事在而今。今日事,來日事,歷劫明明即這是。是則是,非又非,莫將鶴唳作鶯啼。

衲僧家,端的別,脊梁鑄就渾剛鐵。有飯逢飢即便餐,有話逢人即便說。阿呵呵,如何說,今朝又是新陽節。 至節

以上宋正受《續古尊宿語要》卷三

### 頌古三首

南泉一日不赴堂,侍者請赴堂,師曰:我今日在莊上喫油糍飽。曰:和尚不曾出入。師曰:汝去問莊主。者方出門,忽見莊主歸謝和尚到莊喫油糍。

阿魏無真,水銀無假。老倒南泉,可知禮也。

宋法應、元普會《頌古聯珠通集》卷二

睦州刺史陳操尚書一日與僚屬登樓次,見數僧行來,一官人曰:來者總是行腳僧。公曰:不是。曰:焉知不是?公曰:待來勘過。須臾僧至樓前,公驀喚上座,僧皆舉首。公謂諸官曰:不信道。

同上書卷二七

拈得須彌第一槌,銅頭鐵額豈容伊。鹽梅舟楫并霖雨,不是斯人更是誰。

雪竇問大龍:語者默者不是。

同上書卷三七

三軍不動旗閃爍,龍蛇陣上看謀略。令人長憶李將軍,萬里晴空飛一鶚。

(聞賢整理)

## 任詔

任詔(?—一一九三),字子嚴,新淦(今江西新干)人(明隆慶《臨江府志》卷一〇)。高宗紹興中知進賢縣(清同治《進賢縣志》卷一三)。二十一年(一一五一),知梧州(清同治《梧州府志》卷一二)。官至轉運使,致仕後退居清江。光宗紹熙四年卒。事見《周文忠集》卷八《任漕子嚴詔挽詞》。

## 冰井

按:又見清嘉慶《廣西通志》卷一一四,在梧州。

驅車出東門,弭節訪冰井。寺古棟宇傾,碑折苔蘚屏。源泉池中生,瑩淨可鑑影。清冷滌煩襟,潤澤勞絣綆。可以濯我纓,悠然脫塵境。命僧旋汲之,入口勝霜冷。試烹白雲茶,碗面雪花映。

元陳世隆《宋詩

卷一八《跋臨江軍任詔盤園高風堂記》。

## 王正功

（徐永强整理）

王正功（一二三三—一二〇三），字承甫，原名慎思，字有之，避孝宗諱改，鄞縣（今浙江寧波）人。勳子。以蔭補將仕郎。高宗紹興二十四年（一一五四）調筠州司理參軍。乾道四年（一一六八）爲荆湖南路轉運司主管帳司。七年，知莆田縣。淳熙七年（一一八〇）通判潮州。九年，簽書武安軍節度判官，十一年，改淮南。十四年，主管荆湖北路安撫司機宜文字。光宗紹熙三年（一一九二）知澧州。寧宗慶元四年（一一九八）知蘄州。六年，爲廣南西路提點刑獄。嘉泰三年卒，年七十一。有《約齋荆禮集》《攻媿集》卷一〇〇《王君墓誌銘》》。已佚。今録詩三首。

### 勸爲之駕

嘉泰改元桂林大比與計偕者十有一人九月十六日用故事行宴享之禮作是詩

百嶂千峰古桂州，鄉來人物固難儔。羲冠共應賢能詔，策足誰非道藝流。經濟才猷期遠器，縱横禮樂對前旒。三君八俊俱鄉秀，穩步天津最上頭。

桂林山水甲天下，玉碧羅青意可參。士氣未饒軍氣振，文場端似戰場酣。九關虎豹看勁敵，萬里鵾鵬矜劇談。老眼摩挲頓增爽，諸君端是斗之南。

### 任詔　王正功

嘉泰二年歲在壬戌正月八日携家還里幕中諸友遠來餞別同遊乳洞遂爲終日

桂林石刻博物館拓本

之款因成古風一章

乳穴佳名久欣慕，茲遊直與心期副。今朝蕭散七枝筇，衰遲未覺躋攀苦。湘南懸想碧雲橫，桂嶺遙瞻烟靄暮。招提鐘磬出幽深，村疃牛羊自來去。忽聞流水響潺潺，漸覩巖扃隔烟霧。山蹊躐履亂崎嶔，翠壁題名雜新故。乍睽朱墨略官箴，稍覺追隨劇幽趣。絕知官裏少夷途，始信閑中無窘步。人生如此信可樂，誰向康莊塞歸路。共醉生前有限盃，澆我胸中今與古。早知富貴如浮雲，三歎歸田不能賦。《北京圖書館藏中國歷代石刻拓本匯編·宋代分冊》

## 妻機

妻機（一一三一—一二一一）字彥發，嘉興（今屬浙江）人。孝宗乾道二年（一一六六）進士，授鹽官尉。歷舍山主簿，江南東路、淮南東路提舉司幹辦。淳熙十二年（一一八五）知衢州西安縣，光宗紹熙二年（一一九一）通判饒州。寧宗慶元六年（一二〇〇）遷宗正寺主簿，累遷太常少卿，兼權中書舍人。開禧二年（一二〇六）以事罷。三年，復吏部侍郎兼太子左庶子。嘉定元年（一二〇八）擢同知樞密院事，兼太子賓客，進參知政事。三年，以資政殿大學士致仕。四年卒，年七十九。事見《攻媿集》卷九七《資政殿大學士致仕贈特進妻公神道碑》《宋史》卷四一〇有傳。

### 題日哦軒

高軒多暇日，宴寢獨怡神。風俗誰今古，雲山自主賓。灘平分燕尾，松老半龍鱗。徙倚清陰下，吟懷愧昔人。

《宋詩拾遺》卷一八

## 宋恭甫

宋恭甫,號逸齋,瑞安(今屬浙江)人(《東甌詩存》卷九)。孝宗隆興元年(一一六三)為仙遊尉(清乾隆《仙遊縣志》卷二七)。官終京西安撫司參議(《宋詩拾遺》卷二二)。

### 社日不飲

漪漪細浪生蒲葉,剪剪輕風破柳芽。不飲恐孤今日社,強隨兒女插桃花。

《宋詩拾遺》卷二二

## 陶去泰

陶去泰,字茂安,黃州(今湖北黃岡)人,移居興國(今湖北新陽)。曾官建康府教授(《景定建康志》卷二八)。孝宗隆興元年(一一六三)為司農寺主簿(《宋會要輯稿》選舉二〇之二五)。乾道元年(一一六五)知永州(《永樂大典》卷八六四七引《衡州府圖經》)。事見《梅溪後集》卷一〇《贈陶永州》。

### 句

富川置治湖山中,勝氣環聚稱清雄。
富川郡治居高閑,萬頃平湖几案間。

以上宋王象之《輿地紀勝》卷三三《江南西路·興國軍》

## 王曉

(以上李更整理)

王曉,字浚明,華陽(今四川成都)人。珪孫(《揮麈錄·後錄》卷七)。孝宗隆興間通判潭州。乾道六年(一一七〇),為行在雜買場提轄(《中興行在雜買務雜賣場提轄官題名》)。淳熙九年(一一八二),為太府少卿(《宋會要輯稿》職官七二之七)。八年,知撫州(《宋中興百官題名·中興行在雜買務雜賣場提轄官題名》)。

## 送鹿伯可致仕歸天台兼簡致政龍學給事吳明可丈

握蘭肯受二毛侵,高節須知映古今。烟閣雲臺辭帝闕,風裘雪帽返家林。殿庭不待新鳴玉,里舍聊揮舊賜金。猿鶴不須驚與怨,道人軒冕本無心。

宋林表民《天台續集別編》卷五

## 趙不敵

趙不敵,宋宗室。孝宗隆興間通判漳州(清乾隆《福建通志》卷二四)。乾道間為福建轉運司判官(同上書卷二一)。四年(一一六八),為度支郎中(《宋會要輯稿》食貨五一之四六)。九年,以左朝奉大夫知宗正司事(《淳熙三山志》卷二五)。淳熙三年(一一七六),除直秘閣(《宋會要輯稿》職官六二之二〇)。有《清漳集》(《宋史·藝文志》),已佚。

### 句

春山是處擰龍新,不似清涼綠笋珍。綠笋

《輿地紀勝》卷一三一《福建路·漳州》

(徐永強整理)

## 劉大辯

劉大辯,樂清(今屬浙江)人。孝宗隆興元年(一一六三),主管刑部架閣文字(《宋會要輯稿》選

(孟憲忠整理)

舉二〇之一五）。乾道二年（一一六六），爲宗正寺主簿（同上書選舉二〇之一八）。淳熙六年（一一七九），由知安豐軍放罷（同上書職官七二之二五）。

## 資深堂

古人學道怕求深，善學長於淺處尋。日用至粗存至賾，須知瓦礫是黃金。

明佚名永樂《樂清縣志》卷六

（徐永強整理）

## 周承勛

周承勛，字晞稷，廣德（今屬安徽）人。孝宗隆興元年（一一六三）進士。淳熙七年（一一八〇）除國子錄，旋罷（《宋會要輯稿》職官七二之六）。有《清閟集》，已佚。事見明萬曆《廣德縣志》卷五。今錄詩八首。

### 端午

誰家解粽吐千瓶，丹墨交輝走百靈。盡使蛙蛇歸藥籠，又纏蕭艾作人形。原注：逸二句。安得綵絲十萬丈，東南西北繫飄零。原注：吐粽千瓶，出《太玄經》。

宋張端義《貴耳集》卷上

### 題度門院

縂入度門寺，先觀覺範詩。昔人吟不盡，今日到方知。地僻寒來早，高山月上遲。池邊老修竹，曾映董生幃。

### 宿玉龍宮

趙不敵 劉大辯 周承勛

夜爇松脂火,朝焚柏子香。舉家來萬壽,佳節遇重陽。雨止雲穿日,風高天欲霜。吾廬籬下菊,應怪未還鄉。

以上宋趙與虤《娛書堂詩話》

## 食河豚

君不見楚王渡江萍如日,剖而食之甜似蜜。河魨本自食楊花,花結浮萍萍結實。又不見越王食鱠遺其餘,中流化作王餘魚。河魨本是當年物,尚帶西子胸前酥。春江搖搖波面暖,蔞蒿蘆筍短。嫩肥初破鼈裙重,膩白細挑羊腦滿。嗟予二年留江城,嗜此不去遲吾行。鱸鮮便覺官可棄,雁美却得人呼卿。鄰翁勸我知機早,有毒傷人如鴆鳥。世間萬事是機穽,此外傷人亦非少。我生有命懸乎天,飽死終勝飢垂涎。君看子美牛炙死,若死嚴武尤可憐。

## 杜 宇

四海常為客,三春却倦游。能飛歸不得,雖去有何求。故國千年恨,行人萬里愁。年來風過耳,無淚與君流。

## 繫冠船蓬自戲

竹皮狗尾粗斕斑,神虎門前興已闌。每恨誤身誠可溺,殆將苴履不須彈。數莖漸覺勝簪怯,一免當知復冠難。柱後惠文非所志,寧從子夏學酸寒。

以上宋陳起《前賢小集拾遺》卷一

## 題縣圃蘊輝亭

瓦礫頻年積,鉏耰十輩功。旋移低地碧,頗雜亞枝紅。對酒逢寒食,憑欄接暖風。牆慳天自闊,堪送北飛鴻。

明周世昌萬曆《崑山縣志》卷三

## 吳下同年會詩 次袁說友韻

青雲紫陌不相違，四海如公省見稀。身在外臺嚴刺舉，詩來屬邑慰瞻依。珠園授筆驅春雨，澤國揚帆送夕暉。留落而今待公道，敢言一斥羨群飛。

清陸增祥《八瓊室金石補正》卷一一六

（吳鷗整理）

## 唐子壽

唐子壽，字致遠，崑山（今屬江蘇）人。煇子。孝宗隆興元年（一一六三）進士。官朝議大夫（元《至正崑山郡志》卷三）。

### 吳下同年會詩 次袁說友韻

人生會少足睽違，尊酒相從又復稀。我歎散材誰見數，公持華節幸相依。題名鴈塔思當日，曳屨龍門借夕暉。會見十行來日下，禁塗高處看橫飛。

《八瓊室金石補正》卷一一六

## 章 澥

章澥，字仲濟《八瓊室金石補正》卷一一六），吳郡（今江蘇蘇州）人。祖籍浦城（今福建浦城）。孝宗隆興元年（一一六三）進士（《吳郡志》卷二八）。

### 吳下同年會詩 次袁說友韻

咫尺天顏祗暫違，兩臺聯桂世誠稀。共觀鵬運垂雲舉，還幸魚寒密藻依。賦政將明仲山甫，登樓吟詠謝玄暉。要津自足升英俊，六翮毋令恨退飛。

《八瓊室金石補正》卷一一六

## 句

度險聊憑九節杖,凌虛來謁三花巖。

《輿地紀勝》卷八六《京西南路·房州》

## 王 藝

王藝,字文卿(《八瓊室金石補正》卷一一六),吳縣(今江蘇蘇州)人。孝宗隆興元年(一一六三)進士(《吳郡志》卷二八)。

### 吳下同年會詩 次袁説友韻

瓊林春暖記分違,叙好如公在昔稀。魚腹一書勞遠寄,鵲枝三匝幸相依。初筵雖負兵厨約,餘愛終分趙日暉。從此吳門書盛事,即看丹詔鳳銜飛。

《八瓊室金石補正》卷一一六

## 胡元功

胡元功,字國敏(《八瓊室金石補正》卷一一六),長洲(今江蘇蘇州)人。元質弟。孝宗隆興元年(一一六三)進士(《吳郡志》卷二七、二八)。

### 吳下同年會詩 次袁説友韻

佳辰勝集不相違,慨念同年會遇稀。獨有二天均覆幬,歸來三徑幸樓依。詩篇酒釅論時事,山色湖光映夕暉。自愧衰遲與榮觀,擬將委翅附高飛。

《八瓊室金石補正》卷一一六

## 趙彥衛

趙彥衛，字景安，濬儀（今河南開封）人。魏王廷美七世孫（《宋史》卷二三七《宗室世系》二三）。孝宗隆興元年（一一六三）進士（《八瓊室金石補正》卷一一六）。光宗紹熙間知烏程縣。寧宗慶元二年（一一九六）通判台州（《嘉定赤城志》卷一〇）。嘉泰二年（一二〇二），權知隨州（《宋會要輯稿》刑法二之一三二）。開禧元年（一二〇五）以朝議大夫知徽州（明弘治《徽州府志》卷四）。有《雲麓漫鈔》一〇卷、續鈔二卷。今錄詩二首。

### 題蘭亭帖

生涯寄箄瓢，嗜古成傳癖。胸蟠萬卷書，禊帖究所出。三百七十五，異論溢編帙。更相自戈矛，又類相形色。我昔識諸老，高論聆侍側。玉筆貴藏鋒，真贋拚金錫。精神苟不具，徒爾致研席。搜訪諸賢語，編類置丈室。使我心豁然，登山如得展。妄意於斯文，庶可益涓滴。作詩謝來貺，持寄俟他日。原注：趙徽州彥衛倅台日，常許蘭亭二三說，丙辰春因以詩扣之，此其次韻也。

宋桑世昌《蘭亭考》卷一〇

### 吳下同年會詩次袁說友韻

鴈塔尋盟信不違，二星聯璧世間稀。高情念舊何其厚，□客親仁得所依。節操剛方范孟博，□□醞藉謝玄暉。沙堤已築催歸騎，怪底朝來喜鵲飛。

《八瓊室金石補正》卷一一六

## 趙彥瑗

趙彥瑗，字中玉，濬儀（今河南開封）人，南渡後僑居仙居（今屬浙江）。魏王廷美七世孫（《宋史》卷二三六《宗室世系》二二）。孝宗隆興元年（一一六三）進士。終平江府觀察推官（《嘉定赤城志》卷三四）。

### 吳下同年會詩 次袁說友韻

引睇龍門念久違，自題雁塔會何稀。奔馳蓮幕祇甘分，只尺星臺喜有依。拱侍尊罍陪盛事，仰瞻刑政煥清暉。我公自有回天力，人佐明君看一飛。

（《八瓊室金石補正》卷一一六）

### 成欽亮

成欽亮，字仲鄰，崑山（今屬江蘇）人。端亮弟。孝宗隆興元年（一一六三）進士。寧宗慶元三年（一一九七）由知峽州放罷（《宋會要輯稿》職官七四之二）。嘗官淮南東路提舉常平（清嘉慶《重修揚州府志》卷三六）。

### 吳下同年會詩 次袁說友韻

雁塔從游嘆久違，盍簪話舊一何稀。鵬程暫駐皇華重，魚隊欣逢渌水依。詩倡珠璣跳月峽，酒行杯斝濕春暉。吳門盛事彰施了，兩兩台星挾詔飛。

（《八瓊室金石補正》卷一一六）

### 陳德明

陳德明，字光宗，寧德（今屬福建）人。孝宗隆興元年（一一六三）進士。

### 吳下同年會詩 次袁說友韻

## 郭明復

郭明復,字中行,成都(今屬四川)人。印子。孝宗隆興元年(一一六三)進士(《容齋三筆》卷六)。淳熙四年,入成都帥范成大幕。六年,召爲敕令所刪定官(《宋會要輯稿》刑法一之五二)。嘗知崇慶府(《石湖詩集》卷二二《送明復寺丞守蜀州》)。事見《吳船録》卷上。今録詩三首。

### 題琵琶亭 并序

白樂天流落溢浦,作《琵琶行》。其放懷適意,親憂患死生禍福得喪爲何物,非深于道者能之乎?賈傅謫長沙,抑鬱致死;陸相竄南賓,屏絕人事,至從狗竇中度食飲。兩公猶有累乎世,未能如樂天逍遙自得也。予過九江,維舟琵琶亭下,爲賦此章。時淳熙己亥中元日。

香山居士頭欲白,秋風吹作溢城客。眼看世事等虛空,雲夢胸中無一物。舉觴獨醉天爲家,詩成萬象遭梳爬。不管時人皆欲殺,夜深江上聽琵琶。賈胡老婦兒女語,淚溼青衫如著雨。此公豈作少狂夢,與世浮沈聊爾汝。我來後公三百年,潯陽至今無管弦。〖自注:公詩有「潯陽小處無音樂」之句。〗長安不見遺音寂,依舊康廬翠掃天。

**宋洪邁《容齋三筆》卷六**

### 大人按部過雲安下巖留小詩命同賦

道人昔日來開山,山鬼悔泣門不關。一時梵宇借巖麓,千載絕景歸人間。松蘿鬱勃樹旌纛,水泉丁東鳴

佩環。兩蘇寂寞涪翁死,杖履誰與同躋攀。 明周復俊《全蜀藝文志》卷九

### 題三峽堂

三峽堂前五月風,吳檣蜀柁古來通。山如肺附重相掩,水似環連去不窮。躍馬孤城憐倔强,臥龍八陣想英雄。憑闌千載興亡事,何異邯鄲一枕中。 同上書卷一三

## 劉知仁

劉知仁,眉州(今屬四川)人。孝宗隆興進士。事見清乾隆《四川通志》卷三三。

### 儲福宮

所憂目力盡,未問兩足酸。雲峯三十六,一一皆可觀。 《輿地紀勝》卷一五一《成都府路‧永康軍》

(以上李更整理)

(徐永强整理)

## 圖書在版編目(CIP)數據

全宋詩(45)/北京大學古文獻研究所編.-北京:北京大學出版社,1998.12
ISBN 7-301-03918-2

Ⅰ.全… Ⅱ.北… Ⅲ.古體詩-中國-宋代-總集 Ⅳ.I222.744

書　　　名：全宋詩 第四五冊
著作責任者：北京大學古文獻研究所
責任編輯：徐建華
標準書號：ISBN 7-301-03918-2/I.0506
出　版　者：北京大學出版社
地　　　址：北京市海淀區中關村北京大學校內　100871
電　　　話：出版部 62752015　發行部 62559712　編輯部 62752032
排　版　者：北京華倫公司排版部 62756343
印　刷　者：中國科學院印刷廠
發　行　者：北京大學出版社
經　銷　者：新華書店
　　　　　　850×1168毫米　32開本　20印張　523千字
　　　　　　1998年12月第一版　1998年12月第一次印刷
定　　　價：40.00元

魁梧數百年文人斧斤